Otto Vitense
Geschichte von Mecklenburg

IMPRESSUM:

Otto Vitense, Geschichte von Mecklenburg

Internetadresse: www.lindenbaum-verlag.de
E-Mail-Adresse: lindenbaum-verlag@web.de
Druck: Eigendruck
Printed in Germany
ISBN: 978-3-938176-93-1

Otto Vitense

Geschichte von Mecklenburg

Von der Frühzeit bis 1919

LINDENBAUM VERLAG

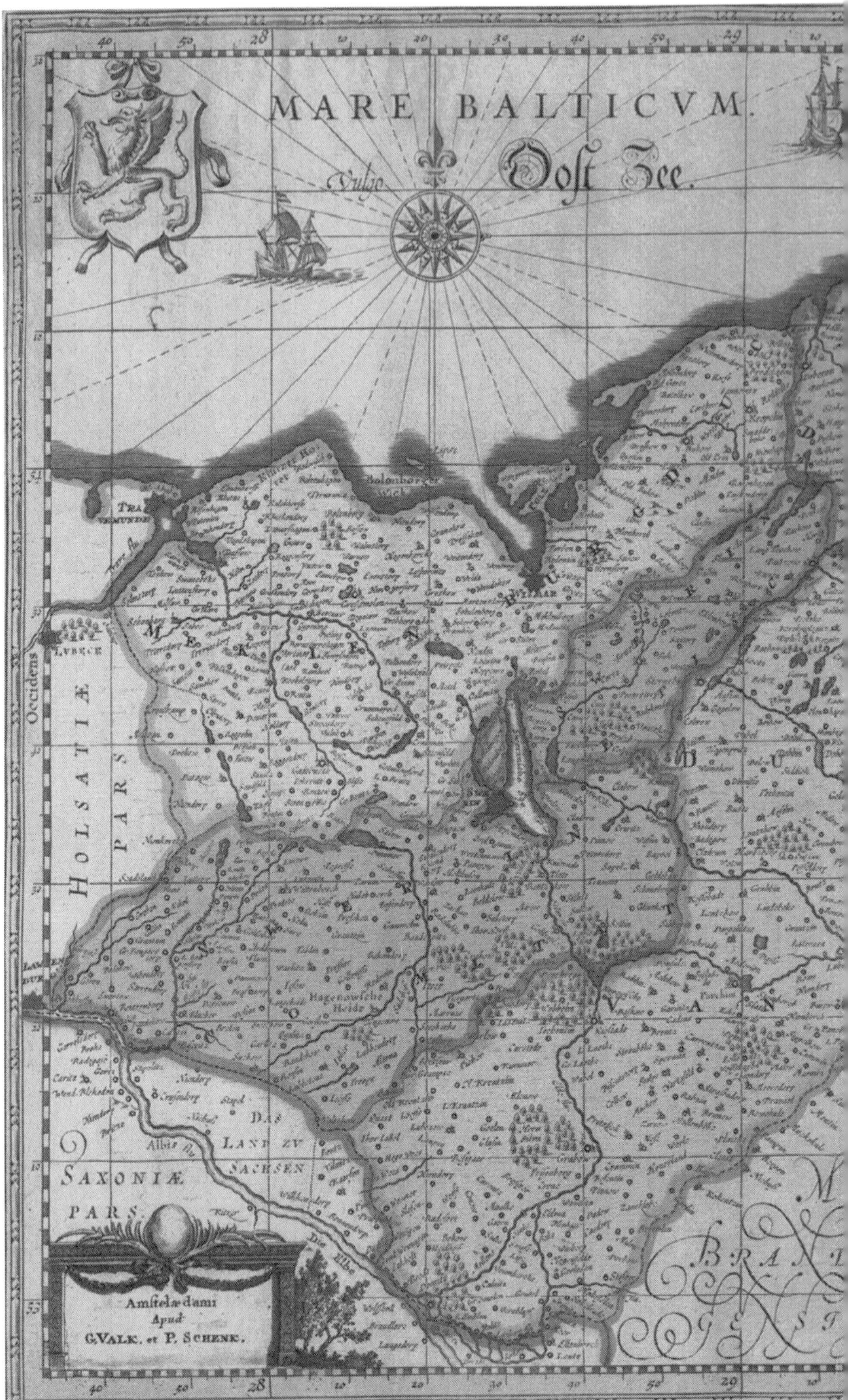

Karte des Herzogtums Mecklenburg von Lauremberg, etwa 1709 in Amsterdam veröffentlicht.

MEKLENBVRG
DVCATVS
Auctore Ioanne Laurenbergio
POMERANIÆ PARS
Colpin lacus
Muritz lacus
Millaria Germanica communia.
Millaria Gallica communia.

Vorwort des Verfassers

Für die Bearbeitung der „Geschichte von Mecklenburg“erschien dem Verfasser besonders ein Punkt beachtenswert. Mecklenburg hat eine von der Geschichte anderer deutscher Territorien in mancher Hinsicht abweichende Entwicklung gehabt. Die Eigenart des mecklenburgischen Volkscharakters, die vielen Landesteilungen und der schon früh hervortretende Gegensatz zwischen seestädtischem und binnenländischem Wesen haben besondere politische und wirtschaftliche Entwicklungsformen im Lande gezeitigt. Das in mehreren ostelbischen Ländern nach der jahrhundertelangen Wendenherrschaft in deutschem Gewande bodenständig gewordene wendische Fürstentum hat sich allein in Mecklenburg bis in die Zeit des neuen Deutschen Reiches erhalten. Mehr als alles aber hat die in Mecklenburg voll ausgeprägte und bis ins 20. Jahrhundert geltende ständische Verfassung auf die Geschichte des Landes eingewirkt. So ist denn in der folgenden Darstellung, die immer die Grenze zwischen dem allgemein Wichtigen und dem landesgeschichtlich Interessanten zu halten sucht, auf die Bildung der Stände, die vielen Ständekämpfe, den Landesgrundgesetzlichen Erbvergleich und die Versuche zu einer Verfassungsreform, ebenso auf die weitverzweigte kulturelle Entwicklung, wie sie sich nicht selten im Gegensatz zu den Ständen vollzogen hat, besonderes Gewicht gelegt worden. Gerade deswegen aber erschien es dem Verfasser um so notwendiger, die Quellen, Urkunden, Verordnungen, Gesetze usw., soweit es die Einheit der Darstellung erlaubte, selbst sprechen zu lassen; denn nur aus ihnen erkennt man den die Entwicklung beherrschenden Geist, der wiederum über manche Merkwürdigkeiten in der Geschichte des Landes Aufschluß gibt.

Der Abschluß des vorliegenden Buches sollte bereits vor zwei Jahren erfolgen, aber wie überall, so hat auch hier der sich in die Länge ziehende Krieg hemmend gewirkt. Der dadurch notwendig gewordene Zusatz über die seit der Revolution vom November eingetretenen Ereignisse kann irgendwelchen Anspruch auf Vollständigkeit nicht machen, sondern hält sich im Rahmen einer zeitgenössischen Skizze. Die Verhältnisse sind noch zu verworren und zu gegenwärtig, um rein geschichtlich betrachtet werden zu können.

Für die viele Hilfe bei der Korrektur sei auch an dieser Stelle dem Herausgeber der „Deutschen Landesgeschichten“, Herrn Archivdirektor Dr. Tille in Weimar, aufrichtiger Dank gesagt.

Neubrandenburg, im Oktober 1919.

Otto Vitense

Inhalt

Das folgende Inhaltsverzeichnis beschränkt sich auf eine gruppenweise Zusammenfassung einzelner Begebenheiten.

Erster Abschnitt

Zweiter Abschnitt

Dritter Abschnitt

Einleitung

Die ältesten Aufzeichnungen, die für die Geschichte Mecklenburgs in Betracht kommen, stammen aus der Zeit, da Mecklenburg ein wendisches Land war. Es sind ihrer besonders vier: 1.) Der Reisebericht eines arabischen Juden namens Ibrahim-ibn-Jakub (Abraham Jakobssohn), wahrscheinlich aus dem Jahre 973. 2.) Die Chronik des Thietmar von Merseburg um 1018. 3.) Die Hamburger Bistumschronik des Adam von Bremen um 1075 und 4.) die Slawenchronik Helmolds (um 1175), fortgesetzt von Arnold (um 1210).

Ibrahim, wahrscheinlich ein Arzt, befand sich 973 bei einer Gesandtschaft des Kalifen von Cordoba nach Merseburg an den Hof Kaiser Ottos I. 1). Von hier aus unternahm er, vermutlich aus reinem Wissenstrieb, eine Reise zu den mecklenburgischen und den böhmischen Wenden. Seine Aufzeichnungen, die er über diese Reise gemacht hat, sind dann später im Archiv von Cordoba niedergelegt worden. Sie sind als eine für sich abgesonderte Schrift nicht erhalten, sondern finden sich in einer Handschrift des Abu Obeid al-Bekri, der um die Mitte des 11. Jahrhunderts in Cordoba unter Benutzung des dortigen Archivs sein Werk schrieb. Al-Bekri beginnt die Wiedergabe des Reiseberichts mit den Worten: „Ibrahim-ibn-Jakub, der Jsraelit, sagt: Die Länder der Slawen erstrecken sich usw." Über den Wortlaut des Berichtes in deutscher Übersetzung unter Hinweis auf den Urtext, eine russische und eine holländische Übersetzung, vgl. F. Wiggers in den Jahrbüchern des Vereins für mecklenburgische Geschichte, 45. Jahrg. (1880), S. 3 ff. und W. Wattenbach, Die Geschichtschreiber der deutschen Vorzeit, Band 33 (Widukinds Sächsische Geschichten), 2. Ausg. S. 146ff. Ibrahim offenbart in dem Reisebericht ein großes Interesse und eine feine Beobachtungsgabe für alle politischen und wirtschaftlichen Verhältnisse der Wenden 2).

Die Chronik des Thietmar, Bischofs von Merseburg (1009 bis1018), Cronici libri VIII, ist ein umfassendes Werk über die Geschichte des

---

1) Vielleicht auch zur Begrüßung Ottos II.

2) Vgl. S. 15.

sächsischen Kaiserhauses bis 1018. Die Bistumschronik des Bremer Domherrn Adam (gest. 1075), gesta pontificum Hammenburgensium, ist eine Geschichte des Erzbistums Hamburg (im Zusammenhang mit der nordischen Mission) von 788 bis 1072. Die Slawenchronik des Helmold, Pfarrers von Bosau (gest. um 1175), und des Arnold, Abtes im Lübecker Stift (gest. um 1210), bildet die umfangreichste Darstellung von den Kriegen gegen die Slawen und der Tätigkeit Heinrichs des Löwen im deutschen Norden. Alle drei Werke sind abgedruckt in den Monumenta Germaniae historica, Band 7, 3 und 21. Besondere Ausgaben (für den Schulgebrauch) sind in den Scriptores rerum Germanicarum enthalten, deutsche Übersetzungen in den „Geschichtschreibern der deutschen Vorzeit" auf Grund der Monunmenta von Wattenbach (Band 39, 44 und 56 mit 71). Es ist von vornherein klar, daß alle drei Schriftsteller von ihrem deutsch-christlichen Standpunkte aus ein wirklich unbefangenes Urteil über die ihnen völlig fremden, zumal heidnischen Slawen nicht haben können. Am zuverlässigsten von ihner erscheint Thietmar, der selbst sagt, daß er nach einer objektiven Darstellung strebte (I, 17). Bei Adam dagegen, einem überaus gelehrten Manne mit großen Kenntnissen, finden sich gerade für die Geschichte der Wenden doch schon manche unsicheren und nicht selten übertriebenen Angaben. Mit äußerster Vorsicht und steter Kritik ist Helmold zu gebrauchen. Nicht als ob er, wie manche Kritiker behaupten, absichtlich falsch berichtet hätte, aber seine große Leichtgläubigkeit und seine eigenen Interessen, von denen er sich leiten läßt, lassen ihn die Dinge oft nicht klar erkennen, so daß wir in seinen Angaben mehr als einmal ein schiefes Bild von der tatsächlichen Wirklichkeit erhalten.

Von den übrigen Geschichtswerken sind für einzelne Ereignisse und Zeitabschnitte der Wendenzeit bzw. der ihr folgenden Periode der Germanisierung und Christianisierung noch heranzuziehen: Einhart, „Leben Karls des Großen" und „Jahrbücher", „Leben der Erzbischöfe Anskar und Rimbert", Widukind, „Sächsische Geschichten", Wipo, „Das Leben Kaiser Konrads II.", Bruno, „Buch vom sächsischen Kriege", „Die Jahrbücher von Hildesheim", Otto v. Freising, „Taten Friedrichs I." (mit der Fortsetzung von Rahewin), „Die Kölner Königschronik" u. a. m. Eine genauere Zusammenstellung der Quellen findet sich bei Wagner, „Die Wendenzeit“ und Rudloff, „Geschichte Mecklenburgs vom Tode Niklots bis zur Schlacht bei Bornhöved“ in „Mecklenburgische Geschichte in Einzeldarstellungen“, Band I u. II. Berlin 1899 ff. Sie sind ebenfalls im Urtext in den Monumenta und in der Übersetzung in den Geschichtschreibern der deutschen Vorzeit enthalten. Von den nichtdeutschen Geschichtschreibern ist besonders der dänische Saxo grammaticus um 1200 mit seiner „Historia danica.“ (herausgegeben von Holder, Straßburg 1886) zu nennen. –

Von einer Geschichtschreibung Mecklenburgs wissen wir erst aus der 2. Hälfte des 14. Jahrhunderts. Um 1375 verfaßte Ernst von Kirchberg, über dessen Lebensumstände – er soll Thüringer von Geburt gewesen sein – weiter nichts bekannt ist, eine „Reimchronik“ in mittelhochdeutscher Sprache von Karl dem Großen bis 1337 1). Sie hat jedoch für die Geschichte unseres Landes nur in ihrem letzten Teil einen gewissen Wert, da sie sich hier neben einigen einheimischen Quellen, besonders einer Doberaner Herzogsgenealogie, auf mündliche Berichte stützt. Im übrigen ist sie nur eine (zumal fehlerhafte) Übersetzung von Helmolds Slawenchronik und ein Auszug aus Arnolds Slawenchronik und der Sächsischen Weltchronik. Das Leben Herzog Albrechts II. (1329–1379), mit dessen Darstellung Kirchberg eine zeitgenössische Quelle hätte liefern können, ist von ihm nicht mehr behandelt.

Mecklenburg besaß in der Tat bis zum ausgehenden Mittelalter keine wissenschaftlich bedeutenden Männer 2). So erklärt sich denn das Fehlen einer brauchbaren Geschichte des Landes aus dieser Zeit ganz natürlich. Das wurde erst im 16. Jahrhundert etwas besser. Bald nach dem Jahre 1500 schrieb der damalige Professor der Theologie und des kanonischen Rechts in Rostock, Albert Krantz, seine „Wandalia“ und „Saxonia“. Krantz stammte aus Hamburg, wohin er auch von

---

1) Westphal, Monumenta inedita IV, 593. Leipzig 1739-45. Schirrmacher, Beiträge zur Geschichte Mecklenburgs. 1875, Bd. II.

2) Auch der Wismarer Stadtschreiber Heinrich von Balsee mit seiner kurzen lateinischen Chronik kann darauf keinen Anspruch erheben. Vgl. Crull, Die Chronik H. v. B. in Jahrb. 1878. Daselbst auch der Wortlaut.

Rostock wieder als Domdechant und Syndikus zurückkehrte. Er starb 1517. Erst nach seinem Tode erschienen die beiden genannten Werke 3). Für die Geschichte Mecklenburgs kommt besonders die Wandalia in Betracht, die bis 1604 reicht. Sie enthält eine Geschichte der damals oder früher von slawischen Völkern bewohnten Länder Europas. Ein großer Nachteil des Werkes ist der völlige Mangel einer planmäßigen, systematischen Gliederung des Stoffes. Krantz' Zeitgenosse war der aus Thüringen gebürtige Professor der Rechte (später fürstliche Rat und Kanzler) Nikolaus Marschalk (Thurius) in Rostock (gest. 1525). Er schrieb eine Geschichte der Heruler und Vandalen in 7 Büchern, einen Auszug der mecklenburgischen Chronik, eine Reimchronik als Fortsetzung der Kirchbergschen, eine Geschichte der Obotriten und eine Zusammenstellung der allgemeinen Geschichte von der Erschaffung der Welt an 4). Die Urgeschichte Mecklenburgs besteht bei Marschalk meist aus Fabeln.

Mit dem 16. Jahrhundert erwachte auch das Interesse an Stadtgeschichten. So schrieb z. B. Reimar Kock (gest. 1569), der Sohn eines Paternostermachers in Wismar, eine Chronik von Lübeck, wohin er schon in jungen Jahren kam. In diese fügte er auch die Geschichte seiner Vaterstadt Wismar ein 5). Der Dominikanermönch Slaggert in Ribnitz verfaßte eine bis zum Jahre 1640 reichende Chronik von Ribnitz. Bedeutender als diese beiden aber sind für die Landesgeschichte geworden die Rostockische Chronik von Lindeberg 6) und die Schwerinsche Chronik von Hederich, dem Rektor der dorti-

3) Wandalia (Beschreibung wendischer Geschichten) Col. Agr. (Köln) 1519. Eine Übersetzung derselben ins Deutsche gab Steph. Macropum. Lübeck 1600. – Saxonia (Beschreibung der Sachsen). Coloniae 1520. Ins Deutsche übertrug sie B. F. Soranum. Leipzig 1563. – E. Schäfer, Zur Geschichtschreibung des Alb. Krantz. Hamburg 1889.

4) Westphal, Monumenta inedita, Band II. Müffelmann, Die Reimchronik des Markchalk (Thurius). Rostock Diss. 1876.

5) In Auszügen enthalten in den lübischen Chroniken von Detmar und Rufus, herausg. von Grauhoff. Hamburg 1829. 1830.

6) P. Lindeberg, Chronicon Rastockiense. Rostock 1596.

gen Schule 7). Im 17. Jahrhundert schrieb Cordesius, Prediger in Parchim, eine Chronik von Parchim 8).

Auch die Genealogien der mecklenburgischen Fürsten fanden um diese Zeit ihre Aufzeichner. Unter ihnen sind besonders zwei zu nennen: Bernhard Latomus, Rektor zu Neubrandenburg 9), und J. F. Chemnitz, herzoglicher Archivar 10).

Die erste mecklenburgische Geschichte, die mehr ins Volk drang und auch heute noch in Privatbibliotheken zu finden ist, ist die von Klüver-Jargow im 18. Jahrhundert 11). Das Werk, so schwerfällig und weitschweifig es auch in der Darstellung sein und den Leser geradezu ermüden mag, zeichnet sich durch eine reiche Quellenangabe aus und ist besonders für die Geschichte Karl Leopolds (1713–1747) insofern sehr wichtig, als der Strelitzer Hofrat Jargow hier als ein einsichtiger Zeitgenosse schreibt. Allein die drei letzten Bände handeln von diesem Fürsten. Klüvers Stadtgeschichten enthalten noch viel Sagenhaftes.

---

7) B. Hedericus, Schwerinsche Chronica. Rostock 1598. Von ihr gibt es eine Fortsetzung bis 1658.

8) M. Cordesius, Chronicon Parchimense oder Historische Beschreibung der Stadt Parchim im Herzogtum Mecklenburg. Rostock 1670. Dieselbe wurde 1825 in Parchim von F. J. Th. Cleemann wieder herausgegeben, ergänzt und fortgesetzt.

9) B. Latomus, Genealo-Chronicon Megapolitanum, d. i eine historische Beschreibung der Stammbäume und Blutsverwandtnisse aller mecklenburgischen Könige, Herzöge, Fürsten und Herren, auch Frauen und Fräulein usw. Neubrandenburg 1610. Westphal, Monum. ined. Band IV.

10) J. F. Chemnitz, Genealogia ducum Megapolensium oder Stammbaum und historische Beschreibung vom Ursprunge und Ankunft der Herzöge zu Mecklenburg vom Könige Anthyrius bis aus den Herzog Adolf Friedrich I. und Gustav Adolf. 1662, fortgesetzt von J. von Klein. 1722, herausgegeben von J. E. Michaelsen. Frankfurt und Leipzig 1749.

11) H. H. Klüver, Beschreibung des Herzogtums Mecklenburg und dazu gehöriger Länder und Örter, 3 Bände. Hamburg 1728. Erweitert und herausgegeben wurde das Werk in 6 Bänden von C. G. Jargow, der jedoch seinen Namen nicht nannte. Hamburg 1737–42.

Von den weiteren Darstellungen der mecklenburgischen Geschichte sind zu nennen:

Matthias Johannes von Behr, Rerum Mecklenburgicarum libri VIII, Wien 1741, nach des Verfassers Tode (1729) herausgegeben. Behr war Parteigänger des Adels und trat für dessen Vorrechte ein Da das Werk lateinisch geschrieben ist, so hat es wenig Verbreitung gefunden.

Samuel Buchholz, Versuch in der Geschichte des Herzogtums Mecklenburg. Rostock 1753. Wenn man in dem Buche auch noch eine klare Übersicht vermißt und der Zusammenhang nicht immer leicht zu erfassen ist, so erkennt man in dem Verfasser doch schon den Historiker, der es versteht, eine richtige Auswahl zu treffen.

David Franck, Altes und Neues Mecklenburg, 19 Bücher. Güstrow und Leipzig 1753–1758. Das Werk, das mit dem Erbvergleich abschließt, ist eine mit großem Fleiß zusammengetragene Arbeit, aber rein annalistisch aufgebaut. Der innere Zusammenhang der Ereignisse und der geschichtlichen Entwicklung Mecklenburgs fehlt. Francks auf reichem Quellenmaterial beruhende Darstellung ist durchaus objektiv. Die Hilfe, die er von seiten der Ritterschaft durch Bereitstellung vielen Materials empfing, hat ihn keineswegs veranlaßt, zu deren Parteimann zu werden.

Friedrich August Rudloff, Pragmatisches Handbuch der mecklenburgischen Geschichte, 3 Teile. Schwerin, Wismar, Bützow 1780–1794 (Schluß 1821/22). Über seinen Standpunkt als Historiker sagt er selbst in seiner Vorrede: „Auf die eigentümlichen Quellen darf sich der pragmatische Geschichtschreiber Mecklenburgs nicht beschränken. Es bleibt immer nur ein kleiner Teil des ganzen europäischen Völkersystems, ein einzelnes Glied in dem großen Staatskörper Deutschlands. Es ist an sich schon begreiflich, daß manche hiesige Begebenheit unerklärbar oder ihre Beurteilung doch äußerst einseitig oder schielend sein würde, wenn man sie, aus ihrem Zusammenhange mit andern gleichzeitigen Weltbegebenheiten herausgerissen, ohne Rücksicht auf diese vortragen wollte. Unzählige Verbindungen mit unsern Nachbarn, mit dem Deutschen Reiche, mit auswärtigen Mächten werden sogar aus der Geschichte dieser Staaten erlernt, berichtigt, erläutert. Insofern sind also auch die echten Quellen und die brauchbarsten Kommentatoren der deutschen Reichsgeschichte, der branden-burgischen, braunschweig-lüneburgischen, schleswig-holsteinischen, pommerschen, dänischen und schwedischen Geschichte für die mecklenburgische lehrreich und unentbehrlich." Rudloff betrachtet recht eigentlich zum ersten Male die Geschichte Mecklenburgs vom universalhistorischen Gesichtspunkt aus und hat somit den kommenden Geschichtschreibern erst den rechten Weg gewiesen. Aber dieser fand nicht sogleich die rechte Beachtung. Der Grund dafür lag in der großen Schwierigkeit, den er bot. Denn das von Rudloff geforderte umfangreiche Quellenstudium, die nichtmecklenburgischen Länder betreffend, erforderte viel Mühe und Arbeit, besonders in der Beschaffung des nötigen Materials, das zum Teil noch gar nicht gesichtet und zugänglich war. So bildeten denn auch Aepinus mit seiner „Geschichte von Mecklenburg für jedermann in einer Folge von Briefen", (3 Teile. Neubrandenburg 1791–1798) und Hane mit seiner „Übersicht der mecklenburgischen Geschichte" (1804) mit ihren zum Teil sehr unkritischen, fabelreichen Darstellungen einen Rückschritt.

Erst *K. Chr. F. von Lützow* betrat in seinem „Versuch einer pragmatischen Geschichte Mecklenburgs" (3 Teile. Berlin 1827–1833) wieder den von Rudloff vorgezeichneten Weg. Das Neue, was Lützow zudem brachte, war eine starke Berücksichtigung der Kulturgeschichte.

Beide, Rudloff und Lützow, zusammenfassend, aber sie weit überholend, trat um die Mitte des 19. Jahrhunderts der Mann hervor, dessen Werk noch heute und – man kann wohl sagen – auch in Zukunft ein unentbehrliches Hilfsmittel für alle mecklenburgischen Geschichtschreiber bildet: *Ernst Boll* mit seiner „Geschichte Mecklenburgs mit besonderer Berücksichtigung der Kulturgeschichte", 2 Teile.

Neubrandenburg 1855/56. Er teilte jeden Band in die beiden Teile: Landesgeschichte und Kulturgeschichte. Gerade der letzteren hat Boll sein ganz besonderes Interesse zugewendet. Er behandelt in ihr als besondere Abschnitte wieder die Verfassung, die Kirche, das Gerichtswesen (mit besonderer Bezugnahme auf die Hexenprozesse), die Fürsten, den Adel und die Ritterschaft, die Bauern und die Landwirtschaft, die Städte, Handel und Verkehr, Wissenschaften und Künste. Mit bewundernswertem Fleiß und vorbildlicher Genauigkeit hat er an der Hand reichen Quellenmaterials, für die neuere Zeit auch auf Grund unzähliger Spezialschriften und mündlicher Mitteilungen, eine Geschichte geschaffen, die als Ganzes ein vortreffliches Bild von der Entwicklung Mecklenburgs gewährt. Vielleicht hätte eine Vereinigung beider Teile, der Landesgeschichte und der Kulturgeschichte, in eine nach Abschnitten gegliederte fortlaufende Darstellung noch besser, übersichtlicher und anschaulicher gewirkt.

Diesen alles miteinander verbindenden Weg schlug Hans Witte in seiner „Mecklenburgischen Geschichte", 1. Band 1909, 2. Band 1913 (Wismar), ein. Der Verfasser spricht diese Absicht aus, indem er dem Titel die Worte beifügt „in Anknüpfung an Ernst Boll neu bearbeitet". Als Archivar am Geheimen und Hauptarchiv in Schwerin tätig (heute Archivrat in Neustrelitz) und durch umfassende Einzelstudien mit der Heimatgeschichte vertraut, hat er eine (zunächst bis 1755) reichende Mecklenburgische Geschichte geschaffen, die, wie aus einem Stück gegossen, eine in sich zusammenhängende Entwicklung des Landes auf politischem und kulturellen Gebiete gibt. Ein zweites, überaus wertvolles Werk hat Witte 1911 zum hundertjährigen Jubiläum der Mecklenburg-Schweriner Gendarmerie unter dem Namen „Kulturbilder aus Alt-Mecklenburg" veröffentlicht (Leipzig 1911).

Zu Boll und Witte treten noch zwei Werke, die, wenn auch in der Art ihrer Ausführung verschieden, doch als „Sammelwerke" wieder eine Ähnlichkeit zeigen: die „Mecklenburgische Vaterlandskunde" von Wilhelm Raabe (3 Teile. Wismar und Güstrow 1857–1863, in 2. Auflage, Wismar 1894-1896) und die „Mecklenburgische Geschichte in Einzeldarstellungen" herausgegeben von Beltz, Nische, Rudloff u. a. Berlin 1899 ff.

Die „Vaterlandskunde" umfaßt:

I. Spezielle Ortskunde beider Mecklenburg.
II. Landes- und Volkskunde beider Mecklenburg.
III. Abriß der mecklenburgischen Geschichte und Staatskunde beider Mecklenburg, ursprünglich verfaßt von F. Wedemeyer.

Die „Einzeldarstellungen" gliedern sich in:

I. Die Vorgeschichte, von Beltz und Wagner.
II. Die Wendenzeit, von Wagner.
III. Die Zeit der Christianisierung und Germanisierung, von Rudloff.

IV.	Das spätere Mittelalter (Zeit der Hanse), von Rische.
V.	Die Reformationszeit, von Schnell.
VI.–VIII.	Kulturgeschichte, von Beyer.
IX.	Herzog Christian I. (Louis), von Wagner.
X.	Die Zeit des Dreißigjährigen Krieges, von Schnell.
XI.–XII.	Mecklenburg in der schönen Literatur, von Schröder.

Die „Einzeldarstellungen" enthalten durch die (meistens am Schluß der Bände) auFgezeichneten literarischen Belege eine umfassende Quellenangabe. Beide Sammelwerke sind für jeden, der sich eingehender mit der Geschichte Mecklenburgs beschäftigt, unentbehrlich. –

Die Hauptquellen für die Geschichte eines Landes bilden die Urkunden. Abgesehen von vereinzelten Aufzeichnungen in Stadtchroniken und anderen geschichtlichen Werken, begannen wirkliche Sammlungen derselben doch erst im 18. Jahrhundert. Sie knüpfen sich an die Namen Westphal, Gerdes, Pötker, Ungnade u. a.12). Im Jahre 1760 erschien in Ratzeburg ein „Mecklenburgisches Urkundeninventarium oder Verzeichnis der mehrsten zur Geschichte und zu den Rechten der Lande Mecklenburg gehörigen Urkunden und Nachrichten in chronologischer Ordnung". Daß bei der stets wachsenden Erforschung der Landesgeschichte und bei der beginnenden Neuordnung von staatlichen, städtischen und auch Privatarchiven ein solches Werk sehr bald ergänzungsbedürftig wurde, versteht sich von selbst. Deshalb sammelte der Landsyndikus und Regierungsrat Ernst August Rudloff für sich alle ihm irgendwie zugänglichen Urkunden aus Druckwerken und Handschriften in einem „Diplomatorium Mecklenburgicum", das

---

12) E. J. Westphal, Specimen documentorum ineditorum Mecklenburgensium. Rostock. et Lips. 1726. – G. G. Gerdes, Nützliche Sammlung verschiedener guter, teils ungedruckter Schriften und Urkunden, welche die mecklenburgischen Landesrechte, Geschichte und Verfassung erläutern können. Wismar 1736-44. – J. M. Pötker, Neue Sammlung glaubwürdiger, aber guten Teils ungedrucktcr mecklenb. Schriften und Urkunden. Wismar u. Leipzig 1744-46. – J. Eh. Ungnade, Amoenitates diplomatico-historico-juridicae oder allerhand mehrerenteils ungedruckter, die meckl. Landesgeschichte, Verfassung und Rechte erläuternder Urkunden und Schriften. 1749-54.

aber nicht im Druck erschien. Es wurde für seinen Sohn, Friedrich August Rudloff, die Hauptquelle für sein „Pragmatisches Handbuch der mecklenburgischen Geschichte“ 1780-1794 und 1821/22 (s. o.). Zugleich übergab dieser in seinem „Codex diplomaticus historiae Megapolitanae medii aevi“, Schwerin 1789/90, manche bisher ungedruckte Urkunde der Öffentlichkeit. Eine weitere Förderung und Ergänzung erfuhren die bisherigen Urkundensammlungen durch den Geh. Rat Schmidt, den Archivrat Evers und vor allem durch Ernst Friedrich Buchholtz. Dann aber faßte der 1835 begründete „Verein für mecklenburgische Geschichte und Altertumskunde“ 1860 den Entschluß, ein allgemeines Mecklenburgisches Urkundenbuch zu schaffen. F. Lisch und F. Wigger wurden die beiden führenden Männer für das große Unternehmen, das durch die Großherzöge auf jede Weise unterstützt wurde. Bereits 1863 erschien in Schwerin der erste Band in einer Stärke von über 600 Seiten Großformat mit 666 Urkunden, umfassend die Zeit von 786–1250. Je weiter die Arbeit vorschritt, desto zahlreicher wurden die Urkunden, so daß im 14. Jahrhundert, bis zu dessen Ende das Werk mit über zwanzig Bänden bereits gediehen ist, jeder Band schließlich auf fünf Jahre zugeschnitten wurde 13). Das urkundliche Material seit dem 15. Jahrhundert befindet sich bisher noch in einzelnen größeren und kleineren Werken abgedruckt, liegt zum Teil auch noch ungedruckt in den Archiven. Durch ältere und neue Sammlungen von Verordnungen und Gesetzen, durch die amtlichen Blätter beider Regierungen, durch die verschiedensten Archive, besonders das Geheime und Hauptarchiv in Schwerin, und auch durch die großen Bibliotheken (Landesbibliotheken in Schwerin, Rostock und Neustrelitz, Universitätsbibliothek) sind die auf die geschichtliche Entwicklung Mecklenburgs bezüglichen Urkunden und Schriftstücke zugänglich.

Ein zweites großes Sammelwerk des Vereins für mecklenburgische Geschichte und Altertumskunde sind die Jahrbücher und Jahresberichte mit ihren zahlreichen Abhandlungen und Veröffentlichungen aus allen Gebieten. In bestimmten Zeitabschnitten erscheinen am Schluß

13) Über die Einrichtung des Werkes und seiner Quellen vgl. die Einleitung zu Band I.

des Jahrganges auch Zusammenstellungen über die neuerschienene Literatur, betreffend Mecklenburg.

Seit dem Jahre 1906 erscheint auch die jährlich meist vier Hefte umfassende Zeitschrift „Mecklenburg“ des Heimatbundes, der 1905 begründet wurde. Der „Sammel- und Nachrichtendienst“ über „Boden und Landschaft, Pflanzen- und Tierwelt, die vorgeschichtlichen Denkmäler, die Kulturdenkmäler der geschichtlichen Zeit, das Volksleben und die Sprache, so heißt es in dem Bericht der ersten Hauptversammlung in Schwerin 1906, bilden die Tätigkeit und das Arbeitsgebiet des Heimatbundes“.

Ein viertes, großangelegtes Sammelwerk von unschätzbarem Werte sind die „Kunst- und Geschichtsdenkmäler des Großherzogtums Mecklenburg-Schwerin.“ Im Auftrage des Ministeriums des Innern herausgegeben von der Kommission zur Erhaltung der Denkmäler, bearbeitet von dem Museumsdirektor Friedrich Schlie. Fünf starke Bände Großformat. Schwerin 1896–1902. Geordnet nach Amtsgerichtsbezirken, behandeln die mit zahlreichen Illustrationen versehenen Bände alle Städte und auch viele Dörfer des Landes. Großer Wert ist auf die Kirchen gelegt worden. Vortreffliche geschichtliche Übersichten, besonders bei den Städten, erhöhen noch den Wert des Werkes. Für Mecklenburg-Strelitz ist ein gleiches noch nicht erschienen.

Unter den Zeitschriften, die ausschließlich Mecklenburg betreffen, nimmt „Die Heimat“, Volksblatt für Mecklenburg, begründet 1907 von F. Köhn, O. Voß und Ad. Ahrens, die erste Stelle ein. Die ersten Jahrgänge vor allem bildeten eine Fundgrube kulturgeschichtlichen Kleinmaterials. Später geriet das Werk durch widrige Verhältnisse (Verlagsschwierigkeiten, Wechsel der Herausgeber) ins Stocken, wurde auch seinen ursprünglichen Zielen untreu und ging während des Krieges ganz ein.

Ein besonderes Verdienst um die mecklenburgische Sagenforschung und Volkskunde hat sich Richard Wossidlo (Waren) erworben. Abgesehen von seinen drei Bänden „Mecklenburgische Volksüberlieferungen“ (Wismar 1897, 1899 und 1906) sowie anderen Veröffentlichungen hat Wossidlo sich eine eigene volkskundliche Sammlung mit Tausenden von Gegenständen geschaffen, die größte Privatsammlung dieser Art in Mecklenburg. Sein „nach mecklenburgischen Volksüberlieferungen zusammengestelltes“ Volksstück „Ein Winterabend in einem mecklenburgischen Bauernhause“, 2. Auflage, Wismar 1905, hatte damals schon 144 Aufführungen in vielen Städten und Dörfern erlebt.

Erster Abschnitt

Die vorgeschichtliche Zeit

Was wir aus den Tagen grauer Vorzeit über die Geschicke unsres Landes und Volkes wissen, hält sich trotz mancher gesicherter Forschungsergebnisse auch heute noch in ziemlich bescheidenen Grenzen und oft nur allgemeinen Erkenntnisformen. Im Hinblick auf die mannigfachen, verschieden gestalteten Ablagerungen und Bodenschichten aus tertiärer und früherer Zeit scheint das Gebiet des heutigen Mecklenburg und seiner Nachbarländer mehrmaligem Wechsel von Festland und Meer unterworfen gewesen zu sein. Die ausgedehnten Salz- und Gipslager, Mecklenburgs älteste Bodenformationen, von denen gewiß erst ein geringer Teil, besonders bei Lübtheen, erschlossen ist; die verschiedenen Kreidebildungen, die das eigentliche Grundgebirge des Landes ausmachen und stellenweise, wie bei Malchin, Teterow, Klütz, Friedland, bis an die Oberfläche dringen; die mannigfachen Tonlager bei Malliß, Neubrandenburg und anderswo; die großen, mit zahlreichen Muschelschalen, Haifischzähnen und sonstigen Fremdkörpern durchsetzten, lockeren, kiesartigen Sandsteinmassen bei Sternberg, sog. „Sternberger Kuchen"; ebenso einige, allerdings wenig ergiebige Braunkohlenlager bei Parchim, Grabow, Malliß usw.: es sind alles bereits Ergebnisse einer vieltausendjährigen Bodenentwicklung, die im einzelnen zu bestimmen man noch auf wechselnde Hypothesen und Mutmaßungen angewiesen ist.

Wichtiger noch als diese älteste Zeit ist für unser Land das sog. quartäre Diluvium mit seiner ein- oder mehrmaligen Eiszeit. Am Ende des Tertiärs schoben sich – unsicher aus welchen Gründen – langsam von den skandinavischen Gebirgen her mächtige Gletscher südwärts bis an die deutschen Mittelgebirge vor und erfüllten schließlich ganz Nordeuropa mit einer mehrere hundert Meter hohen Eisschicht, die für lange Zeit jegliches pflanzliche und tierische Leben überhaupt unmöglich machte. Diese Eiszeit hat an der Decke der genannten tertiären und früheren Bodenformationen dem Lande an seiner Oberfläche, stellenweise bis zu einer Tiefe von mehr als hundert Metern, in der Hauptsache die heutige Bodengestaltung gegeben. Die große ausgedehnte, meist flachwellige Grundmoränenlandschaft im Norden und Osten mit ihren überwiegend fruchtbaren Lehm- und Mergelboden; im Gegensatz dazu die großen Sand- und Heidegegenden im Südwesten; zwischen beiden wieder die Endmoränenlandschaften der Seenplatte mit dem häufigen Wechsel von Tal und Hügel und den oft romantisch gelegenen Seen; die Bildung eines dieser drei Bodenformen im Kleinen auch innerhalb der andern; die oft breiten und weitgestreckten See- und Flußtäler; nicht zuletzt auch die vielen Geröll- und Gesteinsmassen, als deren auffallendste Reste noch die überall, besonders innerhalb der Grundmoränen liegenden und durch die Gletscher aus Skandinavien mitgeführten erratischen Blöcke, sog. Findlinge, gelten: alles das sind noch heute sichtbare Wirkungen der Gletscher und ihrer Schmelzwasser im einzelnen oder verbunden. Auch hierbei gibt es eine Anzahl Erscheinungen, die sich restlos und sicher nicht erklären lassen und sich nur auf Mutmaßungen und oft gegenteilige Ansichten stützen.

Von dem Vorhandensein einer Pflanzen- und Tierwelt sowie menschlicher Siedlungen haben wir erst aus dem nacheiszeitlichen Alluvium sichere Zeugnisse. Ihr früherer Bestand erscheint zwar nicht ausgeschlossen, doch begann nach der Eiszeit eine völlige Neubildung. So entstanden mit dem wieder steigenden Klima auf feuchtem, schlüpfrigem Boden durch Versickern des Wassers Torf und Moor, in den Sand- und Heidegegenden, auch am Meer durch Stürme und Wind Dünen, auf dem trocknen, mehr festen Lehm- und Mergelboden durch Verwesen der ersten Pflanzen eine fruchtbare Humusschicht. Hand in Hand mit diesen Veränderungen ging die Entwicklung der Pflanzenwelt von den niedrigsten Stufen der Moose und Gräser bis zu den höheren Formen der Sträucher und Bäume. Bezüglich der Tierwelt waren eine Zeitlang Mammut, Höhlenbär, Renntier u. a. Tiere einer rein arktischen Flora im Lande heimisch. Dann traten an ihre Stelle, ebenfalls von Süden her, Elch, Urstier, Wisent, dazu Hirsch, Reh und andere Waldtiere. Zuletzt, doch wohl erst weit später, geraume Zeit nach dem völligen Verschwinden des Eises, kam der Mensch.

Für die Erforschung der vorzeitlichen Bewohner unseres Landes bilden die Bodenfunde die einzige Quelle. Eine chronologische Bestimmung der ältesten Siedlungen nach Art und Umfang ist nicht mehr möglich. Schwerlich führen die ältesten Funde noch in eine vorarische Zeit zurück. Einige, besonders in den Küstenstrichen aufgefundene Steinwerkzeuge höchst primitiver Art, die man wohl als Überreste einer älteren, in Dänemark nachgewiesenen Bevölkerung bezeichnen könnte, gewähren keinen sicheren Anhalt, da die mit ihnen sonst verbundenen Überbleibsel, d. h. die Summe der dänischen Kjökkenmöddinger oder Abfallhaufen jenes Volkes, in Mecklenburg nicht nachweisbar sind. Mögen die ältesten nacheiszeitlichen Siedler einstmals immerhin aus Dänemark gekommen sein, die große Masse der ältesten Bodenfunde, soweit sie sich sicher bestimmen lassen, stammt erst aus der jüngeren Steinzeit. Ob und wie weit man dabei noch über das zweite vorchristliche Jahrtausend zurückgehen kann, ist ungewiß.

Als Hünen oder Riesen hat eine spätere Zeit die damaligen Bewohner der deutschen Ostseeländer bezeichnet. Die vielen, auch bei uns oft noch gut erhaltenen Dolmen oder Hünengräber haben zu dieser irrigen Vorstellung Veranlassung gegeben. Es sind Totenhäuser monumentaler Bauart mit einer oder auch mehreren Grabkammern, deren Wände von einer Anzahl aufrechtstehender Tragsteine gebildet und mit gleichstarken Decksteinen überdacht sind. Viele Hände haben mit besonderem Interesse und großer Sorgfalt an einem solchen Grab gearbeitet, das 50, ja 100 Leichen in sitzender oder liegender Stellung bergen konnte. Noch im Tode kam der im Leben offenbar streng beobachtete Familien- und Geschlechterverband zum äußeren Ausdruck. Der Glaube an ein mehr sinnlich gedachtes Fortleben nach dem Tode spiegelt sich in den vielen Beigaben größeren und kleineren Geräts, an Waffen und Werkzeugen, an Gebrauchs- und Schmuckgegenständen, vornehmlich aus Stein, daneben auch aus Knochen, Horn und Bernstein, wieder. Zu ihnen gesellen sich meist noch Tongefäße mit etwas Speise und Trank für die Reise ins Jenseits. Einen nicht geringen Schönheitssinn der Bewohner verraten die mancherlei Schmuckgegenstände, eine nicht minder große Geschicklichkeit die Steinwerkzeuge, unter denen der je nach Verwendung zum Schlagen, Stemmen, Schneiden, Bohren usw. verschieden und praktisch gestaltete Keil, das Universalwerkzeug der Steinzeit, hervorragt, ebenso die noch ohne Drehscheibe mit Hilfe von Formhölzern aus Ton verfertigten Gefäße und Schalen mit ausdrucksvoll verzierten Tiefstrichlinien.

Jagd und Fischfang waren schon in grauer Vorzeit die Hauptnahrungszweige der Bewohner. Knochenreste verschiedener Fundstellen lassen aber in der Steinzeit Pferd und Rind, Schaf und Schwein, vielleicht auch die Ziege als gezähmte Tiere für den wirtschaftlichen Hausbetrieb erkennen. Steinerne Hand- oder Quetschmühlen zum Zerreiben von Getreide weisen auf den Anbau unserer landläufigen Feldfrüchte, vornehmlich Hirse, Gerste und Weizen, neben dem Genuß wildwachsender Früchte hin. Wieweit man aus einem aus der Steinzeit erhaltenen Weberschiffchen auf die Verarbeitung von Schafwolle zum Gebrauch von Kleidungsstücken neben den sonst üblichen Tierfellen schließen darf, ist unsicher. Jedenfalls gab es ein irgendwie selbständiges, gewinnbringendes Gewerbe noch nicht. Alles blieb in dem Rahmen einer einfachen Hausindustrie, bei der jeder sein eigener Handwerker war. Einen gewissen Handelsverkehr mit benachbarten und selbst entfernten Völkern vermittelte neben anderen Gegenständen besonders der Bernstein, der meist den friesischen Nordseeinseln und der Westküste Schleswig-Holsteins entstammte. In Mecklenburg selbst ist die Bernsteinfischerei, wenn überhaupt, wohl nur sehr gering gewesen. Überall aber galt dieses kostbare Harz als eines der gesuchtesten Handelsobjekte. Schon Homer (Odyssee 15, 460) weiß davon zu erzählen. Frühzeitig entstand bei den Kulturvölkern des Altertums, wo man seine nordische Heimat nicht kannte, besonders bei den Phöniziern, die ihn nach dem Orient brachten, die Sage von einem bernsteinführenden Fluß. Die Elbe nur kann diese Bezeichnung mit Recht beanspruchen.

Der Bernstein war es auch, der im gegenseitigen Austausch von Produkten die ersten Metallwaren in die Länder der Ost- und Nordsee brachte. Bald ersetzte die Bronze in vielen Dingen den Stein, und zu der Einfuhr fertiger Gegenstände trat eine eigene inländische Produktion durch Rohmaterial, das chemischen Analysen zufolge meist den österreichischen Alpen entnommen sein mag. In Formen von Sandstein wurden im Gegensatz zur Schmiedearbeit des Südens die neuen Gerätschaften im Norden gegossen. Reich sind alle Museen an Bronzefunden, seien es nun die verschiedensten Waffen und Hausgeräte oder

Schmuck und Ziergegenstände, unter denen die kostbaren schweren Armspangen (zwei Spiralscheiben mit starkem Bügel), wohl Abzeichen von Häuptlingen und Führern des Volkes, in die Augen fallen. Gleichviel, was von alledem von auswärts stammt oder im Lande selbst gefertigt ist: sicherlich zeigt auch in Mecklenburg die sog. Bronzezeit um die Wende des 1. und 2. vorchristlichen Jahrtausend einen Höhepunkt in der arischen Kultur. Die ganze Lebenshaltung wurde eine höhere, der Kunstsinn feiner. Selbst ein Teil der alten Tongefäße mußte bronzenen Schalen mit einer reichen strich- und spiralförmigen, manchmal auch figürlichen Ornamentik weichen, und es ist wohl anzunehmen, daß es bereits besonders geschickte Meister der Bronzetechnik gab, auch wenn die Zeit für einen eigenen Gewerbebetrieb noch nicht gekommen war.

Durch Verbesserung der Gerätschaften aus Metall war auch die Bodenbearbeitung erleichtert, doch blieb der mehr oder minder nomadisierende Zustand der germanischen Stämme bis in die historisch beglaubigte Zeit ein nicht geringes Hemmnis für die Entwicklung eines geregelten Feldbaus. Der Import fertiger Bronzesachen, ebenso die Herbeischaffung der Rohstoffe für die einheimische Fabrikation wies dem Handel neue Wege und Ziele. Manche Funde bekunden in Form und Verzierung sogar orientalische Herkunft, andere wieder zeigen den noch von alters her bestehenden, auf Volksverwandtschaft beruhenden Zusammenhang mit Dänemark und den nördlichen Ländern, noch andere weisen nach Westen an den Rhein zu den Kelten. Sicherlich aber waren es meist auswärtige Händler, die diese Artikel brachten und Bernstein oder Felle dagegen eintauschten. Der Germane selbst war offenbar noch wenig geschickt für den Handel und ließ mehr die fremden Händler zu sich kommen. Neben Bronze galt auch gelegentlich Gold als Tausch- und Zahlungsmittel: das lassen verschiedene, in einer Schmuckdose gefundene und gebogene Goldstangen vermuten, die als abgeschnitten und nach Gewicht und Maß berechnet erscheinen.

Als würdige Nachkommen der Steinzeitleute erwiesen sich die bronzezeitlichen Bewohner in der Errichtung von dolmenähnlichen Grabstätten, den sog. Kegelgräbern, die man ebenfalls heute noch zahlreich im Lande antrifft. Es sind kegelförmige, mehrere Meter hohe

Erdschüttungen, in denen der Tote meist in einer Art Holzsarg und eingehüllt in ein wollenes Gewand, wie er es zu Lebzeiten getragen hatte, beigesetzt wurde. An manchen, durch den Säuregehalt des Eichenholzes erhaltenen Leichen sind noch Wollreste der Totenbekleidung und Stücke von der Umhüllung der Beigaben, sowie Lederstreifen von Gürteln der Schwertscheiden gefunden worden, ein Zeichen, daß sich die Weberei offenbar schon weiter entwickelt und sich ihr auch die Kunst des Gerbens beigesellt hatte. Aber auch hier tritt wie in der Steinzeit zu der charakteristischen großartigen Bestattungsform eine viel einfachere in der Art der Skelettgräber; und – was bisher noch nicht gebräuchlich war – bald zeigen sich auch die Anfänge des Leichenbrandes, selbst in Kegelgrabstätten, in denen zuweilen von einem Hauptgrab mehrere Nebengräber mit Leichenbrand, wohl für das Hausgesinde, abgetrennt sind. Ob und inwieweit zur Sitte des Leichenbrandes die durch die Bronzetechnik gestiegene Verwendung und Wertschätzung des Feuers beigetragen hat, entzieht sich unserer Kenntnis.

Einen großen Nachteil bedeutet diese Wandlung der Totenbestattung für die Erforschung der nächsten Jahrhunderte. Wurden auch anfangs die Reste der verbrannten Gebeine noch sorgsam gesammelt, gereinigt und in den Urnen geborgen, so blieben sie bald, mit Asche und Kohle vermengt, an der Brandstätte liegen. Die Urnen selbst, die nur spärliche, auch halbverbrannte Beigaben enthalten, wurden wenig unter der Erde beigesetzt, selten durch Steinpackungen geschützt und nicht gekennzeichnet. So ist der größte Teil dieser Urnenfelder – früher fälschlich Wendenfriedhöfe genannt – im Laufe der Zeit durch den Pflug zerstört, ihre Ausbeute gering und lückenhaft geworden. Daher bieten sich in den letzten Jahrhunderten vor Beginn unserer Zeitrechnung und weiter hinein bis in die Wendenzeit besondere Schwierigkeiten für die vorgeschichtliche Forschung.

Damals fand, wenn auch zunächst noch in spärlicher Menge, das Eisen seinen Weg nach Mecklenburg, anfangs unter dem Einfluß der wahrscheinlich über Pommern eindringenden Hallstatt-, später durch die von Böhmen her auf dem Wege der Elbe vermittelte gallische La-Tène-Kultur. Wenig aber ist aus dieser Veränderung über die weitere Kulturentwicklung von Land und Volk zu entnehmen. Anscheinend vermochte sich das Eisen gegenüber der Bronze, die für die heimische Produktion auch weiterhin vorherrschend blieb, noch nicht durchzusetzen. Zudem werden die Funde immer spärlicher. Ebenso wenig fällt der nur in einzelnen Bruchstücken erhaltene Reisebericht des Pytheas von Massilia ins Gewicht. Von den Bewohnern der Ostseeküste weiß dieser Seefahrer, der um 330 vor Chr. eine Reise zum Bernsteinland, d. h. wohl der Westküste Schleswig-Holsteins, unternahm, nichts zu berichten. Dunkel bleiben für unser Land auch die Wanderungszüge germanischer Völkerscharen, vornehmlich der Kimbern und Teutonen, im 2. vorchristlichen Jahrhundert. Teile dieser Stämme mögen mecklenburgischen Boden bewohnt oder ihn auf ihren Wanderungen durchzogen haben. Auch unter den Scharen des Ariovist, die dieser um die Mitte des 1. vorchristlichen Jahrhunderts über den Rhein nach Gallien führte, mögen sich frühere Bewohner unseres Landes befunden haben. Denn wahrscheinlich waren schon lange vorher swebische Völkerschaften, unter ihnen besonders Semnonen und Langobarden, im Süden und Südwesten von Mecklenburg heimisch, während im Nordwesten wohl die sächsischen Reudinge, in der Mitte und im Osten Teutonen und Warnen wohnten. Mehr aber als die bloßen Namen, und auch diese nur unsicher, ist von keinem der damaligen Stämme bekannt. Jede genauere Lokalisierung sowie eine völlige ethnographische Bestimmung aller Bewohner ist unmöglich.

Eines aber schufen die genannten Wanderungen auch für die Ostseeländer, die Verbindung mit dem römischen Reich und dessen Kultur. Es ist zwar ungewiß, wann und wie die frühesten Berührungen dieser Art stattgefunden haben. Sicherlich betraten schon vor den Kämpfen zwischen Römern und Germanen vereinzelte wagemutige römische Kaufleute und Händler den Weg in unser Land. Die eigentlichen Vermittler römischen Einflusses jedoch wurden um Beginn unserer Zeitrechnung die Markomannen, die damals von Marbod in dem bisher keltischen Böhmen zu einem großen Reich zusammengefaßt wurden. Marbods Herrschaft erstreckte sich schließlich nach Unterwerfung der Nachbarvölker bis an die Ostsee. Auf diesem Wege gelangte nun unter dem stetig wachsenden Strom römischer Kaufleute auch die römische Kultur nach Mecklenburg. Ein zweiter Zug, von Westen her, scheint demgegenüber im ganzen ziemlich belanglos und zwar deswegen, weil die noch jungen Erfolge römischer Waffen in Westgermanien ziemlich jäh durch die Befreiung der Germanen in der Schlacht im Teutoburger Wald (9 n. Chr.) unterbrochen wurden.

Die sich nun wieder mehrende Anzahl gut erhaltener Bodenfunde im Lande, darunter bronzene Gefäße, Tiegel, Schalen, Kannen und anderes Tischgerät, von dem manches noch den römischen Fabrikstempel trägt, ebenso bronzene Schwerter und Messer, sowie Glasperlen, Nadeln und sonstige Gebrauchs- und Schmuckgegenstände, vornehmlich auch römische Schlüssel und Münzen, zeigen ihre italische Herkunft, und die mecklenburgischen Bewohner fanden offenbar auch an all dem Zierrat und Schmuck, den die römischen Händler ins Land brachten, viel Gefallen. Beziehen sich auch die Schilderungen eines Cäsar und Tacitus über die Zustände der alten Germanen in erster Linie auf die westlichen und südwestlichen Stämme, so dürfen wir doch in das von diesen Männern entworfene Bild ohne Bedenken die damaligen Bewohner unsres Landes miteinbeziehen. Besondere Eigentümlichkeiten, deren es auch bei den mecklenburgischen Germanen sicherlich gegeben hat, sind uns allerdings nicht bekannt.

Wohl der größte Gewinn aus der Verbindung mit Rom war der fortab steigende Gebrauch des Eisens in den Ostseeländern, wo, wie schon bemerkt, die Hallstatt- und La-Tène-Kultur wegen zu geringer Verbreitung keine wesentlichen Veränderungen hervorgerufen hatten. Nun erst findet hier recht eigentlich das Zeitalter der Bronze sein Ende, und das Eisen gewinnt ihr gegenüber an Verbreitung, wenigstens hinsichtlich der Waffen und Hausgeräte, während bei Schmuckgegenständen die Bronze den Vorzug behält. Auch die wiederauflebende Sitte der Totenbestattung gegenüber dem Leichenbrand ist offenbar auf römischen Einfluß zurückzuführen.

Jedoch ist die römische Kultur in ihrer Einwirkung auf die einheimische Produktion in Mecklenburg und anderen ostelbischen Ländern nicht mehr zur vollen Entfaltung gekommen. Die sich immer mindernde Zahl der Urnenfelder der folgenden Zeit mag bereits als bedeutsames Zeichen für die tiefgreifenden Veränderungen gelten, von denen auch Mecklenburg in Bälde betroffen wurde. Schon gegen Ende des 2. nachchristlichen Jahrhunderts traten die Wanderungen germanischer Stämme östlich der Elbe in ein neues Stadium. Zwar mögen uns aus

Mangel an historischen Nachrichten die vorhergehenden Jahrhunderte als eine Art Ruhepause in diesem schon früher beobachteten Wandlungsprozeß der Germanenwelt erscheinen, tatsächlich nahmen die Wanderungen nunmehr einen ganz außerordentlichen Umfang an. Bevölkerungszuwachs bei einem darauf nicht berechneten Wirtschaftssystem, innere Unruhen und Kriege, die Sehnsucht nach einer neuen, besseren Heimat gaben die Ursache dafür ab. Den Anfang machten wohl die gotischen Völker, die von der Weichsel zum Schwarzen Meer aufbrachen. Ihrem Beispiele folgend, zogen noch im 2. Jahrhundert swebische Stämme aus, so die Markomannen aus Böhmen nach Pannonien, die Semnonen aus Brandenburg nach Schwaben und dem Elsaß, wo sie den Grundstock der Alemannen abgaben, die Langobarden von der unteren Elbe nach Brandenburg und später weiter über Pannonien nach Oberitalien. Vom Mecklenburger Land wurde durch diese Wanderungen der Süden und Südwesten betroffen. Andere gotisch-wandalische und swebische Völker rückten nach, wie die Heruler, Gepiden, Burgunder usw. Fast aber scheint es, als sei die mecklenburgische Ostseeküste von der allgemeinen Bewegung weniger ergriffen worden. Weder von Jütland her gedrängt, von wo der Zug wandernder Scharen meist längst der Elbe vorüberglitt, noch von Pommern und Preußen her, von wo die abziehenden Stämme sich sogleich südwärts wandten, scheinen sich die Warnen im Mecklenburgischen wie in einer Art neutralem Gebiet befunden zu haben. Denn noch zu Beginn der 6. Jahrhunderts stieß eine Schar Heruler auf ihrem Rückzug aus Pannonien nach ihrer alten nordischen Heimat Skandinavien an der Ostseeküste auf die Warnen. Waren doch auch die Lebensbedingungen auf dem im ganzen fruchtbaren Boden Mecklenburgs durchaus günstig und zur Abwanderung wenig bestimmend. Vorher hatten die Heruler weite, öde Strecken Landes durchzogen. Brandenburg und andere Länder waren offenbar weit mehr entvölkert als Mecklenburg. Hier gab anscheinend erst der Ansturm der Slawen die Veranlassung zum Aufbruch nach Südwesten, wo die Warnen später mit den Thüringern verschmolzen.

Wenig genug zwar vermögen uns diese vereinzelten Daten über unser Land zu sagen, garnichts über die inneren Verhältnisse. Für die geschichtliche Forschung gleicht Mecklenburg in den nächsten Jahrhunderten einem unbeschriebenen Blatt. Als dann zur Zeit Kaiser Karls des Großen ein erster Lichtstrahl in das ostelbische Dunkel fällt, da ist auch Mecklenburg gleich allen anderen Ländern zwischen Elbe und Weichsel aus einem germanischen zu einem slawischen Besitztum geworden.

Zweiter Abschnitt

Die Wendenzeit

(Bis zur Mitte des 12. Jahrhunderts)

Die erste geschichtliche Periode Mecklenburgs beginnt in einem Zeitpunkt, da einer der Gewaltigen der Geschichte den Stempel aufdrückte, Karl der Große, um das Jahr 800. Dieser war nach der Unterwerfung des Sachsenlandes zum unmittelbaren Grenznachbarn der Slawen geworden, die einstmals während der Völkerwanderung ganz Ostelbien nach dem Abzug der dort bisher heimischen Germanen besetzt hatten. Vornehmlich obotritische, wilzische und sorbische Völkerschaften wohnten zwischen Elbe und Oder, Nachkommen der von Tacitus irrtümlich zu den Germanen gerechneten slawischen Veneter an der Weichsel. Als „Wenden" wurden sie später von den Germanen bezeichnet, ein Name, der wohl weniger auf ihre wirtschaftliche Kulturstufe als die „Weidenden" abzielt, vielmehr nur die deutsche Nachbildung des lateinischen Wortes Vanetae oder Veneti ist.

Wie sich die slawische Besiedlung im einzelnen vollzogen hat, wissen wir nicht. Keine Geschichte, kein Lied, kein Heldenbuch berichtet von ihr. Um das Jahr 600 bereits mag sie auch für Mecklenburg vollendet gewesen sein. Fast kampflos wohl mußten die zurückgebliebenen winzigen Reste der Germanen den neuen Ankömmlingen das Land überlassen; wo nicht, so wurden sie unterworfen oder verjagt. Quer durch Mecklenburg von der Ostsee südwärts zog sich die Grenze zwischen Obotriten und Milzen. Vom Fulgenbach an die Warnow oberhalb Bützow, sodann die Mildenitz stromaufwärts in Richtung zum Plauer See mag sie verlaufen fein. Westwärts davon wohnten ganz oder doch teilweise auf mecklenburgischem Boden die obotritischen Rereger (um Wismar und Schwerin), die Warnaben (an der oberen Warnow) und die elbanwohnenden Polaben (um Ratzeburg, Lauenburg und Boizenburg), ostwärts die wilzischen Kessiner, Circipaner, Tollenser und Redarier, von Norden (Rostock und Ribnitz) nach Süden bis über das Stargarder (Strelitzer) Land. Auch von den Bethenzern, Smeldingern und Müritzern – wahrscheinlich an der Sude, der Elde und der Müritz – wissen die Schriftsteller noch zu berichten, doch ist es unsicher, ob man in ihnen selbständige Stämme oder nur besondere Gaue anderer – obotritischer bezw. wilzischer – Völkerschaften zu verstehen hat. Auch das östliche Holstein mit der Halbinsel Wagrien, vielleicht auch noch die Priegnitz waren von Obotriten, den Wagnern bezw. den Linonen, bevölkert. Doch lag ihre Hauptstärke auf mecklenburgischem Boden, wo sie über ein halbes Jahrtausend dem Lande ihr Gepräge gegeben und ihre Macht selbst über einige östlich wohnende Wilzenstämme ausgedehnt haben. Es ist wohl keine zufällige Erscheinung, daß gerade dem heutigen mecklenburgischen Gesamtlande noch im Volksmunde der Name der Obotriten anhaftet, während der der Milzen selbst im Strelitzschen, wo sie doch alleinherrschend waren und blieben, so gut wie erloschen ist. Auch nach der Germanisierung im 12. und 13. Jahrhundert ist die Bildung des deutschen Mecklenburg als eines Einheitsstaates von dem früheren Mittelpunkt obotritischer Macht ausgegangen, und der Name der alten obotritischen Feste Wiligrad, d. h. Mecklenburg oder Große Burg, ist auf das ganze Land übertragen worden. Das eigentliche Wilzenland war weder Mecklenburg noch Vorpommern, wo ebenfalls Stämme von ihnen wohnten, sondern Brandenburg mit den Ukrern, Sprevanern, Hevellern u. a. mehr. Die Sorben in der Lausitz fallen aus dem Rahmen der mecklenburgischen Geschichte heraus.

Zweihundert Jahre waren demnach die Wenden schon in Mecklenburg ansässig, da erst traten sie allmählich in die Interessensphäre deutscher Fürsten und ihrer Chronisten, denen Ostelbien ein weltfremdes Land war und keine Erinnerung an seine einstmals urgermanische Eigenart bot. Sie war selbst bei den Slawen erloschen. Wohl mochten dieses eine ganze Anzahl altgermanischer Siedlungen, Burgen wie Dörfer, übernommen und mit charakteristischen Namen benannt haben. Schon die Bezeichnung der Burg Stargard, d. h. alte Burg, läßt darauf schließen, daß sie bereits von den Wenden vorgefunden wurde. Ähnlich steht es mit anderen Ortsnamen. Zahlreicher und wichtiger aber sind offenbar ihre Neugründungen, wobei sie die sog. Rundlingsform bevorzugten. Um einen kreisrunden oder ovalen, mit den charakteristischen Dorfzeichen von Anger, Teich und Linden versehenen Platz gruppierten sich die einzelnen Gehöfte. Zu ihm führte von der Landstraße her nur ein Eingang, der zugleich den Ausgang bildete. Hinter den Gehöften dehnten sich die Gärten und, von diesen durch Hecke und Graben getrennt, die Feldmark. Die Häuser, die aus Holz und Flechtwerk mit Lehmbewurf, Stroh- oder Rohrdach hergestellt waren – denn der Steinbau blieb den Wenden unbekannt – lagen zumeist mit der Giebelseite nach dem Dorfplatz zu. Noch heute hat sich an manchen Stellen die Rundlingsform als der ursprüngliche Kern des Dorfes erhalten, der sich nach der Germanisierung im Lauf der Jahrhunderte in deutschem Gewande zu einem viereckigen Haufen- oder Straßendorf erweitert hat. Familien- und Sippengemeinschaft sowie Sicherungsmaßnahmen gegen äußere Feinde haben jene charakteristische Dorfanlage verursacht. Wo aber die Natur- und Bodenverhältnisse für eine solche Bauart wenig günstig erschienen, griff man auch wohl zu einer andern, dem deutschen Straßendorf ähnlichen Form.

Bei der Benennung der Wohnorte – meist mit den Endungen ow, itz, in – zeigten die Wenden ein großes Verständnis und tiefes Empfinden für den inneren Zusammenhang von Name und Siedlung. Fast immer steht der Name in einer Beziehung zur Lage des Ortes, sei es, daß er an die dortige Beschaffenheit des Landes, die Tier- oder Pflanzenwelt, den Verkehr, ein Gewerbe oder auch an eine Person erinnert, die mit dem Orte in irgendwelcher, für uns heute nicht immer mehr erkennbaren Verbindung stand. Die meisten Namen haben sich, wenn auch in verdeutschter Form und Aussprache erhalten bis auf den heutigen Tag in unsern Dörfern und auch den Städten, die meist an wendische Dorf- und Burgsiedlungen anknüpfen. So bedeuten z. B. Jlow und Gliencke „Lehmort“, Brenz, Lankow u. a. „Sumpfort“, Rostock „Gewässerauflösung“ (mit Bezug auf den Breitling), Schwerin „Tierort“, Teterow „Auerhahnort“, Ribnitz „Fischort“, Vipperow „Eberort“, Warbelow „Sperlingsort“; Pinnow „Baumort“, Dambeck und Damm „Eichenort“, Grabow u. a. „Buchenort“, Jabel „Apfelbaumort“, Grüssow „Birnbaumort“; Broda „Fährort“, Plau „Flößort“; Rattey u. a. „die Ackerbauer“, Kogel u. a. „die Schmiede“, Strelitz „die Schützen“; Malchow „Ort des Miloch“ usw. Selbst bei altgermanischen Siedlungen, deren die Wenden bei ihrer Einwanderung sicher eine ganze Anzahl übernahmen, zeigt sich diese Eigenart. Denn der Name „Stargard“, d. h. „alte Burg“, läßt, wie erwähnt, auf eine bereits von ihnen Vorgefundene germanische Feste schließen, der sie nunmehr diesen durchaus passenden Namen beilegten. Eine ähnliche Bewandtnis mag es mit „Wiligrad", dem heutigen Mecklenburg, d. h. „große Burg", und „Belgard", dem heutigen Wittenburg, d. h. „Helle, weithin sichtbare Burg" gehabt haben.

Der ganzen Dorfanlage entsprechend war der Wirtschaftsbetrieb ursprünglich wohl kommunistischer Art, d. h. das Ackerland war Gemeindegut und nur Haus, Hof und Garten Eigenbesitz. Die Verteilung der Ackerflur an die Bauern, die Verwaltung des Dorfvermögens und auch die Aufsicht über den gesamten Wirtschaftsbetrieb lagen in der Hand eines Dorfältesten, des sog. Starosten. Söhne und Enkel pflegten später durch Teilungen der alten Ackerflur und Neubesiedlung bisherigen Brachlandes unter einem neuen Starosten weitere kleinere und größere Kommunionen zu begründen.

Noch in geschichtlicher Zeit sind die Grundzüge dieses alten Dorfkommunismus erkennbar, Reste davon haben sich bei den Südslawen bis zum heutigen Tag erhalten. Doch hatten sich wohl schon zur Zeit Karls des Großen bedeutende Wandlungen vollzogen, vornehmlich in der sozialen Stellung der Dorfinsassen zum Dorfältesten. Aus ihm war mit der Zeit durch Vererbung des Amtes in seiner Familie, durch Stärkung seines Ansehens und Vermögens nicht selten ein Beherrscher des Dorfes und seiner Bewohner, ein Gutsherr geworden, dem auch die ganze Dorfflur zu eigen war. Verschwindend klein blieb schließlich nur die Zahl der freien Bauern, die das ihrem Hof zugewiesene frühere Gemeindeland als Eigentum erworben hatten. Die meisten waren in ein mehr oder weniger abhängiges Verhältnis zu einem Gutsherrn geraten. Von ihnen waren die sog. Kmeten zwar persönlich frei, hatten aber an dem Ackerland keine Erbrechte, sondern nur die Nutznießung und waren gewissermaßen Zeitpächter eines Grundherrn, dem sie zur Zahlung eines Pachtzinses, des sog. Wozog, sowie zur Leistung von Hand- und Spanndiensten und anderen Auflagen verpflichtet waren. Ihre scheinbare Freiheit aber erlitt dadurch einen gewaltigen Mißton, daß sie jederzeit von ihrem Herrn entlassen werden konnten, sich diesem also, wenn sie ihren Lebenserwerb behalten wollten, unterwürfig erweisen und in sklavischer Ergebenheit zu Willen sein mußten. So war der Schritt von ihrer Stellung zu der eines Smurden nicht mehr groß. Diese waren ohne persönliche Freiheit ganz und gar der Willkür ihres Herrn preisgegeben und fristeten als Ackerknechte, Fischer, Jäger u. dergl. ein nur kümmerliches Dasein, indem sie sich nicht sonderlich mehr von den vielen leibeigenen Kriegsgefangenen und gemachten Sklaven unterschieden. So ist es denn durchaus begreiflich, daß, als die Wenden in unseren Gesichtskreis traten, bereits die größere Masse der Landesbewohner sich in höriger Stellung befand.

Diese soziale Wandlung hatte auch eine Veränderung der politischen Zustände im Gefolge. An die Stelle der früheren demokratischen Dorfgemeinde trat infolge der Vormacht des Adels ein aristokratisches Regiment. Mehr und mehr verschwanden die Allgemeinrechte früherer bäuerlicher Versammlungen durch den Einfluß, den die Gutsherren durch die Zahl ihrer Hörigen auszuüben verstanden. Denn eine Bemerkung des Thietmar von Merseburg (um das Jahr 1000), wo dieser von einer gewaltsamen, mit körperlicher Züchtigung verbundenen Unterwerfung eigenmächtiger und widerstrebender Elemente unter die Mehrheitsbeschlüsse spricht, kann wohl kaum anders verstanden werden, als daß diese Beschlüsse identisch waren mit dem Willen des Adels, den dieser durch die Masse seiner Klienten und durch gewalttätige Maßnahmen erzwang. Mochten sich daher die bäuerlichen Versammlungen der Form nach auch noch lange erhalten, ihre Bedeutung für das öffentliche Leben hatten sie verloren. Im Dorf- und Gutsbezirk war der Wille des adligen Herrn ausschlaggebend.

Manche der früheren Starosten gewannen auch über mehrere, besonders neugegründete Dörfer die Herrschaft, schließlich über einen ganzen Bezirk oder Gau. Sie nahmen ihren Wohnsitz in einer von den unfreien Dorf- und Gaubewohnern errichteten Burg. Gewiß gab es Burgbezirke und Gaue schon in früherer Zeit. Sie dienten aber nur militärischen Zwecken eines Landes- und Volksschutzes und bezeichneten den Umfang einer Volksgruppe, deren Zusammengehörigkeit sich schon vor oder in der Einwanderungszeit herausgebildet hatte. Eine oder auch mehrere Burgen, durch welche die für alle Bewohner pflichtgemäße Landesverteidigung ihren äußeren Ausdruck fand, boten genügend Sicherheit, in Fällen der Not auch Zuflucht für die Bevölkerung des Bezirkes und ihr Vieh. Häuptlinge oder führende Männer, ohne die sich die Einwanderung kaum denken läßt, doch ohne alle tyrannisch-despotischen Machtbefugnisse, hatten in den Burgen ihren Wohnsitz, ebenso auch die einzelnen Stammesgottheiten. Mit der Zeit aber faßte auch hier der Adel festen Fuß. Als Herr über mehrere Dorffluren war aus dem ursprünglichen Starosten ein Burg-, in weiterem Sinne ein Gaufürst geworden. Als einen solchen hat man sich z. B. den in Karls des Großen Wendenkämpfen genannten Dragovit im heutigen Brandenburg vorzustellen. Will man nun noch – und es ist wohl kaum anders möglich – unter den Dorf-, Burgbezirks- und Gauhäuptlingen unterscheiden, so gab es innerhalb des Adels selbst noch mancherlei Abstufungen. Ein weitverzweigter Adelsstand, bestehend aus zahlreichen bevorrechtigten und bevorzugten Familien, war geschaffen, und in ihm lag in der geschichtlichen Zeit der Wenden bereits die politische Landesgewalt für die einzelnen Stämme und Völkerschaften. Der Gauhäuptling (Supan) hatte seinen Wohnsitz in der Hauptburg des Gaues. Nach der Angabe eines bayrischen Mönches um das Jahr 900 bestanden bei den Obotriten etwa 50, bei den Wilzen etwa 100 solcher Gaue. Wie viele davon auf Mecklenburg entfielen, ist unsicher, von den obotritischen etwa wohl die Hälfte, von den wilzischen weniger. Außer der Hauptburg gab es in den einzelnen Gauen auch Nebenburgen. Inwieweit deren Bezirke noch wieder politische Unterabteilungen innerhalb des größeren Gaues ausmachten, ist nicht bekannt. Die Grenzburgen besonders mögen für die Verteidigung des Landes noch eine besondere Bedeutung gehabt haben und stärker als die inländischen befestigt gewesen sein.

Von dem Bau der Burgen gibt uns ein arabischer Reisender, namens Abraham Jakobson, der sich wahrscheinlich im Jahre 973 bei einer Gesandtschaft des Kalifen von Cordoba an den Hof Kaiser Ottos des Großen nach Merseburg befand und bei dieser Gelegenheit eine Reise zu den mecklenburgischen Obotriten und den tschechischen Böhmen machte, folgende Beschreibung. „Wenn die Wenden", sagt er, „eine Burg errichten wollen, dann suchen sie einen Wiesenboden, der reich an Wasser und Riedgras ist, und stecken da einen runden oder viereckigen Platz ab, nach der Form und dem Umfang, den sie der Burg geben wollen. Dann graben sie um denselben einen Graben und häufen die ausgegrabene Erde auf. Mit Brettern und Balken wird diese Erde so fest zusammengestampft, bis sie die Härte von Pisee (Stampfbau) erreicht hat. Sobald die Mauer bis zu der beabsichtigten Höhe aufgeführt ist, wird an der Seite, welche man dazu auserwählt, ein Tor abgemessen und von diesem aus eine hölzerne Brücke über den Graben gebaut." Durch große Sümpfe führte vom festen Lande aus zur Burg ein Bohlenweg, der aber leicht verteidigt und im Falle der Not schnell durchstochen werden konnte. Kasemattenartige Höhlen im Wall dienten als Wohnungen für Knechte und Diener. Bekannte Burgen in Mecklenburg waren z. B. bei den Obotriten das schon genannte Wiligrad, dazu Schwerin, Dobin, Jlow u. a., bei den Kessinern Werle, den Redariern Stargard und Rethra. Mehrere Burgen zusammen bildeten zum Zweck der Landesverteidigung auch wohl eine Art Burgwallinie, so besonders bei den Obotriten die genannten vier: Jlow – Wiligrad – Dobin – Schwerin. Noch heute sind bemerkenswerte Reste mancher dieser Burgen, so besonders der von Mecklenburg, erhalten. Vor Jahren gedachte sich der Herzog Johann Albrecht dort ein Schloß zu erbauen, wählte aber, da sich der Ort als nicht zweckdienlich erwies, einen anderen Platz (am Nordrand des Schweriner Sees) und nannte seinen Fürstensitz „Wiligrad".

Über diese aristokratische Gauverfassung sind die Wilzen offenbar nicht hinausgekommen. Anders die Obotriten. Bei ihnen nahm, wenigstens zeitweise, das monarchische Prinzip, feste Gestalt an. Schon zu Karls des Großen Zeit war hier die fürstliche Gewalt ausgeprägt, die einer immer größeren absoluten Macht zustrebte. Mit Fürst Witzan schloß der Frankenkönig ein Bündnis, auch wenn der Wende in Karls Augen keineswegs eine ihm ebenbürtige Stellung einnahm; ihn entbot Karl zu sich mit einem Aufgebot seiner Obotriten, ihm, wie seinem Nachfolger übertrug er den Kampf gegen die Feinde des Frankenreiches. Der schon genannte arabische Reisende bezeichnet den Obotritenfürsten Nacco auf Burg Wiligrad als den König der nordwestlichen Slawen und vergleicht ihn mit drei andern mächtigen slawischen Königen. Der Herrscher der Obotriten, in ihrer Sprache Knese genannt, war das tatsächliche Haupt aller Obotritenstämme geworden. Ihm waren die Starosten und Supane Untertan; sie waren zu seinen königlichen Beamten geworden; er war der oberste Richter, der Führer des Heerbanns im Lande, er auch der erste Grundherr, dem der gesamte Boden gehörte. Ihm gebührte der Wozog, ihm die Brücken-, Markt- und Wegzölle. In ihm verkörperte sich die gesamte öffentliche Gewalt des Landes. Die festeste Stütze gab seinem Throne aber das schon bestehende Erbrecht. Zwar wurde dieses gelegentlich durch den Einspruch des Sachsenherzogs oder auch vom Adel bei durchaus mißliebigen Herrschern durchbrochen, und ersterer bestimmte oder letzterer wählte, wenn durch Mord oder Verbannung der Thron vorzeitig und gewaltsam erledigt war, alsdann wohl ein Mitglied einer andern Adelsfamilie. So geschah es z. B. noch bei dem letzten, bekanntesten Fürsten Niklot im 12. Jahrhundert. Sonst aber hatte sich die Erbfolge von Vater auf Sohn, bezw. Bruder oder nächsten Verwandten durch Gewohnheit festgesetzt, und das Recht der Wahl, das offenbar noch immer dem Adel und den Großen im Reiche zustand, war nur noch Formsache, wenn anders es überhaupt noch geübt wurde.

Das wirtschaftliche und besonders das gewerbliche Leben der Wenden stand auf keiner hohen Stufe. Offenbar trat für die ostelbischen Länder mit dem Abzug der Germanen und dem Einbruch der Slawen ein kultureller Rückschritt ein. Wegen der ausschließlichen Benutzung eines hölzernen Pfluges, der nur leichten Boden zu lockern vermochte, war ein intensiver, ertragreicher Feldbau unmöglich. Jeder größere selbständige Gewerbebetrieb fehlte, und die Einfuhr vom Auslande, früher von Byzanz und Arabien, später auch von den germanischen Ländern, mußte den Mangel eigener Produktion ersetzen. Die Handelsorte – in Mecklenburg z. B. das von den Dänen benannte Rerik in der Nähe des heutigen Wismar, in Pommern Julin, d. i. Wollin, und Stettin – waren hauptsächlich nur Stapelplätze auswärtiger Kaufleute. Erst durch die wachsende Verbindung mit den germanischen Völkern scheint sich, wie vorher schon bei den südlichen, auch bei den nördlichen Slawen ein größerer Handelsverkehr angebahnt zu haben, bei dem diese – anfangs als Tausch gegen Metall, Leinwand, Tuch, später auch gegen Geld, unter Otto dem Großen vornehmlich vermittelst der Adelheidmünzen – außer Fellen, Heringen, Pferden und Honig besonders Sklaven anboten. Denn die Jagd auf wilde Tiere, selbst Wölfe und Bären, die damals noch stark im Lande hausten, der Fischfang in der Ostsee und den vielen Landseen, die Bienenzucht, die später deutsche Könige und Markgrafen Wachs und Honig als Tribute einfordern ließ, und der Sklavenhandel waren wendische Haupterwerbszweige. Bedeutete doch der Name Slawe (oder Sklave) anderswo, besonders bei den Germanen, sehr bald soviel als ein für Geld gekaufter Knecht. Überall wurden sie verhandelt und gut bezahlt. Helmold berichtet, daß noch zu Heinrichs des Löwen Zeit, als dieser den Wenden ihre Raubzüge gegen die feindlichen Dänen gestattete, soviel Sklaven als Beute eingebracht wurden, daß an einem Tage in der Feste Mecklenburg allein 700 zum Verkauf standen. –

Den religiösen Vorstellungen der Wenden lag augenscheinlich der große Dualismus von gut und böse, von Licht und Finsternis, wie er in allen Religionen des Altertums widerklingt, zugrunde. „Sie glauben nämlich“, sagt Helmold, „alles Glück werde von einem guten, alles Unglück aber von einem bösen Gotte gelenkt.“ Der gute Gott ist Belbog (der helle, weiße), der böse dagegen Czernebog (der finstere, dunkle). In den belebenden und den zerstörenden Naturkräften zeigt sich ihr Wirken, die ganze Natur ist von diesen beiden höchsten Wesen beseelt. Ob beide früher einmal oder noch immer miteinander im Kampf waren oder einer von ihnen als der Stärkere gesiegt hatte, das läßt sich nicht mehr erkennen. Soviel jedoch ist gewiß, daß das Böse dem Guten gegenüber noch eine furchtbare Macht hat und keineswegs etwa als von jenem überwunden gilt. Manchmal will es sogar scheinen, als ob das Gegenteil der Fall sei und ein gewisser pessimistischer Gedanke die Religion der Wenden durchziehe. Die Furcht ist gleichsam das Leitmotiv, der Grundzug im religiösen Empfinden und Denken der Wenden. Ein Glaube an den Sieg des Guten ist nicht ausgeprägt. Dieser Mangel einer sittlichen, über das Böse schließlich doch triumphierenden Weltordnung bildet zugleich die innere Schwäche, an der das Wendentum später vor dem die Idee des Guten als Endziel verkörpernden Christentum zu Fall kommen mußte.

Wie allen heidnischen Religionen die rechte Erkenntnis und Erfassung Gottes als eines Geistes fehlt und sie daher am Sinnlichen haften, so löste sich auch bei den Wenden die bildliche Darstellung ihres Gottesglaubens in eine Reihe von Einzelgestalten auf. Wahrscheinlich hatten die meisten Stämme schon in ihrer russischen Heimat, besonders aber in der Zeit der Wanderungen ihre eigenen Götter, deren Verehrung sie nach ihrer Seßhaftwerdung behielten. So gab es bei den holsteinischen Wagnern den Prove in Oldenburg, den Podaga in Plön, bei den Hevellern in Brandenburg den Gervit, bei den Pommern den Triglav, bei den Kessinern den Goderac. Doch gewannen nunmehr einige unter ihnen eine größere, über den eigenen Gau hinaus auf benachbarte Stämme und Völkerschaften übergreifende Bedeutung. Das galt vornehmlich von Radegast und Swantewit, den ursprünglichen Stammesgöttern der Redarier im Lande Stargard bzw. der Ranen auf Rügen. Des Radegast Tempel war in Rethra, das, geschützt durch Wasser und Sümpfe, wohl auf der Fischerinsel bei Wustrow im Tollensesee (südlich von Neubrandenburg in Mecklenburg-Strelitz) zu suchen ist. Wald bedeckte das ganze Gefilde, so daß von außen nichts zu erkennen war. „Eine hölzerne Brücke", sagt Helmold, „diente zum Übergang, der jedoch nur denen, die Opfer darbringen oder die Antwort des Gottes auf vorgelegte Fragen einholen wollten, gestattet war." Vor dem eigentlichen Heiligtum war noch eine dreieckige Burg erbaut, die man zunächst passieren mußte. Ein einsamer Pfad, nach Osten und an den See weisend, führte zum Tempel, der auf einem Untergrund von allerlei Hörnern ruhte; die Außenwände waren mit Bildern von Göttern und Göttinnen verziert, im Innern waren die Standbilder vieler Götzen wiedergegeben, in der Mitte unter ihnen das des Radegast aus Gold. Man wird sich ihn als einen kraushaarigen Jüngling, ruhend auf einem purpurnen Polster, mit Helm und Harnisch vorzustellen haben. Ihm ward ein weißes Roß gehalten, das, wohl noch auf seine ursprüngliche Bedeutung als Lichtgott hindeutet und ihn als eine besondere Verkörperung des Belbog erkennen läßt. Die von Natur kriegerische Art der Wenden, vornehmlich der Redarier, stempelte ihn jedoch bald zum Kriegsgott, der in Gestalt von Kriegsfahnen und Bildern durch besondere Krieger dem Heere vorangetragen wurde. So wirkte Rethra trotz mancherlei politischer Gegensätze und Feindseligkeiten, die unter Obotriten und Wilzen fortdauerten, besonders in Zeiten gemeinsamer Not doch einigend und verbindend für die einzelnen Stämme. Ähnlich stand es mit dem Heiligtum des Swantewit in Arkona auf Rügen. Der Gott ritt, so erzählt man, bisweilen des Nachts, ebenfalls auf einem weißen Roß, gegen seine Feinde aus; morgens fand man das Tier schweißtriefend im Stalle wieder. Sein riesengroßes Bild hatte vier Köpfe, die nach den vier Himmelsrichtungen gewendet waren, um so seine Weltherrschaft anzudeuten. Er hielt in der Rechten ein mit Metall geziertes Horn, das der Priester alljährlich mit Met füllte, sein linker Arm war gebogen und in die Seite gestemmt. Nach der Zerstörung von Rethra durch Kaiser Lothar 1124/25 trat Swantewit Radegasts Erbe au. Witzen und Obotriten hatten noch etwa ein halbes Jahrhundert in Arkona einen religiösen Mittelpunkt, bis 1168 auch dieses zweite große Heiligtum sein Ende fand. Eine mehr allgemeine Verehrung genoß auch wohl die polabische Siwa, die Göttin der Ernte, die der Stadt Schwaan den Namen gegeben haben soll. Sie war die Lebenspendende und pflegte sich im Frühling in einen Kuckuck zu verwandeln, dessen Ruf im Volksaberglauben auch heute noch dem Menschen seine Lebensjahre zumißt. Die zur Zeit Heinrichs III. bei den Milzen bezeugte Fortuna ist wohl mit ihr identisch. In der Zeit der Wendenbekehrung galt sie als die größte Feindin des Christentums; sie wurde die böse Siwa. Der germanische Volksmund, der sie oder ihren Namen nicht verstand, machte daraus die „böse Sieben".

Wie weit bei den Wenden die Vorstellung von einem Leben nach dem Tode herrschte, ist schwer zu sagen. Manche Schriftsteller, wie z. B. Thietmar von Merseburg, sprechen ihnen eine solche ganz ab. Zweierlei scheint die Ansicht zu bestätigen: zum ersten die schon erwähnte ständige Furcht vor den Göttern, die sich mit dem Glauben an ein besseres Jenseits nicht recht verträgt, zum andern ihre Gleichgültigkeit und ihr Mangel an Ehrfurcht gegenüber den Gebeinen der verbrannten Leichen. Sie ließen diese nicht selten unbestattet an der Brandstätte liegen und gaben sie wilden Tieren oder der Verwitterung anheim. Doch erschien ihnen die Seele nicht als völlig sterblich. Als Gespenster zum Schaden der Lebenden, so glaubten sie, führten die Seelen der Menschen noch ein unbestimmtes Dasein. Sie möglichst zu verderben, sollte der Leichenbrand mithelfen, und um ihre noch etwa schlimmen Wirkungen abzuwehren, legte man wohl eine Anzahl Beigaben, besonders alles, was dem Toten lieb gewesen war und ihn noch nach dem Tode an dies Leben fesseln möchte, mit auf den Scheiterhaufen.

Die Verwaltung der Götterwohnungen und Tempel sowie die Pflege der Religion überhaupt geschah durch Priester, die wegen ihres

Umgangs mit den Göttern im Volke eine besondere Achtung und Ehrfurcht genossen und eine große Macht besaßen. Mit ihrer Hilfe hoffte man den Zorn der Götter abzuwenden und die Zukunft zu erforschen. Darum brachte man ihnen, besonders in Rethra und Arkona, außer den regelmäßigen Abgaben und Steuern an die Tempel auch reichliche kostbare Geschenke, vornehmlich Kriegsbeute von Gold und Silber dar; der Adel gab Ländereien, so daß die Tempel mit der Zeit reich an Geld und Habe wurden. Einzelne Personen und auch ganze Gaue opferten an bestimmten Festen, dem Maifest, der Sommersonnenwende, dem Erntedankfeste im Herbst, Speise und Trank, Feldfrüchte, Schafe, Rinder und auch Menschen (später vor allem Christen), um dadurch die Huld der Götter zu gewinnen. Den Opfern folgte ein Opferschmaus, auch Umzüge, Tanz und Spiel, zum Schluß ein großes Zechgelage, bei dem alle durch die Menge des Metes berauscht wurden. Bei der Befragung der Orakel war der Schritt des weißen Rosses besonders wichtig und vielsagend. Wenn z. B. das Tier gleichmäßig mit dem rechten Fuß über drei von den Priestern in den Boden gesteckte Speerpaare Hinwegschritt, war der Erfolg dessen, wonach man fragte, etwa eines Krieges, Raubzuges u. dergl., günstig. –

Im alltäglichen Leben der Wenden herrschte große Einfachheit und Genügsamkeit. „Gewöhnt an die dürftigste Nahrung, halten die Slawen für Genuß, was den unsern als sehr beschwerlich erscheint", sagt der Mönch Widukind von Corvey. Neben Fisch und Wildpret war das im Hause gebackene Brot die Hauptspeise, Gersten- und Honigbier (Met) das beliebteste Getränk. Als Kleidung diente meist ein wollener Oberrock und ein leinenes Untergewand, die sich der Wende teils selbst verfertigte, teils von ausländischen Händlern bezog. Den Kopf deckte ein kleiner Hut, die Füße Schuhe und Stiefel, denn barfuß zu gehen galt als Zeichen größter Armut. Im Familienleben ist trotz einer gewissen Vielweiberei doch eine eheliche Treue des Mannes und der Frau, sowie die Liebe zwischen Eltern und Kindern hervorzuheben. Besonders viele Frauen wollten oft nicht mehr weiterleben, wenn der Mann gestorben war, und gaben sich dann selbst den Tod oder ließen sich auf dem Scheiterhaufen des Mannes mitverbrennen. Daß die Ehe eine Art Kaufvertrag darstellte, bei dem der Mann dem Vater seiner Frau ein ziemlich hohes Ehegeld zahlte, ist eine sowohl slawische als auch germanische Einrichtung, die, in der Anschauung- der damaligen Zeit und des Volkes begründet, nichts Entehrendes hatte. Wer mehrere Töchter besaß, hatte den Vorteil, daß er durch ihre Verheiratung reich werden konnte. Das Erbe gehörte den Söhnen, die ihrerseits wieder für die alten und schwachen Eltern, auch für kranke und erwerbsunfähige Geschwister zu sorgen hatten. Auch die Gastfreundschaft verdient große Anerkennung. Helmold, der 1156 mit dem Oldenburger Bischof Gerold im Hause des Fürsten Pribislaw weilte, berichtet darüber folgendes: „Er nahm uns sehr freundlich auf und gab uns eine reiche Mahlzeit. Zwanzig Gerichte belasteten die uns hingestellte Mahlzeit. Da habe ich durch eigene Erfahrung kennen gelernt, was ich vorher nur von Hörensagen wußte, daß kein Volk, was Gastlichkeit anlangt, ehrenwerter ist als die Slawen. Denn in Bewirtung der Gäste sind alle eines Sinnes und gleich eifrig, so daß niemand um eine gastliche Aufnahme zu bitten braucht. Was sie durch Ackerbau, Fischerei und Jagd erwerben, das geben sie mit vollen Händen hin und preisen den als den Tapfersten, der der Verschwenderischste ist, weshalb viele durch die Sucht, hierin Aufsehen zu erregen, zu Diebstahl und Raub sich verleiten lassen. Diese Verbrechen kommen bei ihnen jedenfalls häufig vor; man entschuldigt sie, indem man sie mit dem Streben nach Gastlichkeit bemäntelt. Denn nach den Gebräuchen der Slawen muß man, was man in der Nacht gestohlen hat, am andern Morgen unter seine Gastfreunde verteilen. Wenn aber einer, was jedoch sehr selten vorkommt, einem Fremden Aufnahme verweigert zu haben überführt wird, dessen Haus und Habe darf man niederbrennen, und alle stimmen in der Ansicht überein, der, welcher sich nicht scheue, einem Fremden Brot zu versagen, sei verrufen und gemein und verdiene von allen geschmäht zu werden." Am höchsten stand dem Wenden seine Freiheit. Für sie opferte er Gut und Blut. „Alles Elend achten sie gering gegenüber der teuren Freiheit", sagt der Mönch Widukind. Im Kampf für sie kannte der Wende keine Grenzen, er verabscheute selbst Grausamkeit und Hinterlist nicht, wenn es galt, die Freiheit zu retten oder zu gewinnen.

Wenn somit trotz mannigfacher Vorzüge die Wenden doch niemals auf eine höhere Stufe der Kultur gelangt sind, so lag das vornehmlich an ihrer unbezähmbaren Raub- und Kriegslust und ihrer geistigen Trägheit und Schlaffheit. Der Krieg war des Wenden eigentliches Lebenselement, die Lust dazu ihm angeboren. Mit Schild und Schwert, mit Bogen und vergifteten Pfeilen zog er in den Kampf, der Bauer zu Fuß, der Adel zu Roß. Dem Heere voran wurden Fahnen und Götterbilder getragen und Posaunen geblasen. Sümpfe und Wälder boten ein günstiges Versteck zum Überfall auf den Feind. Offene Schlachten vermieden die Wenden, weil sie in dieser Kampfesart wenig geübt waren. Wurden sie vom Feinde überrascht, so zogen sie sich, wie erzählt wird, wohl in der Not schnell in die Sümpfe und Seen zurück, tauchten im Wasser unter und hielten sich eine geraume Zeit vermittelst eines Rohrstengels, durch den sie Luft holten, verborgen. Ihr Hab und Gut brachten sie in Kriegszeiten in die Burgen. Die schlechten Wege, die verbrannten Dörfer, der Mangel an Lebensmitteln und die durch die Sümpfe sich entwickelnden Krankheiten zwangen den Feind dann oft zur Umkehr. Siegte der Wende, so fiel meist die Hälfte der Beute, auch an Gefangenen, den Göttern zum Opfer. Kam es zum Vergleich oder Frieden, so schnitt der Anführer sein oberstes Haupthaar ab und gab es dem Feinde zusammen mit etwas Gras.

Neben der Kriegslust haftete den Wenden eine untilgbare Neigung zum Stehlen und Rauben im großen und kleinen an. Für die benachbarten Völker, die Sachsen und Dänen, wurden sie deshalb oft zu einer großen Plage. Nicht allein Hab und Gut der Bewohner führten sie von ihren vielen Plünderungszügen mit nach Hause, sondern vornehmlich auch die Einwohner selbst, die sie dann als Sklaven auf den einheimischen Märkten verkauften. Zu Hause war der Wende zwar genügsam und mit wenigem zufrieden. Wenn er aber einmal mehr brauchte, z. B. zur Bewirtung Fremder, so stahl er es, wie gesagt, lieber seinem Nachbarn, als daß er sich darum anstrengte und es durch Arbeit erwarb. Ein Streben nach geistiger und kultureller Bildung lag den arbeitsscheuen Wenden überhaupt fern.

Etwa ein halbes Jahrtausend waren die Slawen so die Nachbarn der Deutschen an der Elbe, aber gelernt haben sie von diesen wenig oder nichts. Weder den Ziegelbau noch den deutschen eisenbeschlagenen Pflug, die beide bei der oft rauhen Witterung und dem nicht selten schweren Boden für sie nützlich gewesen wären, haben sie übernommen. So blieben, während die deutsche Kultur in dieser

Zeit einen immer größeren Aufschwung nahm, die Wenden im ganzen auf der früheren Stufe stehen. Kein Wunder, wenn sie schließlich dem wachsenden Ansturm deutscher Art und deutschen Wesens gänzlich erlagen.

* * *

Die obige, zum Teil etwas weiter ausholende Schilderung der Kultur der Wenden erschien um so notwendiger, als die darin gezeichneten Vorstellungen und Anschauungen dieses für unser Land jahrhundertelang ausschlaggebenden Volkes immerhin etwas Bleibendes und Zusammenhängendes im sonstigen Wechsel politischer Einzelgestaltung verbürgen, auch wenn sie gelegentlichen Schwankungen und einer natürlichen Entwicklung unterworfen gewesen sind. Die in ihnen enthaltenen Grundgedanken wendischer Lebensphilosophie haben sich, soweit wir zu sehen vermögen, vom ersten uns bekannten Auftreten des Volkes in den ostelbischen Ländern bis zu seinem Untergang daselbst nicht geändert. Anders dagegen verhält es sich mit seinen äußeren politischen Schicksalen während dieser Zeit. Da sie weniger das Ergebnis eigener Entscheidung und selbstgewählten Handelns als vielmehr fremden Einflusses und äußeren Zwanges sind, so entrollen sie ein sich oft wandelndes, bisweilen sogar farbenreiches, durch scharfe Kontraste wirkendes Bild. Der Kampf zwischen Wenden und Deutschen bestimmt, wie in ganz Ostelbien, so auch in Mecklenburg die Geschichte des Landes in der Zeit der Wendenherrschaft vom 9. bis 12. Jahrhundert, anfangs zwar noch zögernd, wenig kraftvoll und ziellos, dann aber mit immer stärkeren Donnerschlägen und in der gegenseitigen Entfaltung wilden Parteihaders sich steigernd bis zur Parole auf Leben und Tod. Leider lassen auch hier, besonders in den ersten Jahrhunderten, die erhaltenen, zumal subjektiv und tendenziös gefärbten Quellen uns mehrfach im Stich und lasten uns einen völlig lückenlosen Zusammenhang fortschreitender Entwicklung nicht erkennen.

Wie bereits oben angedeutet, wurde Mecklenburg durch die Eingliederung des Sachsenlandes in den territorialen Bestand des großen Frankenreiches durch Karl den Großen gegen Ende des 8. Jahrhunderts zum erstenmal in den Bereich zeitgenössischen Interesses gezogen. Notgedrungen mußte sich der Frankenherrscher als Grenznachbar der Obotriten und Milzen mit diesen ihm bisher unbekannten, stammfremden Wendenvölkern auseinandersetzen und ihrem weiteren Vordringen nach Westen, ihren altgewohnten Raubzügen ins Sachsenland ein Ende machen. Bereits um das Jahr 780 sehen wir ihn mit den Obotriten unter ihrem Fürsten Witzan verbündet, während er die brandenburgischen Wilzen, die sich offenbar seinen Anordnungen nicht fügen wollten, auf mehreren Kriegszügen mit dem Schwert zur Ruhe brachte und eine Anzahl ihrer Stämme tributpflichtig machte.

Nichts melden die Chronisten über die Art dieser ersten Verbindung Karls mit den Obotriten. Mögen nun diese selbst, etwa in der Form eines Hilfegesuchs gegen die sie bedrohenden Wilzen, die Veranlassung gegeben oder mag Karl aus eigenem Antrieb so gehandelt haben, jedenfalls ist an ein für beide Teile gleichartiges Bundesverhältnis im Hinblick auf die überragende Machtstellung des Frankenherrschers wohl kaum zu denken. Mag auch Witzans Teilnahme an dem Zuge Karls gegen die Wilzen im Jahre 789 bei deren gleichzeitiger Feindschaft gegen die Obotriten als ganz natürlich und durchaus freiwillig erscheinen, so war der Obotritenfürst tatsächlich doch wohl schon sehr bald ein Vasall Karls und hatte diesem als Entgelt für den ihm zugebilligten Schutz gegen wilzische Umtriebe den Huldigungseid geleistet. Schon 795 entbot ihn Karl zu einem Kriegszug gegen die noch immer aufständischen Nordsachsen in sein Lager nach Bardowiek. Ein Überfall der letzteren, gerade als Witzan die Elbe überschreiten wollte, machte dessen Leben ein Ende. Doch auch sein Nachfolger, namens Thrasko, bewahrte das Untertanenverhältnis zu Karl, dem er Thron und Herrschaft verdankte. Er übernahm auf Karls Befehl die Bestrafung der Nordsachsen und schlug diese im Jahre 804 an der Schwentine in Holstein, erhielt von Karl zum Lohne ganz Nordalbingien zu Lehen und konnte – offenbar mit Karls Zustimmung – auch die ihm benachbarten Linonen und Smeldinger seinem Machtbereich einfügen.

Bei dieser Handlungsweise Karls wenigstens liegt die Annahme sehr nahe, daß er in den Obotriten eine tatkräftige, brauchbare Stütze gegen die Sachsen und die reichsfeindlichen Dänen erwartete. Hinsichtlich letzterer jedoch schlug seine Hoffnung fehl. Thrasko war offenbar der Aufgabe der Grenzwacht im Norden nicht gewachsen und rief hier nur ihm selbst gefährliche Mißhelligkeiten und Verwirrungen hervor. Im Jahre 808 landete der Dänenkönig Götrik von Schleswig her bei Rerik (Wismar) und durchzog plündernd und zerstörend das westliche Obotritenland südwärts bis an die Elbe. Thrasko war nach anfänglich glücklicher Gegenwehr dem feindlichen Ansturm, der noch durch einen gleichzeitigen Abfall und Angriff der Linonen und anderer Nachbarvölker verstärkt wurde, nicht mehr gewachsen und konnte sich nur durch die Flucht retten. Ein fränkisches Heer unter Karls gleichnamigem Sohn zwang schließlich Götrik zur Umkehr. Thrasko erhielt seine Herrschaft zwar wieder, doch mußte er, um das Vertrauen des Dänenkönigs zu gewinnen, diesem seinen eigenen Sohn als Geisel stellen. Trotzdem ließ Götrik schon im nächsten Jahre den Obotritenherrscher in Rerik durch einen eigens zu dem Zweck entsandten Vasallen ermorden.

Deutlich tritt nun die fränkische Lehnshoheit in Obotritien hervor. Nur mit Karls Zustimmung wählte der obotritische Adel mit Übergehung von Thraskos noch jugendlichem Sohne Ceadrag einen gewissen Slaomir zum Herrscher. Ihm aber gab Karl, in Erkenntnis der verfehlten obotritischen Herrschaft in Nordalbingien, dies Land nicht wieder, sondern verlieh es einem Germanen, dem fränkischen Grafen Egbert. Als Scheide gegen Obotritien wurde der sogenannte limes oder terminus Saxonicus bestimmt, eine wohl wenig oder garnicht befestigte Grenzlinie, die mit den Flußläufen der Delvenau (Stecknitz) – Trave – Schwentine zusammenfiel. Der Bau mehrerer Burgen in Nordalbingien (Esesfelth-Itzehoe u. a.) sollte die Sicherheit des Landes gegen innere Aufstände und gegen die Dänen, ein gleicher an der mittleren Elbe (Arneburg u. a.) den Schutz des Reiches gegen die Wilzen verbürgen. Durch Begründung einer sorbischen und einer sächsischen Mark an der mittleren und unteren Elbe gegen die nördlichen Wenden fand das von Karl dem Großen schon vorher gegen die südlichen Slawen begonnene Markensystem auch im Norden bis zur See seinen Abschluß. Die Markgrafen hatten die Handelsbeziehungen zwischen Wenden und Deutschen, die Ein- und Ausfuhr, letztere besonders hinsichtlich der Waffen, ebenso die regelmäßigen Tributzahlungen der Wenden, die bei den Obotriten meist noch den Ausdruck freiwilliger Geschenke hatten, zu überwachen. Wilzische Unruhen und Aufstände, die sogar die Zerstörung eines der von Karl angelegten Kastelle zur Folge hatten, wurden alsbald niedergeschlagen und durch erhöhte Geisel- und Tributforderungen bestraft.

Sogleich nach Karls Tod begann unter seinem Sohne und Nachfolger Ludwig dem Frommen eine Lockerung der deutschen Herrschaft in den Wendenländern. Ludwigs Plan, durch Errichtung des Erzbistums Hamburg 831 mit dem ersten Erzbischof Ansgar die Mission zu den nördlichen Wenden zu bringen, blieb ohne greifbare Erfolge. Seine und seines gleichnamigen Sohnes verschiedene, von den Chronisten siegreich gedeuteten Feldzüge gegen die Slawen vermochten in Wirklichkeit wenig auszurichten. Besonders der Ansturm äußerer Feinde gegen das deutsche Reich, namentlich seitens der Normannen, gaben den Wenden die beste Gelegenheit zur Wiederaufnahme der früheren Raub- und Plünderungszüge ins sächsische und holsteinische Land. Selbst die Obotritenherrscher, die einstigen Freunde des Frankenreichs, waren ins Gegenteil umgeschlagen und machten häufig mit den Dänen, den Feinden der deutschen Kaiser und Könige, gemeinsame Sache. Im übrigen wissen wir, abgesehen von verworrenen Thronstreitigkeiten zwischen Slaomir und Ceadrag, Thraskos Sohn, der sein väterliches Erbe forderte, speziell über die mecklenburgischen Wenden bis hinein ins 10. Jahrhundert so gut wie garnichts. Auch König Heinrichs I. Unterwerfung der Heveller und sein Sieg über obotritische und wilzische Scharen, vornehmlich Redarier, bei Lenzen im September 929, ebenso seines Sohnes, Ottos des Großen, Rachezug ins Redarierland, möglicherweise bis an die Burg Rethra, wegen Ermordung königlicher Gesandten scheint auf die mecklenburgischen Wenden im ganzen noch keinen Einfluß gehabt zu haben. Erst als Kaiser Otto, selbst durch Angelegenheiten im Innern seines Reiches von den wendischen Ländern ferngehalten, ihre Unterwerfung und Ordnung zwei Männern, den Markgrafen Hermann Billung und Gero, übertrug, trat eine Wendung zugunsten des deutschen Reiches ein. Hermann erhielt den nördlichen Teil, etwa Ostholstein, Mecklenburg und Vorpommern umfassend, Gero den südlichen, vornehmlich Brandenburg und das heutige Sachsen.

Tatsächlich bezweckte Kaiser Otto nunmehr die völlige Eingliederung des Wendenlandes in den deutschen Reichsverband auf dem Grunde einer gleichzeitigen Christianisierung. Friedlich unter möglichster Beibehaltung der wendischen Bevölkerung und durch Kultivierung oder, wo dies nicht anging, durch natürliches Absterben des slawisch-heidnischen und allmähliches Überwuchern des germanisch-christlichen Wesens sollte sich die Wandlung vollziehen. Von Lüneburg, seinem Stammsitz, aus nahm Hermann, Gero dagegen vom Harz aus, namentlich von dem durch ihn begründeten Gernrode das Werk in Angriff. Wie schwierig aber seine Ausführung war, zeigt der Umstand, daß im Norden die Obotriten wieder mit den reichsfeindlichen Dänen im Bunde standen und Hermann selbst – die Nachrichten sind hier allerdings etwas dunkel – eine Zeitlang in die Gefangenschaft der Feinde geriet. Gero seinerseits konnte nur durch eine List, bei der ein noch vom Tage von Lenzen her gefangener Hevellerhäuptling Tugumir verräterischer Weise gegen klingenden Lohn sein eigenes Land in die Hände des Markgrafen spielte, festen Fuß fassen.

Eine schwierige Aufgabe war damit den beiden Markgrafen zugefallen, besonders Hermann. Selten nur, seit etwa 950 überhaupt nicht mehr, waren die Kriegszüge deutscher Herrscher bis ins Obotritenland gedrungen. Auch Heinrich und Otto hatten sich mit der Bekämpfung der brandenburgischen Witzen und der noch feindlicheren Sorben begnügt. Wenn Gero schon hier nur mit äußerster Strenge und durch List etwas erreichen konnte, um wieviel schwerer mochte es für Hermann in den Ostseeländern einschließlich Mecklenburgs sein. Gerade die Zeit des Niedergangs der deutschen Herrschaft unter den späteren Karolingern mag hier die Fürsten- und Adelsgewalt noch mehr befestigt haben. Setzte diese schon den Bestrebungen des Kaisers und seines Markgrafen einen starken Damm entgegen, so noch mehr die Priesterschaft von Rethra, in der sich mit fanatischer Strenge und unversöhnlichem Haß gegen alles Deutsche und Christliche die Urkraft wendischen Heidentums verkörperte. So ist es denn kaum verwunderlich, wenn die zeitgenössischen Berichte von irgendwelchen Erfolgen deutscher Politik in Mecklenburg selbst aus der ersten Hälfte des 10. Jahrhunderts nichts berichten. Die Besetzung wendischer Burgen, wie Wittstock, Putlitz u. a., und ihre Besiedlung mit deutschen

Burgherren und Mannen, die Verleihung wendischen Fürstenlandes und Adelsgutes an deutsche Ritter und Bauern scheint zwar in Brandenburg und weiter südlich, wenn auch noch in geringer Ausdehnung, stattgefunden, doch schwerlich über Mecklenburgs Grenzen sich erstreckt zu haben. Auch die Begründung der beiden Bistümer Havelberg und Brandenburg auf wendischem Boden im Jahre 948 hat irgend eine Wirkung für die Obotriten und die nordöstlichen Wilzen noch nicht gezeitigt. Vielmehr brachten diese noch im Jahre 954 die bisherigen Errungenschaften Geros in Brandenburg in große Gefahr.

Von Rethra ging offenbar wieder der Anfang der Bewegung aus. Schon Gero hatte im Jahre zuvor eine Erhebung der Ukrer nicht völlig meistern können. Redarier und Obotriten, denen sich bald auch Tollenser, Circipaner u. a. anschlossen, überschritten die Elbe, drangen in deutsche Gaue ein und brandschatzten die sächsischen Grenzgebiete. Ihre Führer waren die beiden Fürstenbrüder Nacco und Stoignef, von denen ersterer, nach dem Berichte des genannten Reisenden Abraham Jakobson zu schließen, in der Burg Wiligrad, dem heutigen Mecklenburg, wohnte. Ihnen schlossen sich zwei sächsische Edelleute an, die Brüder Wichmann und Egbert, Neffen des Markgrafen und Herzogs Hermann Billung und nahe Verwandte des Kaisers. Sie waren neidisch auf ihren Oheim und zürnten dem Kaiser, daß er nicht ihren Vater, sondern dessen jüngeren Bruder, den genannten Hermann, zum Markgrafen gemacht hatte. Als sie sich offen empörten, waren sie von Hermann aus dem Lande verjagt worden und hatten bei den Wendenfürsten Aufnahme gefunden.

Der Kaiser war gerade mit den Ungarn beschäftigt, und die beiden Markgrafen konnten den Aufstand, der immer weiter um sich griff, nicht mehr niederschlagen. Erst als der Kaiser selbst nach dem Siege über die Ungarn am Lech (955) mit einem starken Heer erschien, kam die Bewegung zum Stehen. So groß aber war des Kaisers Zorn über die Wenden, daß er eine Gesandtschaft, die unter dem Versprechen der Zinszahlung Frieden anbot, zurückwies, da sie sich nicht zu einer bedingungslosen, völligen Unterwerfung verpflichten wollte. Ohne viel Widerstand zu finden, drang Otto immer weiter vor bis an einen Fluß namens Raxa.

Allgemein verstand man früher, zum Teil auch jetzt noch, unter diesem Fluß die Recknitz in der Gegend von Laage. Sehr zutreffend aber hat man neuerdings Raxa mit Reke oder Reeck, d. h. Fluß, einer noch heute im Volke bestehenden Bezeichnung für den Oberlauf der Elde im dortigen Seengebiete, identifiziert. Danach würde man den Kampfplatz in der Gegend von Waren (bei Eldenburg) oder auch bei Malchow zu suchen haben. Beides waren wichtige alte Paßstellen. So hat denn die Annahme von der Reke viel Ansprechendes und Wahrscheinliches in sich. Man vergleiche auch die Ähnlichkeit des lat. kann = Peene mit Laxa = Reke. Wie dem nun auch sei, jedenfalls scheint es die erste größere Schlacht zwischen Wenden und Deutschen gewesen zu sein, von der wir bestimmt annehmen können, daß sie nicht nur von den mecklenburgischen Wenden, sondern auch auf mecklenburgischem Boden geschlagen wurde. Nach Widukinds Bericht kam der Kaiser anfangs in eine bedrängte Lage, wurde von den Wenden umgangen und bot ihnen freien Abzug an. Von ihnen aber abgewiesen, gelang es ihm durch mehrere von Gero in der Nacht stromabwärts erbaute Brücken, die Wenden in der Frühe des nächsten Tages zu überrumpeln und völlig zu besiegen. Viele von ihnen, darunter auch Stoignef, wurden auf der Flucht niedergehauen, andere gefangen genommen und hingerichtet.

Wichmann und Egbert entkamen und fanden schließlich Aufnahme bei Hugo von Franzien, Ottos Schwager, der nach der französischen Krone strebte. Nacco schloß Frieden mit dem Kaiser, der ihm fast sein ganzes Besitztum beließ. Auch Egbert sühnte sich zwei Jahre später mit Otto aus. Wichmann dagegen trat später wieder mit den Wenden in Verbindung, vornehmlich den Redariern, und führte sie zum Siege über die Polen. Otto selbst mußte noch mehrmals gegen die Wenden zu Felde ziehen; ob auch nach Mecklenburg, ist ungewiß. Erst als Wichmann 967 im Kampf den Tod fand, traten ruhigere Zeiten ein.

Nun erst fand der vom Kaiser schon vor Jahrzehnten begonnene Plan einer Germanisierung und Christianisierung der Wendenländer auch auf Mecklenburg Anwendung. Das Bistum Oldenburg in Wagrien, vielleicht schon etwas früher begründet, nun aber erst in Geltung tretend und der Hamburg-Bremer Erzdiözese unterstellt, erhielt außer

Holstein auch Mecklenburg und Vorpommern bis Demmin als Sprengel zugewiesen. Südlich der Elde begann, nach den äußersten Süden von Mecklenburg mitumfassend, der Sprengel des Bistums Brandenburg, das samt Havelberg u. a. neuen Bistümern dem Bereich der Mainzer Erzdiözese entnommen und dem gleichzeitig neugeschaffenen Erzbistum Magdeburg überwiesen wurde. Einen schätzenswerten Erfolg bedeutete es auch, daß sich einige Jahre später der Obotritenfürst Mistiwoi – allerdings wohl nur aus politischer Klugheit – taufen ließ und sich in zweiter Ehe mit Christiane, der Schwester des dritten Bischofs Wago von Oldenburg, vermählte. Von hier aus fand das Christentum zum ersten Male im westlichen Mecklenburg Eingang. Mistiwois Feste Wiligrad wurde der Hauptstützpunkt für die neue Lehre. Hier wurde außer einer dem Apostel Petrus geweihten Kirche auch das erste Kloster auf mecklenburgischem Boden in der Form eines Nonnenklosters begründet, zu dessen Äbtissin Mistiwoi schon frühzeitig seine Tochter Hodika ernannte. Ob auch schon eine Erhebung des jährlichen Bischofszinses, des sog. Zehnten, in Naturalien bzw. Silber so allgemein stattfand, wie Helmold sagt, ist zweifelhaft. Helmolds Angaben sind wohl irrtümlich oder auch absichtlich – zum Zweck besserer Geltendmachung späterer Forderungen – aus seiner Zeit, dem 12., ins 10. Jahrhundert zurückdatiert.

Da erfolgte im Jahre 983 ein gewaltiger Rückschlag in einem großen Wendenaufstand. Als Veranlassung hat man meistens die Nachricht von der Niederlage Kaiser Ottos II. bei Cotrone in Süditalien gegen die Sarazenen im Juli 982 bezeichnet. Gewiß nicht ganz mit Unrecht, jedoch allein konnte dies Ereignis einen solchen Sturm nicht entfesseln. Der eigentliche Grund muß in den Verhältnissen des Wendenlandes selbst gelegen und dort schon lange vorbereitend gewirkt haben.

Die deutsche Herrschaft in den Wendenländern hatte viele Jahre ausschließlich auf den Schultern dreier Männer geruht, Kaiser Ottos des Großen und seiner beiden Markgrafen, der Herzöge Hermann Billung und Gero. Letzterer war bereits 965 gestorben. Noch lange wurde dieser von allen Slawen gefürchtete Mann in Sage und Lied besungen. Ähnlich stand es mit Hermann, der im März 973 starb. Nur wenige Wochen später folgte ihm der Kaiser selbst in den Tod. Geros

Mark wurde unter mehrere Grafen geteilt; die sog. Nordmark, d. h. die spätere Altmark an der mittleren Elbe, erhielt Markgraf Dietrich, während Hermanns Nachfolger als Herzog von Sachsen sein Sohn Bernhard wurde. Von beiden sagt die Überlieferung, daß sie sich besonders bei der Eintreibung der an sich schon hohen Steuern und Tribute unter den Wenden der Habsucht und Härte schuldig gemacht hätten; Helmold erzählt sogar, daß die Wenden „durch die Unvernunft beider zum Abfall gezwungen" worden seien. Noch aber lebte in der Priesterschaft zu Rethra, der Hochburg wendischen Heidentums, der unbeugsame Haß gegen alles deutsche und christliche Wesen. Von gleicher Gesinnung war der wendische Adel beseelt, der bei einem weiteren Anwachsen jener beiden fremden Kulturmächte mit Recht für feinen Bestand und seine Alleinherrschaft fürchtete. Lange schon war eine reaktionäre Partei für eine Zerreißung deutscher Zwingherrschaft am Werke, geführt von Mistiwois eigenem Sohn Mistislaw, der dem Heidentum treu geblieben war. Den eigenen Vater wußte er durch allerlei Einflüsterungen zu bewegen, seinen Schwager, den Oldenburger Bischof Wago, gegen unehrliche Versprechungen von Land zur Überlassung der Wendentribute und sonstiger Einnahmen der Kirchen und Klöster an seine Tochter, die Äbtissin Hodika in Mecklenburg, zu bestimmen. In Wirklichkeit flossen jedoch alle Schätze in Mistiwois Tasche. Und wenn man eine bei Adam von Bremen ohne Zeit und Namen am Rande vermerkte, von Helmold mit Namen wiedergegebene Erzählung in diese Zeit setzen kann – Zusammenhang und Zeitumstände sprechen dafür –, so war es Mistiwoi, der bei Herzog Bernhard für seinen Sohn Mistislaw um dessen Nichte warb und auch die Zusage unter der Bedingung erhielt, daß Mistislaw dem Kaiser mit einem Aufgebot Wenden Heeresfolge nach Italien leiste. Er tat es. Als nun aber der Kriegszug unglücklich verlief und Mistislaw, ohne Mannen heimkehrend, dennoch die ihm versprochene Gattin begehrte, soll er von Bernhard abgewiesen und von Dietrich als wendischer Hund beschimpft worden sein, dem man eine deutsche Herzogin nicht zur Frau geben dürfe. Tiefgekränkt sagten sich Vater und Sohn vom Herzog und Bischof los; Mistiwoi verstieß sogar seine deutsche Gemahlin.

Wieder wurde Rethra der Mittelpunkt des Aufruhrs. Mistiwois persönlicher Rachedurst und die Kunde von des Kaisers Niederlage, die

Mistislaw selbst überbringen konnte, fielen hier auf fruchtbaren Boden. Von Dänemark her kam eine ähnliche Bewegung. Hier hatte Sven Gabelbart, ein Anhänger des Heidentums, seinen alten, dem Christentum zugeführten Vater, den König Harald Blauzahn, gestürzt und verjagt. Schon im Frühjahr brach ein dänisches Heer in die Mark Schleswig ein. Wilzische Scharen überfielen Ende Juni die ihnen verhaßten Bistümer Brandenburg und Havelberg, machten das Land ringsum zur Wüstenei und verschonten selbst die Gräber der Toten nicht. Mistiwois Wut galt besonders Herzog Bernhard. Nachdem das Frauenkloster Mecklenburg geschlossen und Hodika und andere Nonnen mit heidnischen Kriegern vermählt worden waren, suchte er mit seinen Obotriten besonders Holstein heim und verbrannte Hamburg. Weder Milzen noch Obotriten fanden viel Widerstand. Markgraf Dietrich hatte in der Bestürzung kein Heer beisammen und entfloh mit seinen Vasallen und dem Bischof Volkmar von Brandenburg, während der Havelberger Bischof Udo den Tod fand. Als die Milzen sogar die Elbe überschritten, trat Dietrich ihnen bei Tangermünde entgegen und schlug sie, doch wagte er sie nicht über die Elbe zu verfolgen. Herzog Bernhard focht im Norden gegen die Dänen. Schließlich gelang es ihm, sich mit Mistiwoi – nach anderen Meldungen mit Mistislaw, da ersterer während dieser Zeit gestorben sein soll – zu verständigen. Der Obotritenfürst ließ, da er Rache an Bernhard genommen hatte, in seinem Lande die Mission bald wieder zu und verstand sich sogar zum Wiederaufbau einiger zerstörter Kirchen. Trotzdem blieb das Heidentum im Lande vorherrschend, und nur ziemlich kümmerliche Reste des Christentums vermochten sich zu retten.

Der erste Versuch einer Wiedergewinnung altgermanischen Bodens, wie er sich schon bei Karl d. Gr. leise angesponnen und unter Otto d. Gr. so kraftvoll ausgestaltet hatte, war durch den großen Wendenaufstand als den Ausbruch einer im stillen genährten Reaktion schließlich doch wieder gescheitert. Eine Periode politischer Freiheit und Selbstbestimmung brach für die Wenden an, besonders bei den Obotriten von einem Aufschwung nationaler Kraft und Stärke begleitet. Die Verhältnisse im Reich waren einer solchen Entwicklung günstig. Nur wenige Monate nach dem Aufstand, dessen Kunde den schon kranken Kaiser auf das Sterbelager warf, sank dieser in Rom im Dezember 983 ins Grab, und sein unmündiger Sohn Otto III., ein erst vierjähriges Kind, erbte Szepter und Krone. Verschiedene deutsche Kriegszüge unter der vormundschaftlichen Regierung seiner Mutter Theophano und seiner Großmutter Adelheid ins Land der Milzen, ebenso auch ein Zug des Kaisers selbst gegen die Obotriten im Jahre 995, auf dem er über die Feste Mecklenburg bis ins Land der Tollenser gelangte, blieben trotz einiger von den Chronisten als siegreich gemeldeten Kämpfe doch ohne jede nachhaltige Wirkung.

Leider sind gerade in den nächsten Jahren die Nachrichten über die Zustände und Ereignisse bei den Mecklenburgischen Wenden wieder einmal sehr unklar und lückenhaft. An den Kämpfen gegen König Boleslaw, der ein großes, alle Wendenländer östlich der Elbe mitumfassendes polnisches Reich auf national-christlicher Basis begründen wollte, waren die Obotriten im Gegensatz zu den Milzen, die gegen diese ihnen drohende Gefahr die Hilfe Kaiser Heinrichs II. aufsuchten und mit ihm gemeinsame Sache gegen Boleslaw machten, wenig beteiligt. Vielmehr trat ihr Fürst Mistislaw mit dem Sachsenherzog Bernhard III., in dem sich bereits die später so verderbliche herzoglich-sächsische Opposition gegen die deutsche Kaisermacht regte und das Streben nach eigener Machtvollkommenheit stark bemerkbar machte, in geheime Verbindung. Bernhards überaus laue Haltung in den Polenkämpfen und Mistislaws plötzliche Absage an den Kaiser nach einem kurzen Waffenbündnis trug beiden bei Deutschen und Wenden den Vorwurs hochverräterischer Pläne und Absichten ein. Als dann die Polenkämpfe für den Kaiser schließlich ungünstig verliefen und er sich zu einem nicht gerade vorteilhaften Frieden mit Boleslaw gezwungen sah, kehrte sich der ganze Haß der Milzen und seiner eigenen obotritischen Landsleute gegen Mistislaw. Man schob ihm die Hauptschuld an einem solchen Ausgang des Krieges zu. Milzen und Obotriten erhoben sich 1018 gegen ihn. Zwar sind uns Mistislaws Ziele nicht sicher verbürgt, bei den Wenden aber hatte seine Stunde geschlagen. Nur durch die Flucht, zunächst in die Feste Schwerin und, als er auch hier nicht sicher war, zu Herzog Bernhard nach Bardowiek, konnte er und ähnlich auch seine ganze Familie sich vor den erregten Scharen der Wenden retten. Dort soll er einige Jahre später, angeblich als Christ, wenn auch wohl nur dem Namen nach, gestorben sein.

Wieder scheinen Rethra und der übermächtige Adel die Hand im Spiele gehabt zu haben. Denn wo man noch irgendwelche christlichen Anklänge im Lande entdeckte, wurden sie von den Rebellen gewaltsam beseitigt, und unter mehreren Häuptlingen entspannen sich Kämpfe um Mistislaws Thron, bis, wahrscheinlich unter des Kaisers und des Herzogs Vermittlung, Mistislaws Bruder Uto-Pribigniew zum Fürsten ausgerufen wurde. Uto war wohl sein Zu- oder Vorname seit seiner Taufe. Doch nennt ihn Adam von Bremen einen schlechten Christen, auch wenn er es mit Herzog Bernhard hielt und seinen ältesten Sohn zur Erziehung ins Michaeliskloster nach Lüneburg schickte, wo dieser bei der Taufe nach dem dortigen Abt Gottschalk genannt wurde. Es ist nicht unwahrscheinlich, daß der ganze Akt nur auf Bernhards Wunsch als Unterpfand für die Sicherheit des Vaters geschah. Im einzelnen sagt die Überlieferung von Utos Herrschaft nur wenig. Nicht lange dauerte sie. Um 1030 wurde er von einem Sachsen erschlagen. Sogleich verließ Gottschalk das Kloster und suchte an der Spitze einer wendischen Raubschar, die weite Strecken sächsischen Landes verwüstete, den Tod seines Vaters zu rächen. Doch fiel er in Herzog Bernhards Hand, der ihn gegen das Versprechen künftigen Gehorsams wieder frei ließ. Da aber ereilte ihn das Geschick seines Oheims Mistislaw. Die eigenen Landsleute verwiesen ihn als Freund der Sachsen und Verräter der wendischen Sache des Landes; er mußte nach Dänemark flüchten. Ein Verwandter, namens Ratibor, bestieg den Thron. Erst als dieser, wahrscheinlich 1042, im Kampf gegen König Magnus von Norwegen, ein Jahr darauf auch seine acht Söhne in der sagenhaften Schlacht bei Schleswig gefallen waren, kehrte Gottschalk mit dänischer und sächsischer Hilfe zurück und trat die Herrschaft über die Obotriten an.

Zwei Männer, Herzog Bernhard und der Erzbischof Adalbert von Bremen, wurden die Stützen seines Thrones, Gottschalk hinwiederum das Werkzeug beider in der Ausführung ihrer besonderen Pläne, die auf die Errichtung eines großen nordischen Patriarchats unter sächsisch-dänischem Schutz mit Zustimmung des Papstes und unter Einbeziehung auch der wendischen Ostseeländer hinausliefen. Die schwerste Aufgabe übernahm Gottschalk, einen wendischen Einheitsstaat auf christlicher Grundlage zu schaffen und als besonderen Sprengel der großen erzbischöflichen Diözese anzugliedern.

Soweit war allerdings in der Rückdämmung bzw. Vernichtung heidnisch-wendischen Daseins bisher noch niemand, vor allem nicht ein Wende von Geburt gegangen. Gottschalk tat es und stiftete um 1050 neben dem Oldenburger zwei neue Bischofssitze im Obotritenlande, Ratzeburg unter Bischof Aristo für die Polaben und Mecklenburg unter Bischof Johannes für die Obotriten, dazu eine Anzahl Kirchen und Klöster, und oft war er selbst als Missionar tätig, indem er aus sich selbst oder als Dolmetscher deutscher Sendboten seinem Volke das Evangelium in wendischer Sprache auslegte.

Tatsächlich machte das Werk nicht geringe Fortschritte. Ein schöner nationaler Sieg half es befördern. An der Grenze Pommerns nämlich stritten Circipaner und Kessiner mit den Tollensern und Redariern um den Besitz Rethras. Dreimal schon hatten diese, von ihren Neidern hart bedrängt, für den Verlust des Heiligtums fürchten müssen. Da riefen sie Gottschalk und mit ihm den Sachsenherzog und den Dänenkönig zu Hilfe. Von der Übermacht erdrückt, gerieten schließlich Kessiner und Circipaner in die Gewalt Gottschalks, dessen Reich sie fortab angegliedert wurden, und späteren Nachrichten zufolge soll nunmehr bei ihnen und anderen wilzischen Stämmen das Christentum, wohl recht eigentlich zum ersten Male, viel Anklang gefunden haben.

Da brachte auch diesmal ein neuer Wendenaufstand Gottschalk und sein ganzes Werk zu Fall. Herzog Bernhards Tod 1058, mehr noch Adalberts Sturz im Januar 1066 ebnete den Feinden den Weg. Erhöhte Steuerforderungen, mit denen Gottschalk seine Kosten zu decken suchte, nährten den Boden der Unzufriedenheit. Mitten hinein in alle Erfolge des Wendenfürsten warf Rethra wieder den zündenden Funken. Im Frühling 1066 brach der offene Aufruhr los, geführt von Gottschalks eigenem Schwager Blusso. Am 7. Juni wurde der Wendenfürst, völlig überrascht, mit seinem Gefolge, Priestern und Laien, in der Kirche zu Lenzen an der Elbe überfallen und erschlagen. Seine Gemahlin Sigrid ergriff man samt anderen Frauen in der Burg Mecklenburg, geißelte sie und stieß sie zum Tor hinaus; sie floh mit ihrem Sohne Heinrich nach Dänemark. Gottschalks Sohn Butue aus erster Ehe rettete sich zum Sachsenherzog Ordulf nach Bardowiek. Am schlimmsten erging es den Geistlichen im Lande. Den greisen Bischof Johannes von Mecklenburg ergriff man im dortigen Kloster, führte ihn gebunden unter Spott und Hohn nach Nethra und opferte ihn nach qualvollen Martern dem Radegast. In Ratzeburg wurden 28 Mönche mit ihrem Abt Ansverus gesteinigt. Der Bischof konnte dort, wie auch in Oldenburg, noch rechtzeitig entkommen. Unter Morden und Brennen wurde das Christentum überall wieder ausgerottet, auch Hamburg und Schleswig wurden zerstört. Gottschalks in langer Arbeit und unter vielen Mühen und Sorgen geschaffenes Werk war in wenigen Wochen vernichtet. Der Wendengott Radegast hatte wieder die Herrschaft, auch im Lande der Obotriten. So groß war der Haß gegen Christen und Deutsche, daß man Gottschalks Söhne, überhaupt sein ganzes Geschlecht von der Thronfolge ausschloß, sogar seinen Schwager Blusso, obgleich er der Anführer der Empörer gewesen war, gleich nach seiner Rückkehr umbrachte und einen Fremden, Cruto, den Sohn Grins, wahrscheinlich einen Wagrier, zum Fürsten wählte. Erfolglos blieben Butues Anstrengungen, sich im Bunde mit dem Sachsenherzog sein Erbe zu verschaffen. Er geriet mit seinen Sachsen schließlich durch Verrat bei Plön in die Hände des Crutoschen Wendenheeres und wurde erschlagen.

Machtlos stand man im Reiche diesen Ereignissen gegenüber. In Sachsen lähmte der Streit zwischen Erzbischof Adalbert und Herzog Ordulf allen Widerstand. Letzerer vermochte nicht einmal Hamburg wiederzugewinnen und wurde nach mehreren Niederlagen schließlich zum Gespött der eigenen Landsleute. Bischof Burchard von Halberstadt drang zwar bis Rethra vor, erbeutete auch das weiße Roß des Radegast, aber die heilige Burg konnte er nicht nehmen. Erfolglos waren auch Kaiser Heinrichs IV. Feldzüge gegen die Milzen im Winter 1068/69.

Über ein Vierteljahrhundert herrschte Cruto als unerbittlicher Christen- und Deutschenhasser über ganz Obotritien. Auch Holstein wurde von ihm unterworfen, die Einwohnerschaft mit hohen Abgaben belegt und teils zu Sklaven gemacht. Räuberbanden durchzogen das Land; mehr als 600 deutsche Familien wanderten damals aus und fanden am Harz eine neue Heimat, wo Ort und Name Elbingerode noch heute an sie erinnert.

Da erwuchs dem schon alternden Cruto ein gefährlicher Gegner. Einer lebte noch aus der Familie Gottschalks, der das ganze Unheil der letzten Jahrzehnte miterlebt, der selbst einst als Fürstensohn das Glück seines Landes geschaut hatte und dann plötzlich durch den Sturz seines Vaters in die Verbannung getrieben worden war: Heinrich, Gottschalks zweiter Sohn. Nach jenem Tage von Lenzen mit seiner Mutter Sigrid zu den Dänen geflohen und hier am Hofe seines Großvaters, des Königs Sven Estrithson, allmählich zum Manne herangereift, begann er sein väterliches Erbe, um das er einst betrogen worden war, zurückzufordern. Als Cruto ihm die Rückkehr in die Heimat verweigerte, sammelte er dänische und slawische Schiffe, landete in Wagrien, überfiel Oldenburg und unternahm mehrmals Beutezüge längs der mecklenburgischen Küste. Cruto selbst geriet darüber in große Bestürzung, zumal da er wußte, daß Heinrich noch eine Anzahl heimlicher Anhänger im Lande hatte. In seiner Not gedachte er ihn durch List zu fangen. Er erlaubte ihm zwar die Rückkehr, suchte ihn dann aber durch freundliche Versprechungen an sich zu locken und hoffte ihn so bei Gelegenheit eines Gastmahls umzubringen. Crutos eigene Gemahlin Slawina jedoch, die des altersschwachen Gemahls längst überdrüssig war, warnte Heinrich, und erzürnt über Crutos Hinterlist lud Heinrich ihn zu einem Gastmahl auf seine Burg Plön uud ließ ihn, als er vom Wein trunken war, umbringen. Dann heiratete er selbst die Slawina, die sich taufen ließ, eroberte in kurzem ganz Wagrien, eilte zu seinem Vetter, dem Herzog Magnus von Sachsen – beider Mütter waren Schwestern, Töchter des Dänenkönigs Sven –, huldigte ihm und nahm sein Land von ihm zu Lehen.

So war Gottschalks Geschlecht wieder auf dem Thron. Zwar besaß Heinrich zunächst nur das Land Wagrien. Erst als er seinen obotritischen Gegner, namens Burislaw, den Sohn Crutos, mit Hilfe des Sachsenherzogs Magnus 1093 in der Schmilauer Heide bei Ratzeburg besiegt hatte, war er wieder Herr des ganzen väterlichen Erbes. Burislaw entkam nach Rügen. Gewitzigt durch das Schicksal seines Vaters Gottschalk, der durch allzu offene Begünstigung sächsischen und christlichen Einflusses unter den Wenden zu Fall gekommen war, ließ Heinrich, auch wenn er selbst mit seiner Familie ein Freund des Evangeliums blieb, seinen Landsleuten möglichste Freiheit. Religiöse

Duldung erschien ihm als das erste Unterpfand für Ruhe und Frieden im Lande. Sein Ziel, den wilden Sinn der Wenden zu zügeln und ihrer Raublust zu steuern, glaubte er am besten durch Gewöhnung seines Volkes an Arbeit, vornehmlich im Acker- und Landbau, zu erreichen. Mehr durch den Pflug als mit dem Schwert wollte er Land und Volk stark machen. Mit Recht gebührt ihm denn auch der Titel eines Königs der Wenden, wie er sich selbst bezeichnete. Dort, wo durch den Zusammenfluß der Trave und Schwartau eine schmale Halbinsel Schutz bot, im heutigen Altlübeck, erbaute er sich seine Hauptresidenz, deren Überreste neuere Ausgrabungen aufgedeckt haben.

Zwar blieben ihm, der eine möglichst friedliche Entwicklung des Landes anstrebte, Kriege nicht erspart. Glücklich wehrte er den Angriff der Dänen und Ranen ab. Der Zusammenhang dieser Kämpfe ist für uns nicht mehr ganz klar zu erkennen, doch scheint ihm König Nils von Dänemark, sein Oheim, die Erbgüter seiner Mutter Sigrid, einer Schwester des Königs, streitig gemacht zu haben. Ob Nils selbst die Ranen von Rügen herbeigeführt hat oder diese durch Burislaw zu einem Rachezug gegen Heinrich veranlaßt wurden, ist ungewiß. Jedenfalls fuhren sie in die Trave ein auf Altlübeck zu, das sie belagerten. Doch erlitten sie dort durch Heinrich eine Niederlage, und König Nils wurde um dieselbe Zeit (1111) von Heinrich bei Lütjenburg in Wagrien geschlagen. Einige Jahre später beteiligte sich Heinrich auch an einem Zuge des Sachsenherzogs (nachmaligen Kaisers) Lothar gegen die Ranen. Mitten im Winter gelangten beide Fürsten mit ihrem Heer über das Eis nach Rügen und machten die Bewohner tributpflichtig. Ein zweiter Zug, den sie 1124/25 ebendorthin wegen verweigerter Zinszahlung der Ranen unternahmen, scheiterte offenbar an dem plötzlich eintretenden Tauwetter, das den Übergang verhinderte. Doch wurde diese Schlappe dadurch ausgewogen, daß Lothar zu Beginn des Zuges auf dem Wege nach Rügen das wendische Bundesheiligtum Rethra eroberte und völlig zerstörte. Rethras Glanz war seitdem für immer erloschen.

Bald darauf, am 22. März 1127, starb Heinrich. Thronstreitigkeiten zwischen seinen beiden Söhnen Zwentopolch und Kanut sowie wilde Kämpfe, in denen die Ranen Altlübeck zerstörten und im Lande selbst besonders die Burgen Werle nnd Kessin hart mitgenommen wurden, füllten die nächsten Jahre aus. Schließlich wurden beide Rivalen erschlagen, ebenso Zwentopolchs Sohn Zwinike, mit dem Heinrichs Geschlecht erlosch (1129).

Sogleich bewarb sich Heinrichs Vetter, Kanut Laward von Dänemark, um die Gunst des Kaisers. Er erhielt, wie vor Jahren Schleswig, nun auch das Wendenland zu Lehen. Dort aber hatten sich indes zwei Männer, Pribislaw, Butues Sohn, und Niklot, ein Fürst unbekannter Herkunft, zu Führern der Wenden aufgeworfen. Beide gerieten in Kanuts Macht und wurden in Schleswig in Haft gesetzt, doch ließ sie der Däne gegen ein hohes Lösegeld und Anerkennung seiner Herrschaft wieder frei. Als dann aber (im Januar 1131) Kanut durch die Hand seines eigenen Vetters Magnus, der ihn als Rivalen für den dänischen Thron fürchtete, seinen Tod fand, traten Pribislaw und Niklot von neuem mit ihren Ansprüchen hervor und teilten unter sich das Wendenland so, daß ersterer Wagrien und Polabien, Niklot dagegen das übrige Obotritien mit dem seit Gottschalk damit verbundenen Gebiet der Kessiner und Circipaner bekam. Dem erzürnten Kaiser und dem Dänenkönig gelobten sie Gehorsam und halfen, wenn auch ungern, bei dem Bau einer Burg und Kirche, die Lothar auf den Rat des Mönches und Missionars Vicelin als Grundstock für das heutige Segeberg errichten ließ. Auch Altlübeck mit der Kirche wurde wieder aufgebaut, letztere durch Vicelin von Neumünster aus besetzt, und zugleich wurde daselbst von ihm eine Priesterkongregation ins Leben gerufen. Im geheimen aber suchten beide Wendenfürsten, erfüllt von demselben slawisch-heidnischen Geist wie die Mehrzahl ihrer Untertanen, die alte Kraft des Wendentums in ihrem Lande zu stärken und neu zu beleben.

Pribislaws Herrschaft war nicht von langer Dauer. Der sonst so verhängnisvolle Kampf zwischen Welfen und Staufen nach dem Tode des Kaisets Lothar (1137) brächte hier eine für das Deutschtum vorteilhafte Entwicklung. Zuerst Heinrich von Badewide, durch den Markgrafen Albrecht den Bären von Brandenburg bestimmt, dann Adolf II. von Holstein als Lehnsträger des Herzogs Heinrich des Löwen von Sachsen säuberten ganz Wagrien und große Teile Polabiens von den Wenden, und schon 1143 begann Adolf mit dem Bau eines neuen Lübeck, der ersten deutschen Stadt an der Ostsee, an Stelle des alten slawischen Buku. Viele Wenden flüchteten sich aufs Meer und ergaben sich dem Seeraub. Nur die Gegend um Oldenburg und Lütjenburg blieb noch slawisch. Pribislaw selbst starb etwa ein Jahrzehnt später einsam auf seinem ihm belassenen Herrensitz in der Nähe von Oldenburg, ohne ein Deutscher und überzeugter Christ geworden zu sein, auch wenn er sich etwa, wie einige meinen, noch hat taufen lassen.

Diese Wendung der Dinge schuf auch für den Westen Mecklenburgs neue politische Verhältnisse. Mit einem Teile Polabiens, der neu errichteten Grafschaft Ratzeburg, zu der außer den lauenburgischen Ländern Ratzeburg und Mölln auch die mecklenburgischen Länder Schönberg, Gadebusch und Wittenburg gehörten, entschädigte Heinrich der Löwe den Grafen Heinrich von Badewide für das ihm einst von Albrecht dem Bären verliehene Wagrien. Da auch die Länder Boizenburg, Jabel und Weningen (Dömitz) einen Bestandteil Polabiens ausmachten, so war mit der Besiegung und Entfernung Pribislaws die sächsische Herrschaft des Löwen bereits von Holstein aus nach Mecklenburg hinein bis etwa an die untere (alte) Elde, die obere Sude und die Stepenitz vorgeschoben. Für eine Germanisierung war hier allerdings der Boden noch nicht bereitet. Auch wenn Heinrich von Badewide in seiner Grafschaft Ratzeburg schon bald mit ihr begann, so vollzog sie sich doch im Vergleich zu Wagrien sehr langsam und erst geraume Zeit später, als Heinrich der Löwe seinen Machtbereich noch weiter ostwärts über die oben genannten Flußlinien hinaus durch Eroberung von Niklots Obotritenreich ausdehnte.

Niklots und seiner Wenden Kraft war noch frisch und ungebrochen. Kein Herzog oder Graf hatte sie zur Anerkennung deutscher Herrschaft, kein Bischof oder Abt zur Annahme des Christentums gezwungen. Alle früheren Erfolge durch das deutsche Schwert, alle Bekehrungsversuche waren wieder verwischt, und wenn auch vereinzelt noch deutsches und christliches Wesen eindringen und sich festsetzen mochte: für die Gesamtrichtung der dortigen Wenden war das bedeutungslos.

Daran änderte auch nichts der Wendenkreuzzug vom Jahre 1147, das törichtste Unternehmen, das je stattgehabt hat, veranlaßt durch den schwärmerischen Mönch Bernhard von Clairvaux, dem jede Einsicht in die nordisch-wendischen Verhältnisse fehlte. Wie es scheint, haben sich der junge Heinrich der Löwe und auch Albrecht der Bär nebst anderen Fürsten durch das Feuer Beruhardscher Begeisterung und die Kunst seiner Rede, mit der er ihnen reale Erfolge und die Erreichung ihrer eigenen Ziele vorzuspiegeln wußte, überrumpeln lassen. Als Bernhard nämlich bei der Nachricht von der Eroberung der christlichen Stadt Edessa durch die Mohammedaner (1145) die abendländische Christenheit zu einem neuen, dem zweiten Kreuzzug bewog, zeigten die sächsischen Fürsten, weltliche wie geistliche, wenig Neigung für das Unternehmen mit der Begründung, daß sie weit näher, an den Grenzen ihrer eigenen Länder bei den Wenden noch genug Heiden zu bekämpfen und bekehren hätten. Sogleich faßte Bernhard den Plan zu einem von dem orientalischen Zuge gesonderten, gleichzeitigen Kreuzzug gegen Obotriten, Wilzen und Pommern. In einem Rundschreiben forderte er die sächsischen Erzbischöfe, Bischöfe, Fürsten und alle Gläubigen zur Teilnahme auf, und zugleich verhieß der Papst auch für diese Kreuzfahrer den herkömmlichen Ablaß. Zwei Kirchenfürsten gewannen auf das große Kreuzheer, das sich im Juni 1147 in Magdeburg sammelte, den meisten Einfluß: der Havelberger Bischof Anselm und der Bremer Erzbischof Adalbero. Ersterer war sogar vom Papst zum Leiter des ganzen Unternehmens bestellt; er verkündete im Namen der Kirche als Parole für den Kreuzzug: Bekehrung oder Ausrottung der Wenden. Keine Verhandlungen sollten den Wenden gewährt, keine Tributzahlungen von ihnen angenommen werden.

Eine solche, bis zum religiösen Fanatismus gesteigerte Verbindung von Staats- und Kirchenpolitik entsprach keineswegs den politischen Zielen eines Heinrich des Löwen und Albrecht des Bären, die mehr an eine Eroberung des Landes und eine Unterwerfung der Bevölkerung unter ihre Macht dachten. Selbst eine ernsthafte Bekehrung lag ihnen, wenigstens Heinrich dem Löwen für Mecklenburg, vorerst noch fern. Die Sicherung der Wendentribute, die ihm Vorteil brachten und seine Kassen füllten, sowie die Erschließung der Ostsee für sein sächsisches Herzogtum war für ihn in erster Linie ausschlaggebend.

In zwei Heerhaufen zog man anfangs August nach Norden. Der eine, geführt von dem jungen Sachsenherzog, begleitet von Erzbischof

Adalbero und anderen geistlichen und weltlichen Herren, wandte sich Niklot und den Obotriten zu. Gegen diesen Wendenfürsten richtete sich noch besonders der Unwille der Kreuzfahrer. Er hatte sich nämlich bei der Nachricht von den Vorgängen in Magdeburg an seinen bisherigen Verbündeten, den Grafen Adolf von Holstein, um Hilfe gewandt. Als dieser aber den Verhältnissen entsprechend als deutscher Lehnsmann Heinrichs des Löwen seine Verbindung mit dem Wendenfürsten nicht aufrecht erhalten wollte und konnte und daher Niklots Aufforderung diesmal ablehnte, überfiel dieser aus Rache trotz des Versprechens, die Obotriten von einem Einfall in Holstein auch weiter fernzuhalten, plötzlich Lübeck und verheerte ausgedehnte Strecken in Adolfs Land. Den dort angesiedelten Deutschen galt sein Haß und seine Rache. Das näherliegende Polabien verschonte er offenbar, weil es noch stark wendisch war. Die Kunde von dieser Tat hatte den Aufbruch der Kreuzfahrer in Magdeburg beschleunigt. Niklot hatte sich dann in seiner Burg Dobin verschanzt. Sie war mit ihrem sehr langen und breiten Burgwall mitten im Sumpf in der Nähe des Schweriner Sees wohl geeignet zur Verteidigung. Drei Monate lang belagerte sie Heinrich der Löwe vergeblich, und auch die schon bei Beginn des Kreuzzugs ebenfalls durch die Aussicht auf territorialen Erwerb gewonnene Hilfe eines dänischen Heeres, das unter den beiden Thronrivalen Prinzen Sven und Kanut in Wismar landete und bei Dobin zum sächsischen Heerbann stieß, vermochte nichts auszurichten, vielmehr wurden die Dänen schon bald durch einen Überfall der von Niklot herbeigerufenen Rügenschen Ranen auf ihre Flotte bei Wismar wieder zum eiligen Abzug gezwungen. Gegen die Abmachungen bei Beginn des Kreuzzuges mußte Heinrich auf dringenden Wunsch der übrigen Fürsten Unterhandlungen mit Niklot anknüpfen. Dieser versprach, das Bistum Mecklenburg wiederherzustellen und die Ausbreitung des Christentums in seinem Lande zu dulden. Eine Anzahl Wenden wurde sogar getauft. Kaum aber war das Kreuzheer abgezogen, als Niklot sich nicht mehr an sein Versprechen hielt.

Erfolglos verlief auch der Zug der andern Abteilung unter dem Markgrafen Albrecht dem Bären, bei dem sich als päpstlicher Legat Bischof Anselm selbst, außerdem viele andere weltliche und geistliche Herren befanden. Fast überall flohen die Wilzen beim Herannahen der Feinde in die Wälder. In Malchow verbrannte Albrecht Burg und Tempel und zog dann nach Demmin; ein Teil seines Heeres kam noch bis vor Stettin. Hier aber fand man – wahrscheinlich durch Bischof Adalbert von Pommern – bereits das Kreuz auf den Wällen errichtet. Auch Herzog Ratibor war schon Christ geworden. Verhandlungen zwischen ihm und den Kreuzfahrern bewirkten die Umkehr der letzteren.

Der Wendenkreuzzug war kläglich gescheitert. Er trug schon von vornherein den Keim des Mißlingens in sich. Klaffte doch kaum ein größerer Gegensatz zwischen dem Ziel der Kirche und der Absicht Heinrichs des Löwen. Nie war für letzteren der religiöse Gesichtspunkt bei seinen Handlungen maßgebend gewesen. Er konnte es auch hier nicht sein, es hätte denn der Herzog selbst den Faden seiner bisherigen Wendenpolitik zerschnitten. Die Unterwerfung der Obotriten mit dem Schwert unter seine sächsische Herzogsmacht und die Angliederung des Landes an sein Territorium, das war Heinrichs Ziel. Diesem gegenüber trat der Gedanke der Christianisierung vorerst noch völlig zurück.

Die Eroberung des Obotritenlandes konnte sich für Heinrich konsequent und folgerichtig nur von Holstein aus als Fortsetzung seiner bisherigen Errungenschaften, ohne eigentlich reichsdeutschen, viel weniger noch kirchlichen Einfluß, vollziehen. Die kirchlichen Verhältnisse in dem jüngst erworbenen Wagrien und Polabien waren aber noch nicht seinem Wunsche gemäß geregelt. Dort bestritt ihm der Hamburg-Bremer Erzbischof Hartwig von Stade, ein von kirchlich-hierarchischen Bestrebungen erfüllter Mann mit dem gleichen Ziele eines großen nordischen Patriarchats, wie es einst Adalbert von Bremen gehabt hatte, die Investitur der Wendenbischöfe in Oldenburg, Ratzeburg und auch Mecklenburg. Zwar war durch das Wormser Konkordat (1122) die Investitur der Bischöfe und Reichsäbte zwischen dem Königtum und der Kirche, d. h. zwischen Kaiser und Papst oder deren Stellvertretern geteilt. Nun aber war der Erzbischof von Hamburg bei der Gründung dieses Erzbistums im Jahre 831 schon im voraus zum Primas über alle zu begründenden Bistümer des Nordens, besonders der Wenden, ernannt worden. Da es sich hier einerseits noch nicht um deutsches Reichsland handelte, anderseits die deutschen Könige damals nur schwächliche Regenten waren, die den wendischen Angelegenheiten allzu wenig Bedeutung beimaßen, so war die ganze Frage zwischen weltlicher und geistlicher Oberherrschaft im wendischen Norden nicht geklärt. Gewohnheitsgemäß hatte im Laufe der Zeit der Erzbischof die Investitur seinen Metropolitanrechten eingefügt, und kein Kaiser hatte ihn bisher daran gehindert, die Kirche aber in ihrem eigenen Interesse eine solche Handhabung nur gebilligt. Bei den vielen Unruhen im Wendenlande und der häufigen Zerstörung der Wendenbistümer bisher noch von geringer Bedeutung, wurde die Frage der Investitur mit der durch Hartwig 1149 vollzogenen Wiederaufrichtung der drei Stätten aktuell, vornehmlich für Heinrich den Löwen. In Oldenburg weihte Hartwig den schon genannten Missionar Vicelin, in Mecklenburg einen gewissen Emmehard zum Bischof. In Ratzeburg blieb, da das Bistum Verden Einspruch erhob und auf Grund einer gefälschten Urkunde Karls des Großen die Metropolitangewalt über Polabien verlangte, ja sogar schon mit der Errichtung von Kirchen daselbst begonnen hatte, der Bischofsstuhl zunächst noch unbesetzt. Aber Hartwig hatte ohne Einvernehmen mit dem Sachsenherzog gehandelt, und Heinrich der Löwe war nicht geneigt, in den Wendenländern irgendeine andere Macht als gleichberechtigt mit der seinigen anzuerkennen, geschweige denn irgendwelche Einrichtungen und Bestimmungen in seinem Herzogtum ohne seine Zustimmung treffen zu lassen. Konnte er auch die Bischofsweihe nicht verhindern – sie war ein Recht des Erzbischofs –, so nahm er doch die Investitur für sich in Anspruch, versagte den Bischöfen alle Dotationen und Einkünfte und sperrte ihnen auch die Zahlung der Wendenzehnten. Vicelin von Oldenburg, nicht im Besitz eigener Mittel, mußte sich deshalb dem Herzog bald fügen und schon 1150 sein Bistum aus Heinrichs Hand in Empfang nehmen. Emmehard von Mecklenburg, der sich weigerte, ein Gleiches zu tun, konnte seinen Sprengel überhaupt nicht betreten. Der Jnvestiturstreit nahm seinen Fortgang, und Heinrich erreichte sein Ziel, als 1152 nach dem Tode Konrads dessen Neffe Friedrich von Schwaben (Barbarossa) zum deutschen König gewählt wurde. Dieser, ein Vetter des Löwen, suchte zunächst den von neuem entbrannten Streit zwischen Staufen und Welfen dadurch zu schlichten, daß er auf einem Hoftage zu Goslar Heinrich das Herzogtum

Bayern zurückgab, während er ihm zugleich die Investitur für die Wendenbistümer zugestand. Er gewann dadurch Heinrichs Hilfe für seine italienischen Pläne und den bereits beabsichtigten ersten Römerzug (1154).

In seinen Freiheiten und Rechten vom Kaiser bestätigt, griff Heinrich nunmehr mit Interesse auch in die kirchlichen Verhältnisse der drei Bistümer ordnend ein. Wie er noch vor seinem Aufbruch nach Italien für den vakanten Ratzeburger Stuhl den ihm vom Magdeburger Bischof Wichmann empfohlenen dortigen Propst Evermod, einen Prämonstratenser, bald darauf in Oldenburg nach Vicelins Tod (Dez. 1154) von Italien aus durch seine Gemahlin seinen Kanzler, den braunschweigischen Domscholastikus Gerold, einsetzte und seine Weihe, als Hartwig sie verweigerte, vom Papst selbst als Dank für sein tapferes, entscheidendes Eingreifen gegen einen Aufruhr der römischen Bevölkerung erlangte, so konnte auch der Amelungsborner Zisterziensermönch Berno einige Jahre später nur durch Heinrichs Bestimmung aus seiner Stellung als Wendenmissionar in die eines Bischofs für das neugegründete Schwerin (S. 47) aufrücken. Mochte Berno immerhin der einzig gegebene Mann für das Amt und sogar den Wendenfürsten nicht unlieb sein, so gab doch nur Heinrichs Wort die Entscheidung.

Gut war es jedoch für beide Teile, daß es im Jahre 1158 durch Vermittlung Kaiser Barbarossas zwischen Heinrich und Hartwig zu einem Vergleich kam. Letzterer erkannte des Herzogs Investitur für die Wendenbistümer an und erhielt seinerseits nun auch, unter Beseitigung aller vermeintlichen Rechte von Verden, die Metropolitangewalt über Ratzeburg. Zwei Jahre später wurde auf dem Konzil zu Pavia, das Barbarossa selbst berief, um das zwischen den beiden Päpsten Viktor IV. und Alexander III. ausgebrochene Schisma zu beseitigen, auch zwischen Hartwig und Heinrich unter den genannten beiderseitigen Zugeständnissen der Streit endgültig beigelegt.

Diese Investiturkrise war es, die bei Heinrich dem Löwen auch nach dem Wendenkreuzzug von 1147 ein Interesse für eine Christianisierung und kirchliche Gestaltung des Obotritenlandes noch nicht hatte aufkommen lassen. Ja, selbst für eine rein äußere Unterwerfung und die damit verbundene Germanisierung des Landes bot sie ihm ein beträchtliches Hindernis. So zeigte sich denn auch trotz seines unumstößlichen Willens, das Obotritenland einstmals seiner Macht einzufügen, in seinem Verhältnis zu Niklot noch keine feste Haltung, vielmehr ein unbestimmtes Schwanken, durch das er in dieser Zeit seinen Einfluß und sein Übergewicht geltend zu machen suchte. Nachsichtig und milde erscheint er gegen die Abkehr Niklots von seinen beim Wendenkreuzzug geleisteten Versprechungen. Energisch aber trat er wendischen Räubereien und Übergriffen nach Holstein und Sachsen entgegen. Als dabei, wie eine etwas spätere Nachricht schließen läßt, einmal Niklot selbst von Heinrich abgeführt und in Lüneburg gefangen gesetzt wurde, scheint der Herzog ihn weder durch angebotenes Geld noch durch Drohungen seitens der Söhne, sondern aus freien Stücken nach erneut abgelegtem Eid auf Treue und Gehorsam schließlich wieder aus der Haft entlassen zu haben. Im Jahre 1151 mußte Adolf von Holstein, der sich mit Niklot wieder ausgesöhnt hatte, dem Wendenfürsten bei der Wiederunterwerfung der von der Obotritenherrschaft abgefallenen beiden wilzischen Stämme der Kessiner und Circipaner mit 2000 Mann Hilfe leisten. Was Heinrich dadurch erreichte, war nichts Geringes. Niklot gewöhnte sich ganz von selbst an die Oberherrschaft Sachsens. Allerdings vom Christentum wollte der Wende, auch wenn er der Mission in seinem Lande nicht direkt hindernd entgegentrat, für sich selbst noch wenig wissen. Das zeigt ein Wort, das er zu Heinrich dem Löwen bei einer Zusammenkunft in Artlenburg sprach. Als der Herzog ihn zur Annahme des Christentums mahnte, entgegnete er: „Dein Gott möge der im Himmel sein; du sollst der unsere sein, das wird uns genügen."

Mag somit Niklot ebensowenig wie der Wagrier Pribislaw eine „wilde Bestie" genannt werden können, wie Helmold es tut, „die die Christen auf das wütendste verfolgte", so war doch anderseits ein dauernder Friede mit Heinrich dem Löwen oder gar ein innerer Ausgleich zwischen diesen beiden Männern wohl kaum möglich. Die völlig verschiedene Natur beider verhinderte ihr friedliches Nebeneinander. Bei all den Zugeständnissen, die Niklot seinen deutschen Nachbarn in politischer und religiöser Hinsicht machte, blieb der Urgrund seines Wesens doch echt wendisch. Er war keineswegs gewillt, sich und seine Nation dem deutschen und christlichen Einfluß völlig auszuliefern. Wenn er auch Berno in seiner Missionstätigkeit nicht hinderte, ihm sogar den Aufenthalt in seiner Burg Schwerin gestattete, so gewährte er ihm doch keine direkte Hilfe und Unterstützung. Mochte sich immerhin der Gegensatz zwischen Deutschtum und Wendentum, wie es bereits geschehen, auch noch mehr mildern, so war Niklot doch weit entfernt, seiner Freiheit völlig zu entsagen. Das aber forderte schlechthin Heinrich der Löwe. Seine Absichten auf das Obotritenland drängten in konsequenter Schärfe auf einen letzten Entscheidungskampf mit Niklot. Nach Erledigung von Heinrichs bayrischen Besitzansprüchen und seinem Siege im Jnvestiturstreit war jetzt dazu die Zeit gekommen. Den Anlaß gaben Niklots Feindseligkeiten und Räubereien gegen Dänemark.

Die wendischen Raubzüge gegen Dänemark hatten sich schon seit alters von Geschlecht zu Geschlecht vererbt. Während der zwanzigjährigen dänischen Thronstreitigkeiten seit dem Tode des Königs Erich Emund (1137) waren sie seitens der Wagrier und Obotriten zu einer direkten Landplage geworden. Da war es nun Waldemar I., 1157 zum König erhoben, der, um sein Land gegen die wendischen Piraten zu sichern, sich mit einer Klage an Heinrich den Löwen wandte. Bei einer Zusammenkunft Heinrichs mit den Wendenfürsten in Mecklenburg und Pommern im Jahre 1159 versprachen diese, während des Herzogs Abwesenheit auf dem Römerzuge alle Einfälle nach Dänemark zu unterlassen. Als sie aber ihr Wort nicht hielten, begann Waldemar sich selbst zu schützen und vornehmlich Rügen und Pommern zu unterwerfen. Für Heinrich aber entstand dadurch ein gefährlicher Nebenbuhler in der Herrschaft über die Wenden. Nur durch Eroberung und Unterwerfung der Wendenländer an der Ostsee konnte er drohenden neuen Verwicklungen vorbeugen. Er forderte daher gleich nach seiner Rückkehr aus Italien Niklot und die übrigen Wendenfürsten zur Rechenschaft nach Barförde, aber sie erschienen nicht. Niklot vornehmlich rüstete sich sogleich zum Kampf.

Ein Anschlag des Obotritenfürsten auf Lübeck durch seine beiden Söhne Pribislaw und Wertislaw mißlang. Durch einen Graben vor der Stadt irregeführt, fanden sie die Zugbrücke erst, als diese schon von der Besatzung aufgezogen war. So gab denn Niklot seine erste Verteidigungslinie Ilow–Mecklenburg–Dobin–Schwerin auf, verbrannte diese Burgen und zog sich in den Schutz der Feste Werte zurück, die ihm, wenn es sein mußte, auch den Rückzug nach Pommern deckte.

Sie lag inmitten ausgedehnter Sümpfe und bot einen vorzüglichen Verteidigungspunkt. Langsam nur rückte Heinrich mit einem starken Heere heran. Bei Mecklenburg machte er Halt, um erst die Dänen zu erwarten, die wieder mit ihm Bunde waren und unter ihrem König Waldemar bei Warnemünde landeten. Mit ihnen kam auch Niklots abtrünniger Sohn, Waldemars Schwager Prislaw, der zum Christentum übergetreten war. Häufig sah Heinrich sich zu kleinen Scharmützeln mit wendischen Freischaren in der Nähe seines Lagers gezwungen. Als dabei eines Tages Niklots Söhne nur mit Mühe der Gefangenschaft entgingen und eilends nach Werle zurückflohen, zog Niklot selbst mit einigen seiner Tapfersten aus und legte sich in einen Hinterhalt in der Nähe des Feindes. Bald kamen Knechte aus dem sächsischen Lager, um Futter zu holen. Unter sie waren eine Anzahl Krieger gemischt, die unter ihren Röcken Harnische trugen. Schnell sprengte Niklot, ohne die List zu ahnen, unter sie und schwang auf einen von ihnen die Lanze, aber diese sprang an dessen unsichtbarem Panzer ab. Da erst bemerkte Niklot, daß er getäuscht sei. Er wollte noch zurückeilen, aber es war zu spät. Feindliche Reiter holten ihn ein und umzingelten ihn, und noch bevor einer der Seinen ihm zu Hilfe kommen konnte, ward er erschlagen. Seine Leiche wurde erkannt und sein Kopf auf einem Speer ins Lager der Sachsen gebracht. Dort entstand ein großer Jubel über den Tod dieses allgemein gefürchteten Mannes. Als Prislaw bei der Abendmahlzeit im Lager der Dänen die Kunde vom Tode seines Vaters erhielt, soll er sogar ausgerufen haben: „Dem Gottesverächter ist Recht geschehen!“ In der Tat, wenn es wahr ist, ein Beweis nicht heidnischer, sondern barbarischer Gesinnung in diesem Namenchristen!

So war auch der zweite der großen Wendenfürsten beseitigt. Ein tragischer Zug liegt über seinem plötzlichen Ende. Nicht auf offenem Kampffeld war es ihm vergönnt, für sein Wendentum, das er über alles liebte, mit dem Schwerte einzutreten; hinterrücks, getäuscht durch die List des Feindes, der ihn als einen durchaus ebenbürtigen Gegner fürchtete, hat er in völlig ungleichem Ringen den Tod gefunden. Ein vortreffliches Ölgemälde des Schweriner Hofmalers zur Zeit Friedrich-Franz' II., Theodor Schlöpke, stellt diesen ergreifenden Augenblick mit überlebensgroßer Zeichnung der Kämpfer dar und bildet einen besonderen, jedem Besucher bekannten Schatz des Schweriner Museums. Einer der Größten seines Volkes, besaß Niklot mehr als andere auch dessen Licht- und Schattenseiten. Die Kraft des Wendentums zu erhalten, betrachtete er als seinen Beruf. Doch klug und besonnen, wie er war, hat er den bestehenden Verhältnissen Rechnung getragen. Wo es die Zeit erforderte, gab er der mehr und mehr wachsenden Macht des Deutschtums und Christentums nach. Nicht von blindem Eifer und phantastischen Gedanken geleitet, nicht leichtfertig in zweckloser Aufopferung seines Volkes, sondern getragen von mannhaftem Selbstbewußtsein und überzeugt von seiner tief innerlich erfaßten Aufgabe als Wendenführer, trat er an die Spitze seines Volkes. Offensiv und defensiv zugleich, herausgefordert und zur Gegenwehr gezwungen, so nahm er den Entscheidungskampf auf, in dem es sich, wie er wohl wußte, um seines Volkes und Landes Sein und Nichtsein handelte. Wenn er sich dabei mehrfach über Treue und Versprechungen, die er in seiner Not dem deutschen Gegner gegeben hatte, hinwegsetzte, so war das eben wendische Art, die auch anderen, selbst kultivierten Völkern und Männern der Gegenwart nicht immer als verächtlich erscheint. Nur eben als Wende ist Niklot zu verstehen und als solcher ohne Zweifel einer der Ersten seines Volkes. Anfänglich hatte selbst Heinrich der Löwe gegen ihn keinen Erfolg erzielen können, und schließlich ist dem Welfen der plötzliche Tod seines Gegners zu Hilfe gekommen; er hat dem Sachsen die Mühe und Arbeit des letzten großen Kampfes verkürzt und erleichtert, aber auch Niklot selbst viel Leiden und Sorgen erspart. Denn auch ohnedem hätte wohl Heinrich der Löwe, dessen Macht zeitweilig selbst die des Kaisers in den Schatten stellte, die Oberhand über die Wenden gewonnen. Wenn daher der Kampf, wie es kaum anders geschehen konnte, zugunsten Heinrichs des Löwen entschieden wurde, so hat doch Niklot nichts von seiner natürlichen Größe und seinem Heldentum verloren. Er ist und bleibt der Nationalheld des wendischen Volkes, wie er denn auch durch die Wiedereinsetzung seines Sohnes Pribislaw in die mecklenburgische Herrschaft durch Heinrich den Löwen der Stammvater des späteren mecklenburgischen Fürstenhauses geworden ist. So zeigt ihn auch die überlebensgroße Reiterfigur hoch oben über dem Portal im Schweriner Schloß. –

Sogleich nach dem Tode Niklots begann Heinrich der Löwe mit der politischen und militärischen Sicherung des neu erworbenen Obotritenlandes und seiner provinzmäßigen Angliederung an sein sächsisches Territorium. Gunzelin von Hagen, ein Edler aus dem Braunschweigischen, der dem Herzog im Kampfe gegen Niklot bereits treue Dienste geleistet hatte, erhielt die Statthalterschaft in Obotritien und zugleich den Auftrag, die von Niklot vor dessen Abzug nach Werle verbrannte Burg Schwerin nach sächsischem Muster wieder aufzubauen und in ihrer Nähe neben einer bereits bestehenden Wendensiedlung eine deutsche Stadt, die erste auf mecklenburgischem Boden, zu begründen. Das mag schon im Frühjahr 1161 geschehen sein. Und da das alte Bistum Mecklenburg seit Jahren verfallen war, so stiftete Heinrich zur selben Zeit oder wenig später in dem deutschen Schwerin ein neues. Das Recht des Städtebaus und der Bistumsgründung, das er von jeher für sich in Anspruch nahm, hatte er ja durch Barbarossa bestätigt erhalten. Die alte wendische Einteilung des Landes in Burgbezirke behielt er, soweit es möglich war und seine Macht reichte, im ganzen bei und übertrug sie an seine Vasallen, die ihren Wohnsitz in den Burgen nahmen, so z. B. Heinrich von Skaten in Mecklenburg, Ludolf von Peine in Cuskin (Quetzin am Plauer See), Ludolf von Braunschweig in Malchow. Mit ihnen kamen bereits andere deutsche Ritter und Dienstmannen mit Familie und Hausgesinde ins Land und wurden in und bei den Burgen angesiedelt. –

Noch aber war Heinrichs Herrschaft im Obotritenland nicht gesichert. Kaum waren zwei Jahre vergangen – Heinrich befand sich gerade in Bayern –, als Niklots Söhne Pribislaw und Wertislaw, unzufrieden mit dem ihnen belassenen Gebiet der Kessiner und Circipaner, sich von Werle aus zur Wiedereroberung ihres väterlichen Reiches rüsteten. Von Gunzelin über diese Vorgänge benachrichtigt, begann Heinrich zu Anfang des Jahres 1163 den Kampf. Durch Sturmmaschinen und Belagerungstürme, wie er sie auf den Römerzügen in Italien kennen gelernt hatte, zwang er Wertislaw zur Übergabe der Burg und führte ihn samt anderen wendischen Häuptlingen und Kriegern in Handschellen nach Braunschweig in Haft. Pribislaw, der indes in der Nähe der Burg aus geheimen Schlupfwinkeln dem sächsischen Heere Schwierigkeiten bereitet hatte, erhielt auf seine Bitte hin von

Heinrich Frieden. Werle wurde Niklots Bruder Lubimar, der bereits für Heinrich Partei genommen hatte, überlassen. Doch schon im Februar 1164 erschien Pribislaw, von seinem gefangenen Bruder aus Braunschweig durch geheime Boten ermuntert, plötzlich mit einem Wendenheer vor der Feste Mecklenburg, eroberte sie trotz tapferer Gegenwehr der etwa 70 Mann zählenden deutschen Besatzung, welche in Abwesenheit Heinrichs von Skaten Pribislaws Forderung zur Übergabe der Burg ablehnte, ließ alle deutschen Männer töten, ihre Frauen und Kinder fortführen und die Burg verbrennen. Ein gleichzeitiges Unternehmen wendischer Scharen gegen Ilow scheiterte an Gunzelins kräftigem Widerstand, der ihnen mit der Besetzung der Burg zuvorkam. Dagegen fiel Malchow ohne Schwertstreich in Pribislaws Hand, da die dortige Besatzung es auf seine Drohungen hin vorzog, sich zu ergeben unter der Zusicherung freien Abzugs. Dann eilte der Wendenfürst nach Pommern zurück und erwartete hier mit den beiden ihm verbündeten Fürsten Bogislaw und Kasimir in Demmin des Sachsenherzogs neuen Angriff. Dieser war bereits im Anzug. In Malchow, das er ohne Schwertstreich nahm, ließ er aus Zorn über Pribislaws Treubruch dessen mitgeführten Bruder Wertislaw hinrichten, verfeindete sich dadurch allerdings mit Pribislaw noch mehr. Dann rückte eine sächsische Abteilung unter dem Grafen Adolf, dem Grafen Gunzelin und anderen Vasallen auf Demmin vor, wurde aber in der Frühe des 5. (oder 6.) Juli bei Verchen am Kummerower See von einer Schar Wenden überlistet und konnte diese nur nach hartem Kampf unter schweren Verlusten vertreiben. Die Sachsen hatten sich offenbar in ihrem Nachtlager in zu große Sicherheit gewiegt und die Macht des Feindes unterschätzt, dem eine geschickte Spionage und der Verrat oldenburgischer Wenden im sächsischen Lager behilflich war. Mochte auch eine große Anzahl Wenden – man erzählt von 2500 – im See umkommen, so hatten doch die Sachsen, als im Gewühl der Schlacht die Wenden sogar in ihr Lager eindrangen, den Tod vieler tapferer Krieger, unter ihnen den des Grafen Adolf von Holstein, zu beklagen. Unklar bleiben die Ereignisse, die sich nunmehr in Pommern abspielten. Die Rivalität zwischen Heinrich und König Waldemar von Dänemark, der ebenfalls nach der Herrschaft über die Wendenländer strebte und eine solche über Rügen und das Land Wolgast 1161 von Kaiser

Barbarossa erlangt hatte, scheint den Sachsenherzog veranlaßt zu haben, den Kampf baldigst abzubrechen, um so ein weiteres Vordringen Waldemars, den er nur durch Zugeständnisse bezüglich der dänischen Vorherrschaft in Pommern zur Teilnahme an dem Kriegszug gewonnen hatte und auch jetzt friedlich zu stimmen suchte, zu verhindern. Jedenfalls kam ein Friede zustande. Doch waren die Bestimmungen noch so unklar und verworren, daß die alte Spannung zwischen Heinrich und Waldemar, auch wenn dieser tatsächlich die Oberhoheit über die Herrschaft Wolgast erhielt, nicht aufhörte und auch die Pommernfürsten über ihre Stellung zu Dänemark und Sachsen noch völlig im Zweifel blieben. Noch lauerte Pribislaw auf eine günstige Gelegenheit. Die Verhältnisse drängten förmlich zu neuen Verwicklungen. Waldemar, unzufrieden und auf neue Erfolge und Erwerbungen bedacht, begann mit der Verheerung der pommerschen und rügenschen Küsten, angeblich zur Strafe für den Seeraub ihrer Bewohner. Die Pommernfürsten beklagten sich darüber bei Heinrich, der sie zur Ruhe verwies; doch umsonst. Von Waldemar gerufen, erschien Pribislaw, unterstützt von Pommern, mit seinen Wenden auf dem Plan. Bald war Demmin wieder aufgebaut. Dann durchzog Pribislaw Mecklenburg, eroberte Jlow, drang auf verschiedenen Streifzügen bis Schwerin und Ratzeburg vor und machte reiche Beute, woran ihn selbst Gunzelin und der Ratzeburger Graf nur wenig zu hindern vermochten. Zur Rache bot Heinrich Wagrier und Obotriten zum Raub gegen die dänischen Küsten auf und zwang Waldemar so zur Versöhnlichkeit. In einer Zusammenkunft beider an der Eider zahlte Waldemar an Heinrich eine größere Summe Geldes, wofür Heinrich versprach, die Wenden von Dänemark fernzuhalten. Dann unterwarfen beide Pommern und teilten sich das Land. Bogislaw und Kasimir wurden Vasallen des Sachsenherzogs.

So war Heinrich der Löwe Herr des Wendenlandes nördlich der Elde bis zur Tollense und Peene geworden. Bis an die Ostsee reichte sein sächsisches Territorium. Seine Machtstellung im Norden war begründet, im Einvernehmen mit Kaiser Rotbart, der allen seinen Wünschen willfahrte. Aber gerade dieser Umstand hatte ihm schon seit einiger Zeit eine Anzahl Gegner, weltliche und geistliche, erworben, die alle erzürnt waren über sein oft rücksichtsloses Verfahren in politischen und kirchlichen Machtfragen. Im Oktober 1166, als der Kaiser eben seinen vierten Römerzug angetreten hatte, brach gegen Heinrich in Westfalen, an der Weser und anderen Orten zugleich der Fürstenaufstand aus; selbst Albrecht der Bär, der Heinrichs Machterweiterung in Pommern nicht dulden wollte, gehörte zu den Empörern. Im Vertrauen auf des Kaisers Hilfe und seine eigene Macht fürchtete der Löwe keinen seiner Gegner, sondern nahm den Kampf gegen alle auf. In seinem Rücken das Wendenland und Dänemark in Ruhe zu halten, mußte seine Sorge sein. Deshalb tat er den Schritt, der für Mecklenburgs weitere Geschichte entscheidend wurde. Er selbst näherte sich seinem bisherigen Feinde Pribislaw. Dieser war inzwischen getauft worden; ob schon zu Lebzeiten seines Vaters oder, wie die Reimchronik des Ernst von Kirchberg sagt, erst in den sechziger Jahren im Einvernehmen mit seiner christlichen Gemahlin Woislawa durch Bischof Berno, bleibt ungewiß. Er weilte seit einiger Zeit bei den ebenfalls christlichen Pommernherzögen, die in ihm bereits einen lästigen und für ihr Verhältnis zu Heinrich gefährlichen Flüchtling sahen. Auch Bischof Berno war, wie eine Kaiserurkunde vom Jahre 1170 angibt, 1167 gerade in Pommern und wurde von den beiden Herzögen in Demmin freundlich ausgenommen. Damals wird Berno die Versöhnung zwischen Heinrich und Pribislaw durch einen Vertrag vermittelt haben, nach dem der Wendenfürst den größten Teil seines obotritischen Landes zurückerhielt, dafür aber dem Herzog künftighin Gehorsam und Treue gelobte und auch Berno als Landesbischof anerkannte. Circipanien, d. h. das Land zwischen Peene, Recknitz und Trebel, wurde von Pribislaws Reich abgetrennt und an die Pommernfürsten gegeben, damit auch bei ihnen noch etwa vorhandene Spuren früherer Gegnerschaft verwischt würden. Gunzelin, der die Statthalterschaft über Obotritien verlor, erhielt als Entgelt das ebenfalls losgelöste Land zwischen dem Schweriner See bis hinab nach Hagenow und Boizenburg als Grafschaft Schwerin. Auch das Verhältnis Heinrichs zu Dänemark besserte sich, als im Jahre 1168 auf Waldemars Bitten und Heinrichs Geheiß Pribislaw und die Pommernfürsten dem Dänenkönige auf einem Zuge gegen Rügen halfen. Arkona, die alte, seit Rethras Fall einzige Hochburg wendischen Heidentums in den Ostseeländern, wurde damals im Beisein der Bischöfe Absalon von Roeskilde und

Berno von Schwerin mit Feuer und Schwert vernichtet und die Bevölkerung ringsum dem Christentum zugeführt. Die bei dieser Gelegenheit von Berno versuchte Ausdehnung seines Schweriner Sprengels auf die Insel Rügen mißglückte; die Insel kam politisch und kirchlich unter Dänemarks Einfluß. Heinrich der Löwe aber brauchte im Kampfe gegen seine Neider keine Gefahr von den Wenden und Dänen zu fürchten. Nach zweijährigen harten Fehden wurde der Streit durch Barbarossa wieder zu seinen Gunsten entschieden.

Dritter Abschnitt

Die Zeit der Germanisierung und Christianisierung
(Von der Mitte des 12. bis zum Ende des 13. Jahrhunderts)

Über ein halbes Jahrtausend hatten die Wenden in Mecklenburg die Herrschaft geführt. Allerdings waren sie mit der Eroberung ihres Landes durch Heinrich den Löwen keineswegs beseitigt oder vertrieben. Mecklenburg war auch jetzt noch völlig slawisch. Irgendwelche einschneidenden Wandlungen siedlerischer Art waren noch nicht geschehen oder erst ganz vereinzelt in Vorbereitung begriffen. Mit der Wiedereinsetzung Pribislaws wurde, wie noch im folgenden ersichtlich wird, sogar dem Wendentum nicht geringer Vorschub geleistet. Als politische Macht jedoch war es ausgeschaltet. Dafür hatte das Schwert Heinrichs des Löwen und sein unbeugsamer Wille gesorgt. In dieser Hinsicht bedeutet der Tod Niklots und die Eingliederung Pribislaws in den sächsischen Lehnsverband das Ende der eigentlichen Wendenzeit in Mecklenburg, vorausgesetzt allerdings, daß sich die Ereignisse von 983 und 1066 nicht wiederholten. Es gab, um des Löwen Werk Dauer zu verleihen, nur ein Mittel: der Eroberung mußte die Germanisierung und Christianisierung des Landes folgen, wenn auch nicht unter völliger Ausrottung der wendischen Einwohnerschaft, so doch auf vorwiegend deutschvölkischer Grundlage. Der Mangel einer solchen hatte sich wiederholt gezeigt, an ihm waren alle früheren Erfolge kriegerischer Arbeit unter den Wenden schließlich wieder gescheitert. So schlug denn auch der Sachsenherzog den durch Natur und Umstände vorgezeichneten Weg ein, allerdings nicht so sehr aus nationalen, als zunächst vielmehr aus rein persönlichen Gründen. Bessere Erträge und höhere Tribute aus deutscher Wirtschaft sollten ihm seine Kassen füllen und seine eigene Macht erweitern. Die Slawen allein aber waren dazu nicht fähig, weil sie weder Wälder roden, noch schweren Boden umpflügen konnten. Auf dem Umwege über die Zugehörigkeit zu Sachsen ist Mecklenburg später, nach Beseitigung der welfischen Emanzipationspolitik, dem deutschen Reiche als unmittelbares Territorium eingefügt worden, nachdem es vom Deutschtum und Christentum völlig durchdrungen war.

Ihren planmäßigen Anfang nimmt die Germanisierung Mecklenburgs, wenn man dabei von einigen früheren Bestrebungen und Erfolgen in den zur Grafschaft Ratzeburg gehörigen westlichen Landesteilen absieht, mit der Begründung der ersten deutschen Stadt, Schwerin.

Es ist bereits erwähnt, daß der Sachsenherzog gleich nach dem Tode Niklots, wahrscheinlich noch im Herbst des Jahres 1160 den Plan faßte, die von dem Wendenfürsten kurz vor seinem Abzug nach Werle verbrannte Burg Schwerin nach sächsischem Muster wieder aufzubauen und in ihrer Nähe neben einer alten wendischen Siedlung eine deutsche Stadt gleichen Namens, die erste auf mecklenburgischem Boden, zu begründen. Mit der Ausführung betraute er, offenbar ohne zuvor den Kaiser zu befragen, dem damals noch allein das Recht der Städtegründung zustand, im Bewußtsein seiner uneingeschränkten Macht, die er in den von ihm eroberten Slawenländern in jeder Weise beanspruchte, seinen Lehnsmann Gunzelin von Hagen. Wie sich im einzelnen der Bau der Burg und die Entwicklung der Stadt in den nächsten Jahren vollzogen hat, und wie schnell und umfangreich die Niederlassung deutscher Bewohner daselbst sich gestaltete, ist uns nicht bekannt. Gewiß mag letztere, wenn überhaupt schon nennenswert begonnen, durch den Ausbruch der Kämpfe mit Niklots Söhnen, die auch bis in die Gegend der neuen Siedlung vordrangen, bedeutende Hemmungen erlitten haben. Wahrscheinlich verlieh Heinrich ihr auch schon ein eigenes Stadtrecht und ebenso das große Siegel mit dem Reiterbild und der Umschrift: Dux Henricus et sigillum civitatis Suerin, auch wenn uns beides erst aus späterer Zeit, ersteres aus seiner Übertragung an andere Orte, besonders an Malchow 1235, in bereits erweiterter Form, das Siegel sogar erst aus dem Jahre 1255 an einer Urkunde erhalten ist. Was in dem ursprünglichen Wortlaut des Stadtrechts wohl besonders fehlte, waren unter andern Punkten die Abschnitte über die Ratsverfassung. Eine solche wird Schwerin, wie andere Städte, erst im 13. Jahrhundert erhalten haben. Mit Rücksicht auf die politisch immer noch unsicheren Verhältnisse im Lande und in Anbetracht der weiteren Pläne, die Heinrich mit dem Obotritenlande vorhatte und gerade an Schwerin als erstes deutsches Bollwerk knüpfen mußte, blieben dem Grafen besondere Befugnisse administrativer und richterlicher Art dort vorbehalten. So erklärt sich auch wohl die erst verhältnismäßig späte Übertragung des Schweriner Stadtrechts auf andere Orte, wie Güstrow 1228, Malchow 1235, Malchin 1236 usw., während Gadebusch 1225 noch Lübecker, Parchim in demselben Jahre ein eigenes Recht erhielt. Auch nach der Schaffung einer städtischen Selbstverwaltung und Selbstgesetzgebung hat sich in Schwerin bürgerlicher Gemeinsinn nicht entwickelt. Graf und Bischof, später der Landesfürst mit der Hofhaltung und den verschiedensten Regierungskollegien gaben der Stadt die eigenartige Richtung, die sie bis in die neueste Zeit hinein bewahrt hat, das Gepräge einer Beamtenstadt. Die Zollfreiheit im ganzen Herzogtum Sachsen und das Recht der Schiffahrt im Hafen von Wismar, die Kaiser Otto IV. schon 1211 den Schweriner Bürgern verlieh, ebenso die auf Gegenseitigkeit beruhenden Handelsverträge mit Lübeck, die Graf Heinrich I. verbriefte, ließen die Stadt ihr mehr lokales Handels- und Verkehrsleben nur wenig erweitern. Ihr Markt blieb auch fernerhin fast ausschließlich auf dm Austausch der eignen städtisch-gewerblichen Produktion gegen landwirtschaftliche Erzeugnisse der ländlichen Umgegend beschränkt. Ihre von der See und jedem Wasserweg abgeschlossene Lage bewahrte ihr den rein binnenstädtischen Charakter.

So wurde Schwerin zum ersten Bollwerk für die deutsch-christliche Kulturarbeit in dem von Heinrich dem Löwen neu erworbenen Mecklenburger Wendenland. Eine dauernde Grundlage für eine solche Wandlung in Land und Volk aber konnte nicht die Begründung von Städten, die doch für das Wendenland etwas Neues waren, bilden. Sie wären als völlig isolierte Enklaven inmitten einer rein wendischen Umgebung der steten Gefahr der Zertrümmerung durch slawische Gegenwirkungen ausgesetzt gewesen. Gesicherte Grundlagen konnte das Deutschtum nur gewinnen durch eine planmäßige, starke Kolonisierung des platten Landes. Sie ergriff nicht nur die schon vorhandenen wendischen Wohnstätten, sondern schuf auch ganz neue Dörfer nach deutschem Muster. Wirkungsvoller und im ganzen auch leichter für die Germanisierung des Landes war, besonders zu Anfang, die zweite Art.

Von vornherein ferngehalten von jeglicher Berührung und Vermischung mit wendischem Wesen und frei von jeder Rücksichtnahme auf bereits bestehende slawische Grundrechte, wurden die neuen

Dörfer zu Stätten reinsten Deutschtums. Ihre Anlage begann, wofern nicht zuvor noch gerodet werden mußte, mit der Vermessung der Ackerflur und der Zerlegung meist in Kolonisten- oder Königshufen, auch Hägerhufen genannt, nach der von Karl dem Großen geschaffenen großen Königsrute. Eine solche Hufe umfaßte das Doppelte einer gewöhnlichen Landhufe, 120 preußische Morgen zu je 1/4 ha. Vier Hufen bekam der Lokator selbst, d. h. der von dem Landes- oder Grundherrn mit der Anlage des Dorfes beauftragte Bauermeister, der zugleich das erbliche Amt eines Schulzen für die Dorfsiedlung erhielt, auch wohl die niedere Gerichtsbarkeit ausübte und dem Landes- bzw. Grundherrn zur Gestellung eines Pferdes und zum Kriegsdienst als leichter Reiter verpflichtet war. In den Hagendorfern, d. h. in den auf zuvor gerodetem Waldboden (Hag) angelegten Dörfern, führte er auch den Namen Hagemeister, eine Bezeichnung, die später zum Familiennamen geworden ist. Zwei Hufen blieben gewöhnlich für eine zu gründende Pfarre reserviert, die übrigen wurden an deutsche Bauern vergeben, meist ohne Kaufpreis und für bestimmte Zeit, bei Urbarmachung bis zu sechzehn Jahren, ohne Belastung mit Abgaben. Erst nach Ablauf dieser Freijahre, in denen Schulze und Bauern die Urbarmachung ihres Ackerteils, den Aufbau der Häuser und Katen und die gesamte wirtschaftliche Einrichtung ausführten, hatten die Hufeninhaber den Zehnten an die Kirche und die Bede an den Landesherrn zu entrichten. Das Schulzen- und Pfarrgehöft blieben auch weiterhin frei. Die Lehnschulzen fanden später oft Aufnahme in dem niederen Adel. Sicherlich sind manche von ihnen mit der Zeit auch selbst Gutsherrn geworden. Sie erhielten dann das ganze Dorf vom Landesherrn zu Lehen und pflegten einige Hufen selbst zu bewirtschaften, die übrigen zu verpachten. Ihre Bauern hatten noch den Census, einen niedrigen Zins in dreifachem Korn oder im Betrage von ein bis vier Schillingen an den Grundherrn zu zahlen. Bisweilen wurden solche Lokatoren auch Begründer mehrerer Dörfer oder erwarben zu ihren, ursprünglichen Besitz noch weiteren hinzu. Wahrscheinlich ist unter anderen z. B. die bekannte und weitverzweigte Familie von Bülow, ursprünglich Lokatoren und Schulzen in dem Dorfe Bülow bei Rehna, von dem sie den Namen erhielten, auf diese Weise entstanden. Anderseits gehen auch manche heutigen Dorfbezeichnungen auf die Namen ihrer einstigen deutschen Begründer zurück. Später hoben die Gutsherrn oder ihre Nachkommen häufig das Lehnschulzenamt und -gut auf und setzten an seine Stelle einen Dorfschulzen, auch Setzschulzen genannt, aus der Zahl der Bauern. Das frühere Lehnschulzengut fiel nun an den Gutsherrn selbst, der es an einen oder mehrere Bauern veräußerte und so sein Vermögen vergrößerte. Im Swelitzschen jedoch haben sich bis in die neueste Zeit an manchen Orten die Lehn-, auch Freischützen genannt, erhalten. Das Dorfschulzenamt blieb dabei an das Freischulzengehöft gebunden, obgleich dieses verkäuflich war.

Die Stellung der Bauern war trotz allgemein wiederkehrender gleicher Grundzüge im einzelnen doch verschieden. Gewiß wirkte schon früh die Art der Grundherrschaft, von der sie eingesetzt waren, ausschlaggebend und lagen die Verhältnisse für sie auf den landesherrlichen Gütern besser als in den ritterschaftlichen. Manche von ihnen, sog. Freibauern, besonders in den Hagendörfern, besaßen ihr Gut gleichsam zu eigen und konnten es jederzeit veräußern. Man nennt sie auch Lehnbauern oder Lehnmänner, eine Bezeichnung, aus der offenbar der gerade östlich der Elbe im ganzen Siedlungsgebiet so häufig vertretene Name Lehmann entstanden ist. Sie hatten eine dem Setzschulzen vergleichbare Stellung und haben bisweilen auch eine diesem ähnliche spätere Entwicklung genommen. Andere dagegen mußten zum Verkauf erst die Genehmigung des Landes- oder Grundherrn einholen, einen Ersatzmann stellen, wenn sie den Hof verlassen wollten, oder ein Abzugsgeld von einigen Denaren zahlen. Dieser Fall ist aber, wie es scheint, bei der sonst im ganzen günstigen Lage der Bauern nicht sehr häufig eingetreten. Der Kriegsdienst der Bauern erstreckte sich auf den Dienst zu Fuß. Außerdem waren alle zum Bau und zur Instandhaltung der Burgen, Brücken, Wege usw. verpflichtet. Gerichtlich waren alle in leichteren Fällen dem Schulzen, in schwereren dem fürstlichen Vogt unterstellt.

Ein wirklich freies, erbliches Besitzrecht besaß die Masse der deutschen Bauern jedoch von vornherein nicht. Sie werden in den Urkunden fast immer nur coloni oder Hausbewohner, Anbauer, Pächter und ähnlich genannt. Ihre Hufe wurde oft einzeln, in Gemeinschaft mit anderen oder auch mit dem gesamten Dorf von dem Landesherrn an Städte, Klöster und Ritter verliehen oder verkauft. Städte und Klöster erhielten dabei gewöhnlich das Recht freiester Verfügung und ließen die so erworbenen Dörfer entweder ganz in ihre Feldmark aufgehen, wobei die Bauern wohl in die Stadt umgesiedelt wurden, oder verwandelten sie in große, für die Versorgung der Bewohner mit landwirtschaftlichen Erzeugnissen vorteilhafte Hofwirtschaften. Wohl aber konnte von den Bauern das erbliche Besitzrecht käuflich erworben werden, wie es z. B. 1284 bei den Pfarrbauern zu Malchow und 1296 bei den Bauern zu Prebberede geschehen ist. Auch die Ratzeburger und Poeler Bauern, die unter bischöflich - Ratzeburger bzw. -Lübecker Herrschaft standen, hatten schon frühzeitig das Erbrecht. In den Urkunden hießen solche Bauern meistens cives, ein Ausdruck, der gegenüber den einfachen coloni oder incolae einen besonderen Rechtsbegriff in sich schließt. Im übrigen wird man wohl meist so verfahren sein, wie bei dem Schulzen in Uppenfelde auf Poel, von dem es 1311 heißt: er „soll kein Erbrecht haben, außer daß er und seine Erben ruhig auf dem Hofe wohnen und nicht verjagt werden sollen, solange sie ihren Pflichten genügen; sollten sie es aber hieran fehlen lassen, so sollen sie vom Schulzendienst und Hof gebracht und beliebige andere dafür eingesetzt werden“. Schlechte Wirtschaftsführung konnte die Bauern des bereits erworbenen Rechts verlustig gehen lassen.

Eine solche Besiedlung bisher unbebauten, selbst waldigen Bodens ließ die bestehenden slawischen Dörfer und Gehöfte noch unangetastet. Aber auch mitten hinein in die Stätten wendischen Lebens drangen die neuen Ankömmlinge. Hierbei geschah nun offenbar das, was die Urkunden mit dem Ausdruck eiectio Slavorum bezeichnen. Sicherlich hat man darunter nicht, wie es früher geschehen ist, eine allgemeine, gewaltsame Austreibung der Wenden aus dem Lande überhaupt, etwa nach Osten, zu verstehen. In den beiden Grafschaften Schwerin und Ratzeburg mag man anfangs wohl mehrfach recht unsanft mit den Wenden verfahren sein (S. 65). Später aber und so besonders in Pribislaws Reich ging man weit gelinder gegen sie vor. Die eiectio bedeutet wohl meistens eine Ausweisung der Wenden aus ihrer bisherigen Dorfflur und Umsiedlung auf ein benachbartes Ackerfeld. Wie in Brandenburg u. a. Ländern scheint man auch in Mecklenburg mit Rücksicht auf die vielen Slawenaufstände nach ihrer Niederwerfung ein Eigentumsrecht der Wenden an Grund und Boden nicht mehr anerkannt zu haben. In Anlehnung an die alten wendischen Rechtsverhältnisse, nach denen die politische Macht und das Besitzrecht an der Flur ausschließlich in der Hand der Fürsten und des Adels lag, suchte man den wendischen Herrenstand durch einen deutschen zu ersetzen. Die Überlegenheit deutscher Ritter zwang die wendischen, entweder unter die Zahl der Bauern zu gehen oder sich unter Änderung ihres wendischen in einen deutschen Namen in ihre Zahl aufnehmen zu lassen. Manche alten Adelsgeschlechter würden noch heute, wenn sie ihren Stammbaum so weit zurückverfolgen könnten, ihre wendische Abkunft erfahren. So kam ein Stück wendischen Wirtschaftsgebietes nach dem anderen in die Hand deutscher Herren; sie erhielten damit das Verfügungsrecht über die gesamte Dorfflur. Die genannte Umsiedlung der wendischen Bauern geschah alsdann entweder auf ein am Ende des Dorfes gelegenes Feld, nach ihnen Wendfeld oder Wendenacker genannt, oder auch in ein in der Nähe des alten eigens hergerichtetes neues Dorf, das den Namen des alten erhielt. So erklärt es sich, daß es häufig zwei Dörfer gleichen Namens beieinander gibt, die sich nur durch die Zusatzbezeichnung Groß- oder Klein- und Deutsch- oder Wendisch- unterscheiden. Jedenfalls wurde die Wendensiedlung staatlich und kirchlich dem deutschen Dorf angegliedert.

Aber die wendischen Bauern hatten nicht mehr die Kraft zu neuem Leben und frischer Entwicklung. Von selbst suchten sie Anschluß an das deutsche Dorf. Als Tagelöhner oder Kossäten fanden manche bei den deutschen Bauern Aufnahme, gaben ihr wendisches Volkstum, ihre Sitte und Sprache auf und verschmolzen so allmählich mit dem deutschen Wesen. Sicherlich haben sich auch aus ihrer Zahl mit der Zeit selbständige, den deutschen rechtlich gleichgeachtete Bauern entwickelt. Viele aber blieben, was sie früher bereits gewesen waren: Gutsarbeiter in der Form von fast leibeigenen Sklaven. –

Zu der ländlichen Siedlung mit der Begründung eines deutschen Bauernstandes trat die Bildung eines deutschen Bürgertums mit der Erbauung und Entwicklung der Städte. Die Wenden, wenigstens die in Mecklenburg, hatten solche nicht gekannt, weder nach römischer, noch germanischer Art. Wohl gab es bei ihnen größere, doch immerhin noch dorfartige Burgsiedlungen, die man nach unserem Begriff höchstens als eine Art Marktflecken bezeichnen könnte.

Wir sind über die ersten Anfänge deutscher Städte in Mecklenburg nur lückenhaft unterrichtet, am besten noch im Stargarder (Strelitzer) Land, wo uns einige Stiftungsbriefe, z. B. von Friedland (1244) und Neubrandenburg (1248), erhalten sind. Immerhin mögen sie als Muster für den gesamten Städtebau überhaupt gelten, denn trotz mannigfacher Abweichungen im einzelnen und besonderen scheint in den Grundzügen für alle Städte des Landes, ja des gesamten ostelbischen Siedlungsgebietes, ein Normalsiedlungsplan maßgebend gewesen zu sein, nicht nur bei Gründungen „wilder Wurzel", wie es bei den beiden genannten der Fall war, sondern auch da, wo solche im Anschluß an alte wendische Burgsiedlungen erfolgten.

Bei der Anlage einer Stadt bedienten sich die Fürsten und Herren – denn von ihnen wurde auch hier der Anfang gemacht – ebenfalls eines Lokators oder Unternehmers, oftmals in der Person eines nahe wohnenden Burgherrn, der sich das Recht der Stadtgründung käuflich oder durch irgendwelche Dienstleistungen auf Grund eines vom Landesherrn ausgestellten Stiftungsbriefes erwarb, darin zum Stadtrichter oder Stadtschulzen ernannt wurde und nun die Anlage der neuen Stadt begann. Ihm wurden auch der dritte Teil der Gerichtsbrüche, die bürgerliche und peinliche Gerichtsbarkeit sowie einige Freijahre zugesichert. Nach Ablauf der letzteren erhielt die Siedlung meist das Stadtrecht, wie es ältere Städte entwickelt hatten.

Da die Stadt im Gegensatz zum Dorf eine Stätte des Handels und Verkehrs werden sollte, so bildete der meist regelrecht, nicht selten sogar quadratisch abgesteckte Marktplatz den Mittelpunkt. An ihm wurden das Rathaus und andere vornehme öffentliche und private Häuser erbaut. Ersteres barg im Erdgeschoß den Ratskeller nebst der Ratswage und verschiedene Kaufhallen, im oberen Stockwerk die einzelnen Verwaltungszimmer und den Sitzungssaal der Ratmänner und Schöffen; letzerer diente auch häufig zu Festen und Feiern mit Trunk und Schmaus. In der Hauptstraße, die meist an der einen Seite des Marktes vorbeiführte, nahmen mehr die wohlhabenden Bürger, in den ebenfalls meist schnurgeraden, zur Hauptstraße und zum Markt rechtwinklig oder parallel laufenden Quer- und Nebenstraßen die Handwerker ihre Wohnungen, ebenso die Bauern aus der Umgegend, Ackerbürger genannt, die ihre Viehwirtschaft nunmehr in der Stadt fortsetzten, demgemäß auch vor derselben ihre Ländereien und Felder als zu ihrem Hausgrundstück gehörig zugeteilt bekamen. Aus den Städten deutscher Nachbarländer, für das Stargarder Land meist aus der Mark Brandenburg, für das Schweriner vornehmlich aus Westfalen, kamen Handwerker hinzu. Auch bei ihnen war die Verbindung von Ackerland und Hausbesitz fast allgemein, und eine Viehhaltung von mäßigem Umfang sorgte für die notwendigsten Lebensbedürfnisse. In der Nähe des Marktes, gewöhnlich durch eine kurze Gasse davon getrennt, manchmal auch direkt an ihm, fand die Kirche ihren Platz. Wälle und Planken, später feste Mauern mit Türmen und oft prächtigen Toren umgaben und grenzten die kreisrund oder oval angelegte Stadt ab, boten, wie z. B. in Neubrandenburg, noch mit besonderen Wiek- oder Kampfhäusern Schutz gegen feindliche Angriffe und räuberische Überfälle und bildeten gerade in den Wendenländern eine doppelt notwendige Vorsichtsmaßregel. Bei Zunahme der Bevölkerung baute man merkwürdigerweise oft die Straßen nach außen hin nicht weiter, sondern legte nach demselben Muster noch eine zweite und auch noch eine dritte Stadt an, manchmal sogar mit besonderer, von der ersten abgetrennten Umwallung. So entstand eine Neustadt oder auch eine Mittel- und Neustadt zu der Altstadt Das schönste Beispiel liefert in dieser Hinsicht Rostock, wo die drei Stadtgemeinden anfangs ihre getrennte eigene Verwaltung hatten und erst 1262 zu einem einzigen Gemeinwesen verbunden wurden 1). Zum Weichbild gehörte die Stadtflur mit ihren Äckern, Wiesen und Weiden, auch Wäldern. Ihre Grenze bezeichnete ein Graben, eine Hecke oder Baumreihe.

Das Stadtrecht als Inbegriff aller für die neue Stadtgemeinde gültigen Rechts- und Verwaltungsnormen war meist älteren deutschen Städten, wie Lübeck (für Rostock, Wismar u. a.) oder Brandenburg und Stendal (für die Orte des Stargarder Landes) entlehnt. Nur wenige, wie Schwerin und Parchim, erhielten ein eigenes Recht, das sich dann noch wieder auf andere spätere Gründungen übertrug. Manche

1) Vgl. S. 94.

von ihnen waren, bevor sie das förmliche Stadtrecht erhielten, schon von deutschen Ansiedlern stadtartig ausgebaut worden. Das gilt besonders von den beiden Seestädten Wismar und Rostock, wo lübische Kaufleute sich sehr früh, vielleicht schon vor dem Jahre 1200, nach dem Vorbild ihrer alten eine neue Heimat schufen 1). Ähnlich steht es offenbar auch mit Gadebusch, Güstrow, Malchin u. a. Hier bedeutete die Verleihung des Stadtrechts durch den Fürsten (1225 bzw. 1228 und 1235) nur den Abschluß einer bereits voraufgehenden längeren oder kürzeren Gemeindeentwicklung. Andere, wie z. B. Parchim (1225), Plau (1235), Röbel und Penzlin (um 1235) usw., scheinen erst auf ausdrückliche Bestimmung des Landesfürsten, wenn auch in Anlehnung an vorhandene Dorfsiedlungen, planmäßig als Städte angelegt und erbaut worden zu sein. Doch bleiben auch hier für uns die ersten Jahrzehnte ihres Daseins und ihrer Entwicklung in Dunkel gehüllt. Mit der Verleihung des Stadtrechts ging die Verwaltung, die Polizei und meist auch die gesamte bisher dem fürstlichen Vogt zustehende höhere und niedere Gerichtsbarkeit an das Kollegium der Ratmänner oder Konsuln über, die neben ihrem Amt oft noch eine bürgerliche Tätigkeit betrieben, da sie unbesoldet waren und höchstens geringe Nebeneinnahmen hatten. Es waren ihrer anfangs wohl meist sechs, die sich bei eintretender Vakanz selbst ergänzten. Mit dem Wachstum der Stadt verwehrte sich ihre Zahl. So stieg sie z. B. in Wismar bis zum Jahre 1300 auf 20, später sogar auf 30. Den Vorsitz führten in den kleineren Orten ein, in den größeren meist zwei von den Ratmännern aus ihrer Zahl vorgeschlagene und von den Bürgern erwählte Bürgermeister oder Prokonsuln, die dann jährlich in der „Regierung" oder „Worthaltung" abwechselten. Die einzelnen, oft weitverzweigten Gebiete der Verwaltung wurden zur Bearbeitung unter die Ratmänner verteilt. Den Stadtrichtern standen außerdem noch mehrere Schöffen, meist sieben an der Zahl, zur Seite.

Auch eine große Anzahl anderer, nichträtlicher Beamten, wie Stadtschreiber, Stadtdiener, Wagemeister, Ziegelmeister, Büttel, Nachtwächter, gab es schon im 13. Jahrhundert, in Wismar 1281 sogar schon einen Stadtarzt.

---

1) Vgl. S. 95 ff.

Auch das Zunft- oder Innungswesen der gewerbetreibenden Bürgerschaft ist frühzeitig ein wesentlicher Bestandteil städtischen Lebens geworden. Schon in den Bewidmungsurkunden bei Verleihung des Stadtrechts, wie z. B. 1225 bei Parchim und zehn Jahre später bei Plau, wurde dem Rat das Recht, Innungen zu stiften, bestätigt. Um 1235 errichteten die Meister und Brüder der Fischerzunft zum hl. Petrus in Parchim bereits eine Zunftordnung. Inhalt und Umfang der Zünfte als wirtschaftlich-gewerblicher Verbände und religiös-sittlicher und geselliger Körperschaften entsprach der Entwicklung des mittelalterlichen Zunftwesens in Deutschland überhaupt. Von den meist alljährlich einmal stattfindenden großen Bürgerversammlungen, bei denen in der Bürgersprache durch ein Ratsmitglied gewöhnlich von einem Fenster des Rathauses aus den Bürgern ihre Pflichten und Befugnisse öffentlich vorgelesen wurden, berichtet eine Notiz aus Rostock vom Jahre 1270: Ein Bürger, der wegen Ausschreitungen in dieser Versammlung seinen Hals verwirkt hat, wird mit Verweisung aus der Stadt bestraft.

So wurden gerade die Städte von vornherein zu Zentren und Pflanzstätten deutschen Wesens. In ihnen entwickelte sich ein echter deutscher Bürgerstand. Deutsch waren die Ratmänner, deutsch die Patrizier, die Kaufleute und Handwerker. Neue deutsche Familiennamen bildeten sich, so aus Florian Flörke, aus Werner Warnke, aus Abel Ebeling, nach ihrer Heimat benannten sich die Familien Bremer, Friese, Saß, Westfal, nach dem Gewerbe Bumann, Schlüter, Piper, nach besonderen Merkmalen Blank, Weiß, Schwarz, Grell, Düwel, nach Vergleich mit Tieren Wulf, Duve, Krohn, (Kranich), Zander u. a. mehr. Besonders hervorragende und einflußreiche Männer und Familien gaben auch den Straßen ihre Namen, wie z. B. in Rostock u. a. Städten Koßfeld, Kröpelin, Wokrent, Snickmann, anderswo in ähnlicher Weise die deutschen Gewerbe, wie in Neubrandenburg die Wollweber und sonst die Töpfer, Fischer, Schmiede, Schuster usw. Die Slawen fanden anfangs nur wenig Aufnahme, und wo es der Fall war, wie in Rostock, Friedland u. a. Orten, da wurden sie auf bestimmte, enge Stadtteile beschränkt, in Rostock z. B. auf die Wendenstraße, waren von den Zünften ausgeschlossen, betrieben nichtzünftige, unehrliche Gewerbe, wie das der Barbiere und Leinweber, mußten gewöhnlich den Namen Wend allein oder in irgend einer Verbindung annehmen und unterstanden einem besonderen städtischen oder dem landesherrlichen Vogt. Später allerdings verwischte sich im Verlauf von Generationen die ursprünglich scharfe Grenze, und es finden sich dann auch urwendische Namen unter den zünftigen Handwerkern.

Im einzelnen gewannen die Städte je nach ihren lokalen, politischen und wirtschaftlichen Verhältnissen eine verschiedene Bedeutung. Über den maßgebenden Einfluß von Landesfürst und Bischof auf die Entwicklung Schwerins ist bereits oben gesprochen worden (S. 85). Ein ganz anderes Bild boten Wismar und Rostock. Schon frühzeitig erhielten die noch wendischen Orte Zuzug durch lübische Kaufleute von der See her. Wismar, wohl schon bald nach 1200 in der Nähe des wendischen Rerik als deutsche Stadt begründet, wenn auch einer solchen urkundlich erst 1229 Erwähnung geschieht, war bereits um die Mitte des Jahrhunderts zu einer aus drei Kirchspielen (St. Nikolai, St. Marien und St. Jürgen) bestehenden Stadtgemeinde angewachsen. Einige Jahre später, wahrscheinlich 1256, erbaute sich Fürst Johann daselbst ein Schloß, das über hundert Jahre der Hauptsitz der mecklenburgischen Fürsten wurde. Die Stadt, die ihren Grundbesitz und ihre Macht ständig durch Ankauf benachbarter Ländereien vermehrte, wurde nun auch von ihren Fürsten durch mancherlei Schenkungen und durch Verleihungen von Gerechtsamen bevorzugt und war daher in weiterem, schnellem Aufblühen begriffen. Ein gleiches geschah mit Rostock. Um dieselbe Zeit wie Wismar gegenüber der alten, auf dem rechten Warnowufer gelegenen Wendenburg der Kessiner als deutsche Stadt begründet und 1218 von Heinrich Burwy mit dem lübischen Stadtrecht versehen, hatte es um 1250 neben der Altstadt längs der Warnow und auch weiter landeinwärts schon eine Mittel- und eine Neustadt, die alle drei im Jahre 1262 zu einem einzigen Gemeindewesen vereinigt und von einem Punkte aus, dem Rathaus in der Mittelstadt (am heutigen Neuen Markt), verwaltet wurden. Dieser Dreiteilung entsprachen auch die schon damals, wenngleich noch nicht in der heutigen Vollendung bestehenden drei Kirchen von St. Petri, St. Marien und St. Jakobi, ebenso die drei Märkte, der alte, neue und der Hopfenmarkt. Die St. Nikolaikirche, die ebenfalls schon bestand, bildete mit ihrem Kirchspiel wohl noch keinen eigenen Stadtteil, sondern nur eine

Art Vorstadt. Auch Rostock nahm, ebenso wie Wismar, vermöge seiner Lage einen schnellen Aufschwung. Mochte wie überall, so auch in diesen beiden Seestädten das Handwerk einen goldenen Boden finden, ebenso Ackerbau und Viehwirtschaft als notwendige Ernährungszweige gepflegt werden, so überwog doch schon sehr bald der Handel und durch ihn in der Einwohnerschaft die kauf- und seemännische Bevölkerung. Die in den alten Stadtbüchern beider Städte oder auch in den Straßenbezeichnungen erhaltenen Namen der aus Niedersachsen, Westfalen, Holstein und der Mark eingewanderten deutschen Familien, die ältesten Marktordnungen, die verschiedenen geistlichen Orden der Franziskaner, Dominikaner, Zisterzienser, Beguinen u. a., auch die bereits ansässigen „Geldjuden" lassen auf ein reges industrielles und kommerzielles Leben und Treiben innerhalb der mit schönen Toren verzierten Stadtmauer schließen, das in Rostock selbst durch einen großen Brand vom Jahre 1264 nicht oder nur vorübergehend gehemmt werden konnte. Ihre Lage an der See hatte schon seit alters die dortige Bevölkerung, selbst in der wendischen und vorwendischen Zeit, auf das Meer gewiesen, in Wismar, dessen wendischer Vorläufer Rerik frühzeitig eine Faktorei dänischer Kaufleute besaß, fast noch stärker als in Rostock. Mit dem Aufkommen der Geldwirtschaft als der notwendigen Grundlage für den stetig wachsenden Handel mit dem Auslande wuchs der Reichtum und das Ansehen der beiden Städte ständig und verlieh ihnen bald durch das Gefühl der Selbständigkeit und der eigenen Stärke eine besondere, bevorrechtigte Stellung unter allen mecklenburgischen Städten bis in die neueste Zeit hinein. Über ihre Zugehörigkeit zur Hanse vergl. S. 137 f.

Auch die meisten übrigen Städte des Landes sind im Laufe des 13. Jahrhunderts entstanden, einige auch schon zu nicht unbeträchtlichem Ansehen gekommen, unter ihnen z. B. Parchim und Güstrow. Parchim, ein alter wendischer Burgort, wurde um dieselbe Zeit wie Rostock (1225) von Heinrich Burwy II. von Rostock zur Stadt erhoben, erhielt um die Mitte des Jahrhunderts neben der Altstadt eine Neustadt und hier 1278 die gemischt-romanisch-gotische St. Marienkirche. In der Altstadt trat nach einer Feuersbrunst um 1289 an Stelle des alten romanischen Baus der St. Georgenkirche deren heutiger gotischer Hallenbau mit seinen achteckigen Pfeilern. Die Stadt bekam ein eigenes Stadtrecht und wurde sehr bald durch den regen Gewerbefleiß der Tuchweber und Bierbrauer, durch den Anbau von Hopfen und durch einen ausgedehnten Handel zu Wasser auf der Elde und Elbe mit Hamburg, Lübeck, Lüneburg, Magdeburg u. a. Städten eine der ersten Landstädte Mecklenburgs. In Güstrow knüpften sich die Anfänge deutschen städtischen Wesens an die Begründung des Domkollegiatstiftes mit der kreuzförmig angelegten Domkirche durch Heinrich Burwy 1226. Zwei Jahre später wurde es durch seine vier Enkel Johann, Nikolaus, Heinrich und Pribislaw mit dem Schweriner Stadtrecht begabt, das es aber schon vorher durch sich selbst in Gebrauch hatte. Eine bald darauf angelegte Neustadt wurde auf Bitten der Bürger durch Fürst Nikolaus 1248 wieder abgebrochen, weil sie der Entwicklung der Stadt hinderlich sei. So hat Güstrow von vornherein einen mehr einheitlichen Charakter bewahrt, dem auch neben der alten Domkirche die Begründung einer zweiten, der sog. Pfarrkirche, in der Mitte der Stadt um 1280 entsprach. Ähnlich Parchim wurde es bedeutend durch seinen Schiffsverkehr, vornehmlich mit Rostock auf der Nebel und der Warnow.

Von den übrigen Städten mögen noch hervorgehoben werden Malchin, das, an der Peene gelegen, besonders zu Pommern in kommerzielle Beziehungen trat, dadurch allerdings auch häufig unter dem Raubwesen der pommerschen Ritterschaft zu leiden hatte; ferner Boizenburg, das als Zollstätte und Übergangspunkt an der Elbe schon lange vorher, bereits in wendischer und wohl selbst vorgeschichtlicher Zeit eine wichtige Rolle spielte. Durch ausgedehnte Schiffahrt zog es regen Handel und Verkehr an sich. Besonders bedeutend wurde es als Stapelplatz für das Lüneburger Salz, dessen Einfuhr nach Mecklenburg fast sämtlich durch Boizenburger bewerkstelligt wurde. Ließ doch deswegen im 14. Jahrhundert Wismar auf eigene Kosten Boizenburg mit einer Festungsmauer versehen. Genannt werden mag auch noch Gadebusch, wendischer „Ort des großen Wesens“, das bereits zur Zeit Heinrichs des Löwen ein bedeutender Burgort war und später Nebenresidenz der mecklenburgischen Fürsten wurde; ferner Wittenburg, neben Schwerin eine Hauptburg in der Grafschaft und gleich Boizenburg oftmals Operationsbasis für die Grafen im Kampfe gegen äußere Feinde; bereits 1230 wird es im Ratzeburger Zehntenregister als civitas bezeichnet, wenngleich damit noch nicht an eine wirkliche Stadt mit Stadtrecht gedacht zu werden braucht; sodann Grabow, ein Zankapfel zwischen den adligen Herren Gans von Putlitz, den Schweriner und Dannenberger Grafen und im 13. Jahrhundert letzteren als brandenburgisches Lehen gehörig; im Stargarder Lande Friedland, in den allen Urkunden „Vredeland", so genannt, weil die Markgrafen von Brandenburg sie 1244 nach der glücklichen Beendigung eines jahrelangen Kampfes mit den Markgrafen von Meißen erbauen ließen; Neubrandenburg, begründet 1248, erhielt Namen und Recht von Altbrandenburg in der Mark. Ihre fast kreisrunde Lage mit den schnurgeraden, regelrecht und Parallel bzw. rechtwinklig zu einander gezogenen Straßen, besonders ihre noch erhaltenen Mauern und prächtigen Tore aus dem Anfang des 14. Jahrhunderts geben der Stadt noch heute vor andern Orten des Landes ein eigenartiges, eindrucksvolles Ansehen.

Nur wenige Städte gehören ihrer Gründung nach erst dem 14. Jahrhundert an. Noch neueren Datums sind Neustrelitz (1733) und Rehna (1791); letzteres hatte aber schon gegen Ende des Mittelalters als Kloster-, später als Amtsort eine stadtähnliche Bedeutung. Ludwigslust (1876) hat sich ähnlich Neustrelitz erst im 18. Jahrhundert aus einem herzoglichen Jagdschloß bei Kleinow entwickelt und war seit 1773 ein Marktflecken. Doberan hatte schon als alte klösterliche Siedlung und später als herzogliche Residenz, besonders nach Anlegung des Seebades Doberan durch Herzog Friedrich Franz I. (1793) eine ziemliche Bedeutung, erhielt aber erst 1879 Stadtrecht.

Hinsichtlich der Namengebung bei den Städten behielt man beim Vorhandensein älterer slawischer Siedlungen meist deren Bezeichnung in verdeutschter Form oder auch einfacher Übersetzung bei. Letzteres ist z. B. bei Wittenburg der Fall, dessen wendischer Name Belgard oder Belgrad, d. h. weiße oder helle Burg, bei der sehr frühen Germanisterung dieses Landstrichs schnell verloren gegangen und selbst in den ältesten Urkunden in dieser Form nicht mehr erhalten ist; wohl aber wird bei der Erwähnung des pommerschen Landes und des Ortes Belgard dessen Name geradezu mit Wittenburg übersetzt. Eigenartig verhält es sich auch mit Neustadt. Hervorgegangen aus dem wendischen Ort Chlewe oder Glewe (slawisch glova = Haupt, d. h.

Hauptort im Lande Brenz), wurde es um die Mitte des 13. Jahrhunderts vom Schweriner Grafen, der entweder am Rande des ausgedehnten Jagdreviers der Lewitz oder direkt an der Elde im Lande Brenz eine sichere Feste zu haben wünschte, zur Stadt erhoben. Man nannte das neue Glewe fortab Nigenstadt oder Neustadt-Glewe, wobei mit der Zeit die alte wendische Bezeichnung Glewe fortfiel und nur das deutsche Neustadt blieb. Einige Städte, besonders solche im Stargarder Lande, wie z. B. Friedland und Neubrandenburg, erhielten, weil wahrscheinlich Gründungen „wilder Wurzel“ ohne wendische Vergangenheit, von vornherein deutsche Namen. Meist aber blieb man bei einer wendischen Bezeichnung der Gründungsgegend, und so ist z. B. Parchim nichts anderes als das wendische Parchen oder Prachen, das deutsche Gadebusch ist dem wendischen Gadebuz nachgebildet, ebenso liegen den Namen Stargard, Malchow und vielen anderen wendische Bezeichnungen zugrunde.

* * *

Unter solchen zunächst vorwiegend ländlichen und erst im Verlauf des 13. Jahrhunderts einsetzenden städtischen Siedlungsformen nahm die Germanisierung Mecklenburgs ihren Weg im großen und ganzen naturgemäß von Westen nach Osten. Schon 1170 schloß Helmold seine Chronik der Slawen mit den Worten: „Das ganze Gebiet der Slawen, welches an der Egdora (Eider), wo die Grenze der Dänen ist, beginnt und sich zwischen dem Baltischen Meer und der Elbe durch weite Länderstrecken bis nach Schwerin hin ausdehnt, das Gebiet, das einst durch räuberische Anfälle unsicher und öde gemacht war, ist jetzt durch Gottes Gnade eine große Ansiedlung der Sachsen geworden, in der Städte und Dörfer erbaut werden und die Zahl der Kirchen und Diener Christi zunimmt.“ Wenn dieses Urteil auch wohl mehr für die dem Chronisten selbst näher liegenden holsteinischen (früher wagrisch-polabischen) als für die mecklenburgisch-obotritischen Landschaften zutrifft, so ist doch mit Bestimmtheit zu erkennen, daß auch im westlichen Mecklenburg schon damals die deutsche Besiedlung in vollem Gange war. Noch vor dem Jahre 1200 wird sie die dortige wendische

Bevölkerung an Zahl und wirtschaftlicher Stärke übertroffen haben. Denn nach dem viel besprochenen Zehntenregister des Bistums Ratzeburg vom Jahre 1230 gab es unter 277 Ortschaften der Grafschaft Ratzeburg, wo Bernhard, Heinrich von Badewides Sohn, bereits viele Slawen vertrieb, nur noch 8 von Wenden bewohnte, unter 129 der obotritischen Landschaften Dassow, Bresen und Klütz nur noch 13, und das noch den Dannenberger Grafen gehörige Land Meningen (Dömitz) war schon ganz deutsch. In der Grafschaft Schwerin, wo, wie Helmold berichtet, Graf Gunzelin „den Seinen befahl, alle Slawen, die sie auf Nebenwegen und in abgelegenen, einsamen Gegenden anträfen, sofort zu ergreifen und aufzuknüpfen", war um die gleiche Zeit das Schicksal der Wenden besiegelt. Bezeichnend ist eine aus dem Jahre 1220 stammende Urkunde, in der sich Gräfin Oda von ihrem Gemahl, dem Grafen Gunzelin II., das Dorf Brüsewitz schenken läßt und ihn veranlaßt, den dort noch vorhandenen Wenden das deutsche Recht zu verleihen. Es läßt sich kaum ein anderer Grund für die Handlungsweise der Gräfin finden, als daß sie, die wohl mit dem hart betroffenen Wendenvolke Mitleid hatte, auf diese Weise die noch bestehenden kümmerlichen Reste vor völliger Erdrückung durch die Deutschen retten zu können glaubte.

Während somit wohl schon in dem letzten Jahrzehnt des 12. Jahrhunderts die Germanisierung im Westen Mecklenburgs auf den Höhepunkt gelangte, lagen die Verhältnisse weiter ostwärts im Bereich der wendischen Landesfürsten ganz anders. Pribislaw hat, wenn er auch kein ausgesprochener Feind des Deutschtums mehr war, doch an der Kolonisation bis zu seinem Tode (1179) keinen direkten Anteil genommen; dagegen bot er seinen bedrängten wendischen Stammesgenossen in seinem Lande eine Zuflucht und Schutzstätte und gab ihnen in den Bezirken der von ihm wieder aufgebauten Burgen, besonders Mecklenburg, Ilow und Rostock, eine neue Heimat. Abgesehen von den beiden Klosterstätten der Zisterzienser in Althof und Dargun, wo jedoch bei ersterer die Verweigerung des deutschen Siedlungsrechtes seitens Pribislaws den Mönchen ein intensives Germanisierungswerk erschwerte, sind bis zum Jahre 1200 in seinem bzw. seines Sohnes Burwys Reich kaum nennenswerte Erfolge deutscher Kulturarbeit zu verzeichnen.

Besonders hinderlich wirkten die vielen Kämpfe und Wirren, die mit dem Sturz Heinrichs des Löwen begannen und schließlich die dänische Herrschaft in Mecklenburg zur Folge hatten. Wieder einmal zog sich im Reich gegen den Sachsenherzog das Unwetter zusammen, diesmal mehr durch seine eigene Schuld. Ganz mit den wendischen Angelegenheiten und dem Gedanken der Begründung eines großen Welfenreiches an der Nord- und Ostsee beschäftigt, verweigerte er im Jahre 1176 dem Kaiser im Kampf gegen die Lombarden die geforderte Hilfe, und im Juni desselben Jahres wurde Barbarossa bei Legnano vollständig geschlagen. Das Freundschaftsband zwischen Kaiser und Herzog war zerrissen. Weit gefährlicher als die Macht der Lombarden erschien dem Kaiser jetzt diejenige des Herzogs, in dessen Bestrafung und Zurückführung zur gehörigen Lehnspflicht er nach der Versöhnung mit dem Papste und den Lombarden seine nächste Aufgabe sah. Unter den deutschen Fürsten, weltlichen wie geistlichen, fand der Kaiser viel Zustimmung und Hilfe für sein Vorhaben, so besonders bei dem Markgrafen Otto von Brandenburg, Albrechts des Bären Sohn, der längst nach der Herrschaft über die mecklenburgischen und pommerschen Wendenländer strebte, bei Bernhard von Anhalt, dem Landgrafen Ludwig von Thüringen u. a. m., unter den geistlichen Herren, vornehmlich bei den Erzbischöfen Philipp von Köln und Wichmann von Magdeburg sowie dem Bischof Udalrich von Halberstadt, der 1160 auf Heinrichs Betreiben abgesetzt worden war, nunmehr aber vom Kaiser wieder investiert wurde. Sie alle waren längst neidisch auf Heinrichs stetig wachsende Macht, die geistlichen Herren zudem empört über seine eigenmächtigen Eingriffe in die Rechte der Kirche.

Heinrich war gerade mit der Belagerung von Demmin beschäftigt, als er die Nachricht von der Wiedereinsetzung des Halberstädter Bischofs erhielt. Er erkannte darin sogleich die Stimmung des Kaisers gegen ihn, gab daher die Belagerung auf und eilte nach Braunschweig, um sich für den Kampf, den er nun kommen sah, vorzubereiten. Ihm zur Seite standen unter anderen die Grafen Bernhard von Ratzeburg und Gunzelin von Schwerin sowie Herzog Kasimir von Pommern. Sie entsandte Heinrich mit wendischen Raubscharen ins Gebiet seiner Gegner, in die Lausitz, nach Westfalen und gegen Magdeburg, wo sie seine Feinde besiegten und Städte und Klöster plünderten. Aber gerade diese Neubelebung wendischer Raublust brachte dem eigenen Lande Nachteil. Mitten in dieser Zeit starb Ende 1178 Pribislaw auf einem Turnier, das Heinrich in Lüneburg veranstaltete, durch einen unglücklichen Sturz vom Pferde. Ganz abgesehen davon, daß sich sogleich nach seinem Tode ein Streit um die Thronfolge zwischen seinem Sohne Heinrich Burwy, des Löwen Schwiegersohn und Freund, und seinem Neffen Nikolaus, dem Sohne Wertislaws und Gegner des Löwen, entspann, erhoben sich auch die Wenden im Lande und überfielen am 10. November 1179 scharenweise das Kloster Doberan, machten alle Mönche samt andern Insassen, insgesamt 70 Personen, nieder und verwüsteten den ganzen Bezirk. Wahrscheinlich leistete ihnen dabei Fürst Nikolaus selbst Vorschub. Da dieser sich aber auf die Seite des Kaisers schlug, so richtete sich auch gegen ihn der Haß der Wenden; er wurde als er ihnen nach Zerstörung des Klosters in der Nähe von Doberan entgegentrat, von ihnen geschlagen und mußte in die Burg Rostock flüchten.

Indes sprach der Kaiser dem Herzog, als dieser seiner Ladung zur Rechtfertigung nicht Folge leistete, beide Herzogtümer ab und gab Bayern an Otto von Wittelsbach, Sachsen an Bernhard von Anhalt, Albrechts des Bären jüngeren Sohn, der somit auch Lehnsherr für die Wendenländer wurde. Hier traten aber nur Nikolaus (von Rostock) und Bogislaw von Pommern, der nach dem Tode seines Bruders Kasimir (1180) Alleinherrscher wurde, für den neuen Herzog ein. Heinrichs beste Stütze blieb Gunzelin von Schwerin, dessen Grafschaft er nunmehr auch noch das Land Boizenburg zufügte. Wieder entbrannten in Sachsen heftige Kämpfe gegen die Welfen, bei denen auch die Schlösser Ratzeburg und Gadebusch verwüstet wurden. Erst als der Kaiser selbst Lübeck eroberte, gab Heinrich nach. Auf dem Reichstag in Erfurt (1181) erhielt er Verzeihung und zugleich seine Alloden Braunschweig und Lüneburg zurück, mußte aber in die Verbannung gehen. Er begab sich nach England zu seinem Schwiegervater König Heinrich II.

So fand auch des Löwen Herrschaft in den Wendenländern, ähnlich wie die seines einstigen größten Gegners, des Fürsten Niklot, ein wenig rühmliches Ende. Seine eigenmächtige und selbstsüchtige Politik hatte ihn gestürzt. Sein Werk der Germanisierung in den Wendenländern war zwar noch nicht zum Abschluß gekommen; dennoch hat der Welfe für das Deutschtum im Norden weit mehr geleistet als die gleichzeitigen staufischen Kaiser durch die unseligen, kraftvergeudenden italienischen Feldzüge.

Nach Heinrichs des Löwen Sturz wurde Mecklenburg wie Pommern zunächst ein Spielball in den Händen der streitenden Parteien. Der neue Herzog Bernhard verfeindete sich durch sein anmaßendes Wesen bald mit allen seinen Vasallen und Anhängern, besonders den Elbgrafen. Gunzelin von Schwerin und Bernhard von Ratzeburg, die ihm zwar als ihrem neuen Herrn Treue gelobt hatten, erhoben sich gegen ihn, als er von ihnen einen Teil ihres Landes für sich forderte. Im Bunde mit Adolf von Holstein, der aus gleichem Grunde Bernhards Sache verließ, eroberten sie die erst jüngst vom Herzog errichtete Feste Lauenburg. Zwar mußten sie sie nach einer Beschwerde des Herzogs beim Kaiser auf des letzteren Geheiß wieder aufbauen, aber auch der Herzog mußte ihnen seinerseits alle ihre Lande und Rechte bestätigen. Aber das Band war zerrissen und Mißtrauen gesät. Die Elbgrafen wandten sich auch gegen des Herzogs Freunde, vornehmlich gegen Nikolaus von Mecklenburg. Heimlich drangen sie gegen Ilow vor, eroberten und verbrannten die Burg; Graf Adolf nahm Dassow für sich zu eigen; Nikolaus floh, aus dem Lande verjagt, zum Sachsenherzog, der ihn an den Markgrafen Otto von Brandenburg wies. Heinrich Burwy eroberte Rostock, machte es zur Hauptburg seines Landes und war Alleinherrscher im Reiche seines Vaters.

Bald begann der Kampf von neuem. Beide Vettern wurden in den Streit des Herzogs Bogislaw von Pommern mit dem Fürsten Jaromar von Rügen verwickelt, in dem es sich um den Besitz von Vorpommern handelte. Bogislaw und Burwy, Jaromar und Nikolaus hielten zusammen, und jede Gruppe hatte ihren Anhang. Es lohnt sich jedoch, zumal bei dem Mangel an Quellen, nicht der Mühe, dieser doppelten Verbindung und dem Fürstengezänke im einzelnen nachzugehen. Nur soviel steht wohl fest, daß Markgraf Otto, auf die Erwerbung Pommerns bedacht, seinen Schützling Nikolaus unter mancherlei Versprechungen in die Arme von Bogislaws Gegner Jaromar wies, der zudem noch den ebenfalls auf Pommern lüsternen Dänenkönig Kanut zum schützenden Herrn hatte. Auch hier zeigte sich übrigens wieder Barbarossas geringes Interesse für die wendischen Angelegenheiten. Statt mit kräftiger Hand einzugreifen und den ewigen Fehden und Zwistigkeiten zwischen verwandten Fürstenhäusern ein Ende zu machen, beauftragte er den Pommernherzog sogar mit dem Kampf gegen König Kanut, der dem Kaiser den geforderten Lehnseid verweigerte. Die Folgen sollten nicht ausbleiben. Am 20. Mai 1184 wurde Bogislaw mit seiner Flotte im Greifswalder Bodden von dänischen Schiffen besiegt. Im Sommer desselben Jahres drang Kanut von Pommern her auch in das östliche Mecklenburg ein, besonders Gnoien und Umgegend hatte viel unter den wilden Kriegsgesellen zu leiden. Als dann bei einem Plünderungszug an der Rügenschen Küste Heinrich Burwy in Jaromars Hände geriet – fast gleichzeitig allerdings auch Nikolaus in Bogislaws Gefangenschaft –, da benutzte Kanut 1185 die günstige Gelegenheit, zwang durch einen neuen Zug Bogislaw zur Unterwerfung und Anerkennung seiner Lehnshoheit und befreite Nikolaus. Auch Burwy mußte als Entgelt für seine Entlassung aus der Haft die Oberhoheit Dänemarks anerkennen. Er erhielt dafür den Westen mit Ilow, Nikolaus den Osten mit Rostock. Beide Fürsten waren dänische Vasallen, König Kanut aber als „König der Dänen und Slawen“ Herr in Pribislaws Reich.

Kein geringerer als Kaiser Rotbart selbst trug im letzten Grunde die Schuld daran, daß es in Mecklenburg so weit gekommen und ein großer Teil des Landes in dänische Gewalt geraten war. Nirgends zeigten sich stärker als hier die schlimmen Folgen seiner unseligen italienischen Politik, die schließlich sein ganzes Sinnen und Denken erfüllte und in ihm jedes Interesse für die deutschen Angelegenheiten des wendischen Nordens erstickte. Hätte er ihnen nur halb so viel Aufmerksamkeit wie den italienischen Dingen zugewandt, er hätte das ganze Unheil vermeiden können. Wie durfte er dem Wendenherzog erst eine solche selbständige Stellung einräumen, ihn zu jenen selbstsüchtigen Zielen der Begründung einer eigenen Herrschaft im Norden verleiten, um ihn dann nachher in einem Augenblick zu stürzen! Aber der Gedanke, in dem Welfen eine feste Stütze für seine italienischen Bestrebungen zu haben, hatte den Kaiser schwach und blind gegen alles andere gemacht, was der Herzog sonst noch im Herzen trug. Die ganze deutsche Herrschaft in den Obotritenländern war mit des Kaisers stillschweigender Zustimmung eine Schöpfung Heinrichs, sie beruhte auf seiner rein persönlichen Machtfülle und mußte stürzen, wenn er fiel. Und auch da griff der Kaiser noch nicht ein. An demselben Tage, da der deutsche Pommernherzog zur See im Bodden dem dänischen König unterlag (20. Mai 1184), feierte Barbarossa in Mainz in glänzender Weise das Fest der Schwertleite für seine beiden Söhne. Dann zog er zum sechsten Male nach Italien, völlig verblendet gegenüber der großen dänischen Gefahr, die seinen erst jüngst in den deutschen Reichsverband aufgenommenen Ländern an der Ostsee drohte. Nicht die leiseste Gegenwehr noch die einfachste Warnung von Seiten des Kaisers hinderte den fremden Eroberer. „Fast mühelos fiel", wie Saxo mit Recht sagt, „dem jungen Kanut die Herrschaft über Slawien zu, die Waldemar trotz so vieler Anstrengungen nicht hatte erlangen können."

Und doch hat Mecklenburg aus dieser Wendung der Dinge Nutzen und Vorteil gezogen. Durch den Frieden mit Kanut bahnte sich nach elfjährigen Kämpfen für den noch durchweg wendischen Norden und die Mitte des Landes eine Zeit der Ruhe an. Selbst von den wilden Parteikämpfen, unter denen in der Folge die westlichen Grafschaften noch hart zu leiden hatten, blieben Burwys und Nikolaus' Länder im ganzen verschont. Für beide Fürsten war die Zeit kultureller Hebung ihres Landes gekommen. Wieder trat Bischof Berno mit ihnen in Verbindung. Schon 1186 wurde von ihnen bei dem wendischen Doberan, eine halbe Meile von der früheren Stätte, das 1179 zerstörte Zisterzienserkloster wiederhergestellt und ein neuer Konvent aus Amelungsborn berufen. Mit den Mönchen kamen Kaufleute und Handwerker, und ihnen verlieh um 1189 Nikolaus gegen eine jährliche Abgabe von fechs Denaren auf dem Markt in Rostock das Kauf- und Verkaufsrecht. Diese Nachricht läßt vermuten, daß sich wohl damals schon in den wendischen Siedlungen der Ostseeküste, in Mecklenburg, vornehmlich in Wismar und Rostock, vereinzelte deutsche Kaufleute, wahrscheinlich aus Lübeck, niedergelassen hatten. Unter welchen Verhältnissen das geschehen sein mag, ist unbekannt, ebenso ob und inwieweit dieser Umstand einen Einfluß auf die später beginnende Kolonisation des östlichen Mecklenburg, etwa von der Küste her, gehabt hat. Burwy bestätigte 1192 die alten Rechte der Doberaner Abtei, die sein Vater Pribislaw ihr gegeben hatte, und erweiterte den Besitzstand des Klosters noch um einige Dörfer in seinem Lande. Das von Pribislaw den früheren Zisterziensern gegebene Verbot betreffs Ansiedlung deutscher Kolonisten in ihrem Bezirk (S. 66) scheint nicht sonderlich erneuert worden zu sein, vielmehr nahmen bald in den Klosterdörfern auch Deutsche ihren Wohnsitz und wurden gleich den Mönchen von den Fürsten unter Androhung schwerer Strafen gegen alle, die ihnen Schaden oder Nachteil bereiten würden, in Schutz genommen.

Im übrigen verzögerte sich jedoch die deutsche Besiedlung beider Länder noch durch neue, im Osten und Westen, im Pommern und Holstein, ausbrechende Kämpfe, an denen auch Burwy und Nikolaus beteiligt waren. Auf Pommern, dessen Herzöge ebenfalls unter dänischer Oberhoheit standen, erhoben die Markgrafen von Brandenburg von den Zeiten Albrechts des Bären her Anspruch. Jahrelange Regierungswirren seit dem Tode des Herzogs Vogislaw I. von Pommern (1187) und die Abwesenheit des dänischen Königs Kanut in Estland benutzend, dazu durch die jungen, von Jaromar von Rügen als dem Regenten des Landes übervorteilten und selbst mit der dänischen Oberhoheit unzufriedenen Herzögen Bogislaw II. und Kasimir II. zu Hilfe gerufen, gelangte Markgraf Otto II. tatsächlich in den Besitz Pommerns. Da entsandte Kanut im Sommer 1198 eine Flotte mit einem großen Heer unter der Führung des Bischofs Peter von Roeskilde, dem sich auch des Königs Vasallenfürsten Jaromar von Rügen und Burwy und Nikolaus von Mecklenburg anschließen mußten, zu einem Rachezug nach Vorpommern. Doch die Brandenburger blieben Sieger. Ganze Strecken des östlichen Mecklenburg fielen der Verwüstung anheim, besonders auch das Kloster Dargun, dessen Mönche ins Land Jaromars nach Greifswald auszogen und in Eldena einen neuen Wirkungskreis fanden. Circipanien, politisch bereits zu Pommern gehörig, geriet nunmehr auch kirchlich in die Macht des pommerschen Bischofs von Kammin. Er war es auch, der zehn Jahre später (1209) das so lange wüst gelegene Darguner Kloster wiederherstellte und durch Doberaner Mönche neu besetzen ließ.

Nach Holstein hatte um dieselbe Zeit nach dem frühzeitigen Tode Kaiser Heinrichs VI. (1197) der von neuem entbrannte Kampf zwischen Staufen und Welfen seine Schatten geworfen. Im Osten in seinen Plänen gescheitert, benutzte nun Kanut diese Gelegenheit, um die zwischen Dänemark und seinem obotritischen Vasallenstaat liegenden Länder, vornehmlich Holstein und Ratzeburg, zu gewinnen. Er ergriff, ohne Interesse an der Sache der Welfen, für Otto IV., der Anhänger und Helfer nötig hatte, Partei. Als im Frühjahr 1200 die beiden Grafen gleichen Namens, Adolf von Holstein und von Ratzeburg, die, ebenfalls aus rein eigensüchtigen Motiven, für den Staufen Philipp von Schwaben eintraten, in die welfischen Länder Boizenburg und Lauenburg eindrangen und die gleichnamigen Burgen eroberten, bot Kanut gegen sie seine Vasallen Burwy und Nikolaus auf. Bei Waschow, unweit Wittenburg, trat ihnen der Ratzeburger Graf am 26. Mai 1201 entgegen, wurde aber unter großen Verlusten zurückgeschlagen, so daß er nur mit Mühe zusammen mit einigen Begleitern das Leben retten konnte. Auf der Seite der Mecklenburger aber fiel gleich beim ersten siegreichen Ansturm Fürst Nikolaus. Seine Leiche ließ sein Vetter Burwy in der Klosterkirche zu Doberan beisetzen. Noch dauerte der Kampf fort, selbst nach Kanuts Tod (1202) unter dessen Sohn und Nachfolger Waldemar II. Auch Graf Gunzelin von Schwerin schloß sich ihm an. Ganz Holstein fiel in seine Hand, Adolf selbst wurde in Hamburg zur Übergabe gezwungen und gefangen nach Dänemark geführt. In der Grafschaft Ratzeburg ergaben sich nach des dortigen Grafen Flucht die Burgbesatzungen von Ratzeburg, Wittenburg und Gadebusch freiwillig. Lauenburg wurde 1203 erobert. Wie sehr aber die Grafschaft und damit auch das westliche Mecklenburg unter den Wirren der letzten Jahre gelitten hatte, zeigen die Worte Arnolds von Lübeck, wenn er sagt: „Da es an Männern fehlte, (so lag das Land) fast unbebaut da und brachte, weder vom Pfluge noch vom Gespann der Rinder berührt, nur Dornen und Unkraut hervor.“ Dennoch zeitigten im Gegensatz zum Osten diese Kämpfe im Westen einen Vorteil für unser Land. Die Grafschaft Ratzeburg wurde von Waldemar aufgelöst. Das Land Ratzeburg erhielt mitsamt dem ganzen Holstein Graf Albrecht von Orlamünde, das Land Gadebusch aber Fürst Burwy und Wittenburg Graf Gunzelin von Schwerin, dem

Waldemar auch den Besitz des ihm noch von Heinrich dem Löwen zugesprochenen Landes Boizenburg bestätigte. Der noch heute gültige Bestand des westlichen Mecklenburg mit seinen Grenzen gegen Holstein war geschaffen.

Schon der traurige Zustand der durch den Krieg geschädigten holsteinischen und mecklenburgischen Landstriche erforderte eine umfangreiche Neukultivierung und bei dem Mangel an geeigneten Männern eine Verstärkung deutscher Kolonisierung. Letzterer öffnete nunmehr auch Heinrich Burwy, der nach dem Tode seines Vetters in der Schlacht bei Waschow Alleinherrscher im Reich seines Vaters Pribislaw geworden war, sein Land, und so begann bald nach dem Jahre 1200 auch eine planmäßige Germanisierung des nördlichen und mittleren Mecklenburg. Wieder ging sie Hand in Hand mit der Christianisierung, und gerade diesmal hat die Kirche hervorragenden Anteil an der deutschen Besiedlung Mecklenburgs gehabt. Im einzelnen läßt sich ihr Fortschritt zwar nicht mehr genau erkennen, doch scheint sie im ganzen zunächst das Küstengebiet an der Ostsee ergriffen zu haben und von dort allmählich weiter südlich ins Innere des Landes vorgedrungen zu sein. Dabei fand, nach dem erhaltenen urkundlichen Material zu schließen, nicht immer ein reguläres, schrittweises Vordringen der Deutschen statt, bisweilen wurden auch ganze Gegenden noch weiterhin unbesiedelt gelassen oder als von Wenden bewohnt gleichsam übersprungen.

Im Mittelpunkt der ganzen Bewegung stand Fürst Burwy selbst, beraten und beeinflußt von seiner deutschen Gemahlin Mechthild, einer Tochter Heinrichs des Löwen, und dem Schweriner Bischof Brunward, Bernos Nachfolger seit 1193. Burwys Hof, an dem früher nur wendische Edle geweilt hatten, wurde mehr und mehr ein Sammelplatz deutscher Ritter und Herren. Diese empfingen von ihm nicht nur Burgen und feste Plätze, die dem Schutz und der Verteidigung des Landes dienten, sondern auch freies, offenes Acker- und Waldgebiet zu Lehen, um dort durch Bewirtschaftung bzw. Rodung neue Stätten deutscher Kultur zu schaffen.

Schon 1210 zog Burwy eine Anzahl deutscher Bauern nach der Insel Poel, und in demselben Jahre belehnte er Heinrich von Bützow und dessen Familie mit der Hälfte aller Einkünfte aus dem Schlosse Marlow und neun dazu gehörigen Gütern nebst dem Krug von Ribnitz mit allen Gerechtigkeiten. Im Jahre 1218 verlieh er Rostock, das indes durch verstärkten deutschen Zuzug zu einem städtischen Gemeinwesen geworden war, und wahrscheinlich 1226 auch Wismar das lübische Stadtrecht 1). Auch den Doberaner Mönchen gab er 1218, wohl mit Bezug auf das noch nicht förmlich aufgehobene alte Siedlungsverbot, ausdrücklich unter Bestätigung aller ihrer Güter die Erlaubnis, Leute jeglicher Nation und jedes Gewerbes in ihren Bezirk aufzunehmen. Schon hatten sie ausgedehnte Waldrodungen vorgenommen; nunmehr begannen sie auch mit der Anlage von Hagendörfern. Auch sonst erstand, wie die um jene Zeit zuerst erwähnten Orte Malpendorf, Jörnsdorf, Wichmannsdorf, Brunshaupten, Neuburg u. a. beweisen, eine immer größere Zahl deutscher Dörfer. Mehr noch als im Westen hat sich in Burwys Reich die deutsche, besonders die Klostergeistlichkeit um die Besiedlung des platten Landes verdient gemacht. Zu den Zisterziensern, die 1219 in Neukloster einen Nonnenkonvent errichteten, traten andere Orden, so die Hospitaliter des hl. Antonius, die, ebenfalls unter dem Schutz Burwys, im Jahre 1222 in Tempzin ein Kloster begründeten und die Gegend von Brüel kolonisierten, und die Benediktiner, die in demselben Jahre sich in Dobbertin niederließen und die Gebiete von Güstrow, Goldberg und Sternberg besiedelten. Um dieselbe Zeit überließ Burwy das noch wüste, dem heidnischen Dienst ergebene Land Parchim, ebenso Plau an christliche Ansiedler. Auch von vielen andern, weltlichen wie geistlichen, Siedlungen und Neugründungen wissen die Urkunden zu berichten. Als Burwy 1228 starb, war auch die Mitte und der Norden Mecklenburgs zum größten Teil dem Deutschtum gewonnen. Selbst Städte, wie Parchim, Güstrow, Gadebusch, Grevesmühlen u. a., waren begründet 2).

Auch in der Grafschaft Schwerin vollzog sich nach Beendigung der Kämpfe zu Anfang des 13. Jahrhunderts ein wesentlicher Fortschritt in der Germanisierung, der naturgemäß, da er schon auf älteren Grund-

---

1) Über ihre Entwicklung im einzelnen und im Nahmen des mecklenburgischen Städtewesens vgl. S. 94.

2) Vgl. S. 95.

lagen weiterbauen konnte, in seinen schließlichen Erfolgen die Ergebnisse der deutschen Siedlungsarbeit in Burwys Reich noch übertreffen mußte. Das würde sicherlich in noch stärkerem Maße der Fall geworden sein, wenn nicht im Laufe der nächsten Jahrzehnte gerade im Schwerinschen noch mehrfach neue Kämpfe und Wirren störend und hemmend eingewirkt hätten. Die Schweriner Grafen allein waren nach der Schlacht bei Waschow noch unabhängig von der dänischen Herrschaft geblieben. Bisher hatten sie als Bundesgenossen Waldemars für den Welfen Otto IV. gefochten. Als dieser aber 1204 von der Mehrzahl seiner bisherigen Anhänger und selbst seinen Verwandten im Stich gelassen wurde und bald darauf nur noch als „König ohne Land“ in seinen Alloden Braunschweig regierte, da wechselten auch die Schweriner Grafen ihre Partei, näherten sich dem Hohenstaufen Philipp und traten mit dem ebenfalls staufisch gesinnten Markgrafen von Brandenburg in Verbindung. Zugleich suchten sie ihre Herrschaft zu erweitern. Graf Heinrich von Dannenberg hatte nämlich in den Kämpfen der letzten Jahre mit den Grafen von Ratzeburg und Holstein auf Seiten der Staufer gegen Dänemark gestanden, aber beim schließlichen Sieg Waldemars das rechtselbische Gebiet seiner Grafschaft verloren, wo sich im Einvernehmen mit dem Dänenkönig und als dessen Vasall ein märkischer Ritter namens Johann Gans von Puttlitz eingedrängt und auf der Burg Grabow festgesetzt hatte. Durch einen geschickt geführten Überfall auf Grabow verjagten nun die beiden Schweriner Grafen Gunzelin II. und Heinrich I. den Ritter aus seinem Lande. Dadurch aber zogen sie sich die offene Feindschaft Waldemars zu, der die politische Wandlung der beiden Grafen schon längst mißtrauisch verfolgt hatte. Sogleich entsandte er seinen Lehnsmann, den Holsteiner Grafen Albrecht, gegen sie und folgte bald selbst nach. Die ganze Grafschaft Schwerin mit Ausnahme der gleichnamigen Burg, wo sich die Grafen trotz feindlicher Übermacht hielten, kam in Albrechts und Waldemars Hand und wurde stark verwüstet. Waldemar hatte auch den letzten Rest des einst wendischen Mecklenburg in seiner Hand. Selbst König Otto IV. kam damals zu ihm nach Boizenburg und bat ihn um Hilfe gegen Philipp. Da wurde letzterer im Juni 1208 plötzlich ermordet. Alle bisher staufischen Anhänger, unter ihnen auch die Schweriner Grafen und der Brandenburger Markgraf, traten, um dem unheilvollen Bürgerkrieg in Deutschland ein Ende zu machen, zu Otto über, und schon Ende 1208 war dieser allgemein anerkannter deutscher König. Auch die früheren Grafen Adolf von Ratzeburg und Adolf von Holstein, die Waldemar ihrer Länder beraubt hatte, befanden sich im Gefolge Ottos. Sie alle hofften den neuen König als den nunmehrigen Vertreter des deutschen Reichsgedankens zum Kampf gegen die Dänenherrschaft im deutschen Norden zu bestimmen. „Wie lange willst du noch deinen Rachen nach Osten aufsperren? Wende dich jetzt lieber nach Norden!“ so soll der Sachsenherzog Bernhard den ehernen Löwen in Braunschweig angeredet haben, als am Pfingstfest 1209 König Otto dort im Kreise seiner Vasallen weilte. Ottos Gedanken aber waren auf Italien gerichtet. Bald entzweite er sich mit dem Papst, und 1215 mußte er dem Hohenstaufen Friedrich II. das Feld räumen. Es nützte nichts mehr, daß er Waldemar durch Abtretung aller Reichsländer zwischen Elbe, Elde und Ostsee für sich gewann. Vielmehr begann dieser von neuem den Kampf gegen die Grafen von Schwerin. Letztere unterlagen und mußten nun ebenfalls die dänische Herrschaft anerkennen. Damit aber war es nicht genug. Während Heinrich nach dem Tode seines Bruders Gunzelin (1221) sich auf einer Pilgerfahrt nach dem heiligen Lande befand, ließ Waldemar sein Schloß in Schwerin besetzen. Als Heinrich 1222 aus Palästina heimkehrte, sah er sich des Thrones verlustig. Zu kriegerischer Gegenwehr gegen Waldemar und Albrecht aber war er ohne Hilfe zu schwach. So griff er denn, als friedliche Unterhandlungen mit Waldemar erfolglos blieben, zu einem Handstreich. Im Mai 1223 weilte König Waldemar mit Gefolge auf der noch wenig bewohnten Insel Lyöe bei Fünen zur Jagd. Dorthin begab sich auch Heinrich und überfiel in der Nacht vom 6. auf 7. Mai nach einem fröhlichen Zechgelage den König in seinem Zelt, nahm ihn samt seinem Sohn gefangen, schleppte beide, ohne daß es des Königs schlaftrunkenes Gefolge bemerkte, nachts auf das Schiff und führte sie nach der Burg Lenzen, von dort später nach Dannenberg. Diese verwegene Tat des Grafen gegen seinen Lehnsherrn machte überall den größten Eindruck, selbst in Dänemark, wo man mit dem überlisteten Welteroberer und Volksbedrücker, den man in Waldemar sah, im ganzen wenig Mitleid hatte und die Kühnheit des Grafen bewunderte.

Heinrichs Tat gewann bald größere Bedeutung. Von Italien aus, wo damals Kaiser Friedrich II. weilte, trat dieser mit ihm in Verbindung, um durch ihn die dänische Herrschaft im deutschen Norden völlig zu beseitigen. Auf einem Hoftage zu Nordhausen im September 1223, wo außer dem kaiserlichen Kanzler, Erzbischof Engelbert von Köln, und dem jungen König Heinrich, Friedrichs Sohn, die Grafen Heinrich von Schwerin, Adolf von Dassel (Ratzeburg), Adolf von Holstein und Volrad von Dannenberg anwesend waren, wurde verabredet, daß Heinrich gegen eine Entschädigung von 50 000 Mark Silbers und einer Burg im Lande Boizenburg durch das Reich seine Gefangenen an den Kaiser abtreten und sie bestimmen sollte, auf alles Land diesseits der Eider zu verzichten. Da aber trat auf Bitten der dänischen Regierung Papst Honorius III. für Waldemar ein und verlangte vom Kaiser und Grafen die sofortige Freilassung des Dänenkönigs, vom ersteren auch noch die Bestrafung des Grafen für sein Vorgehen gegen seinen Lehnsherrn. Da der Kaiser sich nicht mit der Kurie überwerfen wollte, so kam es durch Vermittlung des damaligen Deutschordensmeisters Hermann von Salza auf Schloß Dannenberg in Gegenwart des gefangenen Königs zu neuen Verhandlungen, an denen auch Albrecht von Orlamünde, zur Zeit Regent in Dänemark, beteiligt war. Zwar sollte hiernach Waldemar nur gegen ein hohes Lösegeld und Abtretung der von ihm seit 1214 eroberten deutschen und slawischen Länder freigelassen werden, aber die Vertragsbestimmungen im einzelnen waren so unsicher und unbestimmt, daß damit die dänische Gefahr keineswegs beseitigt wurde. Sollten doch die von Waldemar entsetzten Grafen von Ratzeburg und Holstein ihr Land nicht zurückerhalten, auch keine Entschädigung bekommen, sondern Albrecht Herr von Nordalbingien bleiben und Graf Heinrich nur Schwerin und Boizenburg, aber nicht Wittenburg wiedererlangen. Die wendischen Länder Mecklenburg und Pommern, obwohl deutsche Reichsländer, sollten doch in einer gewissen Lehnsabhängigkeit von Waldemar bleiben. Es war daher ein Glück, daß diesmal Albrecht selbst, wohl im Einvernehmen mit Waldemar, auf der Schlußversammlung in Bardowiek, wo der Dannenberger Vertrag ratifiziert werden sollte, diese Bestimmungen ablehnte. Er begann zusammen mit dem Welfen Otto von Lüneburg den Kampf für Dänemark um die gesamten südwestlichen Ostseeländer. Aber in der Schlacht bei Mölln wurde er 1225 von Heinrich, auf dessen Seite die früheren holsteinischen und die Mecklenburger Grafen und Fürsten getreten waren, gefangen genommen und samt Waldemar nebst den anderen Gefangenen nach der Burg Schwerin gebracht. Wieder kam es zu Verhandlungen. Waldemar erhielt mit seinem Sohn gegen ein Lösegeld von 45 000 Mark reinen Silbers sowie Abtretung aller Länder südlich der Eider und Stellung von Geiseln Weihnacht 1225 die Freiheit wieder. Eben in die Heimat zurückgekehrt aber begann er schon ein Jahr darauf von neuem den Kampf gegen Heinrich und dessen Verbündete, die Grafen von Holstein und Dannenberg, sowie Lübeck. Schon hatte er Rendsburg genommen und drang weiter südwärts vor. Dem Grafen Heinrich galt sein ganzer Zorn. Dieser aber fand Hilfe bei dem Sachsenherzog Bernhard, den er dafür als seinen Lehnsherrn anerkannte. Bei Bornhöved fiel am 22. Juli 1227 die Entscheidung. Waldemar wurde völlig geschlagen, sein Verbündeter Otto von Lüneburg und viele dänische weltliche und geistliche Großen fielen in Heinrichs Hand. Waldemar selbst floh eilends nach Dänemark zurück. Die Ostseeländer aber waren für immer von seiner Herrschaft befreit. Holstein kam wieder an Adolf, Ratzeburg und Lauenburg aber an Sachsen, das auch fernerhin die vertragsmäßige Lehnshoheit über die Grafschaft Schwerin behielt. Anfang 1230 entsagte Waldemar, nachdem schon vorher Otto von Lüneburg und die übrigen Gefangenen in Schwerin freigelassen worden waren, gegenüber Graf Gunzelin II., der 1228 seinem Vater Heinrich, dem Befreier, auf den Thron gefolgt war, allen Ansprüchen an die Grafschaft Schwerin für sich und seine Nachkommen.

Mit dem Ende der Dänenherrschaft trat, wenn auch ganz unabhängig davon, noch eine zweite politische Veränderung in Mecklenburg ein. Im Jahre 1227 war Heinrich Burwy gestorben und hatte vier unmündige Enkel hinterlassen, Söhne seines bereits vor ihm verstorbenen gleichnamigen Sohnes. Zwei Jahre lang führte ihre Mutter die vormundschaftliche Regierung. Dann teilten zunächst die beiden ältesten, um 1235 aber, nachdem auch die beiden jüngsten mündig geworden waren, alle vier das Erbe ihres Großvaters so, daß Johann das Land Mecklenburg-Wismar, d. h. den Nordwesten, Nikolaus das Land Güstrow (Werle)-Waren, den Osten, Heinrich Burivy III. das Land

Rostock, den Nordosten, Pribislaw das Land Parchim-Richenberg, den Süden, erhielt. Mit dieser ersten Landesteilung ging in Mecklenburg für lange Zeit auch der letzte Rest politischer Einheit verloren. Denn in dem heutigen mecklenburgischen Länderkomplex gab es sieben selbständige Herrschaften: die oben genannten vier Teilreiche nebst der Grafschaft Schwerin und den Bistümern Schwerin und Ratzeburg mit ihren Stiftsländern; außerdem gehörten noch östliche Randgebiete zu Pommern, südwestliche zur Grafschaft Dannenberg und das Stargarder (Strelitzer) Land von 1236 an zu Brandenburg.

* * *

Dennoch hatte, wie schon die Angaben des S. 96 f. erwähnten Ratzeburger Zehntenregisters vom Jahre 1230 erkennen lassen, trotz all der kriegerischen Wirren der letzten Jahre und der politischen Zersplitterung des Landes die deutsche Besiedlung nicht geruht. Unter 93 Ortschaften des Landes Wittenburg waren nur noch vier wendische. Wie sehr man aber auf die vollständige Verdrängung der Slawen aus den noch wenigen wendischen Dörfern bedacht war, zeigt die Bemerkung im Zehntenregister bei dem Dorfe Marmotse im Lande Bresen. Da heißt es: „M. ist ein slawisches Dorf. Wenn die Deutschen eingezogen sind, soll Wartus zwei Freihufen haben; nach Abzug dieser bleibt der halbe Zehnten dem Bischof." Für das zur Grafschaft Dannenberg gehörige Land Meningen (Dömitz) hatte Bischof Isfried von Ratzeburg bereits 1190 dem Grafen Heinrich im Falle einer deutschen Besiedlung den halben Zehnten versprochen. Die Verleihung hatte geholfen, dagegen blieb sie im Lande Jabel, wo es statt des halben sogar der ganze Zehnten sein sollte, trotzdem ohne Erfolg. Für den dortigen Sand- und Heideboden fanden sich keine deutschen Ansiedler, selbst nicht in den nächsten Jahrzehnten.

So hatte sich die deutsche Besiedlung in dem ersten Drittel des 13. Jahrhunderts um ein Beträchtliches nach Osten zu vorgeschoben. Es war eine mit vielen inneren und äußeren Wirren verbundene Kolonisationsperiode gewesen. Bis auf den Südosten, vornehmlich die Länder Malchin und Waren und das Stargarder Land, war Mecklenburg vorwiegend deutsch geworden. Einige slawische Enklaven, besonders das Gebiet der Jabelheide, konnten den Fortschritt der Germanisierung nicht hindern. Auch eine Anzahl neuer Städte waren in dieser Zeit entstanden. So waren zu den schon genannten Rostock und Wismar noch Gadebusch, Grevesmühlen, Bützow, Güstrow, Parchim, Plau, Malchow, Röbel u. a. hinzugekommen.

Um die Mitte des 13. Jahrhunderts wurde auch der noch fehlende Südosten Mecklenburgs von der deutschen Besiedlung ergriffen. Besonders wirksam erwies sich hierbei das 1209 wiederhergestellte und neu besetzte Kloster Dargun 1). Das ihm schon bei seiner ersten Gründung 1171 von Herzog Kasimir von Pommern verliehene deutsche Besiedlungsrecht blieb auch für die neuen Mönche, die damals zwar in Doberan ein solches noch nicht hatten, von Bestand. Ein großes und schwieriges Arbeitsfeld eröffnete sich ihnen in dieser anscheinend noch sehr stark deutschfremden Gegend. Wie kräftig sie aber zugriffen, zeigt der Umstand, daß das Land Malchin, das ihnen 1240 von Fürst Nikolaus von Werle als noch „weite Einöde" zugewiesen wurde, schon sieben Jahre später größtenteils deutsch war. Für die Germanisierung der Länder Waren und Wustrow (Penzlin) wurde in ähnlicher Weise das Prämonstratenserkloster Broda entscheidend. Zu seiner Stiftung hatte bereits Kasimir von Pommern 1170 durch Überweisung von Land an die Domherren von Havelberg den Grund gelegt. Der Bau des Klosters verzögerte sich jedoch, denn als Kasimirs Bruder und Nachfolger 1182 die Schenkung bestätigte, waren noch keine Gebäude vorhanden. Das war wohl erst bei einer erneuten Bestätigung durch Nikolaus von Werte 1230 der Fall.

Unterdes hatte auch der Städtebau in dem bisher kolonisierten Mecklenburg bedeutende Fortschritte gemacht. Grabow, Penzlin, Röbel, Bützow, Malchow, Malchin, Sternberg, Marlow u. a. sind wahrscheinlich noch vor 1250 entstanden, bis zum Ende des Jahrhunderts folgte auch die Mehrzahl der übrigen heutigen Städte: Kröpelin, Neustadt, Ribnitz, Lage, Waren, Teterow, Stavenhagen, Gnoien, Wittenburg und wie sie alle heißen. Nur wenige gehören ihrer Gründung nach erst dem 14. Jahrhundert an, wie z. B. Crivitz, Tessin, Hagenow, Lübz 2). –

1) Vgl. S. 105.

2) Über Städtegründungen noch neuerm Datums vgl. S. 97.

Während sich so bisher in den weitaus größten Teil Mecklenburgs, in das gesamte spätere Schweriner Land, der Strom der deutschen Kolonisten vorwiegend von Westen her ergoß, wurde um die Mitte des 13. Jahrhunderts das Stargarder, spätere Strelitzer Land von einer andern Seite her dem Deutschtum erschlossen. Jahrhunderte hatte hier der wildeste und trotzigste aller Wendenstämme gewohnt, der der Redarier. Als die schlimmsten Feinde alles deutschen und christlichen Wesens hatten gerade sie die meisten Wendenaufstände in Bewegung gesetzt, und zwar von Rethra aus, dem Urquell des wendischen Heidentums, das in Zeiten kriegerischer Not und Gefahr immer neue Kräfte hervorbrachte. Im 12. Jahrhundert aber waren sie unter die Herrschaft ihrer pommerschen Stammesgenossen geraten. Es ist uns nicht bekannt, wie sich diese Wandlung vollzogen hat, wahrscheinlich aber hatte im Anschluß an den Wendenkreuzzug unter Heinrich dem Löwen und Albrecht dem Bären, der im ganzen erfolglos verlief, der damalige Pommernfürst Ratibor, der sich schon zum Christentum bekannte, das Redarierland unterworfen. Sein Nachfolger und Neffe Kasimir aber mußte sich 1185 nach längeren Kämpfen zwischen den Wendenfürsten und dem Dänenkönig Kanut letzterem unterwerfen und ihm den Lehnseid leisten. Kanut war Herr des ganzen Wendenlandes an der Ostsee mit Einschluß von Stargard. Erst im Jahre 1227 endete die Dänenherrschaft durch die Schlacht bei Bornhöved. Der alte Zustand wurde wieder hergestellt, und das Land Stargard gehörte wieder zu Pommern, wo die beiden jungen Herzöge Barnim und Wartislaw, der Weise ihrer Väter folgend, die Herrschaft unter sich in die Länder Stettin und Demmin mit Stargard teilten. Aber schon streckten die Markgrafen von Brandenburg ihre Hand nach dem Besitz des Stargarder Landes aus. Als nun um 1235 der Schweriner Bischof Brunward im Bunde mit den mecklenburgischen Fürsten dem Bischof Konrad von Kammin das längst beanspruchte Circipanien entriß und die mecklenburgischen Fürsten sogar noch alles Land bis zur Peene erobern wollten, da suchte Wartislaw in seiner Not Hilfe bei den Markgrafen Johann und Otto von Brandenburg. In Kremmen bei Oranienburg schloß er mit ihnen im Jahre 1236 einen Vertrag, mußte ihnen aber als Entgelt für ihre Vermittlung und ihren Beistand gegen seine Feinde die Länder Stargard, Beseritz (bei Friedland) und Wustrow

(Penzlin) überlassen. Es war das etwa der Besitzstand des späteren Mecklenburg-Strelitz ohne Wesenberg, das erst 1276 von Werle an die Brandenburger überging, und Fürstenberg, das bereits als zur Mark gehörig in ihrem Besitz war.

Eine deutsche Eroberung des Landes, wie es im Schwerinschen, besonders in der westlichen Hälfte der Fall war, hat demnach hier nicht stattgefunden. Vertragsmäßig ging das Land an die Brandenburger über. Es war zwar in den Kämpfen der letzten Jahrzehnte, besonders auch zur Zeit der dänischen Herrschaft, als Grenzland zwischen den streitenden Parteien oft von Krieg heimgesucht, ganze Gegenden waren verwüstet und verödet, die wendische Bevölkerung durch das Schwert, durch Hunger und Seuchen stark zusammengeschrumpft. Wilde Tiere, vor allem Wölfe und Bären, hausten in den zahlreichen Wäldern und Sümpfen. Auch der junge, anfangs noch unmündige Pommernherzog Wartislaw hatte nach Beendigung der Dänenherrschaft wenig für den Aufbau und die Ordnung des Landes getan. Und während bereits in den Nachbarländern deutsche Dörfer und Städte entstanden, blieb Stargard ein ödes, wenigen Wendenscharen überlassenes Land. Mit der Besitzergreifung durch die Brandenburger Markgrafen aber trat um die Mitte des 13. Jahrhunderts ein Wandel ein.

Im ganzen friedlich vollzog sich nun die Germanisierung. Auf der alten, wohl schon vorwendischen Burg Stargard wurde von den Markgrafen ein Landvogt eingesetzt, die übrigen Burgen des Landes treuen Vasallen uud Lehnsmännern übergeben, deren Hauptaufgabe die Besiedlung des Landes mit deutschen Bauern und Bürgern war. Naturgemäß kamen diese im Gegensatz zu den im Schwerinschen angesiedelten Westfalen, Sachsen und Holsteinern zumeist aus der Mark Brandenburg. Ihre Väter und Vorfahren waren allerdings einmal, besonders zur Zeit Albrechts des Bären (um 1150) ebenfalls aus Westen, vorzüglich vom Niederrhein und aus Holland, nach Brandenburg gekommen und hatten dies wendische Land germanisiert. Auch weit schneller als im Schwerinschen vollzog sich im Stargardschen die deutsche Besiedlung. Von Jahr zu Jahr mehrte sich die deutsche Bevölkerung, und die wenigen noch vorhandenen Slawen im Lande verschwanden als solche sehr bald, sei es daß sie hier tatsächlich gewaltsam vernichtet und vertrieben wurden oder mit den neuen Ankömmlingen verschmolzen. So ist es denn auch erklärlich, daß sich, im Gegensatz zu Schwerin, slawische Personen- und Ortsnamen urkundlich nur wenig finden, vielmehr treten hier von vornherein die deutschen Namen auf. Viele von ihnen sind ohne weiteres aus der Mark Brandenburg übernommen, z. B. Dewitz, Leppin, Plate, Mechow, Karwitz, Möllenbeck, Schönbeck, Blankensee u. a. mehr, nicht zuletzt auch Neubrandenburg selbst. Brandenburgischen Ursprungs sind auch viele Adelsgeschlechter. Zahlreich sind auch die auf Siedlungen „wilder Wurzel" zurückgehenden Hagendörfer, wie Trollenhagen, Rosenhagen, Rollenhagen und viele andere.

Den Anfängen ländlicher Siedlung folgte auch im Stargarder Lande sehr bald die Erbauung von Städten: Friedland entstand im Jahre 1244, nur vier Jahre später Neubrandenburg und im Laufe des 13. Jahrhunderts noch Stargard, Wesenberg, Woldegk und wahrscheinlich auch Fürstenberg.

Hand in Hand mit der Germanisierung ging die Christianisierung. Denn auch die Kirche hatte an einer immer wachsenden Zahl rein deutscher Siedler oder, so viel es möglich war, auch germanisierter Wenden das größte Interesse, zumal da für sie auch beträchtliche wirtschaftliche Vorteile damit verbunden waren. Der Zehnte, den die Deutschen an die Kirche zahlten, betrug etwa das Dreifache der wendischen Biskopnitza. Die Verleihung ganzer oder halber Zehnten in bestimmten Bezirken seitens der Bischöfe an weltliche Herren aber ließ diese wieder den Zuzug deutscher Bauern befördern. So wirkten Deutschtum und Christentum sehr häufig einander ergänzend und sich gegenseitig fördernd.

Die Begründung kirchlichen Lebens knüpft sich für Mecklenburg an die Namen der beiden Bischöfe Evermod von Natzeburg und Berno von Schwerin, sowie die ihrer beiden Nachfolger Jsfried und Brunward. Evermod, ein Prämonstratenser, führte die Regel seines Ordens im Ratzeburger Stift so strenge durch, daß dieses allgemein als Ordensgefängms bezeichnet wurde. In seine Amtszeit (1154–1178) fällt bereits der Bau des Ratzeburger Doms in der ursprünglichen Form, wie er sich bis zu seinem vollen Umbau zu Anfang des 15. Jahrhunderts erhalten hat. Von den 5 bis 7 Kirchen, die Evermod bereits vorfand, stieg unter ihm die Zahl in dem gesamten Bistum auf etwa 25, unter seinem Nachfolger Isfried (1180–1204) sogar auf etwa 35; darunter befinden sich auf mecklenburgischem Boden solche in Döbbersen, Neuenkirchen, Zarrentin, Granzin, Zahrensdorf, Rehna, Gadebusch, Hagenow, Vellahn u. a. Der Umfang der einzelnen Kirchspiele betrug dort, wo die deutsche Kolonisation schnell vorschritt, 9 bis 14 Dörfer. In den Gegenden mit vorwiegend wendischer Bevölkerung waren sie jedoch noch weit größer und wenig abgegrenzt. Von diesen großen Wendenpfarren wurden dann mit fortschreitender Besiedlung kleinere Kirchspiele abgetrennt, so z. B. Camin, Körchow, Pritzier und Parum im Wittenburgischen, Vietlübbe u. a. im Lande Gadebusch. Evermod und Jsfried waren überaus geachtete Persönlichkeiten, als Heilige und Wundertäter wurden sie nach ihrem Tode im Volke verehrt.

Berno, ein Zisterziensermönch aus dem Kloster Amelungsborn an der Weser war bald nach dem Wendenkreuzzug (1147) im Einvernehmen mit dem Papst ins Obotritenland gezogen und hatte dort unter vielen Mühen und Gefahren gepredigt. Mochte der damalige Wendenfürst Niklot ihn auch nicht gerade in der Ausübung seiner Missionsarbeit gehindert haben, irgendwelchen landesherrlichen Schutz hatte Berno bei ihm wohl nicht gefunden. „Er ertrug Schläge und Backenstreiche von den Slawen, ja er wurde unter Verhöhnung gezwungen, den Götzenopfern beizuwohnen“, sagt der Chronist Arnold von Lübeck von ihm, und eine Kaiserurkunde vom Jahre 1170 bestätigt dies. Dennoch scheint es ihm schon damals gelungen zu sein, in dem wendischen Schwerin eine kleine Christengemeinde zu begründen. Reste eines nach christlicher Sitte angelegten wendischen Friedhofes, wie sie hinter dem jetzigen Rathaus gefunden worden sind, lassen darauf schließen. Als dann Herzog Heinrich nach der Eroberung des Obotritenlandes das alte Wendenbistum in der Feste Mecklenburg, das bereits seit Jahren verwaist und verfallen war, daselbst nicht wieder erneuerte, sondern nach dem von ihm begründeten Schwerin verlegte, konnte für den neuen Bischofssitz kein andrer in Betracht kommen, als Berno. Eine genaue Zeitangabe seines Amtsantritts ist nicht mehr möglich; Anfang der sechziger Jahre wird es gewesen sein.

Der Schweriner Sprengel umfaßte den bei weitem größten Teil des heutigen Mecklenburg von der Ostsee südwärts bis an die Elbe und erstreckte sich, so lange Heinrich der Löwe im Besitz seiner Macht war, ostwärts noch nach Pommern hinein bis an die Tollense und Peene. Im Westen grenzte er an das Bistum Ratzeburg. Der Schweriner Burgbezirk, der bisher zum Ratzeburger Sprengel gehört hatte, mußte nunmehr der Diözese Bernos eingefügt werden. Statt seiner kam das Land Bresen mit Klütz und Dassow an den Ratzeburger Bezirk. Das Land südlich der Elde mit Penzlin und Röbel und dem heutigen Mecklenburg-Strelitz war bischöflich-havelbergisch mit Ausnahme von Feldberg und Fürstenberg, die zum Bistum Brandenburg gehörten. Die Insel Poel vor der Wismarschen Bucht, wahrscheinlich schon früher durch Oldenburger bezw. Lübecker Missionare dem Christentum gewonnen, zählte zum Lübecker Sprengel.

Über die ersten Jahre von Bernos Wirksamkeit, insbesondere den Erfolg seiner Missions- und Kirchenarbeit ist uns Genaueres nicht bekannt. Es ist die Zeit der Kämpfe Heinrichs mit Niklots Söhnen, die auch in die Nähe des neuen Bischofssitzes Unruhen brachten. Berno selbst geriet damals in die größte Lebensgefahr. Als er nach dem Überfall Pribislaws auf die Burg Mecklenburg 1164 mit mehreren Geistlichen zur Abhaltung des Totenamtes für die gefallenen Krieger dorthin eilte, versuchte eine Schar Wenden ihn mitten in der heiligen Handlung vor dem Altar zu ergreifen und zu töten. Eine gerade vorübergehende Schar Sachsen entriß ihn noch im letzten Augenblick dem sichern Tode.

Unbehindert durch solche und ähnliche Gefahren wirkte der neue Bischof rastlos und unermüdlich in dem ihm übertragenen Amt. Schon am 9. September 1171 konnte Berno in Anwesenheit Heinrichs des Löwen, des Grafen Gunzelin von Schwerin, der Fürsten Pribislaw von Mecklenburg und Kasimir von Pommern sowie des Ratzeburger Bischofs Evermod und anderer weltlicher wie geistlicher Großen die zunächst aus Holz erbaute Schweriner Domkirche weihen. Bei dieser Gelegenheit fand auch die Bewidmung des neuen Bistums durch Heinrich statt. Nach der darüber im Geheimen und Hauptarchiv in Schwerin erhaltenen Originalurkunde gehörten zu der herkömmlichen Dotation der Wendenbistümer mit 300 Hufen Grundbesitz in Schwerin selbst die sog. Domfreiheit (im Nordwesten), das Schelffeld (die spätere Neustadt im Norden) und der Schelfwerder, in Pribislaws Reich ausgedehnte Ländereien im Lande Bützow (mit Burg) und Jlow, in Kasimirs

Herrschaft Gebiete um Demmin. Der gesamte Bistumsbesitz war immun, d. h. von Steuerlasten und Abgaben frei und galt als herzoglich-sächsisches Lehen mit dem Bischof als Lehnsträger, nur daß die Untertanen zum Burgbau und zur Heeresfolge verpflichtet waren. Außer den durch Bewirtschaftung der Stiftsländereien erzielten Erträgen bildeten zwei Drittel der Gerichtsgefälle, die Zölle aus Wegen, Brücken und Schiffahrt, z. B. in Schwerin der Schiffahrtszoll bei Plate, dazu die Zehnten der deutschen Kolonisten und die Biskopnitza der Wenden weitere Einnahmen für Bistum, Bischof und Domkapitel.

Letzteres, analog dem in Ratzeburg und anderen Stiftern eingerichtet, stand dem Bischof beratend zur Seite und zählte im ganzen 12 Domherren (in Ratzeburg 13), darunter einen Propst, einen Dekan (in Ratzeburg Prior), einen Scholastikus, einen Kantor und einen Küster Das den Domkapiteln in Deutschland sonst zustehende Recht der Bischofswahl hatte das Schweriner Kapitel noch nicht. Als jüngste Stiftung stand es selbst dem Ratzeburger und Lübecker noch in manchen Stücken nach. Offenbar machte Heinrich der Löwe auch hier wieder seinen persönlichen Einfluß geltend und griff nicht selten nach eigenem Willen in die kirchlichen Angelegenheiten ein.

Gleich seinen beiden Amtsbrüdern in Ratzeburg und Lübeck unterstand auch Berno ganz dem Willen des Sachsenherzogs. Mußte er ihm doch den Treueid schwören, zu dem die Bischöfe sonst nur dem König und Erzbischof als dem päpstlichen Stellvertreter verpflichtet waren. Aber wie bereits oben gesagt, hatte Heinrich der Löwe in ganz Sachsen und dessen Nebenländern dieses Recht mit Zustimmung des Kaisers und Papstes, die darauf verzichteten, allein für sich in Anspruch genommen. Gerade darin zeigt sich nun die große Klugheit Bernos, daß er sich trotz einer anfänglichen Verstimmung dennoch ohne weiteres dem Herzog unterwarf, „damit", wie Helmold sagt, „die junge Kirche nicht leiden möchte", auch mit dem Herzog in allen, ein gutes Verhältnis aufrecht erhielt und sich des öfteren persönlich mit ihm besprach. Daher nahm auch er in dem Investiturstreit zwischen Herzog und Erzbischof, der schließlich durch Barbarossa und die kaiserlichen Päpste Hadrian und Viktor zugunsten Heinrichs entschieden wurde, nicht offen Partei, so sehr er auch im Herzen zu Erzbischof Hartwig und dessen rein kirchenprimatlicher Richtung neigen mochte. Wie er selbst in mönchischer Einfachheit, in bescheidener Demut sein Leben führte, so war ihm auch jegliches Streben nach äußeren Ehren zuwider, war er allen kirchlichen und politischen Händeln abgeneigt. Und wenn er einmal bei solchen, wie z. B. in dem Streit zwischen Herzog Heinrich und dem widerspenstigen Bischof Konrad von Lübeck (1167), zugegen sein mußte, so nahm er eine vermittelnde Stellung ein und riet zur Versöhnlichkeit. Die Bekehrung der Heiden und die lautere Predigt des Evangeliums war seine Losung, mit der er sein Amt antrat. „Den ersten rechtgläubigen Lehrer, den die Slawen erhielten", nennt ihn Arnold von Lübeck.

Außer dem Dom in Schwerin scheinen in den siebziger Jahren in der Grafschaft gleichen Namens schon die Kirchen in Stück und Cramon, weiter nordwärts in Pribislaws Herrschaft im Lande Mecklenburg solche in Lübow und Viecheln entstanden zu sein, immerhin ein wenn auch noch bescheidener Anfang auf diesem Gebiete. Die Schwierigkeit lag für Berno darin, daß er weit mehr als sein Ratzeburger Amtsbruder noch mit der wendischen Bevölkerung zu rechnen hatte.

Das war, wie schon bemerkt (S. 99 f.), besonders in Pribislaws Reich der Fall. Hier mußte eine Missionsarbeit auf fast völlig wendischer Grundlage betrieben werden. Wenn nun auch wohl anzunehmen ist, daß der Scholastikus unter den Schweriner Domherren sehr bald eine Art Domschule zur Heranbildung von Priestern errichtete, die selbst wendischer Herkunft oder doch als Deutsche der wendischen Sprache mächtig waren, so bedurfte es dazu doch noch vieler Übung und Erfahrung. Daher schlug Berno einen andern, ihm vertrauten Weg ein. Das deutsche Element sollte auch in Pribislaws Land bahnbrechend werden und seine deutschen Ordensbrüder, die Zisterzienser, ihm durch ihre Kulturarbeit den Boden ebnen.

Die Zisterzienser, so genannt nach ihrem ersten, 1098 von Robert in Citreux (Cistercium) bei Dijon in Frankreich begründeten Kloster, hatten ursprünglich nach den Regeln des hl. Benedikt das Verbot jeglichen Landbesitzes. Durch Aufnahme von Armen in den Orden aber wurde diese Bestimmung später dahin geändert, daß die Klöster unkultivierte Landstrecken erwerben und durch Nichtmönche, sog. Laienbrüder, bebauen lassen sollten. Auch für die Nonnen in den weiblichen Konventen galt dieselbe Vorschrift. Von Citreux aus verbreitete sich der Orden besonders durch den bekannten Abt Bernhard von Clairvaux, den Reorganisator des gesamten Klosterwesens (geb. 1091, gest. 1151), über fast alle west- und mitteleuropäischen Länder. Im 13. Jahrhundert umfaßte er bereits 1800 Klosterbezirke oder Abteien. Nach Deutschland kam er um das Jahr 1120, dreißig Jahre später auch schon nach Dänemark. Überall wurden, meist fern von größeren Siedlungen, neue Klöster begründet, unter diesen in Deutschland zu Amelungsborn a. d. Weser, in Dänemark zu Esrom auf Seeland (1153).

Von diesen beiden Klöstern aus nahmen die Zisterzienser ihren Weg auch in die Wendenländer und nach Mecklenburg. Am 11. März 1171 hielten 24 Klosterbrüder, davon die Hälfte Mönche, die andern Laienbrüder oder Konversen, durch Berno selbst von Amelungsborn herbeigerufen, unter dem Abt Konrad in Althof ihren Einzug. Hier hatten bereits einige Jahre vorher Pribislaw und seine Gemahlin Woislawa an Stelle eines alten heidnischen Tempels ein christliches Gotteshaus errichtet, daneben dann ein Kloster begründet, das nun den Zisterziensern übergeben wurde. Ein mehrere Quadratmeilen großer Bezirk, im Norden bis an die Ostsee und im Westen bis an die Kühlung reichend, wurde mit einer Anzahl wendischer Dörfer den Ankömmlingen als Klostergut zugeteilt. Ein Jahr später, am 25. Juni 1172, kamen auch die Esromer Zisterzienser aus Dänemark nach Mecklenburg, und zwar nach Dargun, wo ihnen auf dem Burgberg an der Röckitnitz ebenfalls auf Bernos Betreiben von drei wendischen Edelleuten, den drei Brüdern Mirignew, Monik und Kotimar, unter dem Schutz des Pommernherzogs Kasimir, dem damals dies Land gehörte, eine neue Klosterstätte bereitet worden war. Von Berno und Kasimir erhielten sie in den nächsten Jahren noch weitere Schenkungen. Beiden Klöstern wurden von ihren Landesherren für ihren gesamten Besitzstand und alle Insassen Freiheit von Landesabgaben und Diensten gegenüber den Fürsten und Vögten gewährt, ausgenommen die Verpflichtung zur Verteidigung des Klosters gegen feindliche Einfälle. Zudem verzichtete Bischof Berno zugunsten der Mönche auf die Zehnten aus den Klosterbezirken. Auch die Gerichtsbarkeit gehörte dem Abt, der sie durch einen von ihm eingesetzten Vogt ausüben ließ.

Gerade das Wendenland wies den Zisterziensern, entgegen ihrer ursprünglichen Regel, eine der Welt mehr zugekehrte Tätigkeit an. Hier galt es, den noch sehr wald- und sumpfreichen Boden überhaupt erst urbar und ertragfähig zu machen. So begannen denn an beiden Orten vornehmlich die Laienbrüder ihre Tätigkeit mit dem Ausroden von Wald und Busch und der Entwässerung des Bodens. Bald entstanden in dem ganzen Klostergebiet eine Reihe von Höfen, auf denen Ackerwirtschaft und Viehzucht betrieben wurde, und alles schien für Berno und seine Kirche nach Wunsch zu gehen. Da aber versagte Pribislaw den Doberaner Mönchen das deutsche Besiedlungsrecht. Sie mußten bei etwa neu zu begründenden Dörfern meist eine rein wendische Bevölkerung dorthin bringen. Bernos beabsichtigter Zweck und Erfolg trat daher erst später in Erscheinung. In Dargun zwar hatten die Esromer Zisterzienser jenes Recht gleich bei ihrer Ankunft vom Pommernherzog Kasimir erhalten, und so konnte sich hier eher als im Doberaner Bezirk ein freies deutsches Bauerntum entwickeln, aber bald brach über diese Siedlung vernichtendes Unheil herein.

Von Doberan und Dargun aus scheinen noch in den siebziger Jahren einige Kirchen begründet worden zu sein, so vielleicht in Parkentin und Kröpelin, in Ribnitz und Behren-Lübchin, aber unsicher sind hier die Nachrichten. Auch über die Bedeutung der in Rostock und Kessin schon früher erbauten Kapellen für die Christianisierung dieser Zeit ist nichts Bestimmtes zu sagen. Gewiß suchte Berno selbst in ferneren Gegenden seiner Diözese Kirchen zu schaffen. Weilte er doch schon in den sechziger Jahren in Pommern, in Kasimirs Herrschaft, und leitete dort die Christianisierung ein. Aber sichtliche Erfolge waren dort wie im ganzen Osten Mecklenburgs wohl wenig zu verzeichnen. Schauen wir dagegen zwei Jahrzehnte weiter, bis an das Lebensende Bernos, der 1191 starb, so dürften mit großer Wahrscheinlichkeit schon etwa 15 Kirchen, vielleicht noch ein paar mehr, im Bereich des Schweriner Bistumssprengels vorhanden gewesen sein. Bernos Nachfolger Brunward (1193–1237) vermehrte die Zahl um ein ganz Beträchtliches, ja vervielfachte sie schließlich. Schon bis zum Ende des 12. Jahrhunderts gab es etwa 30, darunter in der Grafschaft Schwerin außer den oben (S. 121) genannten noch Pampow und Brütz, im übrigen Mecklenburg Bukow, Brüel, Schwaan Marlow, Malchin,

Bützow, Parchim, Malchow, in Pommern Demmin, Triebsees u. a. m. Mit Brunward erwarb übrigens auch das Schweriner Domkapitel das ihm bisher noch versagte Recht der Bischofswahl. Über Brunwards Wahl war es zwischen dem Domkapitel und den wendischen Fürsten, darunter auch Jaromar von Rügen, zum Streit gekommen. Beide Parteien beanspruchten das Recht der Wahl und wählten einen eigenen Bischof. Vom Papst zum Schiedsrichter bestimmt, lud Bischof Jsfried von Ratzeburg beide Parteien nach der Feste Boizenburg. Der von den Fürsten gewählte Brunward, bisher Domherr in Schwerin mit der Würde des Dekans, wurde zwar bestätigt, doch für die Zukunft dem Domkapitel das alleinige Recht der Bischofswahl zuerkannt.

Von dem Umfang Brunwardschen Wirkens gibt uns schon die Tatsache eine Vorstellung, daß in seiner fast halbhundertjährigen bischöflichen Regierung die Zahl der Kirchen in seiner Diözese von etwa 20 auf rund 140 stieg. Dementsprechend vermehrte sich auch die Zahl der Diakonate, die zu Bennos Zeiten nur aus Schwerin und Doberan bestand. Besonders die nördliche Hälfte des Bistums, von Neukloster bis Triebsees, war in solche Sprengel geteilt. Selbst in den Süden an die Elde bis nach Waren drang damals oder doch nur wenig später diese Organisation. Auch in den zum Bistum Ratzeburg bzw. Havelberg gehörigen Ländern war sie zum größten Teil durchgeführt, so daß um die Mitte des 13. Jahrhunderts der kirchliche Aufbau bis tief in den Osten Mecklenburgs hinein sicher und fest begründet und von den rund 400 Pfarren zu Anfang des 20. Jahrhunderts damals schon die Mehrzahl mit Haupt- und Nebenkirchen errichtet war. Durchschnittlich zehn Ortschaften gehörten einem Kirchspiel an. Die Besoldung des Pfarrers bestand aus einer nach den Hufen berechneten Abgabe, bei den Wenden aus einem Teil des Bischofszinses, außerdem aus Korn- und Naturallieferungen, wie sie sich noch vielfach bis in unsere Zeit erhalten haben. Das Patronat der Kirche, das dem Stifter von Grund und Boden zustand, war demnach meist landesherrlich. Ritterschaftliche Pfarren gab es erst sehr wenige. Für den Bau von Kirchen benutzte man in der Ratzeburger Diözese schon im 12. und 13. Jahrhundert den Feldstein, wie z. B. bei dem wohl schon bald nach 1150 in romanischem Stil erbauten Ratzeburger Dom und der Vietlübber Kirche. Später erst löste der Ziegelstein den Feldstein ab. Im

Schweriner Sprengel errichtete man den noch in der Klärung begriffenen Verhältnissen entsprechend zunächst vielfach Holz- und Fachwerkbauten, an deren Stelle erst später, manchmal erst im 14. Jahrhundert, von den Enkeln und Urenkeln der ursprünglichen Siedler und Erbauer der Steinbau gesetzt wurde. Betreffs der fast jeder Kirche beigegebenen Schutzheiligen steht die Jungfrau Maria an erster Stelle. Ihr sind am meisten Gotteshäuser geweiht, nächst ihr dem heiligen Johannes.

Als besondere Teile der kirchlichen Gesamtorganisation fanden auch in Mecklenburg die verschiedensten Ordensgemeinschaften weite Verbreitung. Vornehmlich durch die Begründung der Städte wurde ihnen eine weitverzweigte Heimstätte geschaffen. Von den Zisterziensern, dem für unser Land bedeutendsten Orden mit den beiden Hauptklöstern Doberan und Dargun, ist bereits oben gesprochen worden, ebenso von den Prämonstratensern mit dem Kloster Broda und dem Ratzeburger Stift. Den Zisterziensern und Prämonstratensern gesellten sich bald eine ganze Anzahl anderer mit männlichen und weiblichen Konventen zu, darunter die drei bekannten, den Städten zustrebenden Bettelorden der Franziskaner, Dominikaner und Augustiner. Die Franziskaner, gestiftet um 1208 von Franz von Assisi in Umbrien, dem Sohne eines reichen Kaufmanns, der all sein Hab und Gut wegwarf und als armer Mann bettelnd und bußpredigend das Land durchzog, sollten nach der vom Papst 1223 bestätigten Ordensregel nichts zu eigen haben, „weder ein Haus, noch eine Stätte, noch sonst irgend etwas, sondern als Pilgrime und Fremdlinge in dieser Welt nach Almosen gehen". In Deutschland wurden sie besonders in Hildesheim ansässig, breiteten sich von da nordwärts aus und ließen sich in Mecklenburg noch im 13. Jahrhundert besonders in Parchim, Rostock (St. Katharinen), Wismar und Schwerin, später im 15. Jahrhundert auch in Neubrandenburg und zu Anfang des 16. noch in Güstrow nieder. Jedes Kloster stand unter einem Prior (Propst). Im Jahre 1323 wurde durch den mecklenburgischen Fürsten Heinrich II. auch ein weiblicher Konvent dieses Ordens, der Klarissinnen, so genannt nach ihrer ursprünglichen Stifterin, der heiligen Klara, der Freundin Franzens von Assisi, in Ribnitz eingerichtet. Diese Gründung geschah als Sühne für die von Heinrich widerrechtlich vollzogene Beschlagnahme der Einkünfte der Ribnitzer Pfarrkirche und löste den Herzog zugleich von dem durch den Bischof von Ratzeburg über ihn verhängten Bann. Zugleich gab der Fürst seinen eigenen Hof in der Stadt nebst allem Zubehör an Äckern, Gärten, Wiesen und unter Befreiung von allen Lasten und Abgaben dem Nonnenkloster zum Eigentum. Frei von jeder bischöflichen Obergewalt stand an der Spitze des ganzen Ordens ein nur dem Papst verantwortlicher Generalminister, dessen viele Länder umspannendes Missionsgebiet in Vikarien, Provinzen und Kustodien zerfiel. Die mecklenburgischen Klöster samt dem weiblichen Konvent gehörten zur Lübecker Kustodie innerhalb der sächsischen Provinz. – Den Franziskanern nahe verwandt waren die Dominikaner. Begründet um 1206 von dem heiligen Dominikus in Kastilien, einem spanischen Geistlichen, und 1216 vom Papst bestätigt, widmete sich der Orden besonders der Bekämpfung der Ketzer, gegen die man, wenn Wort und Predigt nicht mehr nützte, zur Inquisition mit Folter und Scheiterhaufen schritt. Das Armutsgelübde wurde auch hier in strenger Form, mit alleiniger Ausnahme des nackten Klosterbesitzes, eingeführt. Bereits von Dominikus wurden auch weibliche Konvente begründet, doch sind solche in Mecklenburg nicht eingerichtet worden. Mönchskloster gab es vornehmlich in Rostock (St. Iohannis), Röbel und Wismar, alle der zweiten Hälfte des 13. Jahrhunderts entstammend. Die Organisation des Ordens ähnelte der der Franziskaner. Die mecklenburgischen Klöster unterstanden einem Vikarius in Wismar, der auch päpstlicher Inquisitor wurde. – Die Augustinereremiten, ursprünglich entstanden aus einer Verbindung mehrerer italienischer Einsiedlervereine und 1256 vom Papst unter der Regel des heiligen Augustin mit den Rechten und Aufgaben der Bettelorden bestätigt, wurden zunächst nur in einem weiblichen Konvent in Röbel (Neustadt) um 1275 in Mecklenburg heimisch. Als dann aber gegen Ende des Jahrhunderts in derselben Stadt (Altstadt) die Dominikaner sich niederließen, wurde durch Fürst Nikolaus II. von Werte 1298 das Augustinerkloster nach Malchow (Alt) neben die dortige Kirche verlegt, mit neuem Grundbesitz, dem Patronatsrecht über die dortige Kirche und anderen Rechten ausgestattet, kirchlich aber dem Archidiakon in Waren unterstellt. Eigenartig mutet uns die Nachricht an, wenn sie auf Wirklichkeit beruht, daß Nikolaus den Nonnen aufqab, als Zeichen der Anerkennung des Lehnsverhältnisses ihm und seinen Erben jede Weihnacht ein Paar Hosen zn schenken (Schröder, Papist. Meckl., S. 855). Den alten Klosterhof in Röbel erhielten die Dominikaner. Auch der Malchower Konvent gewann durch Schenkungen und Kauf bald einen reichen Grundbesitz. Weit später, erst im Jahre 1500, gründeten die damaligen Herzöge Magnus und Albrecht noch ein Mönchskloster in Sternberg zu Ehren des dortigen heiligen Blutwunders.

Von anderen Orden sind noch zu nennen: die Benediktiner mit ihrem Mönchskloster in Wismar, gegründet 1239 von aus Lübeck vertriebenen Benediktinern, und ihrem Nonnenkloster in Dobbertin, bereits 1225 gestiftet. Letzteres wurde mit der Zeit der reichste und wohlhabendste aller Nonnenkonvente. Der dortige Propst erhielt durch Bischof Brunward schon nach einigen Jahren die Stellung eines Archidiakons mit der Aufsicht über eine Anzahl benachbarter Kirchen. Ende des 14. Jahrhunderts ließen sich die Karthäuser in Marienehe bei Rostock nieder. Dieser Orden, gestiftet durch Bruno von Köln, den Rektor der Domschule zu Reims (1086), in der Gebirgsgegend bei Grenoble, genannt Chartreuse oder die große Kartause, legte ganz besonderen Wert auf Askese, Schweigen, Gebet und Studium. Das Mönchskloster Marienehe bei Rostock, zu dem auch die Dörfer Sievershagen und Schlutow gehörten, wurde 1559 abgebrochen, seine Steine zum Bau des Güstrower Schlosses verwendet. – Im 15. Jahrhundert kamen auch noch die „Bruder vom gemeinsamen Leben" nach Rostock, nach ihrem dortigen Kloster St. Michael auch Michaelsbrüder genannt. Dieser Orden, erst 1384 gestiftet durch Gerhard Groot in Deventer in den Niederlanden, bestehend aus einander gleichberechtigten Geistlichen und Laien, war ohne Gelübde und Regel und hat sich auch in Mecklenburg neben Predigt und Seelsorge durch Unterricht der Jugend und Gründung von Schulen verdient gemacht. – Der geistliche Ritterorden der Johanniter legte im 13. Jahrhundert nacheinander drei Komthureien in Kraak, Mirow und Nemerow an; ein anderer Ritterorden, die „Brüder von dem deutschen Hause", fand, allerdings unter erschwerenden Umständen, in Wismar Zutritt; die Hospitaliter des hl. Antonius ließen sich in Tempzin, die Heiligengeisthospitaliter in Wismar, Rostock und Ribnitz, die Beguinen als Tertiarier der Franziskaner an deren Wohnorten nieder. Verwandt mit den letzteren sind die vielen Kalandsvereine, brüderliche Bündnisse aus Mitgliedern geistlicher und weltlicher Art, jedes Standes, Alters und Geschlechtes, die in ihrer bürgerlichen Lebensstellung verblieben und nur zu bestimmten Zeiten, meist an den Kalenden eines Monats – daher ihr Name Kalandsvereine –, zusammentraten. Neben dem Seelenheil der Verstorbenen im Meßdienst machten sie sich gleich den letztgenannten Orden und Brüderschaften vornehmlich Wohltätigkeit, Krankenpflege u. ähnl. zur Aufgabe. Der deutsche Orden und der Tempelorden scheinen in Mecklenburg nicht vertreten gewesen zu sein.

* * *

Wie bereits mehrfach gezeigt wurde, hat sich die große Wandlung in Mecklenburg vorn Wendentum und Heidentum zum Deutschtum und Christentum nicht ohne gewaltsame Störungen politischer Art im Innern und von außen her vollzogen. Besonders die zweite Hälfte des 13. Jahrhunderts bot in dieser Hinsicht ein sehr bewegtes Bild.

Mit der Landesteilung, welche die vier Enkel Heinrich Burwys bald nach dem Tode ihres Großvaters um das Jahr 1230 durchführten, ging für lange Zeit der letzte Rest politischer Einheit verloren. In dem an sich schon nicht großen Staatsgebiet der beiden heutigen mecklenburgischen Länder Schwerin und Strelitz gab es nicht weniger als sieben selbständige kleine Territorien, fünf weltliche und zwei geistliche: die Fürstentümer Mecklenburg-Wismar, Wenden oder Werle-Güstrow, Rostock und Parchim-Richenberg, dazu die Grafschaft Schwerin und die beiden ebenfalls reichsunmittelbaren Bistümer Ratzeburg und Schwerin. Außerdem gehörte das Land Stargard, das spätere Strelitz, zu Brandenburg, ein nicht geringes Gebiet im Osten Mecklenburgs zu Pommern und das Land an der unteren Elde zur Grafschaft Dannenberg. Bei einer solchen Zersplitterung des Landes hätte ein Zusammenwirken der vier Brüder mit dem Grafen von Schwerin ersprießlich sein können, wenn der von ihnen geschlossene Vertrag gegen jedermann, ausgenommen das deutsche Reich und den Herzog von Sachsen, friedlichen Bestrebungen und nicht vielmehr ihrem kriegerischen Geist entsprungen wäre. Jahrelang waren sie alle mit Ausnahme Burwys an den Kämpfen zwischen Herzog Abel von Jütland und dessen Bruder, König Erich von Dänemark, beteiligt, erst auf Abels, nachher auf Erichs Seite, siegten zusammen mit letzterem 1247 bei Oldesloe, wurden aber ein Jahr darauf von Abels eben mündig gewordenem Schwager, Johann von Holstein, geschlagen. Sie hatten sich aber durch ihr Eintreten für König Erich, der bald darauf von Abel gefangen genommen und von einem landesflüchtigen Dänen erschlagen wurde, die Feindschaft des Holsteiner Grafen zugezogen, und Johann von Mecklenburg sowie Graf Gunzelin von Schwerin als die nächsten Nachbarn hatten am meisten darunter zu leiden. Letzterer verlor während des holsteinischen Krieges den größten Teil seiner braunschweigischen Hausgüter, die er gegen einen Einfall des Braunschweiger Herzogs Albrecht und des Brandenburger Markgrafen nicht schützen konnte.

Überhaupt war der Vertrag der fünf Fürsten, auch in ihrem Verhältnis zueinander, doch nur ein recht lockerer. Das zeigen die Vorgänge, die sich um diese Zeit in der Herrschaft Parchim abwickelten und dieser ein frühzeitiges Ende bereiteten. Dort hatte Fürst Pribislaw, ein selbstbewußter und hochstrebender Mann, schon bald nach seinem Regierungsantritt (um 1235) neben dem allgemeinen mecklenburgischen Wappen, wie es seine Brüder führten, ein eigenes, besonderes Majestätssiegel angenommen. Es zeigt ihn mit dem Schwert in der Hand thronend auf dem Gerichtsstuhl. Anfangs residierte er auf der bei Parchim gelegenen gleichnamigen Burg. Im Jahre 1248 aber erbaute er sich weiter nordwärts in seinem Lande, im oberen Warnowtal etwa eine Meile östlich vorn Schweriner See bei Richenberg, ein zweites, hochgelegenes Schloß und nannte sich seitdem mit Vorliebe Herr von Richenberg. Die Stelle, an der die Burg gestanden hat, heißt noch heute der Schloßberg, und der Name der Richenberger Mühle erinnert an jene völlig verschwundene Feste. Seit Jahren schon bestand zwischen Pribislaw und dem Schweriner Bischof ein Streit um die Grenzen des Schweriner Stiftslandes Bützow und die Zehntenerhebung im Lande Parchim. Als nun 1249 ein sehr energischer Mann, Namens Rudolf I., den Schweriner Bischofsstuhl bestieg, sich bei Bützow ebenfalls ein festes Schloß errichtete und die gewaltsame Eintreibung der seit Jahren lässig gezahlten und noch rückständigen Zehnten im Lande Parchim von Pribislaw forderte, da fiel letzterer 1252 plötzlich von Richenberg her in das Stiftsland Bützow ein, zerstörte und verbrannte die bischöfliche Burg, nahm Rudolf selbst gefangen und führte ihn auf seine Feste Richenberg. Doch ließ er ihn noch in demselben Jahre gegen das Versprechen, Bützow nicht zu befestigen, und um ein mäßiges Lösegeld wieder frei. Sogleich wandte sich Rudolf mit einer Klage an den Papst und den Kaiser. Bann und Acht wurden über Pribislaw verhängt und untergruben seine Stellung und Sicherheit in seinem eigenen Lande. Zwar erwirkten seine Brüder und sein Schwager Gunzelin von Schwerin auf einem Schiedsgericht in Doberan 1255 seine Lösung von Bann und Acht, doch scheinen sie, mit seinem ganzen Verhalten unzufrieden, ihn bestimmt zu haben, ihnen sein Land zu verpfänden und auf die weitere Herrschaft zu verzichten. Als er dann ein Jahr später von seinem eigenen Vasallen, dem Ritter Wedekind von Walsleben, der offenbar von Bischof Rudolf gedungen war, bei Bützow überfallen und dem Bischof gefangen zugebracht wurde, erreichten seine Brüder und sein Schwager zwar wiederum seine Freilassung gegen Hinterlegung eines Lösegeldes, doch mußte er nun endgültig abdanken. Er begab sich zunächst an den Hof des Markgrafen von Brandenburg, dem er für etwaige Hilfe zwecks Wiedererlangung seiner Herrschaft Stadt und Burg Parchim verschrieb.

Doch scheint er hier wenig Gehör gefunden zu haben, ebenso bei dem Herzoge Barnim von Pommern, der ihm mit der Hand seiner Tochter die Herrschaft Wollin verlieh. Sein Land aber teilten seine beiden Brüder Johann von Mecklenburg und Nikolaus von Werke sowie sein Schwager Gunzelin von Schwerin bald darauf so, daß der nördliche Teil (Sternberg) an Mecklenburg, der östliche (Goldberg und Plau) an Werle, der südwestliche (Parchim) an Schwerin fiel.

Für die Grafschaft Schwerin brachte dieser Erwerb noch ein unangenehmes Nachspiel. Als nämlich Graf Gunzelin sein neues Erbteil außer der Neustadt Parchim an die Herzöge von Sachsen verkaufte, diese aber 1268 während seiner Abwesenheit in Livland wieder an die Brandenburger Markgrafen, besetzten letztere ohne weiteres auch die Gunzelin noch verbliebene Neustadt Parchim. Sogleich suchte Gunzelin nach seiner Rückkehr alle seine Besitzungen wiederzuerhalten und begann zusammen mit seinem Schwager Nikolaus von Werle den Kampf gegen die Brandenburger. Die beiden Schwäger eroberten auch die dannenbergischen Länder. Dann aber trugen die Brandenburger den Kampf in die Herrschaft Wenden und die Grafschaft

Schwerin hinein. In einem besonders durch den Erzbischof von Magdeburg herbeigeführten Vergleich mußte Gunzelin alle Eroberungen wieder herausgeben und konnte die Neustadt Parchim von den Brandenburgern nur noch zu Lehen nehmen.

Weit schlimmer aber gestalteten sich die politischen Verhältnisse in den drei mecklenburgischen Teilreichen nach dem Tode der ersten Herrscher. Zwar gelang es Johanns ältestem Sohne und Nachfolger Heinrich I., dem Pilger (1264–1302), eine weitere Teilung seines kleinen Territoriums mit seinen beiden Brüdern Johann und Nikolaus zu verhindern. Johann wurde mit Land und Burg Gadebusch abgefunden, Nikolaus war Domherr (Scholastikus) in Schwerin. Aber Heinrichs Interesse galt schon von früh auf allzusehr der Kirche. Schon zweimal hatte er einen Zug nach Livland zur Unterstützung der deutschen Ordensritter gegen die heidnischen Litauer unternommen. Das letzte Mal hatte ihn auch seine Gemahlin Anastasia, eine Tochter des Herzogs Barnim von Pommern, begleitet und ihm unterwegs in Riga ihren ältesten Sohn Heinrich geboren. Auch soll er damals ein auf dem Schlachtfeld umherirrendes kleines Heidenmädchen mit nach Hause gebracht, taufen lassen und später dem Kloster Rehna übergeben haben. Als er dann 1270 sich dem Kreuzheer des französischen Königs Ludwig des Heiligen anschloß, ereilte ihn unterwegs das Geschick, daß er in die Hände des ägyptischen Sultans geriet, der ihn nach Kairo bringen ließ und dort 26 Jahre gefangen hielt.

Heinrichs Unglück wirkte auf ganz Mecklenburg ein. Die Regierung seines Landes und die Vormundschaft über seine beiden Söhne Heinrich und Johann hatte er für die Zeit seiner Abwesenheit seiner Gemahlin Anastasia anvertraut und sie für den Fall der Not und Hilfe an seine werleschen Vettern gewiesen. Bald aber beanspruchten diese selbst die Herrschaft und gerieten darüber mit Heinrichs Brüdern, besonders dem Gadebuscher Johann, in jahrelange Kämpfe, in denen sich beide Parteien nach Bundesgenossen umsahen. Die Werler fanden solche in dem Grafen und auch dem Bischof von Schwerin, die Brüder, die, von ihren Feinden aus Gadebusch und Grevesmühlen vertrieben, nach Wismar flüchten mußten, erhielten Beistand von den Fürsten und Herren von Holstein, Rostock, Rügen und Pommern, die auch selbst nach Wismar kamen, aber erfolglos für einen Vergleich der kämpfenden Parteien wirkten; vielmehr verwüsteten die Werler das Land und belagerten Wismar. Erst im Jahre 1278 gelang es Johann, sie zwischen Wismar und Gadebusch zu schlagen. Als er dann aber, im Vertrauen auf seine Macht, einige Jahre später seinen indes herangewachsenen Neffen, den Söhnen des Pilgers, die Herrschaft streitig machen wollte, kam es zu neuen Kämpfen, in denen er samt all seinen Bundesgenossen, den Markgrafen von Brandenburg, den Herzögen von Lauenburg und Lüneburg, den Grafen von Holstein und Schwerin und anderen Herren, von seinen jungen Neffen, die besonders durch die Städte Wismar und Rostock, auch wohl Lübeck, Unterstützung erhielten, im Mai 1283 bei Gadebusch entscheidend geschlagen wurde. Der ältere der beiden Neffen, Heinrich, übernahm jetzt die Regentschäft für den abwesenden Vater. Noch in demselben Jahr war er an dem großen Landfriedensbund der Städte und Fürsten gegen die Markgrafen von Brandenburg beteiligt 1). Dann riefen ihn neue Unruhen ins Land seiner Vettern nach Werle und Rostock.

In Werle-Güstrow, wo es nach dem Tode des ersten Herrschers Nikolaus I. 1277 zwischen seinen beiden Söhnen Heinrich und Johann zur Landesteilung in Güstrow und Parchim kam, wurde Heinrich 1291 von seinen eigenen Söhnen, die bei einer Wiederverheiratung ihres Vaters für ihr Erbe fürchteten, auf einer Jagd bei Damgarten (östlich von Ribnitz) hinterrücks überfallen und erschlagen. Darüber erzürnt erschien ihr Güstrower Vetter Nikolaus II., Johanns Sohn, verjagte sie aus ihrem Lande und besetzte Parchim, das ihm als dem Rächer einer so verabscheuungswürdigen Tat freudig die Tore öffnete. Die Brüder aber riefen nun Heinrich von Mecklenburg zu Hilfe, der sich nicht scheute, auch die Markgrafen von Brandenburg, von denen jüngst dem gesamten Mecklenburg noch eine so große Gefahr gedroht hatte, und andere Fürsten für die Vatermörder zu gewinnen. Doch behauptete sich Nikolaus gegen sie alle, schlug sie in mehreren Treffen bei Parchim (1293) und Schwaan (1294) und wurde im Frieden als Herr des ganzen Werler Landes anerkannt.

Kaum jedoch war hier die Ruhe hergestellt, da entbrannten in der dritten der Teilherrschaften, in Rostock, neue Wirren und Kämpfe.

---

1) Vgl. S. 138.

Nach Waldemars, des zweiten Fürsten, Tod war im Jahre 1282 dessen noch minderjähriger Sohn Nikolaus das Kind auf den Thron gekommen. Für ihn führten 16 Jahre lang seine werleschen und mecklenburgischen Vettern die vormundschaftliche Regierung. Als er dann im Jahre 1298 selbst die Regierung antrat, kam er, ein unbesonnener und wankelmütiger Mann und von seinem selbstsüchtigen Vertrauten und Minister Johann von Moltke schlecht beraten, sogleich mit seinen Vettern in Streit. Bereits doppelt verlobt – mit einer Tochter des brandenburgischen Markgrafen Albrecht und einer Schwägerin Johanns I. von Werke – verheiratete er sich nachher plötzlich mit der Tochter des Herzogs Bogislaw IV. von Pommern-Wolgast und beschwor so den Zorn der Brandenburger Markgrafen Otto IV. mit dem Pfeil und Hermann, des Herzogs Otto von Pommern-Stettin und seiner Vettern von Mecklenburg und Werte herauf. Sie zogen 1298 gegen ihn zu Felde, und zwischen Gnoien und Sülze mußte Nikolaus gegen viele tausend Mark von ihnen den Frieden erkaufen. Aber von den rachsüchtigen Moltkes, deren Einfluß durch den Frieden gebrochen war, veranlaßt, rief er im Jahre 1300 den König Erich von Dänemark herbei und bot ihm sein Land als Lehen an. Erich erschien sogleich mit einer Flotte vor Warnemünde, wollte aber Rostock nicht als Lehen, sondern zu Eigentum erwerben und brachte Nikolaus in große Bedrängnis. Obgleich letzterem nun sogar seine bisherigen Feinde, die mecklenburgischen und werleschen Vettern, die Herren von Pommern, Brandenburg und Sachsen, zu Hilfe eilten, um Rostock vor der dänischen Herrschaft zu retten, blieb König Erich doch Sieger, und im Frieden zu Rostock 1301 mußte an ihn der größte Teil der Rostocker Herrschaft (die Lande Rostock, Kalen und Gnoien) samt der Festung und Stadt Schwaan abgetreten werden.

In demselben Maße, wie alle die genannten Fehden die Fürstengewalt schwächten, stärkten sie die Macht der Ritter und Vasallen. Nur eine straffe Fürstenhand hätte sie in Schach halten können. Was aber waren die mecklenburgischen Fürsten infolge der Teilungen ihrer an sich schon winzigen Territorien schließlich noch anders als Großgrundbesitzer im Sinne ebenso mächtiger Vasallen und Ritter? Wurde doch die kleine Grafschaft Schwerin bald nach dem Tode Gunzelins gegen Ende des 13. Jahrhunderts noch in die drei Linien Schwerin, Boizenburg und Wittenburg zerstückelt! Das alte Lehnsverhältnis der

Vasallen zu den Fürsten lockerte sich mehr und mehr. Den Fürsten gegenüber erpreßten sie in deren Not durch Hilfeleistung gegen Feinde und durch Bezahlung fürstlicher Schulden viele Gerechtsame und Privilegien, besonders Steuerfreiheit und Gerichtsbarkeit für ihre Güter. Von ihren Burgen aber begannen sie in weitem Umkreis den Bauer auf dem Lande und den vorüberziehenden Kaufmann auszuplündern. Zu Dutzenden erhoben sich ihre Burgen ringsum im Lande, besonders in der Gegend des Ratzeburger und des Schalsees bis hinein ins Lauenburgische. Hier lagen die Raubschlösser oft nur einige Kilometer voneinander. Man denke nur an die Burgen von Wehningen, Walerow, Klocksdorf, Karlow, Mustin, Dutzow, Schlagsdorf, Linow, Nannendorf u. a., die alle innerhalb eines Gebietes von nur wenigen Quadratmeilen erbaut waren. Unter den Raubrittern selbst waren neben den Scharffenbergs, Karlows, Zülens u. a. die am meisten gefürchteten die Riebens mit ihren Burgen Hitzacker und Gläsin. Selbst geistlichen Besitz ließen sie nicht unangetastet. So plünderten und verbrannten sie im Mai 1292 das Kloster Rühn.

Zwar gingen die Fürsten mehrfach gegen ein solches Raubwesen vor und hoben eine Anzahl Raubnester auf, wie z. B. 1291 die eben genannte ganze Reihe im westlichen Mecklenburg und in Lauenburg, aber die Inhaber selbst ließen sie gewöhnlich Urfehde schwören und dann frei ausgehen. Diese hatten nichts Besseres zu tun, als sogleich ihre Burgen wieder aufzubauen und von neuem zu räubern. Nicht selten auch nahmen die Fürsten die Ritter in direkten Schutz. Sie hatten sie eben nötig für ihre eigenen Kämpfe oder bereicherten sich sogar selbst durch ihre Raubzüge. So wird von dem Grafen Johann von Holstein, der vorübergehend im Besitz der Raubburg Dassow war, erzählt, daß er seinen eigenen Burghauptmann hinrichten ließ, weil dieser im Rauben und Plündern zu lässig sei. Nikolaus von Werle hatte im Kampf gegen seine Neffen, die Mörder ihres Vaters, seines Bruders, im Jahre 1292 den Sieg über seine Feinde bei Parchim (S. 132) hauptsächlich dem Ritter Hermann Riebe zu danken, einem wegen seiner Stärke von vielen Fürsten begehrten Manne, der von seinen zahlreichen Burgen aus mit seinen Helfershelfern das Land brandschatzte. Mehrmals, als eine Anzahl Fürsten vor seine Burgen zog, so besonders 1296 gegen Hitzacker, waren die Belagerer uneinig; man ließ ihm samt seinen Genossen freien Abzug gegen Schleifung der

Burg. Zwei Jahre später, als die mecklenburgischen Fürsten und sächsischen Herzöge im Bunde mit Lübeck Riebes Burg Gläsin belagerten, entwischte er ihnen des Nachts mitten durch ihre Reihen; die Burg selbst wurde allerdings zerstört. –

Unterdes befand sich Heinrich der Pilger in Kairo in Gefangenschaft. Seine Begleiter starben nacheinander dahin bis auf einen, den treuen Knappen Martin Bleyer, der ihm verblieb und, um seinem Herrn und sich das traurige Los zu erleichtern, mit den Jahren die Seidenweberei und andere verdienstliche Beschäftigungen erlernte. In Mecklenburg hatte man anfangs, als man von dem Unglück des Fürsten erfuhr, noch auf baldige Befreiung gehofft. Aber Jahr um Jahr verging. Schließlich hörte man überhaupt nichts mehr von seinem Verbleib, und bald galt er als verschollen. So fanden die oben gezeichneten Wirren im Lande immer neue Nahrung. Erst 1287 kam sichere Kunde, daß der Pilger noch lebe. Mehrere Versuche, durch Vermittlung des deutschen Ritterordens den Fürsten loszukaufen, waren erfolglos. So schrieb z. B. im August 1289 der Hochmeister des Ordens aus Akkon nach Lübeck, daß der Rat der Stadt die 2000 Mark Silbers an die mecklenburgischen Fürsten zurückzahlen möge, „da leider keine Hoffnung vorhanden sei, daß zu diesen Zeiten Herr Heinrich von Mecklenburg von den Banden der Sarazenen ausgelöst werden könne, bis Gott einen andern Weg und Weise seiner Auslösung nach seiner Barmherzigkeit in Gnaden eröffnen möchte." Mehrmals traten Männer als Pilger verkleidet auf und gaben sich für den Fürsten aus mit der Erklärung, daß er nun endlich freigelassen sei, doch wurden sie als Betrüger entlarvt, einer bei der Börzower Mühle in der Stepenitz ertränkt, ein anderer in Sternberg verbrannt. Als dann 1291 auch Akkon den Christen von den Sarazenen entrissen wurde, da war jegliche Verbindung zwischen dem Gefangenen und der Heimat abgeschnitten.

Endlich im Jahre 1297, als ein neuer Sultan mit Namen Mansur-Ladjin den Thron bestieg, schenkte dieser aus Freude über seine Genesung von einer Krankheit Heinrich und seinem Knappen die Freiheit, und beide konnten nach 26jähriger Gefangenschaft die Reise in die Heimat antreten. Nach einem kurzen Aufenthalt bei der Fürstin Isabella von Achaja kamen sie Pfingsten 1298 in Rom an, und Heinrich überbrachte dem Papst Bonifatius VIII. einen Auftrag des Sultans. Ganz unerwartet traf er in dieser Stadt den Lübecker Stadtschreiber, und zum ersten Male erfuhr Heinrich nun Sicheres über die Zustände in seiner Heimat. Dann gings über die Alpen nach Deutschland und Mecklenburg. Von Magdeburg aus, wo ihn der Rat der Stadt freundlich aufnahm, sandte er Boten mit Nachricht über seine Heimkehr an seinen Sohn voraus, der schon seit Jahresfrist mit einem Heer vor der Burg Gläsin bei Dömitz gegen den Raubritter Hermann Riebe lagerte. In Mecklenburg hatte man die letzten Jahre nichts mehr von Heinrich vernommen, man hielt ihn bereits für tot, und selbst der junge Heinrich, der zwar noch immer das Siegel seines Vaters führte, hatte ihn doch vor kurzem selbst als verstorben bezeichnet 1). Er eilte nun schnell von Gläsin nach Wismar zu seiner Mutter und brachte ihr die Kunde. Da er selbst sich des Vaters nicht mehr recht erinnerte und auch schon mehrmals ähnliche Botschaften eingetroffen waren, so nahm er die beiden alten Räte Örtzen und Strahlendorf mit sich. Sie zogen dem Pilger entgegen, erkannten aber den äußerlich fast zum Skelett abgemagerten Herrn beim ersten Zusammentreffen nicht wieder. Bald jedoch konnten sie aus bestimmten Fragen und Antworten sich von der Wahrheit überzeugen und führten ihn seinem Sohn im Lager von Gläsin zu. Nachdem die Burg erobert und geschleift war, zogen Vater und Sohn ab. Anastasia kam ihnen von Wismar aus entgegen, und in der Gegend von Hohen-Viecheln am Nordende des Schweriner Sees trafen sich die beiden Ehegatten. Dann hielt Heinrich wieder in Wismar seinen Einzug, freudig begrüßt von der ganzen Bürgerschaft, die trotz mancher Gegensätze zwischen Fürst und Stadt dennoch allgemein Mitleid empfand mit dem tragischen Geschick ihres Fürsten und seiner hartgeprüften Gattin. Fand doch der Heimkehrende von seiner Familie, wie er sie einst verlassen, außer seiner Gemahlin nur noch seinen Bruder Johann von Gadebusch und seinen ältesten Sohn Heinrich am Leben. Seine beiden anderen Brüder Hermann, Domscholastikus in Schwerin, und Nikolaus, Dompropst von Schwerin und Lübeck, ebenso seine einzige Schwester Elisabeth, Gemahlin des Grafen Gerhard von Holstein, waren samt letzterem bereits gestorben. Sein Sohn Johann war bald nach seiner Vermählung mit einer rügenschen Prinzessin auf einer Lustfahrt nach Poel

1) Urkunde vom 20. Januar 1298.

durch Kentern des Bootes in der Ostsee ertrunken, seine Tochter von ihrem eignen Gemahl, einem Herzog von Polen, schrecklich ermordet worden. Heinrichs Bruder Johann von Gadebusch starb schon ein Jahr nach der Rückkehr. Um dieselbe Zeit, während Heinrich der Stadt Lübeck, die sich einst so sehr um seine Loskaufung bemüht hatte, einen Besuch abstattete und dort ebenfalls freudig empfangen wurde, starb auch sein treuer Begleiter aus der schweren Zeit der Gefangenschaft, Martin Bleyer. So war es im ganzen trübe und einsam um den alten Fürsten geworden. Der junge Heinrich führte auch jetzt statt seines an Leib und Seele gebrochenen Vaters die Regierung weiter, bis auch dieser am 2. Januar 1302 aus dem Leben schied. In der Kirche der Franziskaner zu Wismar, die in seiner Abwesenheit unter Beihilfe seitens seiner Gemahlin Anastasia neu gebaut worden war, fand er seine letzte Ruhestätte. Erst fünfzehn Jahre später starb seine Gemahlin und wurde ebendaselbst beigesetzt 1). –

Auf einem Gebiete jedoch machte sich gerade in diesen Jahrzehnten innerer Wirren ein bedeutender Fortschritt bemerkbar. Er betraf die Städte, vornehmlich die beiden Seestädte Rostock und Wismar. Von ihrer Entwicklung bis über die Mitte des 13. Jahrhunderts ist bereits oben (S. 94) gesprochen worden. Durch das Sinken der Fürstenmacht im Reiche wie in den einzelnen Ländern und auch in Mecklenburg verloren sie, die urspünglich unter dem Schutz der Fürsten standen und von ihnen zur Förderung wirtschaftlichen Lebens mit vielen Privilegien beschenkt worden waren, ihre einzige Stütze. Die dem deutschen Norden fremde südländisch-italienische Politik der deutschen Könige, vornehmlich eines Friedrich II., die Rivalität der Fürsten untereinander und gegenüber aufstrebender städtischer Machtentfaltung, das Raubwesen widerspenstiger Ritter und Vasallen und besonders die steigende Unsicherheit im Lande vor allerhand losem Gesindel in und nach dem Interregnum verwies die Städte, wenn sie überhaupt die Hüter eines gesunden, sicheren Kulturaufschwunges bleiben wollten, auf Selbsthilfe durch Vermehrung und Stärkung der eigenen Macht

---

1) An Stelle des Franziskanerklosters, wo in den Jahren 1289–1359 neun Mitglieder des mecklenburgischen Fürstenhauses beigesetzt wurden, steht heute der Neubau der Großen Stadtschule. Die Kirche wurde 1816 abgebrochen.

innerhalb ihrer Mauern und Wälle sowie durch gruppenweisen Zusammenschluß zum Zweck gegenseitigen und gemeinsamen Schutzes. Auch hierbei standen in Mecklenburg wieder die beiden Seestädte an erster Stelle.

Nach dem Vorbild anderer Städte, besonders Lübecks und Hamburgs, schlossen schon im Jahre 1259 Wismar und Rostock einen Vertrag mit Lübeck zur Bekämpfung von See- und Straßenraub. Häufig kamen ihre Boten, mehrere Ratsherrn der drei Städte, zusammen, besonders in Lübeck im Rats-, dem späteren Hansesaal, um über Kriegszüge und Beihilfe gegen feindliche Herren und Fürsten zu beraten. An diese drei Städte, unter denen Lübeck eine Art führende Stellung gewann, schlössen sich bald andere an, und schon im Jahre 1283 sehen wir, wie sich wieder Lübeck mit Wismar, Rostock, Stralsund, Greifswald, Stettin u. a. Städten sowie, mit den holsteinischen, mecklenburgischen, pommerschen u. a. Fürsten zu einem großen Bündnis in Rostock gegen gleichzeitig von Norden und Süden, d. h. Norwegen und Brandenburg her drohende Gefahren und Benachteiligungen vereinigte. Die Brandenburger Markgtafen strebten schon seit Albrechts des Bären Zeit nach der Herrschaft über die Ostsee, und gegen die nordischen Reiche galt es alte Handelsprivilegien zu wahren und neue zu gewinnen.

Welche Stärke in einer solchen Vereinigung lag, bezeugt besonders der Umstand, daß ein Jahr später auch König Erich von Dänemark dem Bunde beitrat und daß der gleichnamige König von Norwegen, der sich gegen die Städte auflehnte und ihre Macht niederzuzwingen suchte, von ihnen 1285 nach Abbruch des Verkehrs durch ein Ein- und Ausfuhrverbot städtischer Waren, d. h. durch Verhängung einer Handelssperre, und nach Plünderung der norwegischen Küsten besonders durch Wismarsche Schiffe zum Frieden und zur Geldbuße gezwungen wurde. Ähnlich wurde Bremen, das in diesen Wirren dem norwegischen Lande Zufuhr brächte, dadurch bestraft, daß die Ostseestädte beschlossen, alle Bremer aus ihren Mauern zu weisen; bis in die Mitte des 14. Jahrhunderts war Bremen daher ziemlich vereinsamt.

Wenn auch der Zusammenschluß der genannten Städte noch nicht das Ergebnis eines festgefügten Bündnisses war – ein solches hat es wohl überhaupt nie gegeben – so liegt gerade hier doch der Anfang der deutschen Hanse, die recht eigentlich auf einst wendischem Boden entsprungen ist. Zwar hatten die deutschen Städte westlich der Elbe schon seit langem einen ergiebigen Handel mit dem Ausland, vornehmlich England, getrieben. Auch nach Dänemark, Schweden und Norwegen reichte schon über Schleswig und Oldenburg in Wagrien vor der Germanisierung der ostelbischen Länder ihre Macht. Die älteste Gilde deutscher und zwar kölnischer Kaufleute im Auslande, die auf dem Stahl-, d. h. Stapelhof zu London, bestand schon bald nach dem Jahre 1000. Auch Brügge, Bergen, Nowgorod, besonders aber Wisby auf Gotland wurden Hauptstapelplätze westdeutscher Kaufleute. Die Vereinigung zu einem großen Handelsbund der Hanse, die sich später über ganz Nordeuropa erstreckte und dabei in den norddeutschen Städten die alles verbindende Grundlage fand, war jedoch erst nach der deutschen Besiedlung der ostelbischen Länder und der Verbindung des Nord- und Ostseekreises zu einem mehr einheitlichen Handelsgebiet möglich. Der Grund dazu aber ist durch die Städte des Westbaltischen Seebeckens und unter ihnen besonders durch Lübeck, Wismar, Rostock und Stralsund gelegt worden, von denen ersteres schon gegen Ende des 13. Jahrhunderts zum Vorort der ganzen deutschen Hanse wurde und zugleich Wisby in seiner bisher überragenden Stellung im Norden und Osten ablöste. Schon im Jahre 1293 beschlossen die in Rostock versammelten Städte Sachsens und Slawiens, daß zwar das auf dem Petershof in Nowgorod gültige Recht auch weiterhin von Bestand sein sollte, aber Berufungen und Klagen nur bei Lübeck angebracht werden könnten.

* * *

Wohl keine Periode in der mecklenburgischen wie in der deutschen Geschichte überhaupt hat so tiefgreifende, bis auf unsere Tage und weiterhin nachwirkende Wandlungen für Land und Volk geschaffen wie die Germanisierung und Christianisierung Ostelbiens. Mecklenburg hatte gleich anderen Ländern eine neue Grundlage des Daseins gewonnen. Das slawische Volkstum, das sich über ein halbes Jahrtausend als Beherrscherin des Landes gefühlt hatte, war entmündigt. Was noch von ihm übrig geblieben war, bestand in unmaßgeblichen Einsprengungen innerhalb einer ganz anders gearteten Nation, die auch die letzten Reste wendischen Daseins in sich aufzusaugen und ohne Gefahr eigener Entfremdung mit sich zu verschmelzen die Kraft hatte. Vollzogen hat sich die ganze Wandlung nach einem unumstößlichen Naturgesetz auf Grund der kulturell-geistigen Überlegenheit der deutschen Ankömmlinge, die dem wirtschaftlich weit geringeren Slawentum seine Daseinsberechtigung in der bisherigen Form absprachen und die Wenden so gleichsam vor die Entscheidung stellten, sich entweder durch Selbstförderung der deutschen Kulturhöhe anzupassen oder dessen Vertretern, den Deutschen selbst, Platz zu machen. Die Kräfte, die den Untergang der Slawen bewirkten, waren schließlich dreifacher Art: die Umwandlung des wendischen kommunistischen in den deutschen individualistischen Wirtschaftsbetrieb, die Verbreitung und Befestigung des Christentums und die Begründung städtischer Gemeinwesen. Allen drei Kulturmächten war die jedes höheren Schwunges bare wendische Lebensführung auf die Dauer nicht gewachsen.

Was sich als Überreste und Erinnerung an die Wendenzeit in unserm Lande erhalten hat, sind zunächst die Namen der meisten Städte und vieler Dörfer, bei letzteren außerdem häufig auch noch die alte, wenngleich nur im Kern erkennbare slawische Rundlingsform. Auch Burgwallreste sind, wie z. B. beim Dorf Mecklenburg, anzutreffen; und in der Ludwigslust-Dömitzer Gegend, vornehmlich dem Gebiet der Jabler Heide, finden sich in der Bevölkerung noch leise Anklänge an wendische Sitte und Sprache, wenn auch keineswegs in so lebendiger Form, wie es im Spreewald der Fall ist. Nur stumme Zeugen künden bei uns zu Lande noch von jenen Tagen, da Mecklenburg über ein halbes Jahrtausend in der Hand eines deutschfremden Volkes war, das geistig und kulturell den Germanen zwar weit unterlegen, an fanatischem Wollen und zügelloser Kraft sie jedoch übertreffend, dennoch in seinem Untergang einer gewissen Tragik nicht entbehrt.

Vierter Abschnitt

Die Bildung des mecklenburgischen Territorialstaates im späteren Mittelalter (14. und 15. Jahrhundert)

Das grundlegende Moment für die Geschichte Mecklenburgs im späteren Mittelalter bildet die Vereinigung der vier weltlichen Teilreiche (der Fürstentümer Mecklenburg-Wismar, Werle-Güstrow oder Wenden, Rostock und der Grafschaft Schwerin) samt dem Lande Stargard und den Dannenbergischen Besitzungen zu einer Staatseinheit. Mehr als anderthalb Jahrhundert hat es gedauert, bis diese sich stufenweise vollziehende Entwicklung abgeschlossen war. Spätere Landesteilungen, selbst die Abtrennung von Mecklenburg-Strelitz im Jahre 1701, haben die alte Zerrissenheit nicht wieder erneuert, sondern es ist stets eine gewisse, auf mancherlei Gemeinsamkeiten und Gleichheiten, auf Fürsten-, bezw. Volksverwandtschaft beruhende innere Verbindung zwischen den einzelnen Landesteilen bestehen geblieben. Die beiden geistlichen Territorien, die Bistümer Schwerin und Ratzeburg, bildeten selbständige reichsunmittelbare Kanonikate bis zum Ende des Dreißigjährigen Krieges. Dann wurde ihr Besitzstand mit dem Staatsgebiet Mecklenburgs verschmolzen.

Die treibende Kraft für die Vereinigung der Teilreiche lag bei der Herrschaft Mecklenburg und richtete sich zuerst auf das Land Stargard. Doch eröffneten sich ihr fast gleichzeitig auch günstige Aussichten auf den Erwerb der Herrschaft Rostock.

Im Jahre 1292 hatte Heinrichs des Pilgers gleichnamiger Sohn, der für seinen in ägyptischer Gefangenschaft weilenden Vater die Regentschaft führte (S. 135), sich mit Beatrix, der Tochter des Brandenburger Markgrafen Albrecht III. aus der jüngeren Salzwedelschen Linie vermählt. Durch Kaufvertrag, wobei wahrscheinlich die Mitgift seiner Gemahlin auf die Kaufsumme angerechnet wurde, erwarb Heinrich 1299 von seinem Schwiegervater das Land Stargard ohne Wesenberg und Lychen. Der vorzeitige Tod von Albrechts beiden Söhnen und der deswegen bei seinem eignen Ableben in Aussicht stehende Übergang seiner Länder an die ältere Stendalsche Linie der Markgrafen, der dabei hausgesetzlich bestimmte Ausschluß der Töchter von jeglichem Erbe an Grund und Boden sowie die Rückkehr Heinrichs des Pilgers, die der fast im Sinne einer Eigenherrschaft gehandhabten Regentschaft Heinrichs II. ein vorläufiges Ende bereitete, mochte den Markgrafen zur Überlassung des Landes Stargard an seinen Schwiegersohn mitbestimmt haben. Als nun Albrecht im Jahre 1300 starb, kam es nach anfänglicher Bestätigung des Kaufes seitens des neuen Markgrafen Hermann bald zu einem Streit wegen der noch rückständigen Kaufsumme von mehr als 3000 Mark Silbers. Nach langen Verhandlungen einigte man sich im Januar 1304 im Vertrag von Wittmannsdorf bei Templin dahin, daß Heinrich, der indes nach dem Tode seines Vaters 1302 die Regierung in Mecklenburg-Wismar übernommen hatte, gegen Begleichung der noch ausstehenden 3000 und eine Zuzahlung von 2000 Mark für sich und seine Erben – gedacht war dabei sicherlich wohl nur an die aus der Ehe mit Beatrix – im Besitz des Stargarder Landes bleiben sollte. Etwa 3000 qkm Landes gingen damit in Heinrichs Hand über, ein im Verhältnis zu seinem bisherigen Besitz beträchtlicher Zuwachs, aber zugleich auch eine Quelle neuer Geldsorgen und unaufhörlicher Fehden mit den Nachbarn, nicht zuletzt gerade mit Brandenburg.

Zunächst zwar bestanden zwischen Heinrich und den Markgrafen jahrelang freundschaftliche Beziehungen. Unverkennbar aber war die Schwierigkeit, die das neuerworbene Land für Heinrich in seiner geographischen Beziehung zur Herrschaft Mecklenburg bot. Würde er es bei seiner isolierten Lage gegen feindliche Bedrohungen schützen können? Um sich wenigstens im Lande selbst Sicherung zu schaffen, suchte er jeden Anstoß mit den dortigen Vasallen und Städten, die bereits als eine Art Gesamtvertretung von Land und Volk erscheinen, zu vermeiden. Im September 1304 bestätigte er ihnen, wie aus einer offenbar hierauf bezüglichen Urkunde an die Stadt Friedland ersichtlich ist, auf einem Landtag zu Stargard alle ihre von den Markgrafen verliehenen Freiheiten und Gerechtsame und gab ihnen sogar die Vollmacht, sich einen von den Brandenburger Markgrafen oder auch einen andern Herrn zu wählen, der sie in ihren Rechten gegen etwaige Übergriffe seinerseits oder seitens des Vogts verteidige. Die Städte sollten sich mit Mauern, Toren, Türmen, Gräben und anderen Wehren und Verteidigungswerken umgeben können.

Bevor es aber um den endgültigen Besitz des Landes zu neuen Streitigkeiten kam, wurde Heinrich auf ein ander Feld gerufen. Das große Bündnis zwischen Fürsten und Städten vom Jahre 1283 war nur durch die augenblicklich drohende doppelte Gefahr von Norden und Süden, von Norwegen und Brandenburg her, zustande gekommen. Innere dauernde Gemeinschaftsinteressen waren nicht vorhanden gewesen. Die Allgewalt der Fürsten fand in der aufstrebenden Macht der Städte, die sich unter immer stärkerer wirtschaftlicher Entfaltung die Beherrschung der Ostsee in kommerzieller Hinsicht zum Ziel setzten, eine sehr bedrohliche Konkurrenz. Die Lockerung der fürstlich-städtischen Verbindung war notwendig. Unverkennbar und infolge des genannten Gegensatzes ganz natürlich war das sich anbahnende Bestreben der Städte nach möglichst selbständigen Handelsrepubliken, losgelöst von jeder fürstlichen Beeinflussung und Bevormundung. Vom Reich ohne Schutz gelassen und von den Für-sten wenig verstanden oder gar scheel betrachtet, suchten sich die Städte durch Verbindung untereinander auf eigene Wehr zu stellen, die gelegentlich zu einem direkten Trotz gegen die fürstlichen Oberherrn umbog. So hatte z. B. der junge Heinrich es erleben müssen, daß die Stadt Wismar ihm im Jahre 1292 seine Hochzeitsfeier mit Beatrix in ihren Mauern verweigerte. Und wie Wismar, so entwickelte sich auch Rostock im Bunde mit den anderen hansischen Schwe-stern, vornehmlich Lübeck und Stralsund, immer mehr zu einem Bollwerk wirtschaftlicher Kraft und Stärke.

Der Bund von 1283 war somit durch sich selbst gesprengt. Dem Bund der Städte trat die Vereinigung der Fürsten gegenüber, deren Haupt König Erich von Dänemark wurde. Die förmliche Abtretung der deutschen Reichslande nördlich der unteren Elbe und an der Ostsee durch Kaiser Friedrich II. an König Waldemar von Dänemark 1214 als Preis für ein Bündnis war durch die Schlacht bei Bornhöved 1227 hinfällig geworden. Sie wieder zu erneuern, war ein Hauptziel in Erichs sonst unglücklicher Dänenpolitik. In den mecklenburgischen und pommerschen Fürsten fand er Bundesgenossen. Nach der Eroberung Rostocks (S. 132) schlossen sie im August 1302 mit ihm vor den

Toren der Stadt ein Bündnis, da sie in ihm die beste Stütze im Kampf gegen das weitere Anwachsen seestädtischer Macht sahen. Zwei Jahre darauf erneuerte der deutsche König Albrecht die Urkunde Friedrichs II. und bestätigte Erich den Besitz aller Länder nördlich der Elbe und Elde außer der freien Stadt Lübeck. Aber auch diese mußte sich, von den Holsteiner Grafen hart bedrängt und in ihrer Handelsfreiheit bedroht, 1307 in Erichs Schutz begeben.

Der Sieg der Fürsten unter Erichs Führung schien sicher. Da erhoben die vier andern Städte des alten Wendenbundes, Wismar, Rostock, Stralsund und Greifswald, Einspruch. Ein offen gegen die Fürsten gerichteter Bund im Dezember 1308, wonach im Falle eines Krieges Wismar 70, Stralsund 50 und die beiden andern Städte je 38 Streitrosse stellen sollten, war die Antwort auf das Vorgehen der Fürsten gegen Lübeck, das sich 1310 ebenfalls dem Bunde anschloß. Die Verhältnisse drängten zum Kampf. Wismar und Rostock erteilten ihren Fürsten eine offene Absage. Ersteres verschloß 1310 Heinrich für die Hochzeit seiner Tochter Mechthild mit dem Herzog Otto von Lüneburg die Tore mit der sehr fadenscheinigen Begründung, daß die bei solchen Gelegenheiten zusammenströmende Menschenmenge die Ordnung und Sicherheit der Stadt gefährde. Grollenden Herzens zog der Fürst ab und feierte die Hochzeit in Sternberg. Ähnlich verhielt sich Rostock ein Jahr darauf gegen König Erich, der dort mit zahlreichem Gefolge einen Hoftag halten wollte. Mit einem eigenen großen Lager vor der Stadt am Ufer der Warnow mußte er sich für die überaus glänzend gestaltete Versammlung begnügen. Beide Fürsten beschlossen auf ihr den Kampf gegen die Seestädte.

Zum ersten Mal standen Fürsten und Städte auf mecklenburgischem Boden gegeneinander in Waffen. Schon Mitte Juli 1311 erschien Heinrich vor Wismar. Aber die Stadt wehrte sich. Von Lübeck und Rostock kam trotz Erichs Verbot Hilfe zur See. Dänische Schiffe, die den Hafen sperren wollten, wurden verscheucht. Gleichzeitig verjagte die Stadt Rostock ihren dänischen Vogt und nahm ihren alten Herrn, den Fürsten Nikolaus (S. 132), wieder auf. Ihre Schiffe suchten die Insel Schonen heim und verwüsteten dänisches Küstenland. König Erich, noch in seinem Lande zurückgehalten, übertrug Heinrich auch den Kampf gegen Rostock und ernannte ihn zu seinem dortigen Statthalter und

Landeshauptmann. Durch zwei Türme zu beiden Seiten der Warnowmündung suchte Heinrich den Rostockern die Ausfahrt in die See zu sperren, doch umsonst; sie brannten den einen Turm nieder und zwangen die Besatzung des andern zur Übergabe. Fast ganz Warnemünde wurde ein Opfer der Verwüstung. Kein Mittel scheuten die Rostocker, um sich aus der Umklammerung zu retten. Mit den Steinen ihres abgetragenen Petrikirchturms und denen der zerstörten Warnemünder Kirche bauten sie einen festen Wachturm und gewannen so die freie Ausfahrt wieder.

Da erlag Ende des Jahres Wismar trotz Rostocker und Lübecker Hilfe den Belagerern. Am 15. Dezember wurde durch Vermittlung Waldemars von Schleswig und Nikolaus' von Werle der Friede mit Heinrich abgeschlossen. Die Stadt verlor zwar manche Rechte, die sie im Lauf der Zeit erworben hatte, mußte einen fürstlichen Vogt aufnehmen, der auch an der Rechtsprechung teilhaben sollte, und im Innern der Stadt wurde eine fürstliche Feste erbaut mit einem Zugang durch die Mauer zur fürstlichen Hauptburg, die außerhalb der Mauern lag. Im übrigen aber behandelte Heinrich die Stadt sehr maßvoll, da auch er aus dem Aufblühen und der Größe dieser Handelsstadt und seiner Residenz nur Nutzen und Gewinn für sich und sein Land ziehen konnte. Wußte er doch auch nicht, wie sich seine Beziehungen zu Dänemark und die augenblickliche Freundschaft mit König Erich in Zukunft gestalten mochten. Nie durfte er Wismar als Stützpunkt seiner eigenen Macht aus der Hand geben oder leichtsinnig die Gunst der Stadt verscherzen, am allerwenigsten einem fremden Fürsten zuliebe.

Schwieriger gestalteten sich die Verhältnisse vor Rostock. Erst durch König Erichs Ankunft im Juni 1312 wurde nach Aushungerung der Besatzung des Rostocker Wachturms der Kampf vor die Tore der Stadt getragen und diese von der Außenwelt abgeschlossen. Dennoch hielt sich sich die Stadt. Da aber traten innere Unstimmigkeiten ein. Abgeschnitten von jeglichem Handelsverkehr zur See rieten Rat und Kaufmannschaft zum Frieden, während die Zünfte mit Heinrich Runge als Führer den Kampf fortsetzen wollten und jene des Verrats beschuldigten. Die sich steigernde Not und der Hunger riefen Aufruhr im Volke hervor, Räuber und Diebe benutzten die Gelegenheit zum

Stehlen und Plündern. Heinrich Runge und feine Parteigänger im Bunde mit dem Pöbel erschlugen im Straßenkampf eine Anzahl Ratsmitglieder; nur wenige konnten sich durch Flucht retten. Der alte Rat wurde für abgesetzt erklärt, und Nikolaus mußte auf Befehl und nach Wunsch der Altermänner der einzelnen Zünfte neue Ratsherrn einsetzen. Aber auch diese erkannten bald die Nutzlosigkeit des weiteren Kampfes. Anfangs Dezember unterwarfen sie sich in Pölchow und erhielten durch Heinrichs Vermittlung für die in damaliger Zeit ganz riesenhafte Summe von 14 000 Mark Silbers von König Erich Frieden. Die Unruhen im Innern der Stadt waren dadurch allerdings noch nicht beseitigt. Das geschah erst über ein Jahr später, im Januar 1314, als Heinrich mit den vertriebenen Ratsherren in Verbindung trat, diese ihm durch ihre Freunde in der Stadt ein Tor öffnen ließen und er so in einer Nacht plötzlich in der Stadt erschien. Von den Aufrührern wurden einige gerädert, andere verjagt. Heinrich Runge nebst einigen Freunden war geflüchtet. Die Altermänner wurden ihres Amtes enthoben, der alte Rat wieder eingesetzt und aus den Geschlechtern ergänzt, Siegel und Urkunde der bei diesen Wirren von den Altermännern eigenmächtig erlassenen Stadtverfassung von Heinrich vernichtet und verbrannt. Die Stadt verpflichtete sich auch, die Kirche in Warnemünde nebst anderen Häusern wieder aufzubauen.

So ging für diesmal die Fürstenmacht aus dem Kampfe mit den beiden mecklenburgischen Seestädten als Siegerin hervor, doch wenig zum Ruhm des eigenen Landes. Mochten sich die Gegensätze zwischen beiden Parteien in der Folgezeit auch immerhin etwas abschleifen: zu einem wirklichen Vertrauensverhältnis ist es noch lange nicht gekommen. Noch bis in das späteste Mittelalter hinein wirkte jene Spannung der Parteien nach, selbst bis in die neueste Zeit hinein sind leise Nachklänge, wenn auch frei von kriegerischem Geist, zu verspüren gewesen. Heinrich war damals die Hauptaufgabe im Kampf zugefallen; er hatte das Ende der Wirren herbeigeführt, aber doch nicht aus freiem nationalem Selbstgefühl handeln können, sondern – vornehmlich bei Rostock – unter dem Einfluß und Druck des Dänenkönigs gestanden. Diese Gebundenheit an einen fremden Souverän wurde noch straffer, als beim Abschluß der Kämpfe, im Januar 1314, alle mecklenburgischen und auch pommerschen Fürsten König Erich als ihren Oberherrn anerkannten. Offensichtlich strebte dieser danach, die mecklenburgische Herrschaft Rostock zu einem dänischen Kronland zu machen. Die kläglichste Rolle spielte dabei Nikolaus von Rostock selbst. Für Rentenanweisungen in Dänemark kaufte ihm und nach seinem Tode (November 1314) auch seiner Witwe und Tochter der Dänenkönig alle Ansprüche auf sein eigenes Land ab. Die dänische Herrschaft erlebte in Mecklenburg eine zweite Blütezeit. So machtvoll stand schließlich König Erich da, daß selbst Heinrich von Mecklenburg und Nikolaus von Werle das Erbe ihres Rostocker Vetters nicht zu fordern wagten, sondern sich nach seinem Tode damit begnügten, von Erich die Rostocker Nebenländer Kalen und Hart zu erhalten und unter sich zu teilen.

Da aber führten zwei fast gleichzeitige Ereignisse eine Wandlung herauf: der Tod von Heinrichs Gemahlin Beatrix und die Erhebung der Stadt Stralsund gegen ihren Landesherrn, den Fürsten Wizlaw von Rügen, im Jahre 1314. Da Beatrix ohne männliche Nachkommen starb, so war der Wittmannsdorfer Vertrag betreffs des Stargarder Landes in Zweifel gestellt. Als Heinrich sich im nächsten Jahre mit der verwitweten thüringischen Landgräfin Anna, einer Schwester Herzog Rudolfs von Sachsen, wiedervermählte, forderte Markgraf Waldemar, der den Besitz beider markgräflichen Linien in Brandenburg wieder vereinigte, das Stargarder Land zurück, dessen Herausgabe Heinrich jedoch verweigerte. Noch schob die Erhebung Stralsunds gegen Wizlaw den Beginn der Feindseligkeiten hinaus. Die Stadt hatte sich in den Schutz Waldemars gestellt, dem sich noch die Herren von Werle und die Pommernherzöge anschlossen, Wizlaw dagegen hatte bei Heinrich von Mecklenburg, Graf Heinrich von Schwerin, König Erich von Dänemark und anderen Fürsten Beistand gefunden. Waldemar und Wartislaw eroberten bereits Loitz, dann aber kam es zu Templin (Dezember 1314) und Brudersdorf (Juni 1315) zu Verhandlungen, in denen Wizlaw von Rügen Stralsunds Rechte und Freiheiten bestätigte. So hatte Waldemar freie Hand gegen Heinrich. Ende desselben Jahres noch fiel er mit einer großen Streitmacht ins Stargarder Land ein. Nach mehrwöchentlicher Belagerung erst von Woldegk, das von den Bürgern tapfer verteidigt wurde, dann von Neubrandenburg, wo Heinrich und sein Schwager Rudolf weilten, zog Waldemar unter Rauben und Brennen nach Prenzlau ab. Zwar gelang es gleichzeitig seinen verbündeten Werlern, den Grafen von Schwerin bei Mölln (unweit Neubrandenburg) zu besiegen und gefangen zu nehmen, doch wurden sie gleich darauf von Heinrich bei Luplow geschlagen, und Johann II. von Werle, der Sieger von Mölln, geriet in Gefangenschaft. Die Werler mußten nun Frieden schließen und sich zum Bündnis mit Herzog Heinrich und König Erich gegen Stralsund verstehen (März 1316). Hier hatte sich indessen ein Heer von 5000 Mann, Dänen, Schweden, Mecklenburgern u. a., gesammelt, aber die Bürger der Stadt wehrten sich so tapfer, daß König und Fürst die Belagerung aufgeben mußten. Alles hing nun von dem Kampf um das Stargarder Land ab. Hier siegte Heinrich bei Quastenberg (unweit Stargard), drang weiter südwärts vor, fiel in die Mark ein und schlug mit seiner mecklenburgisch-werleschen Streitmacht den weit stärkeren Waldemar in der Schlacht bei Gransee (August 1316). Es wird erzählt, daß vier Brandenburger gegen einen Mecklenburger standen. Heinrich selbst, von einem Axthieb auf den Helm getroffen, sank für einen Augenblick bewußtlos zu Boden und mußte von den Seinen aus dem Treffen gebracht werden. Bald aber kehrte er zurück und eilte in die erste Schlachtreihe. Markgraf Waldemar, der mitten im Handgemenge mit seinem Pferde stürzte, entging nur mit Mühe der Gefangenschaft.

Der Sieg von Gransee brachte Heinrich einen doppelten Gewinn. In dem erst nach langen Verhandlungen abgeschlossenen Frieden von Templin (25. November 1317) trat Waldemar das Land Stargard mit allen Rechten an Heinrich ab. Ein weiblicher Arm mit einem Ringe (Heiratsgut) im mecklenburgischen Wappen bezeichnet den Erwerb. Zugleich belehnte König Erich den Fürsten Heinrich zum Dank für seine stete Hilfe unterpfändlich mit der Herrschaft Rostock ohne Warnemünde und Dänschenburg, die Erich beide an den dänischen Marschall Niels Oluffson verpfändete. Als dann im Oktober 1319 König Erich starb und gleich darauf auch der genannte Marschall gestürzt wurde, verjagte Heinrich die dänische Besatzung in Warnemünde und besetzte auch Dänschenburg. Mit Christoph II., Erichs Bruder und Nachfolger, einigte sich Heinrich im Mai 1323 in einer persönlichen Zusammenkunft zu Nyköping auf Falster dahin, daß er durch Leistung des Treueides an Christoph von diesem die förmliche Aufhebung des dänischen Lehnsverhältnisses über die Herrschaft zugesichert erhielt. Die Beilegung von Fehden und Zwistigkeiten mit den werleschen Vettern im Frieden von Neubrandenburg (Juli 1323) brachten ihn auch den Besitz der an Stargard bezw. Rostock noch fehlenden Länder Wesenberg und Tessin. –

Um mehr als das Doppelte hatte Heinrich II. seine ursprüngliche Herrschaft vergrößert. Der territoriale Ausbau des heutigen Gesamtmecklenburg hat unter ihm durch den Erwerb der Lande Stargard und Rostock seinen Anfang genommen. Unruhige Zeiten aber waren es gewesen, die Mecklenburg in dem ersten Viertel des 14. Jahrhunderts erlebt hatte. Viel Kriegslärm und Waffengetöse hatte das Land erfüllt, und der Erwerb der beiden Länder war unter vielen Opfern an Gut und Blut erkauft. Glücklicherweise scheiterten Heinrichs Erbansprüche, die er 1325 auf die Herrschaft Rügen erhob, als daselbst fast gleichzeitig Fürst Wizlaw und dessen Sohn Jaromar starben, von denen letzterer mit Heinrichs Tochter Beatrix, späteren Äbtissin zu Ribnitz, verlobt gewesen war. Durch den von Herzog Barnim von Stettin vermittelten Frieden zu Brudersdorf (Juni 1328), in dem Heinrich und die Werler gegen Empfang von 31000 Kölnische Mark und einiger für sie wertloser Ländereien in Vorpommern allen Ansprüchen auf Rügen entsagten. Schlimmer in ihren Wirkungen aber war die durch all diese Wirren stetig gesteigerte Geldnot Heinrichs, die ihn den Anfang mit einem für die künftigen innerpolitschen Verhältnisse des Landes unheilvollen Mittel machen ließen. Er verpfändete viele fürstliche Besitzungen, Dörfer und Schlösser an den Adel, so z. B. die Insel Poel an mehrere Rittergeschlechter, belegte die Klöster mit hohen Steuern, schmälerte den Geistlichen, wie z. B. in Ribnitz (S. 125), ihre Einkünfte und verlieh oder verkaufte auch den Städten neue Privilegien. So tat durch sein Verschulden die wachsende Macht des Adels in einem stolzen, trotzigen Rittertum, der kühne Eigensinn städtischer Selbstüberhebung und der Gegensatz der Kirche zur Landesherrschaft der Fürstenmacht großen Abbruch. Schleuderte doch der Bischof von Ratzeburg gegen Heinrich sogar den Bannstrahl, von dem er sich erst nach Jahren (1323) durch eine Geldentschädigung und die Stiftung des Klosters Ribnitz wieder befreite. Es war unter diesen Umständen nicht zum Segen des Landes, daß nach seinem Tode (1329) für seinen erst elfjährigen Sohn Albrecht die Regentschaft dem Schweriner Grafen Heinrich III. zufiel, der selbst durch die damalige Dreiteilung der Grafschaft (S. 133) an Macht und Ansehen stark eingebüßt hatte und von gleichzeitigen Wirren im eigenen Lande in Anspruch genommen wurde. Die Vormundschaft für Heinrichs Kinder führten außerdem wieder eine Anzahl Mitglieder der Ritterschaft und des Rats der Städte Wismar und Rostock, für die diese bisher nur gewohnheitsgemäß geübte Einrichtung bald zu einer rechtlichen Forderung in ähnlichen Fällen und zur erwünschten Gelegenheit immer stärkerer Einwirkung auf die politischen Angelegenheiten des Landes wurde.

* * *

Im Jahre 1336 trat der mit 18 Jahren mündig gewordene Albrecht II. selbst, zugleich auch für seinen noch sechs Jahre jüngeren Bruder Johann, die Regierung von Mecklenburg, Rostock und Stargard an. Schon in seinen jungen Jahres von starker Willenskraft und hohen Zielen beseelt, schien er befähigt, Mecklenburg einer besseren Zeit entgegenzuführen. Durch seine in Rostock noch in demselben Jahre vollzogene Vermählung mit Euphemia, der Schwester des Königs Magnus II. von Schweden, und den gleich darauffolgenden Besuch des jungen Paares in Schweden zur feierlichen Krönung seines Schwagers knüpfte er die Beziehungen zu diesem Lande, die sich einige Jahrzehnte später unter seinem Sohne für Mecklenburg zu einer anfangs glänzend beginnenden, aber kläglich endenden Episode auswachsen sollten. Kraftvoll ergriff Albrecht die Zügel der Regierung, indem er verschiedene der von seinem Vater verpfändeten fürstlichen Besitzungen vom Adel zurückerwarb, auch eine Anzahl Raubritterburgen zerstörte und den ersten Landfriedensbund norddeutscher Fürsten und Städte 1338 in Lübeck ins Leben rief. Schwer heimgesucht wurde auch Mecklenburg, wie ganz Deutschland und die meisten Länder Europas, in der nächsten Zeit (um die Mitte des Jahrhunderts) von dem schwarzen Tod, einer pestartigen Krankheit, die stellenweise verheerend wirkte, so z. B. in Wismar allein 2000 Menschen hinwegraffte. Zwecks schneller Beseitigung der Leichen schlossen in manchen Städten die Bürger besondere Gilden, so z. B. in Parchim die noch jetzt bekannte Dreiunddreißiger-Gilde. Erfolgreich setzte Albrecht die aus Erwerb neuen Besitztums für das Haus Mecklenburg gerichtete Politik seines Vaters fort, wenngleich er eine neue Landesteilung innerhalb seiner Familie nicht verhindern konnte, und verschaffte seinem Lande durch Rangerhöhung seines fürstlichen Hauses Vorteil.

Als im Jahre 1346 die deutschen Kurfürsten Kaiser Ludwig den Bayer absetzten und Karl IV. von Böhmen aus dem Hause Luxemburg zum Gegenkaiser wählten, da griff Albrecht zusammen mit seinem indes mündig gewordenen Bruder Johann, der ein alter Waffengenosse Karls war und ihm im Heere König Philipps von Frankreich in der Schlacht bei Crécy gegen die Engländer das Leben gerettet haben soll, in den Rivalitätskampf beider Kaiser sowie in den Streit um die Mark Brandenburg zu Gunsten Karls ein. Zum Dank dafür beseitigte dieser 1347 die letzten Reste der Lehnsoberhoheit Brandenburgs über das Land Stargard und machte es zu einem direkten Reichslehen. Dann erhob er unter dem 8. Juli 1348 zu Prag die Fürsten von Mecklenburg zu unmittelbaren Reichsfürsten, insbesondere Albrecht und Johann samt ihren Nachfolgern auf dem Thron zu Herzögen von Mecklenburg und gab ihnen dieses Land von Reichs wegen zu Lehen. Als dann, unterstützt von Karl IV., der falsche Waldemar in Brandenburg auftrat, da stellten sich auch die beiden mecklenburgischen Herzöge auf seine und Karls IV. Seite gegen Markgraf Ludwig, der die Reichsinsignien seines 1347 gestorbenen Vaters, Ludwigs des Bayern, noch nicht herausgeben wollte. Albrecht eroberte Fürstenberg, das noch nicht zum Besitzstand des Stargarder Landes gehörte, schloß Ludwigs Bundesgenossen, den König Waldemar IV. von Dänemark, in Strasburg i. U. ein, schlug den zum Entsatz heranziehenden Ludwig selbst und seinen Bruder bei Odersberg (Februar 1350) und folgte dem aus Strasburg entkommenen Waldemar bis nach Berlin. In dem folgenden Frieden zu Lübeck (Mai 1350) bestätigte Markgraf Ludwig, der indes die Reichsinsignien ausgeliefert hatte und daher von Karl IV. anerkannt worden war, die Lehnsfreiheit und Reichsunmittelbarkeit des Landes Stargard und trat auch Land und Stadt Fürstenberg als zu Stargard gehörig an Albrecht und Johann ab.

Da aber drängte Johann auf eigenen Besitz durch eine Landesteilung. Zu einer für beide gleichmäßigen Teilung des Besitzstandes war Albrecht jedoch nicht geneigt, und so einigte man sich denn nach längeren Verhandlungen am 25. November 1352 dahin, daß Johann das Land Stargard mit dessen Nebenländern (Fürstenberg u. a.), sowie die Länder Sternberg und Lübs und die von Markgraf Ludwig für 18 000 Mark Silbers verpfändeten märkischen Länder Fürstenwerder, Boizenburg i. Ukm., Stolpe, Straußberg u. a. für sich und seine Nachkommen als selbständiges Herzogtum erhielt.

Als Albrecht in diese Landesteilung willigte, hatte er bereits sicheren und vollwertigen Ersatz für das verlorene Stargard in Aussicht, ja zum Teil schon in der Hand durch den Erwerb der Grafschaft Schwerin. Hier war von den beiden gräflichen Linien, der älteren Schweriner und der jüngeren Wittenburger, letztere nach dem Tode Nikolaus' I. durch dessen beide Söhne noch wieder in die beiden Linien Wittenburg unter Gunzelin VI. (seit 1327 unter seinem Sohn Otto I.) und Boizenburg unter Nikolaus II. geteilt worden. Letzterer setzte, da er unvermählt blieb, die beiden mecklenburgischen Herzöge Albrecht und Johann zu Erben seines Landes ein. Vor ihm aber starb 1344 mit dem Tode des Grafen Heinrich III. die ältere Schweriner Linie aus. Da einigten sich der Wittenburger Otto und sein Boizenburger Oheim Nikolaus dahin, daß Otto Schwerin übernahm, dafür aber Boizenburg an Nikolaus überließ, so daß die beiden jüngeren Linien wieder in eine zusammenfielen. Fünf Jahre später (1349) aber starb Nikolaus als letzter seines Stammes. Sogleich erhoben nun Albrecht und Johann auf Grund obigen Versprechens Anspruch, und Albrecht besetzte im Bunde mit Herzog Erich von Lauenburg Boizenburg und Wittenburg und erschien, als Graf Otto von Schwerin ihm mit vollem Recht widersprach, 1351 auch vor dieser Stadt, nahm Otto gefangen und zwang ihn 1352 zum Frieden. Man schloß ein Kompromiß derart, daß Ottos Tochter sich mit Albrechts gleichnamigem Sohn verlobte und ihm das Land Boizenburg als Mitgift in die Ehe brachte. So fiel schon damals ein Teil der Grafschaft Schwerin an das mecklenburgische Fürstenhaus. Aber Albrecht hatte, als er in demselben Jahre seinem Bruder Johann das Land Stargard überließ, bereits den Erwerb der ganzen Grafschaft im Auge. 1356 starb auch Otto von Schwerin kinderlos. Er besaß aber noch einen Bruder Nikolaus III., der vor Jahren beim Tode des Vaters die durch dessen Heirat erworbene Grafschaft Tecklenburg in Westfalen übernommen hatte. Er wäre nunmehr der gesetzmäßige Erbe der ganzen Schweriner Grafschaft gewesen. Doch Herzog Albrecht verwehrte sie ihm. Wieder mußten die Waffen entscheiden. Diesmal stand Herzog Erich von Sachsen-Lauenburg auf seiten des Grafen. Aber Albrecht, unterstützt von dem Sachsen-Wittenberger und dem Braunschweiger Herzog, zog mit einem durch räuberische Söldnerscharen verstärkten Heere, wieder vor Schwerin und belagerte es im April 1359. Gleichzeitige auswärtige (dänisch-schwedische) Kämpfe und die tapfere Gegenwehr der Schweriner Bürger verzögerten den Erfolg. Erst im Dezember kam es zwischen Albrecht und den Tecklenburgern, Vater und Sohn, die indes manche Erfolge errungen hatten, zum Vergleich, demgemäß Albrecht für eine in vier Raten zu zahlende Kaufsumme von 20000 Mark Silbers die gesamte Schweriner Grafschaft von den Tecklenburgern zugewiesen erhielt. Das diesen noch zustehende Erbfolgerecht blieb für die Zukunft belanglos, da schon 1388 mit Ottos gleichnamigem Sohn die letzte Linie des gräflichen Hauses im Mannesstamme erlosch. Herzog Albrecht aber fügte seinem Titel nun auch die Worte „Graf zu Schwerin“ und seinem Wappen den quergeteilten Grafenschild bei. Als dritte einflußreiche Stadt des Landes trat neben Wismar und Rostock nunmehr Schwerin; es erlangte zwar nicht die Bedeutung jener beiden, wurde aber mehr und mehr zur Hauptresidenz der mecklenburgischen Herzöge und gab schließlich dem Lande im Gegensatz zu Stargard auch den Namen Mecklenburg-Schwerin.

So waren im Laufe weniger Jahrzehnte drei Länder in den Besitz der mecklenburgischen Fürsten gelangt, eines davon, das Land Stargard, allerdings an eine besondere, neu begründete Linie des gleichen Fürstenhauses gegeben worden. Auch die noch zur Grafschaft Dannenberg gehörigen Länder an der unteren Elde wurden im Laufe dieses Jahrhunderts dem Besitzstand Mecklenburgs eingefügt. Das Land Marnitz war bereits 1275 an die Grafen von Schwerin verpfändet und Grabow, das sich schon vor dem Aussterben der Dannenberger Grafen (1306) in der Hand der Brandenburger Markgrafen befand, 1321 nach dem Tode des letzten Askaniers von Heinrich von Mecklenburg in Besitz genommen worden. Dömitz belegte beim Tode des letzten Dannenbergers zunächst Herzog Rudolf von Sachsen mit Beschlag und verpfändete es 1337 an die Grafen von Schwerin; 1372 aber überließen es die sächsischen Herzöge Wenzel und Albrecht an Herzog Albrecht von Mecklenburg-Schwerin zum Dank für die ihnen im lüneburgischen Erbfolgekrieg gegen Braunschweig geleistete Hilfe zu vollem Eigentum. Wurden nun auch die genannten Länder, besonders Grabow und Dömitz, von den mecklenburgischen Fürsten noch für längere Zeit an mecklenburgische Adelsgeschlechter verpfändet, so gehörten sie doch fortab staatsrechtlich zum Herzogtum Mecklenburg-Schwerin.

* * *

Albrechts Herrschaft umfaßte bereits den ganzen Norden und Westen des Landes. Noch fehlte an dem vollen Besitz des heutigen Mecklenburger Staatsgebietes vor allem die Herrschaft Werle-Güstrow und das von ihm ebenfalls schon einmal erworbene, aber kürzlich durch Teilung wieder abgetrennte Stargarder Herzogtum. Bevor auch für diese die Stunde der Eingliederung in das Schweriner Herzogtum schlug, traten andere Pläne in den Vordergrund, die sich auf eine, allerdings nur vorübergehende Erweiterung der mecklenburgischen Macht nach Norden hin über die Ostsee richteten.

In Schweden war nach längeren Thronwirren im Jahre 1319 vom Volke der erst dreijährige gleichnamige Enkel des 1290 verstorbenen Königs Magnus zum König ausgerufen worden, der nämliche, der wenige Wochen vorher von den norwegischen Reichsräten als Enkel (mütterlicherseits) des dortigen söhnelosen Königs Hakon zum Erben des Thrones erkoren war. In der Zeit seiner Minderjährigkeit erstarkte im Lande die Macht der weltlichen und geistlichen Großen. Im Jahre 1330 mündig geworden, gewann er bald darauf gelegentlich einer nationalskandinavischen Volksbewegung im südlichen Schweden, das sich damals gleich Dänemark in der Macht der holsteinischen Grafen Gerhard und Johann befand, gegen eine beträchtliche Kaufsumme die Länder Schonen und Blekinge, etwas später von dem neuen dänischen König Waldemar IV. in gleicher Weise auch Halland. Zwecks Aufbringung der hohen Kaufsumme aber mußte er seinem Lande größere Steuern auferlegen und eine Anzahl Krongüter an die Großen des Landes verpfänden. Die Folge war einerseits eine steigende Unzufriedenheit in den unteren Volksschichten, zum andern die wachsende Macht des Adels und der oberen Stände. Obgleich Magnus sich durch mehrere Reformen, wie die Aufhebung der Leibeigenschaft und Abfassung eines allgemeinen Landesgesetzbuches, einen guten Namen machte, rüttelten doch bald neben dem Unglück der damals ganz Europa heimsuchenden Pest des „schwarzen Todes", die in Schweden allein ein Drittel der Bevölkerung hinwegraffte, besonders innere Wirren und drohende Gefahren von außen an den Grundfesten seines Staates.

Sein eigener Sohn Erich trug die Fahne des Aufruhrs gegen den Vater; in Norwegen wählte man seinen erst vierjährigen Sohn Hakon zum König und sagte sich von Schweden los; Waldemar von Dänemark eroberte Südschweden wieder, und der Adel des Landes bestimmte seinen Sohn Hakon von Norwegen schließlich zum Mitregenten in Schweden.

Mit Spannung hatte Albrecht II. von Mecklenburg die Entwicklung der Dinge in Schweden-Norwegen und besonders die sinkende Macht seines Schwagers Magnus, mit dessen Schwester Euphemia er vermählt war, verfolgt. Bei seiner bereits im eigenen Mecklenburger Lande zur Genüge bewiesenen großzügigen Eroberungspolitik war sein Blick auch bald auf eine Erweiterung seiner Macht nach Norden gerichtet. Schon mit seinem gegen den Vater aufständischen Neffen Erich hatte er im geheimen Einvernehmen gestanden, und noch jetzt verband ihn die gleiche Gesinnung mit den königsfeindlichen schwedischen Großen und einer deutschfreundlichen Partei daselbst. Als nun Magnus und Hakon zur Befestigung ihrer Königsgewalt sich mit Waldemar von Dänemark verbanden, Hakon sogar nach Lösung seiner Verlobung mit der ihm vom schwedischen Reichsrat bestimmten Prinzessin Elisabeth von Holstein sich mit seiner früheren Verlobten Margarete, der Tochter Waldemars, vermählte, da beschlossen Adel und Klerus einen anderen Herrscher zu wählen. Von dem Grafen Heinrich von Holstein, der ihr Angebot ablehnte, an Albrecht von Mecklenburg gewiesen, erkoren ihre Gesandten in Wismar Albrechts gleichnamigen Sohn. Bereits im November 1363 erschienen von Warnemünde her beide Albrecht, Vater und Sohn, mit einem ziemlich großen Heere in

Begleitung mehrerer fürstlicher Herren, darunter auch Lorenz von Werke, in Schloß Kalmar, das sich noch im Pfandbesitz Heinrichs von Holstein befand, der ebenfalls an dem Zuge teilnahm; Magnus und Hakon mußten fliehen. Am 30. November wurde in Stockholm dem neuen König gehuldigt, und im Februar 1364 fand in Upsala seine feierliche Krönung statt. Ein Jahr darauf wurde Magnus, als er nebst Hakon zu den Waffen griff, von Albrecht bei Enköping am Mälar-See geschlagen, gefangen genommen und dann auf die Feste Stockholm gebracht, aus der er erst nach siebenjähriger Haft gegen Verzicht auf die schwedische Krone entlassen wurde. Hakon schloß Waffenstillstand.

Märchenhaft schnell hatte Herzog Albrecht II. sein erträumtes Glück in der Krönung seines Sohnes zum schwedischen König gefunden. Ohne Zweifel liegt in dem ganzen Beginnen etwas Großes und Heldenhaftes. Zum erstenmal trat das kleine Mecklenburg politisch aus seiner territorialen Enge heraus, selbst über die deutschen Grenzen auf den Schauplatz europäischer Geschichte. Herzhaft griff sein Fürst nach dem Besitz des ganzen westlichen Ostseebeckens und dessen Ländern, nach der Beherrschung der nordischen Kultur überhaupt. Und das tat ein Mann, dessen wendische Vorfahren zwei Jahrhunderte früher noch des deutschen Wesens unkundig waren! Durch ihn sollten sich in seinem Sohne Mecklenburg und Schweden (mit Norwegen und Dänemark) die Hand nicht nur zum Bündnis, sondern zur Vereinigung in ein großes nordisches Reich geben.

Noch allerdings war man nicht am Ziel. Dazu bedurfte es eines ganzen Mannes. Wohl war es der Vater, nicht mehr der Sohn. Ihm fehlte die politische Klugheit und Bildung seines Vaters. Durch übermäßige Begünstigung seiner Landsleute und ausgiebige Verpfändung schwedischen Landes an deutsche Edelleute verscherzte er sich sehr bald die alte Gunst des schwedischen Adels. Für den gefangenen König Magnus verband sich Hakon mit Waldemar. Dieser fiel um Pfingsten 1366 mit Herzog Erich von Sachsen in Schweden ein und forderte die Abtretung von ganz Gotland nebst reichlicher Entschädigung in Geld. Schon hatte Albrechts Vater unter Vermittlung des Grafen von Holstein zugestimmt, da erhob sich, aufgewiegelt durch eine deutschfeindliche Partei, das schwedische Volk. Ein großes Bauernheer zog im

Verein mit Hakons Truppen vor die Tore Stockholms, forderte die Freilassung des alten „guten und ehrlichen Herrn", des Königs Magnus, und erklärte König Albrecht für einen Landesverräter. Zwar lehnte Albrecht den Vertrag mit Dänemark ab, reizte aber durch drückende Steuerforderungen den Unwillen des eigenen Volkes.

Da erneuerten 1367 die Seestädte der Hanse ihren Krieg gegen Waldemar. Albrecht (Vater und Sohn) sowie die Herzöge von Holstein, die schon heimlich durch die Städte mit Geld unterstützt worden waren, folgten der Aufforderung zum Bündnis und begünstigten das Vorgehen der Städte in der Hoffnung, so Dänemarks Herr zu werden und das Land unter sich zu teilen. Schon im April, während Waldemar – ganz unbegreiflicher Weise bei der großen Gefahr, die seinem Lande nahte – sich persönlich nach Deutschland begeben hatte, um mit dänischem Gelde Bundesgenossen zu werben, plünderte und verheerte eine hansische Flotte die Küsten Dänemarks und Norwegens. Anfang Mai wurde Kopenhagen, bald auch Helsingör erobert, schließlich war ganz Dänemark in der Hand der Fürsten und Städte. Hakon von Norwegen schloß auch mit den Städten Waffenstillstand.

Indes war es Waldemar gelungen, eine Anzahl Mecklenburg benachbarter Fürsten, die Herzöge von Pommern, den Markgrafen von Brandenburg, die Herzöge Magnus von Braunschweig und Erich von Lauenburg sowie den Grafen Adolf von Holstein, für sich zu gewinnen und zum Kampf gegen Herzog Albrecht aufzuwiegeln. Von ihnen allen war der Brandenburger Otto der Faule am wenigsten gefährlich, da sein eigener Schwiegervater, Kaiser Karl IV., ihm seit Jahren heftig zusetzte, das stark zerrüttete Brandenburg an ihn zu verkaufen, widrigenfalls er mit Krieg drohte. Auch Waldemars andere Bundesgenossen hatten keinen Erfolg. Wartislaw von Pommern wurde von Albrecht, der erst vor kurzem krank aus Schweden heimgekehrt war, im Oktober 1368 bei Damgarten unweit Ribnitz geschlagen und gefangen genommen. Anfangs hatten die Werleschen Vettern, mit denen sich Albrecht verbündet hatte, allein den Pommern gegenüber einen schweren Stand gehabt und waren unterlegen, aber Albrechts rechtzeitiges Eingreifen in den Kampf brachte den Sieg. Wartislaw von Pommern geriet in Gefangenschaft. Ein Jahr darauf, im November 1369, schlug Albrecht auch im Westen seines Landes einen Trupp

Braunschweiger, Lüneburger und Holsteiner, die Gadebusch überrumpeln wollten, bei Roggendorf und zwang Magnus und Erich, die vergeblich den Kaiser auf ihre Seite zu ziehen suchten, im Juni 1370 zum Frieden von Boizenburg. Ihnen wurde außer einer Zahlung von mehreren tausend Mark Lösegeldes für ihre Gefangenen die Verpflichtung auferlegt, für acht Jahre das Mecklenburger Land nicht zu betreten. Otto der Faule von Brandenburg zwar setzte den Kampf noch fort, aber durch die Pläne des Kaisers dabei gehemmt, erreichte er nichts. Ein jahrelanger Kleinkrieg entwickelte sich an den Grenzen ihrer Länder. Zwar hielten die beiden Brüder von Plessen in Neustadt und Marnitz allein den Kampf von Mecklenburg selbst fern, aber die dortige Bevölkerung, vornehmlich der Bauer auf dem Lande, litt unsäglich unter den unaufhörlichen Fehden mit den vielen Plünderungen auf beiden Seiten. Erst 1373, als Kaiser Karl IV. die Mark gewann, trat eine Änderung ein. Albrecht von Schwerin und Johann von Stargard erhielten in einem Vertrage von Fürstenberg a. O. zunächst ihre zahlreichen Pfandbesitzungen in der Mark bestätigt, dann aber wurden diese auf Drängen des brandenbugrischen Adels von Karl IV. für viel Geld eingelöst.

Auch im Norden war der Kampf weiterhin zu Gunsten der Hansestädte gegen Waldemar ausgeschlagen. Helsingborg, das letzte Bollwerk der Dänen, war ihnen zugefallen und bereits am Tage nach der Schlacht bei Roggendorf zwischen ihnen und dem dänischen Reichsrat ein Waffenstillstand geschlossen, dem im Mai 1370 der Friede von Stralsund folgte. Den Hansen wurde neben neuen Handelsprivilegien ihre Hauptforderung der freien Fahrt durch den Sund gewährt, außerdem eine Anzahl schonischer Schlösser für fünfzehn Jahre überlassen, während sie Dänemark in seinem alten Besitzstand, selbst mit Schonen, anerkannte.

Die eigentlich treibende Kraft trat damit vom Kampfplatz zurück. Unnütz erschien König Hakon eine Fortsetzung des Kampfes. Er machte im August 1371 vor Stockholm Frieden mit Albrecht, löste seinen Vater Magnus für die Summe von 12 000 Mark aus seiner langen Gefangenschaft, und beide erkannten unter Verzicht aller Ansprüche auf Schweden Albrecht daselbst als König an. In denselben Tagen machten auch Waldemar und Herzog Albrecht dem Kampf ein

Ende. Letzterem war durch den Abgang der Hanse, vornehmlich Wismars und Rostocks, auch wenn diese meist nur ihre eigenen Interessen im Kriege verfolgt hatten, doch die Hauptstütze entzogen. Schon 1369 hatte die Hanse, vornehmlich auf Lübecks Betreiben, jede Hilfe für Herzog Albrecht in seinem Kriege gegen Brandenburg abgelehnt. Waldemar erhielt nun den ihm von den Städten zugesicherten Besitz bestätigt, bestimmte aber seinen und Albrechts Enkel zum Erben seines Reiches. Herzog Albrecht war um so mehr zufrieden, als seinem Hause neben der schon erlangten schwedischen Königskrone auch noch die von Dänemark winkte. Da König Albrecht in Schweden auch noch die verfassungsmäßigen Rechte des Reichsrats und dessen Wünsche respektierte, so schien sich eine glückliche Zukunft für ihn und seinen Vater zu eröffnen.

Aber schon allzubald wandelten sich die Dinge ins Gegenteil. Im Jahre 1375 starb König Waldemar. Die Frage der Erbfolge für Albrechts Enkel stand zur Entscheidung. Obgleich Karl IV. für Albrechts Ansprüche auf Dänemark eintrat – zum Dank für seine Hilfe beim Erwerb der Mark Brandenburg – und den Dänen mit Hinweis auf Waldemars Bestimmung den jungen Albrecht als neuen König empfahl, auch der Stadt Lübeck jede Unterstützung der Königin von Norwegen oder Beeinträchtigung Albrechts verbot, und obgleich der junge Albrecht sich sogleich den Titel eines Königs von Dänemark beilegte und mit den Holsteiner Grafen einen Bund schloß, so dachte man – gerade mit Rücksicht auf die Verbindung des jungen Albrecht mit den alten Feinden Dänemarks – hier doch anders. Der dänische Reichsrat wählte den erst fünfjährigen Sohn Hakons und der Margarete, der andern Tochter Waldemars, zum König. Herzog Albrecht und sein Sohn waren dagegen ziemlich machtlos, da ihnen die Hilfe der Hanse fehlte. Diese war durch jene Kämpfe mit Waldemar zur Beherrscherin des ganzen Nordens geworden. Zwischen ihr, besonders Lübeck, und Albrecht bestand seit dem Stockholmer Frieden, der ohne die Fürsten abgeschlossen worden war und diese in ihren Absichten auf eine völlige Besiegung und Teilung Dänemarks gehemmt hatte, ein gespanntes Verhältnis eingetreten. Das war ihr zwar wenig hinderlich, wohl aber wäre eine Verfeindung mit Dänemark und Norwegen für sie zum Nachteil geworden. Auch von dieser Seite kam man ihr entgegen.

Sie aber nutzte allen Vorteil zur Erweiterung ihrer Machtstellung aus. Noch bestand zwischen ihr und König Hakon von Norwegen kein voller Friede, sondern nur ein Waffenstillstand. Im August 1376 schloß sie mit Hakon zu Kalundborg auf Seeland endgültig Frieden, in dem sie zu den alten noch neue Handelsprivilegien erhielt, und auch der Stralsunder Friede, den Waldmar seiner Zeit nicht unterzeichnet hatte, wurde durch den jungen Olaf, den neuen König von Dänemark, nachträglich untersiegelt. Über die Thronfolgerfrage waren offenbar schon vorher geheime Abmachungen getroffen worden, und wenn die Hanse auch nicht öffentlich für Olafs Wahl eintrat, so zeigte sie doch durch ihr Schweigen, das sie trotz Albrechts Gegenvorstellungen bewahrte, zur Genüge ihr Einverständnis. So erreichte denn auch der Herzog, als er im September mit einer Flotte vor Kopenhagen erschien, um sein Recht durchzusetzen, nichts weiter als Verhandlungen, die zu keinem Ergebnis führten. Auf dem Rückwege vernichtete noch ein Sturm einen beträchtlichen Teil seiner Flotte. Die Hanse hatte auch diesmal seine Pläne durchkreuzt und seine Hoffnungen zunichte gemacht.

Nicht drei Jahre später, im Februar 1379, starb Albrecht II., dem die Nachwelt den Beinamen des Großen gegeben hat. Durch ihn errang Mecklenburg, wenn auch nur für eine kurze Dauer, eine dominierende Stellung im Norden Europas. Selbst König Albrechts, seines Sohnes, Thron und Herrschaft in Schweden stützte sich lediglich auf die Macht des Vaters. Mit seinem Tode aber verlor das Schweriner Herzogtum für lange Zeit die einheitliche Leitung. Es begann, da ein Recht der Erstgeburtserbfolge noch nicht bestand, die gemeinsame Regierung von Brüdern, Vettern, Oheimen und Neffen, je nachdem die kürzere oder längere Lebensdauer des einen von ihnen den früheren oder späteren Anfang der Herrschaft seiner Deszendenz veranlaßte. Bald nacheinander starben in den achtziger Jahren die Brüder Heinrich III. und Magnus I. sowie des ersteren Sohn, Albrecht IV. Keiner von ihnen besaß politische Größe und Tatkraft. Man hat Heinrich den Beinamen suspensor, den Henger, gegeben, weil er bei seinem strengen Verfahren gegen das im Lande überhandnehmende Raubwesen die Ruhestörer, gleichviel welches Standes und Gewerbes, selbst des Nachts in ihren Schlupfwinkeln aufsuchte, ihnen auch in den Kirchen, wohin sie sich flüchteten, gegen den Willen der Prediger keine Ruhe ließ und sie mit Stricken, die er am Sattel seines Pferdes bei sich führte, oft eigenhändig an Baum oder Galgen aufknüpfte. Ohne jede Bedeutung scheint Magnus gewesen zu sein, ein hochfahrender und halsstarriger Mann. Bereits 1383 starb Heinrich an einem unglücklichen Sturz vom Pferd bei einem Turnier in Wismar, ein Jahr darauf auch sein Bruder Magnus auf einer Erholungsreise am Fieber. Heinrichs Sohn, der schon genannte Albrecht IV., von früh auf durch seinen Großvater für dessen nordische Zukunftspläne bestimmt, hatte den Verlust der ihn, einst von König Waldemar versprochenen dänischen Thronfolge noch nicht vergessen. Konnte er auch nicht König sein, so wollte er sich doch wenigstens „wahrer Erbe des Königreichs Dänemark" nennen. Und sollte es nicht Dänemark sein, so war ihm auch Norwegen recht. Hier winkte ihm 1387, als sein Vetter Olaf von Dänemark starb und dessen Mutter Margarete, die nun selbst die Regierung dort übernahm, ihn zum Thronfolger für Norwegen erkor, die Aussicht auf die Königskrone. Sein früher Tod (Juni 1388) aber machte – zum Segen Mecklenburgs – neuen Verwicklungen ein rechtzeitiges Ende. Das Schweriner Land jedoch war wie verwaist, es lag in der Hand eines auswärtigen Königs, Albrechts III. von Schweden, und seines noch unmündigen Neffen Johanns IV., Magnus' I. Sohn. Albrecht, schon vorher mit dem schwedischen Reichsrat zerfallen und unbeliebt bei einem großen Teil des schwedischen Volkes, war besonders seit dem Tode seines Vaters nicht mehr wirklicher Herr im Lande gewesen, sondern vom Reichsrat mehr und mehr in die Stellung eines Schattenkönigs gedrängt worden. Die Gegnerschaft Dänemarks und Norwegens war zudem durch die Entwicklung der Dinge von Anfang an gegeben. Als Albrecht sich durch übereilte Maßnahmen und allzu herrisches Auftreten aus seiner Abhängigkeit befreien wollte, wandten sich die Großen des Landes, deren Macht mit ihrem umfangreichen Grundbesitz diejenige des Königs zum Teil weit überflügelte, an die Königin Margarete von Norwegen und trugen ihr die Regierung des Landes an; ob mit oder ohne Wissen Albrechts, ist ungewiß. Man weiß wenigstens nicht, was letzterer im November 1388 mit seinem Besuch beim Kaiser in Prag bezweckte. In denselben Tagen entbrannte bereits der Kampf in Schweden, und als Albrecht im Februar 1389 seiner Gegnerin bei Axenwalde unweit Falköping entgegentrat, wurde er von ihr, die er als „König Hosenlos“ verspottet hatte, geschlagen, samt seinem Sohne Erich, seinem Vetter Rudolf, Johann von Stargards Sohn, den er mit 26 Jahren schon zum Bischof von Skara gemacht hatte, und mehreren Grafen und Vasallen gefangen genommen und in die Feste Lindholm auf Schonen gebracht. Bald war ganz Schweden in der Hand Margaretens, der nunmehrigen Unionskönigin der drei nordischen Reiche. Nur Stockholm mit seiner vorwiegend deutschen Bürgerschaft hielt unter dem jungen Johann von Stargard allen Angriffen stand. Ein weiterer Kampf entspann sich noch um die Insel Gotland, die aber nach anfänglich glücklichen Erfolgen der Mecklenburger ebenfalls bald durch den von der Königin Margarete entsandten Hauptmann Swen Sture erobert wurde.

Untätig sah zunächst die Hanse diesem Umschwung im Norden zu. Nicht lag es in ihrem Interesse, die mecklenburgisch-schwedische Doppelmonarchie zu stärken. Abwartend, wie sich die Dinge weiter gestalten würden, hielt sie Frieden mit Dänemark. In Mecklenburg war man anscheinend durch die Vorgänge in Schweden ziemlich überrascht und ratlos. Schon Herzog Albrechts II. nordische Politik hatte im Lande wenig Verständnis gefunden, sein Sohn war als König von Schweden dem mecklenburgischen Volke ziemlich fremd geblieben. So fehlte es denn auch an jeglicher nationalen Bewegung oder kriegerischen Begeisterung für den gefangenen König. Selbst zu ordentlichen Verhandlungen mit Dänemark fehlte im Schwerinschen ein rechtmäßiger Herzog. Über ein Jahr verging, bis Albrechts alter Oheim Johann von Stargard, der indes die Regentschaft für ihn und den noch unmündigen Johann IV. übernahm, zu Gegenmaßregeln griff. Ohne Erfolg aber verlief im Herbst 1390 sein Zug nach Stockholm, das er aus der dänischen Umklammerung befreien und mit Proviant unterstützen wollte. Da erließ er im Frühjahr 1391 an Vasallen und Städte, vornehmlich Wismar und Rostock, die dringende Aufforderung zur Teilnahme am Kampf gegen Dänemark unter Androhung von Strafe wegen verletzter Lehnspflicht bei etwaiger Weigerung. Doch auch so wußten die beiden Seestädte, ohne deren Mitwirkung alle Mühe umsonst gewesen wäre, sich der Hauptarbeit zu entziehen. Mit Johanns Zustimmung luden sie öffentlich zum Kaperkrieg gegen Dänemark ein und hießen jedermann in ihren Häfen willkommen, der sich auf eigene Gefahr und Kosten mit eigenen Schiffen daran beteiligen wollte. Bald fand sich ein ganzes Heer abenteuerlicher Gesellen jedes Standes und Gewerbes, vom adligen Herrn bis zum gemeinen Knecht und arbeitsscheuen Landstreicher zusammen, geführt von verwegenen, tollkühnen Männern, wie z. B. Barthel Bot aus Wismar einer war, Männern, die des Seeraubes kundig waren und nichts zu verspielen hatten. Dem Beispiel der Seestädte folgte der Herzog und wies seinen Helfershelfern besonders Ribnitz und Umgegend als Standort zu. Stockholm mit Proviant zu versorgen, sollte ihre erste Aufgabe sein, sodann auch die Küsten Dänemarks, Schwedens und Norwegens zu plündern, alles geraubte Gut in die mecklenburgischen Häfen zu bringen und dort auf den Märkten zu verkaufen. Das war der Gewinn, den sonderlich Wismar und Rostock aus dem Treiben dieser Vitalienbrüder zogen. So nannten sich die verwegenen Gesellen, weil sie Lebensmittel zur schwedischen Hauptstadt brachten; auch Likendeler war ihr Name, weil ihre einzelnen Scharen alle Beute gleichmäßig unter die Mitglieder verteilten.

Es war ein gefährliches Spiel, das die mecklenburgischen Fürsten und Städte trieben. Seeraub trat an die Stelle des regulären Kampfes. Jeder gesetzlichen Ordnung bar, raubten und plünderten die Vitalienbrüder bald ohne Rücksicht auf Land und Volk. Gottes Freund und aller Welt Feind, war schließlich ihr frivoles Losungswort. Barbarisch verfuhren sie mit den Gefangenen, die sie wohl in Tonnen sperrten, aus denen nur der Kopf heraussah, oder nach mancherlei Martern und Greueln über Bord warfen.

Noch immer zögerte die Hanse. Vergeblich hatten Wismar und Rostock sie zur Verhängung der Handelssperre über Dänemark zu bestimmen versucht. Selbst das Mittel der Drohung, alle nach den nordischen Reichen fahrenden Hanseschiffe zu kapern, hatte nichts gefruchtet. Auch Königin Margarete ließ sich nicht schrecken; alle Verhandlungen blieben erfolglos. Immer grausiger wurde der Kampf. Preußische, pommersche, holsteinische Schiffe mußten in gleicher Weise daran glauben wie dänische und schwedische. Malmö fiel den Piraten zum Opfer, und auf der Insel Gotland machte der dänische Hauptmann Swen Sture mit den Vitalienbrüdern gemeinsame Sache.

Die Insel wurde bald zum Hauptsammelpunkt der Seeräuber. Ins Unermeßliche wuchsen die Schadenrechnungen der Städte. Da endlich legte sich die Hanse ins Mittel. Selbst machtlos gegen ein solches Ungestüm, sagte sie Dänemark die Handelssperre an. Margarete entschloß sich 1395 zur Freilassung König Albrechts gegen ein von Mecklenburg binnen drei Jahren zu zahlendes Lösegeld im Betrage von 60 000 Mark Silbers oder Auslieferung Stockholms. Die Stadt wurde von Johann der Hanse als Pfand gegeben. Da es aber nicht möglich war, die für damalige Zeit geradezu unerschwingliche Summe zu bezahlen, Albrecht jedoch nicht in die Gefangenschaft zurückkehrte und auch ein Versuch seines Sohnes Erich, von Halland aus, wo er Swen Sture unterwarf, noch einmal in Schweden festen Fuß zu fassen, fehlschlug, wurde 1398 Stockholm an Margarete überlassen.

Der Kampf zwischen Dänemark und Mecklenburg hatte ein Ende, nicht aber die Seeräuberei. Vielmehr zeigte diese erst jetzt ihre schlimmen Auswüchse. Zwar säuberte noch in demselben Jahre der Hochmeister des deutschen Ordens, Konrad von Jungingen, die Insel Gotland von ihnen, wo nach dem unglücklichen Ausgang von Erichs Expedition und seinem im Juli 1397 erfolgten plötzlichen Tode Swen Sture selbst sich zum Ränberhauptmann der Vitalienbrüder gemacht hatte, und die Hanse, dabei auch Wismar und Rostock, ging mit allen Mitteln gegen sie vor, aber aus der Ostsee verscheucht, warfen sich die Freibeuter in die Nordsee. Zu den schlimmsten unter ihnen gehörten Godeke Michels und Klaus Störtebecker, die wahrscheinlich ebenfalls aus Wismar stammten, im Jahre 1401 Hamburger Englandsfahrern in die Hände fielen und in Hamburg samt vielen ihrer Genossen hingerichtet wurden. Neue Wege und Dienste öffneten sich den Überlebenden, so in Friesland bei dem Häuptling von Emden in seinem Kampf mit den übrigen Häuptlingen des Landes und den Grafen von Holland, mehr noch bei den Holsteiner Grafen in ihrem Krieg gegen Dänemark, zuletzt auch bei den Städten selbst, die sich von neuem mit Dänemark verfeindeten. Noch immer war Barthel Vot ein gefürchteter Mann. Bergen und andere Städte wurden niedergebrannt. Eigene Schiffe zur Abwehr der Räuber und zum Schutz des Handels mußte die Hanse erbauen, und erst nach Jahrzehnten verschwand das unheimliche Volk vom Meer.

Durch die schon an sich naturwidrige Verbindung Mecklenburgs mit den nordischen Reichen, vornehmlich Schweden, hatte das von Heinrich II. so kraftvoll begonnene, von seinem Sohne Albrecht II. noch fortgesetzte Werk der politischen Einigung Mecklenburgs eine für die kulturelle Entwicklung des Landes beklagenswerte Störung und Schädigung erfahren. Der nationale Gedanke und das Bewußtsein innerer Zusammengehörigkeit, wie es bereits im Westen und Norden begründet und sich auch darüber hinaus im Süden und Osten schon leise angebahnt hatte, wurde wieder zerrissen und durch den unglücklichen Ausgang der nordischen Unternehmungen vernichtet. Auf den Schultern eines abgedankten Königs, der ganz anderen Zielen nachgegangen war und dabei schließlich völlig Schiffbruch gelitten hatte, ruhte nunmehr die Herrschaft des Schweriner Herzogtums. Was mochte wohl das Land von einem solchen Fürsten noch erwarten, der den Verlust der schwedischen Krone nicht verschmerzen konnte und noch bis an sein Lebensende Gefallen daran fand, sich mit dem schemenhaften Titel eines Königs zu schmücken! In Gadebusch nahm er seine Residenz, und nur selten verlegte er sein Hoflager nach Schwerin, so z. B. zu Anfang des Jahres 1396, als er sich mit Agnes von Braunschweig wieder vermählte. Seinem soeben mündig gewordenen Neffen Johann IV. räumte er zwar die Stellung eines Mitregenten ein, doch blieb dieser, so lange sein Oheim lebte, ohne wesentlichen Einfluß auf die die Regierung.

* * *

Ein trübes Bild boten um die Wende des 14. Jahrhunderts die Verhältnisse im Innern des Landes, wie sie Albrecht nach seiner Rückkehr aus Schweden vorfand. Die Folgen jener Verwilderung und Gesetzlosigkeit, die durch das Treiben der Vitalienbrüder auf der Ostsee und in deren Randstaaten eingerissen waren, zeigten sich naturgemäß in Mecklenburg, wo die Keime dieser unseligen Erscheinung lagen, nicht minder stark als anderswo. Hart und schroff hatten sich die einzelnen politischen Kräfte des Landes gegeneinander abgeschlossen, nicht selten in verbitterter Feindschaft gegeneinander. Mächtige Adelsgeschlechter, im Besitz ausgedehnter Privat- und ihnen verpfändeter Kronländereien mit landesherrlichen Einkünften, stritten mit den Städten, vornehmlich Wismar und Rostock, um die erste Stelle. Namen wie Bernstorff, Gräfenitz, Hahn, Lützow, Moltke, Maltzahn, Plessen, Pritzbuer, Raben, Stralendorf u. a., von denen eine Anzahl aus Brandenburg stammte, standen den dortigen, geschichtlich zwar bekannteren Quitzow, Puttlitz, Rochow usw. nicht nach. Die Städte ihrerseits drängten nach immer größerer Selbständigkeit. Hinter ihren festen Wällen und Mauern hatte sich ein zwar noch ziemlich beschränkt-lokaler, aber doch starker Gemeinsinn der Einwohner entwickelt. Prächtige Kirchen und stolze Tore schmückten das Stadtbild und zeugten von einem nicht geringen, doch gesunden Selbstbewußtsein, einem Gefühl eigener Stärke seitens der Bürgerschaft selbst gegenüber den Fürsten. Als z. B. Herzog Barnim von Pommern, ein Parteigänger der Vitalienbrüder und Seeräuber, im Jahre 1395 gegen die Städte sich an der mecklenburgisch-pommerschen Grenze die Feste Ahrenshop erbaute, wurde sie von den Rostockern zerstört, und Barnim wagte nichts dagegen zu unternehmen.

Noch war auf allen Seiten viel ungezügelte Kraft. Das Raubrittertum zeitigte gerade damals seine größten Auswüchse, und besonders der Bauer hatte unter den vielen Fehden und Beutezügen habgieriger Vasallen zu leiden. Räuber, Diebe und allerhand loses Gesindel trieben in Stadt und Land ihr dunkles Gewerbe. Zauberei und Hexenwesen umgarnte bange und verschüchterte Gemüter.

Der inneren Zerrissenheit entsprach die äußere Politik. Die Jahre großzügiger Unternehmungen und Ziele, wie sie ein Heinrich II. und Albrecht II. verfolgt hatten, waren vorüber. In Grenzkriegen vergeudete man nutzlos Zeit und Kraft. Fürsten, Städte und Mannen gerieten dabei oft untereinander und zu auswärtigen Nachbarn in ein gespanntes, feindseliges Verhältnis.

Auch die Stargarder Herzöge Johann und Ulrich waren in Kämpfe hineingezogen worden, die seit langem zwischen den Herzögen von Pommern und den Markgrafen von Brandenburg um den Besitz der Priegnitz entbrannt waren. Zwar wußten sie sich im Bunde mit den Pommernherzögen der Einfälle der märkischen Raubritter und ihrer zuchtlosen Scharen, die damals in dem unter Jobst von Mähren völlig verwahrlosten Brandenburg zu einer großen Landplage geworden waren, zu erwehren, sie auch mehrmals zu besiegen, so z. B. im Jahre 1399 am Karrenberge bei Neuensund, und neben Teilen der Uckermark auch die Statthalterschaft in der Priegnitz zu gewinnen; irgend einen dauernden Vorteil aber haben ihnen diese Erwerbungen nicht gebracht. Nur durch Vermittlung der Städte Rostock und Wismar wurde ein Krieg zwischen ihnen und den Schweriner Herzögen, die ebenfalls Anspruch auf die Priegnitz erhoben, im Schwaaner Vergleich 1404 vermieden. Bald darauf geriet Johann in die Hand der märkischen Ritter Dietrich und Hans von Quitzow, die ihn auf dem Wege nach Berlin überfielen und über ein Jahr, erst in der Feste Plaue, dann in Schloß Bötzow (bei Oranienburg), gefangen setzten, bis er Weihnachten 1407 gegen den auf einem Streifzug im Stargardischen von Herzog Ulrich ergriffenen Hans von Quitzow ausgewechselt wurde. Aber die Kämpfe dauerten fort. Die Mark verfiel unter den Einfällen benachbarter Fürsten und Ritter. Oft kamen seitens der Bewohner Klagen an den König Siegmund. Da ernannte dieser im Jahre 1411 nach dem Tode Jobsts von Mähren den Burggrafen Friedrich von Nürnberg aus dem Hause Hohenzollern zum Statthalter, einige Jahre darauf zum Markgrafen und Kurfürsten unter erblicher Belehnung mit dem Lande. Dieser suchte die Mecklenburger Herren in seine Dienste zu ziehen und dadurch zur Ruhe zu bringen. Noch einmal aber gerieten die Stargarder und Schweriner mit den Werlern in eine heftige Fehde. Weit und breit litt das Mecklenburger Land und auch die Priegnitz unter der ungezügelten Wildheit der sich bekämpfenden Parteien und ihrer Vasallen. Erst im Oktober 1418 kam es vornehmlich durch Vermittlung der Stände in Rostock zum Frieden und zugleich zu einer Erbverbrüderung, nach der bei etwaigen Streitigkeiten Mannen und Städte beider Parteien die Schlichtung übernehmen und im Falle des Aussterbens eines der Fürstenhäuser, des Schwerin-Stargardschen oder des Werleschen, dem andern die Erbfolge zufallen und ihm seitens der Stände des verwaisten Landes gehuldigt werden sollte. So hatten die mecklenburgisch-brandenburgischen Händel wenigstens einen für die Geschichte unseres Landes wichtigen Erbvertrag der mecklenburgischen Fürsten zur Folge.

Während dieser brandenburgisch-stargardischen Verwicklungen hatte auch im übrigen Mecklenburg das Schwert nicht geruht. Balthasar von Werle, ein wilder, kriegerischer Herr, im Bunde mit Herzog Barnim von Pommern, lag mit Lübeck in Streit. Eine besondere Veranlassung dazu bestand nicht, vielmehr scheint der Grund nur in der Mißstimmung der Fürsten und Ritter über die wachsende Macht der Städte gelegen zu haben. Auch Albrecht, erzürnt über Lübecks eigenmächtiges Vorgehen während seiner Gefangenschaft beim kanalartigen Ausbau des Lübeck und Mecklenburg begrenzenden Delvenau-Grabens (Stecknitz) zwecks besserer Verbindung mit Hamburg und Lüneburg, schloß sich Lübecks Feinden an und gestattete ihnen, als die Stadt seine Ansprüche und Forderungen abwies, freien Durchzug durch sein Land. Balthasar erschien im Sommer 1400 vor Lübeck und raubte dort weidendes Vieh, wurde aber im nächsten Jahre zusammen mit Barnim vor den Toren der Stadt von dem dortigen Bürgermeister und seinem tapferen Bürgerheer geschlagen und konnte sich nur durch die Flucht retten. Mit Herzog Albrecht einigte sich die Stadt derart, daß sie ihm für jede auf der Stecknitz verfrachtete Last Salz sechs Pfennig Zoll zugestand. Gegen die Werler aber rief Lübeck die wendischen Hansestädte zu Hilfe und warb für sich eine Anzahl Ritter, wie die Bülows, Puttlitz, Plessen, Quitzows u. a., ebenso auch die Stargarder Herzöge, die den Lübeckern die Stadt Sternberg als Stützpunkt für den Kampf überließen. Nach Verwüstung der Länder Parchim und Güstrow gaben die Werler nach. Dennoch entschied ein Schiedsgericht beider Parteien in Wismar vor Ostern 1405, wohl aus allgemeiner Furcht vor Lübecks zu starkem Machtaufschwung, nicht gerade Vorteilhaft für diese Stadt, die einen Gesamtschaden von 30 000 Mark zu tragen hatte.

Das für Lübeck ungünstige Ergebnis des Wismarer Schiedsgerichtes schlug wie ein zündender Funke in den schon seit langem aufgespeicherten Brandstoff, dessen Ursache in dem aristokratischen Stadtregiment lag. Durch das alte Selbstergänzungsrecht des Rates hatte sich, wie in den meisten deutschen Städten, so auch in Lübeck und den mit ihr in der Hanse verbundenen wendischen Seestädten die Ratsfähigkeit auf einige wenige patrizische Familien beschränkt, während die große Masse der Bürger von jeder Anteilnahme an der Stadtverwaltung ausgeschlossen war. Seit Jahrzehnten schon war es darum in vielen Städten zu heftigen Kämpfen gekommen. Was die Handwerker den Patriziern vorwarfen, waren besonders drei Punkte: Gewalttätigkeiten gegen ärmere Bürger, ausschließliche Besetzung der Ratsstellen durch Patrizier und schlechte Finanzverwaltung. Bereits 1384 war in Lübeck eine von den Handwerkern geplante Erhebung gegen den Rat entdeckt und niedergeschlagen worden. Die Unruhen, die schon 1312 der Kaufmann Heinrich Runge (S. 145) erregt hatte, waren derselben Art gewesen und hatten als Hauptziel die Wahl der Ratsmitglieder durch die gesamte Bürgerschaft gehabt. Nunmehr stellten 1408 in Lübeck die vereinigten Handwerker und Kaufleute, die bereits gegen den Krieg mit den Werlern gewesen waren, sich aber durch die Vorstellungen auf günstige Erfolge und geringe Kosten seitens des Rates hatten überreden lassen, von neuem die Forderung des bürgerlichen Wahlrechts und wählten zugleich einen Bürgerausschuß von 60 Mitgliedern, dem sie die Regelung der Steuern und Feststellung des städtischen Haushalts übertragen wissen wollten. Als daher die Ratsherren die Stadt verließen und die Entscheidung des kaiserlichen Hofgerichts anriefen, bildeten die Bürger neben dem Ausschuß noch einen eigenen neuen Rat aus den Zünften.

Bei der besonders engen Verbindung Lübecks mit Wismar und Rostock konnte eine Einwirkung jener Vorgänge auf diese Städte nicht ausbleiben. Zwar vermochte an beiden Orten der Rat durch einige Zugeständnisse an die Bürgerschaft zunächst die Gemüter noch zu beruhigen. Als er dann aber in verschiedenen Berichten an auswärtige Städte für die Wiedereinsetzung des alten Rats in Lübeck eintrat, da gelang es einigen Rädelsführern aus Lübeck, die nach Wismar und Rostock kamen, die dortige Bürgerschaft aufzuwiegeln. Ein neuer, meist den Zünften entnommener Rat übernahm zusammen mit 100 bezw. 60 Bürgervertretern die Stadtverwaltung. In Rostock war man noch radikaler gesinnt und wollte die Güter der alten Ratsmitglieder einziehen. Noch allerdings schien die Zeit für eine so demokratische Wandlung nicht reif. Zwar widerstanden die drei Hansestädte eine Zeitlang gemeinsam allen Drohungen des Kaisers und der Landesfürsten, die für den alten Rat Partei nahmen. Die beiden mecklenburgischen Herzöge Johann und Albrecht gerieten, als sie sich persönlich in die Angelegenheiten Wismars einmischten, in der Stadt durch die drohende Haltung der Bürger in Lebensgefahr und konnten sich nur durch eilige Flucht retten. Doch 1416 mußten Lübeck und Wismar, ein Jahr später auch Rostock, da sie infolge von Zerwürfnissen mit dem Hansebund von diesem keine Unterstützung erhielten, sich der fürstlichen Gewalt unterwerfen durch Zahlung eines Sühnegeldes, Wismar im Betrage von 10000, Rostock von 6000 Mark, und feierliche Wiedereinführung des alten Rates und der früheren Stadtverfassung geloben.

Doch nur wenige Jahre dauerte die Ruhe. König Erich von Dänemark, der 1412 auf Margarete gefolgt war, begann bald darauf den Krieg gegen die Herzöge Heinrich und Adolf von Schleswig-Holstein, um sie seiner Herrschaft zu unterwerfen. Er fand Hilfe bei den holländischen Hansestädten, die, erzürnt über das Verbot der Hanse, Getreide aus anderen als Hansestädten auszuführen, bereits vom Bunde abgefallcn waren. Die wendischen Städte unter den wiedereingesetzten allen Stadträten hatten zunächst eine vermittelnde, dann aber auch eine dänenfreundliche Haltung eingenommen, die sich im Juni 1423 sogar zu einem Bündnis mit König Erich auswuchs. Das geschah nicht zum mindesten aus Dankbarkeit gegen Erich, der vor allem 1416 zum Sturz des neuen Rates in Lübeck beigetragen hatte. Dann aber wandten sich infolge drohenden Übergewichts der dänischen Herrschaft im deutschen Norden, sowie Errichtung eines neuen dänischen Zolls, des Sundzolls in Helsingör, und der damit verbundenen Schädigungen des Handels die wendischen Städte den Holsteinern zu, und Hamburg, Lübeck, Wismar, Rostock und Stralsund nebst Lüneburg schlössen 1426 mit Heinrich und Adolf ein Bündnis, erlitten aber im Juli des nächsten Jahres im Sund vor Kopenhagen eine völlige Niederlage. Sie wurde für die Bürger in den beiden mecklenburgischen Seestädten zum Anlaß einer neuen Erhebung gegen den Rat. König Erich selbst reizte ihren Zorn noch mehr durch Briefe, in denen er, falls sie nicht den ihn gegen alle früheren Verträge bekämpfenden Rat absetzten, ihnen eine Handelssperre mit den drei nordischen Reichen androhte. Die Wirkung blieb nicht aus. In kurzem entbrannte der Kampf der Zünfte gegen den Rat von neuem. In Wismar war der Wollenweber Klaus Jesup der Anführer der Aufständischen: der Rat wurde abgesetzt, der Bürgermeister Johann Banzkow und der Ratsherr von Haren öffentlich auf dem Markt wegen Hochverrats an den Dänen hingerichtet und Jesup selbst zum Bürgermeister gewählt. In Rostock, wo ein gleicher Aufruhr entstand, entkamen die vier Bürgermeister, nachdem der Rat in Verhandlungen mit den Bürgern getreten war und dadurch Zeit gewonnen hatte, noch rechtzeitig heimlich aus der Stadt. Die früheren Sechzigmänner wurden wieder eingesetzt, und sie wählten nun einen neuen Bürgermeister.

Im Lande führte damals Katharina, die Witwe Johanns IV., die Regentschaft. Im Jahre 1422 nämlich war dieser, ein Jahr darauf auch sein Vetter Albrecht V. gestorben. Der einzig erbberechtigte Fürst im Herzogtum Mecklenburg war Johann von Stargard. Er befand sich aber in der Gefangenschaft des Kurfürsten Friedrich I. von Brandenburg, der ihn mitsamt seinem Lande wieder, wie es früher einst mit Stargard der Fall gewesen war, in seine Macht hatte bringen wollen. Die höchst verworrenen Zustände nach den unglücklich verlaufenen nordischen Verwicklungen unter Albrecht III., der 1412 starb, hatten den Kurfürsten zu solchen Unternehmungen und Plänen verleitet. Als Johann aber die geforderte brandenburgische Lehnshoheit verweigerte, ließ Kurfürst Friedrich ihn 1418 ergreifen und nach Tangermünde in Haft bringen. Eine Frau leitete somit in jenen unruhigen Zeitläuften die Geschicke Mecklenburgs. Durch Einteilung des Landes in Bezirke zwecks besserer Übersicht und geordneter Verwaltung legte sie den Grund zu der späteren Amtsverfassung.

In die Händel zwischen Bürgerschaft und Rat in Wismar und Rostock griff Katharina anfangs überhaupt nicht ein, duldete vielmehr die neuen Stadträte, weniger wohl durch Bestechung veranlaßt, als vielmehr in der Hoffnung auf Befestigung und Stärkung ihrer eigenen Macht in den Seestädten. Erst das Einschreiten Kaiser Siegmunds, der für Wismar durch den Sohn des dort hingerichteten Bürgermeisters Banzkow, für Rostock durch die entflohenen Bürgermeister gewonnen wurde, schuf Wandel. Über beide Städte verhängte Siegmund die Acht, und Katharina erhielt von ihm den Befehl zur Wiederherstellung der alten städtischen Ordnung. In Wismar wurde darauf 1432 der frühere Rat wieder eingeführt, der ihr nun als Landesfürstin huldigen mußte. Rostock aber wehrte sich selbst gegen den Kaiser und dessen

Achterklärung. Da erfolgte vom Papst auch der Bann über die Stadt und zugleich vom Konzil zu Basel an die erst jüngst gegründete Universität der Befehl, die Stadt zu verlassen. Sie siedelte nach Greifswald über. Da gab die Bürgerschaft nach, und auch in Rostock wurde der alte Rat wieder eingesetzt.

Ein herrliches Kultur- und Friedenswerk aber war doch inmitten dieser unruhigen Jahre geschaffen worden und hatte dem Mecklenburger Lande einen Mittelpunkt geistigen Lebens gebracht. Es war die Gründung einer Landesuniversität in Rostock, der ersten in Norddeutschland. Lange schon war wegen der oft mangelhaften Vorbildung der Beamten und Geistlichen im deutschen Norden der Wunsch nach Errichtung einer solchen Hochschule laut geworden. Im Bunde mit dem Bischof Heinrich II. von Schwerin und dem Rate der Stadt Rostock erlangten die beiden Herzöge Albrecht V. und Johann IV. unter dem 18. Februar 1419 die Zustimmung des Papstes Martin V. Zwar versagte dieser Kirchenfürst, wohl im Hinblick auf die schon bis nach Wismar und Rostock verbreiteten wiclefschen und hussitischen „Irrlehren", noch die Errichtung einer theologischen Fakultät – erst 1432 wurde diese Lücke ausgefüllt –, im übrigen aber ging das Werk schnell von statten. Herzöge und Rat überwiesen der neuen Gründung Einkünfte und Gebäude, Dozenten wurden vornehmlich aus Leipzig und Erfurt berufen, und schon am 12. November 1419 fand der feierliche Weiheakt statt. Kanzler wurde der Schweriner Bischof. Als erste und lange Zeit einzige Universität im Norden Europas wurde die neue Hochschule sehr bald weit über Mecklenburgs Grenzen, auch für Dänemark, Schweden und Norwegen von Bedeutung. Schon im ersten Semester waren über 100, im zweiten mehr als doppelt soviel Studenten immatrikuliert. Daran vermochte auch ihre gelegentlich der eben geschilderten Unruhen in der Stadt vom Konzil zu Basel bestimmte Verlegung nach Greifswald (1437) nicht viel zu ändern. Wenn auch nach ihrer Rückkehr (1443) noch ein Teil der Professoren wegen Aufhebung des früheren städtischen Zuschusses in Greifswald verblieb, so gewann sie doch schon bald ihre alte Bedeutung wieder, die sie auch durch die schlimmen Zeiten der Pest in den fünfziger und sechziger Jahren hindurchrettete. Gegen alle Jntrigen der auf ihre Selbständigkeit und Vorrechte neidischen Stadt behauptete sie sich, und auch eine zweite, doch nur einjährige Abwanderung über Wismar nach Lübeck (1487/88) gelegentlich neuer Streitigkeiten zwischen Herzog und Stadt und des erneut verhängten Bannes konnte sie in ihrem Bestande nicht beeinträchtigen (S. 139). Eine große Anzahl gelehrter Männer wirkte an ihr schon vor der Reformation, und die Zahl der an ihr inskribierten Studenten belief sich noch im 15. Jahrhundert insgesamt auf weit über zehntausend, obwohl sie indes schon in mehreren Neugründungen im Norden, besonders in ihrer Tochterstiftung Greifswald sowie in den Hochschulen von Upsala und Kopenhagen, nicht geringe Konkurrentinnen gefunden hatte.

* * *

Über ein halbes Jahrhundert hatten sich nach dem Anfall der Grafschaft Schwerin an Mecklenburg und der Vereinigung der einst Dannenbergschen Länder mit dem Schweriner Herzogtum die territorialen Verhältnisse Mecklenburgs nicht verändert. Da starb im Jahre 1436 Fürst Wilhelm von Wenden (Güstrow-Werle) ohne männliche Erben. Nach der Erbverbrüderung von 1418 (S. 167) sukzedierten beide mecklenburgischen Linien Schwerin und Stargard. Aber auch der Kurfürst Friedrich I. von Brandenburg machte auf Grund eines ihm 1416 von Fürst Balthasar geleisteten Lehnseides Rechte auf das Land Wenden geltend und fand sogar Zustimmung bei Kaiser Siegmund, der die wendischen Stände, Prälaten, Mannen und Städte an den Kurfürsten als ihren neuen rechtmäßigen Herrn wies. Zwar huldigten die Stände im November 1436 in Güstrow den vier mecklenburgischen Herzögen, Heinrich und Johann von Schwerin und Johann und Heinrich von Stargard, nachdem diese ihnen die Unteilbarkeit des Landes zugesichert, ihre Privilegien bestätigt und die Schuldforderungen ihres bisherigen Fürstenhauses anerkannt hatten. Die Ansprüche des Kurfürsten wiesen sie im November 1437 in einer Gegenvorstellung an den Kaiser mit der Begründung ab, daß Balthasars rein persönliche, ohne Zustimmung seines Bruders und der Stände vollzogene Huldigung für das Land als solches nicht rechtsgültig sei. Der schon im Dezember erfolgende Tod des Kaisers verschob die endgültige Regelung. Auch Kurfürst Friedrich verhielt sich ruhig und freundschaftlich gegen die Herzöge; war doch zudem Heinrich von Schwerin sein Schwiegersohn. Betreffs der gemeinsamen Regierung einigten sich im Dezember 1438 zu Plau die Herzöge beider Linien dahin, daß alle schuldfreien Güter des Landes Wenden von jedem Teile zur Hälfte benutzt, die verpfändeten gemeinschaftlich eingelöst, die Einkünfte aus den Gerichten, Zöllen usw. geteilt, die geistlichen Lehen wechselweise vergeben und alle wegen des Landes entstehenden Kriege gemeinschaftlich geführt werden sollten.

Noch aber gab Kurfürst Friedrich von Brandenburg seine Ansprüche nicht auf. In einer Fehde, in die 1440 die Pommernherzöge mit dem streitlustigen Heinrich von Stargard wegen Anklam gerieten, trat der junge Friedrich II. von Brandenburg, der schon damals für seinen Vater die Regentschaft führte, auf die Seite der Pommern. Bald waren Woldegk und Helpt, Lychen und Himmelpfort nebst anderen Orten in der Hand der Feinde, die außerdem ganze Strecken Stargarder Landes verwüsteten. Heinrich mußte sie ihnen im Vertrag von Ahrensdorf bei Friedland überlassen. Während er mit den Pommernherzögen zugleich einen Waffenstillstand abschloß, trat für Friedensverhandlungen mit dem Kurfürsten besonders die wendische Frage in den Mittelpunkt. Sie wurde auf zwei Zusammenkünften des Kurfürsten Friedrich II. mit den beiden Schweriner Herzögen Heinrich und Johann und dem Stargarder Heinrich – Johann war 1438 gestorben – in Wittstock und Perleberg (12. April und 8. Mai 1442) dahin erledigt, daß der Kurfürst gegen eine Entschädigungssumme von 5000 rheinischen Gulden allen Ansprüchen auf das Land entsagte, aber beim Aussterben des gesamten mecklenburgischen Fürstenhauses das Recht der Erbfolge in allen mecklenburgischen Ländern erhielt. Auch Lychen und Himmelpfort blieben in brandenburgischem Besitz, dagegen gaben die Pommern nach weiteren Verhandlungen durch Vermittlung des Kurfürsten Woldegk und Helpt an Stargard zurück. Die von den Herzögen an den Kurfürsten zu zahlende verhältnismäßig hohe Geldsumme erklärt sich wohl dadurch, daß der Kurfürst dem kaiserlichen Kanzler Schlick, dem der Kaiser 1437 alle Rechte des Reiches an das Land Wenden urkundlich verschrieben hatte, diese abkaufen mußte. Im Juni bestätigte der Kaiser die beiderseitigen Verträge. So war – als Ergebnis der jahrelangen Erbstreitigkeiten – zwar das Land Wenden mit Mecklenburg vereint, aber unter Preisgabe weiterer Rechte und Privilegien einerseits an die schon lange im Wachsen begriffene Macht der Stände, anderseits an die Kurfürsten von Brandenburg durch das fortab bestehende und oft erneuerte Sukzessionsrecht.

Wohl noch in demselben Jahre (1442) starb Heinrichs IV. mitregierender Bruder Johann V. ohne Erben. Heinrich war somit Alleinherrscher des Schweriner Landesteils. Materieller Genuß und ein fehdelustiger Sinn waren die Triebfedern seines wenig würdevollen Fürstenlebens. Sein wohlbeleibter Körper hat ihm den Beinamen „der Dicke“ eingebracht. An Streitsucht übertraf ihn jedoch noch sein geistig ziemlich minderwertiger Stargarder Vetter gleichen Namens, den schon die Zeitgenossen einen „argen Räuber“ nannten, der grundlos in die Nachbargebiete einfiel und Land und Leute plünderte. In einer Reihe zweck- und sinnloser Kriegshändel, deren Ursachen oft überhaupt nicht mecklenburgische Verhältnisse betrafen, vergeudeten sie Zeit und Geld. So war es bei dem Einfall des Stargarders in das Land des deutschen Ritterordens (1443), so auch bei den Kämpfen beider Herzöge gegen den jüngeren Markgrafen Friedrich von Brandenburg-Tangermünde (1451), gegen den Erzbischof von Magdeburg und gegen den Herzog Joachim von Pommern-Stettin im gleichen Jahre. Der Krieg gegen den Herzog Wartislaw von Pommern-Wolgast (1452/54), der die Herausgabe seiner Nichte Katharina, der Tochter des letzten Fürsten von Wenden, und ihres Brautschatzes im Betrag von 20 000 Mark Silbers verweigerte, wickelte sich auf Stargarder Boden ab. Bei Galenbeck kam es unter großen Verlusten beider Parteien zur Schlacht. Schließlich entschloß sich Barnims Nachfolger Wartislaw zur Herausgabe der Braut und des Geldes. Die sich nach diesem Frieden entwickelnde Freundschaft zwischen den mecklenburgischen und pommerschen Herzögen verstrickte erstere in nachteilige Kämpfe mit Stralsund (1458/60).

Der Fehdelust der Fürsten entsprach die Raubgier der Vasallen und Ritter. Tatsächlich hatte damals auch in Mecklenburg das Raubrittertum einen für Ordnung und Sicherheit höchst bedrohlichen Umfang angenommen. Mecklenburgische Ritter, zum Teil aus Herzog Heinrichs Hofgesinde, im Bunde mit märkischen überfielen 1466 in der Gegend von Mölln in Lauenburg eine Anzahl Kaufleute, die von der Frankfurter Messe nach Lübeck reisten, und raubten ihnen viele Kostbarkeiten an Perlen, Korallen, seidenen und samtenen Zeugen, sowie viele Säcke mit Pfeffer. Nur die Zurückerstattung der noch durch Haussuchungen auffindbaren geraubten Gegenstände und Ersatzleistung für die schon verlorenen durch Herzog Heinrich bewahrte das Schweriner Land vor einem gefährlichen Rachezug Lübecks. Schlimmere Folgen zeitigte im nächsten Jahre ein Überfall, den der Hauptmann Dietrich von Plessen zu Wredenhagen im Einvernehmen mit seinem Lehnsherrn, Herzog Ulrich von Stargard, auf Rostocker Kaufleute ausführte. Als Herzog Heinrich den Räuber ergreifen ließ, stellte Ulrich selbst dem Herzog auf einer Fahrt in die Mark nach, und als er ihn nicht fing, fiel er von Sternberg her ins Schwerinsche ein und raubte und plünderte nach Herzenslust. Erst im Mai 1468 wurde der Kampf der beiden Vettern, durch den das Landvolk in vielen Dörfern sehr zu leiden hatte, durch den Brandenburger Kurfürsten Friedrich II. im Wilsnacker Vergleich beendet. Beide Herzöge versprachen künftige Mißhelligkeiten nicht mit den Waffen, sondern durch Vermittlung ihrer Räte, Mannen und Städte zusammen mit dem Kurfürsten von Brandenburg zu schlichten. Zunächst aber mußten sie an dem Krieg des Kurfürsten gegen Pommern teilnehmen, in dem es sich um die von Brandenburg beanspruchte Erbfolge im Herzogtum Pommern-Stettin handelte. Durch die Aussicht auf Eintreibung alter Schuldforderungen, die die Mecklenburger Herzöge an die Pommern hatten, wurde dem Kurfürsten der Gewinn der mecklenburgischen Bundesgenossenschaft um so leichter. Während der Kurfürst sich gegen Stettin wandte, zogen die Mecklenburger vor Treptow. Über ein Jahr lang wurden die Länder der beteiligten Parteien, besonders das Stargarder Land, zum Schauplatz des Raubens, Brennens und Plünderns. Schließlich kam es im Oktober 1469 bei Dammgarten zum Frieden zwischen den Mecklenburgern und Pommern, die sich nun sogar gegen den eroberungssüchtigen Brandenburger Kurfürsten verbanden. Nur der Tod des letzteren im Februar 1471 machte weiterem Unheil ein Ende.

In demselben Jahre starb Herzog Ulrich II. von Stargard als der letzte seines Stammes ohne männliche Erben. Auch er verkörperte in sich den Geist seiner Zeit. Ein unstetes, durch Kampf und Streit zerrissenes Fürstenleben ging mit ihm zu Ende. „O Gott, wie hat man gerannt und gekämpft um vier Bretter und ein Leichentuch“, sollen seine letzten Worte gewesen sein. Ohne Widerspruch und irgendwelche Zwischenfälle ging die Herrschaft in Stargard – und auch diejenige in Wenden – auf Heinrich den Dicken von Schwerin über. Schon zwei Tage nach dem Tode Ulrichs, am 15. Juli, huldigten ihm die Stargarder Stände in Neubrandenburg, und Kaiser Friedrich III. bestätigte auf dem Reichstag zu Regensburg diese Veränderung der Sachlage. Nach fast zweihundertjährigen Kämpfen und Wirren, Teilungen und Verbindungen waren die schon seit 1230. bestehenden vier Teilreiche (Mecklenburg, Rostock, Wenden, Parchim) samt der Grafschaft Schwerin und den noch zu fremden Staaten gehörenden Grenzgebieten – ohne die Bistümer Schwerin und Ratzeburg – endlich vereint. Der mecklenburgische Staat nach seiner äußeren Form und Gestalt war geschaffen.

Leider erwies sich der erste Regent des Gesamtlandes, Heinich IV., der Dicke, als ein durchaus unwürdiger Fürst. Um Geld zur Befriedigung seiner Leidenschaften zu gewinnen, verpfändete er allmählich die meisten Städte, Schlösser und Vogteien. Was noch in seinem Eigenbesitz blieb, war nicht selten über die Einkünfte hinaus verschuldet. So stellten sich z. B. die Ausgaben der Vogtei Gadebusch im Jahre 1467/68 um 200 Mark höher als ihre Einnahmen, und als man 1472 einen baren Überschuß von 11 Mark erzielte, war das ein selten günstiges Resultat. Hatte die Herzogin Katharina beim Bukower Vogt etwa 100 Mark Schulden hinterlassen, so belief sich dessen Forderung bei Heinrichs Tod auf über 1200 Mark. In ähnlicher Weise wuchsen von Jahr zu Jahr fast alle herzoglichen Ausgaben und Anleihen. Auch das nicht unbeträchtliche Silbergeschirr des herzoglichen Haushaltes mußte herhalten; es wurde durch hölzerne, im Dorfe Banzkow hergestellte, buntbemalte Gefäße, die „Banzkowschen“ Gläser, ersetzt. Eine sich steigernde Verschuldung des Landes, verbunden mit der Zerrüttung der Finanzen und dem Sinken landesherrlicher Macht war die unausbleibliche Folge. Heinrichs Söhne Albrecht und Johann warnten sogar durch öffentliche Mandate vor weiterer Pfandentnahme. Der Versuch des Herzogs, seinem jüngsten Sohn Balthasar mit Waffengewalt in dem Hildesheimer Bischofsstuhl eine ausreichende Brotstelle zu verschaffen, schlug fehl. Die nicht geringen Kriegskosten des Unternehmens, für das er sich einen Posten Geld auf Abzahlung zusammengebettelt hatte, konnten erst zwanzig Jahre nach seinem Tode bezahlt werden. Balthasar fand einen, wenn auch nicht gleichwertigen Ersatz in der Administration des Schweriner Bistums. Ebenso unfruchtbar blieben des Herzogs Pläne, durch Errichtung neuer Land- und Wasserzölle seine Kassen zu füllen. Lübeck protestierte und berief sich auf seine alten Privilegien betreffs Zollfreiheit nach Mecklenburg; auch Wismar und Rostock erhoben Einspruch; schließlich drohte der ganze Hansebund mit Krieg; auch der Kaiser stand gegen den Herzog, und dieser und, da er 1477 starb, nach ihm seine Söhne mußten alle Zollbestimmungen wieder aufheben.

Ein für Mecklenburg nicht nur unnützes, sondern geradezu verderbliches Fürstenleben ging mit Heinrich dem Dicken 1477 zu Ende. Politisch wie wirtschaftlich war das Land so zerrüttet, daß eine gänzliche Auflösung aller gesetzlichen Ordnung drohte. Von Jahr zu Jahr häuften sich die Klagen der Städte über die Unsicherheit der Landstraßen. Wie Wismar unter dem berüchtigten Kurt von Plessen, so hatte Friedland unter Klaus von Schwerin schwer zu leiden, bis dieser schließlich von der Stadt gefangen und enthauptet wurde. Malchin lag in schwerer Fehde mit den benachbarten Hahns von Basedow, Neubrandenburg mit den ebenfalls nahe wohnenden Ilenfelds in Ilenfeld. Die Ursachen solcher Verfeindungen lagen meist schon weit zurück. Beiderseits überbot man sich schließlich im Rauben, Morden und Brennen. Daß auch in den Städten viel ungezügelte Kraft am Werke war, zeigt der von den Herzögen Magnus und Balthasar (1480) herbeigeführte Versöhnungsvertrag zwischen den Neubrandenburgern und Ilenfeldern, wobei erstere nicht sonderlich günstig abschnitten. Es war die Zeit, da das Faustrecht seinen Höhepunkt erreicht hatte. Die auch im deutschen Norden mehrfach gebotenen Landfrieden hatten trotz der erstandenen Einheit Mecklenburgs doch bei der Schwäche und Unfähigkeit des Herrschers ebensowenig gefruchtet wie früher zur Zeit der politischen Zerrissenheit des Landes.

Zwar versuchte Heinrichs Sohn Magnus, der bei der nur nominellen Mitregierung seines jüngeren Bruders Balthasar und besonders nach dem 1483 erfolgten Tod des älteren Albrecht die Alleinherrschaft führte, der äußersten Zersetzung des Landes vorzubeugen. Aber nicht selten war das Unheil schon zu groß und seine Bemühungen vergebens. Das zeigte sich sogleich bei seinem Bestreben, die durch seinen Vater völlig entwertete landesfürstliche Gewalt wieder zu heben. Beim Adel sowohl wie bei den Städten, vornehmlich Wismar und Rostock, stieß er auf harten Widerstand. Mochten letztere auch der Forderung der Erbhuldigung nachkommen, so verweigerten sie doch jegliche Kriegsleistung für die dem deutschen Reiche drohende Kriegsgefahr, Rostock außerdem noch die von Herzog Magnus geforderte erhöhte Landbede. Schon stand 1482 der Ausbruch eines Krieges zwischen den verbündeten mecklenburgischen und benachbarten Fürsten gegen Rostock und einige mit ihm vereinte Städte bevor, da kam es im August des Jahres durch Vermittlung der Stände und der wendischen Städte und wegen plötzlicher Zurücknahme der von Brandenburg an Magnus zugesagten Hilfe zu einer Einigung derart, daß Rostock gegen Zahlung einer Geldsumme die Anerkennung der Bedefreiheit, die Aufhebung verschiedener Landzölle (zu Grevesmühlen und Ribnitz) und die Bestätigung anderer Privilegien zugesichert erhielt. Gezwungen durch die Not, hatte Magnus nachgegeben. Die Spannung mit Rostock blieb, ja sie wuchs schon im nächsten Jahre, als die Stadt, ebenso wie Wismar, einer Aufforderung des Herzogs zur etwaigen Kriegshilfe gegen Lübeck auswich, welches dem Herzog die Auslieferung des auf einem seiner Güter erkannten Viehräubers Hartwig Lützow verweigerte. Mit Hilfe der Geistlichkeit gedachte nunmehr Magnus sich in Rostock durchzusetzen. Er wollte an der dortigen St. Jakobikirche ein Kollegiatstift mit 12 Domherren errichten, das zugleich als Altersversorgungsheim für Universitätsprofessoren geplant war. Während der Rat und die Universität nicht abgeneigt waren, widersprach die Bürgerschaft und wollte vor allem von einer Stärkung geistlicher Macht in der Stadt nichts wissen. Als Herzog Magnus dennoch mit Hilfe des Papstes und des Ratzeburger Bischofs im Januar 1487 die Errichtung des Stifts durchsetzte, brach wenige Tage darauf unter Führung eines Steinmetzen Namens Hans Runge ein Volksaufruhr aus. Ein wilder Haufe stürmte an einem Sonntagmorgen die Jakobi- und Marienkirche und verwüstete das Innere der Gotteshäuser. Der Dompropst und herzogliche Kanzler Thomas Rode wurde im Pfarrhaus von St. Marien ergriffen und mit Knütteln auf der Straße erschlagen. Herzog Magnus selbst, der gerade die Messe hörte, konnte noch rechtzeitig entfliehen, ebenso seine Gemahlin, die in ihrem Wagen öffentlich von der erregten Menge beschimpft wurde. Auch die Domherren entkamen mit Ausnahme eines einzigen, den man im Lagebuschturm in Haft setzte, den Händen ihrer Verfolger. Auch die Universität verließ wieder die indes mit dem Bann belegte Stadt und zog im Juli über Wismar nach Lübeck, wo sie jedoch nur ein Jahr verblieb. Immer weiter griff die Bewegung um sich. Schnell war wieder der Rat der Sechzig gebildet. Die beiden mecklenburgischen Herzöge, unterstützt von den Herzögen von Pommern und Sachsen-Lauenburg und dem Grafen von Lindow-Ruppin, gingen mit Waffengewalt vor, doch ohne Erfolg. Nach harten Kämpfen mußten der verwundete Magnus und Balthasar unter vielen Verlusten abziehen. Die Sechziger, von einer großen aufgewiegelten Volksmenge umgeben, beschuldigten den Rat des Verrats. Seine völlige Absetzung jedoch wurde durch den Einspruch der Hansestädte verhindert, die, anfangs wohl auf Seiten der Stadt, doch solche Auswüchse pöbelhafter Willkür nicht billigten. Ein Schiedsgericht des Dänenkönigs und Markgrafen im Dezember in Wismar, in dem den Herzögen volles Recht und Genugtuung, den Empörern aber alle Schuld und harte Strafen zugesprochen wurden, rief nur neue Unruhen hervor. Auch alle Mahnungen des Kaisers und der Hansestädte waren umsonst. Die Sechziger setzten nunmehr alle alten Ratsmitglieder ab. Mehrere Bürgermeister waren bereits geflohen. Erst im Dezember 1490 kam es nach weiteren erbitterten Kämpfen, in denen die Herzöge, der König von Dänemark und auch die Hansestädte den Handel der Stadt durch Absperrung zu Lande und zu Wasser unterbanden, zum Vergleich in Lübeck. Der alte Rat wurde wieder eingesetzt, und die Stadt zahlte eine Entschädigungssumme von 21000 Gulden an die Herzöge. Runge und andere Rädelsführer wurden enthauptet; das Domstift blieb bestehen, erlangte allerdings wenig Bedeutung und erlag schon den Stürmen den Reformation.

Am 20. November 1503 war Herzog Magnus, ein halbes Jahr später auch seine Gemahlin Sophie gestorben. Beide hatten ihre drei Söhne Heinrich, Erich und Albrecht sowie deren Oheim Balthasar ernstlich ermahnt, zum Wohl des Landes auf das sonst übliche Recht der Erb- und Landesteilung zu verzichten und die Einheit in Regierung und

Hofhaltung zu wahren. Vertragsmäßig legten alle vier Erben, besonders noch die drei Brüder unter sich, in mehreren Regierungsordnungen den letzten Willen der Verstorbenen fest. Heinrich als der älteste führte im Namen seiner Brüder zusammen mit dem verständigen Oheim Balthasar die Regierung. Erich studierte in Bologna, und Albrecht war, wie auch vorher Heinrich selbst es getan hatte, in den Dienst am Hofe des Kaisers Maximilian getreten. So gab es zu brüderlichen Reibungen und Zwistigkeiten kaum Gelegenheit. Als dann aber Balthasar schon im März 1507 und im Dezember des nächsten Jahres auch Erich starb, da traten zwischen den beiden überlebenden, in Charakter und Anschauung grundsätzlich verschieden gearteten Brüdern Heinrich und Albrecht, welch letzterer 1508 nach Hause zurückkehrte, trotz der bestehenden Abmachungen schon sehr bald starke Differenzen hervor. Heinrich, schon am Hofe des Kaisers und auch später der „Friedfertige“ genannt und stets vermittelnd, war ganz im Sinne seines verstorbenen Vaters auf die Erhaltung der Landeseinheit bedacht, Albrecht dagegen drängte bei seinen vielen Schulden, die er durch prunkvolles Auftreten am Hofe des Kaisers gemacht hatte, immer mehr auf eine Landesteilung, die ihn in den selbständigen Genuß und das freie Verfügungsrecht über die Einkünfte aus der einen Hälfte des Landes setzen sollte.

Zwar gelang es Heinrich noch mit vieler Mühe und mit Hilfe der verwandten Fürstenhäuser von Sachsen und Hessen und einiger adliger Ständemitglieder in mehreren Verträgen, vornehmlich zu Schwerin und Wismar, eine direkte Teilung des Landes zu vereiteln und den Bruder durch das Zugeständnis gemeinsamer Regierung mit gemeinsamem Kanzler, Hofmarschall und Rentmeister unter gleicher Verteilung aller fürstlichen Einkünfte zu beschwichtigen. Eine Reihe bedeutender Reformen entstammen dieser Zeit, so im Jahre 1512 die Aufhebung aller fremden Gerichte im Lande, besonders der westfälischen Femgerichte, 1516 die Herausgabe einer neuen Polizeiordnung für Stadt und Land mit Vorschriften über den Häuserbau, über Feuerlösch- und Wehrgerätschaften der Bürger u. a. mehr. Dann aber kam unter dem 7. Mai 1520 durch den alten Oheim, Herzog Bogislaw von Pommern und mit Hilfe des Bischofs von Kammin der Neubrandenburger Hausvertrag zustande, wohl der merkwürdigste aller Verträge, ein „Mittelding zwischen Teilung und Gemeinschaft“, wie er mit Recht genannt wurde, und zugleich eine Quelle nie versiegendem Haders zwischen den beiden beteiligten Brüdern. Es sollten geteilt werden alle Städte (außer zwölfen), alle Flecken, Dörfer, Schlösser des Landes, alle Abläger in den Klöstern, d. h. die Aufnahme und Unterhaltung der Herzöge mit ihrem ganzen Hof und ihrer Dienerschaft, alle Landesabgaben, Zölle und Gerichtsgefälle, dazu das gesamte Erbe von den Eltern her u. a. mehr. Gemeinsam sollten bleiben die zwölf Städte Rostock, Wismar, Schwerin, Parchim, Güstrow, Sternberg, Malchin, Teterow, Waren, Röbel, Neubrandenburg und Friedland, außerdem die drei Stände der Prälaten, Ritter und Städte, das Recht der Steuerausschreibung, zwei jährliche Rechts- und Landtage, der Kanzler des Landes, die Landesverteidigung u. a. Nur vier Jahre, und dazu noch unter Vertauschung der beiden abgeteilten Herzogtümer Schwerin und Güstrow zwischen den Brüdern in der Mitte dieser Zeit, sollte der Vertrag dauern, dann aber eine völlige Scheidung eintreten.

Aber schon die Erledigung der schwierigen Vorarbeiten, die Vermessung von Ländern und Forsten, die Anlage der Amtsregister, die Aufstellung der städtischen Einkünfte zwecks genauer Teilung usw., dauerte über das festgesetzte Zeitmaß von vier Monaten bis zum Inkrafttreten des Vertrages und verursachte sogleich neue Differenzen, ja geradezu Feindseligkeiten zwischen den beiden Herzögen, die ihre Freunde und Anhänger unter den benachbarten und verwandten Fürsten fanden, Albrecht besonders in seinem Schwiegervater, dem Kurfürsten Joachim I. von Brandenburg, der den Brautschatz von 11600 Gulden für seine Tochter Anna an Albrecht, selbst als die Heirat schon vollzogen war, nur nach einer völligen Landesteilung hergeben wollte. Jeder der beiden Brüder glaubte sich vom andern übervorteilt und bei jeder Gelegenheit benachteiligt. So wird z. B. berichtet, daß Albrecht die Anlage eines unangenehm riechenden Küchenabgusses unter seinen Fenstern im Schlosse zu Güstrow seitens Heinrichs als absichtliches Ärgernis gegen sich auslegte, Heinrich wiederum sich durch fünfzig Gulden und fünf Füllen, die Albrecht den Ämtern Schwaan und Boizenburg entnahm, verletzt fühlte. Mit gegen 100 schriftlichen und mündlichen Klagen und Gegenklagen, gedruckten Verteidigungen und Verträgen, erst vor einem kaiserlichen Schiedsgericht in Rostock und

Güstrow, dann vor dem Reichskammergericht, enthüllte dieser mit viel Erbitterung und Gehässigkeit besonders seitens Albrechts geführte Prozeß wenig fürstliche Würde und Hoheit. Erst im Februar 1525, als der Vertrag seinem Wortlaut nach schon in eine Landesteilung übergehen mußte, bestätigte ihn das Reichskammergericht.

Der Zwist der herzoglichen Brüder mit dem schließlichen Ergebnis des Neubrandenburger Hausvertrages wurde die Veranlassung zu einem für die mecklenburgische Landesverfassung grundlegenden Ereignis, das seinerseits zugleich den Abschluß einer Jahrhunderte alten und den Anfang einer ebensolangen neuen Entwicklung auf diesem Gebiete bezeichnete. Es war die sog. Union der Landstände vom 1. August 1523.

Die Anfänge des Ständewesens sind wie überall, so auch in Mecklenburg, wo es sich am längsten unter allen deutschen Staaten erhalten hat, in Dunkel gehüllt. Schon die Zeit der deutschen Kolonisation im 12. und 13. Jahrhundert hatte unbewußt grundlegend für diese Einrichtung gewirkt, die, wie so viele andere Lebensverhältnisse, auf dem mittelalterlichen Lehnswesen beruhte. Die Verleihung von Grund und Boden mitsamt den verschiedensten Rechten seitens der Landesherrn an deutsche Einwanderer schuf aus dem ursprünglich als ein großes fürstliches Domanium geltenden Staatsgebiet eine Vielheit von Grundherrschaften nicht nur ritterlicher, sondern auch städtischer und geistlicher Art, die alle unter Wahrung der dem Landesherrn im gesamten Staatsgebiet verbliebenen Hoheitsrechte in den ihnen überlassenen Bezirken gewisse Herrschaftsrechte über Land und Leute ausübten. Bei allen landesherrlichen Forderungen, namentlich in Sachen der Steuererhebung und Dienstleistungen an gutsherrliche Hintersassen, kirchlich-klösterliche Untertanen und städtische Einwohner, ging der Weg vom Fürsten über die Grundherrschaft bzw. städtische Obrigkeit, ohne deren Zustimmung der Fürst machtlos war. Ein gutes Verhältnis mit ihnen und die Heranziehung von Mitgliedern aus ihrer Zahl zur Beratung in Fragen der Landesverwaltung war die ganz natürliche Folge für den Fürsten, der auch seine Hofbeamtcn aus ihrer Mitte auswählte. Bei dem Mangel einer allgemeinen Steuerpflicht der Stände aber war der Landesherr in Zeiten der Geldnot – und solche traten bei den vielen Kriegen und der kostspielligen Hofhaltung der Fürsten mit ihrer Vorliebe für prunkvolle Festlichkeiten sehr bald und häufig ein – ganz auf den guten Willen der Stände und Grundherrschaften angewiesen. Aber nur durch Erweiterung alter und Bewilligung neuer Privilegien sowie besonders durch Umänderung des bisherigen Mitberatungs- in ein Mitbestimmungsrecht erhielten die Fürsten von den Ständen das gewünschte Geld. So wurden, wie z. B. im Stargarder Lande schon 1304, Stände und Städte zu einer Art Landesvertretung. Auch zu Vormündern noch unmündiger Fürsten wurden schon im 13. Jahrhundert Ritter und städtische Ratmänner bestellt, wie z. B. vor der Pilgerfahrt Heinrichs I. über dessen Söhne und beim Tode Heinrichs II., des Löwen, 1329 über dessen erst elfjährigen Sohn Albrecht. Bald auch wurden sie Vermittler bei fürstlichen Erb- und Teilungsstreitigkeiten, wie es z. B. 1418 bei einer Erbverbrüderung zwischen den Fürsten von Mecklenburg und den Herren von Wenden der Fall war.

Noch aber war bei dem Bestand mehrerer Teilreiche auch die Macht der Stände gespalten. Im Wittstocker Vertrag 1442, in dem es sich um das Sukzessionsrecht nichtmecklenburgischer Fürsten, der Kurfürsten von Brandenburg, im Gesamtlande handelte, traten demgemäß, soweit wir sehen, die Stände aller Teilreiche, die Prälaten, Mannen und Städte Mecklenburgs, Stargards, Wendens, Rostocks und Schwerins, zum erstenmal als eine Einheit hervor. Eine das ganze Mecklenburg betreffende Frage hatte dazu geführt. Mit der Vereinigung aller Teilreiche zu einem einzigen Staatswesen 1471 war demgemäß auch der Übergang jener gelegentlichen Erscheinung in einen dauernden Zustand gegeben. Tatsächlich bahnten sich seit 1484 gemeinsame Landtage der gesamten Stände des Landes an. Vereint aber waren die Stände zur Erweiterung ihrer Macht, zur Ausbildung einer politischen Korporation mit landesverfassungsmäßigen Rechten weit fähiger als bei ihrer früheren Zersplitterung in die einzelnen Teilreiche. Fast immer im Gegensatz zu der von den Fürsten seit der Landeseinheit erstrebten Landeshoheit wurden sie, besonders die Geldnot der Fürsten für sich ausnutzend, gewohnheitsmäßig mehr und mehr zur maßgebenden Regierungsmacht im Lande, ohne daß sie rechtlich durch Landesgesetz je dazu bestimmt worden wären. Nach dem Tode des Herzogs Magnus wurden sie bereits 1504 in einem Einigungstraktat seiner drei Söhne in Wismar zu Schiedsrichtern bei etwa eintretenden Streitigkeiten bestimmt und übten dies Amt besonders bei den Verhandlungen in Wismar 1518 und bei dem Neubrandenburger Hausvertrag 1520 aus. So war denn auch ihr Bestreben, neue Landesteilungen zu verhindern, ganz natürlich. Um im Interesse ihrer eigenen Macht der Wiederkehr früherer Zersplitterungen vorzubeugen, schlossen sie am 1. August 1523 in Rostock die sog. Union. Zwar ist einerseits ihre Bedeutung für Mecklenburg nicht zu leugenen – sie hat trotz mancher späterer Teilungen seitens der Herzöge stets eine gewisse Einheit und staatsrechtliche Verbindung beider Länder gewährleistet – anderseits bildet sie aber auch den offen bekundeten Anfang der landständischen Macht in Mecklenburg. Ihr Datum wurde daher auch zusammen mit demjenigen des Landesgrundgesetzlichen Erbvergleichs vom 18. April 1755 als des Abschlusses des ständischen Verfassungsbaues im Portal des 1891 errichteten Ständehauses in Rostock eingeschrieben.

Trotz solchen Wachstums ständischer Macht lag im Mittelalter und auch noch in der ersten Hälfte des 16. Jahrhunderts die oberste Leitung des Landes vorwiegend in der Hand der Fürsten. Eine feste Residenz hatte es in der Zeit der politischen Zersplitterung des Landes noch nicht gegeben. Der Fürst zog mit seinem Gefolge meist von einem Amt ins andere und weilte bald in dieser, bald in jener Burg. Im 13. Jahrhundert bildeten sich nach der Landesteilung um 1230 allmählich Wismar, Rostock, Güstrow und Parchim zu mehr ständigen Fürstensitzen heraus. Im Stargarder Lande schwankten die Herzoge zwischen Stargard und Neubrandenburg. Dazu kam noch eine Anzahl Nebenresidenzen, wie Gadebusch, Sternberg, Goldberg, Waren. Erst nach dem Anfall der Grafschaft Schwerin an die Hauptlinie Mecklenburg wurde Schwerin mehr und mehr zur Hauptresidenz des nach ihm benannten Herzogtums; doch haben sich einige der genannten Nebenresidenzen noch lange als vorübergehende Wohnsitze der Fürsten erhalten. Hinsichtlich der Erbfolge waren, da das Recht der Primogenitur noch nicht bestand, alle überlebenden Prinzen gleichberechtigt. Es fand dann, wenn nicht eine direkte Landesteilung eintrat, wie es sehr häufig selbst in den kleineren Teilreichen noch wieder der Fall wurde, entweder eine gemeinsame Regierung statt, oder der älteste der Brüder, Vettern oder erbberechtigten Verwandten übernahm die Herrschaft mit Zustimmung aller nach besonderen Verträgen. Die weiblichen Nachkommen, bei einer Einzelregierung auch die Geschwister, wurden mit Ämtern oder Gütern abgefunden. Nicht selten bot dieser Mangel einer geregelten Erbfolgeordnung Anlaß zn dynastischen Streitigkeiten. Der Hofstaat der Fürsten bestand vor allem aus dem Hofmarschall, dem Kämmerer und dem Küchenmeister, deren Ämter mit der Zeit in bestimmten adligen Familien erblich wurden. Zu ihnen traten der Kanzler mit seinen Sekretären, eine Anzahl Räte und Mannen, ein Kaplan mit mehreren Geistlichen, außerdem verschiedene Handwerker, Spielleute, Diener, Knechte und Mägde. Der fürstliche Marstall barg eine stattliche Anzahl Pferde und Karossen. Die Kosten für die Hofhaltung und Landesregierung, für die es eine getrennte Kassenverwaltung noch nicht gab, bestritt der Fürst selbst; die Mittel dazu gewann er aus den Domänen, die nach der Germanisierung noch etwa die Hälfte des gesamten Landes ausmachten. In der anderen Hälfte, die sich auf die Ritter, die Städte und die Kirche mit den Klöstern verteilte, standen dem Landesherrn nur geringe Einkünfte, die sog. Beden, zu. Auch die Zolleinnahmen waren nicht sehr beträchtlich. Ein für Land und Volk verderbliches Mittel war die Verpfändung fürstlichen Besitztums mit allen darauf ruhenden Rechten, das verschwenderische und verschuldete Fürsten zur Hebung ihrer Geldnot mehr als einmal anwandten. Es sei nur an die Zeit Heinrichs IV., des Dicken, erinnert.

Den Fürsten am nächsten in Ansehen und Lebensweise stand der Adel. Jagd und Krieg waren schon frühzeitig seine liebsten Beschäftigungen; die Bewirtschaftung seiner Güter überließ er den Bauern. Durch das ganze Land erhoben sich seine festen und stolzen Burgen, auf denen das bekannte ritterliche Leben des deutschen Mittelalters eine Pflegestätte fand. Sie wurden aber später, als das Raubritterwesen um sich griff, Stützpunkte einer ausgedehnten Wegelagerei. Noch manche der heutigen Adelsgeschlechter führen in der Zahl ihrer Ahnen die Namen einst bekannter und gefürchteter Raubritter. Trotzig erhoben sie sich gegen ihre Landesherren, die, wie z. B. Herzog Heinrich III., der Henger, nicht selten mit der allerschärfsten Strenge gegen die Räuber einschritten. Befanden sich doch selbst unter den Vitalienbrüdern Vertreter adliger Abkunft. Eine Stärkung der Adelsmacht trat besonders in allzu kriegerischen Zeiten, bei Verschleuderung fürstlichen Besitztums durch Verpfändung und Verkauf und durch die Bildung des Ständewesens ein, durch das gerade die Ritterschaft ihr Übergewicht geltend zu machen verstand.

Die Lage der Bauern auf dem Lande hatte sich seit der Germanisierung nicht wesentlich geändert. Ihr Verhältnis zum Landes- bzw. Grundherrn war, wenn auch auf bestimmte Leistungen gegründet, wie Zahlung einer Hufenpacht in Naturalien oder Geld, Verpflichtung zum Bau von Burgen, Wegen, Brücken u. a. mehr, dennoch im ganzen ein ziemlich freies. Das Prinzip der Hörigkeit und Leibeigenschaft war erst ein Ergebnis späterer Zeit, vornehmlich des dreißigjährigen Krieges. Bauernerhebungen haben in Mecklenburg nicht stattgefunden.

Eine vorteilhafte Entwicklung nahmen die Städte. Aus kleinen Anfängen noch im 12. und 13. Jahrhundert waren manche von ihnen zu Stätten regsten wirtschaftlichen Lebens und immer steigender Kulturentfaltung geworden. Über ihre äußere Anlage, ihre Befestigungen, ihre inneren Einrichtungen ist bereits oben gesprochen (S. 87 ff). Ganz besonders hoben sich wieder Wismar und Rostock als zwei einflußreiche Mitglieder der Hanse hervor. Über ihre Befreiung aus fürstlicher Bevormundung sowie die in ihren Mauern stattfindenden Kämpfe zwischen den Geschlechtern und Zünften vgl. S. 170. Durch günstige Handelsverbindungen unter gleichzeitigem Erwerb großer Privilegien in fremden Ländern floß in ihnen viel Reichtum zusammen, so daß Fürsten und Ritter bei ihnen Anleihen machten. Verschiedene Kaufmannsgilden, wie die Schonenfahrer, Rigafahrer, Bergenfahrer u. a., hatten in der Stadt ihr besonderes Gelage. Im Jahre 1466 wurde in Rostock die sog. Landfahrer-Krämer-Kompanie von Kaufleuten aus allen Ländern begründet, die dort um Pfingsten ihre Zusammenkünfte hielten. Dadurch entstand der noch heute bekannte Rostocker Pfingstmarkt. Die Einwohnerzahl der Städte wich von der heutigen noch um ein beträchtliches ab. So hatte Rostock im 14. Jahrhundert nur etwa 1700, Wismar 1300 Seelen. Jeder Bürger war zum Wehr- und Kriegsdienst, insbesondere zum Wall-, Tor- und Wachdienst verpflichtet. Unter dem Schutz der oft starken Befestigungen hatten die Bürgerwehren selbst in der nicht erheblichen Stärke von einigen hundert Mann schon einen bedeutenden Wert. Musterungen der gesamten waffenfähigen Mannschaft und Umzüge der Bürgerwehr zu Pferd und zu Fuß, meist verbunden mit dem Vogelschuß und anderen Festlichkeiten, fanden alljährlich ebenfalls um Pfingsten statt. Das volkstümlichste Fest wurde überall das Schützenfest, bei dem hoch und niedrig, alt und jung beteiligt war und für einige Tage alle Mühen und Sorgen, selbst die Arbeit vergaß. In einigen, besonders den kleineren Städten hat es bis auf den heutigen Tag seinen ursprünglichen Charakter bewahrt. Auch sonst war das alltägliche Leben in den Städten sehr abwechslungsreich. Man liebte bei allen möglichen Gelegenheiten, besonders bei Hochzeiten und Kindtaufen, reich besetzte Tafeln. Auch an kostbarer, farbenprächtiger Kleidung fand man Gefallen. Soviel auch gegen Mißbräuche und Übertreibungen in besonderen Polizeiordnungen eingeschritten wurde, es nützte im ganzen nur wenig.

Die Rechtspflege, die sich in eine niedere und höhere Gerichtsbarkeit spaltete, lag nicht ausschließlich bei den Landesherren; auch die Kirche durch ihre Bischöfe, Domherren u. a., die Klöster, die Städte und die Ritter besaßen erstere, manchmal auch beide Arten. Auch Reste der alten Volksgerichte, sogen. Landdinge, bei denen jeder mit Klagen erscheinen konnte, haben sich noch lange erhalten. Bekannte Mahlstätten waren in Proseken bei Wismar, Malchow, Röbel und anderen Orten. Die gewöhnlichen Strafen bestanden in dem Wehrgeld; größere Vergehen wurden mit schwerem Kerker und Landesverweisung geahndet. Für Straßen-Zaräuber, uberer, Hexen, Ketzer galt meistens der Galgen oder Scheiterhaufen. Von einem besonders grausigen Todeswerkzeug wird aus dem Schweriner Schloß wie auch aus Woldegk erzählt. Dort sollen Verbrecher in eine geöffnete eiserne Jungfrau gestellt worden sein, die dann zusammengeklappt wurde, dabei den Körper mit scharfen Messem zerschnitt und die einzelnen Teile in darunter befindliches Wasser gleiten ließ. Beim Gerichtsverfahren selbst fand auch die Folter häufig Anwendung.

Über die kirchlichen Verhältnisse am Ende des Mittelalters siehe zu Anfang des nächsten Abschnitts.

Eine allgemeine Volksbildung gab es im Mittelalter noch nicht. Zwar waren in einzelnen Städten, wie Parchim, Wismar, Güstrow, Rostock, Neubrandenburg im 13. und zu Anfang des 14. Jahrhunderts Schulen mit einem rector scholarum vorhanden, aber wie ihre Bezeichnung als

Kloster,-Kathedral- und Pfarrschulen bereits andeutet, dienten sie unter der Aufsicht der Kirche in erster Linie zur Vorbereitung auf den geistlichen Beruf. Wegen des aus demselben Grunde an ihnen eingeführten Unterrichts in der lateinischen Sprache gingen sie weit über das Maß einer allgemein notwendigen Volksbildung hinaus. Eine wirklich deutsche Schule, in der jedermann nur lesen, schreiben und rechnen lernen sollte, stifteten die Brüder vom gemeinsamen Leben in Rostock gegen das Ende des 15. Jahrhunderts. Auf dem platten Lande blieb die Jugend noch ohne geregelten Unterricht, und auch in den Städten nahm nur eine verschwindend kleine Zahl von Kindern an ihm teil. Was die 1419 gegründete Universität an höherer Bildung und Aufklärung brachte, das kam ebenfalls nur wenigen im Volke zugute. – Um so schlimmer war der in allen Volksschichten weit verbreitete Aberglaube und das Unwesen der Zauberei. Da gab es „Molkentover", die den Bauern die Milch verderben konnten, und „Wikkere", die mit der Wünschelrute Schätze finden, mit gegen den Strom geschöpftem Wasser krankes Vieh kurieren und mit Erde, die sie vom Grab eines Neubestatteten nahmen und vor die Tür des Nachbarn streuten, diesen selbst töten konnten. Groß und zahlreich war das Heer solcher und ähnlicher Schwarzkünstler. – Auch in den alltäglichen Sitten und Gewohnheiten zeigte sich noch viel Rohes und Derbes. Trunk und Völlerei, Spielsucht und auch die Sünde wider das sechste Gebot war selbst unter der Geistlichkeit an der Tagesordnung. Ausdrücke wie „Saufen und Fressen" hatten nichts Anstößiges. Selbst das Studententum ließ in Anstand und Lebensführung noch vieles zu wünschen übrig; es war oftmals ein wenig feiner Ton, der unter den Musensöhnen herrschte, besonders durch den Pennalismus, die Bevormundung der jüngeren durch die älteren Studenten, wie er sich in Rostock noch bis ins 17. Jahrhundert erhielt. – Einen Fortschritt für die Verbreitung der Volksbildung bedeutete es, daß die Brüder vom gemeinsamen Leben um 1475 in Rostock die erste Druckerei im Lande begründeten. Außer Lübeck lieferten die Papiermühlen in Neustadt und Grabow Papier und Pergament. Bald fanden Schriften geistlichen und weltlichen Stils, selbst solche mit patriotischem Inhalt, wie das Buch von der Dithmarschen Schlacht, dazu Volksbücher von der schönen Melusine, der geduldigen Griseldis, von Alexander dem Großen und der Zerstörung von Troja, nicht minder auch Hausarzenei- und Wunderkurbücher Verbreitung. Viel Anklang fanden auch die geistlichen Schauspiele, unter ihnen das rein mecklenburgische Osterspiel vom Dorfe Redentin bei Wismar aus dem Jahre 1464. Es ist mitten in der an kirchlicher Zucht und Sitte ziemlich lockeren Zeit eine köstliche Perle echt christlichen Glaubens und Lebens, besonders bei den Doberaner Zisterziensern, zu deren Abtei damals Redentin gehörte. Ein herrliches Denkmal der geistlichen Poesie Mecklenburgs aus dem 15. Jahrhundert ist die Crux fidelis, das „Karfreitagslied", um das Jahr 1493 (vgl. Freybe, „Die Handschrift des Redentiner Osterspiels", Parchim Progr. d. Gymnasiums 1893, und „das älteste Kirchenlied", Berlin 1899). Lateinische, griechische, hebräische Grammatiken, Werke philosophischen, rechtswissenschaftlichen und naturgeschichtlichen Inhaltes dienten gelehrten Studien. Gegenstände aus der Landesgeschichte behandelten die Reimchronik des Ernst von Kirchberg um 1380 und die Wandalia des Rostocker Professors der Theologie und des kanonischen Rechts, Albert Krantz. Über das kirchliche Leben und dessen Auswüchse sowie die vorreformatorischen Bewegungen und den Humanismus in Mecklenburg wird im folgenden Abschnitt in Zusammenhang mit dem Beginn der Reformation gesprochen werden.

Innerhalb des deutschen Reichsverbandes gehörte Mecklenburg nach der von Kaiser Maximilian erlassenen Kreisverfassung seit 1500 mit Holstein, Hamburg, Lübeck, Bremen, Braunschweig-Lüneburg, Magdeburg u. a. zum sechsten (niedersächsischen) Kreis. Nach der Reichsmatrikel von 1521 hatten die Herzöge Heinrich und Albrecht zusammen 40 Mann zu Roß und 67 zu Fuß zu stellen und für das Reichsregiment und das Reichskammergericht 360 Gulden Jahresbeitrag zu steuern.

Fünfter Abschnitt

Die Zeit der Reformation und des Dreißigjährigen Krieges. Grundlegung der landständischen Verfassung

(Anfang des 16. bis Mitte des 17. Jahrhunderts)

Gleich dem Brausen eines gewaltigen Windes erfüllten die reformatorischen Ereignisse in Wittenberg und Worms die gesamte deutsche und ausländische Christenheit. Wie ein Zauberschlag wirkten Luthers Hammerschläge an die Schloßkirche und seine mutigen Worte vor der erlauchten Reichstagsversammlung. Nicht mehr war der Strom geistiger Lebensfülle, wie er sich aus seinen Schriften in die Herzen von Freund und Feind ergoß, einzudämmen, und wenn auch der religiöse Gedanke schon mehr als einmal aus der Tiefe dunkler Verschleierung auf das Forum kritischer Beleuchtung gehoben worden war, so wurde er nunmehr mit fast elementarer Wucht für Jahrzehnte zum Leitstern im Sinnen und Weben der deutschen Volksseele.

Wenn aber selbst jenseits der Alpen und Vogesen und auch an den Ufern der Weichsel der Funke der Begeisterung für den Wittenberger Augustinermönch aufloderte, wie hätte es da am Gestade der Ostsee, im Mecklenburger Lande ruhig bleiben sollen? Auch hier lebte, manchmal sogar mehr als anderswo, noch die urwüchsige Kraft eines tiefempfindenden deutschen Gemütes und das Verlangen des Herzens nach einem Trunk lebendigen Wassers. Wie war doch auch hier die menschliche Seele in ihrer Verbindung mit dem Urquell alles Guten eingeschnürt in die Enge rein formelhafter Betätigung und umstrickt von den Schlingen materieller Übersättigung.

Nicht bedarf es vieler Worte über Religion und Kirche in Mecklenburg am ausgehenden Mittelalter. Sie zeitigten auch hier mit ihrem sinnlich gearteten Kultus Auswüchse schlimmster Art. Die Herde Schafe, Ziegen und anderen Viehs mitsamt den Hirten am Heiligabend in den Gotteshäusern zur augenfälligen Nachbildung des Stalls von Bethlehem, der rollende hölzerne Esel mit einem fingierten Drachen, dem Sinnbild des Teufels, am Epiphaniastag u. a. mehr waren vortreffliche Köder für die breite, ungelehrte Masse des Volkes, nicht minder die geistlose Heiligenverehrung und der fast götzendienerische Reliquiendienst, die nicht nur von dem Leiden der Seele, sondern, was wichtiger und willkommener war, auch von allerei körperlichen Gebrechen, selbst Zahnschmerzen, Heilung bringen konnten. Schwerin mit dem Dorn aus der Krone Christi und dem heiligen Blut, letzteres auch in Güstrow, Sternberg u. a. Orten, Rostock wiederum mit dem Splitter vom Kreuz des Herrn waren bedeutende Wallfahrtsstätten. Als besonders wundertätig galten die vielen Marienbilder. Konnte doch ein Pastor in Muchow b. Neustadt es offen aussprechen, daß, wer von Christus nicht durch die Himmelstür eingelassen, von Maria durchs Fenster ausgenommen werde. Und nun erst das Unwesen des Ablasses! Da gab es besonders an Festtagen an verschiedenen Kirchen gegen entsprechende Geldzahlungen bestimmte Jahre Fegfeuererlaß, der im Volksglauben längst mit Sündenvergebung identisch war. Am Schweriner Dom z. B. konnte sich, so hat man berechnet, ein fleißiger Besucher in einem Jahre allein 1277 Jahre Ablaß holen. Die Güstrower u. a. Kirchen boten etwas weniger. Auch eine Anzahl geistlicher Ablaßkrämer kamen ins Land und verkauften ihre Zettel vornehmlich zum Besten des Baues der Peterskirche in Rom. Der Ertrag war nicht gering, denn von dem Kardinal Raymond (1503) erhielt Herzog Heinrich davon allein 1639 Mark. Raymond verhieß auch durch eine besondere Urkunde vom 29. Mai genannten Jahres von Bremen aus für den Bau der Schweriner Burgkapelle reichen Ablaß, und zwar für jeden Besuch mit „hilfreicher Hand hundert Tage der auferlegten Pein des Fegfeuers“. Mehrere der Ablaßhändler hatten jedoch das Unglück, daß sie ihren gefüllten Geldbeutel nicht heimbringen konnten. So hatte der päpstliche Legat Marianus de Fregno (1463) ihn verloren; dem Johann Kannemann (1469), der gegen die Hussiten Ablaß predigte, wurde er vom Rat der Stadt Wismar, dem Dr. Johann Angelus Arzimboldus (1517) mit seinen vielen Milch- und Butterbriefen, die einen sündlosen Genuß dieser Speisen während der Fastenzeit erlaubten, von König Christian III. von Dänemark abgenommen. Die Geistlichkeit, allen voran die Schweriner Domherren, waren der Völlerei und Unzucht ergeben, und die Klöster wurden vielfach mit ihren Mönchen und Nonnen Stätten niedrigster Fleischeslust und höchsten Freudentaumels.

Gewiß nicht alle waren dem Banne einer so materiellen Entgeistigung ergeben. War doch der Gedanke einer Reform der Kirche an Haupt und Gliedern auch in Mecklenburg nicht fremd. Wiclefsche und Hussitische Lehren waren eingedrungen. Besonders Rostock wurde der Herd solcher „Ketzereien". Dort war bereits zu Anfang des 15. Jahrhunderts eine vom Geist des englischen doctor evangelicus erfüllte Frau auf offenem Markt verbrannt worden. Bald hatte sich eine hussitische Gemeinde gebildet, die ihre Versammlungen in einem Keller abhielt. Zu ihr gehörte auch der Priester Nikolaus Nutze, der in einem „von dem dreifachen Strang" betitelten Buch um 1490 verschiedene Schriften von Huß übersetzte und zusammenarbeitete. Schon steht hier die Lehre von der Rechtfertigung durch den Glauben und der Sündenvergebung durch Buße im Vordergrund; verworfen werden Ablaß, Heiligenverehrung, weltliche Macht des Papstes und der Kirche. Auch der Humanismus hatte in Mecklenburg, besonders an der Universität Rostock, soviel diese auch sonst eine Hochburg katholischen Glaubens blieb, Eingang gefunden. Männer wie Konrad Celtes und der wandernde Humanist, der die neue Bildung an verschiedenen Universitäten einleitete, Hermann von dem Busch, ein Mitschüler des Erasmus von Rotterdam, des Vaters des Humanismus, sodann Johannes Hadus, gebildet in Erfurt und Italien, bekannt auch als Dichter, und nicht zuletzt der Jurist und Historiker Nikolaus Marschalk aus Roßla in Thüringen, zunächst von der Universität Wittenberg von Herzog Heinrich als herzoglicher Rat nach Schwerin berufen: sie alle wirkten um die Wende des 15. und 16. Jahrhunderts an der Rostocker alma mater. Selbst der bekannte ritterliche Humanist Ulrich von Hutten, der zwar krank und in ziemlicher Geldnot von Greifswald nach Rostock kam, hielt dort nach Buschs Fortgang in den Jahren 1510/12 Vorlesungen. Gegen das schamlose Treiben des Ablasses, vornehmlich gegen den genannten Arzimboldus, einen norddeutschen Tetzel, trat bereits 1516 Konrad Pegel auf, erst Magister der Philosophie in Rostock, dann Prinzenerzieher in Schwerin.

Die ersten wirklich reformatorischen Bewegungen in Mecklenburg scheinen ebenfalls in Rostock stattgefunden zu haben. Schon 1520 predigten dort zwei Männer, der Kaplan Sylvester Tegtmeyer von St. Jacobi und der Franziskanerpriester Stephan Kempe, im Sinne Luthers, dessen Lehre sie sich offenbar aus seinen Schriften aneigneten. Aber schon 1522 verließen beide Stadt und Land, ersterer ging als Prediger nach Riga, wo er sich um die Einführung der Reformation in Livland große Verdienste erwarb, Kempe in Ordensangelegenheiten nach Hamburg, wo er dann im Maria-Magdalenenkloster einer der ersten evangelischen Prediger der Stadt wurde. Ihr Wirken in Rostock hätte wohl wenig Spuren hinterlassen, wenn nicht ein dritter in ihre Fußstapfen getreten wäre und der Reformation mit aller Macht Bahn gebrochen hätte, Joachim Slüter. An ihn knüpfen sich daher auch die ersten realen Erfolge reformatorischen Wirkens in Mecklenburg. Um 1490 als Sohn eines Fährmanns in Dömitz geboren, nannte er sich nach dem frühzeitigen Tode seines Vaters Kutzker später nach seinem Stiefvater Slüter, widmete sich dem geistlichen Beruf, studierte 1516 in Rostock und wurde dort 1521 Lehrer und 1523 Prediger (Kaplan) an St. Marien. Weder persönlich noch brieflich war er mit Luther in Verbindung getreten. Aus den Schriften des großen Reformators, die schon bald nach ihrem ersten Erscheinen auch nach Mecklenburg gelangten, sowie im Verkehr mit gleichgesinnten Männern, besonders den genannten Tegtmeyer und Kempe, hatte er sich lutherisch gebildet. In plattdeutscher, dem mecklenburgischen Volke geläufiger Mundart begann er seine Predigt. Gerade infolge dieses Umstandes wuchs die Zahl seiner Zuhörer bald so sehr, daß das Innere der großen Petrikirche nicht mehr genügte und er vor derselben unter einer Linde seine Kanzel aufschlagen mußte. In weitem Umkreis, selbst von den Zweigen der Bäume und der Kirchhofsmauer herab lauschten Hunderte seinen eindringlichen Worten. Ein in der Rostocker Universitätsbibliothek erhaltenes Gesangbuch in plattdeutscher Sprache vom Jahre 1525 mit einer Vorrede von I. S. läßt auf Slüter als den Herausgeber schließen. Bereits 24 Lieder von Luther in plattdeutscher Umdichtung haben darin Aufnahme gefunden. Im übrigen aber hatte Slüter einen schweren Stand. Vom Rate der Stadt, seitens der Universität und auch bei der Mehrzahl der Bürgerschaft erfuhr er, wenn nicht immer direkte Feindschaft und Verfolgung, so doch keine Zustimmung und Unterstützung. Unter seinen katholischen Standesgenossen steigerte sich der Gegensatz zu offenem Widerspruch, gelegentlich auch zu heimlichen Nachstellungen. Besonders der Kaplan Antonius Becker von St. Nikolai und der Professor Barthold Moller an der Universität schürten den Brand gegen ihn. Eine Herausforderung zur Disputation seitens des ersteren, die auf eine Überlistung seiner Person hinauslief, lehnte er ab und verbot auch der Rat. In der Herberge der Franziskaner, so wird berichtet, suchte man ihn eines Abends durch Gift zu beseitigen, das man in sein Getränk mischte. Nur die Warnung eines kleinen Mädchens und sein vorzeitiger Aufbruch nach Hause soll ihn vor dem Schlimmsten bewahrt haben. Der Generaloffizial des Schweriner Bischofs beschuldigte ihn aufrührerischer Predigten, in denen er den Bischöfen das Recht der Zehntenerhebung absprochen habe. Als er sich dann 1525 dem Gebote des Rats, das ihm und seinen Gegnern Stillschweigen auferlegte, nicht fügte und mit seinen Angriffen gegen die Katholiken fortfuhr, mußte er auf Befehl des Herzogs Heinrich die Stadt eine Zeitlang verlassen. Dennoch machte die Reformation in Rostock immer mehr Fortschritte. Der alte Streit zwischen den Franziskanern und Dominikanern um die Jungfrauengeburt, der 1526 von neuem entbrannte, der Fortgang des erzkatholischen Professors Barthold Moller nach Hamburg und die Berufung des überzeugt-evangelischen Greifswalder Professors Dr. Hermann Oldendorp als Ratssyndikus und Universitätsprofessor nach Rostock im gleichen Jahre waren der neuen Lehre günstig. Fest und ohne Furcht vertrat Oldendorp im Rate der Stadt wie an der Universität, wo der Katholizismus noch vorherrschte, das Luthertum. Mehr und mehr spaltete sich Rostock in zwei Lager. Noch suchten Professoren und Geistliche der Reformation zu wehren. Die Brüder vom gemeinsamen Leben druckten Dr. Ecks Schrift: Handbuch der allgemeinen Sätze der Lutheraner. Ein katholischer Priester, namens Neubauer, soll es sogar mit der Zauberei versucht haben, die damals weit und breit im Schwange war, indem er evangelischen Predigern Erde von einem Grabe vor die Tür streuen ließ, um sie zu verhexen. Als Slüter 1528, dem Beispiel Luthers folgend, in die Ehe trat, verweigerte ihm der noch vorwiegend katholische Rat, erzürnt über diesen, die alte Lehre vom geistlichen Zölibat umstürzenden Schritt, die sonst übliche Mitwirkung der Ratsspielleute beim Hochzeitszuge. Psalmgesang seiner Freunde und das Geläute der Glocken von St. Petri schufen ihm einen würdigen Ersatz. Zugleich mehrten sich, wenn auch zunächst noch im Stillen, Slüters Anhänger. Sogar sein ehemaliger scharfer Gegner Antonius Becker trat 1529 als erster vom städtischen Klerus zur neuen Lehre über. Im nächsten Jahre begannen auf Oldendorps Veranlassung Verhandlungen vor dem Rat zwischen Katholiken und Evangelischen über Zermonien, Messe und Abendmahl, die schießlich damit endeten, daß von Palmsonntag, dem 1. April 1531, ab in allen vier Kirchen auf Ratsbeschluß nach der neuen evangelischen Ordnung unter Aufhebung des katholischen Ritus Gottesdienst gehalten und lutherisch gepredigt werden sollte. Die Reformation in Rostock hatte gesiegt.

Zwar erlebte Slüter, dieser erste große Glaubensheld Mecklenburgs, die Früchte seines harten Ringens und Kämpfe nicht mehr lange, er starb schon am Pfingstsonntag, dem 15. Mai 1532, und fand unter allgemeiner Teilnahme seine Ruhestatt auf dem Petrikirchhof, wo ihm später auch ein Denkmal gesetzt worden ist. Sein Werk blieb auch nach seinem Tode unangefochten und nahm guten Fortgang.

Schon Slüters Auftreten zeugt zur Genüge, daß selbst Bann und Acht, die vom Kaiser bzw. dem Papst über Luther verhängt worden waren, die Sache dieses großen Reformators auch im deutschen Norden nicht mehr aufhalten konnten. Seit 1524 sehen wir auch in anderen Städten Mecklenburgs evangelische Prediger, so in Schwerin Heinrich Möller, Jürgen Westfal, Martin Oberländer und Egidius Faber, in Wismar ebenfalls Heinrich Möller, der von Schwerin dorthin übersiedelte, Heinrich Never und Klemens Timm, in Güstrow Joachim Kruse, in Parchim Kaspar Lönnies, in Neubrandenburg Jochen Berkmann und Henning Krukow, letzteren auch in Friedland. Aber nur eine kleine Anzahl dieser Männer bekleidete ein ordentliches Kirchenamt und auch dann nur in der nebengeordneten Stellung eines Kaplans, Vikars, Prädikanten und dergleichen. Noch war in den Bischöfen von Schwerin, Ratzeburg und Havelberg, ebenso in den dortigen Domkapiteln, sowie denen zu Rostock und Güstrow die alte Kraft des katholischen Kirchenglaubens lebendig. An eine Besetzung dieser oberen und der von ihnen versorgten geistlichen Ämter des Landes mit evangelischen Männern war noch nicht zu denken. Groß war dagegen die Zahl der frei umherziehenden Mönche, besonders aus dem Orden der Augustiner und Franziskaner, die das Klosterleben aufgegeben hatten und nunmehr auf eigene Hand und Gefahr in Luthers Sinne predigten. In Sternberg, wohin schon 1520 ein Augustinermönch gekommen war, reformierten diese bereits 1527 ihr Kloster. Andere Mönche traten bei angesehenen Familien des Landadels als Hauslehrer ein und verbreiteten zugleich die neue Lehre. So wird es von Galenbeck bei Friedland, Stuer bei Plau, Gressow bei Grevesmühlen u. a. Orten berichtet, wo bei den von Ribens, Flotos und Plessens die Mönche unter den Guts- und Dorfbewohnern und selbst in den benachbarten Städten viel Zulauf fanden und die katholischen Priester und deren Einfluß verdrängten.

Die Gegensätze zwischen den Anhängern der alten und neuen Lehre verschärften sich. Die Schuld lag offenbar auf beiden Seiten. Wie fast alles Neue, wenn es sich gegen das bisher Bestehende durchzusetzen sucht, so hatte auch die Art, mit der die Reformatoren zu Werke gingen, gelegentlich etwas allzu Gewaltsames und Aufrührerisches. Was man auch Slüter vielleicht nicht ganz mit Unrecht vorwarf, daß er gegen die Zehntenerhebung der Bischöfe predige, geschah sicherlich an anderen Orten, denn die Bauern auf dem Lande behielten vielfach die geistlichen Zinse und Pächte zurück, die Städter verweigerten die Abgaben an die Kirche und wollten auch die Geistlichen zur Besteuerung und zu allen städtischen Gemeindelasten, wie es schon bei den Aufständen des 15. Jahrhunderts oft gefordert worden war, herangezogen wissen. Tätlichkeiten und Gewaltmaßnahmen blieben dabei nicht aus. Schon 1526 kam es in Friedland mehrmals seitens einer evangelischen Partei unter der Führung eines Mönches und eines aus Wittenberg heimgekehrten Studenten zu offenem Aufruhr, der sich vornehmlich gegen den dortigen sehr verhaßten bischöflichen Offizial richtete und von Zertrümmerung der Fenster und Türen, Verwüstung von Hof und Gärten der Priester begleitet war. Das Rostocker Domkapitel entsandte 1528 etwa 200 Mann unter priesterlicher Führung wegen rückständiger Zinse in das Smekersche Gut Wüstenfelde, ließ Vieh und Pferde forttreiben und auch sonst plündern. Eine Art Religionskrieg im kleinen entspann sich ein Jahr später im Klützer Winkel. Hier hatte Berend von Plessen in Gressow ohne ein ihm zustehendes Besetzungsrecht nur nach Befragung der Kirchengemeinde in Abwesenheit des Ratzeburger (und zugleich Lebuser) Bischofs Georg von Blumenthal den aus Lübeck vertriebenen Thomas Aderpul als Prediger eingesetzt. Im ganzen Klützer Winkel sah man bald evangelische

Prediger, die vom Mönchsstand, von Heiligenverehrung, Papst und Messe nichts mehr wissen wollten und sich gegen das Gesetz verheirateten. Als 1529 der Bischof daher den Aderpul heimlich des Nachts auf seiner Pfarre ergreifen und gefangen nach Schönberg abführen ließ, fielen die Plessens, als alle Vorstellungen ihrerseits und durch die Herzöge beim Bischof nichts nützten, im Bunde mit vielen Adligen des Klützer Winkels ins Gebiet des Bischofs ein, brandschatzten daselbst, machten reiche Beute und verweigerten fortab jegliche Zinszahlung, sowie auch die Abtragung ihres Schuldkapitals an die Lübecker und Ratzeburger Kirche im Betrage von 40000 Mark. Erfolglos suchte der Bischof Hilfe beim Reichskammergericht. Aderpul aber kam erst nach Jahresfrist frei. Ähnliches trug sich auch an anderen Orten zu.

Von den beiden Herzögen nahm Heinrich trotz seines streng katholischen Kanzlers Kaspar Schönaich der Reformation gegenüber eine, wenn auch von ihm noch nicht offen bekundete, wohlwollende Stellung ein. Luthers ganze Persönlichkeit und sein mutiges Auftreten in Wittenberg hatten ihm große Achtung abgewonnen. Schon war 1520 auf seinen Wunsch der spätere Erzieher seines Sohnes Magnus, der schon genannte Konrad Pegel, nach Wittenberg gereist, um den Reformator und seine Lehre kennen zu lernen. Gerade am Tage der Verbrennung der päpstlichen Bannbulle traf er dort ein. Einen Freund des jungen Magnus namens Antonius Preen, einen Schüler Luthers, ernannte Herzog Heinrich bald darauf zum Domkantor in Rostock. Auch Herzog Albrecht trat, obwohl er der neuen Lehre von Herzen nie zugetan gewesen ist, ihr anfangs nicht direkt entgegen. Auch auf ihn, der zusammen mit Heinrich den Wittenberger Mönch persönlich aufsuchte und auch auf dem Reichstage in Worms anwesend war, scheint Luther einen günstigen Eindruck gemacht zu haben. In den nächsten Jahren folgte Albrecht jedoch in seinem Verhalten nur dem Wunsche seiner evangelisch gesinnten Gemahlin Anna, der Tochter des Brandenburger Kurfürsten Joachim I., mit der er sich 1524 vermählte. Sie war eben erst auf den Rat ihres Bruders, des späteren Kurfürsten Joachim II., der in Brandenburg die Reformation durchführte, aus dem Kloster ausgetreten.

Das Wormser Edikt, das Luther und seine Anhänger in die Reichsacht tat, wurde in Mecklenburg nicht veröffentlicht. Beide Herzöge erbaten sich im Frühjahr 1524 sogar von Luther Prädikanten für ihre Länder, Heinrich durch den Stemberger Klosterprior Johann Steenwyk, Albrecht durch einen seiner Hofbeamten. So wenigstens berichtet Luther in einem Brief an Spalatin vom Mai desselben Jahres. Jedoch offen für Luther bekannte sich Heinrich noch nicht; er fühlte sich noch an den Eid gebunden, den er dem Schweriner Domkapitel geleistet hatte. Im Jahre 1516 nämlich war auf seinen Wunsch sein erst siebenjähriger Sohn Magnus zum Bischof von Schwerin gewählt worden, und Heinrich hatte als Vormund dem Kapitel nach der päpstlichen Bestätigung der Wahl die Wahlkapitulation für Magnus beschworen. Das mochte ihn mit sich selbst manchmal in einen gewissen Konflikt bringen. Eine Beseitigung der „gottlosen und verbrecherischen Ketzer" im Lande, wie mehrere päpstliche Legaten von ihm forderten, lag ihm jedoch völlig fern; er ließ diese wie auch seines römischen Gesandten gleichlautende Mahnungen einfach auf sich beruhen. Auch zu einer Durchführung der Speyrer und Augsburger Reichstagsbeschlüsse von 1523 und 1530, die im letzten Grunde das Wormser Edikt erneuerten, konnte er sich nicht verstehen. Allerdings trat er anderseits weder der Protestation der evangelischen Minderheit in Speyer noch dem Schmalkaldischen Bund (1531) bei. Seine Haltung zur Frage der Reformation war noch immer eine abwartende und blieb es auch, als sein eigener Sohn Magnus, der im September 1532 die Administration des Bistums Schwerin ohne Bischofsweihe und unter Verweigerung der vom Papst vorgeschriebenen Eidesformel selbst übernahm, sich ganz im Sinne seiner von lutherisch gerichteten Männern geleiteten Erziehung als ein Freund der neuen Lehre erwies und bald (1538) in einer Petition an seinen Vater und Oheim die Errichtung eines landesherrlichen Kirchenregiments auf evangelischer Basis wünschte. Auch mit Luther und Melanchthon trat Magnus in Verbindung, und ersterer stand in einem Brief vom 14. Mai 1539 seinem Plan sehr wohlwollend gegenüber, riet allerdings unter den obwaltenden Umständen mit Rücksicht auf die beiden Herzöge zur Geduld, ganz im Gegensatz zu dem Kurfürsten Johann Friedrich von Sachsen, der den jungen Administrator zu gewaltsamem Vorgehen veranlassen wollte. Magnus folgte dem Rat der Reformatoren, und schon 1540 erreichte er durch friedliche Verhandlungen mit dem Bützower

Domkollegium daselbst die Einführung der Reformation. Einige Jahre darauf (1542 und 1544) ließ er sogar durch den Superintendenten Riebling zusammen mit einigen Stiftsgeistlichen im gesamten Schweriner Stiftslande eine Visitation vornehmen. Nur der Schweriner Dom, wo die Domherren noch jegliche reformatorischen Gedanken schroff abwiesen, blieb von ihr ausgenommen.

Gab somit schon gerade Magnus einen kräftigen Anstoß zur Vorbereitung einer rechtlich geordneten mecklenburgischen Landeskirche, so wirkten fast gleichzeitig noch zwei weitere Umstände in dieser Hinsicht günstig ein. Herzog Albrecht verfolgte damals besondere politische Absichten und Pläne, die ihn zu Zugeständnissen zwangen, die der Förderung des Reformationswerkes in ganz Mecklenburg dienten und seinem Bruder Heinrich auch in Albrechts Landesteil Einfluß und Bestimmung in religiösen Dingen verschafften. Der Lübecker Bürgermeister Wullenweber, ein aus Hamburg stammender Kaufmann, den die Lübecker Demokraten zu ihrem Stadtoberhaupt erkoren hatten, faßte den Plan, im Bunde mit den übrigen wendischen Hansestädten den seit 1532 in der Gefangenschaft des Schwedenkönigs Gustav Wasa befindlichen Dänenkönig Christian II. wieder zu befreien, als ein der Hanse gefügiges Werkzeug wieder einzusetzen, gleichzeitig Gustav Wasa zu stürzen, hier durch dessen Schwager, den Grafen Johann von Hoya, eine gleiche Wandlung zu vollziehen und somit den ganzen Norden wieder unter die Macht der Hanse zu bringen und ihre einstige Glanzstellung zu erneuern. Unter anderm knüpfte Wullenweber auch mit Herzog Albrecht an, um ihn als Bundesgenossen zu gewinnen. Nach anfänglich schwierigen Verhandlungen, die sich aus dem konfessionellen Gegensatz des katholischen Herzogs zu dem lutherischen Bürgermeister ergaben, kam der Bund zustande. Albrecht schwelgte bereits in dem Gedanken an seinen gleichnamigen Vorfahren, Albrecht II., in großen Plänen. Die Erneuerung der mecklenburgischen Vormacht im westlichen Ostseebecken war sein Ziel. Nicht nur Dänemark, das ihm trotz der beabsichtigten Befreiung Christians versprochen wurde, auch Schweden hoffte er zu erwerben. Im November 1534 kam es zu einem Vertrag zwischen ihm und den wendischen Hansestädten, die ihn zu ihrem Führer in Dänemark erkoren. Er aber versprach ihnen und seinem Bruder Heinrich dafür, Gottes

Wort in Mecklenburg wie auch in seinem neuen nordischen Reiche frei predigen zu lassen. Selbst an Luther hatte Albrecht schon im August 1533 in mehr versöhnlichem Ton geschrieben, und zu Anfang des nächsten Jahres schloß er mit Heinrich einen Vertrag, nach dem in den gemeinsamen Städten den evangelischen Predigern sämtliche Kirchen von morgens 6 bis 8 Uhr zum Gottesdienst nach lutherischer Weise freigegeben wurden. Doch suchten sein erzkatholischer Kanzler Jetze und andere ebenso gesinnte Räte die Ausführung obigen Übereinkommens nach Möglichkeit zu hintertreiben.

Das ganze Unternehmen, auf dem Albrecht von seiner Gemahlin begleitet wurde, scheiterte ebenso kläglich wie das seines Vorfahren Albrechts III. Der Herzog wurde nach unglücklichen Kämpfen zusammen mit seiner Gemahlin und dem Grafen von Hoya in Kopenhagen eingeschlossen. Jürgen Wullenweber geriet in die Hände des Bremer Erzbischofs und fiel durch das Henkerbeil. Nach zäher Verteidigung mußte Albrecht schließlich Kopenhagen an den von den dänischen Ständen zum König erwählten Christian III., den Sohn Friedrichs I., überlassen, der nunmehr auch in Dänemark die Reformation durchführte. Mit großen Schulden belastet, kehrte Albrecht nach Mecklenburg heim. Ruhelos und mit sich selbst zerfallen, unstet gleichsam zog er von Hof zu Hof, von Reichstag zu Reichstag, um Mittel und Hilfe zur Begleichung seiner Schulden im Betrage von 300000 Gulden zu erlangen. Wenn auch weiterhin ein überzeugter Katholik, der sich noch auf dem Sterbebette darüber freute, einstmals mit dem verräterischen Moritz von Sachsen gegen die Protestanten gemeinsame Sache gemacht zu haben, so hatte doch sein Widerstand gegen das Luthertum nach seiner unglücklichen nordischen Expedition in den letzten zehn Lebensjahren, die ihm noch verblieben, selbst in seinem eigenen Landesteil keine rechte Bedeutung mehr.

Aber auch Heinrich wagte noch immer nicht den entscheidenden Schritt für sein Land. Zwar hatte er nach dem Vorbild des Kurfürsten von Sachsen im Jahre 1535 bereits durch seinen Hofprediger Egidius Faber und den Neubrandenburger Prediger Nikolaus Nutze die erste Kirchenvisitation vornehmen lassen. Der Bericht aus 34 Städten und Ortschaften, darunter Friedland, Neubrandenburg, Waren, Malchin, Plau, Güstrow, Bützow, Schwaan, Schwerin, Sternberg, Parchim,

Grabow, Boizenburg, Klütz, Wismar u. a., zeigt, daß die kirchlichen Zustände im Lande noch sehr viele Schäden aufwiesen. Die Klagen über Beraubung der Kirchen und Kürzung der Pfarreinkommen durch die Adligen, über die geistige Beschränktheit vieler Prediger, ihre Heuchelei und ihre Sünde wider das sechste Gebot, über die Feindschaft der Papisten, auch über das Eindringen zwinglischer (sakramentaler) und wiedertäuferischer Irrlehren wollen nicht enden. In letzterer Hinsicht wäre besonders der schon erwähnte Heinrich Never in Wismar zu nennen, den auf Heinrichs Wunsch bereits der Lübecker Superintendent verhört hatte. Trotz seiner Forderung, ihn abzusetzen, der auch Luther und Kurfürst Friedrich sich anschlossen, ließ Herzog Heinrich ihn auch jetzt noch im Amt. Da brachte die Berufung des ihm von Luther empfohlenen Braunschweiger Predigers Johann Riebling als Superintendent eine Wandlung. Nach anfänglich nur vorübergehendem Aufenthalt kam Riebling 1540 dauernd nach Mecklenburg und nahm in Parchim seinen Wohnsitz. Noch in demselben Jahre verfaßte er außer einem Katechismus für Heinrichs Landesteil und die evangelischen Kirchen der gemeinsamen Städte eine Kirchenordnung und einen Katechismus in plattdeutscher Sprache, beide gedruckt in Rostock. Gelegentlich einer zweiten Visitation im Jahre 1541/42, vorgenommen durch Riebling selbst und einen Schweriner Prediger unter Assistenz eines herzoglichen Rats und eines Sekretärs, wurde die Kirchenordnung überall bekannt gemacht und eingeführt. Auch über Albrechts Landesteil erstreckte sich diese Visitation, soviel sich auch in manchen Städten die Papisten mit Berufung auf ihren katholischen Herzog dagegen wehrten. Das Ergebnis war, daß in den Städten und den zu ihnen gehörigen Dorfgemeinden das lutherische Bekenntnis meist überwog, dagegen in den Kirchen stiftischer und klösterlicher Herkunft die Macht des Katholizismus noch vorherrschte, nicht selten auch die Seelsorge überhaupt fehlte. Gegen die auch jetzt noch hervortretenden, bei der ersten Visitation geschilderten Mängel ging man im ganzen schonend und milde vor; nur den Anhängern Zwinglis und der Wiedertäufer wurde mit Absetzung gedroht und solche diesmal auch an Heinrich Never in Wismar vollzogen. 1545 erschien, ebenfalls in Rostock, eine Agende für ganz Mecklenburg im Druck, an der Riebling offenbar mehrere Jahre gearbeitet hatte.

Eng verbunden mit der Kirche wurde auch das Schulwesen. Bereits die Kirchenvisitatoren vom Jahre 1535 sollten, so hieß es in ihrer Instruktion, „den Rat und Kirchengeschworenen zu sich erfordern und denselben in Beiwesen des Pfarrers und Prädikanten anzeigen, daß Seiner Gnaden gefallen wollte, daß sie, wo solches vorhin nicht geschehen, eine Schule für die Kinder und Jungen aufrichten und sich dazu mit einem gelehrten Schulmeister besorgen möchten, der die Kinder in der heiligen Schrift und anderen guten Künsten und Tugenden unterweise." Es entstanden denn auch in den nächsten Jahren und Jahrzehnten in allen Städten des Landes Schulen. Doch behielten sie ihren Charakter als Lateinschulen bei. Die Einrichtung und Erhaltung der Schule sowie die Besoldung der Lehrer – meist eine recht dürftige Dienstwohnung, 30 Mark Lübisch, 2 bis 3 Fuder Holz und von jedem Kinde noch 3 Schillinge – wurde den Städten zugewiesen, die Verwaltung und Aufsicht aber führte die Kirche, die in ihren Kirchenordnungen und -visitationen, die zugleich auch immer solche für die Schulen mit umfaßten, den Lehrern als ihren Dienern, den Schülern, den Einrichtungen und der Verwaltung die ihrem Ziel und Streben entsprechende Richtung gab. Auch von dem Verhältnis der Kirche zur Universität gilt etwas ähnliches, wenn auch nicht ganz in so straffer Form, wie von dem der Kirche zur Schule. An die Stelle der katholischen Kirchenmacht, wie sie sich bereits bei der Gründung der Rostocker Hochschule in der päpstlichen Genehmigung und auch später gelegentlich der Differenzen zwischen den Herzögen und der Stadt gezeigt hatte, trat mit der Reformation mehr und mehr die in der Bildung begriffene lutherische Landeskirche, die die Universität stark beeinflußte und beaufsichtigte.

Im Januar 1547 starb Albrecht VII. mit der, wenn auch für ihn unangenehmen Erkenntnis, daß der Protestantismus in Mecklenburg doch schon ein gut Stück seiner Siegeslaufbahn zurückgelegt hatte. Nicht immer allerdings waren die Beweggründe zum Übertritt für den einzelnen der Sache entsprechend lauter und rein gewesen. Viele hatte die Hoffnung auf äußeren Gewinn, vornehmlich die vermeintliche Aussicht auf Befreiung von jeglicher Zinsabgabe an die Kirche getrieben. Oft machte sich in einem solchen Vorgehen der Unmut der Bevölkerung über die Habsucht und Geldgier der Kirche Luft, die, wie selbst die Herzöge zugeben mußten, die Leute mit wucherischen

Zinsen, hohen Pachtkontrakten, unaufhörlichen Ablässen und höchst aufdringlichen Forderungen von Almosen und Abgaben aller Art gezwackt habe. Dennoch war diese Selbsthilfe und eigenmächtige Rache, die bei vielen, besonders den Adligen, in das gleiche Laster der Gewinnsucht und Habgier umschlug, nicht gerechtfertigt, und des öfteren mußten geistliche und weltliche Obrigkeit dagegen einschreiten.

Herzog Heinrich, dem lediglich der bisherige positive Erfolg der Reformation in Mecklenburg zu danken war und der die anfänglich rein private und auf sich selbst gestellte kirchliche Wandlung in mehr geordnete sichere Bahnen unter landesherrlichem Schutz geleitet hatte, war beim Tode seines Bruders bereits 68 Jahre alt. Nun trat ihm in seinem Neffen Johann Albrecht I., Albrechts Sohn, ein jugendlich frischer Geist von 22 Jahren zur Seite. Von früh auf, trotz abweichender Stellung seiner Eltern, doch der neuen Lehre zugetan, durch seinen evangelischen Oheim, den Kurfürsten Joachim II. von Brandenburg, an dessen Hof er mehrfach weilte, und durch seine Studien an der ebenfalls lutherischen Universität Frankfurt a. O. noch darin bestärkt und nur widerwillig nach dem Wunsche des Vaters zusammen mit seinem Bruder Georg im Schmalkaldischen Krieg auf Seiten des Kaisers gegen die Protestanten, sah er in der Durchführung der Reformation auch im Güstrower Herzogtum eine seiner ersten Aufgaben. Noch lag hier in dieser Hinsicht manches im Argen. Die Versagung des Abendmahls nach lutherischem Ritus, das Verbot deutsch-lutherischer Gesänge, selbst die Absetzung evangelischer Prediger durch Albrechts Kanzler bzw. den Bischof von Havelberg oder Kammin war noch in den letzten Jahren mehrfach vorgekommen. Johann Albrecht gedachte Wandel zu schaffen. Der unheilvolle kirchliche Dualismus mußte auch in seinen letzten Spuren beseitigt werden und Mecklenburg durch gemeinsames Wirken beider Herzöge dasselbe Bekenntnis erhalten.

Schon die Zeit drängte dazu. Durch den Schmalkaldischen Krieg hatte der Kaiser die Protestanten Deutschlands niedergeworfen. Auf dem Reichstag zu Augsburg 1548 legte er ihnen das sogenannte Interim vor, das ihnen zwar einige Zugeständnisse machte, vor allem Abendmahl in beiderlei Gestalt und Priesterehe, sie im übrigen aber völlig zur katholischen Kirche zurückführen wollte. Die Aufrichtung einer Nationalkirche auf katholischer Basis war offenbar das Ziel des Kaisers, die den Protestanten bis zur Entscheidung durch ein Konzil gemachten evangelischen Freiheiten nur ein gewisses Lockmittel. Mit vollem Recht sagte daher der Volksmund: das Interim hat den Schalk hinter ihm. Auch Johann Albrecht erkannte dies, als er auf dem Reichstag, wo er zusammen mit seinen beiden Brüdern zwecks Belehnung mit Mecklenburg weilte, am 30. Juni den Reichstagsabschied unterzeichnete. Klüglich und gewandt wich er allen bindenden Erklärungen, wie der Kaiser sie von ihm auch in betreff des Interims forderte, mit der Entschuldigung aus, nicht alles mit einem Male richten zu können. Tatsächlich lag ihm auch eine andere Angelegenheit damals schwer auf der Seele: es war die Frage nach der Beseitigung der großen Schuldenlast, die er für sein Land von seinem Vater durch dessen völlig verfehlte Ostseepolitik in einer Höhe von 500 000 Gulden überkommen hatte. Der Kaiser wollte ebensowenig wie andere Fürstlichkeiten, zu deren Vorteil und Nutzen Albrecht politisiert hatte, von dessen Recht einer Schuldforderung an ihn und einer diesbezüglichen Entschädigung, einer Begleichung der sogenannten „spanischen Schuld" von Reichs wegen, etwas wissen. Zwar gab Karl V. Johann Albrechts Wunsch gemäß seine Einwilligung, die Bezahlung der Schulden den mecklenburgischen Ständen zu übertragen, aber diese hatten auf einem Landtag in Wismar die Übernahme bereits abgelehnt. Die Angelegenheit bedurfte also noch einer notwendigen Regelung, und das um so mehr, als Johann Albrechts Brüder in ihrer eigenen Geldnot auf die Mitregierung des Landes nicht verzichten wollten.

Schon stand Johann Albrecht mitten in der Durchführung des Reformationswerkes in seinem Lande. Bereits während seiner ersten Anwesenheit nach dem Tode seines Vaters um Ostern 1547 hatte er, dem Beispiele seines Bruders folgend, auch für sich in der Person des Gerd Oemike aus Westfalen einen Superintendenten nach seiner Residenz Güstrow berufen. Zugleich umgab sich der Herzog mit einer Anzahl kluger und gelehrter Männer, die ihn in seinen Bestrebungen unterstützten. Es waren besonders der Landrat Dietrich von Maltzan auf Grubenhagen, ein Freund der Reformation, der mit Melanchthon in Briefwechsel stand; sodann der Kanzler Johann Richter von Lucka

(Lucanus), ein Schüler Melanchthons; er war einst nach der Schlacht bei Mühlberg mit seiner Familie aus Wittenberg nach Mecklenburg geflohen und durch Maltzan, bei dem er Aufnahme fand, dem Herzog zugeführt worden. Neben ihnen standen der Reichsfreiherr Joachim von Maltzan zu Wartenberg und Penzlin und der Gelehrte Andreas Mylius, eines Baumeisters Sohn aus Meißen, den der Herzog im Herbst 1547 in Strelitz kennen lernte, wo Mylius auf einer Studienreise war.

Indes hatte sich der Gegensatz zwischen dem Kaiser und den Protestanten mehr und mehr zugespitzt. Allen evangelischen Reichsständen war befohlen worden, bis auf weiteres das Augsburger Interim zu beachten. Aber im Norden Deutschlands wollte man davon nichts wissen. Magdeburg schon hatte es verworfen, die Hansestädte Hamburg, Lübeck, Lüneburg u. a. bereiteten ebenfalls eine Absage vor, die Stände von Braunschweig-Lüneburg hatten dem Kaiser mit Übersendung eines evangelischen Glaubensbekenntnisses geantwortet, für das der Kaiser sie mit drohenden Worten nach Brüssel zur Verantwortung rief. Auch an die Herzöge Heinrich und Johann Albrecht erging zu wiederholten Malen das Gebot des Kaisers über eine genaue Erklärung. Da schrieben beide Herzöge zu Mitte Juni 1549 einen Landtag nach Sternberg aus, um diese für ganz Mecklenburg wichtige Angelegenheit mit den Ständen zu beraten. Der Stand der Prälaten wurde geführt von Bischof Magnus von Schwerin. Auch Vertreter der Universität wurden hinzugezogen; ebenso erschienen die beiden Superintendenten Riebling und Oemike mit vielen evangelischen Geistlichen. Am 20. Juni wurde dann nach längeren Beratungen, bei denen der Kanzler mit aller Entschiedenheit für Luthers Lehre eintrat, das Interim abgelehnt und das Luthertum als Landeskonfession bestimmt. „Wenn der Kaiser so befiehlt, und Gott anders" – lauteten die Schlußworte der von Lucanus im ganzen milde abgefaßten und an den Kaiser nach Brüssel entsandten Antwort – „was, meint Ihr, sollen wir tun? Der Größere ist Gott. Verzeih' o Kaiser, Du drohst mit Kerker, Gott droht mit der Hölle." Es war der letzte und einer der für alle Zeiten wichtigsten Landtage an der altherkömmlichen Stätte der Sagsdorfer Brücke. Ein großes Gemälde des aus Malchin gebürtigen Kunstmalers Fritz Greve in der 1895 wiederhergestellten Turmhalle der Sternberger Kirche führt uns den Augenblick vor Augen, wo der im Namen der Fürsten sprechende Kanzler die Versammelten mit eindringlichen Worten zu dem Bekenntnis für Gottes Wort und Luthers Lehre zu gewinnen sucht.

* * *

Das Sternberger Glaubensbekenntnis war, wenn man es im Rahmen der deutschen Zeitgeschichte betrachtet, nur ein weiterer Stein in der bereits bestehenden Opposition seitens einer Anzahl Reichsstände gegen die noch stark katholische Politik des Kaisers. Eine Veranlassung zu besonderen Gegenmaßnahmen lag deshalb auch für den Kaiser in diesem Falle kaum vor, und so erklärt es sich denn, daß von ihm eine Antwort offenbar überhaupt nicht erfolgt ist. Sie hätte an dem Sagsdorfer Beschluß auch nichts geändert. Johann Albrecht sowohl wie sein Oheim Heinrich V. waren entschlossen, auf der einmal betretenen Bahn fortzuschreiten. Bereits 1550 sehen wir beide in dem sich gegen den Kaiser bildenden evangelischen Bündnis, dem außer Herzog Albrecht von Preußen und Markgraf Johann von Küstrin bald darauf auch Kurfürst Moritz von Sachsen und König Heinrich von Frankreich angehörten. Begleitet von seinem Kanzler Lucanus, dem Prediger Rothmann und dem Gelehrten Andreas Mylius machte Johann Albrecht den für die Protestanten siegreichen Feldzug in Süddeutschland bis nach Tirol mit und kehrte im Herbst 1552 nach Mecklenburg zurück.

Hier wartete seiner eine neue innerpolitische Aufgabe. Soeben war sein Oheim, der alte Herzog Heinrich von Mecklenburg-Schwerin, ohne Erben gestorben. Der junge Ulrich, Johann Albrechts Bruder, einstmals von ihm beim Tode des Vaters (1547) zum zehnjährigen Verzicht auf die Mitregierung in Güstrow bewogen und bald darauf durch die Wahl zum Administrator im Schweriner Bistum einigermaßen entschädigt, forderte nunmehr, gestützt auf den vertragsmäßig festgelegten Ausnahmefall, betreffend den etwa vor Ablauf jener zehn Jahre eintretenden Tod Heinrichs, Anteil an Regierung und Land. Ein noch jüngerer Bruder Johann Albrechts, Georg, ein ziemlich wilder Geselle, der nicht verzichtet hatte und seine Ansprüche mit Waffengewalt hatte durchsetzen wollen, das Kloster Rühn besetzt, Bützow belagert und das dortige Kapitel zur Flucht nach Wismar genötigt hatte, war in dem Krieg gegen den Kaiser bei der Belagerung von Frankfurt am Main gefallen. Mit Bezug auf das Erbe beider, des Oheims sowohl wie des Bruders, drängte Ulrich nunmehr auf eine Landesteilung, der sich aber Johann Albrecht, wie vor Jahren, auch jetzt mit Rücksicht auf die vom Vater ererbte große Schuldenlast und deren Beseitigung durch eine einheitliche, möglichst sparsame Landesregierung widersetzte. Der Gegensatz zwischen den Brüdern verschärfte sich. Ulrich stand fast immer auf Seiten von Johann Albrechts Gegnern, besonders Heinrichs von Braunschweig, mit dem er gemeinsame Sache gegen Mecklenburg machte und einige Ämter im Süden des Landes besetzte. Vermittelnd griffen die Stände ein. Gleich Johann Albrechts Oheim, dem Kurfürsten Joachim II. von Brandenburg, der zu einem vom Kaiser ernannten Schiedsgericht gehörte, rieten sie zur Teilung und erklärten sich sogar zur Übernahme fürstlicher Schulden auf das Land bereit. Nach längeren Verhandlungen, bei denen die Parteien oft heftig aneinander gerieten, wurde am 11. Februar 1555 in Ruppin in den sogenannten Präliminarien eine Teilung in Monatsfrist festgelegt. Und genau einen Monat später, am 11. März, kam es in Wismar bei Gelegenheit von Johann Albrechts Hochzeit mit der preußischen Prinzessin Anna Sophie durch geschickte Vermittlung seines Schwiegervaters, des Herzogs Albrecht von Preußen, zum brüderlichen Gemeinschaftsvertrag. Aber noch standen seinen Ausführungen große Schwierigkeiten entgegen, und erst der über ein Jahr später, am 1. August 1556, erfolgende Ruppiner Machtspruch des Brandenburger Kurfürsten verlieh dem Wismarschen Vergleich nach einigen Abänderungen gesetzliche Gültigkeit.

Die Wismar-Ruppiner Bestimmungen sind im großen und ganzen nur eine Wiederholung des Neubrandenburger Hausvertrages vom Jahre 1520. Es war wiederum keine eigentliche Landes-, sondern nur eine Güterteilung. Gemeinsam blieben nach wie vor das Kirchenregiment, die Steuern, Stände, Universität, Landesverteidigung und die beiden Städte Schwerin und Güstrow. Im übrigen wurden, um möglichste Gleichheit der beiden Teile zu schaffen, einige Verschiebungen und Vertauschungen von Ämtern vorgenommen. Ulrich erhielt dann den Landesteil seines Vaters Albrecht, Güstrow, Johann Albrecht den des Oheims Heinrich, Schwerin. Der bisherige Zustand gemeinsamer Residenzen wurde beseitigt, und jeder der beiden Brüder hatte fortab in der nach seinem Landesteil benannten Stadt seinen eigenen Fürstensitz.

So war zwar äußerlich noch die Landeseinheit Mecklenburgs gewahrt. Die Teilung trug im Grunde nur persönlichen Charakter. Staatsrechtlich gab es auch weiterhin nur ein Herzogtum Mecklenburg. Aber die völlige Zweiteilung war, auch wenn die in dem Vertrag enthaltene Klausel, daß er nur bis zur Volljährigkeit der beiden Brüder Christoph und Karl gelten sollte, durch die bald erfolgende Verzichtleistung Christophs und die Abfindung Karls mit einigen Ämtern, fürs erste keinen praktischen Wert hatte, doch nur noch eine Frage der Zeit. Wenn darüber auch noch 65 Jahre vergingen (bis 1621), so lag der Grund dafür in der jahrzehntelangen vormundschaftlichen Regierung des Güstrower Ulrich bzw. dessen Bruders Karl zunächst für Johann Albrechts unmündigen Sohn Johann VII. und nach ihm, der nur sieben Jahre (1585–1592) die Regierung führte, wiederum für dessen beide ebenfalls minderjährigen Söhne Adolf Friedrich I. und Hans Albrecht II. Erst als diese beiden 1607 volljährig wurden und die Regierung ihres Schweriner Landesteils übernahmen, und als drei Jahre später mit dem Tode des alten Herzogs Karl die Güstrower Linie erlosch, trat die Frage der Erbteilung in ein neues Stadium und endete schließlich 1621 mit der völligen Landesteilung in zwei selbständige Herzogtümer Schwerin und Güstrow 1).

Den größten Gewinn zogen aus den brüderlichen Erbzwistigkeiten die Stände durch immer engeren Zusammenschluß und Erweiterung ihrer Privilegien. Schon 1548 hatten sie in Wismar eine von Johann Albrecht geforderte und auch vom Kaiser gewünschte Übernahme der mit Zinseszins auf rund eine halbe Million Gulden angewachsenen Landesschuld abgelehnt, ein gleiches auch 1552 mit den vom Herzog geforderten Kosten für den von ihm „um der wahren Religion und der deutschen Freiheit willen unternommenen Feldzug gegen den Kaiser" (S. 207) getan, da sie dessen Notwendigkeit bezweifelten und ihn für

---

1) Vgl. S. 231.

einen unbegründeten Angriffskrieg erklärten. Die Wirren im eigenen Lande aber, die durch den Gegensatz zwischen Johann Albrecht und seinem Bruder Georg veranlaßt und durch die Feindseligkeit Heinrichs von Braunschweig vermehrt worden waren, hatten die Stände schließlich, wie für eine Landesteilung, so auch für eine Bezahlung der Schulden geneigt gemacht. Doch forderten sie zuvor ein genaues Schuldenverzeichnis, und als ein solches im Mai 1555 nach dem Wismarschen Gemeinschaftsvertrag von beiden Herzögen dem Landtag in Güstrow im Gesamtbetrag von 487305 Gulden vorgelegt wurde, bewilligten die Stände nur etwas mehr als die Hälfte dieser Summe. Als aber einen Monat später ein neuer Landtag, der dritte dieser Art in zwei Monaten, doch die ganze Schuldenlast zu begleichen versprach, geschah es nur unter bestimmten Bedingungen und Gegenforderungen seitens der Stände: besonders Erhaltung bei der Augsburgischen Konfession, Bestätigung aller ihrer Privilegien und Gerechtsame, Einsetzung einer inneren ständischen Schuldentilgungskommission und Verbot jeglichen Handwerksbetriebes (mit Einschluß des Bierbrauens) auf dem Lande zum Nutzen der Städte. Zudem durften die Herzöge aus dieser ihnen geleisteten Hilfe kein Recht für sich in Wiederholungsfällen herleiten, sondern mußten der Stände „freie und gutwillige Bewilligung" auch für die Zukunft anerkennen. Das bedeutete im Grunde nichts anderes als das Zugeständnis des Steuerbewilligungsrechtes seitens der Landesherrschaft an die Stände.

Nur langsam und zögernd gingen diese an das Werk der Schuldentilgung. Als dann in den nächsten Jahren ein von Johann Albrecht unterstütztes, im ganzen unglückliches Unternehmen seines Bruders Christoph nach Livland, um zwecks hinreichender Versorgung zu dem armen Bistum Ratzeburg, wo Christoph 1554 als Bischof postuliert war, auch noch das Bistum Riga zu erwerben, die Schuldenlast um ein beträchtliches vermehrte, da wurden die Stände in ihrer Bereitwilligkeit schon wieder wankend. Auch zwischen Johann Albrecht und Ulrich kam es darüber zu neuen Differenzen, sodaß letzterer, mit den mancherlei phantastischen Plänen seines Bruders nicht einverstanden, der Einberufung diesbezüglicher Landtage widersprach. Rostock wollte statt der ihm zugeteilten 80600 nur 24000, Wismar nur 16000 Gulden beisteuern. Infolge angedrohter Pfändungen seitens Johann

Albrechts in den Rostocker Stadtgütern sowie Einmischung der Stände und wendischen Seestädte sagte Rostock schließlich zu, zumal da Johann Albrecht noch einen Befehl des Kaisers erwirkt hatte. Doch über die Art der Aufbringung der 80000 Gulden konnte man sich in der Stadt nicht einigen. Der Rat war für die indirekte Bierziese, die Bürger für eine direkte Vermögenssteuer, wobei die Hauptlast auf die Schultern der Wohlhabenden fiel. Bald stand die Stadt wieder in Hellem Aufruhr. Der Rat wurde im Mai 1563 auf dem Rathaus förmlich belagert. Während er in Johann Albrecht einen Bundesgenossen fand, wandten sich die von den Demokraten schnell wieder gewählten Sechziger (S. 170) an Herzog Ulrich, der über die eigenmächtige Einmischung seines Bruders und des Kaisers in die Angelegenheiten einer beiden Herzögen gehörigen Stadt erzürnt war. Der Zwist der Brüder fand neue Nahrung. Ulrich verklagte den Bruder beim niedersächsischen Kreis als Ruhestörer. In Rostock gewannen die Sechziger die Herrschaft, vermehrten ihre Zahl, als Johann Albrecht mit Strafen und neuen kaiserlichen Mandaten gegen sie Vorgehen wollte, auf fast das Doppelte und begannen im geheimen Einvernehmen mit Ulrich ein völliges Willkürregiment. Doch wußte sich Johann Albrecht gewaltsam Warnemündes und der Rostocker Stadtgüter zu bemächtigen und so der Stadt selbst Herr zu werden. Zugleich beschuldigte er seinen Bruder beim Kaiser der Beihilfe zum Aufruhr in der Stadt. Auch Ulrich wandte sich nach Wien, und bald erschienen kaiserliche Gesandte und Kreisdeputierte in Rostock. Rat und Sechziger wurden miteinander versöhnt. Da gab Johann Albrecht nach. Er erlaubte auch seinem Bruder den bisher verweigerten Einzug in Rostock. Beide Herzöge vertrugen sich: die Stadt sollte jedem 60 000 Gulden Entschädigung zahlen, das von ihr errichtete eigene Konsistorium beseitigen und Heeresfolge beim herzoglichen Aufgebot leisten (1566). Doch widersetzte sich die Stadt diesen Bedingungen. Da erbauten die Herzöge vor dem Steintor auf dem Rosengarten ein festes Schloß. Der Kaiser schritt auf Rostocks und der Hansestädte Bitten ein. Ein kaiserliches Schiedsgericht in Prag sollte entscheiden, doch umsonst. Rostock blieb hartnäckig bei seinem Widerstand, und als die Frage der Schuldentilgung durch die Stände nach unzähligen Landtagen endlich 1572 in den sogenannten Sternberger Reversalen ihre Erledigung dadurch fand, daß die Stände gegen Empfang der drei Klöster Ribnitz, Malchow und Dobbertin die Übernahme von 400000 Gulden beschlossen, da verweigerte Rostock die Zahlung des ihm auferlegten Anteils von 60000 Gulden. Mit dänischer Hilfe endlich zwangen die Herzöge Rostock durch Besetzung der Stadt und Sperrung des Hafens zur Unterwerfung. In einem Erbvertrag vom 21. September 1573 wurde der Friede mit den Landesfürsten wieder hergestellt, und die Stadt leistete im Februar nächsten Jahres durch den Bürgermeister Dr. Borghold auf dem Rathaus vor den Fürsten und dem Kanzler Husan Abbitte. Zwar behielt die Stadt ihren eigenen Superintendenten, mußte aber die mecklenburgische Landeskirchenordnung mit einigen ihr gemachten freiheitlichen Zugeständnissen hinsichtlich des landesherrlichen Kirchenregiments als für sich verbindlich anerkennen.

Die oben genannten Sternberger Reversalen waren eine Erneuerung und Erweiterung der Reversalen vom Jahre 1555. Ausdrücklich wurde in ihnen bestimmt, daß die Stände zu irgendwelcher Hilfeleistung „nicht schuldig noch verpflichtet sein, sondern allewege bei ihren alten Privilegien und Freiheiten und der alten, gewöhnlichen einfachen Landbede gelassen werden“ sollten. Mit anderen Worten, jede Bewilligung von Geld zur Deckung landesherrlicher Schulden, d. h. zur Bestreitung der Landesverwaltungskosten, beruhte auf dem freien Entschluß der Stände. So groß aber war bereits ihre Macht, daß sie es verstanden, einen Teil des den Fürsten gleichsam als Staatserbschaft zugefallenen säkularisierten geistlichen Besitztums für sich zu gewinnen durch die drei benannten Klöster. Ihre Überlassung an die Stände wurde als Entschädigung dafür angesehen, daß der Adel zu ihrer Gründung und Ausstattung vieles beigetragen hatte. Gleichsam aus jedem Winkel und jeder Ecke wurden schon damals wie auch später von den Ständen irgendwelche Ansprüche auf Besitz und Recht hervorgeholt und auch durchgesetzt. Auch eine Standes- und Korporationsfrage fand damals für den Adel ihre Erledigung, indem sich alle damals bestehenden, an der Überweisung der Klöster beteiligten Familien fortab als eingebornen, an der Nutznießung allein berechtigten Adel bezeichnete, dem gegenüber später eintretende Familien als rezipierter und dem eingebornen nicht ebenbürtiger Adel gelten sollten. Der Unterschied führte später (im 18. und 19. Jahrhundert) zu einem direkten Gegensatz und einer offenen Fehde in Wort und Schrift zwischen beiden Parteien.

Unter Johann Albrechts Regierung überwog trotz einiger unverkennbarer Schattenseiten bei weitem der Vorteil und Segen, den Land und Volk aus seinen vielseitigen Bestrebungen und Einrichtungen zog. Es ist gewiß bedauerlich, daß durch mehrere große Unternehmungen und Reisen sowie durch seine ziemlich glänzende Hofhaltung der wenig geordnete Zustand der Finanzen, wie er ihn von seinem Vater bereits überkommen hatte, nicht gebessert wurde. Dennoch hat das Land, ganz besonders die Universität Rostock, ihm viel Gutes zuverdanken. Noch in den dreißiger Jahren durch die Mehrzahl katholischer Dozenten eine Hochburg des alten Glaubens, in ihrem ganzen Lehrsystem vielfach verknöchert und durch den Mangel an Studierenden eine Zeitlang ziemlich verfallen und verödet – so war z. B. 1529 kein einziger Student immatrikuliert worden – bald auch fast ganz unter den Einfluß der Stadt Rostock geraten und deren lokalen Interessensphären oder geringwertigem Bildungsstreben unterworfen, wurde sie nach manchen heftigen Verhandlungen und Streitigkeiten zwischen den Herzögen und dem Rat der Stadt von Johann Albrecht wieder neu belebt durch Berufung tüchtiger Professoren und ihr 1560 statt der früheren, nunmehr bedeutungslosen päpstlichen Anerkennung diejenige des Kaisers und dessen Schutz verschafft. Dazu landesherrlich neudotiert, wobei der Stadt Rostock ein gewisses Kompatronat mit der Verpflichtung eines jährlichen Zuschusses für Unterhalt und Professorenbesoldung verblieb, wurde sie von jetzt ab in Bezeichnung und Charakter erst recht eigentlich das, was sie seitdem geblieben ist, Mecklenburgs Landesuniversität.

Dem nämlichen Bestreben des Herzogs nach Förderung von Wissenschaft und Kunst diente auch die Neugründung mehrerer Lateinschulen, so der Domschule in Güstrow (1552), der Fürstenschule in Schwerin (1553), die gleich nach seinem Tode 1576 mit der von Herzog Ulrich als Administrator des Bistums Schwerin gegründeten Stiftsschule zur „Domschule“ vereinigt wurde, und der Lateinschule in Parchim (1564). Alle drei wurden der Grundstock der späteren landesherrlichen Gymnasien in den genannten Städten. Eine ganze Anzahl Gelehrter und Künstler zog der Herzog an seinen Hof und in seinen Dienst, so außer dem schon genannten Andreas Mylius aus Meißen den ebendort beheimateten Magister und Konrektor der dortigen Fürstenschule (St. Afra), Daberkusius, einen sehr gelehrten Mann und Lehrer des Mylius. Er wurde Rektor der Schweriner Fürstenschule. Aus Wittenberg kam der Magister Simon Leupold als herzoglicher Sekretär, als Prinzeninstruktor der weitgereiste Johann Kaselius, der des Mylius Tochter heiratete und später auch eine Zeitlang Professor in Rostock war. Bedeutende Baukünstler, besonders für das Schweriner Schloß und den Wismarschen Fürstenhof, waren die Gebrüder Parr, als Hofmaler war Erhard Haubray, den der Herzog bei Lukas Kranach d. J. hatte ausbilden lassen, als Astronom und Mathematiker Tilemann Stella aus Siegen, ein Schwager des Mylius, als Orgelbauer die drei Gebrüder Mors aus Antwerpen tätig. Oftmals weilten auch Rostocker Professoren, unter ihnen besonders der große Geschichtsschreiber und Theologe David Chyträus am Hofe, und der Herzog selbst stand mit Melanchthon, Luther und anderen Reformatoren, auch mit den Medici in Florenz in Briefwechsel; hat man doch Schwerin damals wohl ein nordisches Florenz genannt. Des Mylius Haus galt als „offener Musentempel“, und die humanistischen Studien waren eine Lieblingsbeschäftigung des Herzogs selbst und aller seiner gelehrten Freunde.

Eine Polizei- und Landordnung vom Jahre 1572 zur Verbesserung der Rechtspflege, die Regulierung der Elde und der zwar unausgeführt gebliebene Plan eines Elbe-Ostseekanals durch den Schweriner See zwecks Hebung von Schiffahrt, Handel und Verkehr, sowie andere Reformen und Schöpfungen verschiedenster Art vervollkommnen das Bild des weitschauenden und vielseitig interessierten Fürsten.

Erst fünfzig Jahre alt starb am 12. Februar 1576 Johann Albrecht I. In seinem Testament, das am Tage nach seiner Beisetzung, am 1. März, auf dem Rathaus in Schwerin im Beisein Herzog Ulrichs geöffnet wurde, war zum ersten Male von dem Recht der Erstgeburtserbfolge (Primogenitur) die Rede. „Wir haben aus der Erfahrung gelernt“, heißt es darin, „daß durch kein ander Mittel die Herrschaften in größeren Abgang geraten als durch die vielfältige Zerstückung und Zerreißung“. Daher hatte der Verstorbene seinen ältesten Sohn Johann zum Erbherzog bestimmt und den jüngeren Sigismund August, der zudem etwas beschränkten und schwachen Geistes war, mit den Ämtern Strelitz, Mirow und Ivenack und einer jährlichen Geldsumme abgefunden. Seiner Gemahlin Anna Sophie hatte er Lübs als Witwensitz und die beiden Ämter Wittenburg und Rehna angewiesen. Die Vormundschaft über die noch unmündigen Söhne sowie die Regentschaft für Johann sollte ihr Oheim, Herzog Ulrich, führen. Der Kaiser hatte das Testament bestätigt und den Söhnen seine Beachtung bei einer Strafe von fünfzig Mark lötigen Goldes geboten. Als nun Johann gleich darauf die Universität Leipzig bezog und Sigismund August zur weiteren Erziehung an den sächsischen Hof kam, schien sich alles nach dem Willen des Verstorbenen und zum Segen des Landes zu regeln.

Noch aber waren zwei jüngere Brüder Johann Albrechts und Ulrichs am Leben: Christoph und Karl. Letzterer war im Besitz der beiden Ämter Wredenhagen und Neukalen (später statt ihrer Broda und Wesenberg), sowie der Hälfte der Komturei Mirow und war Koadjutor und einstiger Nachfolger seines Bruders Christoph im Bistum Ratzeburg. Außerdem erhielt er von Ulrich noch jährlich 1500 Gulden „zur Verbesserung seines Unterhalts“, etwas später vom Landtag noch 8000 Gulden. Mit alledem zufrieden, machte er keine weiteren Erbansprüche, sondern suchte vielmehr in der Landwirtschaft, durch die er seine Ämter bedeutend hob, und in mancherlei Wohltätigkeit sein Vergnügen. Anders sein Bruder Christoph. Dieser focht sogleich das Testament Johann Albrechts an und forderte, um seine Geldnot zu heben, wenigstens die Hälfte von besten Land sowie Anteil an der Vormundschaft über Johann und Sigismund August. Ulrich aber wies ihn gerade mit bezug auf seines Bruders Testament ab. Ein jahrelanger Streit begann, in dem Christoph den Kaiser zum Schiedsrichter anrief, Ulrich aber den Prozeß unter immer neuen Vorwänden und Entschuldigungen zu verschleppen wußte.

Solange keine Entscheidung getroffen war, führte Ulrich ungehindert die Regentschaft für seinen Neffen in Schwerin. Das Land befand sich in einer großen Finanznot und besaß eine bedeutende Schuldenlast, die schon Johann Albrecht überkommen und nicht beseitigt, sondern noch vermehrt hatte (S. 213). Durch möglichste Sparsamkeit wollte Ulrich Abhilfe schaffen. Die Schweriner Hofhaltung wurde aufgelöst, die Schweriner Fürstenschule mit der von ihm 1565 gegründeten Stiftsschule zur „Domschule“ vereinigt, aus der später das Gymnasium hervorgegangen ist; das Amt Ivenack wurde für einige Jahre verpfändet, und die Stände wurden aufgefordert, „hilfreiche Hand zur Erleichterung der großen Beschwernis“ zu leisten. Anfangs taub gegen alle Bitten des Herzogs, bewilligten sie 1584 eine Beihilfe auf zwei Jahre.

Gleichzeitig schwebte ein neuer Streit mit Rostock. Die Stadt hatte die Vereinbarungen von 1573 nicht beachtet, nach dem Tode Johann Albrechts sogar umgestoßen und die ganze frühere Streitsache vor das Reichskammergericht gebracht. Als sich die Entscheidung ein Jahr nach dem andern verzögerte, nahm Herzog Ulrich die Hilfe seines Schwiegersohnes, des Dänenkönigs Friedrich II., in Anspruch. Dieser drohte der Stadt mit einem Handelsverbot in seinem Lande und ließ 1583 den Strom bei Warnemünde mit dänischen Schiffen besetzen. Da lenkte die Stadt ein. Ein neuer Erbvertrag wurde unter dem 29. Februar 1584 geschlossen. Die Stadt behielt das Kloster zum heiligen Kreuz und durfte eine Akzise zur Bezahlung der städtischen Schulden und Erhaltung des Hafens ausschreiben, mußte aber das herzogliche Hofgericht als höchste Berufungsinstanz anerkennen, was Wismar einige Jahre zuvor ebenfalls getan halte.

In dem gleichen Jahre lief auch Herzog Ulrichs Vormundschaft für seine Neffen ab, und Johann VII. trat selbst die Regierung des väterlichen Erblandes an. Mit seinem Bruder Sigismund August vereinbarte er im Schweriner Vertrag am 20. Mai 1586 die Aufrechterhaltung des väterlichen Testaments. Sigismund nahm nachher seinen Wohnsitz in Ivenack und hat bis zu seinem 1600 erfolgten Tod vollen Frieden in dieser Sache gehalten. Dagegen verharrte sein Oheim Christoph auf seinen alten Forderungen. Weitere acht Jahre dauerten die Streitigkeiten an. Kaiser und Reichshofrat, kaiserliche Kommissäre, die eine große Anzahl Zeugen in Mecklenburg vernahmen, Rechtsgutachten verschiedener Universitäten für und wider Christoph, selbst die Könige Johann von Schweden und Sigismund von Polen, die für Christoph eintraten und Ulrich mit Anwendung von Gewalt drohten, brachten die Sache nicht zum Schluß. Im Herbst 1591 erklärte sich Johann bereit, seinem Oheim jährlich 1000 Taler und das Amt Zarrentin zu überlassen. Da starb Christoph plötzlich einige Monate später, im März 1592, wahrscheinlich an der Pest. Der sechzehnjährige Streit war mit einem Schlage erledigt, da der Herzog ohne männliche Erben war. Ein Freund philosophischer Studien und chemischer Untersuchungen, wobei die schon damals viel betriebene Alchimie oder Goldmacherkunst eine wichtige Rolle für ihn spielte, sank mit ihm ins Grab. Auf seinem Schloß Gadebusch hatte er sich ein großes Laboratorium eingerichtet. Auch eigene Münzen wurden durch ihn in seinem Bistum ausgegeben.

Nicht drei Wochen später starb auch sein Neffe Johann VII. Wenig ist von seiner kurzen, nur achtjährigen Regierung bekannt geworden, die der Stadt Schwerin die Hofhaltung wieder brachte. Schwermut scheint, wie auch die näheren Umstände seines Todes erweisen, ihn oft bedrückt zu haben. Für seine erst drei- und zweijährigen Söhne Adolf Friedrich und Hans Albrecht sowie die erst ein halbes Jahr alte Tochter Anna Sophie übernahmen Ulrich und Sigismund die Vormundschaft, ersterer zum zweiten Male auch die Regentschaft. Sie brachte dem Schweriner Lande keinen Segen. Herzog Ulrich, seit 1594 Oberster des niedersächsischen Kreises und dadurch mehr als zuvor verpflichtet, den Zeitereignissen seine Beachtung zuzuwenden, fand, auch wenn er nicht in schwierige Händel verwickelt wurde, weder die genügende Zeit noch Lust für die Regierungstätigkeit im Schwerinschen. Er überließ die Verwaltung daselbst dem Rentmeister Andreas Meier und dem Amtsverwalter Detlev von Warnstedt, zwei selbstsüchtigen, gewissenlosen und ungetreuen Männern, die sich auf Kosten des Landes zu bereichern suchten und sogar die Herzogin-Witwe und deren Kinder in Lübs einer Menge Eigentums beraubten.

Trotzdem ist Herzog Ulrichs fast fünfzigjährige Regierung nicht ohne Bedeutung. Aber diese erstreckt sich ganz natürlich vor allem auf seinen Güstrower Landesteil. Sparsamkeit und genaue Wirtschaftsführung, wie er selbst sie übte, forderte er auch von allen Amtsleuten. Der Rostocker Scheffel und das Rostocker Tonnenmaß wurden überall als Einheitsmaß von ihm eingeführt. Verkehr, Handel und Wandel suchte er durch Verbesserung und Sicherung der Landstraßen zu heben. Gelehrte und Künstler zog er an seinen Hof in Güstrow, so die Baumeister Franz Parr und Philipp Brandin – letzterer war auch Bildhauer –, die sich um den Wiederaufbau des abgebrannten Schlosses und die Restaurierung und Ausschmückung des Domes verdient gemacht haben. Als Maler wirkte der Niederländer Nikolaus Krommeny. Auch Johann Albrechts Astronomen Tilemann Stella behielt der Herzog in seinen Diensten. Durch seinen Sekretär Samuel Fabricius ließ er zum erstenmal eine Ordnung des herzoglichen Archivs durch Aufstellung eines systematischen Verzeichnisses der Urkunden vornehmen. Der Güstrower Fürstenschule gab er ein neues Gebäude, mehr Lehrer und eine Schulordnung. Er selbst beschäftigte sich mit der Geschichte seines Hauses, zeichnete Ahnentafeln auf, und selbst ein pädagogisch-christliches Lehrbuch stammt aus seiner Feder. Manche seiner Pläne und Unternehmungen blieben zwar unvollendet und Bruchstücke, so die Aufzeichnung der Landesgesetze, die durch den Widerstand der auf ihr eigenes Stadtrecht pochenden Seestädte gehemmt wurde, und der Abschluß des von Johann Albrecht projektierten Schiffahrtsweges von der Ostsee zur Elbe in seinem noch fehlenden nördlichen Teil von Schwerin nach Wismar. Das Werk kam kurz vor seiner Vollendung wegen Geldmangels bei dem Herzog und der Stadt Wismar ins Stocken, blieb schließlich liegen und verfiel wieder.

Als Ulrich 76jährig am 14. März 1603 starb, folgte als Herzog in Güstrow und, da die Vormundschaft für Johanns VII. Söhne noch andauerte, auch als Regent in Schwerin sein schon 63 Jahre alter Bruder Karl, seit 1592 Bischof von Ratzeburg. Der doppelten Aufgabe nicht gewachsen, riet er der Herzogin-Witwe Sophie, selbst für ihre Kinder zu sorgen, nach Schwerin zu ziehen und der unter den dortigen Verwaltern eingerissenen Unordnung nach Möglichlichkeit zu steuern. Noch waren ihre Söhne Adolf Friedrich I. und Hans Albrecht II. in der Ausbildung auf den Universitäten Leipzig und Straßburg sowie auf Reisen im Auslande begriffen. Aber schon 1607 erwirkte ihr Oheim, der ewigen Geldnot der Regentschaft überdrüssig, ihre Großjährigkeitserklärung beim Kaiser. Unter den verworrenen Landesverhältnissen trat zunächst Adolf Friedrich bei gemeinsamer Hofhaltung die Regierung für sich und seinen Bruder an.

Eng verbunden mit der Befestigung der landständischen Macht in Mecklenburg, gleichsam ein wesentlicher Bestandteil derselben, war die Entwicklung des Luthertums zur rechtlich fundierten Landeskirche. Ihr erstes sichtbares Gepräge hatte sie bereis in dem Vorgang an der Sagsdorfer Brücke 1549 erhalten, der für die kirchlichen Verhältnisse des eigenen Landes weit mehr als die bloße Abweisung des Interims gegenüber Kaiser und Reich bedeutete. Indem die Herzöge und ihre Ratgeber die Führerschaft in religiösen Dingen übernahmen, war der alte katholisch-bischöfliche Standpunkt verlassen und an seine Statt die Bildung einer Landes- oder Staatskirche getreten, wie Luther selbst sie gefordert hatte. Ganz unvorbereitet jedoch kam diese Wandlung nicht. Ursprünglich ohne alle Rechte gegenüber der Kirche hatten die Landesherren schon in der katholischen Zeit durch häufige Besetzung der Bischofs- und Domherrenstellen mit ihren Anverwandten, durch Ernennung geistlicher Würdenträger zu ihren Beamten und Kanzlern, durch den Schutz, den sie der Kirche in Zeiten der Not sowie durch eine allgemeine Aufsicht angedeihen ließen, sehr starken Einfluß auf die kirchlichen Verhältnisse gewonnen, ja ganz unmerklich, manchmal auch nach harten Widersprüchen, hatte sich die Reichsunmittelbarkeit der Bistumsländer in eine gewisse Abhängigkeit von der fürstlichen Oberhoheit verwandelt. Die Bischöfe waren bisweilen in eine Art Lehnsverhältnis zum Landesherrn getreten. Durch die Mitwirkung der Stände, die übrigens seit kurzem in der Ritter- und Landschaft bzw. deren Vertretung durch die Landräte schon des öfteren in Kirchensachen zu Rate gezogen worden waren, wurde der bis in die neueste Zeit andauernde besondere Charakter der mecklenburgischen Landeskirche geschaffen. Der Stand der Prälaten allerdings hatte zugleich seine Endschaft erreicht. Bereits zwei Jahre später auf einem Landtag in Güstrow, wo es sich um Bewilligung von Kriegsgeldern für Herzog Johann Albrecht handelte, wurde er übergangen. Er war, wie die Stände sagten, bereits abgetan, und durch die in den nächsten Jahren erfolgende Einziehung der Klöster wurden auch seine letzten Reste aufgehoben. Staatsrechtlich fundiert wurde das neue evangelische Kirchenwesen mit dem Landesherrn als Oberbischof durch eine neue Kirchenordnung, die von Johann Albrecht noch im Einvernehmen mit seinem Oheim Heinrich angeordnet, von den beiden Superintendenten im Bunde mit mehreren Rostocker Professoren und Schweriner Predigern ausgearbeitet, von Melanchthon verbessert, in Wittenberg in hochdeutscher Sprache gedruckt und bald nach Heinrichs 1552 erfolgten Tode von Johann Albrecht allein veröffentlicht wurde. Auch den Ständen war sie auf deren dringenden Wunsch zur Bestätigung vorgelegt worden, und zum besseren Verständnis für das mecklenburgische Volk wurde sie 1556 ins Plattdeutsche übertragen, in Rostock gedruckt und, da indes auch Johann Albrechts Bruder Ulrich regierender Herzog geworden war, in beider Namen erlassen. Das fürstliche Oberbischofsamt – bestehend nicht in der katholischen Form einer päpstlichen Unfehlbarkeit, sondern in dem Recht und der Pflicht der oberen Kirchenleitung und -gesetzgebung auf dem Grunde der Schrift und des Bekenntnisses durch dazu vorgebildete und geeignete Männer und unter Mitwirkung der Stände – zeigte sich vornehmlich in der Anordnung allgemeiner und besonderer Visitationen, der Ernennung von Superintendenten, Predigern usw., der Bestellung eines oberen Kirchengerichts, des Konsistoriums, und der Unterhaltung von Schulen und Universität.

Bereits 1552-1554 fand die nächste Visitation statt, die vor allem der Beseitigung der noch bestehenden alten Klöster galt. Den Visitatoren wurde in der Kirchenordnung aufgetragen, mit allem Ernst, wenn auch nicht gerade mit verletzender Gewalt, für eine Umwandlung der Klöster in evangelische Pfarrkirchen und für die Beseitigung aller katholischen Mißbrauche sowie der Messe, der Heiligenverehrung, der Kappen und anderer Dinge zu sorgen. Der Austritt aus dem Kloster wurde gestattet, ein solcher zum Zweck des Heiratens besonders begünstigt. Während in Jungfrauenklöstern auch weiterhin von der Domina junge Mädchen, doch nur zur geistigen und religiösen Bildung ohne „Gelübde und Kappen“, ausgenommen werden konnten, sollten in den Mönchsklöstern nur noch die alten Insassen bis zu ihrem Tode Unterkunft finden, neue aber nicht mehr aufgenommen werden. Bald verschwanden nun, besonders als die Stände im Jahre 1555 auf dem Landtage in Güstrow eine durchgreifende Abstellung des Papismus forderten, alle Klöster. So wurden ohne besondere Schwierigkeiten Dargun, Doberan, Marienehe, Tempzin, Eixen, Kraak, Broda und Rehna 1552, Neukloster, Zarrentin, Ivenack, Wanska und Eldena 1555 aufgehoben. Durch den Ruppiner Schiedsspruch 1556 (S. 165) wurde das gesamte Kirchengut zwischen den beiden Herzögen geteilt. Von den drei Jungfrauenklöstern Malchow, Ribnitz und Dobbertin wurde ersteres noch 1556 reformiert; Ribnitz aber und vor allem Dobbertin widersetzten sich der neuen Lehre lange und heftig. In letzterem kam es sogar mehrmals zwischen den Visitatoren und den etwa 30 Nonnen, von denen erst zwei evangelisch waren, zu regelrechten Kämpfen in der Kirche, wobei sich die Nonnen auf dem Chor mit Steinen und Wasser gegen die andrängenden Bauern verteidigten; 1562 wurden die Widerstrebenden gewaltsam aus ihrer Behausung herausgeschleppt und auf Wagen fortgebracht. Die drei Klöster wurden den Ständen als Entgelt für eine eventuelle Übernahme der fürstlichen Schulden Vorbehalten. 1559 waren auch die beiden Ämter Lübs und Crivitz, die Leibgedinge der katholischen Herzogin-Mutter Anna, in deren Abwesenheit in Livland reformiert und die Mönche und Priester weggeführt worden. Dennoch gab es in den nächsten Jahren in einigen Klöstern darunter wieder Dobbertin, reaktionäre Gegenströmungen zu unterdrücken.

Im übrigen aber knüpfte sich der Ausbau der mecklenburgischen Landeskirche seit der Mitte des 16. Jahrhunderts besonders an den Namen eines Mannes, des 1551 als Professor der Theologie nach Rostock berufenen David Chyträus, eines Württembergers von Geburt sowie Schülers und Amtsgenossen Melanchthons in Wittenberg. Bei fast allen kirchlichen Einrichtungen in Mecklenburg in der zweiten Hälfte des 16. Jahrhunderts, mögen sie nun die äußere Ordnung oder die bekenntnismäßige Lehre betreffen, hat Chyträus bis zu seinem Tode im Jahre 1600 grundlegend und gestaltend gewirkt. Erst 20 Jahre alt, begann er neben katechetischen Vorträgen, wie sie ihm im Pädagogium zugewiesen waren, vornehmlich mit humanistischen Studien und Vorlesungen, betreffend Erklärungen griechischer Schriftsteller, seine akademische Lehrtätigkeit, der er mit jugendlicher Begeisterung oblag. Von vornherein richtete er dabei sein Augenmerk auch auf die Hebung der im Verfall begriffenen Universität und fand in diesem Streben eine Anzahl gleichgesinnter Männer, so daß er sich schon sehr bald auch als Süddeutscher in der von seinem Vaterland fernen Stadt heimisch fühlte und sogar mehrere an ihn ergangene ehrenvolle Berufungen nach Augsburg, Straßburg, Kopenhagen und Heidelberg ablehnte, zur Freude des Herzogs Johann Albrecht, der den gelehrten, von Universitäten, Fürsten und Städten bereits begehrten Mann ganz besonders hochschätzte. Mit den humanistischen verband er umfassende historische Studien, und seit 1553 wandte er sich dann mehr der Theologie zu, hielt enzyklopädische sowie exegetische Vorlesungen über das alte und neue Testament und widmete seine Kraft der inneren und äußeren Stärkung der reformatorischen Kirche. Es zeugt von einer besonderen Klugheit, daß er dieses Ziel durch eine gleichzeitige Neubelebung der Landesuniversität unter Beseitigung aller noch vorhandenen Hemmnisse innerer und äußerer Art zu erreichen strebte. Eine ganze Anzahl nicht nur theologisch gebildeter Männer, sondern auch Vertreter anderer Fakultäten wurde auf Chyträus Vorschlag von Johann Albrecht nach Rostock berufen, und im Mai des Jahres 1563 hatte er die große Freude, die zwischen den Landesherren und der Stadt Rostock hinsichtlich der Rechte und Freiheiten der Universität noch immer schwebenden Streitigkeiten durch einen Ausgleich, an dem er ein nicht geringes Verdienst hatte, beigelegt zu sehen. In verschiedenen Streitigkeiten deutscher Theologen über wichtige Glaubensartikel, in Sachen aufkommender Irrlehren und sich bildenden Sektenwesens wurde nicht nur für Mecklenburg, sondern auch von auswärts Chyträus' Gutachten eingeholt. Kaiser Maximilian II. berief ihn 1569 mit Zustimmung der Herzöge nach Österreich zwecks Ausstellung einer allgemeinen Kirchenordnung auf dem Grunde der Augsburgischen Konfession. Noch in demselben Jahre erledigte er seinen Auftrag, einige Jahre später einen gleichen für Steiermark. Gleich nach der Rückkehr aus Österreich warteten seiner neue Aufgaben in Mecklenburg. Zu den beiden Superintendenten in Parchim und Güstrow waren vier andere in Neubrandenburg, Wismar, Schwerin und Rostock getreten. Demgemäß erschien, angeregt bereits durch eine von Chyträus und anderen Theologen noch vor seiner Reise nach Österreich an Johann Albrecht gerichteten Eingabe, im Jahre 1571 eine Superintendentenordnung, durch welche die Bezirke und Befugnisse der Superintendenten – Durchführung der Kirchenordnung, Abhaltung alljährlicher Synoden, Aufsicht über Verwaltung des Kirchengutes, Einführung der Geistlichen u. a. m. – genau abgegrenzt und bestimmt wurden. In demselben Jahre war auch kurz zuvor unter Chyträus' und des Kanzlers Husan Einwirkung eine Konsistorialordnung betreffend das obere Kirchengericht zustande gekommen. Jahrelange Streitigkeiten der Herzöge mit der Stadt Rostock, die ihnen das Visitationsrecht bestritt, für sich (neben dem herzoglichen) einen eigenen Superintendenten und ein eigenes Konsistorium einsetzte, auch sonst in kirchlichen Dingen viel Unruhe schuf, hatten auf Bitten selbst der Rostocker Prediger, die ihrer Stellung nicht sicher und der angerichteten Wirren überdrüssig waren, die Fertigstellung beschleunigt. Ursprünglich auch in Zivil- und Prozeßsachen betreffend Kirche und Schule, Prediger und Kirchendiener zuständig, wurde das Konsistorium erst 200 Jahre später (1756) auf Doktrinal-, Zeremonial- und Disziplinarsachen sowie öffentliche Ärgernisse und Irreligiosität beschränkt. Die Sternberger Reversalen aber vom 4. Juli 1572 mit der Zusicherung der Herzöge an die Stände, sie bei der wahren Religion der Augsburgischen Konfession zu schützen, verliehen der Konsistorial- und Superintendentenordnung und damit auch der lutherischen Landeskirche überhaupt gleichsam die landesgrundgesetzliche Anerkennung.

Gleich darauf traten neue Streitigkeiten innerhalb der lutherischen Kirche selbst hervor, beruhend auf dem Gegensatz zwischen den dogmatisch (besonders in dem Verhältnis von Glauben und Werken) milder denkenden Melanchthonianern oder Philippisten und den strengen Lutheranern. Diese Zerwürfnisse zu beseitigen und die gesamte lutherische Kirche zu einigen, machte sich der Tübinger Professor der Theologie und Kanzler der Universität Jakob Andreä zur Aufgabe. Mit einer Anzahl Theologen trat er in Verbindung, vornehmlich Martin Chemnitz in Braunschweig und auch David Chyträus in Rostock. Letzterer war bereits 1569 auf seiner Reise nach Österreich mit Andreä, der von Herzog Julius von Braunschweig mit einer Kirchenvisitation seines Landes betraut worden war, in Wolfenbüttel zusammengetroffen und, wenn auch mit wenig Vertrauen auf Erfolg, dem Werk der Einigung beigetreten. Andreä selbst erschien gleich darauf auf einer Rundreise an mehrere deutsche Fürstenhöfe mit einem braunschweigischen Rat in Mecklenburg, um den Herzögen die von ihm ausgearbeiteten grundlegenden Artikel zu unterbreiten. Auf mehreren Versammlungen der Superintendenten und Universitätsprofessoren in Rostock wurden sie und auch eine neue Tübinger Eintrachtsformel begutachtet, doch mit der ausdrücklichen Erklärung, daß man auf jeden Fall an der Augsburgischen Konfession festhalten wolle. Als dann

Chyträus 1576 auf Einladung des Kurfürsten August von Sachsen, der ebenfalls von Andreä gewonnen worden war, nach anfänglichem Widerstreben schließlich auf Herzog Ulrichs dringlichen Wunsch zu einem Konvent deutscher Theologen nach Torgau reiste, gab ihm der Herzog die Weisung mit auf den Weg, „in nichts zu willigen, was wider Gottes Wort und zu dieser bisher stillen Kirche in Mecklenburg Beunruhigung wäre". Die im Torgauischen Buch niedergelegten und zur allgemeinen Prüfung versandten Ergebnisse des Konvents der 18 Theologen wurden für Mecklenburg aus einer Rostocker Versammlung im Herbst des Jahres im ganzen für gut befunden. Wieder war Chyträus bei der endgültigen Abfassung der Konkordienformel im Kloster Bergen bei Magdeburg im Mai 1577 anwesend. Infolge ihres rein lutherischen Standpunktes und der Abweisung jeglicher kalvinistischer Lehre – ein Umstand, der die Spaltung zwischen lutherisch und reformiert allerdings noch verstärkte – entsprach die Formel der Auffassung seitens der mecklenburgischen Landeskirche. An Widersprüchen und Schmähreden hatte es selbst unter den Geistlichen nicht gefehlt. Oft waren die Meinungen hart aufeinander geplatzt. Mit Ausdrücken wie „Judasse, Mamelucken, Wetterhähne, Schmierer" u. a. hatte man sich gegenseitig tituliert. Schließlich sah sich der Herzog, der die Formel am 30. Dezember 1579 unterzeichnete, genötigt, gegen solche und ähnliche Auswüchse behördlicherseits mit strengen Strafen einzuschreiten.

Der Wahrung der reinen Lehre Luthers und der völligen Ausschaltung des Kalvinismus galt auch ein gleichzeitiges, speziell mecklenburgisches Kirchenwerk, die neue revidierte Kirchenordnung. Schon lange hatte Chyträus den oft zweideutigen, für Lutheraner und Kalvinisten passenden Wortlaut der alten beanstandet. So erwies sich denn für Herzog Ulrich nach der Sanktionierung der Konkordienformel eine Neubearbeitung, vornehmlich des doktrinellen Teils, als notwendig. Chyträus, zum Teil durch seine anderen Arbeiten gehemmt, aber auch als Schüler Melanchthons, der die alte Kirchenordnung 1552 gutgeheißen hatte, zu manchen vom Herzog geforderten Änderungen nicht sonderlich geneigt, starb noch vor Vollendung des Werkes am 25. Juni 1600. Einer der bedeutendsten und einflußreichsten Theologen Deutschlands sank mit ihm ins Grab. Durch die Superintendenten und die Rostocker theologische Fakultät wurde die Aufgabe im März und April 1602 gelöst. Sogleich begann der Druck, noch bevor man dem Landtag, der erst im Juni in Sternberg zusammentrat, offizielle Mitteilung machen konnte. Nachdem dann die Befürchtung der Stände, daß ihre Privilegien und Patronatsrechte durch die neue Kirchenordnung geschmälert werden möchten, beseitigt war, erklärten auch sie sich einverstanden, und mit Beginn der Fasten 1603 wurde die neue Ordnung veröffentlicht und von den Kanzeln verlesen. Sie ist, wie es in der Publikation vom 5. März heißt, entstanden zwecks Bekenntnisses „zu der wahren, unverfälschten Religion Augsburgischer Konfession" und zur Absonderung „von aller andern irrigen und verführerischen Lehre". Durch sie sollen, wie die Vorrede besagt, die früheren Kirchenordnungen nicht abgetan, sondern in ihrer vollen Würde verbleibend nur erklärt und ergänzt werden. Mit ihr erreichte die Entwicklung der mecklenburgischen Landeskirche in der Reformationszeit vorläufig ihren Abschluß.

Drei Menschenalter etwa waren seit dem Beginn der Reformation in Mecklenburg verflossen. Eine gewaltige Wandlung hatte sich in Land und Volk, wenigstens in einem beträchtlichen Teil desselben vollzogen. Auch hier war das auf Ehe und Familie, Zucht und Sitte gegründete evangelische Pfarrhaus, Luthers herrliche Schöpfung, in der nur wenig später Joachim Slüter seinem Beispiel gefolgt war, erstanden und konnte seine Einwirkung, mochte sie auch anfangs noch so begrenzt sein, mit der Zeit auf die nähere und weitere Umgebung nicht verfehlen. Derartige Zustände, wie sie z. B. noch 1544 bei der ersten Visitation des Schweriner Bistums in dem Dorfe Moisall bei Bützow herrschten, wo Ehebruch und Unzucht gang und gäbe war, mußten allmählich schwinden.

Dennoch zeigte die ganze Zeit trotz des unverkennbaren großen religiös-sittlichen Aufstiegs im einzelnen noch viel Ungereimtes, Nachklänge mittelalterlich-rauher Lebensart, die erst eine weit spätere Zeit durch eine edlere Herzens- und Geistesbildung ausgeschaltet hat. Allzu oft wurde die Kanzel zum öffentlichen Richtstuhl alltäglicher Vorkommnisse. So ereiferten sich 1557 in Rostock zwei Prediger über die Sonntagshochzeiten, die dem Gottesdienst eine große Anzahl Besucher entzögen und den Tag durch unmäßiges Essen und Trinken entweihten. Sie verweigerten fortab die Sonntagstrauungen. In Neubrandenburg stellten zwanzig Jahre später Superintendent und Diakonus den Magistrat wegen seines grenzenlosen Schlemmens während der Pfingstgilden mit ihren großen Zechgelagen vor der Gemeinde bloß. Sie beriefen sich dabei nicht mit Unrecht auf die Kirchen-, wie auch auf die Polizeiordnung, die beide das Schwelgen in den Pfingsttagen verboten. In ihrem Eifer verdammten sie auch jegliches Zinsnehmen. In Rostock kam es zwischen den beiden Predigern und dem Bürgermeister sogar zu einem heftigen Wort- und Schriftwechsel, in dem man sich gegenseitig mit „pharisäische Sekte“, „gotteslästerliche Menschen“, „Kind des Teufels“, ja selbst mit „verdammte Eselsköpfe“ und ähnlichen Titeln traktierte. Sonderbar muten auch die vielen Bekanntmachungen rein weltlicher und privater Art nach der Predigt von der Kanzel her an. Da wurden Käufe und Verkäufe, Verschuldungen und Konkurse, Einquartierungen, Bürgerversammlungen, selbst entkommene Verbrecher, verlaufenes Vieh und Schweinemast angezeigt. In Neubrandenburg brachte 1602 der damalige Diakonus Krause einen Streit zwischen Rat und Bürgerschaft um die Tollensefischerei auf die Kanzel, und zwar in der Form von Gleichnissen und unschönen Deutungen, die jedermann auch ohne Nennung von Namen leicht verstehen konnte. Allerdings muß es den Predigern zum Ruhm nachgesagt werden, daß sie sich in ihrem Kampf gegen Mißbrauch und Unrecht auch vor der weltlichen Obrigkeit und deren Vertretern nicht fürchteten.

Die große wirtschaftliche Not der Geistlichen zwang manche hinterbliebenen Witwen und Kinder zur Einrichtung eines kleinen Kramhandels oder auch einer Schenke. Eine eigenartige Abhilfe und Besserung sollte durch die sog. „landsittliche Witwengerechtigkeit“ erzielt werden, indem man nämlich neueintretenden Predigern die Heirat der noch jungen Witwe oder einer Tochter des verstorbenen Geistlichen anempfahl und solche Reflektanten bei der Verleihung der Pfarre gelegentlich bevorzugte. „Wir können geschehen lassen“, so heißt es sogar in der Kirchenordnung vom Jahre 1603, „so junge Witwen nachbleiben oder der verstorbene Pastor eine gewachsene und wohlerzogene Tochter hinter sich verlassen und ein junger Mann vorhanden, der zu dem Pfarrdienste genugsam qualifiziert und sich mit der Witwe oder ihrer Tochter zu befreien geneigt, daß der vor andern dazu (d. h. zum Amt) befördert werde."

In den Zwangs- und Gewaltmitteln, mit denen die Kirchenordnungen von 1552 und 1570 drohten, z. B. in der öffentlichen Kirchenbuße und dem Kirchenbann, zeigt sich noch ein Stück einstiger katholischer Selbstherrlichkeit. Die Sitte, daß man derartig Gebannten, wie Gottesleugnern, Rottengeistern, Zauberern, Verächtern des Predigtamts und der Sakramente, Aufrührern, Totschlägern, Ehebrechern, dazu auch Selbstmördern das kirchliche Begräbnis und Glockengeläute verweigerte, ihnen einen Platz an der Kirchhofsmauer gab oder sie auch auf dem Schindanger verscharrte, hat sich noch bis tief in das 19. Jahrhundert hinein erhalten. Polizeiordnungen kamen der Kirche dabei zu Hilfe, und auf sie gestützt, bestimmte eine Güstrower Stadtverordnung vom Jahre 1562 sogar, daß „der Stadtvogt und die Ratsherrn ihren Weg über den Markt nach der Kirche nehmen" und „Müßiggänger und ledige Knechte" von der „Treibung unnützen Geschwätzes und Lotterbüberei" abhalten, ja sogar dem Scharfrichter zur Bestrafung mit der Peitsche überliefern sollten.

Indes dürfen uns die heute hart klingenden Worte, ebenso wie die in den Erlassen stets wiederkehrenden Ausdrücke des Fressens, Saufens und ähnlicher nicht zu Übertreibungen und falschen Vorstellungen verleiten. Die Zeit sah in ihnen ebensowenig Anstößiges, wie der damalige Polizeistaat durch die vielen Verordnungen gegen den Luxus in Kleidern, den Aufwand bei Mahlzeiten, Hochzeitsfeiern, Kindtaufen usw. sich zur Aufsicht über das gesamte bürgerliche, ja selbst das private Leben berechtigt und verpflichtet fühlte.

* * *

Als die Herzöge Adolf Friedrich I. und Hans Albrecht II. im Januar 1608 nach ihrer Volljährigkeitserklärung durch den Kaiser selbständig das Erbe ihres Vaters antreten konnten, war ihr Land unter der vormundschaftlichen Regierung ihres Oheims Karl durch die Schuld der ungetreuen Haushalter mit einer Schuldenlast von über drei Viertel Millionen Gulden behaftet. Indessen erschien ihnen weder die Alleinregierung durch den älteren der beiden unter bestimmter Abfindung des jüngeren, wie es das Testament Johann Albrechts I. besagte, noch eine Teilung des Landes möglich. Sie beschlossen daher zunächst eine gemeinsame Regierung und Hofhaltung zu führen, für den Fall jedoch, daß ihr alter Oheim sterbe, eine sofortige Teilung der Ämter beider Länder in einen Schwerinschen und einen Güstrowschen Teil vorzunehmen. Durch lange Verhandlungen mit den Ständen um Übernahme und Bezahlung der Schulden erreichten sie nach anfänglich mehrmaliger Abweisung endlich auf dem Landtag in Sternberg im Juli 1610 die Summe von 300 000 Gulden.

Da starb in demselben Monat Herzog Karl, unvermählt. Sein Land fiel mitsamt seinen allerdings weit geringeren Schulden an seine beiden Neffen. Sein Bistum Ratzeburg jedoch kam an den einstmals vom dortigen Domkapitel gegen den Willen des Herzogs Karl zum Koadjutor gewählten Herzog August von Braunschweig-Lüneburg. Seit langem waren viele Bischofssitze, so auch Ratzeburg und Schwerin, nichts anderes als Versorgungsstellen für Fürsten und Prinzen geworden. Um nun einen völligen Übergang des Ratzeburger Stifts an das braunschweigische Haus zu vermeiden, ging Hans Albrecht, der sich selbst gern damit versorgt und seiner Geldnot abgeholfen hätte, unter Geltendmachung einer alten Schuldforderung von 30 000 Talern Baukosten, die sein Schwiegervater und Großoheim, der Herzog und Bischof Christoph für das Stift verwendet habe, mit Gewalt vor, eroberte mit 500 Mann Schönberg und erreichte in den folgenden Verhandlungen, daß er doch wenigstens zum Koadjutor gewählt wurde und das Stift weiterhin mit dem Mecklenburger Lande in Verbindung blieb. Weniger war das beim Schweriner Bistum der Fall; die Gefahr der Entfremdung war hier weit größer, weil der damalige Bischof, Ulrich von Dänemark, ein Sohn von Herzog Ulrichs Tochter Sophie und des 1588 verstorbenen Dänenkönigs Friedrich II., seit dem Tode seines Großvaters (1603) Bischof, das Stift ganz und gar dem Mecklenburger Landesverband zu entziehen und zum eigenen Reichsstand zu machen suchte. Erst nach Jahren gewann Adolf Friedrich das Koadjutoramt.

Hatte schon die Vermählung Hans Albrechts mit seiner sechs Jahre älteren Tante Margarete Elisabeth, der Tochter des 1592 verstorbenen Herzogs Christoph, im Oktober 1609 die Eintracht der beiden Herzöge in Regierung und Hofhaltung beeinträchtigt, so drängten nunmehr nach dem Tode des Oheims beide, an Charakter verschiedene Brüder auf Grund ihrer früheren Abmachungen und mit Hintansetzung von Johann Albrechts I. Testament auf Durchführung der schon früher geplanten Ämterteilung. Nur hieran, noch nicht an einer Vollteilung war Hans Albrecht zunächst gelegen, doch mußte er sich durch einen Revers verpflichten, der späteren Teilung der Ritterschaft und Städte nicht zuwider zu sein. Und so kam es bereits im Juli 1611 in Fahrenholz zur Ämtertrennung. Durchs Los erhielt Adolf Friedrich die Schwerinsche, Hans Albrecht die Güstrower Hälfte. Auch die Schuldenlast wurde zwischen beiden geteilt. An ihr hatte sich fast noch nichts geändert. Die Auszahlung der von den Ständen versprochenen Tilgungssummen ließ lange auf sich warten. Unter Ablehnung weiterer Bewilligungen hatte man auf einem Landtage in Güstrow im November 1610 die Herzöge auf die Erhebung einer Kontribution unter Ausdehnung der Besteuerung auch auf die ärmere Bevölkerung, auf Bauernknechte und Einlieger, verwiesen, und die Herzöge hatten in ihrer Not zugestimmt.

Die Ämtertrennung für sich allein war naturgemäß ein Unding, wenn ihr nicht die Landesteilung folgte. Dieser aber widersetzten sich nun die Stände, weil sie, wie ihre von Hans Albrecht als Taufzeugen zur Taufe seines ersten Sohnes geladenen Vertreter in einer am Tage der Taufe (2. Februar 1612) an Hans Albrecht übergebenen Denkschrift erklärten, dem Herkommen und ihren Privilegien sowie dem Wohl des Landes widerspreche. Sie versprachen auch im Falle seines Verzichts auf eine Landesteilung statt der bewilligten, aber noch nicht gezahlten 300 000 Gulden zur Schuldentilgung jedem der Herzöge binnen drei Jahren 100 000 Taler zu zahlen. Das war, da der Gulden 24 und der damalige Taler 37 Schilling Lübsch galt, ein Mehr von 5405 Talern. Die Stände hatten gelernt, sich gewohnheitsmäßig schon als politische Körperschaft, was sie gesetzlich noch gar nicht waren, zu betrachten. Eine schroffe Abweisung dieses Anerbietens seitens Adolf Friedrichs und eine Entzweiung zwischen ihm und den Ständen war die Folge. Sechs Jahre lang, bis 1620, fanden keine Landtage statt. Hans Albrecht wäre infolge seiner Geldnot am liebsten auf das Angebot der

Stände eingegangen, aber er hatte sich durch seinen Revers verpflichtet, seines Bruders Absichten auf eine „Totaldivision" nicht zu durchkreuzen. Auf den Rat seines ziemlich verschlagenen Kanzlers Dr. Cothmann aber suchte er durch stetige Äußerungen von Bedenken und durch ständiges Widersprechen gegenüber Adolf Friedrichs Vorschlägen die Sache in die Länge zu ziehen. Darüber kam es dann auch noch zwischen den Brüdern zu einer Feindschaft, die sich bald sogar bei rein familiären Angelegenheiten in recht sichtlicher Weise offenbarte. Durch die Hinneigung und den schließlichen Übertritt Hans Albrechts zur reformierten Lehre 1618 wurde der Gegensatz noch verschärft. Selbst die Hundertjahrfeier der Reformation am 31. Oktober 1617 wurde dadurch im Lande verhindert.

Aber die Frage der Schuldentilgung war auf diese Weise ebenfalls lahmgelegt, und sie war doch für Hans Albrecht nicht weniger als für Adolf Friedrich eine Lebensfrage. So verknüpften sich Religion, Schulden und Landesteilung eng miteinander, und das unter den drei einander widerstrebenden Parteien: Adolf Friedrich, Hans Albrecht und den Ständen. Ersterer blieb bei dem Plane einer Totaldivision, doch mit der Absicht, seinen Bruder durch bindende Versprechungen an einer Beförderung des Kalvinismus in Mecklenburg, besonders auch in dem ihm zufallenden Landesteil (Güstrow), zu hindern. Hans Albrecht dagegen neigte gerade in der Hoffnung auf völlige religiöse Freiheit und ungehindertes Eintreten für den Kalvinismus – wollte er doch bereits den Güstrower Dom reformieren – nunmehr auch zur Totaldivision. Die Stände aber widersprachen ihr aus den bereits genannten Gründen. Jahrelang zogen sich die Verhandlungen über Einzelfragen zwischen den Herzögen selbst und zwischen diesen und den Vertretern der Stände – Landtage wurden ja nicht berufen – hin. Auch diesen Weg wußten sich die Stände zunutze zu machen. Bei der Geldnot und Schuldenlast der Herzöge, die nur die Stände beseitigen konnten, hatten diese die Herzöge bald ganz in ihrer Gewalt. Der Bruderzwist schwächte die fürstliche Macht. Der Ausschuß, den die Stände auf Adolf Friedrichs Wunsch 1620 zwecks Verhandlungen und zur Äußerung ihrer Wünsche betreffs der Teilungsfrage erwählten, wurde zu einem ständigen, dem sog. „Engeren Ausschuß", der fortab einzig und allein, oft in sehr schroffer Weise, die Interessen der Stände vertrat. Im Dezember 1620 endlich kam es wieder zu einem Landtag. Als nun beide Herzöge noch einmal für eine Totaldivision eintraten, da versteiften sich die Stände auf die Frage der Schuldentilgung. Die Herzöge waren entwaffnet. Bei den Ständen allein stand die Entscheidung. Nur bedingungsweise, für Gegenleistungen, wollten sie die fürstlichen Schulden übernehmen. Über zwei Monate noch zogen sich die Verhandlungen zwischen den Parteien hin. Dann gelangten sie am 23. Februar 1621 zum Abschluß: unter Aufrechterhaltung der Gemeinsamkeit der lutherischen Landeskirche mit nur einem Konsistorium, ebenso des Hof- und Landgerichts, das mit Hilfe der Stände neu eingerichtet werden sollte, weiter des Landtags und der Stadt Rostock mit der Universität und dem Hafen Warnemünde, ferner und besonders unter landesherrlicher Bestätigung der ständischen Privilegien, vor allem hinsichtlich der ihnen zugesprochenen drei Klöster (S. 212 f.) und der Steuerfreiheit der ritterschaftlichen Güter willigten die Stände in die Landesteilung und übernahmen die Zahlung einer Million Gulden in acht Jahren zum Abtrag der landesherrlichen Schulden, jedoch nicht etwa aus ihren Privatmitteln, sondern durch eine allgemeine Steuer und mit der ausdrücklichen Versicherung, daß dies eine Mal für die Stände nicht präjudizierlich für später werden dürfe, daß sie vielmehr immer nur zu den gewöhnlichen Landbeden und der Fräuleinsteuer verpflichtet sein sollten. Beiden Parteien war geholfen, den Ständen aber weit mehr als den Herzögen. Erstere hatten ihre auf die Not der Fürsten gegründete Probe auf das ausschließliche Recht der Steuerbewilligung und das Recht der Mitregierung glänzend bestanden. Ihr „Engerer Ausschuß" zur Tilgung landesherrlicher Schulden, bestehend aus den drei Landmarschällen, sieben Landräten, sechs Rittern und fünf städtischen Deputierten (je einem Vertreter für Rostock, Wismar, Parchim, Neubrandenburg und Güstrow) trat als dauernde Korporation zusammen. Mit dem 3. März 1621 war Mecklenburg unter Beibehaltung der oben genannten gemeinsamen Einrichtungen in die beiden Herzogtümer Schwerin und Güstrow geteilt. Die Grenze lief etwa von Doberan über Sternberg nach Lübs, so daß diese Ämter bzw. Städte, wie auch die Städte Waren und Malchow zum Schwerinschen, dagegen Boizenburg wegen des von Hans Albrecht geforderten Elbzolls zum Güstrower Landesteil gehörten.

Einen für immer andauernden Vorteil hat diese erste Landesteilung nach Entstehung des mecklenburgischen Staatswesens gehabt: trotz der Spaltung in zwei besondere Herrschaften hat sie die natürliche Einheit des Landes nicht beseitigt. Auch in der späteren Landesteilung vom Jahre 1701 ist dieser Gedanke festgehalten worden. Die Veranlassung dazu haben die Stände gegeben. Mochten sie dabei auch in erster Linie in ihrem eigenen Interesse handeln, immerhin waren sie die einzige, wenn auch einseitige Vertretung des Volkes, dessen Bewußtsein von einer Zusammengehörigkeit Gesamtmecklenburgs sie trotz Scheidung und Trennung zum Ausdruck brachten.

Ein Fehler allerdings haftete dem Teilungsvertrag an. Zwar waren weitere Teilungen innerhalb der beiden Landeshälften untersagt und der jeweils regierende ältere Landesherr zum Senior des Gesamthauses bestimmt, aber das Prinzip der Erstgeburtserbfolge, besonders für das gesamte Land im Falle des Aussterbens einer Linie, war nicht klar hervorgehoben. An diesem Mangel sollten sich siebzig Jahre später neue Erbstreitigkeiten entzünden, so daß die sonst folgerichtige Wiedervereinigung beider Herzogtümer scheiterte.

* * *

Indes hatte sich im Süden Deutschlands, vornehmlich in Böhmen und der Pfalz, die Kriegsfackel entzündet. Es hatten die Kämpfe begonnen, die den Anfang zu jener dreißigjährigen, ganz Deutschland verheerenden Kriegszeit bilden sollten. Der Kaiser und die Liga hatten gesiegt, die Union sich aufgelöst. Immer weiter zog das Unwetter nach Norden. Hier waren die führenden und maßgebenden Stellen innerhalb des niedersächsischen Kreises über die Tragweite der bisher geschehenen Ereignisse und die Möglichkeit einer allen drohenden Gefahr noch geteilter Meinung. Zwar hatten die Kreisstände bereits im Frühjahr 1618 bei Beginn des böhmischen Aufstandes eine bewaffnete Neutralität des ganzen Kreises beschlossen und waren, nachdem seit der Niederwerfung des Aufstandes vorübergehend Stimmen einer allgemeinen Abrüstung laut geworden waren, bei Wiederbeginn der Feindseligkeiten in der Pfalz im Mai 1621 zu dem Entschluß einer außerordentlichen Rüstung in Höhe einer dreifachen Tripelhilfe 1) fort-

1) d. h. also den neunfachen Betrag eines einfachen Römerzuges: 9760 1/2 Mann zu Fuß und 2904 1/2 Mann zu Roß.

geschritten, aber erst als Christian von Braunschweig, ein Parteigänger des geschlagenen Winterkönigs Friedrich von der Pfalz, von Tilly 1622 bei Höchst am Main besiegt wurde und auf seinem Rückzug nach Norden ebenso wie auf seinem Vormarsch das Grenzgebiet des niedersächsischen Kreises betrat, kam es zur Aufbringung der Tripelhilfe. Als dann der Kaiser selbst im Juni 1623 von den in Lüneburg versammelten Kreisfürsten die Vertreibung Christians forderte, widrigenfalls die Aufstellung einer niedersächsischen Kreisarmee untersagte, da gelang es zwar durch eine Gesandtschaft an den Braunschweiger, diesen zum Abzug nach Westen zu bewegen, aber in denselben Tagen, Anfang August, wurde Christian bei Stadtlohn in Westfalen von Tilly zum zweitenmal geschlagen, und letzterer besetzte nun Höxter a. d. Weser und betrat damit niedersächsischen Boden. Alle Gegenvorstellungen beim Kaiser waren vergebens, vielmehr verlangte dieser von den Kreisfürsten eine Unterstützung Tillys mit Proviant. Da beschloß man in Braunschweig die Auflösung des zur Selbsthilfe zumal bei dem Mangel jeglicher Kriegsstimmung im Lande zu schwachen Kreisheeres; der bisherige Kreisoberst Christian von Celle legte sein Amt nieder. Erst im Mai 1625 trat an seine Stelle der König Christian IV. von Dänemark, der als Herzog von Holstein dem Kreis angehörte. Er war jüngst auch von England, Frankreich und Holland zum Feldhauptmann für einen Krieg gegen Österreich erwählt worden. Durch flammende Worte, in denen er auf die allen norddeutschen Ländern vom Kaiser und von der Liga tatsächlich drohende Gefahr hinwies, wußte er eine Anzahl niedersächsischer Fürsten für sich und seine Pläne zu gewinnen. Aber die Uneinigkeit, vor allem der Widerspruch verschiedener Stände und auch der Hansestädte, verhinderten noch eine offene Absage an den Kaiser und einen Anschluß an Dänemark. Ein ganzes Jahr verstrich mit diesbezüglichen Beratungen und unentschlossenem Handeln, bis es eines Tages zu einer selbständigen, endgültigen Entscheidung für oder wider zu spät war. Im August 1626 wurde König Christian, der bereits den Krieg gegen den Kaiser und die Liga begonnen hatte, von Tilly bei Lutter am Barenberge geschlagen. Christian mußte sich zurückziehen; Tilly folgte ihm: der deutsche Norden wurde zum Kampfplatz.

Der schwankenden Politik des niedersächsischen Kreises im ganzen entsprach auch die Haltung Mecklenburgs im einzelnen. Von den beiden Herzögen Adolf Friedrich I. und Hans Albrecht II. war offenbar ersterer der politisch ausschlaggebende Mann. In seinem Discours de présent l'estat de Meckelbourg, den er im Frühling 1618 niederschrieb, entwickelte er vortreffliche Gedanken und Pläne für die Regierung des Landes. Tiefgreifenden Reformen auf dem Gebiete des Kirchen- und Schulwesens, in Justiz und Polizei galten seine Ausführungen. Die Verwaltung gedachte er von der Justiz zu trennen; die deutsche Sprache sollte die Sprache der Gesetze werden. Ein durchaus neuzeitlicher Geist spricht aus seinen Worten. Leider verhinderte ihn die kommende lange Kriegszeit, sie alle in die Tat umzusetzen. Schon rechnete er mit der Möglichkeit kriegerischer Verwicklungen, denn in seiner Antwort an die kreisausschreibenden Fürsten vom Januar 1619 erachtete er „bei diesen so gefährlichen und beschwerlichen Zeiten und Läuften, da der Papisten Praktiken und Vorhaben in soviel Wege öffentlich am Tage sind, eine getreue starke Zusammensetzung aller evangelischen Stände als höchst nötig“. Die Untertanen wurden angewiesen, sich in Kriegsbereitschaft zu halten, fremde Werbungen untersagt, auf der Insel Poel ein festes Schloß erbaut und bei einem Braunschweiger Händler für mehrere tausend Taler Musketen, Kürasse und sonstiges Kriegsmaterial eingekauft: alles nur zur Vorsicht für den Fall eines feindlichen Angriffs von außen. Offensivgedanken lagen dem Herzog fern, und so konnte noch im Mai 1620 eine Gesandtschaft des Kaisers von Adolf Friedrich als von einem „schönen, ansehnlichen, verständigen und von ganzem Herzen Ew. Majestät mit gehorsamster, großer, eifriger Devotion zugetanen Herrn“ berichten. Von Hans Albrecht wußte dieselbe Gesandtschaft zu melden, daß er zwar dem Kalvinismus anhange, dennoch aber sich schriftlich und mündlich wohl erklärt habe. Gleichzeitig aber mit dieser Gesandtschaft, von ihr jedoch unbemerkt, beherbergte Adolf Friedrich auf seinem Schweriner Schloß den Schwedenkönig Gustav Adolf und dessen Schwager Johann Kasimir von der Pfalz, die zwecks Verlobung des ersteren mit der Tochter des brandenburgischen Kurfürsten auf der Reise nach Berlin waren. Und wie jetzt in Schwerin, so fanden auch auf der Rückkehr von Berlin im Poeler Schloß wiederum vertrauliche Verhandlungen statt, bei denen außer politischen Fragen des Nordens sicherlich auch die kaiserlichen Angelegenheiten eingehend zur Sprache kamen. Gustav Adolf war ein Gegner der kaiserlichen Macht und suchte, unterstützt von seinem Rat Dr. Witte, auch Adolf Friedrich für sich zu gewinnen. Dieser aber konnte sich nicht zu einem Bündnis mit Schweden gegen den Kaiser entschließen, sondern bewahrte auch weiterhin seine neutrale Stellung. Als im Juni desselben Jahres König Jakob von England seinem Schwiegersohn, dem von den Böhmen zum König erkorenen Kurfürsten Friedrich V. von der Pfalz, eine Schar von 2500 Söldnern gegen den Kaiser zu Hilfe sandte, verwehrte ihnen Adolf Friedrich – diesmal zum Ärger und Verdruß seines Güstrower Bruders – bei Boizenburg, wo sie die Elbe überschreiten wollten, den Weg durch sein Land. Es wurden sogar, falls die Söldner es doch wagen sollten, mecklenburgischen Boden zu betreten, bewaffnete Bürger, Bauern und Lehnsleute des westlichen Mecklenburg, besonders aus den Städten Schwerin, Parchim, Grabow, Neustadt und Crivitz, aufgeboten. Die Söldner mußten ihren Weg durch Hannover nehmen. Dem Kaiser gegenüber wiederholte Adolf Friedrich bald darauf seine untertänigste Ergebenheit und sandte ihm nach dem Siege Tillys am Weißen Berge bei Prag ein Glückwunschschreiben. Er sprach dabei von der Hoffnung auf baldigen Frieden, die alle beseelte. Die mecklenburgischen Landstände forderten sogar die Entlassung der zum Schutz des Landes angeworbenen Truppen. Man hielt die Kriegsgefahr für beseitigt.

Zwar verscheuchten die neuen Kämpfe in der Pfalz ein gut Stück von solchem Optimismus, aber man irrte sich auch dann noch, wenn man glaubte, durch wöchentlich abgehaltene Buß- und Bettage die Gefahr vom Lande abwenden zu können. Endlich auf einem Landtage in Malchin im Februar 1623 beschlossen die Stände eine Anleihe zwecks Rüstung und Aufstellung eines eigenen Aufgebots.

Und das war höchst notwendig. Denn seit der Auflösung des Kreisheeres und der Abdankung des Kreisobersten Christian von Celle (S. 187) war auch Mecklenburg gleich den übrigen Kreisländern auf sich selbst gestellt. Wünschten die Stände auch noch immer die Abrüstung mit der Begründung, daß „viele Bürger oft die liebe Sonne mehr als ein Stück Brot in ihren Häusern hätten“, so zwang sie auf dem Landtag zu Sternberg im September 1623 doch die Not, den Herzögen neue Gelder zur Anwerbung weiterer Truppen zu bewilligen. Ernst von Mansfeld und Christian, so ging bereits das Gerücht, wollten im Lüneburgischen und in Mecklenburg Truppen sammeln. Von Schweden her wirkte Gustav Adolf, mit dem Adolf Friedrich seit der Schweriner und Poeler Zusammenkunft in Briefwechsel stand, unablässig für einen niederdeutschen Bund ohne oder gar gegen Dänemark. Doch wiesen die Herzöge auch jetzt Gustav Adolfs Wünsche ab, und gegen Mansfeld und Christian suchten sie dadurch Vorkehrungen zu treffen, daß sie – kaiserlichen Warnungen gemäß – bestimmten, daß auf alle durchreisenden Soldaten scharf Acht zu geben sei, keine Ansammlungen im Lande stattfinden dürften, verdächtige Personen über die Grenze außer Landes zu befördern seien, in Fällen der Not die Sturmglocken geläutet werden und die Einwohner der Ortschaften sich zu gemeinsamem Schutz vereinigen sollten.

Die Kriegsgefahr war in der Tat näher, als man glaubte. Als in der Schlacht bei Lutter am Barenberge eine Anzahl Mecklenburger Offiziere und Soldaten gefangen genommen und mehrere mecklenburgische Kanonen von den Tillyschen Truppen erbeutet wurden, machte der Kaiser den Herzögen daraus den Vorwurf des Neutralitätsbruches. Sie suchten sich zwar mit der Erklärung zu rechtfertigen, daß die Gefangenen gar nicht mehr Mecklenburger seien, sondern in den Dienst des Dänenkönigs getreten wären. Christian, der geschlagene Dänenkönig, aber zog sich nach der Schlacht mit seinem Heere nach Norden zurück. Seine Truppen überschritten die Elbe und drangen verheerend in Mecklenburg ein. So lagerten z. B. 14000 Dänen einen Tag und zwei Nächte in und bei Parchim, erzwangen große Lieferungen, viel bar Geld und ließen die Saat auf den Feldern durch geraubtes Vieh abgrasen. Alle Vorstellungen seitens der Herzöge waren umsonst, und als sich diese, beeinflußt von dem kaiserlichen Gesandten Dr. Husan, vom dänischen Bündnis lossagten, zog Christian, darüber erzürnt, nur um so mehr Truppen ins Land. Der ganze Westen und Süden, besonders die Städte an der unteren Eide nebst Bützow, Wittenburg, Boizenburg u. a., waren schließlich von Dänen überflutet. In der Gegend von Dömitz und Lübtheen kam es auf offener Landstraße nicht selten zu heftigen Kämpfen zwischen den erzürnten Bauern und den dänischen Mordbrennern; dabei ließ man die beiderseits gemachten Gefangenen meist hängen. Die Stadt Grabow hatte für die Unterhaltung von 300 einquartierten dänischen Reitern wöchentlich über 900 Gulden zu zahlen. Größer noch wurde die Not, als Sylvester 1626 eine neue kaiserliche Gesandtschaft in Schwerin mit der Forderung vor den Herzog trat, „in aller Eil, Still und Geschwindigkeit sich dem Kaiser zu akkommodieren und sich von Dänemark zu trennen", und gleich darauf auch Tilly von den Herzögen die Ausweisung der Dänen aus Mecklenburg oder die Übergabe der von ihnen besetzten Städte und Gebiete verlangte.

Die Unentschlossenheit und der Wankelmut der Herzöge in den letzten Jahren, die Uneinigkeit der Stände untereinander und mit den Herzögen hatten in der Tat schlimme Folgen gezeitigt. Man hatte sich politisch verfahren. Und auch jetzt fand man weder die rechte Einsicht noch festen Mut. Statt eines kräftigen Anschlusses an Christian, wie er als einziges Rettungsmittel noch erschien und auch wohl ihrem innersten Herzen entsprechen mochte, suchten die Herzöge zunächst zwischen Christian und Tilly friedlich zu vermitteln und, als dies naturgemäß fehlschlug, das Einrücken der Kaiserlichen durch langwierige Verhandlungen zu verzögern. Dabei aber unterstützten sie trotz ihrer immer noch wiederholten Neutralitäsversicherungen und ihrer „Devotion gegen den Kaiser" insgeheim die Dänen auf verschiedene Weise. Im Januar 1627 ließen sie in die Festung Dömitz, wo der Hauptmann Gerhard Oderberg die mecklenburgische Besatzung befehligte, mehrere hundert Dänen unter dem Obersten Schlammerstorf einrücken, mit dem dann Anfang Mai Adolf Friedrich selbst „alles, was zur Defendierung des Landes vonnöten war", verabredete. Ein ähnliches geschah durch Lieferung von Munition und Hilfeleistung bei den dänischen Befestigungsarbeiten in der Festung Plau, und Anfang Juni kam Adolf Friedrich persönlich nach Boizenburg zu König Christian in dessen Lager.

Die Stände dagegen waren in sich selbst zersplittert. Schon auf dem Landtag zu Sternberg im November 1626, wo der dänische Oberst Schlammerstorf und der kaiserliche Gesandte Dr. Husan durch ihre gegensätzlichen Forderungen und Drohungen die Verwirrung noch vergrößerten. Wollten die Stände bald mutig beiden Parteien entgegentreten und sich. „dabei auf Gott und ihre gerechte Sache verlassen", bald wieder ängstlich mit dem Dänenkönig verhandeln und zugleich in gehorsamer „Devotion gegen den Kaiser bleiben". Schließlich schrieben sie nach längeren unfruchtbaren Verhandlungen auf einem neuen Landtag „eine halbe Kontribution zur Unterhaltung des Kreis- und dänischen Kriegsvolkes" aus, um dadurch wenigstens die Not der durch Einquartierung hart bedrängten Untertanen nach Möglichkeit zu lindern. Eine Verbindung mit den Dänen wiesen sie auch jetzt noch ab und bewilligten nur Geld unter der Bedingung, daß es nicht gegen den Kaiser verwendet werde. Besonders unter der Ritterschaft hatte Dr. Husan manche Anhänger gefunden mit der Behauptung, daß die Herzöge eine ganz verkehrte, leichtfertige Politik trieben, und noch auf dem Landtag in Sternberg im April 1627 erklärte ein Mitglied der Ritterschaft offen für sich und andere, „bei der kaiserlichen Majestät als seinem Lehnsherrn zu bleiben und dem dänischen Volke nichts zu geben".

Da stellte Anfang Juli der Kaiser ein Ultimatum an Herzöge und Stände. Einige Wochen darauf, am 28. Juli, erzwang Tilly den Elbübergang bei Boizenburg. Die dänische Besatzung unter dem Markgrafen von Baden zog sich nach Bützow und der Insel Poel zurück, wobei sie das Land unter Rauben und Plündern feindlich behandelte. So heißt es z. B. in dem Kirchenbuch zu Altkarin bei Neububow: „Um die Ernte 1627 ward unsere Kirche von den dänischen Soldaten leider nicht allein gebrochen, sondern auch des Vorrats an Geld, so damals im Blocke vorhanden, ganz beraubt." Adolf Friedrich siedelte nach Wismar über.

Da lenkten die Herzöge ein. Schon am 1. August schickten sie eine Gesandtschaft an Tilly nach Lauenburg. Dieser forderte den Anschluß an die Kaiserlichen, die Vertreibung der Dänen und die Öffnung aller Festungen, vornehmlich die von Dömitz. Adolf Friedrich versprach es. Die Dänen aber wollten keineswegs freiwillig das Feld räumen, reizten überall die Bevölkerung zum Widerstand gegen Tilly auf, und da die Dömitzer Besatzung (außer ihrem Kommandanten Oderberg) und selbst die Bürger der Stadt die Übergabe der Festung ablehnten, so kam es zum offenen Kampf in Mecklenburg.

In denselben Tagen, Juli-August 1627, in denen Tilly im Südwesten bei Boizenburg und Lauenburg mecklenburgischen Boden betrat, überschritt auch im Südosten die Vorhut des Wallensteinschen Heeres die

Landesgrenze. Wallenstein war nach der Besiegung des Grafen Ernst von Mansfeld an der Dessauer Abdrücke diesem zunächst durch Brandenburg und Schlesien nach Ungarn bis an die Leitha gefolgt, dann aber umgekehrt, hatte in Böhmen überwintert und im Frühjahr 1627 noch einzelne feindliche Trupps aus Mähren und Schlesien vertrieben. Dann wandte er sich mit etwa 70 000 Mann der Ostsee zu gegen die Dänen, deren völlige Niederwerfung und Besiegung er seinem ligistischen Nebenbuhler Tilly nicht gönnte. Am 6. August erschien seine Vorhut unter dem Obersten Arnim vor Neubrandenburg, das ihm, um Unheil und Gewalt vorzubeugen, ohne Widerstand die Tore öffnete. Arnims Reiterscharen durchstreiften das Land bis nach Waren, Plau und Bützow. In Malchin traf ihn eine Gesandtschaft der mecklenburgischen Herzöge, die um Schonung des Landes vor Raub und Plünderung baten. Gleich Tilly forderte er die Übergabe der Festungen sowie tägliche Lieferungen von 20 000 Pfund Brot und 200 Tonnen Bier zum Unterhalt seiner Truppen.

Wallenstein selbst war von der Mark her im Anmarsch und traf am 29. August von Perleberg über Parchim, wo er sich mit Arnim vereinigte, mit glänzendem Gefolge vor Dömitz ein. Tags darauf hielt er unter Pauken und Trompetenschall seinen Einzug in die Stadt, und am 31. übergab der Kommandant Oderberg auch die Festung, da ihm ein Widerstand seiner sonst kampfbereiten und todesmutigen Besatzung von 400 Mann mit vier schweren und elf leichten Geschützen unnütz schien.

Schon damals war Wallensteins Augenmerk auf den Besitz Mecklenburgs gerichtet. Deshalb hatte er, bevor er selbst nach Dömitz kam, schon seine beiden Obersten Arnim und Graf Schlick vorausgeschickt, um Tilly an weiteren kriegerischen Maßnahmen zu hindern. Tilly war offenbar schon über Wallensteins Pläne unterrichtet und hatte, als Herzog Adolf Friedrich ihm heimlich die Feste Dömitz anbot, den Antrag aus Furcht vor dem Friedländer abgelehnt. Während nun Wallenstein nach der Einnahme von Dömitz selbst zur Verfolgung der Dänen nach Holstein aufbrach, ließ er in Mecklenburg durch Arnim überall kaiserliche Garnisonen einbringen und wies Tillys Ansprüche mit der Behauptung zurück, daß nicht bayrisches, d. h. ligistisches, sondern kaiserliches, d. h. wallensteinsches Volk Mecklenburg erobert habe.

In fast alle kleineren Landstädte wurden eine bis zwei Kompagnien gelegt, Wismar, das sich am 10. Oktober ergab, erhielt 1000, Schwerin, das am 18. Dezember kapitulierte, 400 Mann, letztere mit Weib und Kind, deren Unterhaltung der Stadt wöchentlich 400 Gulden kostete. Der Herzog konnte vorläufig noch mit 18 Mann und einem Wachtmeister auf dem Schloß bleiben; viele Einwohner aber, darunter auch die Lehrer und Schüler der Domschule, verließen Schwerin, die reicheren begaben sich nach Lübeck und Rostock. Auch Güstrow erhielt entsprechende Einquartierung, ebenso Bützow, bei dessen Belagerung Hans Albrecht selbst die Wallensteinschen mit Mnnition unterstützt hatte. Nur Rostock wehrte sich gegen alle Einquartierung, und Arnim mußte sich hier schließlich trotz starken Plünderns in den umliegenden Dörfern mit der ratenweisen Zahlung einer Kontribution von 140 000 Talern seitens der Stadt begnügen, wofür diese bis auf weiteres von Einquartierung frei blieb.

So war Wallenstein dem Tilly in der Besetzung Mecklenburgs zuvorgekommen, ja er hatte dem ligistischen General sogar jegliches weitere Vorrücken im Lande untersagt. Wallenstein wollte noch mehr – den selbständigen Besitz Mecklenburgs durch Kauf oder Belehnung vom Kaiser. Dann aber mußten die Herzöge weichen, wenigstens Adolf Friedrich. Er „hats wohl meritiert, daß man ihn strafe", schrieb Wallenstein im Oktober an Arnim. Dem jüngeren Hans Albrecht wollte er eventuell einen Teil des Landes lassen, denn, so schrieb er an St. Julian, „er ist auch um ein Stück besser als der ältere", den er höchstens mit ein paar Ämtern abfinden wollte. Mehrfach erfuhr auch Adolf Friedrich persönlich Wallensteins feindliche Gesinnung gegen ihn. Am liebsten hätte der kaiserliche General es gesehen, daß die beiden Herzöge freiwillig das Feld räumten. Wenn sie sich etwa nach Schweden begeben möchten, so gab er Arnim Auftrag, ihnen behilflich zu sein.

Von selbst aber wichen die Herzöge nicht. So forderte Wallenstein, als er im November von Holstein nach Böhmen zurückkehrte, vom Kaiser die Länder der beiden Herzöge als Entgelt für die von ihm für das Reich gemachten Aufwendungen und die ihm erwachsenen Kriegskosten. Bereits am 19. Dezember sagte ihm der Kaiser in einer geheimen Audienz in Brandeis außer dem Fürstentum Sagan auch das Herzogtum beider Mecklenburg als Lehen zu und verlieh ihm zugleich die Würde eines regierenden Herzogs. Am 19. Januar 1628 wurde am gleichen Orte die Verpfändungsurkunde vom Kaiser unterzeichnet, demgemäß an Wallenstein und seine Erben die beiden Mecklenburg samt allen Pertinenzen, Einkünften, Ehren, Nutzungen und Rechten als Unterpfand bis zur Befriedigung seiner an den Kaiser gerichteten Forderungen für gemachte Kriegsauslagen überwiesen wurden. Alle Gegenbemühungen der Herzöge waren erfolglos. Am 26. Januar wurde die Verpfändung auch auf das Bistum Schwerin und alle geistlichen Stifter im Lande ausgedehnt, und am gleichen Tage schlossen der Kaiser und Wallenstein einen förmlichen Kaufvertrag, nach dem Wallenstein 4 Prozent von sämtlichen Landeseinkünften an den Kaiser zu entrichten habe, wovon aber die mecklenburgischen Landesschulden sowie die Schuld des Kaisers an Wallenstein im Betrage von 700 000 Talern bezahlt und der Rest zur Besoldung der Armee verwandt werden sollte.

So war Wallenstein der vom Kaiser investierte Herr von Mecklenburg. Am 1. Februar wurden durch kaiserliches Edikt alle Untertanen von ihrem Eid gegen die Herzöge befreit und ihnen unter Androhung schwerer Strafen Gehorsam gegen Wallenstein geboten. Zugleich drängte dieser bei St. Julian energisch auf Entfernung der Herzöge, denn er selbst wolle so bald als möglich in sein neues Herzogtum einziehen, und – so fügt er in seinem Schreiben vom 9. Februar drastisch, aber bezeichnend hinzu – „zwei Hahnen auf einem Mist taugen nicht zusammen“. Zwei von den Herzögen zwecks Rücknahme oder Milderung der Beschlüsse an den Kaiser nach Prag entsandte Räte wurden überhaupt nicht empfangen. Ende des Monats trafen bereits mehrere Vertreter Wallensteins nebst zwei kaiserlichen Kommissaren in Mecklenburg ein und entboten die Stände auf den 3. April zum Landtag nach Güstrow, der Residenz des neuen Landesherrn. Noch zögerten hier die Stünde mit der Huldigung für Wallenstein. Die Herzöge versprachen des Kaisers Schuld an Wallenstein zu begleichen, doch umsonst. Die fünf Tage Bedenkzeit, die ihnen gegeben wurden, verliefen mit fruchtlosen Verhandlungen. Da entbanden die Herzöge selbst die Stände von ihrem Eid, und am 8. April leisteten diese dem neuen Herrn die Pfandhuldigung, nachdem ihnen ihre größte Sorge genommen, nämlich ihre Privilegien und Rechte sowie der Bestand der

Augsburgischen Konfession zugesichert waren. Sie waren übrigens unbewußt einer großen Gefahr entronnen, denn Wallenstein würde sie, wie er noch am 1. April von Prag her an Arnim schrieb, bei eventueller Widersetzlichkeit ohne weiteres aus dem Lande verjagt und ihre Güter eingezogen haben. An die Herzöge erging tags nach der Huldigung der Befehl, binnen zwei Wochen mit ihren Familien Residenz und Land zu verlassen. Nur die verwitwete Herzogin-Mutter, die allen Befehlen trotzte, beließ Wallenstein schließlich auf ihrem Witwensitz in Lübs. Als auch Adolf Friedrich ebendort noch länger, als ihm gestattet war, verweilte, schrieb Wallenstein von Gitschin aus an Arnim am 5. Mai recht deutlich: „Die Herzöge von Mechelburg will ich im Lande nicht haben, sie müssen fort per amor". Ende Mai begaben sich beide Herzöge kurz nacheinander außer Landes, Adolf Friedrich zunächst nach Reinharz, wo ihm der Kurfürst von Sachsen eine Zuflucht gewährte, Hans Albrecht nach Harzgerode ins Heimatland seiner Gemahlin. Alle Klagen und Bittschriften von ihrem Exil aus an den Kaiser verhallten fast ungehört. Eine kaiserliche Untersuchungskommission wies ihnen in einem Manifestum, einer Anklageschrift, vom 9. Juni 1629 in zehn Punkten ihr Unrecht nach, darunter besonders ihr Bündnis mit den Dänen, die Unterstützung der Feinde des Kaisers auch nach Lösung des dänischen Bündnisses, Ungehorsam gegen den Kaiser, Nichtachtung seiner Warnungen u. a. mehr. Im Falle ihres Widerstrebens wurde ihnen sogar mit der Reichsacht gedroht. Im Juli 1629 begab sich Adolf Friedrich auf Schleichwegen durch Mecklenburg nahe an Parchim, Schwerin und Rehna vorbei nach Lübeck, wo bald darauf auch Hans Albrecht eintraf und beide dann ihre Rückkehr wirksamer zu betreiben hofften. Anfangs wohnten sie in dem nahegelegenen Hamsfelde, dann in Lübeck selbst im Hause des Patriziers Andreas Hundt. Im September 1629 aber erhielten sie auf ihre Bitte von ihrem Oheim Johann Friedrich von Holstein, Erzbischof von Bremen und Bischof von Lübeck, dessen Stiftshof in der Stadt als Wohnort angewiesen. Johann versorgte sie, da sie aller heimischen Güter und Einnahmen beraubt waren, auch mit dem nötigen Unterhalt und erlaubte ihnen außer anderen Beschäftigungen auch die Ausübung der Jagd auf bischöflichem Gebiete. König Christian stellte ihnen eine Jahresrente von 2000 Talern in Aussicht, und treue Freunde in Mecklenburg sandten heimlich Unterstützungen in bar und Naturalien.

Indes führte Wallenstein in Mecklenburg das fürstliche Regiment. Am 29. Juli 1628 hatte er nach vergeblicher Belagerung Stralsunds, über Triebsees und Gnoien kommend, seinen Einzug in Güstrow gehalten. Seine Hauptsorge war schon seit langem die militärische Befestigung des Landes, vornehmlich nach der Seeseite zu. Der Zitadellenbau in Wismar und Rostock sowie die Sicherung von Poel und Warnemünde kehrt in fast jedem Brief an Arnim wieder, ja er „kann keine ruhige Stunde haben, bis die Zitadellen zum wenigsten ihren Anfang genommen", schreibt er am 22. April 1628. Bauern aus der Umgegend von Rostock mußten unter harter Fronarbeit den Bau einer Schanze an der Warnowmündung ausführen, die Wallenstein in den Besitz des Rostocker Handels bringen sollte. Mehrfach kam es darüber unter den Rostocker Seeleuten und dem Pöbel zu Ausschreitungen gegen die Kaiserlichen. Noch hatte die Stadt sich nicht ergeben. In der Nacht vom 25. auf den 26. Oktober aber erschien Wallenstein plötzlich mit Heeresmacht vor ihren Toren und zwang sie unter Androhung rücksichtsloser Erstürmung zur Kapitulation. Auch sie erhielt eine Besatzung, zunächst in einer Stärke von 1000 Mann, und war fortab mit Wismar und der Feste Dömitz ein militärischer Hauptstützpunkt im Lande. Im übrigen verblieben zur Sicherung der Ruhe und Ordnung nur 6000 Mann zu Fuß und 600 Reiter in Mecklenburg; alle anderen kaiserlichen Truppen wurden nach Pommern, der Ukermark und ins Lübeckische verlegt. Wallenstein wollte sein neues Herzogtum nicht unnütz belasten.

Die landständische Verfassung ließ der neue Herrscher der Form nach zwar bestehen, auch war er zu mancherlei Zugeständnissen bereit, doch nur in der Art von Gnadenbeweisen und stets so, daß er völlig Herr der Stände blieb. Als er bald nach seiner Ankunft auf einem Landtage am 28. August in Güstrow eine monatliche Kontribution von 50000 Talern und die Verdoppelung der Akzise forderte, die Stände aber mit den dringlichsten Bitten um Erleichterung vorstellig wurden, ließ er sich zwar zur Herabsetzung der vorgeschriebenen Summe auf etwa die Hälfte uud zur Mitheranziehung der fürstlichen Güter und Domänen bei der Aufbringung des Geldes herbei, schrieb aber unter dem 2. September aus seinem Lager bei Wolgast an den Obersten Wingiersky: „Sie (die Stände) sollen mich nicht traktiert haben, denn ich werde es gewiß nicht leiden und zum ersten zu der Landräte und Vornehmsten Gütern und Personen greifen. Werden sie die Disposition des Geldes nicht machen, sie werden sehen, was ihnen daraus wird entstehen, darum scherzen sie nur nicht mit mir. Er (der Oberst) weise ihnen nur dies mein Schreiben mit der Warnung, sie sollen die Impertinenzen einstellen, oder es wird ihnen nichts Gutes daraus folgen." Tags darauf ließ er ihnen in einem zweiten Brief noch einmal „andeuten" und sie „warnen, daß sie nur kein Ursach zu etwas anders haben sollen".

Solche Worte und Drohungen waren deutlich genug. Jeder Widerspruch der Stände und eine Abhängigkeit von ihnen war für Wallenstein von vornherein ausgeschlossen. Auch um ihr mit viel List erworbenes Steuerbewilligungsrecht und den bisher üblichen Steuermodus der Kontributionserhebung für die Güter nach Hufen und Saaten kümmerte er sich nicht. Eine neue Einschätzung der Güter wurde vorgenommen und der hundertste Pfennig als Abgabeeinheit festgesetzt. Die ständische Landessteuerkasse, den sog. Landkasten, verwarf er. Die geforderten Kontributionssummen mußten nach Güstrow, statt Rostock, gezahlt werden. Überhaupt waren Wallensteins meiste Verordnungen nichts anderes als reine Kabinettsorders ohne Befragung und Zustimmung der Stände, die er, nur um unnötig große Umwälzungen zu vermeiden, äußerlich bestehen ließ. Eine staatsrechtliche Klärung und Regelung der Rechte der Stände und ihres Verhältnisses zum Herzog ist nie erfolgt. Schon sein kurzes, nur dreijähriges Regiment in Mecklenburg verhinderte dies.

Die Hofhaltung in Güstrow war glänzender als die am Kaiserhof. 70 Grafen und Edelleute in blauem Sammet mit roten Aufschlägen und goldenen Litzen, so berichtet ein Zeitgenosse, dazu 100 Leibschützen und 24 Trabanten, eine große Anzahl von Köchen, Küchenmeistern, Stallmeistern, Futterschreibern, die alle mit goldenen Ketten gingen, waren zu seiner Aufwartung bestellt. Sein Marstall enthielt 170 Hauptpferde, 140 Klepper, 160 Kutschpferde und 50 Maulesel. Täglich zweimal wurde fürstliche Tafel gehalten, wobei man die Speisen in großen silbernen Schüsseln auf den Tisch brachte. Das Schloß selbst erweiterte Wallenstein durch einen großes Flügelanbau, zu dem die Steine der von ihm eingerissenen reformierten Schloßkapelle des

Herzogs Hans Albrecht benutzt wurden und die Stadt allein 1000 Bäume liefern mußte. Zur Ausschmückung der Zimmer und Säle wurden 2000 golddurchwebte lederne Tapeten verwandt, die ursprünglich für Wallensteins Schloß in Gilschin bestimmt gewesen waren. Rings um das Schloß legte er große Gemüse- und Lustgärten an, in denen ausländische, besonders italienische Blumen und Pflanzen blühten und böhmische Fasanen sich aufhielten. Von einem Turmfenster aus betrieb er seine astrologischen Studien. Goldene und silberne Medaillen und Münzen mit seinem Bild wurden in Unlauf gesetzt.

Die Verwaltung des Landes gestaltete Wallenstein völlig um. Zu persönlichen Diensten und zur Vertretung seiner Interessen in Mecklenburg und am Wiener Hof schuf er sich eine Art „Kabinett", das aus vier, ihm besonders vertrauten Nichtmecklenburgern bestand, einem Statthalter, der Wallenstein in allen Stücken, besonders auch nach außen gegenüber den fremden Staaten, zu vertreten hatte, einem Kanzler, der die inneren Verwaltungsangelegenheiten leitete, einem Kammerregenten, der vornehmlich die Oberaufsicht über die herzoglichen Kassen und die Landeseinkünste führte, und einem Kabinettssekretär, der Wallenstein fast stündlich begleitete und in der Person des Rittmeisters Neumann 1634 in Eger zusammen mit ihm seinen Tod fand. Von Mecklenburgern aus seiner Umgebung sind zu nennen der schon erwähnte, auf Tessin bei Wittenburg ansässige kaiserliche Gesandte Dr. Husan, Sohn des früheren mecklenburgischen Kanzlers, der frühere Kommandant von Dömitz, Hauptmann Oderberg, den eine ungerechte Verurteilung wegen Übergabe der Festung seitens der Herzöge ins Wallensteinsche Lager getrieben hatte, die Jägermeister Joachim von Lützow und Gebhard von Moltke u. a. mehr. Die ausführenden Organe der Landesregierung waren der Geheime Rat, ein Kollegium von sechs Männern, das in den wichtigsten Angelegenheiten des Landes ausschlaggebend war und zugleich auch die oberste Gerichtsinstanz bildete, und die Regierungskanzlei für das weitverzweigte Gebiet der Landesverwaltung mit Ausnahme der Domänen und herzoglichen Einkünfte, deren Verwaltung Aufgabe der Kämmerer war. Mit ihren Geheimen Räten, Direktoren, Sekretären, Registratoren, Archivaren, Rent- und Botenmeistern, Schreibern und Boten umfaßten die beiden Kollegien ein ziemlich ausgedehntes Personal.

Von der Verwaltung getrennt wurde die Justiz. Es ist möglich, daß Wallenstein bei dieser Neuordnung Vorarbeiten des Herzogs Adolf Friedrich, die dieser einst an Gebhard von Moltke gab, zu Grunde legte. Im August 1629 erreichte er vom Kaiser, was er für sein Herzogtum Friedland schon besaß, auch für Mecklenburg, daß nämlich nur mit wenigen Ausnahmefällen das Recht der Stände, gegen die Entscheidungen der Landesherren beim Reichskammergericht Berufung einzulegen, aufgehoben wurde, jedoch mit der Bedingung, daß drei ordentliche, mit Juristen besetzte Gerichtsinstanzen geschaffen würden. Als solche bestimmte Wallenstein im März von Gitschin aus das alte Steinberger Hofgericht, nunmehr in Güstrow, das Appellationsgericht und den Geheimen Rat.

Besondere Aufmerksamkeit wandte Wallenstein dem Postwesen, verbunden mit einem sorgfältigen Nachrichtendienst, zu.. Von seiner Residenz Güstrow aus gingen auf den Landstraßen nach allen Richtungen regelmäßige Posten (Reitposten), nach Parchim, Dömitz, Schwerin, Wismar, Rostock, Gnoien, Waren, Plau und anderen Orten, zum Teil auch darüber hinaus bis an die Landesgrenzen. Unterwegs wurden an bestimmten Stationen Pferde zum Wechseln bereitgehalten. Die städtischen Behörden und die fürstlichen Ämter hatten für ordnungsmäßige Durchführung zu sorgen, die Posten zu beaufsichtigen und zu schützen. Über Dömitz kamen meist die Nachrichten von den Kriegsschauplätzen, über Plau unterhielt Wallenstein die Verbindung mit seinen böhmischen Besitzungen, über Gnoien führte der Weg nach Stralsund, als Wallenstein dieses belagerte. Es war das erste Mal, daß man von einem wirklichen Postverkehr in Mecklenburg sprechen konnte.

Andere Reformen der verschiedensten Art aus sozialem, kulturellem und wirtschaftlichem Gebiet folgten. Die Ermittlung von etwa 300 völlig verarmten Familien im Lande – es war wohl nur ein Bruchteil der wirklichen Anzahl – veranlaßte Wallenstein zusammen mit seinem Kanzler zum Entwurf einer Armenordnung, wie sie bisher nicht bekannt war. Danach hatte jedes Kirchspiel seine Armen selbst zu versorgen, jede Gemeinde in Stadt und Land bis Michaelis 1629 ein eigenes Armenhaus zu erbauen und der Bürger und Bauer jährlich im Oktober nach Hufenbesitz und Aussaat zur Unterhaltung beizutragen.

Die Eisenwerke im Lande, die bisher nur zum Schmelzen und Gießen von Haus- und Hofgerätschaften gedient hatten, wurden auch für die Herstellung von Kriegswaffen, besonders zum Kugelgießen, erweitert. Das bedeutendste von ihnen, das in Neustadt, das oft von Wallenstein selbst besucht und besichtigt wurde, erhielt sogar einen jährlichen Staatszuschuß von etwa 1000 Talern. Den Städten und Märkten wurde durch die Brauverordnung vom September 1628 die alleinige Bereitung und der Verkauf von Bier im Lande übertragen. Durch Beseitiguug des früheren überaus schleppenden Ganges in der Rechtsprechung, durch schnelle Erledigung der Prozesse, durch Verordnungen gegen Wilddiebe und Straßenräuber wurde Ordnung und Sicherheit im Lande geschaffen, durch Bauvorschriften manch altes, durch Nachlässigkeit der früheren Polizei und Gleichgültigkeit der Bürger verunziertes Stadt- und Straßenbild wieder geregelt und verschönert. Neue Verkehrswege wurden angelegt und alte verbessert. Den Mittelpunkt geistiger Bildung sah Wallenstein in der Universität Rostock, die er deswegen mit reichlichen Mitteln ausstattete und guten Lehrkräften versah. Des bekannten Astronomen Johannes Kepler Berufung, die bereits in Aussicht stand, wurde nur durch den Tod des Gelehrten (November 1630) verhindert. Geradezu bewundernswert sind noch andere Pläne, mit denen Wallenstein seiner Zeit vorauseilte. Zur Erleichterung des Handels und Verkehrs sollte eine Gleichheit in Maß und Gewicht geschaffen, sowie ein großer, schon früher geplanter Wasserweg von Norden nach Süden quer durch das westliche Mecklenburg von Wismar über Schwerin nach Dömitz gebaut und so die Ostsee mit der Elbe verbunden werden. Abgesehen von kleinen Ansätzen und Vorarbeiten sind beide Projekte jedoch wegen der Kürze der Wallensteinschen Herrschaft nicht zur Ausführung gekommen. Doch hat der Volksmund bis auf den heutigen Tag den Abfluß des Schweriner Sees nach Wismar zur Ostsee, obwohl er nicht von Wallenstein herrührt, mit dem Namen „Wallensteingraben" belegt.

In Sachen der Religion und des Bekenntnisses zeigte sich Wallenstein als Herzog von Mecklenburg überaus tolerant. Obgleich er selbst zur katholischen Konfession übergetreten und sogar ein Parteigänger der Jesuiten war, so ließ er doch aus politischen Gründen und Erwägungen das Luthertum in Mecklenburg unangefochten. Hatte er doch bereits den Ständen bei der Pfandhuldigung im April 1628 die Beibehaltung der Augsburgischen Konfession zugesichert. Von seinen beiden Hauptvertretern in Mecklenburg war der eine, der Oberst des Militärwesens von Arnim, protestantisch, der andere, sein Statthalter vornehmlich in Verwaltungsangelegenheiten, dagegen katholisch, und beide waren ihm, wie er selbst bekannte, gleichwertig. Auch bei den andern Beamten, selbst in den einzelnen Verwaltungsbehörden, standen Vertreter beider Konfessionen gleichberechtigt nebeneinander. Und so wenig ließ Wallenstein sich durch die Jesuiten bestimmen, daß er sogar zwei einst von ihnen wegen ihres lutherischen Glaubens aus Böhmen vertriebene Männer in einflußreiche Stellen setzte, weil er sie als tüchtig erkannt hatte: den Rektor der Domschule in Güstrow, Georg Schedius, und den Regenten Heinrich Kustoß. Auch die Universität Rostock hat Wallenstein trotz ihres streng lutherischen Standpunktes auf alle nur mögliche Weise gefördert. Andererseits richtete er in den Schloßkirchen von Güstrow und Schwerin wieder den katholischen Gottesdienst ein, entsandte einige junge mecklenburgische Adlige auf seine jesuitische Ritterakademie nach Gitschin und begründete eine ähnliche Hochschule in Güstrow. Er tat es sicherlich zunächst für sich selbst, um eben in seiner Umgebung, wie er es gewohnt war, den katholischen Ritus zu sehen, dann aber auch ganz besonders mit Rücksicht auf den Kaiser und die Jesuiten, die er noch immer für seine politischen Pläne brauchte. Er stellte sie damit zunächst zufrieden und hielt sie von seinem Lande fern. Eine jesuitische oder auch nur päpstlich-katholische Bevormundung irgendwelcher Art wünschte er ebenso wenig wie eine rein kaiserliche Oberhoheit. Auch die Besetzung der lutherischen geistlichen Stifter, besonders des Bistums Schwerin sowie der Johanniterkomtureien Mirow und Nemerow, war keine Folge des kaiserlichen Restitutionsedikts, das Wallenstein selbst mißbilligte, sondern entsprach nur seiner Absicht nach dem völligen Besitz des Landes.

Überblickt man somit Wallensteins Tätigkeit als Regent, so zeigt er sich als ein Mann von großem Geist und staatsmännischer Klugheit. War er auch nach Geburt und Abkunft kein Fürst, an Einsicht und Verstand übertraf er dennoch die meisten seiner zeitgenössischen deutschen Reichsfürsten. Im Lande herrschte eine straffe Ordnung, Handel und Gewerbe belebten sich. Bis ins einzelne machte sich in Stadt und Land des Herrschers selbsttätiges und energisches Regiment bemerkbar, das dabei die Arbeit und den Wert auch des einfachen Mannes wohl zu schätzen wußte. Für alle Wallenstein von seinen Gegnern aus persönlichen und gehässigen Gründen angedichteten Grausamkeiten fehlen jegliche historischen Beweise. Wenn auch Bürger und Bauern an den Kontributionen und Kriegslasten schwer zu tragen hatten, so war der Druck doch im Vergleich zu den Jahren nach Wallensteins Herrschaft unter den wiederkehrenden Herzögen und zu anderen Zeiten, wie z. B. im Siebenjährigen Krieg, verhältnismäßig milde und der ganzen Kriegszeit entsprechend ohne besondere Übertreibung. Es mag für die mecklenburgischen Herzöge nicht gerade rühmlich sein, entspricht jedoch der Wahrheit, daß Mecklenburg unter dem fremden Herrn, Wallenstein, die besten und dazu erträglichsten Jahre des ganzen Dreißigjährigen Krieges gehabt hat. Ja, wären nur einige seiner Verfügungen und Einrichtungen nach seinem Sturz von den zurückkehrenden Herzögen beibehalten und weitergeführt worden, so möchte dem Lande manch schlimmes Jahr und manch schwere innere Krise erspart geblieben sein.

Doch das gerade Gegenteil trat ein. Nachdem Wallenstein bereits am 22. Mai 1629 mit Christian von Dänemark, den er bei Wolgast geschlagen, den Frieden zu Lübeck geschlossen hatte und am 26. Juni der bisherige Pfandbesitz von Mecklenburg durch den Kaiser in ein erbliches Lehen umgewandelt war, begann er sich gegen Magdeburg zu wenden, das sich dem Restitutionsedikt des Kaisers am meisten widersetzte. Am 23. Juli verließ er Güstrow, weilte bis zum 31. noch in Schwerin und zog dann über Neustadt, wo er noch einmal das Eisenwerk besuchte, nach Perleberg ab. Er war zum letztenmal in Mecklenburg gewesen. Schon seit längerer Zeit arbeiteten seine Gegner, geführt von dem Kurfürsten Maximilian von Bayern, dem Haupt der Liga, beim Kaiser mit allen Mitteln auf seinen Sturz hin. Noch leisteten am 1. Februar 1630 die mecklenburgischen Stände in Güstrow vor dem Statthalter Wingierski und dem Kanzler Elz, wie einst die Pfandhuldigung, nun auch die Erb- und Landeshuldigung auf den abwesenden Herzog. Noch nicht ein halbes Jahr später, im Juli, erreichten die Kurfürsten in Regensburg vom Kaiser seine Absetzung. Im August enthob ihn der Kaiser seines Oberbefehls und übertrug diesen an Tilly.

Doch sollte Wallenstein daraus weder an seiner Ehre noch an seinem Vermögen ein Schaden erwachsen. Anfangs noch selbst bereit, sein Herzogtum gegen die indes eingedrungenen Schweden zu verteidigen, jedoch durch den Kaiser und die Kurfürsten daran gehindert, zog sich Wallenstein grollend nach Böhmen zurück und überließ den Schutz Mecklenburgs bis auf weiteres seinem Statthalter.

Während der Regierung Wallensteins in Mecklenburg hatten die vertriebenen Herzöge von ihrem Lübecker Asyl aus auf Mittel und Wege gesonnen, sich auch nach Hilfe umgesehen, um ihr Land wiederzugewinnen. Zunächst hatten sie ihre Hoffnung noch immer auf den Kaiser gesetzt. Im Juni 1629 entsandten sie an ihn eine zugleich in 65 Exemplaren gedruckte, an Fürsten und Städte verteilte Verteidigungsschrift, die sogenannte fürstlich mecklenburgische Apologie. Unter Beilage von 259 Aktenstücken suchten sie ihre Unschuld und Defensivpolitik zu rechtfertigen. Der Eindruck der Schrift auf dem Reichstag in Regensburg war nicht ungünstig, wenn auch geteilt. Der Kaiser selbst, der zwar ein Gegner der Schrift war, wollte bereits die ganze Angelegenheit von Rechts wegen noch einmal untersuchen lassen, und auch die Kurfürsten forderten in ihrem Haß gegen Wallenstein die Eröffnung eines regelrechten Prozesses wegen der widerrechtlich vergewaltigten Herzöge und der Herausgabe des von Wallenstein zu unrecht besetzten Landes. Doch brachte weder die Gunst des Kaisers und der Kurfürsten noch die ein Jahr später erfolgende Absetzung Wallensteins den Herzögen ihr Land zurück. Auch auf Dänemark, dessen König Christian durch den Lübecker Frieden im Mai 1629 jeglicher Einmischung in deutsche Angelegenheiten entsagt hatte, war nicht mehr zu rechnen. So oft die Herzöge sich an ihn wandten, gab er ausweichende Antworten. Die Rettung sollte, wie die Herzöge schon seit einiger Zeit im geheimen gehofft hatten, von einer anderen Seite, von Schweden, kommen, mit dessen König Gustav Adolf besonders Herzog Adolf Friedrich seit der Poeler und Schweriner Zusammenkunft (1620) im Briefwechsel geblieben war.

Bekanntlich landete Gustav Adolf im Juli 1630, in denselben Tagen, in denen Wallenstein auf dem Kurfürstentag in Regensburg vom Kaiser abgesetzt wurde, mit einem Heere von etwa 15000 Mann auserlesener Kerntruppen auf der Insel Usedom, um seinen bedrängten protestantischen Glaubensgenossen in Deutschland zu Hilfe zu kommen, zugleich aber auch große politische Vorteile für Schweden, vornehmlich an der deutschen Ostseeküste zu gewinnen und dieses Meer zu einem schwedischen zu machen. Seit langem ein Feind Habsburgs und der wachsenden Kaisermacht, war er bisher durch Kriege mit Polen von den deutschen Angelegenheiten ferngehalten worden, hatte aber ihre Entwicklung mit Spannung und Wallensteins Vordringen nach Norden mit großer Sorge verfolgt. Herzog Adolf Friedrich hatte er bei dessen Vertreibung aus Mecklenburg unter dem Versprechen späterer Hilfeleistung vorerst nur mit der Mahnung trösten können, „auf Gott zu vertrauen und sein Schicksal in Geduld zu tragen". Nunmehr, da er trotz aller Gegenbemühungen Wallensteins mit Polen Frieden gemacht hatte, richtete er seinen Blick aus Deutschland und ging auch hier zur Tat über. Seine Ultimatsbedingungen an den Kaiser (Räumung Ober- und Niedersachsens, Pommerns und der Ostseehäfen, Wiedereinsetzung der mecklenburgischen Herzöge und Aufhebung des Restitutionsediktes), die seine Ziele aufs höchste gerichtet erscheinen lassen, wurden vom Kaiser naturgemäß abgelehnt. Man spottete in Wien über diesen „Schneekönig" und „Löwen aus Mitternacht".

Nur wenig deutsche Fürsten schlossen sich sogleich dem nordischen Herrscher an. Auch die mecklenburgischen Herzöge vermochte er nicht ohne weiteres zu gewinnen. Zwar erklärten sie sich mit ihm eines Sinnes, entschuldigten aber ihr Zögern damit, daß sie ständig von kaiserlichen Spionen und Geheimagenten umgeben seien. In Wirklichkeit hofften sie noch immer auf eine friedliche Regelung ihrer Sache durch den Kaiser. Selbst als Gustav Adolf nach der Eroberung Vorpommerns die mecklenburgische Grenze überschritt, änderte sich nichts. Sein Aufruf vom 8. Oktober an alle mecklenburgischen Untertanen und besonders die Rostocker, in dem er ihnen ihren Abfall von der „von Gott gesetzten uralten Landesfürstlichen Obrigkeit" vorhält und Wallenstein und dessen Parteigänger als „Feinde und Räuber Gottes" bezeichnet, fruchtete ebensowenig. Die Wallensteinsche Herrschaft war, auch wenn ihr Träger selbst schon fern weilte, noch zu fest in Mecklenburg, zumal in Rostock und Wismar, wo die kaiserliche Besatzung auf je 3000 Mann erhöht worden war. Auch hatte man Wallensteins straffes Regiment und seine bisweilen mustergültige

Ordnung, die besonders dem leidigen Raubunwesen im Lande steuerte, stellenweise nicht unangenehm empfunden.

Etwas mißmutig und verstimmt wandte sich Gustav Adolf daher wieder Pommern zu, und erst Anfang Februar 1631 betrat er von neuem mecklenburgischen Boden, doch südlicher als zuvor, im Stargarder Lande. Von Stettin her erschien er vor Neubrandenburg. Auch die Bürgerschaft dieser Stadt hatte einst Wallenstein den Treu- und Untertaneneid leisten müssen, doch hatte gerade das Stargarder Land, das dem persönlichen Machtbereich des neuen Herzogs entfernter lag, mehr als das übrige Mecklenburg auch in diesen Jahren unter dem Krieg zu leiden gehabt. Neubrandenburg besonders als Kreuzungspunkt mehrerer wichtiger Verkehrsstraßen war stärker als andere Städte und Gemeinden von Einquartierungen und Truppendurchzügen heimgesucht worden, und auch an Erpressungen seitens der Kaiserlichen hatte es hier nicht gefehlt. Als nun aber der Schwedenkönig heranrückte, wagte der kaiserliche Oberst Franz Marsoun (Moritzan), der mit einer ansehnlichen Truppenmacht die Stadt besetzt hielt, doch nicht sich zu verteidigen, sondern bat um freien Abzug nach Prenzlau, der ihm auch gewährt wurde. Gustav Adolf aber lagerte bis zum 7. Februar mit 9000 Mann in und um Neubrandenburg; dann brach er wieder nach Pommern auf und nahm Demmin und andere Städte. In Neubrandenburg ließ er den schwedischen Generalmajor Dodo von Kniephausen mit zehn Fähnlein Deutschen und Schotten zurück.

Da aber rückte Tilly mit etwa 20 000 Mann von der Elbe heran. Am 2. März nachmittags gegen 3 Uhr erschien er vor Feldberg. Die kleine schwedische Besatzung in dem dortigen fürstlichen Hause kapitulierte. Tilly ließ den Ort besetzen und ritt noch an demselben Abend weiter nach Strelitz. Am 13. nahm er sein Hauptquartier auf der Burg Stargard; am folgenden Tage zogen seine Regimenter vor Neubrandenburg, lagerten sich vor dem Neuen und dem Friedländer Tor und begannen die Belagerung und Bestürmung der Stadt.

Die nun folgenden furchtbaren Tage bis zur Erstürmung der Stadt am 19., die dabei von den Kaiserlichen verübten entsetzlichen Greuel und Schandtaten vor und in der Stadt, eines der grausigsten Ereignisse in der gesamten mecklenburgischen Geschichte, hat uns ein Augenzeuge geschildert. Die zwar etwas weitschweifige, aber höchst anschauliche Darstellung entwirft ein erschreckliches, aber wahres Bild von jener Höllentat und zugleich von der rohen und barbarischen Kriegführung jener Zeit 1). Am 14. März trafen die Kaiserlichen unter Tilly vor der Stadt ein, und langsam, aber sicher vollzog sich in den nächsten Tagen trotz tapferer Gegenwehr der Schweden im Bunde mit den Bürgern die Umschließung. Als Kniephausen die Aufforderung Tillys zur Übergabe ablehnte, begann die Beschießung. Unzählige Kugeln sausten in die Stadt und richteten immer größeren Schaden an. Was tagsüber von den Feinden in den Festungswällen und Mauern zerschossen wurde, bauten Soldaten und Bürger der Stadt des Nachts notdürftig wieder auf. Schon wuchs unter den Einwohnern die Sorge, ob man noch widerstehen könne, und die Furcht vor Tillys Rache. Trotzdem lehnte Kniephausen noch am Morgen des 19. ungeachtet der Bitten der Bürgerschaft, sich freiwillig zu ergeben und so das Schlimmste noch abzuwenden, Tillys nochmalige Aufforderung zur Übergabe ab. So setzte denn Tilly zum allgemeinen Sturm an. An allen vier Toren begann ein erbitterter Kampf um Leben und Tod. Noch einmal wurden die Kaiserlichen, als sie beim Friedländer Tor bereits Bresche geschlagen hatten, von den Verteidigern zurückgeworfen, dann aber drangen sie, als der schwedische Kapitän Pfluch fiel, in die Stadt ein, und nun begann in den Straßen und Gassen ein entsetzliches Morden unter Soldaten und wehrlosen Bürgern. In den Häusern und selbst in der Kirche, wo viele nach beendetem Gottesdienst, wie er in den Tagen der Belagerung täglich gehalten wurde, zurückgeblieben waren in der Hoffnung, dort Schutz zu finden, wurde jung und alt beiderlei Geschlechts in grauenhafter Weise zu Tode gemartert. Frauen und Mädchen wurden von den Tillyschen aus den Häusern hervorgezerrt und auf offener Straße geschändet und dann erschlagen. Die ganze Stadt hallte wider von dem Jammergeschrei der Kinder, Frauen und

---

1) Truculenta expugnatio sanguineolentumque excidium Neobrandenburgicum, d. i. Erschreckliche Eroberung und blutige Zerstörung der Stadt Neubrandenburg, wie dieselbe von dem kaiserlichen General Grafen v. Tilly belagert, bestürmt, erobert und despeupleret. Geschehen im Monat März im Jahre 1631. Als Verfasser gilt ein Theologe (vielleicht Neubrandenburger Schulmeister) Erasmus Pontanus.

Greise, und die Kirche triefte schließlich vom Blut der Erschlagenen. Drei Stunden lang dauerte das Wüten der Feinde, die alles vernichteten. An vielen Stellen brach auch Feuer aus. Bald kam Tilly selbst in die Stadt. Vergebens untersagte er das weitere Morden, Brennen und Plündern. Die Mauern der Stadt wurden geschleift. Drei Tage lang noch erpreßten einige feindliche Kompagnien unter allerlei Martern und Foltern das letzte Geld und Gut von den Bewohnern. Hunderte von Einwohnern waren erschlagen, ebenso viele verwundet oder krank; die schwedische Besatzung war bis auf fünfzig Mann niedergemacht. Als etwa einen Monat später die Schweden unter Gustav Adolf Frankfurt eroberten, nahmen sie für Neubrandenburg Rache, indem sie die kaiserliche Besatzung, ohne Pardon zu geben, mit den Worten „Neubrandenburgisch Quartier“ niedermetzelten. In Neubrandenburg aber beging man noch lange Jahre zur Erinnerung an den 19. März 1631 am Mittwoch nach Reminiszere – das war damals gerade der Schreckenstag gewesen – den sogenannten Tillytag als einen Buß- und Bettag. Tilly zog indes nach Magdeburg ab, wo sich durch die Erstürmung der Stadt am 20. Mai das Schauspiel in noch größerem Umfange wiederholte. Trifft auch den schwedischen General Kniephausen wegen seiner hartnäckigen Weigerung, die Stadt zu übergeben, die (von ihm selbst zwar nicht geahnte und gewollte) Hauptschuld an dem Unglück Neubrandenburgs – er wurde deswegen auch samt seiner Familie nach mancherlei Martern gefangen von den Kaiserlichen in Tillys Hauptquartier nach Stargard mit fortgeschleppt –, so bilden Neubrandenburg und Magdeburg trotzdem wegen der barbarischen Behandlung der beiden Städte und ihrer Bewohner für Tilly – bei letzterer auch für seinen Unterfeldherrn Pappenheim – ein für alle Zeiten unauslöschliches, schandbares Brandmal seines Namens.

* * *

Wie oben gesagt (S. 251), konnten sich die beiden mecklenburgischen Herzöge zum offenen Anschluß an Gustav Adolf, selbst als dieser schon den größten Teil Pommerns erobert hatte, noch nicht entschließen. Erst als der Schwedenkönig ihnen weitere Versprechungen und

Angebote machte, wie z. B. Zusendung von Hilfstruppen und Überweisung von Geldern zur Werbung eines Heeres, da traten anfangs Mai Adolf Friedrich in einer persönlichen Zusammenkunft mit Gustav Adolf in Stettin, Hans Albrecht in einer gleichen zu Köln a. d. Spree offen auf die Seite Schwedens. Ende Juni rückten nach dem Falle Greifswalds schwedische Truppen unter General Tott in Mecklenburg ein, um die Wiedereroberung des Landes planmäßig durchzuführen. Schon am 29. Juni wurde Güstrow ohne Schwertstreich besetzt. Dennoch zögerten die Herzöge, Lübeck zu verlassen. Endlich Ende Juli kehrten sie nach Mecklenburg heim. Schon am 31. hielt Hans Albrecht sang- und klanglos seinen Einzug in seine Residenz Güstrow. Nicht so schnell gelang es Adolf Friedrich mit Schwerin. Erst nach zweiwöchigem Kampfe vor und in der Stadt mit der noch mehrere hundert Mann starken kaiserlichen Besatzung, die sich auf der Schloßinsel festgesetzt hatte, dann aber kapitulierte und ehrenvollen Abzug erhielt, kam auch Adolf Friedrich am 8. August wieder in den Besitz seiner Residenz. Indes wandte sich Hans Albrecht mit einem Heer aus Mecklenburgern und Schweden gegen Rostock, das vom General von Virmont und Wallensteins Statthalter und Neffen Berthold von Wallenstein mit einer starken Besatzung verteidigt wurde. Am 6. September fiel die Warnemünder Schanze in Hans Albrechts Hand. In demselben Monat noch traf auch auf Bitten des schwedischen Generals Tott Adolf Friedrich im Feldlager vor Rostock ein. Endlich am 14. Oktober kapitulierte Virmont, da er auf die Nachricht von der Niederlage Tillys bei Breitenfeld (17. September 1631) einen weiteren Widerstand für unnütz erachtete. Die kaiserlichen Truppen und Wallensteinschen Beamten erhielten mit ihrem Hab und Gut nach Auswechslung der Gefangenen freien Abzug. Alles, was sich aber noch aus Wallensteins Privatbesitz in der Stadt befand, wurde von den Herzögen als Entgelt für das, was Wallenstein ihnen einst genommen hatte, konfisziert. Am 16. hielten sie ihren Einzug in Rostock. Das Hauptbollwerk der Wallensteinschen war somit gefallen. Als dann Ende des Monats die Feste Dömitz, Mitte Januar 1632 auch Wismar kapitulierte, war Mecklenburg frei vom Feind und wieder in der Hand der Herzöge. Die noch im Hafen von Wismar befindlichen spanisch-kaiserlichen Schiffe wurden beschlagnahmt.

An diese mit schwedischer Hilfe erfolgte Wiedereroberung aber knüpften sich zwei für das Land unglückliche Folgen: eine vollständige Reaktion und das Bündnis mit Schweden. Die große Reaktion , die nun eintrat, bestand in einer ans Sinnlose grenzenden planmäßigen Vernichtung und Umgestaltung alles dessen, was irgendwie an den Namen und die Herrschaft Wallensteins erinnerte. Persönliche Rachsucht und ein von kleinlichem Eigensinn geleiteter Fürstendünkel waren die Motive dieser blinden Zerstörungswut, die der Würde der Herzöge als Landesherrn wenig entsprachen. Die Zeit des Exils hatte sie in keiner Weise geläutert; mit unbeschreiblichem Haß, in den sie sich immer tiefer hinein vergraben hatten, wurden von ihnen selbst alle für das Land so segensreichen Einrichtungen Wallensteins rücksichtslos hinweggefegt. Die Postordnung, die Armenversorgung, die Neureglung des Gerichtswesens und der Verwaltung wurden aufgehoben und spurlos beseitigt. Selbst der von Wallenstein an das Güstrower Schloß angebaute Flügel mußte, nur weil er an den Namen dieses „Usurpators" erinnerte, daran glauben. Die Stände wurden in beleidigenden Ausdrücken als treulose Landesverräter gebrandmarkt, einsichtige Männer, wie Eckhard von Moltke, Hans Heinrich von der Lühe, Dietrich von Plessen u. a. wurden, weil sie in Wallensteins Diensten gestanden hatten, ihres Amtes enthoben, gefangengesetzt oder sogar des Landes verwiesen.

Die Folgen einer solchen kurzsichtigen Handlungsweise konnten nicht ausbleiben. In der Justiz riß sogleich der alte Schlendrian wieder ein. Hunderte von Prozessen wurden jahrelang aufgestapelt, um nie ihre Erledigung zu finden. Auf allen Gebieten trat durch diese plötzliche Umkehrung alles Bestehenden und durch die Jahre als gut und nützlich Erprobten eine heillose Verwirrung und Unordnung hervor. Die Stände setzten sich den Herzögen gegenüber trotzig zur Gegenwehr. Verächtlich warfen die Herzöge das Mittel, das ihnen Wallenstein an die Hand gegeben hatte, nur weil es von ihm stammte, wieder fort: in unbegreiflicher Verblendung hoben sie das privilegium de plane non appellando, ebenso das eigene Besteuerungsrecht wieder auf und brachten sich selbst dadurch wieder in die alte Abhängigkeit von den Ständen. Alle die großen Reformen auf politischem und sozialem Gebiet, die Wallenstein mit Energie und Kraft begründet hatte und die den Geist einer modernen Zeit an sich trugen, wurden durch den blinden Eifer, mit dem die Herzöge gegen den „fremden Eindringling" wüteten, wieder vernichtet und zwar so gründlich, daß sie bis in die neueste Zeit infolge des Einspruchs der wiedererstarkten, eigenmächtigen Stände gar nicht oder nur unvollkommen wieder aufgelebt sind.

Das Bündnis mit Schweden war von Gustav Adolf selbst bereits im Sommer 1631 in seinem Lager zu Werben im Entwurf ausgearbeitet worden. Es sollte beide Herzöge ganz und gar in die Macht des Königs bringen. Lange Verhandlungen knüpften sich an die Ausführung des Planes. Dabei verhüllte Gustav Adolf seine wahren Absichten keineswegs. So erklärte er dem Herzog Adolf Friedrich, als dieser im Dezember in sein Winterlager nach Frankfurt a. M. kam, daß sowohl er als auch sein Bruder alles nur seiner Gnade zu verdanken habe, und brieflich fügte er bald noch hinzu, daß er das Kriegsrecht über Mecklenburg besitze, denn er habe das Land dem Feinde abgenommen, es sei also sein eigen. Alle Versuche, den König zu milderen Bestimmungen zu bewegen, waren vergebens; vielmehr wurde Gustav Adolf nur noch gereizter, zeigte sich den Herzögen gegenüber unfreundlich und stellte sie schließlich vor die Alternative: entweder das Bündnis anzunehmen oder die Folgen, die sich aus ihrer Weigerung ergeben würden, beim Ende des Krieges abzuwarten. Was blieb mit Rücksicht auf den Siegeszug der Schweden anderes übrig als das erstere zu wählen? Und so kam am 13. März 1632 das schwedisch-mecklenburgische Bündnis zustande, das durch Abtretung von Wismar und Warnemünde nebst dem ertragreichen Ostseezoll, durch monatliche Zahlung von 10 000 Talern Kriegskosten, durch Ausgabe schwedischen Geldes im Lande ganz Mecklenburg in volle Abhängigkeit von Schweden brachte und Gustav Adolf zum Protektor und Schirmherrn ernannte. „Sollte ich Kaiser werden, so sind Euer Liebden mein Fürst", soll er zu Adolf Friedrich gesagt haben. Sein frühzeitiger Tod in der Schlacht bei Lützen noch im November desselben Jahres bewahrte Mecklenburg vor all diesen Verwicklungen.

Dennoch ist es verständlich, daß die Nachricht von seinem Tode in Mecklenburg zunächst Trauer und Klage hervorrief. Die Universität beklagte in ihm den „von Gott gesandten Retter, der sein Blut für die hochbedrängte Christenheit vergossen habe", und legte eine dreitägige

Trauer an. Johann Albrecht forderte seine Untertanen auf, „sich aller weltlichen Üppigkeit zu enthalten, durch Fluchen und Schwören Gott nicht zum Zorn zu reizen, die Betstunde fleißig zu besuchen, bis Ostern kein Saiten- oder ander Spiel zu rühren noch Tänze anzustellen." Ähnlich machte es Adolf Friedrich. Als dann die Leiche Gustav Adolfs nach Pommern gebracht wurde, um nach Schweden überführt zu werden, ordneten die beiden Herzöge, die dem Trauerakt in Wolgast beiwohnten, in ziemlich schwülstigen Worten für den 15. Juli 1633 einen Trauertag für Mecklenburg an.

Das schwedisch-mecklenburgische Bündnis blieb auch unter dem schwedischen Kanzler Oxenstierna, der die Eroberungspolitik seines verstorbenen Königs fortsetzte und einen Zusammenschluß aller evangelischen Stände Deutschlands gegen den Kaiser unter schwedischem Schutz anstrebte, noch von Bestand. Die mecklenburgischen Herzöge sahen, auch wenn sie das Bündnis oft als lästig und drückend empfanden, zunächst noch keinen andern Weg und kein ander Mittel zur Aufrechterhaltung ihrer eben erst wiedergewonnenen Herrschaft. Da wurden die Schweden am 6. September 1634 von den Kaiserlichen bei Nördlingen vollständig geschlagen, ihr General Horn gefangen genommen. Oxenstiernas Einfluß sank. Kursachsen und Brandenburg schlossen durch Vermittlung des schwedenfeindlichen Dänemark am 23. Mai 1635 mit dem Kaiser den Frieden zu Prag.

Schon in den Verhandlungen in Pirna im November war auch der Herzöge von Mecklenburg gedacht worden. Der Kaiser hatte ihnen anfangs noch den schon 1630 auf dem Regensburger Reichstag angebotenen Rechtsweg zugestehen wollen; dann aber schaltete er in Prag einen solchen ganz aus und sprach nur noch von einer Wiederannahme der mecklenburgischen Herzöge in Gnaden. Er erklärte sie für schuldig und verlangte auch von ihnen ein gleiches Bekenntnis, in einem Memoriale außerdem Abbitte und dreimalige Jahreszahlung von je 100 000 Talern. So hieß es im Prager Vertrag: „Wegen der Herzöge zu Mechelnburg haben Ihre Kaiserl. Majestät sich um gemeinen Friedens willen und aus höchstangeborner Güte, auch um Ihrer Kurfürstl. Durchl. zu Sachsen Interzession willen dahin erklärt, es wollten Ihre Kaiserl. Majestät sie, die beiden Herzöge, wofern sie gegenwärtigen Friedensschluß dankbarlich und wirklich acceptieren und sich solchem gemäß verhalten, auch dem ihrethalben sonderbar begriffenen Memorial gebührend nachkommen werden, wiederum zu kaiserlichen Hulden und Gnaden aufnehmen und bei Land und Leuten ganz ruhig verbleiben lassen.“ Binnen zehn Tagen sollten sich die Herzöge, so lautete der Bescheid vom 12. Juni, bedingungslos erklären.

Die Entscheidung war nicht leicht. Im Lande sehnte man sich längst nach Ruhe und Frieden. Die Zahlung der monatlichen Subsidiengelder, die Erhaltung und Verpflegung der schwedischen Besatzungen, die vielen Truppendurchzüge und Einquartierungen lasteten schwer auf der Bevölkerung. Die schwedischen Truppen selbst waren schon vielfach verwildert, hausten barbarisch im Lande und betrugen sich nichts weniger denn als Bundesgenossen. Zudem war es klar, daß Schweden damit umging, wenigstens einen Teil des Landes dauernd in seiner Macht zu behalten. Wenn sich nun die Gelegenheit böte, die Peiniger loszuwerden! Aber man war mit den Schweden durch ein Bündnis verbunden. Ein Beitritt Mecklenburgs zum Prager Frieden würde die Herzöge in den Augen Oxenstiernas und der Schweden überhaupt nicht allein undankbar für die durch Schweden bewerkstelligte Wiedererlangung der Herrschaft, sondern auch wort- und bundbrüchig machen. Dann hatte man ohne Zweifel ihre Rache zu fürchten. Denn Schweden mußte sich, wenn es nicht ebenfalls Frieden mit dem Kaiser schloß und sich unterwarf, vor der durch den Prager Frieden stark gewachsenen kaiserlichen Macht nach Norden an die Ostsee, besonders nach Mecklenburg und Pommern, zurückziehen. Wie aber mochte es werden, wenn man dem Kaiser, der schon jetzt nur noch von einer gnädigen Annahme und demütigen Unterwerfung etwas wissen wollte, eine Absage gab? Man würde seine Gunst für immer verscherzen, und die Folgen bei seinem nicht unwahrscheinlichen Siege waren kaum auszudenken.

So waren die Herzöge in einer peinlichen Lage. Wie auch ihre Entscheidung ausfallen mochte, in beiden Fällen drohte dem Lande Unheil und Verderben. Nur einen Weg noch konnte es geben, um dem Dilemma zu entgehen: es mußte auch Schweden mit in den Frieden hineingezogen werden. Durch Vermittlung des Kurfürsten von Sachsen ließen die Herzöge dem Kaiser mitteilen, daß sie den Frieden annähmen, und baten zugleich um Unterhandlungen mit Schweden.

Der gleichzeitige Beitritt Brandenburgs, Braunschweigs, Sachsen-Weimars, der Hanse- und anderer Reichsstädte zum Prager Frieden bestärkte sie in ihrer Hoffnung auf Erfolg. Auch der Führer des niedersächsischen Kreisheeres, Herzog Georg von Braunschweig-Lüneburg, hatte bereits im Februar mit dem Kaiser Waffenstillstand geschlossen, und auf dem Kreistage zu Lüneburg im August und September machte sich trotz einiger Gegenströmungen doch im ganzen eine Friedensstimmung geltend.

Aber Mecklenburgs Anregungen fielen weder bei dem Kaiser noch bei Oxenstierna auf günstigen Boden. Der Kaiser wollte von irgendwelchen Ansprüchen Schwedens und einer Anerkennung dieses nordischen Landes als einer ihm gewachsenen Macht nichts wissen, Oxenstierna wiederum forderte zum mindesten Vorpommern und Wismar, dazu die Versicherung, daß die deutsche Ostseeküste nie von kaiserlichen Truppen besetzt werden dürfe. So mußten die Waffen entscheiden.

* * *

Was die Herzöge durch ihren Beitritt zum Prager Frieden befürchtet hatten, wurde noch in demselben Jahre zur Wirklichkeit. Die Rache der Schweden ließ nicht lange auf sich warten. Der schwedische Kanzler Oxenstierna drohte den Herzögen „den roten Hahn aufs Dach zu setzen“. Den mecklenburgischen Gesandten erklärte er, daß die Schweden sich nun an die Küste zurückziehen und sich „wie ein Hund auf die Hinterbeine setzen und um sich beißen“ müßten, wobei dann „diejenigen an selbigem Orte und die in der Mitte säßen, hart betoffen würden“. Schon im September verließ er Magdeburg, zog nach Wismar und fuhr von dort Anfang November zu Schiff nach Stralsund. Dömitz, Schwerin, Wismar mit Poel und andere Orte hatte er unterwegs mit schwedischen Regimentern belegen lassen. Die von Adolf Friedrich herbeigerufenen niedersächsischen Kreistruppen waren zum Widerstand zu schwach und hatten sich von Dömitz bis nach Rostock zurückgezogen, um diese Stadt noch zu schützen. Gleichzeitig kam auch der schwedische General Baner, der bisher in Schlesien siegreich gefochten hatte, nach Mecklenburg, besetzte Plau, Bützow, Güstrow, wo er mehrere Kompagnien mecklenburgischer Truppen in schwedische Regimenter einreihen ließ, und vereinigte sich in der Gegend von Teterow mit Torstensson.

Überall offenbarte sich die Zuchtlosigkeit der schwedischen Truppen und ihrer Führer. So brandschatzte den ganzen Monat Oktober hindurch der Oberst Wachtmeister die Stadt Schwerin, der daraus ein Schade von 60 000 Talern erwuchs. Nur das Schloß, das von einer kleinen mecklenburgischen Abteilung gehalten wurde, blieb verschont. In Parchim waren in demselben Monat zwei Kompagnien Reiter einquartiert und haben „nicht allein unmenschlich gefressen und gesoffen, sondern auch den Leuten viel abgezwackt". Dann kamen Baners Scharen und hausten vor und in der Stadt „mit Eröffnung der Kisten und Kasten, Scheunen und Speicher".

Indes rückte von Süden her der Kurfürst Johann Georg von Sachsen, der sich durch den Prager Frieden dem Kaiser zur Vertreibung der Schweden aus Deutschland verpflichtet hatte, mit einem Heer heran. Aus Parchim, wo er eine Zeitlang sein Hauptquartier nahm, Plau, Grabow und andern Orten bis hinauf nach Goldberg wurden die Schweden vertrieben. Vergebens war der Versuch seines Generals Baudissin, die Feste Dömitz zu nehmen. An Wildheit und Zuchtlosigkeit aber standen die Sachsen den Schweden kaum nach. So wurde durch die sächsische Besatzung in Plau, die außer dem Kommandanten und seinem Stab etwa 300 Mann mit 80 Weibern, Kindern und Mägden zählte, die Stadt gleichsam ausgesogen. Alles mußten die Bürger hergeben und täglich Schanzarbeiten verrichten. Am 8. Dezember schlug Baner eine sächsische Abteilung bei Goldberg, gleich darauf eine andere bei Waren, schnitt dadurch dem Kurfürsten die aus Pommern erwartete Hilfe ab und zwang ihn, Mecklenburg zu verlassen. Auf der Verfolgung durch Baner noch einmal am 17. Dezember bei Pyritz geschlagen, zog sich der Kurfürst bis über Havelberg zurück, das ebenfalls von Baner erobert wurde.

So waren die Schweden mit Beginn des Jahres 1636 wieder die Herren in Mecklenburg. Nur Plau wurde noch von einer Abteilung Sachsen gehalten und fiel erst im Oktober dieses Jahres, als die verbündeten Sachsen und Kaiserlichen bei Wittstock geschlagen waren, in die Hände der Schweden. –

Wie furchtbar bereits in den beiden Jahren 1635/36 die Leiden des Krieges in Mecklenburg waren, davon nur einige Beispiele. Die Umgegend von Schwerin war verwüstet, die Ernte wegen der Feinde nicht eingebracht, in der Stadt selbst wegen der Menge Flüchtlinge aus Böhmen, Österreich, Braunschweig, Sachsen und fast allen deutschen Gauen Not und Teurung, das Dorf Lankow eingeäschert, in Göhren die ganze Schäferei „weggeführt und aufgefressen". In Plau, das in den letzten Jahren siebenmal den Herrn gewechselt hatte und in der kurzen Zeit von April bis Dezember 1636 fünfzehnmal, meist von den Kaiserlichen, geplündert wurde, war schließlich nur noch der vierte Teil der Bürgerschaft übriggeblieben, die Stadt felbst fast zu einem Trümmerhaufen geworden. Alles Vieh war fort, die Häuser niedergerissen und verbrannt, alle Bäume, selbst Obstbäume aus Mangel an Holz abgehauen. Von dem Zustand des ganzen Landes aber gibt ein Bericht der Landstände des Güstrower Herzogtums an den Herzog vom 5. Dezember 1635 eine Vorstellung. Die schwedische Soldateska hatte die Bewohner „ohne allen Unterschied geplündert, beraubt, geängstigt, jämmerlich geschlagen, nackend und bloß ausgezogen, allen Vorrat an Vieh, Korn und was sonst an Mobilien und Fährnissen vorhanden gewesen, von den Gütern und aus den Städten weggerissen, die Mühlen auf dem Lande entzwei geschlagen und zunichte gemacht". Bei der Eröffnung des Landtags zu Sternberg im April 1637, wo Adolf Friedrich sich mit den Ständen über die Linderung der Kriegsnöte beriet, sagte der Herzog: „Hohe Proviantlieferungen, vielfältige Einquartierungen, Rekrutierungen, Märsche und Kontramärsche und dabei verübte Plünderungen und Vergewaltigungen ruinierten das Land."

Auch die Verhandlungen zwischen Sachsen und Schweden über der letzteren Beitritt zum Prager Frieden hatten während der beiden Kriegsjahre nicht geruht. Als sich die beiderseitigen Vertreter, der sächsische Graf von Brandenstein und der schwedische Kanzler Oxenstierna, über ihre Forderungen nicht einigen konnten, rief letzterer im Oktober 1635 die Vermittlung des Herzogs Adolf Friedrich an. Dieser reiste nun, da der Kurfürst von Sachsen eine persönliche Zusammenkunft mit Oxenstierna ablehnte, von einem zum andern; bald war er bei Oxenstierna in Wismar oder Stralsund, bald bei dem Kurfürsten in Sandau an der Elbe, in Parchim und anderen Orten. Aber auch so kam es zu keiner Verständigung, da Oxenstierna eine Entschädigung für Schweden mit vier Millionen Talern und Land an der Ostsee, Bezahlung der schwedischen Soldaten, Amnestie aller Fürsten und Aufnahme Frankreichs, Englands, Dänemarks, der Schweiz und der Niederlande in den Frieden forderte. Durch den gleichzeitig in Wismar angekommenen französischen Marquis de Chaumont, der vom Frieden abriet und Oxenstierna günstigere Angebote machte, ließ sich dieser noch enger an Frankreich, den erbittersten Gegner des Kaisers, ketten. Auch ein zweiter Versuch, den Adolf Friedrich auf Grund eines neuen sächsischen Angebots im April 1636 durch seinen Kanzler Joh. Cothmann bei Oxenstierna in Stralsund machte, blieb erfolglos. Oxenstierna ließ nicht von seinen Forderungen ab, und Adolf Friedrich war nunmehr der Ansicht, daß es den Schweden überhaupt nicht ernst sei mit dem Friedensgedanken. Dennoch wandte er sich, als selbst der schwedische Reichsrat im November 1636 sich für seine Vermittlung mit dem Kaiser und Sachsen aussprach, an den Kaiser nach Wien und die Kurfürsten nach Regensburg und bat um Entgegenkommen für die Schweden. Der Kaiser schien nicht ganz abgeneigt; da aber die Kurfürsten schon wieder auseinandergegangen waren, als Adolf Friedrichs Brief eintraf, so verliefen auch diesmal seine Bemühungen ohne Resultat.

Wieder trat um die Mitte des Jahres 1637 in den kriegerischen Wirren im Norden eine Wendung zum Schlimmern ein. Der schwedische General Baner wurde von Oxenstierna aus Sachsen, wo er bei Torgau lagerte, nach Pommern beordert. Hier erwartete die schwedische Regierung den Tod des letzten Herzogs, und Pommern mußte dann gemäß eines alten Vertrages aus dem 16. Jahrhundert an Brandenburg fallen. Schweden aber wollte das einmal besetzte Land keineswegs herausgeben und suchte deshalb gegen einen etwaigen Einfall des Kurfürsten Georg Wilhelm Vorkehrungen zu treffen. In der Tat starb Herzog Bogislaw im März, und Baner erhielt nunmehr noch Verstärkungen aus Schweden.

Gleichzeitig mit Baners Abzug aus Sachsen begann auch der Vormarsch der Kaiserlichen unter General Gallas, denen sich diesmal nicht nur die Sachsen, sondern auch die Brandenburger aus eben genanntem Grunde anschlossen. Bis nach Stettin hin zog sich Baner zurück, sein Amtsgenosse, der General Wrangel, sogar bis hinter die Peene. Ihnen folgte Gallas zusammen mit den sächsischen Obersten Dehne und Vitztum und den brandenburgischen Klitzing und Kracht.

Wehrlos war Mecklenburg den Verbündeten preisgegeben, die in Kürze das ganze Land besetzten und in den Städten und Dörfern aufs schlimmste wüteten. Es mag z. B. nur an Parchim erinnert werden, das am 23. Juli von Kroaten und Wallonen des Generals Gallas „überrumpelt, gar erbärmlich tractiert und ausgeplündert wurde". „Da sollte man gesehen haben", so schreibt der Chronist, „wie die Alten mit schwedischen Tränken gequält, Weiber und Jungfrauen geängstigt, die Diener Gottes geprügelt" wurden. „So herrlich und hoch Parchim zuvor war, so jämmerlich und elend mußte es damals sein." „Kirchen und Häuser wurden geöffnet, Kisten und Kasten zerschlagen und ein großer Raub durch 300 und etliche 70 große, nicht so sehr mit Korn, Hausgerät und Bettgewand, als mit Gold, Silber, Geld, Leinengerät, Kleidern und Viktualien beladene Wagen aus der Stadt weggeführt, dadurch schier alle Einwohner arme Leute geworden." Einige Tage darauf, am 29. Juli, erschien ein Trupp Kaiserlicher vor Neubrandenburg. Die meisten Einwohner verließen, wohl in Erinnerung an die Tillyschen Greuel, die Stadt und hielten sich zwei Wochen lang vor derselben auf, indes diese „ganz leer ausgeplündert und alles Vorrats beraubt wurde". In denselben Tagen wie Parchim fielen auch Crivitz, Lübs, Plau und andere Städte in die Hand der Kaiserlichen, und die Brandenburger eroberten bald darauf die Feste Dömitz. Überall, wohin die Feinde kamen, setzte ihr Rauben und Plündern die Einwohner in Angst und Schrecken. Am 12. August wurde Malchin von einer Abteilung Reiterei geplündert, „welche 140 Wagen, mit Raub beladen, mit weggenommen, darauf die meisten Einwohner ins Elend gegangen". Laage wurde fast ganz geräumt; die Einwohner flüchteten nach Rostock. So ergoß sich in kurzem der Strom der wilden Kriegsvölker über ganz Mecklenburg. Nur Wismar als schwedische Festung und Rostock mit seinen starken Mauern und der hinreichenden Besatzung von niedersächsischen Kreistruppen blieben von ihnen verschont. Statt dessen aber unternahm die schwedische Besatzung verschiedene Ausfälle, so z. B. im August 1637 bis nach Warm, vernichtete hier ein Regiment des kaiserlichen Obersten Krickenberg und steckte den Ort in Brand.

Nachdem Gallas auch noch ganz Pommern verwüstet hatte, kehrte er nach Mecklenburg zurück und nahm hier und in Holstein Winterquartiere. Im Frühling 1638 begann das Plündern von neuem. Während die Brandenburger wieder nach Mecklenburg-Strelitz und Pommern bis zur Insel Rügen vordrangen, wandten sich die Sachsen der mecklenburgischen Ostseeküste zu und eroberten im März die Warnemünder Schanze, wobei ihr General Graf Vitztum fiel. Dann aber kam Baner mit über 20000 Schweden von Stettin her über die Recknitz bei Triebsees nach Mecklenburg. Bei Malchin vernichtete er 600, bei Neuhof bei Grabow sein Oberst Slang 3000 kaiserliche Reiter. Fast alle Festungen, Warnemünde, Bützow, Güstrow, Schwerin u. a., wurden noch im Laufe des Jahres von den Schweden wiedergenommen. Nur Dömitz und Plau verblieben noch den Kaiserlichen. Gallas zog sich ins Lüneburgische und von dort nach Böhmen und Schlesien zurück. Baner gedachte ihm von Dömitz aus zu folgen und in die kaiserlichen Erblande einzufallen. „Die schwedische Kavallerie hier vorbeimarschiert und schickt sich an zum Aufbruch. Gott helfe, daß sie fortziehen und nie wiederkommen!“ schrieb Adolf Friedrich am Sylvester 1638 in sein Tagebuch. In der Tat waren die Hauptarmeen beider Kriegsparteien fort, aber einzelne kleine Trupps streiften noch im Lande umher. Im Juli 1639 nahmen die Schweden auch Plau; dagegen behaupteten sich die Brandenburger in der Feste Dömitz. Ein Versuch der Schweden, auch diese zu erobern, mißlang wegen Hochwassers. Nochmals unternahmen die Brandenburger Streifzüge, so im Juni 1640 bis nach Schwerin, wo sie das Vieh vor den Toren und auf den umliegenden Gütern und Dörfern raubten, dann nach Parchim, das sie ebenfalls hart bedrängten, und sogar bis nach Röbel, wo sie zwölf Kompagnien Schweden vernichteten, von denen sich nur ein kleiner Teil auf Kähnen über die Müritz nach Waren retten konnte.

Zum zweitenmal war Mecklenburg in den Jahren 1637/40 ein Opfer der alles verheerenden Kriegsfackel geworden. Das Elend und die Not war größer als zuvor. Furchtbar hatten sowohl die Kaiserlichen als auch die Schweden im Lande gehaust. Wieder geben uns zeitgenössische Berichte ein erschreckendes Bild. So schrieb der General Baner im September 1638 an den Kanzler Oxenstierna: „In Mecklenburg ist nichts als Sand und Luft, alles bis auf den Erdboden verheert; Dörfer und Felder sind mit krepiertem Vieh besät, die Häuser voll toter Menschen, der Jammer ist nicht zu beschreiben.“ Adolf Friedrich schrieb unter dem 15. August in sein Tagebuch: „Durch das betrübte langwierige Kriegswesen und darauf erfolgte pestilenzische Seuchen und Krankheit, Hunger und Kummer sind unsre Fürstentümer und Lande an Menschen und Vieh elendiglich und dermaßen verrodet und verwüstet, daß auf etlichen adligen Höfen fast kein lebendiger Mensch übrig geblieben.“ Und an den General Gallas schrieb derselbe Fürst am 23. Januar 1639: „Wie feindselig die schwedische Armee hausgehalten und ehe nicht von hinnen gewichen, bis sie alles konsumiert und den armen Einwohnern nicht ein Stück Brot mehr übrig gelassen, solches kann nicht genugsam beschrieben werden, zumal es nunmehr mit den armen Leuten dahin geraten, daß diejenigen, so übrig geblieben, nicht allein Mäuse, Katzen, Hunde und ganz unnatürliche Sachen zur Stillung des Hungers genießen, sondern auch an verschiedenen Orten die Eltern ihre Kinder gefressen und ein Mensch für den andern nicht sicher ist, wie solches mit vielen unterschiedenen Exempeln genugsam zu erweisen.“ Bestätigt und mit all ihrem Grauen ergänzt werden diese Angaben durch eine große Anzahl anderer Berichte, so durch den Güstrower Superintendenten Lukas Baumeister, den Magister Peter Eddelin zu Doberan, den Rat der Stadt Parchim, den Amtmann Bornemann in Stargard, welch letzterer aussagt, daß im Dorfe Bredenfelde „zwei Kinder ihre leibliche Mutter, indem dieselbe Hungers bei ihnen gestorben, gefressen haben, welche Exempel dieses Orts, Gott erbarm es, täglich geschehen“. Der Wahnsinn erregende Schwedentrunk, das Anlegen von Daumenschrauben, das Prickeln der Fußsohlen mit Nadeln, das Verbrennen im Backofen, das Prügeln bis zum Tode u. a. Marter, die die Feinde an den unglücklichen Bewohnern vornahmen, das mutwillige Zertrümmern aller Mobilien, das Zerschneiden von Bettzeug u. a. m. kehrt in allen Berichten wieder.

Unter solchen Umständen wurde auch in Mecklenburg der auf Bitten der Fürsten nach längerer Unterbrechung wieder zusammenberufene Reichstag in Regensburg im Juli 1640 mit Sehnsucht begrüßt. Der junge, eben erst zur Regierung gelangte Kurfürst Friedrich Wilhelm von Brandenburg war es vornehmlich, der durch sein energisches, zielbewußtes Auftreten den Kaiser zur Einleitung von Friedensverhandlungen zu bewegen wußte. Die mecklenburgische Regierung entsandte zwei Vertreter, Dr. Cothmann und Kurt von Behr, letzteren auf besonderen Wunsch der Stände. Im Lande selbst aber wurden auf eine herzogliche Anordnung hin von Mitte September ab alle vier Wochen am Freitag Buß- und Bettage abgehalten und zwar „zur Erweckung wahrer Andacht, Buße und Bekehrung, auch Abwendung ferneren göttlichen Zornes und Strafe, und sonderlich von dem vielgütigen Gott den Hochwerten lieben Frieden und glücklichen Sukzeß und Fortgang aller auf jetzigem Reichstag dahin gerichteten heilsamen Ratschläge demütigst zu erbitten."

Wirklich drang der Brandenburger mit seinen Vorstellungen durch. Im Reichstagsabschied vom Herbst 1641 wurden Friedensbesprechungen in Münster und Osnabrück angeordnet, und schon im Dezember traten Vertreter Deutschlands, Schwedens und Frankreichs in Hamburg zu einem Präliminarvertrag zusammen, indem sie sich vorläufig über die Hauptpunkte des künftigen Friedens einigten.

Aber der endgültige Frieden war noch in weiter Ferne. Erst nach dem Siege des schwedischen Generals Torstensson, des Nachfolgers Baners, bei Breitenfeld (2. Nov. 1642) begannen im Sommer 1643 die Verhandlungen in den beiden genannten Städten, wurden aber auch dann noch äußerst lässig betrieben.

Indessen tobte der Krieg, der immer mehr zu einem wüsten Kampf wilder Bestien ohne bestimmte Ziele und Zwecke ausartete, in Deutschland weiter, ja er erfuhr durch den Eintritt Dänemarks in den Kampf gegen Schweden eine noch größere Ausdehnung. Als nun Gallas 1642 nach Holstein zog, um Dänemark zu unterstützen, wurde auch Mecklenburg noch einmal der Schauplatz der kämpfenden Parteien. Die beiden schwedischen Generäle Torstensson und Wrangel erhielten von der Heimat neue Verstärkungen über Wismar; abwechselnd wurde nun in Mecklenburg und Holstein gekämpft. Größere Schlachten fanden nicht statt, meist handelte es sich seitens der Kaiserlichen um Beseitigung der schwedischen Garnisonen in den Städten. So überrumpelte z. B. in der Nacht vom 2. auf den 3. Februar 1642 der kaiserliche Kroatenoberst Goldacker die Stadt Wittenburg. „Keine Türken oder Heiden können es ärger machen, als allhier gehaust", schreibt der dortige Stadtvogt an den Herzog. „Bürger und Rat nackend ausgezogen, verwundet, jämmerlich zugerichtet." „Unter den Schwangern und Säugern ist ein solch Schreien und Jammern gewesen, daß es einen Stein in der Erde hätte erbarmen mögen." Der Herzog selbst schreibt noch dazu, daß die Frauen und Mädchen in die Kirche geflüchtet, die Kroaten ihnen nachgesetzt und der Oberst selbst mehrere der letzteren auf den Leibern der Weiber mit seinem Degen erstochen habe. Als Goldacker am nächsten Tage dem Befehl seines Generals Gallas gemäß dasselbe Treiben in Boizenburg fortsetzen wollte, wurde er von der dortigen schwedischen Besatzung zurückgeschlagen.

Immer mehr Truppen zogen die Schweden in Mecklenburg zusammen. Anfang August begannen sie mit der Belagerung der Feste Dömitz, die ja noch seit Gallas' erstem Zug (1637) in der Hand der Kaiserlichen, sonderlich der Brandenburger, war. Nach zwei Monaten kapitulierte sie gegen freien Abzug der 240 Mann zählenden Besatzung; eine große Menge Munition und Lebensmittel aber fiel den Schweden zu. Gallas rächte sich ein Jahr später, Sommer 1644, indem er das feste Schloß Boizenburg mitsamt seiner schwedischen Besatzung in die Luft sprengte. Gleich darauf zog Torstensson nach Mitteldeutschland ab. Gallas folgte ihm, wurde aber bei Jüterbog (1644) und bei Jankowitz in Böhmen (1645) geschlagen. Nach Mecklenburg sind beide Führer nicht mehr zurückgekehrt. Das eigentliche Kriegsfeuer war hier erloschen, Plünderungen der zurückgebliebenen feindlichen Trupps in Stadt und Land aber dauerten fort, verstärkt noch durch das ruchlose Treiben des umherstreifenden Raubgesindels aller Art.

Wie gesagt, hatten indes in Münster und Osnabrück die Friedensverhandlungen begonnen. Für Mecklenburg führte in Osnabrück Dr. Abraham Kayser das Wort. Er hatte dort keine leichte Aufgabe, denn gerade vom mecklenburgischen Lande forderten die Schweden Gebietsentschädigungen und zwar außer Wismar mit Poel und Walfisch auch noch Warnemünde. Immer wieder sträubten sich Dr. Kayser und sein Herzog gegen einen solchen Verlust, besonders Wismar bezeichnete Kayser als „das beste Kleinod“ des Landes; aber vergebens. Auch eine Zusammenkunft zwischen der schwedischen Königin Christine, Gustav Adolfs Tochter, und Adolf Friedrichs Sohn Karl in Stockholm blieb erfolglos, desgleichen jegliche Entschädigungsforderung für das abzutretende Land. Nur Warnemünde ließ Schweden schließlich fallen, schob dafür aber das Amt Neukloster ein, und so wurde denn in der endgültigen Friedensakte vom 24. Oktober 1648, die auch Kayser unterzeichnete, hinsichtlich Mecklenburgs bestimmt, daß „Stadt und Seehafen Wismar samt der Festung Walfisch, den Ämtern Poel (ausgenommen die Dörfer Sehedorf, Weitendorf, Brandenhausen und Wangeren) und Neukloster mit allen Gerechtigkeiten und Zubehörungen“ auf ewig an Schweden als unmittelbares Reichslehen übergehen, und daß die Königin von Schweden diese Länder „möge mit Befestigung und Besatzung, doch auf ihren Unkosten, nach Wohlbelieben und der Umständen Notdurft, belegen, besetzen, allenthalben und allezeit für ihre Schiffe und Flotten ein sicheren Einkauf, Station und Retirada haben, auch davon im übrigen nutzen und genießen mit demselben Recht, mit welchem sie die andern Reichslehen haben (nämlich Vorpommern, Bremen und Verden), doch daß dabei der Stadt Wismar ihre Privilegia in salvo bleiben und sie durch allen königlichen Favor wegen ihrer Kommerzien in Schutz auf das letzte und möglichste genommen werde.“ Auch die „Lizenten (Zölle) an den Gestaden von Pommern und Mecklenburg“ wurden Schweden zugesprochen, das in diese Bestimmung auch den Zoll von Warnemünde einbezog und ihn trotz Widerspruch Mecklenburgs und Rostocks erhob. Von den an Schweden zu zahlenden Kriegskosten von 5 Millionen Talern mußten Mecklenburg-Schwerin und -Güstrow je 49 929, das Stift Schwerin 12 816 und Ratzeburg 3402 Gulden aufbringen.

Als Entschädigung für den gesamten Landverlust, der in erster Linie Adolf Friedrich betraf, erhielt dieser samt seinen männlichen Erben die Bistümer Schwerin und Ratzeburg „mit allen Gerechtigkeiten, brieflichen Urkunden, Kanzleien, Registern und allen Pertinenzen und Gewalt“ und mit dem Recht, in sämtlichen Kanonikaten nach dem allmähligen Aussterben der Domherren „alle Einkünfte der herzoglichen Tafel zu applizieren“. Zwar gehörte rechtlich das Ratzeburger Bistum noch dem jungen Herzog Gustav Adolf, dem Sohn des 1636 verstorbenen Herzogs Johann Albrecht II. von Mecklenburg-Güstrow. Nach längeren, häßlichen Kämpfen mit Johann Albrechts Witwe Eleonore Marie aber hatte Adolf Friedrich die Vormundschaft für den beim Tode des Vaters erst dreijährigen Gustav Adolf und damit auch die Verwaltung des Bistums Ratzeburg sich angeeignet. Erst 1654 hätte der junge Administrator sein Amt antreten können. Nun aber mußte er es – wonach Adolf Friedrich im geheimen längst gestrebt hatte – nach den Bestimmungen des Westfälischen Friedens schon sechs Jahre vorher an seinen Schweriner Oheim abtreten und zwar gegen Entschädigung je eines Kanonikates am Magdeburger und Halberstädter und zweier am Straßburger Dom, die aber alle vier ziemlich belanglos waren und schon mit dem Tode Gustav Adolfs (1695) bezw. in Straßburg mit der Besetzung der Stadt durch König Ludwig XIV. (1681) für Mecklenburg erloschen. – Im Schweriner Bistum war 1633 nach dem Tode des dänischen Prinzen-Administrators Ulrich III. – er kam im Felde in Schlesien um – Adolf Friedrichs ältester Sohn Christian zum Nachfolger ernannt worden. Im Frühling des nächsten Jahres aber ließ sich Adolf Friedrich selbst dies Amt von Schweden, das damals das Stift besetzt hielt, zu Lehen übertragen, nachdem Christian hatte verzichten müssen. Um sich aber das Bistum für immer zu sichern, hatte er bald darauf mit dem Kapitel einen Vertrag geschlossen, nach dem immer der regierende Fürst der Schweriner, bei deren etwaigen Aussterben der der Güstrower die Administration erhalten sollte. So waren beide Bistümer schon seit Jahren mit dem Hause Mecklenburg verbunden, und der Gewinn, der sich, aus der Bestimmung des Westfälischen Friedens für Mecklenburg ergab, bestand wesentlich in der rechtlichen Anerkennung des tatsächlichen Zustandes. Der letzte Schweriner Domherr starb 1656, der Ratzeburger jedoch erst 1683.

Gleich Schwerin und Ratzeburg wurden auch die beiden Johanniterkomtureien Mirow und Nemerow säkularisiert, erstere für Mecklenburg-Schwerin, Nemerow für Mecklenburg-Güstrow, jedoch bei beiden unter Beibehalt der alten Brandenburger Patronatsrechte.

Einen kleinen Trost für Mecklenburg bei all den finanziellen und wirtschaftlichen Verlusten gewährte wenigstens die kaiserliche Bestätigung des Dömitzer und Boitzenburger Elbzolls und seiner Befreiung von Reichssteuern bis zu einer Summe von 200 000 Talern.

* * *

So war endlich auch in Mecklenburg der Friede wieder eingekehrt. Am 11. Oktober ordnete Adolf Friedrich im ganzen Lande für den nächsten Sonntag ein Dankfest an, und am 9. Januar 1649 wurde der am 7. November vom Kaiser in Wien unterzeichnete Friede in Mecklenburg publiziert. –

Aber wie furchtbar sah es im Lande aus! Was hatte Mecklenburg gleich andern deutschen Staaten, manchmal noch mehr als diese, in den langen Kriegsjahren gelitten! Es war unter der Wucht dieses Land und Volk verheerenden Sturmes erlegen. Überall bot sich ein Bild des Grausens und Entsetzens. Nicht einmal ein Viertel von den rund 300 000 Bewohnern, die Mecklenburg zu Beginn des Krieges zählte, hatte die Leiden der Zeit überdauert. Hatten sich auch einzelne, gut befestigte Städte noch einigermaßen schützen können, war auch Gottlob nicht allen ein so trauriges Geschick wie Neubrandenburg bei der Eroberung der Stadt durch Tilly (S. 205) zuteil geworden, so waren doch die kleineren Städte und besonders das platte Land dem Feinde am meisten ausgesetzt gewesen. Da waren ganze Ortschaften und Gehöfte verlassen, ausgestorben, niedergebrannt, zertrümmert. Ob einige von ihnen für immer zerstört geblieben und schließlich ganz verschwunden sind, ist nicht mit Sicherheit zu sagen. Wenn man die Verhältnisse im Stift Schwerin zum Vergleich für ganz Mecklenburg heranziehen darf, so wäre das Gegenteil der Fall gewesen. Hier, wo z. B. in dem Dorfe Nisbill (bei Wann) 1639 nur noch ein Kossat wohnte, alle andern Gehöfte dagegen eingeäschert waren und das Dorf Tieplitz eine Zeitlang völlig unbewohnt und unbebaut dalag, sind nach dem Kriege alle Ortschaften allmählich wiederhergestellt worden, auch solche, die von ihren Besitzern wegen großer Schulden aufgegeben worden waren.

Wenn Zahlen reden, so ganz gewiß hier! Schon die um 1640 ausgeuommenen Amtsinventare gaben ein trübes Bild. Im Amt Dargun waren 1639 von 227 bäuerlichen Hauswirten noch 31 vorhanden, ein Jahr darauf alles wüste und leer, weder Mensch noch Vieh; im Amt Wann von 93 Bauern noch 16 und 11 Witwen am Leben, aber kein einziges Haupt Vieh, kein Brot, keine Saat; im Amt Gnoien von 81 Hauswirten noch 6; 47 Gehöfte waren niedergebrannt. So und ähnlich stand es schon damals. Nach dem Kriege waren im Amt Stavenhagen allein 30 Dörfer Wüste und leer und von den etwa 5000 erwachsenen Amtsinsassen noch 329 übrig, der 16. Teil! In den Ämtern Wredenhagen, Plau und Ivenack zählte man von 724 Bauernfamilien mit 4300 Seelen vor dem Kriege nachher nur noch 97 mit 600 Seelen. Geradezu schaurig mochte es im Amt Neukalen aussehen, wo die Bevölkerung 1644 nur noch 8 Seelen betragen hatte und noch Jahre lang nach dem Kriege alles wüst und menschenleer blieb. In dem Kirchspiel Volkenshagen bei Rostock gab es 1649 von 74 noch 36 Bauern, im Kirchspiel Zabel bei Waren lagen von 45 Gehöften in den vier Dörfern Zabel, Hagenow, Damerow und Loppin 28 verwüstet; alles Vieh war weggeführt oder umgekommen. Das Gut Raden bei Lalendorf hatte alle Bauern samt seinem Gutsherrn verloren. Und wie hier, so war es an hundert und aberhundert anderen Stellen des platten Landes. – Leider sind uns von den Städten nicht ebenso bestimmte Zahlen überliefert. Aber einige geben auch bei ihnen beredtes Zeugnis. In Laage z. B. fanden sich nach der Zerstörung der Stadt 1637/38 zwei Jahre später nur 16 Bürger zum Wiederausbau zusammen. Sternberg hatte eine so geringe Zahl behalten, daß die Stadt nicht einmal eine kleine Garnison von sieben Mann erhalten und zwanzig Taler Kontribution aufbringen konnte. Und wenn dann noch, wie z. B. 1651 in Schwerin, ganze Straßenzüge durch eine Feuersbrunst eingeäschert wurden, so war das Maß städtischer Verwüstung gerüttelt voll.

Doch nicht nur die Barbarei der Feinde, auch Hungersnot, Krankheit und Seuchen hatten geradezu verheerend gewirkt. Dreimal war das Land von der Pest heimgesucht worden, zuletzt 1637. Damals sollen in Neubrandenburg, wohin sich die Bevölkerung aus der Umgegend vor Gallas flüchtete, allein 8000 Menschen gestorben sein. Der Gesamtverlust an Menschen war für die Zukunft des Landes beängstigend und bedenklich, zumal da gerade die junge, heiratsfähige Generation fehlte. Der Geburtenrückgang war erschreckend. War z. B. die durchschnittliche Zahl der jährlichen Geburten vor dem Kriege in Malchin 60, so fiel sie Ende der dreißiger und Anfang der vierziger Jahre auf 7, einmal sogar auf 2, stieg dann zwar bis zum Ende des Krieges auf Anfang der zwanzige, wurde aber in der früheren Höhe erst wieder gegen Ende des Jahrhunderts erreicht. Und wie weit war es mit den Überlebenden in moralischer Beziehung gekommen! Die Nation war verroht, hart und gefühllos gegen die eigenen Verwandten und Freunde in ihren Leiden. Welch ein schauerlicher Anblick, wenn, wie der Herzog in seinem Tagebuch berichtet, Eltern ihre eigenen Kinder aßen, die vor Hunger, Frost und Kälte starben (S. 266)! Ohne Zucht und Ordnung, voll von Tücke und List, voll Spott über Religion, Sitte und Gesetz, so waren die Jungen herangewachsen und hatten von Kind auf nichts anderes als den Krieg, Raub, Mord und Brand, Betrug und Ehrlosigkeit kennen gelernt, waren in ihrem sittlichen Urteil gesunken und abgestumpft gegen alles Hohe und Edle. Und wenn der Herzog beim Ausschreiben eines allgemeinen Buß- und Bettags im Februar 1648 darüber klagt, daß trotz der grausamen Strafen des Krieges „so gar keine Änderung und Besserung sich habe sehen und spüren lassen, daß man auch noch ärger als zuvor in Sünden und Lastern bis auf den heutigen Tag fortgefahren“, wenn er von „dem verfluchten Stolz und Hoffahrtsteufel in Kleidung mit üppigen neuen Trachten und Mustern“, besonders beim „Weibervolk“, spricht und darüber erzürnt ist, daß „ein jeglicher, was er nur zuwege bringen könne, oder wohl gar mit unverantwortlicher Übersetzung seines armen, höchst bedrängten Nächsten zusammenkratzet“, so offenbart uns das alles auch hier nur den rein oberflächlichen Drang nach dem Genuß des Augenblicks. Was sollte auch noch alles Sorgen und Hegen, alles Sparen für die Zukunft? Wer wollte sagen, ob nicht schon morgen wieder ein neuer Feind komme und alles raube! Furcht und Aberglaube beschlich die ängstlichen Gemüter, Hexenwahn und Zauberwesen brachte Schuldige und Unschuldige, Gute und Böse auf die Anklagebank und den Scheiterhaufen.

Wo aber so der Viehbestand auf ein Minimum zusammengeschrumpft, der Acker verdorben und mit Dornen und Gestrüpp, das selbst dem Feuer widerstand, überzogen war, die Arbeitskräfte fehlten, da vermehrte auch noch eine große Teuerung der Lebensmittel die allgemeine Not. Eine von einem Zeitgenossen, dem schon genannten Pastor Eddelin in Doberan erhaltene Preistafel aus dem Jahre 1649 zeigt eine Steigerung der Preise für Korn, Vieh u. a. um das Zwanzig-, ja Dreißigfache früherer Zeiten. Da war es wohl kein Wunder, wenn das Klosteramt Malchow, das nicht einmal einen Lehrer in Malchow zu unterhalten und zu besolden vermochte, in seinem diesbezüglichen Bericht darüber an die Landesherrschaft schrieb, daß „diejenigen, welche noch von der Pest und erbärmlichen Kriegsleiden übrig geblieben, sich von unnatürlichen Speisen, als Katzen und Hunden, ja von Kaff und Unflat erhalten und den Tod sich selber an den Hals bringen müssen".

Ein hartes Los – wohl die unseligste Folge des Krieges – erwartete die Bauern auf dem Lande. Sie, die alles verloren halten, waren meist unfähig, ihr zerstörtes Besitztum wieder aufzubauen und eine neue Wirtschaft zu begründen. So griff denn der Adel, der zwar ebenfalls hart mitgenommen, aber dennoch im großen und ganzen vermögenskräftig geblieben war, ein, zog die verödeten Bauernstellen und Brachländereien an sich und schlug sie zu seinem Besitztum, gab den wenigen Bauern die Mittel zum Wiederaufbau, machte sie aber dafür abhängig und verpflichtete sie zu Frondiensten. Es begann die Zeit, da durch das sogenannte Bauernlegen die großen Grundherrschaften entstanden, Rittergüter sowohl wie fürstliche Pachtgüter (Domänen), letztere besonders durch Angliederung der früheren Klosterdörfer und der säkularisierten Schweriner und Ratzeburger Stiftsländereien. Die Bauern aber wurden hörig und erbuntertänig. Bereits in dem Assekurationsrevers vom Jahre 1621 war ihnen in Artikel 13 die Erbzinsgerechtigkeit an ihren Hufen abgesprochen worden. Sie sollten, so hieß es daselbst, „die ihnen um gewissen Zins oder Pacht eingetane Hufen, Acker oder Wiesen, sofern sie keine Erbzinsgerechtigkeit oder dergl. gebührlich beibringen konnten, dem Eigentumsherrn aus vorhergehende Loskündigung unweigerlich abzutreten und einzuräumen schuldig sein." Jetzt wurde auch der Grundsatz, daß die Bauern an die Scholle gebunden seien, offen ausgesprochen. Denn in der Gesindeordnung der Herzöge vom 14. November 1654 hieß es in § 1: „Nachdem die tägliche Erfahrung bezeugt, daß die Bauersleute und Untertanen, Mannes und Weibes Personen, ... dieser unsrer Lande und Fürstentümer kundbarem Gebrauch nach mit Knecht- und Leibeigenschaft samt ihren Weib und Kindern verwandt und daher ihrer Personen selbst nicht mächtig“ sind, so sollen sie „sich ohne ihrer Herren Bewilligung ihnen zu entziehen und zu verloben“ nicht befüget“ sein.

Neben der religiös-kirchlichen Wandlung und der Veränderung der bäuerlichen Verhältnisse hebt sich als dritte gewichtige Tatsache aus der Entwicklung Mecklenburgs im Zeitalter der Reformation und des Dreißigjährigen Krieges die Grundlegung der landständischen Verfassung hervor, die bereits im späteren Mittelalter unter gleichzeitiger Bildung des territorialen Staates bis zum Abschluß der landständischen Union vom Jahre 1523 vorbereitet worden war. Es war geradezu ein unwürdiger Handel, der zwischen den Herzögen und Ständen um die politische Vormachtstellung im Lande getrieben wurde. Die Geldnot der Fürsten wurde dabei der größte Bundesgenosse der Stände. Bereits 1555 erlangten sie gegen Übernahme der fürstlichen Schuldenlast das von ihnen lange begehrte Steuerbewilligungsrecht für gewöhnliche Hülfen und Landbeden, das ihnen alsdann in weiteren Reversen besonders 1572 zu Sternberg und 1621 zu Güstrow unter ähnlichen Verhältnissen von neuem bestätigt wurde. Jegliche Verpflichtung zur Bewilligung auch der kleinsten Hülfen wiesen sie von vornherein grundsätzlich ab und beharrten auf diesem Standpunkt selbst in den Zeiten der schlimmsten Kriegsnöte. Auch als der Herzog Adolf Friedrich im Jahre 1637 an Stelle des alten ungerechten Steuermodus, der die Ritterschaft nach Aussaat und Pflugdiensten, die Städte und Bauern aber nach Erben und Hufen einschätzte, das weit bessere System des allgemeinen hundertsten Pfennigs setzen wollte mit der Begründung, daß „der Arme vor dem Reichen über Vermögen nicht beschwert, sondern eine christliche Gleichheit hierin gehalten werden möchte“, da verhielten sich die Stände ebenfalls ablehnend.

Gewiß stellten die unruhigen Zeiten des 16. Jahrhunderts und vor allem die Leiden des Dreißigjährigen Krieges an die Steuerkraft des Landes und das Geldvermögen der Bewohner große Anforderungen. Mit einem Hinweis auf die Unmöglichkeit, neue Steuern zu erheben, suchten denn auch die Stände sehr oft ihre Zurückhaltung und Ablehnung gegenüber den herzoglichen Anträgen auf Tilgung landesherrlicher Schulden zu begründen. Jahrelang z. B. hat es gedauert, bis der Landtag für die Kosten der 1641 nach Osnabrück entsandten beiden mecklenburgischen Friedensdelegierten, von denen einer auf ihren ausdrücklichen Wunsch dazu bestellt wurde, schließlich einige tausend Taler bewilligten. Bisweilen aber hielten sie nicht einmal die von ihnen gemachten Versprechungen und übernommenen Verpflichtungen. So hatten die Herzöge von der ihnen bereits 1621 bewilligten Million Gulden am Ende des Krieges erst drei Fünftel erhalten. Daher waren denn seit 1627 auch keine Schulden mehr beglichen worden, und als dann nach dem Kriege beide Herzöge mit der Forderung endlicher Auszahlung der ihnen noch zustehenden 400 000 Gulden an die Stände herantraten, da hielten diese ihnen nicht weniger als 43, zum Teil schon sehr alte Beschwerden entgegen, die sie zuvor erst abgestellt wissen wollten. Was sie dann nach langen Verhandlungen unter oft gegenseitigen harten Vorwürfen und drohenden Worten bewilligten, war meist nur ein Tropfen auf einen heißen Stein.

Die zahlreichen Beschwerden der Stände, ihre sog. gravamina, bezweckten eine Erhaltung bzw. Vermehrung der Privilegien, als deren vornehmstes das genannte Steuerbewilligungsrecht galt. Zu ihm trat die Unverbrüchlichkeit der landständischen Union und die auf ihr beruhende Einheitlichkeit und Unteilbarkeit der landständischen Verfassung, sodann die Erhaltung der Augsburgischen Konfession, die Einrichtung eines ständischen „Schuldentilgungsausschusses“, der 1555 an die Stelle des „Unionsausschusses“ von 1523 trat und 1621 in den „Engeren Ausschuß“ überging, besonders auch der „Landkasten“ für Aufbringung und Sammlung der bewilligten Gelder, 1621 eingerichtet und unter die freie Verwaltung der Stände gestellt. Im Jahre 1626 erfolgte auf Wunsch der Stände die Bestätigung aller Reversalen und damit auch ihrer sämtlichen Privilegien durch den Kaiser. Ihre Beseitigung drohte unter dem Regiment Wallensteins, der den Ständen, auch wenn er sie der Form nach bestehen ließ, doch jede gesetzlich fundierte entscheidende und ausführende Gewalt nahm. Durch die Reaktion bei der Rückkehr der von dem Friedländer vertriebenen Herzöge aber wurde der alte Zustand in vollem Umfang wieder hergestellt. So war gegen die Mitte des 17. Jahrhunderts die landständische Verfassung in Mecklenburg fest begründet; ihr weiterer Ausbau und ihre Vollendung erfolgte in den nächsten hundert Jahren.

Sechster Abschnitt

Der Kampf um die fürstliche Landeshoheit. Vollendung des mecklenburgischen Ständestaates

(Von der Mitte der 17. bis zur Mitte des 18. Jahrhunderts)

Durch den Westfälischen Frieden, der jedem Reichsstande die volle Landeshoheit verlieh einschließlich des Rechtes, untereinander und mit fremden Mächten Bündnisse zu schließen, erfuhr die landesherrliche Macht der deutschen Fürsten eine wesentliche Stärkung nicht allein gegenüber dem Kaiser und der Reichsregierung, sondern auch mit Bezug auf ihr bisheriges Verhältnis zu den eigenen Landständen. Die notwendige Folge war das Bestreben der Fürsten nach der absoluten Herrschaft innerhalb ihrer Territorien. Schon die Wahlkapitulation Kaiser Leopolds I. vom Jahre 1658 machte es dem deutschen Kaiser zur Pflicht, die Rechte der Landesherren gegen jede wachsende Macht der Landstände, besonders in Sachen der Steuerbewilligung, zu schützen, und untersagte dem Reichshofrat sogar die Annahme von Klagen seitens der Landstände wider die Landesherren; dagegen sollten diese das Recht haben, Bündnisse gegen die Landstände zu schließen.

Es war die Frage, ob die Landstände diesen, offensichtlich auf eine Verminderung ihrer bisherigen Macht gerichteten Anordnungen ohne weiteres Folge leisten würden. In Mecklenburg haben sie es nicht getan, sondern sich heftig zur Wehr gesetzt. Nachdem sie im Lauf der Jahrhunderte die Grundlagen zu einer für sie vorteilhaften Landesverfassung gelegt hatten, galt es nunmehr, diese auch gegen jegliches Streben der Herzöge nach der Landeshoheit zu verteidigen. Der Streit um die fürstliche oder die ständische Vorherrschaft ergab sich daher von selbst. Er endete schließlich zugunsten der Stände. So kam es denn, daß, während noch im 17. Jahrhundert in den meisten deutschen Staaten die Fürsten unumschränkte Herrscher in ihrem Lande wurden, bis dann im 19. an die Stelle der absoluten Monarchien repräsentative Verfassungen traten, Mecklenburg diese Entwicklung nicht mitmachte, sondern sich seine ständische Verfassung bis zu dem gewaltsamen Umsturz durch die Revolution am Ende des Weltkrieges 1918 bewahrte.

Am 27. Februar 1658 starb nach einer langen, halbhundertjährigen, an Entbehrungen, Fehlschlägen und Enttäuschungen überreichen Regierung der Herzog Adolf Friedrich I. von Mecklenburg-Schwerin. Das ganze Unheil des Dreißigjährigen Krieges von seinen ersten Anfängen an bis zu seinem Abschluß und seinen traurigen Folgen für Land und Volk, den großen Gegensatz vor und nach dem Kriege, der Menschen und Zeiten veränderte, hatte er mit durchlebt. Ihm gegenüber war auch sein fester Wille und seine Zähigkeit, mit der er einmal gefaßte Beschlüsse durchzuführen und alle Hindernisse zu überwinden suchte, machtlos. Zehn Jahre noch sind ihm nach dem Abschluß des Westfälischen Friedens für den Wiederaufbau seines völlig zerrütteten Landes vergönnt gewesen; er hat sie, soviel er als Sechzigjähriger vermochte, zum Wohl seines Volkes zu nutzen versucht. Aber auch jetzt noch waren die Verhältnisse stärker als alle seine guten Pläne und Absichten. Im Kampf mit den Ständen, der selbst während des Krieges nicht geruht hatte, war er müde geworden. Allerdings war er selbst nicht schuldlos an einem solchen Fehlschlag. Als nach der Beseitigung Wallensteins der rechte Augenblick gekommen war, um seine Stellung gegenüber den Ständen zu wahren, hatte er aus übertriebenem Rechtsgefühl und persönlicher Abneigung gegen den Friedländer durch eine von ihm betriebene schrankenlose Reaktion den Ständen selbst in die Hände gearbeitet. Als er dennoch das auch ihm durch den Westfälischen Frieden dargebotene Geschenk der Souveränität in seinem Lande für sich zu verwirklichen gedachte, war es zu spät. Längst schon waren die Stände zum Kampfe gerüstet, unbeugsam ihr Wille, mit allen Mitteln, deren sie fähig waren, ihre alten Rechte und Privilegien zu behaupten. Selbst die Not des Bauernstandes wußte die Ritterschaft für sich in ziemlich schamloser Weise auszunutzen und seine Leibeigenschaft landesgesetzmäßig durchzuführen. Auf dem Sterbebette noch warnte Adolf Friedrich seine Söhne vor der gefährlichen Übermacht der Stände, deren Starrsinn er zur Genüge kennen gelernt hatte. Das Land bedurfte eines kraftvollen Fürsten, eines zweiten Wallenstein, zwar nicht fremdländischer, sondern einheimischer Art.

Adolf Friedrichs Sohn und Nachfolger Christian war nicht der rechte Mann. Von Jugend auf eigensinnig, widerspenstig und träge, hatte er eine überstrenge Erziehung, nicht selten unter körperlicher Züchtigung durch den ziemlich jähzornigen Vater, genossen. Das Verhältnis zwischen Vater und Sohn war daher ein sehr schlechtes gewesen, besonders im Vergleich mit seinem Bruder Karl, den der Vater seinen „Herzenssohn" nannte. Sein Aufenthalt in Paris im Winter 1644/45 stärkte in ihm seine schon frühzeitig absolutistisch und katholisch gerichtete Sinnesart. Seine gegen den Willen des Vaters vollzogene Heirat mit seiner um acht Jahre älteren, bereits verwitweten Base Christine Margarete, einer Schwester des Güstrower Herzogs Gustav Adolf, steigerte die Spannung zwischen Vater und Sohn sogar vorübergehend zu offener Feindschaft. Der Vater entzog ihm alle Apanagengelder und bestimmte ganz im Gegensatz zu seiner noch 1633 geäußerten Ansicht von einer Unteilbarkeit der mecklenburgischen Gesamtlande schließlich in seinem letzten Testament 1654 eine Sonderteilung des Schweriner Herzogtums unter die drei ältesten seiner sechs Söhne, so daß Christian zwar den Hauptteil, das eigentliche Schweriner Land, Karl aber das Ratzeburger und Johann Georg das Schweriner Fürstentum (frühere Bistum) erhalten sollte.

Aber Christian verweigerte, als er 1658 die Regierung antrat, seinen Brüdern und Verwandten die Eröffnung des Testamentes. Er bestritt jegliches testamentarische Verfügungsrecht seitens des Vaters, beanspruchte das gesamte Erbe für sich allein und und ließ sich nur in der Form von Gnadenerweisen auf eine Zuteilung geringwertiger Apanagen an seine Mutter und Geschwister ein, ja vertrieb diese sogar aus Schwerin auf die ihnen überlassenen Landsitze. Es läßt sich zwar nicht leugnen, daß diesem Vorgehen des neuen Herzogs der Gedanke einer Verringerung der Schuldenlast durch Vereinfachung des zu großen Schweriner Hofhalts zugrunde lag und daß er sich dadurch die einzig wirksame Handhabe gegen die Macht der Stände schaffen konnte, aber die schroffe Art, mit der er vorging, rief den Widerspruch der Brüder hervor, besonders als er die direkte Beseitigung des in Lübeck deponierten väterlichen Testamentes beabsichtigte, was sein Bruder Karl jedoch noch rechtzeitig verhinderte. Es soll „bis an den jüngsten Tag in deposito verbleiben" , war nun seine Antwort auf die wiederholten Bitten seiner Mutter um Eröffnung. Auch mit seinem Güstrower Vetter Gustav Adolf stand er bereits auf gespanntem Fuß. Hatten schon seine unseligen Eheverhältnisse das ihre getan – Christine Margarete hatte ihn schon etwa zwei Jahre nach der Hochzeit wegen seiner rücksichtslosen, ja brutalen Art, mit der er sie behandelte, verlassen und bei ihrer Schwester in Wolfenbüttel Aufnahme gefunden – so noch mehr sein eigenmächtiges Verfahren, das er in einer von ihm vorgenommenen Wappen- und Siegeländerung, sowie in der Ablehnung gemeinsamer Landtage bewies. Gustav Adolf, der bereits 1636 als vierjähriger Prinz seinem Vater Johann Albrecht II. gefolgt war, hatte am Hofe seines Oheims Adolf Friedrich, der den Knaben gewaltsam aus den Armen der Mutter an sich riß, eine ziemlich trübe Jugend verlebt und 1654 die selbständige Regierung angetreten. Zum offenen Konflikt mit Christian kam es, als dieser gleich nach seiner Thronbesteigung gegen die Landesteilung von 1611 die den beiden Landesteilen und Herzögen gemeinsame Stadt Rostock für sich allein beanspruchte. Schon standen im Februar 1659 Truppen beider Herzöge auf dem Markt in Rostock gegeneinander, als die ebenfalls schon bewaffnete Bürgerschaft den offenen Kampf verhinderte, ohne jedoch eine Einigung zwischen den Herzögen zu erzielen. Das Verhältnis zwischen beiden gestaltete sich auch in Zukunft meist recht ungünstig. Christian dachte sogar daran, die Union mit Güstrow zu lösen, schob die Bestimmungen der Sternberger Reversalen von 1572 und der Landesteilung von 1621, deren Wortlaut er nie gesehen hatte und auch nicht wissen wollte, als ungültig beiseite, schrieb eigenmächtig Kontributionen aus, trieb sie gewaltsam ein und suchte beim Kaiser seine Belehnung mit ganz Mecklenburg durchzusetzen. Zwar erreichte er eine solche nur für die beiden Bistümer Schwerin und Ratzeburg, ließ sich aber durch eine Änderung im Wortlaut der alten Lehnbriefe zum alleinigen Erben des Güstrower Landesteils für den Fall, daß er seinen Vetter überlebe, bestimmen.

Alle diese Vorgänge waren um so betrüblicher für Mecklenburg, als gleichzeitig neue Kriegsdrangsale Land und Volk heimsuchten. Im Jahre 1655 begann der ehrgeizige und eroberungslustige Schwedenkönig Karl X. einen Krieg mit Johann Kasimir von Polen, um das noch polnische Westpreußen und, wenn möglich, auch das Herzogtum Kurland zu gewinnen, dessen Neutralität er unbeachtet ließ. Die Beteiligung Brandenburgs im Interesse Ostpreußens, das der Große Kurfürst aus der Polnischen Lehnshoheit zu befreien hoffte, die Teilnahme des siegreichen Dänemark und des deutschen Kaisers gegen Schweden, wobei auch Brandenburg die Wandlung auf die Seite Polens vollzog, und der gemeinsame Kampf der Verbündeten gegen Karl X. machten Mecklenburg wieder für eine Zeitlang zum Tummelpatz der einander bekämpfenden Truppen. Bereits in den Jahren 1654/56 erwuchs dem Lande nach den Feststellungen einer von Christian Ludwig eingesetzten Abschätzungskommission aus den vielen Durchmärschen, den Einquartierungen und Besetzungen, vornehmlich seitens der Schweden, ein Schade von rund 134000 Talern. Zugleich wurde eine Anzahl junger Leute im Lande gewaltsam als Rekruten in die schwedischen Regimenter eingestellt. Weit ärger noch wurde es, als im September 1658 der schon lange befürchtete Einmarsch der gegen Schweden verbündeten Polen, Kaiserlichen und Brandenburger begann. Von Wittstock her, wo sie ihr Hauptquartier hatten, rückten sie trotz des Einspruchs von Christian Ludwig mit etwa 32000 Mann vor. Bald waren sämtliche mecklenburgischen Städte und Ortschaften an der Elde von Plau bis Grabow besetzt. Die schwedischen Posten wurden verjagt. Dann überschritten die einzelnen Regimenter die Elde. Die Vorhut, bestehend aus 8000 (meist Brandenburger) Streitern unter Derfflinger, besetzten Hagenow und Wittenburg, wo der Große Kurfürst zwei Tage sein Hauptquartier nahm. Ihnen folgten bald Kaiserliche unter dem Grafen Montecucculi und Polen unter den Generälen Zarnecki und Opalinski. Große Mengen von Lebensmitteln mußten von den Einwohnern geliefert werden. Einzelne Trupps durchstreiften das Land und überfielen den wehrlosen Bauern und Bürger. Zwei brandenburgische Offiziere erbrachen die Akzisekasse in Ratzeburg, und obgleich der Große Kurfürst durch Entsendung seines Grafen Finkenstein ins polnische Hauptquartier den beliebten Räubereien der Polen vorzubeugen suchte, hausten diese gerade am schlimmsten. Am 28. September wurde Hagenow von ihnen ganz ausgeplündert. Schon vor dem feindlichen Einmarsch waren in vielen Städten die Einwohner durch die Prediger von den Kanzeln aufgefordert worden, ihr Hab und Gut nach Dömitz oder Schwerin zu schaffen und dann selbst unter Mitnahme von möglichst vielem Vieh in die Wälder zu fliehen. Wer dieser Aufforderung nicht rechtzeitig nachgekommen war, fiel, wie es damals in Hagenow geschah, der barbarischen Behandlung der Polen anheim. „Es sei alles", so lautet ein Bericht des Kammerdirektors Valentin vom 29. September, „was von dem brandenburgischen Marsche und den kaiserlichen Völkern noch übrig gelassen, durch die Polen gänzlich konsumiert, Bürger und Bauern verjagt, Ihrer Fürstlichen Gnaden Dörfer geplündert, die Diener nebst Ihrer Fürstlichen Gnaden darauf liegender Salvagardia teils abgesetzt und ausgezogen, teils mit Schlägen traktiert und in summa so gehauset, daß kein Bürger in der Stadt, keine Frau in den Dörfern, kein Vieh und den armen Untertanen keine Hand voll Korn in Scheuern und Häusern belassen worden." Alle Beschwerden des Herzogs Christian bei den fremden Heerführern und seine Bitten um Schonung des Landes in persönlichen Zusammenkünften mit dem Großen Kurfürsten in Parchim, mit Zarnecki und Opalinski in Wittenburg und mit Montecucculi in Hagenow blieben ohne wesentlichen Erfolg. Der ganze Süden Mecklenburgs war wochenlang von den Alliierten besetzt, während im Norden um Bukow herum sich schwedische Truppen von Demmin her sammelten. Den Winter über verließen zwar die Verbündeten Mecklenburg und bezogen Quartiere in Schleswig-Holstein und Jütland, aber schon im nächsten Jahre begann die Not von neuen,. In den Berichten aus den Städten kehrt immer der Klageruf wieder, daß sie „bis auf die Gräten" verzehrt oder „ausgemergelt" seien. Crivitz hatte im Februar 1660 sogar das Unglück, durch die Unvorsichtigkeit eines Soldaten mit mehr als dreiviertel seines Häuserbestandes nebst vielen Menschen und einer Menge Vieh ein Raub der Flammen zu werden. Zur Befestigung Wismars ließen die Schweden in den herzoglichen Waldungen Holz für 3000 Stück Pallisaden fällen und durch die Bauern der umliegenden Dörfer abfahren. Zur Verstärkung der Besatzung wurden Truppen im Lande angeworben. Auch um Warnemünde entspann sich der Kampf zwischen den Schweden und den Kaiserlichen. Als dann im Mai 1660 der Friede von Oliva geschlossen wurde, blieben die verbündeten Truppen noch mehrere Monate im Lande und erst nach Halbjahrsfrist zogen die letzten ab. Eine Anzahl sogleich entlassener kaiserlicher und auch schwedischer Söldner aber trieb sich noch im Lande umher, bis sie als Handwerker, Tagelöhner, Arbeiter u. dergl. Unterkunft fanden und sich schließlich der Bevölkerung eingliederten.

* * *

Indessen hatte sich Christian im Juli 1659 auf Reisen begeben. Selten nur weilte er in den nächsten Jahren im Lande; meistens hielt er sich in Hamburg, Süddeutschland, Holland und besonders in Frankreich auf. Zu seinem Statthalter ernannte er für die Zeit seiner Abwesenheit den dänischen Generalmajor Friedrich von Buchwald aus Holstein, der jedoch bereits ein Jahr später nach schnöder Behandlung seitens des Herzogs froh war, dem Amte und dem Lande, um deren geordnete Verwaltung er sich redlich bemüht hatte, den Rücken kehren zu können. Klagen über Klagen liefen in der Folgezeit seitens der Brüder, der Herzogin-Mutter und auch der Stände, die ihre Union vom Jahre 1523 erneuerten, bei dem Kaiser bezw. dem Reichshofrat oder dem Reichskammergericht ein. Obgleich die Stände auf diese Weise die Bestätigung ihrer Privilegien, die Brüder die Eröffnung und Vollstreckung des Testamentes und die Herzogin-Mutter die Vormundschaft für ihre noch minderjährigen Kinder und die Anerkennung ihrer Schuldforderungen an Christian erlangten, beharrte dieser dennoch auf seinem Standpunkte, berief keine Landtage, verbot die Konvente der Stände und trieb weitere Kontributionen durch seine Reiter ein. Mehrere Jahre vergingen unter diesem Wirrwarr streitender Gegensätze. Neue Prozesse folgten seitens der herzoglichen Brüder wegen der ihnen im Testamente des Vaters zugesprochenen Fürstentümer Schwerin und Ratzeburg. Der Güstrower Herzog Gustav Adolf forderte die Begleichung einer ihm noch aus der Landesteilung von 1621 zustehenden Summe von 200 000 Talern. Jedoch scheiterten auf einem Landtag im März 1663, den Christian unter dem Druck der auf ihn einstürmenden Beschwerden einberufen hatte, alle Verhandlungen wieder an seinem Starrsinn.

Des Herzogs Blicke richteten sich vielmehr ganz nach Frankreich. In König Ludwig XIV. hoffte er seinen besten Helfer in allen Nöten zu finden. Noch aber traute man am Pariser Hofe, wo man durch Christians Gemahlin und Verwandte über seine vielen Injurien unterrichtet war, dem neuen Freunde nicht. Dieser erschien, während er mit seiner ersten Gemahlin noch in Scheidung lag, bereits mit dem Gedanken an eine neue Heirat. Die verwitwete katholische Herzogin Isabella Angelika von Chatillon nahm seine Werbung an. Infolgedessen trat auch er im September 1663 zur katholischen Kirche über. Am 3. Oktober löste der Papst „wegen zu naher Verwandtschaft" die erste Ehe des Herzogs. Ein Freundschaftsbund zwischen dem Herzog und dem König bahnte sich an. Christian sah in Ludwig sein Ideal und nannte sich fortab nach ihm mit Vorliebe Louis. Im Dezember schlossen beide Monarchen ein Schutz- und Trutzbündnis, von dem König Ludwig Frankreichs wachsenden Einfluß in der Ostsee und deren Küstenländern erwartete. Auch den Güstrower Herzog Gustav Adolf hoffte er zum Beitritt zu bewegen. Deswegen war ihm die ohne Christinens Zustimmung vollzogene Ehescheidung zwischen ihr und dem Herzog nicht nach Wunsch. Durch Verhandlungen mit ihrem Bruder Gustav Adolf suchte er den nach seiner Meinung gemachten Fehlgriff, der seine Pläne auf die Ostseeländer leicht zum Scheitern bringen konnte, auszugleichen und Christinens Zustimmung noch vor einer neuen Heirat des Herzogs zu gewinnen. Aber Christian, überzeugt von der Unmöglichkeit dessen, was der König beabsichtigte, kam ihm zuvor und ließ sich Anfang März 1664 mit Isabella heimlich trauen. König Ludwig, zuerst ein wenig ungehalten über eine solche Handlungsweise, mußte schließlich gute Miene zum bösen Spiel machen, doch verlangte er, als Christine im August 1666 starb, eine neue, öffentliche Trauung des Herzogs mit Isabella. Sie fand im November statt, und nun erst erklärte Ludwig die Ehe seinerseits als rechtsgültig.

Schon die ganze Art, wie Verlöbnis und Heirat als ein rein politisches Machwerk zustande gekommen waren, ließ für die neue Ehe wenig Gutes erhoffen. An Unstimmigkeiten zwischen den Ehegatten hat es denn auch von vornherein nicht gefehlt. Besonders die von Isabella verweigerte, von Christian aber geforderte Gütergemeinschaft hat die Kluft, die vom ersten Tage an zwischen beiden bestand, von Jahr zu Jahr vergrößert. Isabella war nicht zu bewegen, sich von dem glänzenden Pariser Hofleben zu trennen, und erst sechs Jahre nach der zweiten Trauung gelang es Christian, der unterdes schon mehrmals wieder ein unstetes Reiseleben geführt hatte, seine neue Gemahlin nach Schwerin zu führen, wo beide am 10. April 1671 ihren feierlichen Einzug hielten. Schon nach kurzem aber verließ Christian wieder Schwerin, um zunächst auf Frankreichs Seite am Kampf Ludwigs XIV. gegen die Niederlande teilzunehmew (s. u.). Im Juli war er bereits wieder in Paris. Die Regierung in Schwerin führte Isabella. Zwar verstand sie kein Deutsch und der herzogliche Kanzler Wedemann kein Französisch. Der erst dreiundzwanzigjährige Kammerjunker von Bernstorff aus Ratzeburg wurde zum vermittelnden Dolmetscher bestimmt. Isabella führte ihr Amt in vielen Dingen nicht ohne Geschick, auch wenn man an manchen Einrichtungen, so z. B. an der Begründung einer katholischen Schloßgemeinde, in die auch einige herzogliche Räte übertraten, unter Einführung des katholischen Gottesdienstes in der Schloßkirche, Anstoß nehmen mochte. Der schlimmste Störenfried aber wurde der Herzog selbst. An fast all ihren Bestimmungen und Entscheidungen hatte er etwas auszusetzen. Bald verdächtigte er sie sogar auch ehelicher Untreue, verbot ihr daher alles Reisen und ließ sie wie eine Gefangene im Schloß bewachen. So glaubte er sie zur Einwilligung in die Gütergemeinschaft gefügig zu machen. Sie aber, darüber erzürnt, berichtete alles an den Pariser Hof, wußte des Herzogs geplante Heimreise von Paris durch seine vom König veranlaßte Verhaftung zu verhindern und erschien im Juni 1673 selbst in Paris, nachdem sie noch viele Kisten Silbergeschirr und die Briefschaften des Herzogs nebst anderen Sachen hatte mitgehen heißen, zum Teil auch unterwegs bei einem Kaufmann in Hamburg in Sicherheit gebracht hatte. Bald kam es zu einem völligen Bruch zwischen den Ehegatten, dem ein langer Prozeß vor dem Reichskammergericht folgte, bis dann 1685 die Versöhnung stattfand. Nach Schwerin ist Isabella nie wieder gekommen. Die von ihr dort geschaffene katholische Gemeinde behielt nur wenige Mitglieder, die ihren Gottesdienst in einem Privathause fortsetzten.

Für Mecklenburg zeitigten die sechziger und siebziger Jahre, in denen Herzog Christians Verbindung mit Frankreich ihren Höhepunkt erreichte, viele Unruhen im Innern und von außen her. Zwar brachte das französische Bündnis durch die vom Pariser Hof überall, selbst in

Wien zugunsten Christians eingeleiteten Verhandlungen dem Herzog in all den gegen ihn beim Kaiser eingebrachten Beschwerden mancherlei Erleichterungen. Wenn sich auch die wirren, oft geradezu skandalösen Familienhändel noch längere Zeit fortsetzten, so kam es doch zwischen ihm und seinen Geschwistern schließlich unter beiderseitigem Nachgeben zu einer leidlichen Einigung. Sein Versuch allerdings, durch Beseitigung der Kommunion mit Güstrow sich der Bezahlung der Gustav Adolf noch geschuldeten Geldsumme zu entziehen, scheiterte an dessen Verbindung mit Schweden.

Wichtiger als solche Einzelheiten war das Verhältnis zwischen Regierung und Ständen, da von ihnen die politische, vornehmlich die innere Entwicklung des Landes abhing. Im Dezember des Jahres 1666 war es nach wiederum mehr als dreijähriger Unterbrechung zu einem allgemeinen Vertrag gekommen. Beide Herzöge hatten sich besonders seit Christinens Tod einander wieder genähert und auch, vornehmlich im Hinblick auf den Starrsinn der Stände, versprochen, mehr gemeinsam und einträchtig als bisher zu handeln. Das hatte freilich Christian nicht veranlaßt, seinen Aufenthalt möglichst dauernd in Mecklenburg zu nehmen. Verschiedentlich besah er sich von Paris aus auf größeren Reisen die Welt und erschien in Wien, in Venedig, wo er den Karneval mitmachte, und in Rom. Die Stände verharrten indes bei ihrer stets ablehnenden Haltung gegenüber den Forderungen der Herzöge hinsichtlich Einführung eines beständigen Kontributionsmodus und der Bestreitung der Garnison- und Landesverteidigungskosten. So hatten sie es 1666 gemacht und wiederholten ihren Standpunkt auch auf zwei weiteren Landtagen in den Jahren 1670/71. Selbst eine Verbindung der Herzöge mit den Kurfürsten von Brandenburg, Bayern, der Pfalz und Köln konnte sie nicht schrecken und umstimmen. Vielmehr lehnten sie auch die Bezahlung des auf Mecklenburg entfallenden Anteils der für Holland bewilligten Reichskriegshilfe und anderer früherer Kriegshilfen ab. Da schrieben die Herzöge selbst im Februar 1672 die Steuer aus und ließen sie gewaltsam einziehen. Der Einspruch der Stände beim Kaiser half ihnen diesmal nichts, vielmehr erging im März 1673 von Wien her der Befehl, die Reichs- und Kreissteuer sogleich zu bewilligen, was dann auch auf einem Landtag zu Sternberg im September 1676 geschah.

Seit 1674 drohte Mecklenburg eine neue Gefahr von außen her durch den brandenburgisch-schwedischen Krieg. Schon im Herbst begannen die Truppendurchzüge der Schweden. Im November bereits zogen 6000 Mann von Schwedisch-Bremen her über Hagenow und Neustadt quer durch Mecklenburg nach Neubrandenburg, wo sie sich mit der Hauptmacht der Schweden vereinigten, und fielen Ende des Jahres in die Mark und Hinterpommern ein. Langsam nur und oft ungeordnet hatten sie den Marsch vollendet, dabei die Bevölkerung belästigt. Beide Herzöge bereiteten einen Antrag auf Schadenersatz bei der Reichsversammlung vor; Christian, in steter, durch seine Reisen gesteigerter Geldnot, hoffte noch für sich dabei einen Vorteil herausschlagen zu können. Aber die Verhältnisse gestalteten sich bald anders. Am 28. Juni 1675 unterlagen die Schweden dem Großen Kurfürsten, der eilends vom Rheine herangekommen war, in der für die Brandenburger glänzenden Schlacht bei Fehrbellin. Er folgte den fliehenden Feinden über Neustadt und Schwaan bis nach Warnemünde, wo er die von den Schweden geräumte Schanze besetzte. Bald rückten auch mit Brandenburg verbündete dänische und kaiserliche Truppen ins Land. Mochten ihre Führer auch noch so sehr auf Ordnung und Zucht drängen, es nützte wenig. Den fremden, wenngleich nicht kriegsfeindlichen Soldaten erschienen die Mecklenburger als „französische Hunde“, eine Folge der unseligen Bundespolitik Christians mit Ludwig XIV. Der dänische König Christian säuberte fast den ganzen Norden des Landes von den Schweden, die Kaiserlichen hielten sich mehr im Süden und Osten auf; Dänen und Brandenburger zwangen im Dezember das schwedische Wismar nach voraufgehender starker Kanonade zur Kapitulation. Die vielen Einquartierungen, die Requisitionen, die Hin- und Hermärsche und die Werbungen lasteten wieder jahrelang schwer auf dem Lande. So hatte z. B. Rostock an einem Tage im Juli an die Brandenburger 4000 Pfund Brot und 46 Tonnen Bier nach Neustadt liefern müssen. Ähnlich erging es auch den meisten andern Städten; einige von ihnen erhielten dauernde Besatzungen. Im Schweriner Herzogtum mit den beiden Fürstentümern betrugen die Kriegsschäden im Jahre 1675 bereits 1 1/2 Millionen Taler.

Herzog Christian war während dieser Jahre überhaupt nicht im Lande anwesend. Er steckte in Paris bereits tief in Schulden, so daß man, wie er schrieb, „schon anfängt, auf meine Person gute Acht zu haben, damit ich mich nicht über kurz oder lang davon mache.“ Oftmals schon hatte er Geld aus der Heimat von seinem Kanzler Wedemann erbeten, war aber von ihm stets abschläglich beschieden worden mit der Begründung, daß es unmöglich sei, Geld zu beschaffen, denn die herzogliche Renterei könnte schon ihre eigenen Gläubiger nicht mehr befriedigen. Anderseits hatten bisher auch alle Mahnungen aus Mecklenburg an den Herzog, heimzukehren, nichts gefruchtet. Da starb im Juli 1675 sein Bruder Johann Georg, nachdem ihm schon zwei seiner Brüder, Karl und Gustav Rudolf, im Tode vorangegangen waren. Sogleich erbat Friedrich, der noch lebende älteste Bruder, vom Kaiser die Verwaltung des von Christian vernachlässigten Schweriner Landes, außerdem ein jährliches Gehalt. Das veranlaßte den Kaiser, nun endlich dem Herzog seinen Aufenthalt „bei Unserm und des Reiches offenem Feind“ vorzuwerfen und ihm strengstens zu befehlen, „alsobald aus Frankreich sich hinweg und nach Ihren Landen zu begeben, damit nicht Not sei, wegen längerer Abwesenheit daselbst einen administratorem zu setzen“. Das half. Im Mai 1676 verließ der Herzog Frankreich und begab sich zunächst an den englischen Hof, alsdann nach Hamburg, wo er Mitte September anlangte. Nach Mecklenburg kam er jedoch nicht; erst einige Jahre später weilte er einmal (Mitte Februar 1680) ganze drei Tage zum Besuche in Schwerin. Dann kehrte er bald darauf wieder nach Frankreich zurück.

Indes war sein Bruder Friedrich, da der Kaiser seine Wünsche nicht erfüllte, auf eigene Hand vorgegangen. Mit Hilfe der noch im Lande weilenden Dänen setzte er sich in den Besitz von Bützow und Warin. Christian drohte ihm aus London mit harten Strafen; umsonst. Dann schloß er ein Bündnis gegen Dänen und Brandenburger mit den lüneburgischen Herzögen Georg Wilhelm von Celle und Anton Ulrich von Wolfenbüttel. Bald kam es in Mecklenburg zu Zusammenstößen zwischen den Gegnern. Dabei traf besonders Bützow ein hartes Mißgeschick. Friedrich hatte die Stadt nicht halten können, ebenso auch die Dänen nicht, die sie schließlich den Brandenburgern überließen. Als auch diese im Juli 1677 abzogen, wurde die Stadt auf Christians Befehl strenge bestraft, der Bürgermeister hingerichtet, Kommandant und Ratsherren abgesetzt und mit Geldbußen belegt, die Bürgerschaft zur Abbitte gezwungen.

Zwei Jahre noch litt Mecklenburg unter einem wüsten, kriegerischen Durcheinander. Ein neuer Einfall der Schweden von Pommern her, verstärkte Durchzüge der Brandenburger, selbst eigensüchtige Pläne der ursprünglich nur gegen die Schweden kämpfenden Alliierten erhöhten den Wirrwarr. Freilich kam 1679 der Friede zustande. Allmählich verließen alle Truppen das Land. Aber wie der Große Kurfürst, so sah sich auch Christian in seinen Hoffnungen auf Gewinn betrogen. Obgleich Wismar bis zuletzt von den Dänen besetzt gehalten worden war, gelangte es gleich Vorpommern nebst dem Warnemünder Zoll doch wieder in die Macht Schwedens. Dreißig Jahre erst waren seit dem Ende des großen, alles verheerenden Krieges verflossen, und schon wieder hatte Mecklenburg zweimal, in den fünfziger und siebziger Jahren, im Schwedisch-polnischen und Schwedisch-brandenburgischen Krieg, jahrelange böse Zeiten erlebt, die dem Lande zu den alten, noch ungeheilten, neue, manchmal nicht minder tiefe Wunden wirtschaftlicher und finanzieller Art schlugen.

Noch aber waren nicht vier weitere Jahre vergangen, da standen dieselben fremden Heere schon wieder in Mecklenburg. Aber nicht den Schweden, sondern Mecklenburg selbst galt diesmal die ganze Aktion. Im März 1684 erschien plötzlich König Christian mit einem Heere im Ratzeburgischen und verlangte 460000 Mark zum Dank dafür, daß er während des Schwedisch-brandenburgischen Krieges dieses Land, das ihm von dem Kaiser für Winterquartiere angewiesen war, nicht zu dem Zwecke ausgenutzt habe. Herzog Christian, der wieder einmal in Paris weilte, mußte dem Dänenkönig auf dessen Forderung und Ludwigs XIV. Wunsch durch Überlassung von Dömitz Sicherheit für die Zahlung der verlangten Summe leisten. Als der Herzog aber im geheimen wieder seine alten Lüneburger Bundesgenossen aufbrachte und diese den Dänen in der Besetzung von Dömitz zuvorkamen, ließ Ludwig XIV. ihn im Juni in Paris verhaften und in Vincennes gefangen setzen. Da schritt der Kurfürst Friedrich Wilhelm vermittelnd ein: auch er kam wieder mit Heeresmacht nach Mecklenburg. König Christian ließ sich mit 100000 Talern abfinden. Dann zogen die dänischen und brandenburgischen Truppen ab.

Zugleich war der Streit zwischen den Herzögen und den Ständen auf einen Punkt höchster Spannung gelangt. Eine durch den Kaiser eingesetzte Kommission unter dem Herzog von Braunschweig-Wolfenbüttel sollte Abhilfe bringen und den Ständen ihr Recht verschaffen. Sie hatte bereits gegen die Herzöge die Exekution durch Lüneburger Truppen beschlossen. Da rief Gustav Adolf von Güstrow wieder den Kurfürsten Friedrich Wilhelm um Hilfe an, und einige brandenburgische Regimenter legten sich bei dem widerspenstigen Adel, besonders dem Landrat von Maltzan auf Grubenhagen, einem Führer der Kommission, ins Quartier. Die Kommission löste sich, nachdem auch sie dem Lande nicht geringe Kosten verursacht hatte, auf, und überließ die streitenden Parteien sich selbst mit dem Wunsche und der Mahnung zum Vergleich. Doch verharrten die Stände bei ihren Ansprüchen, und der Streit mit den Herzögen blieb ungeschlichtet. Die Klagen und Prozesse in Wien nahmen kein Ende. Aber hier, wo man, der Bestechung zugänglich, aus den vielen Prozessen allmählich schon einen guten Verdienst gezogen hatte, verspürte man schließlich überhaupt keine Neigung mehr, entsprechend einzugreifen und dem ganzen Gezänk ein Ende zu machen.

* * *

Bald kamen zu den landesherrlich-ständischen auch noch rein persönlich-dynastische Kämpfe.

Im Jahre 1692 starb ohne direkte männliche Erben der Schweriner Herzog Christian (Louis), fern von der Heimat, die er nicht hatte wiedersehen wollen, im Haag in Holland, wohin er sich 1688 bei Ausbruch des Krieges zwischen Ludwig XIV. und dem Deutschen Reich begeben hatte. „Es war eine wunderliche Sache mit diesem Herrn“, schreibt die Prinzessin von Orleans in einem Briefe vom 28. August 1720 an die Raugräfin Luise, „er war wohl erzogen, konnte über die Maßen wohl sprechen; man konnte ihm kein Unrecht geben, wenn man ihn hörte, aber alles, was er tat, war arger als ein Kind von sechs Jahren tun könnte.“ David Franck (Altes und neues Mecklenburg) sagt treffend von ihm: „er liebte anders keine Beständigkeit als beständig unbeständig zu sein“. Ein wenig mildernd und versöhnend mag für das sonst allgemein ungünstige Urteil über ihn als Landesfürsten wirken, daß seine nur kleine Hofhaltung und die geringen Ansprüche, die er bei seinem Aufenthalt außer Landes für sich persönlich an die Geldquellen seines eigenen Landes stellte, die Hinterlassung eines für damalige Zeiten nicht unbeträchtlichen Staatsschatzes – man spricht von 700000 Talern – ermöglichten.

Da ein verfassungsmäßiges Recht der Linealprimogenitur in Mecklenburg noch nicht bestand, sondern nur das Verbot weiterer Teilungen, so konnte die Frage der Erbfolge eine strittige werden zwischen seinem noch lebenden jüngsten Bruder Adolf Friedrich und seinem Neffen Friedrich Wilhelm, dem ältesten Sohn des bereits verstorbenen Herzogs Friedrich 1). Christian (Louis) selbst hatte, dem Modus der Linealprimogenitur folgend, seinen Neffen zu seinem Nachfolger bestimmt, und am 23. Juni hatten die Stände, ohne zu wissen, daß ihr Herzog schon vor zwei Tagen gestorben war, dem Neffen als Thronfolger gehuldigt. Er übernahm demgemäß auch sogleich nach der Kunde von dem Tode des Oheims die Regierung.

Niemand erhob offenen Widerspruch, auch Adolf Friedrich nicht, doch beanspruchte dieser, gestützt auf das alte väterliche Testament, durch das schon damals die beiden Fürstentümer (früheren Bistümer) Schwerin und Ratzeburg vom Herzogtum Schwerin abgetrennt und den Brüdern vorbehalten bleiben sollten, nunmehr mindestens eins der beiden Länder. Sein Schwiegervater, Herzog Gustav Adolf von Güstrow, mit dessen Tochter Maria er sich 1684 vermählt hatte, bestärkte ihn in seiner Forderung, die dem Schwiegersohn zugleich mit dem Besitz des gewünschten Landes auch die Stellung eines selbständigen Reichsfürsten einbringen sollte. Drei Güstrower Ämter, Strelitz, Wanzka und Feldberg, hatte er bereits früher mit allen Hoheitsrechten und der Residenz in Strelitz als Heiratsgut erhalten.

Aber sein Neffe, der junge Friedrich Wilhelm von Schwerin, vereitelte seinen Plan. Im August 1693 erfolgte seitens des Kaisers trotz der von Adolf Friedrich an ihn gerichteten gegenteiligen Bitte doch die Belehnung des Schweriner Herzogs mit dem gleichnamigen Herzogtum und den beiden Fürstentümern. Eine kaiserliche Kommission wußte nach weiteren unerquicklichen Verhandlungen Adolf Friedrich ein Jahr später zu bewegen, sich mit dem Amte Mirow und einer Jahresrente

---

1) Vgl. Stammtafel der meckl. Fürstenhauses am Schluß.

von 3300 Talern zu begnügen. Er tat es in der sicheren Erwartung auf vollwertige Entschädigung durch seinen Schwiegervater.

Auch im Güstrower Lande war es an der Zeit, die Thronfolgerfrage zu erörtern. Gustav Adolf war ohne männliche Erben. Mit seinem 1687 verstorbenen Sohn Karl war der einzige Stammhalter der gesamten Linie ins Grab gesunken. In der ganz natürlichen Sorge um die Zukunft seines Landes war daher Gustav Adolf schon mit seinem Vetter Christian (Louis) in Verhandlungen getreten, die aber zu keinem Ergebnis geführt hatten. Auch sein Wunsch, den jungen Friedrich Wilhelm als Schwiegersohn zu gewinnen, um ihn dann zum künftigen Herrscher der beiden wiedervereinigten mecklenburgischen Länder zu machen, war an dessen Abneigung gegen die Ehe überhaupt gescheitert. Was war wohl natürlicher, als daß er sich nunmehr für seinen Schwiegersohn Adolf Friedrich verwandte? Wie aber sollte er dessen Erbrecht durchsetzen? Widersprach es doch dem in deutschen Landen bestehenden Verbot weiblicher Erbfolge. Nur einer konnte helfen, der Kaiser, und so schrieb er denn noch zwei Tage vor seinem Tode, dessen baldigen Eintritt er selbst schon fühlte, an den Kaiser und bat ihn, seinen Schwiegersohn zum Erben des Güstrower Herzogtums einzusetzen. Die Antwort aus Wien lautete unbestimmt. Wieder sollte die kaiserliche Kommission vermitteln.

Gustav Adolf hat die Entscheidung nicht mehr erlebt. Bereits am 27. Oktober 1695 segnete er das Zeitliche. Ein eigenartiger Mann schied mit ihm aus dem Leben. Obgleich einer der Gelehrtesten seiner Zeit, war er doch nicht frei von Aberglauben und Hexenwahn; theologisch gebildet, konnte er dennoch den Verlockungen sinnlicher Freuden nicht widerstehen, bis er dann nach allzugroßem Lebensgenuß, der ihn vorzeitig altern ließ, der Erkenntnis eigener Schuld in reumütigen Bußliedern geistlicher Art Ausdruck verlieh. Wohl hatte er ein warmes Herz für die Sorgen und Leiden seines Volkes und wirkte gestaltend auf die weitere Entwicklung des Landeskirchentums durch Errichtung von Präposituren (Probsteien), aber dem Kampf gegen die Macht der Landstände war er nicht gewachsen, und der Stand der Finanzen blieb ungünstig; er hinterließ eine Schuldenlast von einer halben Million Talern.

Noch während seine Leiche über der Erde stand, bot seine Residenz ein buntes Bild. Herzoglich-schwerinsche Kommissare waren auf eine etwas verfrühte Todesnachricht hin angekommen und schlugen das Wappen ihres Herrn, des Herzogs Friedrich Wilhelm, zum Zeichen von dessen Besitzergreifung im Lande öffentlich an. Ein gleiches ließ Adolf Friedrich, der gerade in Güstrow anwesend war, für sich mit seinem eigenen Wappen tun. Zugleich rückten auf Grund eines noch von Gustav Adolf getroffenen Abkommens schwedische Truppen zum Schutze der Herzogin-Witwe und deren Kinder ins Land. Oberst von Klinkowström nahm Besitz vom Güstrower Schloß, und von Wien her traf der kaiserliche Gesandte, Graf Eck, ein, um eine vorläufige kaiserliche Regierung einzurichten bis zur endgültigen Regelung aller noch schwebenden Fragen.

Sechs Jahre dauerte der Erbfolgestreit unter dem stetig wachsenden Hader der Parteien. Niedersächsische Kreistruppen, vornehmlich aus Brandenburg und Celle, besetzten das Land. Das Kreisdirektorium bestritt dem Kaiser das Recht der von ihm allein gehandhabten Interimsregierung. Im Januar 1697 führte auf Grund eines kaiserlichen Schiedsspruchs Graf Eck den Schweriner Herzog als den neuen, rechtmäßigen Landesherrn nach Güstrow. Der Gegensatz zwischen den Kreisdirektoren, die für den verdrängten Adolf Friedrich Einspruch erhoben, und dem Kaiser wuchs. Die Kreistruppen verblieben gegen den Befehl des Kaisers im Lande, und schon im März mußte Friedrich Wilhelm wieder weichen. Dann trat ein kaiserliches Schiedsgericht, bestehend aus dem König von Dänemark, dem Herzog von Braunschweig, dem Bischof von Lübeck und dem Grafen Eck, in Hamburg zusammen. Den Kaiser, der schon mit den Vorbereitungen für den drohenden spanischen Erbfolgekrieg vollauf beschäftigt war, hatte die ganze Sache in große Verlegenheit versetzt. Das Schiedsgericht konnte sich nicht einigen. Nach allgemein deutschem Recht mochte wohl der Schweriner Herzog der allein erbberechtigte sein, aber stärker als das Recht erwies sich die Gefahr des Krieges. Schließlich gab Adolf Friedrich nach und erklärte sich zu einem Vergleich bereit, 8. März 1701. Dieser besagt in seinen Hauptpunkten folgendes:

Auf Grund der Erstgeburtserbfolge, die nunmehr ausdrücklich für ganz Mecklenburg für ewige Zeiten festgelegt wird, wird der Schweriner Herzog Friedrich Wilhelm als alleiniger und rechtmäßiger Nachfolger des verstorbenen Herzogs Gustav Adolf und als Erbe von dessen gesamtem Güstrower Landesteile anerkannt. – Herzog Adolf Friedrich erhält für seinen Verzicht auf den von ihm erhobenen Erbfolgeanspruch eine jährliche Kammerintrade (Einkünfte) von 40 000 Talern, die der Herzog Friedrich Wilhelm ihm durch erbliche Überlassung des Fürstentums Ratzeburg und der Herrschaft Stargard mit allen Hoheitsrechten nebst einer jährlichen Hebung von 9000 Talern aus dem Boizenburger Elbzoll zuerteilt. – Beim Aussterben der jüngeren Strelitzer Linie wird die ältere Schweriner und umgekehrt beim Erlöschen dieser die Strelitzer nach dem Recht der Erstgeburtserbfolge alleinige Besitzerin des ganzen, dann nicht mehr teilbaren Landes. – Die Union der Stände, der Landkasten, die Landtage, die Hof- und Landgerichte u. a. mehr bleiben auch fernerhin gemeinsam.

So war durch den Hamburger Vergleich ein neues Herzogtum geschaffen, Mecklenburg-Strelitz, aber letzthin gegen alle bestehenden Gesetze nur zwecks Vermeidung kriegerischer Verwicklungen. Beide Herzöge sahen sich unter Zurücksetzung der eigentlichen Rechtsbestimmungen von ihren beiderseitigen Parteigängern mit Rücksicht auf die gleichzeitig schwebenden größeren Politischen Tagesfragen zum Nachgeben gedrängt. So konnte schließlich auch Adolf Friedrich, der sogar auf das kleine Strelitz keinen rechtlichen Anspruch hatte, mit seinem Erfolg zufrieden sein. Hätte er einen Augenblick länger mit seiner Zustimmung zum Vergleich gewartet, so möchte er vielleicht noch ein größeres Glück erlebt haben. Denn nur zwei Stunden nach rechtskräftiger Unterzeichnung des Hamburger Vergleichs durch beide Parteien soll vom Kaiser aus Wien ein Eilbote eingetroffen sein mit dem Auftrag, Adolf Friedrich den ganzen Landesteil zuzuweisen. Aber es war zu spät, und das war gut; denn sonst würden sich nur neue Verwicklungen ergeben haben, da sich der Schweriner Herzog mit einer solchen Entscheidung sicherlich nicht zufrieden gegeben hätte. Hat er doch auch ohnehin Adolf Friedrich nie als einen ihm gleichberechtigten deutschen Fürsten anerkannt, sondern in ihm stets einen vom Schweriner Lande apanagierten Prinzen gesehen, ebenso und noch mehr sein Nachfolger Karl Leopold. Die Bestimmungen des Hamburger Vergleichs, der dem neuen Strelitzer Herzogtum noch nicht die Stellung eines Reichsfürstentums verlieh, mochten Friedrich Wilhelm und Karl Leopold nicht ganz unrecht geben. Hatte z. B. doch auch der jeweilige Schweriner Herzog nach dem Vergleich das alleinige Recht der Landtagsberufung für ganz Mecklenburg nach vorheriger rechtzeitiger Mitteilung seines Willens an den Strelitzer Herzog, und wurde doch auch stets im Namen des Schweriner Herzogs an den Hof- und Landgerichten das Urteil gesprochen, nur wenn es sich um Strelitzer Sachen handelte, der Name des dortigen Herzogs noch beigefügt. Erst Christian Ludwig II. erkannte im Jahre 1748 den Strelitzer Herzog als gleichberechtigt an. Reichsfürstentum wurde Mecklen-burg-Strelitz erst 1806.

* * *

Durch den Hamburger Vergleich hatte der Herzog Friedrich Wilhelm den im Jahre 1692 von seinem Oheim ererbten Schweriner Landesteil fast um die Hälfte des bisherigen Umfanges vergrößert. Ein launischer, sinnlich veranlagter und an den zersetzenden Folgen eines zügellosen Lebensgenusses krankender Fürst, war er mit diesem Gewinn noch nicht zufrieden, sondern machte alle Anstrengungen, den Strelitzer Herzog Adolf Friedrich II. seiner Oberhoheit zu unterstellen. Auch die ihm durch den Hamburger Vergleich auferlegte Verpflichtung, seinem Oheim das Strelitzer Land schuldenfrei zu übergeben, suchte er dadurch einzuschränken, daß er auf Grund der Bestimmungen des Nebenvertrages zum Erbvertrag vom 3. März 1621, nach dem ein Fürst nur mit 600000 Gulden für die Schulden des anderen aufzukommen habe, diese Summe für die Gläubiger seines neuen wendischen und des Stargarder Kreises zahlte, alle anderen Forderungen aber unberücksichtigt ließ. Mit ihm gleichen Sinnes war sein jüngerer Bruder und einstiger Nachfolger Karl Leopold, der sich schon früher als erbberechtigt vor Adolf Friedrich II. angesehen hatte und beim Reichshofrat in Wien in einem jahrelangen Prozeß den Hamburger Vergleich anfocht, allerdings nur mit dem Ergebnis, daß er in seiner Eigenschaft als künftiger Thronerbe von Schwerin eine jährliche Apanage von 15 000 Talern erhielt. Friedrich Wilhelm selbst scheute sich nicht, gewisse Gewaltmittel anzuwenden, und ließ, als im Jahre 1702 auf dem Landtage zu Malchin die Strelitzer Bevollmächtigten gegen seine Forderung, daß ihm allein das Recht der Einberufung von Landtagen und der Herausgabe von Propositionen zustehe, Protest einlegten, diese ohne weiteres verhaften. Infolgedessen berief Adolf Friedrich bereits im November einen eigenen Landtag für das Strelitzer Herzogtum nach Neubrandenburg. Da er und nach seinem Tode sein Sohn und Nachfolger Adolf Friedrich III. auch weiterhin die vom Schweriner Herzog immer wiederholten Forderungen abwiesen, so fanden fast 20 Jahre lang, bis 1721, getrennte Landtage statt. Verschärft wurde diese Aufhebung der alten Union der Landstände noch durch die Errichtung eines eigenen Landkastens für Strelitz, ebenfalls in Neubrandenburg.

Auch sonst bestand zwischen den beiden Herzögen ein großer Gegensatz. Adolf Friedrich, bereits 42 Jahre alt, als er die Regierung übernahm, war seinem Lande als Schwiegersohn des letzten Güstrower Herzogs und Inhaber der drei Ämter Strelitz, Wanzka und Feldberg kein Fremder mehr. Das neue Herzogtum hatte in seinem ersten Fürsten einen guten und umsichtigen Landesherrn erhalten. Aus zahlreichen Briefen, wie sie uns noch heute von ihm vorliegen, spricht seine Liebe zur Arbeit, zur Natur und zu jeder wirtschaftlichen Betätigung. Ein frischer Geist und neues Leben wurde durch ihn in dem jungen Herzogtum wachgerufen. Sein stets heiterer Sinn, sein Helles, leuchtendes Auge, seine hohe Stirn ließen in ihm einen energischen, zielbewußten und doch freundlichen Mann erkennen. Wie schon früher in den genannten Ämtern, so förderte er nunmehr im ganzen Lande den Tabak- und Hopfenbau, durch den er besonders die sandreichen Teile seines Landes für Bodenkultur ausnutzen wollte, außerdem das Wollweber- und Tuchmachergewerbe, das in Neubrandenburg und Wesenberg eine besondere Heimstätte fand, sowie die Glasfabrikation. Letztere war bei ihm gleichsam das praktische Resultat seiner jahrelang unter dem Einfluß des Güstrower Goldmachers Livonius betriebenen alchimistischen Studien. Um Geld zu gewinnen, hatte er sich der hermetischen Kunst, die aus unedlen Metallen Gold und Silber machen zu können meinte, einst zugewandt. Brauchte er doch, da er, wie viele deutsche Fürsten in der Zeit des französischen Königs Ludwigs XIV., ein Freund einer prächtigen Hofhaltung und reichbesetzter Tafel war, auch viel Geld. Schließlich aber durch seinen mehr praktisch gerichteten Hamburger Geschäftsträger und Vertrauensmann, namens Krey, und durch das Buch eines gelehrten Mannes, des früheren Apothekers und Goldmachers, späteren Wittenberger Professors der Chemie, namens Knebel von der Unzulänglichkeit dieser dunklen Kunst überzeugt, wandte er sich der gewerblich-wirtschaftlichen Arbeit zu. Sie füllte auch tatsächlich besser die herzoglichen Kassen und ersetzten, was die im Sinken begriffene Landwirtschaft nicht mehr einbrachte. In vielen Fässern und Körben aus Flechtruten gingen große Ladungen von Tabak, der meist auf den Kirchenböden getrocknet worden war, zu Wasser nach Rostock, Lübeck und besonders nach Hamburg, ebenso Wolle und Tuche, die durch eine im Lande sachgemäß betriebene Schafzucht gewonnen und in den vom Herzog angelegten Färbereien zu Feldberg und Mirow in den verschiedensten Farben bearbeitet wurden. Sie fanden vornehmlich in Kopenhagen während des Krieges zwischen Dänemark und Schweden viel Absatz und wurden den pommerschen Erzeugnissen vorgezogen und weit höher als diese bewertet. Auch mit Pottasche und Pulver, die ebenfalls praktische Ergebnisse seiner einstigen alchimistischen und chemischen Studien waren, schließlich auch mit Getreide, Holz und Glas erzielte der Herzog auf den ausländischen Märkten günstige Preise, die zu immer regerer gewerblicher und wirtschaftlicher Betätigung in Stadt und Land unter den Erzeugern anregten.

Ein solcher großkaufmännischer Schaffenstrieb lag dem Schweriner Herzog Friedrich Wilhelm fern. Ihm verstrich die meiste Zeit seines Lebens mit widerlichem Gezänk zwischen Regierung und Ständen, vornehmlich der Ritterschaft. Einen Hauptstreitpunkt bildeten die sog. Kammerzieler (Beiträge zum Reichskammergericht) sowie die Garnisons- und Fortisikationskosten. Sie waren vermittelst eines kaiserlichen Kommissars durch einen Vertrag zwischen dem Herzog und der Ritterschaft vom Juli 1701 dahin geregelt worden, daß dem Herzog eine jährliche Kontribution von 120 000 Talern zugesagt wurde, die von der Ritterschaft, den Städten und dem Domanium zu gleichen Teilen aufgebracht werden sollte. Als der Herzog jedoch mit bezug auf eine von Kaiser Leopold getroffene Entscheidung die Hebung der gesamten Summe für sich allein in Anspruch nahm, da erhob ein Teil der Ritterschaft sofort Einspruch. Da eine Klage in Wien erfolglos war – Kaiser Leopold begünstigte fast alle Steuer- und Geldforderungen des Herzogs –, so nahm der Streit im Lande selbst seinen Fortgang. Durch Verleihung von Privilegien und Gewährung wirtschaftlicher Vorteile suchte der Herzog die Städte für sich zu gewinnen. Die „ungehorsamen" Ritter, 88 an der Zahl, die sich selbst als „Patrioten" bezeichneten, lud er nicht zu den Landtagen und beschuldigte sie in Wien der Verletzung der Lehnspflicht. Erst als Kaiser Leopold starb (1705), trat durch seinen Nachfolger Joseph I. eine Wendung ein. Es war schon ein für den Herzog ungünstiges Zeichen, daß Joseph den von Friedrich Wilhelm auf Grund eines von Kaiser Maximilian dem Herzog Heinrich 1502 zuerkannten Rechtes erhobenen Anspruch auf die Grafschaft Leuchtenberg in der Oberpfalz nicht beachtete, sondern dies Land infolge Ächtung seines im spanischen Erbfolgekriege zu Frankreich haltenden Herrn, des Kurfürsten von Bayern, 1706 als erledigtes Reichslehen einzog und schließlich 1709 dem von ihm in den Fürstenstand erhobenen Leopold Matthias von Lamberg zuerteilte. Drei Jahre später nahm nach Matthias' Tode der Kurfürst das Land wieder in Besitz. Unter solchen Umständen suchte der Herzog, zumal da auch die von der Ritterschaft wieder aufgenommenen alten und ihre neuen Anklagen gegen ihn in Wien nunmehr ein offenes Ohr fanden, andere Bundesgenossen und erhielt einen solchen bereits 1708 in dem König Friedrich I. von Preußen. Unter Erneuerung des Wittstocker Vertrages (1442), der dem Kurfürsten von Brandenburg das Erbfolgerecht in Mecklenburg zusicherte (S. 174), schlossen König und Herzog am 31. März ein Schutz- uud Trutzbündnis, das dem König schon jetzt Wappen und Titel der Herzöge von Mecklenburg verlieh. Adolf Friedrich von Strelitz erhob dagegen erfolglos Einspruch. Das Band zwischen König und Herzog wurde dadurch noch fester geknüpft, daß ersterer sich im nächsten Jahre in dritter Ehe mit des Herzogs Schwester Sophie Luise vermählte. Doch wurde die Ehe unglücklich. Der Herzogin streng lutherische Gesinnung im Gegensatz zu dem religiös mehr freien Geiste am preußischen Hofe, ihre an sich schon stille und zurückgezogene Lebensart, die sie bei ihrer Mutter auf deren Witwensitz in Grabow gewohnt geworden war und die zu dem geräuschvollen und weit prächtigeren Leben und Treiben am

Berliner Hofe in Gegensatz stand, dazu auch das Verhalten des Kronprinzen, späteren Königs Friedrich Wilhelm I., der sich ihr gegenüber ziemlich fremd und kühl zeigte: das alles brachte sie in einen tiefen inneren Zwiespalt mit sich selbst, so daß sie schließlich in Schwermut verfiel.

Der Herzog setzte auf dieses Bündnis große Hoffnungen für seinen Kampf gegen die Ritterschaft. König Friedrich versprach sogleich die Entsendung eines Dragonerregiments nach Mecklenburg. Den Sold und die Geldverpflegung übernahm der König, die Mund- und Pferderationen sollten die Truppen unentgeltlich im Lande erhalten. Bald erschienen denn auch 700 bis 800 Reiter, „um die unruhige ungehorsame Ritterschaft in Ordnung und in specie (insbesondere) dahin zu bringen", daß sie die zur Haltung eines „miles perpetuus" (stehenden Heeres) jährlich nötigen Gelder in Höhe von mindestens 110 bis 120 tausend Talern, an den Herzog kontribuiere. Aber das Mittel verfehlte seinen Zweck. Da die Dragoner sich auf den Gütern der Ritterschaft einquartierten und hier sehr selbstbewußt auftraten, so steigerte sich deren ablehnende Haltung zu direktem Trotz wider den Herzog. Jahrelang noch zog sich der Streit der Parteien hin. Zwar befahl Kaiser Joseph auf erneute Klagen seitens der Ritterschaft dem preußischen Könige die Zurücknahme der Dragoner aus Mecklenburg, aber diese hatten es mit der Ausführung des Befehls nicht eilig, und der Kaiser konnte seinem Gebot schwer den von der mecklenburgischen Ritterschaft gewünschten Nachdruck verleihen, da ihm preußische Truppen auch in dem gleichzeitig sich abwickelnden spanischen Erbfolgekriege Hilfe leisteten.

Indes hatte Adolf Friedrich II. von Mecklenburg-Strelitz am 12. Mai 1708 das Zeitliche gesegnet. Mitten aus seinem arbeitsfreudigen Schaffen, während er in seiner echt landesväterlichen Regierung im Bunde mit dem Minister von Rauchbar und dem Präsidenten von Scheve neuen Aufgaben und Plänen zustrebte, war er, fünfzig Jahre alt, abberufen worden. „Bis zum letzten Atemzuge getreu, lebte er allein für sein Land, seine Leute und die Hebung der Landeskultur", sagt von ihm ein vortrefflicher Kenner der Geschichte seiner Zeit 1).

---

1) Gust. v. Buchwald, Bilder aus der volkswirtschaftlichen und politischen Vergangenheit Mecklenburgs 1631–1708. Vorwiegend nach ungedruckten Quellen. Neustrelitz 1893.

Seine Ruhestätte fand er neben seiner 1704 verstorbenen zweiten Gemahlin – ein Jahr später hatte er sich zum dritten Male verheiratet – in dem von ihm begründeten Erbbegräbnis in Mirow, das fortab als Fürstengruft des Strelitzer Hauses diente. Sein Sohn und Nachfolger Adolf Friedrich III. war erst 21 Jahre alt.

Noch fehlte ihm die nötige Erfahrung, um das Werk seines Vaters in dessen Geist fortzuführen. Schon manche seiner ersten Verordnungen zeigen – ganz abgesehen von der ihnen innewohnenden Härte – etwas Unfertiges und Übereiltes, so z. B. bei einer von Polen her drohenden Pest im Jahre 1710 die Bestimmung, daß in den Dörfern die Häuser, in denen an dieser Krankheit etwa alle Einwohner stürben, „umgraben und mit allem, was darin vorhanden ist, verbrannt werden“ sollten, daß jeder fremde Reisende, der „außerhalb des rechten Weges als ein Ein- und Durchschleicher betroffen wird, ohne einige Gnade mit dem Strange am Leben bestraft werden solle“, ebenso auch die Anordnung, die die Zigeuner im Lande für vogelfrei erklärte und sie jedermann zum Erschießen preisgab.

Bald darauf eintretende widrige Verhältnisse, teils ihm selbst, teils ganz Mecklenburg betreffend, lenkten des Herzogs Regierung in ganz andere Bahnen, als sein Vater sie gegangen war.

Seit Jahren schon waren mehrere Städte des Landes durch große Feuersbrünste in ihrer Entwicklung stark gehemmt worden. So wütete z. B. das zerstörende Element in Friedland in den Jahren 1703-1708 nicht weniger als dreimal und äscherte, besonders das erstemal, die Stadt fast vollständig mitsamt dem Rathaus und der Kirche bis auf einige wenige schlechte Häuser ein. Ein ähnliches Geschick widerfuhr in den gleichen Jahren Woldegk und Wesenberg. Es muß auch hier dem ersten Strelitzer Herzog rühmend nachgesagt werden, daß er in solchen Nöten, die sein Land betrafen, stets helfend eingriff, oft selbst an der Brandstätte erschien, selbst mit Hand an legte, um dem Feuer zu wehren, und mit allen Kräften und Mitteln am Wiederaufbau teilnahm. Die feuergefährliche Bauart der dicht gedrängten Häuser, die außer Strohdächern und Lattenzäunen auch noch hölzerne Rauchfänge besaßen, beförderte die Brände. Auf die letztere, bereits unzeitgemäße Einrichtung ist wahrscheinlich auch der Brand des Schlosses in Strelitz zurückzuführen, der am Spätabend des 24. Oktober 1712 den jungen Fürsten seiner Residenz beraubte. In kurzem hatte sich das Feuer über das ganze Gebäude verbreitet. Nur mit Mühe konnten der Herzog und seine Gemahlin Dorothea Sophia, geb. Prinzessin von Holstein-Plön, sowie deren Mutter, barfuß und notdürftig bekleidet, das Leben retten. Viele Kostbarkeiten und Kunstschätze, das gesamte Hausgerät nebst großen Vorräten an Zeug und Leinen wurden mitsamt dem Schloß und dem daneben befindlichen Haus der Dienerschaft infolge der unzureichenden Löschvorrichtungen und bei dem noch gänzlichen Mangel einer Feuerwehr ein Raub der Flammen. Der Herzog nahm mit seiner Familie und einer nur kleinen Umgebung seinen Wohnsitz zunächst in dem Jagdschloß Priepert. In aller Eile wurden dann für die Landesverwaltung und den Hof drei Gebäude auf der nahe bei Strelitz gelegenen Amtsfreiheit errichtet, von denen eins zum Palais des Herzogs ausersehen und von ihm schon 1713 bezogen wurde.

Es war gerade die Zeit des Nordischen Krieges. Nach der Niederlage des Schwedenkönigs Karl XII. bei Poltawa (1709) richteten die vereinigten Dänen, Preußen, Sachsen und Russen ihr Augenmerk auf die schwedischen Besitzungen an der Ostseeküste, auf Vorpommern und Wismar. Letzteres begannen die Dänen unter ihrem König Friedrich IV. bei gleichzeitiger Besetzung Rostocks im August 1711 monatelang zu belagern. Erst nach einem heftigen Bombardement vom 29. Dezember bis 2. Januar gaben die Dänen die Belagerung auf und zogen nach Holstein ab, kehrten aber Ende Juni 1712 noch einmal wieder und hielten die Stadt bis in den November umschlossen. Als dann aber der schwedische General Steenbock mit einem Entsatzheer auf Rügen landete, holte er die schon von Rostock und Wismar abziehenden Dänen bei Gadebusch ein und schlug sie, die in ihrer Siegeszuversicht die Hilfe des bereits in Crivitz mit einem Heer ein getroffenen Zaren Peter des Großen nicht abwarten wollten, am 20. Dezember vollständig aufs Haupt. „Pip Dän', pip – Die Schonen büst du quit – Vör Wismar hest du lang legen – bi Gadbusch hest du Släg kregen – pip, Dän', pip!" so sang man im mecklenburgischen Lande hinter den nach Holstein flüchtenden Dänen her. Ihnen folgte Steenbock und diesem wieder der Zar auf Hamburg zu. Für einen Augenblick schien Mecklenburg von der Kriegsnot befreit. Hatte es doch auch in dem einen

Jahr schon stark unter dem Durchzug, der Verpflegung und Fouragierung der beiderseitigen Truppen gelitten. So hatte z. B. das kleine Gnoien einer Abteilung Russen, die im November von Demmin her ins Land kamen, auf zehn Tage Unterkunft und über 8000 Pfund Brot liefern müssen; eine andere Abteilung plünderte daselbst wenige Monate später Häuser und Scheunen auf Lebensmittelvorräte hin, verschonte selbst das Saatkorn nicht und belegte fast alle Pferde mit Beschlag. Der schwedische General Steenbock hatte auf seinem Marsch von Pommern nach Holstein in Rostock ähnliche Gewaltmittel angewandt. Die Dänen aber hatten durch ihre häufigen Hin- und Herzüge von Wismar nach Stralsund und von Pommern nach Holstein Stadt und Land hart aufgelegen, so daß Mecklenburg-Schwerin in dieser Zeit bereits einen Schaden von 2 1/2 Millionen Talern hatte.

Wenn auch zu diesen Kriegsleiden vor allem wieder die exponierte Lage Mecklenburgs an der Ostsee zwischen den Kämpfen der Gegner, besonders der schwedische Besitz Wismars, die Veranlassung gab, so waren doch die Politik Friedrich Wilhelms und seine unerquicklichen Händel mit dem Strelitzer Vetter und den Ständen nicht ohne Schuld daran. Zwar suchte auch er, wie einst Adolf Friedrich II., zur Hebung des Wohlstandes und der Steuerkraft seiner Bewohner – denn Geld war für ihn ebenfalls die Losung – der durch Mißwachs und Teuerung um die Wende des 17. Jahrhunderts schwer geschädigten Landwirtschaft eine bessere Industrie an die Seite zu setzen. Hierbei sollten ihm die nach Aufhebung des Edikts von Nantes (1685) aus Frankreich geflohenen und von ihm in Bützow zu einer kleinen Religionsgemeinde zusammengeschlossenen Reformierten (Hugenotten) eine Stütze bieten. Tuche, Wolle, Seide und auch Tabak wurden von ihm als die hauptsächlichsten Produktionsstoffe ins Auge gefaßt. Aber trotz der Ein- und Ausfuhrverbote, trotz pekuniärer Unterstützungen und Beihilfen vermochte es keiner dieser Zweige angesichts der sie weit überholenden Industrie des Auslandes zu einer rechten, dauernden Entfaltung zu bringen. Dem Herzog selbst fehlten – worin ihm sein Strelitzer Oheim weit überlegen gewesen war – die nötige geschäftliche Routine und auch der rechte Schaffensdrang.

Dennoch hat die Regierung Friedrich Wilhelms (1692–1713) eine Reihe dauernder Schöpfungen, wenn auch meist nur in ihren Anfängen, aufzuweisen. Besonders die Stadt Schwerin hat ihm manche Vorteile und Neuerungen zu verdanken. Hier entstand durch Gründung und Angliederung der sogenannten Schelfe ein neuer Stadtteil mit der im Barockstil erbauten Schelf- oder Nikolaikirche. Die Verlegung der herzoglichen Münze von Dömitz nach Schwerin, die Errichtung eines Komödienhauses mit einer Anzahl Hofschauspieler und einem Tanzmeister, ein Unternehmen, das allerdings nach seinem Tode wieder verfiel, der Bau einer Orangerie und eines Manufakturhauses, die Ausgestaltung des noch heute allgemein beliebten Platzes vor dem Schloß, genannt „der alte Garten", u. a. m. verliehen der Stadt einen nicht unbeträchtlichen Aufschwung. Dem ganzen Lande brachten die Förderung und Regelung der städtischen Gewerbe, eine Bauern- und Schulzenordnung, eine Holzordnung gegen Waldfrevel, die erste Vermessung des Landes und die Einführung des gregorianischen Kalenders großen Nutzen.

Im Juli 1713 starb Friedrich Wilhelm auf der Heimkehr von Schlangenbad, wo er vergeblich Heilung von seinem alten selbstverschuldeten Leiden gesucht hatte. In der Schelfkirche fand er seine Ruhestätte. Ihm folgte in der Regierung sein Bruder Karl Leopold, ein unerzogener und geradezu gewissenloser Fürst, der über sein Land schweres Unheil brachte, dagegen an allem, was dennoch das Land an Förderung und Hebung erfuhr, völlig unschuldig gewesen ist, wofern er ihm nicht sogar absichtlich entgegenwirkte. In ihm lebte der Geist seines berüchtigten Oheims Christian (Louis) in noch schlimmerer Form wieder auf. Äußerlich der schönste Mann und von imponierender Körperstärke, dabei mehr trotzig und verwegen als tapfer nach dem Vorbilde Karls XII. von Schweden, beseelte ihn eine solche Genußsucht, verbunden mit einem Eigensinn, Jähzorn und Querköpfigkeit, daß er von vornherein alle Ruhe und jeden Frieden aus seiner Umgebung bannte. Schon vor seiner Thronbesteigung hatte er seine erste Gemahlin nach zweijähriger Ehe verstoßen und auch eine morganatische Ehe mit einer Hofdame wieder gelöst. Seinem jüngeren Bruder Christian Ludwig suchte er die ihm gebührende Thronfolgerapanage vorzuenthalten und verursachte ihm und seiner Mutter auf deren Witwensitz Grabow ständige Unruhe, bei der beide nur durch Einspruch des Kaisers vor dem Ärgsten bewahrt wurden. Der Herzog ist sogar dringend verdächtig, bald nach dem Tode seiner Mutter seinem Bruder samt dessen Familie das Grabower Schloß über ihrem Haupte angezündet zu haben (1725), so daß sie nur mit Mühe ihr Leben retten konnten. Diese Feuersbrunst äscherte zudem noch den größten Teil der Stadt ein. Wieder durch des Kaisers Hilfe fand Christian Ludwig nach mehreren Jahren in Neustadt ein dürftiges Unterkommen, in dem er aber auch weiterhin in ganz unerhörter Weise unter den Roheiten des Bruders zu leiden hatte.

Von einem solchen Fürsten, der sich zudem von einem ebenfalls gewissenlosen Manne, dem von Adolf Friedrich in Strelitz entlassenen Rat von Petkun, leiten und täuschen ließ, konnte das Schweriner Land bei den wieder ausbrechenden Kriegswirren kaum etwas Gutes erwarten. Zwar wollte er in nicht unrichtiger Erkenntnis sein Land gegen die nach der Niederlage des schwedischen Generals Steenbock bei Tönning aus Holstein zurückkehrenden Feinde durch Aufstellung eines eigenen Heeres schützen, da er beim Kaiser keine Unterstützung fand. Aber sein schroffes und herrisches Auftreten brachte ihn mit Rostock, wo er unter Verletzung des Stadtrechtes eine Besatzung mit einem fürstlichen Kommandanten einsetzte und sich mit List und Tücke die Schlüssel der Stadt aneignete, in einen heftigen Streit. Als er dann ebenso rücksichtslos sich das einst seinem Bruder von der Stadt zugestandene Recht zur Ausübung der Jagd anmaßte und der Stadt die seit Jahrzehnten ihr von den Fürsten verliehene bezw. verkaufte Akzise wegen mehrfach vorgekommener Unterschleife entzog, die städtische Miliz aufhob und die Stadt ganz und gar seiner Fürstengewalt zu unterstellen begann, klagte diese beim Reichshofrat in Wien und bat zugleich die Ritterschaft um Hilfe. Auf die von Wien zugunsten der Stadt einlaufende Entscheidung antwortete der Herzog mit der Verhaftung aller Ratsmitglieder und der Hundertmänner, von denen er drei Bürgermeister und zwei Ratsherren sogleich gefangen nach Schwerin abführen ließ, die übrigen erst in Rostock in einer kleinen, überheizten Stube zusammengepfercht zwei Wochen einsperrte, außerdem mit 100 Mark Goldes bestrafte und schließlich eine große Zahl von ihnen, die noch nicht nachgeben wollten, nach mancherlei weiteren Martern ebenfalls in Schwerin im dortigen Gewächshaus in Gewahrsam brachte. So zwang er sie zwar in einem Vergleich im

August 1715, seine Forderungen anzuerkennen, aber auf eine Klage der Stadt beim Kaiser wurde derselbe im nächsten Jahre als rechtswidrig erzwungen und daher für ungültig erklärt.

Gleichzeitig entbrannte heftiger denn je der Kampf zwischen Fürst und Ständen. Letztere, vor allem die Ritterschaft, die sich bereits zur Beschützerin der Stadt Rostock aufgeworfen hatte, waren nicht geneigt, einem so starrköpfigen Fürsten die großen Summen, die er über den gesetzlichen Etat von 120 000 Talern hinaus für seine geplanten Rüstungen forderte, zu gewähren. Wieder ging der Herzog eigenmächtig vor, ließ Kontributionen ausschreiben und gewaltsam eintreiben und suchte dabei die Unterstützung seines eben aus der Türkei zurückkehrenden Busenfreundes, des Schwedenkönigs Karl XII., mit dem zusammen er schon vor seinem Regierungsantritt in Polen die unglaublichsten Dinge ausgeführt hatte. Da aber dessen Macht und Einfluß in Schweden während seines Aufenthaltes in der Türkei vollständig gebrochen war und er somit dem Herzog wenig zu helfen vermochte, versuchte dieser sich durch einen beabsichtigten Übertritt zur katholischen Kirche bei Kaiser Karl VI. einzuschmeicheln. Schon kam es darüber zwischen ihm und einem von Wien entsandten Prälaten zu Verhandlungen, aber der Preis, den der Herzog forderte: neben der Hand einer Erzherzogin das Königreich Neapel oder die österreichischen Niederlande – denn nur um Landerwerb war ihm zu tun –, brachte die sich anfänglich günstig gestaltende Angelegenheit völlig zum Scheitern. Nichtsdestoweniger versuchte der Herzog gleich darauf auf anderem Wege zum Ziele zu kommen. Seine Bemühungen galten diesmal dem Zaren Peter dem Großen von Rußland, von dem er mit der Hand einer seiner beiden Nichten, deren Wahl er dem Zaren überließ, zugleich ein baltisches Herzogtum zu erhalten hoffte. Wenngleich er deswegen auch am liebsten die älteste der beiden Nichten, die verwitwete Herzogin von Kurland, als seine künftige Ehehälfte gesehen hätte, so nahm er dennoch ohne Besinnen auch die jüngste, Katharina, weil der Zar es so bestimmte. Am 18. April fand im Beisein des russischen Zaren Peter und des polnischen Königs (sächsischen Kurfürsten) August II. mit großem Gepränge in Danzig die Hochzeit statt, bei der dem Herzog als Mitgift statt der erhofften 200000 Rubel die Feste Wismar bestimmt wurde, zu deren Wiedergewinnung und Befreiung aus der Hand der Schweden der Zar durch ein Schutz- und Trutzbündnis mit dem Herzog seine Hilfe versprach. Die gesamte Verpflegung und den Schutz des russischen Heeres in Mecklenburg hatte jedoch der Herzog zu übernehmen, der sich auch verpflichten mußte, den russischen Kriegs- und Handelsschiffen alle mecklenburgischen Häfen zu öffnen und sämtlichen im Lande befindlichen Russen freie Ausübung ihrer Religion auf dem Grunde des griechisch-katholischen Bekenntnisses zu gestatten. So waren, wie ein Vertrauter des Herzogs nach Abschluß dieses Vertrages sagte, dem Lande, „diese 200 000 (genau 212 000) Taler aus der Nasen gegangen“. Aber noch schlimmer und zugleich verwickelter gestaltete sich die ganze Sache. Am Hochzeitstage des Herzogs ergab sich, beeinflußt vom Adel, der bei einer solchen Vorherrschaft Rußlands in Mecklenburg mit Recht für sich selbst fürchtete, die Stadt Wismar den sie belagernden Dänen, Preußen und Hannoveranern, die nun von ihr Besitz nahmen und jegliches Einrücken der bereits von Woldegk her im Anzuge befindlichen Russen verweigerten. Der Zorn des Zaren, der mit seiner Gemahlin und dem Herzog im November in Schwerin eintraf und hier bedauerlicherweise selbst von angesehenen Einwohnern freudig begrüßt wurde, ließ der Ritterschaft gegenüber nicht auf sich warten. 1532 Scheffel Salz und 32 400 Zentner Zwieback befahl er ihr, seinem Heere, das bereits über 50000 Mann stark im Lande stand, zu liefern, und setzte, als eine von ihr entsandte Deputation eine Herabsetzung der hohen Summe erbat, diese im Juli kurzerhand auf acht Tage gefangen. Zugleich erteilte er der Stadt Rostock, wo 7000 Russen einrückten, den Auftrag, zur Lieferung von 400000 Pfund Speck binnen 24 Stunden, obgleich nicht der vierte Teil davon in der Stadt vorhanden war. Beigefügt war die Bestimmung, daß die Stadt den Schweriner Vergleich, d. h. die volle Herrschaft des Herzogs anzuerkennen habe, und die Drohung, daß jedes Haus, das dem Befehle nicht sogleich nachkomme, von seinen Soldaten ausgeplündert werden würde.

Hinter solchen Maßnahmen des Zaren steckte nur allzudeutlich der Herzog selbst. Rache an der Stadt Rostock und Hoffnung auf Gewinn seitens des Zaren waren die beiden Pole, um die sich Karl Leopolds ganzes Sinnen und Trachten damals drehte. „Man glaubt nicht ohne Grund“, schrieb noch am 16. Oktober der englische Minister Stanhope an Toweshand, „daß der Herzog von Mecklenburg einen Vertrag mit dem Zaren unterzeichnet hat, um ihm sein Land gegen Livland und andere benachbarte Landstriche in Tausch zu geben.“ Wohl selten hat sich ein Fürst zu einem solchen Verrat an seinem eigenen Lande hinreißen lassen. Dabei besaß der Herzog noch die Stirn, als der russische Befehlshaber Fürst Repnin während der Abwesenheit des Zaren auf der Insel Seeland durch mehrere Reiterabteilungen die Führer der mecklenburgischen Ritterschaft ergreifen und gefangen setzen lassen wollte, sich durch erheuchelten Unwillen über solch ein Vorgehen als den Beleidigten hinzustellen. Doch sein verstecktes Spiel wurde erkannt. Wer von den Adligen sich mit seiner Familie noch retten konnte, floh außer Landes nach Lübeck, Lauenburg und besonders nach Hannover in den Schutz des dortigen Kurfürsten Georg, der zugleich König von England war. Nur vier wurden ergriffen und nach Rostock abgeführt, wo ihre Gefangenschaft, als der Zar sie wieder frei ließ, vom Herzog selbst im September für einen weiteren Monat angeordnet wurde. Rostock, durch Plünderungen, Einquartierungen und selbst Aushebungen immer mehr vom Herzog unter Zustimmung des Zaren bedrängt, mußte sich dem Schweriner Vergleich unterwerfen. Bald kehrte auch das Gros der Russen von Seeland nach Mecklenburg zurück, und etwa 30 000 Mann – die übrigen waren auf eine durch mehrere Klagen aus Mecklenburg veranlaßte Mahnung des Kaisers nach Polen abgezogen – überwinterten 1716/17 im Lande, meist auf den ritterschaftlichen Gütern, und kosteten dem Lande, abgesehen von dem vielen Plündern und Rauben, allein an regulärer Verpflegung monatlich über 1/4 Million Taler in bar oder Naturalien.

Auch Mecklenburg-Strelitz wurde durch den nordischen Krieg in nicht geringe Mitleidenschaft gezogen. Über vier Jahre lang wurde es der Aufenthaltsort und Tummelpatz vornehmlich sächsischer und russischer Regimenter auf dem Wege nach und von Holstein. So passierten z. B. im Jahre 1713, als die Russen nach der Niederlage des schwedischen Generals Steenbock bei Tönning aus Holstein zurückkehrten, an zwei Tagen hintereinander etwa 12 000 die Stadt Wesenberg und wurden zum großen Teil hier und in der Umgegend einquartiert und verpflegt. Im Juni 1716 hatte Neubrandenburg ein Gleiches mit 18 Bataillonen und 300 Kosaken durchzumachen; der Zar selbst legte dem Lande drückende Lasten auf. Als er nach der Vermählung des Schweriner Herzogs Karl Leopold mit der russischen Prinzessin Katharina Jwanowna im Mai 1716 zu Danzig von dort auf der Reise nach Schwerin auch die Städte Friedland, Neubrandenburg und Malchin berührte, mußten ihm in drei Tagen für diese Reise allein 700 Pferde gestellt oder in Bereitschaft gehalten werden. Das schamlose Treiben des Schweriner Herzogs Karl Leopold verschlimmerte auch für Strelitz die Sachlage, besonders da Adolf Friedrich III. für die über Gebühr hart behandelte Ritterschaft mutig eintrat.

Karl Leopold aber sah alles resigniert an. Ja, er hatte inmitten all der Not seines Landes und seiner Untertanen noch die große Freude, den Zaren mit den Dänen sich überwerfen und sich den Schweden, des Herzogs altem Freunde Karl XII., zuwenden zu sehen. Neues Unheil drohte dem Lande. Da aber brachte der Kaiser, im Bunde mit dem König Georg von England und dringend gebeten von dem im hannöverschen Schutz nach Schönberg geflohenen Strelitzer Herzog, die langersehnte Hilfe. Er verhängte über Karl Leopold die Reichsexekution und übertrug ihre Ausführung an Hannover und Braunschweig-Wolfenbüttel. Zugleich gebot er dem Zaren energisch die Räumung Mecklenburgs; eine englische Flotte fuhr in die Ostsee ein, und im Juli und August 1716 zog der Zar mit seinem letzten Heere ab, zumeist durch Strelitz unter schwerer Bedrückung für Land und Volk, um sich so noch besonders an Adolf Friedrich für seine gegnerische Stellungnahme zu rächen. Der Schaden, den das kleine Strelitzer Herzogtum überhaupt von den jahrelangen Durchzügen und Lieferungen und den damit verbundenen Räubereien und Plünderungen gehabt hat, hat man auf rund 350 000 Taler geschätzt.

Über 3000 Mann blieben auf Karl Leopolds Wunsch noch im Schwerinschen zurück. Mit diesen zusammen brachte der Herzog durch verstärkte gewaltsame Werbungen ein Heer von 12 000 Mann für sich auf. Die Unterhaltungskosten hoffte er, da die ihm verfeindete Ritterschaft überhaupt nicht zu Landtagen erschien, geschweige denn Geld bewilligte, das Land aber schon ziemlich ausgesogen war, durch den Plan einer Bauernbefreiung und einer Vererbpachtung der bäuerlichen Ländereien aufzubringen. Auch hier zeigt sich bei Karl Leopold wieder die alte Erscheinung. Für ihn, einen der ersten Fürsten überhaupt, die solche, ihrer Zeit weit vorauseilende Gedanken faßten, waren alle großen Pläne nur Mittel zur Erreichung seiner eigensüchtigen Ziele. So scheiterte denn auch diese Reform an den hohen Geldforderungen, die der Herzog durch seinen ebenso habgierigen Kammerdirektor Luben an die Bauern für ihre Befreiung und Vererbpachtung stellte und die diese weder leisten wollten noch konnten.

Wieder forderte der Herzog Geld für das stehende Heer von der Ritterschaft, die sich aber durch ihren noch in Ratzeburg weilenden Engeren Ausschuß ablehnend verhielt. Immer gespannter wurde das Verhältnis zwischen ihr und dem Herzog, der bereits damit begann, monatlich 9000 Portionen zu je drei Talern für und durch seine Truppen beizutreiben; immer stärker wurden die gegenseitigen Drohungen und Abwehrmittel in Wort und Schrift. Da erklärte der Herzog im April 1718 die Mitglieder des Ausschusses für Hochverräter und Rebellen und zog ihre und aller noch außer Landes weilenden Adligen Güter ein. Der Konflikt war aufs höchste getrieben. Selbst der Zar von Rußland, der den Herzog bei einer Zusammenkunft in Magdeburg einen „Geck" schalt und ihn der Tyrannei bezichtigte, ebenso auch der König von Preußen, der in einem Brief vom 4. Oktober 1718 an den Herzog eine solche Handlungsweise, bei der man „die possessores mit Weib und Kind ins Elend verjage", selbst „in einem barbarischen Lande" für unmöglich erklärte, sagte sich von dem Herzog los. Noch aber hoffte dieser auf Schweden, dessen König Karl XII. längst mit König Georg von England-Hannover wegen des schwedischen Bremen-Verden auf gespanntem Fuße stand. Da der kurländische Gedanke nunmehr verflogen war, dachte Karl Leopold im Bunde mit Schweden, Rußland und Frankreich, durch einen Krieg gegen Georg das kleine Lauenburg als Königreich zu gewinnen. Doch der plötzliche Tod Karls XII. bei der Belagerung von Frederikshall im Dezember 1718 vereitelte glücklicherweise die Ausführung jener verworrenen Gedanken, die nur ein so haltloser Fürst, wie Karl Leopold es war, hegen konnte.

Des Herzogs letzter Hoffnungsanker war zerbrochen. Nun erst lenkte er ein. Allen flüchtigen Adligen wollte er ihre Güter zurückgeben, alle russischen Truppen entlassen und sich dem Kaiser unterwerfen. Aber es war zu spät. Ende Februar 1719 schon überschritt General von Bülow mit 12 000 Mann hannöversch-braunschweigischer Exekutionstruppen die Elbe und besetzte, ehe die mecklenburgischen Truppen in einer Stärke von 8000 Mann unter dem Generalmajor Kurt von Schwerin, dem später unter Friedrich d. Gr. so bekannt gewordenen Feldmarschall, heran waren, den Boizenburger Zoll, dessen Einnahmen an kaiserliche Beamte abgeliefert werden mußten. Der Herzog, welcher nur noch im Besitze des Dömitzer Elbzolls war, hatte seine besten Einkünfte verloren. Zugleich suchte Bülow den mecklenburgischen Truppen den Rückweg nach der Residenz Schwerin zu verlegen, aber zwei hannöversche Regimenter mit acht Schwadronen, letztere von Bülow selbst geführt, erlitten in der Nacht vom 5. auf den 6. März 1719 bei Walsmühlen an der Sude durch die von Bülow allzu spöttisch als zusammengelaufenes Gesindel bezeichneten mecklenburgischen Truppen eine schwere Niederlage und wurden zum Teil aufgerieben, der Rest auf Wittenburg zurückgeworfen. In dem von General Schwerin dem Herzog übersandten Gefechtsbericht weiß der Feldherr den „Eifer der Truppen höchst zu rühmen, die nicht rigoröser hätten fechten können“. Doch für den Herzog und sein Land konnte dieser Sieg kaum noch Rettung bringen. Er selbst eilte nach Berlin, und sein General zog sich von der Hauptstadt über Sternberg und Güstrow nach Malchin bis an die Landesgrenze zurück. Langsam folgte Bülow, nahm nach ein paar Kanonenschüssen das von nur 120 Mann besetzte Schwerin und dessen Schloß und gelangte Ende März nach Güstrow. Alle Anerbietungen und Zugeständnisse des Herzogs, der durch seinen Geh. Rat Petkun Verhandlungen mit Bülow anknüpfen ließ und auch selbst nach Malchin kam, wies dieser ab. Infolgedessen entließ der Herzog seine Truppen. Seinem Willen gemäß sollten sie durch Pommern und Polen nach der Ukraine marschieren, um dort für bessere Zeiten erhalten zu bleiben. Die meisten aber desertierten unterwegs und kehrten nach und nach in die Heimat zurück. Etwa 150 Mann, besonders die längsten Kerle, übernahm der König Friedrich Wilhelm von Preußen, bei dem auch Schwerin selbst schließlich in Dienste trat. Nur 300 blieben bei dem Herzog und begaben sich nach der Feste Dömitz.

Mit Weib und Kind richteten sich nun die Exekutionstruppen, zwar gegen den Wunsch des Kaisers, aber nach dem Willen des Königs von England, im ganzen Lande häuslich ein, weniger allerdings auf den ritterschaftlichen Gütern, die bereits in den letzten Jahren von dem Zaren und dem Herzog durch Einquartierungen und Erpressungen hart mitgenommen worden waren, sondern mehr in den Städten, die, vom Herzog in Steuer- und Zollsachen begünstigt, für diesen Partei ergriffen hatten und es auch weiterhin taten. Eine kaiserliche Kommission, die an die Stelle der bisherigen Landesregierung trat, nahm im Juni 1719 ihren Sitz in Rostock und begann unter Zurückberufung aller Geflüchteten wie auch des Engeren Ausschusses das Land in den früheren Zustand zurückzuführen. Der ungezügelte Starrsinn, mit dem Karl Leopold gegen die Ritterschaft vorgegangen war, um ihre Macht zu brechen, hatte nur das Gegenteil zur Folge. Durch die Wiederherstellung aller ihrer Gerechtsame wurde ihr politischer Einfluß gestärkt. Der Herzog, der sich in die noch unbezwungene Feste Dömitz begeben hatte, behielt zwar die eigentlichen Regierungs- und Justizangelegenheiten, aber er besaß weder die nötige Einsicht und Klugheit, noch die genügende Freiheit, um das Land von diesem zwiespältigen Regiment zu befreien. Mochte er auch in den Städten einen nicht geringen Anhang besitzen, so verfeindete er sich doch bei einer Reise an den kaiserlichen Hof nach Wien im Frühjahr 1720 durch sein ungelenkes und zugleich hochfahrendes Wesen mit dem Reichshofrat immer mehr. Geradezu mit bestialischer Grausamkeit wütete er, dem wegen seines fast zur Verrücktheit gesteigerten Eigensinnes alles fehlschlug, auf der Feste Dömitz gegen seine eigene Umgebung und seine bisherigen Räte. Zur Aufdeckung einer schon damals und auch bis heute nicht aufgeklärten Verschwörung, bei der es sich um die Befreiung verschiedener Gefangener gehandelt haben soll, wurden vom Herzog Folter und Marterwerkzeuge in der unmenschlichsten Weise angewandt. Zwei Musketiere wurden mit dem Schwerte enthauptet, ihre Köpfe und gevierteilten Leiber öffentlich als abschreckendes Beispiel auf Stangen aufgesteckt. Der Dömitzer Bürgermeister Brasch wurde langsam zu Tode gefoltert, darauf seine Frau gestäupt, gebrandmarkt und des Landes verwiesen; der herzogliche Geheimsekretär Scharf wurde mehrmals mit brennendem Schwefel übergossen und mit einem brennenden Pechkranze gekrönt, bis er unter den furchtbarsten Qualen an den Brandwunden starb. Der Geheime Rat von Wolfrath wurde, obgleich er seine Unschuld immer wieder beteuerte – man weiß auch heute noch nichts Bestimmtes von seinen Vergehungen – enthauptet. Seine Gemahlin, eine uneheliche Tochter des preußischen Königs Friedrich Wilhelm I., die ebenfalls gefangen gesetzt worden war, wurde vom Herzog um den Lohn wieder befreit, daß sie, die schon vorher mit ihm in intimeren Beziehungen gestanden hatte, nun mit ihm nach Danzig übersiedelte und dort unter ziemlich dürftigen Verhältnissen, noch vor der Hinrichtung ihres Gemahls, öffentlich seine Geliebte wurde. Des Herzogs Gemahlin begab sich deswegen mit ihrer Tochter von Danzig nach Moskau zu ihrem Oheim, dem Zaren Peter dem Großen, der sie vor sechs Jahren unter glänzenden Feierlichkeiten in Stettin mit dem Herzog vermählt hatte. Auf eine vom Kaiser geforderte Erklärung über die Dömitzer Vorgänge konnte der Herzog sich nicht rechtfertigen und suchte seine Schuld durch eine langatmige Begründung seiner Klagen gegen die Ritterschaft zu verwischen. Aber nirgends, auch nicht bei den Reichsständen, die er noch um Hilfe anzugehen sich nicht scheute, fand er Beistand, und schließlich erfolgte, als alle gutgemeinten Ratschläge und Mahnungen, sich zu seinem und des Landes Besten dem Willen des Kaisers zu unterwerfen, nichts fruchteten, durch ein Dekret des Reichshofrates in Wien vom 11. Mai 1728 die Suspension des Herzogs als des Landesfürsten und die gleichzeitige Übertragung der Regierung an seinen jüngeren Bruder Christian Ludwig.

Endlich hatte nach fast 12 Jahren unerhörter Vorgänge auch die oberste Reichsgewalt das schamlose Treiben dieses Fürsten öffentlich vor aller Welt gebrandmarkt und zugleich von der ihr verfassungsmäßig zustehenden Gewalt Gebrauch gemacht, bei gefahrdrohenden inneren Wirren in einem deutschen Territorium durch einen kaiserlichen Machtspruch wieder Ordnung zu schaffen. –

Indes hatte sich der Herzog Adolf Friedrich von Mecklenburg-Strelitz mit dem Gedanken an die Wiederherstellung seines 1712 durch Feuer zerstörten Schlosses beschäftigt. Da die Stadt Strelitz aber bei der Ausführung dieses Planes Schwierigkeiten machte, so schritten schon die Vorarbeiten für einen Neubau an der alten Brandstätte äußerst langsam vorwärts, und als die Bürgerschaft sich weigerte, die geforderte Hilfe zu leisten, kam das Werk ganz ins Stocken und blieb schließlich unvollendet liegen. Mehrmals schon hatte der darüber mißgestimmte Fürst den Gedanken gehegt, seine Residenz überhaupt von Strelitz wegzuverlegen. Die im ganzen sumpfige Lage der Stadt und die verhältnismäßig hohen Kosten für den zu einem Neubau erforderlichen weiteren Erwerb von Stadtacker bestärkten den Herzog in seinem Entschluß. Der gegebene Ort für einen neuen Wohnsitz wäre Neubrandenburg gewesen. Es scheint auch, daß der Herzog eine Zeitlang die Absicht gehabt hat, dorthin überzusiedeln, doch soll er bei der Neubrandenburger Bürgerschaft ebenso wenig Entgegenkommen betreffs Leistung von Fuhren und anderen Hilfsarbeiten gefunden haben wie bei der Strelitzer. So wählte er denn schließlich einen ganz andern Weg. Er entschloß sich, sein am Zierker See mitten im Walde gelegenes Jagdschloß Glienke zu seiner neuen Residenz auszubauen. Oft und gern hatte er hier in den letzten Jahren zur Jagd geweilt. Sein Vater hatte dort bereits eine Meierei begründet, deren Erträge samt denen aus den umliegenden Dörfern und Gütern an den Hof nach Strelitz abgeliefert worden waren. Unter der Leitung des Hofbaumeisters Löwe wurde 1726 mit dem Bau des Schlosses begonnen und dieses 1731 vollendet. Dem Herzog und seinem Hofe folgten die verschiedenen Ministerien, auch die Superintendentur von Neubrandenburg, und unter dem 20. Mai 1733 erteilte der Herzog den Fundationsbrief für eine auf dem noch mit Wald bedeckten nahen Sandberg zu begründende neue Stadt, Neustrelitz, die nach seinem Wunsche einst mit dem alten Strelitz verbunden werden sollte. Allen Ansiedlern wurden für zehn Jahre freier Bauplatz und freies Bauholz, dazu Ziegelsteine und Kalk zum Herstellungspreis, freie Berufswahl ohne Zunftzwang, außerdem Abgabenfreiheit zugestanden. Ein viereckiger Marktplatz, von dem sich acht Straßen sternförmig abzweigten, wurde zum Mittelpunkt der neuen Stadt bestimmt. Nachdem die ersten Häuser schon während des Schloßbaues in der Zierker Straße errichtet worden waren, erweiterte sich die neue Stadt in den nächsten Jahren zusehends. Zwar konnte der damalige Kronprinz, spätere König Friedrich II. von Preußen, der 1736 zum ersten Male von Rheinsberg aus nach Neustrelitz kam, dieses in einem Briefe an seinen Vater noch als ein Dorf bezeichnen mit nur einer Straße, in der Kammerjunker, Kanzlisten und Domestiken wohnten und sich auch ein Wirtshaus befand. „Das Schloß aber“, so schrieb er, „ist schön und liegt an einem See und einem großen Garten, sowie die Situation von Rheinsberg." Fünf Jahrzehnte später waren (nach einer Zählung vom November 1787) schon nahezu 3000 Einwohner vorhanden. An der Stelle des alten abgebrannten Schlosses in Strelitz wurde 1791 ein Landarbeits-, Zucht- und Irrenhaus errichtet.

Im Schwerinschen hatte die Suspension des Herzogs Karl Leopold noch keine Klärung und Besserung der Verhältnisse geschaffen. Er legte energischen Protest ein gegen das Verfahren des Reichshofrats, warnte alle Untertanen vor der Anerkennung seines Bruders Christian Ludwig, den er eine „Mißgeburt ihres uraltfürstlichen würdigsten Hauses", einen „Rebellen und Verräter" nannte und mit dem Satan verglich. Im Juni 1730 landete er plötzlich und unerkannt, mit seiner Geliebten und einigen Begleitern von Danzig kommend, unweit Wustrow auf Fischland und fuhr mit der „gnädigen Frau", dem von dem Papst in den Grafenstand erhobenen und mit dem Orden des goldenen Sporn geschmückten Kanzleirat Schröder und dessen Gattin in einem Wagen auf Umwegen nach Schwerin. In Demen bei Crivitz, wo die Reisenden im Gasthof zu Mittag aßen, wurde der Herzog von der Wirtsfrau erkannt. Die Nachricht von seiner Rückkehr verbreitete sich schnell durch das Land und veranlaßte eine Anzahl Adlige, über die Grenze zu fliehen, zumal da das Gerücht ging, daß der Herzog sich mit dem Kaiser ausgesöhnt habe und mit dessen Zustimmung heimkehre. Die Städte dagegen neigten ihm zu und überreichten ihm sogar ein Geschenk von 25 000 Talern. Schnell war eine Abteilung Dragoner, für die die umliegenden Domanialpächter und -Bauern die Pferde stellten, gebildet; dazu wurden Truppen aus der Feste Dömitz herangezogen und mehrere hundert Bürger, Bauern, Jäger und Förster aus Crivitz und dem gesamten Lewitzbezirk, wohin sich der Herzog wie zur Jagd begab, mit Sensen, Piken und ähnlichen Werkzeugen aufgeboten. Mit ihnen begann Karl Leopold einen Kleinkrieg gegen die Kreis- und Kommissionstruppen. Zwar wurden einige schwache Posten überrumpelt. Als aber am 21. Juni besonders die Hannoveraner bei Banzkow und Goldenstadt, etwa zwei Meilen südlich von Schwerin, zum Sturm ansetzten, stob die ganze herzogliche Soldateska auseinander, viele wurden gefangen genommen, nur wenige erreichten Schwerin.

Noch aber ließ sich Karl Leopold durch diesen ersten Mißerfolg nicht entmutigen. Vielmehr bereitete er einen neuen Kampf vor. Schwerin samt dem Schloß wurde nach den Entwürfen seines Generals Tilly durch Bastionen und Vorwerke stärker als bisher befestigt. Um das nötige Geld zu gewinnen, wandte sich der Herzog den damals noch immer weitverbreiteten alchimistischen Künsten zu. Nicht weniger als sechs Goldmacher, darunter ein Apothekerlehrling und ein Schneider- und Lakaiensohn, hatte er zu gleicher Zeit in seinen Diensten. Einer von ihnen, ein „Graf von Villiers", versprach ihm 1731 sogar, binnen zwei Jahren 25 Pfund Gold herzustellen. Aber diese Hoffnung schlug ebenso fehl, wie das Angebot eines französischen, mit dem Herzog aus Danzig gekommenen Abenteurers, des Duc de Falari, der ihm die reichen Goldquellen des Papstes dienstbar zu machen gedachte unter der Bedingung, daß Karl Leopold zur katholischen Kirche überträte. Mit der Religion sollte gleichwie bei Christian I. (Louis), auch jetzt wieder einmal Politik getrieben werden. Als jedoch der Hildesheimer Weihbischof Freiherr von Twickel das Bekehrungsgeschäft in Schwerin schon fast abgeschlossen hatte, wurde dem Herzog die Sache plötzlich leid. Er gestattete zwar die Begründung einer neuen, noch heute bestehenden katholischen Gemeinde unter dem gleichzeitigen Bau einer kleinen, mit Orgel und Glocke versehenen Kapelle, an deren Stelle 1792 das jetzige Gotteshaus errichtet wurde; seine eigene Person aber wollte der Herzog aus der ganzen Angelegenheit ausgeschaltet wissen. Bei der Schweriner Bürgerschaft suchte er durch eine gewisse Leutseligkeit, mit der er an ihren Lustbarkeiten teilnahm, Anhang zu gewinnen. So verlieh er der 1638 gelegentlich einer Pest zur Bestattung der Toten gegründeten Leichenzunft das Recht des Königsschusses, beteiligte sich selbst an ihrem ersten Schützenfest, errang dabei sogar die Würde des Schützenkönigs und ließ die ganze Zunft auf dem Schlosse festlich bewirten.

Aber auch Christian Ludwig traf seine Maßnahmen. Schwerin war bereits von Kommissionstruppen umstellt und der Herzog von der Außenwelt abgeschnitten, zumal da das Postkontor seit 1722 von Schwerin nach dem Dorf Wittenförden verlegt war. In der Stadt selbst begann sich bereits die Teurung bemerkbar zu machen. Den übrigen Städten wurde jede Hilfeleistung durch Geld oder Truppen für Karl

Leopold strengstens untersagt, und im Oktober 1732 kam es nach längeren Verhandlungen mit dem Kaiser und dem König von England-Hannover zu einem Vertrag, demgemäß Christian fortab selbst das Amt eines kaiserlichen Kommissars in Mecklenburg erhielt und der Abzug der Kommissionstruppen nach einer an Hannover und Braunschweig zu leistenden Geldentschädigung im Betrage von rund 790 000 bezw. 270 000 Talern beginnen sollte. Auch die Einberufung eines Landtags bereitete Christian Ludwig vor.

Da griff Karl Leopold zum letzten Mittel. Durch ein unter dem 7. September 1733 erlassenes Manifest, verbunden mit einer umfassenden Amnestie, befahl er ein allgemeines Landesaufgebot sämtlicher Männer vom 18. bis 60. Lebensjahre. Obgleich er von Kommissionstruppen ständig umlauert und bewacht war, gelang es ihm, seinem Erlaß durch seine im Lande noch zahlreich vorhandenen heimlichen Anhänger schnellste Verbreitung zu verschaffen. Von den Kanzeln, besonders in Schwerin selbst, verlesen, auf dem Lande durch Werber mit Trommeln bekannt gegeben, entfachte die Kundgebung vornehmlich bei den Geistlichen, Jägern, Förstern, Schulzen u. a. einen gewaltigen Sturm, und in kurzem sammelten sich ganze Scharen bewaffneter Bauern und Bürger, oft mehrere hundert Mann stark, in den verschiedenen Städten. Es war zugleich für viele eine lange erwartete Gelegenheit, um sich an den Kommissionstruppen für die von ihnen in manchen Gegenden verübten Gewalttätigkeiten zu rächen. Schon nach einigen Tagen loderte die Kriegsfackel durch das Land. Christian Ludwig floh nach Barth in Pommern. Der Engere Ausschuß suchte in dem schwedischen Wismar Schutz, und viele Adlige eilten ebenfalls außer Landes. Ein Überfall mehrerer Dömitzer Kompagnien und Bauerntrupps am 18. September auf Neustadt, wo Christian Ludwigs Gemahlin mit ihren Kindern weilte, mißlang, doch wurde die Stadt Güstrow von einem Landsturmkorps von 4000 Mann genommen und der dortige hannoversche Kommandant Oberstleutnant von Monroy mit seinen 300 Kommissionssoldaten zum Rückzug ins Schloß gezwungen. Schon erhielten die mecklenburgischen Landstürmer weitere Verstärkung von 2000 Mann unter dem General Tilly. Monroy drohte der Untergang, da wurde er am Abend des 21. September durch zwei hannöversche Regimenter aus seiner bedrängten Lage befreit. Auch jetzt waren, wie vor drei Jahren, die ungeordneten Haufen den regulären Kommissionstruppen auf die Dauer nicht gewachsen. Mit großer Strenge gingen diese gegen alle Landsturmabteilungen vor. Überall in Stadt und Land wurden durch hannöversche Streifpatrouillen weitere Ansammlungen von Bürgern und Bauern verhindert und die Rädelsführer nicht selten körperlich gezüchtigt. Zu spät war Tilly am Abend des 23. September vor Rostock erschienen, um sich in den Besitz dieser Stadt zu setzen. Eine Abteilung Hannoveraner, die, von Güstrow kommend, ihn überholt hatte, war kurz zuvor in die Stadt eingezogen. Schon verließen ihn scharenweise seine eigenen Soldaten, und schließlich mußte er sich in der Lewitz, wohin er sich über Parchim zurückgezogen hatte, um nach Schwerin zu gelangen, am 2. Oktober mit 11 Offizieren und Unteroffizieren, 59 Reitern und 8 Artilleristen, die ihm von seinem 6000 Mann zählenden Heere verblieben waren, den Hannoveranern ergeben, als diese ihm den Rückweg nach Schwerin verlegten.

Immer dichter zogen sich die Schlingen um Karl Leopold zusammen. Seine Sache schien endgültig verloren zu sein. Weder Schwerin, wo er sich mit den kümmerlichen Resten seines Landsturms hielt, noch die Feste Dömitz, mit der er jede Verbindung verloren hatte, konnte ihn retten. Er selbst begann schon daran zu zweifeln, ob er mit den Mitteln der Gewalt, wie er sie bisher versucht hatte, jemals zum Ziele kommen werde. So schlug er denn den entgegengesetzten Weg ein in der Hoffnung, Thron und Herrschaft zu retten. Bereits am 28. September, noch vor Tillys Kapitulation, deren Notwendigkeit er voraussah, ließ er dem Kaiser in einem Schreiben seine „vollständige Devotion, Submission und Parition“ melden.

Es war in der Tat eine ganz andere Sprache, die der Herzog nun plötzlich führte, aber sie war nicht seinem Geiste allein entsprungen. In der höchsten Not hatte er noch wieder einen Freund gefunden. König Friedrich Wilhelm von Preußen hatte ihm zu diesem Schritt geraten und das Schreiben befürwortend unterzeichnet. Er tat noch mehr für den bedrängten Herzog. Am 19. Oktober erschienen drei preußische Regimenter, darunter zwei zu Pferde, geführt von dem Generalleutnant Kurt von Schwerin, dem Sieger von Walsmühlen (S. 258), in Mecklenburg. Sie durften, da der König selbst der kaiserlichen Kommission angehörte, allerdings nicht gegen die Kommissionstruppen kämpfen, sollten vielmehr gemäß einer Anweisung des Königs mit den hannöverschen und braunschweigischen Truppen gemeinschaftlich handeln, aber alle Unternehmungen gegen Schwerin, und Dömitz verhindern.

Wenn somit auch die preußischen Truppen dem Herzog eine kräftige Stütze in seiner bedrängten Lage boten, so hatte doch keineswegs die Persönlichkeit Karl Leopolds dem König Veranlassung zu seinem Eingriff in die politischen Verhältnisse Mecklenburgs gegeben. Mochte er auch mit dem Herzog immerhin einiges Mitleid haben, so war doch für seine Handlungsweise nur der Gedanke entscheidend, daß er Mecklenburg, in dem die preußischen Könige das Recht der Erbfolge besaßen, weder der Willkür der hannöverschen und braunschweigischen Truppen noch dem Einfluß des Kaisers überlassen dürfe. Er war fest entschlossen, bei der schließlichen Lösung des Konflikts die Interessen seines Hauses zu vertreten.

Die Verhältnisse im Lande wurden immer verwickelter. Karl Leopold erwuchsen immer neue Schwierigkeiten. Der Kaiser, obwohl über das eigenmächtige Unternehmen des Preußenkönigs ungehalten, stand ihm machtlos gegenüber. Es hatte wenig Zweck, daß Christian Ludwig und die Ritterschaft die Verpflegung der preußischen Truppen verweigerten. Diese halfen sich schon selbst und requirierten, soviel sie mochten. Dabei waren Gewalttätigkeiten nichts Seltenes. Das schlimmste Übel für das mecklenburgische Volk aber wurden die widerrechtlichen preußischen Werbungen, die sich von Jahr zu Jahr steigerten und bis zum Ende des Siebenjährigen Krieges zu einer wahren Landplage wurden.

Eine Änderung dieser verworrenen Zustände konnte nur mit dem Abzug der fremden Truppen eintreten. Hannover und Braunschweig hatten zwar schon früher einen solchen zugesagt, doch nur unter der Bedingung der Rückerstattung der ihnen entstandenen Exekutionskosten. Diese beliefen sich bereits auf 1 108611 Taler, eine Summe, die sich unter den obwaltenden Verhältnissen im Lande schwer aufbringen ließ. Dazu kam, daß auch Preußen eine entsprechende Geldentschädigung fordern würde. Christian Ludwig war tatsächlich in sehr großer Verlegenheit. Da zwang ihn die Not zu einem Mittel, das für

Mecklenburg lange Zeit zu einem Hemmnis politischen und wirtschaftlichen Aufschwungs wurde. Er entschloß sich, die Barzahlungen in Landanweisungen umzuwandeln. So wurden denn dem Kurfürsten von Hannover und dem Herzog von Braunschweig zusammen acht westliche Ämter (Boizenburg mit dem Elbzoll, Wittenburg, Zarrentin, Bakendorf, Gadebusch, Rehna, Grevesmuhlen und Mecklenburg), dem König von Preußen vier südliche (Eldena, Marnitz, Plau und Wredenhagen) verpfändet. Alle zwölf Ämter machten etwa ein Dritte des gesamten Domaniums aus. Nun erst zogen die fremden Truppen ab, die letzten Anfang 1735. In den Pfandämtern jedoch blieben als Besatzung 600 Preußen bzw. 400 Hannoveraner und Braunschweiger zurück. König Friedrich Wilhelm, mehr noch sein Sohn Friedrich der Große fand dadurch die beste Gelegenheit, seine Werbungen in Mecklenburg fortzusetzen.

Für Christian Ludwig bedeutete der Abzug der Kommissionstruppen trotz des mit ihm verbundenen umfangreichen Landverlustes doch einen großen Vorteil. Sowohl er als auch alle seine Untertanen, vom ritterlichen Herrn bis zum gemeinen Knecht, waren noch rechtzeitig der Gefahr entronnen, wiederum zum willenlosen Werkzeug fremder Machthaber zu werden. Ausschließlich in der Hand Christian Ludwigs lag die weitere Gestaltung der Dinge; ihm allein fiel die schwierige Aufgabe zu, Ruhe und Ordnung im Lande herzustellen.

Noch war Karl Leopold im Besitz von Schwerin und Dömitz. Der Abzug der Kommissionstruppen hatte ihm wieder Mut gemacht. Er war keineswegs gewillt, freiwillig aus der Residenz zu weichen. Schon traf er Vorkehrungen für ein neues allgemeines Landesaufgebot, denn er hegte bereits wieder die Hoffnung, daß er schließlich doch die volle Herrschaft im Lande wiedererlangen werde, und noch immer hatte er einen nicht geringen Anhang im Lande, besonders in den Städten.

Aber Christian Ludwig ließ sich nicht beirren. Vor allem drang er darauf, Schwerin in seine Hand zu bekommen. Dazu bedurfte er allerdings neuer militärischer Hilfskräfte. Durch den Abzug der Kommissionstruppen seiner bisherigen Machtmittel beraubt, nahm er, dem Rate des Kaisers folgend, ein herzoglich-holsteinisches und ein fürstlich-schwarzburgisches Regiment sowie zweihundert Reiter des Bischofs von Bamberg in Sold. Bevor er jedoch mit diesen zur Belagerung Schwerins schritt, forderte er, wieder im Einvernehmen mit dem Kaiser, seinen Bruder auf, Stadt und Schloß Schwerin zu räumen. Dem Kommandanten, dem Rate und der Einwohnerschaft von Schwerin verbot er jeden Widerstand gegen die anrückenden Truppen. Als aber Herzog und Stadt sich ablehnend verhielten, ließ er bereits im Januar 1735, noch während die letzten Kommissionstruppen im Abmarsch nach Hannover bezw. Braunschweig begriffen waren, Schwerin einschließen. Eine nochmalige Aufforderung zur Übergabe wies Karl Leopold kurz ab. Von Westen her begann am Morgen des 5. Februar die Beschießung der Stadt, welche die Mecklenburger sogleich erwiderten. Aber schon am nächsten Tage sah sich Karl Leopold, da die Stadt an verschiedenen Stellen durch die einschlagenden Geschosse gelitten hatte, auf dringende Vorstellungen der Bürger hin zu Unterhandlungen gezwungen. Als jedoch sein Unterhändler eine anmaßende und verletzende Sprache führte, brach Christian Ludwig die Verhandlungen ab, und die Beschießung begann von neuem. In der Frühe des 9. Februar setzten Holsteiner und Schwarzburger gleichzeitig zum Sturm auf die Altstadt an, und binnen kurzem standen sie nach Überwältigung der unzureichenden Torwachen vor dem Schloß. Karl Leopold flüchtete, da Christian Ludwig seinen Bitten um freien Abzug nicht willfahrte, mit seiner kranken Schwester und einigen Begleitern auf einem Boot über den See nach Zippendorf und von da nach dem schwedischen Wismar. Die Besatzung des Schlosses, 257 Mann und 4 Offiziere, mußte kapitulieren. Christian war Herr der Stadt und des Schlosses und damit auch des ganzen Landes mit Ausnahme von Dömitz, das die herzogliche Garnison noch weiter hielt.

Von Wismar aus versuchte Karl Leopold von neuem Anschläge gegen seinen Bruder. Jedes Mittel war ihm dabei recht. Nicht nur, daß er, um Geld zu gewinnen, wieder, wie schon früher, sich mit der hermetischen Kunst des Goldmachens beschäftigte, er ließ auch an den verschiedensten europäischen Höfen, in Rußland, Frankreich und Spanien, selbst beim Papst, um Hilfe bitten, mehrfach wieder, indem er mit der ihm eigenen Heiratsmanie um die Hand einer der dortigen Prinzessinnen anhielt. Doch alle seine Versuche schlugen fehl. Für die Mission an den Pariser Hof zu König Ludwig XV. 1736 hatte er den Satiriker Christian Ludwig Liscow erwählt. Eines Pastors Sohn aus

Wittenburg, geboren 1701, hatte er auf dem Gymnasium in Lüneburg seine Schulbildung empfangen, darauf in Rostock und Jena erst Theologie und dann die Rechte studiert und war mit dem Herzog in Wismar bekannt geworden. Die Pariser Reise aber brachte ihm nicht nur einen völligen diplomatischen Mißerfolg, sondern stürzte ihn auch noch in große Schulden, da der Herzog ihm aus Verdruß über das erfolglose Unternehmen die Erstattung der Kosten für den Aufenthalt in Paris und die Heimfahrt verweigerte. Darauf nacheinander in preußischen und sächsischen Kanzleidiensten, zuletzt beim Grafen Brühl tätig, aber infolge eines politischen Disziplinarverfahrens aus dem Amte entlassen, starb er 1760 auf seinem Gute Berg bei Eilenburg. Bereits in seiner Hauptschrift „Die Vortrefflichkeit und Notwendigkeit der elenden Skribenten“, die er schon vor seiner Verbindung mit Karl Leopold verfaßt hatte, zeigte er sich als einen Mann von feiner Bildung und hohem Geiste, der die damals so beliebte weitschweifige und behaglich-breite Art der literarischen Darstellung verachtete und nicht mit Unrecht als ein Vorläufer Gotthold Ephraim Lessings bezeichnet worden ist.

Indessen hatte sich Karl Leopold 1741 nach Dömitz begeben. Auch von hier aus setzte er seine Bemühungen zur Wiedererlangung der Herrschaft fort. Selbst die Wirren des österreichischen Erbfolgekrieges, der 1741 ausbrach, versuchte er sich zunutze zu machen. Als nämlich der Kaiser (der frühere bayrische Kurfürst) Karl VII. 1745 starb und dessen Bundesgenosse, der Kurfürst August von Sachsen, die Reichsverweserschaft übernahm, gedachte er mit dessen Hilfe den Thron wiederzugewinnen. Aber auch August ging nicht auf seine Pläne ein, schloß vielmehr mit Maria Theresia Frieden, erkannte deren Gemahl Franz Stephan von Lothringen als Kaiser an und nahm mit Österreich, England und Rußland Partei gegen Friedrich den Großen. Karl Leopold hatte völlig ausgespielt. Seit seiner Flucht von Schwerin nach Wismar ohne landesherrliche Macht und ein Fremdling im eigenen Lande, starb er am 28. November 1747 in Dömitz in ziemlich dürftigen Verhältnissen. Geldnot und Sorgen, die ihn in den letzten Jahren seines Lebens schwer bedrückten, hatten seinen Eigensinn und Trotz nicht zu bändigen vermocht.

Ein Sonderling nach der Weise Christians I. (Louis), der zweite dieser Art in der Reihe der mecklenburgischen Fürsten während eines Zeitraumes von nicht hundert Jahren, war in der Person Karl Leopolds aus dem Leben geschieden. Körperlich so fein und wohlgestaltet, daß er für den schönsten Mann in Mecklenburg gehalten wurde, war er geistig völlig unerzogen und ohne jeden sittlichen Halt. Eigensinnig und starrköpfig bis zum äußersten, zeigte er anderseits wieder einen solchen Wankelmut und so viele Launen, daß er zum Spielball des Schicksals und seiner Stimmungen und Leidenschaften wurde. Großer politischer und sozialer Gedanken nicht unfähig – man denke nur an die geplante Bauernbefreiung und die Schaffung eines stehenden Heeres – ordnete er alles seinen persönlichen Wünschen und Leidenschaften unter und besaß in dieser Hinsicht ein, wenn auch nur schwaches Stück vom Geiste des französischen Königs Lndwig XIV.

Bedauerlich nur war es, daß der gewissenlose Fürst bis zuletzt einen nicht geringen Anhang im Lande hatte, vornehmlich unter der Geistlichkeit. Sie, die damals unter dem verknöcherten Dogma der strengsten Orthodoxie ohne einen lebenswarmen Hauch religiösen Empfindens predigte, ließ sich von dem religiös laxen und wankelmütigen Herzog irre leiten. Mochte er immerhin durch die Einführung des bis an die Schwelle des 20. Jahrhunderts gebräuchlichen Landeskatechismusses dem kirchlichreligiösen Leben einen nicht zu unterschätzenden Gewinn gebracht haben – der Katechismus ist lange Zeit eine Art religiöses Volksbuch neben der Bibel gewesen – so war das Buch doch keineswegs seine ureigenste Schöpfung. Wie in allem, was er tat, so sah er auch in der Religion nur ein Mittel für seine selbstsüchtigen Ziele. Mehrmals war er geneigt gewesen, aus politischen Rücksichten um des äußeren Vorteils willen den protestantischen Glauben mit dem katholischen zu vertauschen; dann bevorzugte er wieder den Pietismus und trat sogar mit August Hermann Francke und anderen Männern in Briefwechsel, angeblich um in ihnen Förderer des religiösen Lebens im Lande, in Wirklichkeit aber Helfershelfer zur Wiedererlangung seiner verlorenen Herrschaft zu gewinnen.

Zum zweiten Male hatte, gerade 100 Jahre später als zuerst, eine Art dreißigjähriger Krieg, wenn auch ohne die damaligen Greuel und Verwüstungen, das Land Mecklenburg heimgesucht. Schlimm waren auch diesmal die Folgen eines solchen Zustandes. Die Bande der Ordnung waren gelockert. Jahrelang hatten sich Herzog und kaiserliche Kommission als die beiden einander Widerstreitenden gesetzgebenden Gewalten im Lande an gegenseitiger Verunglimpfung und Beeinträchtigung überboten. Recht und Gesetz wurden umgangen und mißachtet. Räuberbanden, Mordbrenner und anderes loses Gesindel machte sich diese Zustände zunutze. Besonders auf die meist sehr kostbaren Abendmahlsgeräte in den Kirchen hatten die Diebe es abgesehen. Auf den Landstraßen nahm, selbst am hellen Tage, die Unsicherheit immer mehr zu, Raub, Überfall, Erpressungen, auch Mord und Totschlag häuften sich in erschreckender Weise, und es ist wohl kein Zufall, daß in der Zeit Karl Leopolds bei der an sich schon feuergefährlichen Bauart der Häuser allein 13 große Feuersbrünste in den Städten, wie Bützow, Malchow, Teterow, Grabow, Pentzlin, Wittenburg, Röbel u. a., neben vielen kleinen Bränden zu verzeichnen sind. Auch die widerrechtlichen preußischen Soldatenwerbungen mit ihren in keiner Weise zu entschuldigenden zahlreichen Menschenräubereien nahmen unter Karl Leopold eine für Land und Volk gefährliche Ausdehnung an.

* * *

„Zwischen Haupt und Gliedern ein gegenseitiges Vertrauen wiederherzustellen und alle Irrungen aus dem Grunde zu heben“, versprach der neue Herzog Christian Ludwig in seinem ersten Erlaß am 6. Dezember 1747 nach seiner nunmehr offiziell erfolgten Thronbesteigung. Er stand bereits im 65. Lebensjahre, als er an die Lösung einer so schwierigen Aufgabe ging. Wahrscheinlich wäre er bei den überaus schweren und bisher noch ganz ungeklärten Verfassungsverhältnissen Mecklenburgs überhaupt nicht mehr zu einem Abschluß gekommen, wenn ihm nicht seine reiche Erfahrung, die er in den neunzehn Jahren seines kaiserlichen Kommissariats bzw. seiner herzoglichen Regentschaft gesammelt hatte, zugebote gestanden hätte. Dennoch vergingen über acht Jahre, bis es zu einer Einigung kam.

Das Grundübel all der Wirren, die im Laufe der Jahre einen immer mehr beängstigenden und die Einheit des Landes bedrohenden Umfang angenommen hatten, lag, abgesehen von der überspannten und an Verrücktheit grenzenden Art Karl Leopolds, in dem Gegensatz zwischen der Regierung und den Ständen, vornehmlich der Ritterschaft. Mochte für letztere, die sich bei ihrem Wirken als politische Körperschaft fast nur von eigensüchtigen Motiven leiten ließ, zum Segen des Landes eine durchaus starke Gegenwehr in der Hand eines energischen Fürsten nötig sein, so war doch das Vorgehen Karl Leopolds, der als Fürst für sich selbst nach denselben Grundsätzen handelte, nicht geeignet gewesen, den Machthabern der Ritterschaft einen Damm entgegen zu setzen, vielmehr hatte sich die alte Kluft nur noch vergrößert. Die unruhigen Jahre seiner Regierung hatten die Macht der Ritter gestärkt. Sie schalteten auf ihren Gütern ganz nach ihrem Belieben. Das Warnemünder Kirchenbuch weiß sogar zu berichten, daß sie ihre Leibeigenen an den Bäumen aufknüpften. Die gesamte Ritterschaft zeigte einen so zähen Widerstand und ein so starkes Selbstgefühl, daß nicht nur ihre führenden Häupter, sondern auch die Mehrzahl der Mitglieder eher landesflüchtig wurden und alles Ungemach ertrugen, als in ihren Forderungen und Bestrebungen nachgaben. Schließlich fand die Ritterschaft in der kaiserlichen Kommission und auch in Christian Ludwig selbst als dem kaiserlichen Kommissar während seiner Regentschaft eine Stütze, durch die sie wieder in den Sattel gehoben und in ihrem Rechts- und Standesbewußtsein wie auch in einem gewissen trotzigen Gefühl der Vergeltung und Rache gestärkt wurde. Das zeigte sich gleich in dem ersten Anlauf, den der neue Herzog zu seinem Versöhnungswerk nahm. Die Vergleichsvorschläge, die er bereits auf einem Konvokationstag im Februar 1748 in Schwerin den Ständen machte, wurden von diesen abgelehnt. So wurde auch er von vornherein in einen Gegensatz zu den Ständen gedrängt, mußte neue Mittel und Wege finden und sich sogar nach fremder Hilfe umsehen.

Zunächst suchte er sich mit der Stadt Rostock zu einigen. Schon im April kam zwischen beiden Teilen ein Vergleich zustande, demgemäß der Herzog das dortige Besatzungsrecht mit 500 Mann (neben einer städtischen Miliz von 50 Mann) erhielt und die Stadt zu der allgemeinen Landessteuer, der Akzise, jährlich 16 000 Taler beizutragen hatte.

Im August desselben Jahres schloß Christian Ludwig mit seinem Strelitzer Vetter Adolf Friedrich III. einen Vergleich, der alle bisher noch strittigen Punkte im Hamburger Vergleich von 1701, betreffend die Rechte der beiden Landesfürsten, beseitigte. Christian Ludwig erkannte Adolf Friedrich als einen völlig selbständigen, vom mecklenburg-schwerinschen Hause unabhängigen Fürsten an, Adolf Friedrich verzichtete dagegen auf das bisher noch beanspruchte Recht der Mitbeherrschung der Schweriner Landstände. Beide Länder sollten fortab ihre eigenen Landtage haben; auch der Landkasten, das Hofgericht, das Konsistorium sollten getrennt werden, und von der alten Union sollten nur winzige Überreste, besonders betreffend die Landesklöster und einige ritterschaftliche Rechte, bestehen bleiben.

Da aber protestierte die Ritterschaft beider Länder. War ihr schon durch den Rostocker Vergleich die bisherige Verbindung mit dieser Stadt und der Einfluß auf sie verloren gegangen, so wollte sie wenigstens die in ihrer Einheit und Gesamtheit liegende Macht durch die Trennung der beiderseitigen Landtage nicht auch noch einbüßen. Als noch in demselben Jahre die Schweriner Stände zu einem Sonderlandtag nach Sternberg einberufen wurden, weigerte sich besonders die Ritterschaft auf Grund der verfassungsmäßigen Union der Stände, ohne die Stargarder Stände zu verhandeln, und wußte, als die Landschaft zu der Auseinandersetzung mit Strelitz neigte, auch diese bald auf ihre Seite zu ziehen. Sieben Jahre lang kamen infolgedessen keine Landtage zustande, weder im Schwerinschen noch im Strelitzschen. Als Christian Ludwig auch einen von dem Engeren Ausschuß nach Rostock einberufenen Konvent verhinderte und zugleich durch das sogen, rescriptum cassatorium vom April 1749 zwar die alte Union vom Jahre 1523 anerkannte, da sie in den „damaligen vielen Aufruhren und Beschwernissen im Reich“ ihre Berechtigung gehabt habe, dagegen ihre Erneuerungen, besonders die von 1733, mit Bezug auf die Gegenwart „für nichtig und unverbindlich, mithin ihrem ganzen Inhalte nach unkräftig und von Unwürden“ erklärte, da wurde die Ritterschaft beim Reichshofrat in Wien klagbar. Aber dieser ging auf eine rechtliche Entscheidung des Streitfalls nicht ein, sondern suchte durch eine kaiserliche Hofkommission – bestehend aus Bevollmächtigten des Kaisers und der beiden mecklenburgischen Herzöge, sowie aus Vertretern der Ritterschaft und später auch noch der Städte – zwischen beiden Parteien zu vermitteln.

Da den Herzögen selbst die Macht zur Entscheidung fehlte, so mochte der eingeschlagene Weg wohl der beste sein. Die Verhältnisse im Lande drängten förmlich zu einer solchen Regelung durch Nachgiebigkeit auf beiden Seiten. Denn nicht allein Rostock und die übrigen Städte des Landes, denen der Herzog die allmähliche Umwandlung des alten Erben- oder Haussteuermodus in die mehr allgemeine Lizenz oder Akzise gestattete, hatte Christian Ludwig auf seine Seite gezogen, auch mit dem Könige Friedrich dem Großen von Preußen trat er trotz der von diesem gerade damals so stark betriebenen Werbungen in Verbindung und gewann ihn dadurch für sich, daß er mit ihm im April 1752 das alte Bündnis und den früheren Erbfolgevertrag erneuerte. Friedrich der Große versprach im Artikel 7 dieses neuen Vertrages, falls die vom Herzog „gegen die Ritterschaft eingetretenen Wege des Glimpfs und der Güte endlich ins Vergebliche ausschlagen möchten", ... „dahin kräftig einzuwirken, daß gedachte Ritterschaft nicht nur im Kontributionspunkt, sondern auch in ihren übrigen Schuldigkeiten zur gebührenden Submission, die ihren wohlhergebrachten Privilegien nicht entgegen ist, mithin zur Ruhe und Gehorsam angehalten und wirklich gebracht werde."

Noch ein anderes Ereignis glaubte Christian Ludwig in demselben Jahre für sich und seine Pläne ausnutzen zu sollen. Am 11. Dezember 1752 starb Herzog Adolf Friedrich III. von Mecklenburg-Strelitz ohne Kinder. Sein nächstberechtigter Thronerbe war sein erst vierzehnjähriger Neffe Adolf Friedrich IV., ein Sohn des im Juni verstorbenen Herzogs Karl Ludwig, des sogen. Prinzen von Mirow. War auch an der Rechtmäßigkeit seiner Erbfolge auf Grund des Hamburger Vergleichs von 1701 nicht zu deuteln, so befand man sich doch wegen der Vormundschaft in einer höchst peinlichen Lage. Gewohnheitsgemäß und auch nach den bestehenden Hausverträgen stand sie dem ältesten Agnaten des Hauses zu. Das war beim Tode des Vaters noch Adolf Friedrich III. gewesen. Da dieser aber schon seit langem krank war, so hatte der Vater noch in seinem Testament seine Gemahlin Emilie Antonie, geborene Prinzessin von Schwarzburg-Sondershausen, als Vormünderin seiner sechs noch unmündigen Kinder bestimmt, und der Kaiser hatte bald nach dem Tode Karl Ludwigs das Testament bestätigt. Aber der Schweriner Herzog Christian Ludwig war damit nicht einverstanden. Wollte er auch die Vormundschaft, insoweit sie die Erziehung der Kinder betraf, der verwitweten Prinzessin überlassen, so beanspruchte er doch beim Eintritt des bald zu erwartenden Todes des Herzogs Adolf Friedrich III. die vormundschaftliche Regierung des Strelitzer Landes, und zwar lediglich in der Absicht, um als gleichzeitiger Schweriner Herzog und Strelitzer Regent seinen Forderungen in den noch schwebenden Teilungs- und Verfassungsfragen mehr Nachdruck verleihen zu können. Im geheimen traf er deswegen noch bei Lebzeiten Adolf Friedrichs diesbezügliche Abmachungen mit der Strelitzer Regierung.

Als nun Adolf Friedrich starb, entsandte die Prinzessin Emilie von Mirow aus sogleich den Kanzleirat Jakobi nach Neustrelitz, erschien tags darauf, am 12. Dezember, selbst mit ihrem jungen Sohn und nahm die herzoglichen Behörden, die Truppen und sämtliche Hofbeamten in Eid. Einen Tag später aber traf von Schwerin her der Geheime Rat von Bassewitz mit fünf Kompagnien ein und verlangte ein gleiches für Christian Ludwig. Die Sache nahm eine ernsthafte Wendung. Widerstrebende Räte und Beamte wurden ohne weiteres ihres Dienstes enthoben. Die Prinzessin ließ ihren Sohn noch in der Nacht heimlich nach Neubrandenburg und von dort weiter nach Greifswald bringen. Dann wandte sie sich mit einer Klage nach Wien und verlangte, um der ganzen Angelegenheit die Spitze abzubrechen, bereits unter dem 12. Januar 1753 vom Kaiser die vorzeitige Volljährigkeitserklärung für Adolf Friedrich IV., der nunmehr in einem Edikt vom 24. seine gesetzliche Thronbesteigung verkündete, auch wenn er die Ausübung der Regierung noch seiner Mutter überließ. Um jegliches Blutvergießen zu vermeiden, hatte sie während der Zeit der Klage ihre Truppen vor den Schwerinern aus Neustrelitz nach Neubrandenburg zurückgezogen und dem Grafen Bassewitz die Regierung im Namen Christian Ludwigs überlassen. Die kaiserliche Bestimmung machte den Wirren schnell ein Ende. Christian Ludwig, der bereits am 22. Dezember durch ein öffentlich angeschlagenes und von den Kanzeln verlesenes Patent den Beginn seiner Regentschaft bekannt gemacht, auch durch einige Kompagnien Soldaten die Strelitzer Garde von Neubrandenburg nach

Friedland verdrängt hatte, berief seine Truppen ab. Vorher aber gab er seinem Unmut über den erlittenen Mißerfolg noch dadurch Ausdruck, daß er die Strelitzer Geistlichkeit wegen Verlesung des Erlasses Adolf Friedrichs tadelte und dem Superintendenten Trendelenburg Hausarrest auferlegte, weil dieser die kirchliche Fürbitte für den Schweriner Regenten nunmehr absagen ließ. Die Strelitzer Superintendentur war übrigens infolge dieses Vormundschaftsstreits 1753 wieder nach Neubrandenburg zurückverlegt worden. Trendelenburg, der 1737 nach der Residenz Neustrelitz übergesiedelt war und hier auch zugleich das Amt eines Hofpredigers übernahm, war in Ungnade gefallen, seiner Würde als Hofprediger entkleidet und als Superintendent wieder nach Neubrandenburg beordert worden. Zum Hofprediger in Neustrelitz wurde 1761 der dortige Stadtprediger Masch ernannt, dem 1765 nach Trendelenburgs Tode auch wieder die Superintendentur mit dem Sitz in Neustrelitz übertragen wurde.

Indes nahmen die Verhandlungen in Wien einen sehr schleppenden Gang, und auch in Schwerin erreichte Christian Ludwig nichts. Man konnte sich, besonders hinsichtlich der gegensätzlichen Stellung in Steuerfragen, nicht einigen. Mehrmals noch versuchte der Herzog mit scharfen Maßnahmen zum Ziele zu kommen, indem er der Ritterschaft die ihr aus dem verpfändeten Doberaner Amt zustehenden Zahlungen vorenthielt und auch die ihr 1717 zwecks Erleichterung der eigenen Kontribution eingeräumte Erhebung einer Nebensteuer von den außerhalb der ritterschaftlichen Hufen wohnenden Hintersassen untersagte. Aber auch das half nicht. Da schlug er denn den Weg der Versöhnlichkeit und persönlicher Fühlungnahme bei den Verhandlungen auf einem Konvokationstag in Rostock im September 1754 ein. So gelang es ihm, von den 270 Einwendungen, die die Stände gegen das Landesgrundgesetz im Regierungsentwurf erhoben, in wenigen Monaten 253 zu beseitigen. Eine kleine ritterschaftliche Minderheit nur beharrte noch in der Opposition, bis der Herzog deren Führer, von der Lühe auf Mulsow, wegen seiner steten Quertreibereien schließlich von den Verhandlungen ausschloß. Dann kam am 18. April 1755 die Einigung durch Annahme und Unterzeichnung des umfangreichen, 25 Artikel mit 530 Paragraphen zählenden Landesgrundgesetzlichen Erbvergleichs zustande. Ein Jahr später (14. April 1756) wurde er vom

Kaiser unter gleichzeitiger Abweisung einiger aus ritterschaftlichen Kreisen noch erhobener Proteste bestätigt.

Wie der Landesgrundgesetzliche Erbvergleich durch die Kontributionsforderung veranlaßt worden war, so ist er in erster Linie ein Finanzgesetz. In § 5 heißt es ausdrücklich, daß „das Kontributionswesen in Mecklenburg von Zeit zu Zeit eine Materie zu mancherlei inneren Zwistigkeiten, teils zwischen den Landesfürsten und der Ritter- und Landschaft, teils zwischen der Ritter- und Landschaft unter ihr selbst, abgegeben" habe und daher die Landesherren „allen Bedacht dahin genommen, daß in Ansehung des Kontributionswesens und alles dessen, was dem anhängig ist, mit Ritter- und Landschaft eine billige und zu ewigen Zeiten bestehende Vergleichung und Richtigkeit getroffen werden möge." Daher handelt denn auch nach vier einleitenden Paragraphen der erste und weitaus längste Artikel (bis § 100) „Von der Landeskontribution zu Garnisons-, Fortifikations-, Legationskosten, zu Reichs-, Deputations- und Kreistagen, auch Kammerzielern".

Schon dieser erste Punkt zeigt, wie weit der Erbvergleich noch von den politischen Grundsätzen einer neuen Zeit entfernt ist. Die Bestreitung der Kosten des Landesregiments blieb auch fernerhin Sache und Pflicht des Landesherrn. Ihm standen dafür in der Hauptsache die Einkünfte aus der Herrschaft und aus dem Domanium zu Gebote, daneben auch von den Ständen je nach Bedarf zur Deckung landesherrlicher Schulden bewilligte außerordentliche Kontributionen. Diese wurden nunmehr in eine jährliche, an die landesherrliche Zentralkasse abzuliefernde ordentliche Kontribution umgewandelt. Für ihre Erhebung wurde „in den ritterschaftlichen Gütern der von der Ritterschaft selbst als der älteste und füglichste, beliebte Hufenmodus von nun an bis zu ewigen Zeiten hiermit angenommen, zugestanden und festgesetzt". Der Begriff einer Hufe wurde zu je 300 bonitierten Scheffeln Aussaat festgestellt. Eine „aus drei bis vier herzoglichen Räten und ebensovielen ritterschaftlichen Deputierten bestehende Direktorialkommission" erhielt den Auftrag, durch Vermessung und Bonitierung aller ritterschaftlichen Güter „mit allen gegenwärtigen Höfen, Dörfern, Äckern, Wiesen, Hölzungen, Brüchen, Mooren, Landseen, Weiden und allen Ländereien" – was bisher noch nie geschehen war – die

Anzahl der Hufen, gleichviel, „ob sie vorhin für Ritterhufen, Hofacker oder Bauernhufen gehalten worden", zu ermitteln. Je nach der Güte des Ackers wurde dieser in sechs Klassen geteilt. Dadurch fiel auf einen bonitierten Scheffel ein verschieden großer Flächenraum, bei Äckern und Wiesen von 100 bis 300, bei Weiden von 100 bis 500 Quadratruten. Obgleich die Vermessung „ämterweise und, nachdem man eine zureichende Anzahl von Landmessern haben kann, in so vielen Ämtern, als nur möglich ist, zugleich geschehen" sollte, so erforderte sie doch viele Zeit, zumal da sie „zur bequemen Jahreszeit, im Frühjahr und Herbst, so daß niemandem in der Wirtschaft Aufenthalt oder Schaden geschieht, vorgenommen werden" sollte. Über 20 Jahre war die Kommission tätig. Um aber sogleich mit der Erhebung der Kontribution nach Anleitung des Erbvertrages beginnen zu können, wurde von der Ritterschaft eine bis zum Abschluß der Vermessung als Norm für die Erhebung der Kontribution geltende Anzahl ihrer Hufen bestimmt. Dabei aber machte sie ihren aus der Zeit der Germanisierung des Landes stammenden Anspruch auf Steuerfreiheit ihrer alten Ritterhufen geltend, und sie erreichte es, daß diese auch weiterhin immun blieben. Nur die von ihr später, besonders in und nach dem Dreißigjährigen Krieg hinzuerworbenen Bauernhufen sollten besteuert werden. Da aber infolge beider Hufenarten eine genau gesonderte Aufrechnung von ursprünglichem ritterschaftlichen Eigenbesitz und späterem bäuerlichen Erwerb nicht mehr durchführbar erschien, so wurden beide Arten als zu gleichen Teilen bestehend angenommen. Die Ritterschaft garantierte nun in Anlehnung an die im Domanium ermittelten 4700 Hufen die gleiche Anzahl steuerpflichtiger Hufen zu je 9 Talern des neuen (Leipziger) Münzfußes. Als später die Vermessung eine etwas geringere Anzahl von steuerpflichtigen ritterschaftlichen Hufen ergab, wurde der Betrag im Schwerinschen auf 11, im Strelitzschen auf 10 Taler 6 Schillinge erhöht. Die Vermessungskosten wurden von der Landesherrschaft und der Ritterschaft gemeinschaftlich, je zur Hälfte getragen.

Abgesehen von dem der Zeitentwicklung nicht mehr entsprechenden und ungerechten Steuerprinzip, das diese bis 1808 zu Recht bestehende Zweiteilung des ritterschaftlichen Grund und Bodens in sich trug, bildete sie zugleich ein beschämendes Zugeständnis für den umfassenden Raub ursprünglich bäuerlichen Eigentums, wie ihn die Ritterschaft im Laufe der Jahrzehnte und Jahrhunderte begangen hatte. Kaum in einem zweiten deutschen Lande ist dem durch die Germanisierung bodenständig gewordenen deutschen Bauerntum durch das allem Recht und Gesetz hohnsprechende „Legen" seiner Gehöfte so planmäßig und so gewissenlos der Untergang bereitet worden, wie in Mecklenburg.

Die städtische Kontribution gliederte sich in eine solche „von Häusern, von Ländereien, von Vieh, von Scharrenschlachten, von Hausschlachten, von Getreide zur Mühle, von Kaufmannschaften und sonstigem Erwerb und Nahrung". Dabei war, wie § 47 des Erbvergleichs zeigt, die Höhe des Steuerbetrages bis ins einzelne vorgeschrieben. So wurden z. B. erhoben von einem vollen Hause jährlich ein Taler, von einem Morgen Acker, „der nicht in Schlägen liegt und alle Jahr besät werden kann", vier Taler, von einem vierspännigen Fuder Heu, „so auf dem Stadtfelde geworben", zwei Schillinge, von einem Pferd zum Ackerbau vier, sonst acht Schillinge, von einer Kuh drei, einer Ziege sechzehn Schillinge, beim Scharrenschlachten von einem Schwein fünf, beim Hausschlachten dagegen nur vier Schillinge, von einem Scheffel Weizen fünf, einem Scheffel Roggen drei Schillinge, von einem einheimischen Kauf- und Handelsmann „von jedem Reichstaler verkaufter Ware" ein Schilling, der sich bei fremden Händlern auf zwei, bei Händlern „mit Wein und stark Getränk" auf drei Schillinge erhöhte, von einem Herbergswirt in kleinen Städten ein, in großen Städten zwei Taler, von einem Handwerker je nach der Anzahl der Gesellen und Lehrjungen ein bis vier Taler, von Tagelöhnern, Knechten und Mägden, Komödianten, Seiltänzern, Marktschreiern, Bärenziehern usw. ein Taler.

Alle „in den adligen und Klostergütern, sogenannten Rostockschen Gemeinschaftsörtern und städtischen Ökonomiegütern und Dörfern außer den Hufen wohnenden freien Leute" hatten eine nach Handwerk und Gewerbe bestimmte Steuer zu entrichten, so z. B. die Glashüttenmeister zwanzig, ihre Gesellen vier, die Holländer fünf, die Papiermacher vier, die Müller, Teerschwäler, Holzhauer, Jäger u. a. drei, die Pachtfischer zwei Taler.

In den fürstlichen Ämtern und Kammergütern verpflichtete sich der Landesherr zwecks Beitrags zur jährlichen Landeskontribution ebenfalls zur Einführung des ritterschaftlichen Hufenmodus in gleicher Höhe.

Die Hufensteuer und die Abgaben der freien Leute in den genannten Gütern wurde zunächst „in den Landkasten gebracht und daraus unter richtigen Spezifikationen an die Rentkammer bezahlt". In den Ämtern und den Städten dagegen wurde die jährliche Kontribution „unmittelbar von der Kammer wahrgenommen".

Zu der ordentlichen Kontribution traten als weitere landesgrundgesetzliche Abgaben die Reichs-, Kreis- und Prinzessinnensteuern (Art. 2 mit ß 101–120), die gemeinen Landesausgaben oder die ordentlichen und außerordentlichen Notwendigkeiten (Nezessarien, Art. 12 mit § 221–231) und die Anlagen der Ritter- und Landschaft unter sich (Art. 11 mit § 207–220). Bei den Reichs- und Kreissteuern sollten, „wenn nicht über 200 Römermonate in einem Jahr von Kaiser und Reichs- oder von Kreiseswegen erfordert wurden", Ritterschaft und Städte, letztere sogar bis zu einem Betrage von 200 Monaten, befreit sein. Sie wurden von der Landesherrschaft übernommen. Bei größeren Beträgen verfuhr man ebenso wie bei der Prinzessinnensteuer, d. h. einer 20 000 Taler betragenden Steuer zur Ausstattung der Töchter des regierenden Landesherrn, und bei den außerordentlichen Nezessarien, d. h. besonderen Aufwendungen zum „Besten und Wohl des Landes", nicht Beihilfen zum Landesregiment, nach dem sogenannten Terzquotensystem, das einstmals während der Wirren Karl Leopolds von der Ritterschaft durch ihren Einfluß bei der kaiserlichen (hannöverschen) Kommission trotz Widerspruchs der Städte durchgesetzt und vom Kaiser bestätigt worden war. Danach wurden Domanium, Ritterschaft und Landschaft als drei in Reichtum und Wohlstand einander gleichgeachtete Landesteile nach Abzug des auf Rostock fallenden 1/12, des Gesamtbetrages, des sogenannten Duodez, mit je 1/3 der noch fehlenden 11/12, belegt, und zwar hatte Schwerin 6/7, Strelitz 1/7 von jedem Dritteil zu steuern. Mochte nun auch in den drei Landesteilen die Zahl der Einwohner damals noch ungefähr die gleiche sein, so war doch der Besitz- und Vermögensstand durchaus verschieden. Am drückendsten war die Belastung für die Städte mit ihrem nur 1/9 vom gesamtmecklenburgischen Grund und Boden umfassenden Flächeninhalt, am geringsten dagegen für die Ritterschaft mit ihrem reichen Grundbesitz. Zu den jährlichen ordentlichen Nezessarien, die besonders zur Bestreitung des Justizetats bestimmt waren, hatten die Landesherrschaft und die Städte je 6000 Taler, Rostock 2000 Taler und die Ritterschaft einen bestimmten Aufschlag auf ihre Hufensteuer beizutragen. Nezessarien wie Schulden eines einzelnen Standes waren von diesem allein zu regeln und zu begleichen. Was endlich die Anlagen der Ritter- und Landschaft unter sich betrifft, so dienten sie, als freiwillige Anlagen von den Ständen unter sich nach gewissen Normen und zu ständischen Zwecken- aufgebracht, in erster Linie der besonderen Speisung des rein ständischen Landkastens, in den auch die Reichs-, Kreis- und Prinzessinnensteuern sowie die ordentlichen und außerordentlichen Nezessarien flossen. So wurde der Landkasten eine Sammelstelle für alle Steuern außer der ordentlichen Kontribution, für einen Teil der letzteren, der ritterschaftlichen Hufensteuer, außerdem eine Durchgangsstelle.

Von dem eigentlichen landständischen Verfassungsrecht und den Beziehungen der Stände zur Landesherrschaft handelten die Artikel 7–9 mit § 138–203. Zunächst wurde die Union der Landstände ausdrücklich anerkannt. „Dieweil Unsere Ritter- und Landschaft nicht nur in einer natürlichen Verbindung steht, sondern selbige auch im Jahre 1523 in eine unzertrennliche Union getreten ist, so bleibt dieselbe unter gesamter Ritter- und Landschaft nach wie vor in, ihrer unwandelbaren verbindlichen Kraft und Wirkung“, so beginnt der Paragraph 138. Dann wird von den Landtagen, den Landräten und Landmarschällen, dem Engeren Ausschuß, von der landesfürstlichen Gesetzgebungsmacht und von den Zusammenkünften der Ritter- und Landschaft oder den sogenannten Landeskonventen gesprochen. „Landtage wollen Wir, wie von jeher gebräuchlich gewesen, alle Jahre anordnen und ausschreiben“, sie „sollen der Gestalt allgemein bleiben und angeordnet werden, wie es der Hamburger Vergleich vom 8. März 1701 § 8 vorschreibt.“ „Wir haben die von Ritter- und Landschaft längstbeliebte Verfassung eines Engeren Ausschusses festgesetzt.“ Bei der Bestimmung der „Grenzen der landesfürstlichen Macht, Gesetze zu geben“, wird zur „Wohlfahrt und Zufriedenheit Unserer

Untertanen aller Stände" „nach den Regeln der natürlichen Billigkeit und der wohlhergebrachten Landesverfassung gemäß" verfahren.

Diese und ähnliche Worte aus den bezeichneten Artikeln des Erbvergleichs zeigen zur Genüge, daß gerade die 1755 landesgrundgesetzlich festgelegte landständische Verfassung nicht etwas erst damals Geschaffenes, sondern zumeist das nunmehr gesetzlich fundierte Ergebnis althergebrachter, gewohnheitsgemäß geübter Formen und Handlungen war: „Wir verkündigen und versprechen hiermit gleich anfangs Unserer gesamten Ritter- und Landschaft vollkommene Sicherheit und Erhaltung bei Ihren Rechten, Gerechtigkeiten, Freiheiten, Vorzügen, Gebräuchen und Gewohnheiten, wie solche Unsere Ritter- und Landschaft überhaupt oder ein jeder Stand für sich allein und ein jeglicher derselben insonderheit rechtsbeständig erworben und hergebracht hat." Diese Worte des Herzogs Christian Ludwig in dem zweiten Paragraphen, der gleichsam den Auftakt zu dem ganzen Erbvergleich bildet und die Voraussetzung gibt, ohne die sein Zustandekommen überhaupt unmöglich gewesen wäre, werden dadurch noch bekräftigt, daß unter den neun dem Erbvergleich angefügten Beilagen die Reversalen von 1572 und 1621 an den beiden ersten Stellen stehen, außerdem an achter noch die Union von 1523 in hochdeutscher Übersetzung. Diese drei Dokumente enthielten die bereits unumstößlich verbrieften Rechte der Ritter- und Landschaft und waren für diese in den hundertjährigen Kämpfen zwischen Fürst und Ständen seit dem Ende des Dreißigjährigen Krieges das festeste Bollwerk nicht nur zur Erhaltung, sondern auch zur Erweiterung ihrer politischen Rechte gewesen.

So war Mecklenburg in Wirklichkeit schon vor dem Landesgrundgesetzlichen Erbvergleich zu einem Ständestaat geworden. Dem Wesen eines solchen Staates entsprechend hafteten in ihm alle politischen Rechte ursprünglich an dem Grund und Boden und wurden nur durch die jeweiligen Besitzer ausgeübt. Das Domanium war der Rest des einst das ganze Staatsgebiet umfassenden fürstlichen Besitztums (S. 183). Hier war Grundherrschaft und Landesherrschaft in einer Hand vereinigt, demgemäß der Landesherr auch der absolute Herr, dem allein die Verwaltung und Gesetzgebung zustand. Gegenüber der Einheit des Domaniums bestanden Ritterschaft und Städte aus einer

Vielheit von Grundherrschaften. Nur der Zusammenschluß aller Grundherrschaften innerhalb einer jeden Gruppe konnte auch hier die Einheit zum Ausdruck bringen. So bildete sich das Korps der Ritterschaft, bestehend aus den mehr als 600 Inhabern der fast 1000 Hauptgüter des Landes, und das Korps der Landschaft, das sich aus den Obrigkeiten (in erster Linie den Bürgermeistern) der Städte zusammensetzte.

Folgerichtig wäre es nun allerdings gewesen, Domanium, Ritterschaft und Landschaft, d. h. die Städte, als drei einander gleichberechtigte Gruppen zu einer ständischen Vertretung des Landes zusammenzufassen. Dabei hätte der Landesfürst als Inhaber des Domaniums sich durch seine Amtsvorsteher im Landtag vertreten lassen können. Das geschah aber nicht. Vielmehr wurde der Landtag nur als eine Vertretung der beiden Stände der Ritterschaft und der Landschaft gegenüber dem Landesherrn gebildet. Diese Wendung der Dinge war lediglich das Ergebnis der schon geschilderten Kämpfe, die jahrzehnte-, ja jahrhundertelang oft mit leidenschaftlicher Härte zwischen den Landesherren und den Ständen geführt worden waren. Der Gegensatz zwischen beiden Parteien war schließlich so stark geworden, daß er jene einseitige Bildung einer Landesvertretung zur Folge hatte.

Wenn aber somit die Landstandschaft, d. h. das Landtagsrecht, an dem Besitz von Grund und Boden, ritterschaftlichem sowohl wie städtischem, haftete, so war eine solche Ordnung für die Inhaber der ritterschaftlichen Güter von selbst gegeben. In der Ritterschaft war Besitz und Besitzer überhaupt nicht voneinander zu scheiden, der Besitz war mit dem Besitzer geradezu identisch. Anders in den Städten. Die Obrigkeiten hatten kein solches Eigentums- oder Lehnsrecht an der Stadt und ihrem Grund und Boden wie die Ritter an ihren Gütern. Die städtischen Deputierten, meist die Bürgermeister, konnten demgemäß nur als beauftragte Vertreter der Stadtgemeinden gelten. Das scheint ursprünglich auch bei den meisten Städten der Fall gewesen zu sein. In der infolge Streitigkeiten zwischen Gericht, Magistrat und Bürgerschaft 1762 durch eine herzogliche Kommission neu regulierten Stadtverfassung von Woldegk heißt es: „In allen wichtigen Sachen, z. B. in Landessachen oder wenn Anlagen beliebt oder repartiert werden, sollen die Älterleute von deren Zünften gefordert werden, welche dann in solchen Fällen nebst deren Leuten den Betrieb solcher Angelegenheit im Namen der Bürgerschaft beschaffen, wobei denselben sowie deren Älterleuten in allen Fällen obliegt, mit der Bürgerschaft von allen jeden Vorkommenheiten Rücksprache zu halten." In Malchin war nach dem Rezeß von 1796 der Deputierte an die Instruktionen von Rat und Bürgerschaft gebunden und hatte diesen auch nach dem Landtage Bericht zu erstatten. Ähnlich verhielt es sich auch in anderen Städten nach den Satzungen aus der zweiten Hälfte des 18. und zu Anfang des 19. Jahrhunderts. Dann aber traten in manchen Städten hinsichtlich der Landstandschaft Veränderungen ein, die auf eine Befreiung des Landtagsdeputierten von jeglicher Verpflichtung auf irgendwelche Instruktionen seitens der Bürgerschaft hinausliefen. In den Stadtordnungen von Grevesmühlen und Teterow (1832), Ribnitz und Brüel (1835) u. a. mehr wird zwar noch von einer gemeinschaftlichen Sitzung des Magistrats und der Bürgerschaft geredet, in der der Deputierte die „Gegenstände vorzutragen und zu entwickeln hat, um die Mitglieder des Rates und der Bürgerschaft in fortlaufender Kenntnis der Landesverhandlungen zu erhalten", aber „die Wahl und Instruktion des Deputierten steht dem Magistrat zu." Noch einen Schritt weiter gingen die Stadtordnungen von Goldberg (1840), Krakow, Malchow und Tessin (1839), auch Penzlin (nach 1848) u. a. In ihnen heißt es: „Von den Geschäften im Rate gebührt dem Bürgermeister die Beschickung der Landtage, Konvente und sonstigen Landesversammlungen. In Behinderungsfällen des Bürgermeisters kann der Magistrat auch einen Ratsherrn aus seiner Mitte zu den Landesversammlungen deputieren. Vor Beziehung derselben hat der Deputierte in einer Sitzung des Magistrats den übrigen Mitgliedern desselben die auf jenen Versammlungen zur Beratung kommenden Gegenstände vorzutragen und zu entwickeln, um ihre Ansicht darüber kennen zu lernen und sich von ihnen, soweit es erforderlich ist und angeht, instruieren zu lassen. Auch ist der Bürgerausschuß am Schlusse derselben oder in einer anderen Sitzung von dem Magistrate nach kurzer Mitteilung der Beratungsgegenstände aufzufordern, seine etwaigen besonderen Wünsche im Interesse der Kommune zu äußern, welche dann von dem Deputierten, soweit die Umstände es zulassen, wiewohl ohne an sie gebunden zu sein, zu berücksichtigen sind. Nach der Rückkehr des

Deputierten hat er Magistrat und Bürgerausschuß in der nächsten Zusammenkunft von den hauptsächlichsten Vorkommenheiten und Beschlüssen der Landesversammlung in Kenntnis zu setzen." Mehr und mehr wurde also die Landstandschaft der Städte entgegen dem ihr ursprünglich zugrunde liegenden Prinzip einer Vertretung des Grund und Bodens zu einem persönlichen Recht der Bürgermeister.

Organisatorisch gliederte sich sowohl die Ritterschaft als auch die Landschaft nach drei Kreisen: dem mecklenburgischen, dem wendischen und dem stargardischen. Wie die gesamte Ritterschaft und ebenso die der Landschaft einerseits eine Korporation für sich bildeten, anderseits miteinander in einer Union standen, so galt auch dieselbe Absonderung bzw. Verbindung von Ritterschaft und Landschaft innerhalb eines jeden der drei Kreise. Eine führende Stellung in der Ritterschaft hatten die drei Landmarschälle, deren Amt erblich war, und zwar in den Familien derer von Lützow-Eikhof für den mecklenburgischen, der Freiherrn von Maltzahn-Grubenhagen (später der auf Burg Penzlin) für den wendischen und der Grafen Hahn-Pleez für den stargardischen Kreis. Ein erbliches Marschallamt gab es schon im 14. Jahrhundert in den drei Landen. Die Marschälle waren ursprünglich die Führer der Mannen ihres Landes gewesen. Als Landtagsmitglieder sollten sie „bei allen Begebenheiten, da im Namen der Ritter- und Landschaft Uns (d. h. der Regierung) mündliche An- und Vorträge zu tun sind", in erster Linie das Wort führen „nach der unter sich eingeführten Ordnung der Zeit und des Orts", ohne daß es jedoch der Ritter- und Landschaft benommen war, „auch durch Landräte oder Deputierte An- und Vorträge tun zu lassen" (Erbvergl. § 174). An der Spitze der Landschaft standen die Magistrate (Bürgermeister) der drei Vorderstädte Parchim (Mecklenburg), Güstrow (Wenden) und Neubrandenburg (Stargard). Die Bezeichnung „Vorderstädte" kommt zuerst im Jahre 1708 vor. Eine bevorzugte Stellung aber hatten diese drei Städte ebenso wie die beiden Seestädte Rostock und Wismar und die Residenz Schwerin schon weit früher. Bereits die Union der Landstände von 1523 hatten seitens der Landstände die „Bürgermeister und Ratmänner der Städte Rostock, Wismar, Neubrandenburg, Güstrow, Parchim und Schwerin als vollmächtige Befehlshaber, anstatt und im Namen aller gemeinen Städte" unterzeichnet. Es entsprach das wieder den im Mittelalter bestehenden territorialpolitischen Verhältnissen des Landes. Es waren die ursprünglichen Haupt- und Residenzstädte der sechs Lande: nämlich der Fürstentümer Mecklenburg, Wenden, Rostock, Parchim, der Grafschaft Schwerin und des Stargarder Landes. Von ihnen schieden Schwerin und Wismar später aus, weil mit Parchim zu demselben Herzogtum Schwerin gehörig, und Parchim behielt allein die Würde einer „Vorderstadt“. Wismar hatte noch ein besonderes Schicksal. Es gehörte 1755 bei Abschluß des Erbvergleichs (seit 1648) zu Schweden und kam daher für die Regelung der staatsrechtlichen Verhältnisse Mecklenburgs gar nicht in Betracht. Merkwürdigerweise erhielt es auch 1803, als es durch den Malmöer Vertrag wenigstens in den Pfandbesitz Mecklenburgs gelangte, noch nicht die Landstandschaft, sondern wurde erst nach wiederholten Verhandlungen, die aber meist an der Forderung Wismars auf Zulassung zum Engeren Ausschuß scheiterten, am 1. Juli 1897 in den landständischen Verband ausgenommen. Rostocks alte Vorrechtsstellung blieb auch weiterhin von Bestand, allerdings nicht als „Vorderstadt“, sondern als „Seestadt“ eines eigenen Kreises, des „Rostocker Distriktes“. Neustrelitz, obwohl schon 1733 als Stadt begründet, erhielt, weil völlig auf domanialem Grund und Boden gelegen, weder 1755 noch später die Landstandschaft und ist daher – ganz im Gegensatz zu noch späteren Gründungen, wie Rehna, Ludwigslust und Doberan, bei denen die Verhältnisse doch ähnlich wie in Neustrelitz lagen – nie im ständischen Landtag vertreten gewesen. Außerhalb der ständischen Verfassung Mecklenburgs blieb auch das Fürstentum (frühere Bistum) Ratzeburg, während das Fürstentum (ebenfalls frühere Bistum) Schwerin 1774 zunächst mit der Ritterschaft und erst 1851 auch mit den Städten (Bützow, Neustadt-Schwerin und Warin) in den landständischen Verband eingegliedert wurde. Das Fürstentum Ratzeburg blieb als ein Bestandteil des Strelitzer Domaniums ohne Verfassung in absolut monarchischer Regierung durch den Strelitzer Landesherrn, bis es unter dem 6. November 1869 eine eigene Verfassung (s. Register am Schluß) erhielt.

Die Leitung der Geschäfte für das Korps der Ritterschaft und Landschaft hatte auf den Landtagen und den Landeskonventen das Direktorium, außerhalb der Ständeversammlungen der Engere Ausschuß.

Das Direktorium bestand aus acht vom Landesherren aus den Ständen, besonders der Ritterschaft, erwählten Landräten, den drei Erblandmarschällen und einem Deputierten der Stadt Rostock. Von den acht Landräten stellte Schwerin sieben und zwar vier aus dem mecklenburgischen Kreis oder dem Herzogtum Schwerin und drei aus dem wendischen Kreis oder dem Herzogtum Güstrow, Strelitz einen und zwar den vierten aus dem Herzogtum Güstrow, zu dem das Stargarder Land vor 1701 gehört hatte. Überhaupt lag die Zweiteilung Mecklenburgs in die beiden Herzogtümer Schwerin und Güstrow, wie sie im 16. Jahrhundert bestanden hatte, noch manchen Bestimmungen des Erbvergleichs zugrunde, so z. B. hinsichtlich der Landräte, von denen je vier Schwerin und Güstrow angehörten. Sie waren Mittelspersonen zwischen der Landesherrschaft den Ständen. Der Engere Ausschuß, hervorgegangen aus den Schuldentilgungsausschüssen des 16. Jahrhunderts, tagte als Vertretung der Stände in Rostock, wo sich auch das ständische Landesarchiv mit der Bibliothek befand. Er bestand aus neun Personen: je einem Landrät aus dem Schweriner und Güstrower Herzogtum, je einem ritterschaftlichen und landschaftlichen Deputierten aus den drei Kreisen und einem Deputierten der Stadt Rostock. Die fünf ritterschaftlichen Mitglieder bildeten zugleich den Engeren Ausschuß der Ritterschaft. Eine dementsprechende Vertretung der Landschaft gab es nicht. Zwei Landsyndici, davon einer in Neubrandenburg besonders für den stargardischen Kreis, standen dem Engeren Ausschuß als juristische Beiräte zur Seite.

Die Versammlungen der Stände waren einerseits Land-, Konvokations- und Deputationstage, anderseits Landes-, ritterschaftliche und städtische Konvente. Erstere wurden durch die Landesherren, letztere durch die Stände selbst einberufen. Konvokationstage, d. h. Versammlungen der Stände einzelner Kreise oder eines der beiden Herzogtümer (Schwerin oder Strelitz), und Deputationstage, bei denen außer den Landräten und Erblandmarschällen nur Deputierte der Stände anwesend waren, dienten der Beratung besonderer Einzelfragen. Sie wurden im Laufe der Zeit immer seltener und kamen schließlich ganz außer Gebrauch. Die wichtigste und zugleich die alljährlich im Herbst wiederkehrende Versammlung war der Landtag.

Er wurde, wie es schon seit der Landesteilung von 1621 in die beiden Herzogtümer Schwerin und Güstrow geschehen war, auch weiterhin abwechselnd nach Sternberg (im Schwerinschen) und Malchin (im Güstrowschen) berufen. Außerordentliche Landtage fanden, doch selten und nur in besonderen Fällen (Krieg, Verfassung), auch zu anderen Jahreszeiten und in anderen Orten, besonders in Schwerin (1813, 1848, 1866, 1874, 1908) statt. Eröffnet wurde der Landtag durch den einen der beiden Schweriner Kommissare in Gegenwart des Strelitzer Kommissarius durch Verlesung der Landtagsproposition. Seit 1847 geschah das in der Kirche nach voraufgegangenenr Gottesdienst, und erst dann begannen die Verhandlungen im Rathaus. In früherer Zeit erschienen die Landesherren, wie das ihnen rechtlich zustand, meist persönlich, später jedoch nicht mehr. Verhandelt wurde auf dem Landtage teils im Plenum, teils in den „Kommitten“ (Kommissionen). Die Beschlußfassung geschah, wenn sich den Vorsitzenden die Annahme oder Ablehnung eines Antrages aus der in der Versammlung herrschenden Stimmung von selbst ergab, ohne förmliche Abstimmung, sonst durch Stimmzettel. Dabei gab es keine Beschlußfähigkeitsziffer, sondern auch die kleinste Zahl der Anwesenden war beschlußfähig. Stimmberechtigt war bei allgemeinen Landes- und Ständeangelegenheiten jedes Ständemitglied, bei Angelegenheiten eines Standes oder Kreises jedoch nur die Mitglieder dieses Standes oder die Stände dieses Kreises. Wurden Ritterschaft und Landschaft unter sich uneinig oder fürchtete einer der beiden Stände von dem weiteren Fortgang der Verhandlungen einen seinen Interessen und Wünschen nachteiligen Ausgang, so wurde gewöhnlich die sog. itio in partes beantragt, d. h. jeder Stand zog sich zur Sonderberatung zurück, und es erfogte dann die Beschlußfassung nach Ständen, wobei Ritterschaft und Landschaft ohne Rücksicht auf die Zahl der beiderseitigen Mitglieder einander gleichberechtigt waren. Zur Annahme einer Vorlage war in diesem Falle die Zustimmung beider Stände nötig. Betreffs der Geschäftsordnung ist noch bemerkenswert, daß es keine vorherbestimmte Tagesordnung, keine Rednerliste und keine Tribünen für das Publikum und die Presse gab, sondern daß in jedem Augenblick neue Gegenstände und neue Regierungsvorlagen zur Beratung gebracht werden konnten, jedes Mitglied ohne vorherige Meldung frei reden konnte und an die Zeitungen nur kurze Mitteilungen über die einzelnen Sitzungen ergingen. Geschlossen wurde der Landtag wieder seitens des Landesherrn durch die Landtagsabschiede, die von den Kommissaren im Auftrage und im Namen der Landesherrn nach Art von Urkunden ausgefertigt, mit dem Landtagskanzleisiegel versehen und den drei Landmarschällen übergeben wurden.

Von den verschiedenen Konventen waren die wichtigsten die beiden Landeskonvente, von denen der eine im Frühjahr, der andere im Herbst im Ständehaus zu Rostock stattfand, und der sog. Brandkonvent ebendort. Im Frühjahr hatte der Engere Ausschuß dem Landtagsdirektorium Bericht zu erstatten über die Ausführung der ihm auf dem letzten Landtage erteilten Aufträge, während der Herbstkonvent der Vorbesprechung für den kommenden Landtag galt. Außer dem Direktorium und dem Engeren Ausschuß gehörten den Landeskonventen noch 21 Deputierte der ritterschaftlichen Ämter des mecklenburgischen und wendischen Kreises und je ein Deputierter der stargardischen Ritterschaft, der beiden Seestädte Rostock und Wismar – von letzterem natürlich erst nach Aufnahme in den landständischen Verband –, der drei Vorderstädte und der Landschaft des mecklenburgischen und des wendischen Kreises an. Der Brandkonvent war ein Konvent aller Landstädte in Sachen der landständischen Brandversicherungsgesellschaft.

Außer dem von den Ständen mit geradezu leidenschaftlichem Streben und zähester Energie erworbenen Steuerbewilligungsrecht, der Krone aller ihrer Privilegien, mit dem sie selbst die Macht der Fürsten gelegentlich in Fesseln zwangen, stand ihnen noch eine Anzahl anderer Rechte zu, meist Mitwirkungsrechte bei Ausübung des landesherrlichen Regiments. Das war zunächst bei der Landesgesetzgebung der Fall. Bei allen Verordnungen, welche irgendwie die Gerechtsame der Stände – und ihrer waren viele – berührten, bedurfte es ihrer Zustimmung; bei den sog. „gleichgültigen" Gesetzen, d. h. solchen, welche die Interessen und Rechte der Stände nicht berührten, war nur ihr ratsames Bedenken und Erachten erforderlich; in Sachen dagegen, die das Domanium und die landesherrlichen Diener (Beamten) betrafen, schied jede Mitwirkung der Stände aus und war der Landesherr völlig unbeschränkt. Auf dem Gebiete der Verwaltung, der Polizei und der Justiz hatten die Stände – abgesehen von dem jedem einzelnen Mitglied zustehenden Rechte der Ortsobrigkeit, der Ortspolizei und der Patrimonialgerichtsbarkeit (letzterer noch bis 1879) – auch Anteil an der Ausübung der Landesverwaltung, Landespolizei und Landesgerichtsbarkeit durch Deputierte in den betreffenden Behörden und Instanzen. Bis zur Reichsgesetzgebung besaßen sie auch bestimmte Präsentationsrechte bei der Besetzung der Justizkanzleien und des Oberappellationsgerichts, und auch später noch waren sie bei Visitationen des Oberlandesgerichts, des oberen Kirchengerichts, des Gerichtshofes zur Entscheidung von Kompetenzkonflikten und des Zentralgefängnisses in Bützow durch Deputierte beteiligt. Besonders groß war auch ihr Einfluß und ihre bzw. des Landtags Zuständigkeit in Kirchensachen. Wie einstmals im Reformationszeitalter die mecklenburgische Landeskirche durch Fürst und Stände auf den Landtagen begründet und später in den Landesreversalen, besonders denen von 1621, gesetzlich normiert worden war, so war ihre Erhaltung und Fortführung auch an die Mitwirkung der Stände gebunden. „Bei der alten und revidierten Kirchenordnung, respective d. a. 1552 und 1602, hat es so lange sein Bewenden, bis selbige nebst der Konsistorial- und Superintendentenordnung nach Vorschrift des mehr angezogenen achten Artikels von der landesfürstlichen Gesetzgebungsmacht mit Zuziehung der Ritter- und Landschaft von neuem nachgesehen und verbessert sein wird“, so lautet § 483 des Erbvergleichs, und der Schlußparagraph 510 des 23. Artikels von Kirchen- und Pfarrsachen besagt noch einmal zusammenfassend: „Was sonst noch in Kirchen- und Pfarrsachen zu ändern, zu verbessern oder zu erläutern ist, das bleibt den künftigen Landtagen und der zur Hinkunft obverglichenermaßen ausgesetzten Nachsicht und Verbesserung der Kirchen-, Konsistorial- und Superintendentenordnung hiermit Vorbehalten.“ Ein solches Verhältnis von Landtag und Kirche hat denn auch in Mecklenburg, so lange die ständische Verfassung von Bestand war, jede Möglichkeit zur Bildung einer Landessynode nach dem Vorbild anderer Länder verhindert. Entsprechende Versuche, wie sie 1848 und zu Anfang des 20. Jahrhunderts gemacht wurden, scheiterten, da die damals angebahnten Verfassungsänderungen nur von vorübergehendem bzw. ohne allen Erfolg waren. –

Außer den genannten Artikeln über die Steuern und die landständische Verfassung enthält der Landesgrundgesetzliche Erbvergleich noch eine Anzahl anderer mit Bestimmungen über die Klöster (Art. 3, § 121–137), über das Brauen und Branntweinbrennen, sowie den Handwerksbetrieb auf dem Lande (Art. 13 und 14, § 232–279), über die Zölle nebst Damm-, Brücken- und Wegegeldern (Art. 15, § 280–292), über Jagd-und Holzsachen (Art. 16, § 293–308), über die Einquartierung und Verpflegung der eigenen sowie den Durchmarsch fremder Truppen (Art. 17 und 18, § 309–324), über die leibeigenen Untertanen der Ritterschaft und Landschaft (Art. 19, § 325–336), über politische Sachen überhaupt (Polizeiverwaltung. Art. 20, § 337–380), über das Justizwesen (Art. 21, § 381–433), über das Lehnswesen (Art. 22, § 434 bis 473), über Kirchen- und Pfarrsachen (Art. 23, § 474–510). In zwei Schlußartikeln (24 und 25 mit § 511–530) wird dann noch gehandelt „von den bisherigen Forderungen und Gegenforderungen“ und „von der Eigenschaft und Kraft dieses Vergleichs“.

Wie schon bei den Artikeln über das eigentliche landständische Verfassungsrecht, so handelte es sich auch bei den eben aufgezählten weiteren Bestimmungen innerpolitischer Art nicht um rein objektive Normen, die ohne irgendwelche Nebenrücksichten nur mit Bezug auf das gesamte Land und Volk festgelegt waren. Überall machen sich vielmehr die ständischen Interessen bemerkbar, auf die alle Verordnungen und Einrichtungen Rücksicht nehmen. Das alte Handelsgeschäft zwischen Fürst und Ständen, das schon aus der Zeit der Entstehung der Landstände im späteren Mittelalter datiert, hatte auch bei den Verhandlungen um den Abschluß des Landesgrundgesetzlichen Erbvergleichs nicht geruht. Seine bereits erwähnte Bedeutung als Finanzgesetz erschöpft sich nicht in den Artikeln über die Steuerforderungen; auch alle anderen Bestimmungen sind im Grunde nichts anderes als Zugeständnisse seitens der Landesherrschaft an die Stände für die von ihnen der Landesherrschaft gemachten finanziellen Bewilligungen und tragen somit von vornherein den Stempel subjektiver Färbung zu Nutz und Frommen der Stände, sei es der Ritterschaft oder der Städte allein, sei es der Vereinigung beider.

„Die drei Klöster Dobbertin, Ribnitz und Malchow sollen“, so heißt es in § 121 des Erbvergleichs, „bei ihrer Konsistenz und bei ihren

Rechten, wie darunter die Reversalen vom Jahr 1572 Art. 4 und das Herkommen Maß geben, gelassen und geschützt werden", mit anderen Worten: sie blieben auch weiterhin in Verwaltung und Nutznießung Privateigentum der Stände, vornehmlich der Ritterschaft, denn einerseits mußten Provisoren und Klosterhauptleute vom eingeborenen und rezipierten Adel sein, mit Ausnahme eines dritten von der Stadt Rostock bestellten Provisors für das Kloster Ribnitz, anderseits wurden von den Klosterstellen (es waren damals gegen 200 mit vollen Geld- und Naturalhebungen, vollen, halben und viertel Geldhebungen) den Städten zu den ihnen bereits gehörenden noch sechs weitere zugewiesen, die im Laufe des 18. Jahrhunderts, bei einer stetig bis auf das Doppelte wachsenden Gesamtzahl der Klosterstellen, auf 19 Plätze vermehrt wurden. Zwischen Rostock und der Ritterschaft waren noch besondere Abmachungen unter gegenseitigen Zugeständnissen über die Klöster Dobbertin und Ribnitz bzw. das Kloster zum heiligen Kreuz in Rostock getroffen worden. Das Brauen (außer zum eigenen Bedarf) und der Betrieb eines Handwerks (mit Ausnahme der allernotwendigsten) wurde auf dem Lande zugunsten der Städte verboten, die dadurch eine wenngleich nur geringfügige Linderung ihrer Lasten angesichts des besonders harten und ungerechten Terzquotensystems erfuhren. Hinsichtlich der Zollfreiheit der Ritterschaft „soll ihr selbige nicht nur von allem, zu ihrer Haushaltung bedürfenden Vieh und sonstigem Zubehör, ingleichem von allen zu Erbau- oder Besserung ihrer Wohnhäuser, Scheunen, Ställe und anderer Gebäude auf den adligen Gütern erforderlichen Materialien, sondern auch ausdrücklich von ihrem Vieh, Korn, Flachs, Hanf, Butter, Käse und Honig, auch von der Wolle und dergleichen, so sie auf ihren Gütern gebaut und erübrigt und entweder daselbst oder in Unsern Städten oder außerhalb des Landes verkauft, folglich mit allen Produkten, sie mögen Namen haben, wie sie wollen, ungekränkt hiermit versichert und gelassen werden" (Z 286). Zusammen mit ihren Hintersassen sollte die Ritterschaft „von aller Einquartierung und Verpflegung Unsrer Miliz, sie bestehe in Infanterie oder Kavallerie oder wie sie sonst Namen haben mögen, zu allen Zeiten und in alle Wege frei sein und bleiben" (Z 310). Für die Städte trat nur eine Befreiung in einzelnen Punkten ein. Dort sollten alle, „welche bürgerliche Nahrung treiben", „ehe und bevor ihnen solcher Nahrungstrieb zu verstatten, schuldig sein, das Bürgerrecht (käuflich) zu gewinnen und alle Lasten gleich andern Bürgern zu übernehmen". Der Erwerb eines Zunftmeisteramtes sollte nicht mehr, wie es sich eingebürgert hatte, von der Heirat mit einer Tochter oder der Witwe eines Amtsmeisters beeinflußt werden (§ 374). Die alten, schon längst nicht mehr ausgeübten ritterschaftlichen Roßdienste wurden im Gegensatz zu anderen Ländern, wo sie in Geldabgaben umgewandelt worden waren, ohne „Geldschatzung" und auch ohne „Erlegnisse unter dem Namen von Roßdienstgeldern oder unter andern Prätexten (Vorwänden)" aufgehoben. In den Städten wurde dem Adel seine Freiheit von der Akzise, Konsumption und Viehsteuer bestätigt. Besonders auch in Lehnssachen erreichte die Ritterschaft viele Zugeständnisse, von der Erlaubnis zur Errichtung von Fideikommissen und Majoraten an bis zur „billigeren Schreibgebühr" bei Duplikatsausstellungen von Lehnbriefen.

Wie auf der einen Seite die Macht der Stände, so erreichte auf der andern durch den Erbvergleich die Leibeigenschaft der Bauern ihre gesetzliche Vollendung. Der 19. Artikel in 32 Paragraphen handelt ausschließlich „von den leibeigenen Untertanen der Ritter- und Landschaft". Da wird zunächst die schon in den Reversalen von 1621 enthaltene Bestimmung, die den Bauersleuten die „Erbzins- oder andere Gerechtigkeit" abspricht, ausdrücklich wiederholt, ferner soll die Ritter- und Landschaft „bei ihrem landsittlichen Eigentumsrecht über ihre leibeigenen Gutsuntertanen und deren innehabendes Ackerwerk und Geschäfte unbeschwert belassen" werden und „die Verlegung und Niederlegung einem jeden Gutsherrn dergestalt frei und unbenommen" verbleiben, „daß er den Bauern von einem Dorf zum andern zu setzen und dessen Acker zum Hofacker zu Nehmen oder sonst dasselbe zu nutzen, Fug und Macht haben soll"; doch soll „die gänzliche Niederlegung der Dörfer und Bauernschaften in der Regel gänzlich verboten" und nur unter Zustimmung der Landesherrschaft nach einem vom Engeren Ausschuß erstatteten Bericht erlaubt sein. –

Hundert Jahre waren seit dem Ende des Dreißigjährigen Krieges vergangen. Die Greuel der Verwüstung gehörten einer längst vergangenen Zeit, der Geschichte einer völlig ausgestorbenen Generation an. Zwar blieben sie in den von Geschlecht zu Geschlecht fortwirkenden Erzählungen und Erinnerungen noch lebendig, und auch ihre Spuren waren oftmals noch allzu sichtbar, aber dennoch ließ sich trotz all der äußeren und inneren Wirren und Kämpfe, von denen diese Zeit seit dem Westfälischen Frieden erfüllt war, in mancher Hinsicht ein kultureller Aufstieg nicht verkennen. Wie einstmals zur Zeit der Germanisierung hatte auch jetzt eine umfassende Neubesiedlung des Landes, vornehmlich mit Leuten aus Holstein, Dänemark und Schweden, einen beträchtlichen Bevölkerungszuwachs veranlaßt. War auch der Stand vor dem Kriege noch nicht wieder erreicht, so war die Einwohnerzahl doch im Vergleich zu 1648 schon um das Doppelte oder Dreifache gestiegen. Man konnte um die Mitte des 18. Jahrhunderts bereits mit einer Summe von rund 150000 Seelen im Lande rechnen. Für den Seehandel, der noch in den ersten Jahrzehnten nach dem Kriege durch den Verlust Wismars an Schweden und durch die Erhebung des schwedischen Zolles in Warnemünde lahmgelegt war, bedeutete es doch einen großen Gewinn, als der Zoll, der zeitweilig eine Einnahme von 80 000 Talern einbrachte, 1714 an Mecklenburg abgetreten und 1748 ganz aufgehoben wurde. Der Verkehr im Lande wuchs durch die Organisation des Postwesens unter Herzog Friedrich Wilhelm im Jahre 1701. Schon vorher gab es in verschiedenen Städten Postämter, die von Postmeistern verwaltet wurden. Das Land wurde nunmehr in die drei Bezirke Schwerin, Rostock und Güstrow geteilt und die einzelnen Postämter auf die in diesen drei Städten errichteten Oberämter verteilt und deren Direktion unterstellt.

Eine für die geistige und sittlich-religiöse Erneuerung des Volkes bedeutende Tat war die Begründung des Landschulwesens durch die von den beiden Herzögen Adolf Friedrich und Ulrich 1650 veröffentlichte Revidierte Kirchenordnung. „Auf den Dörfern soll“, so heißt es darin, „der Pastor oder der Küster samt ihren Frauen Schule halten und etliche Knaben und Mägdlein im Katechismus, Gebet, Lesen, Schreiben, Rechnen (und auch wohl Nähen) unterweisen, damit die jungen Leute nicht aufwachsen wie das Vieh, sondern neben ihrer Arbeit auch Gott dienen mögen, der seine Kirche auch daselbst sammeln will, in welcher er will erkannt, geehrt und gepriesen werden.“ Es war in der Tat die höchste Zeit, belehrend auf die Jugend einzuwirken, um sie der großen geistigen Verrohung, der die Mehrzahl des

Volkes durch die unglücklichen Kriegsjahrzehnte anheimgefallen war, wieder zu entreißen. Der Unterricht sollte allerdings nur von Michaelis bis Ostern erteilt werden. Zunächst geschah das in den Kirchdörfern durch die Küster, die meist Handwerker, besonders Schneider, waren; später, etwa seit dem Beginn des 18. Jahrhunderts, begann man auch in den übrigen Dörfern mit der Errichtung von Schulen, in denen nur für den Winter Lehrer angenommen wurden, meist gegen freie Wohnung und Beköstigung, letztere durch Herumspeisen bei den Bauern. Auch das Einkommen der Küster bestand zum größten Teil aus Naturalien. So erhielt der Küster zu Cramon 1705 2 Haupt Rindvieh, 13 Scheffel Roggen und 17 1/4 Scheffel Gerste Maßkorn, von jedem Hauswirt 10 Eier, 1 Brot und 1 Wurst, dazu für eine Taufe 4 und eine Trauung 12 Schillinge. Um die Eltern dazu anzuhalten, daß sie ihre Kinder möglichst regelmäßig in die Schule schickten, wurden auch bald Strafgelder für Schulversäumnisse in Höhe von einigen Schillingen eingeführt. Die Schulaufsicht lag in der Hand der Superintendenten und Pastoren, die die Aufgabe hatten, „die Bauersleute ernstlich zu ermahnen, daß sie ihre Kinder Gott zu Ehren und zu ihrer eigenen Seligkeit in die Schule schicken sollen", anderseits auch „mitzuzusehen, da der Küster eine Schule hält, daß er sie fleißig und gebührlich unterweise". Die Erhaltung der Schule und ihrer Einrichtungen wurde der Gemeinde übertragen. Von Zeit zu Zeit fanden auch Visitationen statt, zu denen „neben gelehrten etliche Personen vom Adel und Landräten verordnet" wurden. Auf den Synoden der Geistlichen mußten diese dem Superintendenten Bericht erstatten, der alsdann dem Konsistorium Mitteilung machte. Mängel waren indes genug vorhanden, besonders auch hinsichtlich unfähiger Lehrkräfte, so daß z. B. Schreiben und Handarbeit (Nähen) bald nicht mehr allgemein erteilt werden konnte. Im übrigen blieb bis zum Landesgesetzlichen Erbvergleich 1755 die Entwicklung des Schulwesens im Domanium und auf dem ritterschaftlichen Besitz im ganzen fast die gleiche. Dann aber kam die ritterschaftliche Schule ganz und gar unter die Willkür der Gutsherren und nahm seitdem einen ungünstigen, ja unwürdigen Fortgang. – In den Städten, wo die Lateinschulen noch immer als Volksschulen galten, drang die Regierung ebenfalls immer mehr auf allgemeinen Schulzwang. In Parchim z. B. wurde 1749 bestimmt, daß kein Amtsmeister einen Lehrjungen annehmen solle, der nicht eine Bescheinigung seitens des Schulrektors beibringe, daß er gut lesen, schreiben und den Katechismus gelernt habe. Durch Errichtung von Armen- und Freischulen wurde auch die ärmere Bevölkerung für die Schule gewonnen. Da aber die Anforderungen der Lateinschulen, seitdem ihr Besuch sich gehoben hatte, doch für viele Kinder zu hoch waren, so hatte sich bereits eine ganze Anzahl Nebenschulen, sogenannte Klipschulen, gebildet, in denen nur die Elementarfächer gelehrt wurden.

Auf kirchlichem Gebiete trat zu Ende des Dreißigjährigen Krieges gegen die bereits verknöcherte Orthodoxie eine mystische Gegenströmung hervor, die besonders in Rostock durch die Professoren und Stadtgeistlichen Joachim Lütkemann, Johann Quistorp den Jüngeren, Gottlieb Großgebauer und vor allem durch den Professor und Stadtsuperintendenten Heinrich Müller (gest. 1675) Verbreitung fand. Nicht gegen die lutherische Kirche als solche, auch nicht gegen ihr Dogma überhaupt wandten sich diese Männer; ebensowenig beabsichtigten sie die Bildung einer von der Landeskirchengemeinschaft losgelösten Sekte, vielmehr galt ihr Angriff der zum reinen Formelwesen erstarrten kirchlichen Wissenschaft, die wieder vollständig im Fahrwasser der mittelalterlichen Scholastik segelte. Den Geist der Liebe innerhalb der Kirche zu pflegen, wie es besonders der Cellesche Generalsuperintendent Arnd in seinen schon 1606 erschienenen „Vier Büchern vom wahren Christentum" gefordert hatte, war ihr Ziel. Ihnen gegenüber aber nahmen als Vertreter der strengen Rechtgläubigkeit nach dem Lehrbegriff der Konkordienformel in seiner buchstäblichen Form die beiden Professoren und Superintendenten D. Johann Fecht und D. Johann Peter Grünenberg (verstorben 1712) das Wort. In der von letzterem verfaßten Erläuterung der Kirchenordnung wurden ausdrücklich an der Universität sowie in Kirche und Schule alle synkretistischen, indifferentistischen, pietistischen, auch enthusiastischen, chiliastischen, terministischen und sonstigen alten und neuen satanischen oder ketzerischen Lehren verboten. Zu den Anhängern alter Irrtümer wurde auch die unter dem Herzog Christian (Louis) 1672 entstandene katholische Gemeinde in Schwerin (S. 235), zu denjenigen der neuen die 1698 durch Aufnahme hugenottischer Flüchtlinge aus Frankreich begründete reformierte Gemeinde in Bützow gerechnet. Ein Edikt des

Herzogs Friedrich Wilhelm hatte ihre Niederlassung daselbst gestattet. Im Jahre 1713 siedelte auch des Herzogs Witwe mit ihrem reformierten Hofprediger dorthin über. Die kleine Gemeinde hat sich, ebenso wie die katholische in Schwerin, mit ihrer 1761 bis 1771 erbauten und 1881 erneuerten Kirche bis auf den heutigen Tag als einzige ihrer Art im Lande erhalten. Ein starkes Bollwerk der alten Rechtgläubigkeit, zugleich ein echtes religiöses Volksbuch in Kirche und Schule wurde der auf Befehl des Herzogs Karl Leopold verfaßte und im Jubeljahr der Reformation 1717 durch die Superintendenten für das ganze Schweriner Herzogtum herausgegebene Landeskatechismus. Eine der Mystik zwar verwandte, aber von krankhafter Schwärmerei und sektiererischem Geist erfüllte kirchliche Erscheinung war die von der Herzogin Auguste 1733 in Dargun und Umgegend ins Leben gerufene Pietistengemeinde mit den Predigern Ehrenpfort, Schmidt, Höved und Zachariä. Aber auch sie fand keine öffentlich-rechtliche Geltung. Gegen diese Darguner Propheten, die sogar die Gemeinschaft der Frauen anstrebten, wandte sich außer dem Hofprediger der Herzogin selbst, namens Stieber, den sie deswegen seines Amtes enthob, vor allem der Rostocker Professor v. Johann Christian Burmann, und eine durch das mecklenburgische Konsistorium von der Leipziger theologischen und juristischen Fakultät erbetene Entscheidung verurteilte die Darguner als im Widerspruch mit der mecklenburgischen Kirchen- und Konsistorialordnung stehend und riet zu einer scharfen Bestrafung. Kurze Zeit noch dauerten die Streitigkeiten, dann fiel um die Mitte des 18. Jahrhunderts der Pietismus in Mecklenburg von selbst seiner durch krankhafte Entartung längst vorbereiteten inneren Auflösung anheim.

Auf dem Gebiete der Kirchenverfassung vollzogen sich nach 1650 noch einige Veränderungen. Im Jahre 1663 wurde, da Wismar mit Neukloster durch den Westfälischen Frieden auch in kirchlicher Hinsicht an Schweden überging, die dortige Superintendentur nach Rostock verlegt und meist sogar mit der Rostocker Stadtsuperintendentur verbunden, bis letztere 1715 zu einem Directorium ministerii herabgedrückt wurde. Im Jahre 1701 ging durch die Landesteilung in Schwerin und Strelitz die Neubrandenburger Superintendentur mit Ratzeburg in den Bereich der neuen Strelitzer Landesregierung über. Von der Einrichtung der Präpositen 1671 im Güstrower Herzogtum ist bereits oben

(S. 292) gesprochen worden. Sie bestanden im Schwerinschen schon früher unter dem Namen der Senioren, erhielten aber 1706 ebenfalls die neue Amtsbezeichnung. Den Präpositen wurde die Abhaltung jährlicher Predigersynoden in ihrem Bezirk zur Pflicht gemacht. Eine bedeutende Verminderung seiner bisherigen Rechte erfuhr das Konsistorium im Jahre 1756, indem ihm unter Abnahme aller Zivil- und Prozeßsachen nur die Doktrinal- und Zeremonialangelegenheiten sowie die Disziplinarsachen der Prediger und Kirchendiener (ohne Rostock) verblieben. Im Landesgrundgesetzlichen Erbvergleich (1755) wurde auch die bereits viel angefochtene Steuerfreiheit der Geistlichen mit Einschluß der Professoren, Kirchen- und Schuldiener aufgehoben und bestimmt, daß fortab die gesamte Geistlichkeit zu den Reichs- und Kreissteuern herangezogen werde.

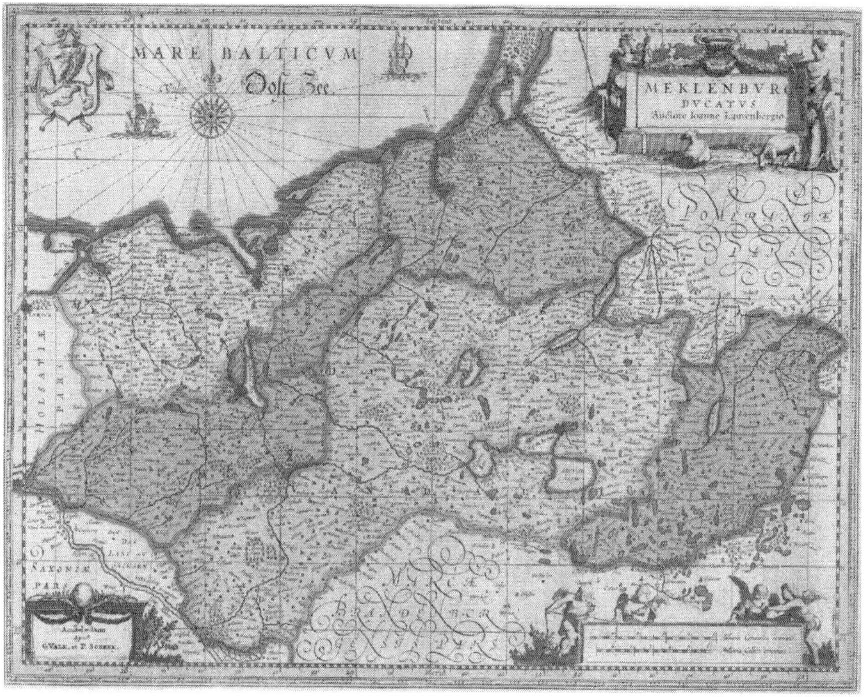

Karte des Herzogtums Mecklenburg von Lauremberg, etwa 1709 in Amsterdam veröffentlicht.

Mecklenburg-Schwerin und Mecklenburg-Strelitz 1815–1934.

Das Gemälde „Niklots Tod“ von Theodor Schloepke (1812-1878) befindet sich im Schweriner Schloß. Niklot, der Obotritenfürst, Stammvater des mecklenburgischen Fürstenhauses, fiel 1160 im Kampf in der Nähe der Feste Werle nordöstlich von Schwerin.

Wappen der Herzöge von Mecklenburg (Mecklenburger Stierkopf). Zeichnung von Hugo Gerhard Ströhl (1851–1919) nach dem Siegel Herzog Albrechts II. (1349), in: „Deutsche Wappenrolle“, Stuttgart 1897.

Heinrich der Löwe läßt 1164 den Obotritenfürsten Wertislaw (Sohn Niklots) hängen.
Quelle: Georg Spalatin – Chronic der Sachsen. Werkstatt des Lucas Cranach, Wittenberg 1530/35

Heinrich V., Jacopo de' Barbari zugeschriebenes Porträt (1507).
Heinrich V., Herzog zu Mecklenburg, genannt der Friedfertige (geb. 3. Mai 1479 in Schwerin; † 6. Februar 1552 ebenda) war regierender Herzog zu Mecklenburg im Landesteil Mecklenburg-Schwerin. Er regierte von 1503 bis 1552.

Philipp, Herzog zu Mecklenburg, zuweilen fälschlich Philipp I. genannt, war Herzog zu Mecklenburg-Schwerin (geb. 12. September 1514 in Schwerin; † 4. Januar 1557 in Güstrow).

Adolf Friedrich I., Herzog zu Mecklenburg-Schwerin, geb. 15. Dezember 1588, † 27. Februar 1658.

Christian II. Ludwig, Herzog zu Mecklenburg (geb. 15. November 1683 in Grabow; † 30. Mai 1756 in Schwerin) war (regierender) Herzog zu Mecklenburg im Landesteil Mecklenburg-Schwerin.

Wallenstein (geb. 24. September 1583; † 25. Februar 1634): Herzog von Friedland, kaiserlicher Kriegsrat und Kämmerer, Allerhöchster Obrist von Prag und ebensolcher General. Kupferstich 1625/28. Er regierte in Mecklenburg von 1628–1631 nach Absetzung Johann Albrechts II. durch Kaiser Ferdinand II.

Auf dem am 20. Juni 1549 an der Sagsdorfer Brücke in Sternberg abgehaltenen Landtag der mecklenburgischen Stände wurde die Einführung der Reformation für Mecklenburg beschlossen. Ausschnitt aus dem Freskogemälde (1896) von Fritz Greve (1863-1931).

Mecklenburg-Karte von 1645.

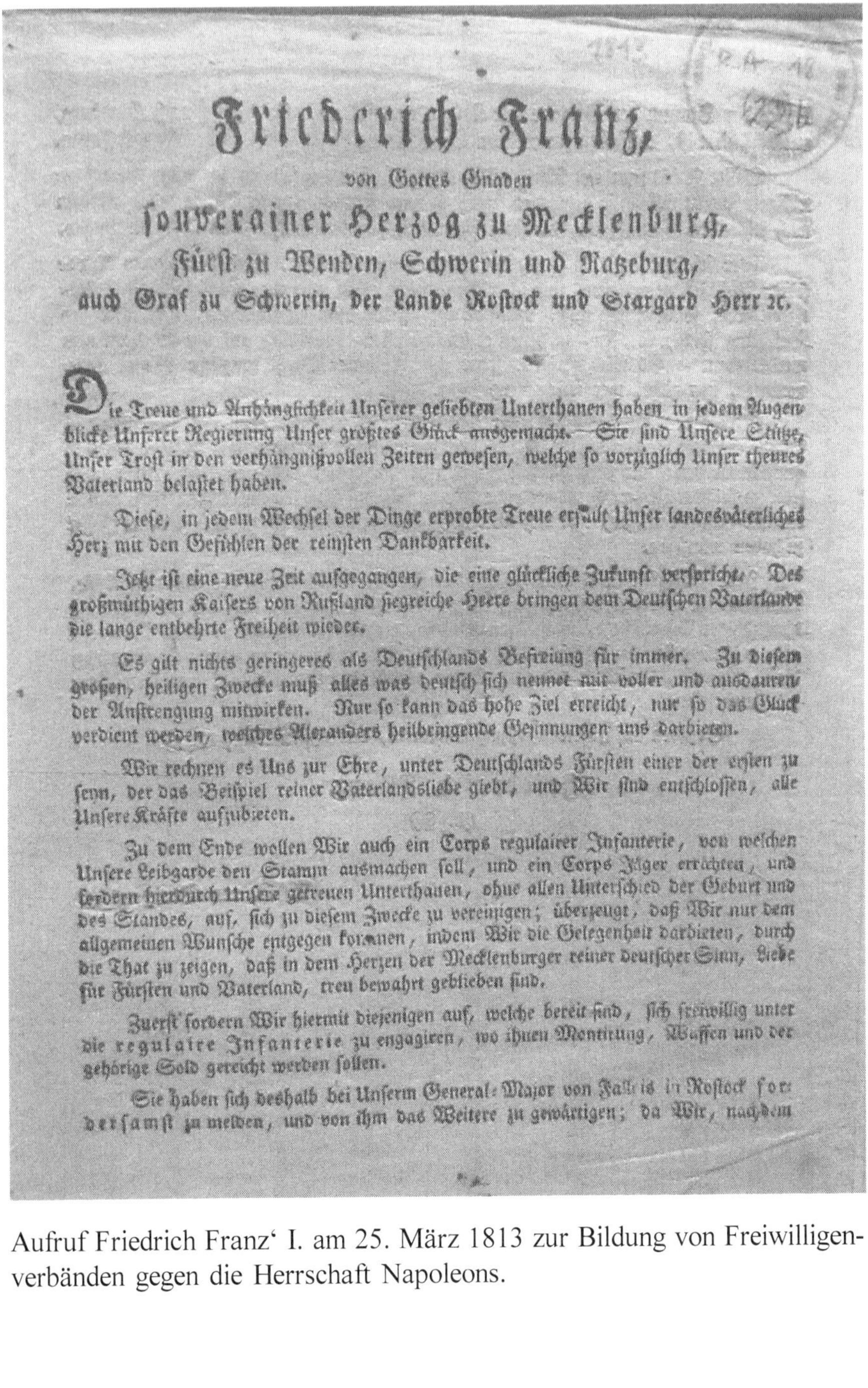

Friederich Franz,

von Gottes Gnaden

souverainer Herzog zu Mecklenburg,

Fürst zu Wenden, Schwerin und Ratzeburg,

auch Graf zu Schwerin, der Lande Rostock und Stargard Herr rc.

Die Treue und Anhänglichkeit Unserer geliebten Unterthanen haben in jedem Augenblicke Unserer Regierung Unser größtes Glück ausgemacht. Sie sind Unsere Stütze, Unser Trost in den verhängnißvollen Zeiten gewesen, welche so vorzüglich Unser theures Vaterland belastet haben.

Diese, in jedem Wechsel der Dinge erprobte Treue erfüllt Unser landesväterliches Herz mit den Gefühlen der reinsten Dankbarkeit.

Jetzt ist eine neue Zeit aufgegangen, die eine glückliche Zukunft verspricht. Des großmüthigen Kaisers von Rußland siegreiche Heere bringen dem Deutschen Vaterlande die lange entbehrte Freiheit wieder.

Es gilt nichts geringeres als Deutschlands Befreiung für immer. Zu diesem großen, heiligen Zwecke muß alles was deutsch sich nennet mit voller und ausdauernder Anstrengung mitwirken. Nur so kann das hohe Ziel erreicht, nur so das Glück verdient werden, welches Alexanders heilbringende Gesinnungen uns darbieten.

Wir rechnen es Uns zur Ehre, unter Deutschlands Fürsten einer der ersten zu seyn, der das Beispiel reiner Vaterlandsliebe giebt, und Wir sind entschlossen, alle Unsere Kräfte aufzubieten.

Zu dem Ende wollen Wir auch ein Corps regulairer Infanterie, von welchen Unsere Leibgarde den Stamm ausmachen soll, und ein Corps Jäger errichten, und fordern hierdurch Unsere getreuen Unterthanen, ohne allen Unterschied der Geburt und des Standes, auf, sich zu diesem Zwecke zu vereinigen; überzeugt, daß Wir nur dem allgemeinen Wunsche entgegen kommen, indem Wir die Gelegenheit darbieten, durch die That zu zeigen, daß in dem Herzen der Mecklenburger reiner deutscher Sinn, Liebe für Fürsten und Vaterland, treu bewahrt geblieben sind.

Zuerst fordern Wir hiermit diejenigen auf, welche bereit sind, sich freiwillig unter die regulaire Infanterie zu engagiren, wo ihnen Montirung, Waffen und der gehörige Sold gereicht werden sollen.

Sie haben sich deshalb bei Unserm General-Major von Fallois in Rostock fordersamst zu melden, und von ihm das Weitere zu gewärtigen; da Wir, nachdem

Aufruf Friedrich Franz' I. am 25. März 1813 zur Bildung von Freiwilligenverbänden gegen die Herrschaft Napoleons.

Fritz Reuter (geb. 7. November 1810 in Stavenhagen; † 12. Juli 1874 in Eisenach) ist einer der bedeutendsten Dichter und Schriftsteller der niederdeutschen Sprache. (Porträt von Theodor Schloepke, 1866)

Carl Malchin – Winter – Motiv aus Rostock (1898), Öl auf Leinwand

Schwerin vor 1651 (Matthäus Merian, 1653)

Schweriner Dom vor 1845 (J.G.Tiedemann'sche Hof-Steindruckerei, erstellt am 1. Januar 1845).

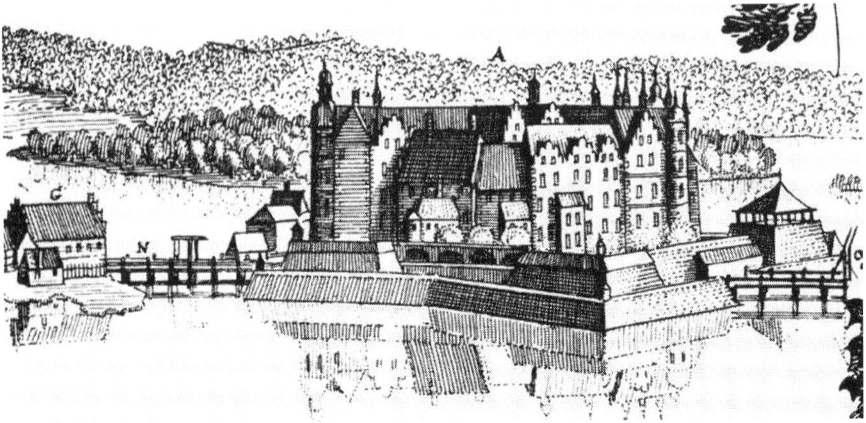

Das Schweriner Schloß vor 1651 (Matthäus Merian, 1653).

Schweriner Schloß um 1850.

Großherzog Friedrich Franz IV., Großherzog von Mecklenburg-Schwerin] (geb. 9. April 1882 in Palermo; † 17. November 1945 in Flensburg), als Jäger vor einer gemalten Waldkulisse im Fotostudio des Carl Jagerspacher in Gmunden/ Österreich (Aufnahme aus dem Jahr 1904). Er war der letzte Großherzog des Landesteils Mecklenburg-Schwerin und letzter regierender Monarch in Mecklenburg. Er regierte vom Tode seines Vaters 1897 bis zum 14. November 1918.

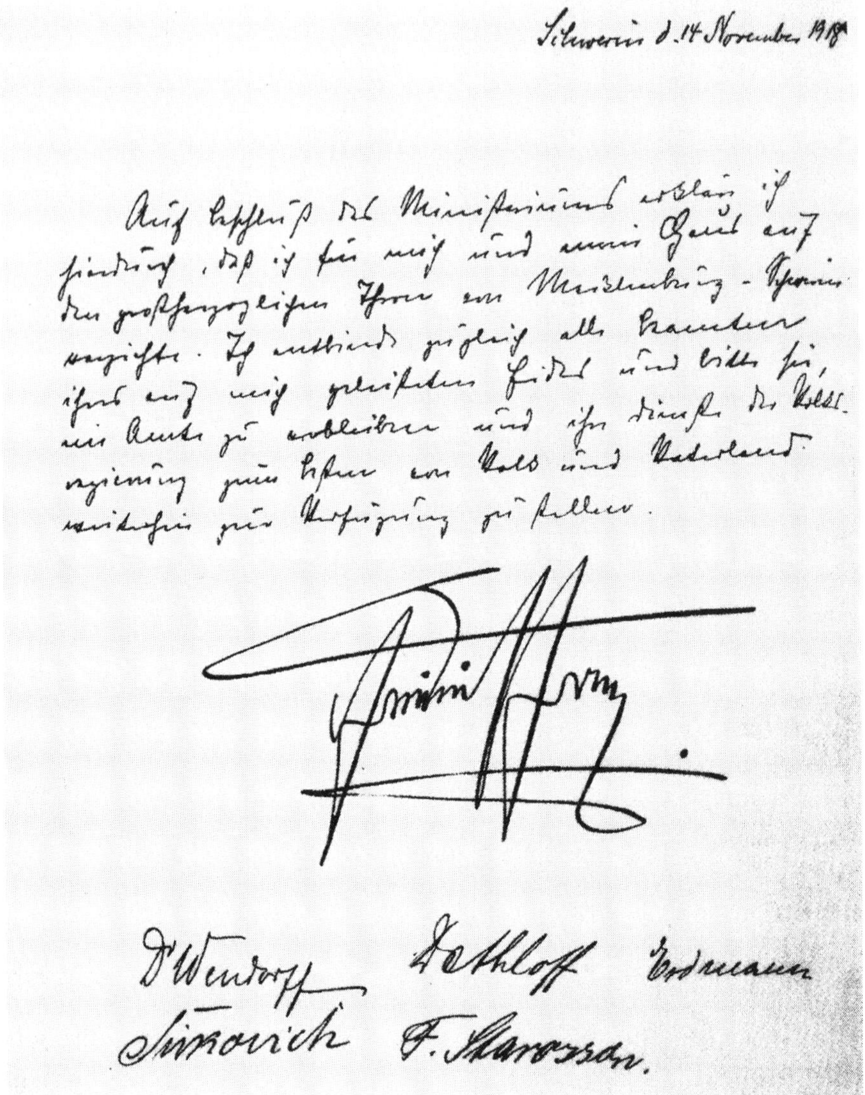
Schwerin d. 14 November 1918

Auf Beschluß des Ministeriums erkläre ich hierdurch, daß ich für mich und mein Haus auf den großherzoglichen Thron von Mecklenburg-Schwerin verzichte. Ich entbinde zugleich alle Beamten ihres auf mich geleisteten Eides und bitte sie, im Amte zu verbleiben und ihre Dienste der Volksregierung zum Besten von Volk und Vaterland weiterhin zur Verfügung zu stellen.

Friedrich Franz

Dr Wendorff Dethloff Erdmann

Sivkovich F. Starosson.

Abdankungsurkunde von Friedrich Franz IV. vom 14. November 1918.

Siebenter Abschnitt

Mecklenburg in der Zeit Friedrichs des Großen und Napoleons I.

(Von der Mitte der 18. bis in den Anfang des 19. Jahrhunderts)

Im Jahre 1740 bestieg der preußische König Friedrich II. den Thron seiner Väter. Die Wirkung, die von seiner Persönlichkeit auf die Zeitgenossen ausging, brachte ihn sehr bald in Beziehungen freundschaftlicher oder gegnerischer Art zu fast allen Kabinetten und Völkern Europas. Mit Mecklenburg war er bereits vor seinem Regierungsantritt von dem benachbarten Rheinsberg aus in Verbindung getreten, besonders mit dem Strelitzer Land, wo Adolf Friedrich III. soeben seine neue Residenz Neustrelitz begründet hatte und sein Halbbruder, der Herzog Karl Ludwig als apanagierter Fürst mit seiner Gemahlin Elisabeth Albertine von Sachsen-Hildburghausen und seiner Mutter, der verwitweten Herzogin Emilie Antonie, geborenen Prinzessin von Schwarzburg-Sondershausen, in Mirow Hof hielt. Hier sowohl wie in Neustrelitz hat Friedrich selbst mehrmals geweilt, aber ein herzlicher Verkehr hat sich mit keinem der beiden Höfe entwickelt. Die Schuld lag zumeist bei Friedrich. Mochte immerhin zwischen ihm und dem Strelitzer Adolf Friedrich, mehr noch dem Mirower Karl Ludwig ein sichtlicher Unterschied in der beiderseitigen Persönlichkeit und der Hofhaltung bestehen, so war die spöttische Art, mit der Friedrich in den Briefen an seinen Vater von den beiden Fürsten sprach, doch wenig vornehm und gerecht, zumal da er damit lediglich den rein persönlichen Zweck verfolgte, seinen Vater durch solch derbe Schilderungen zu belustigen. Und, was noch schlimmer war, auch hierbei übten die schon erwähnten ungesetzlichen preußischen Werbungen ihren verderblichen Einfluß.

Wie zahlreiche Edikte mecklenburgischer Herzöge gegen fremde Werbungen beweisen, waren solche schon im 17. Jahrhundert und früher, wo die Bildung eines Heeres noch ausschließlich auf dem Söldnerwesen beruhte, nichts Seltenes gewesen, doch war es dabei meist ohne Gewaltmittel abgegangen. Das aber änderte sich im 18.

Jahrhundert. Schon 1718 berichtet der Oberadministrator und Bürgermeister Luders in Malchin an den Landkommissar Forch, daß weder Herren noch Knechte, weder hochfürstliche Administratoren noch deren Leute und Bauern des Nachts vor den preußischen Werbern in ihren Betten sicher seien. Um nur einige Beispiele anzuführen, so hatte man 1711 in dem Dorfe Grittel bei Eldena den Schulmeister mitten aus seinem Unterrichte fortgeschleppt; 1718 wurde ein Sülzer Bürger, als er in Demmin Salz verkaufte, unterwegs von seinem Wagen gerissen, 1722 der Organist in Eldena von einem Kommando Infanterie nächtlicherweile mitgenommen. Wer sich den Werbern entgegenstellte oder für die unglücklichen Bauern eintrat, lief Gefahr, sein Leben zu verlieren, wie es 1721 bei dem Gutsbesitzer von Freyberg auf Karchow geschah, der von den erzürnten Werbern so arg zugerichtet wurde, daß er nach vier Tagen starb.

Zwar suchte man sich im Lande gegen solche Übergriffe nach Möglichkeit zu wehren. Der Strelitzer Herzog Adolf Friedrich befahl 1724, daß die Werber „krumm und lahm geschlagen, auch, wenn es nicht zu ändern, totgeschlagen werden". Die Schweriner Justizkanzlei empfahl in einem Berichte von 1725 an den Herzog Karl Leopold die Selbsthilfe, ja sogar die Lynchjustiz als das einzige Mittel seitens der hart gequälten Bevölkerung. „Die Werber brechen", so heißt es, „mit tödlichem Gewehr bei nachtschlafender Zeit in adlige und unadlige Häuser und Güter feindlich ein, stoßen, prügeln, binden, knebeln und führen anständige Menschen räuberischerweise fort, so daß es kein Wunder wäre, wenn das ganze Land sich wider sie armierte und ein jeder diese Bösewichte als allgemeine Menschenfeinde und Verächter Gottes und der Obrigkeit, wo er sie finden möchte, niederschlüge. Wir fürchten auch, daß solches daraus erwachsen werde, und wissen nicht, ob Ew. Hochfürstliche Durchlaucht diejenigen, so dergleichen tun möchten, sonderlich strafen könnten, angesehen in Ermangelung obrigkeitlichen Schutzes ein jeder sich selbst, seine Angehörigen und seine nächsten zu schützen und den Landfriedensstörern das Handwerk zu legen befugt ist."

Soviel auch die mecklenburgischen Regierungen beim König von Preußen Einspruch erhoben, es nützte ebenso wenig wie ein Gebot des Kaisers 1725, das dieser auf Grund eines ihm von seiner Exekutionskommission berichteten Falles erließ, daß nämlich alle fremden Werber festzunehmen und gefangen zu setzen seien, bis man an ihn darüber berichtet habe. Ein preußischer Kapitän ließ der Herzoglichen Regierung auf ihre Einrede sagen: „Grüßen Sie die Hochfürstliche Regierung schönstens wieder, und wenn der alte Schäfer binnen acht Tagen nicht seinen Sohn gestellt und 200 Taler gezahlt hätte, so ließe ich seine Frau ins Spinnhaus setzen und die drei Pferde und Kühe zum Verkauf austrommeln, der Sohn solle aber doch nicht sicher sein; die größte Freude aber soll es für mich sein, wenn ich einmal einen mecklenburgischen Geheimrat aus Dömitz zu fassen kriege für meine Kompagnie." Eine Mehrung der Werbungen trat 1733 bis 1735 ein, als Karl Leopold selbst preußische Truppen ins Land rief und diese in einer Stärke von zwei Regimentern Kavallerie und einem Infanterie einrückten. Um die gewaltsam fortgeschleppten Soldaten von der unter diesen Umständen ganz natürlichen Desertion zurückzuhalten, ließen die Werber gleich Frau und Kinder nebst Hausgerät auf Wagen packen und mit zur Garnison führen. Schon die Knaben standen dann unter militärischer Kontrolle und wurden gleichsam zu Soldaten herangezogen. Das Schlimmste aber war, daß der Herzog Karl Leopold selbst sich nicht scheute, die fremden Werbungen gelegentlich im eigenen Lande zu begünstigen, wenn er daraus beim Könige von Preußen für sich persönlich Vorteil ziehen konnte.

Auch unter Friedrich dem Großen nahmen die preußischen Werbungen in Mecklenburg ihren Fortgang, besonders als nach dem ersten Schlesischen Kriege 1742 ein Bataillon preußischer Ziethen-Husaren in den drei Städten Parchim (mit dem Stab und drei Schwadronen), Plau und Lübs (mit je einer Schwadron) in Garnison kam, und zwar zur Sicherung der vier Ämter Plau, Eldena, Warnitz und Wredenhagen, die noch immer in preußischem Pfandbesitz waren. Als nun 1743 der Herzog Christian Ludwig infolge der ungünstigen Finanzverhältnisse seines Landes von den beiden einstmals auf Wunsch des Kaisers zur Entfernung der Kommissionstruppen in Sold genommenen Infanterieregimentern, dem Fürstlich-Schwarzburgischen und dem Herzoglich-Holsteinischen, nur mit dem ersteren die Kapitulation (Dienstverpflichtung) erneuerte, die Holsteiner dagegen dem König von Preußen überließ, da desertierten von diesen während der Vorbereitungen zu ihrer Umquartierung in die neue (preußische) Garnison Parchim im August und September über hundert Mann, indem sie meistens von einem ihnen erteilten Urlaub in die Heimat nicht zurückkehrten, um sich so der bereits bekannten und gefürchteten strengen preußischen Disziplin zu entziehen. Dieser Umstand veranlaßte den darüber erzürnten König, der die mecklenburgische Ritterschaft und die Gemeinden der Beihilfe zur Desertion und der heimlichen Aufnahme der Entlaufenen beschuldigte, zur gewaltsamen Rekru-tierung von Ersatzmännern. Geführt von ihren Offizieren, durchstreiften nunmehr abteilungsweise die Schwadronen der Ziethenhusaren das ganze Land, selbst bis nach Wustrow auf Fischland, und griffen die waffenfähigen Männer, wo sie sie fanden, besonders unter den leibeigenen Bauern im Domanium und in der Ritterschaft. So wurden in anderthalb Monaten, von Mitte Oktober bis Ende November, allein 194 Männer nach Parchim geschleppt und von dort auf die verschiedensten preußischen Regimenter verteilt Eine Menge noch erhaltener amtlicher Berichte und Klagen zeigt, wie rücksichtslos und gewaltsam die Husaren gegen die Einwohner verfuhren Nicht genug, daß sie überall auf Kosten der Bevölkerung lebten, sie nahmen auch bei ihrem Abzug aus den Dörfern stets massenweise der Bauern Schweine, Gänse und Hühner ohne Bezahlung mit. Besonders hart waren auch die Repressalien der Werber gegen die Gutsbesitzer. Mehrfach kam es zwischen Werbern und Bauern zu Schlägereien, die dem König dann wieder erneut Anlaß gaben, noch schärfere Gegenmaßnahmen zu treffen 1).

Zwar liefen in den nächsten Jahren von beiden mecklenburgischen Herzögen, Christian Ludwig von Schwerin und Adolf Friedrich von Strelitz, wiederholt Klagen beim Preußenkönig ein. Aber sie hatten wenig Erfolg. Wenn auch Friedrich der Große seinem Obersten Schwerin in Pasewalk die Anweisung gab, seine Offiziere in Mecklenburg ernstlich zu Mäßigung und gehöriger Bescheidenheit anzuhal-

1) Es mag hier im einzelnen besonders auf die Arbeit von W. v. Schultz, Die Preußischen Werbungen unter Friedrich Wilhelm und Friedrich dem Großen bis zum Beginn des Siebenjährigen Krieges (Schwerin 1887) verwiesen werden, in denen der Verfasser an der Hand reichlichen Altenmaterials aus dem Geh. und Hauptarchiv in Schwerin ein Bild von den preußischen Menschenräubereien in Mecklenburg entwirft.

ten und besonders den erregten Herzog Adolf Friedrich zu begütigen, so entsprach seinen Worten doch nicht die Tat. Im Lande war die Furcht vor den preußischen Werbern bereits so groß, daß z. B. eine Anzahl Bürgermeister und Ritter nicht mehr zu den Landtagen zu reisen wagte, weil ihre Dienerschaft unterwegs, ja sogar Frauen und Kinder daheim während der Abwesenheit der Männer von den preußischen Husaren ergriffen und belästigt werden möchten. Dem Herzoge Christian Ludwig gegenüber bestritt Friedrich der Große die Richtigkeit seiner in den Klageschriften gemachten Darstellungen und schob alle Schuld für das Vergehen seiner Husaren auf „das bisher bezeigte fremde und unfreundliche Verfahren der Vasallen und Einwohner gegen die Werbungen". Bis zum Ausbruch des Siebenjährigen Krieges dauerten diese in beiden mecklenburgischen Ländern fort und wurden im Schwerinschen während der Kriegszeit ins schier Unermeßliche gesteigert. –

Von dem Ende des ruhelosen Herzogs Karl Leopold (1747), von den Strelitzer Vormundschaftshändeln beim Tode des dortigen Herzogs Adolf Friedrich III. (1752), ebenso auch von dem unter Christian Ludwig sogleich nach seinem Regierungsantritt (1747) begonnenen Verfassungswerk, das mit dem Landesgrundgesetzlichen Erbvergleich (1755) seinen Abschluß fand, ist bereits oben gesprochen worden (S. 321 ff.). Eben erst war nach langen inneren Wirren und Kämpfen in Mecklenburg wieder Ruhe und Ordnung eingekehrt, da zogen, diesmal für Deutschland, ja ganz Europa, neue Gewitterwolken am politischen Himmel herauf, die auch Mecklenburg binnen kurzem in den Bereich des gewaltigen Völkerringens ziehen sollten.

Auf dem Reichstag zu Regensburg im Januar 1757, wo gegen Friedrich den Großen wegen seines vorjährigen Einfalls in Sachsen von der Mehrzahl der deutschen Fürsten die Reichsexekution beschlossen wurde, nahm der Schweriner Herzog Friedrich, der erst vor kurzem, am 30. Mai 1756, seinem Vater Christian Ludwig auf dem Throne gefolgt war, durch seinen Komitialgesandten, Baron Teuffel von Pürkensee, gleich den meisten deutschen Ständen Stellung gegen den Preußenkönig. Verschiedene Gründe bewogen ihn zu dieser Entscheidung. Infolge der eben geschilderten umfangreichen und gesetzwidrigen preußischen Rekrutenanwerbungen war die Grundstimmung in dem Verhältnis zwischen dem Schweriner und Berliner Hof trotz aller äußerlichen Freundlichkeiten doch allmählich ziemlich gereizt geworden. Immerhin hätte dieser Umstand allein den Herzog höchstens in eine neutrale, auf Vermittlung durch das Reich hinzielende Stellungnahme gegenüber Preußen drängen können. Der Schritt zu einer direkten Gegnerschaft entsprang anderen Motiven, in allererster Linie dem Gedanken des Herzogs an eine augenblicklich günstige Gelegenheit zur Wieder- bzw. Neuerwerbung mehrerer Länder. Auch bei ihm stand es, wie in den meisten europäischen Kabinetten, fest, daß Preußen in diesem Kampf gegen die erdrückende Übermacht seiner Feinde ihrem lange vorbereiteten Überfall unterliegen werde. So hoffte er denn zunächst, die an Preußen und das mit diesem verbündete Hannover verpfändeten zwölf Ämter wiederzugewinnen, von letzterem aber außerdem noch die Abtretung des Herzogtums Lauenburg zu erwirken, für das er sich auf alte Erbverträge stützte. Auch die noch in schwedischem Besitz befindlichen mecklenburgischen Gebietsteile, die Stadt Wismar mit den Ämtern Poel und Neukloster, konnten bei einem siegreichen Friedensschluß wieder mit Mecklenburg vereinigt werden, wenn Schweden, das sich ebenfalls in der allgemeinen Koalition gegen Friedrich den Großen befand, durch preußisches Land entschädigt würde.

Es wäre durchaus ungerecht und hieße die damaligen politischen Verhältnisse verkennen, wollte man, wie es mehrfach geschehen ist, den Herzog von vornherein einer leichtfertigen Handlungsweise beschuldigen und ihn als den Urheber all des Elends hinstellen, das der kommende Krieg über sein Land gebracht hat. Nach reiflicher Überlegung hatte er vornehmlich in Übereinstimmung mit seinem Vizekanzler, Baron von Dittmar, einem tüchtigen, wenn auch etwas leidenschaftlichen Staatsmann, und dem schon genannten Komitialgesandten, Baron Teuffel, einem ebenfalls klugen und gelehrten Diplomaten, seinen Entschluß gefaßt. Was der Herzog beanspruchte, waren lediglich alte mecklenburgische Rechte, die zu wahren ihm seine Ehre und Pflicht als Landesfürst gebot. Die Erfüllung der Wünsche aber erschien bei der damaligen politischen Lage nur durch einen Anschluß an Österreich möglich.

Bereits im März 1757 legte er in Wien und Regensburg bei dem dortigen kaiserlichen Kanzler bzw. Kommissar seine Ansprüche dar. Der Wiener Hof zeigte sich nicht abgeneigt, verlangte aber vom Herzog Gegendienste. Er sollte für schnelle Bewilligung der geforderten Kontingentshilfe zu Roß und zu Fuß in dreifacher Stärke, sowie für Einzahlung von dreißig Römermonaten – es waren für Mecklenburg-Schwerin 12 000 Gulden – auf alle Weise wirken und wenigstens die Führung der evangelischen preußenfeindlichen Reichsstände übernehmen. Baron Teuffel riet dem Herzog dringend zur Annahme dieser kaiserlichen Forderungen. Auch mit dem französischen König Ludwig XV. schloß der Herzog Anfang April einen Vertrag, demgemäß er „den Truppen des Königs und seinen Alliierten freien Durchzug durch seine Lande gegen Bezahlung in den Etappen“ versprach, der König dafür seinerseits dem Herzog „die wirksamste Hilfe zum Schutz und zur Verteidigung des Landes“ und auch seine guten Dienste zur Wiedererlangung der zwölf Ämter zusicherte.

Es ist nicht zu leugnen, daß, als die Entscheidung gegen Preußen einmal gefallen war, mit der Zeit beim Herzog und besonders bei seinen beiden Ratgebern, die an sich schon Freunde Österreichs waren, jene preußenfeindliche Stimmung immer mehr hervortrat und, auch wenn sie durch die früheren Menschenräubereien preußischer Werber verständlich war gelegentlich in Einzelfragen der Politik doch allzu subjektiv wirkte. Man segelte schwerinerseits bald völlig im österreichischen Fahrwasser, schien sich bisweilen mit seinem Haßgefühl gegen Preußen brüsten zu wollen und machte – dem deutschen Nationalgefühl nicht mehr entsprechend – sogar mit den Verbündeten gemeinsame Sache, um Preußen zu vernichten. Schon im November und Dezember 1736, noch vor jener Entscheidung in Regensburg, waren Vermittlungsversuche, die der Herzog Friedrich von Sachsen-Gotha, ebenso die hannöversche und selbst die preußische Regierung unternahmen, von der Schweriner Regierung unter gleichzeitig wiederholten Versicherungen treuer Ergebenheit an die kaiserliche Regierung in Wien kurz und kühl abgewiesen worden. Und als im Mai 1757 bei einer Beratung aller Verbündeten schon im voraus die Entthronung des preußischen Königs und seine Erniedrigung zu einem einfachen Grafen von Ruppin mit dem Besitz der Priegnitz beschlossen wurde, da wollte der mecklenburgische Vizekanzler ihm auch dieses kleine Land noch absprechen, es für Mecklenburg gewinnen und dem König nur den einfachen Grafentitel belassen. Natürlich blieb von österreichischer Seite kein Mittel unversucht, um eine solche Stimmung am Schweriner Hof zu nähren. Und das war, wenn man sicher gehen wollte, nötig. Denn fast schien es, als sei sich der Herzog trotz seiner langen Erwägungen der Tragweite seines Entschlusses doch nicht völlig bewußt gewesen. Erwartete er doch noch im Juli 1757, daß Friedrich der Große ihm den kürzlich erfolgten Tod seiner Mutter anzeigen werde. Erst die Enttäuschung über das ganz natürliche gegenteilige Verhalten des Königs brachte den Herzog neben anderen Erscheinungen zu der wirklichen Überzeugung von Friedrichs des Großen feindseliger Gesinnung gegen ihn.

Ein Vorwurf allerdings bleibt dem Herzog bei allem guten Willen nicht erspart. Sein Vorgehen gegen Preußen stand nicht im Einklang mit den militärischen Kräften seines Landes. Das Schweriner Kontingent mit seinen dreizehn Kompagnien und einer Leibgarde unter dem Befehl des Generalmajors von Zülow war sehr schwach und umfaßte insgesamt etwa 1300 Mann, von denen aber nur 800 für den Felddienst in Betracht kamen. Die Truppen lagen kompagnieweise oder in kleinen Detachements zerstreut in den Städten des Landes, meist nur um die Bevölkerung gegen die preußischen Werber zu schützen. Eine so geringfügige Truppenmacht verbot, auch wenn sie, wie es nachher geschah, einheitlicher organisiert wurde, doch jedes aggressive Vorgehen, ja ließ sogar eine selbständige Verteidigung des Landes gegen das kleinste geschulte preußische Heer zweifelhaft und bedenklich erscheinen. Des Herzogs Augen richteten sich in dieser Hinsicht zu sehr auf die Hilfe Frankreichs und Schwedens, die sich aber allzubald als trügerisch und unzuverlässig erweisen sollte.

Anders als sein Schweriner Vetter dachte der Strelitzer Herzog Adolf Friedrich IV. oder besser dessen Mutter, die für den noch jugendlichen Sohn die politischen Geschäfte führte. Sie erklärte auf den verständigen Rat ihres Ministers Zesterfleth durch ihren Gesandten auf dem Reichstag zu Regensburg sich und das Strelitzer Land für neutral und wünschte im Einvernehmen mit einigen anderen Reichsständen eine friedliche Vermittlung durch Kaiser und Reich zwischen den streitenden Parteien. Strelitz wurde dadurch im Gegensatz zum Schweriner Land vor vielen Leiden bewahrt, wenn es auch bei seiner Lage zwischen drei Kriegsländern (Mecklenburg-Schwerin, Schwedisch-Pommern und Preußen) nicht ausbleiben konnte, daß die kämpfenden Heere mehrfach ihren Marsch durch Strelitzer Gebiet nahmen, hier sogar aufeinander trafen, sich in kleineren Gefechten maßen, vorübergehend von Teilen des Landes Besitz ergriffen und auch gelegentlich gewaltsame Werbungen, Plünderungen und Eintreibungen von Geld und Lebensmitteln vornahmen. Immerhin geschah das alles gelinder und seltener, als im Schwerinschen.

Indessen hatte das große Völkerringen begonnen. Das Unglück, das Friedrich der Große nach anfänglichen Siegen bei Dresden, Lobositz und Prag um die Mitte des Jahres 1757 durch die Niederlagen bei Kolin, Hastenbeck und Großjägersdorf auf allen Kriegsschauplätzen traf, bestärkte auch den Herzog Friedrich und seine Minister in ihrer Prophezeiung bezüglich Preußens Untergang. „Es ist probabel, daß man noch in diesem Jahre die Friedenssonne wird scheinen sehen“, schrieb damals Baron Teuffel aus Regensburg nach Schwerin, natürlich in der sicheren Annahme von Preußens baldiger Vernichtung. Schon waren die Österreicher im Vormarsch auf Berlin. Von Norden her kamen ihnen die Schweden durch einen Einfall in Preußisch-Pommern und die Uckermark entgegen. Der mecklenburgische Gesandte, Geh. Rat von Hövel, der trotz Abbruchs der diplomatischen Beziehungen noch immer in Berlin weilte, berichtete von einer ziemlich gedrückten Stimmung in der dortigen Einwohnerschaft. Den Franzosen stand nach der schmählichen Konvention des Herzogs von Cumberland im Kloster Zeven der Weg an die untere Elbe offen, und die beabsichtigte Verbindung mit den Schweden schien nahegerückt zu sein. Bereits Anfang November traf der französische Gesandte de Champaux wieder in Schwerin ein, um den Vertrag vom April noch zu erweitern und zu befestigen. Trotz des in denselben Tagen von Friedrich dem Großen über die Reichsarmee und die Franzosen erfochtenen Sieges bei Roßbach (5. Nov.) wurde der Vertrag am 1. Dezember abgeschlossen, demgemäß „für den Fall, daß die französische Armee nach Brandenburg oder Pommern vordringt, Stadt und Festung Dömitz dem Könige von Frankreich oder dem Kaiser und Reich in Verwahrung“

gegeben werden, auch „französische Truppen die an Preußen und Hannover verpfändeten Ämter während des Krieges besetzen“ sollten. Der Herzog ratifizierte den Vertrag und sandte ihn zur Genehmigung an König Ludwig nach Versailles.

Jedoch schon der Tag von Roßbach, mehr noch die bald darauf erfolgende Aufhebung der Zevener Konvention durch König Georg von England unter seinem preußenfreundlichen Minister Pitt entschied anders, als jene Diplomaten in Schwerin erwarten mochten. Friedrich erhielt durch Pitt englische Subsidien, und eine neue hannöversche Armee unter dem General Prinz Ferdinand von Braunschweig, der schon an der Schlacht bei Roßbach teilgenommen hatte, trieb die Franzosen noch im Dezember bis nach Celle zurück. Mecklenburg war von seinen vermeintlichen Bundesgenossen abgeschnitten und die Verbindung der Franzosen mit den Schweden vereitelt. Auch die Rücksendung des Vertrags vom 1. Dezember von Versailles nach Schwerin verzögerte sich. Allem Anschein nach ist sie auch später nicht mehr erfolgt. Ebenso blieb ein von König Ludwig versprochenes Heer für Mecklenburg und Vorpommern aus. Vielmehr entsandte dorthin gegen die Schweden jetzt Friedrich der Große den Feldmarschall Lehwald. Anfang Dezember schon – um die Zeit, als Friedrich selbst sich gegen die Österreicher wandte und diese am 5. d. M. in der glänzenden Schlacht bei Leuthen besiegte – traf Lehwald mit etwa 25000 Mann in Stettin ein. Während er sich von hier aus mit dem Gros seines Heeres gegen das Zentrum der Schweden in der Richtung Anklam und Demmin wandte, entsandte er den Generalleutnant Prinz von Holstein-Gottorp mit fünf Bataillonen und dreißig Eskadrons in die rechte Flanke des Feindes. Nun schlug die Stunde auch für Mecklenburg-Schwerin, das seit der preußenfeindlichen Erklärung seines Herzogs noch fast ein Jahr vom Krieg verschont geblieben war. Zu beiden Seiten des Kummerower Sees überschritt der Prinz die Peene und besetzte die Städte und Ortschaften im Nordosten des Landes, von Malchin über Neukalen, Dargun, Gnoien und Sülze bis hinauf nach Marlow.

Fast alle kriegerischen Begebenheiten auf mecklenburgischem Boden lehnten sich eng an die Vorgänge zwischen Preußen und Schweden an. Gegen letzteres hatte Friedrich der Große kein besonderes

Heer aufgestellt; den Kampf gegen diesen Feind, der stets aus der Gegend von Greifswald und Stralsund in die Uckermark auf Richtung Berlin vorstieß, regelte er vielmehr je nach der Lage der Dinge gegenüber Österreich, Frankreich und besonders Rußland. Dabei spielte das Schweriner Land eine ziemlich klägliche Rolle, denn weder haben seine Truppen an den schwedischen Offensiven teilgenommen, noch selbständig das Land an den Grenzen gegen die andrängenden Feinde verteidigt.

So war denn Mecklenburg von vornherein dem Feinde völlig preisgegeben. Was sich während der fünf Jahre von 1758 bis 1762 an wirklichen Kampfhandlungen auf mecklenburgischem Boden abgewickelt hat, besteht allerdings nur in einer langen, wenn auch gelegentlich unterbrochenen Kette von Scharmützeln und Kleinkämpfen einzelner Truppenteile. Von zerschossenen, blutdurchtränkten Schlachtfeldern ist in beiden Mecklenburg ebensowenig die Rede wie von lautem Waffengeklirr und rollendem Geschützdonner. Die Kontributionen und Lieferungen in bar und Naturalien, die von der preußischen Kriegsverwaltung einzelnen Ortschaften sowie dem ganzen Lande auferlegt wurden, dazu die zahlreichen Truppenanwerbungen, meist gewaltsamer Art, die vielen Plünderungen und Gewalttätigkeiten gegen die Einwohner und deren Eigentum sind es, die dieser Kriegszeit für Mecklenburg den Stempel einer stetig wachsenden Leidenszeit aufgedrückt und die Erinnerungen an sie von Geschlecht zu Geschlecht bewahrt haben.

Im Dezember 1757 betraten, wie gesagt, die Feinde zum ersten Male mecklenburgischen Boden. Sogleich beorderte der Herzog die zerstreut liegenden Landestruppen in die drei Hauptgarnisonen Schwerin, Rostock und Güstrow. Die beiden letzteren sollten im Falle eines feindlichen Angriffs um freien Abzug bitten und sich dann nach Schwerin begeben. Somit von vornherein ihrer eigentlichen Aufgabe der Landesverteidigung enthoben, wurde ihnen, soviel auch die einzelnen Befehlshaber sich dagegen sträubten, eine mehr passive Rolle zugeteilt. Der Herzog selbst verließ das Land und begab sich noch vor Weihnachten nebst seiner Familie und seinen Ministern, mit Ausnahme des schon genannten Vizekanzlers von Dittmar, der in Schwerin zurückblieb, nach Lübeck. Von hier aus führte er, soweit es einem

Landesflüchtigen möglich war, die Regierung weiter. Unterhandlungen, die er brieflich sowie durch seinen Schloßhauptmann Baron von Forstner und den zum Gesandten in Dänemark ernannten Geh. Legationsrat von Lützow mit König Friedrich von Dänemark zwecks Entsendung dänischer Hilfstruppen führte, zerschlugen sich, und ebenso blieben alle Vorstellungen des dänischen Gesandten in Berlin zugunsten des Herzogs ohne Erfolg. Denn Friedrich der Große ließ erklären, daß er Mecklenburg besetze, um den Schweden diese Kornkammer zu verschließen.

Ein halbes Jahr (bis Juni 1758) dauerte die erste feindliche Invasion. Besonders der Osten des Landes erfuhr schon damals, welch drückende Lasten die Verpflegung der preußischen Truppen verursachte, obgleich ihre Zahl anfangs noch nicht sehr stark war. So mußte z. B. die Stadt Gnoien noch vor Weihnachten 96 Scheffel Roggen, 24 Scheffel Hafer, 50 Zentner Heu und 6 Schock Stroh nach Malchin abführen, wo ein preußisches Kriegskommissariat unter dem General von Kleist eingerichtet worden war. An den Engeren Ausschuß der Ritterschaft und Landschaft in Rostock erging am 5. Januar 1758 die Anweisung zu einer Landeskontribution von 2 1/4 Mill. Talern, die aber schließlich von ständischen Deputierten auf 1 Mill, herabgehandelt wurde; dazu mußten 4368 Wispel Mehl, 9282 Wispel Roggen, 8260 Wispel Hafer (oder statt dessen 5480 Wispel Roggen), 202 380 Zentner Heu und 23616 Schock Stroh geliefert werden, und zwar sollten als Strafe für den Herzog wegen seiner so schnellen Mitbewilligung der 30 Römermonate in Regensburg die herzoglichen Domänen allein die Hälfte aller Lieferungen in bar und Naturalien aufbringen, dagegen die an Preußen und Hannover verpfändeten zwölf Ämter von allen Abgaben frei bleiben. Die Schwere dieser Forderungen erkennt man z. B. daran, daß in dem Dorfe Spornitz bei Parchim jeder Bauer 25, jeder Einlieger 2 und jeder Handwerker 3 Taler beisteuern mußten. Die Ablieferungstermine, für das Getreide ratenweise bis zum 1., für das Geld ebenso bis zum 21. Februar, ließen sich nicht innehalten, und die Gestellung von Wagen, Pferden, Knechten usw. wirkte besonders auf die landwirtschaftlichen Betriebe überaus lähmend.

Im Februar suchte der Feind auch die genannten drei Garnisonen aufzuheben. Es gelang ihm bei Rostock und Güstrow, bei ersterem durch zwei gleichzeitig von Ribnitz und dem schwedischen Wismar anrückende Abteilungen unter dem Prinzen von Holstein selbst, bei Güstrow durch einige Eskadrons Dragoner. Die Rostocker Garnison erhielt freien Abzug und gelangte nach mühseligen Märschen, verfolgt und bedroht von feindlichen Trupps und stark gelichtet durch Desertion, nach Schwerin, die Güstrower wurde in die feindlichen Regimenter in Sachsen und Mecklenburg eingereiht. Schwerin dagegen, obgleich schlecht befestigt, hielt sich infolge tapferer Gegenwehr des Generalmajors mit seinen etwa 600 Mann und 20 Geschützen. Nach zweimonatiger vergeblicher Belagerung zog der Major von Hirsch im April wieder nach Rostock ab.

Zwei Monate später, im Juni, endete die erste feindliche Invasion, da der preußische Graf Dohna, der für den erkrankten Feldmarschall Lehwald den Oberbefehl erhielt, mit seinen Truppen aus Mecklenburg gegen die von Osten andrängenden Russen beordert wurde. Sogleich unternahmen die Schweden, ähnlich wie im Vorjahr, einen Vorstoß bis tief in die Uckermark, wobei sie diesmal auch durch Mecklenburg-Strelitz über Friedland, Fürstenberg und andere Orte zogen. Dem Herzog aber gab das Abrücken der Preußen Veranlassung, nach Mecklenburg, und zwar in seine Residenz Ludwigslust zurückzukehren.

Über eine halbe Million Taler waren an Kontributionsgeldern während der ersten feindlichen Invasion an Preußen bezahlt worden, ebensoviel war rückständig geblieben. Schwerer noch lasteten die Lieferungen an Getreide und Furage auf der Bevölkerung. Infolge der Gestellung von Pferden verzögerte sich die Bebauung des Landes, litt Handel und Verkehr, und die Waren stiegen im Preise. Am schlimmsten aber wirkten die gewaltsamen Rekrutenaushebungen, vor denen kein dienstfähiger junger Mann sicher war. Die preußischen Werber setzten das Volk in Angst und Schrecken, und viele junge Leute suchten durch Flucht oder Auswanderung dem Unheil zu entgehen. Kaum waren die preußischen Truppen aus dem Lande, da kamen beim schwedischen Vormarsch auch einige schwedische Detachements ins Land, suchten die Abführung der von den Preußen den Städten auferlegten Kontributionen zu verhindern, so besonders in Rostock und Bützow, und belegten auch die noch in der Landesrezepturkasse vorhandenen

Gelder mit Beschlag. Zwischen dem Herzog, der ein solches Vorgehen der Schweden ziemlich ruhig mit ansah und auf diese Weise von seinen Zahlungen befreit zu werden hoffte, und den Ständen, die in immer größere Geldverlegenheiten gerieten und nicht ganz mit Unrecht dem Herzog einen Teil der Schuld beimaßen, kam es zu einem sehr erregten Briefwechsel. Auch mit Rostock, das sich über zu hohe Lieferungen und Kontributionen beklagte, geriet der Herzog in Streit; er ließ es schließlich durch den General von Zülow mit dem Schweriner Regiment besetzen.

Die diplomatischen Verhandlungen, die der Herzog auch während der ersten preußischen Invasion mit Österreich und Frankreich führte, hatten wenig Erfolg. Allerdings hatte man in Wien für des Herzogs Klagen stets ein offenes Ohr, da man sie als Beweis für Friedrichs des Großen Unrecht und Gewalt benutzen wollte, aber zu irgendwelcher positiven Unterstützung zeigte man wenig Neigung. Erst im Mai 1758, als die preußischen Truppen schon fast ein halbes Jahr in Mecklenburg standen, kam auf des Herzogs Bittgesuch vom Juni 1757 von Maria Theresia eine Antwort in zwar wohlwollender, aber recht unbestimmter Form. Sie werde, so hieß es darin, bei etwaigem Friedensschluß das Interesse des Herzogs nicht aus dem Auge verlieren. Nicht anders erging es mit einer Beschwerdeschrift, die der Herzog bald nach dem Einrücken der Preußen in sein Land an den Kaiser gerichtet hatte. Ein kaiserlich-reichstägisches Mandat vom September 1758 an Friedrich den Großen, seine Truppen aus Mecklenburg zurückzuziehen, war alles, was der Herzog nach vielen Worten und mehrmals wiederholter Bitte erreichte. Er selbst durfte das Schreiben durch die Post dem Preußenkönig senden, doch stellte dieser es nach einigen Wochen auf demselben Wege ungeöffnet in einem Paket der Regierung in Schwerin wieder zu. Ein zu Anfang Oktober vom preußischen Gesandten beim Regensburger Reichstag vorgelegtes Memorandum gegen die mecklenburgische Klageschrift schob alle Schuld auf den Herzog. Obgleich dieser noch in demselben Monate in einer vom Vizekanzler ausgearbeiteten Verteidigungsschrift, die in 3000 Exemplaren gedruckt und überall an den Höfen verbreitet wurde, die preußischen Vorwürfe als unzutreffend zurückwies und selbst in Berlin eine bessere Beurteilung Mecklenburgs erzielte, so scheiterten doch alle

Einigungsmöglichkeiten an dem Bündnis Mecklenburgs mit Frankreich, einem ziemlich unüberlegten Schritt des Herzogs, der ihm auch nicht den geringsten Vorteil brachte. Was nämlich der Herzog schriftlich von Frankreich erreicht hatte, war, daß König Ludwig im Februar 1758 monatlich 25 000 Livres Unterstützungsgelder zum Unterhalt der herzoglichen Truppen versprach. Er tat es, um einerseits den Herzog in seiner preußenfeindlichen Haltung zu bestärken, anderseits um die mecklenburgischen Stände, die die preußenfeindliche Politik des Herzogs bereits mißbilligten, zu beruhigen. Das Widerwärtigste dabei aber war, daß diese Gelder, die tatsächlich bis 1760 in einer Höhe von insgesamt 700 000 Lires einliefen, nicht aus der Kasse des französischen Königs stammten, sondern durch Erpressung in den von französischen Truppen besetzten deutschen Gebieten aufgebracht worden waren.

Nur ein halbes Jahr dauerte die Abwesenheit der feindlichen Truppen. Im August 1758 schlug Friedrich der Große die Russen bei Zorndorf, unweit Küstrin. Durch schnell aus Sachsen und Brandenburg entsandte Truppen wurden nun die Schweden durch General von Manteuffel allmählich wieder über Demmin und Anklam hinter die Peene zurückgedrängt. Im Dezember rückte auch Graf Dohna wieder mit seinem Korps von Wittstock heran. Während nun Manteuffel die Schweden in der Front aus der Gegend von Treptow her beschäftigte, wollte Dohna sie in ihrer rechten Flanke umgehen und zog daher durch Mecklenburg. Zum zweitenmal wurde das Land von feindlichen Truppen heimgesucht. Am 20. Dezember traf Dohna bei Stavenhagen und Malchin ein. Den herzoglichen Beamten und den Deputierten der Städte und der Ritterschaft, die Graf Dohna zu sich beorderte, wurde durch den Chef des Feldkriegskommissariats eröffnet, daß sie außer der Verpflegung aller Truppen auch noch große Mengen Getreide und Futter in das Magazin nach Treptow zu liefern hätten. In Malchin wurde eine Feldbäckerei errichtet, und von hier mußten die einzelnen Gemeinden das Brot oft meilenweit nach Pommern abfahren. Auf dem weiteren Vormarsch Dohnas über Gnoien und Sülze nach Ribnitz häuften sich für die Städte und Dörfer die Einquartierungen von Tag zu Tag, und die Verpflegung der Truppen bereitete den Bewohnern schier unerschwingliche Kosten. So mußten z. B., als Dohna Ende

Dezember mit einer Anzahl hoher Offiziere in Gnoien sein Quartier hatte, täglich außer etwa 700 Rationen Brot und anderen Lebensmitteln für 1200 Mann noch besonders für des Grafen Küche geliefert werden: 2 Stück gutes Rindfleisch zu 24 Pfund, 1 Hammel, 4 Kuhnhähne, 2 Kuhnhühner, 6 Kapaunen, 6 Hühner, 6 Enten, 1 Schwein oder Pölk, 6 Pfund Butter, 2 Hut feinen und 2 Hut ordinären Zuckers, 1 Pfund gute levantische Kaffeebohnen. Die Stadt hatte das Aussehen einer Festung. Die Tore waren besetzt und Feldwachen ausgestellt; die Bürger wagten kaum ihren Geschäften nachzugehen, die meisten wurden durch den Feind in Anspruch genommen. Die Last war besonders bei dem Ungestüm der Forderungen ungemein drückend.

Und doch war für Mecklenburg erst ein Kriegsjahr verflossen. Der Schade des Landes belief sich, in Geld berechnet, bis Ende 1758 auf 2 Millionen Taler. Außerdem waren 1500 Mann als Rekruten gewaltsam fortgeschleppt worden. Das zweite Kriegsjahr (1759) aber schien sich noch weit schlimmer anzulassen. Nachdem Dohna zusammen mit Manteuffel die Schweden auf Greifswald zurückgedrängt hatte, schloß er mit einem Teil seiner Truppen Stralsund ein und bezog mit dem Gros seines Heeres Winterquartiere in Schwedisch-Pommern und dem nordöstlichen Mecklenburg. Er selbst kam Ende Januar nach Rostock, das nun täglich große Mengen Lebensmittel für die Truppen beschaffen und beträchtliche Summen Vergnügungsgelder für die Offiziere zahlen mußte. Doch gings bald dem ganzen Lande nicht besser. Gleichzeitig nämlich entsandte Dohna eine Anzahl Streifkorps und ließ als Entgelt dafür, daß der Herzog bei Kriegsbeginn den Schweden 50 000 Tonnen Getreide bewilligt habe, jetzt 5000 Wispel Weizen, 14 020 Wispel Roggen, 6000 Wispel Hafer, 200 000 Rationen Heu und 28450 Bund Stroh, dazu noch die ziemlich hohen Rückstände in Geld und Naturalien vom vorigen Jahr einzutreiben. Dabei gingen die preußischen Truppen mit unnachsichtlicher Strenge vor, und nicht selten kam es zu Gewalttätigkeiten und groben Ausschreitungen gegen die Bevölkerung. Bald füllten sich die preußischen Kassen mit Geld, die Magazine in Demmin und anderen Orten mit Korn und Futter. Auf den Dörfern und Gütern wurden die Pferde der Bauern zu Hunderten fortgetrieben. Dazu hatte Friedrich der Große den Grafen Dohna beauftragt, den Bedarf an Mannschaften und Pferden für die preußische Armee im Jahre 1759 in erster Linie aus Schwedisch-Pommern und Mecklenburg herauszuholen. Mecklenburg allein sollte 8000 Mann liefern, und das wollte der König, wie Dohna dem Engeren Ausschuß anzeigte, „ohne alle Einwände und Räsonniern erfüllt wissen, sonst wird man zuletzt zugreifen und ohne Ansehn der Person alles, wie es sich vorfindet und zum Dienst des Königs einigermaßen tüchtig ist, nehmen." Da halfen auch die mit Dohnas Erlaubnis vom Lande aufgebrachten 11 000 Taler Werbegelder zwecks Befreiung von der Rekrutengestellung nichts mehr. Der Bürger in der Stadt wurde mitten in seinem Handwerk, der Bauer auf dem Lande hinter dem Pfluge von den feindlichen Soldaten aufgegriffen und fortgeschleppt. Selbst auf der Landstraße, im Walde, bei Tag und Nacht, nicht selten auch des Sonntags vor und in der Kirche betrieben die Werber ihr Geschäft. Dabei vergriffen sie sich oft in der brutalsten Weise an den wehrlosen Einwohnern, raubten und nahmen ihnen alles, was diese noch an Lebensmitteln hatten, und zerschlugen, wenn sie nichts mehr fanden oder andere Werber vor ihnen schon alles geplündert hatten, aus Wut und Rache noch das ganze Hausgeräte. In ihrer Angst und Not verbargen sich die Bewohner, sobald sie von ankommenden Werbern hörten, in Wäldern und Sümpfen. Manche starben dort vor Hunger und Kälte, andere zogen einen freiwilligen Tod vor und sprangen sogar vor den Augen ihrer Verfolger ins Wasser, viele aber flohen aus dem Lande, besonders nach Lübeck und Hamburg. Da auch Bäcker und Müller für die preußischen Magazine mit fortgeschleppt wurden, so standen die Mühlen still, und bald herrschte Mangel an Mehl und Brot.

Im März wurde der preußische Major von Kleist mit drei Bataillonen, mehreren Schwadronen und einigen Geschützen von Rostock her gegen Schwerin entsandt, um die dort zusammengezogenen mecklenburgischen Truppen in einer Stärke von nur 800 Mann aufzuheben. Der Herzog war, da er schon lange eine solche Unternehmung gegen die Schweriner Garnison gefürchtet hatte, bereits zu Anfang des Jahres wieder mit Dänemark in Unterhandlung getreten, diesmal wegen eines Schutzasyls für seine Truppen. Da aber der dänische Minister Graf Vernstorff nur unter der Bedingung einwilligen wollte, daß die Truppen den ganzen Krieg über in Dünemark zurückgehalten und sogar auf den dänischen König vereidigt würden, so lehnte der Herzog ab; die Truppen verblieben in Schwerin, und der Herzog begab sich mit seiner Familie wieder außer Landes, und zwar nach Altona. Aber auch diesmal vermochte der Feind die Schweriner Garnison nicht zu fangen. Der Generalmajor v. Zülow wußte den zwecks Aufforderung zur Übergabe an ihn gesandten preußischen Unterhändler so lange hinzuhalten, bis er seine Truppen einer Anweisung des Herzogs gemäß auf Kähnen nach Kaninchenwerder, einer Insel im Schweriner See, hinübergeschafft hatte. Zehn Tage verweilte dann der preußische Major in Schwerin, ließ viele Häuser durchsuchen und auch eine Anzahl Bürger, selbst verheiratete, sowie herzogliche Diener als Rekruten fortschaffen. Dann zogen die Feinde wieder ab, nahmen aber, erzürnt über das mißlungene Unternehmen, auf dem Rückzuge um so mehr Erpressungen und Werbungen vor. Ein kleines preußisches Detachement holte einige Tage später noch die Geschütze aus dem Zeughaus und von den Wällen Schwerins. Dann trat wieder Ruhe ein, und die mecklenburgischen Truppen kehrten im April in die Stadt zurück.

Anfang Mai erhielt Dohna sogar den Befehl, mit seinen Truppen aus Pommern gegen die wieder von Osten auf Brandenburg anrückenden Russen nach der Mark aufzubrechen. Die Truppen des Generals von Kleist in Mecklenburg mußten daher größtenteils in Pommern die Wacht an der Peene gegen die Schweden halten. Zum zweiten Male seit Beginn des Krieges war Mecklenburg von preußischen Truppen fast ganz befreit worden. Der Herzog kehrte sogleich von Altona zurück. Auch ein Teil der herzoglichen Truppen, das Regiment „Jung-Zülow“, verließ Schwerin und ging in die Städte Grabow, Neustadt und Crivitz in Garnison. Zugleich wurde noch ein neues Bataillon in Güstrow unter dem Obersten von Both errichtet. Als dann am 12. August Friedrich der Große von den Russen bei Kunersdorf völlig geschlagen und nun auch General von Kleist mit seinem Korps von Pommern nach der Mark und nach Sachsen abberufen wurde, da drangen auch die Schweden zum drittenmal von Stralsund bis Pasewalk vor und bedrohten Berlin. Die mecklenburgische Regierung faßte von neuem Hoffnung auf eine Bezwingung Preußens und eine endgültige Befreiung von den Feinden. Doch war auch diesmal die Freude nicht von langer Dauer.

Auch während der zweiten Invasion der Preußen in Mecklenburg waren die diplomatischen Verhandlungen mit Wien und Paris nicht unterbrochen worden. Immer wieder forderte der Herzog außer der Rückerstattung der an Preußen und Hannover verpfändeten Ämter und der schwedischen Besitzungen in Mecklenburg sowie der Erwerbung Lauenburgs den Beitritt Maria Theresias zum französisch-mecklenburgischen Bündnis, das der Baron von Dittmer in jener Verteidigungsschrift als „eines der größten ständischen Kleinodien" bezeichnete, „welche der Westfälische Friede uns gebracht hat". Aber auch jetzt zögerte Österreich wieder mit bindenden Erklärungen. Erst als im Dezember 1758 der Vizekanzler in besonderer Mission nach Wien entsandt wurde, gelang es ihm schließlich nach vieler Mühe und durch seine meisterhafte Gewandtheit im August 1759 Maria Theresias und auch des Kaisers Zusage zu beidem zu gewinnen. Heimlich in einer mit italienischen Blumen gefüllten und mit doppeltem Boden versehenen Kiste wurde der Vertrag über Hamburg durch einen dortigen Kaufmann nach Schwerin gesandt, um ihn so vor preußischen Streifpatrouillen zu sichern.

Einen Monat später schon begann bereits die dritte Invasion der Preußen in Mecklenburg. Zwar schien nach der Niederlage Friedrichs des Großen bei Kunersdorf (12. August 1759), als gleich darauf auch noch Dresden von der Reichsarmee besetzt wurde, Preußens Lage ziemlich verzweifelt. Aber des Königs bewunderungswürdige Haltung im Unglück, dazu die Uneinigkeit der russischen und österreichischen Führer über den Vormarsch auf Berlin und die Zaghaftigkeit der Schweden, die sich durch höchst geschickte Manöver kleinerer preußischer Abteilungen von Stettin her einschüchtern ließen, half Preußen auch über diese schlimmen Tage hinweg. Schon im September entsandte Friedrich den General von Manteuffel mit einem nur kleinen Korps von 4500 Mann gegen die viermal so starken Schweden bei Pasewalk. Bei Manteuffels Korps befand sich auch der Reiteroberst Belling, der Führer der nach ihm benannten Bellinghusaren, der Meineke-Dragoner und der beiden Freibataillone Hordt. Belling hatte früher mehrere Jahre bei den Ziethen-Husaren in Parchim in Garnison gestanden und kannte Land und Leute in Mecklenburg ziemlich genau. Er war ein Meister des Kleinkrieges durch Entsendung einzelner Streifkorps in die Flanke und den Rücken des Feindes. So ließ er z. B. im Anschluß an einen erfolgreichen Überfall von Demmin (19. Okt.) durch das eine Freibataillon von 300 Mann nebst 100 Husaren und einigen Geschützen unter der Führung der beiden Majore von Knobelsdorff und von Wangenheim auch Malchin besetzen. Doch mußten die Preußen schon am 25. Oktober vor einer nachrückenden Abteilung Schweden von 800 Mann wieder aus der Stadt weichen. Hartnäckig hatten sie sich erst bei den Toren, dann in den Straßen, schließlich noch auf dem Kirchhof zur Wehr gesetzt. Ihre Überreste eilten unter großen Verlusten nach Pommern zurück. Als dann gleich darauf die Hauptmacht der Schweden ihre Stellung bei Pasewalk aufgab und sich wieder nach Schwedisch-Pommern zurückzog, folgte ihnen Manteuffel über Neubrandenburg nach Demmin und Anklam bis an die Peene, die Belling sogar noch überschritt.

Wieder war Mecklenburg ganz den Preußen preisgegeben. Um wenigstens die mecklenburgischen Truppen zu schützen, wurde bereits am 29. Oktober von der Schweriner Regierung folgende Konvention mit Schweden abgeschlossen: „Die mecklenburgischen Truppen bleiben in dem Sold und unter dem alleinigen Befehl Sr. Herzogl. Durchlaucht. Sie bekommen vor der Hand ihre Quartiere auf der Insel Rügen in den entferntesten Gegenden, von da sie hiernächst allenfalls weiter transportiert werden sollen. Es ist ausdrücklich bedungen, daß ihnen keine feindlichen Unternehmungen sollen angemutet werden. Damit dieses auch zufälligerweise vermieden bleibe, werden sie nicht einmal zur Besetzung des Ufers dieser Insel gebraucht. Se. Herzogl. Durchlaucht haben sich die Freiheit vorbehalten, solche zu jeder Zeit, sobald Sie in Ihren Landen keine Gefahr mehr zu besorgen haben und es selbst für gut befinden würden, wieder zurückzuuehmen." Dieser Vertrag löste zugleich die freundschaftlichen Beziehungen zwischen Dänemark und Mecklenburg. Die herzoglichen Truppen wurden Mitte November über Stralsund in einer Stärke von 48 Offizieren und 896 Mann nach Rügen in Sicherheit gebracht. Hundert Mann, meist Invaliden, blieben in Schwerin, sollten sich aber bei der geringsten Gefahr seitens des Feindes nach der Feste Dömitz begeben.

So fürsorglich dieser Schritt des Herzogs zunächst erscheinen mag, er war in der Tat nichts weniger als das. Wie konnte ein Fürst die

Männer, die trotz seiner mehrmaligen Flucht ihr Land bisher tapfer verteidigt hatten und auch weiterhin Gut und Blut einzusetzen bereit waren, ins Exil schicken! Sie selbst waren, wie Aufzeichnungen der Offiziere beweisen, völlig gebrochen über diese Demütigung. Mecklenburg aber war ohne jegliches Militär, Land und Volk den Feinden ausgeliefert. Im Anschluß an diese Konvention hatte der schwedische General Lantinghausen dem Herzog noch untersagt, weiterhin irdendwelche Lieferungen an preußische Truppen zu leisten. Wer aber sollte jetzt, da auch die Truppen dem Lande fehlten, überhaupt noch für dieses Verbot einstehen? War doch eine solche Forderung des schwedischen Generals schon deswegen völlig unerfüllbar, weil die Rückstände vom letzten Jahre noch recht erheblich waren.

So stieg denn die Not im Lande zusehends. Der Engere Ausschuß und der Landtag waren ratlos, wie man die preußischen Kontributionen überhaupt bezahlen sollte. Reiche und Begüterte wurden bereits aufgefordert, falls sie noch über Kapitalien verfügten, diese gegen hohe Zinsen herzugeben. Betrug doch ohne die noch zu begleichenden Rückstände der Gesamtschaden des Landes infolge der gewaltsamen Erpressungen und der Lieferungen allein 1759, in Geld berechnet, 1 892 997 Taler. Dazu waren wieder 1690 Rekruten von den Preußen aus dem Lande fortgeschleppt worden.

Das Jahr 1760, für Mecklenburg das dritte des Krieges, begann nicht ungünstig. Auf einem Vorstoß, den Manteuffel Mitte Januar über die Peene nach Schwedisch-Pommern machte, geriet der General in Gefangenschaft, in der er bis zum Ende des Krieges verblieb. Sein Nachfolger, der Generalmajor von Stutterheim, knüpfte im Februar in Friedland mit dem schwedischen Heerführer Unterhandlungen an. Da Stutterheim mit seinen 5000 Mann gegen die dreimal so starke schwedische Armee an der Peene nichts unternehmen und Friedrich der Große infolge seiner Kunersdorfer Niederlage ihm noch keine Hilfstruppen senden konnte, so trat auf dem pommerschen Kriegsschauplatz Ruhe ein. Mecklenburg war wieder einmal frei von preußischen Truppen. Herzog Friedrich kehrte von Altona zurück und begann in Übereinstimmung mit seinem Vizekanzler eine Vermehrung seiner Truppen. Das Bataillon Both wurde zu einem Regiment von acht Kompagnien ergänzt, der Etat der herzoglichen Infanterie somit auf 1425

Mann gebracht. Außerdem wurden zwei neue Eskadrons errichtet, und zwar eine Kompagnie berittener Gardisten in Goldberg und eine Schwadron Husaren in Teterow. Mitte Juni kehrten auch die herzoglichen Truppen von Rügen, wo sie den Winter über nur schlechte Quartiere und mäßige Verpflegung gehabt hatten, nach Rostock zurück.

Nicht lange jedoch sollte dieser Zustand dauern. Nur die mißliche Lage, in der sich Friedrich der Große damals befand, hatte eine solche Veränderung der Dinge in Mecklenburg verursacht. Gewiß waren die Mittel und Wege, die der König in dieser höchsten Not anwandte, nicht immer einwandfrei. Aber für ihn kannte tatsächlich die Not kein Gebot, und alle Mittel erschienen ihm erlaubt, wenn er durch sie auf Rettung hoffen konnte. Die Hilfsquellen in seinem eigenen Lande waren erschöpft, und so mußten die umliegenden Länder, vornehmlich Sachsen und Mecklenburg-Schwerin, Soldaten, Geld und Lebensmittel schaffen. Mecklenburg pflegte er wohl mit einem Mehlsack zu vergleichen, und er klopfte ihn stärker als zuvor.

Des Herzogs Hoffnung aber richtete sich auf die Schweden. Durch verschiedene Komplimente und selbst durch Geschenke in Form von Bildern suchte er durch seinen Oberstleutnant von Glür, den er ins schwedische Hauptquartier entsandte, den General Lantinghausen, einen unentschlossenen und schwerfälligen Feldherrn, zu energischem Handeln anzuspornen. Auch ließ die Regierung in Schwerin durch den Assessor von Storch und dessen Agenten die Stärke und die Stellung der preußischen Truppen an der Grenze heimlich erkunden und durch Glür darüber an Lantinghausen berichten.

Wirklich begannen die Schweden Mitte August 1760 einen neuen Vormarsch, ihre dritte Offensive, aus der Gegend von Greifswald, bei dem außer dem östlichen Schweriner Land auch Mecklenburg-Strelitz zum ersten Male in starke Mitleidenschaft gezogen wurde.

Um den linken Flügel der Preußen zu umgehen und ihnen den Rückzug nach Berlin zu verlegen, überschritt die Hauptmacht der Schweden unter Lantinghausen selbst die Trebel bei Volksdorf und marschierte in einem großen Bogen über Dargun und Malchin um den Kummerower See in die Gegend von Schmarsow östlich von Demmin. Das Korps Ehrenswärdt aber (etwa 3000 Mann) hatte er auf Anklam gegen den rechten Flügel der Preußen entsandt, um auch diesen nach Möglichkeit zu umstellen und so dem Feind von zwei Seiten in den Rücken zu fallen. Aber der Plan mißlang. Durch geschickte Erkundung seines Obersten Belling über die beabsichtigte feindliche Umgehung benachrichtigt, hatte der preußische General Stutterheim bereits am 19. August, als Lantinghausen noch bei Malchin lagerte, Demmin und Anklam aufgegeben und sich durch den Kavelpaß über Friedland nach Pasewalk zurückgezogen. Bei Friedland ließ er zur Deckung und Verteidigung des genannten Passes den Obersten Belling mit seinem Korps zurück. Hier entwickelten sich in den nächsten Tagen einige kleine Gefechte und Scharmützel, so besonders vom 27. bis 29. August. Dabei wurde an letzterem Tage bei einem Reitertreffen zwischen Lübbersdorf, Kotelow und Galenbeck der mecklenburgische Junker, spätere preußische Feldmarschall Gebhard Leberecht von Blücher, der damals in dem schwedischen Regiment Mörner Dienst tat, von einem Bellinghusaren ergriffen, gerade als des Junkers Pferd, von einer Kugel getroffen, stürzte. Der Husar faßte „das Büble" beim Kragen, hob es auf sein Pferd und brachte es zum Obersten Belling. Der überredete den Junker, ins preußische Heer überzutreten. Nach einigen Unterhandlungen wurde er aus dem schwedischen Heer entlassen und dann als Kornet, später Leutnant und Adjutant, ins Husarenregiment Belling ausgenommen. Belling zog sich nach Pasewalk zum Gros des preußischen Heeres zurück. Die Schweden folgten und besetzten im September Pasewalk und Prenzlau. Einen Monat lang wartete Lantinghausen, oftmals durch Streifzüge der Bellingschen Husaren und Dragoner stark beunruhigt und selbst im Rücken bedroht, die weitere Entwicklung der Dinge ab.

Aber schon hatte sich die Lage Friedrichs des Großen zum Bessern gewandt. Am 15. August hatte er mit nur 30 000 Mann die dreifach stärkere Macht der Österreicher unter Daun, Laudon und Lach durch einen nächtlichen Überfall bei Liegnitz vollständig geschlagen. Zwar wurde der Plan, die Schweden nunmehr durch den im Vorjahre bei Kunersdorf verwundeten, jetzt aber geheilten Prinzen Eugen von Württemberg von Süden und zugleich durch General von Werner von Osten her und im Rücken anzugreifen und zu vernichten, durch den Vormarsch zweier russischer Korps unter Totleben und Tschernitschef und des österreichischen unter Lacy gegen Berlin vereitelt. Prinz Eugen mußte Anfang Oktober von Zehdenik, von wo er zusammen mit Stutterheim schon gegen die Schweden aufbrechen wollte, eiligst mit dem Gros seines Heeres zum Schutze Berlins umkehren. Der von ihm zurückgelassene Oberst Belling und ebenso der von Stettin vorrückende General Werner, der des Prinzen Mitteilung von der Aufgabe ihres Planes nicht mehr rechtzeitig erhielt, hatten beide eine zu geringe Streitmacht (etwa 2000 Mann zu Fuß und 1000 Reiter), um die noch einmal so starken Schweden zu erdrücken. In Prenzlau vereinigten sich beide Führer am 9. Oktober, und durch geschickte Manöver in der Front, der Flanke und im Rücken wollten sie nunmehr Lantinghausen zum Rückzug bewegen. Der Plan gelang. Während Belling sich nach Strasburg wandte und von dort die Straße nach Friedland und zum Kavelpaß bedrohte, zog Werner über Neubrandenburg nach Treptow. Sein Ziel war Mecklenburg-Schwerin, und so erließ er am 13. von Treptow aus an den Engeren Ausschuß unter völliger Nichtbeachtung der Landesregierung folgendes scharfe und drohende Mandat:

„Nachdem ich mich genötigt gesehen, mit dem meinem Kommando anvertrauten Armeekorps königl. preuß. Truppen diesseits der Tollense in Las Herzogtum Mecklenburg einzurücken, um sowohl einen Teil desselben darinnen subsistieren zu lassen, als auch mich derer Posten von Treptow a. Toll, und Demmin a. der Peene zu versichern: so wird den Landräten jedes Kreises, wie auch den Magistraten in den Städten des Herzogtums Mecklenburg hierdurch alles Ernstes aufgegeben, zur Subsistenz der Königl. Truppen nicht allein nach Empfang dieses innerhalb 24 Stunden 30000 Rationen und 20000 Portionen, auch 50 Stück Ochsen und 300 Hammel nach Treptow a. Toll, an das Feldkriegskommissariat abzuliefern, sondern auch Deputierte dahin ohne Anstand abzusenden, mit welchen das Kommissariat wegen der übrigen Lieferungen an Portionen und Nationen, wie auch 2000 Stück Remontspferden und 800000 Talern Kontribution und Brandschatzgelder das gehörige regulieren und festsetzen wird, als welche prästando in den anzusetzenden Terminen unumgänglich erfolgen müssen, falls nicht nach dem Exempel der Feinde des Königs, meines Herrn, die ungesäumte Beitreibung durch Feuer und Schwert erfolgen soll. Es wird auch den Ständen und Untertanen der Distrikte von Mecklenburg-Schwerin hiermit bekannt gemacht, daß sie nunmehr gänzlich unter königl.-preußischer Botmäßigkeit stehen, also sonsten nirgends Parition zu leisten haben; dahingegen ihnen bei richtiger Ablieferung der ausgeschriebenen proportionierlichen Beitragungen alle Huld und Schutz unfehlbar wiederfahren wird."

Dieses Manifest wurde durch kleine Husarenpatrouillen überall im Lande durch Maueranschlag bekannt gegeben. Werner selbst nahm gleich darauf sein Quartier in Neukalen. Mit der von ihm versprochenen Huld und dem Schutz machte er wenig Ernst. Obgleich der Engere Ausschuß schon am 18. Oktober mehrere Abgeordnete an Werner entsandte, ließ dieser dennoch, erzürnt darüber, daß nicht schon vor Erlaß seines Mandats solche zu ihm gekommen seien, mehrere angesehene und einflußreiche Persönlichkeiten, z. B. den Hofmeister von Maltzahn in Dargun, als Geiseln mitnehmen. Überall erpreßten die preußischen Kommandos unter Drohungen und Mißhandlungen Geld und Lebensmittel von den Bewohnern. Die herzoglichen und städtischen Kassen wurden geleert, ganze Dörfer geplündert, die Einwohner nicht selten zu Tode gemartert. In Gnoien z. B. rückte schon am 18. Oktober der Major von Rosenkranz, der den genannten Hofmeister mit sich führte, mit 170 Mann ein und nahm auf dem Rathause sein Quartier. Bis zum nächsten Morgen um 4 Uhr mußten ihm 500 Taler Brandschatzgelder gezahlt werden. Die Husaren selbst traten mit den ungestümsten Forderungen auf, ließen sich mit Braten und Wein traktieren und fügten ihren Wirten viel Schmach und Schande zu. Ebenso ging's in anderen Städten und Orten her. „Bisher", so konnte die mecklenburgische Regierung mit Recht sagen, „betrugen sich die Preußen doch noch diszipliniert, die Wernerschen Regimenter aber betragen sich wie ein Haufe Marodeurs, die unter keinem Kommando stehen."

Der Herzog hatte bald nach Werners Einmarsch in Mecklenburg einen Kammersekretär an ihn entsandt und zuerst mit Bitten, dann durch Drohungen die Einstellung jeglicher Feindseligkeiten verlangt, und zwar mit der etwas merkwürdigen Begründung, daß er ein durchaus neutraler Reichsfürst sei. Der herzogliche Beamte wurde, wie das kaum anders zu erwarten war, von Werner verlacht. Gleichzeitig war der Herzog durch den Obersten von Glür auch beim schwedischen General Lantinghausen vorstellig geworden wegen etwaiger Gewaltmaßregeln gegen die preußischen Marodeurs, hatte aber dabei eine Mitwirkung der mecklenburgischen Truppen von vornherein ausgeschlossen. Auch Lantinghausen antwortete auf solche Vorschläge bald gar nicht mehr, da er, wie er sagte, seine Truppen nicht für einen Fürsten opfern wolle, der seine eigenen Truppen hinter der schwedischen Front in Sicherheit bringe und seiner Pflicht als Bundesgenosse in keiner Weise nachkomme. Man erkennt wieder die völlig wankelmütige, nach keiner Seite hin entschlossene Haltung des Herzogs. Als alles erfolglos war und er sich in Schwerin nicht mehr sicher fühlte, begab er sich wieder auf die Reise nach Lübeck, wohl das Beste, was er für seine Person tun konnte.

Indes wandte sich Werner weiter nordwärts, besetzte Rostock und trieb dort allein 25 000 Taler ein. Auch Belling betrat, als sich der schwedische General Lantinghausen auf die Kunde von den Streifzügen der Preußen in seinem Rücken am 17. und 18. Oktober nordwärts hinter die Peene zurückgezogen hatte, mecklenburgischen Boden und nahm sein Quartier meist in Prebberede zwischen Gnoien und Dargun. Als dann schon Ende Oktober Werner mit seinem Korps zum Schutz gegen die Russen nach Brandenburg hinter die Oder abberufen wurde, blieb Belling allein in Mecklenburg zurück. Mehrere Wochen wurde das östliche Mecklenburg nun von kleinen preußischen und schwedischen Streifkorps heimgesucht, die sich gegenseitig bekämpften und einander bei den Requisitionen zu hindern suchten. So kam es zu kleinen Scharmützeln bei Güstrow, Schwaan, Laage, Tessin und anderen Orten. Stellenweise waren sogar auch mecklenburgische Truppen dabei beteiligt. Als dann Friedrich der Große am 3. November 1760 die Österreicher bei Torgau vollständig besiegt hatte, entsandte er den Prinzen Friedrich Eugen von Württemberg mit dem früheren Stutterheimschen Korps von 5000 Mann nach Mecklenburg, um dort Winterquartiere zu beziehen. Von Woldegk aus zeigte der Prinz Ende November dem Engeren Ausschuß seine Ankunft und die Übernahme des Oberbefehls über die gesamten preußischen Truppen in Mecklenburg mit Einschluß des Bellingschen Korps an, befahl die Verpflegung aller seiner Truppen, verhieß Ordnung und Manneszucht im Lande, ermahnte die Einwohner zur Ruhe und entbot Vertreter der Ritter- und Landschaft zu sich. Dann zog er über Neubrandenburg, Stavenhagen und Malchin nach Rostock, wo er am 9. Dezember sein

Hauptquartier nahm. Die Truppen blieben größtenteils ebendort, der Rest wurde mit dem Bellingschen Streifkorps in die Städte Ribnitz und Tessin bis hinab nach Gnoien und Malchin als Wachposten vorgeschoben.

Der Prinz von Württemberg, ein Oheim der Herzogin Luise Friederike, scheint in der Tat die Absicht gehabt zu haben, Mecklenburgs Los nach all den Leiden, die das Land bisher ertragen hatte, zu mildem. In einem Schreiben, das er schon in den ersten Tagen nach seiner Ankunft an den Engeren Ausschuß richtete, teilte er der Bevölkerung mit, „daß niemand in seiner Hantierung gekränkt werden, sondern ein jeder seinem Gewerbe ungestört nachgehen solle". Jeder sollte, wenn er sich zu irgend welcher Beschwerde über das Auftreten der Preußen berechtigt fühle, Zutritt zum Prinzen haben. Doch verbot er von vornherein jegliche Verbindung mit den Schweden und jede Unterstützung derselben mit Munition. Der neu errichteten herzoglichen Akademie in Bützow stellte er unter dem 23. Dezember 1760 einen Schutzbrief aus, in dem er ihr, wie es auch bei der Rostocker Universität geschehen war, die Erhaltung aller ihrer „Prärogativen, Rechte und Freiheiten" zusicherte. Überhaupt gestaltete sich das Verhältnis zwischen dem Prinzen und der Bevölkerung günstig. So feierte man z. B. am 11. Januar 1761 des Prinzen Geburtstag in der Universität und der ganzen Stadt Rostock.

Aber Friedrich der Große war keineswegs geneigt, irgendwie gegen Mecklenburg-Schwerin Nachsicht zu üben. Mehr als je bedurfte er jetzt des Geldes und der Lieferungen. Am 25. Oktober war siebenundsiebzig Jahre alt sein Oheim, der englische König Georg II., gestorben, und sein erst 22jähriger Enkel Georg III. war ihm auf dem Thron gefolgt. Dieser gab, ohne das Bündnis mit Preußen direkt zu lösen, die Sache Friedrichs auf, suchte den Minister Pitt und damit den preußischen Einfluß aus seinem Kabinett zu verdrängen und bereitete schon bald Schwierigkeiten wegen der weiteren Zahlung von Subsidien. Außer den übrigen besetzten Ländern mußte nun auch besonders Mecklenburg-Schwerin Ersatz bieten für den Ausfall des englischen Geldes. Bereits im Dezember 1760 hatte Friedrich durch den Prinzen dem Engeren Ausschuß eine binnen neun Wochen zu zahlende Kontribution von 1 1/2 Millionen Taler, eine in drei Wochen in drei Raten fällige Lieferung von 6000 Schafen, 6000 Wispeln Mehl und 48 000 Talern Emballagegelder sowie die Gestellung von 2000 Pferden und 3000 Rekruten bzw. eine Zahlung von 300 Talern für jeden nicht gestellten Mann auferlegen lassen. Die Einwendungen und Vorstellungen des Herzogs durch seinen Oberjäger von Koppelow bei dem Prinzen hatten nur geringen Erfolg, wenn auch der Prinz selbst dem Herzog möglichst entgegenzukommen gedachte. Als aber bei Ablauf des ersten Termins die fälligen Gelder und Lieferungen nicht voll entrichtet waren, drohte das preußische Feldkriegskommissariat sogleich mit Verheerung und Verwüstung selbst der herzoglichen Residenz Ludwigslust.

Mit dem Jahre 1761 begann dann für Mecklenburg-Schwerin die schlimmste Zeit des ganzen Krieges. Bald seufzte hoch und niedrig, arm und reich unter den fortwährenden Kontributionen, Erpressungen, Lieferungen und Werbungen, die nun alles bisherige Maß überstiegen. Wie gewalttätig und roh man dabei verfuhr, davon nur ein Beispiel: Ende Januar erließ der Prinz durch das ganze Land ein Ausschreiben , daß jedes Domanialamt, jede Stadt und jedes Rittergut eine Anzahl vierspänniger Wagen und dazu das nötige Gerät nebst einem Gespannführer und zwei Arbeitern für jeden Wagen mit Lebensmitteln auf drei Tage nach Rostock, Neukalen oder Tessin zu stellen habe. Da man allgemein fürchtete, daß sich hinter diesem Befehl die geheime Absicht verstecke, Rekruten einzufangen, so verbot in einem Erlaß der Herzog, junge Leute mitzuschicken, „um den preußischen Offizieren den in den mecklenburgischen Landen noch übrigen kleinen Vorrat an jungen, diensttauglichen Leuten nicht zu zeigen". So kamen in den drei genannten Orten meist nur ältere, verheiratete Mannen zusammen. Aber was man befürchtet hatte, trat doch ein. Alle Männer wurden von den preußischen Truppen sofort ergriffen und in die Kirchen gesperrt. Die Wagen mit den Pferden aber ließ man ohne Führer umkehren und fahren, wohin die Pferde sie brachten. Viele wurden unterwegs gestohlen oder kamen um; einige kehrten nach langem Umherirren im Lande matt und geschunden zu ihrem Besitzer zurück. Die Leute aber wurden rottenweise, mit Stricken aneinander gebunden, in die preußischen Rekrutendepots geschleppt, wo sie halb verhungert und verdurstet ankamen. Als sich unterwegs in Krakow in der dortigen Kirche einige durch Flucht diesen furchtbaren Leiden zu entziehen versuchten, schoß man mitten unter sie, wobei mehrere getötet wurden. Unterwegs von den Feldern und von der Arbeit, selbst des Nachts im Hause aus den Betten heraus führten die Werber weitere, besonders jüngere Leute mit Gewalt fort.

Die Folge solcher gewaltsamer Rekrutierungen war wieder eine allgemeine Flucht seitens der männlichen Bevölkerung ins Ausland oder in die Wälder und Sümpfe. Dabei setzten manche infolge der rauhen Jahreszeit Gesundheit und Leben aufs Spiel. Der Herzog selbst begab sich wegen der drohenden Haltung des preußischen Kriegskommissariats Mitte Februar mit seiner Familie und den Ministern wieder nach Lübeck. Aufgebracht über die rohen und hinterlistigen Gewaltmittel ließ er sich in seinem Zorn zu dem Verbot an seine Beamten und Pächter bestimmen, weitere Zahlungen und Lieferungen zu leisten, und auch die Städte und die Ritterschaft forderte er zu demselben Schritt auf. Als infolgedessen bald eine Stockung in der Ablieferung der geforderten Summen eintrat, ließ Friedrich der Große, der in seiner damaligen bedrängten Lage auf Mecklenburger Geld und Gut angewiesen war, dem Herzog durch den Prinzen mitteilen, daß bei fernerer Weigerung alle Vorwerke, Dörfer und Städte rücksichtslos in Brand gesteckt und alles von Grund aus zerstört werden würde. Zugleich begann der preußische Feldkommissar, General von Kleist, eine systematische Eintreibung durch sogenannte Proviantkommissare, die das Land nach Ämtern und Städten unter sich verteilten. „Mir ist aufgetragen“, schreibt einer derselben an das Amt Walsmühlen, „die Beamten zu Kontribution und Furagelieferung mit den schärfsten Mitteln ohne Ausnahme anzuhalten, und erreiche ich meinen Zweck nicht anders, so wird Plündern, Rauben, Stehlen, Sengen und Brennen vorgenommen.“ Letzteres wurde für die Kommissare bald zur Regel. Den Bauern wurde das Korn vom Felde und aus den Scheunen weggeholt, Pferde, Kühe, Schweine und selbst das Federvieh wurden ihnen abgenommen und nicht selten an fremde Händler verkauft. Wenn dann die Besitzer es für hohes Geld wiedererwarben, so verloren sie häufig alles zum zweitenmal. Wo die Männer geflüchtet waren, zerschlug man Fenster und Türen, verwüstete das Gehöft, mißhandelte Frauen, Greise und Kinder und suchte von ihnen unter allerlei Martern den Aufenthaltsort der Männer zu erfahren. So wurden z. B die Frauen an Stricken in den rauchenden Schornstein gehängt, bis sie in ihrer qualvollen Angst alles mögliche gestanden, gleichviel ob es der Wahrheit entsprach oder nicht. Fast noch schlimmer erging es den Städten. Die Behörden wurden tagelang bei Wasser und Brot gefangen gesetzt, die Einwohner in ihren Häusern zur Herausgabe auch des letzten Hellers gezwungen, Frauen und Kinder eingesperrt. Wer nicht zahlen wollte oder konnte, wurde nach Stettin oder an andere Orte zum Festungsbau geschleppt. Im Februar schrieb die von dem gesamten Hof allein in Schwerin zurückgebliebene Herzogin Luise Friederike an den Herzog in Lübeck: „Hier in meinem Frauenreich – denn die Männer laufen alle davon – ist alles still." Im April heißt es in einem andern Briefe: „Es ist ein Jammer, der nicht zu beschreiben ist und einen Stein erbarmen muß, und dieses Elend mitanzusehen, ist nichts für empfindliche Herzen, welche noch den Tod davon kriegen werden. Wann werden unsere Peiniger abziehen?" In Güstrow wurde jedes Haus zu 100, wohlhabende Bürger außerdem noch zu 2000 bis 3000 Talern angesetzt. Ähnlich geschah es in Waren, Parchim, Grabow, Wittenburg, Gadebusch und anderen Städten. Im März und April wurde auch die Feste Dömitz fünf Wochen lang von einem Korps blockiert. Vor der Besetzung fiel den Preußen eine Anzahl Reiter in die Hände, die sogleich zur Armee des Königs geschickt wurden. Schließlich zogen die preußischen Truppen gegen eine Zahlung von 4000 Talern seitens der Stadt Dömitz ab.

Im Mai endlich verließ der Prinz mit seinen Truppen Mecklenburg und begab sich nach Hinterpommern zum Schutze der Festung Kolberg. Nur der Oberst Belling blieb mit einem Korps zurück, bestehend aus zwei Bataillonen des Freiregiments Hordt (zu zehn Kompagnien mit zusammen 1000 Mann) und aus zehn Eskadrons Husaren (mit 1300 Mann). Die beiden Bataillone kampierten in Demmin und Anklam, die Husaren in Laage und Umgegend. Hier hatte auch Belling selbst sein Quartier, vornehmlich in Prebberede und Diekhof. Ribnitz und Warnemünde ließ er gegen etwaige feindliche Überfälle mit Detachements besetzen. Die Magazine in Güstrow und Rostock wurden der Sicherheit wegen nach Treptow und Pasewalk verlegt.

Belling selbst war, was alle, selbst seine Gegner, an ihm rühmen, ein Mann von offenem Charakter, aufrichtig und ohne Falsch, und zeigte auch eine gewisse Rücksichtnahme auf die leidende Bevölkerung. Von der Zahlung und Eintreibung der noch rückständigen sowie neuer Kontributionen konnte er allerdings dem Befehl seines Königs gemäß Mecklenburg nicht entbinden. Mitte Juni forderte er vom Engeren Ausschuß für die Verpflegung der Truppen die Summe von 200 000 Talern, von der die Stadt Rostock sogleich ein Viertel bezahlen sollte, dazu an Lieferungen 372 Wispel Mehl, 308 Wispel Roggen, 1394 Wispel Hafer, 9800 Zentner Heu, 600 Schock Stroh und das nötige Schlachtvieh. Auf einem mit Mühe zusammengerufenen Konvent der Stände beschlossen diese, Geld und Lieferungen auf die Städte und die Güter zu verteilen. Als aber alles nur langsam einging, drohte Belling im Juli Stadt und Land mit Ausplünderung sowie mit Wegnahme des Viehs und Fortführung von Geiseln.

Da machten Mitte des Monats die Schweden unter General Ehrenswärdt einen neuen Vorstoß von Demmin und Anklam her in der Gegend von Bartow, etwa beim Zusammenfluß der Tollense und des sogenannten Landgrabens. Wieder versperrte ihnen Belling den Kavelpaß und beunruhigte sie durch viele kleine Streifzüge in der Front und im Rücken. Vergeblich suchten die Schweden am 1. August durch nochmaligen Ansturm den Paß zu gewinnen. Als aber dann Ehrenswärdt durch Besetzung von Treptow und Malchin den Bellingschen die Proviantlieferungen aus dem Schwerinschen abschnitt, mußte sich Belling die Verpflegung für sein Korps im Strelitzer Lande verschaffen. In kleinen Kommandos durchzogen seine Husaren das ganze Land und brachten viel Geld und Vorräte aller Art zusammen. Mitte August erschienen die Schweden von neuem von Bartow her vor dem Kavelpaß. Sie hatten Nachricht darüber erhalten, daß der preußische General von Stutlerheim mit einem kleinen Korps von der Armee des Prinzen Heinrich aus Sachsen zu Bellings Verstärkung unterwegs sei. Um daher eine Vereinigung Stutterheims mit Belling nach Möglichkeit zu verhindern, ging, während das Hauptheer vor dem Paß bei Boldekow blieb, Ehrenswärdt selbst mit einer Abteilung zur Besetzung des Passes in Richtung Friedland vor; eine andere entsandte er unter dem Generalmajor Hessenstein über Treptow und Neubrandenburg nach

Woldegk, um Bellings Korps zu umgehen, eine dritte unter Major Platen zur Bedrohung von Bellings rechtem Flügel nach Finkenbrück. Belling gab daher den Kavelpaß und Friedland auf, beschloß aber die Kolonne Hessenstein zu überfallen. Zwischen Rühlow und Kölpin, östlich von Neubrandenburg, war es, wo er plötzlich mit einigen Schwadronen aus einem Walde hervorbrach und einen großen Teil der genannten Kolonne zusammenhieb. Der Rest eilte in schneller Flucht nach Friedland zur Kolonne Ehrenswärdt zurück und gelangte mit dieser wieder zur schwedischen Hauptmacht bei Boldekow. Platen zog sich mit seiner Kolonne sogar bis nach Anklam zurück, Belling aber säuberte auch Woldegk und Umgegend von feindlichen Streifpatrouillen, zog, um den Feind zu täuschen, seitwärts des Tollensesees über Prillwitz und Penzlin nach Neubrandenburg und vertrieb am 20. auch hier den General Stackelberg, der gleich nach der Hessensteinschen Niederlage die Stadt mit etwa 3000 Mann besetzt hatte. Fast zwei Wochen wurde nun das Strelitzer Land der Schauplatz verschiedener Gefechte. Stackelberg nämlich rückte mit verstärkter Macht von Treptow wieder gegen Neubrandenburg vor, warf den Oberst Belling hinaus, besetzte die Stadt und zwang Belling zum Rückzug nach Stargard und Woldegk. Als dann Ende August der General Ehrenswärdt – vielleicht auf eine Beschwerde des Herzogs Adolf Friedrich hin, der sich auf die Neutralität seines Landes berief – Stackelberg nach Treptow zurückbeorderte und das Strelitzer Land räumen ließ, folgte Belling sogleich wieder von Woldegk über Neubrandenburg, griff aber vergebens die Treptower schwedische Besatzung an; er wurde, als der eben eingetroffene preußische General Stutterheim Befehl erhielt, mit seinem kleinen Korps wieder nach der Mark zum Schutze Berlins aufzubrechen, noch einmal von den Schweden über Friedland, Strasburg und Woldegk zurückgetrieben. Dann aber erschien Ende September Stutterheim wieder, und nun mußten sich die Schweden bis hinter die Peene zurückziehen, um einer Umgehung durch die Preußen über Neubrandenburg und Malchin zu entrinnen. Als dann Stutterheim Mitte Oktober wiederum (diesmal nach Sachsen) abberufen wurde, bezog Belling, wie im Vorjahre, Winterquartiere zumeist im Schwerinschen. Die Schweden wagten offenbar keinen neuen Vorstoß mehr – der letzte war zu kläglich verlaufen –, und so fanden in Mecklenburg-

Strelitz ungeachtet kleiner, nichtssagender Streifzüge weitere kriegerische Ereignisse nicht mehr statt.

Anders im Schwerinschen. Hier war durch den Vorstoß des Generals Ehrenswärdt das Land zwar auf einige Wochen fast ganz von preußischen Truppen frei gewesen. Allgemein hatte man aufgeatmet, in der Hoffnung, daß sich nun Preußens Schicksal entscheiden und die Not ein Ende nehmen werde. Mitte August waren deswegen auch die mecklenburgischen Truppen wiederum von der Insel Rügen zurückgekehrt und hatten in Rostock, verachtet von den dortigen Stadtsoldaten, nach anfänglichen Zwistigkeiten Quartier und Unterkunft gefunden. Als aber im Herbst die ersten Bellingschen Husaren vor der Stadt erschienen, zogen die mecklenburgischen Truppen, im Einvernehmen mit dem schwedischen General Ehrenswärdt, am 18. November zum dritten Male mit Weib und Kindern nach Rügen ab.

Die mecklenburgische Regierung hatte bei der Nachricht von dem Rückzug der schwedischen Armee im Oktober einen nicht geringen Schrecken bekommen. Alle ihre Hoffnungen waren wieder dahin. Sogleich begann der Oberst Belling mit der Eintreibung der noch rückständigen Kontributionen und Lieferungen, besonders auch mit der Wiederersetzung der von den Schweden am 5. August in Malchin fortgeführten Vorräte. Da entsandte Mitte Dezember der General Ehrenswärdt ein größeres schwedisches Detachement, das Freikorps des Oberstleutnants Sprengporten in einer Stärke von 4000 Mann, von Triebsees über Dargun nach Malchin. Bei .der Nachricht hiervon eilte Belling mit seinem Korps sogleich nach dieser Stadt und besetzte sie. Da nahten am 22. die Schweden. Von drei Seiten griffen sie an, und nach hartnäckigem Kampfe wurden die Preußen aus der Stadt bis hinter Basedow vertrieben, das die Schweden ebenfalls besetzten. Doch schon zwei Tage darauf griff Belling wieder an, verjagte die Schweden aus Basedow und warf sie nach Malchin hinein. Eine ganze Woche lang hielt Sprengporten nun die Stadt besetzt und ließ auch bis in die Nachbarstädte rekognoszieren, was Belling mit seinen geringen Streitkräften nicht verhindern konnte. Da aber erschien der Prinz von Württemberg wieder mit seinem Korps von etwa 4000 Mann und einigen zwanzig Geschützen von Kolberg her, um wieder in Mecklenburg Winterquartiere zu beziehen. Er beabsichtigte wohl, die Schweden aus dem Lande zu vertreiben oder sie gar zu fangen. Am 31. Dezember traf er mit Belling vor Malchin ein. Mehrere Angriffe und ebenso ein heftiges Bombardement in der Sylvesternacht blieben ohne wesentlichen Erfolg. Am 2. Januar 1762 rückte von Demmin her sogar der schwedische General Ehrenswärdt mit Verstärkungen von 6000 Mann zum Entsatz heran. Als ihm Oberst Belling entgegenzog, wurde dieser unter großen Verlusten bei Neukalen geschlagen und hinter Malchin zurückgeworfen. Der Prinz von Württemberg aber war bereits auf dem Wege von Malchin nach Rostock. So war für Ehrenswärdt der Weg frei, und noch an demselben Abend rückte er in Malchin ein, wo sich nun etwa 10 000 Schweden befanden.

Dieser Erfolg der Schweden gab auch dem Herzog Friedrich wieder neue Hoffnung. Er ließ die beiden schwedischen Führer Ehrenswärdt und Sprengporten beglückwünschen, übersandte einen Wechsel über 2000 Taler für Tafel- und Vergnügungsgelder und forderte sie auf, nunmehr alle preußischen Truppen aus Mecklenburg zu vertreiben und auch besonders das preußische Rekruten- und Remontedepot in Parchim aufzuheben. Die Gelegenheit zur Besetzung des Landes war für die Schweden in der Tat günstig, denn Friedrich der Große befand sich gerade damals in sehr bedrängter Lage und konnte keine Verstärkungen nach Mecklenburg senden. Die Schweden aber nutzten diese Umstände nicht aus. Wie schon im Jahr zuvor in Mecklenburg-Strelitz, so war auch jetzt der Vorstoß Ehrenswärdts nach Mecklenburg-Schwerin völlig planlos geschehen. Seine Kriegführung überhaupt war wie damals so auch hier wieder ganz unverständlich. Am 6. Januar zog er mit seinem Heer von Malchin über Demmin nach Pommern in die Winterquartiere ab, ohne auch nur irgendwie vom Feinde dazu gedrängt zu sein. Ehrenswärdt besaß weder die erforderliche Begabung noch den nötigen Willen eines Feldherrn. Er überließ Mecklenburg wiederum ganz den preußischen Truppen.

In dem verflossenen Jahre 1761 belief sich der Gesamtschaden des Landes auf 4 341 991 Taler; davon entfielen etwa ein Drittel auf Zahlungen in bar, zwei Drittel auf Naturalien. Außerdem waren 546 Rekruten gewaltsam fortgeführt worden.

Schlimmer noch wurde es im Jahre 1762. Nachdem die beiden preußischen Führer mit ihren Korps in Mecklenburg und Vorpommern ihre

Winterquartiere bezogen hatten, wobei der Prinz von Württemberg sein Hauptquartier in Rostock, Belling seins in Dargun nahm, begannen die Auflagen von Kontributionen und Lieferungen, sowie die Gestellung von Rekruten im Lande von neuem, und zwar sollte das Domanium allein immer ebensoviel oder noch mehr als Ritterschaft und Städte zusammen aufbringen. Das Land war unfähig, den Forderungen nachzukommen. Vergebens suchte die Regierung Hilfe bei den verbündeten Mächten, ebenso vergeblich Ermäßigungen bei dem Prinzen. Ebensowenig aber vermochten die preußischen Offiziere und Werber trotz der härtesten Drohungen und schlimmsten Strafen, trotz zeitweiliger Gefangensetzung städtischer Behörden (wie z. B. in Rostock) die Forderungen an Geld, Lebensmitteln und Rekruten auch nur annähernd einzubringen. Land und Volk waren wie ausgesogen. Wie furchtbar es damals in Mecklenburg aussah, das zeigt ein Brief, den der Pächter Lange zu Damshagen am 8. Februar an den Regierungssekretär in Rostock schrieb mit der Bitte um Befreiung von der Rekrutenstellung gegen Geld: „Sie glauben gar nicht“, heißt es darin, „in was für Furcht und Schrecken die Menschen jetzo sind; es ist kein Knecht, kein erwachsener Bursche zu hören noch zu sehen; es ist hier kein einziger Mensch bei den Bauern zu sehen; wo sie sich aufhalten, weiß Gott. Ich habe seit acht Tagen keine Mannsperson zu Hofe gesehen. Wann ich mal je welche zu Hofe kriege, so kriege ich die Dirns und solche kleine Burschen, die zum Teil lahm und krumm sind. Ja, sogar die jungen Bauern und Dröschers, die noch dazu geschickt sind, liegen keine Nacht auf dem Bette. Gott weiß, wie will es werden. Hier sind keine (Rekruten) zu kriegen, und wenn auch das Leben dran hänget.“ –

Da traten für Preußen günstige Verhältnisse ein, die in kurzem dem ganzen Krieg ein Ende machen sollten. Am 5. Januar 1762 war die Kaiserin Elisabeth von Rußland gestorben. Der mecklenburgischen Regierung allerdings raubte die Nachricht von ihrem Tode die letzte Hoffnung auf Rettung aus der Not. Denn ihr Nachfolger Peter III. war längst als ein begeisterter Freund und Anhänger Friedrichs des Großen bekannt. Aber gerade dieser anfänglich besorgniserregende Wechsel in Rußland sollte auch für Mecklenburg zum Segen werden. Peter löste sogleich das Bündnis mit Maria Theresia, schloß bereits am 16. März mit Friedrich dem Großen in Pommern einen Waffenstillstand, dem am 7. April in Ribnitz auch Schweden beitrat. Im Mai folgte zu Petersburg der Friede und ein Bündnis zwischen Preußen und Rußland. Am 21. Mai machte auch Schweden mit Friedrich dem Großen zu Hamburg Frieden, in den auch Mecklenburg einbezogen wurde. Der Engere Ausschuß – nur er wurde von Friedrich dem Großen als gültiges und rechtmäßiges Regierungsorgan für das Land betrachtet – verpflichtete sich, die noch rückständigen Reste der Kontribution im Betrage von 400000 Talern bis zum 1. Oktober zu begleichen und bis dahin Geiseln zu stellen. Daraufhin zogen die preußischen Truppen Ende Mai aus Mecklenburg ab. Endlich hatte das Land wieder Ruhe. Es war auch die höchste Zeit, wenn Mecklenburg nicht dem völligen Verderben anheimfallen sollte. Betrug doch der Schade des Jahres 1762 nicht weniger als 6 700 288 Taler, davon 1 712 427 in bar, 4 987 861 in Lieferungen. Die Zahl der von den Preußen rekrutierten jungen Männer war 602. Die beim Frieden noch zu zahlenden Rückstände von 400 000 Talern schoß, da die Schweriner Regierung die Summe nicht aufbringen konnte, schließlich der dänische König vor. Die mecklenburgischen Truppen, die bereits im Mai den Befehl zum Rückmarsch von der Insel Rügen erhielten, blieben, als noch in demselben Jahre ein Krieg zwischen Rußland und Dänemark auszubrechen drohte, mit Schwedens Erlaubnis noch einige Monate auf Rügen bzw. in Schwedisch-Pommern und kehrten erst Mitte Dezember heim.

Nach gerade 4 1/2 schweren Kriegsjahren – von Dezember 1757 bis Mai 1762 – war der Friede wieder eingezogen. Furchtbar hatte Mecklenburg-Schwerin in dieser Zeit gelitten. An Kontributionen und Lieferungen aller Art waren, in bar berechnet, dem Lande insgesamt 14 864 921 (mit Zinseszins gerechnet sogar 16 1/2 Millionen) Taler entzogen worden. Eine Vorstellung von der Größe dieser Summe gibt der Umstand, daß sie alle Unterstützungsgelder, die Friedrich der Große während des Krieges von England bezog, noch um etwa drei Millionen Taler überstieg. Außerdem waren, soweit sich feststellen läßt, 4395 Rekruten von den preußischen Werbern für die Armee Friedrichs des Großen eingefangen worden. Die privaten Schäden aber, die Tausende von Einwohnern durch den Verlust von Hab und Gut, besonders auch von Vieh, erlitten, waren noch weit größer, und die Zahl der durch die Leiden des Krieges umgekommenen und verlorenen Landeskinder läßt sich kaum berechnen.

Auch für das neutrale Mecklenburg-Strelitz beendete der Friede von Hamburg alle Kriegsnöte. Eine planmäßige Bedrückung des Landes durch Erpressungen, Requisitionen, Einquartierungen, Kontributionen und Werbungen seitens der Preußen, wie im Schwerinschen, war infolge der neutralen Haltung des Herzogs und seiner Regierung von vornherein ausgeschlossen. Der Gesamtschade war demgemäß trotz einiger zeitweiliger Härten im ganzen erträglich geblieben. Die Angabe eines zeitgenössischen Geschichtsschreibers der Mark Brandenburg, des damaligen Oberpfarrers zu Lychen, namens Samuel Buchholz, der da berichtet, daß der ganze Schade, den der Krieg in Mecklenburg-Strelitz verursachte, „aufs allerreichlichste durch den Gewinn ersetzt wurde, den die Strelitzer Untertanen für Lebensmittel machten, die sie bald den Schweden, bald den Preußen für den teuersten Preis lieferten" (Band VI, S. 238), trifft sicherlich für das ganze Herzogtum nicht in gleicher Weise zu, sondern ist wohl hauptsächlich auf „die kleine Stadt Fürstenberg" zu beziehen, von der es heißt, „daß sie in großes Aufnehmen kam. Ihre vorteilhafte Lage an der Havel gab ihr Gelegenheit zu einem starken Korn- und Viktualienhandel nach Berlin, das die Waren aus dem Mecklenburgischen stärker als je kommen lassen mußte, da der Krieg die Zufuhr aus Sachsen und Schlesien hemmte." –

Noch 1762, nur wenige Wochen nach dem Hamburger Frieden, wäre beinahe der Kriegsbrand von neuem über Mecklenburg dahingefahren. Zar Peter III. aus dem Hause Holstein-Gottorp wollte seine Verbindung mit Preußen und Schweden dazu benutzen, die schon längst von ihm beanspruchten Herzogtümer Schleswig und Holstein der dänischen Herrschaft zu entreißen. Schon rüstete der dänische König ein Heer und entsandte es über Hamburg nach Mecklenburg hinein, wo es bei Gadebusch ein Lager aufschlug. Die dänische Flotte kreuzte gleichzeitig an der mecklenburgischen Küste zwischen Lübeck und Rostock. Von Osten, von Kolberg her, kam ein großes russisches Heer in drei Kolonnen heran mit Rostock, Güstrow und Waren als Marschziel. An letzterem Orte war bereits eine Abteilung Kosaken mit zwei

Generalstabsoffizieren eingetroffen, um für Quartiere und Magazine zu sorgen, und rekognoszierte bis nach Dobbertin. Da wurde Peter, der sich durch verschiedene Maßnahmen im Volke verhaßt gemacht hatte, von seiner eigenen, ebenfalls unzufriedenen Gemahlin Katharina durch eine Verschwörung am 9. Juli vom Thron gestürzt und einige Tage darauf ermordet. Sie löste das Bündnis mit Preußen und zog ihre Truppen zurück, hielt sich aber im übrigen neutral. Ihre Vermittlungsversuche zwischen Preußen, Österreich und Frankreich blieben allerdings erfolglos; für Mecklenburg aber war die neue Kriegsgefahr noch rechtzeitig abgewendet. Anfang August schon verließen Dänen und Russen Mecklenburg.

Die Gefahr des Krieges war für Mecklenburg groß gewesen. So schrieb der Baron Lützow am 20. August an den Herzog: „Man kann dem Allmächtigen nicht genug danken, daß aus diesem Kriege nichts geworden ist. Der Kanzler hat mir gesagt, der Kaiser von Rußland habe den König von Preußen um die Einräumung von Stettin und die Überlassung von 200 bis 300 Offizieren gebeten; dies habe der König zwar abgeschlagen, dem Kaiser aber angeboten, ihm Mecklenburg gänzlich zu seiner Disposition überlassen zu wollen, da er ohne Besitz dieses Landes den Krieg gegen Dänemark nicht führen könne." Peters III. Tod machte den drohenden Wirren ein Ende. Und auch die nach obigem Schreiben nicht unbegründete Furcht des Herzogs vor einem neuen Einfall seitens der Preußen, solange Friedrich der Große noch im Kriege mit Österreich war, wurde im nächsten Jahre durch den Frieden von Hubertusburg (15. Februar 1763) beseitigt. Die einstmals von Österreich und Frankreich dem Herzog gemachten Versprechungen, ihm beim Frieden die verpfändeten Ämter sowie Wismar und auch Lauenburg zu verschaffen, gingen nicht in Erfüllung, ja wurden überhaupt nicht erwähnt.

* * *

Die Wunden, die der Siebenjährige Krieg den Schweriner Landen geschlagen hatte, vernarbten, auch wenn sie im Vergleich mit denen des Dreißigjährigen Krieges weit geringer waren, doch erst allmählich und machten sich noch nach Jahrzehnten häufig bemerkbar. Sie wären sicherlich noch weniger nachhaltig gewesen, wenn Mecklenburg in den hundert Jahren zwischen dem Ende des Dreißigjährigen und dem Beginn des Siebenjährigen Krieges eine ruhige Entwicklung genommen hätte. Aber das Gegenteil war der Fall gewesen. Die bewegten Zeiten eines Christian I. (Louis) und eines Karl Leopold waren nicht dazu angetan, den Wiederaufbau des Landes, der eine Anspannung aller Kräfte, vom Landesherrn an bis zum einfachen Untertan, erforderte, in der gebührenden Art zu bewerkstelligen.

Sieht man von den bereits geschilderten Verlusten an Geld und Gut, an Menschen und Vieh und der zeitweiligen Unterbindung des Handels und Verkehrs ab, so zeitigte die schlimmsten Folgen die während des Krieges nach dem Vorgang Preußens in vielen deutschen Staaten und auch in Mecklenburg vorgenommene Münzverschlechterung. Wie sehr diese allmählich gewachsen war, zeigt der Umstand, daß im Frühjahr 1758 die Mark sein zu 15 Talern 24 Schillingen, zu Anfang des Jahres 1763 aber bei dauernder Steigerung in den Zwischenjahren zu 40 Talern in 1/3 und 1/6 Stücken ausgeprägt worden war. Trotzdem war die mecklenburgische Münze noch um 12 Prozent besser als die preußische.

Da es nach Beendigung des Krieges nicht möglich war, die schlechten Münzen auf ihrem gewaltsam hinaufgeschraubten Kurswert zu halten, so erlitten in erster Linie die Inhaber von Landgütern einen beträchtlichen Vermögensverlust und eine stete Minderung ihrer früheren jährlichen Einnahmen. Sie konnten ihre Gläubiger oft nicht mehr durch regelmäßige Zinszahlungen befriedigen, geschweige denn Kapitalsabtragungen vornehmen. „Viele begüterte Edelleute, Pächter und Bauern müssen bankerott werden“, sagte der Kammerpräsident von Both schon im Jahre 1766. Der Landtag verfügte deshalb 1768 einen Indult, durch den die Gutsbesitzer vor Kapitalskündigungen geschützt werden sollten. Aber anstatt die Not zu lindern, trug dieses Mittel nur noch zu ihrer Vermehrung bei. Denn die Folge war die Verminderung und schließliche Vernichtung des Kredits, ohne den jede Entfaltung wirtschaftlichen Lebens unmöglich ist. Nicht allein, daß eine Stockung im Geldverkehr eintrat, es wurde auch vornehmlich den größeren Betrieben die Beschaffung von Anleihekapitalien erschwert oder ganz versagt. Was Wunder, wenn in den Jahren 1775/76 mehr als ein Achtel aller Landgüter zum Konkurs standen! Manche Gutsherrn, die weder Zinsen noch Kapitalien begleichen konnten, überließen ihren Besitz, selbst bei nicht sehr hoher Schuldenlast, nur um von ihr frei zu werden, ganz oder teilweise für immer oder auf lange Zeit an die Gläubiger und Kreditoren, ohne daß diese ein Kaufgeld entrichteten oder Zinsen an die bisherigen Besitzer bezahlten. Die sinnlose Ausbeute des so erworbenen Gutes seitens der wirtschaftlich ungebildeten Kreditoren, die sich durch umfangreiche Holzverkäufe zu bereichern suchten, machte Grund und Boden zunichte und setzte den früheren Stand und Wert des Gutes beträchtlich herab. Es blieb denn auch der Regierung und den Ständen nichts anderes übrig, als den Indult wieder aufzuheben (1776) und statt dessen – was man durch jene Bestimmung hatte vermeiden wollen – in Konkurs geratene Güter zum Verkauf zu bringen, um wenigstens noch einen möglichst hohen Betrag zu erzielen.

Auch in den Städten machten sich für den Kaufmann, den Handwerker und den Beamten die Folgen der Münzverschlechterung fühlbar. Von Jahr zu Jahr mehrten sich die Zahlungseinstellungen größerer Firmen, und die Städte selbst, mit immer neuen Anleihen behaftet, wußten die Kosten der Verwaltung nicht mehr aufzubringen. So hatte z. B. Malchin, das durch den Krieg besonders hart mitgenommen worden war, trotz eines weisen und sparsamen Regiments im Jahre 1780 noch über 15 000 Taler Schulden anstehen, eine für damalige Zeit beträchtliche Summe.

Von den Domänen erklärte die Regierung bereits 1765, daß ihre Schuldenlast den Einkünften zweier Jahre gleichkomme. Fünf Jahre später hatte die herzogliche Renterei, nachdem ihr jährlicher Fehlbetrag ständig gestiegen war, bereits ein Schuldkonto von etwa zwei Millionen Talern aufzuweisen. Eine Übernahme der Schulden durch die Stände war bei der eigenen Not von Ritter- und Landschaft nicht möglich. Schon zog die Kammer eine Kürzung der Beamtengehälter, deren Zahlung dem Herzog Schwierigkeiten machte, sowie einen Aufschub der fälligen Kapital- und Zinszahlungen in Erwägung. Aber mit Recht wies die Regierung diese Vorschläge als anstößig und mit Rücksicht auf das im Volke alsdann zu erwartende Mißtrauen und das noch stärkere Sinken des allgemeinen Kredits zurück. Ein anderes Mittel schien dem Herzog zur Beseitigung seiner bedrängten Finanzlage besser und geeigneter zu sein. Am schnellsten nämlich erholten sich von den widrigen Folgen des Krieges die herzoglichen Pächter. Durch die von ihnen zu entrichtenden niedrigen Pachtgelder konnten sie bei guter Wirtschaftsführung bald beträchtliche Überschüsse erzielen, ihre Schulden beseitigen und den früheren Wohlstand wiedergewinnen. Eine ziemlich kostspielige Lebenshaltung, viel Aufwand in Nahrung und Kleidung, „worin es ihnen", wie der Wariner Drost v. Suckow etwas später schrieb, „der erste und reichste Kavalier am Hofe nicht gleich tun konnte", war der beste Beweis. So faßte denn schon 1773 der Herzog den Plan, eine Erhöhung des bisherigen Pachtgeldes vorzunehmen und forderte, als die Kammer sich dem widersetzte, von ihr energisch fortab die Anwendung des öffentlichen Meistgebots statt der bisher geübten Verpachtungsart „unter der Hand". Aber auch dieses Mittel erwies sich als untunlich für die wirtschaftliche Lage des gesamten Bauernstandes und brachte keineswegs den gewünschten Erfolg. Zwar erzielte die herzogliche Kasse größere Einnahmen, aber das Treiben gewissenloser Spekulanten und Makler, die die Pachtsumme über den Ertragswert der Ländereien steigerten, brachte bald Pächter und Bauern in Schulden. So griff man denn zu dem bedenklichen Mittel, das um diese Zeit auch in Frankreich den Ruin des Staates verhindern sollte, in Wirklichkeit ihn jedoch herbeiführte: durch neue Anleihen sollten alte Schulden gedeckt werden. Es war auch in Mecklenburg der schwerste volkswirtschaftliche Mißgriff, der je getan werden konnte. In zwanzig Jahren wuchsen auf diese Weise die Rentereischulden von einer dreiviertel auf zwei Millionen Taler an. Die Kammer konnte bei der Aufstellung des Etats von 1795/96 nur melden, daß, wenn nicht schleunigst Gegenmaßnahmen getroffen würden, die Renterei in kurzem ihre sämtlichen Zahlungen einstellen müsse. Gleichzeitig berechnete der damalige Kammerpräsident v. Dorne das jährliche Defizit der herzoglichen Kasse auf 60 000 Taler. Der Herzog Friedrich Franz I., der 1785 den Thron bestiegen hatte, drohte, erzürnt über dieses finanzielle Ergebnis, abzudanken, und nur Dornes mutiges Bekenntnis vor dem Fürsten, daß ein solcher Weg, sich den Mühen und Sorgen des Regentenamtes zu entziehen und die

Lasten auf seinen Nachfolger abzuwälzen, wenig ehrenvoll sei, brachte den Herzog von diesem Gedanken ab. Es kann nicht unerwähnt bleiben, daß er selbst leider nicht immer die Gabe besaß, auf eigene Liebhabereien und persönliche Ausgaben angesichts dieser Finanznot zu verzichten. So wurden z. B. gerade damals für eine Reise des Erbprinzen in Sachen seiner Verlobung 100 000 Taler gefordert, und betreffs der kostspieligen herzoglichen Parforcejagden wagte man überhaupt nicht irgendwelche Einwendungen zu machen. Der Kammerpräsident v. Dorne fiel in Ungnade, sein Nachfolger v. Dewitz hatte den gleichen schweren Stand. Der Landrentmeister Cordshagen bat zweimal um seinen Abschied, der ihm wieder mit Rücksicht auf die dann im Volke zu erwartende Beunruhigung nicht gewährt wurde. Eine neue, 1799 in Kassel erwirkte Anleihe veranlaßte ihn schließlich, in seinem Amte zu verbleiben. Aber seine Hoffnung auf Besserung der Finanzen erfüllte sich nicht. Eine Berechnung im Jahre 1805 ergab für die Renterei und die mit ihr zusammenhängenden Kassen ein jährliches Defizit von über 130 000 Talern. Da sollte denn außer Erhöhung der Pachtsummen und gesteigertem Holzverkauf in den herzoglichen Forsten eine auf dem Wege des Meistgebots erfolgende Veräußerung aller entbehrlichen herzoglichen Häuser und Ländereien sowie die Überlassung der Hofwehren an die Bauern für Geld Abhilfe bringen. Tatsächlich wäre dieses Mittel durch Ansammlung von Kapitalgeldern, die man in erster Linie nötig hatte, nicht ohne Erfolg geblieben, wenn nicht gerade jetzt das Unheil der Franzosenzeit über Mecklenburg hereingebrochen wäre. Als 1806 die fremden Aussauger ins Land kamen, waren die Kammerschulden seit dem Ende des Siebenjährigen Krieges von etwa einer halben auf über vier Millionen Taler gestiegen, die jährlich zu zahlenden Zinsen von etwa 30 000 auf rund 200 000 Taler. Bei dem alljährlich wiederkehrenden Defizit in der herzoglichen Kasse war eine Aussicht auf Besserung nicht vorhanden. –

Über zwanzig Jahre friedlicher Regententätigkeit waren dem Herzog Friedrich nach den Wirren des Siebenjährigen Krieges noch vergönnt. Bereits seit seinem Regierungsantritt (1756) hatte er seine Residenz mehr und mehr nach dem Jagdschloß in dem Dorfe Kleinow in der Nähe der Lewitz verlegt und den Ort seinem Vater Christian Ludwig zu Ehren, der das Jagdschloß erbaut hatte, den Namen

Ludwigslust gegeben. In den siebziger Jahren ließ er dort ein neues, das noch heute bestehende, mit prächtiger Architektur versehene und nach außen mit Pirnaer Sandstein bekleidete Schloß errichten. Von Jahr zu Jahr mehrte sich in dem einst so stillen Ludwigslust die Zahl der Häuser und der Bewohner. Bald erinnerten nur noch wenige mit Strohdächern versehene Häuser an das einstige Kleinow. Stadtrecht erhielt die neue Siedlung jedoch erst etwa hundert Jahre später (1876). Für Schwerin allerdings bedeutete die Verlegung der Residenz nach Ludwigslust (bis 1837) einen schweren Schlag, da des Herzogs Interesse für Kunst und Wissenschaft, für schöne Bauten, für Anlagen in der Natur und auch für Musik sich eng mit seinem geliebten Ludwigslust verknüpfte. Der Erbprinz Ludwig behielt seinen Wohnsitz in Schwerin.

Eine Reihe von Regierungshandlungen legen trotz der geschilderten finanziellen Bedrängnisse des Herzogs von seinem Bestreben nach einer Neuordnung der öffentlichen Verhältnisse auf den verschiedensten Gebieten Zeugnis ab. Die bedeutendste aller Reformen damaliger Zeit ist die durch landesherrlichen Erlaß vom 16. Dezember 1769 vollzogene Aufhebung der Folter. „Die peinliche Frage oder sogenannte Tortur der in Inquisition geratenen Personen“, hieß es in dem Erlaß, „ist ein so unsicheres, gefährliches und sowohl bei der Erkennung als Vollstreckung so leicht zum Mißbrauch Anlaß gebendes Mittel, die Wahrheit bei begangenen Verbrechen an den Tag zu bringen, daß Wir aus landesväterlicher mitleidsvoller und gerechter Gesinnung der Entschließung geworden sind, den Gebrauch derselben in Unsern Herzog-Fürstentümern und Landen bis auf wenige bestimmte ganz außerordentliche Fälle gänzlich aufzuheben“. Zu letzteren sollte die Weigerung eines „schon geständigen oder hinlänglich überführten“ Verbrechers gehören, der seine „Mithelfer oder Ratgeber bei der Verübung des Verbrechens ... alles gütlichen Zuredens ungeachtet nicht entdecken und benennen will“. Im übrigen wurde den Landesgerichten aufgegeben, „ohne die alleräußerste Not und Behutsamkeit auf keine Tortur zu erkennen“.

Erwähnt werden mögen außerdem noch die Begründung des Schweriner Staatskalenders (1776), der Ankauf der aus 16 000 Bänden bestehenden Büchersammlung des verschuldeten Reichshofrates Baron von Ditmar für 10 000 Taler, mit der der Herzog den Grund zu der Regierungsbibliothek legte, die Überweisung der durch den Orientalisten Professor Tychsen wieder aufgefundenen, völlig ungeordneten Bibliothek Johann Albrechts I. mit etwa 7000 Bänden an die Universität Rostock und die unter dem 29. April 1771 landesherrlich verfügte Verlegung der Schweriner Kirchhöfe vor die Stadt. Unter den Künstlern am Hofe des Herzogs verdient hervorgehoben zu werden Georg David Matthieu, ein deutscher Hofmaler des Rokoko, anscheinend der erste seiner Art an einem mecklenburgischen Fürstenhofe. Geboren im Jahre 1737 in Berlin als Sohn eines Hugenotten und in seiner Kunst vorgebildet durch seine Stiefmutter Anna Rosina Liziewsky, eine bekannte Malerin, trat er nach einem Aufenthalt in Stralsund und auf der Insel Rügen 1761 in den mecklenburgischen Dienst. Er malte den ganzen Hof vom Herzog hinab bis zum Kammerdiener und jedes Bild mit der jener Zeit eigenen Liebenswürdigkeit und Grazie der dargestellten Personen und dem anmutigen, harmonisch gestalteten Hintergrund. Noch heute birgt das Schweriner Museum eine große Anzahl seiner Bilder. Überall „betrachtet man entzückt die vollendete Harmonie des Kolorits“, sagt der Museumsdirektor Professor Steinmann. Die reichen Farben „klingen zusammen in einem Wohllaut, der sich nicht beschreiben läßt. Man meint (bei dem Porträt der Prinzessin Amalie) das leise Knistern der Seide zu hören und das dumpfe Rauschen der schweren kostbaren Spitzen. Da ihn die Typen als solche nicht mehr fesselten und er sich ihrem inneren Sein nicht zu nähern vermochte, so blieb ihm nur der äußere Schein. Aber hier suchte er sich ganz und voll als Künstler zu betätigen“. Er starb bereits 1778. Zu dem Hofmaler trat die Hofsängerin Signorina Amabili aus Venedig, die spätere Gattin des Hofkapellmeisters Westenholz, die auch die Prinzessinnen Charlotte und Amalie in der Musik unterwies. Gelegentlich hatte auch die Stadt Schwerin Anteil an diesem künstlerischen Leben und Treiben, wenn die Hofkapelle im dortigen alten Schloß Aufführungen veranstaltete oder die Maler dort immer neue Motive für ihre Bilder suchten.

Aber gerade dieser, man möchte sagen überfeinerte Kunstsinn des Fürsten hatte ihm schließlich jedes Verständnis für die mehr volkstümlichen Freuden des einfachen Mannes genommen, und sein pietistisch-religiöses Empfinden bestärkte ihn in seiner Abneigung gegen alle lauten Vergnügungen. Seinen Bauern untersagte er bei Hochzeiten und Kindtaufen Musik und Tanz. Das Erntebier gedachte er durch eine Geldzahlung seitens der Pächter zu ersetzen. Jahrelang hielt er sein Verbot der Schützenfeste aufrecht. Auch das Theater erschien ihm anstößig, so daß die von seinem Vater 1751 in Dienst genommene Hofschauspielergesellschaft der Schönemannschen Truppe, die damals als die beste in ganz Deutschland galt, schon 1756 nach Hamburg übersiedelte. Dadurch kam gerade Schwerin, wo der Herzog schließlich alle Theatervorstellungen verbot, in Rückstand gegenüber Rostock und Güstrow, wo schon damals ansehnliche Schauspielertruppen wirkten.

Bereits während des Siebenjährigen Krieges entbrannte ein heftiger Streit zwischen dem Herzog und der Stadt Rostock, der eine wenig rühmliche und das geistige Leben im Lande lähmende Maßnahme des Herzogs im Gefolge hatte. Als nämlich der Engere Ausschuß 1758 von der Stadt auf Grund der Bestimmung in § 220 des Landesgrundgesetzlichen Erbvergleichs als Beitrag zur ersten preußischen Kriegssteuer den 12. Teil forderte, verlangte sie wegen der schweren Kriegsleiden, unter denen sie gelitten hatte, besondere Berücksichtigung und verweigerte, als die Rezepturkommission mit 30 Mann herzoglicher Truppen zur gewaltsamen Beitreibung des Geldes schreiten wollte, den Soldaten den Einlaß. Die Entsendung mehrerer Kompagnien durch den Herzog zwecks Exekution führte zu einem langwierigen und kostspieligen Prozeß beim Reichskammergericht. Der alte Gegensatz zwischen der Stadt und der Landesherrschaft, der auch durch die vom Herzog Christian Ludwig mit Rostock geschlossene Konvention von 1748 nicht völlig beseitigt worden war, lebte von neuem wieder auf und fand bald neue Nahrung. Für Herzog Friedrich als einen Anhänger des Pietismus war die orthodoxe Richtung in der theologischen Fakultät der Universität ein Gegenstand des Verdrusses und steten Ärgers. Durch die Berufung des Predigers und Waisenhausinspektors Döderlein aus Halle, der Hochburg des Pietismus, in das Amt eines Professors und Konsistorialrats (1758) wollte er in Rostock Wandel schaffen. Weder die Stadt noch die Universität erkannte den neuen Professor an. Vergebens versuchte der Herzog beim Kaiser die Aufhebung der Universität durchzusetzen. Er erhielt nur ein für 3036 1/2 Goldgulden erkauftes kaiserliches Patent für die Begründung einer neuen vollen Universität mit vier Fakultäten, doch „ohne Präjudiz (Rechtsnachteil) für die benachbarten Universitäten". Eine Entscheidung des Reichskammergerichts, bei dem die Stadt, die das Kompatronat der Universität hatte, eine zweite Klage gegen den Herzog vorbrachte, lautete auf Erhaltung des status quo anto. Dennoch eröffnete der Herzog Michaelis 1760 in dem alten bischöflichen Schloß zu Bützow eine neue Universität und befahl die Übersiedlung des herzoglichen Teiles des Rostocker Professorenkollegiums. Die rätlichen Professoren blieben in Rostock und hielten auch hier die Universität aufrecht. Die Folge dieser Spaltung aber war die, daß an beiden Orten nichts Rechtes geleistet wurde, am allerwenigsten in Bützow. Die Höchstzahl der hier immatrikulierten Studenten betrug anfangs 86, später nur etwa 50, von denen sich die Mehrzahl einem ziemlich lasterhaften Leben ergab und durch ihr albernes Betragen mit den Bürgern Bützows in Händel geriet. Da es dem Herzog wegen des kammergerichtlichen Urteils nicht gelang, der Rostocker Akademie den landesherrlichen Zuschuß zu nehmen und auf Butzow zu übertragen, so mußte er der Renterei, die schon an sich mit einem stets wachsenden Fehlbetrag arbeitete, noch die jährliche Zahlung von 9000 Talern zur Erhaltung der Bützower Hochschule auferlegen. Was aber bedeuteten für eine Universität 9000 Taler! Ihre Einrichtungen waren von vornherein höchst kläglich und riefen allseitigen Spott hervor. Selbst Männer, wie der schon genannte Orientalist Tychsen und der Philosoph Tetens, konnten die Verhältnisse nicht meistern. Trotzdem blieb das bedauernswerte Institut, obgleich der Herzog es am liebsten schon baldigst wieder hätte eingehen lassen, doch bis über seinen Tod hinaus, da die Spannung zwischen ihm und Rostock andauerte. Hier war es wegen der Verteilung der Kriegssteuern zwischen dem Rat und der Bürgerschaft zu neuen Zwistigkeiten gekommen. Der Herzog ergriff Partei für die Bürgerschaft, die ihn um die Entsendung einer Kommission zwecks Abstellung vorgebrachter Übelstände in der Stadtverwaltung bat. Nur in einem Punkte, der Neuordnung des Hundertmännerkollegiums, wurde eine Einigung erzielt. Erst Anfang der achtziger Jahre trat eine Annäherung zwischen Stadt und Landesherrschaft ein. Das Reichskammergericht erklärte Rostock nach seiner historischen Entwicklung als eine civitas mediata, eine der Landesherrschaft untergeordnete Stadt. Der Herzog selbst gab die schroffe Art, mit der er Rostock über Gebühr hatte zwingen wollen, auf. Eine neue Kommission wurde eingesetzt, um über die noch strittigen Punkte sachgemäß zu verhandeln. Doch noch vor ihrem Zusammentritt starb der Herzog plötzlich am 24. April 1785. Seinem erst 28 jährigen Neffen und Nachfolger Friedrich Franz I., dem Sohne des bereits 1778 verstorbenen Erbprinzen Ludwig, fiel die Ausführung des Friedenswerkes zu. Nach eingehenden Kommissionsverhandlungen kam zwischen ihm und der Stadt Rostock 1788 der „Grundgesetzliche neue Erbvertrag" zustande. Friedrich Franz, der am 8. Mai mit seiner Gemahlin feierlich in Rostock einzog – seit 1755 hatte dort kein Landesherr mehr geweilt – und unter mancherlei Festlichkeiten bis zum 23. in der Stadt blieb, vollzog die Unterzeichnung am 13. des Monats, ebenso die Bürgermeister, der Rat und die Hundertmänner. Es war ein Vergleich im wahrsten Sinne des Wortes. Zwar erkannte Rostock die seit Jahrhunderten besondere, seit dem Ende des Dreißigjährigen Krieges von ihr mit aller Macht bestrittene Landeshoheit des Herzogs an. Dieser erhielt u. a. das Besatzungsrecht, eine erweiterte Gesetzgebungsmacht, auch in geistlichen und Kirchensachen unter gleichzeitiger Beseitigung des Stadtkonsistoriums, und andere Rechte. Demgegenüber aber verblieben der Stadt hinsichtlich des Stadtrechts, der Polizei- und Gerichtsordnung, des Handels und ihrer bevorzugten Stellung im Korps der Ritter- und Landschaft so viele Privilegien, daß dadurch die von der Stadt dem Landesherrn gemachten Zugeständnisse voll und ganz aufgewogen wurden. Auch die Landesuniversität wurde unter Aufhebung der Bützower Hochschule (25. April 1789) wieder vollständig hergestellt und als solche am 13. Mai 1789, dem ersten Jahrestage des Erbvertrages, feierlich wiedereröffnet. Sogleich stieg wieder die Zahl der Studierenden auf 140. Die Stadt behielt noch das Kompatronat der Universität, bis 1827 nach erneuten Verhandlungen der Landesherr der alleinige Patron wurde. Der Professor Döderlein, der den Universitätskonflikt ständig geschürt hatte, wurde nebst drei anderen seiner Kollegen bei Aufhebung der Bützower Hochschule pensioniert. Ein Vertrag der Stadt Rostock vom 27. Juni 1793 mit der Ritter- und Landschaft, die darüber zürnte, daß der Erbvertrag ohne ihre Mitwirkung und ihr Gutachten abgeschlossen worden war, und auch manche Bestimmungen des Vertrages als den ständischen Interessen zuwiderlaufend erklärte, blieb ohne landesherrliche Bestätigung und daher in der Folgezeit nicht allgemein verbindlich.

Der Herzog Friedrich Franz I. (1785–1837), der eine vortreffliche Erziehung und eine gediegene Vorbildung genossen hatte, entsprach auch sonst den Erwartungen, die weite Kreise des mecklenburgischen Volkes schon vor seinem Regierungsantritt auf ihn gesetzt hatten. In der Wiedererlangung der noch an Preußen verpfändeten vier mecklenburgischen Ämter sah der neue Herzog gleichsam ein von seinem Oheim übernommenes heiliges Vermächtnis. Das Geld zur Wiedereinlösung der Länder hatte Herzog Friedrich bereits beschafft, aber alle Verhandlungen mit dem Preußenkönig hatten sich bisher zerschlagen. Durch seinen Beitritt zum Fürstenbund (17. Januar 1786) suchte sich Friedrich Franz dem alten König politisch zu nähern und die Ausführung seines Planes vorzubereiten. Aber erst durch den noch im August desselben Jahres erfolgenden Tod Friedrichs des Großen gestaltete sich die Sachlage für den Herzog günstig. Sogleich begab er sich nach Berlin, und was seinem Oheim in jahrzehntelangen schriftlichen Verhandlungen nicht möglich gewesen war, das erreichte er durch persönliche Unterredungen in kurzer Zeit. Schon am 13. März 1787 kam eine Konvention zustande, nach der Preußen gegen Empfang von 172 000 Talern in Gold die vier Ämter zurückerstattete und auch noch einige Grenzberichtigungen zugestand. Was König Friedrich Wilhelm außerdem noch an Bedingungen stellte, war nur rein formeller Art, so u. a. die Versorgung des Personals der preußischen Administration in Parchim durch den Herzog und die Erneuerung des alten Erbfolgerechtes der Hohenzollern in Mecklenburg bei eventuellem Aussterben des gesamten Herzogshauses mit Einschluß der Strelitzer Linie.

Einen fast noch größeren Gewinn brachte der Herzog seinem Lande durch die Wiedereinlösung der seit 1648 in schwedischem Besitz befindlichen Herrschaft Wismar mit den Ämtern Poel und Neukloster. Sie erfolgte nach längeren Verhandlungen mit der Krone Schweden unter preußischer und russischer Beihilfe durch den (im Original französisch abgefaßten) Malmöer Vertrag vom 26. Juni 1803 für die Summe von 1 1/4 Millionen Reichstaler Hamburger Bank (etwa 1 3/4 Millionen Taler preuß. Kurant). Am 19. August wurden Stadt und Herrschaft Wismar an den mecklenburgischen Kommissar in Malmö übergeben, und am 29. hielt Friedrich Franz in die über anderthalb Jahrhunderte dem Heimatland entfremdete Stadt unter allgemeinem Jubel seinen Einzug. Allerdings bot Wismar ein wenig vertrauenerweckendes Bild und warf ein schlechtes Licht auf die schwedische Verwaltung. Ungepflegte, mit Gras bewachsene Straßen und verfallene, unbewohnte Häuser waren nichts Seltenes; Spiel, Trunk, Völlerei und andere Laster waren in der Bevölkerung an der Tagesordnung. Handel und Wandel fristeten ein kümmerliches Dasein. So wurden der deutschen Kulturarbeit große Aufgaben gestellt.

Noch aber war Wismar durch den Vertrag nicht in den souveränen Besitz Mecklenburgs übergegangen. In § 3 war Schweden nach Ablauf von hundert Jahren unter Zurückerstattung der von Mecklenburg gezahlten Summe mit Zinseszins zu 3 Prozent das Recht der Wiedereinlösung zugesichert, das auch, falls Schweden dann von ihm noch nicht Gebrauch machen würde, nach weiteren hundert Jahren, also 2003, gültig sein sollte. Mochte auch die sehr hohe Einlösungssumme, die Mecklenburg zahlte und die zu den verhältnismäßig geringen jährlichen Einkünften von Stadt und Herrschaft Wismar im Widerspruch stand, eine ziemlich sichere Gewähr dafür bieten, daß eine Wiedereinlösung durch Schweden ausgeschlossen sein werde, so blieb doch z. B. das im Vertrag festgelegte Verbot der Befestigung der Stadt und ebenso das der Anlage eines Kriegshafens im 19. Jahrhundert eine Fessel für eine im Lauf der Jahre eintretende derartige Entwicklungsmöglichkeit, wie sie 1848 bei der Schaffung einer deutschen Kriegsflotte tatsächlich gegeben war. Auch bei anderen Gelegenheiten trat immer wieder der nur pfandmäßige Besitz Wismars in Mecklenburg hervor. So mußten z. B. beim Verkauf herrschaftlich Wismarschen Eigentums stets die Rechte der Krone Schweden vorbehalten werden. Trotzdem hat Wismar unter dem Pfandvertrag im Laufe des 19. Jahrhunderts einen ungeahnten Aufschwung genommen, wenn es auch die einstige Konkurrenzstellung zu Rostock nicht wiedererlangen konnte. Die Periode der schwedischen Fremdherrschaft war für die Stadt eine Zeit des Rückschritts gewesen. Erst 1903 wurde allen durch den Pfandvertrag noch bestehenden Unsicherheiten dadurch ein Ende gemacht, daß der schwedische Reichstag im Einvernehmen mit dem

König Oskar auf das Wiedereinlösungsrecht für alle Zeiten verzichtete. Seitdem ist Wismar wieder freier mecklenburgischer Besitz 1).

Durch den Malmöer Vertrag wurde auch die Frage des WarnemünderZolls endgültig geregelt. Schweden hatte den im Westfälischen Frieden (Art. 10, § 13 des Friedens zu Osnabrück) erworbenen Zoll trotz der Bestimmung, daß er „in so mäßiger Höhe gehalten sein soll, daß der Handel nicht lahmgelegt wird", zu seinem Vorteil ausgenutzt und die Warnemünder Bürger auf jede Weise geschädigt. Vergebens hatten diese nach den glänzenden Erfolgen des Großen Kurfürsten im schwedischen Kriege beim Friedensschluß von Nymwegen (1679) auf die Aufhebung des Zolls gehofft. Erst im Jahre 1714 verpfändete Schweden an den Herzog Karl Leopold für seine der bedrängten schwedischen Garnison in Wismar gewährten Unterstützungen in Naturalien und Geld, letztere im Betrage von 46 000 Talern, den Warnemünder Zoll, doch mit der Bedingung, ihn jederzeit wieder einlösen zu können. Auch sollte Karl Leopold die Abgaben weder herabsetzen noch ihn aufheben. Trotzdem beseitigte ihn Christian Ludwig 1748 in dem Vertrag mit Rostock, indem er sich zum Ersatz etwa entstehender Schäden verpflichtete. Schwedens Einspruch war umsonst. Im Malmöer Vertrag (Art. 5) verzichtete es denn auch offiziell auf jeden Anspruch.

Noch einer weiteren Neuerung an der mecklenburgischen Ostseeküste unter Friedrich Franz I. mag hier gedacht werden. In den Jahren 1795/96 wurde von dem Herzog durch den Bau eines größeren Badehauses und einiger kleiner Badehütten an dem nach einer Sage benannten „Heiligen Damm" bei Doberan das erste deutsche Ostseebad begründet. Bei einer Sturmflut, welche die Küste tief landeinwärts zu vernichten drohte, soll, so erzählt die Sage, auf das Gebet der Doberaner Zisterziensermönche hin deren Kloster durch einen in einer Nacht entstandenen Wall unzähliger, rund oder oval geformter Steine vor dem Untergang bewahrt worden sein. Das Bad, das im Gegensatz zu den benachbarten, weit größeren und belebteren Plätzen Warnemünde und Brunshaupten seine ursprünglich abgeschlos-

---

1) Über die Entwicklung Wismars nach 1803 im einzelnen vgl. besonders Witte, Wismar unter dem Pfandvertrage 1803 - 1903. Wismar 1903.

sene und stille Art bewahrt hat und mit seiner durch Natur und Kunst gleich schön geformten Anlage ein besonders schönes Fleckchen Erde bildet, war während des 19. Jahrhunderts vornehmlich ein Aufenthalt für den Hof und den Adel und ist erst in den letzten Jahrzehnten auch von bürgerlichen Kreisen mehr ausgesucht worden. –

Die im ganzen ruhige und friedliche Entwicklung des Strelitzer Landes seit seiner Entstehung im Jahre 1701 war auch durch die Ereignisse des Siebenjährigen Krieges wenig gestört worden. Obgleich die erwähnte Münzverschlechterung auch hier nicht ohne Folgen blieb, so konnte sie doch den Wohlstand und den wirtschaftlichen Fortschritt des Landes im ganzen nicht beeinflussen. Wenn sich trotzdem nach dem Kriege manche Hemmnisse kultureller und wirtschaftlicher, politischer und sozialer Art zeigten, so lagen sie in den Verhältnissen begründet, die in dem dortigen Fürstenhause herrschten.

Bald nach dem Ausbruch des Krieges hatte Adolf Friedrich IV. die Regierung aus den Händen seiner Mutter übernommen. Ein an sich wohlwollender Fürst, war er doch ein Mann von sonderbarer Lebensart. Mag der durch Fritz Reuters „Durchläuchting" allgemein bekannte Herzog auch oft einseitig beurteilt worden sein, so wäre es doch anderseits ebenso wenig zutreffend, wollte man, wie es mehrfach in tendenziösen Unterhaltungsartikeln der Tagespresse geschehen ist, seine Schrullen und Absonderlichkeiten leugnen oder in ein verschönertes Licht stellen. Die noch heute sichtbaren zahlreichen Blitzableiter auf dem in den Jahren 1774–85 von ihm unter Landesbeihilfe erbauten Palais in Neubrandenburg, seinem Lieblingsaufenthalt, bestätigen seine von Zeitgenossen berichtete große Gewitterfurcht. Auch seine merkwürdigen, fast kindischen Vergnügungen, wie das Wasserspritzen durch die Schlüssellöcher u. a. m., sind gut bezeugt. Mit seinem und seines Landes Vermögen verstand der Herzog schlecht hauszuhalten. Der Bau mehrerer Sommerresidenzen, z. B. des im altgriechischen Stil gehaltenen „Belvedere" auf einer bewaldeten Anhöhe am Tollensesee und des gleichfalls idyllisch gelegenen Lusthauses in Sponholz, der Aufwand für die aus zwölf Grenadieren und einem Tambour bestehende Leibwache in Neubrandenburg und für das dortige Sommertheater der Tillyschen Schauspielergesellschaft mit dem für sie eigens erbauten Schauspielhaus, ebenso die Kosten für den Marstall und den Eiskeller, für die fürstliche Gondel auf dem Tollensesee und andere Freuden leerten die Kassen des Herzogs zusehends. So kam es, daß bei seinem Tode vom Kaiser eine besondere Kommission zwecks Regelung und Abtragung der hinterlassenen Schulden an die vielen Gläubiger eingesetzt wurde.

Adolf Friedrich IV. war nicht einmal für seine im ganzen stille Zeit zum Regenten geschaffen. Die Fürstenherrlichkeit des französischen Königs Ludwig XV., die schließlich nur noch ein hohler Abglanz von der Zeit des Sonnenkönigs Ludwig XIV. war, hatte es ihm angetan. Repräsentieren und Imponieren, Auftreten in Gold- und Ordensglanz erschien ihm, wie manchem Fürsten seiner Zeit, als notwendig für einen Herrscher. Glücklicherweise fehlte ihm dabei zum Segen für sein Land das Selbstsüchtige und Überspannte jener französischen Dynastenfamilie. Die dem mecklenburgischen Fürstenhause von jeher innewohnende biedere Gesinnung war auch ihm nicht fremd. So sind denn auch unter seiner Regierung eine Anzahl segensreicher Einrichtungen im Lande entstanden, meist allerdings im Anschluß an die Verordnungen seines Schweriner Vetters, des Herzogs Friedrich. Dahin gehören u. a. die Abschaffung der Folter, die durch den Landesgrundgesetzlichen Erbvergleich gebotene Vermessung und Bonitierung der ritterschaftlichen Güter und die Begründung der ritterschaftlichen Brandkasse. Auch viele Wohlfahrtseinrichtungen sind unter seiner direkten Einwirkung zustande gekommen, so z. B. die den Tagelöhnern in den fürstlichen Domänen gewährte freie ärztliche Behandlung und freie Arznei, eine Bestimmung, zu der das 1772/74 weit verbreitete und ganze Familien verderbende Faul- und Fleckfieber die Veranlassung gab. Eine Anzahl Kirchen, wie z. B. in Neustrelitz und Stargard, dazu andere Gebäude, wie Krankenhäuser, Schützenhäuser, Spritzenhäuser, auch Verkehrsverbesserungen, wie Wegebauten und Straßenpflasterungen, wurden oftmals ganz oder zum Teil aus der herzoglichen Kasse bezahlt. Auch die Erbauung der Landesirrenanstalt in Strelitz an der Stelle des alten abgebrannten Schlosses (S. 249) zeugt von Adolf Friedrichs Fürsorge für die Kranken und Unglücklichen im Lande.

Mit seinem Bruder und Nachfolger, dem Herzog Karl (1794–1816), bestieg eine kraftvolle, energische Persönlichkeit den Strelitzer Thron,

„ein deutscher Fürst von altem Schrot und Korn“, wie sein Enkel, der Herzog Georg in seiner Schrift „Zum 17. Oktober 1866“ von ihm sagte, „bereit, sich selbst zu opfern gleich einem treuen Hirten, wenn der ihm anvertrauten Herde dadurch Erleichterung und Schutz werden konnte“. Er war 53 Jahre alt, als er zur Regierung kam. Die dritte von seinen vier Töchtern, Luise, hatte sich vor einigen Monaten (am Heiligen Abend 1793) mit dem Kronprinzen (nachmaligen Könige) Friedrich Wilhelm III. von Preußen vermählt. Durch möglichste Sparsamkeit gelang es dem neuen Herzog, der an der Spitze der Kommission zur Tilgung der brüderlichen Schulden stand, die Finanzen des Landes zu verbessern. Das geschah besonders durch eine Beschränkung des Hofstaates und eine Vereinfachung der Verwaltung unter Aufhebung der kleineren Domänenämter Wanzka, Nemerow, Broda, Bergfeld und Sponholz und der Vereinigung ihrer Gebiete mit den größeren Amtsbezirken Feldberg, Stargard und Strelitz. Im Jahre 1814 wurde auch das Amt Fürstenberg dem Strelitzer und Mirower Amtsbezirk eingefügt. Durch Ankauf einer Anzahl Rittergüter seitens der Kammer wurde der fürstliche Domänenbesitz beträchtlich vermehrt. So brachte z. B. der Erwerb der Herrschaft Rödlin allein sechs bisherige Rittergüter in landesherrlichen Besitz.

* * *

Eine große wirtschaftliche Reform, ja geradezu eine Wirtschaftsrevolution, wie man sie wohl nicht mit Unrecht bezeichnet hat, vollzog sich im 18. Jahrhundert durch die Beseitigung der alten dreischlägigen oder Dreifelder-Wirtschaft. Bei ihr waren fast alle Gutshöfe und Bauernfelder in drei Schläge abwechselnd für Winterkorn (Roggen), Sommerkorn und Brachland geteilt. Letzteres pflegte man zur Hälfte mit Erbsen zu belegen, die sich als eine gute Vorfrucht für Korn erwiesen und durch ihr Kraut zugleich die an sich schwierige Düngung der alljährlich großen Brache erleichterten. In einigen Dorfschaften wirtschaftete man auch wohl überhaupt nach keinem System, sondern „säte“, wie der Schweriner Amtmann Streubel im Jahre 1747 schrieb, „ins Gelag hinein, entweder alles, was nur beschickt werden konnte, oder man ließ nur nach Gutdünken hier und da etwas liegen und ruhen“. Anderswo ließ man den schlechten Acker, zumal wenn er abgelegen war, lange Zeit unbebaut und bestellte Jahr für Jahr nur das gute Land. Auf besonders gutem Boden wurde gelegentlich eine vierschlägige Wirtschaft angewendet. Doch waren das alles nur vereinzelte Ausnahmen, die Regel war die Dreifelderwirtschaft. Sie verlangte eine große Aussaat, brachte aber demgegenüber einen verhältnismäßig geringen Ertrag, der sich im Durchschnitt auf das vierfache, in guten Jahren auch wohl auf das sechsfache Korn belief. Vor allem aber blieb bei der halben Brache nur eine kleine, schlechte Weide, die für eine einträgliche Viehhaltung nicht ausreichte. Durch Schaffung einer ständigen, der sogen. Außenweide auf den entlegenen Teilen der Feldmark suchte man diesen Mangel zu beseitigen. Aber auch eine solche Triften-, Busch- und Bruchhütung gestattete noch keine ausgedehnte Viehwirtschaft. Oft mußte die Wiese als Weide benutzt werden, ein Umstand, der die notwendige Ernährung des Viehs, vornehmlich auch der für den Landmann unentbehrlichen Pferde, im Winter aus Mangel an Futter gefährden konnte. Kleine Kühe, wenig Milch, schlechter Dung waren die Folge. Berechnete man doch den jährlichen Gewinn von einer Milchkuh durchschnittlich auf drei Taler. So stand die Viehwirtschaft nicht auf der ihr gebührenden Höhe. Häufig wurde sie von der Schafzucht überflügelt. Auf dem Gute Stechow im Amte Gnoien waren, wie der Engländer Dr. Thomas Nugent schrieb, der 1766 eine ökonomische Reise durch Mecklenburg machte, damals „außer einigen Pferden und jungem Vieh 500 Schafe, welche nicht dem Grafen (v. Bassewitz auf Dalwitz), sondern einem Schäfer zugehören, der jährlich für die Unterhaltung von jedem Hundert Schafe 32 Taler bezahlt. Dafür bekommt er 1.) diejenigen Felder, welche für die Holländerei zu schlecht sind, ingleichen beide Brachschläge; 2.) zum Winterfutter so viel Roggenstroh, als die Schafe verzehren können; dieses wird hinter die Hecken, welche in dem Schafstall rund umher geschlagen sind, gelegt, und die Schafe fressen davon eigentlich nur die Ähren, das übrige aber wird zur Streu gebraucht; 3.) werden dem Schäfer auf jedes Hundert Schafe 12 Scheffel Roggen nebst Futter und Gras für eine Kuh zugestanden. Mecklenburg und Pommern sind voll von solchen Schäferfamilien, welche, ohne einen Fußbreit Landes zu besitzen, viele hundert bis tausend Schafe halten, mit denen sie von einem Gut zum andern ziehen, sobald sie glauben, ihre Bedingungen verbessern zu können“. Mit Recht sagte daher der Gutsbesitzer Ernst Friedrich von Engel auf Gr. Nieköhr und Drüsewitz (1755), „daß der Abnutz unserer Schäfereien (für den ländlichen Wirtschaftsbetrieb) nicht viel zu bedeuten hat“, auch nicht bei einer anderen Art der Schäferei, bei der „man mit dem Schäfer zum fünften, auch wohl sechsten zusammensetzt, so daß, wenn der Gutsherr 400 oder 500 eigene Schafe hat, der Schäfer von den seinigen 100 in gleicher Qualität beisetzt und den fünften oder sechsten Teil von aller Abnutzung an Wolle, Hammeln, Lämmern, ausgemerzten Schafen als Lohn erhält. Ebenso bekommt er seinen Teil von der Milch, welche er den fünften oder sechsten Tag zu sich nimmt und zu seinem Nutzen verwendet. Dagegen trägt er aber auch in gleichem Verhältnis die Gefahr des Sterbens und erhält beim Wegziehen sein Vieh nach eben dem Maß, so wie es der Lauf mit sich bringt, d. h. jede Art, als Mutterschafe, Hammel, Lämmer werden in Hürdenställen abgesondert, in welchen eine kleine Öffnung gemacht wird, daß nur eins zur Zeit durchkommen kann. Sie laufen dann frei eins nach dem andern, wie das Ungefähr es fügt, heraus; die vier oder fünf ersten nimmt der Herr, und das fünfte oder sechste gehört dem Schäfer. Es hat das Ansehen, als ob auf diese Art dem Betruge am sichersten vorgebeugt werde; man mag jedoch mit den Schäfereien verändern und sie einrichten wie man will, die Schäfer wissen gleichwohl ihre Kunstgriffe, so wie überall, also auch beim Gemenge aufs beste anzubringen, dergestalt, daß der Herr zu kurz kommt, und immer wird die Abnutzung nur gering sein.“

In der Überzeugung, daß in Mecklenburg eine weit bessere Bodenausnutzung und damit eine Steigerung der Wirtschaftserträge im Landbau und der Viehzucht möglich, ja notwendig sei, hatte der Oberlanddrost Friedrich von der Lühe bereits im Jahre 1700 den Plan gefaßt, auf seinem Gute Panzow im Amte Bukow die holsteinische Koppelwirtschaft einzuführen. Bei dieser Wirtschaftsmethode wurden die Felder nach einer bestimmten, neun- bis elfteiligen Reihenfolge abwechselnd mit Getreide, Klee und als Weide bestellt. Die für Holstein charakteristischen Knicks, d. h. niedrige, mit Busch bestandene Erdwälle, durch die die einzelnen Felder eingekoppelt werden, haben in Mecklenburg nur im Nordwesten, an der Grenze Holsteins, Nachahmung gefunden. Die Abtrennung der einzelnen Felder, der sog. Schläge, geschah in Mecklenburg nur durch eine Furche, die sog. Schlagfurche. So spricht man denn auch hier nicht von einer mecklenburgischen Koppel-, sondern Schlagwirtschaft. Die Fruchtfolge sowie die Zahl der Schläge hat im Verlauf der Zeit manche Veränderungen erfahren.

Bereits 1705 nahm von der Lühe einen erfahrenen Holsteiner Landwirt in seinen Dienst. Bauern und Kossäten wurden vom Hoffelde aufs Außenfeld gebracht und das Ackerwerk in Schläge und auch zu Holländereien gelegt. Lühes Methode erregte, wie es kaum anders zu erwarten war, zwar viel Aufsehen, fand aber eine allgemeine Mißbilligung. Seine eigenen Standesgenossen und auch die Regierung suchten ihm durch Verweigerung des Kredits die Aufbringung der ihm aus der Umänderung erwachsenden Kosten zu erschweren. Herzog Karl Leopold beschuldigte ihn 1725 in einem Briefe an den Kaiser des Bauernlegens. Allerdings hatte von der Lühe zwei Bauern und vier Kossäten, die sich der Durchführung seines Planes widersetzten und durch keinerlei Güte und Vorstellung zu bewegen waren, schließlich abgemeiert; aber statt ihrer hatte er weit mehr andere Bauern in neu errichtete Stellen gebracht. Lühes wirtschaftliche Erfolge waren bald nicht mehr zu leugnen. Andere Gutsbesitzer folgten seinem Beispiel.

Noch aber war die neue Wirtschaftsmethode im ganzen nur eine Nachahmung der holsteinischen. Sie mußte vor allem, sollte sie von Bestand bleiben, erst bodenständig werden, d. h. sich dem Charakter des mecklenburgischen Landes anpassen. Da ergab sich für die Folgezeit eine Veränderung, durch welche die eigentlich mecklenburgische Schlagwirtschaft geschaffen worden ist: es war der Übergang von der ursprünglich zwölf- bzw. elfschlägigen zur siebenschlägigen Feldbestellung (1. gedüngte Brache, 2. Winterkorn, 3. und 4. Sommerkorn, 5. bis 7. Weide). Diese wurde in den Leipziger ökonomischen Sammlungen als eine mecklenburgische Musterwirtschaft bezeichnet. Das Lob galt allerdings noch nicht für Mecklenburg-Strelitz. Hier blieb mit verschwindend wenigen Ausnahmen die Dreifelderwirtschaft noch bis zum Ende des Jahrhunderts und darüber hinaus vorherrschend. Noch 1793 wurde in den „Nützlichen Beiträgen“ zu den 1765 begründeten Neuen Strelitzschen Anzeigen darüber geklagt, „daß die Beispiele so mancher vortrefflicher Landwirte doch immer noch nicht allgemeiner wirken und eine durchgängige Nachahmung finden; daß man noch so viele Feldmarken nach der alten Weise in drei Schlägen bewirtschaftet sieht und der Wirt sich lieber mit einer großen Aussaat als einer reichen Ernte glücklich dünkt". Den Bauern werde es „wegen der unglückseligen Kommunion auf ihren Feldmarken noch lange vorenthalten bleiben, sich der Wohltat einer Schlagwirtschaft zu erfreuen", die Gutsherren und Pächter aber, die wohl den „nötigen Spielraum" hätten, „eine sterile dreischlägige Wirtschaft in Koppelschläge umzuändern", wollten sich nicht „von der Nutzbarkeit einer solchen Schlageinrichtung überzeugen". Im Schwerinschen dagegen hatte sich um die Wende des 18. Jahrhunderts die siebenschlägige Wirtschaft (mit einem Brach-, drei Getreide- und drei Weideschlägen) durchgesetzt. Die Annalen der mecklenburgischen Landwirtschaftsgesellschaft, begründet in Rostock 1803, bezeichnen 1805 die siebenschlägische Wirtschaft schon als fast allgemein, und 1809 nennen sie dieses System bereits einen Grundsatz, nach dem die Pächter auf Betreiben der Kammer bei neuen Pachtungen durch Umwandlung der elf oder zwölf in sieben Schläge verfahren mußten.

So gebührt dem Landdrost von der Lühe das Verdienst, die Koppel- oder Schlagwirtschaft, die in Dänemark, in den deutschen Marschgegenden und stellenweise auch in England schon seit Jahrhunderten bekannt war, nach Mecklenburg übertragen zu haben, von wo sie sich dann, wenn auch in mehrfach veränderter und stets verbesserter Form, über alle norddeutschen Länder ausgebreitet hat. Für Mecklenburg ist bis auf den heutigen Tag trotz gelegentlicher, den jeweiligen Bodenverhältnissen angepaßter Abweichungen in Schlagzahl und Fruchtfolge die siebenschlägige Wirtschaft – mit oder ohne Trennung in Innen- und Außenschläge – als das speziell mecklenburgische Betriebssystem maßgebend geblieben.

Das Mißtrauen, das man der Einführung der Schlagwirtschaft in Mecklenburg anfangs entgegenbrachte, fand zum Teil seine Erklärung in der um die Mitte des Jahrhunderts in Mecklenburg grassierenden Rinderpest, die schon über zehn Jahre vor dem Siebenjährigen Kriege unter dem Viehbestand gewaltig aufgeräumt hatte und somit das über Land und Volk durch den Krieg hereinbrechende Unheil in seinen Wirkungen wesentlich verstärkte. Sie überdauerte das Ende des Krieges, ja wütete gerade damals so verheerend, daß z. B. im Herbst 1766 das meiste Vieh dahingerafft wurde. Um nur ein Beispiel von vielen anzuführen, so blieben auf dem Pachthof Kl. Methling bei Gnoien von 122 Kühen und Ochsen nur 17 übrig; alle anderen, darunter sämtliches Vieh der Katenleute, starben in kurzer Zeit. Wohl traf man alle möglichen Schutz- und Abwehrmaßregeln. So wurde z. B. die Stadt Schwerin gänzlich abgesperrt; kein Schlachtvieh durfte in die Stadt gelassen und Felle von auswärts durften nur eingekalkt zum Verkauf gebracht werden. Aber alle Mittel, selbst Impfungen, wie sie in Holland erprobt waren, hatten nur geringen Erfolg und bewirkten höchstens kurze Rückdämmungen. Dabei sollen sogar einige Prediger, wie aus dem Pfarrarchiv in Gnoien gemeldet wird, derartige Schutzmittel als einen Eingriff in das göttliche Strafgericht bezeichnet und dagegen gepredigt haben. Erst nach fast dreißigjährigem Grassieren erlosch die Seuche gegen Ende der siebziger Jahre.

Eine für die Entwicklung der mecklenburgischen Landwirtschaft segensreiche Folge der Schlagwirtschaft war der vermehrte Weizenbau. Er hatte bei der Dreifelderwirtschaft, die dem Boden durch eine nur einjährige Brache zu wenig Ruhe und nicht genug Reinheit von Unkraut für einen stärkeren Kornertrag verlieh, wenig Bedeutung gehabt. „Es sind noch nicht gar viele Jahre verflossen", schrieb von Engel 1755 in seinem (1785 veröffentlichten) „Briefwechsel, die Landwirtschaft, insbesondere die mecklenburgische betreffend", „da wir in Mecklenburg noch sehr bedenklich waren, Weizen zu säen, und glaubten, es sei nicht möglich ihn zu bauen, wofern Grund und Boden nicht strenger Lehm sei. ... Heutigen Tages sind wir hierin nicht mehr so behutsam. ... Man muß jedoch bemerken, daß die eingeführte Koppelwirtschaft (Schlagwirtschaft) eigentlich hierzu beigetragen hat, denn ohne dieselbe würde der Weizenbau in Mecklenburg nie zu dem Flor gelangt sein, worin er wirklich steht und worin er allen benachbarten Ländern, Pommern, der Mark Brandenburg und selbst Holstein, gar weit vorgeht." Wenn die letztere Angabe auch heute nicht mehr – vielleicht auch damals nicht – in solcher Schärfe zutrifft, so ist Mecklenburg doch immer mehr ein ertragreiches Weizenland geworden. Mag auch die Gesamtanbaufläche für Roggen weit umfangreicher sein als die für Weizen, so ist der Ertrag des letzteren auf dem besten Boden größer als der des Roggens. Den bei Einführung der Schlagwirtschaft durch Verringerung der jährlichen Bestellungsfläche bedingten Ausfall an Winterkorn suchte man durch Einbeziehen und Umbrechen früherer ständiger Weiden, durch Roden von Busch- und Waldland, sowie durch Trocknen von Sümpfen, leider auch durch Legen der Bauern zwecks Vergrößerung der Schläge wieder wett zu machen. Welchen Aufschwung aber der Kornbau nach seinem Ertragswert durch die Einführung der Schlagwirtschaft überhaupt genommen hat, lehrt ein Vergleich mit der früheren Zeit. War damals das vier- bis fünffältige Korn das gewöhnliche Maß, so erhöhte er sich nachher bis auf das Doppelte. Bei Roggen auf bestem Boden wurde der zehn-, bei Weizen sogar der vierzehnfältige Ertrag erreicht.

Im Zusammenhang mit der Umwandlung der Dreifelderwirtschaft in die Schlagwirtschaft steht auch der seitdem zunehmende Kartoffelbau. Wie die ersten Kartoffeln nach Mecklenburg gekommen sind, darüber sind die Nachrichten unsicher und lauten verschieden. Am glaubwürdigsten erscheint die Angabe des Strelitzer Superintendenten Masch (geb. 1724, gest. 1807), der sie zwischen 1730 und 1740 durch die Pfälzer und die Glasmacher aus Süddeutschland nach der Mark Brandenburg und nach Mecklenburg eingeführt wissen will. Der Kartoffelbau, der sich seitdem immer weiter ausdehnte, zuerst jedoch nur auf die Gärten beschränkt blieb, gegen Ende des Jahrhunderts aber auch schon im großen in der Brache betrieben wurde, bot dem Bauern und Landwirt den Vorteil, daß er trotz des für die Kartoffelpflanzung nötigen Bodens doch verhältnismäßig mehr Korn als bisher zum Verkauf bringen konnte. Auch der Rübenbau begann vereinzelt schon im 18. Jahrhundert, gewann aber erst im 19. Jahrhundert allgemeine Bedeutung.

In einem Punkte schoß man jedoch bei der Einführung der Schlagwirtschaft über das Ziel hinaus. Die Anlage zahlreicher Holländereien nach ebenfalls holsteinischem Muster, bei dem auf sechs Scheffel klein Maß Aussaat eine Kuh kam, erwies sich für Mecklenburg bei der geringeren Weidegüte als unausführbar. Die Rindviehzucht wurde übertrieben. „Man sieht", so hieß es in den „Strelitzschen nützlichen Beiträgen" vom Jahre 1766, „beim Anschlagen der Güter nur darauf, wie viel Haupt Rindvieh, nicht aber wie sie gehalten werden können." In Mecklenburg aber „kann mit sechs Scheffel Aussaat", so schrieb der Gutsbesitzer Ernst Friedrich von Engel auf Gr. Nieköhr und Düsewitz in seinen schon genannten Briefen, „eine Kuh nicht bestehen und kommt also natürlicherweise unter schlechten Umständen in den Winter. Das Winterfutter, insonderheit bei geringer Heuwerbung, wie solches vielfältig der Fall ist, und da überdem das beste Heu sowohl als der meiste Teil desselben für das Zugvieh und die Kälber aufbehalten werden muß, kann ihm auch keine Kräfte geben, daher denn das Kuhvieh ewig nicht recht emporkommt, so daß es einen beträchtlichen Abnutz gewähren könnte". Die Ursache für die „nackten Holländerkühe" sprach Engel in den Worten aus: „die Weide wird vom Junker überjagt, woher die Folge entsteht, die Kühe geben keine Milch", oder: „die Kühe sind aus Mangel an Winterfutter elend geworden, sie sind auf die Weide getrieben, bevor Gras da war." Der königlich dänische Kammerherr von Buchwald, der 1782 eine Reise durch Mecklenburg machte, schrieb: „In so gutem Stande der Ackerbau in Mecklenburg in bezug auf den Getreidebau ist, so schlecht sorgt man dagegen für den Graswuchs und folglich auch für die Hölländereien. Daraus folgt dann wieder zum Nachteil des Kornbaus, daß man nicht so guten und fetten Dünger hat, als man bei Anwendung mehreren Fleißes haben könnte." Als das beste Mittel zur Verbesserung der Weide für das Rindvieh empfahl er den Kleebau, und der Baron L. Ch. von Langermann auf Spitzkuhn gab in seinem „Versuch über die Verbesserung des Nahrungsstandes in Mecklenburg" (1786) Anleitungen über den Kleebau auf „dazu bestimmten künstlichen Wiesen", d. h. Kleestoppeln. Ihnen schlossen sich gleichgesinnte Männer an. Der Erfolg war, daß 1805 der Amtmann Eggers in den 1803 begründen Annalen der mecklenburgischen Landwirtschaftsgesellschaft schreiben konnte: „In der Regel besät jetzt jeder tüchtige Landwirt in Mecklenburg, wo es Grund und Boden nur irgend zuläßt, seinen jährlich mit Kornsaaten abtragenden, nun zur Ruhe und Weide kommenden sogenannten Nachschlag mit Klee."

Im Gegensatz zu diesen Fortschritten auf dem Gebiete des Feldbaus trat in der Hopfenkultur ein völliger Rückgang ein. Nach den Urkunden zu urteilen, war der Hopfen nach der Wendenzeit von Westen her eingeführt worden, und sein feldmäßiger Anbau gewann seit dem 13. Jahrhundert eine immer steigende Bedeutung, so daß, gleichwie in Schlesien und Brandenburg, Abgaben in Hopfen (ähnlich denjenigen in Wachs infolge ausgedehnter Bienenzucht) gebräuchlich wurden. Rostock hatte einen eigenen „Hopfenmarkt". Im 17. und 18. Jahrhundert aber trat eine Wandlung ein: der Hopfenbau ging in Mecklenburg zugrunde. Die Ursache dafür lag einerseits in den Zollstreitigkeiten der Seestädte mit Schweden und Dänemark, zum andern in der Überhandnahme des Branntweingenusses und der Einfuhr französischer Weine. Nur als wildwachsendes Gestrüpp ist der Hopfen noch an Hecken und Zäunen anzutreffen.

Auch sonst hat sich in der Pflanzenwelt Mecklenburgs in dem vorn Dreißigjährigen und Siebenjährigen Krieg umrahmten Zeitabschnitt manches verändert und dem Landschaftsbild ein anderes Aussehen verliehen. Die Wälder waren von Jahr zu Jahr immer mehr gelichtet worden. Wenn z. B. ein Gutsbesitzer, der sich durch die Verwüstung seiner Äcker oder durch die Raubgier seiner Feinde um den Ertrag der Ernte gebracht sah, in Not geriet, so mußte der Wald gleichsam das nötige Geld schaffen und der Verkauf größerer Baumbestände zu Nutz- oder Brennholz den erlittenen Schaden ersetzen. So konnte es kommen, daß im Jahre 1763 zwischen Lübs und Dömitz ein solcher Holzmangel eintrat, daß das 1755 eingerichtete Eisenwerk bei Dömitz schon 1770 wieder eingehen mußte. Vor allem die Eichenbestände, die, schon in der Bronzezeit nachweisbar, am Ende des Mittelalters einen bedeutenden Umfang hatten, waren um die Mitte des 18. Jahrhunderts sichtlich zusammengeschrumpft und verminderten sich nach dem Siebenjährigen Kriege, besonders im Ritterschaftlichen, weiterhin so, daß um 1800 Eichenwälder, wie sie früher nichts Seltenes gewesen waren, geradezu von der Bildfläche verschwunden waren und die Eiche seitdem nur noch als Einzelbaum an den Landstraßen oder in kleinen Gruppen inmitten größerer Waldungen oder zwischen den Feldern als eine Verschönerung des sonst eintönigen Landschaftsbildes zu finden ist.

Immerhin verschlugen derartige Übelstände gegen jene große Wirtschaftsreform wenig oder gar nichts. Die Durchführung der Schlagwirtschaft ist die bedeutendste und folgenschwerste Errungenschaft für Mecklenburg im 18. Jahrhundert. Sie bildet gleichsam die eine Stütze eines großen ländlich-wirtschaftlichen Befreiungswerkes, dessen andere Stütze erst im 19. Jahrhundert durch die Aufhebung der bäuerlichen Erbuntertänigkeit geschaffen worden ist. Wurde durch erstere die Bebauung von Grund und Boden aus längst veralteten Fesseln gelöst, so durch letztere auch der Bebauer selbst.

* * *

Der Kulturstand eines Volkes läßt sich nicht zuletzt an seiner Jugendbildung messen. Wenn auch nicht zu leugnen ist, daß diese in Mecklenburg bis zum Ende des 18. Jahrhunderts schon manche Fortschritte gemacht hatte, so überwogen im ganzen doch noch die zum Teil schon alten Schäden und Mängel. Im städtischen Schulwesen beider Mecklenburg, das seit der Mitte des 18. Jahrhunderts zunächst unter dem Einfluß des Halleschen Pietismus, dann des Neuhumanismus Gesners und Heynes in Göttingen stand, vollzog sich insofern eine Wandlung als sich von der Lateinschule, die zwar noch immer allen Bildungsbedürfnissen gerecht zu werden suchte, doch allmählich die deutsche Bürgerschule ablöste. In den kleineren Städten wurde der Lateinunterricht entweder zu einem Nebenunterricht oder – und das war meistens der Fall – ganz ausgeschaltet. Die allgemeine Volksschule trat in ihr Recht, nur daß die Schulpflicht noch nicht überall durchgeführt werden konnte. In Woldegk z. B. waren noch im Jahre 1803 von 334 schulpflichtigen Kindern 115 ohne Unterricht. Auch die Nebenschulen blieben bestehen. Besonders arg war das Klipschulwesen in Neubrandenburg verbreitet. Durch Vermehrung der Freischulen sollte der Schulzwang auf alle Kinder aus ärmeren Kreisen ausgedehnt werden. Zwecks Vorbereitung von Kindern für eine höhere Schule bildeten sich in manchen Städten besondere Nebenschulen für die Honoratioren oder Eximierten, die einen eigenen Lehrer auf ihre Kosten annahmen; doch mußten sie außerdem das gesetzliche Schulgeld für die Bürgerschule entrichten. Letzteres betrug z. B. in Tessin 1783 wöchentlich 6 Pfennige und ebensoviel noch für den Rechenunterricht extra. Dazu kam manchmal noch ein Holzgeld. Die Schulaufsicht lag in den Händen der Geistlichkeit und der städtischen Obrigkeit. Der

Hauptschulinspektor, an den alle Berichte gesandt wurden, blieb der Superintendent als Regierungsvertreter. Schulordnungen bedurften der Bestätigung der Regierung. Die Schullasten fielen den Städten anheim, die deswegen auch immer mehr Anteil an der Schulverwaltung forderten. Die Vorbildung der Lehrer war noch nicht allgemein geregelt. Der Superintendent hatte weiterhin die Entscheidung über die Fähigkeit des Lehrers nach einem vor ihm abzulegenden Examen. Auch als der Herzog Friedrich 1782 das Lehrerseminar zu Schwerin begründete, das 1786 nach Ludwigslust verlegt wurde, machte noch bis ins 19. Jahrhundert hinein nur ein Teil der Lehrer von dem Besuch desselben Gebrauch. Die Besoldung der Lehrer, mehr noch ihre Pensionierung und die Hinterbliebenenversorgung, überhaupt ihre rechtliche und wirtschaftliche Stellung war sehr schwankend und unsicher. Der Unterricht galt hauptsächlich den Knaben, die Mädchen blieben meist ohne schulmäßige Unterweisung.

Für die Schweriner Domanialschulen wurde die landesherrliche Schulordnung vom 20. August 1771 grundlegend. Danach sollte „ein jeglicher Schulhalter ... sich aller unerlaubten ... Geschenke, Nebenforderungen und Accidentien . . . enthalten, die Schule auf Michaelis anfangen und darinnen bis Ostern mit aller Treue fortfahren". Täglich sollten drei Stunden des Vormittags und ebensoviel des Nachmittags Unterricht sein. Außerdem sollte „der Schulhalter" noch „eine besondere Abendstunde allemal den Erwachsenen zu ihrer Erweckung und Herzensbesserung unter erbaulicher Katechisation und Erläuterung des Gelernten (nach des Stresow's Handbuch für Schulmeister S. 122) halten". „Von Ostern bis Michaelis, da sich die Winterschule geendigt hat, soll der Schullehrer alle Woche einige Tage mit sämtlichen schulfähigen Kindern des Dorfes sowohl vormittags als nachmittags nach obiger Vorschrift Schule halten zur Wiederholung der Gedanken und Vorbereitung auf das öffentliche Katechismusverhör." Die Schüler wurden „nicht nach ihrem Alter, sondern nach ihren Wissenschaften in gewisse Klassen" geteilt. Das erste Ziel des Unterrichts war neben der Unterweisung „im Christentum" die Erlernung des Lesens; später folgte mit einer Stunde vormittags und einer nachmittags Schreiben und Rechnen, wofür jedes Kind „einen Sechsling die Woche" besonders zu zahlen hatte. Bei mehr als 40 Kindern sollte des Lehrers „Frau oder sonst jemand von seinen Angehörigen" „die ABC-Schüler und Buchstabieret" im Lesen unterrichten. Außerdem enthielt die Schulordnung Bestimmungen über „ Schultabellen von eines jeden Kindes Namen, Alter, Wissenschaft im Lesen, Lernen, Schreiben, Rechnen, ingleichen von den Wochen des Schulgehens", über das „ehrerbietige und bescheidene" Verhalten des Lehrers zu seinem vorgesetzten Prediger, dessen Konfirmandenunterricht er „andächtig beizuwohnen" hat, über die Pflicht des Lehrers während der Schulstunden, in denen er „sich nicht mit einer andern Arbeit zu beschäftigen herausnehmen soll", über die Behandlung der Kinder, die zwar streng, aber ohne „Haß und Groll", ohne „allerhand Beschimpfungen, feindselige Reden, harte Mißhandlung" sein sollte: „alles bei Vermeidung eines Reichstalers Strafe in die Schulkasse", gegebenenfalls auch „bei Strafe der Absetzung". Das Einkommen der Domaniallehrer war durch eine Verordnung vom 18. Oktober 1770 „durch eine möglichst gleichförmige Einrichtung aller Landschulen" geregelt worden. Neben einer Wohnung im Schulhause, einem Garten, Ackerland und Wiese, freier Weide, sowie den ihnen von den Dorfinsassen zu leistenden Diensten bei Bestellung und Ernte des Ackers, bei Anfuhr des Brennholzes und anderen Bedürfnissen erhielt ein „Schulmeister, dessen Dorfschaft nur 5 bis 20 schulfähige Kinder hat, für jedes zur Schule zu schickende Kind 42 Schillinge, wegen derjenigen Schulkinder aber, die er über die Anzahl von 20 hat, für jedes nur 8 Schillinge". In einer Dorfschaft mit „gemeiniglich zwischen 30 und 50" Kindern sollten es 31, bzw. wieder 8 Schillinge sein. „Und dieses ihm zukommende Quantum" sollte ihm sofort „bei der im Dorfe (durch den Amtslandreiter) geschehenden Zusammenbringung halb an Geld und an Roggen" überwiesen werden. – In Mecklenburg-Strelitz gab es ähnliche ausgeführte und grundlegende Schulordnungen noch nicht. Kurze Reglements (1772/73, 1786, 1795, 1805) leiteten hier erst eine dem Schweriner Landschulwesen ähnliche Entwicklung ein.

Durch solche Verordnungen nahm das Schulwesen in den Städten und im Domanium unter weiteren Bestimmungen, Verbesserungen und Neueinrichtungen einen der Zeit entsprechenden erfreulichen Fortgang. Anders dagegen war es in der Ritterschaft beider Herzogtümer. Als der Herzog Friedrich durch ein Reskript an den Engeren Ausschuß vom 31. Dezember 1773 das Schulreglement vom 20. August 1771 auch auf die dortigen Schulen ausdehnen wollte, protestierte der Engere Ausschuß gegen die Zirkularverordnung, die gegen die wohlerworbenen Rechte der Stände im Landesgrundgesetzlichen Erbvergleich verstoße. Nach § 496 dieses Vergleichs sollten die Lehrer „von der Gutsobrigkeit unter beliebigen Bedingungen angenommen und nach Willkür beurlaubt werden, auch der Jurisdiktion der letzteren in allen Fällen außer im Lehrpunkt unterworfen sein". In einer Erklärung vom 27. Februar 1774 sträubte sich deshalb der Engere Ausschuß gegen die in den landesherrlichen Schulordnungen den Predigern und Lehrern übertragenen Rechte, die einen Eingriff in die alleinige Jurisdiktion der Gutsherrschaft über den Lehrer bedeute. Gegenüber der in der Verordnung von 1771 vorgeschriebenen besonderen Belohnung der Schullehrer für den Unterricht im Schreiben und Rechnen, die in den ritterschaftlichen Schulen nur zu Lasten der Gutsherrschaft sein werde, bezeichnete der Engere Ausschuß „den freien Unterricht in der Gottesfurcht" für die „untertänigen Kinder" als durchaus hinreichend, denn „dem Bauersmann liegt daran nichts, ob seine Kinder im Schreiben und Rechnen Unterricht bekommen, und die Herrschaft hat davon noch weniger Vorteil". Eine andere Erklärung des Engeren Ausschusses vom 8. November 1774 verstieg sich mit Hinweis darauf, daß ein „in der Gottesfurcht und der Lehre des heiligen Wortes genugsam geübter und mit Segen lehrender Handwerksmann, der sich außer der Schulzeit sehr nützlich beschäftigt und sich damit ein bequemes Auskommen zu verschaffen weiß", der richtige Lehrer sei, zu der Behauptung: „Der Untertan kann und darf nicht schreiben noch rechnen lernen. Will aber der freie Handwerker, der Holländer, der Schäfer usw. sein Kind dazu anführen lassen, so hindert ihn ja nichts, in Ermangelung eines dazu tüchtigen Schulmeisters seinen Aufenthalt anderswo im Lande zu nehmen oder sich, wie bisher an so vielen Orten geschieht, mit einem benachbarten Küster desfalls zu vereinbaren oder sein Kind auf eine öffentliche Stadtschule zu schicken." Jegliche Teilnahme am Landschullehrerseminar in Schwerin bzw. Ludwigslust lehnten die Stände ab. So war es denn kein Wunder, daß es, wie ein Bericht vom Jahre 1792 sagt, noch Schulmeister gab, die „kaum selbst lesen konnten und im stillen jedes Wort, ehe sie es aussprachen, erst buchstabieren mußten". Noch 1799 erklärte ein Regierungsvertreter zu den von Herzog Friedrich Franz wieder beabsichtigten Schulverbesserungen auf ständischem Gebiete: „Ich sehe hier kein Durchkommen. Der Umfang ist zu groß, der Mängel sind viele, die Abneigung der Gutsherrschaft hindert einen guten Fortgang." Trotz der Bestimmungen im Landesgrundgesetzlichen Erbvergleich und der Kirchenordnung, die die Gutsobrigkeiten zum Unterricht der Kinder ihrer Gutsuntertanen verpflichteten, war zu Anfang des 19. Jahrhunderts auf manchen Gütern überhaupt noch keine Schule.

So war die Einheit der Landschule preisgegeben. Zwischen Domanium und Ritterschaft bestand ein großer Gegensatz, der sich bis ins 20. Jahrhundert erhalten, ja sogar verstärkt hat.

Auf kirchlichem Gebiete standen sich, wie bereits erzählt, um die Mitte des 18. Jahrhunderts in Mecklenburg zwei Richtungen gegenüber: die symbolisch-kirchliche (orthodoxe), die mit ihrer übertriebenen Betonung des Wortes und Buchstabens alles Gewicht auf die Bekenntnisschriften legte, und die biblisch-praktische (pietistische), die ohne das Bekenntnis zu verachten, mehr zum Herzen dringen wollte, doch unter allzu einseitiger Hervorhebung der Bibel. Die Darguner Wirren und ebenso auch die Universitätsstreitigkeiten stellten letztere Richtung im Mecklenburger Volke bald in ein ungünstiges Licht. Wenn nicht der Herzog Friedrich ein eifriger Anhänger des Halleschen Pietismus gewesen wäre, so mochte dieser wohl noch weniger Einfluß in Mecklenburg gewonnen haben und durch die dort noch nach der Mitte des 18. Jahrhunderts herrschende strenggläubige Richtung, wie sie vor allem die Rostocker Theologieprofessoren Burgmann, Becker und Guistorp vertraten, im Keime erstickt worden sein. So kam zwar der Pietismus in Mecklenburg nicht zur vollen Blüte, wohl aber zeigten sich schon die Vorboten des aus ihm hervorgegangenen Rationalismus. Sein erster Vertreter in Mecklenburg scheint der Präpositus Johann August Hermes, der Sohn eines streng rechtgläubigen Predigers in Magdeburg, gewesen zu sein. Vornehmlich in Halle durch Baumgarten und Knapp in pietistischem Sinne vorgebildet und selbst eine Zeitlang am dortigen Waisenhause als Lehrer tätig, hatte er bei Ausbruch des Siebenjährigen Krieges, um dem Kriegsdienst zu entgehen, seine Heimat verlassen und war erst nach Holstein, dann nach

Mecklenburg gekommen, wo er 1759 Pastor in Gorschendorf bei Malchin wurde, 1765 aber nach Waren übersiedelte. Wegen seiner Schriften, in denen er die lutherische Versöhnungslehre angriff, von den beiden herzoglichen Konsistorialräten und Professoren Fiedler und Döderlein zur Verantwortung gezogen, wurde er 1773 in Waren verhört. Die Untersuchung, die für Hermes ohne Zweifel ungünstig verlaufen mußte, kam aber nicht zum Abschluß, da er während derselben die Stelle eines Kircheninspektors in Jerichow im Herzogtum Magdeburg erhielt. Nach ihm griff in Mecklenburg die Aufklärung weiter um sich; schließlich erfaßte sie auch die Universität, besonders in der Person des Professors Sam. Gottlieb Lange (seit 1798; gest. 1823). Neue Gesangbücher erschienen für die Hofgemeinde in Schwerin und Ludwigslust, außerdem in Rostock, in Mecklenburg-Strelitz und anderwärts. In Strelitz wurde 1812 sogar der Herdersche Katechismus eingeführt. Nur widerstrebend gaben die Regierungen nach. Ihre Zirkularverordnungen an die Superintendenten und Pastoren des Landes, in denen, wie z. B. in dem Schweriner Zirkular des Herzogs Friedrich Franz vom 27. Februar 1811, vor „dem Verfall der Religiosität durch Entfernung von den positiven Lehren der geoffenbarten Religion und durch affektierte Einkleidung ihrer Religionsverträge nach dem Modegeschmack des Zeitgeistes“ gewarnt wurde, fruchteten im ganzen nur wenig. Über die eigenartige Stellung des Rationalismus siehe im nächsten Abschnitt.

An äußeren Umgestaltungen auf kirchlichem Gebiete sind aus dieser Zeit noch zu bemerken: die Abschaffung aller Aposteltage (1769) und die Umwandlung der dritten Feiertage an den drei hohen Festen, ebenso des Festes der heiligen drei Könige, des Johannis- und Michaelistages u. a. in Alltage, ferner die Beschränkung der Jurisdiktion des Konsistoriums auf die Lehre, den Kultus und die Disziplinarsachen der Kirchen- und Schuldiener (in Schwerin 1756, in Strelitz 1774), die Wiedereinführung der außer Gebrauch gekommenen jährlichen Synodalversammlung der Geistlichen und die Errichtung eines theologischen Seminars der Universität Rostock zur Unterweisung und Ausbildung der künftigen Geistlichen (1790).

Auf literarischem Gebiete muß besonders eines Mannes gedacht werden, dessen Werke, wenngleich nicht mehr in Mecklenburg entstanden, doch den heimatlichen Geist ihres Schöpfers atmen und ohne die Kenntnis Mecklenburger Eigenart nicht in ihrer vollen Tiefe verständlich sind. Ostern 1766 war es, als die Neubrandenburger Lateinschule in dem später allgemein bekannten Johann Heinrich Voß, dem Dichter der „Luise“ und des „Siebzigsten Geburtstages“, ihren bedeutendsten Schüler erhielt. Geboren am 20. Februar 1751 zu Sommerstorf bei Waren, empfing er seinen ersten Unterricht in dem kleinen Städtchen Penzlin, wohin sein Vater noch im Jahre seiner Geburt verzogen war und das Voß Zeitlebens als seine Heimat betrachtet hat. Er selbst hat uns über seine Jugendzeit in Penzlin und über seine Neubrandenburger Jahre Aufzeichnungen hinterlassen, die vielfach noch durch Mitteilungen seiner Frau ergänzt worden sind. „In Penzlin war es“, so schreibt er, „wo ich zuerst Vater und Mutter lallte und die ersten Eindrücke der Kindheit empfing; ein Städtchen auf einer Anhöhe mit alter Mauer, bebuschtem Wall und einer verfallenen Burg; ein weites, sanfthügeliges Stadtgebiet von triebsamstem Grund, Waldungen von Eichen und Buchen, fischreiche Seen, durch Wiesenbäche zusammenfließend; umher eine Menge adliger Güter, die dort absetzten und einkauften, eine durch Fleiß und Verkehr wohlhabende und mutige Bürgerschaft von einfachen Sitten.......... Mit Vergnügen denk ich jener Abende, da bei uns, ihre Flasche Bier leerend, die gewanderten Meister samt dem Chirurgus, dem Musikanten, dem Kaufmann, dem Maler bald Bemerkungen über Länder und Städte austauschten, bald durch schalkhafte Laune sich belustigten. Selbst einige Edelleute, die dort mit wenigem anständig lebten, unterhielten die Gesellschaft von ihren Feldzügen; einer war unser biederer Nachbar, von Wagner, der mich seinen Sohn nannte, ein Jagdgenoß meines bei uns wohnenden Oheims, des Klaviermachers Karsten; einer, Hauptmann von Pentz, hatte mit zierlicher Hand mehrere Bände von Hagedom und anderen geschrieben, die er mir mitteilte. Noch hatte ich Zutritt in das Haus des lateinischen Bürgermeisters (Köhler), der den Terenz liebte, des verständigen Apothekers (Pfuel), des mir unvergeßlichen Rektors (Struck); auch führte mich mein Vater zu benachbarten Landpredigern, Pächtern und Gutsherrn, mit denen er in Geschäften und freundlichen Verhältnissen stand.

Wie war mir einsam Träumenden so innig wohl, wenn in unserm Wiesengarten ich rücklings an einem Baume gestreckt aufschaute und, die heitere Höhe wie unter mir sehend, mit kindlichem Geist vom Erdrande hinabstieg, dort in der blauen Tiefe den Mond und die Sterne zu erwarten! Und ach, unter der Mühlenbrücke, wenn ich nach geöffnetem Schutzbrett in das durchrauschende Wasser mein Angelrohr stellte, an welchem, zur anderen Wand den Blick richtend, ich in sanftem Schwindel stroman nach den Inseln holdseliger Seenixen zu schweben mir einbildete! Oder wenn ich für mich nachsann, wie das, was Baum sei, auch Arbor genannt werden könne! Auch wenn mir eine Erklärung zu glücken schien, wie einst, da ich geschwänzte Froschjungen suchte und der Pfuhl mit spielenden Farben aufgohr, mir das Wunder durch eine unter der Erde hinfahrende Kanonenkugel verursacht dünkte. Denn von Kindheit auf regte sich in mir eine unersättliche Wißbegierde. Ich betrachtete die mannigfaltigen Arbeiten des kunstreichen Oheims, des Klaviermachers Karsten, und alle mir zugänglichen Werkstätten; und wo man nachpfuschen konnte, da ward keine Schwiele, kein Schnitt in die Hand geachtet. Stets aber, so oft es die Stunde gab, wurden Eltern und Oheim mit Fragen behelligt. Der Oheim, als wir des Abends auf der Bank an der Tür die heimkehrenden Arbeiter und Herden betrachteten, hatte mir eben die fallenden Sterne und Lufterscheinungen erklärt; ich wollte mehr wissen und hörte beschämt: Ein Narr könne mehr fragen, als zehn Kluge antworten."

Wie Land und Leute seiner Heimat in ihm ein frühzeitiges Interesse für Poesie und Musik wachriefen, darüber heißt es: „Reime und gemessene Wortbewegungen lernte ich schon von den gelernten Festliedern her; im mecklenburgischen Gesangbuche wußte ich das Kräftigste auswendig. Und bei dem sanften Tonfalle der Alexandriner eines Schmolkischen Abendsegens entschlummerte ich, Bübchen auf meinem Lager wohl ebenso behaglich als nach Pindars Versicherung bei Apollos goldener Lyra der Adler auf Zeus' Herrscherstabe. Bald schmeichelten dem kindlichen Ohre Gellerts Fabeln, die der Rektor uns in die Feder sagte, nebst niedreren Liedern von Gleim und Hagedorn in Musikbüchern und der geschriebenen Liedersammlung. Unerschöpflich war der tonkundige Stadtblinde an geistlichen und weltlichen Arien aus alter Zeit, die er den Einladenden mit heftiger Stimme zu der Geige sang. Andere Volkslieder hörte ich teils von dienenden Dorfmädchen und lustigen Handwerksburschen aus der Fremde, teils in der Penzlinischen Roggenernte, einer wie Virgils Weinlese schwärmenden Lustbarkeit, wo Mäher und Binderinnen mit Blumen und Flittergolde geschmückt, abends auf dem großen Kornwagen jubelnd zum Tanz durch die Stadt jagten, teils auch an Jahrmärkten von dem willkommenen Leiermann, der zu den anmutigen Tönchen, gedruckt in diesem Jahre, den Kauflustigen die Weise vorsang. Neben mir stand ein Schäfer, der bei dem Anblicke eines gedruckten Hirtengesangs voll Verwunderung ausrief: Alle Welt! daß man auch solche Schelmstückchen in Gottes Wort setzet! Gedruckt nämlich kannte er nur Bibel und Andachtsbücher.

Überhaupt war in allem, was klang und klapperte, ein wohlgeordnetes Zeitmaß, meinem Gehör angenehm. Mit welcher Lust horchte ich um die Scheunen der Stadt den mannigfaltigen Zahlverhältnissen der Tennenschläge! wie gern auch drängte ich mich immer zu den Trommeln und wandelte gleich der Kriegsschar in der getrommelten Bewegung einher! und ward frühe gearbeitet in der Esse des Nagelschmieds, mit welcher Wollust, die ich noch jetzt eintauschen möchte, hörte ich im Schlafe das taktmäßige Gepink!“

In Neubrandenburg, so erzählt Possens Frau, stiftete Voß eine Gesellschaft (seiner Mitschüler), wo sie wöchentlich mehrere Stunden Griechisch und Latein trieben, auch sich mit der deutschen Literatur bekannt zu machen suchten. Gellert und Hagedorn wurden gelesen. ... Von den Sonntagsspaziergängen nach einem schönen Walde, der an einem großen See (dem Tollensesee) lag, redete Voß oft mit großer Freude. Dahin wurde, was man von deutschen Dichtern sich zu verschaffen wußte, mitgenommen, und erst spät kehrte man zurück, wenn der Mond über dem herrlichen See aufgegangen war. Einen freien Nachmittag gab der Magister selten; jedoch gelang es zuweilen, wenn Voß im Namen der andern in einem Gedicht darum anhielt.“

Bedauerlicherweise wurde in Ankershagen bei Penzlin, wo Voß nach seiner Schulzeit (1769) bei dem Klosterhauptmann von Oertzen als Hauslehrer weilte und eine unwürdige Behandlung, besonders durch die Frau von Oertzen, erfuhr, in ihm, dem Enkel eines Freigelassenen, ein unversöhnlicher Adelshaß großgezogen, der ihn dann aus Mecklenburg forttrieb und später seinem Freunde, dem Pastor Brückner zu Großvielen gegenüber zu dem ungerechten Ausspruch hinriß: Es ist ein schnödes verächtliches Land, das Mecklenburg, ohne alles Gefühl von Adel, als dem, den man erbt, dem lumpigsten, abgebrühten und stinkenden Ehrenkleide aus der Lade der Ahnen, deren Hauptverdienst war Saufen und Rauben." Die Bevorzugung eines andern Bewerbers um das Rektorat an der Schule in Neubrandenburg einige Jahre nach seiner Studienzeit ließ ihn seinem Heimatlande ganz den Rücken kehren. Seit 1778 Rektor, erst in Otterndorf, dann in Eutin, starb er 1826 als badischer Hofrat in Heidelberg. Die Quellen und Keime seiner Poesie aber sind trotz all der persönlichen Widerwärtigkeiten, die er erfahren hatte, doch in Mecklenburg geblieben. In Penzlin und Neubrandenburg ist der Grund zu seiner durch den Göttinger Dichterbund gestärkten und von ihm stets bewahrten Neigung zur „ländlichen Idylle" gelegt worden.

Etwas ähnliches gilt von Gotthard Ludwig oder, wie er sich später selbst nannte, Ludwig Theobul Kosegarten, dem 1758 geborenen Sohn des Pastors, späteren Präpositus Bernhard Christian Kosegarten in Grevesmühlen. Auch er hat Mecklenburg verlassen, doch nicht voll Groll im Herzen, wie Voß, sondern weil sein Vater ihn in Abscheu gegen die damalige Rostocker und Bützower Universität zum Studium der Theologie nach Greifswald sandte. Pommern wurde ihm zu einer neuen Heimat. Er wurde 1785 Rektor in Wolgast, 1792 Pastor zu Altenkirchen auf Rügen, 1808 Professor der Geschichte und Theologie sowie Pastor in Greifswald und starb 1818 als Rektor der Universität.

Nie hat er sein Mecklenburgs Heimatland, das er noch oftmals wieder aufsuchte, verleugnet. Als Student in Greifswald wurde ihm im Vergleich mit Pommern „das Größte, das Seelendurchdringende in den Gebräuchen seines Vaterlandes" bewußt. „Teures, trautes Mecklenburg", schrieb er an seine Eltern, und stolz sang er später:

„Ich bin ein Obotrite,
Bin meines Landes wert
Und freu' mich meines Landes
Und weih ihm Harf und Schwert." –

Vossens Behauptung, daß das „Ehrenkleid“ des mecklenburgischen Adels auf „der Lade der Ahnen“ beruhe, war nicht ganz unrichtig. Nur wenige Jahrzehnte nach dem Abschluß des Landesgrundgesetzlichen Erbvergleichs entbrannte innerhalb des Korps der Ritterschaft ein heftiger Streit um die Frage nach der Gleichberechtigung aller ihm angehörenden Mitglieder. Der Stand der Ritterschaft als der Zusammenschluß aller Inhaber von landständischen Gütern war ursprünglich nur aus dem alten eingesessenen Adel gebildet gewesen. Mit der Zeit aber hatte sich auch ein fremder, ausländischer Adel in Mecklenburg eingenistet und war von den Fürsten mit Hofämtern und höheren Beamtenstellen betraut worden. Schon daran hatten im Jahre 1606 und auch später die Herren vom alten Adel Anstoß genommen und den Herzog Karl gebeten, daß die oroginarii (d. h. die eingebornen) den fremden und ausländischen in promotione (d. h. in der Besetzung) großer Ämter und Würden möchten vorgezogen werden“. Aber ihre Bitten waren unerfüllt geblieben. Starken Unwillen aber erregte es bei den Eingesessenen, als bald auch ein Teil des fremden Adels, schließlich sogar Bürgerliche Rittergüter in Mecklenburg käuflich erwarben und damit die sog. Landstandschaft, d. h. das Landtagsrecht, innerhalb des Korps der Ritterschaft erhielten. An bürgerlichen Gutsbesitzern gab es z. B. im Jahre 1703 bereits 30, eine wenn auch noch kleine Zahl gegenüber 680 adligen. Nun waren bisher alle ständischen Ehrenämter und auch die Klosterstellen in den den Ständen 1572 überwiesenen drei Landesklöstern durch Wahlen bestimmt worden. Im Jahre 1694 aber wurde für die Klosterstellen statt der Wahl ein Einkaufsgeld festgesetzt. War ehemals die Wahl meist nur auf Angehörige des alten Adels gefallen und ein etwa gewähltes Mitglied des fremden Adels gelegentlich aus Gnade und Barmherzigkeit seitens des alten Adels mit durchgeschlüpft, so suchten sich jetzt auch nichteingeborene adlige sowie bürgerliche Gutsbesitzer ohne weiteres in die Klosterstellen einzukaufen.

Dagegen aber protestierten die eingeborenen Adligen, und es gelang ihnen tatsächlich in der ersten Hälfte des 18. Jahrhunderts nach mancherlei Verhandlungen mit den Herzögen und auf mehreren Landtagen, vornehmlich unter der Führung des hannöverschen Ministers von Bernstorff und des dänischen Ministers von Plessen, die beide zugleich mecklenburgische Gutsbesitzer waren und jenes Indigenatsrecht des dänischen alten Adels auch in Mecklenburg zur Geltung bringen wollten, für sich und die in ihr Korps rezipierten Adligen das Vorrecht für die Klosterstellen und alle ritterschaftlichen Ehrenämter durchzusetzen. Der Landesgrundgesetzliche Erbvergleich, der sonst von diesem Gegensatz innerhalb des Adels schweigt, bestimmte in § 167, daß die Landratsstellen nur von Mitgliedern des eingeborenen oder rezipierten Adels besetzt werden sollten. Damit nun aber doch auch der rezipierte Adel nicht überhand nehme und er sich noch in Würde und Ansehen, wenn auch nicht mehr in den Rechten, vom alten Adel unterscheide, wurde in der Folgezeit (zuletzt 1774) bestimmt, daß fortab zum eingeborenen Adel alle vor 1572 bei der Überweisung der Klöster in Mecklenburg ansässigen Adelsfamilien gezählt werden sollten, für die Rezeption jedoch der Nachweis von 16 Ahnen nebst einer einmaligen Zahlung von 4000, bei weniger Ahnen aber von 8000 Talern an die Klöster nötig sei.

Da aber fochten die nichtrezipierten und bürgerlichen Mitglieder der Ritterschaft, deren Zahl 1793 sich bereits auf 117 + 111, zusammen 228, gegenüber 183 alten und rezipierten sich belief und letztere somit schon überflügelt hatte, das ganze Indigenatsrecht des Adels überhaupt an. Man hatte einem nichtrezipierten Adligen, dem Baron von Langermann auf Spitzkuhn bei Röbel, der die Ansässigkeit seines Geschlechtes in Mecklenburg zwar nur bis etwa 1700 nachweisen konnte, aber sicherlich als weit älter erklärte, die Rezeption verweigert. Mit einer Klage gegen den Engeren Ausschuß „wegen verweigerter Teilnahme an den Landesklöstern" von der Regierung an die Landesgerichte verwiesen, beim Hof- und Landgericht in Güstrow im Prozeß unterlegen, dann aber vom Reichshofrat in Wien begünstigt, nahm er, da die eingeborene Ritterschaft noch vor dem Urteilsspruch einlenkte, deren Angebot, Rezeption und Erstattung sämtlicher Kosten in Güstrow und Wien, an und brach 1794 den Prozeß ab, da er sein Ziel erreicht hatte. Auf seine bisherigen Standesgenossen, den nichtrezipierten Adel, glaubte er deswegen keine Rücksicht mehr nehmen zu brauchen, weil sie seinen Vorschlag, mit ihm die Sache in Wien aus gemeinschaftliche Kosten prinzipiell für sie alle entscheiden zu lassen, abgelehnt hatten. Da sie sich auch jetzt nicht regten, so schien der alte Adel in schlauer Weise sein Indigerat gerettet zu haben.

Indes aber hatte auch die mecklenburg-schwerinsche Regierung sich mit der Sache befaßt in der Besorgnis, daß etwaige Indigenatsrechte, vornehmlich des alten Adels, mit der Zeit den Hoheitsrechten der Krone gefährlich werden möchten. Ihre Furcht war nicht unbegründet, denn der eingeborene Adel strebte sogar danach, alle in fürstlichen Diensten stehenden, wenn auch adligen Gutsbesitzer, sog. aulici, von der Landstandschaft auszuschließen, um so auf den Landtagen und Konventen von jeglicher fürstlichen Beeinflussung frei zu sein. In einem Prozeß, den einige altadlige aulici vor dem Reichshofrat anstrengten, weil sie ebenfalls vom Landtage ausgeschlossen sein würden, zogen die übrigen Eingeborenen, als sie die Erfolglosigkeit ihres Strebens merkten, 1789 zurück und nahmen einen Vergleich an, demgemäß die aulici auch fernerhin die Landstandschaft behalten sollten, aber in Sachen, in denen es sich um das persönliche Interesse des Fürsten handle, sich der Abstimmung zu enthalten hätten sowie, so lange sie in direkten fürstlichen Diensten wären, auf die ständischen Ämter und die Klosterstellen verzichteten. An dem Indigenatsrecht hielt der eingeborene Adel auch weiterhin fest. Doch die Regierung entschied nach längeren Streitigkeiten anders und verwarf in einem Reskript vom November 1793 jegliches Indigenat dem Inhalt und Namen nach. Da traten zwei Jahre später plötzlich die bürgerlichen Gutsbesitzer, deren es schon über 100 gab und die bisher im ganzen noch wenig ihre Landstandschaft ausgeübt hatten, mit ähnlichen Forderungen, wie von Langermann sie erhoben hatte, für sich hervor. Wieder kam der alte Adel in Verlegenheit. Doch diesmal ging er klüger zu Werke. Dadurch, daß er die Rezeption von einer nur hundertjährigen Ansässigkeit im Lande oder, wo dies nicht der Fall war, von einer Zahlung von nur 1500 Talern abhängig machte, gewann er den nichtrezipierten Adel für sich. Dasselbe gelang ihm bei der Regierung, der er in devoter Ergebenheit erklärte, daß mit dem Indigenatsrecht keine Beeinträchtigung der fürstlichen Landeshoheit verbunden sei, und ebenso bei dem Herzog, als er diesem die Entscheidung über die Forderung der Bürgerlichen überließ. Ein Versuch der herzoglichen Kommissare, die adligen und bürgerlichen Gutbesitzer miteinander auf gütlichem Wege zu vergleichen, schlug fehl. Dann wurde die Angelegenheit vom alten Adel unter der Begründung, daß man sie erst genau besprechen und untersuchen müsse, absichtlich immer weiter hingezogen. Da zudem die Bürgermeister, die als ritterschafüiche Justitiare (Rechtsberater) in dem Adel eine gute Geldquelle besaßen, jegliche Teilnahme in diesem Streit ablehnten, in dem sie naturgemäß auf die Seite der Bürgerlichen hätten treten müssen, so schlief die Angelgenheit schließlich für einige Jahrzehnte ganz ein.

* * *

Von den Stürmen der französischen Revolution, die im Juli 1789 in Paris zum Ausbruch kam, wurde Mecklenburg lange Zeit überhaupt nicht berührt. Erst nach Jahren, als in Frankreich das Feuer schon wieder im Erlöschen begriffen war, fiel noch ein letzter, schwacher Hauch auch nach Mecklenburg. Handwerksgesellen, meist noch junge, rüde Burschen, waren es – in Schwerin die Schneider, in Rostock die Gerber – die sich unter der Parole der Freiheit ihren Meistern widersetzten, ungebührliche Forderungen stellten und, als diese nicht die gewünschte Billigung fanden, unter ihren Zunftgenossen Aufruhr stifteten und auch die Gesellen anderer Gewerbe aufwiegelten. Das energische Eingreifen der Obrigkeiten, unterstützt von den Garnisonen und Bürgerwehren, in Rostock auch noch die Ankunft des Herzogs Friedrich Franz mit einem Grenadierregiment, einigen Husaren und Geschützen, bereitete den im ganzen ungefährlichen Spiel ein schnelles Ende. Zu weiteren, wenn auch ganz andersgearteten Bewegungen kam es fünf Jahre später in Rostock und Güstrow. Die große Ausfuhr von Lebensmitteln, besonders nach Frankreich, wo die Folgen schlechter Ernten und die Bedürfnisse der Koalitionskriege ein reiches Absatzgebiet schufen, verursachte im Lande selbst eine unerhörte Steigerung der Preise. Getreide, Kartoffeln, Butter, Gänse u. dergl. wurden vor den Augen der Rostocker Einwohner in unabsehbaren Mengen zu Schiff verladen, so z. B. an Butter im Jahre 1800 allein 640 000 Pfund. Das Angebot im Lande wurde immer geringer, die Preise aber um so höher. So kostete z. B. im Oktober 1800 das

Pfund Butter bereits 18, der Scheffel Kartoffeln 28 Schillinge, der Roggen war von 26 Schillingen auf 2 Taler, die Gerste auf 1 Taler 12 Schillinge gestiegen, für jene Zeiten ganz unerhörte Preise. Die Erbitterung, die deswegen immer mehr um sich griff, war durchaus verständlich. Nicht wegen Mangels, sondern trotz eines Überflusses an Lebensmitteln mußte die Bevölkerung im eigenen Lande darben und wurde ein Opfer der Gewinnsucht einzelner, besonders der Gutsbesitzer und Pächter sowie der Kaufleute. Erstere machten dabei das beste Geschäft. Ihre Güter stiegen so sehr im Wert, daß mit ihnen bald ein schwunghafter Handel betrieben wurde und manche in wenigen Jahren vier- bis fünfmal unter stetig wachsendem Verkaufspreis ihren Besitzer wechselten.

Die Kaufleute in der Stadt aber kauften die Waren, selbst von den Bauern in der Umgegend, vorher auf und entzogen sie dem alltäglichen Handel, so daß z. B. die sonst reich besetzten Verkaufsstände auf dem Markt zu Rostock bald ganz verschwanden. Da machte sich am 29. Oktober 1800 der Unwille der Maurergesellen, Tagelöhner, Strandfuhrleute, Matrosen und anderer Luft. Verschiedene Geschäfte und Warenlager wurden geplündert, darunter ein großes Buttermagazin. Militär und Bürgerwehr griffen auch diesmal ein und unterdrückten die „Butterrevolution“ in beiden Städten. Seitens der Obrigkeiten, des Landtags und der Regierung wurde nunmehr Korn für die notleidende städtische Bevölkerung bereitgehalten. Die Schweriner Ritterschaft garantierte von jeder katastrierten Hufe 27, die Strelitzer 24 Scheffel Roggen zu einem bestimmten Preise. In ähnlicher Weise taten es die Landesherrn für das Domanium. Außerdem wurde ein Ausfuhrverbot für Kartoffeln und Speck erlassen.

Ein außergewöhnliches Schauspiel erlebten Warnemünde und Rostock im nächsten Jahre. Der bekannte englische Admiral Nelson lag vom 24. Mai (Pfingstsonntag) bis 8. Juni 1801 gelegentlich seiner Expedition gegen Kopenhagen mit 32 Schiffen auf der Rhede von Warnemünde vor Anker. Die Landung trug kein feindseliges Gepräge. Nur um nach der Bezwingung Dänemarks, das im Bunde mit Schweden und Rußland eine drohende Haltung gegen England angenommen hatte, Proviant einzunehmen für die Rückkehr nach England, hatte der Admiral den mecklenburgischen Hafen angelaufen. Zwischen den Rostocker Einwohnern, die scharenweise nach Warnemünde eilten und den englischen Seeleuten entspann sich auf deren Schiffen und am Strande bald ein reger Verkehr, aus dem die Rostocker durch den Verkauf von Waren für überhohe Preise einen nicht geringen Geldgewinn zogen. Am 2. Juni stach Nelson bereits wieder in See, nachdem er am Tage vorher auch den Herzog Karl von Mecklenburg-Strelitz, den Bruder der Königin Spphie Charlotte von England, auf seinem Schiff festlich empfangen hatte.

An den Koalitionskriegen gegen die französische Republik waren mecklenburgische Truppen nicht beteiligt. Die beiden Bataillone des Füsilierregiments von Glüer und ein Bataillon des Grenadierregiments von Both befanden sich seit 1788 in Holland, dessen Regierung den Herzog Friedrich Franz um Entsendung von Truppen zur Aufrechterhaltung der durch die französischen Unruhen gefährdeten Ordnung gebeten hatte. Holland zahlte dafür jährlich 30 000 Taler, die der Herzog zum Ankauf von Gütern für die Kammer verwandte. Erst 1795 kehrten die Truppen aus Holland zurück. Zwei Jahre vorher hatte bereits der erste Koalitionskrieg begonnen. In einer Konvention des Schweriner Geheimrats Oberkammerherrn von Dorne mit dem Reichsfeldmarschall Prinzen von Sachsen-Coburg im April d. I. war es gelungen, das mecklenburgische Truppenkontingent durch Zahlung einer Geldsumme abzulösen. Die Stärke des Schweriner Kontingents war auf dem Regensburger Reichstag 1792 nach dem Repartitionsfuß im Reichsschluß von 1681 auf 425 1/6 Mann Infanterie und 510 3/7 Mann Kavallerie bestimmt worden. Der Herzog Friedrich Franz zahlte deswegen mit Unterstützung seitens der Stände in dem Jahre 1793/94 die beträchtliche Summe von 195 500 Gulden, im Jahre darauf den Betrag von fast 300 000 Talern. Durch den Baseler Frieden zwischen Preußen und Frankreich 1795 wurde Mecklenburg zwar von diesen Kontingentsersatzzahlungen befreit, statt ihrer aber hatte es fortab für den militärischen Schutz, den Preußen für alle nördlich der Demarkationslinie (des Main) liegenden, vom Kriege zurückgetretenen deutschen Reichsstände übernahm, jährliche Entschädigungsgelder zu entrichten, deren Summe 1802 bereits auf 1 081 000 Taler angewachsen war. Schon auf dem ergebnislos verlaufenen Rastatter Reichsfriedenskongreß (1797–1799), auf dem Mecklenburg durch den

Geheimrat von Bassewitz vertreten war, dann aber beim Friedensschluß des zweiten Koalitionskrieges zu Lüneville (1801) machte der Herzog Friedrich Franz Mecklenburgs Rechte auf zwei Straßburger Kanonikate geltend. Sie waren im Westfälischen Frieden den mecklenburgischen Herzögen zugesprochen, dann aber durch Ludwigs XIV. Reunionskammer widerrechtlich von Frankreich in Besitz genommen worden. So wurde denn im Reichsdeputationshauptschluß vom 25. Februar 1803, der sich mit der Entschädigung aller durch die Abtretung des linken Rheinufers an Frankreich betroffenen Staaten befaßte, hinsichtlich Mecklenburgs in § 9 bestimmt: „Dem Herzoge von Mecklenburg-Schwerin für seine Rechte und Ansprüche auf zwei erbliche Kanonikate der Kirche zu Straßburg, die ihm als Ersatz für den Hafen von Wismar gegeben waren, sowie für seine Ansprüche auf die Halbinsel Priwall in der Trave, deren ausschließliches Eigentum der Stadt Lübeck bleibt: die Rechte und das Eigentum des Lübecker Hospitals in den Dörfern Warnkenhagen, Altenbukow und Krummbrook und in denen der Insel Poel; ferner eine immerwährende Rente von 10 000 Gulden auf den § 49 erwähnten (Rhein-) Schiffahrtsoktroi." Außerdem sollten nach § 35 „alle Güter der fundierten Stifter, Abteien und Klöster, in den alten sowohl als in den neuen Besitzungen katholischer sowohl als Augsburgischer Konfessionsverwandten" zur „freien und vollen Disposition der respektiven Landesherren, sowohl zum Behufe des Aufwandes für Gottesdienst, Unterrichts- und andere gemeinnützige Anstalten als zur Erleichterung ihrer Finanzen überlassen" werden. Doch machten die Herzöge von dieser letzten Bestimmung keinen Gebrauch. Mecklenburg-Strelitz erhielt für Stargard eine neue Virilstimme im Reichsfürstenrat (§ 32).

Die Wende des 18. Jahrhunderts stand bereits im Zeichen stetig wachsender französischer Vorherrschaft in Europa unter der zielbewußten Führung des korsischen Welteroberers. Durch den Staatsstreich im November 1799 hatte er sich als erster Konsul zum Beherrscher Frankreichs gemacht. Am 2. Dezember 1804 vertauschte er die Würde eines Konsuls mit der eines Kaisers der Franzosen. Ein Jahr später lagen Österreich und Rußland bei Austerlitz besiegt zu seinen Füßen. Mecklenburg gestattete in diesem dritten Koalitionskrieg unter Verstoß gegen die Neutralität in den Monaten Oktober bis

Dezember 1805 schwedischen und russischen Truppen, wenn auch gegen Bezahlung, den Durchmarsch von Pommern nach Hannover zum Schutze dieses Landes gegen Frankreich. Auch auf ihrem Rückzug im Februar und März 1806 und bei Beginn des französisch-preußischen Krieges im August auf dem Vormarsch nach Lauenburg betraten die Schweden wieder Mecklenburger Gebiet. Zwar hatte Napoleon in derselben Zeit die preußische Neutralität in Ansbach verletzt, aber wie immer so verfuhr er auch jetzt nach dem Grundsatz: Wenn zwei dasselbe tun, so ist es noch nicht dasselbe. Das Damoklesschwert hing bereits über Mecklenburg. Mit der Niederlage des preußischen Heeres bei Jena und Auerstädt (14. Oktober 1806) nahm das Verhängnis seinen Anfang.

Unaufhaltsam nahte der Strom der nach Norden flüchtenden preußischen und der sie verfolgenden französischen Korps dem Mecklenburger Lande. Die von den mecklenburgischen Regierungen an der Landesgrenze eiligst errichteten Neutralitätspfähle mit der Bezeichnung „ pays neutre“ blieben unbeachtet oder wurden verspottet und umgerissen. Bereits Ende Oktober wandte sich der Generalleutnant von Blücher, als ihm durch die schimpfliche Kapitulation des preußischen Befehlshabers, des Fürsten Hohenlohe, bei Prenzlau der französische Marschall Murat den Weg nach Stettin verlegte, mit seinen etwa 10 500 Mann in der Gegend von Feldberg ins Mecklenburgische. An seine Fersen heftete sich der französische Marschall Bernadotte, der bereits am 28. in Fürstenberg stand. Ein zweites preußisches Korps, das des Herzogs von Sachsen-Weimar unter dem General von Winning, suchte, ebenfalls von einem französischen Heere unter dem Marschall Soult verfolgt, über Wittstock und Mierow nach Rostock durchzukommen. Bei Kratzeburg aber, zwischen Neustrelitz und Waren, vereinigte sich Winning mit Blücher, und beide schlugen nun die Richtung über Goldberg nach Schwerin ein. Dabei hatte ihre Nachhut unter dem Oberst York verschiedene Gefechte mit den ihnen folgenden Truppen der drei genannten französischen Marschälle zu bestehen , so am 1. November bei dem Dorfe Rossentin zwischen Waren und Malchow und am 3. bei der Fähre zwischen Crivitz und Schwerin. Noch hatte Blücher immer gehofft, bei Boizenburg oder Lauenburg die Elbe überschreiten zu können, um entweder

Magdeburg zu gewinnen oder in Westfalen mit dem dort verbliebenen General von Lecocq den Feind im Rücken zu bedrohen. Aber die Franzosen verhinderten diesen Plan. Von Schwerin wandte sich Blücher daher über Gadebusch nach Lübeck, wo er am 7. November bei dem Dorfe Ratkau kapitulierte, weil er, wie er unter dem Vertrag besonders bemerkte, „weder Munition noch Brot noch Furage habe". Am gleichen Tage wurde auch noch eine weitere preußische Heeresabteilung unter dem General von Usedom von dem französischen General Savary bei Wismar geschlagen.

Schrecken und Verwüstung kennzeichneten überall im Lande den Weg der französischen Marschälle. Schon in diesen ersten Zeiten der nun folgenden jahrelangen Franzosenzeit zeigten die Feinde ihr wahres Antlitz. „In Stargard", so schreibt der damalige Kirchenökonomus Wolter, „drangen die Franzosen (vom Korps Bernadotte) in alle Häuser, wo sie nicht nur alles ausplünderten, sondern auch alles ruinierten und zerstörten." Die meisten Einwohner sowie der Gewährsmann selbst mußten ihre Häuser verlassen und mehrere „Nächte unter Gottes freiem Himmel Schutz suchen". In Neubrandenburg verübten dieselben Truppen, wie der dortige Pastor Boll überliefert hat, „allerlei Exzesse, schlugen Fenster ein, nahmen Uhren, silberne Pfeifen, Geld, ließen sich auf dem Markt mit Wein bewirten". Ebenso verfuhren die Muratschen Soldaten in Woldegk und Friedland. Aus Waren schreibt die damalige Pastorenwitwe Bode an ihren Sohn: „Was wir ausgestanden und überhaupt alle Einwohner in Waren, kann ich dir gar nicht schreiben. Wir mußten fliehen und alles verlassen, was wir haben. Wie uns zu Mute war, läßt sich nicht beschreiben. Wie wir einige Stunden nachher in unsere Wohnung zurückkehrten, waren alle meine Schränke erbrochen und beraubt, und noch kann ich nicht mit Gewißheit sagen, was ich behalten oder was mir fehlt, denn wir leben noch immer in Angst und Schrecken. Soviel kann ich dir sagen, daß wir kein Geld, kein Brot haben." In Malchin wurde von den Franzosen, wie es in den Denkwürdigkeiten der Stadt von Gotthardt heißt, „Gartengeländer, Zäune und Scheunentüren zu Biwakfeuern verwandt. Kochgeräte jeder Art, sowie Gänse, Hühner, Fleisch, Brot u. dgl. wurde sans facon aus jedem Haus geholt. Schrecklich loderten die Feuer empor und röteten den finsteren Nachthimmel in allen Straßen." Aus Schwerin weiß eine Augenzeugin, die Frau Kanzlei-Advokat Schnelle, zu berichten, daß besonders in der Vorstadt viel geplündert, die Bewohner mißhandelt und verschiedene Häuser niedergerissen und verbrannt worden seien. Überall in Stadt und Land, wohin diese ungezügelten Banden kamen, war ein Greuel der Verwüstung, selbst an heiliger Stätte. Zwar suchte man behördlicherseits den schwer Bedrängten zu helfen. Der Herzog Karl in Strelitz bestimmte schon unter dem 4. November nach Möglichkeit für geraubte Pferde Ersatz aus seinem Marstall, aber nur die äußerste Not vermochte man auf diese Weise zu lindern. Denn wie es im ganzen Lande aussah, zeigt zur Genüge das Bulletin, das Napoleon am 9. d. Mts. aus Berlin erließ, wo er am 27. Oktober seinen Einzug gehalten hatte: „Mecklenburg ist“, so heißt es darin, „gleichmäßig durch französische und preußische Armeen verwüstet. Eine große Anzahl Truppen, die sich in diesem Lande und nach allen Richtungen und in Eilmärschen kreuzten, konnten ihren Unterhalt nur auf Kosten dieses Landes finden.“ Mehrere Verordnungen der nächsten Tage bestätigten die Verheerungen des Landes, die Napoleon, ohne die Barbarei seiner eigenen Truppen leugnen zu können, ganz natürlich auf die Preußen schob. Der Rückzug der Franzosen von Lübeck nach Stettin bzw. Berlin vom 9. bis 22. d. Mts. vermehrte nur noch das Unheil, und ziemlich belanglos war Murats Korpsbefehl, den er von Schwerin aus, wo er Mitte des Monats mit Soult zusammen weilte, zum Schutze der Bewohner erließ.

Bereits am 29. November rückte an Stelle der abgezogenen ein neues Korps von Hamburg her in Mecklenburg ein, das des General Michaud, der, über Ratzeburg und Gadebusch nach Schwerin kommend, schon am nächsten Tage auf Befehl des Reichsgrafen Mortier „im Namen Sr. Majestät des Kaisers der Franzosen“ von Mecklenburg Besitz nahm. In seiner Proklamation sprach er die Überzeugung aus, „daß alle Behörden sowie auch die Einwohner sich befleißigen werden, Sr. Majestät dem Kaiser und König Proben ihrer Unterwürfigkeit und ihres Gehorsams zu geben, und daß alle zur Erhaltung der Ordnung und der Ruhe im Lande beitragen werden.“ Gleichzeitig erfolgte durch den französischen Minister bei den vormaligen niedersächsischen Ständen in Hamburg, namens Bourienne, an die beiden herzoglichen Regierungen in Schwerin und Neustrelitz die Mitteilung, daß Mecklenburg nicht als neutrales, sondern wegen der den Feinden geleisteten Hilfe als feindliches Land betrachtet werden, sein weiteres endgültiges Schicksal aber von dem Verhalten Rußlands gegen die Unabhängigkeit der ottomanischen Pforte in Ansehung der Moldau und Walachei abhängen sollte. Napoleon wollte dadurch einen Druck auf Rußland ansüben, dessen Zar mit dem Schweriner Herzog verschwägert war. Die Verwaltung und Regierung des Landes wurde in die Hände eines kaiserlichen, durch Mortier selbst eingeführten Intendanten, Bremont, und eines Generalgouverneurs, Laval, gelegt, die beide im Dezember auf dem herzoglichen Schlosse Wohnung nahmen. Mitte Mai gesellte sich zu ihnen auch noch der Reichsmarschall Brune, der als Kommandeur des Observationskorps in den Hansestädten, Hannover, Magdeburg und Mecklenburg des öfteren in Schwerin weilte und jedesmal mit Kanonendonner empfangen wurde. Bremont mußte ihm seine Schloßwohnung räumen und ein Privathaus beziehen. Ein großes Heer französischer Beamter und Militärs begleitete die genannten leitenden Männer.

Der Beginn der französischen Fremdherrschaft in Mecklenburg kündigte sich durch eine Reihe einschneidender Veränderungen an, die durch die Landesregierung unter gleichzeitiger Mahnung zur Ruhe bekannt gegeben wurden. General Michaud löste die heimischen Truppenverbände auf und verbot den Offizieren das Tragen der Uniform. Die gesamte Ausrüstung und Bewaffnung der Soldaten sowie die Artillerie mit ihren 21 Geschützen wurde nach Magdeburg gebracht. Bremont gebot den Blockadezustand mit England, d. h. die Kontinentalsperre, und ließ in Schwerin ein Magazin zur Einlieferung aller englischen Waren oder des für sie gelösten Geldes errichten. Durch einen Befehl des Marschalls Mortier vom 8. Dezember wurde der Hafen von Warnemünde in Blockadezustand erklärt und für jedes Schiff gesperrt. Das Fischen in der Ostsee wurde untersagt, und die Lotsen durften nur in Begleitung eines französischen Soldaten ankommende Schiffe einholen. Laval entband alle weltlichen und geistlichen Behörden des Landes samt den Beamten ihres Eides auf den Landesherrn, verpflichtete sie auf den neuen Herrscher und ließ auch statt des mecklenburgischen Wappens überall den französischen Adler anbringen. Das bedeutete im Grunde nichts anderes als die provinzmäßige

Eingliederung in das französische Kaiserreich. Schon der im Herbst angesetzte Landtag hatte nicht mehr stattgefunden. Im Kirchengebet wurde, wenigstens im Schwerinschen, die öffentliche Fürbitte für den Herzog Friedrich Franz gestrichen. Sein Schicksal war besiegelt.

Alle seine Versuche und Bemühungen, selbst die in Berlin Anfang Dezember beim Marschall Berthier wegen Zurücknahme des napoleonischen Befehls über die französische Okkupation seines Landes waren umsonst. Noch vor Weihnachten 1806 erging durch Laval an den Herzog nach Ludwigslust die Aufforderung, Mecklenburg zu verlassen. Am 8. Januar 1807 begab er sich mit seiner Gemahlin, dem Prinzen Gustav, dem Erbprinzen und dessen Familie nach Altona auf neutrales dänisches Gebiet, wo er mit ihnen ein einfaches Mietshaus an der Palmaille bezog. Während seiner Abwesenheit ließ Napoleon in Schwerin einen umfangreichen Raub von Kunstgegenständen vornehmen. Im März erschien der Generalmuseumsdirektor Denon vom Louvre in Paris, wählte im Einvernehmen mit Bremont 209 der schönsten Gemälde aus der herzoglichen Galerie sowie kostbare Elfenbeinschnitzereien aus und sandte sie nach Paris. Das herzogliche Tafelgeschirr aus Alt Meißner Porzellan wurde für die Porzellanmanufaktur in Sevres bestimmt und eingepackt. Der Herzog Karl von Mecklenburg-Strelitz wußte sich noch rechtzeitig durch Fürsprache des mit Napoleon verwandten und verbündeten Königs von Bayern der auch ihm zugedachten Verbannung zu entziehen. Nach einer von ihm persönlich wiederholten und den Untertanen aufs neue eingeschärften wohlwollenden Neutralitätserklärung ließ Napoleon ihm seinen Thron und gab ihm sogar eine französische Leibwache für seine Residenz Neustrelitz. Viel Selbständigkeit besaß der Herzog jedoch nicht. Stets hing das Damoklesschwert über seinem Haupte. Mochten auch Plünderungen und Verwüstungen aufhören, so häuften sich statt ihrer die Einquartierungen und Durchmärsche französischer und Rheinbundtruppen.

Mit dem 1. Januar 1807 trat die Landes-Kredit-Kommission zwecks Regelung und Aufbringung der Kriegs- und Verwaltungskosten in Tätigkeit, bestehend aus zwei Mitgliedern der Kammer, zwei ritterschaftlichen und ebensovielen landschaftlichen Deputierten. Gleichzeitig wurden in Rostock und Schwerin Werbedepots für französische Dienste eingerichtet, bald auch in Dargun ein französisches Militärhospital geschaffen, alles auf Kosten des Landes. Viele Städte, besonders wieder Rostock und Schwerin sowie Güstrow, erhielten Garnisonen oder wurden des öfteren mit mobilen Truppen, 15 bis 20 Mann für jedes Haus, belegt, und schon Anfang Februar konnte ein Regierungszirkular die dem Schweriner Lande durch Requisitionen, Beitreibungen, Plünderungen, Einquartierungen und Durchmärsche erwachsenen Kosten auf über sieben Millionen Taler ansetzen. Eine Zusammenstellung im Juli verzeichnete an Requisitionen und Lieferungen für die französische Armee seit Anfang des Jahres: 2120 Pferde, 103 000 Paar Schuhe, 2000 Paar Stiefel, 46 000 Zentner Korn, 18 000 Zentner Heu, 620 000 Pfund Rindfleisch (zum Teil in lebenden Ochsen), 75 000 Pinien (Liter) Branntwein, 600 Futtersäcke, 1200 Kämme, Bürsten und Schwämme und 400 000 Rationen Zwieback Große Teile davon gingen an die verschiedenen Depots nach Berlin, Potsdam, Magdeburg u. a., besonders aber nach Pommern, wo Napoleon damals mit den Schweden Krieg führte.

Was zur selben Zeit das „neutrale“ Strelitz zu leisten hatte, geht daraus hervor, daß die Stadt Friedland allein von Januar bis Oktober 1807 insgesamt über 200 000 Mann mit mehr als 200 Marschällen und Generälen nebst 12 000 anderen Offizieren und der zugehörigen Bagage und dem Troß zu beherbergen und zu verpflegen hatte, nicht selten an einem Tage über 10 000 Mann, darunter viele Rheinbundtruppen, wie Bayern, Württemberger, Badener und Hessen, alle auf dem Wege nach Pommern oder Ostpreußen. Dort und auch in Neubrandenburg dienten die Kirchen als Magazine und Munitionsspeicher. Brot und Fleisch mußte oft in benachbarten Ortschaften zusammengebettelt werden. Es war ein stetes Kommen und Gehen der verschiedensten Truppenkörper.

Die Folgen einer solchen finanziellen Belastung beider Länder ließen nicht lange auf sich warten. In Schwerin war vom Herzog Friedrich Franz bei dem eintretenden Geldmangel schon im Dezember 1806, in Strelitz vom Herzog Karl im Januar 1807 ein einjähriger Indult zwecks Zahlungsstundung zinstragender Kapitalien verfügt worden, der dann noch um ein Jahr verlängert wurde. Aber dieses Mittel half damals ebensowenig wie nach dem Siebenjährigen Kriege.

Eine Wendung zum Bessern trat um die Mitte des Jahres 1807 ein. Nach der Niederlage der Russen bei Friedland in Ostpreußen verzweifelte der Zar an der Möglichkeit eines Sieges über Napoleon und fürchtete, bei weiterer Fortsetzung des Krieges diesen baldigst im eigenen Lande zu haben. Napoleon, der die laxe Bundestreue des Zaren für Preußen und seinen Wankelmut bereits durchschaut hatte, hoffte ihn nunmehr mit Leichtigkeit für sich und seine ferneren politischen Ziele gewinnen zu können. Er bot ihm Frieden an, und bereits am 29. Juni kam es zwischen beiden Monarchen zu einer Zusammenkunft auf dem Njemen. Zu den Bedingungen, die der Zar Alexander stellte und Napoleon ihm nicht ungern erfüllte, gehörte neben der Erhaltung eines, wenn auch verkleinerten Preußen und der Zustimmung Frankreichs zu den russischen Eroberungsplänen auf dem Balkan auch die Wiedereinsetzung des Herzogs Friedrich Franz in sein Schweriner Land. Der Zar versprach dafür ein Bündnis mit Napoleon gegen England. Schon seit einiger Zeit wußte man in Mecklenburg von dieser Fürsprache des Zaren für den Herzog und kannte Napoleons Verlangen nach der russischen Bundesgenossenschaft. Aus der Mitteilung des Generals Morand an die Schweriner Landesregierung vom 17. Juni des Inhalts, daß Mecklenburg fortab mehr als neutral behandelt werden solle und daß die Requisitionen nicht mehr in der Form des bisherigen Zwanges vor sich gehen sollten, erkannte man allzudeutlich Napoleons politisches Spiel mit dem Zaren. Am 5. Juli brachte ein Kurier die Nachricht von der durch die Zusammenkunft auf dem Njemen hervorgerufenen Wendung mit dem Befehl an Laval, den Herzog wieder in seine Herrschaft einzusetzen und ihn künftig als einen befreundeten Fürsten zu betrachten. Am 11. hielt der Herzog unter großem Jubel der Bevölkerung seinen Einzug in seine festlich geschmückte Residenz Schwerin. An der Einholung des Herzogs waren auch die älteren Schüler der Domschule (Gymnasium) beteiligt und trugen an den Hüten Kokarden in den blau-gelb-roten Landesfarben. Zur Erinnerung an diesen festlichen Tag gestattete der Herzog den Gymnasiasten auch weiterhin die Kokarde zu tragen, die sich noch heute an den Klassenmützen der Primaner und Sekundaner befindet. Zwar hatten beide mecklenburgischen Länder noch bis zum Herbst unter dem Durchmarsch der aus Schwedisch-Pommern zurückkehrenden Truppen viel zu leiden. Dann aber verließ am 1. Dezember Laval selbst auf Napoleons Befehl Mecklenburg, und mit ihm zogen auch die noch im Lande befindlichen französischen Truppen ab, außer einem Bataillon, das (bis Mitte 1808) zwecks Überwachung der Kontinentalsperre an der Küste in Rostock stationiert blieb.

Unvermeidlich wurde nunmehr für beide Herzöge der Beitritt zu dem von Napoleon im Juli 1806 begründeten Rheinbund. Bereits im Oktober 1807 begab sich für das Schweriner Land der Erbprinz Friedrich Ludwig mit dem Minister von Brandenstein von Ludwigslust nach Paris. Fast ein halbes Jahr zogen sich die Verhandlungen hin, und erst am 22. März 1808 wurde zwischen dem kaiserlichen Minister Grafen Champagny und dem herzoglichen Gesandten Bosset in Paris der Vertrag abgeschlossen. Außer dem Verbot des Durchzugs fremder Truppen durch Mecklenburg und der (allerdings nicht durchgeführten) Anerkennung der Gleichberechtigung der katholischen mit der lutherischen Konfession im Lande wurde dem Herzog die Bereithaltung von 1900 Mann Bundestruppen (Infanterie) auferlegt. Für Mecklenburg-Strelitz war der Beitritt mit 400 Mann schon am 8. Februar erfolgt.

Große Schwierigkeiten bereitete die Organisation der neuen Truppe. Zwar war schon gleich nach des Herzogs Rückkehr aus Altona ein Teil des alten Militärs wieder zusammengetreten, aber die nunmehr geforderte Zahl war noch lange nicht erreicht. Nach verschiedenen Plänen wurde das neue Regiment schließlich außer der Leibgarde in Ludwigslust in drei Bataillone mit den Garnisonen Schwerin, Wismar und Rostock eingeteilt. Das Strelitzer Bataillon wurde in Neustrelitz errichtet. Als aber die Namensaufzeichnungen zwecks Aushebung der jungen Leute in Stadt und Land begannen, versuchten sich viele dem höchst unangenehmen und widerwärtigen Dienst für Frankreich zu entziehen und ins Ausland zu flüchten. Es war nicht möglich, die vorgeschriebene Zahl aufzutreiben. Noch im März 1809, als der Befehl Napoleons eintraf, daß die Schweriner wie Strelitzer Truppen nach Stralsund im damals noch schwedischen Pommern abrücken sollten, das der Kaiser infolge des Krieges mit Österreich fast entblößt hatte, war erst ein Viertel beisammen. Daher stellte man, um den eigenen Landeskindern die ungewohnte Last des Soldatseins nicht aufzubürden, allerlei in- und ausländisches Gesindel ein, Gauner und Landstreicher aus aller Herren Länder, „größtenteils Menschen, die man längst weggewünscht hatte“, sagt ein Augenzeuge, Leute, die wenig militärisches Aussehen besaßen, tranken, spielten und stahlen, wo sie nur konnten, dazu in solcher Zahl desertierten, daß der Oberst von Fallois, um die Entlaufenen in der Heimat wieder ausfindig zu machen, bei allen Rekruten an einer bestimmten Stelle des Kopfes eine etwa talergroße Fläche kahl geschoren hielt.

Eine solche Truppe war natürlich für den Ernstfall völlig unbrauchbar. Das zeigte sich bereits in den nächsten Wochen. Mitte Mai erschien der Major von Schill, der nach seinem unglücklich verlaufenen Streifzug in der Mark und in Sachsen an der Elbe weiter nordwärts gezogen war, bei Dömitz, überraschte den mecklenburgischen Festungskommandanten von Röder und nahm ihn samt seinen 50 invaliden Infanteristen und einigen ebenso unbrauchbaren Artilleristen gefangen. Am 24. erschien er von Wismar her in Rostock, dessen Garnison sich auf Befehl des Herzogs in der Richtung Stralsund zurückzog. Da Schill selbst seine Lage bereits für ziemlich verzweifelt hielt – ein französisch-holländisches Korps war ihm auf den Fersen – so eilte er selbst am 24. mit einem Teile seines Korps nach Stralsund. Sein Leutnant Bärsch sollte unterdessen in Warnemünde Schiffe requirieren und ihm mit dem Rest der Truppen und allen Nachzüglern zur See nach Rügen folgen. Am 30. landete Bärsch daselbst mit etwa 250 Mann auf 16 Schiffen an der Halbinsel Mönchgut. Zwei waren noch in Warnemünde im letzten Augenblick durch eben eingetroffene Holländer an der Abfahrt gehindert worden und hatten sich ergeben müssen. Ihre Besatzung wurde gefangen genommen und nach Rostock gebracht. Die andern 16 waren dem Geschützfeuer der Holländer noch rechtzeitig entkommen. Es waren schwere Tage, die Warnemünde damals erlebte. Schon während der Anwesenheit der Schillschen Truppen waren die Lebensmittel im Orte bedenklich knapp geworden. Bärsch hatte seine Leute durch eiligst aus Rostock herbeigebrachte Waren verpflegen müssen. Als nun die Holländer noch den Rest der Lebensmittel für sich in Anspruch nahmen, war der Ort am 28. buchstäblich ohne Nahrung. Da zudem ein großer Teil der männlichen Einwohnerschaft sich als Lotsen oder Matrosen auf den

Schillschen Schiffen befand, bemächtigte sich der Frauen eine große Angst, daß sie, wie der Vogt des Ortes berichtet, mit ihren Kindern, die sie in der Schürze trugen, in die Umgegend oder auf die Boote flüchteten und erst am nächsten Tage, als die Holländer den Schillschen über Rövershagen nach Ribnitz folgten, zurückkehrten.

Schill war indes am 27. Mai bei Dammgarten (unweit Ribnitz) auf das ganze Schweriner Rheinbundkontingent gestoßen, das ihm dort den Weg nach Stralsund verlegen sollte. Binnen kurzem aber wurde es auseinander gesprengt und zum Teil gefangen genommen; außerdem gingen noch etwa 60 Mann, meist Fremde, zu Schill über. Dieser gelangte nach Stralsund, wo er dann im Straßenkampf fiel. Das Strelitzer Kontingent hatte an demselben Tage bei Triebsees gestanden und war mit Schill nicht in Berührung gekommen. Trotzdem nahmen viele die Gelegenheit zur Flucht in die Heimat wahr. In einem Publikandum des Herzogs Karl vom 5. Juni heißt es nämlich: Da bei den Vorfällen in Schwedisch-Pommern und besonders wegen der ermüdenden Märsche mehrere Soldaten und insbesondere mehrere Einländer von dem Bataillon abgekommen und demnächst, zum Teil wohl aus Unkunde, statt ihrem Korps zu folgen, ins Land zurückgekehrt sind, so werden selbige hiermit aufgefordert, sich binnen acht Tagen hier in Neustrelitz zu stellen, widrigenfalls sie als Deserteure werden angesehen und im Beitreibungsfalle als solche behandelt werden." Doch scheint man diese und ähnliche Drohungen der mecklenburgischen Regierungen nicht sehr tragisch genommen zu haben; denn noch Ende Oktober klagte der Oberst von Fallois über die Nachlässigkeit der Behörden gegenüber den Deserteuren, die, wenn sie sich im Lande so sicher fühlten, ihm noch das ganze Regiment zerreißen würden.

Der Beitritt zum Rheinbund veranlaßte den Schweriner Herzog Friedrich Franz auf einem Konvokationstage zu Rostock am 1. September 1808, auf dem er den Ständen seines Landes die Beitrittsakte vorlegen ließ, zu einer gleichzeitigen Proposition an die dort versammelte Ritter- und Landschaft. Sie betraf die „notwendige Veränderung der bisherigen Verhältnisse zwischen Sr. Durchlaucht und Ihren Untertanen in Rücksicht der inneren Landesverfassung". Durch „die völlige Auflösung des deutschen Reichsverbandes" (1806) war den deutschen Fürsten und somit auch dem Herzog Friedrich Franz „die

Souveränität unbedingt anheimgefallen", und „mit dem Eintritt in den Rheinbund" war sie „als notwendiges Erfordernis desselben aufs neue ausdrücklich festgesetzt worden". So wollte denn der Herzog als Landesherr in der vollen Ausübung der Regierungsgewalt durch keine Einschränkungen aufgehalten werden"; er war vielmehr entschlossen, „alle Verschiedenheiten der Verfassung, Vorrechte und Gesetze seiner Länder und Besitzungen aufzuheben und gesamten Landen einerlei Verfassung zu geben". Auf Grund des Artikels 26 der Fundamental-Bundes-Akte beanspruchte der Herzog kraft der ihm verliehenen „vollen und unbeschränkten Ausübung der Souveränität" die oberste Gerichtsbarkeit, die Oberpolizei, die Gesetzgebung, das Besteuerungsrecht und die Militärrekrutierung.

Die Stände waren weit entfernt, einer solchen Proposition ihre Zustimmung zu geben. Am empfindlichsten traf sie das vom Herzog geforderte Recht der Gesetzgebung und Besteuerung, das nach dem Landesgrundgesetzlichen Erbvergleich – mit Ausschluß des Domaniums – den Ständen zustand. In einer vorläufigen Erklärung vom 8. September gaben sie deswegen ihrer Betrübnis darüber Ausdruck, „daß der zweite Teil der landesherrlichen höchsten Proposition aus dem aufgelösten Reichsverbände und dem erfolgten Beitritt zum Rheinischen Bunde eine Einschränkung der erhabensten aller fürstlichen Rechte und Pflichten, die innere Landesverfassung zu bewahren, herzuleiten scheint", und sie wünschten „auch schon den Schein einer solchen Auslegung der Souveränitätsrechte entfernt zu sehen, um so mehr, da das für das Wohl des geliebten Vaterlandes so wichtige Vertrauen des Auslandes ganz vorzüglich auf dessen Glauben an die Unerschütterlichkeit der glücklichen mecklenburgischen Landesverfassung gegründet ist." Mit Berufung auf die ständische Union beider Mecklenburg wollten sie die Angelegenheit zunächst auf einem allgemeinen Landtag beraten, und zwar nach voraufgegangener Verständigung zwischen der Schweriner und der Strelitzer Regierung.

Wenn der Herzog in seiner Antwort vom 10. September auch darauf bestand, daß „der Natur der Sache nach in diesen Gegenständen die beiden (mecklenburgischen) Länder nicht gemischt werden" könnten, da sie „unter verschiedenen Herren" ständen, „von denen jeder jetzt dem Rheinbunde besonders und für sich beigetreten" sei, so zeigte er den Ständen, für die „bei ihm landesväterliche Liebe und Zuneigung vorwalteten“, doch bereits großes Entgegenkommen. „Nirgends sei in jener Proposition auch nur mit einem Worte gesagt, daß er seine Souveränität dazu anwenden wolle, die bisherige Landesverfassung aufzuheben.“ Er erklärte sich auch für die Beibehaltung der Union. Dagegen forderte er, daß die Stände „in diesen bedrängten Zeiten ein angemessenes Opfer für ihren Landesherrn auf dem Altar des Vaterlandes niederzulegen“ bereit seien, da er bei der augenblicklichen Verschuldung der Domänen die im Landesgrundgesetzlichen Erbvergleich freilich stillschweigend übernommene Bestreitung der Landesverwaltungskosten nicht mehr tragen könne, sondern den Ständen überweisen müsse.

So bekam die Angelegenheit ein ganz anderes Gesicht. Geld hatte der Herzog nötig. Die angekündigte „volle und unbeschränkte Ausübung der Souveränität“ nahm allzusehr den Schein eines Lock-, bzw. Schreckmittels an, um die Stände durch des Herzogs Verzicht auf jenes Recht für die Zahlung größerer Geldsummen zu gewinnen. Die Stände verstanden den Wink. Die Ritterschaft verzichtete auf die ihr für die Hälfte ihrer Hufen noch zustehende Steuerfreiheit, die Städte auf die bisher landesgrundgesetzlich bezogenen Bauhilfsgelder und auf alle „Exemptionen“ (Befreiungen) von der Konsumtions- und Viehsteuer. So konnten die Stände unter gleichzeitiger Festsetzung einer jährlich zu erhebenden außerordentlichen Kontribution dem Herzog die Übernahme von mehr als 44 Millionen Taler Rentereischulden und 54 Millionen Taler Landeskriegsschulden zusagen.

Da die außerordentliche Kontribution (später ediktmäßige Kontribution genannt) nicht, wie bisher, von den Ständen, sondern von allen Landeseinwohnern getragen werden sollte, so wurden deren Erträge auch einer neuerrichteten landesherrlich-ständischen allgemeinen Landesrezepturkasse überwiesen. Es gab also fortab drei Hauptkassen: die rein fürstliche Renterei, den ständischen Landkasten und die Landesrezepturkasse unter landesherrlich-ständischer Verwaltung. Die außerordentliche Kontribution war ursprünglich vom 1. Juli 1809 ab auf dreißig Jahre bestimmt, da Herzog und Stände in dieser Zeit die Abtragung der Schulden erledigen zu können hofften, doch wurde sie auch nach Ablauf dieser Zeit weiterhin beibehalten und ihr Ertrag zur

Ausführung gemeinnütziger Anstalten und Anlagen im Gebiete der Sicherheits- und Wohlfahrtspolizei (Bau von Kunststraßen, Kanälen, Strafanstalten usw.) verwandt. Außer diesen ständigen Geldhilfen gaben Ritter- und Landschaft noch 230 000 Taler für die Kreditkommission, 120 000 Taler für das Militär und 80 000 Taler aus dem Vermögen der Klöster für die „dringendsten Bedürfnisse des Augenblicks."

So klang denn die anfangs recht heiklige Sache in einen vollen harmonischen Akkord aus. Beide Parteien, Herzog und Stände, waren zufrieden. Man überbot sich schließlich noch gegenseitig in Höflichkeitserweisungen. Die Stände überwiesen (außer den genannten 80 000 Talern) dem Herzog in den drei Klöstern Dobbertin, Malchow und Ribnitz noch vier ganze und zwei halbe Hebungen in barem Gelde, „um Sr. Herzogl. Durchlaucht eine neue Gelegenheit zu verschaffen, verdienstvollen herzoglichen Beamten, deren Töchter statutenmäßig nicht in die Landesklöster kommen können, Ihre Gnade zu beweisen." Der Herzog aber nahm in einer Vereinbarung vom 22. April 1809 nicht allein „diese patriotischen und loyalen Anerbietungen gnädigst" an, sondern begab sich auch des ihm „aus dem letzten Reichsdeputationsschlusse zustehenden Rechtes auf die Klöster aus landesherrlicher Zuneigung" dergestalt, daß er der „getreuen Ritter- und Landschaft den Besitz und Genuß, auch die Administration derselben in dem bisherigen Maße" zusicherte, nur „die freie Disposition über die neu errichteten Stellen" und sein „unumschränktes landesherrliches Recht der Oberaufsicht über die Klöster vorbehalten". Nachdem die Stände außerdem noch „das Wünschenswerte einer Verfassungsrevision" anerkannt und der Herzog wiederholt hatte, daß es seine „Absicht nicht sei, eine Landesverfassung aufzuheben, die eine solche Stimmung der Untertanen gegen ihren Herrn seit einem halben Jahrhundert erhalten hat, und bei welcher solche Untertanen sich glücklich fühlten", war die ganze Angelegenheit bis auf weiteres abgetan. Die Stände hatten, abgesehen von einigen, im ganzen unwesentlichen und durch die Not der Zeit geforderten Zugeständnissen, ihr Recht behauptet. Ihnen war dabei noch der Umstand zugute gekommen, daß der Strelitzer Herzog Karl es ablehnte, seinem Titel, wie es Friedrich Franz von Schwerin tat, das Prädikat „souveräner Herzog" beizufügen, demgemäß auch auf alle diesem Titel entspringenden Rechte von vornherein verzichtete. Daher waren auch die Stände, des Stargardischen Kreises an der Rostocker Konvokationsproposition überhaupt nicht beteiligt gewesen.

Hinsichtlich der Union beider mecklenburgischer Länder, welche durch die den beiden Herzögen „besonders und (jedem) für sich" allein zugefallene volle Souveränität in Zweifel gestellt worden war, wurde in einem Traktat vom 5. Dezember 1808 verabredet, daß „beide Herzöge in der Regierung ihrer Länder dem Begriff der Souveränität angemessen ganz voneinander getrennt und selbständig bleiben wollen". Weil aber „ihre Untertanen bisher einerlei Sitten, einerlei Charakter und einerlei Grad der Kultur gezeigt haben, weil sie in Ansehung ihrer geographischen Lage miteinander verbunden sind und weil ein nach den alten, hiermit ausdrücklich beibehaltenen und erneuerten Sukzessionsrechten gegenseitig möglicher Anfall es für beiderlei Lande wünschenswert macht", so beabsichtigen die Herzöge, „ihre Länder nach einerlei Konstitution zu regieren" und „keinerlei Veränderung in solcher Konstitution ohne vorherige Zuziehung und Teilnahme des andern und der Stände beiderlei Lande vorzunehmen". Jedoch ist der in dem Traktat enthaltene Plan, „diese Konstitution, den Zeitumständen angemessen, gemeinschaftlich mit Zuziehung der beiderseitigen Stände auszuarbeiten und zustande zu bringen", nicht durchgeführt worden. Die Not der folgenden Jahre drängte andere Fragen und Wünsche in den Vordergrund: es blieb in Mecklenburg auch weiterhin bei dem alten rein ständischen Prinzip.

Ein herber Schlag traf 1810 den Herzog Karl von Strelitz. Am 19. Juli starb im Schloß zu Hohenzieritz bei Neustrelitz seine Tochter, die Königin Luise von Preußen. Es war ein schwerer Verlust nicht nur für den Vater und den Gatten, den König Friedrich Wilhelm III., sondern für das ganze deutsche Volk. Untrennbar war ihr Leben und Wirken seit Jahren mit dem Geschick ihres engeren und weiteren Vaterlandes verknüpft gewesen. In der Zeit der tiefsten Erniedrigung Preußens nach der unglückseligen Schlacht bei Jena und Auerstädt hatte sie ihren Gemahl auf der Flucht vor Napoleon von Berlin nach Königsberg und Memel begleitet. Durch ihren Mut und ihr inniges Gottvertrauen wußte sie den oft verzweifelten Gemahl stets zu trösten und wiederaufzurichten Der schmachvolle Friede von Tilsit (1807), dessen harte Bedingungen sie noch durch eine persönliche Zusammenkunft mit Napoleon vergeblich zu mildern suchte, die Unruhe der nächsten Jahre und der Schmerz über die Not ihres Volkes hatten ihre an sich zarte Gesundheit sehr geschwächt. Schon lange von Sehnsucht nach ihrem Vater, ihrer über 80 Jahre alten Großmutter und der mecklenburgischen Heimat überhaupt erfüllt, reiste sie am 25. Juni 1810 nach Neustrelitz. Drei Tage später kam auch der König. Dann ging's nach Hohenzieritz. Da aber erkrankte die Königin; leichte Fieber stellten sich ein, Lungenentzündung und Herzkrämpfe zwangen die hohe Frau aufs Krankenlager. Nach einer scheinbaren Besserung, die auch den König am 3. Juli beruhigt die Rückreise nach Berlin antreten ließ, erneuerte sich das Leiden alsbald, und immer öfter wiederholten sich die angsterfüllten Brustkrämpfe und Atembeschwerden, so daß der König und seine beiden ältesten Söhne Friedrich Wilhelm und Wilhelm (der spätere erste Kaiser) durch Eilboten herbeigerufen wurden. Nur wenige Stunden nach ihrer Ankunft verschied die Dulderin am 19. Juli, morgens 9 Uhr, mit den Worten: „Herr Jesu, mach es kurz", tiefbetrauert von dem schwergeprüften Gatten, der mit ihr sein Alles verloren hatte, von den Kindern, dem Vater und den Geschwistern, betrauert auch von dem ganzen deutschen Volke, das in ihr seinen guten Genius erkannt hatte. Im Hinblick auf die schwere Zeit, deren Ende und Wandlung in eine bessere Zukunft für ihr Land und Volk sie stets so sehnlichst herbeigewünscht hatte, rief Max von Schenkendorf bei der Nachricht von ihrem Tode aus: „Rose, schöne Königsrose, hat auch dich der Sturm gebrochen?" und suchte den König zu trösten mit den Worten: „Schau nach oben, wo sie leuchtet gleich den Sternen, wo in Himmels weiten Fernen alle Heiligen sie loben!" Ihre letzte Ruhestätte fand sie in dem eigens für sie vom König erbauten Mausoleum zu Charlottenburg. Den Weg der Freiheit ihres Landes, dem ihr ganzes Denken und Fühlen galt, hatte sie nicht mehr erlebt. Mitten in der Zeit der tiefsten Erniedrigung hatte sie der Tod in ihrer mecklenburgischen Heimat dahingerafft. Zu einer weihevollen Stätte im Mecklenburger Lande aber wurde seitdem Hohenzieritz. „Unter dem unverwelkten Hauch seiner ernsten, weihevollen Schöne, unter dem Blütenbaum seiner holden Erinnerungen träumt es", so schrieb hundert Jahre später ein Mecklenburger, „seit jenem unvergeßlichen Julitage von 1810, wo hier eine edle deutsche Frau die Augen zu ewigem Schlummer schloß, den süßen Traum der Vergangenheit, dem der eherne Griffel der Kunst durch Wolffs und Rauchs verklärenden Genius neben zarten Worten der Liebe die Weihe ewiger Andacht lieh."

Mit dem Herbst 1810 begann die Zeit der größten Not, die erst im Frühjahr 1813 mit der allgemeinen deutschen Erhebung ihr Ende fand. Diese zweieinhalb Jahre sind es, die noch heute im mecklenburgischen Volke infolge fortlaufender mündlicher und schriftlicher Überlieferung von Geschlecht zu Geschlecht als die eigentliche Franzosenzeit mit all ihren Schrecken fortlebt. Napoleon hatte 1809 mit dem von ihm besiegten Österreich, im Januar 1810 auch mit Schweden Frieden geschlossen und letzterem einen Teil von Vorpommern zurückgegeben. In der Besorgnis, daß von dort aus englische Waren über Rostock und Wismar eingeführt werden möchten, ließ er beide Städte im August von Hamburg aus durch den General d'Alton besetzen und außerdem von Oktober an das ganze Land, besonders die Küste von Lübeck bis Ribnitz, zur Verhinderung des ziemlich starken Schmuggels und zwecks Durchführung des von ihm bestimmten Warentarifs durch französische Zollwächter (Douaniers) überwachen. Im November 1810 befanden sich z. B. in Friedland allein gegen 100, im Februar 1811 sogar 200 Mann. Von April bis November dieses Jahres wurde in Warnemünde auf Landeskosten eine Schanze mit Blockhaus und Pulvermagazin als Schutz bei einem etwaigen englischen Landungsversuch und als Rückhalt für französische Kriegsschiffe errichtet. Sie maß schließlich 115 Meter im Quadrat. Ihre Herstellung kostete außer Bauholz und Fuhrgeld rund 50 000 Mark. Im Oktober weilte Marschall Davoust selbst mit dem Erbprinzen zur Besichtigung in Warnemünde. Im Juli hatte der französische Platzkommandant auch noch die Anlage einer Warmbadeanstalt verlangt. Die Stadt Rostock mußte sich nach anfänglichem Widerstreben schließlich fügen. Für Warnemünde jedoch sollte der Bau segensreiche Folgen haben. Ging er auch später (1813) nach Abzug der Franzosen wieder ein – ebenso wie die Schanze damals von den Engländern zerstört wurde – so wurde doch seitdem die Aufmerksamkeit auf Warnemünde als einen geeigneten Badeort gelenkt, und es entstand hier ein zweites Seebad an der Küste.

In Stadt und Land hielten die Douaniers Haussuchungen. Wo man englische Waren fand, da wurden sie beschlagnahmt, an bestimmten Sammelstellen, für Mecklenburg-Strelitz z. B. in Neubrandenburg, abgeliefert und dort verbrannt. Zum Glück waren die Zollwächter fast überall der Bestechlichkeit zugänglich und verwalteten ihr Amt nur schlecht und unredlich. Auch vertrieben sie sich, wie es z. B. die Inschrift an der sogenannten Franzosenbuche in Heiligendamm – ici les belles on (out) du plaisir. Douanes Imperiales. 1813. – und auch die Geburtenregister verschiedener Gemeinden beweisen, die Zeit mit Liebeshändeln. So war denn auch die Menge der im Lande gesammelten englischen Waren nur verhältnismäßig klein und ihr Wert gering.

Aus dem Jahre 1812 gibt uns über die drückende Fremdherrschaft eine Anzahl Polizeiberichte den besten Aufschluß. Viele von ihnen hielten sich zwar auf Anweisung der Landesbehörde in den Grenzen größter Milde. In dem Warmer Bericht aber war ganz offen von den „ungeheuren Mißhandlungen" zu lesen, „die allenthalben auf dem platten Lande in denjenigen Pachthöfen und Dorfschaften von den französischen Truppen ausgeübt werden, die das Unglück haben, auf der Militärstraße zu liegen." Alle Pferde und alles Vieh, heißt es da, sei geraubt, die Türen zu den Scheunen und Kornböden seien erbrochen, alles Korn sei verfüttert, kein Saatgut sei mehr vorhanden, demgemäß auch das Land unbestellt, Herren, Knechte und Mägde mißhandelt. Doch von solcher Wahrheit wollte die Regierung nichts hören, geschweige denn sie in den vom General Durette in Rostock eingeforderten regelmäßigen Berichten erwähnen. Ja, die Wariner Beamten wurden wegen ihres Berichtes vom Regierungsrat von Oertzen und von dem Präsidenten von Brandenstein scharf gerügt mit dem Hinweis, „daß die von ihnen gemachten Äußerungen weder einem Beamten noch einem vernünftigen Manne anstehen, der die Umstände richtig zu beurteilen wissen muß." Es wurde ihnen aufgegeben, ihre Berichte „künftig ganz kurz ohne alle ungebührlichen Reflexionen über die vorgeschriebenen Punkte abzufassen", ja sie sollten die öffentliche Stimmung in ihren Ämtern einfach als „gut und ruhig, wenn gleich bei dem Druck der Zeiten nicht fröhlich" angeben. Als sich trotzdem die Berichte aus Stadt und Land mit Klagen aller Art häuften, so aus

Lübs über das unmenschliche Fouragieren der französischen Kavallerie, aus Brüel über das Gleiche bei Lebensmitteln und Getränken, aus Teterow über die Wegnahme aller Pferde, da wurden vom Präsidenten Brandenstein alle irgendwie anstößigen, für ihn selbst und seine Stellung gefährlichen Bemerkungen gestrichen, sodann die Berichte in gereinigter Form abgeschrieben und an Durette eingereicht. Der Vorschlag, den ihm einer seiner Amtsgenossen machte, die französischen Behörden durch jene Klagen über den wahren Zustand zu unterrichten, um sie so zur Abhilfe zu veranlassen, wurde von ihm ängstlich und schroff abgelehnt. Man unterließ in den Amtsberichten nach Schwerin deshalb bald die Klagen über Erpressungen seitens des Feindes, da solche doch „nicht fruchtbringend" seien, wie der Penzliner Magistrat schrieb, und ergab sich überall in sein Schicksal. Schließlich führte die Regierung für die Berichte bereits schematisch vorgedruckte Formulare ein, die z. B. unter der Rubrik Nr. 5 „öffentliche Stimmung" meist die kurze Antwort hatten: „ist gut und ruhig". Und wenn einige Behörden doch noch anders, der Wirklichkeit entsprechend schrieben, so wurde es beanstandet, die betreffenden Behörden aber für künftige Fälle eines Bessern verwiesen.

Der wirtschaftliche Wohlstand des Landes sank bei der andauernden Fremdherrschaft von Jahr zu Jahr beträchtlich. Bereits 1806 waren durch den Eintritt Preußens in den Kampf gegen Napoleon die Getreidepreise erheblich gestiegen. „Der Weizen gilt jetzt nach hiesiger gangbarer Münze, nämlich preußischem Gelde", so verzeichnet unter dem 16. Oktober 1806 der damalige Besitzer von Möllenbeck (in Mecklenburg-Strelitz) in einer vor einigen Jahren beim Umbau der dortigen Kirche aufgefundenen alten Urkunde, „4 Taler 20 Schillinge (ein Taler = 48 Schillinge), der Scheffel Roggen 4 Taler, der Scheffel Erbsen 3 Taler 18 Schillinge, der Scheffel Gerste 2 Taler 10 Schillinge, der Scheffel Hafer 1 Taler 18 Schillinge. Vorstehende Preise würden, obgleich die Ernte dieses Jahres nicht ergiebig gewesen ist, doch wahrscheinlich nicht so hoch gestiegen sein, wenn nicht die Zusammenziehung der ungeheueren Armeen von Preußen, Rußland und Sachsen gegen Frankreich und seine Alliierten hierzu vieles beigetragen hätte, und soeben haben der König von Preußen aus unserem stargardischen Kreise 120 Wispel Roggen (3000 Scheffel im Werte von 12 000 Talern) und 550 Wispel Hafer (13 750 Scheffel im Werte von 18 906 Talern) als Lieferung nach den preußischen Magazinen zur Erhaltung der Armeen verlangt." Das Gegenteil wiederum trat im November desselben Jahres infolge der Kontinentalsperre ein, durch die jeglicher Handel mit England verboten wurde. Von Jahr zu Jahr sanken nun wegen der behinderten Ausfuhr die Kornpreise. So stand z. B. der Scheffel Roggen im Jahre 1808 auf drei, 1809 auf zwei, 1810 sogar nur auf einem Taler und sank ein Jahr später noch auf 20 Schillinge. Getreide und Futter aus den damals ertragreichen Ernten fanden keinen entsprechenden Absatz und mußten von den Landleuten spottbillig verkauft werden, wenn man sie nicht für den Unterhalt der Feinde verwandt sehen oder gar dem Raube anheimfallen lassen wollte. Dagegen stiegen die Preise für ausländische Erzeugnisse ins Riesenhafte. So kostete das Pfund Kaffee und auch die gleiche Menge Zucker 1808 schon über einen Taler. An die Stelle des früheren ehrlichen Gewerbes und regulären Verkehrs traten Schmuggelei und Schleichhandel, und nicht selten befanden sich unter den eingeschmuggelten Waren ungesunde, ja ekelhafte Produkte. Mehr noch wirkte der Umstand, daß eine Menge schlechter preußischer Münzen, die im Lande umliefen, außer Kurs gesetzt wurden.

Zu der erschwerten oder untersagten Einfuhr fremder Waren trat das Verbot der Ausfuhr der Landeserzeugnisse. Der Nutzen für Frankreich lag auf der Hand, denn um so größer waren die Vorräte für die französischen Truppen und deren Magazine. Für das kornreiche, lediglich auf Landwirtschaft gestützte Mecklenburg aber war dieser Schritt des französischen Kaisers geradezu vernichtend. „Mit Ergebung und selbst bereitwillig", so schrieb am 7. Dezember 1810 der Minister Freiherr von Brandenstein, „haben wir einen Stillstand des Handels ertragen, so lange er sich auf Kolonialwaren und die englischen Fabrikwaren beschränkte. Denn deren kann sich ein mäßiges Volk, wie die Mecklenburger, leicht begeben. Seitdem aber der Stillstand den Handel mit den Naturprodukten des Landes ergreift, sehen wir mit Schrecken die Hilfsquellen versiegen, aus denen der Staat sein Leben fristet. Wir sehen aus dem Lande das letzte Stück Geld herausgehen, ohne Mittel zu finden, es zu ersetzen. Mecklenburg bedarf vieler Dinge absolut notwendig. Es hat nötig aus Frankreich Seidenwaren, Tuche, Biberfelle, Wein, Öl und anderes, aus Schweden und Rußland Bauholz, Eisen, Kupfer, Vitriol, Teer und Hanf. Und das Land hat kein Mittel, sich das Geld zum Erwerb dieser Gegenstände zu verschaffen, als den Verkauf seiner Naturprodukte, Wolle, Pferde und besonders Getreide."

Alle Vorstellungen seitens der mecklenburgischen Regierung beim französischen Spezialrat in Hamburg und in Paris wegen Wiedereröffnung des Seehandels mit Getreide scheinen ohne wesentliche Erfolge geblieben zu fein. Die durch den Gesandten von Lützow erwirkten Lizenzen (Freibriefe) zur Ausfuhr für eine Anzahl Schiffe mit Korn gegen einen ziemlich hohen Zoll waren nur ein Tropfen auf einen heißen Stein.

Zu der Verarmung des Kaufmanns und Handwerkers trat die des Gutsbesitzers, Pächters und Bauern. Die wiederaustretende Rinderpest erhöhte die allgemeine wirtschaftliche Not. Die Bitten um Pachterlaß mehrten sich. Ständig nahmen die Konkurse von Fabriken und Gütern zu, bei letzteren stiegen sie 1811 auf 60. Wieder sahen sich die Regierungen, im Strelitzschen schon im August 1811, im Schwerinschen im Januar 1812, zum Erlaß eines Indults genötigt, der schließlich bis 1828 in Wirkung blieb. Doch bot auch dieses Mittel ebensowenig Rettung wie ein anderes, das damals verschuldete Gutsbesitzer anwandten: die landesherrlich genehmigte öffentliche Verlosung von Gütern. So verspielte z. B., wie der Professor der Nationalökonomie in Rostock, F. Ch. L. Karsten, in einem Brief an seinen Sohn Detlef vom 2. Februar 1809 erzählt, der „Landrat von Flotow seines Bruders, der zum Konkurs stand, prächtiges Gut Benthen. Es ist auf 10 000 Lose zu je 2 Friedrichsd'or verteilt". Auf diese Weise wurden in den nächsten Jahren die Güter Hoppenrade, Reppelin, Barkvieren u. a. verlost.

Wie die in den sechs Jahren der Fremdherrschaft stetig wachsende materielle Not des Landes auf die sittlich-geistigen Zustände im Volk einwirkten, darüber belehrt uns eine Reihe zeitgenössischer Berichte und Aufzeichnungen. Wie sollte wohl ein Volk, dessen Denkweise und Gemütsart bereits durch den Verfall des deutschen Nationalbewußtseins und die Verfluchung religiösen Lebens heftig gestört worden war, noch die innere Kraft zum Widerstand gegen solche äußeren

Hemmnisse finden? Die bis zur Auflösung des Reiches vorgeschrittene Zerrissenheit Deutschlands und der seichte Rationalismus hatten den nationalen und religiösen Sinn des Volkes zermürbt. Gott und Vaterland waren für viele zu leeren Begriffen geworden. Anfangs durch die Roheit der fremden Eroberer verletzt, begann man dort, wo sich deren schrankenlose Willkür ein wenig mäßigte und die Notlage unabwendbar erschien, mit einer gewissen tragischen Selbstergebenheit im Strudel ungezwungenen Lebensgenusses und rauschender Vergnügungen Vergessenheit zu suchen. So berichtet z. B. der damalige Pastor Boll in seiner „Chronik der Vorderstadt Neubrandenburg“: „Vom Herbst 1808 bis Ostern 1809 waren eine Woche eine, die andere Woche zwei öffentliche Assembleen, die gewöhnlich mit einem Balle beschlossen wurden, täglich Ressourcen, alle Sonntage musikalische Akademie, ein paarmal auch Bälle für die Bürger auf dem Schützenhause und ebenso für die Honoratioren, von denen ein Teil auch ungeachtet der strengen Kälte zu den Friedländer Bällen reiste. Im Antonitermin (Anfang Januar) viel und hohes Hasardspiel. Eine höchst elende kleine Schauspielergesellschaft, die an andern Orten kein gebildeter Mensch sehen mochte, spielte hier an drei Wochen auf dem Schützenhause unter ungeheurem Zulauf von Hohen und Niedern. Am 12. Februar Konzert und Ball der Honoratioren, den 14. Assemblee und Ball derselben, den 17. Assemblee derselben, den 19. Konzert derselben, den 22. Ball derselben und vom 13. bis 21. drei Bälle und eine Redoute der mittleren Klassen, alle sehr stark besucht; keine soll unter 60 Personen, die meisten weit über 100 Personen gewesen sein, ungeachtet der strengen Kälte oder des heftigen Schneegestöbers, Regens und Sturmwindes.“

In dem Augenblick, da die Belastung durch die fremden Heere am stärksten war, wurde es – wohl weil Ort und Zeit dazu zwangen – zwar im ganzen etwas stiller, doch veranstalteten dann die fremden Offiziere auf ihre Kosten große Bälle und Konzerte, zu denen sie die gern erscheinenden Bewohner einluden. Bezeichnend ist auch eine landesherrliche Verordnung vom 27. Februar 1811, in der die herzogliche Dienerschaft und die obrigkeitlichen Personen ermahnt werden, den übrigen Landesbewohnern mit gutem Beispiel in Wort und Tat voranzugehen, „um dadurch an ihrem Teile der Sittenverderbnis entgegenzuwirken". Die Prediger insbesondere sollen „in ihren Vorträgen und ihrer ganzen Amtsführung auf die Erweckung wahrhaft religiöser Gesinnung wirken, die Seelsorge nicht vernachlässigen, damit es ihnen gelinge, die Religion mit den wichtigsten Vorfällen des menschlichen Lebens in Verbindung zu setzen, um durch sie die Freuden reiner und edler, den Kummer milder zu machen, dem Schmerz eine fromme Richtung zu geben." Wie anderswo, so wurden auch in Mecklenburg die Gesetze über die Heilighaltung des Sonntags mit besonderem Nachdruck erneuert, doch im ganzen mit geringem Erfolg. Was nach den Ausführungen des Pastors Boll für Neubrandenburg galt, das wird auch für andere Städte und Ortschaften durch Augenzeugen bestätigt. Dem Bacchus und der Venus zollte man reichlichen Tribut, und das Glücksspiel war zu einer weitverbreiteten Unsitte geworden. Allgemein fand der Aberglaube und die Furcht vor weiterem Unheil durch das Erscheinen eines Kometen im Herbst 1811 neue Nahrung.

Die öffentliche Unsicherheit nahm in erschreckender Weise zu. Viel loses Gesindel, Räuber und Diebe, die zudem noch mit dem Auswurf der französischen Soldateska gemeinsame Sache machten, benutzten die Zustände, durchstreiften des Nachts das Land, lagerten auf Wegen und Straßen und nahmen und stahlen, wo sie nur konnten. „Der Andrang der Bettler und Vagabunden nimmt derart überhand", so klagten schon im August 1808 die Boizenburger Beamten, „daß die Landbewohner für ihr Eigentum und selbst für ihr Leben keine Sicherheit haben." Im Tarnower Forst sollte sich eine Bande bewaffneter Spitzbuben aufhalten, im Amte Grabow eine Räuberbande, ebenso in Neustadt, Parchim und anderen Orten. Bekannte Bandenführer waren z. B. Peter Mehl, der bald auch Schmidt, bald Filter und anders hieß, und Samuel Moses. Andere hatten die Bezeichnung „Lahmer Peter" oder „Köllnischer Anton", „Dicker Karl", „Schön Afrömchen" usw. In Neubrandenburg mußten während der französischen Einquartierung des Nachts besonders verstärkte Wachen patrouillieren wegen der einheimischen Diebe. Nahe bei der Stadt bildete der „grüne Jäger" (heute „Hopfenburg") die Herberge für eine bis ins einzelne organisierte Gaunerbande, deren Mitglieder sogar über die Grenzen des Landes hinaus umherstreiften. Eine ähnliche Freistatt boten der „blecherne Krug" bei Krakow, der „Püsserkrug" bei Schwerin u. a. m. Selbst in den Städten Rostock, Wismar, Güstrow, Bützow u. a. gab es Gasthäuser, deren Wirte jene Diebesbanden bei sich aufnahmen und von ihnen dafür mit einem Teil ihres Raubes belohnt wurden. Im Amte Schwaan erbat man um die Zeit des Rostocker Pfingstmarktes, der viel Gesindel anzog, von der Regierung Schutzmaßnahmen. Allein gegen 200 Pferdediebstähle waren schon aus dem Jahre 1808 in Mecklenburg bekannt geworden. Die Landbewohner, die unter solchem Gesindel am meisten zu leiden hatten, scheuten sich, die Vagabunden festzunehmen und anzuzeigen, aus Furcht, daß diese ihnen aus Rache ihre leichtentzündlichen, strohbedachten Häuser in Brand stecken möchten. Das alte Korps der Schweriner Distriktshusaren, das nur noch aus 1 Wachtmeister, 3 Unteroffizieren und 36 Gemeinen bestand, war viel zu schwach gegen ein so verbreitetes Räuberwesen und wurde außerdem noch zur Überwachung der Kontinentalsperre verwandt. Jetzt ergaben sich mehrere von ihnen selbst dem Vagabundieren und verübten Gewalttätigkeiten gegen die Landesbewohner. Das Korps ging der allgemeinen Verachtung und der Auflösung entgegen, bis dann der letzte bessere Rest 1812 zur Bildung der Gendarmerie nach französischem Muster bestimmt wurde, wie sie unter weiterer Entwicklung der Vervollkommnung noch heute besteht. In demselben Jahre erfolgte auch nach langen Verhandlungen zwischen Regierung und Ständen die Errichtung eines eigenen Kriminalkollegiums in Bützow.

Zwar fehlte es im Lande nicht an dichterischen Stimmen, welche die Ereignisse der Zeit stimmungsvoll begleiteten: bald trauernd und klagend, bald wieder aufmunternd und ermutigend. So sang z. B. gleich nach der Schlacht bei Jena (1806) der herzoglich Mecklenburg-Strelitzsche Kammersekretär in Ratzeburg (später Hofrat in Neustrelitz) Ludwig Nauwerk:

Auch du sankest dahin, hohe Borussia!
Lang entwöhnt dem Kampf, welkte die edle Kraft,
Nicht gewachsen den Adlern,
Die mit rauschendem Siegesflug
Weit durchstürmen die Welt, fließet dein Herzensblut
Voll aus gähnender Wund', heimische Erde, auf dich!
Klag', o klage, Teutonia,
Weine bitter, mein Vaterland!

Anders klangen die Worte, die 1809 der aus Schwerin gebürtige Ludwig Nagel, ein späterer Lützower Freiheitskämpfer, ins Land hinausrief:

Frisch, Östreich, frisch ins Feld hinaus!
Laß deine Banner weh'n!
Steh auf, du altes Kaiserhaus,
Dein Deutschland will dich seh'n!
Dich seh'n auf stolzem Kriegesroß
Mit Donnerstrahl und Schwert;
Zerschmettern sollst du den Koloß,
Erlösen unsern Herd."

Gewiß gab es noch weit mehr ähnlich denkender, hochgesinnter Männer und auch Frauen im Lande, aber das drückende Joch der fremden und auch der einheimischen Behörden ließ ihr Wirken und Wollen nicht an die Öffentlichkeit dringen.

Schließlich machte sich aber doch im Volke selbst eine gereizte Stimmung gegen die fremden Unterdrücker bemerkbar. Was die Wariner Beamten in ihrem genannten Bericht bereits klar und unumwunden ausgesprochen hatten – „eine allgemeine, jetzt schon überhandnehmende Erbitterung", hervorgebracht durch „die persönlichen Mißhandlungen, welche von den (französischen) Truppen täglich begangen worden", und als einziges Mittel bei der ziemlich unrühmlichen Haltung der mecklenburgischen Regierung und dem Mangel landesherrlichen Schutzes „die Notwehr (des einzelnen) zur Verteidigung des Eigentums" – das konnte nicht mehr ausbleiben und mußte sich tief in die Herzen vieler Bewohner eingraben. So taten sich denn in manchen Dörfern die Bauern, mit Sensen und Mistgabeln bewaffnet, im Einverständnis oder auch unter der Anführung ihres Predigers zusammen und verjagten oder erschlugen ihre Peiniger. Unmerklich stählte sich ihre Kraft und wuchs ihr Mut in der Hoffnung auf eine Gelegenheit, um durch einmütiges Zusammenwirken alle die Fesseln abzustreifen.

Die Zeit sollte nicht mehr fern sein. Auf die unwirtlichen Gefilde Rußlands rief das Frühjahr 1812 auch eine Anzahl mecklenburgischer Landeskinder zu furchtbaren Leiden und einem qualvollen Tode. Am 12. März erfolgte der Ausmarsch des zum Rheinbund gehörenden

Schweriner Kontingents in einer Stärke von etwa 1700 Mann unter dem Generalmajor von Fallois von Rostock über Güstrow, Malchin, Neubrandenburg, Woldegk, wo es mit den Strelitzern (etwa 400 Mann) zusammentraf. Über Pasewalk gelangte man nach Stettin. Hier wurden die Schweriner der 4., die Strelitzer der 3. Division im 1. Armeekorps des Marschalls Davoust zugeteilt.

Von Stettin ging der Weg der Schweriner weiter über Posen und Danzig, wo jeder Offizier und Soldat eine Art eiserne Ration von sieben Pfund Mehl zuerteilt bekam, nach Kowno, wo das Regiment am 26. Juni in der Nähe der Stadt ein Hüttenlager bezog und fast vier Wochen verweilte. Dann ging's weiter nach Wilna, wo man nach einem viertägigen Marsch am 23. Juli ankam. Unterwegs war bereits infolge der Hitze eine größere Anzahl Pferde gestürzt, Wege und Quartiere waren bei der schmutzigen Lebensart der dortigen Bewohner recht schlecht, Desertion und Krankheit verminderten die anfängliche Stärke des Regiments um ein Beträchtliches. In Wilna versah es etwa zwei Monate einen höchst beschwerlichen Sicherheitsdienst, um die der großen Armee nachzuführende Bagage zu schützen. Fortab der Reserve des 9. Armeekorps unter dem Marschall Victor zugeteilt, rückte das Regiment am 21. September nach Smolensk weiter. Schon war es bald auf 1200 Mann zusammengeschrumpft. Nachdem es Ende September die Beresina überschritten, am 12. Oktober auch den Dniepr, kam es noch am selben Tage vor Smolensk an. Auf dem ganzen Wege zeigten sich bereits in den vielen Toten, die meist unbeerdigt umherlagen, in den zerstörten und verbrannten Ortschaften die grausigen Spuren des bisherigen Krieges. Als Deckung des kaiserlichen Schatzes erreichte das Regiment am 18. Oktober Dorogobusch. Hier erfuhren die Truppen von dem Unglück Napoleons in Moskau. Bald erschienen die ersten Flüchtlinge, am 4. November Napoleon selbst, und nun galt es, sich zum Rückzuge zu rüsten, den das Regiment schon am 7. November in der Nachhut des Generals Ney antrat. Wie furchtbar war schon der Zustand der Truppen! Bereits zu einem Bataillon formiert, zählte es jetzt nur noch 300 Mann, so stark hatten Krankheiten, Hunger, Strapazen das einst so stolze Regiment dezimiert. Halb zerlumpt und zerrissen, bleich und abgezehrt brach es bei heftigem Schneegestöber von Dorogobusch auf, ständig verfolgt von den nachrückenden Russen. Nur noch 150 Mann trafen am 14. November in Smolensk ein. Noch aber stand ihnen das Schwerste bevor, der Übergang über die Beresina am 29. November, der sich zu einem der grausigsten Ereignisse in der Geschichte aller Zeiten gestaltete. Ein Teilnehmer, der Leutnant von Raven, gibt uns davon in seinem Tagebuch folgende Beschreibung: „Die an der Beresina herrschende Unordnung ist schwer zu beschreiben. Da standen Wagen aus Paris und Moskau, beladen mit Habseligkeiten und geraubten Kostbarkeiten von ungeheurem Werte, deren hungernde und entkräftete Bespannung sie nicht mehr fortzubringen vermochte. Diese Hindernisse machten sich schon am Nachmittage, als der Kaiser mit der Garde überging, sehr unangenehm bemerkbar. Nur Mann für Mann konnten die Truppen ihren Übergang bewerkstelligen, so sehr verstopften außer den vorerwähnten Fahrzeugen zahlreiche Nachzügler mit ihren Fuhrwerken und der Troß der Tags zuvor bereits übergegangenen Heeresteile jeglichen Zugang. Endlich, als der Tag schon anfing sich zu neigen, kam auch die Reihe an uns. Ich führte die Vorhut der Kolonne, bestehend aus dem Unteroffizier Berend und 30 Musketieren, denen einigermaßen geschlossen die Gefangenen folgten, geleitet von dem Rest der Abteilung. Das Erreichen der Brücke war bei dem Gewirre und dem Gedränge äußerst schwierig; geschoben und gestoßen mußten wir uns den Weg mit gezogenem Degen, mit Kolben und Bajonett über gestürzte Pferde, Leichen und umgefallene Wagen mit unendlicher Mühe bahnen. Der oftmalige Ruf des Generals Dentzel, der meinem Trupp folgte, ‚place pour la colonne des prisonniers' (‚Platz für die Gefangenenkolonne!') kam uns hier etwas zu statten, denn mitunter wurden die Befehle eines Generals noch beachtet. Zuerst hatte ich die Richtung auf die südlichere der beiden Brücken , als sie eben zum drittenmal brach und Hunderte von Nachdrängenden ins Wasser gestoßen wurden. Ich wendete mich nun mit der Tete gegen die zweite Brücke und hatte das Glück, den Eingang zu treffen und als einer der ersten meiner Kolonne das rettende Ufer zu erreichen. Viele stürzten von der Brücke herab, die etwa 150 Meter lang, äußerst schmal und ohne Geländer war. Zwar versuchten einzelne dieser Unglücklichen an den Böcken wieder emporzuklimmen, aber vergebens, sie wurden unbarmherzig von den fortwährend Nachdrängenden zertreten. Während des Überganges bemerkte ich die Hauptleute von Kamptz und von Hobe, die sich vergebens bemühten, ihre Pferde herüberzubringen. Nur dem Hauptmann von Bastian gelang es, das seinige zu retten. Am jenseitigen Ufer versuchte ich die einzelnen ankommenden Leute, so gut es in der Dunkelheit gehen wollte, zu sammeln. Eine große Anzahl fehlte und kam auch nicht wieder." Ein ähnliches Bild entwirft der Leutnant von Stein in seinem Tagebuch.

Nach dem Übergang war naturgemäß auch der letzte Rest der Ordnung verschwunden. Glücklicherweise bildeten die beiden geretteten Fahnen des Regiments für den kleinen Rest der Übriggebliebenen das Zeichen zum Zusammenhalten. Trotzdem verringerte sich auch diese kleine Zahl bald auf ein Minimum. Die mörderische Wirkung der plötzlich eintretenden Kälte, die mit Leichnamen übersäten Straßen, die täglichen Angriffe der Kosaken, die ständig lauernden Wölfe, körperliche Auszehrung und geistige Erschlaffung wirkten verheerend. Anfang Dezember wurde Wilna erreicht. Dann ging's über die preußische Grenze, und am 21. d. Mts. gelangten nur noch 14 Offiziere, 4 Unteroffiziere und 16 Mann in Königsberg an. Außerdem kehrten Ende Januar 24 Mann als Rekonvaleszenten nach Güstrow heim, 10 kamen später aus russischer Gefangenschaft zurück, 44 traten nach einem Jahr in die deutsche Legion ein, 6 in den russischen Staatsverband. Etwa 25 Offiziere und über 1500 Mann hatten ein grausiges Ende gefunden, viele von ihnen einsam und von allen verlassen, ohne daß man je etwas von ihrem Tode vernommen.

Über das Schicksal der Strelitzer ist uns von ihnen selbst nichts erhalten. Sie bildeten von Stettin aus das 3. Bataillon des im übrigen vorzugsweise aus Hamburgern bestehenden 127. Linienregiments in der 3. Division des von Davoust geführten 1. Armeekorps. Nach Mitteilungen von Angehörigen dieses Regiments ging der Weg über Bromberg, wo man in den Quartieren in Unislaw „die Läuse an den Wänden kriechen" sah und „Schweine, Hühner und Gänse in einer Stube" mit den Truppen logierten. In Thorn bog man nordwärts ab nach Elbing. Dann folgte das Bataillon dem Hauptzug der großen Armee über Minsk nach Smolensk, wo es in der ersten großen Schlacht des Feldzuges (17.–19. August) schwere Verluste hatte, aber für seine Tapferkeit von Napoleon die Erlaubnis erhielt, den Namen Smolensk auf den Fahnen führen zu dürfen. Epidemische Krankheiten, Verpflegungsschwierigkeiten, ungünstige Witterung mit strömendem Regen hatten seine Reihen stark gelichtet. Der Rest wurde bald darauf bei Walutina an der Kalodnia, wo die 127er zusammen mit andern Regimentern einen Sturmangriff über eine Brücke gegen die stark verschanzte russische Nachhut ausführten, hart mitgenommen. Sie waren siegreich, und Napoleon selbst soll geäußert haben, daß man mit solchen Männern die Welt erobern könne. Auch an der Schlacht bei Borodino, der blutigsten des ganzen Feldzuges (6./7. September), war das Regiment beteiligt. Wahrscheinlich sind die Strelitzer im Gegensatz zu den Schwerinern bis nach Moskau gekommen, wo die 127er Mitte September vor der Stadt Quartiere bezogen. Furchtbar waren die Leiden des Rückzuges. Bei Wjasma gerieten am 2. November viele in russische Gefangenschaft. Dann aber fehlt von dem Regiment jede genauere Kunde, auch hinsichtlich des Beresinaüberganges. Nur spärliche Reste kehrten zurück. Wie viele davon Strelitzer waren, ist unbekannt.

Über 2000 blühende Söhne des Mecklenburger Landes, einst der Stolz ihrer Eltern und Geschwister, haben auf den Eisfeldern Rußlands, wo Napoleon mehrere hunderttausend Menschenleben leichtfertig und nutzlos seinem Ehrgeiz opferte, ein frühes Grab gefunden 1).

Am 3. Dezember verkündete der Kaiser in dem 29. Bulletin des Feldzuges offen vor aller Welt, daß die große Armee verloren, die Gesundheit seiner Majestät nie besser gewesen sei. Am 4. Dezember verließ er die Trümmer seiner Armee in Wilna und traf am 18. in Paris ein.

Die Folgen dieser Katastrophe sind bekannt. Am 30. Dezember schloß der russische General Diebitsch mit dem Führer des preußischen Korps, General York, ein Bündnis in der Poscheruner Mühle bei Tauroggen an der russisch-deutschen Grenze. Dann begann, vornehmlich durch York und Stein, mit dem Jahr 1813 in Preußen und anderen deutschen Ländern die Bewegung, die schließlich nach hartem Völkerringen den endgültigen Sturz Napoleons herbeiführte.

* * *

---

1) Im einzelnen vgl. die ausführliche Darstellung von Werner Behm, Die Mecklenburger 1812 im russischen Feldzug. Hamburg 1912.

Bereits einige Wochen vor Weihnachten 1812 drang die erste, wenngleich noch unsichere Kunde von den Ereignissen in Rußland auch nach Mecklenburg. „Noch ist es mir wie heute", so erzählt der aus Wismar gebürtige, 1860 verstorbene Professor der Geschichte, Friedrich Christoph Dahlmann, „wenn ich der Tage gedenke, da ich mittags einsam im Lesezimmer der Kieler Harmonie aus dem Schwedischen der Stockholmer Zeitung nur mit Mühe die ersten Nachrichten herausgewann von dem beginnenden Mißgeschick des französischen Heeres und nun Tag für Tag leise Hoffnungsfunken an den Schwager (den Stadtsekretär Walter) und die Geschwister nach Wismar sandte. Mein Sinn stand damals nur dahin, mit dem, was mir Trost gab, auch sie zu durchdringen. Erst viel später erfuhr ich, daß diese Notizen viel weiter drangen, indem sie täglich durch Stafetten an den Großherzog (damals noch Herzog) von Mecklenburg und seine Minister gelangten und so nicht wenig dazu beitrugen, die vaterländische Erhebung in jenen Gegenden vorzubereiten." Eine Veröffentlichung dieser vertraulichen Mitteilungen erschien wegen der französischen Herrschaft im Lande noch nicht ratsam. Selbst am Weihnachtstage ermahnte der Diakonus an St. Nikolai in Rostock, M. E. Genzken, seine Gemeinde zur Demut und Ergebung in den Willen Gottes, der schließlich doch alles, selbst „des Lasters vollständigsten Sieg und die gräßliche Unterdrückung der Unschuld" zu Heil und Segen führen würde.

Am Tage nach Weihnachten aber wurde das genannte Bulletin Napoleons bereits in der Rostocker Zeitung abgedruckt. Der Schleier des Geheimnisses war zerrissen. Was das Ohr vernommen, sollte das Auge bald sehen. Im Januar 1813 erschienen die ersten jammervollen Reste des geschlagenen Heeres in verschiedenen Städten des Landes. „Einer trug", so berichtet ein Zeitgenosse aus Rostock, „noch Stiefel und Sporen, der andere nur Pantoffeln, einer eine Husarenjacke, der andere einen roten Bauernfrauenrock als Mantel über den Schultern, einer einen Kürassierhelm mit Pferdeschweif, der andere eine russische oder polnische Pudelmütze." Aus Neubrandenburg heißt es, daß dort viele „von Kälte und Mangel in Mark und Bein aufgezehrt mit bösartiger Krankheit, Lazarettfieber genannt, ankamen. Im Logenhaus wurde eiligst ein Lazarett eingerichtet; jeder Morgen führte von dort mehrere Leichen zur Kalkgrube. Nicht genug, das ansteckende Fieber verbreitete sich in der Stadt.“

Noch suchte das französische Remontedepot in Hamburg durch Anweisung an die Landesbehörden zum schnellen Transport der Versprengten zu retten, was möglich war, doch ohne viel Erfolg. General Yorks Tat von Tauroggen verfehlte ihre Wirkung nicht. Anfang Februar schon erschienen die ersten Kosaken, einen Monat später verließen die sächsischen Truppen nebst den französischen Duanen Rostock, und am 14. März kam von Berlin her der russische Oberst Freiherr von Tettenborn mit einer Schar Reiter über Perleberg und Grabow nach Ludwigslust, der damaligen Residenz des Herzogs Friedrich Franz, um ihn unter Überbringung eines Briefes von Kaiser Alexander zum Austritt aus dem Rheinbund zu bewegen. Bereits auf halbem Wege nach Grabow war eine große Menschenmenge den Ankommenden entgegengeeilt und hatte sie mit stürmischen Hurrarufen empfangen. Unter dem frohen Gesang der Krieger, in den die sie begleitende Menge, so gut sie es vermochte, aus vollem Herzen einstimmte, zog die ganze Schar, die sich von Minute zu Minute aus allen Straßen und Häusern vergrößerte, zum herzoglichen Schloß und brachte der fürstlichen Familie, die vom Balkon herab dem Einmarsch zusah, begeisterte Huldigungen dar. Zum ersten Male leuchtete nach langer Zeit wieder die Sonne des Glücks über der mecklenburgischen Residenz und vergoldete mit ihren Strahlen die, wenn auch noch kleine Zahl der Kämpfer für Freiheit und Recht.

Das Morgenrot der Freiheit brach an. Wie ein Rauschen ging es bald durch das ganze Land. Worte und Taten überstürzten sich fast. Schon hatte sich eine Anzahl Studenten aus Rostock zum Lützowschen Freikorps gemeldet. Am 16. März entsandte Friedrich Franz seinen Minister, den Freiherrn von Plessen, in das Hauptquartier des Kaisers Alexander nach Kalisch zwecks Beitritts zu dem zwischen Rußland und Preußen geschlossenen Bündnis. Ein mecklenburgischer Gutsbesitzer, Graf von Osten-Sacken auf Bellin, ein ehemaliger preußischer Offizier, hatte dem Minister kurz zuvor in einem Briefe einige aus eigener Erfahrung beruhende Vorschläge gemacht über die Organisation „eines Hilfskorps anderer Art, wie bisher“, eines Korps, das nicht nur genannt werden müsse, „wenn von Mehl- und Ochsentransporten die Rede ist“, sondern das stets kräftig mitzuwirken habe. Am 23. März erging eine herzogliche Kabinettsorder an die Kommandanten in Rostock und Wismar betreffs Aufhebung der Kontinentalsperre und Wiedereinführung des freien Seehandels mit allen Völkern außer denen, die mit Rußland im Kriege lagen. Es war deutlich genug, wem der Hieb galt. Ein Alpdruck löste sich von den Herzen der Seeleute und aller derer, die mit ihnen gelitten hatten. Die schon fast verstaubten heimischen Schiffsflaggen wurden wieder hervorgeholt und wehten in kurzem stolz von den Masten. In Rostock vornehmlich wuchs sich die Freude zu einem allgemeinen Festjubel aus. Heimlich schon übte sich dort unter der Anleitung aktiver Unteroffiziere eine Anzahl junger Leute im Waffenhandwerk.

Nach Einberufung der Stände und Abschluß der erforderlichen Vorbesprechungen erließ Friedrich Franz unter dem 25. März nach dem Vorbild des preußischen Königs vom 17. d. Mts. seinen „Aufruf zum freiwilligen Dienst in der Infanterie“.

„Es gilt nichts Geringeres“, so hieß es darin, „als Deutschlands Befreiung für immer. Zu diesem großen heiligen Zweck muß alles, was deutsch sich nennt, mit voller und ausdauernder Anstrengung mitwirken.

Nur so kann das hohe Ziel erreicht, nur so das Glück verdient werden, welches Alexanders heilbringende Gesinnungen uns darbieten. Wir rechnen es Uns zur Ehre, unter Deutschlands Fürsten einer der ersten zu sein, der das Beispiel reiner Vaterlandsliebe gibt, und Wir sind entschlossen, alle unsere Kräfte aufzubieten. Zu dem Ende wollen Wir auch ein Korps regulärer Infanterie, von welchem Unsere Leibgarde den Stamm ausmachen soll, und ein Jägerkorps errichten und fordern hierdurch Unsere getreuen Untertanen ohne allen Unterschied der Geburt und des Standes auf, sich zu diesem Zwecke zu vereinigen; überzeugt, daß Wir nur dem allgemeinen Wunsche entgegenkommen, indem Wir die Gelegenheit darbieten, durch die Tat zu zeigen, daß in den Herzen der Mecklenburger reiner deutscher Sinn und Liebe für Fürst und Vaterland treu bewahrt geblieben sind. Zuerst fordern Wir hiermit diejenigen auf, welche bereit sind, sich freiwillig unter die reguläre Infanterie zu engagieren, wo ihnen Montierung, Waffen und der gehörige Sold gereicht werden sollen.“ Unter Ausschaltung der sonst üblichen Subskription hoffte der Herzog die geplante mecklenburgische Brigade, deren „Stamm mit einigen hundert Mann fürs erste nach Hamburg ausmarschiert ist", durch hinreichende freiwillige Meldungen vollzählig zu machen.

„Wer sich jetzt freiwillig stellt", so hieß es dann weiter, „hat seine völlige Freiheit, nach beendigtem Kriege seinen Abschied zu nehmen, und ist alsdann nicht allein von aller Konskriptionspflicht frei, sondern hat auch, wenn er gut gedient hat, zu erwarten, daß Wir bei Besetzung solcher Stellen, zu denen er Geschick hat, vorzüglich auf ihn Rücksicht nehmen werden. Es wird übrigens jeder zum Militärdienst tüchtige Mann angenommen, nur nicht, wenn er unter 19 Jahren alt ist." Über die Errichtung des Jägerkorps „zu Fuß oder auch zum Teil zu Pferde" sollte baldmöglichst das Nähere bekannt gegeben werden. Soviel stand jedoch schon fest, „daß jeder zu solchem Jägerkorps tretende Mann sich auf seine eigenen Kosten wird equipieren und armieren müssen und daß Wir vorzüglich wenigstens einige hundert gelernte Jäger zu haben wünschen." Für die Verbreitung des Aufrufs sollten die Obrigkeiten im Lande vornehmlich durch Verteilung genügender Exemplare des offiziellen Wochenblattes Sorge tragen. „Allen Predigern aber in Unserm Lande", so hieß es zum Schluß, „befehlen Wir, an den beiden ersten Sonntagen nach Empfang dieses Aufrufs denselben mit einer kurzen, anpassenden Ermahnung von den Kanzeln zu verlesen."

Tags darauf, am 26. März, erfolgte ein weiterer Aufruf zu Unterstützung der Bewaffnung durch freiwillige Beiträge. „Was freier Wille", so lauteten die Worte, „angefeuert durch den dankbaren Aufblick zu dem großen Gott, der uns schon jetzt über unsre Erwartung dem großen Ziele näher gebracht hat; was wahre Liebe gegen Fürst und Vaterland, welche den guten Mecklenburger bezeichnet und ehret, einem jeden eingeben; was eines jeden Kräfte vermögen, das gebe er segenbringend zum allgemeinen Bedürfnisse. Es sei bestimmt zu unserer Verteidigung, zur Unterstützung derer, die jetzt ihren Arm und ihr Blut dem Vaterlande widmen, zur Anschaffung von Waffen und was sonst zur Ausrüstung des Kriegers gehört." Als Sammelstellen für alle freiwilligen Gaben wurden die ministeriellen und obrigkeitlichen Verwaltungsinstitute sowie der unter der Direktion des Engeren Ausschusses der Ritter- und Landschaft stehende Landkasten in

Rostock bestimmt. Von einer besonderen Steuer hoffte der Herzog im Hinblick auf reichlich fließende Beiträge absehen zu können. „Lasset uns“, so schließt dieser Aufruf, „nicht vergessen, daß auch wir durch möglichste Anstrengung Gottes Segen und unser Glück verdienen müssen.“

Gleichzeitig erging eine Verordnung zur Stiftung einer Nationalkokarde in den mecklenburgischen Landesfarben blau-gelb-rot, und am 27., als das Gardebataillon bereits Ludwigslust verließ, um am Kampf unter Tettenborn gegen die Franzosen an der Niederelbe teilzunehmen, erschien als Ergänzung des ersten ein dritter Aufruf zur Bildung und Formierung zweier neuer Jägerregimenter zu Fuß und zu Pferde.

Dem Beispiel seines Schweriner Neffen folgte der Strelitzer Herzog Karl am 30. März mit einem ähnlichen Aufruf. Nach einer kurzen Schilderung der trüben Verhältnisse im Lande unter der Herrschaft der Franzosen hieß es darin: „Mecklenburger, deutsche Männer! Die Stunde der Befreiung ist gekommen, und es ist hoch an der Zeit. Laßt auch uns zeigen, daß wir wert sind besserer Tage, indem auch wir freudig und lebendig ans Werk gehen! Dann wird es allen gelingen, wenn jeder das Seine tut. In solcher Zeit sondern sich die herrlichen, kräftigen Naturen von denen ab, die in Selbstsucht und Schwäche verkümmert sind; in solcher Zeit erwirbt man sich Achtung oder verscherzt sie. Wir wollen uns Achtung erwerben bei den Deutschen, indem ein jeder von uns mit Hingebung tut, was an ihm ist! Mit Gott werde Ich Mich der Ehre wert zeigen, ein deutscher Fürst zu sein, und Ihr, getreue Mecklenburger, werdet allen deutschen Brüdern ein Beispiel geben, auf daß man auch uns nenne in der Geschichte und unsere Kinder achtenswerter Väter sich rühmen.“

Zwei weitere Aufrufe, einer zur Bildung eines Husarenkorps und eines mit diesem verbundenen Jägerdetachements, der andere betreffend die Mittel zur Ausrüstung des Regiments, ergänzten den ersten. „Das Bedürfnis“, heißt es darin, „ist sehr groß, aber desto größer auch der Ruhm, wenn bloß freier Wille und Aufopferung demselben abhilft und die Zwangssteuer entbehrlich macht. . . . Für Ehre, Freiheit, Unabhängigkeit aber gibt es keine Taxe; ein jeglicher weiß selbst, wieviel diese Güter wert sind.“

Ein für den 8. April verordneter allgemeiner Buß- und Bettag, an dem über die Worte des 97. Psalms gepredigt wurde, und ein Landtag (Konvokationstag der Stelitzer Stände) in Neubrandenburg, zu dem der Herzog mit Gefolge erschien, gaben dem ganzen Unternehmen die rechte Weihe. Siebzig berittene, uniformierte Bürger holten den Herzog ein. Unter dem Klang der Glocken bewegte sich der Zug, begleitet von einer gewaltigen Volksmenge, durch das Stargarder Tor. Es war eine der ergreifendsten Stunden, die die Stadt Neubrandenburg je erlebt hat. „Wir wollen", so schloß der Herzog am 10. April bei der Eröffnung des Landtags seine Rede an die Stände, „jeder gerechten Erwartung entsprechen, wir wollen in Liebe und Hingebung einig sein, wir wollen Deutsche sein in Wort und Tat! Wir leben und sterben miteinander; mit uns ist Gott!"

Binnen kurzem boten beide mecklenburgischen Länder durch die Zahl der Freiwilligen – in manchen kleinen Städten, wie z. B. in Gnoien, waren es 40 und mehr – sowie durch die Masse der Beiträge in Geld und allen möglichen Wertsachen das gleiche Bild der hohen Begeisterung, wie sie sich von Ostpreußen her unter der Einwirkung eines Freiherrn vom Stein, eines York, eines Ernst Moritz Arndt und anderer Männer in Umlauf gesetzt hatte. Daran vermochte auch der Umstand nichts zu ändern, daß es in Schönberg im Fürstentum Ratzeburg bei einer wegen unzureichender Freiwilligengestellung notwendig werdenden Aushebung zu Differenzen zwischen den Gestellungspflichtigen und den herzoglichen Beamten kam. Das beste Vorbild und schönste Beispiel von Mut und Aufopferung gaben die Studenten und die jungen Leute mittlerer Stände; in den niederen Klassen dagegen herrschte noch abgestumpfte Indolenz, berichtet ein Zeitgenosse. Die gebildete akademische Jugend wurde auch in Mecklenburg zur Führerin der ganzen Bewegung. Nur einiges sei noch besonders hervorgehoben. In Neubrandenburg griff fast die ganze erste Klasse des Gymnasiums mit ihrem Lehrer, dem Konrektor Milarch, zu den Waffen. Hunderte von jungen Männern waren schon in preußische Dienste getreten, besonders ins Lützowsche Freikorps und in die Reichesche Jägerschar. Selbst ein Mädchen aus Friedland, namens Friederike Krüger, wurde so von der großen Bewegung erfüllt, daß sie, als Mann verkleidet, sich als Schneider ausgab – sie lernte gerade die Schneiderei in

Anklam – und unter dem Namen August Lübeck im Reservebataillon des 2. pommerschen Infanterieregiments (Kolbergsches) in Wollin Aufnahme fand. Sie hat den ganzen Feldzug im Bülowschen Korps mitgemacht, an 17 Schlachten und kriegerischen Unternehmungen teilgenommen, wurde verwundet und mit dem Eisernen Kreuz und dem russischen St. Andreasorden geschmückt 1). Ein seltenes Beispiel vaterländischer Begeisterung gab die Vereinigung der Rostocker Dienstmädchen, die dem Generalmajor von Fallois, dem Kommandeur des Füsilierregiments, am 20. April durch eine Abordnung einen mit einer roten Schnur umwundenen Regimentstambourstab, dazu ein Trommelbandelier von rotem Scharlachtuch mit silbernen Tressen nebst einem Paar silberbeschlagenen Trommelstöcken von Ebenholz mit folgendem Begleitschreiben überreichen ließ: „Auch wir bringen hier eine kleine Gabe für das Vaterland, denn auch wir haben das Vaterland lieb und haben deutschen freien Sinn. Wohl größeres Geschenk wäre besser; aber wir sind arme Mädchen, wir haben getan, was wir vermochten, und bitten unsern guten Willen für die Tat anzunehmen 2)." Auch Dichterstimmen wurden laut. So sang der schon genannte Ludwig Nagel, eines Tischlers Sohn aus Schwerin, damals Hauslehrer auf einem Rittergute:

Vater, mit Herz und Hand
Flehet Dein deutsches Land,
Das Du zur Freiheit erkoren.
Wild in erneuter Glut
Hat sich der Hölle Wut
Gegen die Deinen verschworen.

---

1) Genaueres darüber in ihrer „Selbstbiographie", außerdem bei Riemann, Der Unteroffizier im Regiment Kolberg Sophia Dorothea Friederike Krüger. Berlin 1865. Noel, Die deutschen Heldinnen 1807–15. Berlin 1912. Vitense, Deutsche Frauen und Heldinnen 1813/15 in „Mein Vaterland". Stuttgart 1913.

2) Von der Menge der freiwilligen Gaben aller Art gibt die Zusammenstellung mehrerer hundert Spenden mit Nennung der Namen ihrer Geber bei Staudinger, Ernstes und Heiteres aus Mecklenburg (Rostock 1897), ein vortreffliches Bild.

Herr, unser Schild und Hort,
Führe das deutsche Wort
Irdisch wie himmlisch zum Siege.
Hilf uns, du starker Gott,
Daß des Verderbers Rott'
Uns nun auf ewig erliege!

Der Sammelplatz der freiwilligen Jäger wurde Güstrow, der Strelitzer C-Husaren – so benannt nach Herzog Carl – Neustrelitz. Die grünen bzw. schwarzen Uniformen mit ihren verschiedenfarbigen, vorwiegend roten und gelben Aufschlägen, den goldigglänzenden, tressenartigen Verzierungen, dem Tschako und Federbusch verliehen den Truppen schon äußerlich das Gepräge besonderer, der Größe des Augenblicks entsprechender Formationen. Im Mai wurden die reitenden Jäger von Güstrow nach Parchim, diejenigen zu Fuß nach Grabow verlegt, um so der herzoglichen Residenz Ludwigslust näher zu sein. Mochte auch die Beschaffung der notwendigen militärischen Bekleidung und Ausrüstung noch manche Schwierigkeiten machen, so war doch im Schwerinischen noch im Laufe des Frühlings ein Bataillon Gardegrenadiere zu 600 Mann, ein Regiment Füsiliere oder Musketiere zu etwa 1200, ein Regiment Jäger zu Fuß und eines zu Pferde zu je 600 Mann, sowie eine Batterie mit vier Geschützen organisiert. Im Strelitzschen zählte das Regiment Husaren 400, das Jägerkorps 60 Mann. Erstere standen unter der Führung des Obersten von Warburg, die Jäger unter der des Leutnants Schüßler. Bei aller „Strenge im Dienst", so schreibt ein Mitkämpfer, war Warburg „uns allen ein väterlicher Freund, dem wir mit Vertrauen nahten". Schüßler, der gleich Warburg in preußischen Diensten gewesen war, hatte von der Pike auf gedient. Zu den regulären Truppen traten in beiden Ländern noch eine Landwehr und ein Landsturm. Durch Verbreitung von Ernst Moritz Arndts Schrift: „Was bedeutet Landwehr und Landsturm?" hatte man regierungsseitig stark aufklärend gewirkt. Nach Bezirken, Distrikten und bestimmten Sammelplätzen geteilt, trat diese allgemeine Volksbewaffnung in Strelitz schon im April infolge banger Gerüchte über die Nähe des Feindes, in Schwerin erst im Juli hervor, als Schweden seine Hilfeleistung für Mecklenburg von der Errichtung eines Landsturms daselbst abhängig machte.

An dem Frühjahrsfeldzug von April bis Anfang Juni waren auf dem Hauptkriegsschauplatz in Sachsen – abgesehen von den Freiwilligen-Truppenkörpern – im übrigen mecklenburgische Regimenter noch nicht beteiligt, wohl aber an der unteren Elbe im Korps des Generals Wallmoden gegen den französischen Marschall Davoust, und zwar anfänglich nur drei Kompagnien der Gardegrenadiere, vom Mai ab auch eine Fußjägerkompagnie und das Füsilierregiment, die beiden letzteren zunächst in dem Abschnitt Dömitz-Boizenburg-Lauenburg, später bei Hamburg, wo die Grenadiere mit ihrem Führer, dem Major von Both, sich schon seit dem 28. März befanden und besonders am 9. Mai in dem Gefecht auf der Wilhelmsburg durch ihr tapferes und mutiges Eingreifen die ersten Lorbeeren gepflückt hatten. Nach dem Fall Hamburgs, das am 30. Mai von den Franzosen besetzt wurde, kehrten mit Abschluß des Waffenstillstandes Anfang Juni die Grenadiere nach Ludwigslust, die Füsiliere mit der Batterie nach Schwerin zurück, während die beiden Jägerregimenter in und um Brüel ihre Quartiere erhielten. Dann wurden alle Schweriner Truppen zu einer Brigade unter dem General von Fallois vereinigt und der Nordarmee des Kronprinzen Johann von Schweden zugeteilt, der sie nach anfänglichem Schwanken schließlich wieder dem Korps Wallmoden an der unteren Elbe zuwies. Die Strelitzer C-Husaren und Jäger dagegen verließen am 23. Juni Neustrelitz und zogen über Fürstenberg, Berlin, Frankfurt a. O. nach Ohlau, wo sie ins schlesische Heer Blüchers eingereiht wurden, und zwar in die zweite Brigade des Prinzen Karl von Mecklenburg-Strelitz im Korps York. So stritten die Schweriner und Strelitzer Truppen auf verschiedenen Kampfplätzen für die Befreiung des deutschen Landes.

Wo die Havel und Tollense
Sanft durch grüne Felder geh'n,
Wo der Haken und die Sense
Hoch in edlen Ehren steh'n:
Dorther kommen wir und schwingen
Wir der Sense Ebenbild,
Blank geschärfte Säbelklingen,
Wohlgemut und kühn und wild.
Schnitter auf der Heimat Weiten,

Mäht, wenn eure Ernte naht:
Wir auch, ob wir fernaus reiten,
Mähen wohl gereifte Saat.

Diese Verse widmete der Husar Ludwig Giesebrecht, der 1792 geborene Sohn des Pastors Benjamin Giesebrecht zu Mirow, seinen Kameraden, unter denen sich auch sein Zwillingsbruder Friedrich befand, auf dem Wege zur schlesischen Armee in der Gegend von Öls. Bereits am 14. August, als im Blücherschen Hauptquartier die Nachricht eintraf, daß der Feind trotz des noch geltenden Waffenstillstandes neutrales Gebiet betreten habe und auf Rekognoszierung ausgehe, begann der Vormarsch. In den nächsten Wochen und Monaten wurde die Tätigkeit der C-Husaren äußerst wirkungsvoll, bisweilen sogar entscheidend. Besondere Anerkennung fand ihre Kühnheit im Einzelkampfe, in Plänkeleien und im Rekognoszieren. In dem unglücklichen Gefecht bei Löwenberg am 21. August mußten sie den Rückzug des Yorkschen Korps decken, und am 23. bewahrte ihr und ihres tapferen Führers Warburg Mut das ganze Yorksche Korps bei Goldberg vor der Gefahr der Auflösung in die Flucht. Ihre Haltung fand das uneingeschränkte Lob der Heeresleitung. So heißt es in dem Armeebericht vom 24. über die Tage vom 19. bis 23.: „Mehrere Bataillone der schlesischen Landwehr sowie das neu errichtete Mecklenburg-Strelitzsche Husarenregiment haben sich auf so ausgezeichnete Art geschlagen, daß sie die Bewunderung der alten Soldaten erregten." Sie hatten im Augenblick der höchsten Gefahr in mutigem Ansturm die drei ersten Linien des Feindes durchbrochen, und der Prinz selbst hatte einige weichende ostpreußische Bataillone mit der Fahne in der Hand wieder gegen den Feind geführt.

In der Schlacht an der Katzbach waren es wieder die C-Husaren, die eine völlige Verwirrung der preußischen Reiterei verhinderten. Als diese nämlich bei ihrem Sturm auf den Feind plötzlich vor einer feindlichen Batterie stutzte und in Unordnung geriet, da wurden die Weichenden von den C-Husaren, die in 2. Linie standen, aufgehalten, und im Bunde mit diesen gingen sie wieder vor. Auch hier fand ihre Tat höheren Orts volle Anerkennung. Heißt es doch in dem Schlachtenberichte Yorks an den König über den genannten gefährlichen Augenblick der Verwirrung in der preußischen Reiterei: „Das Mecklenburg-

Strelitzsche Husarenregiment nebst 2 Eskadrons des 3. schlesischen Landwehr-Kavallerieregiments waren im Moment des hitzigsten Handgemenges die einzig geordnete disponible Kavallerie.“ Ebenso tapfer schlugen sich die Husaren am 2. Oktober bei Wartenburg. Mehrmals mußten sie feindliche Infanteriekarrees im Sturm angreifen. Als sie am Abend mit ihren vertrautesten Kriegsgefährten, den schwarzen Husaren, wieder zusammentrafen, wurden sie von diesen mit ihrem Ehrengruß: „Heurich, Heurich! (braver Kerl!) guten Abend, guten Abend, Heurich!“ begrüßt, und einige der Schwarzen meinten beim gegenseitigen Händeschütteln: „Ji möta uck Dodenköpp hebba.“ Das war die schönste Bestätigung seitens der Schwarzen für die Tapferkeit der Strelitzer, daß sie sie ihres eigenen, mit Stolz getragenen Ehrenzeichens für würdig erachteten. Bei Möckern, am 16. Oktober, am ersten Tage der Völkerschlacht bei Leipzig, wo der Prinz Karl schwer verwundet wurde, sprengten die Husaren im dichtesten Kugelregen auf ein Karree der französischen Kaisergarde ein, hieben es auseinander und nahmen den Obersten des Regiments nebst 20 Offizieren und 5000 Mann gefangen. Zudem erbeutete der Husar Joachim Timm den Adler des feindlichen Regiments. Es ist der einzige Adler, der in den Freiheitskriegen der Kaisergarde abgerungen worden ist; er wird in der Hof- und Garnisonkirche zu Potsdam aufbewahrt. Als der General von Goltz vom Blücherschen Generalstab am 17. mit dem Adler zu dem Monarchen kam, nahm ihm Kaiser Alexander die Trophäe ab und zeigte sie den Truppen mit der Mahnung zur Nacheiferung. Nach dem Siege bei Leipzig zogen die Husaren mit der schlesischen Armee zur Verfolgung Napoleons an den Rhein und gelangten Mitte November unter beschwerlichen Märschen nach Wiesbaden, wo sie Quartiere bezogen. Am 2. Januar 1814 überschritten sie den Rhein. Dann nahmen sie wieder an fast allen Schlachten des Blücherschen Heeres teil und bewiesen überall ihre alte Tapferkeit, so besonders bei La Chaussee am 3. Februar, wo sie im Bunde mit brandenburgischen Husaren und Ulanen eine französische Kürassierabteilung auseinanderhieben. Dann folgten die Schlachten bei Laon am 9. und vor Paris am 30. März. Tags darauf hielten die verbündeten Monarchen mit einem Teil der Truppen ihren Einzug in die französische Hauptstadt. Von den C-Husaren nahm auf Befehl des preußischen Königs ihr tapferer Führer, der Oberst von Warburg, daran teil. Im April und Mai bezogen die Husaren an der Meeresküste von Calais Quartiere. Dann begann langsam der Rückzug in die Heimat. Erst am 23. Mai 1815 trafen sie in Neustrelitz ein, wo sie von Fürst und Volk unter großem Jubel empfangen wurden 1).

Anders gestalteten sich die Kämpfe der Schweriner Truppen im mecklenburgisch-holsteinischen Feldzuge beim Korps Wallmoden. Dieses belief sich nach Abzug der Besatzungs- und Ersatztruppen auf etwa 21000 Mann, meist Infanterie, nebst 70 Geschützen. Es zählte Vertreter der kaukasischen und mongolischen Rasse, Krieger germanischer, slawischer und romanischer Abstammung. Ihm gegenüber stand der Marschall Da-voust mit ungefähr 40 000 Mann Franzosen und Dänen. Als Scheide galt etwa der Lauf der beiden Flüsse Stecknitz und Delvenau, d. h. des heutigen Elb-Travekanals von Lauenburg über Mölln nach Lübeck.

Am 17. August begann Davoust den Vormarsch, drängte in den nächsten Tagen nach Überrumpelung von Mölln und Büchen sowie einem heftigen Gefecht bei Lauenburg den linken Flügel des Wallmodenschen Korps in mehreren kleinen Marschgefechten über Boizenburg und Wickenburg hinter Hagenow zurück und besetzte am 13. August Schwerin, von wo schon tags zuvor die herzogliche Regierung nach Rostock verlegt worden war. Auch die herzogliche Familie verließ damals Ludwigslust und siedelte zunächst nach Doberan, dann nach Stralsund über. Um nicht von der Verbindung mit Wallmoden und der Stadt Stralsund abgeschnitten zu werden, mußte auch General Vegesack, der den rechten Flügel des Wallmodenschen Korps befehligte, sogleich den Rückzug über Wismar und Neukloster nach Doberan und Rostock antreten. Davoust aber ließ durch die Division Loison zusammen mit der Brigade Lallemand von Schwerin aus auch Wismar samt dem Hafen und der Umgegend besetzen. Erpressungen an Geld und Lebensmitteln, Zwangskontributionen und Massenlieferungen an Korn und Fleisch bezeichneten seine Kriegführung. So wurde z. B. von Wismar eine Kontribution von 50 000 Talern gefor-

---

1) Vitense, Die deutschen Befreiungskriege. Neubrandenburg 1913. S. 34 f.

dert, außerdem mußte es reichlich Fleisch und Brot für 15 bis 20 000 Mann beschaffen. Übrig bleibende Rationen oder solche, an denen der Feind irgendetwas auszusetzen hatte, wurden von ihm nicht zurückgegeben, sondern in den Schmutz getreten. Das Vieh wurde von der Weide direkt zur Schlachtbank getrieben, das Korn auf dem Felde abgeschnitten und als Stroh benutzt. Übrigens verfuhren die Feinde nicht nur mit Wismar in einer so barbarischen Weise; auch aus anderen Städten, durch die sie ihren Marsch nahmen, sind unzählige Klagen der Bewohner über grausame Behandlung seitens der Franzosen auf uns gekommen. So wurde z. B. Wittenburg mit Abgaben überhäuft und ihre Eintreibung unter Prügelstrafe und Androhung weiterer Einquartierung gewaltsam vollzogen.

In der Stellung mit Schwerin als Mittel- und Ausgangspunkt blieb Davoust zehn Tage lang, bis zum 2. September. Man sagt, Napoleon habe ihm als Preis für etwaige Erfolge das Herzogtum Mecklenburg versprochen. Vielleicht erklärt sich dadurch sein sonst unbegreiflich langer und für ihn nur nachteiliger Aufenthalt in der Stadt. Möglicherweise schwelgte er schon in dem Gedanken, dort bald als Regent zu weilen. Nur zu kleinen Scharmützeln kam es in diesen Tagen zwischen ihm und Wallmoden, der die Straße von Ludwigslust nach Schwerin besetzt hielt und sein Winterquartier zwischen Lüblow und Wöbbelin hatte 1). Leicht hätte Davoust, als Wallmoden am 25. August auf Befehl des schwedischen Kronprinzen Bernadotte, der ein Vordringen der Franzosen auf Berlin fürchtete, mit dem Gros seines Korps den Rückzug zur Armee des Kronprinzen nach Brandenburg antrat, die zurückbleibende schwache Abteilung Tettenborn und das Lützowsche Korps vernichten können, zumal da General Vegesack allzuschnell über Wismar hinaus sich nach Rostock zurückgezogen hatte und gegebenenfalls Tettenborn schwerlich hätte zu Hilfe eilen können. Davoust aber erfuhr von Wallmodens Abzug überhaupt nichts. Auch dieser Umstand läßt darauf schließen, daß er sich in Schwerin mit ganz anderen Dingen beschäftigt hat. Für Wallmoden aber galt es, den Marschall auch weiterhin über seine Bewegungen in Unkenntnis zu lassen und seinen Rückzug nach Brandenburg zu maskieren. Diese

---

1) Vgl. für das Folgende: Vitense, Mecklenburg und die Mecklenburger 1813/15. Neubrandenburg 1913.

Aufgabe fiel besonders den Lützowern zu, die sich, wie schon so oft, auch hierbei wieder rühmlichst hervortaten.

In ihren Reihen waren viele junge Burschen, die keine Gefahr kannten und deren Wagemut fast ans Wunderbare grenzte. So brachte einer von ihnen, der spätere Amtsrat Thär, damals ein Jüngling von 17 Jahren, es fertig, sich als reisender Student bei den französischen Vorposten zu melden und um eine Audienz bei Davoust zu bitten. Vorgeführt, machte er auf den Marschall einen solchen Eindruck, daß dieser ihn als Spion dingen wollte. Thär sagte zu, ließ sich eine größere Summe Geldes zahlen, überzeugte sich dann erst von der Stärke und der Stellung der feindlichen Truppen und begann darauf seine erste Spionage. Doch kehrte er nicht wieder zu Davoust zurück, sondern überbrachte seiner Kompagnie alles, was er erfahren und gesehen hatte. Zwei andere Studenten, Schnelle und der schon genannte Nagel aus Schwerin, begaben sich als Bauern verkleidet zu den feindlichen Vorposten und erklärten, ihre mit Speck und Eiern gefüllten Körbe zu Markt tragen zu wollen. Sie wußten die Vorposten zu reizen, daß diese ihnen ihre Körbe ausplünderten. Darüber aber schlugen sie Lärm, wurden dann vor einen Offizier geführt, beklagten sich bei diesem über die Behandlung seitens der Vorposten und wußten sich so noch in ein gutes Licht zu setzen. Nebenbei aber hatten sie, so viel sie vermochten, Einsicht in die feindlichen Verhältnisse getan. Bei ihrer Rückkehr stießen sie jedoch auf eine Abteilung der ihnen befreundeten Kosaken, die ihnen trotz ihrer Versicherungen nicht trauten und sie ziemlich übel zugerichtet in ihr Lager brachten, wo sich die Sache dann aufklärte.

Am 25. August ließ der General Tettenborn den Major von Lützow bei dem Dorfe Wöbbelin ein Feldlager beziehen. Zugleich erteilte er ihm den Befehl, mit hundert seiner Husaren und ebensoviel Kosaken, denen eine kleine Schar Tiroler Schützen und Jäger folgen sollte, einen Streifzug westlich von Schwerin im Rücken des Feindes auszuführen.

Früh morgens schon setzte sich der Zug, geführt vom Major von Lützow und dessen Adjutanten Theodor Körner, dem Sänger von „Leyer und Schwert“, in Bewegung. Der Weg ging in einem großen Bogen zunächst nordwestlich an Hagenow und Wittenburg vorbei, dann nördlich und nordöstlich in die Gegend zwischen Schwerin und

Gadebusch. So gelangte man spät abends, nachdem man den ganzen Tag über geritten war, nach dem Gute Gottesgabe, wo Lützow Halt machen und biwakieren ließ. Er selbst mit seinem Adjutanten Körner und noch anderen Offizieren verweilte den Abend bis spät in die Nacht hinein im Herrenhause. Bald setzte sich Körner ans Klavier, und nun erklangen seine Kriegslieder, unter ihnen besonders sein Schwertlied „Du Schwert an meiner Linken“, das er tags zuvor und noch unterwegs gedichtet und erst soeben aufgeschrieben und mit einer Melodie versehen hatte, in fröhlicher Runde. Kurz vor Tagesanbruch verließen die Lützower das Gehöft wieder, setzten ihren Streifzug fort und legten sich in einen Fichtenwald bei Rosenberg rechts an der Straße nach Schwerin. Hier fügte Theodor Körner seinem Schwertlied noch die letzte Strophe hinzu:

„Nun laßt das Liebchen singen,
Daß Helle Funken springen!
Der Hochzeitmorgen graut,
Hurra, die Eisenbraut,
Hurra!“

Gegen 7 Uhr morgens meldeten die aufgestellten Wachtposten die Ankunft eines feindlichen Transportes von 38 Wagen mit Munition und Lebensmitteln. Schnell hielt Lützow mit seinen Offizieren Rat. Da es wahrscheinlich war, daß der Hinterhalt vom Feinde aufgespürt werde, so beschloß man, den Feinden zuvorzukommen. Sogleich ließ Lützow angreifen. Unter den vordersten sprengte Theodor Körner mit den Worten: „Von den Burschen darf keiner entkommen“ zum Walde hinaus, der Wachtmeister Zenker machte den ersten Angriff auf den Wagenzug. Nach einem ernsten Handgemenge, bei dem mehrere feindliche Offiziere fielen, ließen die Franzosen die Wagen im Stich, eilten in den Wald und gaben von hier Feuer. Die Lützower folgten. Bald ward auch der Waldrand von den Feinden gesäubert. Da ließ Lützow, dem es zunächst nur auf eine Erbeutung der Wagen ankam, zum Rückzug blasen. Körner wollte jedoch nicht umkehren. Mit den Worten: „Wie kann der Major jetzt zurückwollen, es geht ja alles gut“ stürmte er vorwärts. „Da hab ich auch einen, aber das schadet nichts“, rief er, von einer Kugel getroffen, seinen Gefährten noch zu. Dann sank er tot vom Pferde in die Arme seines Freundes Hellfritz.

Lützow hatte seine Leute sammeln wollen. Von neuem ging es jetzt in den Wald gegen den Feind, der sich schließlich ergeben mußte. Dann begann der Rückzug mit dem erbeuteten Transport und über 200 Gefangenen. Körner mitsamt den anderen Toten und einigen Verwundeten wurden auf die Wagen gelegt. Erst in der Nacht kehrte man nach Wöbbelin zurück.

Am nächsten Tage galt es, den gefallenen Kriegsgefährten ihre letzte Ruhestätte zu bereiten. In einem Bauernhause, so erzählt Körners Freund und Mitkämpfer Förster, wurde der junge Held aufgebahrt, „das Haupt mit einem Eichenkranze geschmückt; ein ernster Friede lag über den edlen Zügen des Gesichts ausgebreitet, vollkräftig in jugendlicher Schöne lag er da, dem Anschein nach mehr noch dem Leben als dem Tode angehörig. Unter gedämpftem Trommelschlag trugen wir unseren geliebten Theodor zur Ruhestätte, die wir ihm mit eigenen Händen, von unsern Tränen benetzt, gegraben. Daneben waren größere Gruben zur Aufnahme der andern Kameraden hergerichtet. Wegen der Nähe des Feindes hatte Wallmoden eine Ehrensalve aus Geschütz und Gewehr untersagt. So senkten wir ihn unter Anstimmung des Gebetes ‚Vater ich rufe dich' in die Gruft und schieden nach der Einsenkung mit dem Abschiedsgruße: ‚Das war Lützows wilde verwegene Jagd'."

Einige Tage später wurde folgender Bericht abgegeben:

„Am 26. August fand Theodor Körner, Adjutant des Majors von Lützow, gleich zu Anfang des Gefechtes den von ihm so oft besungenen schönen Soldatentod. Wir verlieren in ihm einen redlichen Freund, die vaterländischen Waffengefährten, die literarische Welt einen hoffnungsvollen Dichter, dessen Talent noch in Blüte stand. Von zwei schweren Kopfwunden, die er bei Kitzen erhielt, kaum hergestellt, hatte er die Waffen mit eben dem edlen Feuereifer wieder ergriffen, mit welchem er den Musen diente. Sein letztes Gedicht an sein Schwert setzte er kurz vor dem erwähnten Gefecht auf und stürzte dann mit hohem, allzustürmischem Mute gegen die feindlichen Bajonette. Eine Kugel, die vorher den Hals seines Pferdes durchbohrt hatte, traf ihn tödlich in den Unterleib, und nach wenigen Minuten hörte er auf zu atmen; die sehr schnell angewandte Hilfe eines Wundarztes blieb leider ohne Erfolg, und wir haben nur die traurige Pflicht erfüllen können, die körperliche Hülle des liebenswürdigen Mannes nach unserm Stabsquartier Lüblow (Wöbbelin) zu befördern, wo sie mit militärischen Ehrenbezeugungen unter einer Eiche bestatten worden ist.

Wittenburg, den 30. August 1813. Graf zu Dohna-Wundlacken,

im Namen der Freunde und Waffengefährten des tapferen Körner."

Unter jener Eiche hatte Theodor Körner selbst noch zwei Tage vor seinem Tode nach einem kurzen, erquickenden Schlaf in Vorahnung seines Schlachtentodes sich seine Ruhestätte gewünscht. Die Eiche erhielt später den Namen „Körnereiche". Der Platz wurde dem Vater Körners als Familienbegräbnis überwiesen. Heute ruhen daselbst auch des Dichters Eltern sowie seine Schwester Emma und seine Tante Dora. Ein schlichtes Denkmal mit Leyer und Schwert unter der alten Eiche sowie eine Anzahl Denkwürdigkeiten in dem in der Nähe des Grabes eingerichteten „Körnermuseum" rufen die Erinnerung an den großen Freiheitskämpfer und Dichter wach 1).

---

1) Gelegentlich der Jahrhundertfeier der deutschen Befreiungskriege (1913) ging auch wieder die Nachricht durch die Tagespresse, daß Theodor Körner nicht in der oben geschilderten Weise, sondern durch die Hinterlist eines gefangenen Franzosen den Tod gefunden habe. Man berief sich dabei vornehmlich auf die Berichte zweier Lützower, zunächst den des späteren Superintendenten Stiefelhagen in Gummersbach, der an dem Gefecht bei Rosenberg teilnahm, aus Pietät gegen Körner die Wahrheit über seinen Tod lange verschwiegen haben will und sie schließlich seinem Amtsbruder und jungen Freunde Jüngst zur Veröffentlichung mitgeteilt haben soll, sodann auf den des Jägers Friedrich Krage, der gerade nicht an dem Streifzug teilgenommen, aber den Hergang nach den Erzählungen seiner Kameraden ausgezeichnet habe. Ganz abgesehen davon, daß dem die Aussagen von Augenzeugen, wie des schon genannten Hellfritz, des bekannten Historikers Friedrich Förster, des Breslauer Professors Johann Friedrich Eiselen, des Wachtmeisters Zenker u. a. mehr, entgegenstehen, so enthalten schon jene beiden Berichte im einzelnen viele Widersprüche. Nach dem einen soll der gefangene französische Offizier oder Voltigeur die Tat noch während des Kampfes, nach dem andern erst auf dem Rückmarsch verübt haben; nach dem einen Bericht soll Körner in die Brust, nach dem andern in den Leib getroffen worden sein. Schon die Möglichkeit einer Verheimlichung des Vorganges, mehr aber noch die

Indes war der französische General Loison dem General Vegesack von Wismar her in der Richtung auf Rostock gefolgt. In Schwaan jedoch erhielt er am 27. August die Nachricht von dem Siege Bülows über die Franzosen bei Großbeeren (23. August) und trat sogleich wieder den Rückzug nach Wismar an. Bei Retschow, östlich von Kröpelin, wurde er von Vegesack, der vor den Toren Rostocks bei dem Dorfe Biestow sein Lager gehabt und nun ebenfalls kehrt gemacht hatte, eingeholt. Der Kampf entspann sich besonders um den Kronenberg zwischen Retschow und Hohenfelde. Durch die mecklenburgische Artillerie und eine Abteilung Fußjäger wurde der Feind schließlich verjagt und seine Nachhut in der folgenden Nacht bei Detershagen (westlich Kröpelin) auseinandergesprengt. Nach kurzer Besetzung Wismars wich Loison Anfang September über Schönberg und Selinsdorf auf Lübeck zurück, stets verfolgt von den mecklenburgischen Jägern und den Schillschen Husaren. Am 2. September brach auch der Marschall Davoust endlich von Schwerin auf und zog sich nach Ratzeburg in ein stark befestigtes Lager zurück. General Wallmoden hatte auf seinem Marsch zur Armee Bernadottes infolge des Sieges von Großbeeren schon in Grabow vom Kronprinzen den Befehl zur Umkehr erhalten und nahm seinen Weg über Wittenburg in die Gegend von Dannenberg jenseits der Elbe, die er bei Dömitz überschritt. Auf diese Weise wollte er es verhindern, daß Davoust sich etwa auf dem linken Elbufer nach Magdeburg zur französischen Hauptarmee wende. Am 16. September schlug er eine französische Abteilung des Generals Pecheux an der Göhrde, einem Waldrevier bei Dannenberg. Hier wurde Eleonore Prohaska aus Potsdam, die, ohne bisher erkannt zu sein, als Jäger August Renz im Korps Lützow den Feldzug mitgemacht, sich als Schneider ausgegeben und bei ihren Kameraden durch ihre Geschicklichkeit im Nähen und Flicken beliebt gemacht hatte, tödlich verwundet. Wahrscheinlich in Schwerin, wo

---

bewußte Entstellung desselben durch die genannten Augenzeugen, die mit dem Zeugnis ihrer Persönlichkeit und z. T. auch ihres späteren Amtes als Historiker vor die Öffentlichkeit traten, erscheint als völlig ausgeschlossen. So haben denn auch diesmal die besonders durch Friedrich Kerst 1913 wieder verbreiteten Nachrichten von Körners Tod durch „Meuchelmord“ vor der ernsthaften Kritik nicht standgehalten.

sich die Lützower am 9. und 10. August befanden, hat sie den einen der beiden erhaltenen Briefe an ihren Bruder geschrieben. „Das Datum weiß ich nicht, wir haben keinen Kalender, und man merkt garnicht, wenn Sonntag ist“, sagt sie zu Anfang des Briefes 1).

Nach dem Gefecht an der Göhrde vergingen zwei Wochen ohne nennenswerte Kämpfe. Anfang Oktober aber, als Wallmoden und Vegesack einen Angriff auf Davoust machten, erlitt Vegesack am 6. d. Mts bei Schlagbrügge (nordöstlich von Ratzeburg) eine völlige Niederlage, bei der ein Teil der mecklenburgischen Fußjäger durch den Feind von ihrer Kolonne abgeschnitten wurde, in einen Sumpf geriet und sich nur mit Mühe und unter großen Verlusten rückwärts durchschlug. Auch Wallmodens Vorstoß von Zarrentin gegen Büchen schlug fehl.

Wieder trat nun Ruhe ein. Erst als Bernadotte nach der Völkerschlacht bei Leipzig in die Kämpfe an der unteren Elbe eingriff und sich gegen die Dänen wandte, um ihnen Norwegen zu entreißen, änderte sich die Sachlage. Am 12. November verließ Davoust sein Lager bei Ratzeburg und zog nach Bergedorf und Hamburg ab. Vegesack folgte und nahm am 5. Dezember Lübeck. Wallmoden dagegen wurde am 10. d. Mts. bei dem Dorfe Sehestedt von den Dänen geschlagen. Die mecklenburgischen Jäger, die ihm von der Division Vegesack eilends zu Hilfe kamen, retteten ihn noch im letzten Augenblick vor der Gefangennahme, indem sie ihn aus einem feindlichen Husarentrupp, der ihn bereits umzingelt hatte, heraushieben. „Sein flammendes Auge bewies“, so erzählt einer der Fußjäger, der spätere Gymnasiallehrer Dr. Heinrich Francke in Wismar, „wie sehr er aufgeregt sei, und sein mit Blut bedeckter Säbel, den er krampfhaft in der Hand hielt, bezeugte seine persönliche Tapferkeit. Warum – rief er aus – habe ich nicht mehr von diesen Truppen, denen ich heute schon so manches verdanke! Dann wollte ich dem Feinde doch noch alle Pläne vereiteln, so schwierig sich mir auch alles darstellt.“ Er vermochte es nicht, sondern mußte der überlegenen Macht der Feinde weichen.

---

1) Über ihr Leben und die beiden Briefe, die eine edle Gesinnung und den reinen Charakter des Mädchens offenbaren, vgl. Vitense, Deutsche Frauen und Heldinnen 1813/15 in „Mein Vaterland“. Stuttgart 1913. S. 13ff.

Die mecklenburgischen Jäger deckten den äußerst schwierigen Rückzug. Einige Tage später, am 15. November, begann bereits der Waffenstillstand zwischen Bernadotte und den Dänen, der am 14. Januar 1814 zum Frieden von Kiel führte.

Die mecklenburgischen Truppen zogen nunmehr zusammen mit der 7. schwedischen Brigade, mit der sie selbst als 8. die 4. schwedische Division unter dem Oberbefehl des Schweriner Erbprinzen Friedrich Ludwig bildeten, im Verbande der Armee Bülow zum Rhein. Nach Frankreich hinein sind sie nicht mehr gekommen. Ende März lösten sie das Lützowsche Korps in der Belagerung der von den Franzosen verteidigten Feste Jülich ab und bezogen einen Monat später, durch dänische Truppen ersetzt, Quartiere in Aachen. Nach dem ersten Pariser Frieden (30. Mai 1814) kehrten sie in die Heimat zurück. Von Boizenburg, wo sie die Elbe überschritten und mecklenburgischen Boden betraten, über Wittenburg, Schwerin, Wismar, Bukow und Doberan wurde ihnen ein wahrer Triumphzug bereitet, der dann am 17. Juli in Rostock seinen Höhepunkt erreichte. Bei Kanonendonner und Glockengeläute zogen sie unter dem Jubel der sie einholenden Bürgerschaft durch das mit einer prächtigen Ehrenpforte geschmückte Kröpeliner Tor zum Markt. Knaben und weißgekleidete junge Mädchen, die den Zug eröffneten, bestreuten den Weg mit Blumen. Auf dem Markt begrüßte „im Namen aller Bewohner Rostocks“ der Diakonus Genzken von der Nikolaikirche die Heimkehrenden mit einer herzlichen Ansprache. Am Schluß derselben stimmte vom Balkon des Rathauses die Musik den Choral „Nun danket alle Gott“ an, den dann die ganze Festgemeinde aus vollem Herzen mitsang. Weitere Festlichkeiten folgten in den nächsten Tagen und Wochen in den einzelnen Garnisonen. Die beiden Jägerregimenter, einstmals nur für den Kampf gegen Napoleon geschaffen, hatten ihre Aufgabe vollendet und wurden bald darauf aufgelöst. –

Am 1. März 1815 kehrte Napoleon von der Insel Elba, die ihm von den Verbündeten als souveränes Fürstentum und Aufenthaltsort angewiesen worden war, nach Frankreich zurück. Beide mecklenburgischen Herzöge schlossen sich sogleich wieder dem Bund der Großmächte gegen Frankreich an und erließen schon im April neue Aufrufe zum freiwilligen Dienst. Die gesamte Stärke der Schweriner Truppen, über die der Erbprinz Friedrich Ludwig, wie er bei seinem Abschied im Juli 1814 versprochen hatte, das Kommando übernahm, betrug am 1. Juli bei einer Heeresschau in Schwerin 115 Offiziere und 3152 Mann in einem Garde-, zwei Musketier(Füsilier)- und drei Landwehrbataillonen. Dazu kamen einige Geschütze. Kavallerie fehlte infolge stattgehabter Auflösung der Jägerregimenter. In Mecklenburg - Strelitz, wo bei den erst kürzlich zurückgekehrten C-Husaren erst die Hälfte der Mannschaft den Abschied genommen hatte, war auch das alte Regiment bald wieder vollzählig und neu formiert. Wieder führte der inzwischen zum Generalmajor aufgerückte Warburg die mutige Schar.

Beide Truppenkörper gelangten erst nach der Schlacht bei Waterloo (18. Juni 1815), als die Entscheidung gegen Napoleon schon gefallen war, nach Frankreich. Wieder wurden sie zur Belagerung von Festungen verwandt, die Schweriner bei Montmedy (im alten Herzogtum Luxemburg), bei Longwy, Metz und Thionville, die Strelitzer bei Mezières, Laon und Montmedy, wo sie die Schweriner Truppen ablösten. Diese trafen am 12. Dezember, die Strelitzer am 21. wieder in der Heimat ein. In der Festung Luxemburg hatten die C-Husaren am 5. November vom König Friedrich Wilhelm als Anerkennung für ihre Tapferkeit in den Befreiungskämpfen eine Standarte erhalten, die neben einem gestickten Eisernen Kreuz die Inschrift trug: F. W. III. K v. P. Für Auszeichnung dem Meckl.-Str. Husarenregiment. Von den nur etwa 500 Mann zählenden Husaren und Jägern hatten 14 Offiziere und 36 Unteroffiziere und Mannschaften das Eiserne Kreuz erhalten, außerdem noch 20 als Erbberechtigte Anspruch auf diese Auszeichnung. Warburg trug zudem noch den St. Georgsorden, 5 Offiziere und ein Jäger den Wladimir- und 4 Offiziere den St. Annenorden. Die Zahl der im Felde Gefallenen betrug 59. Den Winter über blieb das Regiment in Neustrelitz. Da alle Verhandlungen über seinen Fortbestand keinen Erfolg hatten, so wurde es im März 1816 aufgelöst. Seine Standarte im Neustrelitzer Schloß sowie mehrere Uniformen, Säbel und andere Ausrüstungsgegenstände in den Museen bezw. in Privatbesitz bewahren noch heute das Andenken an die tapfere Schar von 1813/15. –

Von der an die Verbündeten auf Grund des zweiten Pariser Friedens von Frankreich zu zahlenden Kriegsentschädigung im Betrage von 700 Millionen Franken erhielt Mecklenburg-Schwerin 2 150 000, Mecklenburg-Strelitz 340237. Auf dem Wiener Kongreß, auf dem bereits im September 1814 die Verhandlungen über die Neuregelung der durch Napoleon völlig veränderten europäischen Angelegenheiten begonnen hatten, war Mecklenburg-Schwerin durch den Minister von Plessen, Strelitz durch den Minister von Oertzen vertreten. Eine Territorialentschädigung erhielt nur Strelitz, und zwar bestehend in einem Distrikt im Saardepardement mit etwa 10000 Seelen. Doch verkaufte der Großherzog Georg denselben 1819 an Preußen für eine Million Taler. Die Wünsche des Herzogs Friedrich Franz auf den Erwerb des Herzogtums Lauenburg (wegen alter Erbansprüche) sowie des rechts der Elbe innerhalb der natürlichen Grenzen Mecklenburgs liegenden Amtes Neuhaus und auch des bisher schwedischen Teils von Vorpommern mit der Insel Rügen fanden keine Berücksichtigung. Selbst Wismar, das 1803 von Schweden in den Pfandbesitz Mecklenburgs übergegangen war, wurde noch nicht freies Eigentum. Dagegen wurden die 1807 aus Schwerin geraubten Gemälde und Kunstgegenstände bis auf wenige unbedeutende Stücke, die nicht aufzufinden waren, zurückgeliefert. Ihre Überführung bot für den damit beauftragten Hofmarschall von Oertzen nicht geringe Schwierigkeiten, da Napoleon die geraubten Sachen an die verschiedensten Orte hatte bringen lassen. Die meisten Gemälde befanden sich im Louvre in Paris, einige aber auch in den Galerien zu Caen, Straßburg, Lyon, Dijon und Toulouse. Die Kleinkunstwerke waren den kaiserlichen Schlössern zugewiesen worden. Eine Partie Bilder wurde bei der Rücksendung versehentlich nach Berlin adressiert und gelangte von dort erst später nach Mecklenburg. Friedrich Franz ließ alle Gegenstände zunächst nach seiner Residenz Ludwigslust bringen, von wo sie erst 1882 in das neuerbaute Schweriner Museum überführt worden sind.

Eine Rangerhöhung wurde beiden mecklenburgischen Herrscherhäusern durch Kongreßbeschluß vom 27. Mai 1815 zuteil. Beiden Herzögen und ihren Nachkommen auf dem Thron wurde die Großherzogliche Würde mit dem Prädikat „Königliche Hoheit" und den für beide Herrscher gleichlautenden Titel „Von Gottes Gnaden Großherzog von Mecklenburg, Fürst zu Wenden, Schwerin und Ratzeburg, auch Graf zu Schwerin, der Lande Rostock und Stargard Herr" zugesprochen. Die Bezeichnung „Souveräner Fürst", die Friedrich Franz noch immer (seit 1808) führte, wurde von ihm seit 1815 stillschweigend wieder fortgelassen. Die öffentliche landesherrliche Proklamation in beiden Ländern, durch die der gesetzliche Beginn der neuen Würde bestimmt wurde, erfolgte unter dem 14. Juni 1815. „Wir machen“, heißt es darin, „solches hierdurch Unserer getreuen Ritter- und Landschaft und allen Unsern geliebten Untertanen mit respektiver Entbietung Unseres gnädigsten Grußes bekannt und halten uns dabei überzeugt, daß sie bei der Uns und Unserem Hause stets gewidmeten Anhänglichkeit und Treue eine Begebenheit mit Freuden vernehmen werden, welche Uns und Unserm Großherzoglichen Hause die Stellung sichert, welche uns unter den deutschen Fürsten gebührt.“

In dem auf dem Wiener Kongreß geschlossenen Deutschen Bunde erhielt Mecklenburg-Schwerin die 14., Strelitz die 19. Stelle. In der allgemeinen Bundesversammlung (dem Plenum) wurden Schwerin zwei, Strelitz eine, in dem engeren Rate der Bundesregierung beiden Ländern zusammen die 14. Stimme verliehen. Nach einer Vereinbarung beider Großherzoglichen Häuser vom 6. Oktober 1815 sollte die Vertretung auf dem Bundestage durch einen gemeinschaftlichen Gesandten geschehen, der in bestimmten Zeitabschnitten abwechselnd von der Schweriner und Strelitzer Regierung ernannt wurde. Auch über die Instruktionen für den gemeinsamen Vertreter hofften beide Großherzöge sich gütlich zu einigen. Bei Meinungsverschiedenheiten sollte Schwerin zweimal, das drittemal Strelitz den Ausschlag geben, ebenso auch zu den Kosten Schwerin zwei, Strelitz ein Drittel beitragen. Der erste Bevollmächtigte, der von Schwerin ernannt wurde, war der Geheime Rat von Plessen, der sein Land schon auf dem Wiener Kongreß vertreten hatte. Er wurde 1823 durch den Strelitzer Minister von Pentz abgelöst.

So hatte Mecklenburg ruhmvoll mitgeholfen an dem großen Werk der deutschen Befreiung. Köstliche Worte waren es, die in dieser Hinsicht einer der Größten, die dem mecklenburgischen Lande entstammen, der greise Feldmarschall Gebhard Leberecht von Blücher, der Held der Befreiungskriege, am 10. August 1816 in Doberan an den Großherzog Friedrich Franz richtete:

„Es bewegt mein Herz tief, daß ich nach einem für mich so langen Zeitraume, nach so verhängnisvollen Jahren wieder gesund und in

Frieden in mein geliebtes Vaterland habe zurückkehren können. Ich danke Ew. Königl. Hoheit für Ihre freundliche Aufnahme; erhalten Sie mir Ihre Gewogenheit, sie wird stets mein Glück sein, so wie ich es mir stets zur Ehre rechnen werde, in Ihrem Lande mein Dasein empfangen zu haben. Lassen Sie uns vergessen, was wir erduldet, und Gott für die glückliche Gegenwart danken. Gott segne Sie, Gott erfreue mein Vaterland und mich noch lange mit dem Glück Ihres Lebens!

„Mecklenburger! In Eurem Namen trete ich auf und danke unserem Landesvater für seinen Glückwunsch, den er soeben „Allen braven Mecklenburgern!" gebracht hat. Ich darf das, denn ich gehöre Euch an, und es ist mir eine Ehre, Euch anzugehören. Gott hat es mir, einem Mecklenburger, gelingen lassen, mitzuhelfen, daß die Welt befreit wurde vom Sklavenjoche des Tyrannen. Das ist nun geschehen; – aber mir ist mehr gelungen! Was ich unter allen Verhältnissen meines Lebens tief im Herzen bewahrte, und was ich mit innigster Sehnsucht zu erreichen wünschte, das ist erreicht. Ich bin nun da froh und frei in dem Lande, wo ich geboren ward, wo ich meine Knabenjahre verspielte, wo die Gebeine meiner braven Eltern ruhen. Gott, du weißt es, wie ich mich darnach gesehnt habe, zu beten an ihrem Grabe, ehe auch ich mein Grab fülle. Dank dir! nun kann, nun werde ich es. Gern ruhte ich an ihrer Seite, wenn vielleicht bald mein Auge im Tode sich schließt. Doch ich wünsche nichts mehr. Zu viel habe ich schon erreicht; mehr, als ich verdiene. Mein Herz gehört Euch. Liebt mich wieder; bleibt, wie ich Euch finde, treu Eurem Gott und der Wahrheit, treu Eurem Fürsten, so bleibt Ihr Euch selbst getreu. Ich glaube mich nicht zu irren, wenn ich am Ende meiner Tage meinem Vaterlande unter dem Fürsten, den ich meinen Freund nennen darf, seinen höchsten Flor prophezeie. Lange lebe Friedrich Franz, lange und glücklich!"

Am 26. August 1819, zwei Wochen vor seinem Tode (12. September), wurde dem Feldmarschall in seiner Geburtsstadt Rostock auf dem Blücherplatz vor der Universität eine von dem Bildhauer Schadow in Berlin geformte Bildsäule auf einem Sockel von mecklenburgischem Granit errichtet. Die Inschrift zu dem Denkmal verfaßte Goethe mit den Worten:

In Harren und Krieg,
In Sturz und Sieg,
Bewußt und groß:
So riß er uns vom Feinde los 1).

---

1) Gebhard Leberecht von Blücher war am 16. Dezember 1742 in Rostock im Hause des heutigen Hotels „Fürst Blücher", wie eine dort angebrachte Gedenktafel zeigt, geboren. Sein Vater, früher Hessen-Kasselscher Rittmeister, hatte bereits seit Jahren den Degen mit dem Pfluge vertauscht und war damals Gutsbesitzer auf Großen-Rensow bei Laage in Mecklenburg. Er hatte sich in jener durch die Wirren zwischen Herzog Karl Leopold und den Ständen sowie durch die Preußischen Werbungen unruhigen und gefahrvollen Zeit mit seiner Gemahlin, geb. von Bülow, die ihren siebenten Sohn erwartete, vom Lande in die Stadt begeben. Die Erziehung des Knaben war nur dürftig. Jeglicher regelrechte Unterricht fehlte. Mit 14 Jahren von seinen Eltern zusammen mit seinem älteren Bruder nach dem (damals) schwedischen Rügen zu seinem Schwager, dem Gutsbesitzer von Krackwitz gesandt, fand er immer mehr Vergnügen an der Landwirtschaft, der Jägerei, dem Ruder- und Wassersport. Als 1759 während des Siebenjährigen Krieges eine Abteilung schwedischer Husaren auf dem Zuge nach Pommern in der Nähe des Krackwitzschen Gutes rasteten, ließen sich beide Brüder, begeistert von dieser Truppe und dem Soldatenleben, heimlich als Freiwillige anwerben. Wie Blücher dann am 29. August 1760 bei Galenbeck in Mecklenburg-Strelitz von einem preußischen Belling-husaren gefangen genommen wurde und bald darauf in preußische Dienste übertrat, ist bereits S. 373 erzählt. Sein weiteres Leben ist bekannt. Vgl. besonders Wigger, Geschichte der Familie von Blücher, Rostock 1878, 2 Bände, von denen der 2. Band eine ausführliche Biographie des Feldmarschalls enthält. Emanuel Geibel singt in seinem „Trinkspruch auf Mecklenburg" von ihm:

> Und wollt ihr nach den Helden fragen:
> Vom Marschall Vorwärts laßt euch sagen,
> Dem blanksten Schwert des Vaterlands.
> Die Welt durchhallten seine Siege,
> Doch nie zu Rostock seiner Wiege
> Vergaß der Held im Lorbeerkranz.

Achter Abschnitt

Mecklenburg in der Zeit des Deutschen und des Norddeutschen Bundes 1815–1870

Am 5. November 1816 wurde die erste ordentliche Versammlung des Deutschen Bundestags in Frankfurt eröffnet. Über ein halbes Jahr, während dessen der mecklenburgische Gesandte von Plessen schon in Frankfurt weilte, hatten die Vorverhandlungen gedauert. Wie der Deutsche Bund, der aus 35 monarchisch regierten Ländern und vier Freien Städten bestand, ein höchst lockerer Staatenbund war, dem von vornherein jede Einheit und das Bewußtsein gemeindeutscher Kraft und Stärke fehlte, so bestanden auch unter den einzelnen Vertretern die größten Gegensätze. Parteibildungen und Sonderbündnisse bahnten sich sehr bald an. Gehörten dem Bunde doch sogar drei nichtdeutsche Herrscher an, der König von England als König von Hannover, der König von Holland als Großherzog von Luxemburg und der König von Dänemark als Herzog von Holstein. Die deutsche Politik war dadurch der Kontrolle des Auslandes preisgegeben und jede Möglichkeit einer Erstarkung deutschen Wesens und nationalen Aufschwunges unterbunden. Wie es in Artikel 1 der Bundesverfassung hieß, war der Bund nur ein Bund souveräner Fürsten mit Einschluß der vier Städte und diente als solcher in erster Linie dem Interesse der Fürsten. Es war ein schwerer Fehler, den man bei der Gründung des Deutschen Bundes in Wien begangen hatte, daß trotz der großen Opfer, die das ganze deutsche Volk in den Befreiungskriegen gebracht hatte, dieses nach der harten Kriegsarbeit, bei der man es nötig gehabt hatte, für die weitere Friedensarbeit als politisch untauglich beiseite geschoben wurde. Hier lag bereits der Keim zu neuen Verwicklungen.

Bei einem solchen Mangel an einer inneren Verbindung deutschen Wesens konnte die Entwicklung des gesamtdeutschen Volkes nicht von der Allgemeinheit ausgehen. Auf die einzelnen deutschen Staaten, ihre Sonderbestrebungen, ihre territoriale Kräftigung war zunächst die Zukunft Deutschlands gegründet. So hatte man denn auch von Bundes wegen die Regelung der Verhältnisse in den Einzelstaaten mit

Einschluß der Verfassungsfrage diesen selbst überlassen. In Artikel 13 der Bundesverfassung hieß es: „In allen Bundesstaaten wird eine landständische Verfassung stattfinden". Bezeichnend war dabei noch die Änderung des ursprünglichen „soll" in „wird" und die Streichung der anfänglich geplanten Zeitangabe „binnen Jahresfrist". Es konnten demgemäß von den einzelnen Fürsten in ihren Ländern Vertreter gewisser Stände oder Klassen berufen werden, ob nur mitberatend oder auch mitbestimmend in der Form einer Konstitution, war nicht vorgeschrieben.

In Mecklenburg war das alte ständische Prinzip durch die Gewohnheit der Jahrhunderte und seine Sanktionierung im Landesgrundgesetzlichen Erbvergleich von 1755 so fest begründet, daß an seinem Bestande schwerlich zu rütteln war, selbst wenn man es von irgend einer Seite ernstlich versucht hätte. Zwar regten sich wohl gelegentlich vereinzelte Stimmen, die eine Beseitigung der rein ständischen Grundlagen erstrebten. So beabsichtigte 1817 der Justizrat Beck durch eine mit vielen Unterschriften versehene Petition an den Bundestag, diesen für eine Verfassungsreform in Mecklenburg zu interessieren. Die Masse des Volkes aber, vornehmlich die noch in der Leibeigenschaft befindliche bäuerliche Landbevölkerung, verharrte in behaglicher Ruhe, richtete, wie das ganz natürlich war, ihr Augenmerk lediglich auf die Heilung der durch den Krieg geschlagenen Wunden, besonders auf die Beschaffung der nötigen Rohstoffe und Betriebsgelder, und hielt sich von jeder politischen Betätigung fern. Die beiden Großherzöge – in Strelitz folgte 1816 auf Karl sein Sohn Georg – hielten an den althergebrachten staatsrechtlichen Grundlagen fest, auch wenn sie, wie besonders Friedrich Franz, einer Verbesserung und Vervollkommnung dieses Systems nicht abgeneigt waren. Das stärkste Hemmnis aber boten in allem die beiden Stände der Ritter- und Landschaft. Als sie dem Großherzog Friedrich Franz am 18. Februar 1816 den Empfang der ihnen übersandten Deutschen Bundesakte bestätigten, gaben sie zugleich in sehr schmeichelhaften Worten ihrer Freude Ausdruck, „daß Ew. Königl. Hoheit von dem ebenso weisen als rechtlichen Grundsatze ausgegangen sind, das Glück der Fürsten und Völker Deutschlands sei nur dann völlig gesichert, wenn in den deutschen Staaten die althergebrachten ständischen Verfassungen geschützt würden. Möge es den erhabenen Bemühungen der Fürsten Deutschlands gelingen, jenen Grundsatz der Weisheit und Rechtlichkeit auf dem Bundestage zur allgemeinen Kenntnis zu bringen!"

Gewiß standen die politischen Anschauungen, wie sie in Frankfurt zur Geltung kamen, einer ständischen Regierungsform nicht feindlich gegenüber. Österreich unter seinem Staatsminister, dem Fürsten Metternich, arbeitete zwar mit seiner geradezu deutschfeindlichen Politik auf die Unterdrückung jeglicher freiheitlichen Regungen im deutschen Volke hin. Metternich war ein Vertreter des alten, strengen Absolutismus und ein ausgesprochener Gegner jeglichen Volkswillens. Dabei wußte er sich doch sehr geschickt den Anschein eines ehrlichen Politikers und guten Staatsmannes zu geben, der es nur auf die Befestigung der deutschen Macht abgesehen habe. Auch der mecklenburgische Gesandte ließ sich gleich vielen seiner Kollegen eine geraume Zeit von ihm blenden, und da er auch mit den beiden preußischen Gesandten, Wilhelm von Humboldt und Graf Goltz, in gutem Einvernehmen stand, so bildete er bei den Bundesversammlungen der ersten Zeit nicht selten die Vermittlung zwischen Österreich und Preußen, zwischen denen sich schon sehr bald ein immer stärker werdender Gegensatz herausbildete. Solange nun der § 13 der Bundesakte nicht oder nur nebensächlich behandelt und dadurch ganz nach Metternichs Wunsch jeder Gedanke an eine Konstitution in den Bundesländern niedergehalten wurde, dauerte das gute Verhältnis zwischen Plessen und Metternich an. Letzterer hatte auch schon bei vielen deutschen Regierungen und Kabinetten eine gewisse reaktionäre Stimmung und einen Widerwillen gegen jegliche Volksfreiheit und Volksvertretung zu erregen verstanden.

War somit auch von seiten des Bundestages für den Weiterbestand der mecklenburgischen Stände noch nichts zu befürchten, so wollten diese sich doch gegenüber den eigenen Landesherren ihre Rechte nach Möglichkeit sichern. Denn mochte auch das für sie geradezu unheimliche Wort von der fürstlichen Souveränität von Friedrich Franz stillschweigend wieder gestrichen sein – Georg hat es niemals im Munde geführt – so war es doch prinzipiell durch die Deutsche Bundesakte nicht beseitigt. Im Bundestage aber fiel sein Klang besonders durch Metternich auf fruchtbaren Boden. In Wirklichkeit bestand allerdings in dieser Hinsicht bei beiden Großherzögen keine Gefahr, vielmehr segelten diese mehr und mehr im Fahrwasser der Stände. Bereits am 28. November 1817 wurde nach längeren kommissarisch-deputatischen Verhandlungen den Ständen von den Großherzögen im Falle etwaiger Verfassungsstreitigkeiten, bei denen eine gütliche Einigung nicht erzielt würde, ein Schiedsgericht zugebilligt. Dieser Beschluß war, wie es in der Verordnung heißt, von den Landesherren mit Rücksicht darauf gefaßt, daß „seit der Auflösung der vormaligen deutschen Reichsverfassung", die nämlich die Berechtigung der mecklenburgischen Stände garantierte, nunmehr „von seiten der deutschen Bundesversammlung solcherhalb allgemein gültige Einrichtungen vereinbart und getroffen werden möchten." Um nun einem immerhin möglichen Eingriff in die mecklenburgischen Landesangelegenheiten durch den Bund bei Beratung des noch völlig unklaren Artikels 13 vorzubeugen, gedachten die beiden Großherzöge den „getreuen Landständen befriedigende Mittel und Wege zu eröffnen, um bei streitigen Fällen in Angelegenheiten, welche die Landesverfassung betreffen, zur rechtlichen Entscheidung zu gelangen". Dies sollte auf kompromissarischem (schiedsrichterlichem) Wege geschehen. Die Entscheidungsinstanz sollte gebildet werden entweder durch ein von Fürst und Ständen gewähltes Gericht oder durch zwei von zwei deutschen Fürsten bestimmte Richter, die sich selbst einen dritten hinzuwählten, oder auch durch zwei, bezw. vier von Fürst und Ständen ernannte einheimische oder auswärtige Männer, die ebenfalls einen dritten, bezw. fünften sich selbst beigesellten. Doch blieb bei Nichtbefriedigung durch den auf eine der drei Weisen erzielten Schiedsspruch den Ständen der Rekurs an den Bundestag durch die Schiedsrichter frei. Diese Patentverordnung sollte, so heißt es zum Schluß, „so lange ihren Wert und ihre Wirkung behalten, als nicht in Bezug auf die Aufrechterhaltung der Landesverfassungen allgemein gültige Bestimmungen auf dem Deutschen Bundestage vereinbart und getroffen sein werden." Um aber die von Fürst und Ständen verabredete Kompromißinstanz nicht allein landes-, sondern auch bundesgesetzlich festzulegen, sollte der Gesandte in Frankfurt beantragen und durchzusetzen versuchen, daß „der Bundestag alle Bestimmungen dieser Verordnung, in denen auf ihn Bezug genommen wird, alle Zeit aufrecht erhalten wolle." Bereits am 25. Mai 1818 erreichte Plessen die Garantie der landesherrlichen Verordnung durch einstimmigen Bundesbe-schluß. Er hatte die Entscheidung nach Möglichkeit noch beschleunigt, um dadurch jener erwähnten Massenpetition des Justizrats Beck die Spitze abzubrechen, die er als eine unzeitige und unschickliche Demonstration bezeichnete. Zwei Jahre später wurde zwar in der Wiener Schlußakte vom 15. Mai 1820, die den vorläufigen Abschluß der Beratungen über die Organisation des Deutschen Bundes enthielt, in Artikel 57 bestimmt: „Da der Deutsche Bund mit Ausnahme der Freien Städte aus souveränen Fürsten besteht, so muß dem hierdurch gegebenen Grundbegriffe zufolge die gesamte Staatsgewalt in dem Oberhaupte des Staates vereinigt bleiben, und der Souverän kann durch eine landständische Verfassung nur in der Ausübung bestimmter Rechte an die Mitwirkung der Stände gebunden werden“. Metternichs absolutistische Bestrebungen hatten also sichtliche Erfolge gezeitigt. Die mecklenburgischen Stände aber hatten in der Tat richtig geschätzt und deswegen rechtzeitig vorgebeugt. Denn Artikel 60 der Schlußakte machte die Einschränkung: „Wenn von einem Bundesgliede die Garantie des Bundes für die in seinem Lande eingeführte landständische Verfassung nachgesucht wird, so ist die Bundesversammlung berechtigt, solche zu übernehmen. Sie erhält dadurch die Befugnis, auf Anrufen der Beteiligten die Verfassung aufrecht zu erhalten, und die über Auslegung und Anwendung derselben entstandenen Irrungen, sofern dafür nicht anderweitig Mittel und Wege gesetzlich vorgeschrieben sind, durch gütliche Vermittlung oder kompromissarische Entscheidung beizulegen.“ Auf welches „Bundesglied“ sich dieser Artikel bezog, obgleich kein Name genannt wurde, war doch allzu offensichtlich und stand außer allem Zweifel.

Die Gefahr von rechts her war abgewendet. Gleichzeitig aber galt es für die Stände auch nach links zu schauen und sich gegen von dorther drohende Stürme zu wehren. Diese bestanden in den im deutschen Volke um sich greifenden freiheitlichen Regungen. Die erst jüngst begründete deutsche Burschenschaft war auf dem Wartburgfest am 18. Oktober 1817 mit kühnem Schritt vorgegangen, auch wenn sich bei vielen ihrer Mitglieder die Gedanken über die deutsche Freiheit und Einheit noch recht unklar wiederspiegelten. Für Metternich aber boten schon das im Grunde recht unschuldige Freiheitsfeuer, durch das einige Hitzköpfe bei jenem Fest in überschäumender Begeisterung und in Erinnerung an Luthers Verbrennung der Bannbulle einige an die Zwangsjacke vergangener Tage erinnernde Gegenstände vernichteten, mehr noch die Ermordung des Lustspieldichters und vermeintlichen Spions August Kotzebue durch den Studenten Karl Sand, sowie einige Anschläge auf das eigene Leben Veranlassung genug, um die Bundesregierungen für die schärfsten Maßnahmen gegen derartige, von ihm übertrieben als reaktionär-demagogisch bezeichnete Umtriebe zu gewinnen. So trat denn auch der Großherzog Friedrich Franz den am 20. September 1819 vom Deutschen Bundestag genehmigten Karlsbader Beschlüssen mit ihrer Zensur für Bücher und Druckschriften, der Überwachung der Universitäten, dem Verbot der Burschenschaften und Turnvereine, der Einsetzung einer Zentraluntersuchungskommission in Mainz nach anfänglichem Zögern und vergeblich versuchten Milderungsvorschlägen durch eine Patentverordnung vom 27. Oktober d. J., bei, obgleich in Mecklenburg das geheime Verbindungswesen wenig Anklang fand und die Rostocker Universität wegen ihrer zu geringen Zahl von Studierenden (durchschnittlich 150 im Semester) für politische Agitationen kaum in Betracht kam. Die Stände hatten gegen diesen Schritt nichts einzuwenden. Er sicherte ihnen ihre Stellung gegen Übergriffe aus Kreisen, die bereits anfingen, sich mit den öffentlichen Zuständen in Mecklenburg eingehender zu befassen.

Die Zahl solcher Politiker war allerdings noch ziemlich klein. Bei den ritterschaftlichen und domanialen Bauern wegen der noch nicht oder erst wenig durchgeführten Aufhebung der Erbuntertänigkeit ganz ausgeschlossen, auch in den kleinen Städten noch wenig verstanden, machte sich jener moderne freiheitliche Geist nur erst in den beiden Seestädten und einigen größeren Orten bemerkbar. So konnte es noch zehn Jahre später geschehen, daß die Ereignisse der französischen Julirevolution 1830, die ihre Schatten in manche deutschen Länder, nach Sachsen, Hannover, Kurhessen, Braunschweig u. a., warfen und hier durch Aufstände und Unruhen eine Änderung in den bestehenden Landesverfassungen auf freiheitlicher Grundlage veranlaßten oder überhaupt erst eine Verfassung mit einer Volksvertretung schufen, in Mecklenburg wenig Widerhall fanden. Der am Abend des 19. September in Schwerin gelegentlich des Brandes eines Torfschauers im Garten der Großherzoglichen Münze entstandene Volksauflauf, der in einen Sturm auf die Münze und eine Plünderung des in ihr enthaltenen Geldes auszuarten drohte, ebenso Volkskrawalle in Wismar und anderen Orten zu Anfang des Jahres 1831 wurden im großen und ganzen ohne Blutvergießen durch aufgebotenes Militär und schnell errichtete Bürgerwehren leicht beseitigt. Es waren durchweg rein örtliche Erscheinungen, die nicht so sehr durch Unzufriedenheit über staatliche, als vielmehr über rein städtische Einrichtungen und Verhältnisse hervorgerufen wurden. Der eigentlich revolutionäre Geist fehlte ihnen, auch wenn dabei, wie das im Wesen auch der kleinsten Aufstände liegt, pöbelhafte Ausschreitungen und rohe Exzesse wohl vorkamen. In Änderungen in den bisherigen Verwaltungen einiger Städte bestand die einzig bedeutende Einwirkung der Julirevolution in Mecklenburg. So wurde z. B. in Schwerin das Recht der Wahl von Bürgervertretern mit bestimmter Amtsdauer durch die gesamte Bürgerschaft statt des früheren Selbstergänzungsrechtes der Repräsentanten auf Lebenszeit eingeführt, eine stehende Feuerwehr eingerichtet, alle bisher getrennt verwalteten Stadtteile zwecks einheitlichen Regiments vereinigt, die bisherigen verschiedenartigen Gerichte des Magistrats, der Stadt, des Waisenamts, des Domkapitels zu einem einzigen Niedergericht zusammengefaßt und ähnliche Verbesserungen durchgeführt. Die Landesverfassung als solche erlitt weder irgendeinen nennenswerten Angriff, geschweige denn eine Wandlung. Im Gegenteil, sie fand gerade durch die Landesherren selbst Bestätigung und Zusicherung ihrer vollen Integrität. Als nämlich auf Grund verschiedener revolutionärer Umtriebe und Ausschreitungen in anderen Staaten – besonders infolge des Hambacher Festes im Mai 1832, wo sich einige Männer vor einer mehrtausendköpfigen Menschenmenge in überschwenglichen Reden und phantastischen Phrasen über das freie und einige Deutschland und die polnisch-französisch-deutsche Verbrüderung ergingen – die österreichische und preußische Regierung wieder unter Metternichs Führung im Oktober d. Js. im Bundestag das Gesetz durchbrachten, daß die Rechte der Landstände denjenigen Beschränkungen unterworfen werden sollten, welche die Bundesversammlung zur Aufrechterhaltung des landesherrlichen Ansehens für erforderlich halte: da erging zugleich mit der Veröffentlichung dieses Gesetzes von beiden Großherzoglichen Regierungen (in Schwerin unter dem 17. Oktober, in Strelitz unter dem 7. November) ein Schreiben an den Engeren Ausschuß der Stände, in dem zur Beruhigung erklärt wurde, daß „nur Vorgänge in anderen Staaten die Maßregel geboten, durch die für die ständischen Gerechtsame und die Verfassung Unserer Lande keinerlei Besorgnis entstehen" oder, wie es in der Strelitzer Erklärung hieß, daß „der Beschluß natürlich die hiesige Landesverfassung in keiner Weise tangieren" könne. Die Stände gaben denn auch unter dem 21. Juni 1833 in tiefempfundenen Dankesworten ihrer Befriedigung und Freude über die wohlwollende Stellungnahme des Großherzogs für das ständische Prinzip in Mecklenburg Ausdruck und betonten sogar, daß sie wegen des Bundesbeschlusses überhaupt keinen Zweifel wegen etwaiger politischer Umwälzungen gehegt hätten, da die bestehende Landesverfassung fest auf alten Verträgen begründet sei.

Daß letzteres wirklich der Fall war, konnte niemand leugnen. Mecklenburg verkörperte noch um die Mitte des 19. Jahrhunderts den alten deutschen Patrimonial- und Feudalstaat, den Ständestaat des 17. und 18. Jahrhunderts in seiner schärfsten Ausprägung. Das Landesgrundgesetz von 1755 schloß das mecklenburgische Volk von jeglichen politischen Rechten aus und kannte kein allgemeines Staatsbürgertum, sondern nur ein solches von zwei verhältnismäßig kleinen ständischen Korporationen, den ländlichen Rittergutsbesitzern und den städtischen Bürgermeistern. An sie war die Landstandschaft gebunden, und zwar war dieses Recht, wie Fr. von Maltzahn, der Vorsitzende Landrat im Engeren Ausschuß der Ritterschaft, 1843 erklärte, „ein so höchst persönliches, daß es ausgeübt wird ohne alle Zulassung von Vollmacht, aber auch ohne die Art von Verpflichtung, welche man nach den Grundsätzen des Repräsentativsystems fordert. Die Gutsbesitzer in der Ritterschaft und die Magistratspersonen in der Landschaft handeln als Stände im eigenen Recht" 1).

Die Fehler eines solchen, man möchte sagen verknöcherten Verfassungssystems lagen auf der Hand. Wie leicht bei den Ständen selbst in ihrer Eigenschaft als Landesvertretung das rein Persönliche in den

1) Maltzahn, Einige Worte an meine Landsleute. Rostock 1843.

Vordergrund trat, bewies der zu Ende der dreißiger und Anfang der vierziger Jahre entbrennende Streit zwischen den adligen und bürgerlichen Mitgliedern der Ritterschaft. Der Adel, dem im Landesgrundgesetzlichen Erbvergleich das Vorrecht eingeräumt worden war, die Landräte aus seiner Mitte zu wählen, hatte sich mit der Zeit auch das weitere Recht angeeignet, die ritterschaftlichen Mitglieder für den Engeren Ausschuß der Ritter- und Landschaft ebenfalls nur aus sich heraus zu ernennen, dagegen die bürgerlichen Mitglieder beiseite geschoben, sie mit der Benennung „bürgerliche Landbegüterte" als außerhalb der Ritterschaft stehend bezeichnet und allmählich von allen Vorrechten ausgeschlossen, unter anderm auch von der Verwaltung und dem Genuß der drei Landesklöster Malchow, Ribnitz und Dobbertin. Die bürgerlichen Gutsbesitzer zählten im Jahre 1838 im Schwerinschen schon 261 Mitglieder gegenüber 289 adligen, kamen 1840 mit 279 den 280 adligen bereits gleich und überflügelten diese nunmehr von Jahr zu Jahr, so daß sich 1846 schon das Verhältnis von 303 bürgerlichen zu 290 adligen ergab. Im Strelitzschen jedoch betrug es 1846 erst 17 zu 32 und hat sich auch später nicht wesentlich geändert. Als daher 1838 24 bürgerliche die ihnen gebührende volle Gleichberechtigung forderten, wurden sie vom Adel abgewiesen. Fünf Jahre zog sich der Streit zwischen beiden Parteien, bisweilen in ziemlich heftiger Form, hin, ohne daß die „Landbegüterten" zu ihrem Rechte kamen. Selbst die Klage der letzteren bei der Regierung und ihr Hilferuf an die Landschaft blieb erfolglos. Die Regierung neigte der Ansicht des Adels zu und erkannte sein gleichsam durch die Jahre erworbenes Vorrecht an. „Da die Gutsbesitzer vom eingebornen und rezipierten Adel seit einer langen Reihe von Jahren sich im Besitz der ausschließlichen Wahlfähigkeit für die ritterschaftlichen Stellen des E. A., sowie der ausschließlichen Verwaltung der Landesklöster und Besetzung der Klosterstellen, endlich auch des Rechts, neue Mitglieder in ihre Korporation auf den Landtagen aufzunehmen, befunden haben, so soll es bei diesem Besitzstande einstweilen, bis im Wege einer demnächstigen definitiven Entscheidung oder gütlichen Vereinbarung etwa ein anderes bestimmt werden sollte, das Bewenden haben." So hieß es in einem Schweriner Regierungsreskript von 1841. Auf einen Protest der „Landbegüterten" erklärte die Regierung sogar im Einvernehmen mit dem

Adel, sie werde „landesherrliche Befugnisse und Erlasse gegen jede Auflehnung aufrecht erhalten“, und bezeichnete den Protest der „Landbegüterten“, wieder im Einklang mit dem Adel, als „ungeziemend“ in der Sprache und „unangemessen“ in der Beurteilung. Die Landschaft aber antwortete auf das Hilfegesuch der Landbegüterten, „daß sie zur Zeit keine Veranlassung finde, ihrerseits mit besonderen Äußerungen in dieser Angelegenheit hervorzugehen“. Endlich kam im März 1843 zwischen landesherrlichen Kommissaren und Deputierten des Adels und der Landbegüterten ein Vergleich zustande, nach dem den nicht zum eingeborenen und rezipierten Adel gehörenden Mitgliedern der Ritterschaft zwanzig neu eingerichtete Klosterstellen eingeräumt wurden, während alle anderen Rechte mit Einschluß der Verwaltung und Nutznießung der Klöster ein Vorrecht des Adels blieben. Nur sollte den bürgerlichen in gleicher Weise wie den adligen Mitgliedern das Prädikat „Hochwohlgeboren“ beigelegt werden. Nach anfänglichem Zögern gaben erstere sich mit diesem Ergebnis zufrieden.

Die Wichtigkeit und auch die Zeitverschwendung, mit welcher solche und ähnliche Standesfragen innerhalb der Ritter- und Landschaft behandelt wurden, mußte die öffentliche Kritik über das mecklenburgische Ständewesen herausfordern. Schon während des ritterschaftlichen Zwistes war eine Flut von Schriften und Gutachten für und wider die Landbegüterten erschienen. Sie berührten die Frage nach dem Wesen und dem Recht des ständischen Prinzips noch nicht oder nur nebenbei. Das aber wurde nunmehr in fast noch zahlreicheren Broschüren der Fall. Es mag hier nur an zwei erinnert werden: F. Liebe, Der Grundadel und die neuen Zustände, Leipzig 1844. „Es ist sehr charakteristisch,“ sagt Liebe über den mecklenburgischen Erbvergleich, „daß alles, was nicht die Prärogative der Stände, sondern nur das Gemeinwohl betrifft, gleichgültig genannt wird. Man sagte im vorigen Jahrhundert oft in aller Unschuld bittere Wahrheiten“. Spott und Zorn zugleich ergießt Lüders über die mecklenburgischen Stände. „Der Landtag ist der Kampfplatz“, ruft er aus, „wo der Egoismus der Privilegierten nach oben oder nach unten hin auf Kosten der Regierung oder des Volkes neue Eroberungen zu machen bemüht ist.“ „Die Stände repräsentieren nichts“, heißt es an einer anderen Stelle, „nicht einmal den Egoismus, sie sind vielmehr der Egoismus in eigener

Person und im eigenen Recht, indem sie ihre Rechte, Freiheiten und Gerechtigkeiten dem Rechte der Allgemeinheit gegenüber geltend machen." Daher erscheint ihm in Mecklenburg „jede vernünftige Regierung fast unmöglich, indem sich der Egoismus der Sonderinteressen (der Stände) dem von der Regierung vertretenen Gemeinwohl entgegenstemmt", denn „die Regierung hat die Bauern in den Domänen zwar nach Willkür höher besteuert, aber sie hat sie nicht von Haus und Hof gejagt, nicht, wie die Ritter, aus der Väter Erbe vertrieben. Das Bauernlegen der Ritter hat eine besitzlose Proletarierklasse in Mecklenburg geschaffen. Die Regierung ist auf Verbesserung des Volksschulwesens in den Ämtern bedacht, während die Ritter mit Hand und Mund dieser Verbesserung in ihren Distrikten widerstreben, – den durch Bildung aus stumpfer Tierheit erweckten, sich selbst bewußten Menschen fürchten sie". Lüders hatte, wenn man seine Worte mit den gemachten Angaben über das Bauernlegen und das ritterschaftliche Bildungswesen vergleicht, nur allzu recht. Der Eigennutz der Stände, vornehmlich der Ritterschaft, war in der Tat groß. Als ein Mitglied der Ritterschaft im Landtag einige Verfassungsmängel hervorhob und eine Abänderung vorschlug, erhielt er zur Antwort: „Gott bewahre, hier muß nichts geändert werden. Es kann sich hier nicht darum handeln, was zweckmäßiger ist, sondern was gebräuchlich ist 1)."

Wie in der Verfassungsfrage, so wurde auch auf dem Gebiete des Militärwesens durch den Bundestag keine Einheitlichkeit erzielt. Zwar wurde durch Bundesbeschlüsse vom April 1821 und Juli 1822 eine Kriegsverfassung festgelegt, nach der, unter Heranziehung von 1 Prozent der Bevölkerung aller Staaten für den aktiven und außerdem 1/2 Prozent für den Reservedienst, ein Bundesheer von 10 Armeekorps mit insgesamt etwa 650 000 Mann, 10 000 Pferden und 1150 Geschützen aufgestellt werden sollte. Innerhalb der einzelnen Armeekorpsbezirke aber blieb das alte Kontingentssystem bestehen. Jedes Kontingent hatte seine eigene Verwaltung, seine eigene Ausrüstung, eigene Waffen, Geschütze und Gewehre, sein eigenes Munitions-, Train-, und Proviantwesen. Die beiden Mecklenburg gehörten mit Holstein,

---

1) Pogge-Zierstorfs, Einige Worte über Landtagsverhandlungen im „Schweriner Abendblatt" vom 13. Nov. 1840.

Lauenburg, Hannover, den Hansestädten und Oldenburg zum 10. Armeekorps. Die Einteilung des Korps in Divisionen und Brigaden geschah auf einer Konferenz der beteiligten Staaten in Altona im Dezember 1822 durch die sogenannte Altonaer Schlußakte. Danach entfiel auf die beiden Mecklenburg zusammen eine Brigade. Die Kontingentsstärke für Mecklenburg-Schwerin betrug 3580, für Meklenburg-Strelitz 718 Mann.

Im einzelnen verteilte sich das Mecklenburg-Schweriner Militär auf vier Infanteriebataillone, je eins in Ludwigslust (Gardegrenadiere), Wismar, Rostock (Füsiliere) und Schwerin (leichte Infanterie), ein leichtes Kavallerieregiment in Grabow, eine Fußbatterie mit acht Geschützen in Schwerin und eine kleine Festungskompagnie in Dömitz. In dieser Formation und Garnisonverteilung blieb das Schweriner Bundeskontingent bis zum Tode Friedrich Franz' I. (1837). Dann wurde mit der Verlegung der Residenz von Ludwigslust nach Schwerin auch das Grenadierbataillon an letzterem Orte garnisoniert. Das auf vier (statt bisher zwei) Schwadronen verstärkte Kavallerieregiment wurde als Dragonerregiment von Grabow nach Ludwigslust verlegt. Das leichte Infanteriebataillon in Schwerin wurde in ein Jägerbataillon umgewandelt. Friedrich Franzens Enkel und Nachfolger Paul Friedrich, der nur fünf Jahre regierte (1837 –1842), führte 1839 das preußische Exerzierreglement und die preußische Felddienstordnung ein. Das Strelitzer Bundeskontingent bestand aus einem Infanteriebataillon zu 718 Mann mit der Garnison Neustrelitz. Nicht einmal unter den einzelnen Brigaden desselben Armeekorps gab es eine feste Verbindung, auch keinen einheitlichen Divisionsstab in Friedenszeiten; erst im Kriegsfall sollte ein solcher gebildet werden. So blieb jedes Bundeskontingent eine für sich abgeschlossene Wehrmacht. Eigentliche Manöver gab es noch nicht, sondern nur gelegentliche gemeinsame Übungen verschiedener Regimenter und Bataillone. Für Schwerin – manchmal auch zusammen mit Strelitz – fanden solche Übungen meist auf dem großen Exerzierplatz bei Schwerin statt. Für den Fall eines Krieges wurden von Bundes wegen bestimmte Bundesauflagen und die Mobilisierung einzelner Armeekorps zur Landesverteidigung oder Bundesexekution beschlossen. –

Blieb Mecklenburg somit hinsichtlich seiner Verfassung auch nach den Befreiungskriegen, in der sogenannten Restaurationszeit, noch durchaus rückständig, so setzte demgegenüber auf anderen Gebieten, besonders wenn der Einfluß der Regierungen die Macht der Stände überwog, zugleich eine für Land und Volk vorteilhafte Entwicklung ein. Bereits 1818 fand das Rechtswesen durch die Justizreform eine wesentliche Verbesserung. Am 1. Oktober d. J. wurde in Parchim ein beiden Großherzogtümern gemeinsamer oberster Gerichtshof, das Oberappellationsgericht, begründet, das später (1840) nach Rostock verlegt wurde. Während Mecklenburg-Strelitz einen eigenen Jurisdiktionsbezirk mit der Justizkanzlei in Neustrelitz bildete, wurde Mecklenburg-Schwerin in drei Bezirke geteilt mit den Kanzleien in Schwerin, Rostock und Güstrow, von denen letztere nach Aufhebung des dortigen alten Hof- und Landgerichts neu errichtet worden war. Die Zuständigkeit der Justizkanzleien und des Oberappellationsgerichts, das Prozeßverfahren, die Stellung der Advokaten, die Patrimonialgerichtsbarkeit u. a. m. wurde durch besondere Verordnungen neu geregelt. –

Wohl die bedeutendste Reform, die in der ersten Hälfte des 19. Jahrhunderts geschaffen wurde und eine Neubelebung vornehmlich der wirtschaftlichen Kräfte des Landes zur Folge hatte, war die Beseitigung der bäuerlichen Erbuntertänigkeit, kurzweg auch als Aufhebung der Leibeigenschaft bezeichnet. Schon seit der Mitte des 18. Jahrhunderts hatten sich die Stimmen gemehrt, die den Zustand der bäuerlichen Bevölkerung als unwürdig und mit den Interessen nicht nur des Bauern selbst, sondern auch des Grundherrn in Widerspruch stehend bezeichneten. Die bäuerliche Leibeigenschaft machte die Hoffnung, die man mit Recht auf die Einführung der Schlagwirtschaft für eine volle Entfaltung wirtschaftlichen Lebens gesetzt hatte, vielfach wieder zuschanden. „Es bringt nämlich die Natur und der Stand der Leibeigenschaft selbst es mit sich“, schrieb bereits der Kammerrat Wachenhusen in seinen „Gedanken“ von gänzlicher Abstellung der Leibeigenschaft in Mecklenburg vom 28. März 1750, „daß solche Leute von Jugend auf faul, niederträchtig und boshaftig geartet sind. Ein Leibeigener empfängt bei dem Einlaß in ein bäuerliches Gehöfte dasselbe mit den nötigen Gebäuden, bestellter Einsaat, auch mit erforderlichem Vieh und anderen Wehren versehen. Er weiß, daß alles nebst seinem eigenen und der Seinigen Leib nicht sein eigen ist, auch durch keinen Fleiß noch durch einige Bestrebung dergestalt zum Eigentum werden kann, daß er es auf seine Nachkommen vererben oder auf irgendeine andere Art darüber frei disponieren könnte. Darüber wird er träge und niederträchtig, ja, wie oben gedacht, zu Zeiten gar boshaftig. Er bekümmert sich selten darum, ob seine Gebäude stehen oder fallen. Könnte er auch durch Ausstopfung einer einzigen Lücke im Dach der Fäulung des Balkens und der Sparren zuvorkommen, könnte er ohne Vergießung eines Schweißtropfens die Sohlen seines Hauses und der übrigen Zimmer abräumen und sie vor Vermoderung bewahren, so wird er doch selten mit gutem Willen und ungezwungen eine Hand danach ausstrecken. Laß es fallen und verderben, denkt der Leibeigene, es fällt und verdirbt dem Grundherrn, der es zu seiner Zeit schon wieder bauen und aufrechthalten muß". Der Engländer Nugent, der 1766 Mecklenburg bereiste, verglich die Bauern mit dem, „was die Lateiner adscripti glaebae nannten", und ihre Leibeigenschaft mit derjenigen, wie sie „vormals unter den römischen Kaisern existierte". Solche Worte waren nicht übertrieben. Denn in dem Eid, den der Leibeigene zu leisten hatte, hieß es ausdrücklich, „daß ich meiner Obrigkeit, dem Herrn . . . . und dessen Erben, als ein Erbuntertan treu, hold und gehorsam verbleiben und aus seinen Gütern, solange ich lebe, wider seinen Willen nicht entweichen oder entlaufen will; widrigenfalls, da ich dennoch solches tun sollte, wünsche ich, daß ich an meinem Leibe verlahme und wie ein Stock am Zaun verdorre, auch kein Segen, Glück und Bedege (Anspruch) sowohl an meinem jetzigen als auch künftigen Vieh und sonstiger Habe haben möge". Johann Heinrich Voß schrieb in seiner Idylle „Die Leibeigenen", die er auf Grund seiner eigenen Erlebnisse in der „Raubburg" und dem „Diensthaus" Ankershagen bei Penzlin verfaßte, wo er drei Jahre lang (Sommer 1769 bis Ostern 1772) als Hauslehrer weilte:

> Was? Noch Treue verlangt der unbarmherzige Fronherr,
> Der mit Diensten des Rechts (sei Gott es gettagt) und der Willkür
> Uns wie die Pferde abquält und kaum wie die Pferde beköstigt?
> Der, wenn darbend ein Mann für Weib und Kinderchen Brotkorn
> Heischt vom belasteten Speicher, ihn erst mit dem Prügel bewillkommt,

Dann aus gestrichenem Maß einschüttet den kärglichen Vorschuß?
Der auch des bittersten Mangels Befriedigung, welche der Pfarrer
Selbst nicht Diebstahl nennt, in barbarischen Marterkammern
Züchtiget und an Geschrei und Angstgebärden sich kitzelt?
Der die Mädchen des Dorfes mißbraucht und die Knaben wie Lastvieh
Auferzöge, wenn sich nicht erbarmeten Pfarrer und Küster?

Noch im Jahre 1802 konnte der preußische Staatsmann, Freiherr vom Stein, gelegentlich einer Reise durch Mecklenburg in einem Schreiben das Urteil fällen: „Die Wohnung des mecklenburgischen Edelmannes, der seine Bauern legt, statt ihren Zustand zu verbessern, kommt mir vor wie die Höhle eines Raubtiers, das alles um sich verödet und mit der Stille des Grabes umgibt".

Zwar gab es für den Bauer die Möglichkeit, sich aus seiner Knechtschaft zu befreien. Aber die Höhe der Loskaufsumme, die das Vermögen des Bauern meist weit überstieg, besonders wenn er nicht für seine Person allein, sondern auch für die Familie zu zahlen hatte, der Sprung ins Ungewisse und die Gefahr, anderswo kein Unterkommen zu finden und vielleicht auf der Landstraße umkommen zu müssen, ließen für die meisten Bauern eine Veränderung ihrer Lage als ausgeschlossen erscheinen. Nur wenigen, die sich loskaufen konnten oder sonstwie vom Herrn aus besonderen Gründen die Freiheit erhielten, gelang es, sich eine andere, bessere Lebensstellung zu verschaffen.

Es mag wohl wenig bekannt sein, daß schon bald nach Beendigung des Siebenjährigen Krieges der Herzog Friedrich von Schwerin zugleich mit der Regulierung (Neuvermessung) der Domanialbauerndörfer und ihrer Einteilung in Schläge nach dem Prinzip der siebenschlägigen Wirtschaft den Versuch machte, seine Bauern unter möglichster Ablösung aller Dienste auf reine Geldpacht zu setzen. Herzog Adolf Friedrich IV. von Strelitz folgte seinem Beispiel. Für die einzelnen Bauernhufen, die allerdings noch nicht separiert wurden, sondern in der neuen Schlageinteilung Stück um Stück lagen, wurde eine bestimmte Pachtsumme festgesetzt. Die Befürchtung der größeren Pächter, daß sie auf ihren Hufen nicht ohne die Dienste der Bauern wirtschaften könnten, auf die man auch anfangs noch Rücksicht nahm, indem die Hand- und Spanndienste auf die Pacht abgerechnet wurden, erwies sich bald als grundlos. Deputatknechte und Tagelöhner traten an die

Stelle der Bauern in den Hofdienst. Bei Neuverpachtungen wurden die alten Bauerndienste nicht mehr kontraktlich festgelegt. Es war allerdings ein großer Fehler, daß die Regierungen die Bauernhufen nicht direkt an die Bauern verpachteten, sondern sich sogenannter Generalpächter bedienten, denen die einzelnen Ämter überlassen wurden. Um viel Verdienst zu erzielen, erhöhten diese die von den Bauern zu zahlende Pacht.

Die Regierung selbst war sich, wie verschiedene einander widersprechende Gutachten der Beamten zeigten, anscheinend über die Ausführung noch nicht im klaren. Die Schuldenlast der Kammer zwang den Herzog Friedrich Franz zu mancherlei Maßnahmen, die dem günstigen Fortgang einer Bauernbefreiung hinderlich waren. Die zu Beginn des 19. Jahrhunderts einsetzenden Kriegsnöte, besonders die schlimme Franzosenzeit, machte dem ganzen Versuch, mit dem übrigens auch eine Büdneransiedlung Hand in Hand ging, schließlich ein Ende.

Im Ritterschaftlichen war an eine bäuerliche Reform überhaupt noch nicht zu denken. Hier waren die Bauern oft nichts anderes als Knechte, viele von ihnen befanden sich sogar in der Stellung von Sklaven. Ihre Lage wurde nach dem Siebenjährigen Kriege, als die Gutsherren mit allen Mitteln die erlittenen Schäden wieder auszugleichen suchten, noch schlechter. So wanderten denn viele nach Rußland aus, dessen Regierung zu Ansiedlungen in noch ziemlich unbebauten Landstrichen unter günstigen Versprechungen und Bedingungen aufforderte. Verschiedene landesherrliche Verordnungen verboten daher, daß „Lediglose“ und „ganze leibeigene Familien, die doch nach Unsern Landesrechten ihrer Leiber nicht mächtig sind, selbst mit der ihnen nicht zuständigen Hofwehr sich ihren Herrschaften entzögen und heimlich entwichen“, da sonst, „wofern diesem Unwesen nicht auf das nachdrücklichste gesteuert würde, eine Entvölkerung Unserer ohnehin von Menschen sehr entblößten Lande und die Zugrunderichtung aller Landbegüterten zu besorgen wäre“. Den Gutsherren aber boten solche Bestimmungen eine gute Handhabe für eine strenge und harte Behandlung ihrer Bauern. Die bedrängte Finanzlage des Herzogs Friedrich Franz kam ihnen dabei noch mehr zu Hilfe. Gleichsam als ein Äquivalent für Geldbewilligungen an die Regierung forderte die Ritterschaft wieder das Recht des Bauernlegens, gegen das die Regierung seit einiger Zeit mit Verboten energisch eingeschritten war. Wieder begann der Vernichtungskampf gegen die Bauern. In dem ersten Jahrzehnt des 19. Jahrhunderts wurden auf diese Weise etwa 125 Bauern beseitigt.

So geschah es denn, daß die Stände, als im September 1808, kurz nach der preußischen Reform des Freiherrn vom Stein, der Herzog auf dem Konvokationstag in Rostock unter anderen Vorschlägen, wie „die Vereinfachung des Kontributions- und Steuerwesens" und die Verbesserung der „Lehnsverfassung", auch „die Abschaffung der Leibeigenschaft" als „eine auf das allgemeine Wohl abzweckende Besserung" bezeichnete, die Stände, vornehmlich die Ritterschaft, zu diesem Punkt überhaupt schwiegen. Mit der Ablehnung der vom Fürsten vorgeschlagenen „Abänderungen der bisherigen Verfassung" wurde auch die als „notwendige Veränderung der bisherigen Verhältnisse" mitbezeichnete Aufhebung der Leibeigenschaft beiseite gestellt. Obgleich sich in den nächsten Jahren mit Hinweis auf den Fortgang der Bauernbefreiung in den Nachbarländern, vornehmlich Preußen, auch in Mecklenburg Stimmen für die gleiche Maßnahme erhoben, so blieb man hier doch noch im Rückstand. Selbst die herzogliche Zusicherung, allen Leibeigenen, die sich am Freiheitskampf beteiligen würden, die Freiheit zu schenken, fand nach siegreicher Beendigung des Feldzuges wohl in den fürstlichen Domänen teilweise Erfüllung, blieb aber seitens der Ritterschaft ganz unbeachtet. Es wird sogar von Bauern, die alle Kämpfe mitgemacht hatten, berichtet, daß sie nach ihrer Entlassung von den Gutsherren wieder in volle Leibeigenschaft gesetzt wurden, der sie sich schließlich nur durch Flucht ins Ausland entziehen konnten. Erst im Herbst 1815 trat die Landschaft auf ihrem Städtekonvent energisch für die „Freiheit der unterjochten Landbewohner" ein und wollte den Bauern nicht mehr „zur Zugabe der Erdscholle" oder „zum willenlosen Lasttier" machen, auch nicht dulden, daß „der edle Unfreie, der jetzt freiwillig für die Freiheit kämpfte und sie dem Vaterlande mit seinem Blut erkaufte, wieder an die Sklavenkette gelegt" oder gar „dem widernatürlich eingebürgerten Fremdling feilgeboten werde". Mit dem „Fremdling" waren die Juden gemeint, denen durch eine Verordnung vom 22. Februar 1813 das Recht, Grundbesitz zu erwerben, zugestanden worden war. Zwei von ihnen, die Gebrüder Jakobson, hatten daraufhin Rittergüter gekauft.

Die Forderung der Landschaft fand jedoch in der Ritterschaft, vornehmlich beim Adel, noch wenig Anklang. Gleichwohl war es einer aus ihren Reihen, ein Mitglied des ältesten Adels, der Erblandmarschall Reichsfreiherr Ferdinand von Maltzahn auf Burg Penzlin, der in völlig eigenmächtiger und uneigennütziger Weise am 18. Oktober 1816, dem Jahrestag der Völkerschlacht bei Leipzig, auf seinen Gütern die Leibeigenschaft aufhob. Allgemein für Mecklenburg wurde ihre Beseitigung erst nach langen Verhandlungen auf dem Landtag zu Sternberg 1819 beschlossen und durch das Edikt vom 18. Januar 1820 (im Schwerinschen) und vom 22. desselben Monats (in Strelitz) zum Landesgesetz mit Gültigkeit von Ostern 1821 ab erhoben.

Lange hatte sich die Ritterschaft gegen diese Neuerung gesträubt. Immer wieder betonte sie die mit ihr verbundene Gefahr einer zu großen Abwanderung von den Gütern. Tatsächlich aber lag dem mecklenburgischen Bauern bei seiner bisherigen Unselbständigkeit, ja Unbehilflichkeit ein ausgedehnter Wandertrieb noch völlig fern. Wohin sollte er auch ziehen? Es gab gerade damals noch überall Arbeitskräfte genug, und ein Recht der Niederlassung stand ihm weder in der Stadt noch im Domanium, d. h. in den fürstlichen Domänen, zu. Trotzdem wurde die Besorgnis der Gutsherrn dadurch beseitigt, daß man in den ersten vier Jahren die sogenannte Freizügigkeit der Bauern nach Möglichkeit beschränkte. Es sollte in jedem Herbst nur immer ein bestimmter Teil, etwa der vierte, der bisherigen leibeigenen Bauern durch den Herrn von der Scholle entlassen werden dürfen. Dabei aber stand dem Herrn das gleiche Kündigungsrecht wie dem Bauern zu, und nach § 12 des Gesetzes sollte der Gekündigte, wenn er anderwärts keine Arbeitsstätte fand, „gerichtlich ausgeworfen und demnächst mit den Seinen als Heimatloser in das Landarbeitshaus abgeliefert werden", das 1817 in Güstrow eingerichtet worden war. Denn der bisherige Gutsherr war zur Wiederaufnahme des Bauern oder zur Gewährung eines Obdachs nach dem Gesetz nicht mehr verpflichtet.

Diese letztere Bestimmung bedeutete eine große Härte in dem an sich sonst guten Gesetz. Denn als wegen der guten Ernten der Jahre 1819 und 1820 die Kornpreise so stark sanken, daß sie kaum die Kosten der Produktion deckten, und das Angebot von Arbeitskräften die Nachfrage weit überstieg, da verfuhren manche Gutsherrn kurz und schroff gegen nicht völlig willfährige Bauern und kündigten sie ohne weiteres. War doch schon der Gedanke, sich solcher Bauern wie überhaupt aller überschüssigen Arbeitskräfte zu entledigen, ein leise versteckter Grund für die Ritter zur Annahme des Gesetzes gewesen. Beängstigend stieg daher in kurzer Zeit die Zahl der Heimatlosen im Landarbeitshaus. Auch das Bauernlegen hörte nicht auf; bis zum Jahre 1823 mußten noch über hundert Bauern daran glauben.

So war denn das ganze Gesetz für die meisten Bauern zunächst nicht viel mehr als eine ziemlich leere Formel. Wer sich und die Seinen vor Verarmung schützen und nicht einer ungewissen Zukunft entgegengehen wollte, der mußte sich auch weiterhin der Willkür des Herrn unterwerfen und ihm durch sklavische Dienstfertigkeit zu Willen sein, ja, wie Zeitgenossen zu berichten wissen, sogar bei geringfügigen Versehen lieber um harte Bestrafung und selbst körperliche Züchtigung bitten als den gefürchteten Kündigungsschein nehmen.

Gerade dieses Widerspiel jeglichen Gerechtigkeitssinnes hat denn auch die Gegner des Gesetzes vom 18. Januar 1820 – und ihrer gab es nicht wenige – voreilig in dem Urteil bestärkt, als sei durch die Aufhebung der Leibeigenschaft mehr Schaden als Nutzen angerichtet worden. Die anfänglich eintretenden unangenehmen Folgen mochten allerdings diese Ansicht nicht unbegründet erscheinen lassen; sie waren aber nicht durch die Bauernbefreiung an sich gegeben, sondern lagen in der Unvollkommenheit des Gesetzes selbst. Mochte auch der bisher mit Person und Familie, mit Gut und Blut an die Scholle gebundene, vom Grundherrn bevormundete und entrechtete Bauer die persönliche Freiheit erlangen können, mochte damit auch der erste Schritt zur Entwicklung eines selbständigen, mündigen Bauerntums getan sein: wirkliche Freiheit und Selbständigkeit bot das Gesetz dem Bauern in dieser Form noch nicht. Dem Bauern war das Heimatrecht, das er in der Leibeigenschaft besessen hatte, in der Freiheit genommen, und kein Äquivalent war dafür geschaffen, außer daß er ins Landarbeitshaus wandern und dort als Art Auswurf der Menschheit verkommen konnte.

Diesem bald erkannten Übelstand suchte die Regierung durch die unter dem 21. Juli 1821 (mit Ergänzung vom 1. November 1823) für das ganze Land geschaffene Ordnung des Armenwesens und des Heimatrechts abzuhelfen. Danach sollten die Gutsherrn dem Ausgeworfenen, falls er keine neue Arbeitsstätte fand, weiterhin ein einfaches Obdach mit Herd und Ofen nebst angemessener Arbeit und Lohn geben, „um ihn so von Müßiggang und Bettelei sowie von Belästigung anderer abzuhalten". Nur wer dreimal die angesagte Arbeit verweigerte, selbst oder durch seine Kinder bettelnd betroffen wurde, sollte ohne weiteres dem Landarbeitshaus verfallen. Außerdem sollte fortab ein zweijähriger Aufenthalt mit eigenem Herd – bei Dienstboten, Handwerksgesellen und Lehrburschen jedoch erst ein fünfzehnjähriger Aufenthalt – der Betrieb eines eigenen Gewerbes oder das Leben vom Vermögen an demselben Ort das Heimatrecht daselbst bewirken, anderseits aber auch eine zweijährige Abwesenheit dieses Rechtes verlustig gehen lassen.

Aber auch diese Bestimmungen, so trefflich sie auf den ersten Blick erscheinen mochten, waren für viele nichts anderes als ein Danaergeschenk. Eine nicht geringe Zahl ländlicher Abwanderer fand anderswo nicht oder doch nicht gleich ein Unterkommen. Denn wie einst dem Gesetz über die Aufhebung der Leibeigenschaft das über das Heimatrecht fehlte, so diesem noch wieder das über das Recht der freien Ansiedlung. Sowohl im Domanium als auch in der Ritterschaft und in den Städten bedurfte jeder Fremde zur Niederlassung der besonderen Erlaubnis seitens der betreffenden Obrigkeit. Der Mecklenburger hatte danach tatsächlich kein Vaterland, sondern nur ein Vaterdorf, eine Vaterstadt. Die Erlaubnis zur Niederlassung und die damit verbundene Möglichkeit zum Erwerb des Heimatrechts wurde, um der Verpflichtung zur Erhaltung der in Not geratenen Heimatberechtigten zu entgehen, nur spärlich und mit größter Vorsicht erteilt. Am günstigsten lagen die Verhältnisse noch im Domanium, in dem als in einem großen einheitlichen Landesteil der Landesfürst die letzthin zuständige Obrigkeit bildete. Aber das Domanium war für eine plötzliche Zuwanderung infolge Mangels an Obdach und Kleinbesitz noch nicht eingerichtet. Der auch dort noch sehr verbreitete wirtschaftliche Großbetrieb hatte bereits hinreichende Arbeitskräfte. Eine Abwanderung aus dem Domanium fand im ganzen nur wenig statt und wurde durch eine fast gleichzeitig erlassene Domanial-Amtsarmenordnung noch weiter beschränkt. Schon hierin trat der Vorzug des Domaniums vor der Ritterschaft zutage, der sich in der Folgezeit noch mehr steigerte.

Denn noch war die große wirtschaftliche Reform der Bauernbefreiung, die mit der Beseitigung der bäuerlichen Erbuntertänigkeit begonnen hatte, nicht abgeschlossen. Die Schaffung von freiem bäuerlichen Kleingrundbesitz, die das eigentliche Ziel der Bauernbefreiung sein mußte, war von vornherein auf große Schwierigkeiten gestoßen. Ganz abgesehen davon, daß die Ritterschaft eine solche Bauernsiedlung für ihr Gebiet ablehnte, so widersprach sie auch einer Durchführung derselben im Domanium. Da dies umfangreiche fürstliche Besitztum – der geschichtlichen Entwicklung des Landes entsprechend – als eine nie versiegende Geldquelle stets in erster Linie für die Bestreitung der Regimentskosten in Betracht kam, so wollte die Ritterschaft seine Integrität (Unveränderlichkeit) gewahrt wissen. Es ist allerdings nicht zu leugnen, daß sie mit dieser Forderung auch den im Landesgrundgesetzlichen Erbvergleich niedergelegten Grundsätzen im Finanz- und Steuerwesen Mecklenburgs durchaus entsprach. So bot ihr denn der Erbvergleich eine gesetzliche Handhabe gegen alle von der Landesherrschaft beabsichtigten Neuerungen, und immer machte sie die Integrität des Domaniums zur Vorbedingung für ihre positive Mitarbeit an einer Weiterbildung aller politischen, sozialen und wirtschaftlichen Verhältnisse des Landes im Sinne landesherrlicher Reformvorschläge. Eine Veräußerung von domanialem Grund und Boden an die nunmehr der Erbuntertänigkeit entzogenen Bauern zum freien Besitztum, d. h. eine Ansiedlung neuer Kleinbesitzer auf dem Lande, war demgemäß für die Regierung ausgeschlossen. Es gab für sie zunächst nur den einen Weg der Zeitpacht. Der immerhin unsichere und beschränkte Besitzstand des Pächters konnte jedoch nicht zu der so nötigen Bildung eines bodenständigen Bauerntums führen. Ein anderer Modus, der dem freien Besitz näher kam, mußte gefunden werden. Das geschah im Schwerinschen durch die Umwandlung der Zeitpacht in die sogenannte Erbpacht oder Erbzinsleihe nach der Verordnung vom 4. April 1822 unter gleichzeitiger Separation der Bauernhufen. Gegen Zahlung eines Erbstandsgeldes, das im Grunde ein Kaufgeld für die dem Pächter überlassenen Gebäude, das Inventar und die Feldbestellung darstellte, gegen Entrichtung eines Kanons, d. h. einer jährlichen, unablösbaren Rente (Geld- oder Naturalzinses), und gegen die Verpflichtung, das Gut nicht zu verschlechtern, sondern ordnungsgemäß instandzuhalten, wurde die Nutzung des Gutes für immer von dem Grundeigentümer an den Erbpächter überlassen, und zwar mit dem Recht der freien Vererbung und auch Veräußerung. Doch war für den Fall des Verkaufs oder der Verpfändung durch den Erbpächter gewöhnlich die Zustimmung des Erbverpächters, hier des Landesherrn, nötig, dem auch das Vorkaufsrecht verblieb.

In Mecklenburg-Strelitz begann nun ebenfalls die Separation der Bauernhufen, von denen viele nun erst für den Betrieb der Schlagwirtschaft, die im Schwerinschen schon im 18. Jahrhundert allgemein eingeführt worden war, eingerichtet wurden. Eine regierungsseitig gewünschte Beförderung der Vererbpachtung der Bauern, wie es im Schwerinschen der Fall war, gab es hier jedoch noch nicht. Die Zeitpacht blieb zunächst der alleinige Modus für die Bauernsiedlung.

Für die Ritterschaft, die von einer Separation, Zeit- und Erbpacht nichts wissen wollte, wurde der immer wachsende Abzug der Bauern geradezu verhängnisvoll, weil er großenteils ohne Vorteil für die Abziehenden blieb und viele Bauern mitsamt ihren Familien auf die Landstraße und an den Bettelstab brachte. Zwar fanden manche von ihnen auf anderen Gütern wieder Aufnahme. Aber in der völlig einheitslosen Ritterschaft war jeder Herr seine eigene Obrigkeit und bestimmte über die Aufnahme Fremder. Er suchte sie, wenn er sie aufnahm, auch bald wieder abzuschieben. Vor allem geschah das bei Verunglückten, nicht völlig Unterwürfigen oder des Ernährers beraubten Witwen und Kindern. In den Städten lagen die Verhältnisse nicht viel anders. Hier fehlten zudem vielen die nötigen Mittel zum eigenen Anbau und Erwerb. Das Handwerk befand sich noch ganz in den strengen Vorschriften des Zunftwesens, das eine eigenmächtige Etablierung Fremder verbot und unmöglich machte. Der Weg ins Ausland aber war für den mecklenburgischen Bauern noch durchaus neu und ungewohnt, außerdem mit vielen Schwierigkeiten verknüpft. Nach dem mit vielen Enttäuschungen verbundenen und im ganzen fehlgeschlagenen Versuch mit Rußland im 18. Jahrhundert war dazu auch wenig Stimmung vorhanden. Überhaupt besaß das Ausland, abgesehen vielleicht von den Städten Hamburg und Berlin, noch wenig Zugkraft. Wer zudem die vorgeschriebene Zeit von seinem Heimatort ferngeblieben war und sie an mehreren Orten verbracht hatte, hatte keine Heimat mehr. Das war aber bei einer großen Zahl von Gewerbetreibenden, besonders bei Dienstboten, nicht nur möglich, sondern sogar notwendig. Und was das Schlimmste war, die Obrigkeiten wiesen viele, in erster Linie das Dienstgesinde, vor Ablauf der festgesetzten Zeit zur Erwerbung des Heimatrechts, bisweilen sogar kurz vorher, aus und entzogen sich somit allen etwaigen Verpflichtungen gegen sie. Was der große Heimatdichter Fritz Reuter in seinem herrlichen Werk „Kein Hüsung“ geschildert hat, es traf den Kern und das Grundübel der zwanziger Jahre. Dauernd lag eine Anzahl Bauern sowie ländlicher Tagelöhner, Handwerker und Einlieger mit ihren Familien auf der Landstraße bei der Suche nach Arbeit.

Bald füllte sich das Landarbeitshaus in erschreckender Weise. Schon 1824 war die Zahl der Insassen derartig groß, daß man viele von ihnen über den Ozean nach Brasilien entsandte. Eine um diese Zeit von einer Landeskommission vorgenommene Visitation enthüllte die denkbar traurigsten Zustände. Eine Flut von Heimatlosen, die sich selbst noch durch Fortpflanzung ständig vergrößerte, befand sich in der Anstalt. Seit 1822 waren dort 146 Kinder geboren und von ihnen „bei weitem die meisten außerehelich von heimatlosen Personen. Von diesen unglücklichen Geschöpfen“, so hieß es, „werden die wenigsten in Zukunft eine Heimat für sich begründen und zur Verheiratung gelangen, da sie keinen Ort besitzen, in dem sie auf eine Niederlassung Anspruch machen können, und da sie arm sind. Sie zeugen daher eine neue Generation unehelicher Kinder“.

So waren in der Tat die bäuerlichen Verhältnisse in der Ritterschaft gegenüber denen im Domanium äußerst ungünstig. Ständig waren die Regierungen bemüht, auch hier Wandel zu schaffen. Bereits 1821 hatten zwischen Großherzoglichen Kommissaren und ständischen Deputierten Verhandlungen über die Separation bezw. Vererbpachtung der ritter- und landschaftlichen Bauerngüter begonnen. Die Landschaft entschied sich im Interesse der Versorgung der Städte mit landwirtschaftlichen Produkten für einen selbständigen, ausgedehnten Bauernstand. Die Ritterschaft dagegen wollte davon nichts wissen. Im Strelitzschen wurde allerdings unter dem 10. Dezember 1824 zwischen Regierung und Ritterschaft eine Vereinbarung über die Umwandlung bestimmter älterer Bauernstellen im Erbpachtbesitz getroffen, aber die Inhaber der Stellen erhielten nur das erbliche Nutzungsrecht, nicht das Verkaufsrecht. Der einzige Vorteil des ritterschaftlichen Erbpachtbauern gegenüber dem Zeitpachtbauern bestand demnach darin, daß er vom Gutsherrn nicht willkürlich gekündigt oder in der Pacht gesteigert werden konnte. Es wurde aber in dem betreffenden Edikt zugleich bestimmt, daß alle Nieder- und Umlegungen von Bauernstellen, die vor dem Jahre 1801 stattgefunden hatten, ebenso einige Veränderungen nach dieser Zeit zu Gunsten des Gutsherrn von Bestand bleiben sollten. Im Schwerinschen wollte die Ritterschaft den freigewordenen Bauern das Erbzinsrecht geben, doch nur, um ihre Stellen möglichst klein, höchstens 2 Hektar, zu gestalten. Eine diesbezügliche Verordnung kam am 6. Februar 1827 zustande, jedoch unter Beibehaltung des Gutsverbandes. Zudem mußte sich die Regierung, als Entgelt für die Aufhebung der Leibeigenschaft, der Ritterschaft gegenüber dazu verstehen, daß alle auf früherem Hoffelde errichteten Bauernstellen gelegt werden könnten. Dadurch war der kleinbäuerlichen Entwicklung im Ritterschaftlichen ein neues Hindernis bereitet. Noch fanden wieder neue Verhandlungen zwischen Regierung und Ritterschaft in Doberan statt. Sie wurden aber 1827 ergebnislos abgebrochen. Die Ritterschaft forderte immer mehr Zugeständnisse und wollte, wie die Regierung erklärte, „fast gänzlich wieder freie Hand über ihre Bauern erhalten“. Zwar wurde noch eine Anzahl kleiner Zeitpächter geschaffen. Erbpachtungen auf Grund freier Vereinbarungen aber entstanden nur selten. Hervorzuheben sind in dieser Hinsicht nur die sogenannten sechs alten freien Bauernschaften der einst ritterschaftlichen Güter Wendisch-Priborn, Niendorf (und Teschenbrügge), Kossow, Buchholz, Grabow und Zielow. Sie hatten, teilweise schon früh, vor 1800, den Gutsherren ihre gutsherrlichen Rechte abgekauft mitsamt der Landstandschaft, die für sie der betreffende Schulze auf dem Landtage ausübte. Ein derartiges Verfahren war später jedoch ausgeschlossen. Zwar konnten auf Grund weiterer landesherrlicher Verordnungen auch die ritterschaftlich-bäuerlichen Zeitpächter von ihrem Grundherrn ein Anrecht auf Erbpachtbesitz erhalten, aber nur unter rein willkürlichem Zugeständnis seitens des Grundherrn und mit sehr beschränktem Erbrecht in der Familie des Bauern, so daß davon im ganzen wenig Gebrauch gemacht worden ist. –

Zu der Justizreform und der Aufhebung der Leibeigenschaft traten noch andere neue Einrichtungen und Verbesserungen im öffentlichen Leben. So nahm das Versicherungs-, Sparkassen- und Kreditwesen einen kräftigen Aufschwung. Unter den Anstalten der ersten Art mögen neben der bereits 1797 und 1801 begründeten (1835 neu geregelten) Doppelanstalt der mecklenburgischen Hagel- und Mobiliar-Brand-Assekuranz in Neubrandenburg noch genannt werden: die Domanial-Brandversicherungsanstalt von 1817 in Schwerin, die Vaterländische Feuerversicherungssozietät von 1828 in Rostock und der Feuerversicherungsverein für Mecklenburg zu Güstrow, der 1833 ins Leben gerufen wurde und bis 1849 auch noch eine Abteilung für Hagelversicherung enthielt. Das städtische Sparkassenwesen nahm in Mecklenburg-Schwerin 1821 mit der Sparkasse in Schwerin, in Strelitz 1827 mit einer solchen in Neustrelitz seinen Anfang. Bis 1850 folgten 23 weitere Sparkassen, darunter die in Rostock (1825), in Wismar und Güstrow (1826), in Grabow (1830), in Wittenburg (1836), in Malchin (1844), in Parchim (1845) und in Schwaan (1848). Zur Hebung des Kreditwesens, besonders für die Landgüter, deren Wert sich bald nach dem Ende der Freiheitskriege infolge Sinkens der Kornpreise erheblich verringert hatte, begründete eine Anzahl Gutsbesitzer unter dem 11. Juli 1819 den schon ein Jahr zuvor landesherrlich bestätigten Ritterschaftlichen Kreditverein. Jedes Mitglied haftete dem Verein gegenüber mit dem vollen Wert seines Gutes. Zur Förderung der Volksgesundheit wurde 1818 in Strelitz, 1830 in Schwerin ein Medizinalkollegium (bzw. Kommission) zur Aufsicht über alle ärztlichen Personen mit Einschluß der Apotheker und Hebammen und über alle Heilanstalten eingesetzt. Die Gesamtzahl aller Medizinalpersonen stieg in Mecklenburg-Schwerin in der Zeit von 1820 bis 1850 (bei einer Zunahme der Bevölkerung von 394 auf 534 tausend) von 171 auf 393; darunter waren zuletzt 198 Ärzte. Diese verteilten sich jedoch noch ausschließlich auf die Städte, vornehmlich die größeren. Landärzte traten erst in der zweiten Hälfte des Jahrhunderts hervor, und auch dann noch in nur sehr wenig Dörfern. In Mecklenburg-Strelitz zeigt die Entwicklung ein ähnliches Bild, nur daß das Verhältnis der Zahl der Ärzte zu der der Einwohner sich im ganzen etwas günstiger als im Schwerinschen gestaltete. Irren-Heil- und Pflegeanstalten wurden zu der in Strelitz (Alt) bereits bestehenden zwei weitere zu Schwerin (Sachsenberg) und Rostock (St. Katharinen, frühere Kirche der Franziskaner), beide 1825, errichtet. In Schwerin gab es um diese Zeit auch schon ein Impfinstitut. Aus der Zahl milder Stiftungen und Wohltätigkeitsanstalten, die zum Teil schon früher begründet, nun aber erneuert wurden, mögen hervorgehoben werden: das Witweninstitut für die Großherzogliche Zivil- und Militärdienerschaft, gestiftet bereits 1797, erweitert auf die Prediger und Schullehrer 1833, das Ratswitweninstitut für die Städte, des mecklenburgischen und wendischen Kreises vom 20. November 1818, sowie eine Anzahl Kleinkinderbewahranstalten: in Rostock (1833), veranlaßt durch die im Jahre zuvor herrschende Cholera, in Schwerin (1835 und 1845), in Wismar (1839), in Parchim (1845) und in Plan (1846). Durch den 1843 in Rostock ins Leben gerufenen Hauptverein für innere Mission wurde Ostern 1845 das Rettungshaus für verwahrloste Knaben, seit 1850 auch für Mädchen, zu Gehlsdorf bei Rostock eröffnet. – Behufs Förderung der Volks - und Jugendbildung wurden in den größeren Städten sowie an den Schulen, vornehmlich den höheren, alte Bibliotheken, wissenschaftliche und Kunstsammlungen vermehrt und neue begründet. Die Großherzogliche Gemäldegalerie in Schwerin zählte 1836 bereits 700, die in Ludwigslust 218, eine dritte in Neustadt 180 Ölgemälde. Zur Förderung der mecklenburgischen Altertumskunde erneuerte Friedrich Franz I. 1836 eine alte Verordnung von 1804, betreffend Nachgrabungen im Lande. Wie Rostock schon 1785, so erbauten auch Güstrow und Wismar (1828 bzw. 1842) sich ein eigenes Schauspielhaus. Besonders die weit über Mecklenburgs Grenzen hinaus bekannte Krampesche Truppe vom Schweriner Theater gab in den genannten drei Städten ihre Gastvorstellungen. Aus ihr gingen, als sich das Schweriner Privattheater 1836 zum Hoftheater umwandelte, auch die besten Kräfte für diese neue Stiftung hervor, die damals einen Jahreszuschuß von 15 700 Talern erhielt. Bis Mitte des Jahrhunderts wuchs derselbe jedoch schon auf das Dreifache an. Auch das Neustrelitzer Hoftheater stand damals bereits in gutem Ruf.

Das Städtewesen in der ersten Hälfte des 19. Jahrhunderts betrafen besonders zwei Verordnungen aus dem Jahre 1827. Die erste, ein Zirkular vom 18. August, handelte von der „Aufnahme neuer Ankömmlinge", bei der bisher eine „große Ungleichheit und Ungemäßheit im Verfahren" stattfand, die wiederum „vielfältige Beschwerdeführungen über willkürliche und unbillige Behandlung" zur Folge hatte. So sollten denn fortab zum Erwerb des Einwohnerrechtes als notwendige Vorbedingungen gelten: vollendete Genügung der aktiven Militärpflicht, ein untadelhafter Ruf, Volljährigkeit, ein selbständiger, kunstmäßig erlernter und mit den Zunftgesetzen in Einklang stehender Erwerbszweig, der Besitz eines angemessenen Hausgerätes und eines zum Gewerbe- oder Nahrungsbetriebe erforderlichen Vermögens. Wenn der neue Ankömmling bereits in einem Alter war, das „eine baldige Unfähigkeit zur Arbeit und zum Erwerb besorgen" ließ, oder wenn „gegründete Bedenken in Ansehung der Zahl seiner Kinder und sonstiger Angehörigen" bestanden, ebenfalls wenn das betreffende Gewerbe an dem Orte „schon zu sehr übersetzt" war, so konnte der Magistrat, von dessen „pflichtmäßigem Ermessen" die Aufnahme abhing, diese versagen. Grundbesitz allein sollte keinen Anspruch auf „Rezeption" gewähren, wohl aber die Anstellung in einem öffentlichen Dienst.

Die zweite Verordnung, ein Reskript an die Vorderstädte vom 20. August, enthielt Bestimmungen über eine allgemeine Städteordnung. Danach sollte den Städten „ihr inneres Regiment und die selbständige Verwaltung ihres Vermögens ungekränkt verbleiben". Die Regierung behielt sich nur die „Oberaufsicht zur Verhütung und Abhelfung von Mißbräuchen aller Art und von übler Verwaltung oder schlechter Wirtschaft mit dem Stadtvermögen" vor. Als Hauptgrundsätze für eine Regulierung und Verbesserung der einzelnen Stadtverfassungen machte die Regierung geltend: „die Aufstellung eines jährlichen, der Regierung vorzulegenden Etats für alle Stadtkassen durch Rat und Bürgerschaft", „eine hinlängliche Bürgerrepräsentation, deren Einwilligung zu allen bedeutenden, bis dahin nicht etatmäßigen Ausgaben sowie zu allen Hauptmaßregeln der Verwaltung erforderlich sein soll", „eine angemessene Dienstkaution für alle städtischen Kassenbewahrer" und solche, welche „Gelderhebungen irgend einer Art haben", außerdem in den größeren eine von den übrigen Geschäften getrennte Justizverwaltung durch „einige dazu qualifizierte Personen aus dem Rat", endlich auch eine Abtrennung der Kämmerei- und Polizeiangelegenheiten von dem Steuer- und Zollkollegium.

Trotz dieses Reskriptes wurde in beiden Mecklenburg bis in das 20. Jahrhundert hinein keine Einheitlichkeit in den Stadtverfassungen erzielt. Eine allgemeine Städteordnung kam überhaupt nicht zustande. Hier bewahrte eine jede Stadt ihre auf älteren Rezessen, Einzelstatuten oder auf Gewohnheitsrechten beruhende Eigenart in der Wahl und Bestallung der Ratsmitglieder, im kommunalen Wahlrecht, in den Rechten und Pflichten der Stadtverordneten, im Erwerb des Bürgerrechts, ja selbst in der Ausübung der Landstandschaft. Die Gewohnheitsrechte waren nicht einmal schriftlich, niedergelegt, so daß man in manchen Städten, wie z. B. in Güstrow, auch wohl von „mündlichen Verfassungen" sprach. So wurde in einigen Städten der Bürgermeister gleich allen Ratsmitgliedern vom Landesfürsten bestellt, in andern von den Stadtverordneten auf Vorschlag des Magistrats gewählt. Eine Gleichheit bestand nur darin, daß die Bürgermeister juristisch vorgebildet sein mußten und auf Lebenszeit gewählt wurden. Als Bürgergeld bei Erwerb des Bürgerrechtes galt noch um 1900 meist der Satz von 10 Mark, doch erhoben z. B. Doberan und Plau 30 Mark, Kröpelin und Wann 12, 8 und 3 Mark, je nach der Klasse, der der neue Bürger angehörte; noch anderwärts war das Bürgerwerden frei, dann allerdings auch meist Zwang. Die Zahl der Stadtverordneten schwankte, ohne daß für die Verschiedenheit ein bestimmtes Prinzip zugrunde lag, zwischen 6 und 60; erstere fand sich z. B. in Neustadt, letztere in Rostock; ihre Amtsdauer betrug meistens 6 Jahre, stellenweise aber auch weniger, wie z. B. in Marlow nur 2 Jahre, dagegen in Rostock 9 und in Röbel sogar 10 Jahre; ihre Wahl geschah durch die „Bürger" entweder nach einer für alle gleichmäßigen Norm oder auch nach Klassen. In manchen Städten war noch zu Ende des 19. Jahrhunderts eine schon viele Jahrzehnte alte, nicht wesentlich veränderte und verbesserte Stadtverfassung maßgebend.

Um so mehr aber waren die Städte die eigentlichen Stätten für Handel und Wandel. Allen voran standen die beiden Seestädte Wismar und Rostock (mit Warnemünde). Die Zahl der in Warnemünde jährlich einlaufenden Schiffe betrug um die Mitte des Jahrhunderts im Durchschnitt 600, in Wismar etwa 250, ebenso die der ausfahrenden. Wie hatte sich Wismar seit seiner Wiedervereinigung mit Mecklenburg (1803) in dieser Hinsicht gehoben! Unter schwedischer Herrschaft war es geradezu bedeutungslos geworden. Auf den polnischen Grafen Potocki, der es 1794 auf einer Reise durch Niedersachsen besuchte, machte diese alte Hansestadt den Eindruck eines armseligen Fleckens, der mit 6000 Einwohnern und 20 unscheinbaren Fahrzeugen ein höchst dürftiges Dasein führte. Die eigene Handelsflotte belief sich in Wismar gegen die Mitte des Jahrhunderts allerdings erst auf etwa 50, in Rostock auf 250 Fahrzeuge. Von ihnen diente eine ganze Anzahl nicht so sehr dem Handel von und nach Rostock, als vielmehr der Frachtbeförderung nach fremden Häfen. Die Rostocker Seeflagge wehte auf den meisten Meeren. Es war für den Handel der beiden Seestädte ein großer Nachteil, daß die in ihnen eingehenden Waren für inländische Städte einer doppelten Verzollung unterlagen, zunächst in den Seestädten selbst, dann bei der Überführung in die Landstädte. Daher erfolgte die Einfuhr vieler Waren nach Mecklenburg direkt von anderen Häfen, besonders von Hamburg und Lübeck für den Westen, von Stettin für den Osten; denn auf diesem Wege fand nur eine einmalige Versteuerung in den Landstädten statt.

Besonders lebhaft war der Verkehr auch in den kleineren Städten an den Jahrmärkten, die gewöhnlich dreimal im Jahr, zu Fastnacht, um Johannis und im Herbst stattfanden. Der Herbstmarkt hatte überall die größte Bedeutung und zog Käufer und Verkäufer von nah und fern herbei. Noch heute sind im Lande eine Anzahl Geschäfte bekannt, deren Besitzer in früheren Jahren um die Jahrmarktszeit von Stadt zu Stadt zogen, ihre „Buden" aufschlugen und ihren „Kram" feilboten. Es war für viele ein einträgliches Geschäft. Was damals alles auf den Märkten zu finden war, darüber gibt uns die „Neubrandenburger Herbstmesse", wie die Kaufleute bei der Abrechnung in ihren Geschäftsbüchern den Herbstmarkt nannten, Auskunft. Daß Schuhmacher, Pantoffelmacher, Hutmacher, Tuchmacher und Putzmacher,

Zeugwarenhändler, Böttcher, Töpfer und Kupferschmiede, Kuchenbäcker, Zigarrenhändler und Aalfrauen vertreten waren, ist ebenso selbstverständlich wie die Anwesenheit von Karussel, Kraft-und Spielbuden und auch die des Leiermanns, der zusammen mit seiner Frau die auf großen Bildern dargestellte Geschichte von dem durch Windhunde zerrissenen Kinde in Gädebehn (bei Neubrandenburg) und andere „Moritaten“ besang. Ein Rostocker Kaufmann aber zeigte 1821 sogar an, daß er französische Früchte und Schachteln, ostindischen Ingwer, westindische Tamarinde, Trüffeln, Champignonpulver, Messinaapfelsinen, Eau de Cologne, ja sogar Hamburger Rauchfleisch, Braunschweiger Mettwurst, Kaviar und ähnliche Delikatessen zum Verkauf bringen werde. Die Preise waren 1836 für Rheinlachs 1 Taler 4 Groschen, für Kaviar 20 Groschen bis einen Taler, für Braunschweiger Mettwurst 12, für Sardellen 5 Groschen und für Schweizerkäse 16 Schillinge das Pfund (1 Taler = 24 Groschen = 48 Schilling). Eine Händlerin aus Güstrow erschien schon 1820 mit „Haar wachsend machenden Oelen“ zu 4 Groschen für die Flasche, ein Maler Götze empfahl sich 1823 zum Schneiden von Silhouetten, ein anderer pries reich gemusterte Tapeten an, und der kleine Italiener Bernassani kam alljährlich von Neustrelitz mit Traubrosinen, Tee, Schokolade und ähnlichen Dingen.

Am 24. April 1835 hatte Friedrich Franz I., umgeben von den sämtlichen Mitgliedern des mecklenburgischen Fürstenhauses sowie einer Anzahl anderer deutscher und auch Vertreter außerdeutscher Fürsten, unter herzlicher Anteilnahme weitester Kreise des mecklenburgischen Volkes in Ludwigslust sein fünfzigjähriges Regentenjubiläum gefeiert. Zwei Jahre darauf starb der Achtzigjährige am 1. Februar 1837. Nur fünf Jahre dauerte die Regierung seines Enkels Paul Friedrich, ältesten Sohnes des bereits 1819 verstorbenen Erbgroßherzogs Friedrich Ludwig. Schon am 24. Februar 1842 führte eine Unterleibsentzündung den Tod des erst Zweiundvierzigjährigen herbei. Einen „glücklichen und alle gern beglückenden Landesvater“, einen „gerechten Fürsten und guten, reinen Menschen“, um den alle Schweriner und das ganze Land „nicht wie um den hochstehenden Fürsten und Herrn, sondern wie um den Vater, um den einzigen, wahren Freund“ trauerten, nennt ihn 1845 der Advokat Wilhelm Raabe in seiner „Erinnerung an Paul Friedrich“. Besonders für die Landeshauptstadt Schwerin, wohin Paul Friedrich sogleich beim Regierungsantritt wieder die Residenz von Ludwigslust zurückverlegt hatte, begann mit ihm eine neue Zeit. Ein ganz neuer Stadtteil westlich vom Pfaffenteich wurde durch ihn begründet und nach ihm als „Paulsstadt“ benannt. Durch den „Paulsdamm“, der die beiden Ufer des langgestreckten, an dieser Stelle sich verengenden Schweriner Sees verbindet, wurde ein bequemer Verbindungsweg zwischen der Stadt und den östlich vom See gelegenen Orten geschaffen. Erst neunzehn Jahre alt übernahm sein Sohn Friedrich Franz II. die Regierung, die er als eine der hervorragendsten Gestalten auf dem mecklenburgischen Thron unter großem Segen für sein Land und Volk 41 Jahre lang bis 1883 innehatte. In Mecklenburg-Strelitz war 1816 auf Karl II. sein Sohn Georg gefolgt, ein leutseliger Fürst, in dessen Wesen, wie der genannte Raabe mit Recht hervorhebt, die Pietät den Grundzug alles Handelns bildete. Von früh auf ein großer Naturfreund, ließ er sich 1833 in den „Serrahnschen Bergen“ 1 1/4 Meile östlich von Neustrelitz an einer Stelle idyllischer Ruhe ein „Schweizerhaus“ erbauen, das er 27 Jahre lang in jedem Sommer bewohnte und in dem er auch am 6. September 1860 gestorben ist.

Für das Mecklenburg-Schwerinische städtische Schul- und Bildungswesen bedeutete die landesherrliche Ernennung des Schweriner Gymnasialdirektors Dr. Görenz zum Oberschulrat im Jahre 1819 „mit der besonderen Bestimmung und Bedingung, daß derselbe die oberste Aufsicht und Direktive der gesamten Schulen in den Städten übernehmen solle“, einen bemerkenswerten Fortschritt. Ihm zur Seite trat 1831 ein zweiter Schulrat in der Person des damaligen Rektors Meyer in Ludwigslust, der sich schon durch mehrere vortreffliche pädagogische Schriften bekannt gemacht hatte. Diese beiden Männer, besonders Meyer, begannen im Verein mit dem Kanzleirat Boccius, dem Urheber der Zirkularverordnungen vom 18. und 20. August 1827 betreffend das Städtewesen, die Organisation der städtischen Bürgerschulen. Meyer arbeitete zunächst eine möglichst für alle Städte gültige Schulordnung aus, nach der die Schule ihren bisherigen Charakter eines rein kirchlichen Instituts verlor und fortab – was in einigen Orten bereits früher geschehen war – überall der städtischen Gemeindeverwaltung unter der Oberaufsicht der Regierung eingefügt wurde. Doch sollte der Einfluß der Kirche durch Beibehaltung von Predigern im Schulvorstand und von theologisch vorgebildeten Rektoren fortbestehen. Weitere Bestimmungen bezogen sich auf den allgemeinen Schulzwang vom 6. Jahre an, auf den regelmäßigen Schulbesuch, einen geordneten Schulplan, auf Schulvisitationen, Bestallung und Besoldung der Lehrer. Den Kandidaten der Theologie als den zukünftigen Rektoren (bzw. Konrektoren) wurde durch die Regierungsverordnung vom 26. Januar 1832 die Teilnahme am Unterricht im Lehrerseminar zu Ludwigslust für mindestens zwei Monate zur Pflicht gemacht; 1844 wurde bei Einführung des zweiten theologischen Examens auch Katechetik als Prüfungsfach ausgenommen; die Synoden (1841 neu geordnet) wurden zur Besprechung von Schulsachen und Behandlung pädagogischer Themen, desgleichen die Lehrer zur selbständigen Weiterbildung angehalten und ihnen durch sogenannte Versetzungsprüfungen bessere Stellen in Aussicht gestellt. Das Mecklenburgische Schulblatt (seit 1834) und die Mecklenburgische Schulzeitung (seit 1850) wurden die Hauptfachblätter für die Lehrer.

Auch das städtische Fortbildungsschulwesen nahm in dieser Zeit in Mecklenburg seinen Anfang. Bereits in den zwanziger Jahren gab es in verschiedenen Städten, wie Rostock, Wismar, Güstrow, Parchim, Grabow und Neubukow, sog. Sonntagsschulen. Unter dem 26. April 1836 erschien alsdann eine Verordnung über die Gründung von Gewerbeschulen, „um Lehrlinge und Gesellen der Handwerker in solchen Kenntnissen zu unterrichten, die für ihren Handwerksberuf am nützlichsten sind". Als Unterrichtsgegenstände wurden Zeichnen nebst Modellieren, Schreiben, Rechnen, auch etwas Mathematik und Naturkunde bestimmt. Je nach ihrer Größe erhielten die Städte einen jährlichen Zuschuß zu den Kosten von Landes wegen. Um die Mitte des Jahrhunderts waren in den meisten Städten Gewerbeschulen begründet; jedoch fehlte es noch an einem einheitlichen Lehrplan, und auch ein Schulzwang bestand noch nicht, so daß der Besuch der Schulen anfangs schwach und unregelmäßig war.

Für das Domanium wurden die Patentverordnungen vom 7. März 1823 und 23. Oktober 1824 grundlegend. Durch sie wurde auf die „religiös-sittliche Ausbildung der Jugend" durch den Elementarunterricht in den bekannten Fächern Wert gelegt, auch die Befähigung der Lehramtsbewerber, ihre Vorbildung im Lehrerseminar in Ludwigslust, ihre Obliegenheiten unter Verbot jeglicher Zwangsleistungen von Nebendiensten, durch die sie „an der pflichtgemäßen Verwaltung ihres Amtes verhindert werden“ möchten, weiter die Schulpflicht der Kinder vom 5. oder 6. Jahre an bis zur Konfirmation, die Befreiung vom Unterricht für landwirtschaftliche Hilfsarbeiten, die Einrichtung der Klassen und vieles andere neu geregelt. Dazu traten Vorschriften über Gründung zweiter Schulstellen in größeren Dörfern (1826), über Schulvorstände, die außer dem Prediger aus dem Dorfschulzen und einem Bauern bestehen sollten (1811), über Schulbauten (1826), Einkommen, Prüfung, Anstellung, Kündigung und Pensionierung der Lehrer (1816 ff. 1833/34), Lehrmittel (1832), Verpflichtung der Hauswirte zu unentgeltlicher Bestellung des Schulackers (1825), Permutation der Schulländereien (1827), ja selbst Obstbaumschulen (1817) u. a. mehr. Um 1830 gab es in Mecklenburg-Schwerin bereits über 500 Domanialschulen.

Für die Ritterschaft und die städtischen Gütern dagegen galt mit verschwindend wenigen Ausnahmen noch um die Mitte des 19. Jahrhunderts, was schon 1813 der Superintendent Ackermann in Schwerin in einem Bericht geschrieben hatte: „In den meisten adligen Gütern sind die Schulen in dem betrübtesten Zustand und die Klagen der Prediger darüber allgemein.“ In einem „pro memoria“. das am 8. Januar 1821 fünf Mitglieder der Stände in Anknüpfung an die in der Ausführung begriffene Bauernbefreiung, die ohne eine gleichzeitige geistige Hebung des Bauernstandes kaum denkbar war, und in voller Überzeugung von der Notwendigkeit einer Besserung des ritterschaftlichen Schulwesens der Regierung überreichten, wurde das Handwerk noch als die Haupttätigkeit des Lehrers bezeichnet. Ja, es waren manche Lehrer während der Ernte dem Gutsherrn zu unentgeltlichen Diensten verpflichtet, um die ihnen für ihre Wohnung angerechnete Miete im Tagelohn abzuarbeiten. Ohne Schulordnung und Aufsicht seitens der Geistlichen wurde unterrichtet, denn beides, von Herzog Friedrich schon in den 1770er Jahren proponiert, war von den Ständen damals und auch später abgewiesen worden. Auch die in jenem pro memoria gemachten vielen guten Vorschläge über Neugründung und Neueinrichtung von Schulen, über Vorbildung und Diensteinkommen der Lehrer, über Unterrichtsstoff, Schulpflicht, Aufsicht, Kostendeckung u. dergl. mehr wurden vom Plenum des Landtags nur in höchst verstümmelter Form im März 1821 angenommen und von der Regierung zu deren eigenem Bedauern im Juli als vorläufig grundlegende Schulordnung gebilligt. Die Regierung mußte vorerst damit zufrieden sein, wenigstens überhaupt einmal gesetzliche Normen, wenn auch noch so dürftige, für die ritter- und landschaftlichen Landschulen geschaffen und damit die bisherige, völlige Willkür der Gutsherren ein wenig eingeschränkt zu haben, wenn ihnen auch noch das volle Kündigungsrecht der Lehrer zustand. Die Prüfung ritterschaftlicher Schulamtsbewerber, die auch weiterhin meist verunglückte Handwerker oder zu versorgende Gutsdiener waren, lag fortab in der Hand der Präpositen. Aber wo war Besserung zu spüren? Die Berichte der Präpositen bei einer von der Regierung angeordneten Revision im Jahr 1826 auf Grund der Verordnung von 1821 ergaben ein trauriges Bild: Überfüllung der Schulen, gesundheitswidrige Lage derselben, Mangel an Bänken und Tischen, ungeprüfte und ungenügend besoldete Lehrer, Bevormundung derselben durch den Gutsherrn u. a. mehr. Selbst 96 Klagen, die deswegen von der Regierung gegen ungehorsame Gutsherren bei der Justizkanzlei eingegeben wurden, zeitigten keine wesentliche oder nur vorübergehende Besserung der Verhältnisse. Noch in einem Gutachten des patriotischen Vereins von 1837 durch Sachverständige hieß es, daß der Lehrer selbst oft weder Gewandtheit noch Methode habe, manches Wort nicht einmal buchstabieren könne, von Gelesenem weder etwas verstehe noch dabei etwas empfinde, keinen Gesangunterricht geben könne, nicht im Kopf- und Tafelrechnen geübt sei und das Allereinfachste nicht schriftlich wiederzugeben vermöge. Dennoch blieben auch diesmal alle Vorschläge, betreffend Beseitigung des Kündigungsrechtes der Gutsherren, Begründung eines eigenen ritterschaftlichen oder Erweiterung des landesherrlichen Seminars, auf dem Landtage ohne Gehör. Nicht anders erging es zehn Jahre später (1847) einer vom Schulrat Meyer auf Anregung des Landtags selbst und im Auftrag der Regierung ausgearbeiteten Schulordnung. Sie entsprach nicht den Anschauungen der Ritterschaft, war viel zu „modern", und schließlich verhinderte der Ausbruch der Revolution ihre landtagsmäßige Erledigung. Nur wenige Gutsherren waren aus eigenem Entschluß mit einer Verbesserung der Schulverhältnisse auf ihren Gütern vorgegangen, so besonders der Graf Plessen auf Ivenack, der 1844 eine von der Regierung genehmigte Schulordnung einführte, ein gutes Schulhaus erbaute und die Schulstelle angemessen dotierte, ähnlich auch von Thünen-Tellow, Pogge-Roggow und die Gräfin Hahn-Basedow, die sogar ein gutes Verhältnis zwischen Schule, Kirche, Gemeinde und Gutsherrschaft durch häufige Zusammenkünfte von Gutsherr, Lehrer, Pastor und Eltern herstellte.

Auf dem Gebiete des höheren Schulwesens traten zu den drei landesherrlichen Gymnasien zu Schwerin, Güstrow und Parchim die beiden „Großen Stadtschulen“ in Wismar und Rostock dadurch, daß bei ihnen 1798 bezw. 1828 die Lateinschule mit drei oder vier Klassen (Gymnasium) von der Bürgerschule getrennt wurde, wenn auch beide unter gemeinsamer Leitung blieben.

In Mecklenburg-Strelitz begann mit der Regierung des Groß-Herzogs Georg (1816–1860) eine neue Entwicklung in dem gesamten Schulwesen des Landes. „Wir haben“, so konnte er 1826 mit Recht behaupten, „seit dem Antritt Unserer Regierung die Verbesserung der Schulen in unseren Großherzoglichen Landen als eine der wichtigsten Angelegenheiten anerkannt und nach Möglichkeit mit bedeutenden Aufopferungen landesherrlich dahin gewirkt“. Die erste, grundlegende Tat in dieser Hinsicht war die Errichtung des Landesschullehrerseminars in dem „Neuen Schloß“ in Mirow in den Jahren 1819/1820. Die Anstalt hatte bereits ihre Vorgeschichte. Der Pastor Reinhold, ein um das mecklenburgische Kirchen- und Schulwesen verdienter Mann, hatte 1801 mit landesherrlicher Beihilfe in Woldegk eine private Lehrerbildungsanstalt begründet, die 1807 nach Neustrelitz verlegt und mit der dortigen Bürgerschule verbunden wurde. Aus Mangel an geeigneten Lehrkräften aber wurde sie 1818 wieder geschlossen. Gerade dadurch aber wurde die Erkenntnis von der Notwendigkeit eines Landesseminars gefördert, bis der Gedanke durch Verfügung vom 24. April 1819 zur Ausführung kam. Schon am 10. April 1820 wurde das neue Seminar in Mirow als Internat mit vier Zöglingen eröffnet, ein Jahr später zwecks praktischer Ausbildung der Seminaristen mit der Mirower Ortsschule in Verbindung gebracht. Auch mehrere Schullehrer für „ritterschaftliche und städtische Landgüter“ wurden als Pensionäre gegen ein bestimmtes Kostgeld zwecks Ausbildung aufgenommen.

Einen ebenso wichtigen Markstein im Strelitzer Schulwesen bildete das Jahr 1826. Durch mehrere Reglements wurde fortab der regel- und pflichtmäßige Schulbesuch angeordnet, die Dotierung der Schulstellen festgesetzt, vor allem aber eine neue Schulordnung für die Domänen geschaffen, die dem Prediger und zwei Gemeindemitgliedern das Amt eines Schulvorstandes übertrug, vom Schullehrer einen „christlichen, anständigen Lebenswandel und treue Pflichterfüllung“, eine strenge und doch liebevolle Behandlung der Kinder forderte, ihm auch das Tabakrauchen beim Unterricht verbot und Religion, Lesen, Schreiben, Rechnen, Gedächtnisübung und Gesang als Unterrichtsfächer vorschrieb.

In den Städten wurden, wie es schon 1810 in Stargard geschehen war, durch Vereinigung und Zusammenlegung mehrerer Anstalten und zerstreuter Klassen einheitliche Schulen begründet, so in Fürstenberg 1819, in Strelitz (Alt) 1829, in Wesenberg 1833. Die Berufung eines besonderen Schulrats unterblieb jedoch, vielmehr wurden alle landesherrlichen Schulen in Stadt und Land, ebenso die Schulen in Neubrandenburg, Strelitz, Woldegk und Friedland, die städtischen Patronats waren, weiterhin auf Grund des Reskripts vom 20. Mai 1809 dem Großherzoglichen Konsistorium unterstellt.

In der Strelitzer Ritterschaft dagegen blieb gleich wie in der Schweriner das Schulwesen der Willkür der Gutsherren überlassen, denen es meist an der nötigen Einsicht, offenbar auch an dem guten Willen zur Förderung der Jugendbildung fehlte.

Im höheren Schulwesen wurde zu den beiden alten Gelehrtenschulen (Lateinschulen) in Friedland und Neubrandenburg 1811 durch Herzog Karl eine dritte in Neustrelitz aus der bisherigen Oberschule für Knaben gebildet und ihr der Name Gymnasium Carolinum beigelegt. Von ihr wurde 1837 eine Realschule (Realprogymnasium) abgezweigt. Auch gab es auf dem Domhof in Ratzeburg ein Gymnasium. Großherzog Georg hob es jedoch 1845 wegen zu geringer Besuchsziffer aus und begann statt dessen mit dem Ausbau der Schönberger Ortsschule zur Realschule.

Als neues Unterrichtsfach fand, zunächst auf den höheren Lehranstalten, in der ersten Hälfte des Jahrhunderts das Turnen Aufnahme. Kein geringerer als der Turnvater Jahn hatte persönlich das Interesse dafür geweckt. Nach Beendigung seiner Studien in Greifswald hatte er unter dem Namen Fritze 1803 in Neubrandenburg bei der Familie des Barons le Fort eine Hauslehrerstelle angenommen. Nicht nur die ihm anvertrauten Zöglinge und deren Kameraden, sondern eine stetig wachsende Anzahl Knaben und junger Leute aus der Stadt sammelte er in seinen Freistunden um sich, führte sie hinaus ins Freie und leitete sie zu allerhand Turnspielen an. Sein Nachfolger in der Hauslehrerstelle (1807), E. F. Milarch, der später als Gymnasiallehrer und Direktor am Neubrandenburger Gymnasium tätig war und als C-Husar bekannt geworden ist (seit 1833 Pastor in Schönbeck), setzte Jahns Turnspiele fort. Schon 1812 wurde in Friedland, 1816 auch in Neustrelitz ein Turnplatz geschaffen, neben dem Stuttgarter die beiden ersten in Deutschland. Bald folgte auch Neubrandenburg. Mehrmals besuchte Jahn von Berlin aus die drei Strelitzer Turnplätze und feuerte mit Wort und Tat zu immer größerer Beteiligung an. Im Schwerinschen ging die Anregung zum Turnen besonders von dem Gymnasialdirektor Zehlicke in Parchim in den Jahren 1812–1815 aus. Bald folgten andere Städte wie Wismar, Schwerin, Güstrow, Rostock und Malchin. In den dreißiger Jahren gab es in den meisten Städten schon Turnplätze oder Turnanstalten. An einigen Schulen war das Turnen bereits Unterrichtsfach geworden. Überall aber verband sich das Turnen mit der Erinnerung an die Begeisterung der deutschen Jugend von 1813, und die Feier des 18. Oktober gestaltete sich alljährlich zu einem großen Volks- und Turnfest 1).

Die erste Chaussee erhielt Mecklenburg-Schwerin 1827 in der Teilstrecke Grabow-Boizenburg der Berlin-Hamburger Chaussee. Sie gab die Veranlassung zum Bau weiterer Kunststraßen im Lande. Zu dem Zweck bewilligte der Landtag 1830 für 100 Meilen Chaussee in beiden Großherzogtümern (82 im Schweriner, 18 im Strelitzer) eine Million Taler, d. h. 10 000 Taler für jede Meile, eine Summe, die er vier Jahre später noch um die Hälfte erhöhte.

---

1) Vgl. H. Timm, Das Turnen. Neustrelitz 1848.

Für den Verkehr zu Wasser wurden um dieselbe Zeit die Flußläufe (Warnow, Elde u. a.) reguliert und überall schiffbar gemacht. 1826 war bereits der Havel-Elde-Stör-Kanal eröffnet worden, 1839 geschah ein gleiches mit dem Schiffahrtskanal von Neustrelitz südlich durch die Havelseen.

Im Jahre 1834 wurde auch die erste Dampfschiffsverbindung zwischen Rostock und Warnemünde eingerichtet. Seit langem schon hatte man in Rostock an eine solche Verkehrsverbindung gedacht, doch niemand hatte das Risiko übernehmen wollen. Schließlich ließen 1833 einige vermögende Kaufleute Rostocks in England für 9000 Taler Gold ein Dampfschiff erbauen. Im Juni 1834 traf es nach einer recht stürmischen Fahrt ein. „Rostock-Paket" wurde die Verbindung Rostock-Warnemünde fortab genannt. Der Fahrpreis betrug für jede einfache Fahrt (1 1/4 Stunde) 12 Schillinge auf dem ersten, 8 auf dem zweiten Platz. Bald unternahm das Schiff außer Luftfahrten in See auch sogar Fahrten nach Kopenhagen mit einer Dauer von 18 Stunden.

Wie überall, so ging auch in Mecklenburg der Plan für den Bau einer Eisenbahn von Privatunternehmern aus. Im Jahre 1836, bereits ein Jahr nach Eröffnung der ersten Eisenbahn auf deutschem Boden (Nürnberg-Fürth), bildete sich in Wismar eine Kommission zwecks Herstellung eines Schienenstranges zwischen Ostsee und Elbe von Wismar nach Boizenburg. Der mecklenburgische Landtag bewilligte 1840 zu dem Zweck 30 000 Taler für jede Meile, und auch die hannöversche Regierung wurde für den Plan gewonnen. Obgleich die wirtschaftliche Bedeutung dieses Unternehmens für Mecklenburg unleugbar war, gelangte der Gedanke doch nicht zur Ausführung. Eine direkte Bahnverbindung zwischen Hamburg und Berlin, die auch mecklenburgischen Boden berühren sollte, drängte ihn in den Hintergrund. Schon im November 1841 kam es zu einem Vertrag zwischen den beteiligten Staaten Hamburg, Dänemark (wegen Lauenburg), Mecklenburg und Preußen. Noch aber vergingen mit weiteren Verhandlungen, besonders wegen Aufbringung des Anlagekapitals von 8 Millionen Talern durch ausreichende Aktienzeichnungen mehrere Jahre, und erst 1844 konnte auch auf mecklenburgischem Boden mit dem Bau begonnen werden. Hamburg und Mecklenburg hatten je 1 1/2 Millionen Taler übernommen, und zwar zusammen die letzten drei Millionen des geforderten Kapitals, dadurch die ersten fünf um so sicherer gestellt, und so waren auch diese bald durch weitere Zeichnungen, darunter von der mecklenburgischen Regierung noch 300 000 Taler, aufgebracht. An mehreren Stellen zugleich begonnen, konnte die Strecke von Boizenburg bis Berlin schon am 15. Oktober 1846, zwei Monate später auch die Strecke Boizenburg-Hamburg und damit die ganze Bahn dem Verkehr übergeben werden.

Der Anfang war gemacht. Aber nur die äußerste Südwest-Ecke Mecklenburgs war dadurch einem besseren Verkehr erschlossen, und auch dieser war zumeist nur erst ein Durchgangsverkehr. Hauptorte wurden daselbst nicht berührt. Für Mecklenburg wäre die Ausbeute weit besser gewesen, wenn man die Bahn direkt über die Landeshauptstadt Schwerin geführt hätte.

Diesem Mangel mußte durch den Bau eigner Bahnen abgeholfen werden. Schon 1844 hatten Wismar und Rostock bei der Regierung um die Erlaubnis eines Bahnbaues über Schwerin nach Hagenow im Anschluß an die Hamburg-Berliner Strecke nachgesucht. An dem Gegenvorschlag der Regierung aber, die eine Verbindung beider Projekte durch eine Linie Hagenow-Schwerin-Wismar-Rostock plante, scheiterten die Verhandlungen durch Rostocks Widerstand, das sich gegen einen so weiten Umweg erklärte. Daher übertrug die Regierung, die den für einen Augenblick gefaßten Plan einer Bahn auf Staatskosten von Schwerin nach Hagenow wieder aufgab, 1845 den Bau der Strecke Hagenow-Schwerin-Kleinen-Bützow-Rostock mit den beiden Zweigstrecken Kleinen-Wismar und Bützow-Güstrow an die soeben durch Vereinigung von drei Aktiengesellschaften entstandene private mecklenburgische Eisenbahngesellschaft. Noch Ende des Jahres wurde mit den Erdarbeiten begonnen, und schon am 1. Mai 1847 konnte die Linie Hagenow-Schwerin in Betrieb gesetzt werden. Nach Regelung der bereits entstandenen, den Grundanschlag übersteigenden Mehrkosten und einer durch die Ereignisse von 1848 eintretenden Verzögerung konnte der Bau fortgesetzt werden. Schon im Juli 1848 war die Strecke Schwerin-Wismar, im Mai 1850 auch Kleinen-Bützow-Rostock und Bützow-Güstrow fertiggestellt. Das erste größere Bahnprojekt in Mecklenburg mit 146 Kilometer Schienenstrang war als „Mecklenburgische Bahn“ vollendet. Die Finanzierung des ganzen

Unternehmens übertraf alle gehegten Erwartungen und zerstreute sehr bald die anfänglich geäußerten Bedenken.

* * *

In einem Dankesbrief, den der Großherzog Friedrich Franz II. zu Anfang des Jahres 1848 an seinen Jugendfreund Adolf von Stenglin auf dessen Glückwunsch zum neuen Jahr richtete, heißt es: „Mir geht es gut, so gut, wie es einem Fürsten gehen kann, der seine Pflicht zu tun bestrebt ist: viel Arbeit, manche bittere Erfahrung, manche freudige Stunde, ewige Sorge und Unruhe, Sorge für die Gegenwart und Sorge für die Zukunft, denn wir gehen im Vaterlande einer ernsten Zeit entgegen. Doch es ist eine höhere Hand, welche die Geschicke der Menschen lenkt, und wir haben nur unsere Schuldigkeit zu tun“.

Mit Rücksicht auf mancherlei Vorgänge der letzten Jahre im Lande sollten sich solche Befürchtungen des Großherzogs schon sehr bald als durchaus begründet erweisen. Am Morgen des 28. Februar, seines Geburtstages, traf am Schweriner Hof durch eine Privatdepesche die erste Kunde von den revolutionären Vorgängen in Paris und der Abdankung des französischen Königs Louis Philipp ein. Der Fürst selbst und alle zur Gratulation erschienenen Gäste zeigten eine nicht geringe Beunruhigung, die Gesandten von Preußen, Rußland und Großbritannien rüsteten in Besorgnis folgenschwerer Ereignisse sogleich zur Abreise in die Heimat. Mit Hilfe der Tagespresse verbreitete sich die Nachricht ebenso schnell, wie sie aus Frankreich gekommen war, auch durch das ganze deutsche und mecklenburgische Land.

Schon in den ersten Märztagen kam es in einzelnen Orten zu Unruhen, so z. B. in Wismar, wo ein demokratisch gesinnter Advokat eine Schar arbeitsscheuer Menschen zusammenbrachte, sie von Krug zu Krug in die Umgegend schleppte, mit Spirituosen übersättigte und ihnen dann Belehrungen über Freiheit, Reform und Republik gab. Das Resultat war, daß das starkbezechte „souveräne Volk“, wie es sich selbst ohne Verständnis nannte, am Abend nach der Rückkehr in die Stadt in heftigen Streit geriet und sich zum Vergnügen vieler gegenseitig die Köpfe blau schlug. Ebenso erfolglos verlief ein Arbeiterkrawall in Schwerin am Abend des 13., bei dem es hier und dort zwar einige zertrümmerte Fensterscheiben gab, im übrigen aber die sich schnell bildende bewaffnete Bürgerwehr wieder Ruhe schuf. Ähnlich war es bei kleinen Ruhestörungen in Parchim, Wittenburg und anderswo.

Abgesehen von solchen unausbleiblichen Nebenerscheinungen zeigte sich die unmittelbare Wirkung der französischen Februarrevolution in Mecklenburg, wie es bei den politischen Verhältnissen im Lande kaum anders zu erwarten war, in der bald aus allen Schichten der Bevölkerung erhobenen Forderung einer Umgestaltung der Landesverfassung. Diese war bei der politischen Bevormundung des Volkes durch die Stände bisher noch wenig zum Gegenstand öffentlichen Interesses und allgemeiner Erörterung geworden. Nur der Streit innerhalb der Ritterschaft, der weiten Kreisen der Bevölkerung durch eine Flut von Schriften und Broschüren bekannt geworden war, hatte die Mängel des ständischen Prinzips mit der einseitig ausgeprägten Landstandschaft aufgedeckt. Als dann aber Anfang der vierziger Jahre die liberale Anschauung, wie sie sich in anderen deutschen Ländern ausbreitete, auch in dem bisher starr konservativen Mecklenburg, vornehmlich den Städten, Eingang fand, da schlug hier die Forderung nach einer zeitgemäßen Verfassungsreform auf konstitutioneller Grundlage bald Wurzel. Selbst auf das platte Land sprang die Welle über.

Bereits auf dem Landtag des Jahres 1847 stellte der Gutsbesitzer Pogge-Roggow einen diesbezüglichen Antrag, fand aber weder bei der Ritterschaft noch bei der Landschaft nennenswerte Unterstützung. Da ergriffen die Städte, in denen durch verschiedene Dankadressen Pogges Vorgehen bereits starken Widerhall gefunden hatte, selbst zu, und ohne das bisher noch immer in politischen Dingen dem Landtag und der Regierung zugestandene Vorrecht zum Handeln abzuwarten, bestürmte man in einer großen Menge von Petitionen, meist hervorgegangen aus den allerorten wie Pilze aus der Erde aufschießenden Reformvereinen, die Regierungen und Landesherren mit Anträgen auf Errichtung einer allgemeinen Konstitution unter Beseitigung des alten ständischen Prinzips. Aus Parchim, Wismar, Güstrow, Rostock, wo der Advokat Moritz Wiggers der Führer der ganzen Bewegung war, aus Waren, Goldberg, Penzlin u. a. Städten, im Strelitzschen aus Neubrandenburg, Friedland, Woldegk usw., ergingen die

Bittschriften an die Großherzöge Friedrich Franz bezw. Georg, meist unterzeichnet mit den Namen von Ratsmitgliedern, Bürgervertretern, Advokaten, Ärzten, Geistlichen, Lehrern, Kaufleuten, Handwerkern u. a. angesehenen Personen. Die darin aufgestellten Forderungen, mehrfach auch durch Deputationen persönlich dem Fürsten überbracht, waren: Reform der Landesverfassung auf einem außerordentlichen Landtag auf der Basis einer Volksvertretung, Mitwirkung an der Begründung eines allgemeinen deutschen Parlaments, Preßfreiheit und Aufhebung der Zensur, uneingeschränktes, freies Versammlungsrecht, mündliches und öffentliches Gerichtsverfahren mit Schwurgerichten, allgemeine Volksbewaffnung und Einschränkung der stehenden Heere. Manche Städte, wie Rostock, Neubrandenburg und Wismar, verlangten zugleich noch eine zeitgemäße „Reform der städtischen Verfassung durch Einführung einer für alle Städte gleichmäßigen Stadtordnung mit Öffentlichkeit der Verhandlungen und Gleichstellung aller Einwohner" (Neubrandenburger Wortlaut). Die Rostocker Zeitung wußte die letzte Forderung als durchaus notwendig mit der Reform einer Landesverfassung zu begründen, denn „die Befähigung zu einem Volksvertreter", so heißt es in ihr unter dem 7. März, „dürfte sich am ehesten aus der Gemeindevertretung heranbilden, und es muß die Gemeindeverfassung im gleichen Schritt mit der Landesverfassung dem gewünschten Ziel entgegengeführt werden", denn „nur aus einem rechten Gemeindeleben wird sich ein rechtes Volksleben darstellen und in der übereinstimmenden Verfassung aller Städte des Vaterlandes dessen Gesamtverfassung einen starken Grundpfeiler finden".

Die Stellungnahme der beiden Großherzöge zu all den Anträgen und Vorstellungen war zunächst nicht sonderlich zustimmend. Friedrich Franz von Schwerin war noch mit Gedanken und Sorgen um den Verbleib seiner Tante, der Herzogin Helene von Orleans, beschäftigt, der Mutter des Grafen von Paris, zu dessen Gunsten Louis Philipp abgegedankt hatte. Erst nach längeren Erkundigungen in Brüssel und anderen Orten erfuhr er, daß sie mit ihren beiden Söhnen aus Paris geflohen war und sich nach Ems begeben hatte, wo sie im „Englischen Hof" wohnte. In der Sorge um sein Land setzte der Großherzog seine Hoffnung vorerst noch auf König Friedrich Wilhelm IV. „Auf Preußens Adler steht unser Vertrauen", hatte er am 2. März an ihn geschrieben. Als er dann am 8. selbst nach Berlin reiste, fand er den König und seine Regierung in der gleichen Spannung und Ungewißheit und erfuhr, daß bereits einzelne Teile preußischer Armeekorps mobil gemacht wurden, da man kriegerische Verwicklungen mit Frankreich befürchte. Bald nach seiner Rückkehr aus Berlin ließ er dann unter dem 12. März gleichzeitig dem Schweriner Magistrat und der Rostocker Deputation auf ihre ihm eben überbrachten Petitionen eine schriftliche Antwort zugehen. Er verhielt sich darin zwar manchen ihrer Forderungen gegenüber nicht gerade ablehnend, versprach auch eine Revision der Landesverfassung, jedoch ohne dabei bestimmte Erklärungen hinsichtlich der Zeit und der Sache selbst zu geben, und wies besonders die Zumutung zurück, als solle er sich von Zeitströmungen leiten lassen. Zwei Tage darauf, am 14., lehnte er, verstimmt über die Aufdringlichkeit einiger Petitionen und ihrer Überbringer – wahrscheinlich auch im Einvernehmen mit König Friedrich Wilhelm von Preußen, der den städtischen Behörden von Breslau eine ähnliche Antwort erteilt hatte – die weitere persönliche Annahme von Petitionen ab.

Im Strelitzschen, wo der Großherzog Georg einer Konstitution noch viel weniger geneigt war als sein Schweriner Verwandter und noch sehr am ständischen Prinzip festhielt, überbrachte am 15. März eine Deputation aus Neubrandenburg, geführt von dem dortigen Bürgermeister, die städtische Petition nach Neustrelitz. Sie wurde von dem Staatsminister Dewitz in Vertretung des in Berlin weilenden Großherzogs mit ziemlichem Befremden und nicht ohne ironische Bemerkungen empfangen. Erst nach der Rückkehr des Großherzogs erfolgte am 19. März eine Antwort, in der es hieß, daß er „die Anforderungen der Zeit nicht unbeachtet lassen“ wolle, aber lieber gesehen hätte, „daß in dieser drangvollen und aufgeregten Zeit dergleichen Petitionen zurückgehalten worden wären, damit nicht die Aufregung noch vermehrt werde“. Er wies dann auf „bevorstehende Verhandlungen wegen einer Revision und Reform der (deutschen) Bundesverfassung“ hin und versprach, „mit den Deputierten der Bürgerschaft und einem Magistratsmitgliede durch die Mitglieder der Landesregierung ausführliche mündliche Rücksprache nehmen zu lassen, um auf solche Weise die An- und Absichten der Bittsteller näher zu vernehmen“.

Von einer Konstitution aber wollte er noch nichts wissen. Denn noch am 22. März antwortete er seinem Schweriner Verwandten auf einen Brief, in dem ihm dieser über seine Erlebnisse in Berlin Mitteilung gemacht hatte: „Ich kann die innige Zufriedenheit Ihnen nicht lebhaft genug schildern, bester Großherzog, mit der mich Ihr heute erhaltener Brief erfüllt hat; er ist aus meiner Seele geschrieben. Mehr braucht es demnach wohl nicht, um Ihnen die Überzeugung zu geben, daß ich zur Abwehr einer neuen konstitutionellen Verfassung mit Ihnen fest zusammenhalten werde, so lange als dies nur immer tunlich sein wird."

Schon die Schweriner Antwort mitsamt dem Erlaß wirkten wie ein Donnerschlag aus heiterem Himmel. Die Erregung griff auf das ganze, in immer neuen Versammlungen aufgeklärte und oft aufgewiegelte Volk über. Die bisher noch vorherrschend bürgerlich-liberale Stimmung schlug um, und das radikal-demokratische Element mit einem kräftigen Stich ins Revolutionäre gewann an Einfluß. Eine Volksversammlung in Rostock beschuldigte offen die großherzoglichen Räte einer wenig volksfreundlichen Gesinnung. Magistrat und Bürgerschaften aus mehreren Städten forderten in wiederholten Adressen an den Großherzog die Zurücknahme seines letzten Erlasses, was denn auch stillschweigend geschah. Die ritterschaftliche Oppositionspartei, meist bürgerliche Gutsbesitzer, in Güstrow und der Engere Ausschuß in Rostock wünschten die Einberufung eines Konvokationstages. Die Erregung stieg von Tag zu Tag. Selbst die Bewilligung der Preßfreiheit seitens der beiden Regierungen (am 16. und 17. März) und die Ankündigung eines baldigen außerordentlichen Landtages durch Friedrich Franz (am 18.) konnten das Volk nicht mehr beruhigen.

Gleichzeitig trafen die ersten, übertriebenen Nachrichten von den Berliner Vorgängen am 18. März ein. Flüchtlinge sprachen von einem Tag und Nacht dauernden Straßenkampf mit Geschützfeuer und einem Blutbad mit über 2000 Gefallenen. Naturgemäß riefen solche Berichte bei den beiden Landesherren in Schwerin und Neustrelitz nicht geringe Bestürzung hervor. Im Volke trat nunmehr der revolutionäre Geist schon offen zutage. „Wir wollen freie Deutsche und keine Sklaven sein", schrieb die Rostocker Zeitung am 24. März. „Was Preußen tun mußte (nämlich eine Verfassung inszenieren), kann Mecklenburg auch." „Eine nicht auf ständische Gliederung, sondern auf das ganze Volk basierte Repräsentativverfassung mit allen ihren strengen Konsequenzen" forderte man und, „um sie durchzusetzen, die energischsten Mittel". Aus verschiedenen Städten, zuerst aus Goldberg, gingen beträchtliche Geldsammlungen nach Berlin für die Hinterbliebenen der im Kampfe für Freiheit und Gleichheit gefallenen Bürger ab, aus Rostock allein 1130 Taler.

In denselben Tagen berührte der Prinz (spätere Kaiser) Wilhelm, der Bruder des Königs von Preußen, den man in Berlin und überall fälschlich für den Urheber des ganzen dortigen Unheils hielt, auf der Flucht nach England auch mecklenburgischen Boden. Völlig inkognito und wie ein gehetztes Wild entkam er oft nur mit großer Mühe seinen Verfolgern. In Perleberg, wohin er in der Nacht vom 22. auf 23. März aus Berlin über Nauen nur mit einem Major als Begleiter und einem Kammerdiener zu Wagen gefahren war, wurde er im Gasthof vor der Stadt von einem Postbeamten erkannt. Auf Irr- und Schleichwegen, schließlich auf einem Bauernwagen, den ein ihm bekannter Landpastor besorgte, eilte er weiter nach Grabow, wo er mit seinem Begleiter und seinem Wagen wieder zusammentraf. Der Plan, hier die Bahn nach Hamburg zu besteigen, mußten die Flüchtlinge aufgeben, da man in der Stadt bereits Kunde davon erhalten und eine erregte Menge, mit Picken, Sensen und anderen Instrumenten bewaffnet, sich zum Bahnhof begeben hatte, um den Prinzen zu erwarten. Wie man nicht allein in Grabow, sondern allgemein über ihn dachte, erfuhr sein Begleiter, als er in Grabow im Hotel Stadt Hamburg, zu Mittag speiste. Der Major selbst erzählt uns, wie sich auch dort unter den Gästen das Gespräch um den Prinzen drehte. Wütend rief schließlich der Wirt: „Wie kann der Prinz von Preußen auf das Volk schießen lassen! Dafür muß ihn, wenn er gekriegt wird, der Teufel holen 1)." So fuhren die drei denn noch am selben Tage weiter nach Ludwigslust zu dem Herzog Gustav, dem Großoheim Friedrich Franz' II., der sehr erstaunt war über die plötzliche Ankunft des Prinzen, ihn und seinen Begleiter bis zum nächsten Mittag in seiner Villa vor dem Orte beherbergte und dann in einem unauffälligen Wagen nach dem drei Meilen entfernten Hagenow (Bahnhof) fahren ließ, während der prinzliche Wagen mit

---

1) Die Flucht des Prinzen von Preußen. Nach Aufzeichnungen des Majors von O. Stuttgart. 2. Aufl. 1913. S. 67 f.

dem Kammerdiener per Bahn dorthin vorausgeschickt wurde. In Hagenow endlich bestiegen der Prinz und sein Begleiter ein bereits vorher gemietetes Abteil der Berlin–Hamburger Bahn. Aber auch so war der Prinz noch nicht geborgen. Blitzschnell hatte sich das Gerücht von seiner Flucht durch Mecklenburg und seiner Absicht, nach Hamburg mit der Bahn zu fahren, an letzterem Orte verbreitet, und eine große Menschenmenge erwartete ihn dort mit jedem Zuge. Auf den Rat des Eisenbahn-Baumeisters Fritze, der, um ihn zu retten, von Hagenow aus mitfuhr und sich unterwegs mit ihm bekannt machen ließ, fuhr der Prinz nur bis Bergedorf. Von da wurde er dann durch den preußischen Konsul in Hamburg, dem Fritze die Kunde überbrachte, in einem geschlossenen Wagen abgeholt und schließlich sicher zu Schiff geleitet. Nur Fritzes Fürsorge verdankte es der Prinz, wie dieser selbst einige Jahre später in einem Dankschreiben an seinen Retter betonte, „daß in jenen verhängnisvollen Tagen (auf der Reise durch Mecklenburg) sich nicht noch Schlimmeres ereignete“ 1).

So warfen die Ereignisse in Berlin ihre Schatten auch in die kleinste Stadt Mecklenburgs. Sie hatten aber auch beim Großherzog Friedrich Franz eine Wandlung in seinen Gedanken und Absichten bewirkt. Hatte er noch bis zuletzt an eine Reform der Landesverfassung auf ständischer Grundlage gedacht, so erschien ihm eine solche jetzt unmöglich. Bereits unter dem 23. März erließ er die Proklamation „An meine Mecklenburger“, die mit den Worten begann: „Die gewaltige Wendung der politischen Verhältnisse veranlaßt mich, meinem treuen Lande zu sagen, wie ich’s meine und was ich will.“ Hinsichtlich der Verfassung erklärte er dann: „Es liegt die Notwendigkeit vor, daß Mecklenburg in die Reihe der konstitutionellen Staaten eintrete, und weil ich diese Notwendigkeit erkenne, so ist es mein ernstlicher Vorsatz, daß der Schritt unverzüglich geschehe, damit die Ungewißheit, welche zur Zeit über den künftigen Verhältnissen des Landes schwebt, sobald als irgend möglich gehoben werde.“ Wie er zu solcher Wandlung gekommen, darüber vermerkt er etwas später in seinem Tagebuch: „Ich hatte bisher gesucht, das monarchische und ständische Prinzip zu retten.

1) Erinnerungen des Baumeisters Fritze im Lübecker Generalanzeiger 10. Mai 1906. Mecklenburgische Zeitung 24. Nov. 1910 (Abdruck des Dankschreibens).

Im Gegensatz zu letzterem erschien mir das konstitutionelle ungeeignet, weil in der Theorie falsch und in der Praxis nicht hinlänglich bewährt. Durch Gewalt gedrängt, war ich entschlossen, den Andringenden mich oder die Konstitution zur Wahl zu stellen. Da kam die Proklamation des Königs vom 18., der Kampf in der Nacht auf den 19.! Das alte System war gefallen, das konstitutionelle hatte gesiegt. Jetzt galt es nur die Einheit Deutschlands zu retten, auf die Ideen des Königs einzugehen. Die Zukunft wird lehren, ob dieser Weg der richtige war. Ich konnte keinen anderen einschlagen nach Lage der Umstände und nach bestem Willen und Wissen. So mußte ich denn ein Opfer bringen, aber es ist ein schweres!"

Ganz überraschend kam dem Strelitzer Großherzog Georg diese Wandlung seines Schweriner Verwandten und die Mitteilung von dessen Proklamation, von der er vorher nicht die leiseste Ahnung hatte. Erschreckt und betrübt zugleich habe sie ihn, so meldete er Friedrich Franz zurück, aber er müsse nun auch ein Ähnliches erlassen. Das geschah in einer der Schweriner ziemlich gleichenden Proklamation vom 25. März.

Diese Proklamationen erweckten im Volke, abgesehen von einigen Stimmen, die an der Aufrichtigkeit der Regierungen zweifelten, allgemeine Freude. Als die Schweriner am Sonntag, dem 26., in der Residenz bekannt wurde, zog eine große Menge vor das neustädtische Palais, um dem Großherzog durch eine Ovation zu danken. Vom Dach des Schlosses wehten die mecklenburgische blau-gelb-rote Landes- und die erst vor kurzem vom Bundestage anerkannte schwarz-rot-goldene deutsche Bundesflagge, und vom Balkon des Palais aus sprach der Großherzog in einer Rede zu den Versammelten die Worte: „Jetzt hat sich das Band neu geschlungen zwischen Ihnen und mir, und kein Sturm der Zeiten soll es zerreißen."

Nach einer Verständigung mit Strelitz wurde der angekündigte außerordentliche Landtag von Friedrich Franz bereits auf den 26. April anberaumt. Da hatte denn die liberale Partei im Lande noch viel vorzubereiten. Von ihrem Ausschuß in Rostock wurden sogleich alle Freunde einer Verfassungsreform zu einer Versammlung nach Güstrow am 2. April eingeladen. Mit Ausnahme von Dömitz im Schwerinschen und Fürstenberg im Strelitzschen entsandten alle Städte ihre Vertreter, zusammen mit Einschluß einiger Domanialdeputierten 173, unter ihnen Männer wie die Advokaten Volten und Wiggers aus Rostock, Dr. Haupt aus Wismar, Raabe aus Parchim, Kandidat Boll aus Neubrandenburg. Bürgermeister und Senatoren, Richter und Advokaten, Amtmänner, Pastoren und Oberlehrer, Buchhändler, die verschiedensten Handwerksmeister, dazu Pächter, Schulzen und Erbpächter fanden sich in Güstrow ein. Nicht weniger als 17 Propositionen, darunter obenan die Verfassungsfrage, außerdem Verwaltung und Gerichtswesen, domaniale Verhältnisse, Stadtverfassungen, Freizügigkeit und Armenwesen, Preßfreiheit, Wehrverfassung, Volksschulwesen, Lehrfreiheit und vieles andere, standen zur Beratung. Hinsichtlich der Verfassung trat man für „eine reine Repräsentativverfassung mit Vertretung des ganzen Volkes ohne ständische Gliederung in einer Kammer" ein und sandte eine diesbezügliche Petition an die beiden Großherzöge. Außerdem sollten nun durch das ganze Land an Stelle der noch vielfach üblichen freien Volksversammlungen Reformvereine gebildet und diese durch eine Zentralkommission in Rostock einheitlich verbunden und gelenkt werden. Letztere wurde nunmehr gleichsam die treibende Kraft im politischen Leben und für alle Bewegungen im mecklenburgischen Volke.

Am 14. April gaben 144 adlige und bürgerliche Gutsbesitzer im Namen der gesamten Ritterschaft, die vom Landrat von Oertzen zu einer Versammlung nach Güstrow eingeladen worden war, dort öffentlich die Erklärung ab, „daß sie die bevorstehende landtägliche Verhandlung mit dem aufrichtigsten Streben für das Wohl des ganzen geliebten Vaterlandes auffassen wollen, daß sie alle und jede politischen Sonderrechte, welche ihnen bisher verfassungsmäßig zugestanden haben, freiwillig und gern, um das Wohl des Vaterlandes zu fördern, opfern wollen, um in den neuen Institutionen den Wünschen ihrer Mitbürger Genüge zu geben, daß sie mithin nach dieser Erklärung, welche sie angesichts ihres Vaterlandes wahr und treu hiermit abgeben, hoffen dürfen, daß ihre Mitbürger im Vaterlande ihnen den Glauben und das gute Vertrauen schenken werden, daß sie, die alten Stände Mecklenburgs, fern von Rückhalt gern dazu wirken werden, die neue Landesverfassung den Bedürfnissen und den Forderungen der Zeit gemäß ins Leben zu rufen".

Es war ein buntbewegtes Bild, das Mecklenburg in den nächsten Wochen in Stadt und Land bis zum Beginn des außerordentlichen Landtages bot. In fast allen Berufsständen und Volksklassen offenbarte sich eine geradezu nervöse Hast und Eile in Versammlungen und Anträgen an Regierungen und Behörden, um rechtzeitig und möglichst vollständig ihre Wünsche für den Landtag und eine neue Verfassung kundzugeben. So stellten die Geistlichen der Penzliner Synode am 3. April an die Schweriner Regierung den Antrag auf Berufung einer Landessynode, erhielten aber nach etwa drei Wochen die Antwort, „daß die gegenwärtige Zeit für die Zusammenberufung einer Landessynode vorzugsweise ungeeignet erscheine, daß der Landeskirche aber für jetzt nichts weiter not tue, als daß sie und ihre Diener sich ganz ruhig verhalten". Am 5. April baten die Reformvereine, gemäß Beschluß ihres letzten Reformtages, durch ihre Zentralkommission um Veröffentlichung der geplanten Verfassungsvorlage. Ihrem Wunsche wurde nach zwei Wochen durch eine halbamtliche Mitteilung in der „Rostocker Zeitung" zum Teil entsprochen.

Am 16. April trat in Eldena eine Versammlung von Bauern, Erbpächtern, Büdnern und Tagelöhnern aus verschiedenen Domanialämtern zusammen und beriet über die Vertretung des Domaniums auf dem neuen Landtag, über den Erwerb freien Eigentums durch die Bauern, über Parzellierung der großen Güter zu Bauernhufen u. a. mehr. Am 17. fand ein zweiter Reformtag von Deputierten aller Reformvereine in Güstrow statt, der besonders die Mitwirkung der Reformvereine bei den demnächstigen Verfassungsverhandlungen ins Auge faßte. Wieder einen Tag später war eine größere Versammlung von Bauern und Domanialeingesessenen in Güstrow, die es vornehmlich mit der Frage nach der Verbesserung der Arbeiter auf dem Lande zu tun hatte und an Pächter, Bauern und Arbeiter Rundfragen erließ zur Mitteilung ihrer besonderen Wünsche. Auch unter den Gewerbetreibenden aller Art, bei den Lehrern, selbst bei den Handlungsgehilfen und Dienstboten, fanden Zusammenkünfte in ihrem Interesse und zu gegenseitiger Aussprache statt.

Daneben aber kam es in manchen Städten, wie Röbel, Tessin, Kröpelin, Dargun, Rehna, Hagenow u. a., zu tumultartigen Auftritten, meist veranlaßt durch die Unzufriedenheit der Einwohner mit ihren

Bürgermeistern oder anderen städtischen Beamten, die nun zum Teil ihr Amt niederlegen mußten. Ähnliches ereignete sich auf einigen Gütern indem die Tagelöhner sich gegen die Gutsherren erhoben. Die Regierungen schritten durch Verwarnungen oder auch durch Versammlungsverbote dagegen ein. Als ein Schreckgespenst galt vielen Landwirten die in mehreren Petitionen geforderte Freizügigkeit. Sie erschien ihnen identisch mit der verhaßten Gewerbefreiheit, die in Preußen den Gewerbestand verdorben und vernichtet habe. Zur Aufrechterhaltung der Ordnung griffen vielfach die in den Städten gebildeten bewaffneten Bürgerwehren ein, deren Mitglieder sich meist durch eine weiße Binde um den Oberarm kenntlich machten. Doch erwiesen sich diese kleinen „Revolutiönchen" der Städter, die oft nur einem menschlich-natürlichen Drang nach Neuerungen und einem harmlosen Wohlgefallen an etwas Lärm und Streit entsprungen waren, noch keineswegs als gemeingefährlich.

Unter den Vorgängen außerhalb des engeren Vaterlandes erregten vornehmlich zwei Dinge das lebhafteste Interesse, die Erhebung der Schleswig-Holsteiner und die Bildung einer deutschen Nationalversammlung in Frankfurt. Besonders der Rostocker Reformverein war es wieder, der sich der Förderung dieser beiden Bestrebungen mit Fleiß und Eifer annahm. Nach einigen Vorbereitungen und Vorübungen in den Waffen begab sich am 20. April eine Schar junger Männer von Rostock nach Rendsburg zur Hilfeleistung für die Schleswig-Holsteiner. Zu den vom 31. März bis 4. April in Frankfurt zwecks Ausarbeitung eines Wahlgesetzes für ein vom gesamten deutschen Volk zu errichtendes Reichsparlament tagenden Vorparlament reisten außer einem Ständemitglied (Stever, Wustrow), je einem Vertreter der Städte Rostock und Schwerin (Oberappellationsrat Kierulf und Senator Pohle) noch etwa zwölf andere Mecklenburger, meist freiwillig und auf eigene Kosten.

Indes nahte der Termin für den angekündigten außerordentlichen Landtag. Am 26. April wurde dieser im Dom zu Schwerin mit einer Thronrede eröffnet, in der es unter anderm hieß: „Die Zeit eilt mit Riesenschritten vorwärts. Wir verehrten in unserer alten, Jahrhunderte hindurch bewährten Verfassung einen Schatz, der das Land durch schwere Zeiten hindurch getragen, der ihm einfache Verhältnisse erhalten, einen seltenen Wohlstand gewonnen hatte. Die Gegenwart verlangt daneben freie Entfaltung der Kräfte in allen Kreisen des Lebens, selbstbewußte Beschränkung nur zum Wohle des Gemeinwesens." Bei den Landtagspropositionen handelte es sich um die Auflösung der bisherigen Landesvertretung und die Anbahnung einer neuen Ständeeinrichtung auf Grundlage von Wahlen im ganzen Lande. Außerdem sollten die alten staatsrechtlichen Verhältnisse solange bestehen bleiben, bis durch eine Vereinbarung der Landesherren mit den neu zu erwählenden Ständen eine andere Verfassung vereinbart sei, und dann die alten Stände für aufgelöst erklärt werden. Die Strelitzer Vorlage betonte außerdem noch die Aufrechterhaltung der Union beider Länder und die Eingliederung des Fürstentums Ratzeburg in die neue Verfassung. Über drei Wochen zogen sich die Verhandlungen hin. Erst am 16. Mai kam das Wahlgesetz zustande, demgemäß die neue Ständeversammlung aus 103 Mitgliedern (85 aus Schwerin, 15 aus Strelitz und 3 aus Ratzeburg) bestehen sollte, die durch indirekte Wahlen (vermittelst sogenannter Wahlmänner) geheim oder offen (nach Belieben eines jeden Wählers) von allen über 30 Jahre alten, unbescholtenen Mecklenburgern gewählt werden sollten. Doch knüpften die Stände die Auflösung des alten Landtags durch die Landesherren und die Berufung der neuen Vertretung an die Beseitigung der Privilegien der Seestädte.

„Die alte ehrwürdige Verfassung ist zu Grabe getragen, die Berliner Märztage haben diese Wendung heraufbeschworen", schrieb am 17. Mai der Großherzog Friedrich Franz. Seine Aufmerksamkeit lenkte sich nach Frankfurt a. M., wo schon einen Tag später, am 18. Mai, in der Paulskirche das deutsche Reichsparlament mit seinen 586 Deputierten zusammentrat, von denen jedoch an jenem Tage erst 330 anwesend waren. Aus Mecklenburg nahmen sieben (darunter einer aus Strelitz), meist liberal gerichtete, Mitte April durch indirekte Wahl in sieben Wahlkreisen bestimmte Abgeordnete teil. Dazu gehörten der schon genannte Oberappellationsrat Kierulf und der gleichfalls schon bekannte Gutsbesitzer Pogge-Roggow. Der Bundestag, gleichsam von seiner eigenen Unfähigkeit überzeugt, hatte vor einigen Wochen der Berufung des Parlaments zugestimmt. Am 28. Juni erklärte ihn das Parlament für aufgelöst und übertrug alle seine Rechte an eine provisorische deutsche Regierung mit dem österreichischen Erzherzog Johann als Reichsverweser und mit einem Reichsministerium. Gleich den meisten deutschen Staaten beglaubigten nun auch die mecklenburgischen Regierungen ihren bisherigen Bundesbevollmächtigten, Regierungsrat Dr. Karsten, bei der neuen Reichsregierung. Seine Instruktionen liefen auf jewede Beförderung des deutschen Einheitswerkes durch das Parlament hinaus. Für die etwaige Wahl eines neuen Oberhauptes monarchischer Art im neuen Deutschen Reich neigte der Großherzog Friedrich Franz der Person des preußischen Königs zu und sah die beste Lösung in Österreichs freiwilligem Austritt aus dem Bunde und seiner „Stellung neben Deutschland“ 1).

In die im Norden Deutschlands sich gleichzeitig abwickelnde Erhebung der Schleswig-Holsteiner gegen die von dem dänischen König Friedrich VII. beabsichtigte Einverleibung Schleswigs in Dänemark wurde Mecklenburg infolge seiner benachbarten Lage an der Ostsee verwickelt. Wenn auch im Herzen auf der Seite der Schleswig-Holsteiner, so hatte der Großherzog Friedrich Franz doch noch am 30. März ein Hilfegesuch des Prinzen Friedrich August von Holstein, der schon damals an der Spitze der schleswig-holsteinischen Bewegung stand, abgelehnt. Aber infolge der durch den Deutschen Bund am 12. April beschlossenen Exekution gegen Dänemark durch ein preußisches und ein kombiniertes Bundeskorps mußte zwei Tage darauf auch die halbe mecklenburgische Brigade, bestehend aus dem Gardebataillon, dem 2. Musketierbataillon, einem Detachement Jäger und Schützen, zwei Schwadronen Dragoner und vier Geschützen, nach Rendsburg abrücken. Eine zweite, weit kleinere, ebenfalls gemischte Abteilung folgte noch Mitte Juni. An verschiedenen Gefechten, so besonders am 24. April bei Bilschau und am 28. Mai bei Düppel, nahmen die Truppen unter nicht geringen Verlusten teil, zeigten, obgleich sie seit den Befreiungskriegen nicht wieder auf einem Kampfplatz gestanden hatten, eine durchaus kriegerische Tüchtigkeit und ernteten manches Lob seitens der preußischen Oberleitung.

Dennoch war es für Mecklenburg ein großes Unglück, daß gerade in dieser sturmbewegten Zeit ein Teil der Truppen sich außer Landes

---

1) Brief des Prinzen Wilhelm an Friedrich Franz vom Februar 1849.

befand, ein anderer die mecklenburgische Küste, vornehmlich die Seestädte Rostock und Wismar, gegen einen Einfall der Dänen zu schützen hatte. Ausschreitungen und Krawallen seitens des Pöbels, der sich die Abwesenheit der Truppen offenbar zunutze machte, und umherziehenden Rotten wurde dadurch nur allzusehr Vorschub geleistet. Ein in manchen Schichten der Bevölkerung wachsender revolutionärer Strom war unverkennbar. Schon während der Landtagsverhandlungen war es unter den Zuhörern auf der Galerie des Saales zu erregten Auftritten gekommen, so daß z. B. am 16. Mai die Sitzung vorzeitig hatte geschlossen und der endgültige Beschluß auf den nächsten Tag verschoben werden müssen. Besonders einige Bürger aus Hagenow, die von der Tribüne her in ziemlich brüsker Weise sich in die Verhandlungen einmischten, hatten diese Maßnahme veranlaßt. Der schleppende Gang der Beratungen und das schließliche Ergebnis schufen keine Besserung in der Volksstimmung. Im Gegenteil, die Unzufriedenheit nahm zu und griff nun auch von den Städten auf das platte Land über, wo die Tagelöhner sich gegen ihre Gutsherren auflehnten und sie bisweilen tätlich bedrohten. Ende April sah sich deshalb die Schweriner Regierung genötigt, das Kriminalkollegium mit größeren Befugnissen zur Bestrafung von Aufrührern auszustatten, und bald mußten auch in besonders gefährdete Gegenden einzelne Militärkommandos zur Aufrechterhaltung der Ordnung gelegt werden. Trotzdem kam es am Abend des 22. Mai auf dem Gute Torgelow bei Waren zu einem ganz bedenklichen Auftritt, der in der Tat einer Revolution im kleinen mit mancherlei Schrecknissen glich. Etwa 700 Mann, meist Tagelöhner und Chausseearbeiter aus den umliegenden Ortschaften und Städten, hatten sich zusammengerottet, plünderten den Hof und brannten das Herrenhaus nieder. Überhaupt wurde die Gegend von Waren mehrfach zum Schauplatz solcher Aufstände, wenn auch glücklicherweise der in Torgelow der schlimmste von allen blieb, die in den beiden Sturmjahren in Mecklenburg vorgekommen sind. Militärabteilungen mußten hier wie anderswo Ruhe und Ordnung schaffen.

In den Reformvereinen, in denen sich in diesen Monaten das politisch-parlamentarische Leben des mecklenburgischen Bürgertums abwickelte, war es in den ersten Wochen nach Beendigung des Landtags ziemlich ruhig geworden. Bald aber brachte die Frage des von den Regierungen proponierten und von den Ständen gebilligten Wahlgesetzes neues Leben und frischen Stoff zu politischer Betätigung. Zunächst forderte man, daß die Regierung das Gesetz vor der endgültigen Verkündigung erst im Entwurf dem Urteil der Öffentlichkeit vorlege, und als es dann doch am 12. Juli ohne vorherige Veröffentlichung des Entwurfs erschien, begann ein allgemeiner Sturm seitens der Reformvereine gegen ein solches Verfahren der Regierungen und gegen eine derartige Mißachtung der Volkswünsche, wie sie doch in den Petitionen der Reformvereine zum Ausdruck gekommen seien. Ein Reformtag zu Güstrow am 20. und 21. Juli, auf dem gegen 30 Vereine durch Abgeordnete vertreten waren, beschloß eine Petition an die beiden Großherzöge zu übersenden mit dem dringenden Wunsche, die gegenwärtigen Minister und Räte zu entlassen und Männer an deren Stelle zu setzen, die „keine Binde vor den Augen und ein Herz für das Volk hätten", ein Antrag, der übrigens bereits in den früheren Versammlungen gestellt, aber von der Mehrheit noch immer als verfrüht abgelehnt worden war. Dieser ersten Forderung schloß sich eine zweite auf Abänderung des Wahlgesetzes an. Eine gleichzeitig an die mecklenburgische Bevölkerung erlassene Proklamation stellte den Satz auf, „daß der Volkswille als das höchste Gesetz des Staates gilt", und forderte u. a. „gleiche politische Berechtigung aller Staatsbürger" und „Aufhebung aller Feudal- und Adelsrechte". Letzteres geschah besonders in Anlehnung an einen im Frankfurter Parlament damals eingebrachten Antrag gleichen Inhalts, dessen volle Billigung die Güstrower Versammlung noch durch eine Adresse an das Parlament zum Ausdruck brachte.

Die beiden Abordnungen, bestehend aus je drei Männern, erzielten, wie das zu erwarten war, mit ihren Petitionen um Entlassung der Minister und Räte bei den beiden Großherzögen trotz der Freundlichkeit, mit der sie empfangen wurden, keinen Erfolg. Eine vom Schweriner Großherzog gewünschte und demgemäß von der Zentralkommission unter dem 13. Juli abgesandte schriftliche Begründung der Petitionsforderungen, ebenso eine zweite vom 26. August, erregten durch ihre sehr offene Sprache den Unwillen beider Landesherren, die nunmehr ohne die gewünschte Abänderung des Wahlgesetzes die Einteilung des Landes in Wahlkreise bekannt gaben und die Wahlen auf Ende

September festsetzten. Da aber riefen die am 7. September gelegentlich einer neuen Versammlung von Abgeordneten der Reformvereine in Neustrelitz ausbrechenden Unruhen bei beiden Regierungen eine Wandlung hervor. Eine aus 1500 Menschen bestehende, mit Knütteln bewaffnete Volksmenge zog an diesem Nachmittage unter Vorantragung einer roten Fahne lärmend und schreiend, zum Teil auch trunken von Branntwein, den ihre Führer soeben auf dem Markte frei verschenkt hatten, mit Musik und Trommelschlag zum Schloß und forderten den Großherzog Georg persönlich vor. Der aber hatte das Schloß schon vor Ankunft des Zuges verlassen. Alle Bemühungen, die Menge zu beruhigen, selbst seitens mehrerer ihrer Führer, waren vergeblich. Schon drängte man gegen die Schloßtüren an, Knüttel und Steine flogen in die Fenster und zertrümmerten die Scheiben: da verhinderten eine Anzahl Neustrelitzer Bürger und die schnell aufgebotene Bürgerwehr weiteres Unheil. Schließlich zog die Menge ab, kehrte aber am Abend noch einmal wieder. Nun gelang es dem Großherzog, der auf dem Balkon des Schlosses erschien, die erregten Gemüter zu besänftigen. Als die abziehende Menge noch einmal in verschiedenen Straßen, besonders vor dem Hause des Ministers, Miene machte, den Vorgang vom Nachmittag zu wiederholen, wurde sie durch eine inzwischen verstärkte reitende Abteilung auseinandergetrieben. Einige Hauptschreier und Anführer an diesem „glorreichen 7. September“, wie die demokratisch-republikanische Partei den Tag nannte, wurden verhaftet und ausgewiesen. Zwei Tage darauf aber nahm der Minister mit einigen andern Räten seinen Abschied. Zugleich wurde vom Großherzog die Wahlkreiseinteilung und das Wahlgesetz geändert, dem neuen Ministerium von Bernstorff aber die ebenfalls von den Reformvereinen geforderte Verantwortlichkeit gegenüber der Volksvertretung auferlegt.

Die Vorgänge in Neustrelitz wirkten auf Schwerin zurück. Die dortige Regierung nahm dieselben Änderungen, wie sie in Strelitz gemacht worden waren, vor und überwies die weitere Bearbeitung der Verfassungsvorlage einer Kommission, in der sich mehrere von der Zentralkommission gewünschte Männer befanden.

Aber gerade dieser Sieg der Reformvereine rief unter ihren Mitgliedern eine Gegenströmung hervor. Der Satz in der genannten

Güstrower Proklamation – „wir wollen, daß der Volkswille als das höchste Gesetz des Staates gilt“ – trug den Vereinen den Vorwurf ein, daß sie nach Beseitigung der Monarchie und nach einer vollen Ausprägung der Demokratie auf republikanischer Grundlage strebten. Es bildeten sich deshalb an mehreren Orten, wie Schwerin, Bützow, Rostock, Malchin, Kröpelin, Goldberg u. a., konstitutionelle Vereine, die für Mecklenburg eine Monarchie mit einer allgemeinen, gesetzgebenden Volksvertretung anstrebten. Im Grunde deckten sich diese Forderungen jedoch mit denen der Reformvereine. Das gegen letztere ausgesprochene Mißtrauen war nur durch gewisse überspannte Auslassungen einiger radikal gesinnter Mitglieder hervorgerufen worden. So griff denn auch die konstitutionelle Gegenbewegung nicht weit um sich, und als am 3., bezw. 9. Oktober in beiden Mecklenburg die Wahlen für die verfassunggebende Versammlung vor sich gingen, zeigte sich das Übergewicht der alten Reformvereine, deren Anhänger die überwiegende Mehrheit der 103 Abgeordneten bildeten.

Am 31. Oktober wurde die Abgeordnetenversammlung im Dom zu Schwerin feierlich eröffnet. „Es tut uns Not“, sagte der Großherzog Friedrich Franz in seiner Rede, „eine Verfassung, die begründet ist auf staatsbürgerliche Freiheit und Gleichheit, welche die Volksentwicklung und den Gemeinsinn fördert und unter den Gliedern der neuen Gesamtheit das für ein einheitliches Staatswesen erforderliche innere Gleichgewicht erzeugt.“ Tags darauf begannen im Schauspielhaus die Verhandlungen. Die 103 Abgeordneten – 65 aus den Städten und 38 vom Lande – setzten sich aus allen Berufsständen zusammen, aus Gutsbesitzern, Pächtern, Bauern und Tagelöhnern, aus Gewerbetreibenden und Handwerkern aller Art, wie Buchhändlern, Bäckern, Töpfern, Brauern, Tischlern, Stuhlmachern, Maurern, Zimmerern, Schmieden, aus Kaufleuten, Ministerial-, Justiz- und Domanialbeamten, Bürgermeistern und Senatoren, Predigern, Professoren, Gymnasial- und Volksschullehrern, Advokaten und Ärzten. Die Parteigruppierung vollzog sich sehr bald derart, daß neben eine Linke mit 44, meist unter dem Einfluß der Reformvereine gewählten Abgeordneten ein doppeltes Zentrum (links und rechts) mit 16 bzw. 25 und eine Rechte mit 9 Mitgliedern trat; 7 Abgeordnete blieben fraktionslos. Austritt und Neuwahl ergaben mit der Zeit eine gewisse Verschiebung in berufsständischer wie parteipolitischer Hinsicht. Doch trat eine wesentliche, ausschlaggebende Veränderung in dem anfänglichen Stärkeverhältnis der Parteien zueinander nicht ein.

Bot sich somit schon in der äußeren Zusammensetzung der Versammlung eine abwechslungsreiches Bild, so waren die Aufgaben, die, ihrer harrten, nicht minder bunt und zahlreich. An erster Stelle stand naturgemäß die Umbildung bezw. Neuschaffung einer Landesverfassung. Dabei gipfelten die Forderungen der Linken in dem schon genannten, oft als republikanisch verdächtigten Satz, „daß der Wille des Volkes das höchste Gesetz im Staate sei". Die beiden Zentren betonten besonders die konstitutionelle Monarchie auf demokratischer Grundlage, die Rechte dagegen neigte mehr einem Übergewicht des landesherrlichen Regiments zu. Einig waren alle in der Beseitigung des altständischen Prinzips. Zur Verfassungsfrage gesellten sich andere Wünsche und Ziele. Schon in der ersten Sitzung trat z. B. ein Antrag wegen Stellungnahme zu den Wiener Wirren, in der zweiten ein anderer wegen Verpachtung mehrerer Domanialgüter hervor. In den beiden Zentren vornehmlich war von der Mitwirkung an der deutschen Einheit, von einer neuen Gemeindeverfassung, von Steuerreform, Parzellierung des Großgrundbesitzes, Aufhebung der Standes- und Geburtsvorrechte, Neuregelung des Gerichtswesens u. a. mehr die Rede, und so wurden denn auch baldigst ein Verfassungs-, ein volkswirtschaftlicher, besonders die ländlichen Verhältnisse betreffender, ein Finanz-, Schul-, Justiz- und Gemeindeordnungsausschuß eingesetzt. Der Verfassungsausschuß, offenbar der wichtigste von allen, kam bald zu der Überzeugung, daß die Regierungsvorlage lückenhaft und als Basis für die allgemeinen Beratungen wenig geeignet sei, und begann daher mit der Ausarbeitung eines neuen Entwurfs, die viel Mühe und Zeit erforderte. Die übrigen Ausschüsse befaßten sich mit dem Ausbau der Mecklenburgischen Eisenbahn, der Begründung einer Mecklenburgischen Bank, dem Handel und Verkehr, dem Militärwesen, dem Kirchenregiment, dem Verhältnis von Staat und Kirche, den Grundrechten des Volkes usw. Zugleich liefen aus dem ganzen Lande Petitionen aller Art ein, die ebenfalls von den der Versammlung allgemein zuerkannten weitreichenden Befugnissen Zeugnis ablegten. Die Regierungen gestanden stillschweigend der Versammlung noch vor Aufhebung der alten Verfassung diese Rechte zu. Selbst als man die Auflösung der alten Stände noch vor der gesetzlichen Einführung der neuen Verfassung betrieb, zeigte sich die Schweriner Regierung geneigt, die Strelitzer jedoch widersprach, da ein solches Verfahren den Bedingungen für die Zustimmung der Stände bei Beginn von Verfassungsverhandlungen überhaupt zuwiderlief.

Am 26. Februar 1849 wurde endlich vom Verfassungsausschuß die erste Hälfte des geplanten Staatsgrundgesetzes vorgelegt; die zweite sollte nach Ostern folgen. Der Entwurf zeigte in den Sätzen: „Das Volk ist die Quelle aller politischen Gewalt“ (§ 1), „die Regierungsform ist monarchisch-demokratisch“ (§ 2), „der Adel ist aufgehoben, alle Bezeichnungen des Adels verlieren ihre Bedeutung und werden vom Staat und den öffentlichen Behörden nicht gebraucht“, weiter in der starken Beschränkung der landesherrlichen und ministeriellen Gewalt, in dem Erlöschen des Großherzoglichen Oberbischofsamtes u. a. m. seinen ziemlich radikaldemokratischen Charakter nach dem Willen der völlig liberalen Linken. Gegen ihn protestierten sogleich die landesherrlichen Kommissare. In der ersten Lesung zwar angenommen, wurde der Entwurf in der zweiten infolge Übergewichtes der Zentren und der Rechten der weit milderen Form der landesherrlichen Vorlage im ganzen wieder angeglichen. Einige Grundrechte wurden gestrichen, Adel, Orden, Polizei wiederhergestellt, die oberbischöfliche Macht des Großherzogs anerkannt, Zensur und Vetorecht des Fürsten nach dem Regierungsentwurf geregelt und statt der zwei- eine vierjährige Legislaturperiode bestimmt. In der dritten Lesung kam dann noch die Erhöhung des Wahlzensus und das beschränkte Kammerauflösungsrecht des Großherzogs hinzu.

Am 3. August wurde das ganze Staatsgrundgesetz mit Einschluß des Wahlgesetzes von der Kammer mit 55 gegen 34 Stimmen angenommen. Danach sollte an Stelle der alten Stände ein aus allgemeinen und direkten Wahlen hervorgehendes Abgeordnetenhaus treten. Von den 60 Abgeordneten sollten 40 (je 2 in 20 Wahlbezirken) durch direkte Wahl seitens der gesamten Bevölkerung bestimmt, dazu 6 von den städtischen Gewerbetreibenden, 6 von den städtischen Kaufleuten und Krämern, 8 von den ländlichen Grundbesitzern gewählt werden, die ein Grundstück in der Größe von mindestens 200 bonitierten Scheffeln zu Eigentum (Lehnbesitz), zu Erbpacht oder Bauernrecht hatten. Gewählt wurde nach Kirchspielen, in größeren Städten nach besonderen Bezirken. Die Trennung von fürstlichem Privatvermögen und Landesvermögen ward so durchgeführt, daß – nach Ausscheidung von 74 Ortschaften, darunter 68 größeren Höfen, und Forsten mit einem jährlichen Gesamtertrag von fast 300 000 Talern (das war etwa ein Viertel der gesamten Domanialeinkünfte) als Hausgut und fideikommissarisches Eigentum für das fürstliche Haus – alle übrigen, bisher ebenfalls rein großherzoglichen Domänen fortab Staatseigentum wurden. Außerdem erhielt der Landesherr neben mehreren Schlössern eine jährliche Zivilliste von 175 000 Talern aus den Staatsdomänen. Die landesherrliche Renterei und die landesherrlich-ständische Landesrezepturkasse wurden zu einer Hauptstaatskasse vereinigt und von dem Abgeordnetenhaus mitkontrolliert.

Aber alle diese Vereinbarungen waren schließlich nur mit der Schweriner Regierung und daher auch nur für das Schweriner Land getroffen worden. Strelitz hatte man bei den Verhandlungen sehr stiefmütterlich behandelt, die von dort erhobenen Einwände und Forderungen entweder in wenig würdiger Form oder, wie zuletzt, überhaupt nicht mehr besprochen. Dennoch hatte der Großherzog Georg, obgleich es ihm schon Ende Juli als sicher erschien, daß er von dem Verfassungswerk zurücktreten müsse, den in nahe Aussicht stehenden Abschluß nicht stören wollen. Als nun aber wiederum einige von ihm am 6. August geltend gemachten Forderungen auf Abänderung mehrerer Bestimmungen, die für die Strelitzer Verhältnisse nicht zutrafen, unbeachtet blieben, da versagte die Strelitzer Regierung am 11. ihre fernere Mitwirkung und nahm ihre Vorlagen zurück. Der Bruch zwischen beiden Ländern hatte sich vollzogen. Er war nicht plötzlich gekommen, sondern hatte sich schon lange vorbereitet und beruhte im letzten Grund auf einem Gegensatz in den politischen Anschauungen der Fürsten und Regierungen beider Länder. Noch überwog in Strelitz das alte konservative Element den modern-liberalen Geist, der in Schwerin doch schon sehr um sich gegriffen hatte. Im Strelitzer Lande wieder sah man die Vorgänge in Schwerin stets nur aus der Entfernung. Die demokratischen Gedanken vermochten deswegen dort noch nicht dieselbe Wirkung zu erzielen wie an der Quelle selbst.

Die Frage des bisherigen Unionsverhältnisses, in der Abgeordnetenversammlung stets als schwierigstes Problem beiseite geschoben und höchst ungern berührt, durch die beabsichtigte Aufhebung der altständischen Verfassung – so hatte man sich immer getröstet – ihres eigentlichen Fundamentes beraubt, hatte nunmehr von selbst ihre Lösung gefunden. Die Versammlung erklärte die Union für beseitigt. Einige Tage darauf, am 22. August, wurde das Haus geschlossen, auch seitens des Großherzogs Georg, der auch jetzt noch nicht die zwischen der Versammlung und der Schweriner Regierung getroffenen Vereinbarungen zerreißen wollte, für sich und sein Land aber keinen der Beschlüsse als bindend betrachtete. Tags darauf unterschrieb der Großherzog Friedrich Franz in Gegenwart der vier Kommissare und der drei von der Versammlung bestimmten Urkundspersonen das Staatsgrundgesetz für sich und sein Land.

Durch die Spaltung der beiden Länder war eine ganz neue, bisher nicht gekannte Lage entstanden. Konnte auf diese Weise die Union beseitigt werden? War das Staatsgrundgesetz, für Mecklenburg-Schwerin allein unterzeichnet, seiner ursprünglichen Entstehung nach aber für beide Länder bestimmt, überhaupt gültig? Es fehlten die staatsrechtlichen Grundlagen für einen Fall, wie er hier vorlag und nicht vorausgesehen war. Zahlreiche Broschüren, die erschienen und von der Möglichlichkeit des Fortbestandes der Union unter den völlig veränderten Verhältnissen handelten, bewiesen deutlich diese Lücke im mecklenburgischen Staatsrecht 1). Zugleich begann zwischen den beiden Regierungen ein Streit über diese Frage in einem umfangreichen Notenwechsel. Eine Einigung erschien von vornherein unwahrscheinlich, vielmehr verschärften sich die Gegensätze. Bemerkenswert dabei ist es, daß der Strelitzer Minister von Bernstorff in einem Schreiben vom 5. September auf einen Vermittlungsweg durch Entscheidung seitens des in Berlin tagenden Verwaltungsrates oder des Bundesschiedsgerichtes (auf Grund der Patentverordnung vom 28. November 1817) hinwies. In Schwerin wollte man davon jedoch nichts

1) Es sei hier aus der großen Fülle der Schriften nur an drei erinnert: von Oertzen, Die Möglichkeit des Fortbestehens der Union (bejahend). E. M., Union oder Trennung? und von Malschitzki, Beiträge zur Unionfrage (beide verneinend).

wissen. Der dortige Minister von Bülow hielt an dem Beschluß der Abgeordnetenversammlung fest. Die preußische Regierung ihrerseits warnte den Großherzog Friedrich Franz vor übereilten Schritten. „Vor allem löse Deinen Landtag nicht auf, wie Du es im Schilde führst; er ist ein Anker, den Du nicht lösen darfst. Auch wir haben unsern Provinziallandtag noch nicht aufgelöst. Das kann erst geschehen, wenn die neuen Verhältnisse vollständig reguliert sind“, hatte schon im Februar Prinz Wilhelm an Friedrich Franz geschrieben. Er hatte in der Tat den Kernpunkt getroffen, nicht so sehr mit seiner Beurteilung des alten Landtags, als vielmehr mit der Mahnung an dessen Dasein. Denn schon regte sich die altständische Partei mit Protesten gegen das noch nicht publizierte Staatsgrundgesetz. Die Bedingungen für die Auflösung des alten vereinigten Landtags beider Mecklenburg nach Schaffung eines dieser Vereinigung entsprechenden, ebenfalls beide Länder umfassenden Staatsgrundgesetzes waren nicht erfüllt worden. Deputierte der Ritterschaft, die ritterschaftlichen Amtskonvente und auch die Landräte durch sich selbst erklärten denn sogleich in ihren Eingaben an die Schweriner Regierung deren Vorgehen nach dem Rücktritt der Strelitzer Regierung als einseitig, demgemäß alle Beschlüsse als ungültig und den seitens des letzten (außerordentlichen) Landtags in Schwerin gestellten Bedingungen hinsichtlich der Auflösung der Stände durch beide Landesherren und auch betreffs der Beseitigung der seestädtischen Privilegien als nicht entsprechend.

Währenddessen standen die mecklenburgischen Truppen zusammen mit den preußischen unter dem Oberbefehl des Prinzen von Preußen in Süddeutschland, um revolutionäre Bewegungen, vornehmlich in Baden, zu bekämpfen. Bei Waldmichelsbach, Käfertal und anderen Orten hatten sie schon im Juni die aufständischen Freischärler geschlagen. Über Karlsruhe nach Donaueschingen ging dann der Vormarsch. Nach Auflösung der Abgeordnetenversammlung in Schwerin begab sich der Großherzog am 8. September ebenfalls zur Besichtigung seiner Truppen dorthin und kehrte am 18. nach Schwerin zurück.

Noch stand ihm der schwerwiegende Entschluß der Publikation des Staatsgrundgesetzes und damit der Rechtsgültigkeitserklärung desselben für sein Land bevor. Gutachten seitens der Minister und von rechtsgelehrten Männern, mündliche und schriftliche Erörterungen, Prüfungen der alten Staatslehre, besonders auch des Landesgrundgesetzlichen Erbvergleichs, Konferenzen und Ministerberatungen füllten die nächsten Tage und Wochen aus. Die vier für das neue Gesamtministerium ausgewählten Männer, von Lützow, Stever, von Liebeherr und Meyer, erklärten, „eine immer wiederholte sorgfältige Erwägung aller einschlagenden Verhältnisse“ habe sie „immer zu demselben Resultat geführt“. Sie könnten „mit gutem Gewissen nichts anderes erbitten als den Befehl zur sofortigen Publikation der vereinbarten Verfassung und des Gesetzes wegen Auflösung der Ritter- und Landschaft“.

Eine fünfstündige Sitzung am 10. Oktober, die den Großherzog von seinen „bangen Zweifeln, seelischen Kämpfen, innerer Unruhe und furchtbaren Krisen“ befreite, von denen er nach den Aufzeichnungen in seinem Tagebuch in jenen Tagen geplagt wurde, brachte die Entscheidung. Das Staatsgrundgesetz wurde an diesem Tage von ihm unter Gegenzeichnung der vier genannten Minister veröffentlicht: Mecklenburg-Schwerin war in die Reihe der konstitutionellen Staaten getreten.

Auf wie lange jedoch, das mußte die Zeit lehren. Fest und sicher war der Bau nicht. Geheime und offene Gegenströmungen rüttelten an seinen Grundfesten. Die Union der Länder, seit der Begründung des mecklenburgischen Staatswesens tief innerlich mit demselben verbunden, gleichsam als Abschluß jener Entwicklung um alles irgendwie Trennende ein festes Einheitsband schlingend, bei allen Landesteilungen immer wieder als wesentliches Moment erneuert und selbst auch durch die Zusammensetzung der Schweriner Versammlung aus Abgeordneten beider Länder unter dem Protektorat beider Landesherren als etwas ganz Natürliches aufgefaßt – diese alte, in der Anschauung des mecklenburgischen Volkes über das Wesen des mecklenburgischen Staates wurzelnde Einrichtung ließ sich so leicht nicht zerreißen. Eine Jahrhunderte lange Entwicklung wäre damit in einem Augenblick über den Haufen geworfen worden. Alle schon genannten Proteste, zu denen besonders noch derjenige der Agnaten des großherzoglichen Hauses wegen hausgesetzwidriger Veräußerung des Domaniums und wegen Preisgabe landesherrlicher Hoheitsrechte trat, wären bei einer Einstimmigkeit beider Fürsten im Bunde mit der Gesamtheit der Stände zu beseitigen gewesen. Eine solche aber fehlte. Vielmehr erhob Georg am 20. Oktober Klage beim Bundesgericht in Erfurt wegen Verletzung des alten Unionsverhältnisses. Ihr schloß sich ein Protest des Königs Friedrich Wilhelm von Preußen auf Grund der ihm zustehenden Eventualsukzession in Mecklenburg nach dem Vertrage von 1442 und seiner mehrmaligen Erneuerung (zuletzt 1787) an. Im Dezember befaßte sich auch die provisorische Bundesregierung in einer Kommission, bestehend aus zwei österreichischen und zwei preußischen Mitgliedern, mit der Angelegenheit. Drei ritterschaftliche Konventsdeputierte, die einen Vergleich oder eine Rechtsentscheidung durch ein Schiedsgericht nach der Verordnung vom 28. November 1817 gefordert hatten, aber von Friedrich Franz abgewiesen worden waren, hatte sich beschwerdeführend nach Frankfurt gewandt.

Noch verwahrte sich die Schweriner Regierung gegen alle Einsprüche. Aber die ganze Angelegenheit war schon sehr stark auf den Kampf eingestellt. Als die Regierung die von den Ständen bisher verwalteten Stellen der Landesbehörden durch Kommissare besetzte und den Engeren Ausschuß am 20. Dezember in seinem Sitzungsgebäude zur Übergabe aller ihrer Verwaltungsobjekte, besonders des Archivs und der Kassen, aufforderte, protestierte sogleich die Hälfte der acht Mitglieder. Als dennoch der Regierungskommissar auf der Forderung seiner Regierung bestand, sogar mit Anwendung von Gewalt drohte und den Schlüssel eines der Aktenschränke an sich nahm, protestierten auch die anderen vier, der Regierung bisher noch freundlich gesinnten Mitglieder. Sie verließen zusammen mit einem fünften das Zimmer, während die drei übrigen erklärten, nur der Gewalt des Militärs weichen zu wollen, was sie denn auch ausführten, als ein Musketier von der Kommandantur beordert wurde.

Der erste Landtag nach dem neuen Staatsgrundgesetz wurde auf den 27. Februar 1850 ausgeschrieben. Strelitz war nicht beteiligt. Die Wahlen vollzogen sich ordnungsgemäß. Hoffnungsfreudig begrüßte der Minister die Versammelten. Eine Adresse mit mehreren tausend Unterschriften an die Regierung, ebenso auch eine Anzahl Briefe von Freunden der neuen Verfassung sollten der Regierung den Rücken stärken. Bald aber trat eine nicht geringe Enttäuschung ein. Die parlamentarische Unerfahrenheit, ja Unfähigkeit vieler Abgeordneten und das sogleich beginnende Parteigezänk beeinträchtigten den Gang der Verhandlungen. Aus Berlin, Wien und anderen deutschen Städten – denn der mecklenburgische Verfassungskonflikt war gleich dem kurhessischen mittlerweile überall Tagesgespräch geworden – liefen scharfe Kritiken und unverhohlene Äußerungen des Mißfallens ein. Die Frankfurter Bundeskommission erbat auf die Klage der drei Konventsmitglieder hin vom Großherzog eine Erklärung, und am 28. März erging von ihr sogar die Aufforderung zur Gewährung der Kompromißinstanz, d. h. des Schiedsgerichtes. Selbst wankend gemacht, wenn überhaupt jemals von der Richtigkeit und Rechtmäßigkeit des ganzen Vorgangs innerlich überzeugt, willigte der Großherzog ein. Das Ministerium, das einst für die Verkündigung des Staatsgrundgesetzes unter Bestreitung jeglichen Kompetenzrechtes der Bundeskommission die Verantwortung übernommen hatte, dankte ab. An seine Stelle trat Mitte April ein neues, geführt von dem vom König Friedrich Wilhelm auf des Großherzogs Wunsch bezeichneten preußischen Unterstaatssekretär Grafen Bülow. Der Landtag wurde auf drei Monate vertagt. Zugleich erließ Friedrich Franz eine Proklamation, aus deren Wortlaut man seine und des ganzen Landes überaus schwierige Lage erkennt. „Es besteht“, so hieß es darin, „eine Zerrissenheit in Meinem Lande fort, welche das moralische und materielle Wohl desselben in hohem Grade gefährdet. Während sich infolge derselben ein Teil von aller Mitwirkung zu dem neuen Baue des Vaterlandes zurückhält, ein anderer Teil nicht abläßt, in seiner verderblichen Richtung fortzuwirken und den obwaltenden Zwiespalt für seine Zwecke auszubeuten, liegt es unter diesen Umständen nicht in der Macht der zwischen diesen Parteien Stehenden, Mir eine zureichende Unterstützung zu gewähren.“ Indem er dann weiter erklärte, daß er durch Gewährung der Kompromißinstanz nur dem Recht, das in Mecklenburg stets hochgehalten worden sei, seinen Lauf gelassen habe, versprach er, wie es auch kommen möge, an dem durch seine Proklamation vom 23. März 1848 betretenen Weg festzuhalten, und bat „alle, die es mit Mecklenburg wohl meinen“, ihm zu vertrauen und mit „ihm dahin zusammenzuwirken, aus dem gegenwärtigen Übergange gesegnete Früchte zum Heile des Vaterlandes zu gewinnen“.

Unterdessen war nach dem ergebnislosen Ausgang des Frankfurter Parlaments und der Ablehnung der deutschen Kaiserkrone durch König Friedrich Wilhelm die Lösung der deutschen Einheitsfrage von Preußen selbst in die Hand genommen und durch Friedrich Wilhelm am 26. Mai 1849 mit Hannover und Sachsen das sogenannte Dreikönigsbündnis abgeschlossen worden. Zwei von den drei Monarchen sollten sich nun mit dem mecklenburgischen Verfassungskonflikt befassen. Der Großherzog hatte nämlich den König von Hannover, die Ritterschaft den preußischen König um Ernennung eines Schiedsrichters gebeten. Ersterer bestellte seinen Geheimen Kabinettsrat a. D. Freiherrn von Schele, der König von Preußen seinen Vizepräsidenten vom Obertribunal, Dr. Götze. Beide Richter wählten den königlich sächsischen Wirklichen Geheimen Rat und Präsidenten des Oberappellationsgerichts, Dr. von Langenn, zu ihrem Obmann.

Das Schiedsgericht trat in Freienwalde an der Oder zusammen. Am 11. September 1850 erklärten die drei Richter unter Anerkennung des Einspruchs der Vertreter der Ritterschaft das Schweriner Staatsgrundgesetz vom 10. Oktober 1849 sowie die Verfügung des Großherzogs betreffs Aufhebung der landständischen Verfassung für nichtig, letztere dagegen als zu Recht bestehend und erachteten den Großherzog Friedrich Franz als verbunden, „nach Anleitung des Landesgrundgesetzlichen Erbvergleichs von 1755 für den Herbst des Jahres einen Landtag auszuschreiben.“ In der Urteilsbegründung wurde auf die vorbehaltlose Unterordnung der Seestädte und die Vereinbarung der neuen Verfassung zwischen beiden Landesherren und der Abgeordnetenversammlung hingewiesen, zwei für die Auflösung der ständischen Verfassung gestellte Bedingungen, die nicht erfüllt waren. Schon am 14. September wurde der Schiedsspruch vom Großherzog proklamiert und zugleich ein neuer ständischer Landtag zur Wiederaufnahme der Verfassungsverhandlungen ausgeschrieben. Die Abgeordnetenversammlung war gar nicht wieder zusammengetreten. Die landständische Union hatte über das Repräsentativsystem gesiegt. Mecklenburg trat verfassungsmäßig nach einer kurzen Epoche mit konstitutioneller Vertretung wieder in den alten Zustand ständischer Entscheidung zurück. Vom Großherzog sogleich wieder eingeleitete

Verfassungsverhandlungen zwischen ständischen Deputierten und landesherrlichen Kommissaren schlugen fehl.

Zweierlei, zum Teil auch noch ein Drittes, blieb aus jenen Tagen sozialpolitischer Kämpfe dem Schweriner Lande erhalten:

1.) eine neue Kirchenkommission. In Rücksicht „auf die in Aussicht stehende Trennung der Kirche vom Staate“ und „auf die bevorstehende, der einzuführenden Repräsentativverfassung entsprechende Reorganisation der obersten Staatsbehörde“ hatte Friedrich Franz bereits unter dem 12. Dezember 1848 bestimmt, „die bisher durch Unsere Regierung geübte Verwaltung der Angelegenheiten der evangelisch-lutherischen Kirche einstweilen und bis dahin, daß die Verhältnisse dieser Kirche geordnet und die Normen für ihre Verwaltung festgestellt sein werden, einer besonderen Kommission zu übertragen“. Ihr gehörten der Justizrat Kaysel, der Superintendent Kliefoth und der Präpositus Karsten an. Sie trat Anfang 1849 in Tätigkeit und wurde am 1. Januar 1850 in eine ständige Behörde, den Oberkirchenrat, umgewandelt. Sie sollte außerdem noch den Dezernenten für das Landesschulwesen, den Schulrat Meyer, zu ihren Beratungen hinzuziehen, um so Kirche und Schule in inniger Verbindung miteinander zu erhalten. Die Seele des Kollegiums und auch des ganzen Mecklenburg-Schweriner Kirchenwesens wurde der zweite der genannten drei Männer, der Superintendent Theodor Kliefoth. Bald wurde er auch die rechte Hand des Großherzogs, der ihn besonders hoch schätzte, und ihm gebührt das Verdienst, die mecklenburgische Landeskirche vor den Auswüchsen des platten Rationalismus bewahrt zu haben. Organisatorisch und literarisch gleichbedeutend, hat er, zumal seitdem er Präsident des Oberkirchenrats war, der mecklenburgischen Kirche den Stempel seines Geistes aufgedrückt. Nach der Wiedereinsetzung des alten ständischen Landtages verblieben dem unmittelbar dem Landesherrn ohne Vermittlung des Ministeriums für geistliche Angelegenheiten unterstellten Oberkirchenrat die rein geistlichen Funktionen, d. h. außer der Wahrnehmung der oberbischöflichen Rechte vornehmlich die Aufsicht über Lehre und Kultus, während die mehr äußerliche Verwaltung, die rechtliche Beschützung und pekuniäre Erhaltung der Kirche wieder an die Stände übergingen. Die Hauptaufgabe der Kommission, die Begründung einer Landessynode, blieb allerdings ungelöst. Das schon 1570 begründete Konsistorium hat gleich der noch höheren, doch erst 1880 für beide Mecklenburg errichteten Instanz des oberen Kirchengerichtes – beide in Rostock – nur richterliche Funktionen.

2.) Bestehen blieb auch die durch das Staatsgrundgesetz geschaffene Ministerialorganisation, jedoch mit Ergänzung und Vervollständigung nach der Verordnung vom 4. April 1853. Demnach trat an Stelle des früheren Geheimen Ministeriums mit Regierung und Lehnkammer, das rein kollegialisch aufgebaut war, ein zwar wiederum kollegialisch formiertes Staatsministerium, aber mit ressortmäßiger Einteilung der Geschäfte nach den vier Abteilungen des Auswärtigen, des Innern, der Finanzen und der Justiz. Es bestand anfangs aus einem leitenden Staatsminister und drei Staatsräten, die gelegentlich ebenfalls Titel und Rang eines Staatsministers erhalten. Später wurden das Äußere und Innere in der Hand des Präsidenten vereinigt, Finanzen und Justiz je einem Staatsrat unterstellt. Die geistlichen, Unterrichts- und Medizinalangelegenheiten bildeten Nebenabteilungen anfangs des Äußern, später der Justiz. Bei Beratung militärischer Gegenstände hatte der Chef des Militärdepartements Sitz und Stimme im Ministerium. Gegenüber einem Einspruch der Stände bestand der Großherzog auf seinem Recht der Organisation seiner Regierungsbehörden, die nur der Ausübung seines landesherrlichen Regiments dienten und ihm als ihrem Dienstherrn allein verpflichtet und verantwortlich seien.

3.) Die ebenfalls durch das Staatsgrundgesetz von 1849 geschaffene Trennung von Haushaltsgut und Domanium blieb nur der Form nach als Verwaltungseinrichtung bestehen. Rechtlich wurden beide wieder unterschiedslos Hausgut des Landesherrn.

In Mecklenburg-Strelitz, wo der Großherzog Georg sich von dem Staatsgrundgesetz losgesagt hatte, blieb die Kollegialregierung mit einem Staatsministerium, der Landesregierung, der Lehnkammer, einem Kammer- und Forstkollegium, dem Baudepartement und der Finanzkommission noch bis zum 1. Januar 1909 bestehen; dann trat auch dort ein dem Schweriner angeglichenes Staatsministerium in Kraft. Eine besondere oberkirchenrätliche Institution zwecks Ausübung der oberbischöflichen Rechte ist in Strelitz nie geschaffen worden. Sie war in das Ressort des Ministeriums der Justiz mit einbegriffen. Im einzelnen blieb die kirchliche Verwaltungsbehörde – ebenfalls dem Justizministerium unterstellt – das Konsistorium in Neustrelitz, das zugleich auch richterliche Funktionen ausübte. Eine Trennung zwischen Haushaltsgut und Domanium bestand nicht einmal der Form nach. Beides galt als Privatbesitz des jeweils regierenden Großherzogs.

* * *

Zugleich mit dem einheimischen Verfassungswerk verfolgten die beiden mecklenburgischen Regierungen auch die, wie schon erwähnt, von König Friedrich Wilhelm nach der Ablehnung der deutschen Kaiserkrone selbständig aufgenommene neue Lösung der deutschen Einheitsfrage auf dem Wege einer zu begründenden Union. Zwar war bei den diesbezüglichen Berliner Verhandlungen nur Strelitz durch den Erbgroßherzog in Begleitung des Herrn von Oertzen-Leppin und des Regierungsrats von Bernstorff vertreten, während der Schweriner Großherzog gleich den meisten deutschen Staaten seine Beteiligung versagte. Dann aber traten beide Regierungen mit anderen norddeutschen Staaten dem als Ergebnis jener Verhandlungen am 26. Mai 1849 begründeten Dreikönigsbündnis zwischen Preußen, Hannover und Sachsen bei. Ihre bisher noch aufrecht erhaltenen Beziehungen zum Frankfurter Parlament hatten sie, als dieses in einer gewissen ostentativen Gegenwirkung gegen Preußens Bestrebungen die sofortige Einführung der Reichsverfassung in den noch zu ihr gehörigen Staaten, 29 an der Zahl, forderte, gelöst. Aber auch die preußische Union mit ihrem Parlament in Erfurt zeitigte keine positiven Ergebnisse: Bayern vornehmlich wirkte ihr durch Abschluß eines Vierkönigsbündnisses entgegen, und der Verfassungsbruch des Kurfürsten von Hessen brachte den Konflikt zwischen Österreich und Preußen zum Ausbruch. Schon standen sich die beiderseitigen Heere zum Kampf einander gegenüber, da kam es Ende November 1850 in Olmütz zu einer Zusammenkunft der beiden Minister, des österreichischen Schwarzenberg und des preußischen Manteuffel. Preußen erlitt eine völlige diplomatische Niederlage, die vor allem in seinem Verzicht auf die Union bestand. Freie Konferenzen in Dresden seitens der deutschen Regierungen sollten noch einmal die deutsche Verfassungsfrage erörtern. Sie fanden vom 23. Dezember 1850 bis 15. Mai 1851 statt. Mecklenburg-Schwerin war durch den Minister Grafen Bülow und den Legationsrat von Bülow, Strelitz durch den genannten von Oertzen-Leppin vertreten. Nach vielen Reden und Schreiben mit einem Wust ziemlich wertloser Protokolle war das schließliche Ergebnis dieser politischen Komödie die von Österreich beabsichtigte Wiederherstellung des alten Bundestags in Frankfurt. „Man hat sich in Dresden fünf Monate lang damit beschäftigt, leeres Stroh zu dreschen. Jetzt mag es als Unterstreu für die Lagerstätte des guten, alten Bundestages verwendet werden“, urteilte ein Mecklenburger nicht mit Unrecht.

Am 30. Mai 1851 wurde der reaktivierte Bundestag in Frankfurt a. M. durch die erste Plenarsitzung eröffnet. Sieben Jahre lang waren beide Mecklenburg auf ihm durch den zum Bundestagsgesandten bestellten bisherigen Geheimen Justizrat Jasper von Oertzen-Leppin vertreten.

Stärker als je zuvor war die Tätigkeit dieser zweiten Bundesversammlung beherrscht von dem Gegensatz zwischen den beiden deutschen Großmächten Österreich und Preußen. Weit mehr als der oft mit Recht geschmähte Partikularismus der deutschen Kleinstaaten war die Rivalität der beiden Großmächte jeglicher ersprießlichen Wirksamkeit des Bundes hinderlich. Ohne Parteinahme für eine der beiden stellten sich die mecklenburgischen Regierungen auf den allgemeinen deutschen Standpunkt, und Oertzens Hauptbestrebungen waren von vornherein auf einen Ausgleich und eine Vermittlung zwischen Preußen und Österreich gerichtet. In Erkenntnis der großen Gefahr, die eine immer größere Spannung und der schließliche Bruch zwischen den beiden Mächten für Deutschland bringen werde, riet der Strelitzer Großherzog Georg wiederholt den österreichischen Politikern, Preußen das Alternat im Bundespräsidium zuzugestehen. Aber alle Mahnungen waren vergebens, der Gegensatz beider bereits so stark, daß sie, wie Oertzen im Februar 1852 an seinen Bruder schrieb, „sich einander die Butter nicht auf dem Brot gönnten“. In einem andern Brief einige Monate früher erklärte er unter diesen Umständen als einzigen Weg zu weiterer politischer Entwicklung und Vervollkommnung für die einzelnen Bundesstaaten das Mittel der Selbsthilfe. „Jeder Staat“, so sagt er, „sehe möglichst zu, daß er für sich selbst zurecht komme, wobei es freilich gilt, nicht bloß regressiv, sondern von innen heraus und von unten herauf bauend und heilend die Folgen der Revolution zu überwinden.“

Oertzens politischen Gedanken entsprach es, wenn er sich für die Erhaltung und Fortbildung der erst 1848 geschaffenen deutschen Bundesflotte einsetzte. In ihrer Fortdauer sah er „die Notwendigkeit einer fortschreitenden Entwicklung“ des Bundes in einheitlicher Form. Selbst mit dem von Österreich und Preußen vorgebrachten Projekt einer Dreiteilung der Flotte in eine österreichisch-adriatische, eine preußisch-baltische Ostsee- und eine von den übrigen Bundesstaaten zu stellende Nordseeflotte erklärten sich die beiden mecklenburgischen Regierungen einverstanden, wenn dabei ein bestimmtes Kontingentsverhältnis bundesrechtlich festgelegt werde. Als jedoch auch diese Bedingung an dem Widerstand Österreichs und Preußens scheiterte, die jede Beteiligung an den Kosten zur Erhaltung einer Nordseeflotte ablehnten und die drei projektierten Teile völlig getrennt voneinander einer jeden der drei Staatengruppen zuweisen wollten, da glaubte denn auch Mecklenburg wegen der damit verbundenen Zerreißung der Einheit des Bundes „dafür stimmen zu müssen, daß der kürzeste Weg eingeschlagen werde, um die in der Nordsee vorhandene deutsche Flotte ordnungsgemäß aufzulösen“. Das geschah durch Bundesbeschluß vom 2. April 1852 auf dem Wege öffentlicher Versteigerung sämtlicher Schiffe nach Entlassung der Mannschaften.

Erfolgreicher und direkt ausschlaggebend für die schließliche Politik des Bundes wurde die Haltung Mecklenburgs, so isoliert sie auch anfangs sein mochte, in dem 1853 ausbrechenden Krimkrieg. Offensichtlich drängte damals Österreich auf einen aktiven kriegerischen Anschluß an die Westmächte England und Frankreich zum Schutz der Türkei gegen Rußland hin und wußte auch Preußen mehr und mehr an sich zu ketten. Bereits am 9. April 1854 schlossen Österreich und Preußen mit den beiden Westmächten die sog. Quadrupelalliance, um Rußland zur Räumung der von ihm besetzten Donaufürstentümer zu zwingen. Zwei Wochen später kam zwischen Österreich und Preußen sogar ein Schutz- und Trutzbündnis zustande, das beide zum Krieg gegen Rußland in dem Falle verpflichtete, daß einer von ihnen „im Einverständnis mit dem andern zur Wahrung deutscher Interessen aktiv vorzugehen sich gezwungen fände“. Mit der Türkei ging Österreich noch am 14. Juni einen Vertrag ein, durch den es sich zur Besetzung der im geheimen selbst erhofften Donaufürstentümer verpflichtete. Beide deutschen Großmächte verlangten sodann vom gesamten Deutschen Bunde den Beitritt zu ihrem Schutz- und Trutzbündnis. Die Situation war für die Mittel- und Kleinstaaten durchaus kritisch. Ganz Deutschland drohte in einen europäischen Krieg verwickelt zu werden. Abgesehen von dem holstein-lauenburgischen Gesandten, dessen Instruktionen von Dänemark her sich verzögerten, war es allein Oertzen, der in der Bundestagssitzung vom 24. Juli sich gegen den preußischen Antrag erklärte. Diese Selbstisolierung der mecklenburgischen Regierungen gewann ihnen in Petersburg große Sympathie; in Deutschland aber, bei den Westmächten und in der Presse, besonders in den von Österreich beeinflußten Tagesblättern, fand sie herben Widerspruch. Trotzdem beharrten die Regierungen auf ihrem Standpunkt und lehnten – wieder als einzige unter allen – auch am 9. Dezember die von Österreich und Preußen geforderte Waffenhilfe des Bundes ab. Schon wurde Preußen schwankend und verhinderte die von Österreich geforderte sofortige Mobilmachung des Bundesheeres. Im Februar 1855 aber hatten die meisten Bundesstaaten außer Österreich und dessen besonderen Parteigängern ihre Wandlung zu dem von Mecklenburg von vornherein eingenommenen Standpunkt einer Defensivstellung vollzogen.

Auch in Zukunft wirkte Oertzen im Bunde mit den Gesandten Bayerns, Kurhessens und anderen auf eine starke Befestigung des Ansehens und der Einheit des Bundes hin. So hatte er an dem Zustandekommen eines allgemeinen deutschen Handelsgesetzbuches im April 1856, an dem Gesetz zum Schutz des geistigen Eigentums an musikalischen und dramatischen Werken im März 1857 sowie auch an dem Beschluß einer fortgesetzten Unterstützung der Monumenta Germaniae historica hervorragenden Anteil. Auch in der schleswig-holsteinischen Frage, die durch eine gegen das Londoner Protokoll vom Jahre 1852 verstoßende, von Dänemark eigenmächtig erlassene Gesamtsstaatsverfassung mit Einschluß der Elbherzogtümer wieder brennend wurde, vertrat Oertzen den Standpunkt der Bundesversammlung, wie er in dem Bundesbeschluß vom 11. Februar 1858 einstimmig mit Ausnahme Dänemarks zum Ausdruck kam, daß die vom dänischen Gouvernement oktroyierten Verfassungsgesetze für Holstein und Lauenburg als zwei deutsche Länder nach den Bundesgesetzen nicht gültig seien. Indem er die Frage wegen Schleswigs, das dem deutschen Bundesgebiet nicht angehörte, als eine europäische betrachtete und eine deswegen erfolgende Einmischung der übrigen Mächte nicht abwies, hielt er es für ein Recht des Bundes, seinen Beschlüssen wegen Holstein und Lauenburg, wenn sie von außerdeutscher, vornehmlich dänischer Seite durchkreuzt und verhindert würden, nötigenfalls auch durch militärische Exekution Geltung zu verschaffen.

So war Mecklenburgs angesehene Stellung im deutschen Bundestag in den fünfziger Jahren lediglich auf die Persönlichkeit seines vortrefflichen, zielbewußten und energischen Gesandten gestellt. Mochte er die Schuld an dem stetig wachsenden Gegensatz zwischen Österreich und Preußen keineswegs, wie es des öfteren und besonders von preußischer Seite geschehen ist, ausschließlich der Politik Österreichs zuschieben, sondern auch Preußens Verhalten oftmals mißbilligen, welches lediglich aus Furcht vor einem Anwachsen österreichischer Macht „keine Bundeseinrichtung befördern wollte, die an die Stelle des losen Bandes der deutschen Staaten untereinander ein festeres, die freie Bewegung der einzelnen Staaten mehr beschränkendes setzen könnte", so stand Oertzen doch bei allen seinen Kollegen, nicht minder gerade bei Bismarck selbst, wegen seiner ehrlichen und aufrichtigen Gesinnung in großer Achtung. Im Jahre 1858 berief ihn Großherzog Friedrich Franz zum Nachfolger seines in den Ruhestand tretenden Staatsministers Grafen Bülow. Nach reiflicher Überlegung und nicht ohne den Strelitzer Großherzog Georg, mit dem ihn ein besonders inniges Vertrauensband verknüpfte, um seine Ansicht befragt zu haben, erklärte er sich, getrieben von rein patriotischen Gefühlen für sein Heimatland, trotz abratender Stimme selbst seiner Gemahlin, zur Übernahme des Amtes bereit. Bevor er aber seinen neuen Wirkungskreis antrat, sollte er auf Wunsch seines Landesherrn versuchen, „bessere Beziehungen zwischen Österreich und Preußen am Bunde" herzustellen. Wie weit ihm dieses Friedenswerk deutscher

Einigung durch seine persönlichen Rücksprachen und Vermittlungen zwischen den beiderseitigen Vertretern, Graf Rechberg und Bismarck, gelungen ist, entzieht sich unserer Kenntnis. Daß die schon fast zu große Kluft zwischen beiden nicht beseitigt wurde, zeigt die Geschichte der nächsten Jahre zur Genüge. Was aber Oertzen der Bundesversammlung gewesen war, das beweisen die Worte, die der österreichische Staatsmann in der Sitzung vom 9. Juli gleich nach Oertzens Abgang zu Protokoll gab: „Präsidium glaubt mit gerechter Zuversicht die einhellige Zustimmung der hohen Bundesversammlung voraussetzen zu dürfen, indem es dem lebhaften Bedauern über den Abgang eines verehrten Kollegen, des bisherigen Großherzoglichen mecklenburgischen Herrn Gesandten als über einen tiefgefühlten Verlust hier Ausdruck gibt. Dieses Gefühl entspricht vollkommen der warmen Anerkennung, welche dessen echt föderativen Gesinnungen und der unermüdlichen Tätigkeit gebührt, die Herr von Oertzen insbesondere als Mitglied vieler Kommissionen entwickelte, und der so viele sehr gediegene Ausarbeitungen zu verdanken sind." In einer durch viele, selbst liberale Zeitungen verbreiteten Frankfurter Korrespondenz wurde vor allem „die besonnene Ruhe seines Urteils" hervorgehoben, durch die er „während bewegter Perioden der Geschäftsführung nicht selten in den politischen Meinungskonflikten Freunden und Gegnern einen festen Anhaltspunkt für die Ausgleichung und Verständigung darbot".

An dem durch Oertzen eingeschlagenen politischen Kurs der mecklenburgischen Regierungen wurde durch die Personalveränderung in ihrer Vertretung am Deutschen Bunde nichts geändert. Der Schwerpunkt der Bundesangelegenheiten, betreffend Mecklenburg, blieb unter dem neuen Bevollmächtigten von Bülow, dem früheren Gesandten in Berlin und Wien, doch weiterhin in der Hand des nunmehrigen Staatsministers von Oertzen. Bülow besaß nicht die gleiche selbständige Handlungsweise und den für die heimische Großherzogliche Regierung maßgebenden Einfluß, wie ihn vorher Oertzen in derselben Stellung gehabt hatte. Man kann geradezu die Zeit der 50er und der 60er Jahre in der auswärtigen und auch der inneren Politik Mecklenburgs als die Ära Oertzen bezeichnen. Auch hier sind die Veröffentlichungen seines Sohnes in der Lebensbeschreibung des Vaters (s. Einleitung) bahnbrechend für die Geschichte unseres Landes geworden und haben die früher und gelegentlich auch noch heute fälschlich vom einseitig preußischen Standpunkt beeinflußten Anschauungen über einen blinden Anschluß Mecklenburgs an Preußen und dessen Politik berichtigt. Schon wenn Bismarck in einem von dem damaligen preußischen Minister von Manteuffel geforderten Bericht über die voraussichtliche politische Stellung des neuen mecklenburgischen Ministers von Oertzen im April 1858 erklärt, „daß diesen eine siebenjährige Teilnahme an der Geschichte des Bundestages von einer Hinneigung zu Österreich, welche er im Jahre 1850 dokumentierte, vollständig geheilt habe", er vielmehr einsehe, „daß Mecklenburg durch seine geographische Lage und durch übereinstimmende Interessen darauf hingewiesen ist, seine Stütze in Preußen zu suchen", so war diese Ansicht des preußischen Bundestagsgesandten doch sehr stark subjektiv gefärbt und trug weniger den tatsächlichen Verhältnissen als Bismarcks innerem Wunsche, daß es so sein möge, Rechnung. Wenn Oertzen dennoch mit den Jahren einer Verbindung mit Preußen immer näher trat, so war es nicht etwa innere Neigung, sondern die sich aus der Gestaltung der politischen Dinge ergebende äußere Notwendigkeit, die einen kleinen, ziemlich isoliert liegenden Bundesstaat zur Verknüpfung mit seinem größeren, auf die politische Vormacht in Deutschland in jeder Form hinarbeitenden Nachbarn zwang. Nicht anders lag es bei Bülow, bei dem sich sogar mehrfach eine nicht unberechtigte, gewisse Antipathie gegen Preußen geltend machte. Der Grund dafür lag vornehmlich in der andauernden Ungewißheit, in der Preußen alle deutschen Bundesstaaten über seine wirklichen politischen Ziele ließ.

Schon in dem österreichisch-französischen Konflikt 1859 billigte Mecklenburg nicht den Standpunkt der preußischen Politik Bismarcks, der offenbar mit einem freundschaftlichen Seitenblick nach Frankreich auf eine Schwächung Österreichs ausging. Im Bundestage traten beide mecklenburgischen Regierungen, bestärkt durch eine gewisse nationale Begeisterung gegen Frankreich in der sich wiederholenden Form vom Jahre 1840, für aktive Kriegshilfe des gesamten Bundes zu gunsten Österreichs ein. Wenn die Großherzogliche Regierung – so erklärte Oertzen dem preußischen Gesandten in Hamburg, Baron Richthofen, als dieser im Juni 1859 in Schwerin weilte, um

Mecklenburg zum vollen Anschluß an Preußen zu bestimmen – auch mit Vertrauen auf Preußen blicke und ihm gern die von ihm geforderte Initiative und Führung in allen militärischen Maßnahmen des Bundes zubillige, so könne sie doch füglich nicht eine Politik unterstützen, die ihr in den wesentlichsten Punkten unbekannt sei. Auch als Richthofen bald darauf bei seiner erneuten Anwesenheit in Schwerin sich etwas näher aussprach, war Oertzen für seine Person noch nicht zum Anschluß an Preußen bereit, sondern konnte erst durch den Großherzog dazu veranlaßt werden. Der mecklenburgische Gesandte von Bülow in Frankfurt aber war, wie andere seiner Kollegen, noch immer im Zweifel, ob nicht Preußens Rüstungen, die viel zu spät einsetzten, schon als sich Österreichs Geschick in den Niederlagen bei Magenta und Solferino entschieden hatte, schließlich doch weniger gegen Frankreich als gegen Österreich gerichtet gewesen seien. Der schnelle, plötzliche Friedensschluß hat diese Frage unbeantwortet gelassen.

Trotzdem verkannten beide mecklenburgischen Staatsmänner nicht die großen Fehler der österreichischen Politik gegenüber Preußen. Erstere lasse, so berichtete Bülow am 7. Mai, sowohl Vorsicht in der eigenen Angelegenheit (Krieg mit Frankreich) als auch Rücksicht gegen diejenigen Bundesstaaten vermissen, welche vermöge der Bundesgesetze an die Geschicke Österreichs geknüpft seien. Oertzen seinerseits sah in dem Zerwürfnis zwischen den beiden deutschen Großmächten, an dem beide die gleiche Schuld trügen, das Beklagenswerteste in der deutschen Geschichte seiner Zeit und den Grundschaden der deutschen Politik. Seiner stets vermittelnden Taktik entsprach es, wenn er einerseits durch einen Regierungserlaß jeglichen Beitritt zu dem 1859 begründeten Nationalverein, dem Organ der kleindeutschen Partei, die Preußen die führende Stellung im Bunde verschaffen wollte und von der Berliner Regierung begünstigt wurde, verbot, anderseits aber auch die Bestrebungen der Großdeutschen auf ihrer Frankfurter Tagung 1862 unbeachtet ließ. In der Frage nach der Reform der Bundesverfassung lehnte sich Mecklenburg 1862 zwar an Preußen an und wies jede von Österreich ausgehende und auch von Mecklenburg geforderte Demonstration gegen Preußen ab, aber bezeichnend sind auch hierbei wieder die Gründe, wie sie Oertzen Anfang 1863 nach Strelitz meldete: eine Mehrheit gegen Preußen würde zur Zeit ein noch größeres Unheil sein als die antiföderative Politik Preußens selbst schon ist. So legte denn auch der Großherzog Friedrich Franz II. selbst auf dem Fürstenkongreß zu Frankfurt im August 1863, auf dem die Bundesverfassung endgültig geregelt werden sollte, in seinem mit Bezug auf das Fehlen Preußens ablehnenden Votum „Wert darauf, zu erklären, daß Mecklenburg-Schwerin nur in dem einmütigen Zusammenwirken der beiden mächtigsten Bundesmitglieder den Weg erblicke, das von Sr. Majestät dem Kaiser bisher so hochherzig geleitete Werk auf bundesgemäßem Wege zum endlichen Abschluß zu bringen“. Diese Worte waren besonders gegen das Bestreben Österreichs und einiger ihm mit Leib und Seele verschriebener deutscher Staaten, vornehmlich Sachsens, gerichtet, die sich nicht gescheut hatten, der schriftlichen Kollektiveinladung, die im Namen aller in Frankfurt versammelten Bundesstaaten gerade wieder von König Johann von Sachsen an König Wilhelm überbracht wurde, durch Stimmenmehrheit (gegen Mecklenburg und einige andere Glieder) den geradezu herausfordernden Zusatz beizufügen, daß die Beratungen gegebenenfalls auch ohne Preußen fortgesetzt würden. Um so wärmer trat Friedrich Franz gerade jetzt für Preußen ein, auch wenn er dessen Gründe für die Ablehnung der Teilnahme am Kongreß nicht immer für richtig hielt und König Wilhelms Erscheinen ebensosehr begrüßt hätte, wie er die Hinneigung Preußens zu einem Konstitutionalismus verurteilte, die seiner Ansicht nach nur der Umsturzpartei Vorschub leisteten. In einer auf ein königliches Dankschreiben erfolgenden Antwort vom 13. Oktober 1863 brachte der Großherzog diese seine abweichende Meinung vor König Wilhelm offen zum Ausdruck, während er zugleich die Ansprüche Preußens auf ein Alternieren im Bundespräsidium und ein mit Österreich ebenfalls gleichberechtigtes Veto gegen die Erklärung eines Bundeskrieges durchaus anerkannte. –

In demselben Jahre 1863 gelangte in Mecklenburg nach langen, mehrmals gescheiterten Verhandlungen zwischen Regierung und Ständen eine Reform des Steuer- und Zollwesens zum Abschluß. Sie bestand nach der Ratifikations- und Publikationsverordnung vom 15. Mai vor allem in der Aufhebung der landstädtischen ordentlichen Handelssteuer und der seestädtischen Akzise (der Rostocker Warenakzise und des Wismarschen Staatsgeldes), sowie in der Beseitigung der landesherrlichen Binnenzölle (der Land-, Damm- und Flußzölle). An ihre Stelle traten eine Handelsklassensteuer in den Städten und Flecken und ein an den Landesgrenzen zu erhebender Eingangszoll. Der Elbzoll blieb bestehen, nachdem im gleichen Jahre durch die interessierten Uferstaaten in der fünften Elbschiffahrtsrevisionskommission zu seiner Erhebung und Verwaltung ein gemeinsames Elbzollamt in Wittenbergs errichtet worden war.

Mit der Zollreform lebte auch die Frage nach dem Anschluß Mecklenburgs an den preußisch-deutschen Zollverein wieder auf. Sie war schon seit Jahrzehnten in Zeitschriften, Tagesblättern und Broschüren hinsichtlich der Interessen des Landes lebhaft behandelt, meist aber in verneinendem Sinne beantwortet worden. Man verkannte durchaus nicht die Vorteile, die sich dem Lande durch seinen Beitritt zum Zollverein bieten würden: es waren das besonders Aufhebung auch der Grenzzölle, Beseitigung der Handelssteuer, statt der bisher ziemlich isolierten Stellung Mecklenburgs im deutschen Vaterlande ein Zusammenschluß mit dem übrigen Deutschland unter gleichzeitiger Hebung des im Lande noch so wenig ausgeprägten deutschen Nationalbewußtseins, dazu ein lebhafter, regelrechter Verkehr an der preußisch-mecklenburgischen Grenze unter Beseitigung des Schmuggelhandels und nicht zuletzt eine starke Ausfuhr von Schlachtvieh und Butter nach Preußen, besonders nach Berlin. Demgegenüber aber sah man weit größere Nachteile: Mecklenburgs Handel beruhte lediglich auf der Ausfuhr landwirtschaftlicher Erzeugnisse und der Einfuhr von Kolonialwaren, weniger auf einer solchen von industriellen Produkten und Rohstoffen, da es im Lande keine ausgedehnte Industrie gab. Landmann und Kaufmann aber wollten möglichst Freihandel, der Industrielle dagegen Schutzzölle. Zudem führten Mecklenburgs Haupthandelswege ins Ausland seit alters zur See nach Norden und Westen. Der Anschluß an Preußen dagegen würde auf den Weg nach Süden ins Innere Deutschlands weisen. Vornehmlich die Seestädte würden darunter beträchtlich leiden, denn Preußen wünschte das fruchtbare Mecklenburg als Absatzgebiet für die dort fehlenden Industrieprodukte der übrigen Vereinsländer und als Einkaufsstelle für die reichen landwirtschaftlichen Erzeugnisse zu gewinnen. Doch gegen Preußen war noch immer eine nicht geringe Abneigung in Mecklenburg vorhanden; sie übertrug sich auch auf den Zollverein, von dem es schon in den vierziger Jahren in einem Liede hieß:

Wir wollen ihn nicht haben, den preuß'schen Zollverein,
Ob sie wie gier'ge Raben sich heiser danach schrei'n.

Die mecklenburgische Regierung nahm, abgesehen von anderen praktischen Bedenken, besonders an der Art der Verteilung der Einnahmen aus der Zollvereinskasse, die nach der Kopfzahl vor sich ging, Anstoß. Danach würde das dünnbevölkerte, aber wohlhabende Mecklenburg zwar viel durch reichliche Ausfuhr beigesteuert, aber verhältnismäßig wenig Anteil am Gewinn gehabt, sondern diesen den Staaten mit großer Bevölkerungsdichte, doch geringerer Ausfuhr überlassen haben.

So wurde denn auf Drängen der Seestädte, die unter dem auf fast freihändlerischer Grundlage aufgebauten französisch-englischen Handelsvertrage nicht wenig litten, ein alter Handelsvertrag mit Frankreich, der sich schon in den dreißiger und vierziger Jahren als günstig erwiesen hatte, im Juni 1865 wieder erneuert. Der Einfuhrzollsatz für französische Produkte und Industrieerzeugnisse, vornehmlich Wein, durfte die in Mecklenburg überhaupt geltenden niedrigen Zollsätze nicht übersteigen und für 100 Kilogramm höchstens 7 Fr. 50 Cent, betragen. Allerdings sind Zollreform und Handelsvertrag nicht von langer Dauer gewesen. Die Ereignisse von 1864 bis 1871, welche die Eingliederung Mecklenburgs erst in den Norddeutschen Bund, dann in das neue Deutsche Reich herbeiführten, brachten auch die Zollvereinigung mit Preußen und den übrigen deutschen Bundesstaaten.

Bei Ausbruch des dänischen Krieges 1863/64 entschied sich der Minister von Oertzen für strikte Neutralität. Mecklenburgs Lage an der Ostseeküste gegenüber Dänemark mahnte zur größten Vorsicht. Hatte er auf vermeintliche Erbrechte seines Fürstenhauses in Lauenburg keinen Wert gelegt, auch den Großherzog zur Ablehnung des Empfanges eines vom Augustenburger Herzog bestellten Gesandten in Schwerin bestimmt, bis die Erbfolge in Schleswig-Holstein rechtlich geklärt sei, so sah er auch keine Veranlassung zu einem militärischen Anschluß Mecklenburgs an Preußen und Österreich, seitdem die Erledigung der ganzen Streitfrage durch Bismarcks gewiegtes und gewagtes Diplomatenspiel dem Einfluß des Deutschen Bundes entzogen und zu einer rein preußisch-österreichischen Sonderangelegenheit zum Nutzen Preußens gestempelt worden war. So lehnte denn auch der Großherzog Friedrich Franz, der zudem mit dem dänischen König Christian IX. seit der beiden gemeinsamen Bonner Studienzeit befreundet war, ein Angebot König Wilhelms, durch das dieser im Falle der Beteiligung des mecklenburgischen Kontingents ihm die Führung eines preußischen Korps zusagte, ab. Eine rein private Beteiligung im preußischen Hauptquartier, die der Großherzog zwecks Erweiterung seiner Kriegskenntnisse für sich von König Wilhelm erbat, konnte Oertzen, obwohl sie seiner Ansicht von einer strikten Neutralität zuwiderlief, nicht verhindern. Ebenso machtlos war er gegen den Durchmarsch und die Einquartierung preußischer Truppen im westlichen Mecklenburg. Ohne vorherige Verständigung mit Schwerin waren sie mit der preußischen Staatsbahn von Berlin bis Hagenow befördert worden. Anderseits zeugte das Entgegenkommen, das ihnen auf mecklenburgischem Boden bereitet wurde, zum mindesten von einer geheimen persönlichen Vorliebe des Großherzogs für Preußen und sein Heer. „Hier (in Hagenow) ging alles mit einer gewissen Feierlichkeit vor sich", schreibt ein Mitkämpfer. „Ein Flügeladjutant des Großherzogs begrüßte uns. Aus vielen Dörfern waren Bauern angekommen, um die Leute oder wenigstens ihr Gepäck zu holen." Über Wittenburg, Gadebusch, Ratzeburg und Lübeck ging der Marsch der preußischen Truppen kurz vor Weihnachten 1863 ins Holsteinische.

Über Preußens Vorgehen und sein Verhalten gegenüber den deutschen Bundesstaaten kam es auf dem Bundestag wiederum zu erregten Auseinandersetzungen. Dabei zeigte auch der mecklenburgische Gesandte von Bülow zeitweilig eine Hinneigung zu Österreich, in der Meinung, so seinem Lande mehr Sicherheit gegen zu starke Übergriffe und Eigenmächtigkeiten Preußens verschaffen zu können. Sein Nachfolger jedoch, der Legationsrat von Wickede – Bülow starb plötzlich im März 1864 an den Folgen einer Rippenfellentzündung – glaubte, der Lage seines Landes entsprechend jegliche Verwicklungen mit Preußen vermeiden zu sollen. Da Dänemark bereits Handelsschiffe der deutschen Bundesstaaten auf der Nord- und Ostsee zu kapern suchte, so könnte Mecklenburg, um im Falle der Not Schutz für seine gefährdete Küste zu haben, möglicherweise noch gezwungen sein, die Hilfe Preußens anzurufen. Dieser Standpunkt entsprach ganz der Meinung des Großherzogs. Als nämlich bei der Heimkehr der siegreichen preußischen Truppen im Herbst diese auch Schwerin berührten, wurden ihnen dort verschiedene Festlichkeiten bereitet, bei denen der Großherzog, innerlich gehoben von dem, was er selbst im Kriege durch seinen Verkehr mit König Wilhelm, seinem intimen Freunde, und mit dem Kronprinzen Friedrich Wilhelm erlebt hatte, eine Verbrüderung seiner Offiziere mit den preußischen nicht ungern sah.

So hatte sich bei dem Großherzog Friedrich Franz trotz seiner auch weiterhin vermittelnden Stellungnahme zwischen Preußen und Österreich eine gewisse, wenn auch noch in den Grenzen des rein Persönlichen liegende Hinneigung zu Preußen bemerkbar gemacht. Sie war durch das Freundschaftsband, das ihn mit König Wilhelm verknüpfte, genährt worden, hatte aber auf das politische Gebiet nicht hinüberspielen sollen. Aber der Leiter der preußischen Politik, Bismarck, wußte diesen Umstand schon sehr bald gegen Oertzens Wunsch zu Preußens Vorteil zu benutzen.

Zunächst allerdings hatte Oertzen noch das Heft in der Hand. Klar und bestimmt trat er allen auf Schleswig-Holstein gerichteten Annexionsbestrebungen der preußischen Politik entgegen. Als der Gegensatz zwischen Preußen und Österreich offensichtlich auf einen Krieg zwischen den beiden Mächten sich zuspitzte und im März 1866 der preußische Gesandte von Richthofen in Schwerin über Mecklenburgs Stellungnahme bezw. den von ihm gewünschten Anschluß an Preußen im Falle eines Krieges mit Österreich unterhandelte, erklärte ihm Oertzen, daß der Großherzog nach seiner bekannten Gesinnung zwar niemals etwas Feindseliges gegen Preußen unternehmen werde, im übrigen aber mit Rücksicht auf die auch ihn verpflichtende deutsche Bundesverfassung sich nicht in der Lage sehe, über seine weiteren eventuellen Entschließungen sich auszusprechen. Diese Antwort war durchaus zurückhaltend. In der denkwürdigen Abstimmung in Frankfurt am 16. Juni über die von Österreich geforderte Mobilmachung aller nichtpreußischen Armeekorps – richtiger allerdings über ein bereits gemildertes Votum Bayerns, das dem Antrag Österreichs die verderbliche Spitze gegen Preußen bereits genommen hatte – gehörte die mecklenburgische Regierung, wenigstens die Schweriner (von der Strelitzer war wegen der Kürze der Zeit die Instruktion für den Gesandten von Wickede noch nicht eingelaufen), zu den sieben ablehnenden Staaten mit der Begründung, daß der gegenwärtige Streitfall zwischen den beiden deutschen Großmächten nicht auf dem Gebiete des Bundesrechtes liege und der Bund als solcher nicht zuständig sei, mit bewaffneter Hand gegen ein Bundesmitglied einzuschreiten.

Hatte aber Oertzen noch gehofft, den Großherzog in dem zwischen Preußen und Österreich beginnenden Krieg für eine bewaffnete Neutralität zu gewinnen, so täuschte er sich diesmal. Bisher war es ihm gelungen, die beiden mecklenburgischen Regierungen bei dem Grundsatz einer gesamtdeutschen Politik zu erhalten, deren Ziel die Milderung bezw. Beseitigung des preußisch-österreichischen Konfliktes war. Es widerspricht den Tatsachen, daß die beiden mecklenburgischen Großherzöge (oder auch nur Friedrich Franz allein) sich – wie es wohl des öfteren dargestellt und sogar rühmend hervorgehoben worden ist – von vornherein als gefügige Vasallen Preußens gezeigt hätten. Auch die freundschaftlichen und verwandtschaftlichen Beziehungen zwischen den mecklenburgischen und preußischen Herrscherhäusern hatten die Politik der Großherzöge oder ihrer staatsmännischen Berater bisher nicht einseitig bestimmen können. Nun aber wurde es bei Friedrich Franz der Fall, allerdings nicht ohne einen durch die Verhältnisse gegebenen Zwang. Denn es war Tatsache, was schon Bismarck 1858 gesagt und auch Oertzen des öfteren bekannt hatte, „daß nämlich Mecklenburg durch seine geographische Lage und durch übereinstimmende Interessen darauf hingewiesen sei, seine Stütze in Preußen zu suchen". Gemeint war dieses Urteil von beiden Männern natürlich nur in dem Falle, daß sich einmal die Vermittlungsbestrebungen zwischen Österreich und Preußen als unmöglich erweisen, ein Bruch zwischen beiden Staaten eintreten und die Entscheidung über die Vorherrschaft eines der beiden mit den Waffen getroffen werden würde, d. h. daß der Deutsche Bund als solcher sich auflöse und nur die Wahl zwischen Österreich oder Preußen noch offen stehe. Dieser Fall war nunmehr gegeben. Der Anschluß Mecklenburgs an Preußen, wie er nun in kurzem erfolgte, hat sich dennoch nicht ohne Schwierigkeiten und auch nicht ohne ein gewisses Widerstreben, vornehmlich bei Mecklenburg-Strelitz, vollzogen.

Bereits am 16. Juni richtete Preußen, wie an die anderen Staaten, die Österreichs Antrag abgewiesen hatten (Oldenburg, die meisten thüringischen Staaten und kleine Enklaven), auch an die beiden mecklenburgischen Regierungen die doppelte Aufforderung, ihre Truppen ungesäumt dem preußischen Heere anzuschließen und an der Berufung eines neuen deutschen Parlaments – den alten Bund hatte es sogleich nach der Abstimmung durch seinen Gesandten für aufgelöst erklärt – nach den von ihm gezeichneten Grundsätzen mitzuwirken. Für den Fall einer Zusage wurde ihnen die Erhaltung ihres gesamten Besitzstandes und ihrer politischen Selbständigkeit zugesichert.

Was sonst selten geschah, diesmal trennten sich die Wege der beiden mecklenburgischen Regierungen. An den Großherzog Friedrich Franz hatte König Wilhelm bereits am Tage vor jener Abstimmung in Frankfurt durch den Grafen Finkenstein ein Schreiben gerichtet, in dem er an die verwandtschaftlichen und freundschaftlichen Beziehungen zwischen dem Berliner und Schweriner Hof erinnerte und ihn zum Anschluß des Schweriner Kontingents an Preußen aufforderte. Im Gegensatz zu seinem Staatsminister von Oertzen, der immer noch an einer bewaffneten Neutralität Mecklenburgs festhielt, ließ der Großherzog schon am Tage nach der Abstimmung durch den genannten Grafen an König Wilhelm eine zusagende Antwort zurückbringen. Als dann am 17. die oben genannte Aufforderung von der preußischen Regierung in Schwerin eintraf, konnte Oertzen, der trotz der Meinungsverschiedenheit zwischen ihm und dem Großherzog auf dringenden Wunsch des letzteren in seinem Amte verblieb, für den ersten Punkt auf die völlig unzweideutigen Verabredungen beider Monarchen verweisen. Betreffs Mitwirkung an einem Parlament, dessen Begründung auch der Großherzog für notwendig erachtete, stellte dieser jedoch zwei Bedingungen: daß nämlich die neu zu schaffende Bundesversammlung auch wirklich die deutsche Nation umfasse und daß die Einberufung des Parlaments durch Preußen nicht früher erfolge, als bis eine Vereinbarung zwischen beiden Regierungen über die Wahl und die Befugnisse der neuen Körperschaft stattgefunden habe. Schon am 21. Juni traf Bismarcks Antwort ein. Soweit die erste Bedingung des Großherzogs auf einen Einschluß Österreichs abzielte, so erklärte die preußische Regierung sie für unerfüllbar. Betreffs der zweiten hoffte man preußischerseits auf eine völlige Verständigung mit Mecklenburg über die Befugnisse des neuen Parlaments, wies jedoch bereits mit aller Bestimmtheit auf die Durchführung des bereits von Bismarck vorgeschlagenen und als recht erkannten allgemeinen direkten Wahlrechts hin, auch wenn dieses nicht nach dem Sinne der mecklenburgischen Regierung war.

Trotz dieser etwas auseinandergehenden Meinungen zwischen Berlin und Schwerin war doch für den Augenblick zu weiteren Verhandlungen keine Zeit. Die politischen Verhältnisse drängten zum schnellen Handeln. Noch am 21. Juni erließ der Großherzog den Mobilmachungsbefehl, und eine Woche später wurde in Berlin zwischen den Bevollmächtigten der preußischen und Mecklenburg-Schweriner Regierung eine Militärkonvention abgeschlossen, demgemäß Mecklenburg die Kosten der Besoldung und Ausrüstung seiner Truppen, Preußen dagegen die Verpflegung und den Transport von dem Augenblick an übernahm, wo das Mecklenburger Land von ihnen verlassen sei. In drei Wochen standen die Truppen marschbereit.

Anders in Mecklenburg-Strelitz. Hier gestalteten sich die Verhandlungen über die beiden preußischen Forderungen weit schwieriger. Großherzog Friedrich Wilhelm, welcher seinem Vater Georg 1860 auf dem Thron gefolgt war, und seine Regierung verhielten sich zunächst völlig ablehnend, und erst nach mehrmaliger, mehr drohender Vorstellung der preußischen Regierung, bei der die Integrität des Strelitzer Landes in Frage gestellt wurde, kam schließlich Ende Juli, nachdem bereits die für Preußen günstige Entscheidung im Kriege gefallen und der Waffenstillstand von Nikolsburg geschlossen war, der Anschluß von Strelitz und die dortige Mobilmachung zustande. Aber noch mehrere Wochen verzögerte sich der Ausmarsch der Strelitzer Truppen.

Die Stimmung im mecklenburgischen Volke über den Krieg gegen Österreich war eine geteilte. Der Adel, dessen Söhne vielfach im österreichischen Heer dienten, war keineswegs preußisch gesinnt und hatte Preußens Vorgehen im Bundestag durchweg als ziemlich schroff empfunden und verurteilt. Die Masse des Volkes mißbilligte den Bruderkrieg und zeigte ebenfalls keine Sympathie für Preußen. Die einzige Partei, die – jedoch nicht aus innerer Neigung – für Preußen eintrat, war die liberale, da sie von einem Sieg Preußens zugleich eine Befreiung des mecklenburgischen Volkes von der ständischen Verfassung erhoffte. So war der Krieg in Mecklenburg nichts weniger als volkstümlich, und von irgendwelcher Begeisterung der aktiven Truppen, geschweige denn der zur Fahne einberufenen Reservisten war kaum etwas zu verspüren. Selbst an tumultuarischen Auftritten und Ausschreitungen unter dem Militär und in der Zivilbevölkerung fehlte es nicht.

Der nicht ohne Schwierigkeiten zwischen den beiden mecklenburgischen Ländern und Preußen zustande gekommene Bund mußte auch über seinen bisher militärischen Charakter hinaus die künftige Politik Mecklenburgs bestimmen. Ein weiteres Zusammenwirken mit dem Deutschen Bund war nicht mehr möglich. Zwar tagte die Bundesregierung auch nach der Abstimmung am 14. Juni und dem Austritt Preußens noch in Frankfurt. Doch schon tags darauf hatte Wickede von der Schweriner Regierung den Auftrag erhalten, sich fortab bei allen Anträgen, die mit dem Beschluß vom 14. in Zusammenhang stünden, sich der Abstimmung zu enthalten, wie es denn auch in den nächsten Tagen, wo Sachsen, Hessen und andere Staaten gegen ein preußisches Ultimatum, betreffend grundsätzliche Annahme des Bundesreformentwurfs und Entwaffnung bei Verbürgung des Besitzstandes, die Bundeshilfe gegen Preußen anriefen, seitens des mecklenburgischen Gesandten geschah. Gerade diese Anträge gaben der Schweriner Regierung Veranlassung zu einer nochmaligen Begründung ihrer Stellungnahme durch ihren Vertreter in einer Erklärung in der Sitzung vom 21. Juni, in der es unter anderem hieß: „Aus den bereits zum Protokoll vom 14. d. M. angegebenen Gründen vermag die Großherzogliche Regierung den beregten Beschluß als einen gültigen nicht anzuerkennen, muß darin vielmehr einen unberechtigten Gebrauch der Formen des Bundesrechts von seiten derjenigen Staaten erblicken, die in dem Kriege zwischen Österreich und Preußen, an dem der Deutsche Bund nicht beteiligt ist, sich auf die Seite Österreichs gestellt haben. Da nun die bezüglichen Majoritätsbeschlüsse vom 14. bis 16. d. M. mit Notwendigkeit noch mehrere Beschlüsse in gleicher Richtung und auf gleicher Grundlage nach sich ziehen werden, so verwahrt sich die Großherzogliche Regierung, um ähnliche Beeinträchtigungen ihrer bundesgesetzlichen Berechtigungen abzuwenden, gegen die Verpflichtung, solchen Beschlüssen Folge zu leisten." Zwei Tage darauf, am 23., wurde von Wickede zwecks neuer Instruktionen nach Schwerin beordert, von wo er nur noch einmal, am 3. Juli, zur Bundessitzung nach Frankfurt zurückkehrte, um im Auftrage nunmehr beider mecklenburgischen Regierungen zu erklären, daß „infolge der Beschlüsse vom 14. und 16. Juni d. J. und durch die seitdem eingetretenen Ereignisse die Bundesverfassung tatsächlich suspendiert, die Existenz des Bundes in Frage gestellt und dessen Mitgliedern die grundgesetzlich verbürgte Ausübung ihrer Rechte sowie die vertragsmäßige Erfüllung ihrer Pflichten zur Zeit unmöglich geworden ist. Unter Bezugnahme auf die in den Sitzungen vom 14. und 21. d. Mts. für Mecklenburg-Schwerin abgegebenen Erklärungen, sowie, was Mecklenburg-Strelitz angeht, unter Anknüpfung an die in der Sitzung vom 14. Juni d. J. einem Mehrheitsbeschlüsse gegenüber vorbehaltene weitere Entschließung hat der Gesandte, welcher sich bis dahin schon der Beteiligung bei allen auf den eingetretenen Konflikt bezüglichen Verhandlungen und Beschlüssen enthalten, nunmehr zu erklären, daß seine allerhöchsten Regierungen bis zur Beilegung der gegenwärtigen Zerwürfnisse an den Verhandlungen dieser hohen Versammlung nicht mehr teilnehmen, deren weitere Verhandlungen und Beschlüsse daher auch für bundesrechtlich verbindlich und gültig nicht erachten können". Die dann noch beigefügte Hoffnung, „daß aus der gegenwärtigen verhängnisvollen Scheidung bald wieder eine das gemeinsame deutsche Vaterland dauernd umfassende Gestaltung des Bundes hervorgehen werde", war nur noch eine Form äußerer Höflichkeit. In Wirklichkeit war Schwerin schon durch den Abschluß der Militärkonvention mit Preußen aus dem Deutschen Bund ausgeschieden. Als der Präsidialgesandte im Bundestag die Stellungnahme der mecklenburgischen Regierungen als dem Bundesrecht und der Bundestreue widersprechend bezeichnete und zu Protokoll gab, verließ von Wickede ohne jegliche Erwiderung den Sitzungssaal und kehrte nach Schwerin zurück.

Währenddessen hatte der Krieg bereits begonnen. Das Schweriner Kontingent war noch in der Ausrüstung begriffen, von Strelitz noch gar keine Zusage zur Teilnahme an Preußen ergangen, als bereits am 3. Juli zugunsten Preußens die Entscheidung des ganzen Feldzuges durch die Schlacht bei Königgrätz fiel, deren letzter Phase der Großherzog Friedrich Franz persönlich im Gefolge König Wilhelms auf der Höhe von Dubs beigewohnt hatte. Die Schweriner Truppen unter dem Befehl des Generalmajors von Bilguer, bestehend aus zwei Infanterieregimentern mit zusammen vier Bataillonen, einem Dragonerregiment, einem Jägerbataillon, einer Artillerieabteilung, einer Pionier-, Munitions-, Proviant- und Lazarettkolonne, insgesamt 176 Offizieren und Beamten, 5377 Unteroffizieren und Mannschaften und 12 Geschützen, wurden mit einigen kleineren preußischen Truppenteilen, den braunschweigischen, anhaltischen und alten-burgischen Kontingenten zur Bildung eines zweiten Reservekorps unter dem Großherzog Friedrich Franz verwandt, dessen Aufgabe es war, in Bayern einzurücken, die etwa dort befindlichen bayrischen Truppen anzugreifen und mit der preußischen Mainarmee in Verbindung zu treten. Die Schweriner Truppen verließen Mitte Juli ihre Garnisonen und wurden mit der Bahn nach Leipzig befördert. Von da ging der Marsch über Altenburg, Zwickau, Hof, Bayreuth nach Nürnberg, das, den genannten und noch anderen Orten folgend, sich schon am 31. Juli ohne Widerstand ergab. Der dortige Oberbürgermeister hatte, um einen Straßenkampf zu verhindern, die schwache bayrische Besatzung schon vorher zum Abzug bewogen und dies der heranrückenden mecklenburgischen Avantgarde persönlich mitgeteilt. Infolge des Waffenstillstandes von Nikolsburg zwischen Preußen und Österreich (2. August) vereinbarte der Großherzog seinerseits auch mit dem bayrischen Generalleutnant von Hartmann einen solchen. Am 13. August wurde in Prag der Friede abgeschlossen. Noch eine Woche blieb der Großherzog in Nürnberg. Seine „Leutseligkeit und Humanität“, sein Gerechtigkeitssinn, mit dem er „jede begründete Klage oder Beschwerde zu jeder Zeit und von jedem Einwohner der Stadt“ selbst entgegennahm, und seine strenge Disziplin, die alle Ausschreitungen verhinderte, hatten ihm sehr bald eine gewisse „Popularität bei der Bevölkerung“ gewonnen 1). Im September kehrten die Schweriner Truppen in die Heimat zurück; einzel-

1) Tagebuchblätter des Nürnberger Bürgermeisters von Wächter. 1870.

ne Teile nahmen unter der Führung des Großherzogs am Einzug in Berlin am 20. September teil.

In Mecklenburg-Strelitz war der Ausmarsch der Truppen erst am 15. August erfolgt. Bei Leipzig bezogen sie, wie es einige Wochen vor ihnen auch die Schweriner Truppen getan hatten, Quartiere. Doch kehrten sie von dort, ohne überhaupt zum Korps des Großherzogs Friedrich Franz, dem auch sie zugewiesen worden waren, und ohne zum Kampf gekommen zu sein, im Oktober nach Neustrelitz zurück.

Noch während des Waffenstillstandes war der Großherzog Friedrich Franz am 10. August von Nürnberg nach Schwerin gereist, um nunmehr neben den militärischen auch die politischen Bundesverhältnisse mit Preußen zu regeln. Es war nämlich am 4. August auch an die beiden mecklenburgischen Regierungen ein Schreiben von der preußischen Regierung mit der Aufforderung ergangen, auf Grund der Vereinbarungen und Erklärungen vom 16. Juni Bevollmächtigte zum Abschluß eines endgültigen Bündnisses mit Preußen nach Berlin zu entsenden. Noch zögerte man in Schwerin und Neustrelitz, die von Preußen entworfenen und übersandten Vertragsentwürfe in vollem Umfange anzunehmen. Handelte es sich darin doch um das von Bismarck gewünschte allgemeine direkte Wahlrecht nach dem Reichswahlgesetz vom 12. April 1849, ein System, das die beiden Großherzöge bisher abgewiesen hatten. Schon hatten die übrigen preußischen Bundesgenossen zugestimmt. Ein zweites, etwas schärfer gehaltenes Schreiben Bismarcks vom 15. August an die mecklenburgischen Regierungen sprach die bestimmte Erwartung aus, die beiden Großherzogtümer würden in ihrer Zurückhaltung nicht mehr beharren. Was blieb weiter übrig als der Aufforderung zu folgen? Auch die gerade in diesen Tagen von Preußen veröffentlichten Annexionen von Hannover, Kurhessen u. a., zusammen von fünf bisherigen deutschen Bundesstaaten, ließ Preußens unentwegte Ziele und Pläne deutlich erkennen. Am 17. August reisten beide mecklenburgischen Minister, von Oertzen (Schwerin) und von Bülow (Strelitz), mit dem Großherzog Friedrich Franz nach Berlin. In den nun folgenden Verhandlungen bezeichnete Bismarck von vornherein jede weitere Diskussion über die Art der von ihm vorgeschlagenen Grundzüge als unnütz und bestand fest auf seinem Willen. Hinsichtlich der seinerzeit vom Großherzog gestellten und bisher aufrecht gehaltenen Bedingung, betreffend eine Vereinbarung zwischen Preußen und Mecklenburg über Wahl und Befugnisse des neuen Parlaments, erreichten die beiden Minister schriftlich von Bismarck nur die Einfügung eines Artikels 6 des Inhalts, daß beiden Großherzogtümern eine endgültige Erklärung ihrer Stände über die neue Bundesverfassung und die Einberufung des Parlaments vorbehalten bliebe, eine im Grunde leere, bedeutungslose Formel. So wurde denn, nachdem am 18. die übrigen verbündeten Staaten vorangegangen waren, am 21. August auch durch die mecklenburgischen Minister der Bündnisvertrag mit Preußen unterzeichnet. Beide mecklenburgischen Länder gehörten fortab zum Norddeutschen Bund.

Noch war allerdings diese ganze Frage auf dem mecklenburgischen Landtag nicht erledigt. Gleich nach der Rückkehr der Truppen wurde ein solches am 26. September nach Schwerin einberufen. Nachdem die Stände durch den wenig befriedigt aus Berlin heimgekehrten Minister von Oertzen mit den bisherigen Verhandlungen zwischen Preußen und Mecklenburg, besonders dem Bündnisvertrag, unter Vorlegung der wichtigsten Aktenstücke bekannt gemacht worden waren, handelte es sich um die in Artikel 6 noch vorbehaltene Zustimmung der Stände zur Einführung und Beschickung des Norddeutschen Parlaments. Wie bedeutungslos dieser Zusatzartikel in der Tat war, zeigte sich sogleich. Soviel man auch in den Kommissionssitzungen von 24 Mitgliedern über die Drangabe von alten Rechten und über unangenehme Neuerungen klagte, nicht minder für den Bestand des altständischen Prinzips in Mecklenburg fürchtete, so mußte man angesichts der feststehenden Tatsachen und des Kriegsausganges doch erkennen, daß jeglicher Protest nutzlos sei. So konnten sich die Stände im Prinzip gegen die Zustimmung zu den zwischen den Regierungen in Berlin und Schwerin bzw. Neustrelitz bereits getroffenen Vereinbarungen nicht wehren, aber sie richteten an die Großherzöge die dringende Bitte, bei den Beratungen über die Bildung des neuen Parlaments folgende Wünsche vorzutragen: kein Zoll- und Handelsgebiet zu begründen, die Zivilgesetzgebung dem Parlament nicht zu unterstellen, die Gesetze über Freizügigkeit, Heimatrecht, Gewerbebetrieb u. a. nicht auf Mecklenburg auszudehnen, vor allem aber dem Parlament keine Einwirkung auf die Verfassungsverhältnisse der Einzelstaaten einzuräumen und insbesondere für Mecklenburg die Gewährleistung der bestehenden altständischen Verfassung zu fordern. Zudem sollte der aus den Beratungen hervorgehende Entwurf der deutschen Bundesverfassung den Ständen zur Abgabe ihrer verfassungsmäßigen Erklärung vorgelegt werden. Nachdem die Großherzöge im Landtagsabschied eingehende Prüfung und dementsprechende tunlichste Berücksichtigung der vorgetragenen Wünsche zugesagt hatten, wurde der außerordentliche Landtag am 3. Oktober geschlossen.

Die Frage nach der Bezahlung der durch die Mobilmachung entstandenen Kosten war von der Regierung noch offen gelassen worden. Sie fand auf dem wenige Wochen später in Malchin tagenden ordentlichen Landtags dadurch ihre Erledigung, daß Fürst und Stände, beide zur Hälfte die Kosten übernahmen. Man hatte es mit Recht vermieden, noch lange, zwecklose Erörterungen über eine Sache anzustellen, die doch nicht mehr zu ändern war, und sich ins Unvermeidliche gefügt. Immerhin gab doch die bereitwillige Übernahme der Hälfte der Kosten durch den Großherzog selbst auf eigene Rechnung manchem hinsichtlich der ganzen Entstehung des militärischen Anschlusses an Preußen zu denken.

Mitte Dezember begannen durch die Bevollmächtigten der verbündeten Regierungen die Vorkonferenzen in Berlin, zu denen sich auch der Minister von Oertzen begab. Die mecklenburgischen Forderungen, die sich gegen ein allgemeines Zoll- und Handelsgebiet, gegen allgemeine Heimatgesetze usw. richteten, standen im schärfsten Gegensatz zu den preußischen Grundzügen und fanden deshalb keine Berücksichtigung. Über das von den Ständen besonders beanstandete allgemeine direkte Wahlrecht kam es zwischen Bismarck und Oertzen zu einer eingehenden Besprechung, die jedoch ebenfalls ergebnislos verlief und keine Änderung des preußischen Standpunktes bewirkte.

Am 24. Februar trat alsdann in Berlin das konstituierende Parlament „zur Beratung und Feststellung der Verfassung des Norddeutschen Bundes" zusammen. Mecklenburg-Schwerin war auf ihm mit sechs, Strelitz mit einem Abgeordneten vertreten. Die Einteilung der Wahlkreise für Mecklenburg-Schwerin war durch eine Großherzogliche Verordnung vom 21. August 1866 so geregelt worden, daß die Städte, die ritterschaftlichen Ämter und die Domanialämter als getrennte Gruppen je zwei Wahlkreise bildeten. Man hatte auf diese Weise gehofft, wenigstens vier konservative, speziell mecklenburgisch und im Gegensatz zu Preußen mehr partikularistisch gesinnte Abgeordnete zu erhalten. Aber außer in den Städten wurden auch in den Domanialämtern liberale Männer gewählt, und so zogen denn vier, dem altständischen Prinzip abgeneigte Männer ins Parlament. Mecklenburg-Strelitz stellte dazu noch den fünften. Regierungsseitig war außer dem Minister von Oertzen auch noch der Staatsrat Dr. Wetzel als zweiter Bevollmächtigter anwesend.

Im Parlament waren die Meinungen und Ansichten über die neue Bundesverfassung noch sehr verschieden und geteilt. Infolgedessen zog Graf Bismarck es vor, zunächst jeden Bundesstaat durch seinen bevollmächtigten Regierungsvertreter zur Unterzeichnung der von Preußen entworfenen Verfassung und eines besonderen Staatsvertrages mit Preußen zu bewegen. Mecklenburgischerseits geschah das durch Oertzen am 9. April 1867, nachdem zu Artikel 68 der Bundesverfassung noch der Zusatz erwirkt worden war, daß eine Einmischung von Reichs wegen in Verfassungsstreitigkeiten nur bei denjenigen Bundesstaaten möglich sein sollte, „in deren Verfassung nicht eine Behörde zur Entscheidung solcher Streitigkeiten bestimmt“ sei. Mecklenburg aber besaß nach dem Landesgesetz vom 28. November 1817 eine solche. Am 17. April nahm das Parlament im Plenum die Bundesverfassung an, und kraft des ihnen vorbehaltenen, jedoch nur noch formellen Rechtes gaben auf dem Landtag in Schwerin am 1. Juni auch die mecklenburgischen Stände ihre „landesverfassungsmäßige“ Zustimmung. Am 25. Juni wurde die neue deutsche Bundesverfassung von Berlin aus proklamiert, und am 1. Juli trat sie in Kraft.

Offenbar noch enger, als es bisher geschehen war, suchte die preußische Regierung durch eine in Schwerin neu zu errichtende Gesandtschaft das bisher von Hamburg aus mitbesorgte Mecklenburg an sich zu ketten und – selbst nach Ansicht des Großherzogs und seines Ministers – politisch zu überwachen. In aller Form der Höflichkeit und mit dem Ausdruck des Dankes für die beabsichtigte Ehre seitens Preußens gelang es, die Neuerung rückgängig zu machen, den plötzlich schon als königlichen Gesandten erschienenen, persönlich am mecklenburgischen Hofe wenig geschätzten Prinzen Isenburg zur Abreise zu veranlassen und die bisherige Form der preußischen Vertretung in Mecklenburg in Verbindung mit dem Hamburger Oberbotschaftsposten aufrecht zu erhalten.

In einem Punkte jedoch konnte die neue Bundesverfassung für beide Mecklenburg noch nicht bindend werden, nämlich in den Zollverhältnissen und bezüglich der damit in Zusammenhang stehenden Abgaben zum Bundeshaushalt. Bereits 1834 hatte Preußen mit den meisten deutschen Staaten, selbst süddeutschen, den deutschen Zollverein abgeschlossen. Am 7. Juli 1867 schufen nun die verbündeten Regierungen des Norddeutschen Bundes mit den Regierungen von Bayern, Württemberg, Baden und Hessen unter Erneuerung der alten, in der kritischen Konfliktszeit gelösten Zollvereinigungsverträge eine Erweiterung und Vervollständigung derart, daß fortab die Gesetzgebung in gemeinsamen Zoll- und Steuersachen durch einen Zollbundesrat und ein Zollparlament – ersterer bestehend aus Bevollmächtigten aller Vereinsstaaten, letzteres durch direkte Wahlen ernannt – ausgeübt werden sollte. Für die beiden Mecklenburg aber stand ihrem Beitritt noch der Handels- und Schiffahrtsvertrag mit Frankreich vom Juni 1865 entgegen, nach dem der Einfuhrzollsatz für 100 Kilogramm französischer Boden- und Industrieerzeugnisse, vornehmlich Wein, in Mecklenburg nicht den Betrag von 7 Fr. 50 Cent, übersteigen durfte, während er in den Zollvereinsländern mehr als das Vierfache (4 Taler für den Zentner) betrug. Man hatte diese Lücke in der sonst völligen Einheit des Bundes zunächst dadurch ausgeglichen, daß die beiden Mecklenburg bis zum endgültigen Anschluß an das Zollvereinsgebiet ein jährliches Aversum in Höhe des letzten dreijährigen Durchschnitts des Nettoertrages der Zölle und Verbrauchsabgaben – für Schwerin 889 900 Taler – bezahlten. Ein Jahr nur bedurfte es dieser Aushilfseinrichtung. Denn nach gleichzeitigen Verhandlungen mit der französischen Regierung, wobei Preußen und die süddeutschen Staaten unterstützend und beratend mitwirkten, gab Frankreich im Februar 1868 seine Rechte auf § 18 des Handelsvertrages mit Mecklenburg auf, nachdem ihm dafür eine Ermäßigung des Eingangszolls auf seine Waren im ganzen deutschen Zollvereinsgebiet – 8 Mark, rund 2 1/2 Taler, für den Zentner – zugestanden worden war. So erfolgte denn unter dem 11. August 1868 der Beitritt beider Mecklenburg zum Zollverein, jedoch noch mit der Einschränkung, daß die volle Wirkung der Zollgesetze erst mit dem 1. Januar 1870 eintreten solle. Für die Aufhebung des Elbzolls am 1. Juli 1870, dessen weiterer Bestand sich mit dem nationalen Charakter des Zollverbandes nicht mehr vertrug, für Mecklenburg aber eine jährliche, für Staatsverwaltungszwecke verwandte Summe von 100 000 Talern eingebracht hatte, erhielt das Land auf Vorschlag Bismarcks nach längeren Streitigkeiten im Reichstag für und wider Mecklenburgs Recht auf Entschädigung eine solche im Betrage von einer Million Talern. Auch die letzte Schranke für eine völlige politische Eingliederung Mecklenburgs in den Norddeutschen Bund war damit gefallen.

* * *

Die Veränderungen, die sich für die beiden mecklenburgischen Länder aus ihrer Zugehörigkeit zum Norddeutschen Bunde ergaben, waren zum Teil von grundlegender Bedeutung für die weitere Entwicklung beider Staaten. Durch die Bundesgesetzgebung der Jahre 1867-1870 wurde das öffentliche Leben in beiden Ländern in mancher Hinsicht umgestaltet. Sie wurden aus dem bisherigen, noch durchweg partikularistisch-kleinstaatlichen Getriebe heraus in enge Verbindung und gemeinsame Arbeit, ja in Wettbewerb mit den übrigen deutschen Staaten gebracht. An die Stelle der früheren Abgeschlossenheit trat nun der Gedanke der Zugehörigkeit zu einem größeren Ganzen, auch wenn den einzelnen Ländern als Bundesstaaten weitgehende Befugnisse und manche Sonderrechte verblieben.

Hinsichtlich des Militärwesens bildeten auf Grund der in Preußen seit den Freiheitskriegen immer mehr durchgeführten allgemeinen Wehrpflicht, die auf das gesamte Bundesgebiet ausgedehnt wurde, die mecklenburgischen Truppen fortab die 17. Division im 9. Armeekorps des Norddeutschen Bundesheeres. In der Zusammensetzung der Regimenter bezw. Bataillone und ihrer Verteilung auf die einzelnen Garnisonen waren in den letzten Jahrzehnten bereits kleine Änderungen vorgenommen worden. Fortab galten als Standorte für das

Grenadierregiment Nr. 89 Schwerin und Neustrelitz, für das Füsilierregiment Nr. 90 Rostock und Wismar, für das 1857 errichtete Jägerbataillon Nr. 14 Schwerin, für das Dragonerregiment Nr. 17 Ludwigslust, Nr. 18 (neuerrichtet 1863) Parchim, für die 3. Abteilung des Schleswig-Holsteinischen Feldartillerieregiments Nr. 9 Schwerin und Neustrelitz. Divisions-Stab und -Kommandantur waren in Schwerin. Die bisher in Schwerin stehende Pionierabteilung wurde aufgelöst. Später trat in der Artillerie insofern eine Verschiebung ein, als die 3. Abteilung vom Regiment Nr. 9 nach Itzehoe verlegt und mit dem dortigen Stamm vereinigt wurde. Schwerin erhielt die erste Abteilung des Holsteinischen Artillerieregiments Nr. 24, deren Stamm seit 1872 in Güstrow war, Neustrelitz davon die 9. Batterie. Während aber die Regimentsteile in Schwerin und Neustrelitz Großherzoglich waren, blieb Güstrow auch weiterhin außerhalb des mecklenburgischen Kontingents. Die Schweriner Abteilung des 24. Regiments wurde 1899 mit Güstrow vereinigt, und Schwerin erhielt ein eigenes Großherzogliches Artillerieregiment Nr. 60. Die 14. Jäger wurden 1890 von Schwerin nach Kolmar im Elsaß verlegt, blieben aber im Verbande des mecklenburgischen Kontingents. Die mecklenburgischen Kontingentsrechte (Gelöbnis außer auf das Bundes- bezw. seit 1871 auf das Reichsoberhaupt auch auf die Landesherrn, mecklenburgische Abzeichen neben den preußischen bezw. den deutschen, tunlichste Berücksichtigung besonderer Wünsche der Landesherrn) wurden durch mehrere Militärkonventionen geregelt, mit Schwerin besonders unter dem 28. Juli 1868 und 19. Dezember 1872, mit Strelitz 9. November 1867 und 23. Dezember 1872.

Am 1. Januar 1868 ging das gesamte Post- und Telegraphenwesen beider Mecklenburg mit 81 Post- und 17 Telegraphenanstalten an den Norddeutschen Bund über. Auch auf diesem Gebiete war die Entwicklung in Mecklenburg seit 1850 fortgeschritten. Briefmarken und Frankokuverts gab es seit 1856. Die Einnahmen der Post betrugen 1865/66 446 479, die Ausgaben 365 127 Taler. Es ergab sich demnach ein Überschuß von 81 352 Talern. Der erste Telegraph war 1850 von der Eisenbahnverwaltung auf der Strecke Hagenow-Kleinen mit einem Kostenaufwand von 8000 Talern eingerichtet worden. Er war unterirdisch. Bald folgten auch an den anderen Bahnstrecken Telegraphen, jedoch oberirdisch. Seit 1853 begann die Anlage mecklenburgischer Staatstelegraphen mit Schwerin als Mittelpunkt, demgemäß 1854 Telegraphenstationen eingerichtet wurden, zunächst in Rostock, Wismar und Güstrow, bald auch in anderen Städten, wie Malchin, Neubrandenburg, Neustrelitz und Waren. Der jährliche Rentereizuschuß an die Telegraphenverwaltung betrug damals über 12 000 Taler. Die gesamte Postverwaltung in den beiden Groß-herzogtümern wurde 1868 der Bundes-Ober-Postdirektion in Schwerin (seit 1871 einfach „Ober-Postdirektion“) übertragen. Die ebenfalls 1868 geschaffene Bundestelegraphendirektion in Schwerin wurde 1870 aufgehoben und mit Hamburg vereinigt, 1876 aber wieder nach Schwerin zurückverlegt und mit der Ober-Postdirektion daselbst verbunden, nachdem nunmehr die Verschmelzung von Post und Telegraphie im ganzen Deutschen Reiche durchgeführt worden war.

Geradezu bahnbrechend wirkte das Gesetz über die Freizügigkeit. „Für den ganzen Umfang des Bundesgebietes“, so heißt es in Artikel 3 der Bundesverfassung und auch der späteren Deutschen Reichsverfassung „besteht ein gemeinsames Indigenat (Bürgerrecht) mit der Wirkung, daß der Angehörige (Untertan, Staatsbürger) eines jeden Bundesstaates in jedem anderen Bundesstaat als Inländer zu behandeln und demgemäß zum festen Wohnsitz, zum Gewerbebetrieb, zu öffentlichen Ämtern, zur Erwerbung von Grundstücken, zur Erlangung des Staatsbürgerrechts und zum Genusse aller sonstigen bürgerlichen Rechte unter denselben Voraussetzungen wie der Einheimische zuzulassen, auch in betreff der Rechtsverfolgung und des Rechtsschutzes demselben gleich zu behandeln ist.“ Kein Bundesangehöriger durfte fortab in der ordnungs- und vorschriftsmäßigen Ausübung dieser ihm zustehenden Befugnisse durch die Obrigkeit seiner Heimat oder eines anderen Bundesstaates gehindert oder beschränkt werden. Besondere, den geschichtlich gewordenen Verhältnissen Rechnung tragende Ausführungsgesetze blieben, wie in anderen Staaten, so auch in Mecklenburg von Bestand.

Zu dem Freizügigkeitsgesetz traten andere, so das über die Aufhebung der polizeilichen Beschränkung der Ehe, welches bestimmt, daß Bundesangehörige zur Eingehung einer Ehe oder zu der damit verbundenen Gründung eines eigenen Hausstandes weder des Besitzes noch des Erwerbs der Gemeindeangehörigkeit oder des Einwohnerrechts, noch der Genehmigung seitens der Gemeinde, der Gutsherrschaft oder des Armenverbandes, noch einer obrigkeitlichen Erlaubnis bedürfen. Auch jegliches religiöse Hindernis wegen Verschiedenheit des Bekenntnisses beider Ehegatten fiel fort. – Das Gewerbegesetz hob den bisherigen gewerblichen Befähigungsnachweis und den Zunftzwang auf, schuf Freiheit und Selbständigkeit für sämtliche Gewerbebetriebe in der Stadt und auf dem Lande. – Die deutsche Maß- und Gewichtsordnung vom 17. August 1868, die jedoch erst mit dem Jahre 1872 in Kraft treten sollte, schuf an Stelle der alten Längenmaße, wie Fuß, Elle, Rute, Meile das Meter und Kilometer, statt der Flächenmaße von Morgen und Quadratrute das Quadratmeter, Ar und Hektar, statt der Körpermaße von Faden, Scheffel, Last, Drömpt, Wispel, Sack, Spirit, Oxhoft, Anker, Ouart, Lot und wie sie sonst alle heißen, fortab Raummeter, Zentner, Kilogramm, Pfund, Gramm, Liter usw. Welch eine Veränderung und Vereinfachung das bedeutete, zeigt schon der Umstand, daß es in Mecklenburg allein sieben verschiedene Scheffel gab, deren größter Unterschied fast 10 Liter betrug. Der Landesscheffel nach der Verordnung von 1755 war nirgends mehr in Gebrauch. Auch unterschied man noch gestrichene und gehäufte Scheffel. Ebenso verschiedenartig und wechselreich waren auch die Elle und andere Maße. Auch das Münzwesen, wenngleich im allgemeinen dem Vereinsmünzfuß in den deutschen Bundesstaaten angeglichen, war in Mecklenburg noch vielgestaltig. Statt dessen wurde nunmehr Mark und Pfennig zur einheitlichen Grundlage, und durch Reichsgesetz vom 30. Mai 1874 traten an die Stelle des mecklenburgischen Staatspapiergeldes die Reichskassenscheine. Zwar blieben noch lange im Volke die alten Münzen, Maße und Gewichte dem Namen nach erhalten, doch wurden sie dann nach Tabellen und Tarifen in die neuen Systeme umgerechnet. Manche Maße jedoch sind im Privatgebrauch und kleineren geschäftlichen Verkehr bis auf den heutigen Tag geblieben. – Auch das Aktienwesen, das Preßwesen und vieles andere erfuhr durch Mecklenburgs Beitritt zum Norddeutschen Bund eine wesentliche Veränderung bezw. Neugestaltung.

Was im übrigen die kulturelle Entwicklung Mecklenburgs nach 1850 betrifft, so sind auch hier eine Anzahl vortrefflicher Neueinrichtungen und wichtiger Reformen geschaffen worden. Die gute Finanzierung der 1850 vollendeten ersten zusammenhängenden „Mecklenburgischen Bahn“ ermutigte bald zu weiteren Gründungen neuer Strecken. Die beiden mecklenburgischen Regierungen gingen dabei fortab gemeinsam vor. Der Osten des Landes sollte in erster Linie dem Bahnbau erschlossen werden. Nachdem die Stände 3/4 Million und Mecklenburg-Strelitz gesondert noch 1/4 Million Taler bewilligt hatten, wurde mit der Ausführung des Planes begonnen. Bereits 1864 wurde die Strecke Güstrow–Neubrandenburg und 1867 ihre Verlängerung über Neubrandenburg hinaus bis an die Landesgrenze bei Strasburg in der Ukermark, zusammen 122 Kilometer umfassend, als „Großherzogliche Friedrich Franz-Eisenbahn“ dem Verkehr übergeben. So lief denn durch Mecklenburg ein Schienenstrang von Süden nach Norden, Hagenow–Schwerin–Wismar, mit einer Abzweigung nach Osten, von Kleinen nach Bützow, wo auch dieser Strang sich noch wieder in die beiden Linien Bützow–Rostock und Bützow–Güstrow–Neubrandenburg–Landesgrenze spaltete. Noch fehlte die Verbindung und Anschlußstrecke nach Westen. Regierungsseitig begnügte man sich hier zunächst mit der Konzessionserteilung an die Kleinen-Lübecker Eisenbahngesellschaft (1865), übernahm aber, als diese sich nicht leistungsfähig erwies, drei Jahre später den Bau auf Landeskosten. Als gleich darauf auch von der Regierung der Ankauf der „Mecklenburgischen Bahn“ vorbereitet wurde, konnten durch Verordnung vom 30. Juni 1870 alle drei bisher gesonderten Bahnen als Großherzogliche Friedrich Franz-Eisenbahnen mit einer Länge von insgesamt 325 Kilometer zusammengefaßt und in einheitlichen Betrieb genommen werden. Dadurch wurden die bisher aus der gesonderten Verwaltung und dem Mangel an einem Durchgangsverkehr erwachsenen Umständlichkeiten in Personen- und Güterbeförderung beseitigt. Auch jetzt ergab sich im Vergleich von Ausgaben und Einnahmen ein Überschuß der letzteren. Er betrug 1871 bereits 455 426 Taler, d. h. 2,81 Prozent des Anlagekapitals.

Zahlreich sind die seit der Mitte des Jahrhunderts entstandenen Wohlfahrtseinrichtungen. Besonders hervorzuheben ist in dieser Hinsicht das Stift Bethlehem in Ludwigslust, das aus einem von Helene von Bülow aus dem Hause Kamin bereits 1847 in einer Büdnerei begründeten Kinderhospital hervorgegangen ist. Nachdem die Stifterin ebenfalls aus eigenen Mitteln noch ein größeres Anstaltsgebäude zur Aufnahme von Kranken jedes Alters errichtet hatte, machte sie es 1851 der Kirche zum Geschenk. Zu dem Krankenhaus traten in den nächsten Jahren eine Diakonissenanstalt, ein Waisenhaus, eine Schule zur Vorbereitung junger Mädchen auf den Diakonissenberuf, ein Feierabendhaus für alte und schwache Diakonissen, eine Kleinkinderschule und ein Siechenhaus für alte Frauen. Eine eigene Kirche wurde 1864 erbaut. Die Diakonissen taten sich besonders 1859 in der Cholerazeit durch ihre Unerschrockenheit und ihre Aufopferungswilligkeit hervor, nicht minder im Kriege 1870/71 und neuerdings wieder im Weltkriege. Durch ganz Mecklenburg und darüber hinaus versendet das Stift seine Diakonissen. Wenn auch ohne eigentliche Subvention seitens des Staates, erhielt das Stift, das zum großen Teil auf milde Gaben und Kollekten angewiesen ist, doch häufig Unterstützungen aus Landesmitteln, 1873 auch eine solche aus dem französischen Kriegskostenentschädigungsfonds. Eine dem Stift Bethlehem ähnliche, wenn auch nicht annähernd so umfangreiche Anstalt ist das Karolinenstift in Neustrelitz, so genannt nach der Begründerin, der Herzogin Karoline, einer Tochter des Großherzogs Georg. Es wurde bereits 1855 eröffnet, erhielt 1860 ein prächtiges Krankenhaus und dient seitdem der allgemeinen Krankenpflege und (in einem besonderen Siechenhaus) der Unterhaltung der Siechen. Namhafte Zuwendungen seitens der Gründerin sowie anderer Wohltäter, aus dem französischen Kriegskostenentschädigungsfonds und durch Sammlungen sichern die Erhaltung des Stifts. Von weiteren Anstalten sind noch zu nennen: das Rettungshaus Bethanien für verwahrloste Knaben, 1851 durch Frau von Oertzen auf Rattey begründet, 1871 nach Neubrandenburg verlegt; die Anstalt für geistesschwache Kinder (Idiotenanstalt) bei Schwerin (1867); die Ekengren-Stiftung in Schönberg für verwahrloste und verwaiste Kinder (1873); dazu eine Reihe von Kliniken und Krankenhäusern in den Städten und viele milde Stiftungen für einzelne Berufe, Stände, Greise, Frauen und Kinder. In Ludwigslust war schon 1840 eine Taubstummen-Anstalt errichtet worden, der später eine zweite in Rostock folgte; 1864 wurde in Neukloster auch ein Blinden-Institut eröffnet.

Im Schulwesen erfolgte außer der Verlegung des Landschullehrerseminars von Ludwigslust nach Neukloster (1862) vor allem die Errichtung eines eigenen Seminars für die ritter- und landschaftlichen Lehrer zu Lübtheen (1869). Es war der erste wirkliche Erfolg, den die Regierung und besonders der Großherzog Friedrich Franz II. in ihren auf eine Besserung der ritterschaftlichen Schulverhältnisse gerichteten jahrzehntelangen Bestrebungen nach vieler Mühe erreichten.

Als hauptsächlichste Bankinstitute bildeten sich die Mecklenburgische Sparbank in Schwerin (1851), die Rostocker Bank (1850), die Vereinsbank in Wismar (1869), die Mecklenburgische Hypotheken- und Wechselbank (1871) und die Mecklenburgische Bank in Schwerin (1880). Zugleich wuchs die Zahl der städtischen Sparkassen, der Dahrlehnskassen und Vorschußvereine, und verschiedene Berufsklassen begannen mit der Gründung ihrer eigenen Feuer- und Lebensversicherungen.

In den sechziger Jahren fand auch eine bereits vor vier Jahrzehnten begonnene wirtschaftliche Reform ihre Fortsetzung, zum Teil sogar ihren Abschluß. Die durch den landesherrlichen Erlaß vom 4. April 1822 eingeleitete Vererbpachtung der Schweriner Domanialbauern war doch nur einem geringen Teile derselben zugute gekommen. Nur verhältnismäßig wenige aus der Zahl der separierten Bauern hatten sich im Laufe der nächsten Jahrzehnte zu einer solchen Stellung emporarbeiten können, da ihnen die dazu erforderlichen Mittel fehlten, es sei denn, daß sie von vornherein als Voll- oder Dreiviertelbauern ein größeres Ackerland auf ertragreichem Boden erhielten und dadurch zur Erfüllung der Erbpachtkontraktbedingungen sowie zur Zahlung der Zinsen auf geliehenes Geld, das die meisten Bauern bei Eingehung eines Erbpachtkontrakts nötig hatten, imstande waren. So gab es denn im Jahre 1860 neben 4128 bäuerlichen Zeitpächtern erst 1272 Erbpächter. Mochte das gegen den Anfang des Jahrhunderts, wo es überhaupt nur rund 5400 bäuerliche Wirte in meist strenger Erbuntertänigkeit gab, einen erfreulichen Fortschritt bedeuten, so standen doch noch dreiviertel aller Bauern in Zeitpacht, und von den 1272 Erbpächtern waren die meisten nicht aus eigenem Übertritt aus der Zeitpacht in die Erbpacht, sondern durch den öffentlichen Verkauf heimgefallener Bauerngehöfte auf Erbpacht im Wege des Meistgebotes zu ihrem Besitz gekommen.

Da erging unter dem 20. April 1860 ein Erlaß des Finanzministeriums an die Kammer, daß auf Wunsch des Großherzogs Friedrich Franz eine schnelle dorfschaftsweise Vererbpachtung aller Domanialbauern vorzunehmen sei, um auf diese Weise einen unabhängigen Bauernstand als sicherste Grundlage für eine intensive Wirtschaftsführung auf dem Lande zu schaffen. Nach einer von der Kammer angestellten Berechnung kamen für die geplante Reform nach Abzug der wegen Unbeerbtheit ihrer Besitzer von der Vererbpachtung ausgeschlossenen Bauerngehöfte noch rund 3900 Stellen in Betracht. Für ihre Vererbpachtung wurde nun die landesherrliche Verordnung vom 16. November 1867 maßgebend. Die in ihr enthaltenen Grundzüge zur Durchführung waren folgende: Der Bauer kann wählen zwischen Vererbpachtung seines Gehöfts oder Rückgabe desselben an die Grundherrschaft, die es dann wieder öffentlich meistbietend auf Erbpacht verkaufen wird. Diese an die Bauern gestellte, auf den ersten Blick etwas scharfe Wahl verlor ihre Härte dadurch, daß ein Aufruf der bäuerlichen Zeitpachtkontrakte im Falle einer allgemeinen Vererbpachtung, wie sie die Regierung schon immer im Auge gehabt hatte, schon seit Jahren in den Kontrakten vorbehalten worden war. – Da die notwendige Folge einer dorfschaftsweisen Vererbpachtung auch die Bildung selbständiger Dorf- oder Landgemeinden war, so sollte von vornherein für Gemeindeland geformt und dieses nötigenfalls von den zu vererbpachtenden Bauernhufen abgenommen werden. – Die Bauern sollten bis zu 120 bonitierten Scheffeln und, wo diese (bei besserem Boden) weniger als 18 000 Quadratruten Land ausmachen, wenigstens diese Fläche unentgeltlich erhalten. Alle schlechteren, aber auch die meisten besseren Hufen gingen auf diese Weise frei in den Besitz der Erbpächter über. Verhältnismäßig gering nur war die Zahl der sehr guten Hufen, bei denen für den Rest über 18 000 Quadratruten ein 25facher Kanon (s. u.) als Erbstandsgeld entrichtet werden mußte. Wo dieses der Fall war, konnte der betreffende Bauer den mit Erbstandsgeld zu belegenden Rest entweder an die Grundherrschaft zurückgeben oder zur Bildung einer Nebenhufe (Büdnerei) neben seiner Stammhufe von 120 bonitierten Scheffeln verwenden. Diese Bestimmung lief also im letzten Grunde auf eine Parzellierung von Bauernhufen hinaus. Sie ist aber wenig angewendet worden. Meist blieben auch die Hufen mit einem Restgut ungeteilt in der Hand eines einzigen Besitzers. – Für die Gebäude sollten nur die Bauern mit einem Landbesitz von mehr als 70 bonitierten Scheffeln ein Kaufgeld im Betrage von 2 Prozent des damaligen Brandkassenwertes für jeden Scheffel über 70 bezahlen. – Der Kanon ward seitens der Grundherrschaft unkündbar kapitalisiert und mit 4 Prozent vom Erbpächter verzinst, konnte jedoch zum 25fachen Betrage amortisiert (abgelöst) werden, und zwar (nach einer Zusatzverordnung von 1875) jederzeit nur in seiner vollen Höhe ohne Teilkündigungen und Ratenzahlungen. – Hinsichtlich der Hypothekenschulden der Erbpächter stehen an erster Stelle im Grund- und Hypothekenbuch die Kanonkapitalien, an zweiter freie Beträge für den Erbpächter bis zur halben Höhe des Kanonkapitals, an dritter die etwaigen Erbstands- und die Kaufgelder für Gebäude und Hofwehren. Für diese wird vom Erbpächter jährlich 1 Prozent zu ihrer allmählichen Tilgung (sog. sinkenden Fonds) bezahlt, die auf diese Weise nach etwa 40 Jahren erfolgt. – Der Erbpachtbesitz haftet nur an einer Person. Es kann daher die eine Erbpachtstelle auch nicht vom Vater auf mehrere Söhne übergehen. Nur einer erbt, die andern müssen durch Kapitalersparnisse des Vaters oder regelmäßige Abgaben des einen Erben abgefunden werden, falls nicht der Vater bereits mehrere Stellen in Erbpacht hatte. Wiederverkauf bedarf der Bestätigung der Grund-, hier Landesherrschaft, und das Vorkaufsrecht der letzteren bleibt auch weiterhin vorbehalten.

Infolge langwieriger Verhandlungen mit den Ständen verzögerte sich der Beginn der Vererbpachtung bis zum Jahre 1869. Bereits 1875 war sie im gesamten Domanium durchgeführt. Der Wert der 3900 bäuerlichen Erbpachtstellen belief sich auf 39 Millionen Mark; jedoch erhielt die Landesherrschaft als Grundherrschaft nach den Vererbpachtungsbedingungen der Verordnung vom 16. November 1867 nur 16,2 Millionen. Außerdem sparte die Landesherrschaft jährlich für Bauverwendungen 280 000 Mark, die zu 4 Prozent berechnet, ein Kapital von 61 Millionen Mark ergeben. Schon nach zwanzig Jahren, Mitte der neunziger Jahre, hatten 1200 Erbpächter durch Amortisation und Kapitalzahlung (zusammen über 71 Millionen Mark) ihre ganze Erbpachtschuld abgetragen. Zur Aufnahme der Gelder wurde schon 1869 der Domanialkapitalfonds begründet, in den alle irgendwie mit dem Domanium in Zusammenhang stehenden alten und neuen Einnahmen flossen. Sein Vermögensbestand betrug zu Anfang des 20. Jahrhunderts bereits 75 Millionen Mark.

Hand in Hand mit der Vererbpachtung ging die Einführung einer Gemeindeordnung zwecks Bildung von Landgemeinden. Bis zur neuen Vererbpachtung gab es, abgesehen von den kirchlichen, in Mecklenburg noch keine Landgemeinden. Die gesamte Verwaltung des Domaniums, zu der zwar die einzelnen Dorfschaften Geldbeiträge und bestimmte Dienste zu leisten hatten, lag, wie in der Ritterschaft, noch in den Händen der Grundherrschaft, hier des Landesherrn. Durch die Gemeindeordnung für die Domanialdorfschaften vom 29. Juni 1869 sollte fortab „jede Ortschaft innerhalb der Grenzen ihrer Feldmark eine selbständige Gemeinde bilden", wobei es jedoch „dem Ministerium des Innern Vorbehalten bleibt, einzelne Besitzstellen oder Feldmarksteile zu verlegen oder auch mehrere Ortschaften zu vereinigen". Die Gemeindeangehörigkeit und auch die Gemeindenutzung bestimmte sich „nach den für die Heimat geltenden Gesetzen". Ortsvorsteher wurde der „vom Landesherrn aus den im Gemeindebezirk selbständig wohnhaften Gemeindeangehörigen" ernannte Dorfschulze, auf den Höfen der Pächter, Erbpächter oder der sonstige Inhaber. Das Amt des Dorfschulzen trägt im wesentlichen polizeilichen Charakter. Die Verwaltung der Gemeindeangelegenheiten und die Vertretung der Gemeinde nach außen liegt dem Gemeindevorstand (Schulzenrat) ob, der aus dem Schulzen und einigen Schöffen besteht. Dieser ist aber in bestimmten Fällen noch „an die Mitwirkung der Dorfversammlung" gebunden, die sich aus den Mitgliedern des Gemeindevorstandes, aus den im Gemeindebezirk beheimateten und zugleich selbständig wohnhaften Besitzern der Grundstücke und aus den Kirchendienern (Prediger, Organist, Küster und dem Inhaber einer Familienschulstelle) und den Großherzoglichen Forstbedienten bis zum Holzwärter einschließlich zusammensetzt. Der Gemeindeverwaltung zugewiesen wurden besonders das Armenwesen, das Schulwesen, Wege und Entwässerung, Aufnahme in den Gemeindeverband, Feuerlöschwesen, Hebammenfürsorge, Begräbnis, Nachtwächter u. a. mehr. Die Dorfversammlung tritt nur auf Beschluß des Gemeindevorstandes zusammen und hat bei Veränderungen des Gemeindebezirks, bei größeren Reparaturen bzw. Neubauten, bei Änderung des Gemeindestatuts, bei Gemeindeabgaben und besonderen Leistungen, bei Aufnahme Fremder in den Gemeindeverband, bei Erteilung von Heimatreversen und ähnlichen Fragen zu beschließen. Ihr ist auch alljährlich zu Anfang des neuen Jahres die Rechnungsablage für das verflossene Jahr zu machen. In kleineren Ortschaften oder bei sonst geeigneten Verhältnissen ist Gemeindevorstand und Dorfversammlung nach besonderer Vorschrift vereinigt. Die Aufsicht über die Dorfschaft führt das zuständige Amt, die landesherrliche Oberaufsicht das Ministerium des Innern. Auf die landesherrlichen Flecken (Dargun, Lübtheen, Zarrentin, damals auch noch Doberan und Ludwigslust, die jedoch einige Jahre später Stadtgerechtigkeit erhielten), auf den Ort Neukloster, die sogenannten Amtsfreiheiten, die Ortschaften, die nicht unter Domanial- oder Haushaltungsverwaltung stehen, auch auf die landesherrlichen, einer Ortschaft nicht angehörigen Waldgrundstücke, Wiesen und Flächen fand die Gemeindeordnung keine Anwendung. Betreffs des Überganges der Armenlast auf die Gemeinden, der Beteiligung der Gemeinden an den Ortsschulen usw. wurden noch besondere Ausführungsbestimmungen erlassen.

In den Klostergütern und den städtischen Kämmereigütern hatte die Vererbpachtung ebenfalls gute Fortschritte gemacht. So waren z. B. die 56 Bauern des Klosters Malchow um die Mitte des Jahrhunderts schon sämtlich vererbpachtet. Sie wurden allerdings größeren Beschränkungen als die Domanialbauern unterworfen. Vor allem gewährte ihnen gleichwie in der Ritterschaft, die Grundherrschaft nur einen teuren und unzureichenden Personalkredit, verhinderte dagegen einen entsprechenden Realkredit.

Auch eine Vermehrung der Büdnerstellen, gebildet durch überschüssige Hufenländereien, hatte die allgemeine Vererbpachtung zur Folge. Auch ihnen wurden den Erbpächtern ähnliche Erleichterungen zuteil, vor allem in der Kapitalisierung und Abtragung des früheren Kornkanons. Im Jahre 1870 war die Zahl der Büdnereien im Schwerinschen bereits auf über 7000, 1912 sogar auf über 8000 angewachsen. Ein Gleiches galt von den Häuslereien, die ebenfalls der Vererbpachtung unterzogen wurden, und zwar in der Regel mit einem Landbesitz bis zu 80 Quadratruten. Wie gern die Landbewohner diese Gelegenheit benutzten, zeigt das Anwachsen der Häuslerstellen von 3600 im Jahre 1870 auf über 12 000 im Jahre 1912.

In Mecklenburg-Strelitz hat eine dorfschaftsweise Vererbpachtung nicht stattgefunden. Hier gab es im Jahre 1856 60 große Pachthöfe, 23 Freischulzen, 104 Erbpachtstellen verschiedener Art, 263 Bauern, 54 Kossaten, 1267 Hauseigentümer oder Häusler, 13 Kolonisten und 3 Büdner, im Jahre 1912 dagegen 72 Pachthöfe, 23 Freischulzen, 162 Erbpachtstellen verschiedener Art, 241 Bauern, 25 Kossaten, 1015 Büdner, 147 Hauseigentümer oder Häusler und 27 Kolonisten. Eine wesentliche Verschiebung ist demnach durch das starke Anwachsen der Büdnereien und das ebenso starke Sinken der Häuslereien vor sich gegangen. Das Häuslerwesen ist sozusagen bedeutungslos geworden. Eine Gemeindeverwaltung in der Art der Schweriner wurde durch die Verordnung vom 2. August 1864 geschaffen, die durch eine zweite vom 3. Juni 1890 ihre Ergänzung fand.

Außerhalb jedes Erbpachtverhältnisses blieben, auch im Schwerinschen, die Tagelöhner, die noch ihre sogenannten Einliegerstellen auf Zeitpacht haben. Viele von ihnen übernahmen später den Betrieb eines Handwerks, als dies für das Land freigegeben wurde. Aber unstet blieb ihr Dasein. Der Drang vom Lande in die Stadt wurde bei ihnen am stärksten.

In den sechziger Jahren trat durch die dem Norddeutschen Reichstage angehörenden mecklenburgischen Abgeordneten auch die Landesverfassung wieder in den Bereich politischer Erörterungen. Schon während des Schweriner Landtags im September 1866, auf dem die Stände von den beiden Großherzögen dringend die Herbeiführung einer Garantie der bisherigen Verfassung durch Preußen und die übrigen norddeutschen Bundesstaaten wünschten, die Großherzöge auch tunlichste Berücksichtigung des ihnen vorgetragenen Wunsches zusagten, hatte im ganzen Lande eine von dem liberalen Rostocker Professor Julius Wiggers geführte Bewegung eingesetzt, die in der in- und ausländischen Presse eine Darstellung und Verurteilung der mecklenburgischen Verfassungszustände betrieb, um so viele Anhänger für einen im Norddeutschen Reichstag demnächst zu führenden Angriff auf die Verfassung zu gewinnen. Ein solcher geschah bereits in dem konstituierenden Reichstag, der vom 24. Februar bis 17. April 1867 in Berlin tagte und die Norddeutsche Bundesverfassung zum Abschluß brachte. Bei der allgemeinen Diskussion über den von der preußischen Regierung zur Beratung vorgelegten Entwurf in der zwölften Sitzung am 13. März wies der liberale Abgeordnete des fünften mecklenburgischen Wahlkreises, Regierungsrat Dr. Prosch, darauf hin, welch hohen Wert die Bundesverfassung besonders für die kleineren deutschen Staaten habe, und zwar nicht nur wegen der durch ihren Anschluß an ein großes Staatswesen begründeten nationalen Einheit vieler deutscher Stämme, auch nicht nur wegen des den Einzelstaaten zu gewährenden besseren Schutzes auf militärischem und diplomatischem Gebiete, sondern vor allem wegen der in der Bundesverfassung enthaltenen Garantien für eine zeitgemäße freiheitliche Ausgestaltung der inneren Zustände. Worauf diese Worte abzielten, war leicht zu erraten. Sogleich wandte sich dann auch Prosch in längerer Ausführung einer Darstellung der in seinem Heimatlande noch geltenden rein patrimonialständischen Verfassung zu, die Mecklenburg noch immer zu einem auf mittelalterlichen Grundlagen beruhenden, aus feudalen Elementen konstruierten Staatswesen, zu einem „Prototypus" (Urbild) des mittelalterlichen Ständestaates in seinen politischen, wirtschaftlichen und gesellschaftlichen Verhältnissen mache. Er schloß seine Ausführungen mit dem Wunsche, daß die Bundesverfassung aus den Beratungen des Reichstags in einer solchen Gestalt hervorgehen werde, daß, während den großen nationalen Zwecken volle Rechnung getragen werde, dadurch auch den kleineren Staaten, welche durch die Ungunst der Verhältnisse in der Entwicklung freiheitlicher Institutionen zurückbleiben sollten, für eine Emporhebung auf die Höhe unserer Zeit und zu dem Geiste, der die Gesamtverfassung durchwehen solle, wirksame Impulse dargeboten würden. Das mecklenburgische Volk aber, so hoffte Prosch, werde dadurch aus der politischen und wirtschaftlichen „Stagnation" (Stockung) und „Isolierung" (Absonderung) befreit werden.

Der Zweck dieser langen Rede wurde schon einige Tage später klar. Sie bedeutete nur den Auftakt zu dem, was am 19. März geschah. Unterstützt durch mehrere Petitionen aus Mecklenburg beantragten die vier liberalen von den sieben mecklenburgischen Abgeordneten, hinter Artikel 3 der Bundesverfassung, der an diesem Tage zur Beratung stand, die Worte einzuschieben: „In jedem Bundesstaate wird die Gesetzgebung und Feststellung des Budgets (Voranschlag der Staatseinnahmen und -ausgaben) unter Mitwirkung einer aus Wahlen hervorgegangenen Volksvertretung geübt." Die Begründung des Antrages übernahm der Abgeordnete Moritz Wiggers, ein geborener Mecklenburger und Bruder von Julius Wiggers, einstmals (1848) Präsident der mecklenburgischen konstituierenden Versammlung. Er war Anfang der fünfziger Jahre in Rostock in einen Hochverratsprozeß verwickelt gewesen, hatte fast vier Jahre lang im Kriminalgefängnis in Bützow in Untersuchungshaft verbracht, war dann zu dreißigjähriger Zuchthausstrafe verurteilt, 1857 aber unter gleichzeitiger Streichung seines Namens aus der Zahl der mecklenburgischen Advokaten und Notare aus dem Zuchthaus Dreibergen entlassen worden. Da er nach den mecklenburgischen Landesgesetzen in der Heimat kein Mandat für den Reichstag hatte erhalten können, so war er nach Berlin ausgewandert, wo er in das konstituierende Parlament gewählt wurde. Er hob nun besonders die Unvereinbarkeit der alten mecklenburgischen Landes- mit der neuen deutschen Bundesverfassung hervor.

Aber die Mehrheit des Parlaments konnte sich unter Anlehnung an die Ausführungen des mecklenburgischen Bundesratsbevollmächtigten, des Staatsrats Dr. Wetzel, zu einem Eingriff in die Rechte eines Bundesstaates, wie ihn jener geplante Zusatzartikel ermöglichen wollte, noch nicht entschließen und wies den Antrag ab. Den gleichen Standpunkt nahm auch im Oktober desselben Jahres der nunmehr verfassungsmäßig konstituierte Norddeutsche Reichstag ein. Zwar stützte sich Wiggers diesmal auf etwa dreißig Petitionen aus liberalen Kreisen der mecklenburgischen Städte und brachte zur Begründung seines erneuten Antrages auch die Proklamation des Großherzogs Friedrich Franz vom 23. März 1848 und dessen Landtagsausschreiben vor, in denen „eine Reform der Landesvertretung" und Mecklenburgs Eintritt „in die Reihe der konstitutionellen Staaten" als eine „in den inneren und äußeren Verhältnissen des Landes liegende Notwendigkeit" bezeichnet sei. Wiggers und seine Freunde erinnerten ferner an die unhaltbaren Finanzverhältnisse Mecklenburgs und an das antastbare

Freienwalder Schiedsgericht. Doch vermochten sie die Mehrheit des Reichstages, auch wenn dieser vieles von dem, was Wiggers vorgebracht hatte, als richtig zugab, nicht von der Zuständigkeit zum Eingriff in bundesstaatliche interne Verhältnisse zu überzeugen. Der Reichstag sprach allgemein nur die Erwartung aus, daß die mecklenburgischen Regierungen selbst in Bälde eine Umgestaltung der Landesverfassung vornehmen würden.

Die Hoffnung aber schlug fehl. Allerdings hatte der Großherzog Friedrich Franz II. auch nach 1848 den Plan für eine Reform der Landesverfassung nicht aufgegeben. Jedoch eine Rückkehr zu dem von ihm einst publizierten, durch den Freienwalder Schiedsspruch wieder aufgehobenen Staatsgrundgesetz von 1849 auf rein konstitutioneller Basis unter völliger Ausschaltung des bisher allein gültigen ständischen Prinzips beabsichtigte er nicht mehr. Vielmehr schwebte ihm jetzt nur eine Umbildung des ständischen Prinzips in neue, mehr zeitgemäße Formen vor. Für den Augenblick aber ließ er sich besonders auf den Rat seines Ministers von Oertzen noch von einer Inangriffnahme dieses Planes zurückhalten, da man erst die übrigen Einwirkungen des Norddeutschen Bundes auf die inneren Zustände Mecklenburgs abwarten und überhaupt die vielen neuen Verhältnisse und mancherlei Veränderungen nach ihrem Wert in Ruhe genau kennen lernen wollte, bevor man das mecklenburgische Volk in die unvermeidliche Aufregung eines neuen Verfassungskampfes hineinzog.

So wurde denn schon im Frühjahr 1869 im Norddeutschen Reichstag die Verfassungsfrage von neuem aufgerollt. Wieder gingen zahlreiche Petitionen mit über 6000 Unterschriften ein, in denen sich die Petenten nun auf den Artikel 76 der Bundesverfassung beriefen mit der Bitte, „der Reichstag wolle den Bundesrat veranlassen, die Kompetenz des Freienwalder Schiedsgerichts zur Fällung des Urteilsspruches einer Prüfung zu unterziehen und demnächst die dem Ergebnis entsprechenden Einleitungen zu treffen, um die Landesverfassung in Mecklenburg mit den berechtigten Ansprüchen der mecklenburgischen Bevölkerung in Einklang zu bringen“. Wieder erhoben sich im Reichstag Stimmen für und wider den Antrag. Der mecklenburgische Bundesratsbevollmächtigte, frühere Strelitzer Minister von Bülow, wandte sich gegen die bisher im Reichstag geäußerten Begründungen seitens der liberalen Antragsteller und versicherte zugleich „eine Entwicklung und Fortbildung der mecklenburgischen Verfassung auf dem Wege des Rechts", d. h. von der eigenen Landesregierung im Bunde mit den Ständen, in allernächster Zeit. Auch der Bundeskanzler Fürst Bismarck, der diesmal zur Sache sprach, warnte, ohne sich über die Kompetenz- und Rechtsfrage im einzelnen auszusprechen, vor allzu schnellem Eingriff seitens des Reiches in bundesstaatliche Sonderfragen. Man solle, so sagte er, bezüglich der Fortbildung der Verfassung vorerst alles Vertrauen in den guten Willen des Großherzogs Friedrich Franz II. setzen, der von Anfang an entschieden und mit ganzer Macht für die von Preußen verfolgten Ziele eingetreten sei. Er werde das auch fernerhin tun, nachdem viele Hindernisse überwunden und manche Barrikaden gefallen seien, die eine altertümliche Verfassung und jahrelang aufgehäufter Schutt der Aufräumung und dem Durchbruch neuer Straßen entgegengesetzt habe. Bismarck hielt bundesstaatliche Sonderfragen, solange sie nicht die Reichseinheit gefährdeten – und das schien ihm bei der mecklenburgischen Verfassungsfrage offenbar noch nicht der Fall zu sein – als sehr wohl mit dem Gesamtcharakter des Norddeutschen Bundes vereinbar. Trotzdem fand der Antrag diesmal sowohl in der Kommission als auch im Plenum am 12. Mai überwiegende Zustimmung und Annahme und damit Überweisung an den Bundesrat. Die erste Schranke war gefallen. Mit einem ziemlich hartnäckigen Widerstand des Bundesrats jedoch hatte man von vornherein gerechnet. Dieser lehnte den Antrag Ende Mai mit der Begründung ab, daß die bestehende mecklenburgische Verfassung das gültige Recht des Landes bei dessen Eintritt in den Norddeutschen Bund gewesen sei, ein Verfassungsstreit im Sinne des Artikels 76 der Bundesverfassung nicht vorliege und daher die Petenten abschlägig zu bescheiden seien.

Mit dem Schluß des Jahres 1870 ging der Norddeutsche Bund seinem Ende entgegen. An seine Stelle sollte durch Hinzutritt der süddeutschen Staaten das neue Deutsche Reich gesetzt werden. Diese Gelegenheit, die eine Erweiterung der deutschen Bundes- zur Reichsverfassung erheischte, benutzten die mecklenburgischen liberalen Abgeordneten noch einmal und stellten am 7. Dezember 1870 die Verfassungsfrage wieder zur Beratung. An die Versuche vom März

1867 anknüpfend, wiederholten Moritz Wiggers und Genossen den nur im Wortlaut etwas geänderten Antrag vom 19. März 1867 auf Zusatz zu Artikel 3 der neuen Deutschen Reichsverfassung. Sie begründeten ihn diesmal besonders damit, daß die zum Bunde neu hinzutretenden süddeutschen Staaten Anstoß an den mecklenburgischen Zuständen nehmen möchten, daß insbesondere auch die aus dem Felde heimkehrenden mecklenburgischen Krieger Anspruch und Recht auf Mitwirkung in staatlichen Dingen in Friedenszeit besitzen müßten. Wenn sich der Reichstag auch nicht ablehnend zeigte, vielmehr seine vorjährige Zustimmung aufrechterhielt, so beschloß er doch mit Rücksicht auf die augenblickliche Zeitlage, „daß es sich empfiehlt, die Aufgabe des Reichstags in seiner gegenwärtigen (Kriegs-)Session nur auf die Feststellung derjenigen Punkte der Bundesverfassung zu beschränken, welche durch den Hinzutritt der süddeutschen Staaten eines Zusatzes oder einer Abänderung bedürfen“.

Nicht viel anders gestaltete sich zur selben Zeit die Frage nach einer Verfassung im Fürstentum Ratzeburg. Zwar war 1848 auch dieses Land an der damaligen Landesvertretung beteiligt gewesen, aber mit dem Freienwalder Schiedsgericht (S. 469) in den alten Verfassungslosen Zustand eines Strelitzer Domaniums zurückgetreten. Veranlaßt durch eine Eingabe aus dem Fürstentum stellte 1867 der Justizausschuß des Norddeutschen Bundesrats bei diesem den Antrag, den Großherzog Friedrich Wilhelm von Mecklenburg-Strelitz zu ersuchen, dem Fürstentum eine Verfassung zu geben. Noch bevor sich das Plenum des Bundesrats eingehender mit der Frage beschäftigte, erließ der Großherzog bereits ein Manifest, in dem er eine Verfassung auf ständischer Grundlage für das Fürstentum ankündigte. Ihre Einführung erfolgte unter dem 6. November 1869. Danach sollte fortab die Vertretung des Landes aus 21 Abgeordneten bestehen, und zwar sollten die Bürger und Bauern der seit 1822 „amtssässigen Stadt“ Schönberg 11, die Geistlichen 3, die Domänenpächter 3 und der Magistrat von Schönberg 1 wählen; außerdem gehörten zur Vertretung die Besitzer der drei vorhandenen Allodialgüter Dodow, Horst und Torisdorf. Der Landtag sollte alljährlich im Februar in Schönberg zusammentreten. Er wurde auch jährlich berufen, erwies sich aber stets als beschlußunfähig, weil die bäuerlichen Abgeordneten, 11 an der Zahl, also über die zur Beschlußfähigkeit erforderliche Hälfte, von vornherein gegen die Verfassung protestierten, die ihnen als dem weitaus größten Teil der Bevölkerung nicht die gebührenden Rechte verlieh, und nicht erschienen. Die wiederholt von der Gegenpartei beim Bundesrat eingereichte Bitte um Regelung der Angelegenheit wies dieser mit der Begründung zurück, daß er nicht kompetent sei, da Verfassungsstreitigkeiten im Sinne des Artikels 76 der Reichsverfassung nicht vorlägen. Das Fürstentum, dessen neue Verfassung zwar bestehen blieb, war in Wirklichkeit doch wieder nichts anderes als ein Strelitzer Domanium. –

Schon während dieser Verfassungskämpfe hatte der Krieg mit Frankreich, an dem auch beide mecklenburgischen Länder teilnahmen, begonnen. Ganz anders als im Juni 1866 bei Ausbruch des Krieges zwischen Österreich und Preußen waren diesmal (im Juli 1870) vom mecklenburgischen Volke die ersten Kriegsnachrichten aufgenommen worden. Gewiß kamen sie für viele überraschend und unvorbereitet. War es doch für die Städte gerade die Zeit der Schützenfeste und anderer Volksfeiern, die stets das Interesse der Einwohner für Tage und Wochen vollauf beanspruchen. Tausende hatten eben erst im Beisein des Großherzogs Friedrich Franz an einem Musikfest in Rostock teilgenommen. Auf dem Lande rüstete man sich für die Ernte. Trotzdem löste schon der Gedanke, daß dieser Krieg nicht einem stammverwandten Volke, sondern dem alten Erbfeinde galt, wie überall so auch in Mecklenburg in kurzem die rechte Stimmung aus. Noch waren die nationalen Feiern von 1863 zur Erinnerung an die fünfzigjährige Wiederkehr des Tages von Leipzig in frischer Erinnerung, nicht viel weniger, wenngleich nur noch bei den Älteren, das Verhalten Frankreichs im Jahre 1840, das damals in der Entrüstung des deutschen Volkes über die Rheinforderungen der Franzosen zu dem bekannten Lied „Sie sollen ihn nicht haben, den freien deutschen Rhein“ Veranlassung gab. Zwar fehlte es auch jetzt nicht an Widerspruch. So schrieb z. B. die Neustrelitzer Zeitung kurz vor Ausbruch des Krieges, das Vorgehen Frankreichs gegen Preußen habe in seinem allgemeinen Charakter so große Ähnlichkeit mit dem Vorgehen Preußens gegen Österreich im Jahre 1866, daß jetzt ebensowenig wie damals Aussicht auf eine friedliche Lösung erscheine. Aber solche verfehlten und unzeitigen Auslassungen konnten gleichwie die Beschuldigungen und Verdächtigungen, die gegen einzelne deutsche Männer wegen Spionage und Verrat laut wurden, die große Entschlossenheit, die Opferwilligkeit und die Begeisterung nicht hemmen, die sich allgemein im Volke regte. Aufrufe der Landesregierungen, der Landesvereine vom Roten Kreuz und zur Pflege Verwundeter, Huldigungsadressen der Handelsvereine, der Kaufmannschaften, der Universität und der gelehrten Berufe an die Großherzöge und König Wilhelm brachten zum Ausdruck, wie man in Wahrheit über die politischen Ereignisse dachte.

Nun schallt vom Seinestrande das heis're Kriegsgeschrei,
Nun, Deutschland, brich die Bande der Vielregiererei!
Du schliefest überlange, der Morgen graut, sei wach,
Es naht mit Sang und Klange dein Auferstehungstag!

So ermahnte der Advokat Schulz in Schwerin seine deutschen Brüder. In Rostock rief W. P. Graff in Erinnerung an die Franzosenherrschaft von 1806 zum Kampf gegen Napoleon auf mit den Worten:

Ein Sprößling ist's von jenem Mann,
Der einst geschlemmt in deutschem Gut,
Geschwelgt in Eurer Väter Blut:
Wie Eure Väter greift ihn an!

Im Strelitzer Lande konnte wohl nichts besser wirken als der Gedanke an die einst so tapferen C-Husaren. Ihn sprach E. Spielmann in Friedland aus in den Versen:

Des Blüchers alte Bogen wichst auf zu schneidgem Glanz,
Daß frisch sie wieder streichen am Rhein zu gleichem Tanz,
Daß sie den Kehraus machen dem Erbfeind wiederum,
Den ihre scharfen Striche schon einmal machten stumm:
Die alten Husarensäbel, Alt-Mecklenburg, heraus!
Laßt die Standarten wehen! Zu Roß! Ins Feld! Zum Strauß!

Den ausziehenden Kriegern zum Geleit sang der Pastor Giebner in Strelitz (Alt):

Zieht hin, Ihr Söhn' und Brüder,
Euch segnet unsre Hand,
Zieht in den Kampf für Ehre,
Für Freiheit, Vaterland.

Ein Buß- und Bettag, im Strelitzschen schon am 27. Juli (wie in Preußen), im Schwerinschen erst am 7. August, gab auch diesmal, gleichwie 1813, der ganzen Bewegung ihre religiöse Weihe.

Schon in Friedenszeiten war vom preußischen Generalstab für den Fall eines Krieges mit Frankreich die 17. (mecklenburgische) Division zum Schutz der Nordseeküste mit dem Standort in Hamburg ausersehen worden, während die Bewachung der weniger bedrohten Ostseeküste der 1. Landwehrdivision um Wismar und Rostock übertragen wurde. Da man aber preußischerseits die Neutralität Dänemarks sehr in Zweifel zog, so hielt man die Division allein nicht für ausreichend. Der mit der Verteidigung der Küsten beauftragte General Vogel von Falkenstein erließ auf Bitten der Reichstagsabgeordneten der Küstenländer, darunter auch Mecklenburgs, von seinem Hauptquartier Hannover aus am 23. Juli einen Aufruf an die Bewohner der Nord- und Ostküste zur Bildung eigener Verteidigungswehren. Der Erfolg blieb nicht aus. An vielen Orten, so auch in Wismar, Doberan und Rostock, bildeten sich Freikorps zur Küstenbewachung.

Am 26. Juli begann der Abmarsch bzw. die Abfahrt der mecklenburgischen Truppenteile aus ihren Garnisonen; am 28. waren sie in und um Hamburg versammelt. Vier Wochen dauerte die Küstenwacht. Der Großherzog Friedrich Franz wohnte während dieser Zeit in Elmenhorst bei Hamburg. „Wenn es nicht Krieg wäre und ich getrennt von Dir", schrieb er am 30. Juli an seine Gemahlin, „so könnte mir der Aufenthalt in diesem reizend gelegenen Landhaus wohl gefallen. Aber so ist das tatenlose Stillsitzen doch traurig, und ich wollte, ich wäre im Westen. Die Küsten sind noch unbehelligt und die französischen Panzerschiffe anscheinend in Kopenhagen. Lassen sich die Dänen mit fortreißen, so kann es hier im Norden doch noch zum Landkrieg kommen." Doch es geschah nicht. Zwar wurden am 9. August die ersten französischen Kriegsschiffe vor Warnemünde gesichtet, und dann kreuzten fast täglich in der Ferne feindliche Schiffe. Verschiedentlich wurden Füsiliere und Jäger nach Wismar an die Küste beordert, um die Wohlenberger Wiek zu schützen, aber niemals machten die Feinde auch nur den geringsten Versuch einer Landung, so daß man bald die Überzeugung hatte, daß die feindlichen Schiffe überhaupt keine Landungstruppen bei sich führten. So vergingen denn, abgesehen von diesen kleinen Unterbrechungen und einem, meist blinden Alarm, die Tage im ganzen sehr einförmig. Die vielen Siegesnachrichten aus dem Westen steigerten bei vielen die Sehnsucht, bald abberufen und ebenfalls an den Rhein gezogen zu werden.

Am 21. und 24. August trafen die Befehle ein, daß der Großherzog Friedrich Franz mit der 17. Infanteriedivision und der 2. Landwehrdivision nach Metz zur Verstärkung der dortigen Belagerungsarmee abrücken solle. Von Hamburg ging die Fahrt mit der Bahn über Hagenow, Ludwigslust und Grabow, wo sich Tausende von Eltern und Geschwistern zum Abschied eingefunden hatten, nach Berlin, dann über Kassel nach Homburg. Von hier begann der Marsch in Feindesland, wo die Truppen am 1. September in Metz ankamen.

Am 3. September früh um 5 Uhr meldete in Schwerin ein am Abend des 2. in Varennes aufgegebenes Telegramm des Erbgroßherzogs Friedrich Franz III., der den Feldzug im Königlichen Hauptquartier mitmachte, das Ergebnis von Sedan mit den Worten: „Nachdem die französische Armee unter Mac Mahon gestern total geschlagen und nach Sedan hineingeworfen, hat der Kaiser sich persönlich dem Könige ergeben, und die Armee streckt heute die Waffen." Noch im Laufe des Vormittags war es in den meisten Städten sowie in vielen Dörfern des Landes bekannt und rief, wie die Berichte der erhaltenen Tagesblätter erweisen, überall unbeschreiblichen Jubel hervor. Geradezu originell wirkt der Bericht aus Friedland. „Leute, die sonst nie ins Wirtshaus gegangen", heißt es, „zogen am 3. September vormittags den Bratenrock an, setzten den Sonntagshut auf und begaben sich in den Ratskeller. Bis 1 Uhr mittags war dort Musik, um 3 Uhr Ausmarsch der Schützengilde und abends Illumination. An König Wilhelm, an Bismarck, Moltke, Steinmetz u. a. wurden aus den Städten Danktelegramme gesandt. Die Bedeutung von Sedan faßte Dr. Ernst Ziel in Rostock mit Bezugnahme auf Napoleon in die Worte zusammen:

Er ächzt und seufzt und wankt und bricht zusammen,
Er, der die Geißel des Jahrhunderts war,
Doch draußen wie der Phönix aus den Flammen,
Wenn sich die Keime großer Tage regen.
Schwingt westwärts sich der junge Aar
Dem Frührot einer neuen Zeit entgegen.

Währenddessen hielten die Mecklenburger Truppen die Wacht vor Metz, besonders bei Courcelles, und wiesen den Feind in kleineren Ausfallgefechten zurück. Die Lage der Truppen wurde durch dauernde Regenfälle stark beeinträchtigt. „Das ist ein Biwak", berichtet ein Reservist der 90er, „an das wir wohl alle denken werden. Der Regen regnet jeglichen Tag. Wahrhaftig, nach der zweiten Nacht, als wir bis auf die Haut durchnäßt den Kopf in Lehm, die Füße im Wasser, vom mühsamen Schlaf erwachten und noch immer die endlosen Regenwolken weit und breit um uns gewahrten, war mir zu Sinn wie einem Schiffbrüchigen. Man starrte hinaus ins trostlose graue Wasser, nichts als Wasser." So war es denn kein Wunder, daß die Zahl der Kranken in wenigen Tagen auf über 200 stieg. Schnellstens suchten mehrere Züge mit Lebensmitteln, Kleidung und Geld aus der Heimat dem Übel zu steuern. Aber „Metzer Lehm war mit unsrer Kleidung sowohl wie mit den Geschirren und den Fahrzeugen in so enge Berührung gekommen", erzählt ein Feldartillerist, „daß wir nicht imstande waren, ihn aus allen Fugen, Ritzen und Nähten zu entfernen, er haftete uns während des Marsches durch ganz Frankreich an, und getreulich haben wir ihn mit nach Hause gebracht, er klebte ärger als Pech".

Der weitere Feldzug der Mecklenburger ging am 10. September von Metz nach der Festung Toul, die von ihnen am 23. zur Übergabe gezwungen wurde. Hier fiel der erste Mecklenburger von der Division vor dem Feinde, der Gefreite Sturberg aus Dreilützow vom Jägerregiment. Das 2. Bataillon der Neunziger blieb als Besatzung zurück; die übrigen Truppen zogen nach Paris, wo sie am 10. Oktober anlangten. Einen Monat dauerte hier der Vorpostendienst. Als dann durch die Bildung der französischen Loire-Armee die deutsche Belagerungsarmee vor Paris gefährdet erschien, wurde am 9. November die 17. Division zusammen mit anderen Truppenkörpern von dem Pariser Belagerungsheer abgezweigt und als Armeeabteilung des Großherzogs von Mecklenburg dem Korps des bayerischen Generals von der Tann, der Orleans besetzt hatte, zu Hilfe geschickt. Der 2. Dezember wurde bei Loigny, 4 Meilen von Orleans, der Ehrentag der Mecklenburger, besonders der Neunziger, deren Musikdirigent Heinrich Lenschow sich hier unvergängliche Lorbeeren erwarb. Orleans war bereits wieder an die Franzosen verloren gegangen. Schon konnten die Bayern bei dem Schlosse Goury, das sie heldenmütig verteidigten, der Übermacht des Feindes kaum noch standhalten, da nahten mit fliegenden Fahnen die Mecklenburger. Nach siebenstündigem harten Kampfe wurde das 16. französische Korps geworfen und somit Loigny behauptet. Da aber nahten gegen Abend frische französische Kräfte vom 17. Korps, die Mecklenburger müssen zurück. Da läßt General von Kottwitz bei den Hanseaten das Signal „das Ganze vor“ blasen. Die Spielleute der ganzen Linie nehmen das Signal auf. Mit dem Säbel dirigierend, setzt sich Lenschow an die Spitze der Regimentsmusik der Neunziger und führt diese im dichtesten Kugelregen gegen den Feind. Ihnen folgen die übrigen Regimenter. „Es war eine grausige Musik“, erzählt Lenschow selbst, „lautlos stürzten die zu Tode Getroffenen hin, und nach wenigen Minuten hatte ich keine Bässe mehr. Nur mit äußerster Mühe gelang es mir, das Spiel im Takt zu erhalten, und drei tote und fünf verwundete Musiker lagen auf dem Blachfelde“. Der Feind aber wurde geworfen und Loigny genommen. In der Nacht vom 4. auf 5. Dezember hielt Friedrich Franz mit der 17. Division seinen Einzug in Orleans. Dann wurde die Verfolgung des Feindes am rechten Ufer der Loire ausgenommen. Bei Beaugency (8.–40. Dezember) zeichneten sich besonders die Neunziger vom 2. Bataillon, das in Toul abgelöst worden war, bei Morée (14.–16. Dezember), die Strelitzer Grenadiere aus. Weihnachten und Neujahr verlebten die Mecklenburger in und bei Chartres. Nochmals entwickelten sich im Januar harte Kämpfe bei Le Mans (am 10.) und Rouen (16.–25.), bis am 28. mit der Kapitulation von Paris der Waffenstillstand eintrat. Die Armeeabteilung des Großherzogs wurde aufgelöst. Am 17. März begann der Rückmarsch. Am 7. Juni wurde bei Mainz der Rhein erreicht. Von dort aus brachte die Bahn die Truppen über Paderborn, Celle und Hamburg wieder in die Heimat. Am 14. Juni erfolgte nach einem auf dem Exerzierplatze von Schwerin in Anwesenheit des Großherzogs Friedrich Franz und Tausender von Einwohnern abgehaltenen Feldgottesdienst unter dem Geläute sämtlicher Glocken und unter Kanonendonner durch mehrere Ehrenpforten der Einzug sämtlicher Mecklenburg-Schweriner Truppen in die Landeshauptstadt. „Kränze und Blumen regneten förmlich auf die einziehenden Krieger herab“, schreibt der schon erwähnte Feldartillerist. In

Neubrandenburg, wo die Strelitzer am 15. Juni ankamen, war „der Wall Kopf an Kopf mit festlich geputzten Menschen besetzt, die den langsam heranfahrenden Zug mit Hurrarufen und Tücherschwenken begrüßten", berichtet ein Grenadier. „Dazwischen schmetterten Musikkorps ihre Begrüßungsmelodien, und über diesem allen riefen sämtliche Kirchenglocken der Stadt uns mahnend zu: Gebt Gott allein die Ehre!" Am 15. eilten auch bereits die Neunziger von Schwerin nach Wismar bezw. Rostock, die Dragoner nach Ludwigslust bezw. Parchim. Noch einmal wiederholte sich für sie alle der Dank seitens der Heimat, den sie schon in Schwerin in so reichlichem Maße erfahren hatten. Am 16. endlich gelangten auch die Strelitzer von Neubrandenburg auf Erntewagen, welche ihnen die umwohnenden Gutsherrn zur Verfügung gestellt hatten, nach Neustrelitz. „Wer will nun all die Szenen des Wiedersehens beschreiben, welche sich in der Strelitzer Straße abspielten", erzählt derselbe Grenadier. „Überall weinende und zu gleicher Zeit lachende Gruppen. Mütter, Väter, Frauen und Bräute hatten die Ihrigen unter den Arm gefaßt, Kinder sahen mit leuchtenden Augen zum Vater empor."

Der Verlust, den beide Mecklenburg an Gefallenen, tödlich Verwundeten und durch Krankheit Dahingerafften zu beklagen hatten, betrug bei der Division 26 Offiziere und 635 Unteroffiziere und Mannschaften, bei anderen Truppenteilen noch 17 Offiziere und 130 Mann, zusammen 808 Krieger, deren Namen auf dem großen Kriegerdenkmal in Schwerin verzeichnet sind. –

Man kann indes von dieser inhaltsreichen Periode der mecklenburgischen Geschichte seit dem Ende der Freiheitskriege nicht Abschied nehmen, ohne noch einiger künstlerischer und literarischer Größen gedacht zu haben Auf dem Gebiete der Kunst verdienen besonders zwei Männer genannt zu werden, der Hofbaurat G. A. Demmler und der Hofmaler Theodor Schlöpke, beide in Schwerin. Abgesehen von anderen Bauten, wie dem Regierungsgebäude, dem Marstall und dem Arsenal, wurde vor allem das Schloß in Schwerin nach Demmlers Plänen in den Jahren 1845–1857 erbaut, wenn er auch wegen politischer Konflikte mit dem Großherzog Friedrich Franz II. und der Regierung 1851 sein Amt als Baumeister niederlegte und Baurat Stüler in Berlin den Bau zu Ende führte. Das Schloß wurde auf der Burgseeinsel an der Stelle der alten Wendenfeste errichtet und zwar unter Benutzung, Um- und Neugestaltung des von den Herzögen Magnus, Heinrich V., Johann Albrecht I. und Adolf Friedrich I. in der Zeit von 1500-1650 allmählich und stückweise aufgeführten alten Schlosses. Alles, was dem Großherzog von diesem altehrwürdigen Sitz seiner Vorfahren der Erhaltung wert erschien, sollte erhalten und dem Neubau künstlerisch eingefügt werden. Die Gesamtkosten des Schlosses, das sich als ein Prachtbau französischer Renaissance mit einer reichvergoldeten Kuppel über dem Hauptportal darstellt, beliefen sich auf 3 240 000 Mark. Unter den Gemälden von Theodor Schlöpke ragen neben den vielen Porträts von Angehörigen des Fürstenhauses, von bekannten Offizieren, von Fritz Reuter und anderen verdienten Männern besonders die beiden großen Gemälde „Niklots Tod“ und „Der Einzug des Regiments Nr. 89 nach dem Kriege 1870/71“ hervor. Schon im schleswig-holsteinischen Feldzuge 1848 weilte Schlöpke auf Wunsch des Großherzogs als Kriegsmaler im Hauptquartier.

Wohl keiner der deutschen Volksstämme kann einen so volkstümlichen Heimatdichter sein eigen nennen, als das mecklenburgische seinen Fritz Reuter. Wie er selbst in seinem Denken und Empfinden das Abbild eines echten Mecklenburgers war, so spiegelt sich in seinen Werken die mecklenburgische Volksseele in all ihren Wandlungen und Wirkungen wieder. Gestützt auf eine reiche Lebenserfahrung und beseelt von einem Schaffensdrang, der sich in die Gedankenwelt aller Volksklassen und in jede Lebenslage hineinspinnt, hat er ein literarisches Kunstwerk geschaffen, in dem Wahrheit und Dichtung sich zu einer lebendigen Harmonie vereinigen. Geboren am 7. November 1810 als Sohn des Bürgermeisters Johann Georg Reuter in Stavenhagen, bezog der junge Fritz, nachdem er durch Privatunterricht vorgebildet war, zu Michaelis das Gymnasium zu Friedland. Aber außer in der Mathematik und im Zeichnen machte er nur geringe Fortschritte. Nicht anders wurde es in Parchim, wohin ihn sein Vater Ostern 1828 auf das Gymnasium brachte. Hier war es zudem die Bürgermeistertochter Adelheid Wüsthoff, von ihm „Ate Wüte“ genannt, deren „liebliche Erscheinung“, wie er selbst später an sie schrieb, „die ersten Keime der Poesie in seinem Herzen erweckte“. Als Student in Rostock beschäftigte er sich, statt mit der Jurisprudenz, vielmehr mit Mathematik, Zeichnen, Malen und Literatur. In der letzteren, so schreibt er am 20. Januar 1832 an seinen Vater, „mußt Du mir meinen eigenen Weg verzeihen". Als der junge Student dann Ostern aus Rostock nach Stavenhagen zurückkehrte, da gab es zu Hause wegen des meist leeren oder mit großen Gedankenstrichen versehenen Abgangszeugnisses der Universität schlimme Auftritte zwischen Vater und Sohn. Mit frischem Mut und neuen Vorsätzen reiste er im Mai nach Jena zur Fortsetzung seiner Studien. Da aber kam er mit der Politik, wie sie damals bei den Burschenschaften in den Hitz- und Brauseköpfen vieler ihrer Mitglieder sich breit machte, in Berührung. Er wurde Zeuge „fürchterlicher Straßentumulte von Studenten" und bald sogar der Teilnahme an diesen „Exzessen" verdächtigt. Im März 1833 erbat er deswegen sein Abgangszeugnis von der Universität. Von Vorlesungen wurde ihm auch diesmal nichts bestätigt, vielmehr erhielt der Vater durch Professor von Schröter die Nachricht, daß sein Sohn von der Universität verwiesen sei. Fritzens Wunsch, die Universität München beziehen zu können, lehnte der Vater ab, ließ ihn aber im Herbst nach Berlin oder, wenn er dort nicht bleiben wolle, nach Leipzig gehen. An beiden Universitäten fand er jedoch keine Aufnahme mehr, und am 31. Oktober wurde er bei seiner Rückreise über Berlin von den „Demagogenriechern" verhaftet und in die Stadtvogtei geschleppt. Es begannen die Verhöre. Der Vater kam selbst nach Berlin, aber seine Bemühungen um Freigabe des Sohnes waren umsonst. Erst im November 1834 fiel das Urteil: Als Mitglied der Burschenschaft Germania wurde er des Hochverrats am preußischen Staate für schuldig erachtet. Der schrecklichen Zeit der Untersuchung folgte die noch weit schlimmere der Festungshaft, erst in Silberberg, dann in Glogau, Magdeburg, Graudenz und zuletzt, auf persönliche Fürsprache des Großherzogs Paul Friedrich bei König Friedrich Wilhelm III., in der Landesfestung Dömitz. Erst die 1840 von Friedrich Wilhelm IV. bei seinem Regierungsantritt erlassene Amnestie gab auch Reuter die Freiheit wieder. Doch ein Übel brachte er aus den langen Kerkerjahren mit: die Gewöhnung an den Alkohol, durch den er in der Verzweiflung während der sechs Jahre Vergessenheit gesucht hatte. Eine Wiederaufnahme der Studien in Heidelberg schlug fehl. „Zum Sterben müde und erschöpft" kehrte er im Sommer 1841 aus dem Süden heim. Da kam ihm die erste rettende Hand durch seinen Oheim, den Pastor Ernst Reuter in Jabel bei Malchow. Das dortige reizende Familienleben, sein Umgang mit dem originellen Küster Suhr und dem biederen Förster Schlange, die wiedererwachende Liebe zur Natur brachte ihm neuen Lebensmut. Er wurde Landwirt und trat als Volontär in Demzin bei dem Pächter Rust ein. Er begann neben seiner ökonomischen Tätigkeit sich wieder mit Malen, Zeichnen und Literatur zu beschäftigen. Die beiden Töchter des Hauses, „Lining“ und „Mining“, erheiterten seinen Sinn. Er hat ihnen später in seiner „Stromtid“ ein Denkmal für immer gesetzt. Zugleich trat eine neue „Ate Wüte“ in sein Leben: Luise Kuntze, die Erzieherin im Pfarrhause zu Rittermannshagen bei Demzin, seine spätere Frau „Lowising“. Reuter war bereits 43 Jahre alt, da erst begann für ihn das Leben. Sein Vater hat seinen nun beginnenden Aufstieg nicht mehr gesehen. Er starb 1844. Fritz aber fand in Thalberg bei Treptow an der Tollense in dem Gutsbesitzer Fritz Peters einen Freund für das Leben. Eine Zeitlang führte er dort die Wirtschaft, verlobte sich mit Luise Kuntze und ließ sich, nachdem er sich in Stavenhagen, Güstrow und Schwerin als Mitglied des Reformvereins 1848 politisch betätigt hatte, in Treptow als Privatlehrer nieder, wo er sich 1851 mit seiner Luise verheiratete. Sie, das Muster einer deutschen Hausfrau, wurde für ihn zum Anker und Stern seines Lebens. Schon hatte er eine Menge „Läuschen un Rimels“ gesammelt. Weihnachten 1853 erschien der erste Band. Ihm folgten bald andere Werke, wie z. B. die derb-komische „Reis’ nah Belligen“. Dann siedelte er 1856 nach Neubrandenburg über, wo er im Kreise unzähliger Freunde, denen er in seinen Werken ein unvergängliches Denkmal gesetzt hat, sieben herrliche Jahre dichterischen Schaffens verlebte. Hier entstanden seine schönsten Werke: „Kein Hüsung“, „De Franzosentid“, „Hanne Nüte“, „Ut mine Festungstid“ u. a., besonders aber sein Glanzwerk von „Onkel Bräsig“ unter dem Titel „Ut mine Stromtid“, drei Teile, erschienen 1862 – 1864. Von dem ersten ergreifenden Kapitel, das man nicht mit Unrecht als eine der schönsten Perlen deutschen Schrifttums bezeichnet hat, durch die wechselvollen Stimmungen hindurch bis zu dem alles verklärenden Schluß ist das Werk mit seinem tiefen sittlichen Gehalt, mit dem köstlichen Humor und der treuherzigen Gesinnung des „Unkel Bräsig“ Reuters eigenes

Lebensbekenntnis. Auf Bitten seiner um ihn besorgten „Lowising" verzog er 1863, um der feuchtfröhlichen Tafelrunde in Neubrandenburg zu entgehen, nach Eisenach und erbaute sich am Fuße der Wartburg ein neues Heim. Hier erschien außer dem Schluß der „Stromtid" noch „De Reis' nah Konstantinopel" und besonders „Dörchläuchting", ein von Satire und Humor übersprudelndes Werk, das zwar die Person des Herzogs Adolf Friedrich IV. von Mecklenburg-Strelitz (1752–94) etwas zu stark karikiert, sich aber durch die lebendige Darstellung und eine treffliche Charakteristik der handelnden Personen den übrigen Werken Reuters würdig anreiht. Bismarck nannte 1866 in einem Brief an Reuter dessen Werke „heimatlich vertraute Werke", die „von unsres Volkes Herzschlag Kunde geben". Noch sah der Dichter 1871 die Verwirklichung seines Jugendtraumes in der Erstehung des neuen Deutschen Reiches. Seine literarischen Gaben zu den damals in Deutschland erscheinenden „Liedern zu Schutz und Trutz" sind die beiden Gedichte „Ok ne lütte Gaw för Dütschland" und besonders „Großmutting, hei is dod". Am 12. Juli 1874 ist Reuter gestorben. Für seine Grabstätte auf dem Eisenacher Friedhofe hatte er sich selbst die Inschrift gedichtet:

Der Anfang, das Ende, o Herr, sie sind Dein!
Die Spanne dazwischen, das Leben war mein.
Und irrt' ich im Dunkeln und fand mich nicht aus,
Bei Dir, Herr, ist Klarheit, und licht ist Dein Haus.

Welche Liebe und Achtung sich Reuter erworben hatte, zeigte sein Leichenbegängnis, zu dem unzählige Freunde, hochstehende und einfache Männer aus allen Teilen des Reiches herbeieilten und ihm trauernd das letzte Geleite gaben. Seine Werke aber bilden heute weit über Mecklenburgs, ja Deutschlands Grenzen hinaus, selbst jenseits des Ozeans, einen Schatz für Millionen von Herzen, die in dem Born edelster Dichtung Freude und Erquickung finden. Unter den vielen Rezitatoren, die in dem deutschen Volke immer mehr Liebe und Verständnis für Reuters Dichtungen geweckt haben, gebührt das größte Verdienst dem Neubrandenburger Ludwig Sternberg, der Reuters Volkstümlichkeit in alle deutschen Gaue getragen hat.

Ein zweiter plattdeutscher Dichter Mecklenburgs ist John Brinckmann, den Reuter 1848 in Güstrow kennen lernte. Geboren am 3. Juli

1814 zu Rostock und auf der dortigen Großen Stadtschule vorgebildet, studierte er 1834 an der Landesuniversität die Rechte, ohne jedoch zum Abschluß zu gelangen. Nach einem Aufenthalt in Amerika und einer mehrjährigen Hauslehrerzeit wurde er 1849 Lehrer an der Realschule in Güstrow, wo er am 20. September 1870 starb. Seine beiden bedeutendsten Werke sind sein Prosawerk „Kasper Ohm un ick“ und seine Gedichtsammlung „Vagel Grig“. Brinckman gilt als der größte plattdeutsche Lyriker.

Die bedeutendste mecklenburgische Schriftstellerin des 19. Jahrhunderts war die Gräfin Ida Hahn-Hahn, geboren am 22. Juni 1805 in Tressow bei Neustadt, gestorben als Katholikin am 12. Januar 1880 in einem von ihr begründeten Frauenkloster in Mainz. Ihr Vater war der Theatergraf Erblandmarschall Friedrich Karl von Hahn, der seiner unseligen Leidenschaft für das Theater sein Vermögen, seine persönliche Würde und sein ganzes Familienglück opferte und schließlich (1857) nach einem unsteten Wanderleben als Direktor einer Wanderbühne in Altona in dürftigen Verhältnissen starb. In ihren zahlreichen Romanen, besonders in der „Faustine“, offenbarte sie eine gewaltige Leidenschaft und zeigte sich als Vertreterin der Frauenemanzipation. Von ihren Liedern ist das von dem bekannten Komponisten Friedrich Kücken vertonte „Ach wenn du wärst mein eigen“ volkstümlich geworden. –

Neunter Abschnitt

Mecklenburg seit 1871

Was der Bundesratsbevollmächtigte von Bütow im Frühjahr 1868 im Norddeutschen Reichstag vorausgesagt hatte, den Beginn von Verfassungsverhandlungen in Mecklenburg selbst, das wurde sehr bald zur Tat. Bereits unmittelbar nach der Rückkehr aus dem Feldzuge, noch im Frühjahr 1871, gab der Großherzog Friedrich Franz II. (1842–1883) seinem Ministerium unter der Leitung des Staatsministers Grafen Bassewitz einen diesbezüglichen Auftrag. Nach mehrmonatigen Beratungen und nach Beseitigung einiger kleinerer Meinungsverschiedenheiten im Ministerrat wurde man sich darüber einig, daß vor allem eine Vertretung des Domaniums sowie eine möglichste Beschränkung der sogenannten itio in partes zu erstreben sei. Im Oktober wurde durch Bassewitz' persönliche Anwesenheit am Neustrelitzer Hof auch die dortige Landesregierung für diesen Plan gewonnen, und noch in demselben Monat begannen in Schwerin kommissarische Verhandlungen zwischen den Vertretern beider Regierungen. Dabei boten mehrere Umstände gewisse Grundlagen und Anknüpfungspunkte. Bereits im Juli dieses Jahres nämlich hatten 16 Schweriner Landstädte eine Petition an den Großherzog eingereicht und darin – zum erstenmal seit 1850 – nicht um Wiederherstellung des damals gescheiterten Staatsgrundgesetzes, sondern um einen Ausbau der bestehenden Ständevertretung zu einer wirklichen Landesvertretung durch Eingliederung des Domaniums gebeten. Die Antwort des Großherzogs vom 9. Oktober an den Magistrat zu Güstrow als den Absender jener Petition war durchaus wohlwollend und beifällig gewesen. Einige Tage später, am 21., hatte auch noch der schon genannte mecklenburgische Bundesratsbevollmächtigte in Berlin auf Wunsch seiner Regierung eine vertrauliche Unterredung mit dem Fürsten Bismarck über die geplante Verfassungsreform gehabt, und der Fürst hatte u. a. erklärt, die ganze mecklenburgische Verfassungssache gehöre nicht vor den Reichstag, Mecklenburg sei mit seiner Verfassung bereits in den Norddeutschen Bund eingetreten, und sie sei daher gerade so rechtsgültig wie alle andern. Änderungen könnten wie er bereits im Reichstage ausgeführt habe, nicht von Reichs wegen oktroyiert, sondern müßten vielmehr aus freien Stücken im Lande selbst geschaffen werden. Er selbst werde über die mecklenburgische Angelegenheit schwerlich das Wort ergreifen, sondern müsse sich für schwerere Fälle, vornehmlich für die Armeefrage, tunlichst reservieren; auch wolle er nicht zugeben, daß der Reichstag den Kanzler als für alles direkt verantwortlich behandle. Bülow fügte seinem Bericht noch bei: „Daß die Liberalen nicht befriedigt, die starren Altkonservativen sehr unzufrieden sein werden, liegt auf der Hand. Es wird aber eher eine Bürgschaft fürs Gelingen sein, wenn die Regierungen den Weg zwischen den Extremen finden, und zwar selbständig finden."

Die Absicht dazu war nicht zu leugnen. Als trotzdem schon im November die sieben, sämtlich der liberalen Partei angehörenden mecklenburgischen Abgeordneten unter Otto Büsings Führung im Reichstag den alten Antrag Wiggers erneuerten und mit großer Mehrheit zur Annahme brachten, entsprach es dem Wunsch der mecklenburgischen Regierungen, daß der Bundesrat seine Entschließung aussetzte, weil er zunächst das Ergebnis der von den mecklenburgischen Regierungen eingeleiteten Verhandlungen abwarten wollte.

Hier waren in der Tat die kommissarischen Beratungen zu einem Abschluß gekommen. Da aber die Zeit schon zu weit vorgeschritten war, um die ganze Sache noch dem in Kürze zusammentretenden Landtage zu unterbreiten, so forderten beide Regierungen von diesem zunächst nur die Entsendung von je neun ritterschaftlichen und landschaftlichen Deputierten für zeitlich noch zu bestimmende Verhandlungen über einen von den Regierungen vorzulegenden Verfassungsentwurf.

Zum 19. Oktober 1872 wurden die vom Landtag gewählten Deputierten nach Schwerin beordert. Hier ließen ihnen die beiden Regierungen erklären, daß sie gewillt seien, den beiden bestehenden ständischen Korporationen der Ritter- und Landschaft das Domanium als dritten, ihnen gleichberechtigten Stand beizufügen. Die Großherzöge wollten demgemäß auf ihr bisheriges unbeschränktes Recht der Gesetzgebung im Domanium und ebenso, nach einer kleinen Vermehrung der fürstlichen Haushaltsgüter und Deckung eines Teils der Apanagen usw. durch die Renterei, auch auf alle Einkünfte aus dem

Domanium verzichten. Dieses sollte gleich den beiden anderen Landesteilen den allgemeinen, durch Landesherrn und Stände vereinbarten Landesgesetzen unterstellt werden. Dafür aber sollte auch, damit nicht durch das Veto eines Standes ein Antrag willkürlich zu Fall gebracht werden könne, bei Bewilligungen für allgemeine Landeszwecke aus der Schweriner Landesrezeptur- bzw. Strelitzer Zentralsteuerkasse die itio in partes aufhören und eine allgemeine Abstimmung nach Köpfen stattfinden. Dabei sollte als Höchstzahl für die rund 700 Mitglieder zählende Ritterschaft die Zahl 72 gelten. Es war das der Durchschnitt der bisher auf den jährlichen Landtagsversammlungen erschienenen Zahl der Ritter. Jeder Ritter konnte auch fernerhin abstimmen. Ergaben sich dann mehr als 72 Stimmen, so sollten die abgegebenen Stimmen nach ihrem Verhältnis für oder wider auf 72 reduziert werden. Die Landschaft sollte 51 Stimmen (eine aus jeder Stadt, auch Wismar, Neustrelitz und Ludwigslust; aus Rostock aber zwei) und das Domanium 29 (je eine aus den einzelnen Amtsvorständen) erhalten.

Ohne Zweifel war mit dem vorgelegten Entwurf in der ganzen Sache ein Schritt vorwärts getan worden. Der Hauptmangel aber, der auch weiterhin die Teilnahme und das Interesse des ganzen Volkes an staatlichen Dingen nicht sonderlich förderte, war der, daß die Vertretung nur an eine kleine Zahl von Untertanen, an Ritter, Bürgermeister und Amtsvorsteher, gebunden und daher noch allzu persönlich war. An dieser Zwitterstellung, die in der Tat nichts Klares und Dauerndes schaffen konnte, scheiterten denn auch die Beratungen. Nach mehrtägigen Sitzungen erklärten zwar die ritterschaftlichen Deputierten am 23. Oktober, „daß sie die von den beiden Regierungen gemachten Vorschläge für geeignet zu weiteren Verhandlungen hielten, wodurch sie jedoch in betreff der einzelnen Punkte der Vorlage ihre Genehmigung nicht ausgesprochen haben wollten"; die landschaftlichen Vertreter, dem damals vorherrschenden städtischen Liberalismus angehörig, aber sprachen sich dahin aus, „daß man nach eingehender Prüfung der Vorlage finde, daß den auf die Vorlage gesetzten Hoffnungen nicht entsprochen sei, und daß man glaube, dieselben in Ermangelung geeigneter Anknüpfungspunkte zu weiteren Verhandlungen ablehnen zu müssen". Als die Regierungen dennoch dem Landtag in

Malchin diese ihre „Grundzüge zu einer Modifikation der mecklenburgischen Verfassung" mit einigen kleinen Änderungen vorlegten, wurde nach zweitägigen, ziemlich langwierigen Beratungen und mehrfach sich widersprechenden Beschlüssen beider Stände am 16. und 17. Dezember das Ergebnis der kommissarisch-deputatischen Verhandlungen wiederholt. Das gleiche geschah in den auf Wunsch der Regierungen noch während des Landtags Mitte Januar 1873 abgehaltenen deputatischen Beratungen. Am 16. Januar wurde der Landtag ergebnislos geschlossen. Der erste Versuch der Regierung war gescheitert, nicht zum großen Unglück für Land und Volk. Der Reformplan war, wie der liberale Reichstagsabgeordnete des zweiten mecklenburgischen Wahlkreises, der Schweriner Bürgermeister Westphal, in einer Sitzung der Petitionskommission des Reichstags im April 1873 richtig sagte, durchaus unhistorisch, die neu geplante Vertretung des dritten (Domanial-) Standes paßte überhaupt nicht in die alte Verfassung und konnte diese nur noch verschlechtern.

Energischer als bisher traten jetzt die mecklenburgischen Abgeordneten im Reichstag hervor. Gleich nach Eröffnung der Frühjahrssession 1873 wurde der Antrag Büsing, unterzeichnet von den mecklenburgischen Abgeordneten und unterstützt durch eine Petition von etwa 30 000 Mecklenburgern, am 14. Mai wieder zur Verhandlung gebracht. Diesmal suchte man dadurch zum Ziel zu kommen, daß man die Verfassungs- und Verwaltungszustände in Mecklenburg nicht allein als veraltet und überlebt, sondern auch als unhaltbar und mißlich für die Entwicklung des Deutschen Reiches darstellte. Wieder vertraten die Gegner des Antrags, unter ihnen der mecklenburgische Bundesratsbevollmächtigte von Bülow, die schon früher geäußerte Ansicht von der Nichtkompetenz des Deutschen Reichstags in dieser rein mecklenburgischen Angelegenheit. Fürst Bismarck schwieg auch diesmal. Trotzdem wurde der Antrag in drei Lesungen (14. und 29. Mai) wieder mit großer Mehrheit angenommen. Wieder lag die endgültige Entscheidung beim Bundesrat. Auch er war jetzt in seinen auf den mecklenburgischen Landtag gesetzten Erwartungen enttäuscht, und eine gewisse Modifizierung seiner bisherigen, rundweg ablehnenden Stellung war erklärlich. So überwies er denn die Angelegenheit zunächst einem Verfassungsausschuß, in dem sich nun längere Beratungen und

Debatten entwickelten. Es war zudem gerade die Zeit des Kulturkampfes, in dem die Regierung die Hilfe und Unterstützung der Liberalen nötig hatte. Man wollte daher diese Partei, in der eine große Zahl Mitglieder für den Eingriff des Reiches in die mecklenburgischen Zustände sich erklärte, nicht allzu schroff abweisen. So erkannte man, unter anderen auch der preußische Staatsminister Delbrück, wohl die auf die Dauer nicht haltbaren Verfassungsverhältnisse in Mecklenburg, auch sogar eine gewisse ungünstige Einwirkung dieser auf das Deutsche Reich an, aber zu einem Eingriff konnte man sich doch nicht entschließen. Im Einklang mit dem mecklenburgischen Bevollmächtigten entschied sich der Bundesrat in seiner Plenarsitzung vom 27. Juni für eine „einfache Ablehnung" des Antrages, um so weder den nur vertagten Verhandlungen zwischen Fürst und Ständen in Mecklenburg vorzugreifen, noch, wie der sächsische Bevollmächtigte, von Nostiz, seiner ablehnenden Stimme als Erklärung beifügte, im Falle eines Eingriffs seitens des Reiches in die mecklenburgischen Angelegenheiten einen Präzedenzfall zu schaffen, nach dem die Reichsgewalten künftighin mit demselben Recht und je nach der oft wandelbaren politischen Stimmung alle Verfassungen reformieren und gar damit anfangen könnten, alle ersten Kammern zu beseitigen. Noch rechnete zwar der Bundesrat unter die Reservatrechte der einzelnen Bundesstaaten, die nach § 78, 2 der Reichsverfassung nur mit Zustimmung des betreffenden Bundesstaats abgeändert werden konnten, auch die Sonderstellung beider Mecklenburg in der Verfassung, mit der sie 1867 in den Norddeutschen Bund ausgenommen und 1870 in das neue Deutsche Reich übergetreten waren. Nur im Falle eines wirklichen Verfassungskonflikts, wenn nach immer vergeblichen Verhandlungen die eine der beteiligten Parteien, Regierung oder Stände, die Hilfe des Reiches anrufen würde, erschien dem Bundesrat die Kompetenz des Reiches nach § 76, 2 der Reichsverfassung ohne Zweifel. Für eine Änderung der Reichsverfassung aber durch den von den mecklenburgischen Abgeordneten beantragten Zusatzartikel, lediglich um Mecklenburgs willen, war die Sache noch nicht spruchreif. Daß sie es jedoch werden konnte, stand auch beim Bundesrat keineswegs außer Zweifel. In einem Bericht über die Sitzung vom 27. Juni riet von Bülow seiner Regierung zu schnellerer Erledigung der ganzen Frage im Lande selbst; denn, so sagte er, „es bedarf kaum der

Erwähnung, daß der Bundesrat sich mit diesem Beschlusse nicht unbedingt und nicht für immer zu unserer Schutzwehr gegen den Reichstag gemacht hat. Die einberichteten Erklärungen der einzelnen Bevollmächtigten und des Ausschusses sind offizielle Äußerungen der Regierungen und lassen und bezwecken die Freiheit, sich je nach Umständen wieder zu degagieren (frei zu machen) und das letzte Wort vorzubehalten".

In der Tat war niemand von der Unhaltbarkeit der augenblicklichen Zustände und der Notwendigkeit neuer Reformen mehr überzeugt als der Großherzog Friedrich Franz selbst, aber von einer Einmischung des Reiches wollte auch er noch nichts wissen. Gelegentlich eines Festmahls des patriotischen Vereins in Wismar hatte er erst kürzlich, am 6. Juni 1873, sich dahin erklärt: „Wir leben in einer ernsten Zeit, und es mag gut sein, daß wir uns darüber einmal aussprechen. Wir suchen neue Formen für öffentliche Verhältnisse. Das Ziel ist klar: staatliche Herausbildung derselben. Aber der Wege dahin gibt es verschiedene, und es wird wohl keinen geben, der allen gefällt. Ziel und Weg aber müssen sein nach mecklenburgischer Art. Der Rock, den wir tragen sollen, muß uns auch passen. Darum wollen wir ihn uns selbst und auch allein machen. Mecklenburg steht treu und fest zum deutschen Vaterland. Das hat es mit der Tat bewiesen. Darum hat es aber auch das Recht, hoch zu halten seine eigene Art."

Bereits im Herbst 1873 ließ der Großherzog durch seine Regierung, wie er schon im letzten Landtagsabschied angekündigt hatte, dem Landtag noch einmal die alte Vorlage mit einigen Veränderungen zugehen. Letztere betrafen vornehmlich die Finanzverwaltung, die der Bundesratsbevollmächtigte in seinem oben genannten Schreiben als den dringlichsten Punkt bezeichnet hatte mit der Forderung einer „rückhaltlosen Überführung der Landes- und Domanialeinkünfte in ein Budgetsystem". Aber auch diesmal kam es weder im Ausschuß noch im Plenum zur Einigung. Im Landtagsabschied am 20. Dezember stellte der Großherzog bereits neue Verhandlungen für einen außerordentlichen Landtag in Aussicht, diesmal jedoch bereits in der unzweideutigen Erklärung, daß nur durch Beseitigung des patrimonialen Charakters der bestehenden Verfassung eine einheitliche Vertretung des Landes hergestellt werden könne.

Schon am 31. Oktober legte der Großherzog seinem Ministerium einen von ihm ausgearbeiteten neuen Entwurf vor, nach dem „der privat-rechtliche Charakter der bisherigen Stände mit den sich daraus ergebenden Konsequenzen ganz aufgehoben und statt dessen unter Herstellung eines einheitlichen mecklenburgischen Staates eine auf staatlicher Grundlage beruhende Repräsentation des Landes geschaffen" werden sollte. „Unter Wahrung der Staatseinheit, aber unter Fernhaltung der allgemeinen Wahlen" sollte in Anlehnung „an die organischen Bildungen des Landes" eine Vertretung geschaffen werden, die „aus dem großen (ritterschaftlichen) Grundbesitz, den Städten und dem in Gemeinden zusammengelegten Kleingrundbesitz besteht". Als Vertreter des Großgrundbesitzes galten naturgemäß die Rittergutsbesitzer, als die der Städte die Magistrate, als die des Kleingrundbesitzes die Vorstände der Flecken, der ritterschaftlichen, domanialen, städtischen und klösterlichen Dorfschaften, sowie die Pächter und Inhaber von selbständigen, mit einer Dorfschaft nicht verbundenen Höfen. Im einzelnen bestimmten die „Neuen Grundzüge zur Modifikation der bestehenden Landesverfassung", die dem außerordentlichen Landtag im Februar 1874 zugingen, daß in Wahlkreisen, die den Aushebungsbezirken entsprachen, für Mecklenburg-Schwerin 82 (31+26+25), für Strelitz 18 (7+6+5) Abgeordnete nach jener Dreiteilung gewählt werden sollten. Hinzu kamen noch für Schwerin 9, für Strelitz 2 Mitglieder, die auf Lebenszeit von und aus denjenigen Großgrundbesitzern gewählt werden sollten, deren Familien seit mindestens hundert Jahren ununterbrochen ritterschaftliche Güter besaßen, außerdem 6 Abgeordnete der Magistrate von Schwerin, Rostock, Wismar, Parchim, Güstrow und Neubrandenburg und 6+2 von den beiden Großherzögen auf Lebenszeit zu ernennende Mitglieder. Die Gesamtzahl für Schwerin war demnach 102 (82+9+5+6), für Strelitz 23 (18+2+1+2), zusammen 125. In den „Grundzügen" ward weiter gesprochen von der Mitwirkung des Landtags bei der Gesetzgebung und bei der Ordnung des Staatshaushaltes, von seiner Zustimmung zu allen Landesgesetzen, von der einheitlichen Verwaltung der landesherrlichen und der Landes-Kassen, von einem aus dem Landtagspräsidenten und neun vom Landtage aus seiner Mitte (drei aus jeder Kategorie) gewählten Abgeordneten bestehenden Landtagsausschuß, sowie von der Ritter- und

Landschaft, die „als Privatkorporationen für ihre korporativen Angelegenheiten, z. B. Klostersachen, Kreditverein, städtisches Brandkassenwesen, bei Bestande“ blieben.

Gegenüber der durch den Landesgrundgesetzlichen Erbvergleich von 1755 festgelegten reinen Ständevertretung von Ritter- und Landschaft unter Ausschaltung des Domaniums bedeuteten diese „Neuen Grundzüge“ ohne Zweifel einen Fortschritt. Von einer Konstitution, einer Mitwirkung des gesamten Volkes, war jedoch auch in ihnen noch nichts enthalten. Die Landstandschaft in der Form des aktiven und passiven Wahlrechts blieb weiterhin einem kleinen, mehr aristokratisch gerichteten Teil der Einwohnerschaft vorbehalten.

Nachdem der Großherzog im Schweriner Schloß die erschienenen Ständemitglieder in einer längeren Ansprache begrüßt und den Landtag eröffnet hatte, begannen die vorbereitenden Komissionsberatungen. In ihnen stimmten die landschaftlichen Mitglieder – mit Ausnahme eines derselben – der Regierungsvorlage im Prinzip zu, auch wenn sie noch einige Abänderungen als Vorbedingung für seine endgültige Annahme geltend machten. Anders die ritterschaftlichen Mitglieder: sie waren – in Übereinstimmung mit dem einen landschaftlichen Mitglied – für die Erhaltung der alten Stände als politische Korporationen auch in der neuen modifizierten Landesvertretung. Das Ergebnis der Plenarsitzung war dementsprechend: die Landschaft für eine einheitliche Landesvertretung, die Ritterschaft für das ständische Prinzip. Als die Regierung alsdann erklärte, eine solche Antwort der Stände nicht annehmen zu können und eine erneuerte Durchberatung der Vorlage verlangte, lehnte in der sieben Stunden dauernden Plenarsitzung (mit itio in partes) am 24. Februar die Ritterschaft, bei der doch eine Anzahl Mitglieder schon wankend geworden waren, mit nur geringer Mehrheit (mit 84 gegen 82 Stimmen) die Regierungsvorlage ab, die von der Landschaft wiederum als eine geeignete Basis für weitere Verhandlungen erklärt wurde; doch wollte sie solche erst dann wieder ausgenommen wissen, wenn auch die Ritterschaft der gleichen Ansicht geworden sei. Am 7. März wurde auch dieser Landtag ergebnislos geschlossen. Der zweite Reformversuch war ebenfalls gescheitert. –

Im Reichstag, wo bereits Stimmen des Überdrusses und des Spottes laut geworden waren, hatte man die Verhandlungen auf dem Landtage doch noch mit einer gewissen Spannung verfolgt in der Hoffnung, durch eine Einigung der Stände einer Einmischung durch das Reich für immer enthoben zu sein. Selbst die liberale Partei hegte diesen Wunsch, und der Kaiser und Bismarck hatten die Annahme der so milden Vorlage bestimmt erwartet. Als sich aber auch diese Hoffnung nicht erfüllte, da brachten noch im Dezember desselben Jahres (1874) die mecklenburgischen Abgeordneten, die auch nach der neuen Reichstagswahl wieder sämtlich der liberalen bezw. nationalliberalen Richtung angehörten, zum dritten Male den alten Verfassungsantrag, diesmal als Antrag Baumgarten, ein. Obgleich der mecklenburgische Bundesratsbevollmächtigte wieder darauf hinwies, daß eine Einmischung des Reiches vor einem endgültigen Abschluß der zwischen Regierung und Ständen noch immer schwebenden Verhandlungen der ganzen Angelegenheit nur schaden möchte, wurde der Antrag doch wieder angenommen. Der Bundesrat aber sah, einem Wunsche der mecklenburgischen Regierungen entsprechend, von einer Beschlußfassung vorläufig ab. –

Bereits am 23. Februar 1875 wies der Großherzog Friedrich Franz in einen Reskript an die Landräte die Stände auf den Ernst der Sache und auf die Gefahren hin, die dem Lande durch ein etwaiges Eingreifen des Reiches in seiner Freiheit und seinem Selbstbestimmungsrecht drohten, hielt ihnen auch ihre große Verantwortung vor und appellierte an ihren Patriotismus, doch umsonst. Auf dem im Februar und März tagenden Landtag in Malchin wiederholte sich das gleiche Schauspiel wie im Jahr vorher. Die Ritterschaft erklärte sich auch jetzt wieder (mit 88 gegen 19 Stimmen) für die Erhaltung der alten Stände als politischer Korporationen. Auch Rostock, das seine alten Sonderrechte nicht drangeben wollte, lehnte wieder den Modifikationsentwurf ab.

Trotzdem gaben die mecklenburgischen Regierungen die Hoffnung nicht auf, daß es ihnen schließlich doch noch gelingen werde, zu einem beide Teile befriedigenden Resultat zu gelangen. Eine Einmischung des Reiches war nicht nach ihrem Wunsch. Sie empfanden es daher auch höchst angenehm, daß der Bundesrat, der den Standpunkt des

Reichstages, als ob die Landesverfassungen der Kontrolle des Reiches unterlägen, nicht billigte, in seiner Sitzung am 26. Oktober den letzten Beschluß des Reichstags abwies mit dem Ausdruck „der Erwartung, daß es den Großherzoglichen Regierungen gelingen werde, eine Verfassungsänderung mit den Ständen zu vereinbaren“. Dankend bestätigte die Schweriner Regierung unter dem 4. November diese Entscheidung des Bundesrats.

Fast drei Jahre später, im Frühjahr 1878, wurde noch einmal im Reichstag durch die wieder sämtlich liberal bezw. nationalliberal gerichteten mecklenburgischen Abgeordneten der Verfassungsantrag Baumgarten eingebracht, kam jedoch diesmal wegen der im Juni erfolgenden Reichstagsauflösung nicht mehr zur Beratung. Mit der neuen Reichstagswahl vom 30. Juli aber bahnte sich eine Wendung in den Parteiverhältnissen der mecklenburgischen Abgeordneten an. Die konservative Partei siegte bereits in zwei Kreisen bei der Hauptwahl und kam in den andern Kreisen den liberalen Gegnern an Stimmen bedenklich nahe. Zum Teil konnte sie in den Stichwahlen nur durch das Zusammengehen aller Gegenparteien geschlagen werden. Dann aber überholte sie in den nächsten Reichstagswahlen die Liberalen an Sitzen. In der Annahme nämlich, daß der Reichstag eine Änderung der mecklenburgischen Verfassung bewirken könne, und in dieser Ansicht durch liberale Parteireden bestärkt, waren bisher noch immer viele Mecklenburger im liberalen Lager geblieben. Die allmählich um sich greifenden sozialdemokratischen Gedanken, die denen der Radikalen unter den Liberalen nicht sehr fern standen, dazu das Streben des Liberalismus nach allzu großer Freiheit auf wirtschaftlichem Gebiete, besonders nach völliger Handels- und Gewerbefreiheit, die das kleinbürgerliche Handwerk gefährdeten, trieb manchen bisher liberalen Wähler auf die konservative Seite.

So wurde denn in den nächsten Jahren der mecklenburgische Verfassungsantrag im Reichstag nicht wieder vorgebracht. Auch ein nochmaliger Versuch der Großherzoglichen Regierung in Schwerin in den Jahren 1879/80 kam zu keinem Resultat. Bei den kommissarisch-deputatischen Verhandlungen im März 1880 in Schwerin, wo die Regierung den Vertretern der Stände den zugunsten der Ritterschaft ein wenig abgeänderten Modifikationsentwurf vom Jahre 1874 wieder vorlegte, war jetzt sogar auch die Mehrzahl der landschaftlichen Deputierten für Erhaltung des ständischen Prinzips. Der am 15. April 1883 erfolgende Tod des Großherzogs Friedrich Franz verhinderte die von ihm trotz aller bisherigen Mißerfolge dennoch beabsichtigte spätere Wiederaufnahme von Verhandlungen mit dem Landtag.

* * *

Über 40 Jahre (1842–1883) hatte Friedrich Franz II. das Schweriner Land regiert. Groß als Fürst und groß als Mensch: so lebt noch heute sein Bild in der Erinnerung vieler Mecklenburger. Wenn sein Versuch, den er 1848 zu einer zeitgemäßen Reform einer Landesverfassung machte, doch wieder scheiterte, so lag die Schuld nicht bei ihm, sondern lediglich in der rücksichtslosen Art, mit der die Abgeordnetenkammer unter Verachtung alles bisher bestehenden Rechtes vorging. Der dadurch hervorgerufene Widerstand der Aristokratie, der in Preußen und anderen deutschen Staaten Unterstützung fand, erwies sich schließlich stärker als der Wille des Landesfürsten. Nie hat Friedrich Franz es an väterlicher Fürsorge für Land und Volk und an der Pflege alles Guten und Edlen fehlen lassen. Von der Neuordnung der Ministerien (S. 471), der Steuer- und Zollreform (S. 479) und der neuen Gemeindeordnung für die Domanialortschaften (S. 501) ist bereits eingehend gesprochen worden. Eine weitgreifende Umgestaltung erfuhr auch das Justizwesen. Es mag in dieser Hinsicht an die Einführung des öffentlichen und mündlichen Schlußverfahrens im Kriminalprozeß, an die Niedergerichtsordnung (6. Februar 1855) für den Zivilprozeß, vor allen, aber an das Gerichtsverfassungsgesetz von 1879 erinnert werden, durch das sämtliche bisher im Lande bestehenden Gerichte – das Oberappellationsgericht zu Rostock, die Justizkanzleien in Schwerin, Güstrow und Rostock, das Kriminalkollegium in Bützow, das akademische Gericht in Rostock, die Amts- und Stadtgerichte, das Gericht der Burg- und Domfreiheit zu Güstrow, die Patrimonial-und Magistratsgerichte, die städtischen Ober- und Niedergerichte in Rostock und Wismar und das Gericht des Landarbeitshauses in Güstrow – aufgehoben und mit dem 1. Oktober d. J. die Reichsjustizgesetze mit der Instanzenordnung der Amtsgerichte, der drei Landgerichte (Schwerin,

Güstrow, Rostock) und des Oberlandesgerichts (Rostock) eingeführt wurden. Gleichzeitig erfolgte die völlige Trennung von Justiz und Verwaltung.

Seine besondere Aufmerksamkeit wandte der Großherzog der Förderung kirchlichen Lebens zu. Wie überall, so war auch in Mecklenburg um die Wende des 18. Jahrhunderts der Rationalismus in die Landeskirche eingedrungen. Daß er in Mecklenburg später als anderswo seinen Einzug hielt, zeitigte hier eine ganz merkwürdige Erscheinung auf kirchlichem Gebiete. Er war aus seiner anfangs geradezu albernen Vernichtungswut gegen alles Biblische und Kirchliche bereits mehr in das Stadium einer ernsthafteren Richtung mit dem Ziel, eine Vernunftreligion zu begründen, umgeschlagen. So geschah es, daß die ganze gesetzliche Grundlage der mecklenburgischen Landeskirche, vornehmlich in Bekenntnis und Kirchenordnung, Lehre und Kultus, amtlich bestehen blieb und nicht, wie es anderswo der Fall war, durch Vorschriften und Bestimmungen seichten Inhaltes ersetzt wurden. „Aber was rechtlich in Kraft blieb, wurde tatsächlich in der kirchlichen Praxis außer Kraft gesetzt und nicht beachtet. Der rechtliche und tatsächliche Zustand des Kirchenwesens stand in vollstem Widerspruch miteinander“ 1). In der Gottesdienstordnung, in Predigt und Liturgie, für Taufe, Konfirmation, Trauung und Begräbnis, für den Gemeindegesang und die Katechismuslehre machte sich bald jeder Geistliche seine eigenen Vorschriften. Die Kirchen verfielen von außen und im Innern, die Kirchhöfe verwilderten, der Kirchenbesuch nahm so sehr ab, daß der Gottesdienst in einzelnen Ortschaften an den meisten Sonntagen wegen Mangels an Besuchern ausfiel, die Pastoren wurden zu Landwirten und Bienenzüchtern, und die Zahl der „wilden Ehen“ mehrte sich in erschreckender Weise. In diese Atmosphäre kirchlich-religiösen Lebens trat mit dem 10. November 1844 der von Friedrich Franz II. zum Superintendenten der Schweriner Diözese und zum ersten Domprediger ernannte Theodor Kliefoth, bisher Pastor in Ludwigslust. Vier Jahre später wurde er zusammen mit dem Justizrat Kaysel, Schwerin, und dem Präpositus Karsten in Vilz Mitglied der

---

1) D. Ernst Haack, v. Theodor Kliefoth, ein Charakterbild. Schwerin 1910. Das Buch bildet zugleich eine vortreffliche Kirchengeschichte Mecklenburgs im 19. Jahrhundert.

am 1. Januar 1849 bei den Revolutionswirren als Nachfolgerin der alten Regierung des Kirchenregiments von Friedrich Franz eingesetzten provisorischen Kirchenkommission, die ein Jahr später in eine ständige oberste Kirchenbehörde, den Oberkirchenrat, umgewandelt wurde. An Karstens Stelle trat Präpositus zur Redden in Grevesmühlen. Die Seele dieses Kollegiums und zugleich der Reformator der mecklenburgischen Landeskirche wurde Kliefoth (geb. am 18. Januar 1810 als Sohn des Pastors Kliefoth in Körchow bei Wittenburg). Bereits durch mehrere, noch heute grundlegende Schriften über Dogmengeschichte, Kultus und Gottesdienst, ebenso durch die von ihm mitveranlaßte Synodalordnung (1841) und die Prüfungsordnung für Kandidaten der Theologie (1845) bekannt geworden, legte er seine kirchenpolitischen Gedanken und Ziele nieder in seinen „Acht Büchern von der Kirche", von denen jedoch nur der erste Band mit vier Büchern erschienen ist (Schwerin und Rostock 1854). Spätere Werke von ihm behandeln liturgische, exegetische und eschatologische Fragen. Überzeugt von der Notwendigkeit einer völligen Erneuerung der mecklenburgischen Landeskirche und des gesamten kirchlichen Lebens, ging Kliefoth sogleich ans Werk. Ein Riesenarbeitsfeld tat sich vor ihm auf. Kirchen mußten erneuert oder neu gebaut, für den Gottesdienst und alle kirchliche Handlungen einheitliche Bestimmungen erlassen und durchgeführt, die Geistlichkeit des Landes gehoben und mit kirchlichem Sinn erfüllt, besonders aber auch die Unterweisung der Jugend und Ausbildung der Studenten und Kandidaten der Theologie wieder in andere Bahnen gelenkt werden. Letzteres geschah durch Heranziehung tüchtiger Lehrer, durch allmähliche Beseitigung unfähiger, vom Rationalismus durchseuchter Prediger, durch vermehrte Kirchen- und Schulinspektionen seitens der Superintendenten und vor allem durch Berufung bedeutender Professoren der Theologie an die Landesuniversität. Zu dem hier seit 1840 als Professor der systematischen Theologie wirkenden Otto Karsten Krabbe, einem Manne von großer Gelehrsamkeit und tiefer Herzensbildung, trat 1852 als Vertreter der neutestamentlichen Wissenschaft von Dorpat her der von gleichem Geist erfüllte Friedrich Adolf Philippi, der Sohn eines jüdischen Bankiers in Berlin. Als Student in Leipzig war er zum Christentum übergetreten. Unter seinen Schriften ist seine „Kirchliche Glaubenslehre“ (6 Bände, 1854–1879), das klassische Werk der Erneuerung des lutherischen Glaubens, durch ganz Deutschland und darüber hinaus bekannt geworden. Als dann 1858 der zwar bibelgläubige, aber revolutionär angehauchte Professor der alttestamentlichen Theologie Michael Baumgarten durch das Staatsministerium aus seinem Amte entlassen wurde – er hatte es, wie er selbst schrieb, bei einem „von ihm gestellten Prüfungsthema auf die Gewinnung einer Schriftlehre über die Berechtigung einer gewaltsamen Revolution abgesehen“ – da wurde an seine Stelle Johannes Bachmann aus Berlin berufen, und 1860 kam aus Göttingen für systematische und historische Theologie noch August Wilhelm Dieckhoff. In reichstem Segen haben alle vier Männer, Krabbe bis 1873, Philippi und Bachmann bis 1882 bzw. 1888, Dieckhoff bis 1892, an der alma mater gewirkt. Drei Jahre später, am 25. Januar 1895, starb auch Kliefoth. Seit 1886 nach Kaysels Abgang Präsident des Oberkirchenrats, war er am 1. Oktober 1894 als 84jähriger in den Ruhestand getreten. In dem halben Jahrhundert seiner kirchenregimentlichen Tätigkeit war die mecklenburgische Landeskirche wieder zu einer das Volksleben durchdringenden Quelle des Lichtes und der Kraft geworden.

Nicht weniger als 83 Kirchen, darunter 57 landesherrlichen Patronats, wurden während der Regierungszeit des Großherzogs Friedrich Franz neu erbaut, unter ihnen als eine der prächtigsten die 1862/69 zur Erinnerung an den Großherzog Paul Friedrich in gotischem Stile aufgeführte, dem Apostel Paulus geweihte St. Paulskirche in Schwerin. Viele alte Gotteshäuser, 192 an der Zahl, darunter 124 landesherrlichen Patronats, wurden einer gründlichen Erneuerung unterzogen, die bei über hundert einem Neubau fast gleichkam. Von den zahlreichen Wohltätigkeitsanstalten, denen der Großherzog durch private Zuwendungen seine Fürsorge bewies, sind das Stift Bethlehem in Ludwigslust u. a. bereits genannt worden. Dazu kamen noch das Karolinen-Marien-Stift zur Bildung guter Dienstboten weiblichen Geschlechts (1875), das Augusten-Stift zur Verpflegung armer alter Männer und Frauen (1880), das Anna-Hospial für arme und kranke Kinder (1882), alle drei zu Schwerin, ferner das Friedrich-Franz-Hospiz in Müritz zur Heilung konstitutionell erkrankter Kinder unbemittelter oder weniger bemittelter Stände (1880), die Kinderheilanstalt Bethesda in Sülze zur

Heilung skrofulöser Kinder und viele andere ähnliche Anstalten. Zu den drei landesherrlichen Gymnasien in Schwerin, Güstrow und Parchim wurde 1879 ein viertes in Doberan errichtet. In Schwerin und Ludwigslust wurden die ersten landesherrlichen Realgymnasien begründet. Bereits in den vierziger Jahren war in Wustrow auf Fischland am Ostseestrand eine Rettungsanstalt für Schiffbrüchige und eine Navigationsschule zur Ausbildung einheimischer Seeleute angelegt worden. Die Universität erhielt in den Jahren 1867–70 ein neues Gebäude unter gleichzeitiger und auch stets fortgesetzter Vergrößerung des Lehrkörpers und Vermehrung der akademischen Institute. Am 10. Oktober 1870 wurde das neue Schulgebäude des Gymnasiums in Schwerin bezogen, am 22. Oktober 1882 das neue Museum in Schwerin eröffnet, und noch in demselben Jahre für das im April abgebrannte Hoftheater der Plan für einen vergrößerten und verbesserten Wiederaufbau ausgearbeitet. Es war für den Großherzog überaus schmerzlich, daß er die Wiedereröffnung, dieser ihm so liebgewordenen Kunststätte nicht mehr erleben durfte. Bereits bei einer Fahrt in der Nacht vorn 5. auf den 6. April 1883, die er zur Besichtigung des Dragonerregiments nach Parchim im offenen Wagen machte, zog er sich ein starkes Unwohlsein zu, das sich durch seine Anwesenheit bei dem Brande der Schweriner Zentralhalle in der Nacht vorn 8. auf den 9. April verschlimmerte. Wieder weilte er, wie immer bei ähnlichen Vorfällen, auch diesmal, nur leicht bekleidet, an der Brandstätte und legte selbst mit Hand an bei den Löscharbeiten. Schon am nächsten Tage wurde sein Krankheitszustand besorgniserregend, eine Lungenentzündung warf ihn aufs Lager. Im Bewußtsein seines nahen Todes nahm er von allen seinen Angehörigen und seinen vertrauten Ratgebern und Freunden einzeln Abschied, dankte einem jeden von ihnen für die ihm erwiesene Liebe und Treue. Am Sonntagmorgen, den 15. April, kurz vor seinem Ende, während eine tausendköpfige Menge draußen vor dem Schloß in lautloser Stille und banger Erwartung verweilte, wünschte der schon todesmüde Fürst noch seinen von ihm begründeten und geliebten Schloßkirchenchor zu hören, und nach den sanften Klängen des Bachschen Chorals aus der Matthäuspassion „Wenn ich einmal soll scheiden“, seines Lieblingsverses, den er noch leise mitsang, schied er um 10 1/2 Uhr aus dem Leben. Es war, wie der Präsident des

Reichstages in der Sitzung am 19. April erklärte, ein echt deutscher Fürst dahingegangen, „den sein Volk als einen Vater liebte und betrauert“. Seine Leiche ward in der Blutskapelle im Schweriner Dom beigesetzt.

Sein Sohn und Nachfolger Friedrich Franz III. (1883–97), ein durchaus wohlwollender und leutseliger Fürst, war wegen seiner schwachen Gesundheit gezwungen, fast alljährlich den Winter über fern von der Heimat im Süden Frankreichs, in Cannes, zu verweilen, wo er sich die „Villa Wenden“ erbauen ließ und auch am 10. April 1897 starb. Über die unter seiner Regierung durchgeführte Verstaatlichung der mecklenburgischen Eisenbahnen und Regulierung der Wasserwege wird noch weiter unten gesprochen werden. Vier Jahre (1897–1901) führte alsdann für den noch minderjährigen Sohn, Friedrich Franz IV., dessen Oheim, der Herzog Johann Albrecht, mit fester Hand die Zügel der Regiernng. Mancherlei Mängel und Mißbräuche, die sich während der erwähnten stets wiederkehrenden längeren Abwesenheit seines Bruders Friedrich Franz III. auf dem Gebiete der Verwaltung eingeschlichen hatten, wurden von ihm schnellstens wieder beseitigt. Besonders bemerkenswert unter den landesherrlichen Verordnungen seiner Zeit sind die „nach Kommunikation und Beratung mit den Ständen“ getroffenen Bestimmungen über die „Vermehrung des mittleren und kleineren Grundbesitzes auf dem platten Lande“ (Erbpachtstellen, Büdnereien und Häuslereien) in der Ritterschaft vom 24. Mai 1898 und die Ausführungsverordnungen zum Bürgerlichen Gesetzbuch vom April 1899. Die Renovierung der beiden althistorischen Gotteshäuser, der Kirche in Doberan und der Klosterkirche zum Heiligen Kreuz in Rostock (1899), die Einfügung der mecklenburgischen Geschichte in den Lehrplan der höheren Schulen, die Emeritierungsordnung für die Geistlichen vom 4. Januar 1900, verschiedene Schulgesetze für Land- und Bürgerschulen, die Feier des 350. Gedenktages der Einführung der Reformation in Mecklenburg (30. Juni 1549 – 1899) auf Grund des von dem verdienten mecklenburgischen Geschichtsforscher Heinrich Schnell in Güstrow wieder entdeckten „Bekenntnis des Herzogtums Mecklenburg“ sind nur einzelne unter vielen Zeugnissen für die alle Gebiete des öffentlichen Lebens umfassende Schaffensfreudigkeit des Herzog-Regenten.

In Mecklenburg-Strelitz war 1860 auf den Großherzog Georg sein Sohn Friedrich Wilhelm (1860–1904) gefolgt. Bereits 1851 hatte er durch ein Unglück das linke Auge verloren, ein Umstand, der später zu einer völligen Erblindung führte. Gleich dem Vater, der den Bestrebungen nach einer konstitutionellen Verfassung in Mecklenburg 1848 von vornherein fremd gegenüberstand, bewahrte auch der Sohn den durchaus aristokratischen Sinn für die Erhaltung des alten Feudalstaates. „Mag diese Verfassung immerhin, wie alles Menschliche auf Erden, der Vervollkommnung fähig sein", sprach er am 17. Oktober 1860 bei der Huldigung der Stände im Palais zu Neubrandenburg, „so lassen Sie uns doch Gott danken, meine Herren, daß wir in einem Lande wohnen, in welchem ein uraltes angestammtes Fürstengeschlecht herrscht, welches tausend Bande an das Vaterland knüpfen, in welchem wir alte Stände haben und eine ehrwürdige Verfassung, unter denen Mecklenburg glücklich und reich geworden ist und geschützt ward vor so vielen Irrtümern der Neuzeit. Darum, meine Herren von der Ritter- und Landschaft, lassen Sie uns im Verein mit meinem Vetter und dem Bruderlande Schwerin festhalten an dieser bewährten Verfassung und widerstehen den Stürmen der Zeit; und alle die unter Ihnen, meine Herren, welche wissen, daß ich, durch das Vertrauen meines verewigten Vaters in stürmischen Tagen in seinen Rat gezogen, seinen Entschlüssen nahe gestanden habe, bedürfen meiner Versicherung nicht, um von mir überzeugt zu sein, daß, wenn die Verfassung und Recht und Ordnung angetastet werden sollten, ich dieselben nach Kräften zu schützen suchen und wissen werde." Unentwegt hat Friedrich Wilhelm an diesem Standpunkt festgehalten. Nur mit innerem Widerstreben und der Not der Zeit gehorchend hat er in den siebziger Jahren den Reformversuchen des Schweriner Großherzogs Friedrich Franz II. sich angeschlossen und ist über das Scheitern der damaligen Verhandlungen nicht sonderlich betrübt gewesen. Irgendwelche Anregungen zu neuen Versuchen sind von ihm nicht ausgegangen, vielmehr war es ihm durchaus angenehm, daß der Schweriner Großherzog Friedrich Franz III., der infolge seiner Krankheit nicht die Energie besaß, die Reformversuche seines Vaters wieder aufzunehmen, ebenfalls die Verfassungsfrage unerledigt ließ.

Im übrigen ist in dem weiteren Entwicklungsgang des Strelitzer Landes ein Doppeltes zu bemerken. Durch das kauf- und geldmännische Talent Friedrich Wilhelms wurden die Finanzverhältnisse des Landes wesentlich verbessert. Während zu Lebzeiten Georgs noch kein landesherrliches Vermögen bestand, besaß Friedrich Wilhelm am Ende seines Lebens ein solches von vielen Millionen Mark. Durch die von ihm meist persönlich betriebene Verpachtung der ertragreichen Domänen und die Ausbeute der ausgedehnten Forsten wurde eine solche Wandlung verursacht. Trotzdem kam der Gewinn dem Lande nicht in gebührendem Maße zugute. Gemäß den verfassungsrechtlichen Zuständen galten die angesammelten Gelder, obgleich sie eigentlich nur auf einem geschickt geführten Handelsgeschäft mit staatlichem Grund und Boden oder dessen Erzeugnissen beruhten, doch nur als Privatvermögen des Landesherrn, mit dem dieser willkürlich schalten und walten konnte. Zwar hatte der Fürst trotz des Landesgrundgesetzlichen Erbvergleichs von 1755 noch immer die Verpflichtung zur Bestreitung eines großen Teiles der Regimentskosten, aber die Einkünfte aus den Domänen und Forsten ergaben einen solchen Überschuß, daß das Strelitzer Fürstenhaus bald eines der reichsten in Deutschland war. Mochte immerhin die den Untertanen aufliegende Steuerlast gegenüber der in anderen Staaten nur gering sein – der auf den Landtagen veranschlagte Satz der ediktmäßigen Kontribution war für Strelitz meist um einige Zehntel niedriger als in Schwerin –, so stand doch ein solcher, zwar die Allgemeinheit betreffender, aber schließlich nur geringer Vorteil weit hinter dem Gewinn zurück, welcher der Landesherrschaft aus jener Wirtschaftsmethode erwuchs. Daran vermochte auch der mit landesherrlichen Mitteln ausgeführte Neubau mehrerer Kirchen oder die Verschönerung mehrerer staatlicher Gebäude, vornehmlich des Residenzschlosses, nichts zu ändern. Die Lebensbedingungen innerhalb der einzelnen Volksklassen des Landes, vornehmlich der Beamten und Staatsdiener, entsprachen nicht dem Stand der landesherrlichen Finanzen. Vielmehr war Strelitz in dieser Hinsicht selbst gegenüber dem Schweriner Bruderstaate, in dem schon diese Zustände im Verhältnis zu denen in anderen deutschen Staaten wenig glücklich waren, noch im Rückstand. Von den Städten aber kam das fürstliche Vermögen ausschließlich der Residenz Neustrelitz zunutze, wo die meisten öffentlichen Einrichtungen und Anstalten, mit Einschluß der Schulen, landesherrlicher Art waren, während z. B. Neubrandenburg und Friedland auf eine Entfaltung und stete Steigerung aller ihnen zu Gebote stehenden eigenen Wirtschaftskräfte ohne wesentliche Unterstützung seitens der Landesherrschaft angewiesen blieben.

Ein zweiter hervorstechender Zug in der Entwicklung von Mecklenburg-Strelitz liegt in der unter Friedrich Wilhelm einsetzenden Erschließung des Landes für das Eisenbahnwesen. Nicht die 1866 vollendete Mecklenburgische Friedrich-Franz-Eisenbahn hat dem zukünftigen Handel und Verkehr die Wege gewiesen, sondern die 1877 begründete preußische Nordbahn Berlin – Stralsund. Mochte Strelitz in politischer Hinsicht durch die alte Union mit Schwerin auch weiterhin mit diesem Lande in enger Verbindung bleiben, so wurde es in wirtschaftlicher Beziehung doch in eine immer stärkere Annäherung an Preußen, besonders nach Süden, nach Berlin hin, gebracht. Für den Süden des Landes, vornehmlich Neustrelitz, war diese Richtung durch die sich dort vereinigenden beiden Bahnlinien Warnemünde-Neustrelitz-Berlin und Stralsund-Neustrelitz-Berlin von selbst gegeben. Aber auch der Norden mit Neubrandenburg wurde, obgleich Knotenpunkt des west-östlichen und nord-südlichen Eisenbahnverkehrs in die letztere Richtung hineingezogen. Die Friedrich-Franz-Bahn in Richtung Güstrow-Lübeck bildet für Strelitz nur eine das Schweriner Land durchquerende Verbindungsbahn mit Hamburg, ebenso die Mecklenburgische Südbahn Neubrandenburg–Ludwigslust, die bei letzterem Orte in die Berlin–Hamburger Bahn einmündet. In dem Verhältnis von Strelitz zu Schwerin haben die beiden letztgenannten Linien lediglich lokale Bedeutung, stellen aber größere wirtschaftliche Betriebsunternehmungen nicht dar 1).

* * *

1) Über die Strelitzer Eisenbahnen im einzelnen vgl. S. 645.

Ein Vierteljahrhundert lang war seit dem Tode des Großherzogs Friedrich Franz II. (1883) das mecklenburgische Verfassungswerk bei Regierung und Ständen ins Stocken geraten. Es ist schon erwähnt worden, daß der kranke Friedrich Franz III. (1883–1897) und ebenso der blinde Großherzog Friedrich Wilhelm in Strelitz (1860–1904) den modern konstitutionellen Bestrebungen nicht zugetan waren. Auch im Reichstage, wo nach Büsings Ausscheiden der liberale Abgeordnete des 3. mecklenburgischen Wahlkreises, Dr. Pachnicke, fortab der Hauptführer im Kampf um Mecklenburgs Verfassung wurde, fand dieser 1895 mit dem alten Büsingschen Zusatzantrag gegenüber seinen sechs konservativen Kollegen wenig Zustimmung, ebenso 1907, obgleich Pachnicke damals von zwei liberalen bezw. nationalliberalen Abgeordneten (des 1. und 5. Wahlkreises), dem Reichsgrafen von Bothmer-Klütz und dem Syndikus Dr. Link-Rostock, unterstützt wurde. Selbst Büsing, der 1905 wieder im Reichstag erschien, hatte sich im Hinblick auf die mangelhafte Kompetenz des Reiches gegenüber bundesstaatlichen Sonderfragen und bei dem steten Widerstreben des Bundesrats von der Nutzlosigkeit weiterer Versuche überzeugt und vertrat diesen Standpunkt auch Bebel gegenüber. Aber auch mit seiner Forderung einer Einwirkung von Reichs wegen auf die mecklenburgischen Regierungen zwecks Wiederaufnahme von Reformverhandlungen zwischen Fürst und Ständen fand er wenig Gehör. Auch eine Anzahl liberaler, von Pachnicke 1901 angeregter Petitionen aus Stadt und Land an den jungen Schweriner Großherzog Friedrich Franz IV., der nach seiner im April dieses Jahres erfolgten Volljährigkeit die Regierung des Landes übernommen hatte, sowie an die Stände wurde von ersterem überhaupt nicht beantwortet, von den Ständen im Landtage abgewiesen.

Besseren Erfolg hatten offenbar die vier Konservativen mecklenburgischen Abgeordneten (von Maltzan, von Treuenfels, Dr. Dröscher, Nauck), die gleichzeitig mit dem letzten Antrag Pachnicke im Februar 1907 eine Eingabe an den Großherzog machten, in der sie „den großen Wunsch des mecklenburgischen Volkes auf Änderung der Landesverfassung in einer für Krone und Volk befriedigenden Weise“ betonten mit der Begründung, „daß die wachsenden Bedürfnisse der Neuzeit in absehbarer Frist Ansprüche stellen werden, die von unseren altständischen Institutionen nicht erfüllt werden können", und daß der Großherzog mit der Einführung einer „dem Volkscharakter entsprechenden Verfassung ein festes Bollwerk schaffen könne gegen den Umsturz". Der besorgniserregende Gedanke an letzteren war mit Rücksicht auf die seit Jahren wachsenden sozialdemokratischen und freisinnigen Bestrebungen nicht ganz ungerechtfertigt. Wie weit allerdings die konservative Eingabe zur Einleitung neuer Verfassungsreformen mitgewirkt hat, ist ungewiß. Tatsächlich waren landesherrliche Vorbereitungen schon im Gange. Denn bereits zwei Wochen später, am 4. März, gaben beide mecklenburgischen Großherzöge, Friedrich Franz IV. und Adolf Friedrich V., welcher 1904 seinem Vater Friedrich Wilhelm im Strelitzer Lande gefolgt war, den in ihre Residenzen beorderten Landräten ihres Großherzogtums den Entschluß kund, „das Werk ihrer verewigten Ahnen wieder aufzunehmen und durch Verhandlungen mit den Ständen zum Wohl des Volkes und Landes eine den berechtigten Anforderungen der Zeit genügende Umgestaltung der Verfassung herbeizuführen".

Auf den 12. Mai 1908 wurde ein außerordentlicher Landtag nach Schwerin ausgeschrieben. „Bei voller Anerkennung des verdienstvollen Wirkens der Stände haben Se. Königliche Hoheit der Großherzog von Mecklenburg-Strelitz und ich", so sprach Friedrich Franz in seiner Eröffnungsrede im Goldenen Saal des Schlosses, „uns der Erkenntnis nicht verschließen können, daß der ständischen Verfassung Mängel anhaften, welche der Erfüllung wichtiger staatlicher Aufgaben hemmend entgegenstehen", so z. B. „die formelle Ordnung der Landtagsgeschäfte", „der ausschließlich schriftliche Verkehr zwischen Regierung und Ständen", „der ausgedehnte Gebrauch der itio in partes", besonders aber „die Zusammensetzung des Landtags", bei der „noch ein Drittel des Landes, das gesamte Domanium, jeder Vertretung auf dem Landtage entbehrt". Bei den dann folgenden Ausführungen, in denen von der beabsichtigten Vermeidung „einer Erschütterung der inneren Verhältnisse des Landes durch grundstürzende Veränderungen" die Rede ist, scheint jene konservative Eingabe nicht wirkungslos geblieben zu sein. Als grundlegende Gesichtspunkte für die neue Vorlage bezeichnete der Großherzog sodann: „Einführung einer Repräsentativverfassung durch Bildung einer neuen Landesvertretung, zur Hälfte aus gewählten Vertretern der als Körperschaften des öffentlichen Rechtes von Bestand bleibenden Ritterschaft und Landschaft, im übrigen, außer einigen vom Landesherren zu ernennenden Abgeordneten, aus gewählten Vertretern, welche zum kleineren Teile von einzelnen Berufsständen, zum überwiegenden Teile aber durch allgemeine indirekte Wahlen der gesamten Bevölkerung unter Trennung von Stadt und Land, sowie unter Abstufung des Wahlrechtes nach Bildung und Besitz zu wählen sind, Recht der neuen Landesvertretung auf Zustimmung zu jedem Landesgesetz, sowie zu der Feststellung des Voranschlages für den Staatshaushalt und auf Einsicht der Rechnungen desselben, Sonderung des landesherrlichen Vermögens in das dem Großherzoglichen Hause verbleibende Hausgut und in das mit seinen Einkünften dem Staate zu überweisende Domanium, Bereinigung des nicht dem Hausgute vorbehaltenen landesherrlichen Vermögens mit demjenigen des Landes zum Staatsvermögen und Übertragung auf beiden Vermögensmassen ruhender Verbindlichkeiten auf den Staat, Ausbau der Verfassung der evangelisch-lutherischen Landeskirche auf synodaler Grundlage."

Über fünf Jahre zogen sich die Verhandlungen wegen einer neuen Repräsentativverfassung hin. Die anfangs mit Ruhe begonnenen Beratungen gingen schließlich infolge der Uneinigkeit der Stände untereinander und mit der Regierung sowie durch die oft wiederholten Abänderungs- und Anpassungsversuche der Regierung schließlich in einen heißen parlamentarischen Kampf über 1).

Die Kernfrage, um die sich alles drehte und über die man nicht hinausgekommen ist, war die nach der Art und Zusammensetzung des

---

1) Betreffs der Einzelheiten mag neben den grundlegenden offiziellen und privaten Mitteilungen in der gleichzeitigen Tagespresse aus drei zusammenfassende Arbeiten verwiesen werden: „Berichte über die mecklenburgischen Verfassungsvorlagen und die Landtagsverhandlungen" von Landgerichtspräsident Gustav Brückner in dem „Jahrbuch des öffentlichen Rechts" Band 1, III, VI, VIII. „Zur mecklenburgischen Verfassungsnot. Eine zeitgeschichtliche Skizze der Verfassungskämpfe." Von Archivrat Dr. Hans Witte. Neustrelitz 1914. „Verfassungsverhältnisse in Mecklenburg-Schwerin." Dargestellt vom Geh. Oberfinanzrat Balck, Ehrendoktor beider Rechte. Schwerin 1917.

neuen Landtags. Der Gedanke der Regierung war eine Verbindung des alten ständischen Prinzips mit dem neuen Repräsentativsystem. Unter Beseitigung der bisherigen persönlichen Landstandschaft der Ritter und Bürgermeister sollten fortab alle Abgeordneten gewählt werden. Die genaue Zahl war in den verschiedenen Entwürfen schwankend, bewegte sich aber zwischen 80 und 90. Dabei erachtete es die Regierung „für angemessen, die eine Hälfte des Landtags aus ständischen, die andere aus nichtständischen Mitgliedern zu bilden". Letztere sollten zum größten Teil aus allgemeinen, aber offenen und indirekten Wahlen unter Trennung von Stadt und Land hervorgehen, zum kleineren aus Berufsständen gewählt werden. Da aber bei der bezeichneten Art der ländlichen Berufsstände für einen Teil der Abgeordneten die Wahl voraussichtlich auf Großgrundherren und Rittergutsbesitzer fallen würde, so schien doch das alte ständische Prinzip vorherrschend zu bleiben. Um so weniger erfüllte die Vorlage die berechtigten Wünsche des Volkes. Sie trug lediglich den Charakter eines Kompromisses.

Obgleich die Regierung sich zur Abstellung mehrerer von den Ständen gerügter Differenzpunkte sogleich bereit erklärte – so u. a. zur Beseitigung des von ihr vorgeschlagenen Pluralwahlrechts für Männer mit der wissenschaftlichen Befähigung zum einjährig-freiwilligen Heeresdienst – so war man doch geteilter Ansicht. Während nach den altherkömmlichen Kommissionsberatungen die Landschaft am 4. Juni die Vorlage wieder wie zu Anfang der siebziger Jahre „als eine geeignete Grundlage für die weitere Beratung und Beschlußfassung" erklärte, eine Antwort, die völlig schwankend und unbestimmt war und für die endgültige Entscheidung alle Türen offen ließ, lehnte die Ritterschaft am gleichen Tage die Vorlage ab und forderte von der Regierung eine neue, in der die alte ständische Verfassung unter Neuaufnahme des Domaniums als eines dritten Standes (wie in der Vorlage von 1872) ausgebaut werde.

Der erste Anlauf seitens der Regierung war mißlungen. Dasselbe Schauspiel wiederholte sich auf einem zweiten außerordentlichen Landtag in Schwerin im Oktober desselben Jahres, als die Regierungen ihre in wenigen Punkten veränderte Vorlage von neuem einbrachten. Wiederum war es die Ritterschaft, die mit ihrer Forderung des rein ständischen Prinzips ohne allgemeine Wahlen auch diesmal alles zu Fall brachte. Sie hatte damit den Boden der Regierungsvorlage völlig verlassen. Alle Bemühungen des Schweriner Staatsministers Grafen von Bassewitz, die Ritterschaft von der Notwendigkeit einer, wenn auch nur teilweisen Repräsentativverfassung zu überzeugen, schlugen fehl. Die Verhandlungen des ersten Jahres 1908 waren in beiden Versuchen gescheitert. Der von der Regierung vorgelegte Entwurf war von der Ritterschaft im wahren Sinne des Wortes verdreht worden. Es bedeutete in der Tat ein Übermaß selbstgefälliger Einbildungskraft, daß die Ritterschaft Stargardischen Kreises am 17. Februar 1909 durch eine Deputation den Strelitzer Großherzog noch zu belehren suchte, daß keineswegs, wie so oft behauptet, „der weitaus größte Teil der Bevölkerung eine konstitutionelle oder Repräsentativverfassung wünsche“ und daß die bestehende altständische Verfassung „gerade darin durch viele Jahrhunderte ihre urwüchsige Gesundheit und Lebensfähigkeit bewiesen habe, daß sie recht tiefgreifende Veränderungen auf fast allen Gebieten des Staatslebens, sobald Einigung zwischen Fürsten und Ständen erzielt war, nicht nur ertragen konnte, sondern sogar gestärkt und verjüngt aus solchen Krisen hervorgegangen ist“; die Ritterschaft wolle durch Annahme der gemachten Vorlage Mecklenburg nicht „zu Erschütterungen führen, wie sie schon einmal nach der Revolution des Jahres 1848 das Land und sein altangestammtes Fürstenhaus an den Rand des Verderbens gebracht haben“: schöne Worte und Grundsätze, wenn sie der Wirklichkeit entsprochen hätten.

Der erste Mißerfolg fand sogleich im Reichstag entrüsteten Widerhall. Am 16. Juni 1909 brachte die nationalliberale und freisinnige Partei eine Interpellation ein, unterzeichnet von den drei liberalen mecklenburgischen Abgeordneten unter Pachnickes Führung, über die mecklenburgischen politischen Zustände, insbesondere die augenblickliche Verfassungsnot. Aber zu einem Eingriff von Reichs wegen durch Schaffung eines besonderen Reichsgesetzes, wie Pachnicke es analog früheren Versuchen forderte, konnte sich die Mehrheit des Reichstages nicht verstehen, da, wie der Vertreter des Reichskanzlers, Staatssekretär von Bethmann Hollweg, in Übereinstimmung mit dem mecklenburgischen Bundesratsbevollmächtigten erklärte, „der bisherige Verlauf der mecklenburgischen Verfassungsbewegung einem endgültigen Scheitern nicht gleichgestellt werden könne".

Tatsächlich hatten die mecklenburgischen Regierungen den festen Vorsatz, das angefangene Werk weiterzuführen. Schon im August desselben Jahres nahmen sie in kommissarisch-deputatischen Beratungen die Verhandlungen mit den Ständen wieder auf. Als hierbei die Ritterschaft ihre bisherige schroffe Haltung gegen allgemeine Wahlen aufgab, jedoch dafür das Wahlrecht von einer bestimmten Höhe des Steuersatzes abhängig gemacht wissen wollte, da hegte man in Schwerin und Strelitz, obgleich jene Forderung unannehmbar schien, doch nach einer so „wesentlichen Klärung" der Dinge die größte Hoffnung, daß ein „dem Lande zum Segen dienender Abschluß zustande gebracht werde". Im November ging dem ordentlichen Landtage eine neue Vorlage zu, in der die bisher berufsständischen in ebenfalls allgemeine Wahlen geändert, aber dem Wunsche der Ritterschaft gemäß die überwiegende Zahl der ländlichen Abgeordneten gegen die städtischen etwa in das Verhältnis von 3:2 gebracht worden war. Sogleich machte die Landschaft gegen diese Neuerung Front und forderte nun auch noch statt der offenen die geheime Wahl und die Möglichkeit einer späteren Weiterbildung der Verfassung bei einer Zweidrittelmehrheit der Abgeordneten. Die Ritterschaft versteifte sich dagegen auf die Einschränkung des Wahlrechts durch einen Mindeststeuersatz, so daß eine große Anzahl von kleinen Handwerkern und Bauern ausgeschlossen wurde. Regierung wie Landschaft lehnten dieses Ansinnen ab, zugleich aber auch die Ritterschaft zum drittenmal die ganze Vorlage und nahm ihren alten abweisenden Standpunkt gegenüber allgemeinen Wahlen wieder ein.

Die Gegensätze waren größer statt kleiner geworden. Was halfen da alle scharfen Worte seitens der Regierungen und selbst bedrohliche Hinweise von Strelitz auf etwaige Zustimmung zu einem Eingriffsversuch von Reichs wegen: sie wurden von den Ständen als „Rechtsbruch" und „Revolution von oben" bezeichnet.

Für den Augenblick hatte die Ritterschaft die Oberhand gewonnen. In zwanglosen Zusammenkünften ihrer Mitglieder in Güstrow und Rostock mit der ständisch gesinnten Minderheit der Landschaft im April 1910 suchte sie ihren Standpunkt von der Beibehaltung der beiden alten Stände und der Angliederung des Domaniums als eines dritten Standes noch zu festigen. Von Rostock aus erging durch die Versammelten sogar eine Deputation an die beiden Großherzöge mit der offenen Erklärung, daß man „als die wichtigste Vorbedingung zu einer Verständigung zwischen Regierung und Ständen" die Zurückziehung aller bisherigen Vorlagen ansehe. Beide Fürsten aber lehnten dieses Ansinnen ab. Noch im Mai begannen seitens der Schweriner Regierung ohne Teilnahme der Strelitzer neue Erörterungen mit zwölf Ständemitgliedern, doch ohne Erfolg. Dennoch legte die Schweriner Regierung dem neuen Landtage im November 1910 die Entwürfe von 1909 noch einmal vor mit dem Bemerken, „auch anderweitigen Vorschlägen Unserer getreuen Stände tunlichst Rücksicht zu tragen". Die Strelitzer Regierung, im ganzen fester und konsequenter in ihrer Haltung als die Schweriner, hatte noch im letzten Augenblick zugestimmt, aber nur, wie es in ihrem Reskript hieß, um „dem nicht entgegen zu sein".

Nun aber befand sich die Schweriner Landesregierung schon seit Jahren in einer bedrängten Finanzlage. Die Großherzogliche Renterei in Schwerin hatte infolge notwendiger Vermehrung der Beamten, Steigens der Gehälter und Vergütungen usw. gegenüber dem Stand vor zehn Jahren in der Gesamtausgabe eine Mehrbelastung von 1 641 400 Mark zu verzeichnen. Allerdings hatten die Stände seit dem Jahre 1904 aus der Landessteuerkasse einen Zuschuß zu den Kosten des Landesregiments bewilligt, erst in Höhe von 384 000, zuletzt von 700 000 Mark; die Regierung aber hatte statt dessen 500 000 bzw. 870 000 Mark gefordert. So war der anfänglich kleine Fehlbetrag in der Renterei von Jahr zu Jahr gestiegen, so daß die Regierung sich 1910 gezwungen sah, einen jährlichen Zuschuß von 1 800 000 Mark zu fordern.

Diese Not der Regierung suchten die Stände für ihre Zwecke auszunutzen. Sie erklärten sich zur Bewilligung der gewünschten Summen bereit, doch nur unter der Bedingung, daß fortab und noch vor Erledigung der Verfassungsreform das Budgetrecht (Voranschlag der Staatsausgaben und -einnahmen) eingeräumt werde. Die Regierung aber wies diese Forderung ab mit der Begründung, daß einem ständischen Landtage das Budgetrecht nicht gegeben werden könne. Da holte die Landschaft zu einem sonderbaren Gegenstoß aus. Während die Ritterschaft auch jetzt noch der Bewilligung des Zuschusses nicht abgeneigt war, lehnte sie das ganze Rentereiaversum ab, und zwar in der Absicht, auf diese Weise einen Druck auf die Regierung zu einem energischen Vorgehen gegen die Ritterschaft in der Verfassungsfrage auszuüben. Es war der verderblichste Schritt, den die Landschaft tun konnte. Sie bewies dadurch vor aller Welt ihre völlige Unfähigkeit als politische Körperschaft und zeigte nur, daß sie aus ihrer jahrhundertelangen Tätigkeit als einer Landesvertretung absolut nichts gelernt hatte. Mit so radikalen Mitteln war auf einem ständischen Landtage mit zwei selbstbewußten Körperschaften nichts zu erreichen. Die Ritterschaft beharrte auf ihrem Standpunkt, und – was bisher allerdings selten der Fall war – auch die Regierung blieb fest und erklärte, daß ihr unter diesen Umständen nur noch die Wahl offen stehe, die notwendigen Mittel zur Bestreitung der Landesregierung entweder dem Domanialkapitalfonds zu entnehmen oder durch Anleihen zu beschaffen. Auf jede Weise werde die Finanzlage des Landes verschlechtert. Die Landschaft erhielt trotzdem ihre Ablehnung des Aversums aufrecht, wenn sie auch am 16. März 1911 die von der Regierung noch während des Landtages neuaufgestellten „Grundzüge einer anderweitigen Zusammensetzung des Landtags" mit einigen Vorbehalten annahm. Die Ritterschaft dagegen stellte die Bewilligung des Aversums in Aussicht, verlangte aber in der Verfassungsfrage die einfache Angliederung eines dritten Standes mit den hauptsächlichsten Berufsständen des Domaniums an die beiden alten Stände. So war durch die Verknüpfung der Finanzfrage mit der Verfassungsangelegenheit eine Zwickmühle gebaut worden, bei der überhaupt noch nicht zu sehen war, wie sich Regierung und Stände aus ihr wieder herauswickeln wollten.

Die Sachlage wurde noch schlimmer, als es nun auch zwischen den beiden mecklenburgischen Regierungen zu einer Spaltung kam. Im Juli 1911 nämlich hatte die Ritterschaft auf einem Konvent in Rostock mit 282 gegen 20 Stimmen den Ausbau des alten ständischen Prinzips unter Aufnahme des Domaniums als eines dritten Standes beschlossen und eine Deputation zur Überbringung dieses Beschlusses an beide Großherzöge entsandt. In Schwerin fanden die Deputierten eine durchaus freundliche Aufnahme. Friedrich Franz versprach, „eine

Prüfung der Vorschläge zu veranlassen". Anders Adolf Friedrich in Strelitz. Er wies den Beschluß der Ritterschaft als eine völlig ungeeignete Grundlage für weitere Verhandlungen über die Verfassungreform zurück und ließ den Deputierten keinen Zweifel darüber, daß es sich bei der Ritterschaft – gemeint waren in Wirklichkeit Ritter- und Landschaft – „weniger um das Wohl des Landes als um einen Machtzuwachs der jetzigen Stände" handle. Als dann im November 1911 die Schweriner Regierung dem Landtage eine neue, den Wünschen der Ritterschaft sich nähernde Vorlage unterbreitete, da versagte die Strelitzer Regierung ihre weitere Mitwirkung. Auf dem Landtage der Schweriner Stände aber begann jetzt eine Art politisches Duell. Verfassung und Rentereiaversum waren die beiden Dinge, um die man feilschte. Am 17. November lehnte nunmehr die Landschaft den neuen Regierungsentwurf ab, während die Ritterschaft ihn als Grundlage für weitere Verhandlungen annahm. Am 1. Dezember wiederholte die Landschaft, als die Regierung eine nochmalige Prüfung und Beschlußfassung forderte, ihre ablehnende Haltung sowohl hinsichtlich der Verfassungsvorlage als auch betreffs des Rentereiaversums.

Der Riß zwischen beiden Regierungen wurde noch einmal wieder verklebt. Die Überzeugung von der Notwendigkeit einer Verfassungsreform war bereits in allen Schichten der Bevölkerung vom rechten bis zum linken politischen Flügel immer fester gewurzelt. Von einer großen Zahl wirtschaftlicher Vereinigungen und politischer Vereine jeder Richtung ergingen Vorschläge und Äußerungen an Regierung und Volk. So traten denn auch schon im November 1912 beide Regierungen mit einer neuen Vorlage vor den Landtag. Sie sah betreffs der Zusammensetzung des Landtages je 20 Abgeordnete aus der Ritterschaft, der Landschaft und den Berufsständen nebst Amtsversammlungen im Domanium, je weitere 10 aus der ländlichen und aus der städtischen Bevölkerung und noch 4 vom Großherzog zu ernennende Abgeordnete (im ganzen 84) vor. Aus Strelitz sollten je 4 Abgeordnete aus der Ritterschaft und aus der Landschaft, 6 aus den Berufsständen, je 3 aus der ländlichen und aus der städtischen Bevölkerung, je 1 aus den Hauswirten des Fürstentums Ratzeburg und aus dem Magistrat von Neustrelitz und 1 vom Großherzog zu ernennender (im ganzen 23) hinzutreten. Man sieht deutlich den Einfluß der Schweriner

Regierung, die der Ritterschaft noch weiter entgegengekommen war. Die Vorlage ging vom Plenum an eine Kommission. Doch kaum daß diese ihre Arbeit begann, lehnte die Ritterschaft schon tags darauf (am 14. November) in Anwesenheit von nur 34 Mitgliedern die Vorlage ab und wünschte neue Entwürfe zu sehen, und zwar solche, die „geeignet sind, den Mängeln der Verfassung ohne Bruch mit der Geschichte und dem Rechte unseres Landes abzuhelfen". Es war in der Tat ein starkes Stück: 34 Ritter verweigerten dem Lande eine Verfassung und schnitten den ganzen Faden vorzeitig ab. Mit Recht bezeichneten die Regierungen in ihrer Antwort „diese Art der geschäftlichen Behandlung" als „mit dem Ernst der Lage und der Bedeutung der Sache für das ganze Land nicht vereinbar". Doch die 34 wußten, was sie taten. Als die Regierung eine gebührende Prüfung der Vorlage verlangte, wiederholte die Ritterschaft im Plenum am 10. Dezember den Beschluß der 34, die Landschaft aber wünschte die Vorlage von 1909 mit einigen Abänderungen.

Schon mehrten sich, besonders im Auslande, die Stimmen des Spottes über ein solch oberflächliches und würdeloses Treiben im mecklenburgischen Landtag. Da faßte die Schweriner Regierung den Gedanken an die Oktroyierung einer Verfassung. Sie ließ sogar durch ihren Staatsminister in vertraulichen Besprechungen mit Mitgliedern beider Stände ihre Entschlossenheit kundtun, „die Verfassungsreform nötigenfalls auch ohne die Zustimmung der Stände durchzuführen". Schon faßte man im mecklenburgischen Volke, bei dem ebenfalls Spott und Erbitterung über den ständischen Landtag weit verbreitet war, neue Hoffnung. Da aber trat eine neue Enttäuschung ein. Die Drohungen der Regierung erwiesen sich als Schein. Statt dessen kam eine neue Vorlage, bei der es sich zeigte, wie weit die Schweriner Regierung von ihrer ursprünglichen Bahn abgedrängt und auf die Seite der Ritterschaft gezogen worden war. Hatte sie anfangs immer wieder den Standpunkt betont, es dürfte „den ständischen Mitgliedern nicht eine überwiegende Zahl von Abgeordneten eingeräumt werden", vielmehr könne sich der neue Landtag nur „zur Hälfte aus gewählten Vertretern der als Körperschaften des öffentlichen Rechtes von Bestand bleibenden Ritter- und Landschaft" zusammensetzen, so billigte sie ihnen nunmehr für den Schweriner Landesteil sogar aller Sitze (48 von 82) zu. Die Landesvertretung blieb demnach in ihren Grundzügen altständisch, ja noch mehr: was die Regierung noch vor drei Jahren mit aller Entschiedenheit zurückgewiesen hatte, das wollte sie jetzt selbst durchführen, nämlich einem ständischen Landtag das Budgetrecht gewähren. Schwankend war der Boden geworden, auf dem sich die Schweriner Regierung bewegte, sie widersprach sich selbst im Laufe weniger Jahre. So kam es denn, daß die Strelitzer Regierung, die, wie oben gezeigt, sich schon einmal den ritterfreundlichen Schweriner Plänen nicht angeschlossen hatte, auch jetzt wieder ihre eigenen Wege ging. Unter den von ihr vorgesehenen 22 Abgeordneten waren den beiden alten Ständen der Ritter- und Landschaft zusammen nur 10 zugeteilt worden, also weniger als die Hälfte aller Sitze. Eine solche Vorlage aber, die von vornherein auf einem prinzipiellen Gegensatz zwischen beiden Regierungen aufgebaut worden war, trug den Stempel innerer Schwäche und konnte auf wenig Erfolg rechnen. Am 6. Mai 1913 trat in Schwerin wieder ein außerordentlicher Landtag zusammen. Hier nahm nach kurzen Beratungen die Ritterschaft die für sie so günstige Vorlage an mit der Bedingung, daß auch in Strelitz die Zusammensetzung des neuen Landtages derjenigen in Schwerin angeglichen werde. Auch die Landschaft nahm die Vorlage an, verlangte ihrerseits aber die Strelitzer Zusammensetzung auch für Schwerin: ein geradezu ergötzliches Doppelspiel. Beide Stände waren für die Vorlage, und doch war man von einem positiven Ergebnis weiter als je entfernt. Wie hätte es bei dem Zwiespalt innerhalb der Regierungsvorlage selbst auch anders kommen können! Was aber sollte nun werden? Die Stände ließen die Frage nach der Zusammensetzung des neuen Landtags zunächst auf sich beruhen. Man mochte wohl ahnen, daß eine um so größere Unstimmigkeit in den übrigen Punkten der Regierungsvorlage auch diesen gordischen Knoten von selbst mit lösen werde. So kam es denn auch. Schon bei den Beratungen über das Wahlrecht platzten die Meinungen beider Stände bald hart aufeinander. Die Landschaft wollte die geheime, die Ritterschaft die offene Wahl, selbst ohne die von der Regierung beabsichtigten Wahlzettel. Als Tagungsort wollte die Regierung Schwerin, die Stände dagegen wünschten, um eine Beeinflussung des Landtages durch die Regierung nach Möglichkeit auszuschalten, der Landeshaupt- und

Residenzstadt fern zu bleiben und hielten an dem herkömmlichen Wechsel zwischen Malchin und Sternberg fest. Ein wie großes Gewicht die Stände auf diese alte, auch im Landesgrundgesetzlichen Erbvergleich durchgeführte Scheidung zwischen ihnen und der Landesherrschaft legten, zeigt der Umstand, daß auch die Strelitzer Sonderlandtage nicht in Neustrelitz, dem Sitz der Regierung, sondern ebenfalls weiterhin in der alten Vorderstadt Neubrandenburg zusammentreten sollten. Immer fruchtloser wurden die Verhandlungen, die sich mehr und mehr in völlig nebensächliche Einzelheiten verloren und in Wortklaubereien ausarteten.

Da brachte noch einmal ein Zwischenfall neues Leben in die Verhandlungen. Der Schweriner Staatminister hatte vernommen, daß man die Aufrichtigkeit seiner Erklärung von der Durchführung einer Verfassung seitens der Großherzöge auch ohne Stände anzweifele, und rechtfertigte daher seine Worte durch einen Hinweis auf die Beratungen im Staatsministerium und auf die Äußerungen des Großherzogs Friedrich Franz. Ein Sturm der Entrüstung erhob sich. Die Stände fühlten sich tief verletzt, und in einer Resolution vom 4. Juni legten sie „Verwahrung ein gegen die als unzulässig bezeichnete Durchführung der Verfassungsreform durch den Landesherrn aus eigenem Recht" und erklärten ein solches Vorgehen als einen „Bruch des durch Verfassung und Verträge gesicherten Rechtes des Landes". Die Furcht, etwas von ihren Privilegien und Vorrechten einbüßen zu müssen, führte auch die Landschaft nach all den letzten Meinungsverschiedenheiten mit der Ritterschaft wieder mit ihr zusammen zu kräftigem gemeinsamen Widerstand gegen die Landesherrschaft. Sie bekundete dadurch nur allzu offen, daß es ihr mit ihrer Absicht, durch eine Ablehnung des Schweriner Rentereiaversums die Regierung gegen die Ritterschaft zu stützen, nicht gerade ernst gewesen war. Alle weiteren Verhandlungen waren nunmehr zwecklos. Am 6. Juni wurde der Landtag geschlossen, ohne daß er sich über die Verfassungsangelegenheit noch weiter geäußert hätte. Privatinteresse ging über Landessache. So blieb es auch bei einem letzten Versuch der Regierungen, als diese im Oktober desselben Jahres (1913) nach vorherigen kommissarisch-deputatischen Beratungen die Vorlage auf einem nochmaligen außerordenlichen Landtage zur Verhandlung brachten. Am 28. Oktober wurde sie in gemeinsamer Sitzung und Abstimmung durch Ritter- und Landschaft mit 239 gegen 123 Stinimen abgelehnt.

„Wir haben erkennen müssen“, so hieß es in der Antwort des Schweriner Großherzogs im Erlaß an die Stände vom 29. Oktober, „daß wir Uns in Unserem Vertrauen auf die von den Ständen in kritischer Lage ihrem Landesherrn sonst nicht vorenthaltene treue Hilfe getäuscht haben. ... Die volle Verantwortung für die Mißstände und Schäden, welche dem Lande und Volke auf politischem, wirtschaftlichem und finanziellem Gebiete aus diesen, einstweiligen Scheitern des Reformwerkes entstehen, müssen wir denjenigen Ständemitgliedern zuweisen, welche durch ihre Stellungnahme das Zustandekommen einer Einigung verhindert haben.“ Schärfer und treffender noch erklärte der Strelitzer Großherzog: „Wir selber haben in dem Bestreben, Unseren getreuen Ständen ein Beispiel zu geben, und um den verbitterten Kämpfen im Lande ein Ende zu machen, Uns zu den weitgehendsten Zugeständnissen bezüglich der einzelnen Bestimmungen Unserer Vorlagen und zu erheblichen Opfern materieller Art bereit erklärt. Trotzdem ist eine Einigung nicht zu erreichen gewesen, weil, wie Wir offen aussprechen wollen, Unsere getreuen Stände sich nicht haben entschließen können, ihre Sonderwünsche und Sonderinteressen dem Gesamtwohl unterzuordnen, welches, wie von ihnen wiederholt anerkannt ist, eine Änderung der bestehenden Verfassung dringend erfordert. Wir überlassen den Ständen die Verantwortung, wenn Wir nunmehr gezwungen sind, Unsere auf die Reform der Landesverfassung gerichteten Bestrebungen einstweilen aufzugeben und davon Abstand zu nehmen, weiteren Kreisen der Bevölkerung eine ihren staatsbürgerlichen Rechten und Pflichten entsprechende Mitwirkung an den Geschäften der Landesverwaltung zu verschaffen und auf diese Weise die Intelligenz und Erfahrung weiterer Bevölkerungskreise für die Lösung der vielfachen und mannigfaltigen Aufgaben der Staatsverwaltung nutzbar zu machen.“

Dieses kritische und klare Urteil verfehlte nicht seine Wirkung. Nicht so sehr gegen die Forderung auf Einführung von „Intelligenz und Erfahrung“ in den Landtag durch Heranziehung „weiterer Bevölkerungskreise“, als vielmehr gegen den als „schweren Vorwurf“ empfundenen Satz von den „Sonderwünschen und Sonderinteressen der Stände gegenüber dem Gesamtwohl“ des Landes legten auf Veranlassung des Strelitzer Landrats Grafen Schwerin-Mildenitz, der gleich andern Landtagsboten den Gewinn des heutigen Tages darin sah, daß einstweilen die Verfassungsfragen ruhten, und von dem Worte „Verfassung“ nichts mehr zu hören wünschte, die anwesenden Ständemitglieder Verwahrung ein, mit Ausnahme des Bürgermeisters Dr. Frick-Plan, der „sich nicht überzeugen konnte, daß in dem beregten Passus etwas stände, was der Wahrheit nicht entspräche.“

* * *

Noch in den siebziger Jahren des vorigen Jahrhunderts war irgendein nennenswerter industrieller Großbetrieb in Mecklenburg nicht vorhanden. Mochten sich Ansätze dazu auch schon in früherer Zeit gezeigt haben und mochte die Vorbedingung für eine derartige Entwicklung in manchen Betrieben gegeben sein, so setzte ein wirklicher Großbetrieb doch erst zu Beginn der achtziger Jahre ein. Wenn trotzdem in den letzten Jahren und Jahrzehnten manche der heutigen Fabriken eine hundert- oder auch zweihundertjährige Feier ihres Bestehens veranstalteten, so gingen sie bei der Berechnung dieses Zeitraums auf die ersten Anfänge zurück, die meistens in der Anlage einer kleinen, rein handwerksmäßigen Werkstatt oder der Errichtung einer Arbeitsstätte bestanden, die nichts weniger als ein großindustrielles Aussehen hatte.

Der bergmännische Betrieb erstreckt sich in Mecklenburg lediglich auf die Gewinnung von Steinsalz und Kalisalzen. In Jessenitz und Lübtheen (im Südwesten des Landes) wurde 1886 bzw. 1895 mit der Anlage von Schächten begonnen. Die Aufschließungsarbeiten waren wegen des Wasserreichtums in jener Gegend überaus schwierig und dauerten an beiden Orten über zehn Jahre. Dennoch konnten beide Werke, die „Mecklenburgischen Kalisalzwerke Jessenitz“ und die „Mecklenburgische Gewerkschaft Friedrich Franz“ in Lübtheen, mit gutem Gewinn arbeiten. Der Wert der Förderung betrug mehrere Millionen Mark. So wurden z. B. 1908 in beiden Werken in Rohsalzen und Fabrikaten rund 190 000 Doppelzentner Reinkali abgesetzt. Die Verarbeitung der Kalisalze geschah größtenteils in eigenen Fabriken.

Die Arbeiterzahl betrug etwa 700 mit über 2000 Angehörigen. Bald aber wuchs die Gefahr des Wassers, und 1912 mußte Jessenitz, 1916 Lübtheen wegen Wassereinbruchs geschlossen werden. Schon 1910 war durch die Gewerkschaft Friedrich Franz ein drittes Werk in dem am Ostrande der Jabeler Heide gelegenen Conow bei Malliß begründet worden. Die Conower Salzquellen waren übrigens schon weit früher, im 14. und 17. Jahrhundert, wenn auch nur dürftig, ausgenutzt, 1736 aber durch die preußische Regierung, die damals im Pfandbesitz jener Gegend war, geschlossen und zu einer kleinen Gehöftsanlage, Conower Sülze, verwandt worden. Das neue Conower Werk, das zugleich den Betrieb der früher zum Friedrich-Franz-Werk gehörigen chemischen Fabrik in Lübtheen fortgesetzt hat, fördert besonders Kalidüngesalze für die Landwirtschaft.

Über den Wert der im Lande befindlichen Braunkohlenlager, denen neuerdings durch Bohrungsversuche wieder mehr Interesse zugewendet wird, kann erst die Zukunft entscheiden. Ausgebeutet wird die Braunkohle bisher nur in einem Werk bei Malliß, der „Friedrich-Franz-Zeche". Der Bau war schon vor einem Jahrhundert (1818) durch den Großherzog Friedrich Franz in Angriff genommen, aber zwanzig Jahre später wieder eingestellt worden, da Ausgaben und Einnahmen in keinem Verhältnis zueinander standen (25 000 : 13 000 Talern). Erst in den siebziger Jahren wurde nach weiteren ungünstigen Versuchen der Betrieb durch eine Handelsgesellschaft, die Mallißer Gewerkschaft, wieder ausgenommen, welche die geförderte Kohle aber größtenteils zum Betrieb eigener Ziegeleien ausnutzte.

Die im Lande weitverbreiteten Ton- und Mergellager haben die Industrie der Erden und Steine befördert. So gehören z. B. die großen Ziegelwerke in Blankenberg und in Papendorf (bei Rostock) nach ihrer ganzen Einrichtung und Betriebsart zu den modernsten in Deutschland. Große Zement- und Kunststeinfabriken sind in Neubrandenburg (Jäger), Friedland (Mosaikplattenwerk), Boizenburg (Duensing - Werke) entstanden. Eine kräftige Ausbeute der bei Feldberg in Mecklenburg-Strelitz im Boden lagernden umfangreichen, der Eiszeit entstammenden Gesteinsmassen geschieht durch das 1911 dort errichtete Schotterwerk. Der Steinindustrie zur Seite getreten ist die Holzindustrie. Große Holz- und Sägewerke haben sich in Wesenberg (Böttcher u.

Ahrens), Güstrow (Dettmann), Ribnitz (Staben) und anderen Städten gebildet, bedeutende Pantinen-, Faß-, Tür- und Fenster-, Wagenbau- oder Möbelfabriken in Rostock, Wismar, Schwerin, Neustadt, Parchim, Sternberg, Warm, Strelitz und anderswo. Besonders erwähnt werden mag in dieser Hinsicht auch noch die große, 1866 von dem damaligen Glaser und Vergolder Th. Heinsius begründete Goldleistenfabrik in Grabow, in der vor dem Kriege täglich über 10 000 Meter-Leisten hergestellt wurden.

Auf dem Gebiete der Eisen-, Stahl- und Maschinen-Industrie ist in Mecklenburg als eines der größten Unternehmen die Aktiengesellschaft „Neptun", Schiffswerft und Maschinenfabrik, in Rostock entstanden, hervorgegangen aus zwei älteren Betrieben, die 1890 von der Gesellschaft mit einem eingezahlten Aktienkapital von 3 900 000 Mark übernommen und miteinander verbunden wurden. Das erste auf der Werft gebaute Schiff war bereits 1867 von Stapel gelaufen, zwei Jahrzehnte später (1888) dagegen schon das hundertste. In dem Gesamtbetrieb arbeiteten Mitte der neunziger Jahre etwa 900 Arbeiter, deren Zahl zeitweilig schon auf 2000 gestiegen ist. Wegen des noch immer fehlenden eigenen Anschlußgleises an die Bahn und des zu flachen Wasserstandes der tiefgehende Schiffe nicht ins Dock gelangen läßt, hat die Werft jedoch die Konkurrenz mit anderen deutschen Werften noch nicht aufnehmen können. Weitere große Eisen- und Stahlwerke sind in Wismar (Podeus), Rostock (Dolberg) und Güstrow entstanden.

Unter den chemischen Großbetrieben nehmen neben den Rostocker Firmen Brunnengräber und Witte (Drogengroßhandlungen), der Schweriner Brunnengräber-Berwald (Seife), der Güstrower Hellinghaus u. a. eine besondere Stellung die Sprengwerke (Dynamitfabrik) in Dömitz ein. Das Aktienkapital, das 1892 bei der Gründung Millionen Mark betrug, war zu Anfang des Weltkrieges auf über 3 Millionen gestiegen.

Einen großen Umfang hat der Getreidemühlenbau genommen. Das größte Unternehmen dieser Art ist wohl die Firma Bollbrügge in Grabow. Schon unter dem 17. Juni 1717 erwarb der damalige Zeitpächter Mühlenmeister Hartwig Bollbrügge seine beiden Mühlen, die schon 1585 erbaute Kornmühle und die Walk- und Ölmühle, von Herzog Karl Leopold zu Erbpacht. Seitdem hat sich der Betrieb ständig vergrößert; in den Jahren 1828–31 wurde ein ganz neuer Bau aufgeführt, 1868 an Stelle der Wasserräder Turbinen eingebaut und Ende der neunziger Jahre ein automatischer Betrieb eingerichtet, bald auch eine Lokomobile eingefügt. Durch Erweiterung und Neuanlage von Bauten sowie durch Aufnahme neuer Handelsartikel wurde das ganze Erbmühlengewese im 20. Jahrhundert zu einem der ersten Getreide- und Saatengeschäfte des Landes. Etwas Ähnliches gilt von der Vierrade-Mühle, vor dem Treptower Tor in Neubrandenburg, dessen ursprünglicher Erbauer, wie noch die Inschrift am heutigen Gebäude besagt, Bernhard, der Sohn des Gründers von Neubrandenburg (Herbord) war (1287). Andere Mühlengroßbetriebe sind die Erbwassermühle in Findenwirunshier bei Neu-Caliß, die früher sämtliches Korn für Dömitz mahlte, und die Menckesche Dampfwassermühle in Parchim, deren Firma ursprünglich (1809) eine Drogen-, Material- und Kolonialhandlung betrieb. Die größte Zuckerfabrik in Mecklenburg ist die in Wismar (begründet 1890). Sie verarbeitete 1914 täglich über 800 Tonnen Rüben. Sämtliche elf Zuckerfabriken des Landes verarbeiteten 1910/11 über 600 000. Tonnen Rüben und erzeugten 98 000 Tonnen Rohzucker. Das Hauptabsatzgebiet für den Zucker, vornehmlich von Wismar, bildeten England und Frankreich. Die erste Molkereigenossenschaft wurde 1878 in Rostock begründet, 1881 eine zweite in Schwerin, 1883 eine weitere in Stavenhagen. Seit der Mitte der achtziger Jahre wuchs ihre Zahl ständig, so daß es 1915 bereits 122 Genossenschaften in zwei großen Genossenschaftsverbänden gab. Die Menge der von den rund 8500 Mitgliedern abgelieferten Milch betrug 150 Millionen Liter. Unter den Brauereien stehen an erster Stelle die schon 1770 begründete, seit Anfang der achtziger Jahre des 19. Jahrhunderts mit Dampfkraft und eigenem Wasserwerk versehene Brauerei von Christian Rose in Grabow, weit bekannt durch die Erzeugung und Versendung von Porter, ferner die von Mahn und Ohlerich in Rostock und diejenige des Vereins mecklenburgischer Wirte in Lübs, deren Gesellschaft auch eine Anzahl Brauereien in anderen Städten erwarb. Von anderen Nahrungs- und Genußmittelbetrieben in Mecklenburg haben eine große Bedeutung erlangt: die seit etwa 1850 bestehende Kakao- und Schokoladenfabrik von C. L. Friedrichs in Rostock mit ihren Filialen in vielen Städten des Landes und selbst in

Berlin und Lübeck, die 1804 begründete Zichorienfabrik von J. H. L. Hoffmann in Parchim und die Bollhagensche Pfeffernuß- und Biskuitfabrik in Grabow. Erwähnenswert sind auch noch verschiedene Wurst- und Fleischwarenfabriken in Crivitz, Ludwigslust, Teterow und anderen Orten, sowie Fischgroßhandlungen und Räuchereien, besonders in Rostock, Warnemünde und Wismar.

Der Herstellung von Leder und verwandten Stoffen dienen besonders die Fabrik Staude in Grabow, die Lederwerke in Neustadt, die Arminiuswerke in Rostock u. a., der Papierfabrikation die Feinpapierfabrik Schöller und Bausch in Neu-Caliß bei Dömitz, die Papiermühlen bei Neubrandenburg und Wismar u. a. mehr.

Als Zeitungsverläge, die über das rein lokale Interesse hinausgehen und meist mit einer Buchdruckerei verbunden sind, haben sich als die verbreitetsten durchgesetzt die „Mecklenburgische Zeitung" (gegründet 1757) und die „Mecklenburger Nachrichten" (1876), beide in Schwerin, der „Rostocker Anzeiger" (1881), die „Rostocker Zeitung" (gegründet schon 1711) und die ebenfalls in Rostock erscheinende „Volkszeitung" (1891), außerdem besonders für Mecklenburg-Strelitz die „Landeszeitung" in Neustrelitz (1875).

So ragen unter den mecklenburgischen Städten einige durch größere Industrieanlagen hervor. Neben den beiden Seestädten Rostock und Wismar, der Landeshauptstadt Schwerin und der alten Vorderstadt Güstrow ist es unter den kleineren Städten in erster Linie Grabow, das oft geradezu als Industriestadt bezeichnet wird. Aber auch die übrigen Städte haben mehr oder weniger industrielle Betriebe, einige, wie bereits angegeben, ebenfalls größere, die meisten mittlere oder kleinere. Die Gesamtzahl der Betriebe, die mindestens 11 Arbeiter beschäftigen, beträgt etwa 6000. Dabei hat, abgesehen von der Ausdehnung und Vergrößerung der einzelnen Betriebe, an Zahl der Arbeitsstätten, die Holz-, Eisen- und Lederindustrie den größten Zuwachs seit 1871 aufzuweisen, während die Steinfabriken und die Getreidemühlen im ganzen ihren früheren Stand bewahrt, die Brennereien und Brauereien, besonders aber die Tuchfabriken sich vermindert haben.

Es ist bei der angegebenen Zahl sehr schwer, zwischen dem kleineren industriellen und dem einfachen Handwerksbetrieb die Grenze zu ziehen. Im Jahre 1914 gab es in den beiden Mecklenburg rund 20 000 selbständige Handwerksbetriebe. Rechnet man Industrie und Handwerk zusammen, so ergeben sich für beide Mecklenburg etwa 25 000 selbständige Betriebe aller Art.

Und doch dienen beide mecklenburgischen Länder (etwa 13 000 bzw. 3000 Quadratkilometer mit rund 650 000 bzw. 100 000 Einwohnern) in wirtschaftlicher Beziehung noch heute in erster Linie dem Ackerbau und der Viehzucht. In Mecklenburg-Schwerin wird gegen drei Viertel, in Strelitz (mit dem Fürstentum) etwa zwei Drittel des Gesamtlandes für land- und viehwirtschaftliche Betriebe ausgenutzt. In einigen kleinen Bezirken, vor allem im Klützer Winkel und im Doberaner Bezirk, gleicht die Bodenkultur mit 80 Prozent und mehr Bodenausnutzung den besten Gegenden des Deutschen Reiches. Fast die Hälfte aller Einwohner lebt von der Landwirtschaft. Mecklenburg erhebt sich in dieser Hinsicht über den Gesamtdurchschnitt im Deutschen Reich, wo nur etwas mehr als die Hälfte der Bodenfläche und nur etwa ein Drittel der Bevölkerung für den Acker- und Landbau in Betracht kommt. Trotzdem entspricht die Ausnutzung und damit der jährliche Ertrag des Bodens keineswegs dem, was erzielt und erreicht werden könnte. Wenn Mecklenburg dennoch andere deutsche und selbst außerdeutsche Länder durch den Überschuß der Produktion mit Naturalien verschiedenster Art versorgt, so liegt das hauptsächlich an der verhältnismäßig geringen Einwohnerzahl. Tatsächlich könnte Mecklenburg das Drei- oder Vierfache ernähren. Aber schon die Verteilung des anbaufähigen Bodens verhindert eine so ausgedehnte Besiedlung. Vorherrschend ist der Großgrundbesitz (Großbetriebe von 100 Hektar an). Er umfaßt über die Hälfte aller landwirtschaftlich bearbeiteten Flächen und hat meistens auch den besten und ertragreichsten Boden in Besitz, wie es z. B. besonders in Mecklenburg-Strelitz an dem sogenannten Werder, dem fruchtbarsten Teil dieses Landes, hervortritt, der nur ritterschaftliche Güter und kein Domanium enthält. Wenn man zum Vergleich wieder das gesamte Deutsche Reich heranzieht, in dem der Großgrundbesitz mit nur etwa ein Viertel aller Ackerbauflächen vertreten ist, so erkennt man die besondere Bedeutung desselben in den mecklenburgischen Verhältnissen. Der Großgrundbesitz ist hier ein Faktor, mit dem das Land seit Jahrhunderten bei allen Neueinrichtungen in politischer, wirtschaftlicher und sozialer Hinsicht, vornehmlich auch in der Verfassung, zu rechnen gehabt hat. Etwa 650 Grundherren haben im Schwerinschen über 1000, 70 im Strelitzschen über 100 größere Güter in Besitz. Davon gehört der Landesherrschaft allein 76 bzw. 17. Aber auch unter den übrigen Grundherren finden sich solche mit einem Besitzstand von mehreren tausend Hektar, wie z. B. die Grafen Hahn-Hahn mit 9000 und die Grafen von Plessen-Ivenack mit 7400 Hektar. Ein großer Nachteil für das Land war die stetig wachsende Zahl der Fideikommisse. Um die Mitte des vorigen Jahrhunderts betrug sie etwa 90, zu Anfang des 20. Jahrhunderts das Doppelte. Sie verhinderte die notwendige Vermehrung mittleren und kleinen Grundbesitzes. Die mittelgroßen Betriebe (20 bis 100 Hektar) umfassen nur ein Viertel, die kleinen (unter 20 Hektar) sogar nur ein Achtel aller Anbauflächen.

Die Hauptfrucht des Landes bildet auch heute noch der Roggen mit etwa ein Drittel, nächst ihm steht der Hafer mit einem Viertel und der Weizen mit einem Achtel der gesamten Anbaufläche. Stark zurückgegangen ist infolge der Einfuhr ausländischer Ölfrüchte der Anbau von Raps, der früher sehr bedeutend war. Dagegen ist der Gersten-, Kartoffel- und besonders der Zuckerrübenbau im Wachsen begriffen. Der Unterschied zwischen den größten und kleinsten Ernten ist bei den einzelnen Fruchtarten bisweilen ein sehr großer. So ergaben in Mecklenburg-Schwerin der Roggen 1913 : 419 415, dagegen 1895 nur 149 935 Tonnen zu 1000 Kilogramm (20 Zentner), der Weizen 1899: 123 768, 1901 aber nur 7875 Tonnen, der Hafer 1912: 380 994, 1893 nur 126 708 Tonnen, die Kartoffeln 1912: 1 218 225, 1891 aber nur 374 130 Tonnen, die Zuckerrüben 1914: 557 704, dagegen 1908: 338 720 Tonnen. Der Kleebau brachte 1908: 507 293, 1900 nur 69 493 Tonnen, und an Heu wurden 1912: 595 245, 1893 aber nur 307 873 Tonnen geerntet.

In der Viehwirtschaft war in Mecklenburg-Schwerin seit der ersten Viehzählung 1851 bis zur letzten vor dem Kriege (1913) die Anzahl der Rinder von 269 975 auf 382 534, also beinahe um die Hälfte, die der Schweine sogar von 128 373 auf 594 166, d. h. um das 4 1/2-fache, die der Pferde von 77 623 auf 112 824, die der Ziegen von 9393 auf 24 466 gestiegen, dagegen war die Zahl der Schafe von 1 181 083 auf 293 489, d. h. beinahe auf ein Viertel des früheren Bestandes gesunken. In Mecklenburg - Strelitz ist das Verhältnis ein ähnliches, nur daß der Unterschied in der Anzahl der Schafe sich ein wenig mildert. Der Grund für den Rückgang der Schafzucht liegt besonders in der Veränderung der bäuerlichen Wirtschaftsverhältnisse, die durch die dorfschaftsweise Vererbpachtung im Domanium seit Ende der sechziger Jahre vor sich ging. Das Schaf, dessen Zucht und Verwertung sich nur in größeren Herden lohnt, ist seitdem in erster Linie auf dem ritterschaftlichen Großgrundbesitz heimisch. Daher ist denn auch die Gesamtzahl aller in der Ritterschaft vorhandenen Schafe etwa dreimal so groß als im Domanium. Die starke Vermehrung der Schweine und auch der Ziegen als der Tiere des kleinen Mannes erklärt sich aus demselben Grunde. Während auf den Gütern die Schweinezucht im großen die gleiche geblieben ist, hat sie sich im kleinen bei den Tagelöhnern und Kleinbauern beträchtlich verstärkt.

Zur Hebung von Handel und Verkehr war zunächst eine Erweiterung des bisherigen Eisenbahnnetzes nötig. Die erwähnte Übernahme aller bisherigen Eisenbahnen durch den Staatsfiskus war allerdings nicht von langer Dauer gewesen. Schon 1873 mußte die Schweriner Regierung infolge finanzieller Schwierigkeiten die Eisenbahnen einer Privat-Aktiengesellschaft, der „Mecklenburgischen Friedrich-Franz-Eisenbahngesellschaft“, käuflich überlassen. So kam es, daß zu den bestehenden Linien fast ein ganzes Jahrzehnt keine neuen gebaut wurden. Nur eine zweite nichtmecklenburgische, die 1874 erbaute Strecke Wittenberge-Buchholz, wurde mit der Station Dömitz durch mecklenburgisches Gebiet geführt. Von Jahr zu Jahr aber steigerte sich im Lande allgemein das Verlangen nach Vermehrung der Eisenbahnen, besonders in den Städten, die in dieser Hinsicht des öfteren bei der Landesregierung vorstellig wurden. Eine Vereinbarung zwischen Regierung und Ständen auf den Landtagen 1878 und 1882 trug den Wünschen Rechnung. Danach sollte für neue Bahnlinien bis zu 25 Kilometern eine Landesbeihilfe von 20 000 Mark, bei längeren Strecken eine solche von 10 000 Mark für den Kilometer gewährt werden. Es folgte nun in den achtziger Jahren der Bau von nicht weniger als 14 neuen Linien, darunter die Südbahn Ludwigslust-Neubrandenburg (1880 und 1885), Güstrow-Plau-Landesgrenze (1882 und 1886),

Wismar-Rostock (1883), Warnemünde-Neustrelitz mit Postdampfschiffverbindung von dem dänischen Gjedser her (1886), Wismar-Karow (1887), Rostock-Ribnitz-Stralsund (1889), Schwerin-Ludwigslust (1889) und Ludwigslust-Dömitz (1890).

Aber alle diese neuen und auch die alten Linien waren im Besitz verschiedener Herren, Verwaltungen oder Gesellschaften, im ganzen neun, darunter außer der „Friedrich-Franz-Eisenbahngesellschaft" „Bachstein", Berlin (für die Südbahn), „Lenz", Stettin (für Güstrow-Plan-Landesgrenze, Wismar-Rostock, Wismar-Karow und andere Linien), die „Société Belge", Brüssel (für Gjedser-Warnemünde-Neustrelitz), die preußische Staatsbahnverwaltung für Rostock-Ribnitz usw. Eine solche Zersplitterung beeinträchtigte das gesamte Verkehrswesen durch ständige Reibereien zwischen den einzelnen Verwaltungen, durch gegenseitige Übervorteilung, durch den Mangel eines einheitlichen Fahrplans sowie durch verschiedene Grundsätze in Fahrpreis, Beförderung und Betrieb. Da faßte die Schweriner Regierung den Plan zum „Ankauf der im Lande befindlichen Eisenbahnen aus allgemeinen Landesmitteln" und machte im Oktober 1889 dem Landtage eine betreffende Vorlage. Es kamen zunächst nur sechs Bahnen in Betracht: Friedrich-Franz, Güstrow-Plau, Gnoien-Teterow, Wismar-Rostock, Doberan-Heiligendamm und Wismar-Karow. Der Preis betrug zusammen rund 57 Millionen Mark. Anfangs lehnten die Stände ab, dann aber willigten sie mit einigen Bedingungen ein, und vom 1. Januar 1890 ab gingen mit Ausnahme von Warnemünde-Neustrelitz, Ludwigslust-Neubrandenburg und Wismar-Karow alle anderen Privatbahnen in staatliche Verwaltung über. Vom 1. April d. J. ab wurde der gesamte Betrieb durch die Großherzogliche General-Eisenbahndirektion in Schwerin geleitet, dessen erster Vorsitzender mit dem 1. April 1891 der Geh. Ministerialrat Ehlers wurde, ein Mann von umfassendem praktischen Wissen und von großer Umsicht, der recht eigentlich der Urheber des Verstaatlichungsgedankens gewesen ist. Als Beirat für die Landesregierung im Eisenbahnverkehrswesen wurde 1890 ein Landeseisenbahnrat geschaffen, bestehend aus 14 Mitgliedern der verschiedenen Zweige des wirtschaftlichen, industriellen und kommerziellen Lebens. Schon in den nächsten Jahren (bis 1896) wurden auch die drei noch fehlenden Linien verstaatlicht und sodann eine Anzahl neuer Linien begründet, so Rostock-Triebsees (1895), Schwerin-Gadebusch-Rehna (1897), Verlängerung der schon 1888 erbauten Strecke Schwerin-Crivitz bis Parchim (1899), Grevesmühlen-Klütz (1905), die Strandbahn Heiligendamm-Ahrendsee (1910) und andere mehr. Alle Städte bis auf eine (Marlow und dazu eine große Zahl von Dörfern und Gütern waren nunmehr dem Eisenbahnnetz angeschlossen. Die Gesamtlänge der Mecklenburg-Schweriner Schienenwege, die 1847 mit 49 Kilometern begann, betrug 1915 schon 1178 Kilometer, wobei die Teilstrecken der preußischen Bahnen nicht mitgerechnet sind. Die Zahl der täglich verkehrenden Personenzüge, die 1868 auf den einzelnen Strecken meist drei betrug, hatte sich verdoppelt oder verdreifacht. Dasselbe galt von der Güterbeförderung. Rund 7000 Ober- und Unterbeamte nebst Arbeitern standen im Dienste der Eisenbahnverwaltung, deren Einnahmen sich im Geschäftsjahr 1913/14 auf 24 232 000 Mark gegenüber den Ausgaben von 18 802 000 Mark beliefen und somit einen Betriebsüberschuß von 5 430 000 Mark ergaben. Die Schuldverbindlichkeit betrug noch 64,84 Prozent vom Anlagekapital. Außer der Hamburg-Berliner durchschneidet auch noch die Mitte der neunziger Jahre erbaute ebenfalls preußische Staatsbahn Hagenow-Oldesloe einen Teil des Schweriner Landes und hat mehreren Städten und Ortschaften im Südwesten (Wittenburg, Zarrentin u. a.) Bahnverbindung gebracht. Eine besondere Wichtigkeit erlangten auch die neuerdings von den Rittern im Landtag so gern beantragten schmalspurigen Kleinbahnen, auch „Rüben“- oder „Zuckerbahnen“ genannt, die der Abfuhr dieser und ähnlicher Produkte von den Gütern zur Hauptstation dienen, ähnlich den vielen Anschlußgleisen für Fabriken, Ziegeleien, Holzläger u. dgl. m.

Später als im Schwerinschen setzte die Entwicklung des Eisenbahnwesens in Strelitz ein. Lange Zeit war die schon genannte Teilstrecke der Schweriner Friedrich-Franz-Eisenbahn, Güstrow–Neubrandenburg– Strasburg, die einzige im Lande. Sie bildete daher 1871 auch den einzigen Schienenstrang zur Rückbeförderung der Strelitzer Garnison bis Neubrandenburg. Seit Anfang der siebziger Jahre durchquert eine zweite, ebenfalls ausländische, die preußische Nordbahn Berlin-Stralsund, das Land, und zwar von Süden nach Norden (von Dannenwalde bis Reddemin) in einer Länge von 73 Kilometern. So wurde Neubrandenburg ein Hauptknotenpunkt für den Strelitzer Eisenbahnverkehr. Erst nach längerer Pause erfolgte der Bau mehrerer Privatbahnen: Neubrandenburg-Friedland (1884), Neustrelitz-Wesenberg-Mirow-Landesgrenze-Wittenberge (1890/93), Blankensee-Woldegk-Strasburg (1893). Die beiden letzteren Bahnen wurden 1894 von der neugegründeten Friedrich-Wilhelm-Eisenbahngesellschaft übernommen, die 1908 auch noch die Strecke Neustrelitz-Blankensee und 1910 die Linie Neustrelitz-Thurow-Feldberg schuf. Im Norden des Landes (um Friedland) wurde eine große Anzahl Güter durch die Mecklenburg-Pommersche Schmalspurbahn (Aktiengesellschaft, seit 1892) verbunden, die in ihrer Art den genannten Rüben- und Zuckerbahnen gleicht. Eine der Schweriner Friedrich-Franz-Eisenbahn ähnliche Strelitzer Staatsbahn ist im Lande nicht vorhanden. Trotzdem sind auch hier alle Städte und viele Dörfer mit oft sehr günstiger Bahnverbindung versehen. Die Gesamtlänge aller Schienenstränge im Strelitzschen ohne die Schmalspurbahn beträgt 287 Kilometer. Diese hat eine Länge von 56 Kilometern.

Statt der 81 Postanstalten, mit denen Mecklenburg 1868 in die norddeutsche Bundespost eintrat, gab es 1912 im Schwerinschen schon 15 Postämter erster, 17 zweiter und 43 dritter Klasse, außerdem 177 Postagenturen, im Strelitzschen mit Einschluß des Fürstentums 3 Postämter erster, 5 zweiter und 5 dritter Klasse, außerdem 37 Postagenturen. Eine dementsprechende Entwicklung hat auch die Telegraphic genommen, und neuerdings sind beide Mecklenburg auch hinsichtlich der Orts- und Fernsprecheinrichtung wie mit einem dichtmaschigen Netz überzogen. Von besonderer Bedeutung ist die 1888 geschaffene Telegraphenverbindung zwischen Warnemünde und Gjedser geworden. Das Kabel, das am 3. September d. J. von Warnemünde aus in zwölf Stunden gelegt wurde, ist 50 Kilometer lang, wog 241 000 Kilogramm und kostete 200 000 Mark.

Mit dem 1. Oktober 1903 trat an die Stelle des bisherigen Postdampfschiffsverkehrs Warnemünde-Gjedser die Fährenverbindung mit zwei mecklenburgischen und zwei dänischen Fähren. Bereits im ersten Jahre führten die vier Fähren zusammen 2749 Fahrten aus und beförderten dabei 22 300 Personen und 27 500 Tonnen Güter. Im Jahre 1911/12 betrug die Zahl der Personen dagegen schon 132 437, die der Tonnen 200 000 mit einem Betriebsüberschuß von beinahe 90 000 Kronen oder rund 100 000 Mark. Im Jahre 1913 betrug die Zahl der abgegangenen und angekommenen Führen je 2049, die insgesamt 42 888 Tonnen Güter von Dänemark und 184 371 Tonnen nach Dänemark, zusammen 227 259 Tonnen beförderten.

In der mecklenburgischen Reederei hat seit dem Anschluß Mecklenburgs an den Norddeutschen Bund bzw. an das neue Deutsche Reich eine starke Abnahme des Schiffsbestandes nach Zahl und Tonneninhalt eingesetzt. Als Glied eines großen Ganzen bedurfte das Land nicht mehr einer so starken Handelsflotte wie früher, da es noch auf sich selbst angewiesen war. Eigene und fremde Schiffe regeln seitdem gemeinsam den Handelsverkehr durch Ein- und Ausfuhr. Während Rostock 1885 noch 311, Wismar 36 Schiffe mit 100 320 bzw. 9090 Registertons besaß, belief sich der Bestand der mecklenburgischen Reederei 1914 auf 63 Rostocker und 12 Wismarsche Schiffe mit 72 441 und 2463 Tonnen. Trotzdem bedeutete dieser Rückgang an Schiffen keine Abnahme im Schiffsverkehr, vielmehr stieg die Zahl der in Warnemünde–Rostock jährlich angekommenen und ausgelaufenen Schiffe in den Jahren 1886 bis 1913, ohne die Postdampfschiffs- bzw. Fährenverbindung Warnemünde–Gjedser, von 1609 auf 3328 Schiffe, in Wismar in dem Dezennium 1875 bis 1885 von 618 auf 975 und von da bis 1913 auf 1708 Schiffe. Die Postdampfer bzw. Fähren Warnemünde–Gjedser und zurück machten im ersten Eröffnungsjahre 1886 nur 186 (Doppel-) Fahrten, 1913 dagegen 2049. Die Einfuhr betrug 1913 in Rostock (mit Einschluß der Fähren) 247 670, in Wismar 213 037 Tonnen, die Ausfuhr 367 175 bzw. 122 564 Tonnen. Ohne die Fähren zeigte Wismar mit seinen 213 037 Tonnen noch eine etwas stärkere Einfuhr als Rostock mit seinen 204 782 Tonnen, in der Ausfuhr aber war Rostock (schon ohne die Fähren) mit 182 804 Tonnen Wismar mit 122 564 Tonnen weit überlegen. Die Fähren beförderten 42 888 Tonnen Güter von und 184 371 nach Dänemark. Die Einfuhr erstreckte sich in beiden Häfen in erster Linie auf Steinkohlen (zusammen ohne die Fähren über 200 000 Tonnen), die Ausfuhr besonders auf Getreide (Roggen, Weizen, Hafer; zusammen über 250 000 Tonnen). Außerdem bildeten Holz, Vieh, Steine u. a. Einfuhr-, Zucker, Salz u. a. Ausfuhrartikel.

Von den beiden Seehäfen ins Innere des Landes (bzw. umgekehrt) erfolgt die Beförderung in der Hauptsache durch die Bahn, die auch den weitaus größten Teil des Handelsverkehrs von und nach Osten (Stettin), von und nach Westen (Hamburg), von und nach Süden (Berlin) vermittelt. Dem gegenüber tritt die Bedeutung der Wasserwege, mit Ausnahme der Elbe bei Boizenburg, mehr in den Hintergrund. Nur Kohlen, Holz, Steine und ähnliche Güter nehmen aus Rücksicht auf den Frachtpreis oft ihren Weg zu Wasser, besonders da, wo es sich um den Abtransport aus Ziegeleien und ähnlichen Betrieben handelt. Städte und Ortschaften, auch größere Güter, die an oder in der Nähe eines der durch Mecklenburg führenden Wasserwege liegen, decken einen Teil ihres Bedarfs an Kohlen u. dgl. gelegentlich auch durch Frachtkähne. Es ist jedoch bezeichnend, daß die in Warnemünde–Rostock und Wismar vom Auslande eingekommenen und zur Weiterbeförderung ins Inland bestimmten Mengen an Steinkohlen und Hölzern 1914 zu (101682 Tonnen) mit der Bahn und nur 1/10 (11 453 Tonnen) auf den Wasserwegen transportiert wurden. Die Menge der entladenen Güter auf sämtlichen mecklenburgischen Flüssen und Kanälen betrug 1910 über 400 000 Tonnen.

Von den früher in mehreren Städten namhaften Märkten hat der Güstrower Wollmarkt die größte Bedeutung bewahrt. Aus den 1911 aus 700 Ortschaften angelieferten und dort verkauften 762 900 Kilogramm meist ungewaschener Wolle wurde ein Erlös von 1469 300 Mark erzielt. Auf dem Neubrandenburger Pferdemarkt, 1869 als Zuchtmarkt für edlere Pferde begründet, bald auch mit sportlichen Veranstaltungen und einer Lotterie verbunden, betrug die Zahl der ausgestellten Pferde beim erstenmal 388, ein Jahr später (1870) bereits 757. Zu Ende des 19. und Anfang des 20. Jahrhunderts ist die Zahl der Pferde wie auch die Bedeutung des Marktes überhaupt etwas gesunken. Immerhin waren 1913 noch 479 Pferde vorhanden. Der Rostocker 14tägige Pfingstmarkt in der Pfingst- und Trinitatiswoche hat von seinem früheren messenartigen Charakter stark eingebüßt. Mögen auch besonders in der zweiten Woche noch unter dem Zustrom vieler Fremden manche Handelsgeschäfte abgeschlossen und durch Ein- und Verkäufe nicht geringe Summen Geldes umgesetzt werden, so gilt der Markt heute doch besonders dem Vergnügen fast aller Volkskreise. –

Dreimal (1883, 1892 und 1911) fanden in Schwerin bzw. Rostock Landes-, Gewerbe- und Industrie-Ausstellungen statt.

Einen großen Aufschwung hat der Fremdenverkehr in den mecklenburgischen Ostseebädern genommen. Bis 1887 blieb in Warnemünde die jährliche Zahl der Badegäste unter 4000; dann aber nahm sie beträchtlich zu und stieg 1913 auf über 21 000. In Heiligendamm, dem ältesten deutschen Ostseebad, hielt sich, der Art der ganzen Anlage entsprechend, der Besuch bis in die neueste Zeit in bescheidenen Grenzen; 1913 weilten dort 1891 Badegäste. Brunshaupten, welches Anfang der neunziger Jahre erst 700 Gäste aufwies, zählte 1913 über 17 000, zusammen mit dem nahen Arendsee sogar über 28 000. Dieses Doppelbad hat sich neben Warnemünde am kräftigsten entwickelt und genießt heute einen weit über Mecklenburgs Grenzen hinausreichenden Ruf. Von den übrigen kleineren Bädern war in den siebziger, ja selbst achtziger Jahren noch wenig bekannt. Die Gesamtzahl der Badegäste in allen Seebädern betrug 1913 bereits 60 000. –

Wie die Ostseeküste für das Mecklenburger Land einerseits eine Quelle ausgiebigen Gewinnes bildet, so kann sie ihm anderseits gelegentlich auch nicht unbeträchtlichen Schaden zufügen, der allerdings gegenüber dem Gewinn kaum in Anschlag zu bringen ist. Bereits mehrmals war die mecklenburgische und die benachbarte Ostseeküste im Laufe der Jahrhunderte von großen Sturmfluten heimgesucht worden. Als solche Unglücksjahre werden – wenn man von einer Bemerkung des Saxo Grammatikus, des Chronisten am Ende des 12. Jahrhunderts, absieht, wo dieser von „einer winterlichen Sturmflut“ spricht – die Jahre 1625, 1694 und 1784 überliefert. Die größte Sturmflut jüngerer Zeit aber war die vom 12. und 13. November 1872. Am 13. war das Wasser bereits so hoch gestiegen, daß es für viele Ortschaften keine Rettung mehr gab. In Wismar stand es 3, in Lübeck sogar noch höher über dem normalen Niveau. Häuser stürzten ein, Bäume wurden entwurzelt, ganze Strecken Landes vom Ufer abgerissen, zahlreiches Vieh kam in den Wogen um, und auch viele Menschen, die sich nicht mehr hatten retten können, fanden in dem nassen Elemente ihren Tod. Einzelne Besitzer auf der Insel Poel berechneten ihren Verlust auf 10 000 Taler, und in Rostock, wo ganze Teile von der Stadtmauer und den Häusern am Ufer der Warnow zerstört wurden, betrug der angerichtete Schaden weit über 150 000 Taler. Die Badeorte Warnemünde, Heiligendamm und Boltenhagen boten ein grausiges Bild völliger Verwüstung. Eine ähnliche, wenn auch nicht so umfangreiche Verheerung zeigte die Sturmflut vom 30. Dezember 1913; sie war von einem gewaltigen Schneetreiben in ganz Norddeutschland begleitet, das im Lande alles – stellenweise mehrere Meter hoch – mit einer weißen Decke überzog. Am Strande der Rostocker Heide, einem großen Waldrevier zwischen Warnemünde und Ribnitz, riß die Sturmflut, wie die in den nächsten Wochen gemachten Messungen ergaben, 300 000 Kubikmeter Land fort, legte aber – gleichsam als Ersatz für den Verlust – ein altes Torflager frei. Auch die Insel Poel erlitt, wie 1872, wieder beträchtliche Uferveränderungen. In Warnemünde, Wolgast und vielen anderen Orten mußte man sich noch am 31. Dezember der Kähne als Verkehrsmittel in den Straßen bedienen.

Aus der weitverzweigten mecklenburgischen Literatur neuerer und neuester Zeit heben sich einige Namen ganz besonders hervor. Als echter Heimatdichter nach der Art Fritz Reuters schrieb der Rostocker Adolf Brandt (geb. 1851 in Fahrbinde bei Schwerin, gest. 1910), bekannt unter seinem Pseudonym Felix Stillfried, seinen großen Roman „De Wilhelmshäger Kösterlüd", in dem er die Geschichte seiner eigenen Jugendzeit mit der Schilderung der Verhältnisse des mecklenburgischen Lehrerstandes verknüpfte. Tiefe Lebenswahrheit, prächtiger Humor und ein warmer Sonnenschein erfüllt auch seine anderen Werke, wie „De unverhoffte Arwschaft", „Hack un Plück", „Fritz Stoppsack", besonders aber den Roman „Ut Sloß und Katen" oder „Dürten Blanck", wohl Stillfrieds schönste Gabe an seine mecklenburgischen Landsleute. Neben Stillfried, ihm geistesverwandt und von derselben Liebe zur niederdeutschen Heimat durchdrungen, steht der Lyriker Helmut Schröder (geb. 1842 in Spornitz bei Parchim, gest. 1909). Wie Brinckman, so pflegt auch Schröder vornehmlich die Dorfpoesie in seinen Gedichtsammlungen „As't de Garw giwt", „Krans und Strüz" und „Ut minen lütten Gorden". Wie der letzte Name schon andeutet, will Schröder nicht große Probleme und Ereignisse behandeln, sondern klein und eng begrenzt ist das Quellgebiet, aus dem seine Kunst schöpft, doch um so köstlicher sind die Perlen, die er ihm entlockt. An die Reutersche Läuschendichtung knüpfte neben den beiden

Schwerinern Karl Schöning (geb. 1855 in Parchim) und Otto Metterhausen (geb. 1861 in Wittenburg) besonders in geradezu vollendeter Form der ebenfalls Schweriner Rudolf Tarnow an. Seine bereits in mehreren Bänden erschienenen „Burrkäwers“, die oftmals an kleine spaßhafte Begebenheiten im alltäglichen Leben, in der Schule, auf der Reise, bei groß und klein anknüpfen, sind voll so gesundem Humor und von so herzerfrischender Weise, daß sie zu dem Besten gehören, was überhaupt auf diesem Gebiete niederdeutscher Dichtung geschaffen worden ist. Als ein Schriftsteller, der dem mecklenburgischen Volke die Geschichte seines Landes in durchaus volkstümlichen Erzählungen vor Augen führen will, hat sich Karl Beyer (geb. 1841 in Schwerin) bewährt in seinen historischen Romanen „Um Pflicht und Recht“, „Anastasia“, „Pribislaw“, „Ein Neubau unter Trümmern“, „Die alte Herzogin“, „Die Nonnen von Dobbertin“, „Pascholl“ u. a. mehr. Als Dichter der mecklenburgischen Kleinstadt, vornehmlich des Strelitzer Landes, zeigt sich der zwar nicht in Mecklenburg beheimatete, wohl aber mit dem „Lande Dörchläuchtings“ in seinem Leben eng verbundene Marx Möller (geb. 1868 in Hamburg) in seinen Romanen „Im lachenden Lande“, „Wem Gott will rechte Gunst erweisen“ und neuerdings „Longinus Meyer“. Ihre mecklenburgische Eigenart haben der Frankfurter Richard Dohse und die Berlinerin Marie Diers, beide aus Lübs in Mecklenburg-Schwerin stammend (geb. 1875 bzw. 1867), in vielen ihrer Schriften, Romanen und Novellen bewahrt. Auch Adolf Wilbrandt (geb. 1837 in Rostock) hat sein Heimatland nicht vergessen. Nach einem arbeits- und schaffensreichen Leben, zuletzt als Direktor des Wiener Burgtheaters, ist er 1887 nach Mecklenburg zurückgekehrt und 1911 in Rostock gestorben. Zur dichterischen Gestaltung haben ihn die heimatlichen Verhältnisse nicht veranlaßt; nur stellenweise bilden sie in einigen Werken den Hintergrund. Ganz anders dagegen steht es bei Heinrich Seidel (geb. 1842 im Pfarrhause zu Perlin bei Wittenburg). Sein Vater siedelte 1852 als Pastor an die Nikolaikirche in Schwerin über. Der Sohn wandte sich 1859 dem Maschinenbau zu. Dann war er später in verschiedenen bahntechnischen Betrieben in Berlin tätig und ist 1906 in Großlichterfelde bei Berlin gestorben. Wer könnte den Zauber des mecklenburgischen Landes wohl schöner malen, als es Seidel in dem Vorwort zu seinen Geschichten „Aus der Heimat“ getan hat: „Wo eines Menschen Wiege stand, wo er die Zeit des reinsten Glückes, die Zeit seiner Jugend verlebte, dahin sehnt sich seine Seele allezeit zurück, denn es schwebt ein Zauber der Erinnerung über jenen Fluren, der nie vergeht. Keinen Fleck gibt es auf der weiten Erde, und wäre er noch so öde und unwirtlich, daß er nicht dem, der dort geboren und aufgewachsen ist, hold und liebenswert erschiene, und ich sollte dein vergessen, mein Heimatland, daß du so schön bist im Schmuck der blauen Seen und der hochragenden Buchenwälder?“ Eine tiefe Liebe zur Heimat spricht auch aus seinen Erstlingswerken, dem „Sommermärchen“ und dem „Rosenkönig“, ebenso aus seinen späteren Werken: „Balthasar Scharffenberg“, „Von Perlin mach Berlin“ und anderen. Seidels bester Freund in Berlin wurde Johannes Trojan (geb. 1837 in Danzig). Oft weilten beide zur Sommerszeit an der Ostsee. Dieser Aufenthalt gab Trojan Stoff für kleine Bilder und Skizzen aus Mecklenburg, so besonders für „Das Wustrower Königsschießen“ (1894). Seinen Lebensabend hat er in Rostock verbracht. Nachbarliche Beziehungen zu Mecklenburg knüpfte der in Lübeck 1815 geborene und ebendaselbst 1884 gestorbene Dichter Emanuel Geibel an. Er hat Mecklenburg in dem schönen „Trinkspruch“ verherrlicht, dessen Anfang und Ende lauten:

Stoßt an im Saft der besten Reben!
Stoßt an: Land Mecklenburg soll leben,
Land Mecklenburg mit Schwert und Pflug!
Die Perle gab es uns der Frauen
Und jenes Paar mit greisen Brauen,
Das unsres Ruhmes Schlachten schlug.

In dem großen Kreis der anderen Heimatschriftsteller gebührt Johannes Gillhoff (geb. zu Glaisin in Mecklenburg) mit seinen „Bildern aus dem Dorfleben“ und neuerdings seinem in ganz Deutschland von der Kritik besonders günstig aufgenommenen „Jürnjakob Swehn, der Amerikafahrer“, der Geschichte eines Mecklenburger Tagelöhnersohnes, und Sophie Kloerß in Schwerin (geb. 1866 in Wandsbeck) mit ihren Romanen „Margareth von Bützow“, „Der Hoferbe“, „Niemand hat größere Liebe“, „Doch ein Sieger“, ebenso auch Dora Strempel (geb. 1837, gest. 1919 in Schwerin), die jahrzehntelang im Auslande, in Messina, Neapel und Konstantinopel, weilte, sowie Helene Brauer und Dorothea Boettcher ein ehrenvoller Platz.

In der Bildhauerei verdienen besonders genannt zu werden: Ludwig Brunow (geb. 1843 in Lutheran bei Lübs, gest. 1913 in Berlin), Hugo Berwald (geb. 1863 in Schwerin) und Wilhelm Wandschneider (geb. 1866 in Plau), beide in Berlin lebend. Die beiden bekanntesten Denkmäler, die Brunow für sein Heimatland schuf, sind die von Moltke in dessen Geburtsstadt Parchim (1876) und von dem Großherzog Friedrich Franz II. im Schloßgarten zu Schwerin (1893). Von Berwald stammen der „Schiffbrüchige"-Brunnen in Schwerin, das Heinrich Schliemann-Denkmal ebendort und die Thierfelder-Büste im Neubau der Rostocker Klinik. Wandschneider schuf außer den Standbildern Bismarcks in Schwerin und des Großherzogs Friedrich Franz III. in Rostock sowie dem „Hecht"-Brunnen in Teterow vor allem das Fritz Reuter-Denkmal in Stavenhagen. Das Neubrandenburger-Denkmal des Dichters ist ein Werk des Bildhauers Martin Wolf. Der aus Rostock stammende Maler und Bildhauer Paul Wallat schuf den John Brinckman-Brunnen in Rostock, sein Bruder Gustav Wallat ebendort den sogenannten „Muschelhorcher".

Auch in der Malerei nennt Mecklenburg eine namhafte Zahl weit und breit bekannter Künstler sein eigen. Das gilt besonders von Karl Malchin (geb. 1838 zu Kröpelin) mit seinen Gemälden „Norddeutsche Landschaft", „Mecklenburgischer Bauerngarten", „Sommermorgen" u. a., die durchweg Naturbilder des mecklenburgischen Landes darstellen. Besonders sind ihm die Schönheiten des Schweriner Schloßgartens ans Herz gewachsen. Fritz Wachenhusen (geb. 1859 in Schwerin) malte den „Schweriner See", „Birken und Herbst", „Das Kavalierhaus im Schnee", „Sonnige Winterlandschaft" u. a. Von Fritz Greve (geb. 1863 in Malchin) stammt das prächtige Gemälde „Einführung der Reformation in Mecklenburg" in der Turmhalle der Kirche zu Sternberg, von Ferdinand Meyer (geb. 1833 in Schwerin) „Das große Los", „Das Familienglück in der Tischlerwerkstatt" und „Der Dorfbarbier" (alle drei im Schweriner Museum), von Paul Wallat (geb. 1879 in Rostock) der „Hamburger Hafen" (im Rostocker Museum), sowie verschiedene Bilder in den Rathäusern zu Rostock und Wismar und der Heiligengeistkirche in Rostock. Otto Marcus (geb. 1863 in

Malchin) malte die „Einführung der Reformation in Quedlinburg“ im dortigen Rathaus. Der Schweriner Hermann Koenemann (geb. 1871 in Bonn), der eine Zeitlang in Stargard wohnte, bevorzugt in seinen Bildern die Birkenlandschaften. Das Strelitzer Land, vornehmlich Neubrandenburg, bietet dem dort wohnhaften, aus dem Salzburgischen stammenden Joseph Alterdinger, einem Schüler Dieffenbachs, reichen Stoff zu prächtigen Landschaftsbildern und zur Wiedergabe kulturgeschichtlicher Stätten und altertümlicher Bauwerke.

Auch Musik und Theater nahmen in Mecklenburg einen kräftigen Aufschwung. Außer den beiden Landestheatern in Schwerin und Neustrelitz bestehen noch drei Stadttheater in Rostock, Wismar und Güstrow. An der Schweriner Bühne hat die Oper eine besondere Pflegestätte gefunden, und zwar in so künstlerisch gestalteten Aufführungen, daß sie schon oftmals den Wettbewerb mit denen an den größten deutschen Bühnen ausgehalten hat. Ein bekannter mecklenburgischer Opernkomponist war der 1812 auf dem Rittergute Teutendorf bei Tessin geborene Friedrich von Flotow, der Schöpfer der „Stradella“ und „Martha“. Er war von 1855 bis 1863 Hoftheaterintendant in Schwerin und komponierte 1857 bei Gelegenheit der Einweihung des neuen Schlosses die Oper „Johann Albrecht oder Andreas Mylius“, zu welcher der 1812 in Schwerin geborene Dichter Eduard Hobein den Text schrieb. Flotow lebte im übrigen die meiste Zeit seines Lebens in Paris und starb 1883 in Darmstadt. Einen guten Ruf besitzen das Schweriner Theater- und das Rostocker Stadt- und Theaterorchester. Musikvereinigungen in Rostock, Schwerin, Güstrow, Neustrelitz, Neubrandenburg und anderen Städten bringen Oratorien und andere Chorwerke größeren Stils zur Aufführung. Der Besuch des Berliner Domchors im Jahre 1854 in Schwerin zur Mitwirkung bei einem Gottesdienst im Dom veranlaßte den Großherzog Friedrich Franz II. zur Gründung eines Schweriner Schloßkirchenchores nach dem Vorbilde des Berliner Domchors.

* * *

So hatte auch Mecklenburg – wenn man zu der genannten großen Zahl von Reformen und Einrichtungen noch die vielen sonstigen Anstalten für gemeinnützige Zwecke (Handel, Gewerbe, Landwirtschaft, Versicherungen, Bankinstitute u. a.) sowie die geistlichen und weltlichen Stiftungen hinzunimmt – auf allen Gebieten des öffentlichen Lebens (abgesehen von der Verfassung des Landes) bedeutende Fortschritte gemacht. Da führte auch hier der 1914 ausbrechende Weltkrieg gewaltige Störungen und Hemmnisse herbei. Das Bild, das sich in den ersten Augusttagen mit dem Beginn der durch kaiserlichen Erlaß angeordneten Mobilmachung in Mecklenburg bot, war allerorten das gleiche und wurde von demselben Feuer edler Vaterlandsliebe und hoher Begeisterung durchglüht, wie es in den Herzen aller deutschen Männer und Frauen aufloderte. Frisch noch war die Erinnerung an die hohen Festtage vom März und Oktober 1913, da man in allen deutschen Gauen der großen Zeit vor hundert Jahren gedacht hatte. Lösten in den beiden Residenzen Schwerin und Neustrelitz, wie es ganz natürlich war, die patriotischen Kundgebungen meist Huldigungen vor den Landesherren aus, so war in Rostock vor allem wieder die Universität die Trägerin des nationalen Gedankens und verbreitete ihn in ihren Söhnen durch Stadt und Land. Wieder stiegen überall die alten Lieder von „Deutschland“ und der „Wacht am Rhein“ und unzertrennlich mit ihnen Luthers Schutz- und Trutzlied von der „festen Burg“ himmelwärts, und Dichterstimmen, geboren aus der Größe des Augenblicks und entsprungen aus einem Herzen voll Liebe und Treue, voll Mut und Gottvertrauen, begleiteten die ausziehenden Krieger. Tag und Nacht rollten die Züge, mit Tausenden von Landeskindern gefüllt, den Garnisonen zu und von dort wieder nach Ost und West hinan an den Feind. Mit der Freude mischte sich die Trauer von Eltern, Geschwistern und Kindern, die den Scheidenden Lebewohl – oft ein letztes – sagten.

Bereits an den ersten größeren Kampfhandlungen waren mecklenburgische Regimenter rühmlichst beteiligt. So gehörten die Grenadiere (Nr. 89) und die Füsiliere (Nr. 90), die zusammen die 34. mecklenburgische Infanteriebrigade bildeten und in der Nacht vom 2. auf den 3. August ihre Garnisonen verließen, zu den Truppenteilen, die für den Durchmarsch durch Belgien und die Eroberung der Feste Lüttich ausersehen worden waren (4. bis 7. August). Dann zog die Brigade mit einem Teil des Feldartillerieregiments Nr. 60 weiter unter ständigen Marschgefechten über Bisé, La Hulpe und andere Orte, am 22. August auch über das Schlachtfeld von Waterloo (La Belle Alliance). Bereits jetzt mehrten sich die Anzeichen für nahe bevorstehende große Kämpfe. Sie entwickelten sich am 23. bei Mons, wo die Engländer geschlagen wurden. Am 26. wurde die französische Grenze überschritten, und der Vormarsch in Richtung Paris begann. Vom Landwehrregiment nahmen die ersten drei Bataillone, die bei Ausbruch des Krieges in Schwerin bzw. Neustrelitz und Stade aufgestellt worden waren, an der Schlacht bei Tannenberg (26.-29. August) teil, während das 4. Bataillon, das sich den ganzen August über noch in Rostock aufgehalten hatte, Anfang September nach dem westlichen Kriegsschauplatz abtransportiert und, nachdem es als Besatzungs- bzw. Aufräumungstruppe in den beiden Festungen Namur und Maubeuge Dienste getan hatte, schließlich in die Kämpfe um Lille verwickelt wurde. Das Holsteinische Feldartillerieregiment Nr. 24 (Güstrow und Neustrelitz), das mit dem Großherzoglich-Mecklenburgischen Feldartillerieregiment Nr. 60 (Schwerin) die 17. Feldartilleriebrigade in der 17. Division des IX. Armeekorps bildete, half in der Zeit vom 23. bis 27. August den Hanseaten und anderen Truppenteilen bei der Besiegung der zwischen Mons und der Festung Maubeuge aufgestellten Armee der Engländer, Franzosen und Belgier. Die 18. Dragoner (Parchim) leisteten Aufklärungsdienste, besonders gegen die gefährlichen belgischen Franktireurs. Das Reserve-Infanterieregiment Nr. 90, das am 10. August Rostock verließ und dann zwei Wochen lang in der Gegend von Eckernförde die Küstenwacht hielt, eilte über Lüttich nach Löwen und wirkte bei der Bestrafung dieser Stadt mit, deren Einwohner am 25. August im Einvernehmen mit einem Ausfall der belgischen Truppen in dem belagerten Antwerpen die durch die Straßen marschierenden deutschen Truppen mit einem rasenden Feuer überfielen. Einige Wochen später (Mitte September) hatte es dann harte Kämpfe bei Noyon und Carlepont zu bestehen. Das Reserve-Infanterieregiment Nr. 214, aufgestellt Ende August in drei Bataillonen in Rostock bzw. Schwerin und Güstrow, errang seine ersten Lorbeeren im Oktober in Flandern zwischen Dünkirchen und Ypern, vornehmlich in dem blutigen Gefecht bei Staden (20. Oktober).

Allerdings können diese vereinzelten Angaben über die Teilnahme mecklenburgischer Regimenter an dem Ringen der Völker in West und Ost noch wenig besagen. Eine Darstellung ihrer jahrelangen Kriegsarbeit im einzelnen bleibt einer späteren Zeit vorbehalten. Wie bei allen deutschen Truppenverbänden, so vollzogen sich auch innerhalb der mecklenburgischen im Laufe der Zeit große Verschiebungen von Westen nach Osten und umgekehrt. Mögen auch nicht alle Regimenter als Ganzes von diesem Wechsel betroffen worden sein, so doch die meisten der ihnen angehörenden Offiziere und Mannschaften, besonders wenn sie nach einer Verwundung oder wegen Krankheit in die Heimat entsandt und nach ihrer Genesung, wie es so oft geschah, anderen, selbst nichtmecklenburgischen Regimentern als Ersatz zugeteilt wurden. Nur wenige aus der großen Zahl der mecklenburgischen Kämpfer sind während der Kriegsdauer allein im Osten oder Westen geblieben. Weit mehr als in den bisherigen Kriegen fand auch von vornherein im deutschen Heere eine Durchsetzung der einzelnen Regimenter mit Ersatzmännern aus allen deutschen Gauen statt. Die vielen Hunderttausende, die zu Anfang des Krieges als Freiwillige, gleichviel in welcher Garnison und in welchem Regiment, Unterkunft suchten, legten bereits den Grund zu einer solchen Vermengung. So fanden sich denn auch schließlich fast überall, wo deutsche Waffen stritten, Angehörige der mecklenburgischen Heimat. Was von den Landtruppen galt, das traf auch bei den blauen Jungen zu. Vermöge seiner seewärtigen Lage stellte gerade Mecklenburg einen nicht geringen Teil der Marinetruppen. Befand sich doch sogar unter der Besatzung von U 9 ein Mecklenburger, ein Schweriner Kind, und die Taten des in Rostock beheimateten Fregattenkapitäns Nerger mit seinem Hilfskreuzer „Wolf“ sind so bekannt, daß sie einer Ausführung nicht bedürfen.

Hinsichtlich des Handels und Verkehrs hörte die Ausfuhr von Getreide und Rohzucker, die doch gerade für Rostock und Wismar die Haupthandelsobjekte nach dem Auslande gewesen waren, mit Beginn des Krieges auf, ebenso die Einfuhr von Steinkohlen aus England, von Holz aus Rußland und von Wein aus Frankreich. Die mecklenburgische Handelsflotte verlor durch Beschlagnahme in feindlichen Häfen und Gewässern, durch Kaperung und Versenkung etwa die

Hälfte ihres bisherigen Besitzbestandes an Schiffen. Der vornehmlich auf Dänemark und Schweden beschränkte Handelsverkehr konnte, so lohnend er auch für einzelne Reeder und Kaufleute sein mochte, doch nicht den weitverzweigten Geschäftsverkehr vor dem Kriege ersetzen. Die Lücken, welche die fortlaufenden Gestellungsbefehle in die Betriebe aller Erwerbszweige rissen, machten sich, je länger, desto mehr fühlbar. Bereits im November 1916 waren 5800 selbständige Handwerker zur Fahne einberufen und dadurch über 3700 Betriebe stillgelegt. Das Reichsgesetz über den vaterländischen Hilfsdienst vom 5. Dezember erhöhte diese Zahlen noch um ein beträchtliches. Eine Anzahl Fabriken mußte, wenn der Betrieb aufrecht erhalten werden sollte, aus Mangel an privaten Arbeitskräften und den bisher gebrauchten Rohstoffen auf Kriegsarbeit umgestellt werden. In der Landwirtschaft trat zu dem Mangel an Feldarbeitern noch ein solcher an Pferden, so daß die Bestellung der Felder und die Einbringung der Ernte erschwert wurden. Schon bei der Pferdemusterung bei Ausbruch des Krieges, die sich auf den gesamten Bestand dieser Tiere erstreckte, erhielt mancher Landwirt nicht einmal die Hälfte seiner Pferde zurück. Die sich steigernde Abgabe an Vieh aller Art, vornehmlich Kühen und Schweinen, sowie an Korn und Futter für die Heeresverwaltung beeinträchtigte die Viehwirtschaft. Die im ganzen nur geringe Anzahl der mehrmals aus Holland und den besetzten Gebieten nach Mecklenburg eingeführten Fohlen, Kühe und Kälber konnte in keiner Weise ausgleichend wirken. Eine starke Einschränkung erfuhr im Vergleich zur Friedenszeit das Badeleben in den Ostseebädern. Das Betreten derselben war, da die meisten von ihnen zur Küstenverteidigung eingerichtet wurden, nur für Deutsche und ihre Bundesgenossen und meist gegen vorher eingeholte Reiseerlaubnis oder gegen polizeilich ausgestellte Ausweisscheine gestattet. Betrug die Zahl der Badegäste z. B. in Warnemünde 1913 über 21 000, so sank sie 1914 auf 15 000, 1915 sogar auf 9000 und hatte auch 1917 noch nicht 15 000 wieder erreicht. Die Gesamtfrequenz in den acht Orten Alt-Gaarz, Arendsee, Brunshaupten, Heiligendamm, Nienhagen, Warnemünde, Graal und Wustrow ergab statt 60 000 (1913) und 46 000 (1914) nur 26 000 (1915) und war 1917 erst wieder auf 46 000 gestiegen.

Eine Riesenarbeit mußte außer von der einheitlich geleiteten deutschen Reichspost und Telegraphie auch von den Bahnverwaltungen der einzelnen Länder geleistet werden. Die Beförderung der Truppen in den Tagen der Mobilmachung nach den im Vergleich mit den Friedensfahrplänen völlig veränderten Kriegsfahrplänen, der ständige Nachschub aus der Heimat, die vielen Lazarettzüge und vor allem die Beförderung von Kriegsmaterial, Bagage, Proviant usw. stellten bei dem sich gleichzeitig immer mehr verringernden Beamten- und Arbeiterpersonal hohe Anforderungen an die geistigen und körperlichen Kräfte. Dennoch waren die Betriebsergebnisse der Friedrich-Franz-Eisenbahn in den Kriegsjahren durchaus günstig. Mochte der Betriebsüberschuß von 1914/15 im Vergleich mit dem von 1913/14 infolge vermehrter Ausgaben und sich gleichbleibender Einnahmen ein Sinken von 5 430 000 auf 4 059 000 Mark, d. h. um 25 Prozent, zeitigen, so stieg er 1915/16 doch schon auf 6 002 000 Mark, d. h. um fast 50 Prozent des Vorjahres und 1916/17 noch wieder in demselben Verhältnis auf 8 948 970 Mark.

Von dem Geldverkehr und Geldmarkt in Mecklenburg während des Krieges mögen einige Angaben Zeugnis ablegen. Bei jeder Kriegsanleihe waren beide Mecklenburg im Durchschnitt mit 80 bis 100 Millionen Mark beteiligt. Der Jahresumsatz der Mecklenburgischen Bank belief sich 1917 auf 4359 Millionen Mark gegen 1710 Millionen im Jahre 1913. Er war in jedem Jahre um mehrere hundert Millionen gestiegen. In den einzelnen Banken wuchs die Summe aller Einlagen von 1913 bis 1917 um die Hälfte und mehr, so z. B. bei der Hypotheken- und Wechselbank von 116 auf 198,2 Millionen, bei der Mecklenburgischen Bank von 20,6 auf 37, bei der Rostocker Bank von 19,2 auf 37,2 und bei der Wismarschen Vereinsbank von 15,7 auf 34 Millionen Mark.

Zur Durchführung der reichsgesetzlich bestimmten, umfangreichen Kriegswirtschaft hinsichtlich der Brotgetreideversorgung bildete nach der Verordnung vom 26. Jannar 1915 zunächst jeder ortsobrigkeitliche Bezirk, darunter jede Stadt für sich, einen Kommunalverband, so daß in Mecklenburg-Schwerin allein 82 solcher Verbände bestanden. Die Folge war, daß bei so vielen, ihrer Größe, Art und Wirtschaftsführung nach völlig ungleichen Bezirken die vorhandenen Vorratsmengen auch ganz verschieden waren und stellenweise ein durchaus hinreichendes Maß oder sogar Überfluß in der Ernährung boten, anderswo dagegen Mangel und Dürftigkeit hervorriefen. Demgegenüber bot die mit dem 1. Juli 1915 eintretende Umwandlung der 82 kleinen in 12 größere, mit den Aushebungsbezirken zusammenfallende Kommunalverbände – Mecklenburg-Strelitz bildete einen 13. Verband für sich – eine weit bessere Gewähr für eine gleichmäßige Verteilung. Die Verwaltungsbehörde eines solchen Bezirks erhielt den Namen „Kreisbehörde für Volksernährung“. Die Schweriner Kreisbehörden wurden der „Landesbehörde für Volksernährung“ (in Schwerin) unterstellt, die sich bald noch wieder in verschiedene Zweige spaltete, in eine Landeskartoffelstelle (Schwerin), eine Landesfleischstelle (Schwerin), eine Landesfettstelle (Güstrow), ein Landesfuttermittelamt (Bützow), eine Landeskohlenstelle (Schwerin) u. a. m. Eine besondere Abteilung wurde auch noch für „Volksaufklärung“ geschaffen. In Mecklenburg-Strelitz waren diese einzelnen Zweige sämtlich in der „Landesbehörde für Volksernährung“ in Neustrelitz vereinigt.

Hinsichtlich der Kriegsfürsorge bildeten sich in Stadt und Land eine große Anzahl von Ortsausschüssen für Kriegshilfe, die sich die Unterstützung Hilfsbedürftiger mit Geld, Lebensmitteln, Feuerung u. dgl., die Errichtung von Volksküchen und Wärmehallen, die Pflege der Kranken und Schwachen und die Sorge um die Kriegsbeschädigten angelegen sein ließen. Eine besonders segensreiche Tätigkeit konnte auch der Landesverein vom Roten Kreuz (beider Mecklenburg) in Schwerin entfalten, da ihm bis Mitte 1917 bereits über 3 Millionen Mark in bar (2/3) oder in Wertsachen (1/3) aus allen Schichten der Bevölkerung zuflossen. Er konnte deshalb bis zu diesem Termin 350 im Sanitätsdienst ausgebildete Personen männlichen und weiblichen Geschlechts ins Feld entsenden, durch sich allein oder mit Hilfe seiner Zweigvereine in Schwerin, Wismar, Rostock, Güstrow, Teterow, Grevesmühlen, Neubrandenburg und vielen anderen Städten Lazarette errichten und unzählige Sendungen mit Liebesgaben und Weihnachtsgeschenken ins Feld schicken. So gingen z. B. zur dritten Kriegsweihnacht Pakete für 27 000 Krieger in vielen Wagenladungen ab.

Über die Kriegsarbeit der Universität Rostock, an der im Wintersemester 1914/15 von 820 immatrikulierten Studenten nur 283 anwesend waren, die übrigen aber im Heeresdienst standen, konnte der Rektor Geh. Medizinalrat Prof. Dr. Barfurth bei seiner Antrittsrede 1917 sagen: „Was hier in der Stille an wissenschaftlicher Arbeit und rastloser Opferwilligkeit geleistet wurde, ist hohen Lobes würdig.“ In den Schulen, höheren sowie Volksschulen, betätigten sich die Schüler in den verschiedensten Arbeiten im leichteren Hilfsdienst, in der Landwirtschaft und besonders auch im Sammeln von Goldmünzen, Metall, Papier, Obstkernen, Beeren, Laubheu u. a. mehr. Über ihre Beteiligung an den Kriegsanleihen mag erwähnt werden, daß das Gymnasium (nebst Realschule) in Neubrandenburg insgesamt gegen 100 000 Mark zusammenbrachte.

Aus der noch ungesichteten Menge der Kriegsliteratur heben sich Hans Bergs „Mecklenburger Landsturm“, Alexander von Bülows „Die Jäger vor“ und „Fahneneid“, Johanna Klemms „Die wir mitkämpften“, Berta Clements „Morgenrot“ und „Sturmgebraus 1914 und 1915“, Sophie Kloerß' „Im heiligen Kampf“ und andere auf eigenen Kriegserlebnissen oder tiefster Nachempfindung der Kriegszeit beruhende Erzählungen hervor. In der plattdeutschen Dichtung steht der schon erwähnte Schweriner Rudolf Tarnow mit seinen Kriegsbänden von den „Burrkäwers“ an erster Stelle. Außer ihm mögen noch genannt werden der Rostocker Otto Weltzien mit seinen Kriegsgedichten „Up Posten“ und H. K. A. Krüger (Pseudonym Thies Ruge) mit seinem Epos „Uut Stoff un Stoom“. Den echten Volkston hat auch der Grabower Gustav Ritter in mehreren seiner Dichtungen getroffen, so besonders in dem von Zimmermann vertonten plattdeutschen Lied „In Flandern“.

* * *

Zu den besonderen Ereignissen, im Lande während der Kriegszeit gehörte der Brand des Schweriner Schlosses in der Nacht vom 14. auf den 15. Dezember 1914, der einen großen Teil desselben, den westlichen Bau mit dem goldenen Saal, vernichtete. Ein Heizungsdefekt scheint die Ursache des Brandes gewesen zu sein. Der Gebäude- und Mobiliarschaden betrug über 2 Millionen Mark, die allerdings durch Versicherungen gedeckt waren. Bei dem gleichzeitig herrschenden Sturm vermochte die Schweriner Feuerwehr des wütenden Elementes nicht Herr zu werden. Erst nach Ankunft der eiligst herbeigerufenen Hamburger und Rostocker Wehren gelang es, das Feuer zu löschen. Das Schloß wurde noch während der Kriegszeit wieder in seinen alten Zustand gebracht. –

Die am Schluß der beiden landesherrlichen Erlasse vom 29. Oktober 1913 für später in Aussicht gestellte Weiterführung der damals abgelehnten Verfassungsreform war durch den Ausbruch des Weltkrieges einstweilen verhindert worden. Am 11. Juni 1914 war auch der Strelitzer Großherzog Adolf Friedrich V. nach nur zehnjähriger Regierung gestorben. Sein Hauptinteresse hatte außer der Verbesserung des Schulwesens (durch Einführung neuer Schulordnungen im Domanium wie auch in der Ritterschaft, durch Uni- bzw. Neubau mehrerer Schulen und durch Förderung des kaufmännischen sowie ländlichen Fortbildungsschulwesens) besonders dem Zustandekommen einer zeitgemäßen Landesverfassung gegolten. Wie er das neue Heim der Rettungsanstalt Bethanien in Neubrandenburg mit erheblichen Geldmitteln unterstützte, für das Hoftheater und für die Inventarisierung der Kunst- und Geschichtsdenkmäler des Landes bedeutende Summen bewilligte, so hatte er auch bestimmt, daß für den Fall einer Verfassungsänderung und Einführung eines neuen Staatsgrundgesetzes dem Staate 12 Millionen Mark aus dem von seinem Vater gesammelten Kronvermögen überwiesen werden sollten. Die jährlichen Zinsen von dieser Summe flössen bereits seit Jahren in die Renterei zur Bestreitung notwendiger Ausgaben. Seinem erst 22jährigen Sohn, Adolf Friedrich VI. (1914–1918), fiel nunmehr die Regierung des Landes zu.

Fast drei Kriegsjahre waren vergangen. Wohl waren vereinzelte Stimmen über die mecklenburgischen Verfassungsverhältnisse im Lande selbst wie auch im Reichstage laut geworden, aber im ganzen ungehört verhallt. Auch die Regierungen hatten sich mit der Frage befaßt. Ausgehend von der auf allen Schichten der Bevölkerung lastenden Kriegsnot und der von allen Untertanen in gleicher Weise geleisteten Arbeit, durchdrungen auch von der schon 1913 ausgesprochenen Notwendigkeit, die tüchtigsten und erfahrensten Männer aus allen Kreisen des Volkes zur verantwortlichen Mitarbeit an der Regierung des Staates heranzuziehen, schließlich auch überzeugt von der Unhaltbarkeit der nur für den veralteten Feudalstaat noch passenden Finanzverhältnisse, planten die beiden Regierungen die Einführung einer berufsständischen Vertretung. Die von Kaiser Wilhelm II. Ostern 1917 an die preußische Regierung erlassene Kabinettsorder zur „Umbildung des preußischen Landtages und Befreiung des gesamten innerpolitischen Lebens“ riefen auch in Mecklenburg neue Hoffnungen wach. Tatsächlich kam auch hier der Stein wieder ins Rollen. Obgleich die beiden Regierungen den Zeitpunkt noch nicht für günstig hielten, entschlossen sie sich doch, die Sache schon jetzt in Angriff zu nehmen. Unter dem 8. Mai 1917 erschienen gleichzeitig zwei landesherrliche Erlasse, in denen die beiden Groß-Herzöge Friedrich Franz IV. und Adolf Friedrich VI. in Anknüpfung an die Landtagsabschiede vom 29. Oktober 1913 und mit Rücksicht auf „die durch den Krieg bewirkte Änderung der Verhältnisse“ „zur Klärung“ der innerpolitischen Fragen und zur Wiederaufnahme und „Durchführung der Verfassungsreform“ bestimmten, daß „beide mecklenburgischen Regierungen mit angesehenen Persönlichkeiten aus den verschiedensten Lebensstellungen, mit Mitgliedern der Stände und mit Angehörigen anderer Kreise baldtunlichst zu einer Besprechung über die Grundlagen einer neuen Verfassungsvorlage zusammentreten“ sollten, und zwar am 14. Juni in Schwerin.

Geladen wurden aus dem Schweriner Lande 37, aus Strelitz 15, im ganzen 52 Männer. Von ihnen gehörten allein 30 den beiden Ständen der Ritterschaft und der Landschaft an, von den übrigen (neben den genannten 13 ständischen Bürgermeistern) noch 6 der Justiz, 8 dem Handel und Gewerbe, 5 der Landwirtschaft und 3 dem Medizinalwesen. Das waren die in dem Erlaß vom 8. Mai angekündigten „angesehenen Persönlichkeiten aus den verschiedensten Berufsstellungen“. Wären sie in ihrer besonderen, amtlichen Toga erschienen, so möchten wohl die 16 letzten in ihrem schlichten Bürgerkleide unter der überwiegenden Mehrheit der 36 rotbefrackten Ritter oder blauroten Bürgermeister oder schwarzblauen Juristen ein recht bescheidenes Dasein geführt haben. Kirche, Schule, Universität, Kunst, die viel verzweigte mittlere Beamtenschaft, die noch zahlreicheren kleineren Handwerker und Gewerbetreibenden, geschweige denn die ganze Arbeiterschaft waren trotz der verschiedenen Bittgesuche einer Einladung und Vertretung nicht gewürdigt worden. „Die besonderen Interessen der Beamtenschaft, welche der Regierung ohnehin bekannt sind, rechtfertigen eine Zuziehung von Beamtenvertretern nicht", so hatte man regierungseitig auf eine Eingabe vom 26. Mai geantwortet. Als ob nicht die besonderen Interessen der Ritter- und Landschaft der Regierung in den Jahren der Verfassungskämpfe noch viel bekannter geworden sein dürften!

Das ganze Unternehmen trug von vornherein den Stempel der Unfertigkeit und Einseitigkeit. Drei Tage lang, vom 14. bis 16. Juni, dauerten unter Anwesenheit der beiden Staatsminister die Verhandlungen in Schwerin. Nach dem, was aus den Geheimsitzungen hinter verschlossenen Türen bekanntgegeben worden ist, stritt man sich über das, was bereits seit Jahrzehnten in zahlreichen Broschüren, Zeitungsartikeln und Petitionen besprochen worden war: Landständische oder berufsständische Vertretung, Wahlrecht und Wahlverfahren, Ein- und Zweikammersystem, Sonderrechte, Verhältnis zwischen Schwerin und Strelitz u. a. mehr. Dann ging man wieder auseinander. Spätere Zusammenkünfte und Besprechungen zwischen den Staatsministern und Vertretern der Stände, der Landwirtschafts-, Handels- und Handwerkskammern, bei denen geradezu wunderliche Vorschläge, z. B. über das Pluralwahlrecht unter Zubilligung bis zu 20 Stimmen, gemacht wurden, blieben schon deswegen ohne Bedeutung. Das mecklenburgische Volk aber vernahm 1917 und auch 1918 bis kurz vor Ausbruch der Revolution nichts mehr von irgendwelchen Absichten und Plänen zu einer Verfassungsreform. –

Ein folgenschweres Ereignis für Mecklenburg-Strelitz bedeutete der Tod des noch jungen, unvermählten Landesherrn am 23. Februar 1918. „Plötzlich und unerwartet ist Seine Königliche Hoheit der Großherzog Adolf Friedrich VI. aus diesem Leben abgeschieden", lautete die erste kurze Nachricht, die dem ganzen Lande völlig überraschend kam. Gleichsam zwischen den Zeilen stand es zu lesen, daß der Fürst keines natürlichen Todes gestorben sei. Bald erfuhr man denn auch, daß er sich selbst das Leben genommen habe und seine Leiche nach längerem Suchen im Kammerkanal gefunden worden sei. Von Tag zu Tag liefen immer neue Gerüchte über die Beweggründe für eine solche Tat um. Erst unter dem 4. März gab das Staatsministerium folgende Erklärung: „Seine Königliche Hoheit der Großherzog beabsichtigte, sich in allernächster Zeit mit einer Prinzessin aus deutschem Fürstenhause zu verloben, deren Anmut und Liebreiz tiefen Eindruck auf ihn gemacht hatte. Ehe der Großherzog diesen seiner Neigung und seinen Herrscherpflichten entsprechenden Schritt unternehmen konnte, mußten zunächst Hindernisse beseitigt werden, die in einer früher beabsichtigten Verbindung, deren Verwirklichung aber wegen der Ebenbürtigkeitsfrage nicht möglich war, ihren Ursprung hatten. Die zur Lösung jener Verbindlichkeiten gepflogenen Verhandlungen, die längere Zeit in Anspruch nahmen und weitaus schwieriger waren, als erwartet werden konnte, drückten stark aus das Gemüt des überaus gewissenhaften und feinfühligen hohen Herrn. Und als schließlich in jenen Verhandlungen eine Wendung eintrat, die den Großherzog die erhoffte günstige Lösung für stark gefährdet ansehen ließ, bemächtigte sich seiner eine derartige Verzweiflung über die Gestaltung seiner Zukunft, daß seine klare Urteilskraft getrübt und sein Gemüt verwirrt wurde. Aus diesem Zustand geistiger Verwirrung ist allein der unglückselige Schritt zu erklären." In Mirow fand auch der junge Landesherr seine letzte Ruhestätte, jedoch nicht in der alten Fürstengruft, sondern unter freiem Himmel auf der sogenannten „Liebesinsel", wo er selbst sie sich nach seiner letztwilligen Verfügung gewünscht hatte.

Trotz obiger Erklärung ist das Geheimnis über die Gründe, die den Fürsten in den Tod getrieben haben, nicht restlos aufgedeckt worden. Daß sie schwerwiegend gewesen sein müssen, falls die Tat nicht etwa in einem mit dem an ihm seit längerer Zeit beobachteten scheuen Wesen wohl zu vereinbarenden Augenblick geistiger Umnachtung geschehen ist, erklärt zur Genüge der Umstand, daß der Fürst durch seinen Tod sein Land vor die schwierige Lage der Thronfolge und der etwaigen Wiedervereinigung mit Mecklenburg-Schwerin stellte. Noch lebte sein 1863 geborener Onkel Karl Michael, der Sohn Georgs, des Bruders von Friedrich Wilhelm. Der aber war seit Jahren aus Mecklenburg abwesend, war in russische Dienste getreten und zur Zeit nicht zu erreichen. Über seinen Verzicht auf die mecklenburgische und die deutsche Staatsangehörigkeit und die Erbfolge, den er vor seiner Abreise geleistet haben sollte, bestanden ebensosehr Zweifel, wie über die Frage, ob er im russischen Heere gegen Deutschland gekämpft habe. So übernahm denn zunächst auf Grund hausgesetzlicher Bestimmungen der Schweriner Großherzog Friedrich Franz IV. „als nächster Agnat“ die Verweserschaft der Strelitzer Lande. Daß auch bei ihm über die rechtmäßige Erbfolge noch Bedenken vorhanden waren, sprach er in seiner Proklamation vom 27. Februar aus, in der es hieß: „In Ansehung der jetzt eröffneten Thronfolge bedürfen verschiedene Tatsachen noch einer sicheren und objektiven Klärung.“

Sogleich erhob sich im Lande und auch außerhalb desselben ein von vielen und oft langatmigen Erörterungen, Gutachten und Meinungsäußerungen in mecklenburgischen und auswärtigen Zeitungen begleiteter heftiger Streit um die Thronfolge. Selbst das Recht der Regentschaft durch den Schweriner Großherzog wurde verschiedentlich bestritten. Die Gegner der Regentschaft suchten sich dabei auf ein von Friedrich Franz I. am 23. Juni 1821 erlassenes Hausgesetz zu stützen, in dem es in § 4 heißt: „Sollte beim Abgange eines regierenden Herrn dessen Nachfolger oder, im Falle dieser noch minderjährig wäre, dessen gesetzmäßiger Vormund abwesend sein, so sollen die Regierungsgeschäfte deshalb nicht stillstehen, sondern die Minister sollen unter gemeinschaftlicher Unterschrift und Verantwortlichkeit sie ununterbrochen solange gewissenhaft fortsetzen, bis Nachricht von dem neuen Großherzog oder dem Vormund eingeht, welche jedoch auf das möglichste zu befördern ist.“ Aber diese Vorschrift konnte auf den gegenwärtigen Fall keine Anwendung finden, weil jenes Hausgesetz nur für das Schweriner, nicht auch für das Strelitzer Haus erlassen worden war und deshalb nur für das erste Haus angewandt werden konnte. Es mußte deshalb der allgemeine für das mecklenburgische Gesamthaus maßgebende Grundsatz zur Anwendung kommen, daß der nächste regierungsfähige Agnat in allen Fällen, in denen die Anordnung notwendig wird, zu ihrer Ausübung berufen ist. Dieser war der Großherzog Friedrich Franz IV. von Mecklenburg-Schwerin.

Der Streit um die Erbfolge aber ging weiter. Die Person des Herzogs Karl Michael fand dabei wenig Liebe und Anhang, weil man in ihm einen Mann sah, der „die deutsche Staatsangehörigkeit achtlos von sich geworfen“ habe. Städtische Behörden, Vereine und Privatpersonen, auch der Strelitzer Reichstagsabgeordnete und selbst die Stände erklärten sich offen gegen ihn. Dennoch wollten andere ihn lieber als zukünftigen Landesherrn nach Neustrelitz holen, als die Strelitzer Heimat ihrer Selbständigkeit entkleidet und mit dem Schweriner Land vereinigt sehen. Von Schwerin her wirkte eine Gegenströmung, die das Strelitzer Land mit seinem großen Kronvermögen und den ertragreichen Domänen dem finanziell weniger günstig gestellten Schweriner Lande einverleibt zu sehen wünschte. Bei den eingeborenen Strelitzer Untertanen aber war für Friedrich Franz IV. ebenfalls wenig Neigung vorhanden. Der Hamburger Erbvergleich, der eine Verbindung beider Länder vorschrieb, wurde als nicht mehr in die gegenwärtige Zeit passend beanstandet. Er sei, so sagte man, ein Vertrag der Fürsten, nicht der Völker. Als trotz alledem seine Rechtmäßigkeit nicht anzutasten war, suchte und fand man schließlich einen Mittelweg. Man wünschte den jungen Sohn des Schweriner Großherzogs zum Landesherrn: dadurch sei beiden Seiten, den der Zahl nach im Lande weit überwiegenden Anhängern der Selbständigkeit von Mecklenburg-Strelitz und den berechtigten Ansprüchen des Schweriner Fürstenhauses Genüge getan. Aber auch dem stellten sich bald große Schwierigkeiten und Hindernisse in den Weg, und so wurde der ganze Streit schließlich zu einer Schraube ohne Ende.

Da brach im November 1918, auch über die beiden mecklenburgischen Länder das Unheil der Revolution herein.

Bereits am 5. November fanden in Warnemünde im Anschluß an die Kieler Unruhen große Demonstrationsversammlungen statt, die sich in den nächsten Tagen fortsetzten. Die Matrosen der Flugzeugstation und der in Warnemünde stationierten Vorpostenflottille weigerten sich, in See zu gehen und noch länger unter der Aufsicht der jüngeren Offiziere Dienst zu tun. Einige Torpedoboote der Schulhalbflottille aus Kiel liefen in den Hafen ein, und sogleich beriefen die Obermaats eine große Versammlung. Die jüngeren Marineoffiziere verließen Warnemünde und fuhren nach Rostock. Mit den älteren Offizieren wollten die Matrosen verkehren, wenn sie sich mit den Mannschaften solidarisch erklärten. Mit klingendem Spiel zogen am

Morgen des 6. November die Marinemannschaften in großen Zügen unter Vorantritt der Deckoffiziere zu der Versammlung. Mehrere Schiffe hatten bereits die rote Flagge gehißt. Die auf der Rostocker Neptunwerft stationierten Matrosen wurden mit einem besonderen Boot zur Versammlung abgeholt. Bessere Behandlung, längerer Urlaub, gleiche Verpflegung mit den Offizieren und Fortfall des Grußes waren im wesentlichen die Forderungen, die auch hier, wie schon in Kiel und anderswo, gestellt wurden. Ein Soldatenrat trat in Tätigkeit.

Die erwähnte Abholung der Matrosen von der Neptunwerft in Rostock verfehlte ihre Wirkung unter der dortigen Arbeiterschaft nicht. Noch an demselben Tage (6. November) legten die Arbeiter der Schiffswerft die Arbeit nieder. Die Arbeiter einiger anderer Betriebe schlossen sich ihnen an. In einer großen Demonstrationsversammlung in der Philharmonie brachte man den Kieler Marinesoldaten die volle Sympathie zum Ausdruck und forderte eine Regelung der allgemeinen Volksernährung sowie für Deutschland, Mecklenburg und auch alle Städte die Einführung des gleichen, allgemeinen, geheimen und direkten Wahlrechts. Gleichzeitig setzten schon hier die nichtssagenden Schlagworte vom „Willen zum Frieden“ und von den „Kriegsverlängerern“ ein. Nach einem großen Demonstrationszug, den die Polizei nicht mehr zu stören wagte, verlief sich die Menge. Tags darauf wurde die Arbeit in allen Betrieben wieder aufgenommen.

Statt dessen trat nun aber die Rostocker Garnison in Tätigkeit. Bereits am 6. abends hatte in Gehlsdorf eine Versammlung zwischen Rostocker Garnisonsoldaten und Warnemünder Matrosen stattgefunden. Hier war bereits für Rostock die Begründung eines Soldatenrats nach dem Vorbilde von Warnemünde vorbereitet worden. Dieser berief am Morgen des 7. mit Einwilligung des Garnisonältesten, des Oberstleutnants von Vieregge, welcher für diesen Tag auf dringende Vorstellungen des Soldatenrats hin volle Dienstfreiheit und die Erlaubnis zu einer allgemeinen Versammlung erteilt hatte, alle Mannschaften auf den großen Rennplatz bei den Barnstorfer Tannen zusammen. Es klang geradezu wie Hohn, als der Vorsitzende des Soldatenrats unter dem Hinweis auf den Ernst der Stunde erklärte: „Wir wollen keinen Krawall, keinen Umsturz, keine Revolution, sondern nur eine Bekämpfung und Niederzwingung des Übermilitarismus.... Unser Vaterland wollen wir verteidigen als brave Soldaten." Kürzere Dienstzeit, geregelter Urlaub, gute Ernährung und andere Wünsche, vor allem aber „größere Rechte" waren auch hier wieder die Forderungen. Nachdem der Redner dann noch zur Ruhe gemahnt und vor törichten Ausschreitungen gewarnt hatte – schon der Umstand, daß er es tun mußte, war sehr bedenklich und widersprach seinen obigen Worten –, wurden für Rostock folgende Forderungen bekannt gegeben und dem Garnisonältesten überreicht:

1. Wahl einer provisorischen Leitung, die einheitlich mit dem in Warnemünde gebildeten Soldatenrat vorgeht. Aus dem Soldatenrat ist jeder Kompagnie ein Beirat zu stellen. In Gehlsdorf sind gestern drei Matrosen gewählt, die für alle Vorkommnisse auf der Marine verantwortlich sind.
2. Wahl einer Kommission zur Regelung des Dienstes. Sie soll aus drei Vertrauensleuten bestehen und darüber beschließen, ob und was für Dienst zweckmäßig sei.
3. Gleiche Kost und Abschaffung der Offiziersküche.
4. Unbedingte Sicherstellung der Front und der Ernährung.
5. Abschaffung der Grußpflicht für Rostock. Der Gruß soll freiwillig sein. Ein Vorgesetzter, der sich die Achtung der Mannschaft erworben hat, wird stets gegrüßt werden.
6. Jedes Waffentragen außer Dienst ist in Rostock verboten, auch für die Offiziere.
7. Freilassung aller Arrestanten mit einigen Ausnahmen.
8. Bei Streitigkeiten entscheidet sofort der Soldatenrat.
9. Der engere Ausschuß des Soldatenrats soll tunlichst in Rostock verbleiben und von der Dienstpflicht befreit sein, um den Soldaten jederzeit zur Verfügung zu stehen.
10. Im übrigen steht der Soldatenrat in Rostock auf den Grundlinien der Soldatenräte in Kiel und Warnemünde.

An das Kriegsministerium in Berlin beschloß man ein Telegramm zu entsenden, in dem es hieß: „Die auf dem Rennplatz zu Rostock mit Zustimmung des Militärkommandos zur Wahl von Soldatenräten versammelte Rostocker Garnison fordert und empfiehlt der Volksregierung, durch telegraphische Anordnung allen Garnisonen des Reichs die Bildung von Soldatenräten zu befehlen und anzuerkennen."

Der Garnisonälteste legte dem gegen Mittag zusammengetretenen Offiziersrat die Forderungen der Garnison vor, und dieser beschloß, den Wünschen der Mannschaften in weitgehendstem Maße zu entsprechen. Nur in Punkt 3 und 5 wurde noch keine Einigung erzielt. Am nächsten Tage jedoch wurden in einer weiteren Versammlung sämtliche zehn Punkte vom Offizierkorps angenommen, vorbehaltlich der Zustimmung der Reichsregierung.

Bereits am Sonnabend, dem 9., fand eine zweite große Massenversammlung der Rostocker Garnison, diesmal auch unter Beteiligung von Offizieren, auf dem Rennplatz statt. Hier wurden vom Vorsitzenden des Soldatenrats, einem Sergeanten, die am Tage zuvor gefaßten neuen Beschlüsse vorgelegt und allgemein angenommen. Sie enthielten folgendes: „Sämtliche Offiziere der Rostocker Garnison haben auf Ehrenwort sich zu verpflichten, den Anordnungen des Soldatenrates nachzukommen, im Weigerungsfalle Rostock sofort zu verlassen. Die Munitionsdepots stehen unter doppeltem Verschluß. Die Schlüssel sind dem Soldatenrat auszuhändigen. Die Vertrauensleute nehmen in den Kompagnien den Bestand auf und lassen sich die Schlüssel aushändigen. Befehle werden nur vom Soldatenrat ausgegeben. Zapfenstreich ist abends 11 Uhr. Die Ausbildung der Mannschaften am Maschinengewehr unterbleibt vorläufig. Die Waffenunteroffiziere haben aus den Beständen der Munition und Waffen nur Auslieferungen auf Befehl des Soldatenrates vorzunehmen. Die bisher bestehenden Posten der hiesigen Garnison bleiben mit geringen Ausnahmen bestehen. Ankommende und nach hier beurlaubte Offiziere sind am Bahnhof zu entwaffnen. Die Bezirkskommandos haben sämtliche Anordnungen, darunter Einberufungen, dem Soldatenrat vorzulegen. Die Offiziere bleiben in ihren Funktionen, wenn sie sich ehrenwörtlich verpflichten. Der Dienst bleibt bestehen, soweit er in menschlicher und verständiger Weise gehandhabt wird. Die Löhnung ist gesichert. Alle aktiven Militär- und Sanitätsbeamten, die sich Dienstverfehlungen oder Schiebungen zuschulden kommen lassen, können sofort verhaftet, innerhalb 24 Stunden aus Rostock entfernt und ihrer Pensions- sowie Gehaltsansprüche verlustig erklärt werden." Als Vertreter des Offizierkorps wurden ein Hauptmann und ein Leutnant in den Vorstand des Soldatenrates gewählt. Einem beiden Mannschaften mißliebigen Oberleutnant wurde der Befehl erteilt, binnen 24 Stunden Rostock zu verlassen.

Bereits in der Versammlung am 7. November hatte der Vorsitzende des Soldatenrates am Schluß erklärt, daß hinter der Rostocker Garnison die Marine und die ganze Arbeiterschaft stehe. Eine solche Verbindung von Militär und Arbeiterschaft mochte in dem ersten Augenblick als etwas Neues erscheinen, in Wirklichkeit aber war sie schon im geheimen seit langem vorbereitet worden. Die revolutionären Bewegungen – denn das waren sie auch bei den Soldaten trotz der Erklärungen des Vorsitzenden im Rostocker Soldatenrat – waren nicht durch das Militär, auch nicht durch die Matrosen veranlaßt, wenn diese auch äußerlich den Anfang machten, sondern die Urheberin des ganzen Aufruhrs war die sozialistische Arbeiterschaft, und Matrosen und Soldaten dienten dabei nur als Vorspann. Das zeigte sich schon sehr bald überall.

Gleichzeitig mit der Matrosenbewegung in Warnemünde fand eine solche, wenn auch nicht in demselben Umfang, in Wismar statt. Schon am Dienstag abend (5. November) liefen im dortigen Hafen einige verdächtige Kriegsfahrzeuge ein. Am nächsten Tage erschien auch noch ein mit roten Fahnen geschmücktes und mit Matrosen besetztes Automobil. Schnell war auch hier ein Soldatenrat begründet, der sich mit dem Arbeiterrate vereinigte.

Wie ein Lauffeuer verbreitete sich die ganze Matrosenbewegung von Warnemünde-Rostock und Wismar oder auch direkt von Kiel her über ganz Mecklenburg. In Schwerin hatten sich am 6. November mittags bereits die Truppen der Garnison und eine Anzahl Zivilpersonen vor dem Kriegerdenkmal auf dem Alten Garten versammelt. Die Truppen waren zum Teil mit Musik anmarschiert. Der kommandierende General Freiherr von Liliencron hielt eine Ansprache, in der er zur Ruhe mahnte und erklärte, Wünsche der Truppen entgegenzunehmen. Sogleich kam es nun zur Bildung eines Soldaten- und Arbeiterrates, der noch am Abend desselbigen Tages zu weiteren Beratungen zusammentrat, in denen die Forderungen der Soldaten und Arbeiter formuliert werden sollten. Zunächst zwar erließ der Soldatenrat noch allein folgende Kundgebung durch Anschlag: „Mitbürger! Die Soldaten haben die Führung ihrer Angelegenheiten selbst in die Hand genommen. Die bestehende Ordnung ist dadurch nicht aufgelöst. Alle Behörden und Verwaltungen arbeiten wie bisher weiter. Stört nicht durch unbesonnenes Verhalten den geregelten Dienstbetrieb und die Aufrechterhaltung der Volkswirtschaft. Die Anordnung, daß Zivilpersonen nicht nach 11 Uhr die Straße betreten sollen, wird aufgehoben?" Als es gelegentlich der Versammlungen zu Ausschreitungen kam, erschien ein zweiter Anschlag durch den Soldatenrat welcher lautete: „Unter Ausnutzung der gestrigen Aufregungen haben einzelne unverantwortliche Elemente, auch Soldaten, sich zu Ausschreitungen hinreißen lassen. Der Soldatenrat wird gegen derartige Vorkommnisse aufs schärfste vorgehen und die Ordnung mit allen Mitteln aufrecht erhalten. Einige der Übeltäter sind verhaftet und sehen ihrer Verurteilung entgegen."

Am nächsten Morgen (7. November) aber fand im Konzertsaal des Hoftheaters eine Beratung von Abordnungen der Truppen und der Arbeiter statt, in der die Forderungen vom Abend vorher zum Beschluß erhoben wurden. Sie lauteten:

1. Anerkennung des Arbeiter- und Soldatenrates.
2. Verwaltung der Polizeigewalt (Absetzung der obersten Verwaltungsbehörde).
3. Verwaltung der Lebensmittelverteilung.
4. Die Offiziere sind dem Soldatenrat unterstellt.
5. Freilassung aller Militär- und Zivilpersonen. (Zu diesem Punkt wurde erläuternd bemerkt, daß Schwerverbrecher nicht darin einbegriffen sein sollen.)
6. Gleiches Essen für Offiziere und Mannschaften.
7. Auskömmliche Entlohnung und Unterstützung der Kriegerfrauen.
8. Entlassung der Kriegsinvaliden sowie der über 45 Jahre alten Mannschaften.
9. Erleichterung der Urlaubserteilung und Versetzung in die Heimat.
10. Der Arbeiter- und Soldatenrat hat nach Möglichkeit alle Wege zum Sozialismus und Kommunismus einzuschlagen.

Aus der Versammlung wurde weiter die Forderung aufgestellt, daß der Arbeiter- und Soldatenrat beauftragt werden solle, sofort Schritte zu unternehmen, die den Rücktritt der mecklenburgischen Regierung zum Ziele hätten. Die Arbeiter in den Kriegsbetrieben, die die Arbeit niedergelegt hatten, nahmen sie am Freitag morgen (8. November) wieder auf.

Auch in anderen Städten gewann die Soldaten- und Arbeiterbewegung schnell Boden. Bereits am Mittwoch abend (6. November) erschien in Güstrow die Abordnung eines auswärtigen Soldatenrates und forderte die Übergabe der dortigen Garnison. Um Unruhen und Blutvergießen zu vermeiden, gab der Garnisonälteste nach, und bereits am Donnerstag wurde ein Soldatenrat gebildet. In Parchim geschah an demselben Tage ein Gleiches durch Hissung der roten Fahne auf dem Kommandanturgebäude im Gefangenenlager. Nachmittags zog ein aus Soldaten und Arbeitern bestehender Zug mit Musik und unter Vorantragen der roten Fahne zur Dragonerkaserne und befreite die dort befindlichen Militärgefangenen. Der Soldatenrat vereinigte sich auch hier sogleich mit einem Arbeiterrat, und beide formulierten in einer großen Versammlung ihre Wünsche. In Mecklenburg-Strelitz wurde in Strelitz (Alt) am Freitag (8. November) im dortigen Lager ein Soldatenrat gegründet. Sämtliche Truppen der Nachrichten-Ersatzabteilung marschierten am Sonnabend morgen vor das Geschäftszimmer und gaben dem Kommandeur ihre Forderungen durch den Soldatenrat bekannt. Letzterer erklärte sogar, daß der Bolschewismus unterdrückt und alles zum Wohle des Vaterlandes Nötige geschehen werde. In Neustrelitz wählte die Garnison ebenfalls ihren Soldatenrat. Bald entstanden solche auch in Städten ohne Garnison, sobald sich daselbst nur irgendwelche militärischen Einrichtungen mit einer Anzahl Soldaten befanden.

So war ganz Mecklenburg in einem Zeitraum von ein paar Tagen in den Strudel der Revolution hineingerissen. Die bisherige Staatsordnung war erschüttert. Sie bestand im letzten Grunde nur noch der äußeren Form nach. Schon am Freitag morgen (8. November) konnte der Soldaten- und Arbeiterrat in Schwerin in einer großen Versammlung auf dem Alten Garten den Truppen und den anwesenden Zivilpersonen mitteilen, daß er sich im Besitz der militärischen und öffentlichen Gewalt befinde, daß die alten Behörden aber vorläufig unter seiner Kontrolle weiterarbeiteten. Dasselbe galt auch schon von den meisten andern Städten im Lande. Fast überall hatten die Soldaten- und Arbeiterräte die öffentlichen Gebäude, besonders die Postanstalten und Bahnhöfe besetzt.

Die von den Soldatenräten garantierte Ruhe und Ordnung ließ jedoch viel zu wünschen übrig. Stellenweise, besonders auch in der Landeshauptstadt Schwerin, nahmen die Verhältnisse einen sehr bedrohlichen Charakter an. Die Soldaten- und Arbeiterräte selbst steigerten die an sich schon große Erregung im Volke dadurch noch mehr, daß sie die sofortige Einführung des auch auf die Frauen ausgedehnten Reichstagswahlrechts und das Einkammersystem für Mecklenburg forderten. Am Montag, dem 4. November, am Tage vor den ersten Sturmzeichen, war nämlich in beiden Mecklenburg durch die Staatsminister Langfeld und Bossart die landesherrliche Ankündigung einer neuen Volksvertretung erfolgt. Sie lautete: „Seine Königliche Hoheit der Großherzog hat den Wunsch, daß die seit dem Jahre 1908 begonnenen, aber bisher nicht zum Abschluß gelangten und durch den Eintritt des Weltkrieges unterbrochenen Verhandlungen, betreffend Änderung der Landesverfassung, nunmehr wieder aufgenommen werden. Seine Königliche Hoheit der Großherzog hat das Schweriner und Strelitzer Staatsministerium mit den nötigen Vorarbeiten beauftragt und Seine dahin zielende Absicht geäußert, daß in dankbarster Würdigung des vom mecklenburgischen Volk an der Front und daheim bewiesenen vaterländischen Geistes und seiner unbegrenzten Opferfreudigkeit die neue Volksvertretung auf breiter Grundlage aufgebaut werde. Die vorbereitenden Arbeiten sind in vollem Gange und werden bald beendigt sein. In Aussicht genommen ist die Bildung von zwei Kammern. Die erste Kammer soll aus gewählten Vertretern der bisherigen Stände, des Domaniums und der organisierten Berufsstände bestehen. Die zweite Kammer soll ausschließlich aus Abgeordneten zusammengesetzt sein, welche auf Grund des allgemeinen, gleichen, unmittelbaren und geheimen Wahlrechts zu wählen sind."

Aber dieser brauchbare und von allen bisherigen Verfassungsvorlagen beste Vorschlag kam zu spät, ja er goß nur noch Öl ins Feuer. Die in ihm noch vorgesehene Mitwirkung der alten Stände, des Domaniums und der organisierten Berufsstände in einem Zweikammersystem bot den Soldaten- und Arbeiterräten mit ihrem revolutionären Anhang sowie den vielen bezahlten und freiwilligen Hetzern eine günstige Gelegenheit, das Volk immer mehr aufzuwiegeln, auch wenn sie überall äußerlich zur Ruhe und Ordnung ermahnten. Ihr Ziel war nunmehr der Sturz der alten Regierung.

Da erschienen am Vormittag des 8. November die beiden Reichstagsabgeordneten Dr. Wendorff und Sivkovich im Auftrage der Reichsregierung von Berlin her in Schwerin, um dort Maßnahmen zur Beruhigung des Volkes herbeizuführen. Sogleich fanden in der Regierung zwischen dem Großherzog, den Ministern, den Vertretern des Arbeiter- und Soldatenrates – diese zur früheren umgekehrte Namensbezeichnung wurde bereits gebräuchlich – und den beiden Reichstagsabgeordneten Besprechungen statt. Vor Beginn derselben wandte sich der Großherzog noch vom Balkon des Regierungsgebäudes aus mit einer beruhigenden Ansprache an die unten versammelte, meist aus Soldaten bestehende Menge. Das Ergebnis der Besprechungen war folgendes:

1. Es soll sofort in Mecklenburg eine auf den Grundsätzen des parlamentarischen Systems beruhende Landesverfassung eingeführt werden, die eine Vertretung des Volkes durch eine Kammer vorsieht, welche auf Grund des allgemeinen, gleichen, geheimen und unmittelbaren Wahlrechts gewählt wird.
2. Wir haben den Mitgliedern unseres Staatsministeriums auf ihre Bitte die Entlassung aus ihren Ämtern in Gnaden bewilligt.
3. Wir werden bald ein neues Ministerium bilden aus einer größeren Zahl von Angehörigen der in Mecklenburg vertretenen Parteien der Linken des Reichstages.

Es war das letzte, vom alten Ministerium unterzeichnete politische Schriftstück. Auch das Strelitzer Staatsministerium nahm seinen Abschied. In Schwerin wurde der Reichstagsabgeordnete Sivkovich, in Strelitz der dortige Reichstagsabgeordnete Dr. Stubmann vom Großherzog mit der Bildung eines parlamentarischen Ministeriums beauftragt.

Die neugebildeten Ministerien traten in Schwerin bereits am 9., in Strelitz am 11. November durch landesherrlichen Erlaß in Wirksamkeit. Die Namen ihrer Mitglieder, in Schwerin vorläufig 5, in Strelitz 6, sind mit wenigen Ausnahmen nicht wert genannt zu werden. Außer den beiden Abgeordneten Dr. Wendorff und Sivkovich gehörten dem Schweriner Ministerium ein früherer Handlungsgehilfe vom Soldatenrat, ein Zimmerer vom Arbeiterrat und ein Rostocker Redakteur der dortigen „Volkszeitung“, dem Strelitzer Ministerium außer Dr. Stubmann, dem Landrichter Dr. Weber und dem Ministerialassessor Dr. Piper noch einer vom Soldatenrat, der Mecklenburg überhaupt nicht kannte, ein gewesener Töpfergeselle vom Arbeiterrat und ein Volksschullehrer an. Beide Ministerien nahmen unter sich eine Verteilung der einzelnen Verwaltungszweige vor. Infolge völlig ungenügender Vorbildung verstand naturgemäß ein Teil der neuen Männer nichts von der ihnen zugewiesenen Arbeit. Das Strelitzer Ministerium wurde durch den Großherzog zudem noch ermächtigt, auf dem Gebiete des Ernährungswesens, der Gesundheitspflege, der Wahrung der öffentlichen Sicherheit und der Arbeitsbeschaffung in seinem Namen selbständig zu handeln. Die Frage der Selbständigkeit des Großherzogtums Mecklenburg-Strelitz sollte durch die verfassunggebende Versammlung daselbst geregelt werden. In Schwerin stellte sich das neue Staatsministerium der Einwohnerschaft in einer großen Versammlung im Hoftheater vor, in Neustrelitz geschah ein Gleiches durch das dortige Staatsministerium am 12. vor dem Schloß.

Mecklenburg war ein „Volksstaat“ geworden. So wenigstens erklärten die neuen Minister und ihre Anhänger. Das Volk als Ganzes hatte dabei zunächst noch wenig getan, sondern nur einzelne Gruppen und führende Geister, die die Revolution entfacht hatten. Daß diese bisher im ganzen ohne schlimme Ausschreitungen und ohne Blutvergießen verlief, das war allerdings das Verdienst des zum weitaus größten Teile noch besonnenen mecklenburgischen Volkes. In Berlin und anderen Städten des Deutschen Reiches waren die Straßenkämpfe in vollem Gange. Machtlos stand ihnen das neue sozialistische Reichsministerium gegenüber, das seit der Abdankung des Kaisers als „Volksbeauftragte“, wie es sich ohne Auftrag des Volkes nannte, die weitere Staatsleitung übernommen hatte. Wirkungslos verhallten die flehentlichen Hilferufe der „neuen Männer“, die diese im Angesicht der gleichzeitig von der Entente bekannt gegebenen, Deutschland und das deutsche Volk zerschmetternden Gewaltfriedensbedingungen an ihre eigenen „Genossen“ richteten. Es half auch wenig, daß der neue Reichskanzler Ebert „alle Behörden und Beamten in Stadt und Land“ um „ihre hilfreiche Hand“ bat und „an ihre Liebe zu unserm Volke“ appellierte. Die ungezügelten Massen waren entfesselt, sie entglitten der Hand ihrer eigenen Führer, der Terror war auf dem Wege.

Von solchen Auswüchsen blieben die beiden Mecklenburg noch verschont. Der Schweriner Soldatenrat erließ am 12. November eine Erklärung, in der es hieß: „Die Bevölkerung kann versichert sein, daß es den Soldaten völlig fern liegt, eine Schreckensherrschaft über die Zivilbevölkerung zu führen, sondern daß sie lediglich der freiheitlichen Entwicklung auf allen Gebieten des öffentlichen Lebens eine Bahn brechen wollen.“ Als Vorbedingung für dieses Ziel galt den Revolutionsmännern aber die Beseitigung der Monarchie. Sie war, nachdem der Kaiser und nach ihm alle Bundesfürsten bereits dem Thron freiwillig entsagt hatten bzw. zur Abdankung gezwungen worden waren, auch für Mecklenburg nur noch eine Frage der Zeit. Am 12. November unterbreitete der Großherzog Friedrich Franz IV. dem neuen Schweriner Ministerium den Wunsch, daß er an der Überführung Mecklenburgs in den Volksstaat im Rahmen seiner Rechte mitarbeiten wolle, daß er auf die fürstliche Steuerfreiheit verzichte und ihm jede dynastische Bestrebung fern liege. Hinsichtlich des Strelitzer Landes erklärte er noch besonders, daß er „nie die Hand dazu bieten werde, dort eine neue Dynastie einzusetzen“, und daß er seinem „zweiten Sohne die Übernahme der vom verstorbenen Großherzog letztwillig gewünschten Thronfolge nicht verstatten werde“. Aber alle diese und ähnliche Erklärungen des Landesherrn waren zwecklos. Der Beschluß des Ministeriums stand schon fest. Nur zwei Tage noch dauerte die Schattenregierung des Großherzogs. Am 14. November erfolgte sein von dem neuen Ministerium gegengezeichneter letzter, kurzer landesherrlicher Erlaß über seine eigene Abdankung. Er lautete:

„Auf Beschluß des Ministeriums erkläre ich hierdurch, daß ich für mich und mein Haus auf den großherzoglichen Thron von Mecklenburg-Schwerin verzichte. Ich entbinde zugleich alle Beamten ihres auf mich geleisteten Eides und bitte sie, im Amte zu verbleiben und ihre Dienste der Volksregierung zum Besten für Volk und Vaterland weiterhin zur Verfügung zu stellen."

„So ist es denn Wahrheit geworden", schrieb dazu die Mecklenburgische Zeitung, „was schon seit zwei oder drei Tagen als immer wieder auftauchendes Gerücht in der Luft lag. Und nun es Wahrheit geworden, packt es doch auch die, die leichtlich darüber mit einem Achselzucken glaubten hinweggehen zu können, wenn überhaupt sie als Mecklenburger empfinden, mit der Gewalt der nackten Tatsache. Das älteste Fürstengeschlecht Europas verläßt den Thron, nachdem rings um uns die anderen Bundesfürsten Deutschlands in den letzten Tagen ihm mit dem gleichen Verzicht vorangegangen sind. Die Verhältnisse haben sich als zu stark erwiesen, als daß selbst der noch gestern vom Großherzog ausgesprochene feste Wille, sein Mecklenburg einer gesicherten, freiheitlichen Entwicklung, entgegenzuführen, noch einen entscheidenden Einfluß hätte ausüben können. Aber wenn es dessen nach allem noch bedurft hätte, so wird dies ehrliche Bekenntnis aus dem Munde des Großherzogs für alle, die willig sind zu hören und nicht durch die schwarzen Gläser der Voreingenommenheit die Entwicklung betrachten, den unwiderleglichen Beweis erbracht haben, daß der Großherzog wirklich besten Willens voll gewesen, auch Mecklenburg eine den Wünschen des Volkes entsprechende Verfassung zu verschaffen. Man wird anerkennen müssen, daß dieser Wille auch früher stets auf seiner Seite gewesen ist. Wenn bisher die eigentümliche staatliche Organisation des Landes seine mehrfachen und immer wieder aufgenommenen Versuche, auf der gesetzlich gegebenen Grundlage zum Ziele zu gelangen, zum Mißlingen verurteilte, so trifft dafür weniger die Person des Großherzogs, als vielmehr die Regierung von gestern ein Vorwurf. Daß die große Welle, die sie hinwegspülte, nun auch ihn mit sich riß, das, wissen wir, werden viele Mecklenburger aus aufrichtigstem Herzen bedauern."

Gleichzeitig mit der Abdankungsurkunde des Großherzogs erschien seitens des nunmehr auch von den letzten Schranken fürstlicher Gewalt befreiten Ministeriums folgender Aufruf:

„An das Mecklenburger Volk:

„Der morsche Obrigkeitsstaat ist durch den großen Krieg zerbrochen, auf seinen Trümmern ist das Volk am Werk, den freien Volksstaat auf breitester demokratischer Grundlage zu errichten. Auch in Mecklenburg sind endlich die Schranken gefallen. Das mündige Volk nimmt seine Geschicke in die eigene Hand, und es wird die Demokratisierung bis in die höchsten Spitzen der staatlichen Einrichtungen durchführen. Des Volkes Wille soll das oberste Gesetz sein. Unsere Aufgabe ist es, dem Übergang schleunigst die Wege zu ebnen. Wir wollen deshalb unverzüglich allgemeine Volkswahlen auf dem Boden des gleichen, geheimen, unmittelbaren Wahlrechts für alle über 20 Jahre alten Mecklenburger ohne Unterschied des Geschlechts unter Anwendung der Verhältniswahl ausschreiben. Aus ihnen soll ein verfassunggebender Landtag hervorgehen, der die Grundlagen für die Staats- und die Gemeindeverwaltungen wie die Wahlen zu diesen zu beschließen hat. Alle überlebten Schranken und Ungleichheiten in Staat, Gemeinde, Verwaltung und Rechtsprechung sollen endlich beseitigt, alle unzeitgemäßen Rechte und alle Vorrechte ausgeräumt werden. Alles mit dem Volk, durch das Volk und für das Volk! Jeder ist zur Mitarbeit gleichberechtigt und gleichverpflichtet. Wir bitten deshalb um die vertrauensvolle Unterstützung durch jeden unserer Volksgenossen. Soll das große Werk gelingen, so wird alles geschehen müssen, um die Ernährung sicherzustellen, die wirtschaftliche Tätigkeit zu beleben, für unsere aus dem Felde heimkehrenden Brüder Wohnung, Arbeit und Fortkommen zu sichern. Dazu erforderliche Maßnahmen sind eingeleitet. Möge ein jeder zum Erfolge beitragen. Ein freies Mecklenburg den freien Mecklenburgern ist das gemeinsame hohe Ziel. Auf zur Arbeit!"

Zwei Tage später (16. November) folgte seitens des Strelitzer Staatsministeriums eine Bekanntmachung, daß, „nachdem Großherzog Friedrich Franz von Mecklenburg-Schwerin für sich und sein Haus auf den Schweriner Thron verzichtet" habe, auch „seine Verweserschaft für Mecklenburg-Strelitz erloschen" sei. „Der Großherzog hat sich mit dieser Auffassung einverstanden erklärt. Das Staatsministerium hat daher pflichtgemäß beschlossen, die volle Regierungsgewalt bis zur Entscheidung der verfassunggebenden Versammlung zu übernehmen. Die aus dem Beamteneid sich ergebenden Verpflichtungen sind dem Staatsministerium gegenüber zu erfüllen."

Nach einem Abschiedsgruß an sein mecklenburgisches Volk verließ Friedrich Franz noch am 16. November mit seiner Familie und einem kleinen Gefolge seine bisherige Residenz und reiste über Warnemünde-Gjedser nach Kopenhagen zu seinem Schwager, dem König von Dänemark, dessen Gemahlin Alexandrine seine Schwester ist. Beide mecklenburgischen Länder waren außer zu „Volksstaaten" nun noch zu „Freistaaten" geworden.

Beide Ministerien erließen sogleich eine Anzahl Verordnungen, die alles, was noch an die „Großherzoglichen" Einrichtungen erinnerte, nach Möglichkeit beseitigen sollten. Alle Behörden wurden fortab kurzweg als „Mecklenburg-Schwerinsche" bzw. „Mecklenburg-Strelitzsche" bezeichnet, die beiden Großherzoglichen Hoftheater erhielten den Namen „Landestheater". An den öffentlichen Gebäuden wurde das Wort „Großherzoglich" fortgenommen, überstrichen oder sonstwie entfernt, wobei dann häufig noch wochen- und monatelang ein häßlicher Fleck an der dann folgenden Hausbezeichnung blieb. In den Regierungs- und anderen Gebäuden, besonders auch auf den Bahnhöfen, mußten die Fürsten- und Kaiserbilder sowie die alten Landeswappen entfernt werden, und an die Behörden erging die Weisung, „alle bisher verwendeten Vordrucke aufzubrauchen, dabei aber die sich findenden Worte ‚Großherzoglich usw.' zu durchstreichen und durch die (oben genannten) entsprechenden Worte zu ersetzen". In den im Gebrauch befindlichen Gummistempeln sollte das Wort „Großherzoglich usw." nach Möglichkeit „durch Ausschneiden aus dem Stempel" entfernt werden.

Bereits am 12. und 13. November waren von der neuen Schweriner Regierung die drei Landesklöster Dobbertin, Malchow und Ribnitz sowie das Ständehaus in Rostock in Besitz genommen worden. Alle ständischen Einrichtungen, besonders die ständischen Kassen wurden mit Beschlag belegt, um so die großen Mittel, die in den Klöstern und bei den ständischen Körperschaften vorhanden waren, auf den Staat zu übertragen. Unter dem 3. Dezember wurden alsdann die Stände durch folgenden Erlaß aufgehoben: „Durch die Entwicklung der staatsrechtlichen Verhältnisse in Mecklenburg sind die Stände als Körperschaften des öffentlichen Rechtes beseitigt. Sie bleiben indessen als Privatkörperschaften für ihre korporativen Angelegenheiten, z. B. den Ritterschaftlichen Kreditverein, die Ritterschaftliche Brandkasse, Ratswitwenkasse, Städtische Brandversicherungsgesellschaft mit ihren bisherigen Vertretungen, jedoch unter Fortfall der Bezeichnung als „Stände" und „Engerer Ausschuß von Ritter- und Landschaft" und mit der Bedingung der Annahme eines neuen Korporationsnamens von Bestand. Auch verbleibt ihnen die Befugnis zur Veranlagung ihrer Mitglieder zu Beiträgen für die Zwecke ihres Verbandes sowie zur Einziehung dieser Beiträge. Beiden Körperschaften verbleibt ihr privates Vermögen mit den darauf ruhenden Verpflichtungen. Die Behörden, bei deren Verwaltung die Stände bisher mitgewirkt haben, bleiben einstweilen in bisheriger Weise und Besetzung von Bestand und in Tätigkeit, sie unterstehen jedoch allein dem bisher zuständigen Ministerium. Zur Fortführung der bisherigen ständischen Verwaltung in Rostock ist eine Geschäftsstelle unter der Bezeichnung „Mecklenburg-Schwerinsche Regierung, Geschäftsstelle in Rostock" errichtet. Diese Landesgeschäftsstelle ist dem Mecklenburg-Schwerinschen Staatsministerium unterstellt. Alle bisherigen ständischen Beamten und Angestellten sind in den Mecklenburg-Schwerinschen Staatsdienst übernommen und dem Staatsministerium verantwortlich." Eine entsprechende kurze Bekanntmachung erfolgte auch durch das Strelitzer Staatsministerium. Der alte mecklenburgische Ständestaat war zu Grabe getragen.

Das Bild, das die beiden neuen mecklenburgischen „Volks- und Freistaaten" in der nächsten Zeit boten, hatte in gewisser Hinsicht eine Ähnlichkeit mit den Zuständen von 1848. Überall ein Drängen nach neuen, der Zeit entsprechenden Verhältnissen, überall das Hervorkehren des Persönlichen gegenüber dem Allgemeinen, das Hasten des einzelnen nach eigenem Gewinn vor der Rücksicht auf das Wohl des Ganzen und statt der damaligen vielen „Reformvereine" jetzt die noch zahlreicheren „Räte". Zu den Arbeiter- und Soldatenräten traten Bürgerräte, Volksräte, Bauernräte, Angestelltenräte, Beamtenräte u. a. mehr. Die Bürgerräte mußten oftmals wegen drohender Haltung der Arbeiterräte, besonders in Mecklenburg-Strelitz, wieder aufgelöst werden oder mit diesen unter der nichtssagenden Bezeichnung „Arbeiter- und Bürgerrat“ verbunden werden. Die einzelnen Berufsstände, die sich nach dem Vorbild der Arbeiterorganisationen ebenfalls gewerkschaftlich zusammenschlossen, überboten sich einander in endlosen Lohn- und Gehaltsforderungen an Staat, Gemeinde und alle sonstigen Arbeitgeber. Der Achtstundentag wurde eingeführt, die Akkordarbeit untersagt, der Streik oder auch die Faust zum Schreck- und Drohmittel gegen Andersdenkende gemacht und die Arbeitslosenfürsorge zu einem bequemen Tagesverdienst ohne Arbeit gestaltet. Die besonnenen Elemente verloren mehr und mehr allen Einfluß, viele von ihnen opferten ihre bessere Überzeugung dem augenblicklichen persönlichen Vorteil. Auch in den Regierungen gewann die radikale Linke die Oberhand. In Hunderten von Versammlungen, die in den Tagesblättern oft in geradezu schamloser, aufreizender Form angekündigt wurden, sollte das Volk „aufgeklärt“ werden. Von der Stadt griff die rote Flutwelle auf das Land. Der rote Landarbeiterverband zog immer weitere Kreise. Mit allen Mitteln wurde offen und geheim gegen die Gutsherrn, gegen die städtische Obrigkeit, gegen alles, was sich der sozialistisch-revolutionären Gedankenwelt nicht anpassen wollte, gewühlt. Was aber die Zustände von 1848 weit in den Schatten stellte, war der Umstand, daß es im Lande keine Recht und Gesetz schützende Staats- und Polizeigewalt gab. Die Diebstähle mehrten sich in Stadt und Land in erschreckender Weise. Was die Tageszeitungen in ihren spaltenlangen Rubriken über „Nachrichten aus Mecklenburg“ an Mitteilungen aus den einzelnen Städten und Ortschaften brachten, enthielt wochenlang zum weitaus größten Teile „Einbruchsdiebstähle“. Besonders die Gutshöfe waren dem Raubwesen ausgesetzt. Mehrmals hatten die Diebe das Vieh aus dem Stalle geholt, an Ort und Stelle abgeschlachtet und so viel als möglich fortgeschleppt, das übrige tot liegen lassen. Zum Selbstschutz zu greifen, war vielen Bewohnern nicht möglich, da von den Arbeiter- und Soldatenräten im Bunde mit der Regierung aus Furcht vor einer Gegenrevolution die Ablieferung aller in der Bevölkerung befindlichen Waffen verlangt und zum Teil auch durchgeführt wurde.

Oftmals wollte es scheinen, als ob das Volk allen Halt verloren habe. Die ins Fabelhafte gesteigerten Preise von Waren aller Art vermehrten die Sucht nach eigenem Gewinn. Der eine übervorteilte den andern. Der Schleichhandel griff immer mehr um sich. Der Geist der Lüge erfaßte weite Kreise des Volkes, die gute Sitte wurde verachtet und die Religion verspottet. Noch saß in Paris der Viererrat zusammen und schrieb über Deutschland das Todesurteil. Aus dem Felde kehrten die Truppen heim. Unter den vielen, die draußen in fremder Erde geblieben waren, befanden sich auch Tausende von mecklenburgischen Söhnen. Sie waren zum Teil schon vergessen. Singend und tanzend empfing man die Überlebenden. Dasselbe Zeitungsblatt, das die schwarz umränderten Namen gefallener Helden trug, das flehentlich nach „Freiwilligen" wider die von Osten drohende polnische Gefahr rief, strotzte von Einladungen zu Konzerten, Kränzchen, Tanzmusiken, Kappenfesten und anderen Vergnügungen, und selbst ein „Lumpenball" rief zur freudigen Einkehr. –

Die Wahlen zu einer verfassunggebenden Versammlung waren anfangs in beiden mecklenburgischen Ländern noch vor Ende 1918 geplant worden. Sie kamen aber nur in Mecklenburg-Strelitz noch in diesem Jahre zustande, und zwar am 15. Dezember. Nach dem Wahlerlaß vom 19. November waren wahlberechtigt alle Personen männlichen und weiblichen Geschlechts, welche am Wahltage das 20. Lebensjahr vollendet hatten und entweder vor dem 15. November 1918 in Mecklenburg-Strelitz staatsangehörig waren oder vor dem 1. Juli 1918 dort ihren Wohnsitz hatten. Bei Reichs- und Staatsbeamten war nur erforderlich, daß sie bereits am 15. November 1918 ihren dienstlichen Aufenthalt in Mecklenburg-Strelitz gehabt hatten. Militärpersonen waren wahlberechtigt, wenn sie auf Grund ihrer Zugehörigkeit zum Soldatenstande sich am Wahltage, und zwar seit dem 15. November 1918 im Lande aufhielten und den Nachweis durch Bescheinigungen der Truppenteile oder des örtlich zuständigen Soldatenrats erbringen konnten. Eine zeitweilige Abwesenheit galt nicht als Unterbrechung des Aufenthalts. Für alle Wahlberechtigten mit Ausnahme der Militärpersonen und derjenigen, welche das 70. Lebensjahr vollendet hatten, bestand Wahlpflicht. Gewählt wurde nach dem System der streng gebundenen Listen. Für die Wahl war das Land in drei Wahlkreise, die Aushebungsbezirke Neustrelitz, Neubrandenburg und Schönberg, geteilt worden. In den beiden ersten Wahlkreisen wurden je 18, in dem dritten, dem früheren Fürstentum Ratzeburg, 6, zusammen 42 Abgeordnete, gewählt. Sie setzten sich zusammen aus 21 Sozialdemokraten und 21 bürgerlichen Abgeordneten. Letztere bestanden aus 18 vereinigten Liberalen, 2 Vertretern des Handwerks und 1 des Bauernbundes. Am 19. Dezember 1918 wurde die Versammlung im Schloß zu Neustrelitz eröffnet. Sie tagte mit Unterbrechungen bis zum 7. Februar 1919.

„Die verfassunggebende Versammlung beschließt zunächst", so hieß es in §§ 2 und 3 des Wahlerlasses, „darüber, ob Mecklenburg-Strelitz ein selbständiger Staat bleiben soll. Wird die Selbständigkeit beschlossen, so hat die verfassunggebende Versammlung eine eigene Verfassung für das Land zu schaffen, insbesondere über Staatsform, Staatsoberhaupt, Volksvertretung, Bildung des Staatsvermögens und grundlegende Verwaltungsbestimmungen zu befinden. Auch hat sie über die mit Mecklenburg-Schwerin zur Regelung des gegenseitigen Verhältnisses abzuschließenden Verträge zu entscheiden. Sobald die neue Verfassung fertiggestellt ist, wird die Versammlung aufgelöst und der ordentliche Landtag auf Grund der neuen Verfassung gewählt. Bis dahin hat die verfassunggebende Versammlung die volle Zuständigkeit für alle staatlichen Handlungen, für welche die Mitwirkung einer Volksvertretung nötig wird."

Bereits in der Eröffnungssitzung am 19. Dezember wurde nach Erledigung der geschäftlichen Sachen, besonders der Wahl eines Landtagspräsidenten, die Frage nach der Selbständigkeit des Strelitzer Landes zum Hauptgegenstand der Beratungen. Eine möglichst baldige Entscheidung war noch deswegen besonders erwünscht, weil erst vor kurzem (am 1. Dezember) auf der Delegiertenversammlung der Mecklenburg-Schweriner Arbeiter- und Soldatenräte in Schwerin folgende Entschließung angenommen worden war: „Die Arbeiter- und Soldatenräte von Mecklenburg-Schwerin erklären die Vereinigung beider Mecklenburg zu einer Republik als eine Notwendigkeit." Nachdem sich der Staatsminister Dr. Stubmann als bisheriger Vorsitzender des Staatsministeriums in einer längeren Rede über die Wichtigkeit der vorliegenden Frage und die durch das Staatsministerium mit der Reichsregierung gepflogenen Verhandlungen ausgelassen hatte, wurde nach weiteren Darlegungen anderer Abgeordneter, unter denen einige ihre (je nach Lage und Umständen persönlicher Art) wandelbare Politik allzu offen verrieten, von der Versammlung einstimmig mit folgender Resolution die Selbständigkeit von Mecklenburg-Strelitz beschlossen: „Die verfassunggebende Versammlung für Mecklenburg-Strelitz erklärt, daß die besondere Lage des bisherigen Großherzogtums die unbedingte Aufrechterhaltung der Selbständigkeit des Staates im Rahmen der deutschen Republik erfordert. Der Wiederaufbau des Staates verlangt die Verwertung des künftigen Staatsvermögens, das dem Lande entstammt, in dauernder sorgfältiger eigener Verwaltungstätigkeit unter Mitwirkung einer ständigen, aus allgemeinen Wahlen hervorgehenden eigenen Landesvertretung. Mecklenburg-Strelitz wird dann zu den lebensfähigsten deutschen Staaten gehören."

Mit der zweiten Sitzung am 20. Dezember 1918 begannen die Beratungen über das Staatsgrundgesetz. Es wurde am 29. Januar 1919 in der dritten Lesung angenommen. Danach ist „Mecklenburg-Strelitz ein selbständiger und unabhängiger Staat im Rahmen der Deutschen Republik" (Z 2). „Die bisherige dynastische und ständische Verbindung mit Mecklenburg-Schwerin ist aufgelöst. Insbesondere sind der Hamburger Vergleich von 1701, der Landesgrundgesetzliche Erbvergleich und der Erläuterungsvergleich von 1755 unwirksam" (§ 3). „Die bisherigen Stände sind als Körperschaften des öffentlichen Rechts beseitigt. Ebenso sind die Befugnisse der Landesvertretung von Ratzeburg aufgehoben" (§ 5). Der Landtag geht aus allgemeinen, gleichen, unmittelbaren und geheimen Wahlen hervor, welche nach den Grundsätzen des Verhältniswahlrechts vorgenommen werden. Auf je 3000 Einwohner ist ein Abgeordneter zu wählen. Wahlberechtigt sind alle im Lande sich aufhaltenden, mindestens 20 Jahre alten Personen beiderlei Geschlechtes, sofern sie seit einem Jahre vor dem Wahltage die deutsche Reichsangehörigkeit besitzen und außerdem entweder seit einem Monate vor dem Wahltage die mecklenburg-strelitzsche Staatsangehörigkeit besitzen oder seit drei Monaten vorher im Lande ihren ständigen Wohnsitz haben. Ausgeschlossen sind Personen, welche entmündigt sind oder unter vorläufiger Vormundschaft stehen, und Personen, welche nicht im Besitze der bürgerlichen Ehrenrechte sind. Wählbar sind nur Personen, die am Wahltage die mecklenburg-strelitzsche Staatsangehörigkeit besitzen" (§ 6). Die Hauptrechte des

Landtags sind das Recht der Gesetzgebung, das Steuerbewilligungsrecht, das Etatsrecht und das Recht der Kontrolle der Finanzen. Die vollziehende Gewalt liegt bei der Landesregierung, die „aus einem Vorsitzenden und der erforderlichen Anzahl von Mitgliedern besteht. Der Auftrag zur Bildung der Landesregierung wird durch den Landtagspräsidenten erteilt; ihm liegt auch die Ernennung der Mitglieder der Regierung ob. Die Landesregierung und ihre Mitglieder bedürfen zu ihrer Amtsführung des Vertrauens des Landtags und sind ihm verantwortlich" (§ 16). Ein zweimaliges Mißtrauensvotum durch die Vollversammlung des Landtags verpflichtet die Regierung zum Rücktritt. „Die örtliche Verwaltung einschließlich der Polizei wird in den Städten von den Magistraten, in den übrigen Teilen des Landes von den Ämtern geführt" (§ 21). Die Verwaltung der Städte wird durch eine allgemeine Städteordnung geregelt. In dieser kommen die Grundsätze zur Ausführung, daß die Mitglieder des Magistrats durch die Abstimmung der Einwohnerschaft auf Zeit gewählt werden und daß die Stadtverordneten durch allgemeine Wahlen in gleicher Weise wie die Mitglieder des Landtags zu berufen sind" (§ 22). „Die Rittergüter treten unter die Ämter" (§ 23). Weiter wird Glaubens- und Gewissensfreiheit zugesichert, die Trennung von Kirche und Staat vorbereitet, die Einheitsschule eingeführt, die Schaffung eines Beamtengesetzes, die Neuregelung der Lehen und Fideikommisse sowie eine Neuordnung der bäuerlichen Verhältnisse und des Jagdrechts vorgesehen. Das Landesgrundgesetz tritt mit dem 1. Februar 1919 in Kraft. Der erste ordentliche Landtag soll noch vor dem 1. April dieses Jahres auf die Dauer eines Jahres gewählt werden, der dann folgende zweite ordentliche Landtag eine Durchsicht der ganzen Verfassung vornehmen, nachdem bis dahin auch die noch fehlenden besonderen Gesetze gegeben worden sind.

So hatte das kleinere der beiden mecklenburgischen Länder sich zuerst ein neues Staatsgrundgesetz gegeben. Am 7. Februar wurde die verfassunggebende Versammlung geschlossen. Zugleich legte Dr. Stubmann sein Amt als Staatsminister nieder.

Inzwischen hatten am 19. Januar die Wahlen zur Deutschen Nationalversammlung stattgefunden. Die beiden mecklenburgischen Länder waren mit Lübeck zum 35. Wahlkreis verbunden worden. Das

Ergebnis der Wahl war: 3 Sozialdemokraten, 2 Demokraten und 1 Deutschnationaler.

Am 30. März 1919 fanden in Mecklenburg-Strelitz die Wahlen zum ersten ordentlichen Landtag statt. Nach dem neuen Landtagswahlgesetz vom 30. Januar und der darauf bezüglichen Landtagswahlordnung vom 8. Februar waren in den beiden Kreisen Neustrelitz und Neubrandenburg je 15, im Kreise Schönberg 5, zusammen 35 Abgeordnete zu wählen. Es handelte sich dieses Mal in allen drei Bezirken nur um zwei Wahlvorschläge, einen der vereinigten Bürgerlichen und einen der Sozialdemokraten. Das Ergebnis war ein ganz eigenartiges. Die Bürgerlichen erzielten in der Zahl der abgegebenen Stimmen eine Mehrheit von 1109. Trotzdem erhielten die Sozialdemokraten von den 35 Sitzen 18, die Bürgerlichen nur 17. Der Grund lag in der von den Sozialdemokraten absichtlich herbeigeführten sonderbaren und ungerechten Wahlkreiseinteilung. Nach dem Landesgrundgesetz sollten auf je 3000 Einwohner 1 Abgeordneter entfallen. Danach hätten aus dem Wahlkreis (Aushebungsbezirk). Neubrandenburg 16 Abgeordnete hervorgehen müssen. Es wäre dann bei 36 Abgeordneten wieder eine Verteilung der Sitze zur Hälfte für jede Partei eingetreten. Die Sozialdemokraten aber hatten bei der Beratung über das Wahlgesetz (Ende Januar) eine zufällig im Landtage anwesende Minderheit der Bürgerlichen zu überrumpeln und in Angleichung an Neustrelitz auch für Neubrandenburg nur 15 Abgeordnete durchzusetzen verstanden. Ebenso war ihnen die Einteilung des an sich schon kleinen Landes in drei Wahlkreise erwünscht gewesen. Bei einer einheitlichen Gesamtzählung hätten die Bürgerlichen mit 18 Sitzen die Mehrheit erhalten, bei jener Dreiteilung aber genügte der Überschuß der bürgerlichen Stimmen gegenüber denen der sozialdemokratischen nicht ganz, um in Neustrelitz das Verhältnis 9:6 herzustellen. Es blieb das Verhältnis 8:7. In Neubrandenburg und Schönberg dagegen hätten die Bürgerlichen noch eine große Anzahl Stimmen an Neustrelitz abgeben können und hätten dennoch 7:8 bzw. 2:3 behalten. Die Abgabe wäre bei dem Vorhandensein nur eines Wahlkreises erfolgt. So aber ging der Überschuß der bürgerlichen Stimmen an drei Stellen wirkungslos verloren.

Der neue (erste ordentliche) Landtag trat am 14. Mai zusammen. Die Einigung der bürgerlichen Parteien hatte auch einen Zusammenschluß derselben zu einer bürgerlichen Fraktion vorausgesehen. Statt dessen aber trat nunmehr eine Spaltung ein. Am 27. Februar nämlich hatte die sozialdemokratische Parteileitung von Mecklenburg-Strelitz als Entgegnung auf die Einigung der Bürgerlichen folgende Erklärung für den damals beginnenden Wahlkampf erlassen: „Wenn die bevorstehenden Wahlen zum Landtag eine sozialdemokratische Mehrheit ergeben sollten, wird die Sozialdemokratie nach wie vor bereit sein, mit bürgerlichen Demokraten die Regierung des Landes zu führen und dadurch die berechtigten Interessen des Bürgertums auch in Zukunft vollinhaltlich zur Geltung zu bringen. Entgegengesetzte Ausstreuungen sind nichts als unlautere Wahlmanöver und werden als solche hierdurch gebrandmarkt. Andererseits erklärt die sozialdemokratische Parteileitung des Landes, daß sie mit einer bürgerlichen Mehrheit gemeinsam nur dann in der Regierung zu wirken bereit sein würde, wenn von dieser konservativ gerichtete Männer genau wie im Reiche ausgeschlossen werden. Im anderen Falle müßte sie eine weitere Teilnahme an der Regierung ablehnen und die sozialdemokratischen Mitglieder derselben auffordern, zurückzutreten. Ein deutschnational-demokratischer Block würde in diesem Falle die Geschäfte des Landes allein zu führen haben, das bedeutet: im Gegensatz zur Sozialdemokratie und der Politik des Reiches. Eine derartige Politik des Landes würde die Regierung und die parlamentarischen Instanzen des Reiches nötigen, Gegner der weiteren Selbständigkeit des Landes zu werden. Weiter fordern wir unsere Parteifreunde im Lande auf, den Wahlkampf sachlich zu führen, die Freiheit der Meinungsäußerung in Versammlungen allen Parteien zu sichern und selbst herausfordernden Angriffen von Gegnern mit der sachlichen Überlegenheit, zu der uns unser Vertrauen zum Sieg unserer gerechten Sache berechtigt, zu begegnen."

Einen Zusammenschluß der Bürgerlichen, auch wenn dieser nur mit großer Mühe zustande kam, hatte die sozialdemokratische Partei durch ihren drohenden Erlaß nicht mehr abwenden können. Wohl aber erreichte sie, als sie bei Eröffnung des Landtags auf ihrer Absicht, mit einem deutsch-national-demokratischen Block nicht zusammenarbeiten zu wollen, beharrte, ihr Ziel. Die Abgeordneten demokratischer Richtung sprangen von der vereinigten bürgerlichen Partei ab und gründeten eine eigene demokratische Fraktion. Die übrigen bildeten eine wirtschaftliche Vereinigung. Zum Dank für diesen Vertrauensbruch überließ die Sozialdemokratie den Demokraten einen Ministersitz. Die anfängliche Sechszahl der Minister war schon bald auf vier und wurde nun auf zwei beschränkt. So bestand denn das Strelitzer Staatsministerium aus einem Sozialdemokraten (Vorsitzenden) und einem Demokraten (Mitglied). Der Titel „Landeshauptmann", den der Vorsitzende des Ministeriums seit der verfassunggebenden Versammlung geführt hatte, fiel wieder fort.

Die dem Landtage zur Beratung und eventuellen Beschlußfassung vorzulegenden Gesetzentwürfe faßte das Staatsministerium am 16. Mai in einem Erlaß „an die Einwohner des Freistaates Mecklenburg-Strelitz" in folgende acht Punkte zusammen:

1. Verwaltungsreform mit dem Ziele der Vereinfachung und Verbilligung der Verwaltung, bestehend aus einer Reihe von Einzelgesetzen (Städteordnung, Landgemeindeordnung, Landesverwaltungsgesetz, das die Bildung von Kommunalverbänden und die Einführung der Verwaltungsgerichtsbarkeit bezweckt, Beamtengesetz, Besoldungsreform, Kommunalabgabengesetz, Gesetz betreffend Regelung des Armenwesens).
2. Reform des Agrarwesens und des Agrarrechts (Bauernrecht, Fideikommiß- und Lehnswesen).
3. Beseitigung der Wohnungsnot.
4. Fürsorge des Kleinsiedlungswesens durch Landzulagen und Neusiedlungen.
5. Förderung des Handwerks und Fachschulwesens.
6. Ausgestaltung der Arbeiterfürsorge und der Wohlfahrtspflege.
7. Volksschulwesen.
8. Entstaatlichung der Kirche.

Eine Anzahl dieser Gesetzentwürfe wurde in den nächsten Wochen und Monaten bereits vom Landtage verabschiedet, unter ihnen das auf alle Beamten und Lehrer des Landes, staatliche und kommunale, bezügliche Beamtenbesoldungsgesetz (30. Juli), die Städteordnung (29. Juli), das Gesetz über die Errichtung eines Staatsrats, d. h.

einer „obersten Beschluß- und Beschwerdeinstanz“ (8. September), das Gesetz über die Modifizierung der Schulzenlehen (9. September), das Gesetz betreffend die Wahlen von Schulzen und Schöffen in den Dorfgemeinden (10. September) und das Gesetz über die Dienstverhältnisse der Lehrer an den ritterschaftlichen Schulen (15. September).

In Mecklenburg-Schwerin fanden die Wahlen zur verfassunggebenden Versammlung am 26. Januar 1919 statt. Die von der Regierung aufgestellten Wahlgrundsätze entsprachen im großen und ganzen denen in Mecklenburg-Strelitz (S. 591). Als Wahlkreise galten die alten 6 Reichstagswahlkreise. Da nun aber im Durchschnitt auf je 10 000 Einwohner ein Abgeordneter gewählt werden sollte, so schwankte die Zahl derselben in den einzelnen Wahlkreisen zwischen 9 und 14. Das Ergebnis der Wahl war: 32 Sozialdemokraten, 17 Demokraten, 11 Deutschnationale, 2 Deutsche Volkspartei, 1 Mittelstandspartei und 1 Dorfbund, im ganzen 64. Die Sozialdemokraten erhielten also auch hier wie in Mecklenburg-Strelitz die Hälfte aller Sitze im Landtag. Am 21. Februar wurde die Versammlung im Schloß zu Schwerin eröffnet. Nachdem an den beiden ersten Tagen die rein geschäftliche Seite erledigt worden war, wandte sich die Versammlung dem eigentlichen Arbeitsplane zu. Staatsminister Dr. Wendorff legte ihn in einer längeren Ansprache den Abgeordneten vor. Auch hier handelte es sich in erster Linie um eine Verfassung durch ein neues Landesgrundgesetz. Als besonders wichtige Punkte hoben sich heraus: die zu begründende Städteordnung und die ländliche Gemeindeordnung, die Aufhebung der Fideikommisse, die Bauernsiedlung, die Domänenfrage mit eventuellen Ansprüchen des Großherzoglichen Hauses auf das Domanium, die Neuordnung und Vereinfachung der bisher ziemlich verworrenen und umständlichen Finanzverwaltung, die Regelung der Schulverhältnisse (Einheitsschule) und die Entstaatlichung der Kirche.

Entsprechend dem weit umfangreicheren Arbeitsplane war auch die Sitzungsperiode der Schweriner Versammlung viel länger als diejenige der Strelitzer. Noch im Herbst 1919 war sie nicht abgeschlossen. Unter den bis dahin erledigten Gesetzen sind neben solchen über die Errichtung eines Landeswohnungsamtes, dem die Bearbeitung der gesamten Angelegenheiten der Wohnungsfürsorge übertragen wurde

(4. Juni), über die den Forderungen der Zeit angepaßten Besoldungs- und Pensionsverhältnisse der Lehrer an den ritter- und landschaftlichen Schulen (6. Juni) u. a. m. vor allem zwei zu nennen: das Bauernsiedlungsgesetz mit der Errichtung eines Siedlungsamtes vom 3. Juli und die Städteordnung vom 18. Juli. In ersterem handelt es sich besonders um die „Anliegersiedlung für ländliche Kleinsiedlungen“, bei der Städteordnung um die Selbstverwaltung der als „Körperschaften des öffentlichen Rechts“ geltenden Stadtgemeinden. Hinsichtlich der Zusammensetzung des Staatsministeriums bestimmten die Gesetze vom 6. Juni und 20. August die Zahl von 5 Staatsministern. Einer von ihnen führt als Ministerpräsident den Vorsitz. Die Vollendung des Landesgrundgesetzes verzögerte sich bis gegen Ende des Jahres. Der Landtag hatte zunächst die im Juli von der Nationalversammlung verabschiedete deutsche Reichsverfassung abwarten wollen, um sie für die Schweriner Landesverfassung zugrunde zu legen. Besondere Schwierigkeiten bot die Frage nach dem Verhältnis von Kirche und Staat, deren endgültige Regelung gleich anderen wichtigen Reformen noch der Zukunft angehört.

Inzwischen hatten auch die städtischen Gemeindewahlen nach den bei den Wahlen zum Landtage geltenden Grundsätzen stattgefunden, in Mecklenburg-Strelitz bereits am 2. Februar. Sie ergaben hier in den einzelnen Städten ein verschiedenes Resultat. Während sich z. B. in Neustrelitz das Verhältnis der Bürgerlichen zu den Sozialdemokraten wie 11: 7 gestaltete, hatte die Wahl in Friedland gerade das umgekehrte Ergebnis. In Neubrandenburg und einigen anderen Städten wurde von beiden Parteien die gleiche Zahl der Stadtverordnetensitze erreicht. Einen ebenso verschiedenartigen Ausfall zeitigten etwas später die nämlichen Wahlen in Mecklenburg-Schwerin. Auf Grund der Städteordnungen vom 18. bzw. 29. Juli wurde in den Städten beider Mecklenburg alsdann die Bürgermeister- und Stadtratswahlen vorbereitet. Die Wahl des Bürgermeisters, gewöhnlich durch die wahlberechtigte Einwohnerschaft vollzogen, schlug meistens zugunsten eines bürgerlichen Bewerbers aus.

Noch sind die Ereignisse, die sich seit dem Ausbruch der Revolution in Mecklenburg zugetragen haben, viel zu frisch und die durch die Regierungen und Landtage angestrebten Reformen zu sehr in der

Entwicklung begriffen, als daß sich ein abschließendes, geschichtlich begründetes Urteil geben ließe. Auch die Regierungs- und Verwaltungsfähigkeit der sozialistischen Ministerien, Landesvertretungen und Stadtparlamente, die Bedeutung der vielen „Räte", besonders der die Revolution einleitenden Soldatenräte, ebenso auch die groben Ausschreitungen, vornehmlich bei den Wahlen, die mehrfach vorgekommenen Plünderungen öffentlicher Verkaufsstellen, ja selbst die kleineren Straßenkämpfe, wie sie in Schwerin stattfanden: alle diese und noch andere ständige Begleiterscheinungen revolutionärer Bewegungen müssen in ihrer Bewertung für die Gegenwart dem Urteil einer späteren Zeit überlassen werden. Eine von der Mehrheit des mecklenburgischen Volkes schon seit Jahrzehnten mit Recht beanstandete staatliche Einrichtung hat der Sturm der Revolution allerdings hinweggefegt: den ständischen Landtag. Nicht genug, daß die bisher ausschließlich den Inhabern von Rittergütern und den städtischen Bürgermeistern eignende Landstandschaft zu dem modernen Rechtsempfinden in Widerspruch stand, der Landtag hatte sich durch das von der Liebe zum eigenen Ich und der Geringschätzung gegenüber nichtständischen Volksgenossen zeugende Verhalten seitens der Mehrzahl seiner Mitglieder schon lange selbst das Grab gegraben. Ob der für ihn geschaffene Ersatz dem Wohle des Landes entspricht, muß die Zukunft lehren.

Am 12. November dieses Jahres (1919) ist ein halbes Jahrtausend vergangen seit dem Tage, an welchem durch den Schweriner Bischof Heinrich von Wangelin die Landesuniversität Rostock feierlich eröffnet wurde. Einer ragenden Eiche gleich, einst gepflanzt als kleiner Baum, bald aber kräftig entwickelt durch immer neue Triebe, schließlich ihre ganze Umgebung beschattend und beschützend und weithin sichtbar als ein Wahrzeichen des Landes, so steht nach fünfhundert Jahren die Universität an ihrem Ehrentage da, fest gewurzelt im Leben des mecklenburgischen Volkes und alle Zweige der Wissenschaft umspannend. „Kommilitonen! Die Fünfjahrhundertfeier der Universität steht bevor", schrieb am 20. Oktober der Rektor Professor Dr. Herbig. „Sie soll bezeugen, daß wir auch in diesen erschütternden Tagen wie einst in den Jahren des Glückes treu zueinander stehen; daß wir die Alten nicht vergessen, die fünfhundert lange Jahre hindurch für uns gewirkt haben, und auch nicht die Jungen, die, wenn das Vaterland rief, für uns gestorben sind; daß wir fest auf die vertrauen, die heute und morgen von dieser Stätte aus die Fackel der Wissenschaft weitergeben und weitertragen, bis ein neues Licht unsern Tag erhellt. Festtage sind hohen Bergen vergleichbar: wir wollen am 12. November, dem Tage der Erinnerung, die alle Sinne schärft, mit den Augen der Jugend und den Augen der Hoffnung, auch wenn rings um uns noch alles im Dunkeln liegt, das erste Morgengrauen des neuen Tages herbeisehnen." Möge denn von der Jubelfeier der Geist der Neubelebung echt deutschen Wesens durch alle Herzen dringen, der Universität zur Ehre, der mecklenburgischen Heimat und dem deutschen Vaterlande in der gegenwärtigen Zeit der Not zum Segen!

Literaturverzeichnis

Außer den genannten Werken (in der Einleitung und literarischen Übersicht auf den Seiten 15 bis 26) mögen für einzelne Zeitabschnitte folgende Darstellungen genannt werden. Sie sind nach der Zeit, die sie behandeln, geordnet. Dabei ist jedoch zu bemerken, daß, wie bei den vorausgehenden Angaben, auch hier keine Vollständigkeit herrschen kann. Es ist nur eine größere Auswahl aus der überhaupt erschienenen einschlägigen Literatur.

L. Giesebrecht, Wendische Geschichten aus den Jahren 780–1182. 2 Bände. Berlin 1843.

Sebicht, Unsere mittelalterliche Ostmarkenpolitik. Eine Geschichte der Besiedlung und Wiedereindeutschung Ostdeutschlands. Breslau 1910.

Kühnel, Die slawischen Ortsnamen in Mecklenburg. Neubrandenburg 1882. (Auch in Jahrb. 1881.)

Wagner, Das Bündnis Karls des Großen mit den Obotriten. Jahrb. 1898.

Beltz, Zur ältesten Geschichte Mecklenburgs. Zwei Verträge: I. Die Wenden in Mecklenburg. II. Wie wurde Mecklenburg ein deutsches Land? Progr. Schwerin 1893.

Salow, Lothar III. und das Wendenland. Progr. Friedland 1889.

Die Neubesiedlung Mecklenburgs im 12. u. 13. Jahrh. Progr. Friedland 1896.

Boll, Mecklenburgs deutsche Kolonisation im 12. u. 13. Jahrh. Jahrb. 1848.

G. Wendt, Die Germanisierung der Länder östlich der Elbe. Progr. Liegnitz 1889.

Ernst, Die Kolonisation Mecklenburgs im 12. und 13. Jahrhundert. In Schirrmachers Beiträgen. Rostock 1875.

Beckmann, Gewerbe Mecklenburgs im 13. Jahrhundert (Schirrmachers Beiträge 1872).

Schmaltz, Die Begründung und Entwicklung der kirchlichen Organisation Mecklenburgs im Mittelalter. Jahrb. 1907/08.

Küster, Die Verwaltungsorganisation von Mecklenburg im 13. und 14. Jahrhundert. Jahrb. 1909.

Saß, Zur Genealogie der Grafen von Dannenberg. Diss. Rostock 1878.

Meyer, Geschichte der Grafen von Ratzeburg und Dannenberg. Jahrb. 1911.

Koppmann, Die Erwerbung des Landes Stargard durch Heinrich II. Jahrb. 1890.

Cordsen, Beiträge zur Geschichte der Vitalienbrüder. Jahrb. 1908.

Oelgarte, Die Herrschaft der Mecklenburger in Schweden. Jahrb. 1903.

Strecker, Die äußere Politik Albrechts II. von Mecklenburg. Jahrb. 1913.

Techen, Über die Bede in Mecklenburg bis zum Jahre 1385. Jahrb. 1902.

Brennecke, Die ordentlichen Staatssteuern Mecklenburgs im Mittelalter. Jahrb. 1900.

Ahlers, Das bäuerliche Hufenwesen in Mecklenburg im Mittelalter. Jahrb. 1886.

Staat und Kirche in Mecklenburg in den letzten Jahrzehnten vor der Reformation. Jahrb. 1910.

Stuhr, Die Bevölkerung Mecklenburgs am Ausgang des Mittelalters. Jahrb. 1893

Vorberg, Einführung der Reformation in Rostock. Schriften des Vereins für Reformationsgeschichte Nr. 58. Halle 1897.

Schnell, Heinrich V., der Friedfertige 1503–1552. Schr. d. V. f. R. 72. 1902.

Schreiber, Johann Albrecht I. Schr. d. V. f. R. 64. 1899.

Schnell, Das Bekenntnis des Herzogtums Mecklenburg 1549. Leipzig, Berlin, Rostock 1899.

Krabbe, David Chyträus. 2 Teile. Rostock 1870.

Dunker, Die zweite mecklenburgische Hauptlandesteilung 1621. Jahrb. 1908.

Balck, Mecklenburg im Dreißigjährigen Kriege. Jahrb. 1903.

Hunziker, Wallenstein als Landesherr, insbesondere als Herzog von Mecklenburg. Progr. Zürich 1875.

Schulenburg, Die Vertreibung der mecklenburgischen Herzöge Adolf Friedrich und Johann Albrecht durch Wallenstein und ihre Restitution. Diss. Rostock 1892.

Grotefend, Mecklenburg unter Wallenstein und die Wiedereroberung des Landes durch die Herzöge. Diss. Marburg 1901. Auch in Jahrb. 1901.

Fr. Förster, Albrechts von Wallenstein ungedruckte, eigenhändige vertrauliche Briefe und amtliche Schreiben 1627–1634. Berlin 1828.

Zober, Ungedruckte Briefe Albrechts von Wallenstein und Gustav Adolfs. Stralsund 1830.

Fürstlich-mecklenburgische Apologie 1630.

Jesse, Mecklenburg und der Prager Friede 1635. Jahrb. 1911.

Stehmann, Auswärtige Politik des Herzogs Adolf Friedrich I. von Mecklenburg-Schwerin in den Jahren 1636–1644. Jahrb. 1907.

von Buchwald, Bilder aus der volkswirtschaftlichen und politischen Vergangenheit Mecklenburgs 1631–1708. Vorwiegend nach ungedruckten Quellen. Neustrelitz 1893.

Wagner, Der Güstrowsche Erbfolgestreit (Landesteilung 1701). Jahrb. 1903.

Stieda, Eine Hugenotten-Kolonie in Mecklenburg. Jahrb. 1896.

Wilhelmi, Augusta, Prinzessin von Mecklenburg-Güstrow und die Dargunschen Pietisten. Jahrb. 1882.

Giesebrecht, Der Fürstenhof in Mirow 1708–1761. Progr. Stettin 1863.

von Schultz, Die Verpfändung mecklenburgischer Ämter unter Herzog Karl Leopold und deren Reluition. Jahrb. 1894.

Graff, Die zweite Ehe des Herzogs Karl Leopold. Ein Kulturbild aus Mecklenburg im ersten Viertel des 18. Jahrhunderts. Jahrb. 1895.

W. v. Schultz, Mecklenburg und der Siebenjährige Krieg. Jahrb. 1888/89.

Die preußischen Werbungen unter Friedrich Wilhelm 1. und Friedrich dem Großen bis zum Beginn des Siebenjährigen Krieges mit besonderer Berücksichtigung Mecklenburg-Schwerins. Schwerin 1887.

v. d. – n., Geschichte des preußisch-schwedischen Krieges in Pommern, der Mark und Brandenburg 1757–1762. Berlin 1858.

Unparteiische Geschichte der Streitigkeiten des herzoglichen Hauses Mecklenburg-Schwerin mit der Krone Preußen mit authentischen Beweisschriften. 1763.

Holm, Beiträge zur neuesten Geschichte des Herzogtums Mecklenburg-Schwerin (1785 bis 1803). Rostock 1805. Beurteilung und Berichtigung dazu. Von einem Mecklenburger. Hamburg 1805.

Schröder, Beiträge zur Erziehungs- und Jugendgeschichte des Großherzogs Friedrich Franz I. Jahrb. 1912.

Die schwedische Verpfändung Wismars an Mecklenburg-Schwerin. Jahrb. 1912.

H. Francke, Mecklenburgs Not und Kampf vor und in dem Befreiungskriege. Wismar 1835.

Stuhr, Die Napoleonische Kontinentalsperre in Mecklenburg 1806–1813. Jahrb. 1906.

Zander, Geschichte des Krieges an der Niederelbe im Jahre 1813. Lüneburg 1839.

Brasch, Der Feldzug des Marschalls Davoust in Mecklenburg im August 1813 (Archiv für Landeskunde 1863).

Das Grab bei Wöbbelin oder Theodor Körner und die Lützower. Schwerin 1861.

Müller, Aktenmäßige Darstellung der Teilnahme des Herzogtums Mecklenburg-S an dem Kriege gegen Frankreich 1813/14. Neustrelitz 1814.

Milarch, Denkwürdigkeiten des Mecklenburg-Strelitzer Husarenregiments. Nach den: Tagebuch eines alten Husaren. Neubrandenburg 1854.

Timm, Erlebnisse eines C-Husaren im Freiheitskriege. Landeszeitung, Jahrgang 1913.

v. Boddien, Die mecklenburgischen freiwilligen Jägerregimenter. Denkwürdigkeiten aus den Jahren 1813/14. Ludwigslust 1863.

Tagebuch eines mecklenburgischen freiwilligen Jägers. Mecklenburgische Zeitung. Jahrgang 1913.

Varnhagen v. Ense, Geschichte der Kriegszüge des Generals Tettenborn 1813/14. Stuttgart und Tübingen 1814.

Behm, Die Mecklenburger 1812 im russischen Feldzuge. Hamburg 1912.

Die Mecklenburger 1813/15 in den Befreiungskriegen. Hamburg 1913. Enthält eine umfassende Quellenangabe.

Vitense, Mecklenburg und die Mecklenburger 1813/15. Neubrandenburg 1913.

Obst, Die Hamburger im russischen Feldzuge. Hamburg 1912. Kommt für die Mecklenburg-Strelitzer in Betracht, die zum gleichen Regiment gehörten.

Bloch, Mecklenburg zu Beginn der Freiheitskriege. Rostock 1913.

„Neuenwerder“, Familienbriefe (der Familie Karsten) aus den Jahren 1808–1818. Vgl. dazu Jahrb. 1909.

Schröder, Tagebuch des Erbprinzen Friedrich Ludwig von Mecklenburg-Schwerin aus den Jahren 1811/13. Jahrb. 1900.

Mayer, Geschichte des Großherzogtums Mecklenburg-Strelitz 1794–1816. Neustrelitz 1893.

H. v. Oertzen, Das Leben und Wirken des Staatsministers Jaspar v. Oertzen. Ein Beitrag zur Geschichte Mecklenburgs, insbesondere seiner Beziehungen zum Deutschen Bunde. Schwerin 1905.

v. Hirschfeld, Friedrich Franz II., Großherzog von Mecklenburg-Schwerin, und seine Vorgänger. 2 Bände. Leipzig 1891.

Bolz, Großherzog Friedrich Franz II. Wismar 1893.

Zum 17. Oktober 1866. Eine Lebensbeschreibung des Herzogs Georg von Mecklenburg-Strelitz. Neustrelitz.

Mayer, Geschichte des Großherzogtums Mecklenburg-Strelitz 1816–1890 (Großherzog Georg und Großherzog Friedrich Wilhelm). Neustrelitz 1890.

von Lehsten, Über die Aufhebung der Leibeigenschaft in Mecklenburg. Parchim 1864.

Böhlau, Über Ursprung und Wesen der Leibeigenschaft in Mecklenburg (Zeitschr. für Rechtsgeschichte Band X).

M. Wiggers, Der Vernichtungskampf wider die Bauern in Mecklenburg. Leipzig 1864.

Lüders, Mecklenburgische Zustände. Der Bürgerkrieg in der Ritterschaft. Leipzig 1844.

W. Raabe, Mecklenburg, ein Jahrbuch für alle Stände. Parchim und Ludwigslust, und Hamburg Jahrg. 1844–1848.

Werner, Die politischen Bewegungen in Mecklenburg im Frühjahr 1848. Diss. Freiburg. Berlin 1906. Sie enthält eine kritische Übersicht über die Quellen und Darstellungen der Sturmjahre 1848/49.

Wiggers, Die mecklenburgische konstituierende Versammlung und die voraufgegangenen Reformbewegungen. Rostock 1850.

v. Lützow, Mecklenburg-Schwerin im Jahre 1848. 1849. 2 Teile. Schwerin 1849/50.

Die Flucht des Prinzen von Preußen, nachmaligen Kaisers Wilhelm I. Nach den Auszeichnungen des Majors O. im Stabe des Prinzen von Preußen. 2. Aufl. Stuttgart (ohne Jahreszahl).

W. Raabe, Mecklenburg und der Deutsche Zollverein. Parchim und Ludwigslust 1841.

Über den Beitritt Mecklenburgs zum Deutschen Zollverein. Von einem Mecklenburger. Berlin 1842.

Betrachtungen über den Beitritt Mecklenburgs zum Deutschen Zollverein. Schwerin und ock 1853.

Die Stellung Mecklenburgs im Norddeutschen Bunde. Rostock 1867.

Balck, Zur Geschichte und Vererbpachtung der Domanialbauern in Mecklenburg-Schwerin. Schwerin 1869.

Die Vererbpachtung der Domanialbauern. Beitrag zur Regierungsgeschichte Friedrich Franz‘ II. Schwerin 1894.

M. Wiggers, Die Reform der bäuerlichen Verhältnisse. Rostock 1869.

Über die beabsichtigte allgemeine Vererbpachtung. Rostock 1869.

Wilbrandt, Die allgemeine Vererbpachtung. Schwerin 1889.

Quade, Mecklenburgs Anteil am Kriege 1870/71.

A. Schultz, Kriegserlebnisse eines mecklenburgischen Feld-Artilleristen 1870/71. Schwerin 1901.

Stier, Erinnerungen aus dem letzten Kriege (1870/71). Neustrelitz 1897.

Schröder, Friedrich Franz III. Schwerin 1808.

Mecklenburg-Schwerin, Gedenkbuch zur Vermählung Friedrich Franz‘ IV. Schwerin 1904.

Mecklenburgs Söhne im Weltkriege. Herausgegeb. von Moritz Schäfer. Rostock 1915

Die Mecklenburger im Kampf in Belgien und Nordfrankreich. Berlin 1915.

Lobsien, Mit dem Großherzog im Felde. Schwerin 1915.

Berg, Mecklenburger Landsturm und Landsturm heraus. Schwerin 1915.

Mecklenburg im Kriege (Weltkriege). Herausgegeb. von der Mecklenburgischen Zeitung. Schwerin 1918.

Aus der Zahl der Stadt- und Ortsgeschichten seien genannt:

Herrlich, Geschichte der Stadt Rostock. (In Schirrmachers Beiträgen 1872.)

W. Reinhold, Chronik der Stadt Rostock 1836, Neudruck 1911.

K. Koppmann, Geschichte der Stadt Rostock. Rostock 1887 (1. Teil).

Beiträge zur Geschichte der Stadt Rostock. Rostock 1890 ff.

Die Ereignisse in Rostock 1311–14. Jahrb. 1891.

Rostocks Stellung in der Hansa. Jahrb. 1886.

Friedrich Barnewitz, Geschichte des Hafenorts Warnemünde. Rostock 1919 (enthält eine umfangreiche Literaturangabe).

Franz Schildt, Geschichte der Stadt Wismar (bis zum Ende des 13. Jahrh.) Rostock 1871.

Techen, Überblick über die Geschichte Wismars. Jahrb. 1891.

Die Wismarschen Unruhen im ersten Drittel des 15. Jahrh. Jahrb. 1890.

Wiegandt, Wismar im Dreißigjährigen Kriege. Jahrb. 1918.

Hans Witte, Wismar unter dem Pfandvertrage 1803–1903. Wismar 1903.

F. Wigger, Die Festung Poel. Jahrb. 1883.

Fr. W. Lisch, Schwerin bis zum Übergang der Grafschaft Schwerin an das Haus Mecklenburg (1358). In Jahrb. 42 (1877). Auch als Sonderabdruck erschienen. Schwerin 1877.

L. Fromm, Chronik der Haupt- und Residenzstadt Schwerin. Schwerin 1862.

W. Jesse, Geschichte der Stadt Schwerin. Schwerin 1913 ff. Das Hauptwerk über die Geschichte der Stadt. Es wahrt stets den Zusammenhang mit der Landesgeschichte und behandelt alle Zweige und Gebiete der städtischen Entwicklung.

Fr. Schildt, Das Bistum Schwerin in der evangelischen Zeit. 3 Teile. Jahrb. 1882. 1884. 1886.

J. F. Besser, Beiträge zur Geschichte der Vorderstadt Güstrow. Güstrow 1819–23.

Cleemann, Chronik und Urkunden der Vorderstadt Parchim. Parchim 1825.

Icke, Neueste Geschichte der Vorderstadt Parchim vom Jahre 1801–1852. Zur Ergänzung und Fortsetzung der Cleemannschen Chronik. Parchim 1853.

Hübbe, Zur topographischen Entwicklung der Stadt Parchim. Parchim 1899.

Weltzin, Zur Geschichte Parchims. Streifzüge durch sieben Jahrhunderte. Parchim 1903.

Gotthardt, Sagen der Vorzeit Malchins und Denkwürdigkeiten der Stadt. Malchin 1862.

Brockmann, Malchiner Chronik von Gotthard 1862, neu bearbeitet, erweitert und fortgesetzt. Malchin 1902.

Rudloff, Die mecklenburgische Vogtei Schwaan. Jahrb. 1896.

Wiggers, Geschichte und Urkunden der Stadt Gnoien. Gnoien 1855.,

Peters, Das Land Swante-Wustrow oder das Fischland. Eine geschichtliche Darstellung. Wustrow 1862.

Danneil, Chronik der Burg und Stadt Penzlin. Penzlin 1873.

C. Beyer, Geschichte der Stadt Laage. Jahrb. 1887/88.

Grotefend, Werden und Wachsen des Fleckens Dargun. Jahrb. 1909.

I. u. M. Wiggers, Geschichte der drei mecklenburgischen Landesklöster Dobbertin, Malchow, Ribnitz. Rostock 1848.

Compart, Geschichte des Klosters Doberan. In Schirrmachers Beiträgen 1872.

Malzan, Erinnerungen und Gedanken eines alten Doberaner Badegastes. Rostock 1890.

Franz Boll, Chronik der Vorderstadt Neubrandenburg nebst zwei Anhängen: Über die sog. Prilwitzer Idole und Geschichte des Prämonstratenserklosters zu Broda. Neubrandenburg 1875. Als Fortsetzung der Chronik erscheinen in der Neubrandenburger Zeitung in zwangloser Reihenfolge: Wendt, Bilder aus Mecklenburgs-Vergangenheit.

Ahlers, Historisch-topographische Skizzen aus der Vorzeit der Vorderstadt Neubrandenburg. Neubrandenburg 1876.

Versuch einer Topographie der Großherzoglichen Residenzstadt Neustrelitz. 2. Aufl. Neustrelitz und Neubrandenburg 1833.

Mayer, Chronik der Stadt Friedland. Als zweiter Teil in seiner Geschichte des Großherzogtums Mecklenburg-Strelitz (1816–1890). Neustrelitz 1890.

Nahmmacher, Chronik der Stadt Wesenberg. Landeszeitung 1912.

v. Oertzen, Geschichte der Burg Stargard. Neubrandenburg 1887.

„ Geschichtliches von der Burg und dem Amt Stargard. Rostock 1890.

F. Boll, Urgeschichte der Stadt Woldegk. Neubrandenburg 1859.

Horn, Geschichte des Kirchspiels Selmsdorf im Fürstentum Ratzeburg. Schönberg 1903.

Masch, Geschichte des Bistums Ratzeburg. Lübeck 1835.

Hellwig, Die Entstehung der Bistums Ratzeburg. Jahrb. 1906.

Hellwig, Das Zehntenregister des Bistums Ratzeburg. Jahrb. 1904.

Die geschichtliche Entwicklung der bäuerlichen Verhältnisse im Fürstentum Ratzeburg. Jahrb. 1914.

Aus der weiteren landeskundlichen Literatur:

Sachsse, Mecklenburgische Urkunden und Daten. Quellen vornehmlich für Staatsgeschichte und Staatsrecht. Rostock 1900.

Die landständische Verfassung Mecklenburgs. Vier Vorträge. Rostock 1907

Hegel, Geschichte der mecklenburgischen Landstände bis zum Jahre 1555, mit einem Urkundenanhang. Rektoratsprogramm Rostock 1856.

Strauß, Unsere mecklenburgische Verfassung, mit Beilagen. Wismar 1908.

Christoph George Jargow, Einleitung zu der Lehre von den Regalien oder majestätischen Rechten eines Regenten und sonderlich der Kur- und Fürsten des Heil. Römischen Reiches Deutscher Nation. Aus echten Grundsätzen zusammengetragen und von neuem übersehen, in verschiedenen Stücken erläutert und verbessert, nach Anleitung des im Anhang beigefügten unter dem 18. April 1755 geschlossenen neuen Mecklenburgischen Landesvergleichs und Fundamental-Erbvertrags auf die Mecklenburgischen Lande brauchbar gemacht und herausgegeben. Rostock und Wismar 1757.

Die mecklenburgische Verfassung. Leipzig 1877.

Witte, Zur mecklenburgischen Verfassungsnot. Neustrelitz 1914.

Balck, Verfassungsverhältnisse in Mecklenburg-Schwerin. Schwerin 1917.

Finanzverhältnisse in Mecklenburg-Schwerin. 2 Bände. Schwerin 1877/78.

Domaniale Verhältnisse in Mecklenburg-Schwerin. 2 Bände. Wismar 1864–1866.

Verwaltungsnormen in Mecklenburg-Schwerin. 4 Bände. Schwerin 1883–1908.

Böhlau, Fiskus, landesherrliches und Landesvermögen in Mecklenburg-Schwerin. Rostock 1877.

Roth, Mecklenburgisches Lehenrecht. Rostock 1858.

Möller, Geschichte des Landes-Postwesens in Mecklenburg-Schwerin. Jahrb. 1897.

Schröder, Kirchenhistorie des papistischen Mecklenburg. Wismar 1739.

Kirchenhistorie des evangelischen Mecklenburg. Rostock 1788.

I. Wiggers, Kirchengeschichte Mecklenburgs. Parchim und Ludwigslust 1840.

Stuhr, Die Kirchenbücher Mecklenburgs. Jahrb. 1895.

Krieg, Die Kirchenbücher in Mecklenburg-Strelitz. Jahrb. 1903.

Bachmann, Geschichte des evangelischen Kirchengesanges in Mecklenburg, insbesondere der mecklenburgischen Gesangbücher. Rostock 1881.

Schnell, Die mecklenburgischen Kirchenordnungen. Jahrb. 1898/99.

Mau, Kirchliche Verhältnisse in Mecklenburg. Leipzig, Berlin, Rostock 1899.

Krüger, Die Kirchen in Mecklenburg-Streich. Neubrandenburg 1911.

Raspe, Die Immunität der Kirchendiener und des Kirchengutes in Mecklenburg. Jahrb. 1907. 1909.

Schmidt, Mecklenburg-Schwerinsches Kirchenrecht. Schwerin 1908.

Krabbe, Die Universität Rostock im 15. u. 16. Jahrhundert. Rostock 1854.

Beiträge zur Geschichte der Universität Rostock, von G. Kohfeldt, L. Krause u. a. Rostock 1919.

Kohfeldt, Rostocker Professoren und Studenten im 18. Jahrh. Rostock 1919.
Lorenz, Die Universitätsgebäude in Rostock und ihre Geschichte. Rostock 1919.

Balck, Landschulwesen in Mecklenburg-Schwerin. Wismar, Rostock u. Ludwigslust 1880.

Schnell, Das städtische Bürgerschulwesen in Mecklenburg. Hamburg 1914

Die Verwaltung und Beaufsichtigung des städtischen höheren Schulwesens in Mecklenburg-Schwerin. Dresden u Leipzig 1913.

Geschichte des ritter- und landschaftlichen Landschulwesens in Mecklenburg-Schwerin 1650 -1819 von M. Pistorius, fortgesetzt von Schnell. Langensalza 1911.

Bock, Altes und Neues über das ritterschaftliche Schulwesen in Mecklenburg. Wismar, Rostock und Ludwigslust 1866.

Beckström, Das Großherzogliche Landesschullehrerseminar in Mirow. Neustrelitz 1870.

Sellin, Das Schullehrer-Seminar zu Ludwigslust. Schwerin 1835.

Das landesherrliche Schullehrerseminar in Neukloster, Festschrift. Schwerin 1882.

Frahm, Gesetze, Verordnungen und Entscheidungen betreffend das gesamte Volkschulwesen in Mecklenburg-Schwerin. Parchim, mit Nachtrag, 3. Aufl. 1901.

Dieckmann, Verordnungen und Erlasse betreffend das Fortbildungsschulwesen in Mecklenburg-Schwerin. Rostock 1912.

H. K. A. Krüger, Geschichte der niederdeutschen oder plattdeutschen Literatur. Schwerin 1913.

Freybe, Die Handschrift des Redentiner Osterspiels. Progr. Parchim 1892.

Das älteste Mecklenburger Karfreitagslied. Berlin 1899.

Neumann, Friedrich Franz Kosegarten. Jahrb. 1919.

O. Weltzien, Fritz Reuters Briese. Leipzig (Hesse und Becker). Gaedertz, Fritz Reuters Leben und Werke. Leipzig (Reklam).

Reuter-Kalender, Jahrg. 1907–12. Leipzig.

Fritz Reuter-Reliquien und Fritz Reuter-Studien. Wismar 1885 u. 1880

O. Weltzien, John Brinckmanns Werke. Leipzig (Hesse und Becker).

Brinckmann-Buch. Hamburg 1914.

K. Bartsch, Sagen, Märchen und Gebräuche aus Mecklenburg. 2 Bände. Wien 1879/80.

Gerling, Mecklenburgs Sagenschatz. Oranienburg.

R. Wossidlo, Volkstümliches aus Mecklenburg. Rostock 1885.

Mecklenburgische Volksüberlieferungen. 3 Bände. Wismar 1897 ff.

I. Rätsel. II. Die Tiere im Munde des Volkes. III. Kinderwartung und Kinderzucht.

Aus dem Lande Fritz Reuters. 1910.

A. Schneider, Neue Märchen aus alter Zeit. Plau 1913.

Von kleineren Darstellungen über Mecklenburg sind zunächst zwei ältere zu nennen:

E. Boll, Abriß der mecklenburgischen Landeskunde (Naturkunde, Geschichte und Topographie). Wismar und Ludwigslust 1861.

A. Pentz, Geschichte Mecklenburgs. 2 Teile. Wismar, Rostock und Ludwigslust 1872.

Beide Werke bieten, auch wenn sie in einzelnen Punkten, vornehmlich in den Abschnitten, die von den ältesten Zeiten handeln, durch die neuere Forschung überholt worden sind, wegen ihres reichen Inhaltes an Einzelheiten, Pentz zudem noch wegen der literarischen Anmerkungen im Anhang, viele Anregung.

Dazu treten vier neuere:

W. Ule, Geographie von Mecklenburg (darin auch die neuere Geschichte des Landes, staatliche Verfassung und Verwaltung usw.). Stuttgart 1909.

S. Schwarz, Landeskunde der Großherzogtümer Mecklenburg und der Freien Hansestadt Lübeck. Sammlung Göschen Nr. 487. Leipzig 1910.

O. Vitense, Mecklenburgische Geschichte. Sammlung Göschen Nr. 510. Berlin und Leipzig 1912.

A. Rudloff, Bilder aus der Mecklenburgischen Geschichte. 2 Auflage. Berlin und Leipzig.

Die vier Bücher enthalten, ein jedes nach seiner Art und entsprechend seinem Zweck, das Wesentliche über Land und Volk Mecklenburgs.

Zwei Sammelhefte von besonderem Interesse sind:

Staudinger, Mancherlei aus Mecklenburgs Vergangenheit wie Gegenwart. Statistisches, Geschichtliches usw. (enthaltend: Die Rittergüter beider Mecklenburg. Rostocker Kornpreise. Gar Mancherlei aus alter wie späterer Zeit.

Von Tausenden wenige, besonders interessante Annoncen. Anhang). Selbstverlag 1894.

Staudinger, Ernstes und Heiteres aus Mecklenburg (Historisches. Mecklenburger Humor. Sagen und Aberglauben. Wie das Volk spricht. Allerlei Gereimtes). Rostock 1897.

Groß ist auch die Zahl der in Broschüren, in Zeitschriften und Tagesblättern veröffentlichten Artikel aus den verschiedensten Gebieten des öffentlichen und privaten Lebens. Für einzelne Zeitabschnitte – es mag nur das Jahr 1848 erwähnt werden – ist ihre Fülle geradezu erdrückend. Für die neueste Zeit bilden sie oft die bisher einzigen literarischen Quellen 1).

---

1) Eine bibliographische Zusammenstellung der landeskundlichen Literatur beider Mecklenburg gab F. Bachmann, Güstrow 1889. – Zu der 1895 begründeten Zeitschrift „Niedersachsen“ für niederdeutsches Volkstum (Bremen) ist 1919 eine andere getreten, „Lug ins Land“, für Norddeutschland (Schwerin).

Stammtafel des mecklenburgischen Fürstenhauses.

(Es sind nur die männlichen Mitglieder aufgenommen. Regierende Fürsten sind durch Sperrdruck kenntlich gemacht.)

Niklot, um 1130 Fürst der Obotriten, † 1160. — Lubimar.

- Pribislaw. 1167–1179.
  - Heinrich Burwy I. 1179–1227.
    - Heinrich Burwy II. † 1226.
    - Nikolaus. † 1225.
- Wertislaw. † 1164.
  - Nikolaus, Fürst zu Rostock. † 1201.
- Prislaw.

Landesteilung um 1230/35 zwischen Heinrich Burwys I. vier Enkeln (S. 77).

- Johann I., Herr zu Mecklenburg. † 1264.
- Nikolaus, Herr zu Werle. † 1277. {Das Haus Werle besteht bis 1436. S. 133.}
- Heinrich Burwy III., Herr zu Rostock. † 1278. {Das Haus Rostock besteht bis 1314. S. 109.}
- Pribislaw I., Herr zu Parchim. † um 1265. {Das Haus Parchim besteht bis 1261. S. 93.}

Söhne Johanns I.:

- Heinrich I., der Pilger. 1264–1302.
  - Heinrich II., der Löwe. 1302–1329. (Er erwirbt Rostock und Stargard.)
  - Johann. † 1289.
- Albrecht I. † 1265.
- Nikolaus. † 1289.
- Poppo.
- Johann. † 1299.
- Hermann.

Söhne Heinrichs II.:

- Albrecht II., der Große, Herzog von **Mecklenburg-Schwerin.** 1329–1379. (Während seiner Unmündigkeit bis 1336 führt für ihn Graf Heinrich III. von Schwerin die Regierung. Albrecht erwirbt die Grafschaft Schwerin. S. 114 f.)
- **1348 Mecklenburg Herzogtum.**
  1352 Landesteilung in Mecklenburg-Schwerin und Mecklenburg-Stargard. S. 113. 114.
- Johann I., Herzog von **Mecklenburg-Stargard.** 1352–1392. {Das Haus Stargard erlischt 1471 mit Ulrich II. S. 136.}

Söhne Albrechts II.:

- Heinrich III., der Henger. 1379–1383
  - Albrecht IV. 1383–1388.
- Albrecht III., König von Schweden 1364–1389. Gefangen in Schweden 1389–1395. Herzog von Mecklenburg 1395–1412.
  - Erich. † 1397.
  - Albrecht V. 1412–1423.
- Magnus I. 1379–1384.
  - Johann IV. 1384–1422.
    - Heinrich IV., der Dicke. 1422–1477. (Für ihn führt während seiner Unmündigkeit bis 1436 seine Mutter Katharina die Regierung. Heinrich erwirbt Wenden und Stargard.)
    - Johann V., Mitregent. † 1442.

Albrecht VI. 1477—1483. | Johann. † um 1474. | Magnus II. 1477—1503. | Balthasar, Mitregent. † 1507.

Heinrich V., der Friedfertige. 1503—1552. | Erich, Mitregent. † 1508. | Albrecht VII., der Schöne. 1503—1547.

Magnus. † 1550. | Philipp. † 1557 | Johann Albrecht I., 1547—1576. Bis 1555 in Güstrow, dann in Schwerin. | Ulrich. 1555—1603 in Güstrow. | Georg. † 1552. | Christoph. † 1592. | Karl. 1603—1610. in Güstrow.

Johann VII., 1576—1592 in Schwerin. (Für ihn während seiner Unmündigkeit bis 1585 sein Güstrower Oheim.) | Sigismund August. † 1600.

Adolf Friedrich I. von Mecklenburg-Schwerin. 1592—1658. | (Für beide Herzöge während ihrer Unmündigkeit bis 1608 ihr Güstrower Großoheim Karl.) | Johann Albrecht II von Mecklenburg-Güstrow. (1611) 1621—1636.

Landesteilung 1621. (S. 182 ff.)

Christian I. (Louis). 1658—1692. | Karl. † 1670. | Johann Georg. † 1675. | Gustav Rudolf. † 1670. | Friedrich † 1688. | Adolf Friedrich II. von Mecklenburg-Strelitz. 1701—1708. | Gustav Adolf. 1636—1695. (1701 Hamburger Vergleich. S. 240 ff.)

Friedrich Wilhelm. 1692—1713. | Karl Leopold. 1713—1747. | Christian Ludwig II. 1747—1756. | Adolf Friedrich III. 1708—1752. | Karl Ludwig Friedrich. † 1752.

Friedrich. 1756—1786. | Ludwig. † 1778. | Adolf Friedrich IV. 1752—1794. | Karl. 1794—1816.

Friedrich Franz I. 1785—1837. | Georg. 1816—1860. | Karl. † 1837.

Friedrich Ludwig. † 1819. | Gustav. † 1851. | Karl. † 1833. | Adolf. † 1821. | Friedrich Wilhelm. 1860—1904. | Georg. † 1876.

Paul Friedrich. 1837—1842. | Albrecht. † 1834. | Magnus. † 1816. | Adolf Friedrich V. 1904—1914. | Nikolaus. † 1854. | Georg Alexander. † 1909. | Karl Michael.

Friedrich Franz II. 1842—1883. | Wilhelm. † 1879. | Adolf Friedrich VI. 1914—1918. | Karl Borwin. † 1908.

Friedrich Franz III. 1883—1897. | Paul Friedrich. | Nikolaus. † 1856. | Johann Albrecht. | Alexander. † 1859. | Friedrich Wilhelm. † 1897. | Adolf Friedrich. | Heinrich.

Friedrich Franz IV. (Für ihn während seiner Unmündigkeit bis 1901 sein Oheim Johann Albrecht.)

Friedrich Franz. | Christian Ludwig.

Friedrich Franz IV., welcher vom Februar bis November 1918 in Strelitz die Regentschaft führte, mußte am 16. November d. J. für beide Mecklenburg abdanken.